መኽተ

ካልኣይ ገድሊ ንምክልኻል ሃገር

ኣሰናዳእቲ

ሰለሙን በርህ

ኤፍረም ሃብተጽዮን

ዮሴፍ ሃይለማርያም

ኣሕተምቲ ሕድሪ

ኣስመራ፥ ሓምለ 2019

ኣሕተምቲ ሕድሪ
178 ጉደና ተ*ጋ*ደልቲ
ቁ.ገዛ 35
ቁ.ሳ. ጾ. 1081
ተሌ. 291-1-126177
ፋክስ 291-1-125630

ኣስመራ፥ ኤርትራ

ኣከፋፋሊ፡ ኣብያተ-መጻሕፍ ኣውገት
ተሌ. 291-1-124190
ፋክስ 291-1-122359
ቁ.ሳ. ጾ. 1291

ኣስመራ፣ ኤርትራ

መኽተ
ካልኣይ ገድሊ ንምክልኻል ሃገር

ንድፈ መጽሓፍ፡ ሪታ ብርሃነ
ንድፈ ገበር፡ ፍረምናጦስ እስቲፋኖስ

መሰል-ድርሰት © 2019 ኣሕተምቲ ሕድሪ

ISBN 978-99948-0-175-6

ብኣገልግሎት ማሕተም ሳቡር ኣብ ኣስመራ ዝተሓትመ።።

ትሕዝቶ

ጥብቆታት

መቕድም

አሕተምቲ ሕድሪ፡ ነቲ ካብ ግንቦት 1998 ክሳዕ ሰነ 2000፡ ናጻ ኤርትራ ገና እግራ ከይደልደለ፡ ብረዚን መስዋእቲ ዘረጋገጸቶ ሃገራዊ ልኡላውነት ትርጉም ኣልቦ ንምግባር ዝተፈተነ ሰለስተ ጊዜፍ ወራራት ስርዓት ወያነን ነዚ ወራራት'ዚ ኣብ ምፍሻል ደጊሙ ዝተመስከረ ጅግንነታዊ መኸተ ህዝቢ ኤርትራን ሓይልታት ምክልኻሉን ንምንጽብራቕ፡ እዛ "መኸተ፡ ካልኣይ ገድሊ ንምክልኻል ሃገር" ዘርእስታ ታሸዐይቲ ቅጺ "ዛንታታት ተመኩሮ ገድሊ." ናብ ኣንበብቲ ይዝርግሕ ኣሎ።

ታሪኽ ወራር ወያነ ብግዜ ሓጺር ይኹን እምበር፡ ብዙሕን ዝተሓላለኸን ፖለቲካዊ፡ ዲፕሎማሲያዊን ወተሃደራዊን ፍጻመታት ዝሓቘፈ እዩ። ብስነ-መጐት ሓይሊ፡ ዓመጽ ከንግስ ዘንቀደ፡ ከቢድ ቀናጠዊ ዕንወትን ምምዝባልን ዘስዐበ ኩናት ድማ'የ ነይሩ። ኣብ መወዳእታ፡ እቲ ሓደገኛ ውጥን ፈሺሉ፡ እቲ ኩናት ዕላማኡ ከይወቕዐ ብሓያል መኸተን ጅግንነትን ተረኪብቲ ሓድሪ መንእሰያት ኤርትራ፡ ተጋዳላይን ህዝቢን በርዒኑ ምትራፉ ድማ፡ ነቲ ብቕያታት ሓርነታዊ ቃልሲ ዝተመልአ ሃገራዊ ታሪኽ ኤርትራ ዝያዳ ርዝነት ክውሽሉ ክኢሉ እዩ።

ኣብ መእተዊ'ዚ ናይ መጽሓፍ'ዚ፡ ዝምድና ሰውራ ኤርትራ ምስ ተቓወምቲ ሓይልታት ኢትዮጵያ ብሓፈሻ ምስ ህ.ወ.ሓ.ት. ድማ ብፍላይ ብኸመይ መስርሕ ከም ዝሓለፈ፡ ነቲ ብዙሕ መስናኽላት ስጊሩ ደሓን ኣንፈት ዝሓዘ ዝምድና ዘሓርፈፈ፡ ኣብ መወዳእታ ኸአ ናብ ኩናት ዘዐረገ ፖለቲካዊ ቀናጠዊን ካልእን ምኽንያታት፡ ከም'ኡ'ውን መስርሕ ናይቲ ኩናትን ጎድናዊ ሳዕቤናቱን ብሕጽር ዝበለ ተተሪኹ ኣሎ።

እዚ ሓፈሻዊ ታሪኻዊ መእተዊ'ዚ፡ ኣብ ማእከል ምርምርን ስነዳን ንዝርከቡ ስነዳት ህዝባዊ ግንባርን መንግስቲ ኤርትራ'ን፡ ከም'ኡ'ውን ኣብ እዋን'ቲ ኩናት፡ ብማዕከናት ዜናን ካልእ ዝተፈላለለየ ጸሓፋትን ዝቃላሕ ዝነበረ ሓበሬታ፡ መግለጺታትን ትንታነታትን ብምውካስ ዝተዳለወ እዩ። እቶም ብጸሓፍቲን ተረኽቲን ቀሪቦም ዘለዉ ሓጸርቲ ዛንታታት ከኣ፡ ነቲ ወራር ኣብ ምፍሻል ዝተራእየ ጅግንነት ተረኪብቲ ሓድሪ መንእሰያትን ተጋደልቲን (ዋርሳይ-ይከኣሎ)፡ ህዝቢ ኤርትራ ኣብ ውሽጢን ወጻኢን ነዚ

ልኡላውነቱ ክደፍር ዘንቀደ ወራር፡ ብልዑል ወኒን ሃገራዊ ስምዒትን ዝመከተሉ ሃዋህው ዘንጸባርቕ ኩይኖም፡ ኣብ መቓን ናይቲ ኣብ መእተዊ ብሓጺሩ ሰፊሩ ዘሎ ፖለቲካዊ፡ ዲፕሎማሲያውን ወተሃደራውን ኩነታት ኣእቲኻ ዝርኣዩ እዮም።

ከም ታሪኽ ሓርነታዊ ኩነት፡ ነዚ ልኡላውነት ኤርትራ ንምግሃስ ዳግም ዝተፈነወ ግዜፍ ወራር ኣብ ም'ብርዓን ዝተራእየ መኽተን ጅግንነትን ህዝቢን ሓይልታት ምክልኻልን ኤርትራ፡ ኣብዚ ሓደ መጽሓፍ ብምልኣት ክግለጽ ዘይክእል'ኳ እንተኾኑ፡ እዚ ቀሪቡ ዘሎ ዝኽርታት፡ ነቲ ዝነበረ ሃዋህው፡ ሃገራዊ ፍቕሪን መኽተን፡ ዝተፈጸመ ቅያታትን ብመጠኑ ከንጸባርቕ ትጽቢት ኣሰናዳእቱ እዩ።

እዚ መጽሓፍ'ዚ ብቘንዱ ብኣሕተምቲ ሕድሪን ባህላዊ ጉዳያት ህግደፍን እተሰናድአ ኩይኑ፡ ናይ ብዙሓት ካልኦት ኣካላትን ውልቀ-ሰባትን ኣበርክቶ እውን ዝተሓወሶ እዩ። ክፍሊ ስነዳን ምርምርን ህግደፍ፣ ሚኒስትሪ ዜና፣ መወከሲ ጽሑፋት ኩን ስእልታት ብምቕራብ ትሕዝቶን ጽባቐን ናይዚ መጽሓፍ'ዚ ኣብ ምምዕራግ ዓቢ ኣበርኩቶ ገይሮም እዮም። ኣብቲ ኩነት ዝተሳተፉ ዋርሳይን ይከኣሎን ውዕሎታቶም ብምዝንታው፡ ሚኒስትሪ ምክልኻል ብሓፈሻ፡ ላዕለዎት ኣዘዝቲ ሰራዊት ድማ ብፍላይ፡ ንጽሓፍቲ ኣገዳሲ ሓበሬታን መአረምታን ብምስናቕ ዝገበሩዎ ምትሕብባር ኣብ ኣሳልሞ ናይዚ ስራሕ'ዚ ዓቢ ግደ ተጻዊቱ እዩ። በዚ ኣጋጣሚ'ዚ፡ ንኹሎም ኣብ ምስንዳእ ናይዚ መጽሓፍ'ዚ ዝተሳተፉ ጸሓፍቲ፡ ኣዘንተውቲ፡ ኣርታዕቲ፡ ወሃብቲ ሓበሬታን መአረምታን ልዑል ምስጋናና ነቕርበሎም።

ኣሰናዳእቲ

ቃል አሕታሚ

ንተመኲሮ ናይቲ ካብ 1998 ክሳዕ 2000 ካብ ወራር ወያነ ሃገር ንምኽልኻልን ልኡላውነት ንምዕቃብን ዝተኻየደ ካልአይ ኲናት ዝገልጽ 37 ዛንታታት ዝሓቆፈ። ካብ ዝቐደም ሽሞንተ ቅጺታት 'ዛንታታት ተመኲሮ ገድሊ.' ንዝተፈልየ ገድሊ. ዝገልጽ። ታሽዓይ ቅጺ. 'መኸተ። ካልአይ ገድሊ. ንምኽልኻል ሃገር' ንሓትም አሎና። አብዚ. ቅጺ.'ዚ። ነቲ ናይ ወራር ኲናትን ዝሰዓ? ብትላአኽነት ወያን ብአሜሪካን መሓዙታን ዝተመርሓ ምዕላው መንግስቲ ኤርትራ (Regime Change) ዝዕላማኡ ኲሉ መዳያዊ ተጻብአታትን ሸርሒታትን። እገዳን ከበባን ስነ-አእምሮአዊ ኲናትን። ታሪኻዊ ድሕረ-ባይታኡን ቦታኡን ብምብራህ ብዕምቆት ንምግላጹን ንምርድኡን ዝሕግዝ ነዊሕ ታሪኻዊ መእተዊ ምስ ናይ አገደስቲ ስነዳት ጥብቆታት ቀሪቡ አሎ።

ሀዝቢ. ኤርትራ ነቲ ክጸወር ዝተገደደ ሓደ ካብ'ቶም ዝነውሑን ዝማዕበሉን ናይ 20 ዘመን ሓርነታዊ ብረታዊ ቃልሲ. ብዓወት ፈጺሙ። እቲ ዘይጭበጥ ዝመስል ዝነበረ ናጻ ሃገር ናይ ምዃን ሕልሙ. ከዉን ገይሩ። ናይ ፍትሕን ራህዋን ሕብረተሰብ ንምህናጽን አብ ቀርኒ አፍሪቃ ብሓፈሻ። አብ መንጎ ኤርትራን ኢትዮጵያን ድማ ብፍላይ። መሰረት ሓድሽ ናይ ሰላም። ምትሕግጋዝን ልምዓትን ምዕራፍ ንምኽፋት አብ ዝተበገሰሉ ሒደት ዓመታት። ካልአይ ወራሪ ኲናት አብ ልዕሊኡ ተአወጀ፤ በሰላ ናይቲ ናይ 30 ዓመታት ኲናት ከየሕወየ ብኻልአይ ኲናት ተደበሰ፤ ሓዘን ቀዳማይ መስዋእቲ ብውዑይ እንከሎ። ደቂ'ቶም ሰዉአት ዳግማይ ክስዉኡ ዘገደደ። ነቲ አብ እንግድዓ ሀዝቢ. ኤርትራ ዝነበረ ዘይሓወየ ቁስሊ. ዝሓኸኸን ዘጋደደን ኲናት ተኸፍቶ። ካብ ኲናት ናብ ኲናት ምስግ.ጋርን ሰላም ምሕራምን ታሪኻዊ ነሲብ ሀዝቢ. ኤርትራ ን'ኽመስል። ምስ ሀዝባዊ ግንባር ብምትሕብባር አብ አዲስ-አበባ ስልጣን ዝሓዘ ወያነ። ድሕሪ ሸውዓተ ዓመት ጥራይ። አብ 1998። አብ ልዕሊ. ናጻ ኤርትራን ሀዝባን አጠቓላሊ. ኲናት (total war) ከፈተ።

ድሕሪ 1950 ኣብ ዝሓለፈ ዳርጋ 70 ዓመታት፣ ህዝቢ ኤርትራ ኣንጻር መሰሉ ነፈገም ኣብ ትሕቲ ግዝኣቶም ብምምብርካኽ፣ ባሕሩ ክቆጻጸሩን ንስትራተጅያዊ ጆኦ-ፖለቲካ ሃገሩ ንቢጦም ብዓሚልነት ንሓያላት ሃገራት ከገልግሉን ዝተላዕሉ ክልተ ስርዓታት ኣዲስ-ኣበባ - ንጉሳዊን ወተሃደራዊን - ገጢሙ፣ መሰሉን ናጽነቱን ከረጋግጽ በቒዑ ጥራይ ዘይኮነ፣ ሓርነታዊ ቃልሱ ኣብ ምውዳቝ እቲ ስርዓታትን ንረብሓ ህዝብታት ኢትዮጵያ ዘገልግል ሓድሽ ምዕራፍ ኣብ ምኽፋትን፣ ጎድኒ-ጎድኒ ቃልሲ ህዝብታት ኢትዮጵያ፣ ወሳኒ እጃም ኣበርኪቱ'ዩ። ይኹን'ምበር እቲ ብምሉእ ደገፍ ህዝቢ ኤርትራን ህዝባዊ ግንባርን ነቲ ወተሃደራዊ ስርዓት ዝተኸላ ወያነ ነዊሕ'ውን ከይጸንሐ ሕዱር ሕማም ምስፍሕፋሕን ወራርን ደጊሱዎ፣ ኣብ ልዕሊ ናጻ ኤርትራን ህዝባን ኣጠቓላለ። ኩናት ብምውላዕ፣ ነቲ ተቓልቂሉ ዝኸበረ ብሩህ ተስፋ ሰላምን ምትሕብባርን ኣጸልመቶ። እታ ናይ ቤተ-መንግስቲ ኣዲስ-ኣበባ ናይ ኩናትን ዕንወትን ስስዕቲ መኪና ወራር፣ ድሕሪ ናይ ሓደት ዓመታት ጋእታ፣ ካብ ደንደስ መቓብር ዳግም ተንሲኣ፣ ከም ልማዳ ህይወት ወጹዓትን ድኻታትን ኢትዮጵያውያን እናተመገበት፣ ኣብዚ ዙርያ'ዚ እውን፣ ከም ዝሓለፈ፣ እንትርፊ ሞትን ዕንወትን ፋይዳ ከይተረኽባ፣ ስሱዕ ዕላማ ሓደስቲ ገዛእቲ ኢትዮጵያ ከየረጋገጸት፣ ከም ብሓድሽ ብመኽተ ህዝቢ ኤርትራን መንግስቱን ተዓጊተት። ኣብዚ ዕንኪላሎ ጉዕዞ ወራርን ኩናትን፣ ህዝብታት ኢትዮጵያ ቡቶም ብደም ደቁ ዝኸፈል ግብሪ ዝለመዱ ገዛእቱ፣ ኣብቲ ቀዳማይ ናይ 30 ዓመታት ዙርያ ልዕሊ 350 ሽሕ ኣብዚ ዳሕረዋይ ናይ ክልተ ዓመታት ዙርያ ኸላ ልዕሊ 100 ሽሕ ህይወት ገበረ።

ኣብዚ ህዝቢ ኤርትራ ብጋዱኣ፣ ምእንቲ መሰሉን ናጽነቱን ኣብ ከካይዶ ዝተገደደ ሓርነታዊ ብረታዊ ቃልሲን ናጻ ሃገሩ ካብ ወራር ንምክልኻል ዘካየዶ ፍትሓዊ ኩናትን፣ ልዕሊ 85 ሽሕ ስዉኣት ሓርበኛታትን ልዕሊ 50 ሽሕ ብግፍዒ ዝተቐትለ ሰላማዊ ህዝብን፣ ከም'ኡ'ውን ስደት ልዕሊ ፍርቂ ሚልዮን ኤርትራውያንን ዘይተኣደነ ቁጠባዊ ዕንወትን ምምዝባልን፣ ስግሩ ኸላ ዝተኸሰረ ዕድላትን ጸጋታትን ክኸፍል ምቕሳቡ ክጥቀስ ግቡእ'ዩ። እዚ ኣገዛት'ዚ፣ ንበይኑ ነቲ ዝወረደ መዓት ብዕምቀትን ስፍሓትን ውሽጠ-ውሻጢኡ ክገልጽ ስለ ዘይክእል፣ ብገለ ደረጃ'ውን ኣገዛት ነቲ ክገልጽ ዝፍትን መቓዘፍቲ ስለ ዝጉልብቦን ዘልዝቦን፣ እቲ ኣብ ልዕሊ ውልቀ-ሰባት፣ ውልቀ-ስድራቤታት፣ ዓድታትን ማሕበረ-ሰባትን ዝወረደ ጨካን ኣደራዕ ሰራውር ምረቱን ስሎሎኡን ቀሊል መግለጺ ዘይርከቦ ምኳኑ ምምልካት ኣዝዩ ኣድላዪ እዩ።

ወያነ ኣብ ኢትዮጵያ ስልጣነ ዘውሓስ ኹይኑ ምስ ተሰምዖ፣ ነታ ቛንዲ ግዳማዊ ዕንቅፋት ቀጻልነት ስልጣኑ ኣብ ኢትዮጵያን ዞባዊ ናይ ዕብለላ

ሕልሙን ገይሩ ዝረአያ ናጻ ኤርትራ ንኸንበርክኽ ዝኣወጀ ምሉእ ኵናት፡ ብግጉይን ሰሱዑን ገምጋማት ቀሊል ዓወት ተጸብዩ እዩ ኣትይዎ። ኤርትራ ብውሑድ ዓቕሚ ሰብ፡ ብድሩት ቁጠባዊ ዓቕሚ፡ ከም`ኡ`ውን፡ ነባር ሰራዊታ መብዛሕትኡ ሰለ እተማየሰ፡ ነዊሕን ኣጣቓላልን ቀዋሚ ኵናት ክትጸዋር ሰለ ዘይትኽእል ኣብ ሓጺር ግዜ፡ ወረግ ኣብ ኣዋርሕ፡ ክትሩኸመሽ`ያ ዝብል ገምጋም ዝኽበሮም መራሕቲ ወያነ ንኹናት ከም ወራድ መርዓ ተሃወኹሉ። እቲ ኵናት ግን፡ ድሕሪ ክልተ ኣዝዩ ኣዕናዊ ዓመታት፡ ድሕሪ ናይ ልዕሊ 100 ሽሕ ወተሃደራት ኢትዮጵያ ሞትን ናይ ልዕሊ 19 ሽሕ ሓርበኛታት ኤርትራ መስዋእትን፡ ከም`ኡ`ውን፡ ናይ ኣማኢት ኣሽሓት ህዝቢ ምስዳድን ምምዝባልን ዓቢ ቁጠባዊ ክሳራን፡ ኣብ መወዳእታኡ፡ ከም`ቲ መንግስቲ ኤርትራ ካብ መጀመርታ ዝኣመሞ፡ ብሒጋዊ ስምምዕ ጥራይ`የ ዝዓረፈ።

ድሕሪ`ዚ እውን፡ ሸውሃት ወያነ ንግጭትን ተጻብኦን ኣይተዓገሰን። ክሳዕ 2018፡ ን18 ዓመታት፡ ኣውራ ብዘራይነት ምምሕዳራት ኣመሪካ፡ ወያነ ኣህጉራዊ ሕግን ስምምዕን ረጊጹ፡ ምዕላው መንግስቲ ኤርትራ (Regime change) ከም ዕላማ ብጋህዲ ኣዊጁ፡ ብምሉእ ደገፍ ሓያላት፡ ኵሉ ፖለቲካዊ፡ ቁጠባዊ፡ ዲፕሎማስያዊ፡ ዜናዊ፡ . . . ተጻብኦታትን ሽርሒታትን እንተላይ ብእገዳን ከበባን ኵሉ ዝከኣል ገይሩ፡ ኣብ መወዳእታ እቲ ዝተዓልወ፡ ከም ዝሓላፊ ክልተ ስርዓታት ኣዲስ-ኣበባ - ኣብ 1974ን 1991ን - ስርዓት ወያነ ኵነ። ሕጂ`ውን ጸንጸት፡ መኸተን መስዋእቲን ኤርትራ፡ ምስ ወሳኒ ተራ ቃልሲ ህዝቢ ኢትዮጵያ ተደሚሩ፡ ንሳልሳይ ግዜ ኣብ ኢትዮጵያ ናይ ስርዓት ለውጢ ኣብ ምምጻእ ዓቢ እጃም ኣበርከተ።

እዚ ኣብ ዝሓለፈ ልዕሊ ፍርቂ ዘመን ዝተደጋገመ ናይ ኵናትን ግጭትን ሕሪት`ዚ፡ ንህዝብታት ኤርትራ፡ ኢትዮጵያን ቀርኒ ኣፍሪቃን ዘየርብሕ ምኳኑ ግሉጽን ዘየካትዕን እዩ። ኣብ ቀርኒ ኣፍሪቃ፡ ኣብ ውሽጢ ሃገራትን ኣብ መንጎ ሃገራትን ዝተጋህደን ዝቐጽል ዘሎ ግጭታትን ኵናትን፡ ከም ሳዕቤኑ ህዝቢ ክጸወር ዝተገደደ ሞት፡ ዕንወትን መሪር ህይወትን ጠንቂታቱ ዝተኣሳሰረ፡ መፍትሒኡ ድማ ከም`ኡ ዝተኣሳሰረ ብም`ኳኑ፡ ኣብ መንጎ ኤርትራን ኢትዮጵያን ጥራይ ዘይኮነ፡ ኣብ መላእ ዞባና ካብዚ ኣዕናዊ ዕንኪል`ዚ ንምውጻእን ሓድሽ ናይ ሰላምን ምትሕግጋዝን ምዕራፍ ንምኽፋትን፡ ሕጂ`ውን ከም ኣብ 1991፡ ካልኣይ ታሪኻዊ ዕድል ተረኺቡ ኣሎ። ስለዚ፡ እዚ ዓቢ ታሪኻዊ ተኸእሎ`ዚ ከም ዘቐደም በርኒኑ ብላሽ ንኸይተርፍ፡ ህዝብታት ቀርኒ ኣፍሪቃ ናይ ሓባር ዘበርሁ መጻኢ፡ ብምህናጽ፡ ነዚ ከም ቀርኒ ብኽያትን መከራን ጸይቀ-ግኑን ኵይኑ ዝጸንሐ ዞባኡ፡ ናብ ቀርኒ ሰላምን ተስፋን ብልጽግናን ቀይሩ ንኸሓልፈሉን ንኽርህዎን፡ ካብዚ

ብሰንኪ ሰብ ጸቢብ ረብሓን አድሓርሓሪ አረአእያን ዝኹኑ ጽግዕተኛታት
ገዛእትን ሰርዓታቶምን ዕጫኡ ኹይኑ ዝጸንሐ ጨካካ ታሪኽ ኩናትን
ዕንወትን ትምህርቲ ብምውሳድ ሓድሽ ታሪኽ ክሰርሕ አለዎ።

ናይዚ መጽሓፍ'ዚ ቀንዲ ዕላማ እምበአር፡ ነገር ንምቅስቃስ፡ ወይ
ጽልኢን ቅርሕንቲን ንምስዋር ዘይኮነስ፡ ሰላም፡ ምምልላእን ልምዓትን
ዘርዓወ መጺአ። ንምህናጽ ግድን ምስ ታሪኽ ምትዕራቕ ስለ ዘድሊ፡ እቲ
ዝሓለፈ ሕሰም ንመጻኢ'ውን ንኸይድገም ውሕስነት ዝኸውን ትምህርቲን
ልቦናን ካብ ታሪኽ ንምርካብ እዩ። እቲ ዝኹነ ስለ ዝኹነን ክንቅይሮ ስለ
ዘይንኽእልን፡ ግን ከአ አብኡ ክንነብርን ክንቅጽሎን ኩኑናት ስለ ዘይኮናን፡
ሓድሽ ምዕራፍ ታሪኽ ብምኽፋት ንሓባራዊ ረብሓታትና ብዘገልግል ናይ
ሰላምን ምትሕግጋዝን ኩነታት ክንትክአን ክንድብሶን ስለ እንኽእል፡ ነቲ
አረጊት ሕማቕ ታሪኽ መበገሲ፡ ንሓድሽን ጽቡቕን ታሪኽ ክንገብር ንኽእል
ኢና። ከም'ቲ ሓንቲ ጸሓፊት ዝበለቶ፣ "ታሪኽ ምስ ኩምትር ዘብል ቃንዛኡ
ከም ዘይነበረ ክርሳዕ ዘይክአል'ኳ እንተኾነ፡ ብድፍረት ፈተ-ፈት እንተ
ተገጢሙ ግን ክድገም ግድን አይኮነን።"

እዚ ርእስ-ግሉጽ ዝመስል ሓቂ ግን፡ ከም'ቲ ዝመስሎ ብቐሊሉ አብ
ግብሪ አይውዕልን እዩ። ከም'ቲ ሓደ ጸሓፊ ዝብሎ፡ ሰባት ካብ ታሪኽ
ዘይመሃሩ ም'ኻኖም ብተደጋጋሚ አብ ታሪኽ ዝተረጋገጸ፣ ንባዕሉ ዓቢ ናይ
ታሪኽ ምህር እዩ። ንህልዊን መጻኢን ጉዕዞና ከም ሕብረተ-ሰባት ካብ
ታሪኽ ንላዕሊ መምህር'ኳ እንተ ዘይብልናን፡ ካብ ታሪኽ ክንመሃር አሎና
ኢልና ምድግጋም ነዘውትር እንተኾንናን፡ ደቂ-ሰብ ብሓፈሻ ካብ ታሪኽና
አብ ም'ምሃር ንፉዓት አይኮንናን።

አብ ዞባና ታሪኽ ዝድገም፣ ዕብለላ ናይቲ ብሰሩ ጠንቁ'ቲ ሽግር ዝኹነ
አብ ግጭትን ኩናትን ረብሓ ዘለዎን ወኪል ጸቢብ ረብሓታትን ከፋፋሊ
አረአእያን ሓይልታት ምስ ዝቕጽል ስለ ዝኹነ፣ እቲ ንረብሓ ህዝብታቱ
ዝቐመ አብ ሓባራዊ ናይ ሰላምን ምትሕግጋዝን መጻኢ፣ ረብሓ ዘለዎ ስጉሚ
ሓይልታት ላዕለዋይ ኢድ እንተ ዘይሒዙ ታሪኽ ምድጋሙ ዘይተርፍ'ዩ።
ብኻልእ አዘራርባ፣ አብ ም'ህናጽ ንመሰረታዊ ረብሓ ህዝብታት ዞባና
ዘገልግል ዝረህወ መጻኢ። ረብሓ ዘለዎ ስጉሚ ሃገራዊ ሓይልታት እንተ
ተመሪሑ፣ ዞባና ግዙእ ዝሓለፈ ዘሕዝን ታሪኹ ክኸውን ኩኑን አይኮነን።
እዚ ምስ ዝኸውን ከአ ህዝብታት ቀርኒ አፍሪቃ ካብ ውዱዕ-ታሪኽ ናብ
በዓል ቤት-ታሪኽ ተሰጋጊሩ ናይ ሓባራዊ ሰላምን ራህዋን ሓድሽ ታሪኽ
ክሃንጽ ክኽእል እዩ።

እዚ ምስግጋር'ዚ ግን ቀሊል ክኸውን ም'ጽባይ ዕዳኡ ከቢድ እዩ።
ካብቲ ነዚ ምስግጋር ብዓወት ንምፍጻም ክግበር ዘለዎ ጥንቁቕ ም'ድላዋትን

ትኩርን ቀጻልን ቃልሲን ስለ ዘባኹር ድማ ዘይጽወር ዓቢ ፖለቲካዊ
ጌጋ እዩ። አብዚ ዝሓለፈ ሓደ ዓመት፡ ድሕሪ አብ መንጎ ኤርትራን
ኢትዮጵያን ስምምዕ ሰላምን ምሕዝነትን ምኽታሙ ጥራይ'ኳ አብ ፖለቲካ
ኢትዮጵያ ሓያለይ መርአያታት ናይቲ ናይ ወራርን ኩናትን ድሑር
አተሓሳስባታትን ጽውጽዋያዊ ትረኻን ዘይበለየሉ ሓይልታት ትምክሕቲን
ጸቢብነትን ዘውጽአ ዘሎ ሰማሚ መግለጺታት ይስማዕ አሎ። እዚ ኩነታት'ዚ፡
ናብ ውሑስ ፍትሓዊ ሰላም ዘገብር ምስግጋር ዝተጣናነገ ብድሆታትን
ግድላትን ክሰግር ከም ዘለዎን፡ ነባሪ ሰላም ንምህናጽ ከአ ነቲ ናይ ዕብለላን
ወራርን አተሓሳሰባን ዝውክሎ ሓይልታትን ጉጅለታትን ብዘየዳግም
ንምስዓር ቀጻሊ ፖለቲካዊን ስነ-ሓሳባዊን ቃልሲን ስራሕን ከም ዘድሊ
አጽኒዑ ዘተሓሳስብ እዩ። ስለዚ፡ ከም ዝበሃል፡ ኩናት አብ ሓንጎል ሰባት
ብሓሳባት ተዘሪኡ ስለ ዝጅመር፡ ሓባራዊ ሓንጎል ህዝቢ ቀዳማይ ድፋዕ
ንሰላም ንኽኸውን፡ ናይ ሰላምን ፍትሕን ምምልላእን ሓሳባት አብ ልዕሊ
ናይ ጽልእን ዕብለላን ኩናትን ሓሳባት ንኽዕወት ጽኑዕን ዘይሕለልን ቃልሲ
ምክያድ ከድሊ እዩ። ነቲ ንኽልቲአን ገርባብቲ ሃገራት ንዳርጋ 70 ዓመታት
ናብ ግጭትን ኩናትን ብምእታው፡ ንህዝብታተን አደዳ ሞትን ድኽነትን
ብምግባር፡ ክቡር ዋጋ ዘኽፈሎ ንስርዓታት አዲስ-አበባ ክመርሕ ዝጸንሐ
ናይ ዕብለላን ምስፍሕፋሕን ስሱዕ ረብሓታትን አተሓሳሳባን ከም መሰረት
ዘገልግሎ ዝንቡዕ ትረኻን፡ ብስሩ ንመስረታዊ ረብሓ ህዝቢ ኢትዮጵያ'ውን
ስለ ዘየገልግል፡ ንኢትዮጵያ ንዐቐዳት ሰላም ሓሪሙ ብውሽጣዊ ኩናትን
ህውከትን ከም ትናወጽ ዝገበረን ድሕሪት ዘትረፈን እዩ። ስለዚ፡ ሎሚ ነዚ
አረጊት መሰመርን ዝውክሎ ሓይልታት ትምክሕትን ዕብለላን ንምስዓር፡
ብገስጋሲ ሓባራዊ ራእይ ዝምራሕ፡ አብ ናይ ሰላም፡ ፍትሒ፡ ማዕርነት፡
ናጽነት፡ ምክእኣል ክብርታት ዝተመስረተ፡ ንሓባራዊ ረብሓታት ህዝብታት
ቀርኒ አፍሪቃ ዘገልግል፡ ናይ ልምዓትን ብልጽግናን ሓባራዊ መጻኢ ክህነጽ
ዓቢ ታሪኻዊ ዕድል አብ ዝተኸስተሉ መለጋግቦ ታሪኽ ንርከብ አለና።

እዚ አብ ቅድሚ ህዝብታትን መንግስታትን ቀርኒ አፍሪቃ ድሕሪ ነዊሕ
ዝተሓላለኸን ቃልሲ ተኸሲቱ ዘሎ ናይ ሓድሽ ታሪኻዊ ተኽእሎታት ደረት-
ትርኢት፡ አብ ሓባራዊ ራእይን ሓጿፈ (inclusive) ትረኻን፣ አብ ሓባራዊ
ክብርታትን ረብሓታትን፣ አብ ንጡፍን ንቑሕን ውዱብ ተሳታፍነት ህዝቢ፣
አብ ሓባራዊ ብዙሕ ጽላታዊ ትካላት ምትሕግጋዝን ጸጥታዊ ባደሽ ዘወግድ
ሓድሽ መዋቕር ሓባራዊ ድሕነትን፣ አብ መሰረታዊ ዞባዊ ጉዳያት ሓባራዊ
መረዳእታ ምህናጽ፣ አብ ምምልላእ ውሽጣዊ ሰላምን ዞባዊ ሰላምን፣ አብ
ንግዲን ወፍርን፣ ናጽ ምንቅስቓስ ሰብን ፍርያትን፣ ምህናጽ ሓደ ሓባራዊ
ዞባዊ ዕዳጋን፣ አብ ናጽ ምልውዋጥን ምምዕባልን ሓሳባትን ፍልጠትን

ቴክኖሎጂን ተመኩሮታትን ምህራትን. . . ዝተመስረተ ርጉእ፡ ምዕቡልን ርህዉን መጻኢ ንምህናጽ ዘኽእል እዩ፡፡

ቀንዲ ዕላማ ናይዚ መጽሓፍ'ዚ እምበኣር፡ ከምቲ ሓደ ጸሓፊ ዝበሎ፡ ናይ ታሪኽ ሓቅታት ምንጋር ኣብ መጻኢ፡ ተስፋ ንምግባር ዘገልግል ኣገዳሲ ተግባር ስለ ዝኾነ፡ ነዚ ዝሓለፈ ሕማቕ ናይ ኩናትን ተጻብኦን ምዕራፍ ብምትራኽ፡ ጽቡቕ ናይ ሰላምን ምትሕግጋዝን ታሪኽ ንምህናጽ ኣብ ጀሚሩ ዘሎ ጉዕዞ ምቅላል ኣበርኩቶ ንምግባር እዩ፡፡

'መኸተ፡ ካልኣይ ገድሊ ንምኽልኻል ሃገር' ንዘናዊ ጽንዓት ናይቶም ናይዚ ዝሓለፈ 20 ዓመታት ነዊሕን ፈታኝን ካልኣይ ገድሊ ጀጋኑ ዋርሳይን ይኽእሎን ዝጸንብልን ዘሞጉስን፡ ነቲ ጌና ብሕጂ ክንገር ዘለዎ ሰፊሕን ሃብታምን ተመኩሮ ዝምልከት ሓያል መጽሓፍቲ ንኽድረስ ድርኺት ክኸውን ዝሕልንን መጽሓፍ እዩ፡፡

እዚ መጽሓፍ'ዚ ብዘይ ብጉስ ተሳታፍነትን ዕቱብ ተገዳስነትን ኣዘንተውቲ፡ ጸሓፍትን ኣሰናዳእትን ክዛዘም ኣይምኽኣለን'ሞ፡ ንኹሎም ልዑል ምስጋናና ነቕርበሎም፡፡ ነቶም ኩሉ-ሳዕ ኣብ ኣፉን ዕርበቱን መጻሕፍትና ንምሕታም ከይተጓትኡ ዝሰርሑ ኣመሓደርትን ሰራሕተኛታትን ኣገልግሎት ማሕተም ሳቡር ከኣ ከም ወትሩ ክብ ዝበለ ምስጋናና ነቕርበሎም፡፡

አሕተምቲ ሕድሪ
ሓምለ 2019

መእተዊ

መኽተ
ካልኣይ ገድሊ ንምክልኻል ሃገር (1998 - 2018)

ታሪኻዊ ድሕረ-ባይታ

ተኸታተልቲ ስርዓታት ኢትዮጵያ፡ ብገዚፍ ፖለቲካዊ፡ ወተሃደራዊን ንዋታዊን ደገፍ ዓቢይቲ ሓይልታት ዓለምና (ቅድም ሕቡራት መንግስታት ኣመሪካን ናይ ምዕራብ መሓዙታን፡ ደሓር ከኣ ሕብረት-ሶቭየትን መሻርኽታን) መሰል ርእሰ-ውሳነ ህዝቢ. ኤርትራ ንምድቋስ ዘየድዋ ኩናት፡ ምስኡ ተኣሳሲሩ ኣብ ልዕሊ. ህዝቢ. ኤርትራ ዘፈጸምዎ ጃምላዊ ህልቂት፡ ዓመጽ ኣብ ልዕሊ. ሰብኣውነትን ናይ ኩናት ገበናትን ሓደ ካብ መለለዪታት ናይ ዝሓለፈ. 80 ዓመታት ታሪኽ ኤርትራን ኢትዮጵያን እዩ።

ብስልጡን መትከላት፡ ድሕሪ ናጽነት ኤርትራ፡ እዚ ሕሉፍ ገበናት'ዚ ብወግዒ. ይቅሬታ ክሕተተሉን ካሕሳ ክኽፈለሉን ዝግባእ'ዩ ነይሩ። እንተኾነ፡ ህዝቢ. ኤርትራን መንግስቱን ዝሓለፈ. ናይ ታሪኽ ምዕራፍ ብምዕጻው፡ ንቅድሚት ምጥማት እዮም መሪጾም። መጺኢ. ረብሓ ክልቲኡ ህዝብታት ከምዝዐቢ. ኣብ ግምት ብምእታው፡ ጽቡቅ ጉርብትናን ምሕዝነትን ብሂጎም። ሓደ ካብ ዕላማታት ናይቲ ክቡር መስዋእቲ ዝኸፈሉሉ ቃልሲ፡ ብደረጃ ዞባ ምርግጋጽ ሰላም፡ ሰናይ ጉርብትና፡ ምርግጋእን ሓባራዊ ዕብየትን ስለ ዝነበረ። ብርግጽ ድማ፡ እቲ ድሕሪ ናጽነት ኣብ መንጎ ክልቲኣን ሃገራት ንውሑድ ዓመታት ዝተራእየ ሰላማዊ ዝምድና፡ ሃንደበት ምስ ናጽነት ኤርትራ ዝተኸስተ ዘይኮነ፡ መቐጸልታ ናይቲ ኣብ እዋን ሓርነታዊ ኩናት፡ ነዚ ዕላማ'ዚ. ክዉን ንምግባር ዝተኻየደ ነዊሕን ዓቃልን ቃልሲ.'ዩ ነይሩ። ህዝብታት ኤርትራን ኢትዮጵያን ኣብቲ ኣንጻር ዘውዳዊን ወተሃደራዊን ግዝኣት፡ ስርዓታት ሃይለስላሰን ደርግን በብወገኖም ዘካይድዎ ዝነበሩ ቃልሲ፡

ምስ ኩሉ ጸገማቱን ዘይምቅዳዋቱ፡ ኣንጻር ናይ ሓባር ጸላኢ ዘማዕበልዎ
ናይ ምድግጋፍ ዝምድና ኽኣ፡ ድሕሪ ውድቀት ስርዓት ደርግ፡ ንሓጺር ግዜ
ሰላማዊ ርክብን መጠናዊ ናይ ምትሕግጋዝ ባይታን ክፈጥሩ ኣኽኢልዎም
ነይሩ።

በቲ ዝተመስረተ ሓድሽ ናይ ምትሕግጋዝ ዝምድና፡ ኢትዮጵያ ናጻ
ተጠቃሚት ወደባት ኤርትራ ኣብ ርእሲ ምኻና፡ ክልቲኣን ሃገራት ሓባራዊ ናይ
ሚኒስትራት ኮሚተ ብምጅማር፡ ወተሃደራዊን ጸጥታዊን ኪዳን መስሪተን፡ ኣብ
ፖለቲክ፡ ዲፕሎማሲ፡ ቁጠባ፡ ንግዲን ካልእ ብዙሕ ዓውድታትን ክተሓጋገዛ
ብምስምማዖን፡ ንህዝቢ ክልቲኣን ሃገራት ይኹን ንህዝብታት ዞባና ዘርብሕ
ባይታ ክጸርግ ጀሚሩ ነይሩ። ዜጋታት ክልቲኣን ሃገራት፡ ብዘይ ፓስፖርት፡
ብወረቐት መንነት ጥራይ ካብን ናብን ኤርትራን ኢትዮጵያን ክንቀሳቐሱ
ዕድል ተፈጢሩሎም፡ ተረባሕቲ ናይቲ ዝተፈጥረ ሰላምን ርግኣትን ክኾኑ
በቒዖም ነይሮም። ካብ ኤርትራን ኢትዮጵያን ሓሊፉ እውን፡ ኣብ መላእ
ቀርኒ ኣፍሪቃ፡ ተመሳሳሊ ምሕዝነትን ምትሕብባርን ንምፍጣር፡ ኣቓዲሙ
ናብ ምክልኻል ምድረ-በዳነት ዝቐነዐ ውሱን ዕላማታት ዝነበሮ ዞባዊ
ውድብ ኢጋድ፡ ብቘንዱ ብሓሳብ መንግስቲ ኤርትራን ደገፍ መንግስቲ
ኢትዮጵያን ካልኦት ሃገራት ዞባናን ዕላማታቱ ሰፊሑ፡ ንቑጠባዊን ፖለቲካዊን
ምትሕብባር ክሰርሕ ኣብ ስምምዕ ተበጺሑ፡ ዳግም ከም ዝውደብ ተገብረ።

የግዳስ፡ ሸውዓተ ዓመት ኣብ ዘይመልእ ግዜ፡ እዚ ህዋሁው'ዚ፡ ንዘሰፍሐ
ቁጠባዊን ልምዓታዊን ውህደት ቀርኒ ኣፍሪቃ መገዲ ክጸርግ ትጽቢት
እናተገብረሉ፡ ብቑጽበት ፈሪሱ፡ ኢትዮጵያ ኣብ ልዕሊ ኤርትራ ኲናት
ምእዋጃ፡ ንኹሉ ደላይ ሰላምን ምዕባለን ዘሰንበደን ዘገረመን ክስተት ነበረ።
ብርግጽ ድማ፡ እቲ ንህዝቢ ክልቲኣን ሃገራት ዘድመየ ናይ 30 ዓመት
መሪርን ነዊሕን ኲናትን ንሱ ዘስዐቦ ዕንወትን ገና ስምብራቱ ከይሃሰሰ፡
ዳግም ናብ ኲናት ምምላስ ዘሰንብድ እዩ ነይሩ።

ናብዚ ኲናት'ዚ ዝደረኸ ኩነታትን ምኽንያትን ግን ብልክዕ እንታይ'ዩ?
እዚ ኲናት'ዚ ክመጽእ ትጽቢት ተገይሩሉ ነይሩ'ዶ? መበገሲኡ ደባዊ
ምስሕሓብ ጥራይ ድዮ ወይስ ካልእ ዝዓበየ ኣጀንዳ? እዚ ኲናት'ዚ፡ በቲ ኣብ
መንን ሓለውቲ ዶብ ዘጋጠመ ንእሽቶ ግጭት ተበጊሱ፡ ናብ ሰፊሕ ኲናት
ዝዓረገ ፍጻመ'ዩ ክበሃል ይኸኣል'ዶ? ብስሩ'ኸ ክውገድ ምተኸኣለ'ዶ?
ግዳማውያን ሓይልታት'ከ እንታይ ተራ ነይሩዎም? እቲ ሕቶታት ብዙሕ
እዩ።

ኣባል ፖለቲካዊ ቤት ጽሕፈት ህዝባዊ ወያን ሓርነት ትግራይ ዝነበረ
ገብሩ ኣስራት፡ "ልኡላውነትን ደሞክራሲን ኣብ ኢትዮጵያ" (ልኡላውነትና
ደሞክራሲ በኢትዮጵያ) ብዝብል ኣርእስቲ፡ ኣብ 2014 ኣብ ዘሕተሞ

መጽሓፍ፡ እቲ ኩነት ቅድሚ ምውልዑ ሸሞንተ ኣዋርሕ፡ ማለት ኣብ ጥቅምቲ 1997፡ ኣብ ኣኬባ ፖለቲካዊ ቤት ጽሕፈት ህ.ወ.ሓ.ት.፡ "ሻዕቢያ ክወረና'ዩ፣ ኩናት ዘይተርፍ'ዩ" ዝብል ዛዕባ ተላዒሉ ነዊሕ ዘተ ከም እተኻየደሉ የረጋግጽ። (ገጽ 258)

እቲ ኣኬባ ኣብ መወዳእታ፡ "ሻዕቢያ ንምምካት ኢልና ጥራይ ዘይኮነ፣ ካብኡ ንላዕሊ ጉልበት ዘለዎም ተጻዓቲ እውን ንምክልኻል፣ ወተሃደራዊ ምድላዋት ካብ ምንጋር ክንበኩር የብልናን" ብዝብል ሓሳብ ከም እተደምደም ይገልጽ። በዚ መሰረት፡ ነፈርቲ ውግእ፡ ካብ ማእከል ኢትዮጵያ እናበረራ ምስ ኤርትራ ኣብ ዝካየድ ውግእ ክሳተፋ ስለ ዘጽግም፡ ኣብ ጽገና ዝነበረ መዕርፎ ነፈርቲ መቐለ፡ ህንጸቱ ከም እተቐላጠፈ ይጠቅስ። እቲ መጽሓፍ ብተወሳኺ፡ ኣብ ለካቲት 1998 ኣብ ኣኬባ ማእከላይ ሽማግለ ህወሓት፡ እቲ ጉዳይ ከም ቀንዲ ኣጀንዳ እኳ እንተዘይቀረበ፡ ኣማቲ ዘረባታት ተላዒሉ ምንባሩ ይገልጽ።

ናብቲ ደሓር ዝመጸ ዕቡድ ኩናት ከምርሕ ይኽእል ዝብል ግምት ደኣ ኣይነበር እምበር፡ ንድሕሪት ምልስ ኢልና ምስ እንምልከት፡ ታሪኽ ኣመዓባብላ ዝምድናን ህዝባዊ ግንባርን እቲ ብቓልሲን መስዋእቲን ህዝቢ ትግራይን ምድግጋፍ ሰውራ ኤርትራን ድሕሪ ውድቀት ስርዓት ደርግ ናብ መንበረ-ስልጣን ኣዲስ-ኣበባ ዝመጸ ህዝባዊ ወያነ ሓርነት ትግራይን ብዓንተቦኡ ልሙጽ ኣይነበረን። ብዙሕ ዘይምቅዳውን ሓጎጽጎጽ ዝነበሮን እንሓንሳእ ዓቐልን ትዕግስትን ዝፈታተን'ዩ ነይሩ። ድሕሪ ናጽነት እውን እንተኹነ ኣብ መንን ህዝባዊ ግንባርን ህወሓትን ኣብ ብዙሕ ጉዳያት ዘይምርድዳእ ኣብ ርእሲ ምንባሩ፡ ነዚ ኩነት'ዚ ዘጋድድ ግዳማዊ ድርኺት'ውን ነይሩ እዩ። ከም መእተዊ ናይዚ ጽሑፍ'ዚ፡ ታሪኻዊ ኣመዓባብላ ዝምድናን ሰውራ ኤርትራን ተቓዉምቲ ሓይልታት ኢትዮጵያን ምውካስ እምበኣር፡ ነዚ ኩነት'ዚ ዝደረኽ ምኽንያታት፡ ጥሙሕን ስምዒታትን ኣስፈሕካ ንምርዳእ ሓጋዚ እዩ።

ኣመዓባብላ ዝምድናን ሰውራ ኤርትራን ተቓወምቲ ሓይልታት ኢትዮጵያን

ኢትዮጵያ ከም ሃገር እዚ ናይ ሕጂ መልክዓ ዝሓዘት፡ ከም ኩለን ሃገራት ኣፍሪቃ ምስ ምምጻእ ኤውሮጳዊ መግዛእቲ እዩ። ቅድሚ ኤውሮጳዊ መግዛእቲ፡ ኣብዚ ዞባ'ዚ ዝነበሩ ዝሓየሉን ተወዳደርትን ያታውያን ንግስነታት ናይ ትግራይ፡ ጎጃም፡ ሸዋን ማህዲን ንግስነታት እዮም። እንተኹነ፡ ንግስነታት ትግራይን ጎጃምን ብወራራት ኢጣልያን ማህዳውያንን ስለ ዝተዳኸሙ፡ ንቱስ ሸዋ ዳግማዊ ምኒልክ፡ ኣብዚ ዞባ፡ ኣብ መንን ኢጣልያ፡ ብሪጣንያን

ፈረንሳን ዝነበረ ግዝኣት ናይ ምስፍሕፋሕ ውድድር ዝኸፈተሉ ፈቃቅ ተጠቒሙ፥ ምስ ሓደ ወይ ካልእ ኤውሮጳዊ ሓይሊ እናተመሓዘወ ዓብላሊ ኩይኑ ብምውጻእ፥ ነዛ ናይ ሕጂ ኢትዮጵያ መልክዕ ኣትሓዘ።

አብዚ ሓያል ውድድርን ተገላባጢ ምሽራኻትን ዝተኣየሉ ግዝኣት ናይ ምስፍሕፋሕ መስርሕ'ዚ፥ ኣብ መወዳእታ ዓብላሊን ግዛኢን ኩይኑ ዝወጸ፥ ብቋንፉ ሸዋ ዝመሰረቱ ናይ ብሄረ ኣምሓራ ደርቢ መሳፍንቲ ነበረ። ኣብ ኢትዮጵያ እምብራጦርያዊ መንግስቲ ብምጃም ድማ፥ ኩሉ ምምሕዳራዊን ፖለቲካዊን ኣካላትን መሬትን ኣብ ትሕቲ ንጉሳዊ ቤተ-ሰብ፥ መሳፍንቲን ነፍጠኛታቶምን ከም ዝኣቱ ብምግባር፥ ንህዝቢ ዝተፈላለዩ ብሄራት ናብ ተወፋርን ኣገልገልግቲን ቀየሮም። በዚ ድማ ኢትዮጵያ፥ ቡቶም ዝተዓበለሉን ዝተሃመሹን ዜጋታት፥ ከም "ቤት ማእሰርቲ ናይ ጮቁናት ብሄራት" ትርአ ነበረት። ብኸምዚ ዝዓይነቱ መሰፍናዊ ፖለቲካን እምብራጦርያዊ ስርዓትን፥ ዘመናዊት ሃገር ምምስራት ዝከኣል ስለ ዘይነበረ ኸአ፥ እቶም ብሓይሊ ብረት ዝተገዝኡ ህዝብታት፥ ካብ ዕብለላን ግዝኣትን ናይ ሓደ ብሄር ግዛኢ ደርቢን ዘውዳዊ ስርዓትን ንምግልጋል፥ ቡብኸባቢኡ ተቓውሞ ክልዕሉ ግድን ነበረ።

ምልኪን ምስፍሕፋሕን ግዛእቲ ስርዓታት ኢትዮጵያ፥ ኣብ ውሽጢ ግዝኣቶም ጥራይ ዝተሓጽረ ኣይነበረን። ኣብ እዋን ምዝርዛር መግዛእቲ ማለት ኣብ መፋርቅ ዝሓለፈ ዘመን፥ ሃገራት ኣፍሪቃ ካብ ቀጥታዊ መግዛእቲ ኤውሮጳውያን ኣብ ዝላቖቓሉ ዝነበራ መድረኽ፥ ብኣመሪካ ዝምራሕ ምዕራባዊ ዓለም፥ መሰል ህዝቢ ኤርትራ ንርእስ-ውሳነ ጓዕጺጹ፥ ኤርትራ ብስም ፈደረሽን ኣብ ትሕቲ'ታ ብኩለንተናኣ ካብኣ ኣዝያ ዝደሓረትን ውሽጣዊ ስምረት ዘይነበራን ኢትዮጵያ ክትቀረን'የ ፈረዱዋ። ሕቡራት መንግስታት ኣመሪካ፥ መሰል ርእስ-ውሳነ ህዝቢ ኤርትራ ብምጉዕጻጽ፥ ንኤርትራ ምስ ኢትዮጵያ ብፈደረሽን ክትቄርና ዝወሰነትሉ ምኽንያት፥ ኣብቲ እዋን'ቲ ጸሓፊ ጉዳያት ወጻኢ ኣመሪካ ዝነበረ ጆን ፎስተር ዳላስ በዚ ዝሰዕብ ንጹር ቃላት ገሊጽዎ ነይሩ፤

> ብዓይኒ ፍትሒ፡ ርእይቶ ህዝቢ ኤርትራ ኣብ ግምት ክኣቱ ይግባእ
> ነይሩ። እንተኾነ፥ ስትራተጂያዊ ረብሓና ኣብ ቀይሕ ባሕርን ማእከላይ
> ምብራቅን ጉዳይ ዓለማዊ ሰላምን ጸጥታን፥ እታ ሃገር ምስታ መሓዛና
> ኢትዮጵያ ክትቀረን ግድን ገይሩም ኣሎ።

እቲ ብኣመሪካ ተሃንዲሱ፥ ብሕቡራት ሃገራት ዝተራዕመ ምቑራን ኤርትራ ምስ ኢትዮጵያ ብስም ፈደረሽን እምበኣር፡ "ሃገርነት ኤርትራ ንስትራተጂያዊ ረብሓና ኣየገልግልን'ዩ" ብዝብል መጎት፥ ብኣንጻር ምርጫ ህዝቢ ኤርትራ፥ ብሓይልታት ግዳም ዝተሰገደደ እዩ ነይሩ። ዕላማኡ ድማ

ቀስ-ብቐስ ንኤርትራ አብ ትሕቲ ዘውዳዊ ስርዓት ኢትዮጵያ አእቲኽ፣ ሃገርነት ኤርትራ ምሕካኽ እምበር፣ ኤርትራ ርእስ ምምሕዳራዊት አሃዱ ኩይና ክትቅጽል አይነበረን። ስለዚ ድማ'ዩ፣ ሃጸይ ሃይለስላሴ ብ1962 ፈደራላዊ ስምምዕ ጥሒሱ፣ አህጉራዊ ሕጊ ረጊጹ፣ ነቲ አብ መንጎ ሃገሩን ኤርትራን ብሕቡራት ሃገራት ዝጸመ ፈደረሽን አፍሪሱ፣ ንኤርትራ ካብ ሕጊ ወጻኢ ክጉብጣ እንከሎ፣ ብአመሪካ ዝምራሕ ምዕራባዊ ዓለም፣ ነቲ ዓለቛ ርእዩ ከም ዘይረአየ ዓይኑን እዝኑን ደፊኑ ዝሓለፌ።

ሀዝቢ ኤርትራ፣ ነዚ አብ ልዕሊኡ ዝተፈጸመ አህጉራዊ ውዲትን ዓመጽን'ዚ፣ ፈለጣ ብሰላማዊ መገዲ እዩ ተቓዊምዎ። ሰላማዊ ተቓውሞኡ ብሓይሊ ስለ እተመለሰሉ ኸአ፣ መስል ርእስ-ውሳነኡ ንምኽባር ዕጥቃዊ ቃልሲ ከበገስ ተገደደ። ቃልሲ ሀዝቢ ኤርትራ ንናጽነት ድማ፣ ነቲ አቐዲሙ ዝተጠቕሰ፣ ዘይስሙርን ፈርካሽን አቋውማ እምብራጦርያዊ ስርዓት ኢትዮጵያ ካልእ ዘበርትዐ ጓህሪ ኩኖ። ከም ሳዕቤኑ፣ ስርዓት ሃይለስላሴ፣ ብቓልሲ ሰውራ ኤርትራን ምልዕዓል ሀዝቢታት ኢትዮጵያን አብ 1974 ካብ ስልጣኑ ተዓልወ።

ስርዓት ሃይለስላሴ ይውደቕ እምበር፣ ምልዕዓል ሀዝቢ ኢትዮጵያ ፍኑው ብምንባሩ፣ ናይ ኩሎም ሀዝብታት ኢትዮጵያ ደሞክራሲያዊ መስል ዘረጋግጽ ስርዓት ክፈጥር አይከአለን። እቲ ምስ ምውዳቕ ስርዓት ሃይለስላሴ ዝተፈጥረ ናይ ስልጣን ሃጓፍ ኸአ፣ ዝሓሸ ጥርናፈ ብዝነበሮ ወተሃደራዊ ጉጅለ ተመሊኡ፣ ደርግ አብ ስልጣን መጸ። ደርግ እውን እንተኾነ ካብ ትምክሕታዊ አረአእያ ናይቲ ጋዚአ ደርቢ ዝተፈልየ፣ ንጉዳይ ኤርትራ ብሕጋዊን ሰላማዊን መገዲ ክፈትሕ ዝኽእል፣ አብ ውሽጢ'ታ ሃገር ከአ ንኹሉ ክፋላት ሕብረተሰብ ኢትዮጵያ ብማዕርነት ዝሓቕፍ ባይታን ገስጋሲ አመለኻኽታን አይፈጸአን። ብአንጻሩ ነቲ ህዝባዊ ተቓውሞታት ብሓይሊ፣ ብረት ናይ ምጭፍላቕ ሆንዳደ አብ ዝለዓለ ጥርዙ አብጺሑ። እዚ ኩነታት'ዚ ድማ፣ ብዘይካ ሰውራ ኤርትራ፣ አብ ውሽጢ ኢትዮጵያ እውን ብዙሓት ብሄራዊን ሕብረ-ብሄራዊን ቃልሲ ዘካይዳ ውድባት ክፍጠራ ደረኸ። ብረታዊ ቃልሲ ሀዝቢ ትግራይ ኸአ ካብ ከምዚ ዝአመሰለ ድሕረ ባይታ'ዩ ተወሊዱ።

ውድባት ሰውራ ኤርትራ፣ አውራ ድማ ህዝባዊ ግንባር ሓርነት ኤርትራ፣ ገዛእቲ ኢትዮጵያ ብዘይካ'ቲ አብ ልዕሊ ህዝቢ ኤርትራ ዝፈጸምዎ ርኡይ ዓመጽ፣ አብ ልዕሊ ህዝቦም እውን ዘወርድዎ ዝነበሩ ግፍዒን ጭቆናን አብ ግምት ብምእታው፣ ካብ ፈለማ መድረኽ አትሒዞም ምስ ፍትሓዊ ቃልሲ ዝተፈላለዩ ህዝብታት ኢትዮጵያ ብንዋትን ጥራልን ይደጋገፉ ነይሮም እዮም። ከም አካል ናይዚ ምድግጋፍ'ዚ፣ አብ መጀመርታ 1970ታት

ምስ ህዝባዊ ሓይልታት ሓርነት ኤርትራ ኩይኖም ናይ ቃልሲ ተመኩሮ ዝቐሰሙ ዝነበሩ ናይ ሰውራዊ ሰልፊ ህዝቢ ኢትዮጵያ (EPRP) መስረት፡ቲ አብ ሜዳ ኤርትራ ነበሩ። ንዕጥቃዊ ቃልሲ ህዝቢ ኤርትራ ከም ተባዕ ብድህ አንጻር ጭቆናን ሞጎል ቃልሲን ብምውሳድ፡ "መስል ተጋሩ እውን ብብረት ክረጋገጽ አለዎ" ዝብሉ ተቓለስቲ ባእታታት ትግራይ፡ ዕጥቃዊ ቃልሲ ንምብግጋስ ካብ መጀመርታ 1970ታት ጀሚሮም ምስ ተጋድሎ ሓርነት ኤርትራ ርክባት የካይዱ ነበሩ።

ስርዓት ሃይለስላሴ አብ ዘወደቐሉ እዋን፡ እቶም አብ ትሕቲ ጽላል ህዝባዊ ሓይልታት ዝነበሩ ናይ ኢ.ፒ.ኣር.ፒ. ተቓለስቲ አብ ውሸጢ ኢትዮጵያ ዕጥቃዊ ቃልሲ ንምክያድ፡ ካብ ኤርትራ ናብ ትግራይ፡ ሰጊሮም አብ ከባቢ ዓሲምባ፡ ሰሜን ትግራይ ሰፈሮም፡ ዕጥቃዊ ቃልሲን አብ ከተማታት ህዝቢ ናይ ምውዳብ ስርሓትን ጀመሩ። ጎሬ ጎኒ'ዚ፡ ደገፍ ተጋድሎ ሓርነት ኤርትራ ዝነበሩ፡ ግንባር ገድሊ ሓርነት ትግራይ (ግገሓት) ዝተሰምየ ውድብ፡ አብ በረኻታት ትግራይ ክንቀሳቐስ ጀሚሩ ነበረ። አብ ህዝባዊ ሓይልታት ሓርነት ኤርትራ ኩይኖም ዝቃለሱ ዝነበሩ ገለ ተጋሩ ተጋደልቲ ድማ፡ ምስቶም አብ አዲስ-አበባ ማሕበር ገስገስቲ ብሄረ ትግራይ (ማገብት) መሰረቶም ዝንቀሳቐሱ ዝነበሩ ተመሃሮ ብምርኻብ፡ አብ ለካቲት 1975 "ተጋድሎ ሓርነት ህዝቢ ትግራይ" ዝተሰምየ፡ ደሓር ስሙ ናብ "ህዝባዊ ወያነ ሓርነት ትግራይ" ዝቐየረ ውድብ ብምቋም፡ አብ ደበቢ፡ት መሬት ትግራይ፡ ዕጥቃዊ ቃልሲ አበገሱ። ሕመረት ካደረታት ናይዚ ውድብ'ዚ፡ ኸአ አብ መደበር ታዕሊም ህዝባዊ ሓይልታ፡ አብ ባሕሪ-ባራ ዝስልጠኑ ነበሩ። ("ወያነ" ዝብል ቃል፡ ካብቲ ብ1942-43፡ ሓረስቶት ማእከልን ደቡብን ትግራይ ብብላታ ሃይለማርያም ረዳ እናተመርሑ፡ "ትግራይ ካብ ግዘአት ሸዋ ሓራ ከነውጽአ ኢና" ኢሎም አንጻር መንግስቲ ሃይለስላሴ ዘልዓዓልዎ "ቀዳማይ ወያነ" ተባሂሉ ዝፍለጥ ተቓውሞ ዝተወስደ እዩ።)

ብዘይካ'ዚ፡ ካልእ ዝተፈላለየ ውዳበታት ናይ ተጋሩ እውን ነበረ። ብርእሲ መንገሻ ስዩም ዝምራሕ፡ ደሞክራሲያዊ ሕብረት ኢትዮጵያ (ኢ.ዲ.ዩ.-EDU)፡ ምንቅስቓስ ሓርነት ህዝቢ ትግራይ ጠርናፊት ኮሚቴ (ም.ሓ.ት.-ጠ.ኮ.) ዝበሃሉ አንጻር ስርዓት ደርግ ዝቃለሱ ጉጅለታት አብ ሜዳ ትግራይ ይነጥፉ ነበሩ። ጠርናፊት ኮሚቴ ቀቅድሚ ምምስራት ኢ.ዲ.ዩ.፡ መራሒአም ክምለስ ብዝደልዩ ዝነበሩ ደገፍቲ ራእሲ መንገሻ ዝቘመት እያ። ስማ ከም ዝሕብሮ፡ አብ ብዙሕ ቦታታት ትግራይ ዝነበሩ ጸረ-ደርግ ጉጅለታት አብ ሓደ ምእኩል መሪሕነት ናይ ምጥርናፍ ዕላማ ዝነበራ ኩይና፡ ደሓር አካል ኢ.ዲየ ዝኹነት ውድብ እያ።

አብ መንገ'ዞም ቡብወገንኞም ንቃልሲ አብ ሜዳ ትግራይ ዝተራኸቡ ዝተፈላለየ ውድባት ዝነበረ ናይ አመለኻኽታ ፍልልይ ናብ ጎንጻዊ ግጭት

ምስ አምረሉ፥ አብ መወዳእታ ዓብላሲ ሓይሊ ኩይኑ ዝወጸ ህዝባዊ ወያነ ሓርነት ትግራይ እዮ።

ተሓህት (ወያነ) አብ ፈለማ መድረኽ ብረታዊ ቃልሲ

ወያነ፥ ቡቲ ናይ መጀመርታ ስሙ፥ ተጋድሎ ሓርነት ህዝቢ ትግራይ (ተሓህት)፥ አብ መንን ዝተፈላለዩ ውድባት አብ ዝተኸስተ ጎንጸዊ ግጭት ተጸሚድሉ አብ ዝነበረ እዋን፥ ዕላማኡን መትከላቱን ንምንጻር፥ "ማኒፌስቶ 68" (1968 ብአቈጻጽራ ግእዝ) ተባሂሉ ዝጽዋዕ ፖለቲካዊ ፕሮግራም አውጺኡ ነበረ። እዚ፥ አብ ለካቲት 1976 ዝተዘርግሐ ማኒፌስቶ'ዚ፥ "መን'ዩ ትግራዋይ?" ዝብል ሕቶ አልዒሉ፥ "ትግራዋይ ማለት፥ ንትግርኛ ተዛሪብ፥ ንዓፈር ወይ ጠልጠል፥ ንኢሮብ፥ ንአገው ባዛን (ኩናማ) የጠቓልል" ኢሉ መልሲ ይህበስ። እዞም ዝተጠቕሱ ህዝብታት አበዩናይ ቦታ ከም ዝርከቡ እኳ ብልክዕ እንተዘየነጸረ፥ ንዶባት ትግራይ ብዝምልከት እቲ ማኒፌስቶ፥ "ዶባት ትግራይ፥ ብደቡብ ካብ ራያ አላውሃ (ክፍለ ሃገር ወሎ) ጀሚሩ፥ ሰሜናዊ ደቡ ራባ መረብ-ጋሽ ኮይኑ፥ ብምዕራብ ንጸገደን ወልቃይትን ይሓዝል። ትግራይ መረታ ዝተቐርመማ ጭቆንት ብሃር'ያ" ይብል። ዕላማ ብሄራዊ ሕቶ ህዝቢ ትግራይ ከብርሁ እንከሎ ማኒፌስቶ 68፥ "ናይ ጨቆንቲን ተጨቆንቲን ብሄራት ብሓደ ምንጋር፥ እተን ተጨቆንቲ ብሄራት ክኸእልአን ክጸመምአን ሰለዘይክእሉ፥ ተገዲድካን ተጸጊጥካን ምንጋር ድሕሪ ሓዚ ዘየድሊን ዘይከአልን'የ፥ በዚ ምኽንያት'ዚ፥ ድማ፥ አብዛ ግዜ እዚአ ናይ ሓባር ቃልሲ ዝብሃል አብ ሰራሕ ዘይውዕልን ዘይከውንን ሕልሚ ቆትሪን ትምኒትን ምኸኑ ብምስትውዓል. . . ዕላማ ቃልስና፥ ካብ መስፍናውን ሃጸያውን ምዝመዛን ጭቆናን ሓራ ዝኾነት ናጻ ናይ ትግራይ ደሞክራሲያዊ ሪፑብሊክ ምምስራት'የ" ይብል።

እዚ አብ ፈለማ መድረኽ ናይ ቃልሲ ብመሪሕነት ወያነ ዝተአወጀ "ማኒፌስቶ 68" ብብዙሓት ፖለቲካውያን ሓይልታት ኢትዮጵያ ተቓባልነት አይረኸበን። ዘይከውንነታዊ ፕሮግራም ብምንባሩ ድማ፥ ሓይልታት ሰውራ ኤርትራ ብሓፈሻ፥ ህዝባዊ ሓይልታት ድማ ብፍላይ ክቐበልዎ ዝኽእሉ አይነበሩን። እቲ ማኒፌስቶ ዘስዓቦ መልሰ-ግብሪ ብምርአይ ከአ፥ መሪሕነት ወያነ፥ ነዊሕ ከይጸንሐ ነቲ መግለጺ ካብ ወግዓዊ መድረኻት ሰሓቦ። ይኹን'ምበር እቲ ማኒፌስቶ፥ መሪሕነት ወያነ አብቲ ፈለማ መድረኽ ናይ ቃልሱ ንሓድነት ኢትዮጵያ ይኹን ንስመር-ግንባር ቃልሲ ህዝብታት ኢትዮጵያ ይአምኑ ከም ዘይነበረ፥ ንመሰል ርእስ-ውሳነ ብሄራት አተረጓጉሙኡን ካብ ታሪኻዊ፥ ማሕበራዊን ቁጠባዊን ክዉንነት ፈልዩ ብምርአይ፥ ንምንጻል ዝደፍአ ምንባሩ፥ እቲ ምንቅስቃስ ናይ ተጋሩ ጥራይ ዘይኮነ፥ ናይ ሓሙሽተ ብሄራት ሕብረ-ብሄራዊ ምንቅስቃስ ኩይኑ፥ ናጻ ሪፑብሊካዊ መንግስቲ ትግራይ ንምምስራት ዝዓለመ ምንባሩ፥ አብ ጉዳይ

ዶብ ድማ፡ ካብ ፈለማ ናይ ቃልሱ መስፋሕፍሒ ዝምባለን ዕላማን ሒዙ ከምእተላዕለ ብዘየወላውል መገዲ የረጋግጽ።

ዕላማን ትሕዝቶን ማኒፈስቶ 68፡ ብብዙሓት ኣውራ ድማ ብህዝባዊ ሓይልታት ሓርነት ኤርትራ ተቐባልነት ምስ ሰኣነ፡ መሪሕነት ወያነ ነቲ "ናጻ ሪፑብሊክ ትግራይ ምምስራት" ዝብል ዕላማ፡ "ምኽባር መሰል ርእሰ ውሳነ ህዝቢ ትግራይ ክሳብ ምንጻል" ብዝብል ቃላት ተክኦ። እንተኹነ፡ ኣብ ግብራዊ ስጉምቲታት ናይቲ ውድብ፡ እቲ ብሰዉር ዝቐጸለ ዛዕባ ብብዙሕ መገዲ ይግሃድ ነይሩ እዩ። እቲ ኣብ በረኻታት ትግራይ ብረታዊ ቃልሲ ጀሚሩ ዝነበረ ሕብረ-ብሄራዊ ውድብ ኢ.ፒ.ኣር.ፒ. ኸኣ፡ ብናይ ዓባይ ኢትዮጵያ እምብራጦርያዊ ኣተሓሳስባ ዝተጸልወ ኣመለኻኽታ ስለ ዝነበሮ፡ ምስቲ ናይ ምንጻል ዕላማ ሒዙ ዝነቐለ ህወሓት ክቃዶ ዝኽእል ኣይነበረን። ብሰበ-ስልጣን ስርዓት ሃይለ-ስላሰ ነበር ዝቘመ ደሞክራሲያዊ ሕብረት ኢትዮጵያ (ኢዲዩ) እውን፡ ምስዞም "ጸጋማውያን (ማሕበርነታውያን) ኢና" ዝብሉ ሓይልታት ተሳንዩ ክኸይድ ዝሕሰብ ኣይነበረን።

ምስናይ'ዚ ጸገማት'ዚ ግን፡ ህዝባዊ ሓይልታት ሓርነት ኤርትራ፡ ብፍላይ እቶም "ገስገስቲ ሓይልታት" ኢና ዝብሉ ውድባት፡ ኣብ መንጎኦም ውህደት ፈጢሮም ቃልሶም ክጠናኽሩ ዝከኣል ፖለቲካዊን ንዋታዊን ደገፍ እናሃቡ፡ ኣብቲ ኣንጻር ደርግ ዘካይድዎ ዝነበሩ ንኣሽቱ ስርሒታት ተጋደልቱ እናሳተፈ ይተሓባበሮም ነበረ። ደርግ ኣብ 1976 ነዞም ተቓወምቲ ሓይልታት እዚኣቶም ኩነ፡ ብዓቢኡ ንሰውራ ኤርትራ ንምድምሳስ ዘበገሶ፡ "ራዛ-ፕሮጀክት" ዝተሰምየ፡ ዓሰርተታት ኣሽሓት ዘይተዓለሙ ገባርን ምልሻን ዝተሰለፍሉ ወተሃደራዊ ወፍሪ፡ ገና ከይነቐለ፡ ኣብ መሬት ትግራይ እንከሎ ኣብ ምብርዓኑ፡ ከምኡ'ውን ኣብቲ ዓመት'ቲ ኣብ እንትጮ ኣብ ዝተኻየደ ውግእ ዝነበረ ተሳትፎ ኤርትራውያን ተጋደልቲ፡ መርኣያ ናይቲ ገና ቃልሲ ህዝቢ ትግራይ ኣብ ምብጋሱ ብወገን ሰውራ ኤርትራ ዝግበር ዝነበረ ምድግጋፍ እዩ።

ኣብ ጥሪ 1976፡ መሪሕነት ህዝባዊ ሓይልታት፡ ንኢ.ፒ.ኣር.ፒ.ን ህዝባዊ ወያነ ሓርነት ትግራይን ኬሰማምዕ ኣብ ሜዳ ኤርትራ፡ ኣብ ርእሲ-ዓዲ (ሰሜናዊ ባሕሪ) ኣብ ዝዓደሞ ኣኼባ፡ ንግጉይ መርገጺታትን ኣካይዳን ክልቲኦም ውድባት ብምንቃፍ፡ ክዉንነታዊ ዕላማታት ኣውጺኦም ብሓባር ክሰርሑ ተማሕጺኑዎም ነበረ። በቲ ኣቐዲሙ ዝተጠቐሰ ዘይራኸብ መርገጺታቶም ግን ነቲ ምሕጽንታ ክቕበልዎ ኣይከኣሉን። ብፍላይ መሪሕነት ወያነ፡ "ኣብ ሕቶ ናጽነት ኤርትራ ካብ ኢ.ፒ.ኣር.ፒ. ንላዕሊ ንጹር መርገጺ ኣሎና" ይብል ብምንባሩ፡ ህዝባዊ ሓይልታት ንዕኡ ክድግፍ

ትጽቢት ነበረ። በዚ ድማ፡ ንምዕራይ አመለኻኽታን መርገጺን ህዝባዊ ሓይልታት አይፈተዎን። ካብ ህዝባዊ ሓይልታት ርሒቘ ኸአ፡ ንውሱን ግዜ ምስ ተጋድሎ ሓርነት ኤርትራ ንምምሕዛው ፈተነ። እንተኾነ ብዙሕ አይሰለጦን። እቲ ዝምድና ካብ ኩራ ምስ ህዝባዊ ሓይልታት ዝተበገሰ ብምንባሩ፡ ነዊሕ አይከደን። ብጉዳይ ዶብ፡ ምእካብ ውጽኢታት ካብ ህዝቢን ምምሕዳር ህዝቢን፡ አብ መንን ተሓኤን ወያነን ቀልጢፉ ምስሕሓብ ተፈጥረ። ተሓኤ እቶም አብ ውሽጢ መሬት ትግራይ ክሳብ ዓዲ-ሃገራይን ዓደ-ውዓላን አብ ዝርከባ ዓድታት ዝቐመጡ ኤርትራውያን አብ ትሕቲኣ ክመሓደሩ ክትደሊ እንከላ፡ ወያነ ድማ መጓዛእታዊ ዶብ ሰጊራ አብ ውሽጢ ኤርትራ ናይ ትግራይ'የ እትብሎ መሬት ትጥምት ነበረት።

በዚን ካልእ ዘይምርድዳእትን መሪሕነት ወያነ ካብ ተጋድሎ ሓርነት ኤርትራ እቲ ዝደልዮ ሓገዝ ክረክብ አይከአለን። አብ ከምዚ ኩነታት እንከሎ፡ ምስቲ አብ ትግራይ አንጻር ሰርዓት ደርግ ቃልሲ ዘካይድ ዝነበረ ደሞክራሲያዊ ሕብረት ኢትዮጵያ (ኢ.ዲ.ዮ) አብ ከቢድ ግጭት ስለ ዝአተወ፡ አብ ሕዳር 1977፡ እንደገና ምስ ህዝባዊ ግንባር ሓርነት ኤርትራ *(አብ ጥሪ 1977 ህዝባዊ ሓይልታት 1ይ ጉባኤ ብምክያድ ሰሙ ናብ ህዝባዊ ግንባር ሓርነት ኤርትራ ቀይሩ እዩ)* ዝምድናኡ ከመሓይሽን ብሓባር ክሰርሕን ከም ዝደሊ ብምግላጽ፡ ርክብ ክካየድ ዓደመ። አብቲ ርክብ፡ ህዝባዊ ግንባር፡ መሪሕነት ወያነ፡ አብ ሕቶ ህዝቢ ትግራይን ቃልሲ ካልኦት ህዝብታት ኢትዮጵያን ዘለዎ አመለኻኽታ ንጹርነት ዝጎደሎ ምኻኑ አትሪሩ ብምንቃፍ፡ ንጹር ዕላማን ፕሮግራምን አውጺኡ ክሰርሕ እንተኸኢሉ፡ ህዝባዊ ግንባር ዓቕሙ ዝፈቐዶ ሓገዝ ከም ዘይነፍግ አፍለጠ። በዚ ድማ፡ እቲ ዝምድና ናብ ንቡር ተመሊሱ፡ እቲ ምትሕግጋዝ ክቕጽል አብ ስምምዕ ተበጽሐ። ድሕሪ'ቲ ርክብ ብ25 ሕዳር 1977 ዝወጸ ሓባራዊ መግለጺ፡ ንናይ ክልቲአን ውድባት መርገጺ፡ ብኸምዚ ዝሰዕብ ቃላት አስፈሩዎ ይርከብ፤

ህ.ግ.ሓ.ኤ.

- አብ ኢትዮጵያ ብሄራዊ ዕብለላን ጭቆናን ምህላዉ አሚኑ፡ ንኹሎም ደሞክራሲያውያን ናይ ብሄራት ምንቅስቓሳት ይድግፍ። ብስም ብሄር ዝካየድ አድሓርሓሪ ምንቅስቓስ ይቃወም። ህዝቢ ትግራይ አንጻር ብሄራዊ ጭቆናን ናይ ገዛእ ርእሱ ዕድል ንምውሳንን ንዘካይዶ ቃልሲ ምሉእ ደገፉ ይህብ፤

- አብ ኢትዮጵያ ንዝርከቡ ደሞክራሲያውያን ሓይልታት ደገፉ እናገለጸ፡ አንጻር ፋሺስታዊ ስርዓት ደርግ ስሙር ግንባር መስሪቶም ክቃለሱ ይጽውዕ።

ተ.ሓ.ህ.ት.

- ህዝቢ ኤርትራ፣ ንወራር ኢትዮጵያ ሰጒጒ ናጽነትን ደሞክራሲን ንምጭባጥ ዘካይዶ ጸረ-መግዛእታዊ ቃልሲ፣ መቓጸልታ ናይቲ ህዝቢ ኤርትራ ኣንጻር መግዛእቲ ቱርኪ፣ ግብጺ፣ ኢጣልያን እንግሊዝን ዘካየዶ ቃልሲ ምዃኑ ኣሚኑ ምሉእ ደገፉ ይህብ።

- ሀግሓኤ ንናጽነትን ሓርነትን ህዝቢ ኤርትራ ዘሰላስሎ ፖለቲካዊን ወተሃደራዊን ቃልሲ ንረብሓ ህዝቢ ኤርትራ ዘገልግል ምዃኑ ኣሚኑ ምሉእ ደገፉ ይህብ።

- ህዝቢ ትግራይ ኣንጻር ብሄራዊ ጭቆና ዘካይዶ ደሞክራሲያዊ ቃልሲ ካብቲ ናይ ካልኦት ጭቁናት ብሄራት ኢትዮጵያ ቃልሲ ክፍለ ዘይክእል ኣካል ናይቲ ቃልሲ ምዃኑ ይኣምን፣ ኣብ ኢትዮጵያ ምስ ዘለዋ ደሞክራሲያውያን ሓይልታት ናይ ቃልሲ ሓድነት ክህልዎም ይቕበል።።

በዚ ስምምዕ'ዚ መሰረት፣ ህዝባዊ ግንባር፣ ወተሃደራዊ ዓቕሚ ወያነ ንምዕባይ፣ ናይ ኣጽዋርን ተተኩሱቲን ሓገዝ ኣብ ርእሲ ምሃቡ፣ ኣባላት ህወሓት፣ ዘተፈላለየ ሞያ፣ ከቢድ ብረት፣ ወተሃደራዊ ሃንደሳ፣ ስለያ፣ ዕቃበን ጸገናን ኣጽዋር፣ መራኸቢታት፣ ሕክምና፣ ዜና፣ ባህሊ፣ ጎስጓሳዊ ስርሓት፣ ኣቋውማን ኣሰራርሓን ወተሃደራዊ ስታፍት፣ ኣተሓሕዛ ዓቕሚ ሰብን ካልእን ዝምልከት ኣገዳሲ ተመኩሮ ከም ዝቐሰሙ ገበረ። እዚ ስልጠናታት'ዚ፣ ሰውራ ኤርትራ ኣብ ነዊሕ መስርሕ፣ ከቢድ ዋጋ እናኸፈለ ዘጥረዮ ተመኩሮ፣ ከም ዘለዋ ናብ ወያነ ከም ዝስጋገር ብምግባር፣ ህወሓት፣ ካብ ፈለማ ካብ ዝተበገሰሉ መድረኽ ጀሚሩ፣ ብቕዱን ኣሰራርሓን ህዝባዊ ግንባር ንኽህነጽ ዓቢ ኣስተዋጽኦ ዝገበረ እዩ። ብዘይካ'ዚ፣ ወያነ ኣብ መሬት ኤርትራ፣ ማለት ኣብ ከባቢ ማይ-ዕዳጋ ደጀን ክምስርት ተፈቒደሉ። ብመሬት ኤርትራ ናብ ሱዳን ዝመሓላለፉሉ ናጻ መስመር እውን ተኸፍተሉ። እቲ ውድብ፣ ምስ ደገ ዲፕሎማሲያዊ ርክባት ክፈጥርን ክስፍሕን እውን ህዝባዊ ግንባር ቃልሲ ህዝቢ ትግራይ ምስ ዓለም ንምልላይ ዘድሊ ምትሕግጋዝ ገበረ።

ካብዚ ሓሊፉ ተጋዳልቲ ወያነ ናይ ውግእ ተመኩሮ ብግብሪ ምእንቲ ክቐስሙ፣ ኣብ ዝተፈላለየ ከባቢታት ትግራይ፣ ተጋዳልቲ ህዝባዊ ግንባር ዝተሳተፉም ሓባራዊ ወተሃደራዊ ስርሒታት ይካየድ ነበረ። ኣብ ሰር ዝተባህለ ቦታ ዝተኻየደ ውግእ ድማ እቲ ዝዓበየ ካብኡ እዩ። ኣብቲ ውግእት'ቲ ዝተማረኹ ኣጽዋርን ንብረትን ንወያን ይወሃብ ኣብ ርእሲ ምንባሩ፣ ዝተወግኡ ተጋደልቲ ወያን ኣብ ትካላት ሕክምና ህዝባዊ ግንባር ከም ዝሕከሙ ይግበር ነበረ። ብተወሳኺ፣ ኣብ ሰነን ሓምለን 1978 ካብ መኾበን ህዝባዊ ግንባር ብርኪት ዝበለ ጠበናጁን ጠያይትን ንመሓለሊ ቃልሲ

ህዝቢ ትግራይ ክውዕል ንመሪሕነት ወያነ ተዋህበ። ብቝንዱ ብውሽጣዊ ረጃሒታት፣ እቲ ካብ ህ.ግ. ዝረኸቦ ዝነበረ ደገፍ ተወሲኽዎ ድማ፣ ተሓህት (ወያነ) ካብ ካልኦት መቓናቕንቱ ውድባት ዝያዳ ክሕይል አኸአሎ። ከም ውጽኢቱ፣ አብቲ ካብ ሓምለ 1976 ጀሚሩ ወያነ አብ ሜዳ ትግራይ ምስ ኢድዩ ዘካየዶ ንነዊሕ ዝቐጸለ ውግእ ሓድሕድ ኩን ምስ ኢ..ፒ.አር.ፒ ዘካየዶ ብረታዊ ጎንጺ ተዓዊቱ ወጸ።

ወያነ፣ አብ ለካቲት 1979፣ ቀዳማይ ጉባኤኡ አካየደ። አብቲ ጉባኤ፣ ህዝቢ ትግራይ አንጻር ስርዓት ደርግ ዘካይዶ ወተሃደራዊ ግጥማት ንምሕያል፣ ህዝባዊ ግንባር ወተሃደራዊ ሓገዙ ዝያዳ ክዓቢ ብምጽዋዕ፣ ምስ ህዝባዊ ግንባር 'መትከላዊ ዝምድና' ኢሉ ዝጸወያ ርክብ ንምስፋሕ አበርቲዑ ክሰርሕ ምኽኑ ዘመልከት መግለጺ አውጽአ። ህዝባዊ ግንባር ብወገኑ፣ ቃልሲ ህዝቢ ትግራይ ክበራታዕ ብዝነበር ልዑል ድሌት፣ ተወሳኺ አጽዋርን ተተኩስቲን ከምኡ'ውን ናይ ሕክምናን ካልእን ንዋት፣ ንወያነ ብሓገዝ አብ ርእሲ ምሃቡ፣ ካብ ሚያዝያ 1979 ጀሚሩ፣ ሀወሓት፣ አብ ሜዳ ኤርትራ ካብ ዝነበረ መደበር ሬድዮ ድምጺ፣ ሓፋሽ ኤርትራ፣ "ድምጺ ወያነ ትግራይ" ብዝተሰምየ ፈነወ፣ ናብ ህዝቢ ትግራይን ኢትዮጵያን ዝቐንዐ መልእኽቱ ብቋንቋታት ትግርኛን አምሓርኛን ከመሓላልፍ ፈቐደ። ደርግ አብ አስመራን ካልእ ከባቢታት ኤርትራን ዝምልምሎም ዝነበረ ሰለይቲ ዕቡቃት አሸበርቲን ዳርጋ 80% ደቂ ትግራይ ብምንባሮም ድማ፣ ደርግ ንህዝቢ ትግራይ ምስ ህዝቢ ኤርትራ ንምግጫው ዝአለሞ ውዲት ተጋሩ ክነቅሕሉ አብ አስመራን ካልእን ናይ ሓባር ጎስጓስ ተኻየደ። አብ ስነ 1979 ድማ፣ ህዝባዊ ግንባር እንደገና ልዕሊ 650 ጠበናጁ፣አርፒጂታትን ቦምቦታትን ጠያይትን ዘጠቓለለ አጽዋር ንመሓየሲ ቃልሲ ህዝቢ ትግራይ ወፈየ።

ህዝባዊ ግንባር፣ ህዝቢ ትግራይ ብገዛእቲ ስርዓታት ኢትዮጵያ አዝዩ ዝተወጸዐን ዝተጨቆነን ህዝቢ ምኽኑን ምስ ጎረቤቱ ህዝቢ ኤርትራ ዘለዎ ናይ ቀረባ ታሪኻዊ ምትእስሳር አብ ግምት ብምእታውን፣ ከምኡ'ውን ምሕያል ቃልሲ ህዝቢ ትግራይ ንሓባራዊ ጸላኢ ስርዓት ደርግ አብ ምድኻም ክህልዎ ዝኽእል ዓቢ አበርኩቶ ብምግንዛብ፣ ምስ ኩሉ ናይ መሪሕነት ወያነ ዘይንጹር አመለኻኽታታትን ተገላባጢ መርገጺታትን፣ ደገፉ ንቃልሲ ህዝቢ ትግራይ ቀጡብ አይነበረን። ብዘይካ'ቶም አብ 1975 አብ መደበር ታዕሊም ባሕሪባራ ወተሃደራዊ ታዕሊም ዝቐሰሙ ቀዳዎት ተጋደልቲ፣ አብ 1979 አማኢት ተጋደልቲ አብ ዓራግ ሳሕል ወተሃደራዊ ታዕሊም ከወስዱ እንኽለዉ፣ ድሕሪኡ አብ ዝቐጸለ ዓመታት እውን አብ መደበራት ታዕሊም ወጀባን ሓስታን ብአሸሓት ዝቑጸሩ ተጋደልቲ እናተዓለሙ፣ ታዕሊም

11

ምስ ወድኡ ካብ መኽዘን ህዝባዊ ግንባር ነፍሲ-ወከፍም ብረት ዓጢቖም ንትግራይ ይኸዱ ነበሩ።

አብ 1980 ንኣብነት፡ መሪሕነት ወያነ ንሰለስተ ሽሕ ሰራዊት ከዕጥቕ ዝኽእል አጽዋር ከወሃቦ ብዘቐረቦ ሕቶ መሰረት፡ ብርክት ዝበለ አጽዋር ተዋህቦ። እንደገና አብ ሕዳር 1981 ልዕሊ 2000 ዝኹኑ ሓደስቲ ተጋደልቲ ወያነ፡ አብ ሳሕል ወተሃደራዊ ታዕሊም ድሕሪ ምውሳዶም፡ 1750 ቡበዓይነቱ ጠበናጁ፡ 55 ብሬናት፡ 4 ሞርታር 82 ሚ.ሚ.፡ 2 ቢተን (B-10) ጸረ-ታንክ፡ 2 ረሻሽ ብራውን፡ 5000 ቦምባ ኢድ ዓጢቖም፡ ልዕሊ ፍርቂ ሚልዮን ቡብዓይነቱ ተተኳሲ ሒዞም ናብ ትግራይ ከም ዝኸዱ፡ አብ ርእሲኡ 1 ናይ ሕክምና ኤክስ-ረይ ማሺን፡ ብርክት ዝበለ መድሃኒትን ናይ ሕክምና ናውቲን ከም እተዋህቦም ናይ 16 ሕዳር 1981 ጸብጸብ መኽዘናት ህዝባዊ ግንባር የርኢ።

እዚ፡ ገለ አብነት ካብቲ ህዝባዊ ግንባር ወተሃደራዊ ዓቕሚ ወያነ ንምዕባይ ቡብግዜኡ ዝልግሶ ዝነበረ ብዙሕ ደገፋት ኩይኑ፡ አብ ኩሉ እቲ ብሓባር ዝኸየድ ዝነበረ ወተሃደራዊ ስርሒታት፡ ካብ ጸላኢ ዝማረኽ ዝነበረ ደቂቖን ማእከላይን ጠበናጁን ተተኩሰቲን (ብዘይካ ብመካይን ዝጉተት ከበድቲ አጽዋርን ታንክታትን) ንመሓየሊ ቃልሲ ህዝቢ ትግራይ ክኸውን ተባሂሉ ንወያነ ይወሃብ ነበረ። አብቲ ተዛማዲ ህድአት ዝነበር (ምስ ሰራዊት ኢትዮጵያ ብዙሕ ውግኣት ዘይነበረሉ) ዓመት 1980-1981 ከኣ፡ ተጋደልቲ ወያነ፡ ተመኩሮ ክቐስሙ ተባሂሉ፡ ተዋጋእቲ አሃዱታት ወያነ እናተቐያየራ፡ አብ ግንባር ሰሜናዊ ምብራቕ ሳሕልን ናቖፋን፡ ምስ ተጋደልቲ ህዝባዊ ግንባር ንውሱን እዋን፡ አብ ድፋዕ ከም ዝኣትዋ ይግበር ነበረ። አብ ደጀን እውን አባላት ዝተፈላለዩ ክፍልታት ወያነ፡ አብ ክፍልታት ህዝባዊ ግንባር ፋሕ ኢሎም ተመኩሮ ከም ዝቐስሙ ይግበር ነበረ።

አብዚ ከይተጠቐስ ክሕለፍ ዘይግብአ፡ አብ 1981፡ አብ መንን ህዝባዊ ግንባርን ተጋድሎ ሓርነት ኤርትራን ኩናት ሓድሕድ አብ ዝካየደሉ ዝነበረ እዋን፡ ሰራዊት ተሓኤ፡ ብሓይልታት ህዝባዊ ግንባር ካብ ከበሳታት ኤርትራ ተደፊኡ፡ ናብ ምዕራባዊ ኤርትራ ምስ ወረደ፡ አብ አጋ መጨረሽታ ናይቲ ንልዕሊ ዓመት ዝተኻየደ ኩናት ሓድሕድ፡ ውሱናት አሃዱታት ወያነ፡ አንጻር ተሓኤ ውግእ ገጢመን ነይረን እየን። ከምቲ አቐዲሙ ዝተጠቐሰ፡ ወያነ ምስ ተጋድሎ ሓርነት ኤርትራ ብጉዳይ ዶብን ምምሕዳር ህዝቢን ካብ ነዊሕ አትሒዙ ምስሕሓብ ነይሩዎ እዩ። አብ 1980 አብ ከባቢ ገምሃሎ እውን ውግእ ገጢሞም ነይሮም። ብተወሳኺ ጀብሃ አብቲ ግዜ'ቲ ንተጋደልቲ ኢ.ፒ.አር.ፒ. ብምዕራብ ኤርትራ አቢላ ናብ መሬት ኢትዮጵያ ከም ዝሰግር ምግባራ መሪሕነት ወያነ ብአንጻርነት እዩ ተመልኪታቶም።

ህዝባዊ ግንባር ሓርነት ኤርትራ፡ ንኒ ንኒ'ቲ ቃልሲ ህዝቢ ትግራይ ንምዕባይ ንወያነ ዝሀሎ ዝነበረ ወተሃደራዊን ካልእን ደገፍ፡ አብ አፈታትሓ ሕቶ ህዝቢ ትግራይን ጉዳይ ሓድነት ኢትዮጵያን ዘሎ አመለኻኽታ ንምንጻር እውን፡ ምስ መሪሕነት ወያነ ቀጻሊ ዘተን ምይይጥን ይካየድ ነበረ። እንተኾነ፡ አብቲ ፖለቲካዊ አመለኻኽታ ንምስግር ዝካየድ ዝነበረ ምይይጥ፡ ብዙሕ ዘይምስምማዕ የጋጥም ነበረ።

ንአብነት፡ አብ ጥቅምቲ 1981 አብ ካርቱም ናይ ክልቲኣም መሪሕነታት ርክብ አብ ዝተኻየደሉ እዋን፡ አብቲ አኼባ ዝተረኽቡ ወከልቲ ህወሓት፡ ሕቶ ህዝቢ ትግራይ፡ አብ ክሊ ሓድነት ኢትዮጵያ ክፍታሕ ዘሎ ተኽእሎ አዝዩ ጸቢብ ምዃኑ፡ ምስ ካልኣት ኢትዮጵያውያን ተቓለስቲ ሓቢርካ ምስራሕ እውን ከም ዘይክኣል ዘቐርቡዎ ምጉት ሓያል ክትዕ አልዓለ። አብዚ ናይ ካርቱም አኼባ፡ መሪሕነት ህዝባዊ ግንባር፡ እቲ አብ ፈላሚ መድረኽ ናይቲ ቃልሲ ተንጸባሪቒ ዝነበረ ካብ ኢትዮጵያ ተነጺልካ ናጻ ሪፑብሊክ ትግራይ ናይ ምምስራት ድሌት መሪሕነት ወያነ ገና ከም ዘይተቐየረ እኳ እንተ ተገንዘበ፡ ምስ ግዜ እዚ ዘይክዊንታዊ አመለኻኽታ'ዚ ክቕየር ይኽእል'የ ብዝብል እምነት፡ ምስ ህወሓት ምትሕግጋዙ አየቋረጸን። ብመሰረቱ ህዝቢ ትግራይ፡ ብሄራዊ መሰሉን ሰብአዊ ክብረቱን ንምርግጋጽ ዘበገሶ ቃልሲ፡ ፍትሓዊን ቅኑዕን ህዝባዊ ሕቶ ምዃኑ ስለ ዝአመነ ኸአ፡ ነቲ ቃልሲ ናብ ዓወት ዘብጽሓ መአዝን ክሕዝ ኪይሰልከየ ጸዐርታቱ ቀጸለ።

ብሰንኪ'ዚ ዝተጠቕሰ ናይ አመለኻኽታ ፍልልይ፡ ዝምድና ህዝባዊ ግንባርን ወያነን ብዙሕ ሓርጎጽጎጽ ነበረ። አኼባ ካርቱም፡ ጥቅምቲ 1981፡ "ብውህደት ከስርሓና ዝኽእል ሓባራዊ ናይ ቃልሲ ባይታ ስለዘሎ፡ ካብቶም ዝፈላልዩና ነጥቢታት ንላዕሊ እቶም ዘሕብሩና ረቛሒታት ስለዝመዝኑ ብሓባር ንስራሕ" ብዝብል መርገጺ ህ.ግ. እዩ ተደምዲሙ። ብኡ መሰረት፡ እቲ አቐዲሙ ዝጸንሓ ኩለንተናዊ ምትሕግጋዝ ክቕጸል ምኽኣሉ ድማ ንረብሓ ቃልሲ ክልቲኡ ህዝብታት አገልጊሉ እዩ።

አብ መወዳእታ 1981፡ ሰርዓት ደርግ ንሰውራ ኤርትራ ሓንሳብን ንሓዋሩን ንምድምሳስ "ወፍሪ ቀይሕ ኮኾብ" (ሻድሻይ ወራር) ዝተጸውዐ ግዙፍ ወራር ከበግስ አብ ዝቀራረበሉ ዝነበረ እዋን፡ ገለ አሃዱታት ወያነ፡ አብ ሳሕል፡ አብ ጎድኒ ተጋደልቲ ህዝባዊ ግንባር ክሰለፉ፡ አብ መንን መሪሕነት ህዝባዊ ግንባርን ህወሓትን ስምምዕ ተበጽሓ። አብቲ እዋን'ቲ ስዕረት ሰውራ ኤርትራ ማለት ስዕረት ቃልሲ ህዝቢ ትግራይ እውን ብምንጻሩ፡ ነዚ ግዙፍ ወራር'ዚ ናይ ምስዓር ሕቶ ንኽልቲኡ ውድባት አዝዩ ወሳኒ ነበረ። መራሒ ሰርዓት ደርግ ከሎኔል መንግስቱ ሃይለማርያም፡ ቀቅድሚ'ቲ ወራር አብ አልጌና፡ ግንባር ሰሜናዊ ምብራቕ ሳሕል፡ ነቲ 'ንናይ መወዳእታ ወሳኒ

ውግእ' አብቲ ግንባር ተሰሊፉ ዝነበረ ሰራዊት አኪቡ ዝተዛረቦ፡ አብ ናይ ለካቲት 1982 ሕታም መጽሔት "ለካቲት" ዝሰፈረ ቓላት ነዚ ሓቂ'ዚ ዘጕልሕ እዩ፤

ንኻዕብያ አብ ንቦታት ሳሕል ጥራይ ከም ዝርከብ ጉጅለ ወንበዴ ገይርና ክንጥምቶ የብልናን። ኻዕብያ ሓደን ብዙሕን እዩ። ንኹሎም አብ ውሽጢ ኢትዮጵያ ዝንቀሳቐሱ ዘለዉ ወንበዴታት ዝመሰረተ፡ ገና እውን ካልኦት ክምስርት ዝፍትን፡ ነዞም ጉጅለታት'ዚ አቶም ዘልልጥን፡ ዕጥቅን ስንቅን ዘስንቕን መራሕ ኮይኑ ዘውህድን ዝአሊን እዚ ጉጅለ'ዚ እዩ። . . .ኻዕብያ ምስ ተደምሰሰ፡ ብድሕሪኡ ኩሎም ምንቅስቓሳት ሱሮም ተበቲኹ'ዩ እሞ ንኢትዮጵያ ዘስግአ ሓይሊ አይክህሉን እዩ. . .

ደርግ አብ ኻድኻይ ወራር ናብ ኤርትራ ከእትዎም ካብ ዝመደበ ተወሰኽቲ አርባዕተ "ተራራ" ክፍላተ-ሰራዊት፡ ንመበል 18 ክፍለ-ሰራዊት (ክፍለ-ጦር)፡ ቅድሚ ናብ ኤርትራ ምእታዉ፡ ንልምምድ መጀመርታ አብ ትግራይ ሰፈሕ ዳህሳስ ከም ዘካይድ እዩ ገይሩዎ። ደርግ አብ ኻድኻይ ወራር፡ አብቲ አመና አሸጋሪ ዝበሎ ንቦታት ሳሕል ክጥቀመሉ ዝመደበ፡ ንፈለማ ግዜ ዝተአታተወን MI-24 ሄሊኮፕተራት እውን፡ መጀመርታ አብ ትግራይ'ዩ ፈቲኑወን። እዚ ብነፈርቲን ሄሊኮፕተራትን መካናይዝድ አጽዋራትን ዝተጠናኸረ ክፍለ-ጦር'ዚ፡ አብ ትግራይ ዳህሳስ አብ ዘካይደሉ ዝነበረ፡ ወተሃደራዊ ዓቕሚ ወያነ ትሑት ስለ ዝነበረ፡ ወያነ ካብ ብዙሕ ከባቢታት ከዝልቕ ተገዲዱ እዩ። አብዚ ውግአት'ዚ ውሑዳት አሃዱታት ህ.ግ. ናብ ትግራይ ብምንቅስቓስ፡ አብ ጎድኒ ተጋደልቲ ወያነ ተሰሊፈን፡ ነቲ ወፍሪ አብ ምምካት ተሳተፋ።

መበል 18 ክፍለ-ጦር ንልምምድ አብ ትግራይ ዘካየዶ ወፍሪ ወዲኡ ናብ ኤርትራ ምስ አኸነ፡ መሪሕነት ወያነ፡ ንገለ ክፋል ካብ ሰራዊቱ፡ ከም'ኡ'ውን ሸው ካብ ታዕሊም ዝወጹ ሓደስቲ ተጋደልቲ ወሲኹ፡ አብ ምምካት 6ይ ወራር ክሳተፉ ናብ ሳሕል ለአኾም። አብ መላእ ታሪኽ ምትሕግጋዝ ህዝባዊ ግንባርን ወያነን፡ አብ ዓውደ ኩናት ኤርትራ፡ እቲ ዝዓበየ ተባሂሉ ክግለጽ ዝኽአል ተሳትፎ ተጋደልቲ ህወሓት ከአ አብ 6ይ ወራር እዩ ነይሩ። ህዝቢን ተጋዳላይን ኤርትራ ንተሳትፎ ተጋደልቲ ህወሓት አብ ምምካት ኻድኻይ ወራርን ዝኸፈሉዎ መስዋእቲን ብኽብሪ'ዩ ዝጥምቶ።

አብቲ ወራር ንምስታፍ ካብ ትግራይ ናብ ኤርትራ ዝመጹ ሰለስተ ብርጌዳት ወያነ፡ አብቲ ፈለግ ርእሰን ክኢለን ዕርድታት ከም ዝሓዛ ተገብረ። እንተኾነ ሰራዊት ደርግ፡ ሓይልታት ወያነ "ተመኩሮ የብለንን" ብዝብል ሓሳብ፡ ንሳተን ዝሓዛአ ዕርድታት ቀዳማይ ዒላማኡ ገይሩ

እናፍረሰ፡ ንሓይልታት ህዝባዊ ግንባር ብድሕሪት ናይ ምጥዋይ ፈተነታት ስለ ዘብዝሐ፡ ተጋደልቲ ወያነ ኣብ ክንዲ በይኖም ዕርድታት ዝሕዙ፡ ኣብ ሓይልታት ህዝባዊ ግንባር ፋሕ ከም ዝብሉ ተገብረ። እዚ ምግባሩ፡ እቶም ዝበዝሑ ሓደስቲ ተጋደልቲ ወያነ፡ ካብቲ ብዙሕ ወራራት ኣምኪኑ፡ ልዑል ናይ ውግእ ብቕዓት ኣጥርዮ ዝነበረ ሰራዊት ህዝባዊ ግንባር ልምዲ ክቐስሙ ኣኽኢሉ እዩ። እቲ ውህደት፡ ኣብ መሰረታት ተጋደልቲ ኤርትራን ትግራይን ጽቡቕ ናይ ቃልሲ ምሕዝነት ኣብ ርእሲ ምፍጣሩ፡ ሰራዊት ህዝባዊ ግንባር ኣብ ብዙሕ ውግኣት ተሳቲፉ ከቢድ ዋጋ ከፊሉ ዘጥረዮ ናይ ውግእ ብቕዓት፡ ብግብሪ ናብ ተጋደልቲ ወያነ ከስጋገር ዘኽኣለ ብምንባሩ ድማ፡ ንህወሓት ብቐሊሉ ዘይርከብ ዓቢ ዕድል ነበረ። ብርግጽ ድማ ተጋደልቲ ወያነ ኣብ ሻድሻይ ወራር ተሳቲፎም ናብ ትግራይ ምስ ተመልሱ፡ ኣብ ብቕዓት ውግእ ህወሓት ዝመጸ ለውጢ ቀሊል ኣይነበረን።

ኣብ መጀመርታ 1983 ደርግ "2ይ ገጽ ወፍሪ ቀይሕ ኮኾብ" ዝበሎ ሰፊሕን ሓደገኛን መጥቃዕቲ (ስላሕታ ወራር) ኣብ ልዕሊ ህዝባዊ ግንባር ምስ ከፈተ፡ በቲ ዝነበረ ናይ ምትሕግጋዝ ዝምድና መሰረት፡ ህ.ወ.ሓ.ት. ነቲ ወራር ኣብ ምምካት ክደጋገፍ ትጽቢት ተገይሩሉ እኳ እንተነበረ፡ መሪሕነት ወያነ፡ ገለ ናይ ከባቢና ሰርዓታት ካብ ህዝባዊ ግንባር እንተርሒቝ ዝተመባጽዕሉ ደገፍ ንምርካብን ሓይልታቱ ንምዕቃብን ብዝተፈላለየ ምስምሳት ክትሓጋገዝ ቅሩብነት ኣየርኣየን። እቲ ንእርባዕተ ኣዋርሕ ዝተኻየደ ብርቱዕ ኲናት ኣብ ምብቕዑ ግን፡ ገለ ኣሃዱታት ናብ ኤርትራ ለኣኸ።

ህወሓት ኣብ ግንቦት 1983 ካልኣይ ውድባዊ ጉባኤ ኣካየደ። ድሕሪ'ዚ ጉባኤ'ዚ፡ መሪሕነት ወያነ "ኣብ ብዙሕ ጉዳያት ምስ ህዝባዊ ግንባር ፍልልያት ኣሎና" ንዝብል ኣመለኻኽታኡ ዝያዳ ኣኽረሮ። ተጋደልቲ ወያነ፡ ንወተሃደራዊ ስልጠና ይኹን ካልእ ምያዊ ትምህርቲ ናብ ኤርትራ ከይከዱ እውን ከልከለ። ካብ ሜዳ ኤርትራ ንዝተመልሱ ኣሃዱታት ድማ "ካብ ህ.ግ. ዘወረስም ባህሊ ንምሕጻብ" ብዝብል ዕላማ ኣንጻር ህ.ግ. ዝቐንዐ ነስጓስ ተኻየደሎም። ብፍላይ ሓንቲ "ኣጸቢቃ ተመርሒ" ዝተባህለት ቦጦሎኒ "ንኽትጸሪ" ኣብ ተሃድሶ ከም እትኣቱ ተገብረ። ወያነ ብተወሳኺ "ፖለቲካዊ መሰመር ምጥንኻር" ብዝብል ምኽንያት፡ ኣብ ትግራይ ዝካየድ ዝነበረ ወተሃደራዊ ስርሒታት ኣደስከሎ። እቲ "ፖለቲካዊ ምጥንኻር" ተባሂሉ ዝተመኽነየሉ ምድስካል ወተሃደራዊ ስርሒታት ግን ቀንዲ ዕላማኡ ንሱ ኣይነበረን። 'ህዝባዊ ግንባርን ደርግን ኣብቲ ዘካይድዎ ዝነበሩ ዘዋቕርቶ ብርቱዕ ግጥማት እናተዳኸሙ ኣብ ዝኸዱሉ ሓይልና ክንወጽእ ኢና' ካብ ዝብል ግጉይ ቅምረን እኩይ ትጽቢትን ዝብገሰ፡ ናይ ተንኮልን በለጽን መርገጺ እዩ ነይሩ።

ሰራዊት ህዝባዊ ግንባር ብቐጻሊ ዓብይቲን ንኣሽቱን ግጥማት እናኻየደ ንወተሃደራዊ ሓይሊ ስርዓት ደርግ ኣብ ዘዳኽሙሉ ዝነበረ እዋን። ህወሓት ወተሃደራዊ ስርሐታቱ ምድስካሉ። ነቲ ጽቡቕ ስጉሙ ዝነበረ ምሕዝነት ቃልሲ ክልቲኦም ህዝብታት። ብኣሉታ ክጸልዎ ከም ዝኸእል ኣብ ግምት ብምእታው። ዘሎ ጸገማት ገምጊምካ ንቕድሚት ንምስጓም ምእንቲ ክከኣል። ኣብ ሰነን ሓምለን ናይ 1983 እንደገና ኣብ መንን ክልቲኡ ውድባት ኣብ ካርቱም ናይ መሪሕነት ተኸታታሊ ርክባት ተኻየደ። ኣብዚ ኣኼባታት'ዚ። መራሕቲ ወያነ፥ "ምስ ህዝባዊ ግንባር ብዙሕ ዘየስማምዕናን ዝፈላልየናን ጉዳያት ኣሎ" ክብሉ ወረቓት ኣቕረቡ። እቲ ቀንዲ መፈላለዪ ዝበልዎ ነጥቢታት ከኣ፥ "ህ.ግ. ኣብ ኣህጉራዊን ዞባዊን ጉዳያት ንጹር መርገጺ የብሉን፥ ብፍላይ ከኣ ንማሕበረ-ሃጸያዊት ሕብረት ሶቭየት ኣይኮነን፥ መርገጺ ህ.ግ. ኣብ መሰል ርእሰ ውሳነ ጭቑናት ህዝብታት ኢትዮጵያ ንጹር ኣይኮነን፥ ምስ ጸላኢ ኣብ ቀዋሚ ዕርክታት ናይ ምርብራብ ወተሃደራዊ ስትራተጂ ህዝባዊ ግንባር ግቡይ እዩ. . .ወዘተ." ዝብል ነበረ።

ድሕሪ'ዚ ናይ ካርቱም ተኸታታሊ ርክባት፥ ካድረታት ወያን ኣንጻር ህዝባዊ ግንባር ኣብ ተጋደልቲን ህዝቢን ትግራይ ሰፊሕ ዘመተ ከካይዱ፥ ነቲ ህዝቦም ከንቓቕሑ ዝተፈቕደሎም ፈነወ ሬድዮ ድምጺ-ሓፋሽ ኤርትራ ከይተረፈ፥ ኣንጻር ህዝባዊ ግንባር ከጉሳጉሱሉ ጀመሩ። ኣብዚ ግዜ'ዚ፥ እቲ ኣብ ማኒፌስቶ 68 (1976) ዝተንጸባረቐ ንዱብ ትግራይ ዝምልከት ዛዕባ፥ ኣብ ተጋደልቲን ህዝቢን ብጋህዲ ክዝረበሉ ጀመሩ፥ ካድረታት ወያነ፥ "መሬትና ብደቡብ ካብ ሩባ ኣላውሃ እዩ ዝምለስ። ብምዕራብ ንጸለም'ቲን ወልቃይትን ዝሓቑፍ ኮይኑ፥ ምስ ኤርትራ ዘሎ ወረዳ ባድማ ክሳብ ሩባ ጋሽ፥ ከም'ኡ'ውን ጸርና ናትና እዩ፥ ብሽነኽ ባዳ እውን ኣፍደገ ባሕሪ ኣሎና" እናበሉ ኣብ ተጋደልቲን ህዝቢን ሰፊሕ ዘመተ ከካየዱ ተሰምዑ። ኣብ ባይታ ድማ ምስ ህ.ግ. ብጉዳይ ዶብ ምስሕሓብ ንምፍጣር ሃቀኑ። ቀንዲ መንቀሊ ናይቲ ምስሕሓብ ከኣ "ባድማ ናትና እያ" ዝብል ነበረ። ብሽነኽ ጸርናን ባዳን እውን ተመሳሳሊ ጉዳያት እናልዓሉ። ኣብ ምምሕዳር ህዝቢን ካልእ ምንቅስቓሳት ተጋደልቲ ህ.ግ.ን ዕንቅፋታት ክፈጥሩ ፈተኑ። መሪሕነት ወያነ ብዘይካ'ዚ፥ ኣብ ትግራይ ንዝነብሩ ኤርትራውያን፥ ብፍላይ ነቶም ደቆም ናብ ህ.ግ. ዘስለፉ ስድራቤታት ምግፋዕ፥ ርኹባት ኤርትራውያን ንብረቶም ረጥሪጦም ንኽሃድሙ ብዘተፈላለየ ዓይነት ጸቕጢታት ምጭናቕ ስራሕና ኢሎም ተተሓሓዙዎ። ኣብ ከባቢ ተከዘ ኸኣ። ናይ ወያን ምልሻ ዝሳተፍዎ ጥሪት ኤርትራውያን ናይ ምዝማግ ተግባራት ይፍጸም ነበረ።

1984/1985 ኣብ ኤርትራን ሰሜን ኢትዮጵያን ሓሱም ደርቂ ተኸሲትሉ ዝነበረ እዋን እዩ። ኣብዚ እንኩር እዋን ካድረታት ወያን ኣብ

ከባቢ ዶባት ዝርከቡ ኤርትራውያን ገባር፥ ንድራር ዕለቶም ካብ መሬት ትግራይ ዝሸምትዋ እኸሊ ከይተረፈ "ናብ አስመራ የእትውዋ አለዉ" ብዝብል ምስምስ ምሽማት ከኸልእዎም፥ ዘተሸመተ ንብረት ካብ አግማል እናራገፉ ብምህጋርን አብ ገሊኡ ድማ ቀረጽ አኸቢደም ብምጽዓንን ናይ ተጻብእ ተግባራት ይፍጽሙ ነበሩ።

ብአንጻር'ዚ ናይ ካድረታት ወይን ተጻብእ አብ ልዕሊ ኤርትራውያን፥ ብወገን ህ.ግ. ምስቲ ዝንበረ ናይ ጥሜት ኩነታት ተጋሩ ካብ መሬት ኤርትራ ዝሸመትዋ ነገር ብዘይ ቀረጽ ክወስዱዋ ይፍቀደሎም ነበረ። ነዚ ሓልዮት'ዚ ብምምዝማዝ፥ ካድረታት ወይን፥ ነቲ ካብ ባርካ ናብ ሱዳን ንዕደላ ተባሂሉ ብህ.ግ. ዝተፈቅደሎም መግዲን ናይ መካይን ምንቅስቓሳትን ከይተረፈ፥ ናይ ነጋዶ አቑሑ ሓቢኦም ብዘይቀረጽ ብምሕላፍ ክብለጽሉ ይፍትኑ ነበሩ። ህ.ግ. ነዚ ተግባራት'ዚ ይቓወሞ ስለ ዝንበረ ኸአ፥ ነቲ ሓቂ ንምሽፋን፥ "ሻዕብያ አብቲ ሕሱም ጥሜት ዝንበረሉ እዋን፥ ረድኤት ከይንረክብ መገዲ ዓጾዮምና" እናበሉ ክሳብ'ዚ ግዜ'ዚ፥ አብ ዝተፈላለየ ናይ ትረኻ አጋጣሚታት ክዛረብሉ ይስምዑ እዮም።

መሪሕነት ወይን አብዚ ሕሱም እዋን፥ አብ ክንዲ ነቲ ዝጠመየ ህዝቢ ትግራይ አብ ዓድታቱ እንከሎ ንምሕጋዙ ጾርታት ዘካይድ፥ ነቲ ናይ ደርቂ ኩነታት ብምምዝማዝ፥ ካብ ግብረ-ሰናይ ማሕበራት መኸሰባት ንምርካብ ህዝቢ ናብ ሱዳን ክስደድ ይደፋፍእ ምንባሩ፥ ብህዝቢ ትግራይን ካልአት ተዓዛብቲን ፍሉጥ እዩ። አብ መፋርቕ 1985 አስታት 200,000 ሓረስቶት ረድኤት ንኽረኽቡ ንሰሙናት ብእግሮም ተጓዒዞም ሱዳን ከም ዝአተዉ ይፍለጥ። እቶም ሓረስቶት አብ ጒዕዞአም ብጥሜትን ዝተፈላለየ ሓደጋታትን፥ እንተላይ ደብዳብ ነፈርቲ ደርግ፥ ህይወቶም ይስእኑ ነይሮም። እቶም ሓረስቶት፥ ካብተን መራሕቲ ወይን ስትራተጂያውያን ጸላእቲ ዝብለወን ሃገራት ምዕራብ ረድኤት ንኽረኽቡ ናብ ሱዳን ክስደዱ ዝደፋፍኡ ዝነበሩ መራሕቲ ወይን ባዕላቶም እዮም።

መሪሕነት ወይን፥ አብዚ ዝተጠቕሰ ግዜ፥ ኩሉ ዲፕሎማሲያዊ ንጥፈታቱ ምስቲ ንህ.ግ. ንምንጻልን ንምድኻምን ዘዕላግዑ ብስዑድያ ተሃንዲሱ ብናይ ሱዳን ሸርክነት ዝትግበር ዝነበረ ውዲታዊ ምንቅስቓስ ዝተአሳሰረን ንዕኡ ዘተባብዕን ነበረ። ብዘጋ ህ.ግ. ሓገዝ ንኽረክብ እውን ምስ ቀይሕ መስቀልን ካልአት ዘይመንግስታውያን ውድባትን ይዋደ ነበረ። እቲ ዝኸፍአ ድማ፥ ገለ ክፋል ካብቲ ንግዳያት ደርቂ ተባሂሉ ብለገስቲ ዝወሃብ ዝነበረ ረድኤት፥ ብፍላይ እቲ ዋጋ ከውጽእ ዝኽእል (ዓይነታዊ መግቢን መድሃኒትን) ናይ ህወሓት ናይ ንግዲን ሸቐጥን አካል አብ ዕዳጋታት ፖርት-ሱዳንን ካልአት ከተማታት ሱዳንን እናሸጠ ብዋጋ ህዝቢ ሕልምታቱ

ንምርዋይ ዘህንፍንፍ ዝነበረ'ዩ። ዝያዳ ዝገደደን ዘተሓሳስብን ከኣ፡ ነቲ ካብ
ጽቡቕ ድሌት ብምንቃል፡ ተጋደልቲ ህወሓት አብ ውሽጢ ህ.ግ. ተመኩሮን
ክእለትን ክቐስሙ፡ ብዘተዋህቦም ዕድል ክፈልጥዎ ዝኸኣሉ ምስጢራት
ውድብ ህዝባዊ ግንባር፡ አውራ ወተሃደራዊ ምስጢራት፡ መራሕቲ ወያነ፡
ምስ ካልኦት ናይ ግዳም ሓይልታት መመሓዘዊ ክገብሩኦን መኽሰባት
ክረኸብሉን ይፍትኑ ምንባሮም እዩ።

ዘይብሱል ክርክራት ወያነ

አብዚ ዝተጠቕሰ እዋን፡ መሪሕነት ወያነ አብ መንጎ ካድረታቱን
መሰረታት ተጋደልቱን "ናይ ህዝባዊ ግንባር ቃልሲ፡ ናይ ብርጅዋ ሰውራ
እዩ፣ ህ.ግ. ብስነ-ሓሳብ መሓዛና አይኮነን። ሰልጣዊ ርክባት ድኣሉ ዘለና እምበር፣
ስትራተጂያዊ ጸላኢና እዩ" ዝብል ዘመተታት የካይድ ነበረ። ህዝባዊ ግንባር
አብ ልዕሊ ሕብረት-ሶቬት ዘለዎ መርገጺ. ድማ ከም ሓደ መርኣያ ናይቲ
ፍልልይ ገይሩ የቕርብ ነበረ። መሪሕነት ወያነ አብቲ እዋን'ቲ፡ "ጴሳዊ ሰልፊ
ሕብረት ሶቬየት አግላሲ (Revisionist) ሰልፊ እዩ፣ ሕብረት ሶቬየት ማሕበርነታዊት
ሃገር አይኮነትን" ዝብል መርገጺ. ሒዙ ነበረ። ብዓይኒ ህወሓት ሓቀኛ
ማሕበርነታዊት ሃገር፡ ኤንቨር ሆሽሃ ዝመርሓ አልባንያ'ያ ነይራ። ህዝባዊ
ግንባር ተመሳሳሊ ስነሓሳባዊ መርገጺ. ዘይምውሳዱ ድማ፡ ወያነ ከም ዓቢ
መረሳላዩ ነጥቢ. ገይሩ የንሳጉኤሉ ነበረ። ህዝባዊ ግንባር ግን "......ጉዳይ
ሕብረት ሶቬየት፡ ንወደባት ኢትዮጵያን ህዝባዊ ግንባር ሓርነት ኤርትራን አብ ክልተ
ተጸረርቲ ደምበታት ዝኸፍል መምዘኒ ክኸውን አይግባእን" ዝብል መርገጺ. ነበር።

አብ ሕቶ ብሄራት ብተመሳሳሊ፡ ህወሓት፡ "መሰል ርእሰ-ውሳነ ብሄራት
ኢትዮጵያ፡ ክሳብ ምንጻል" ክብል እንከሎ፡ ህዝባዊ ግንባር ግና፡ ሕቶ ምንጻል
ብሄራት ኢትዮጵያ፡ "ታሪኻዊ ኮነ ቁጠባዊ መሰረት የብሉን" ክብል ይነጽግ
ነበረ። መሪሕነት ወያነ አብ ጉዳይ ደባት ብሄራት ዝነበሮ አመለኻኽታ
እውን ህ.ግ. ይቕበሎ አይነበረን። መርገጺኡ ብግልጺ. ንምፍላጥ ድማ፡
ህዝባዊ ግንባር አብ ጥሪ 1985፡ "ዝምድናና ምስ ደሞክራሲያውያን ምንቅስቓሳት
ኢትዮጵያ" ዘርእስቱ ናይ ፖሊሲ. መግለጺ. አውጺአ። እቲ መግለጺ. ሕቶ
ምንጻል ካብ ሕብረ-ብሄራዊት ኢትዮጵያ ታሪኻዊን ቁጠባዊን መበገሲ. ከም
ዘይብሉ ኩብርሀ እንከሎ ከምዚ. ይብል፤

ሽሕ'ኳ አብ መሬት ጭቑናት ብሄራት፡ ንሓድሕደን ኮነ ምስተን
ናይ አምሓራ ዝወዳደራን ውሱን ሓይልን ጽልዋን ዝነበረንን ናይ
መሳፍንቲ ግዝአታት እንተነበራ፡ ጽኑዕ ቁጠባዊ ምትእስሳርን ሕንጹጽ
ደባትን ዝነበረን ናጺ ናይ አርሞ፡ ትግራይ፡ ዓፈር፡ ወይ ካልኦት ሃገራት
አይነበራን። ስለዚ. አብዘን ብሄራት'ዚአን ናብ ናይ ቀደም ናጺ ሀላዌ፡ ናብ
ናጺ ሃገራዊ መንግስቲ ክንምለስ ዚብል አተሓሳስባ ኪለዓል አይክእልን።

ናይ ምንጻል ጠለብ ከአ ታሪኻዊ መበገስን ምርኩስን የብሉን።
ጭቁናት ብሄራት ኢትዮጵያ ብድልዱል ቀጠባዊ ሓድነት ዝተጠምራ'ውን
አይኮናን። ገዛእቲ ደርብታት ኢትዮጵያ ብዝተኸተልዎ ሾቪናዊ ሜላ፣
ቀጠባዊ ድሕረት ከም ዝሃሰየን ዘይከሓድ'ውን እንተኾነ፣ ምንጻል
ካብ ሕብረ ብሄራዊት ኢትዮጵያ፣ ብፍላይ ናይ ብሄራት ፖለቲካዊ፣
ቀጠባዊ፣ ማሕበራውን ባህላውን መሰላት ዘኽብር መንግስቲ አብ
ዝትክለሉ እዋን ንቁጠባዊ ምዕባለ ጭቁናት ብሄራት ዝደቁስ'ምበር
ዘደንፍዕ ስለዘይኮነ፣ እቲ ናይ ምፍላይ ጠለብ ቀጠባዊ መበገስ'ውን
የብሉን። ካልእ ንምፍንጫል ናይ ጭቁን ብሄር ካብ ሓደ ማእከላይ
መንግስቲ ጠንቁ ኪኸውን ዚኽእል ረቛሒ ብሰንኪ እምብዛ ምብላሕ
ብሄራዊ ግርጭት፣ ክልተ ብሄራት ፈጺሞም ብሓባር ኪነብሩ ዘይክእሉ
ምስዝኾኑ እዩ። አብዚ ፍሉይ ኩነታት ኢትዮጵያ ግን ብሄራዊ
ጸቕጢ አብ መንጎ ናይታ ሃገር ብሄራት ቅርሕንቲ'ኳ እንተሕደረ፣
ጭቁና ምስ ተሳዕረ ብማዕርነትን ስነትን ኪነብሩሉ ዘይክእሉ ኩነታት
አይፈጠረን። ብተወሳኺ፣ አብ ኢትዮጵያ መሰል ርእሰ-ውሳኔ ብሄራት
ኪኸብር፣ አቓዱሙ ደሞክራሲያዊ መንግስቲ ኪትከል ስለ ዘለዎ፣ ነዚ
ንምዕዋት አብ ዝሃየድ ንኩለን ብሄራት ዘሳትፍ ፖለቲካውን ብረታውን
ቃልሲ፣ እቲ ናይ ቅርሕንትን ሓድሕዳዊ ምጥርጣርን መንፈስ ኪሃስስን
ኪምህምንን እዩ።

በዚ ዝተጠቅሰ ምኽንያት፣ ህ.ግ.ሓ.ኤ. እቲ ቅኑዕ ፍታሕ ንጉዳይ
ኢትዮጵያ 'ማዕርነታዊ ሓድነት ብሄራት'ዩ' ኢሉ ከም ዝኣምን እቲ መግለጺ
ብዘየወላውል አነጸረ። ወያን ገና አብ ቃልሲ እንከሎ ብዛዕባ ደባት ዝነበሮ
ናይ ምስፍሕፋሕ ዝምባለ ቅኑዕ ከም ዘይኮነ ክገልጽ እንከሎ ድማ፣ እቲ
ናይ ጥሪ 1985 መግለጺ ህዝባዊ ግንባር፣ አብ መንጎ ኤርትራን ኢትዮጵያን
ናይ ደብ ጉዳይ እንተሃልዩ፣ አብ ግዜኡ ብመሰረት መግዛእታዊ ውዕላት
ክውሰን ስለ ዝኽእል ጸገም ከም ዘይብሉ ብምግላጽ፣ እቲ ዝኸፍአ ሳዕቤናት
ከኸትል ዝኽእል፣ እቲ ወያን አብ ውሸጢ ኢትዮጵያ ክሕንጽጾ ዝሓሰብ ናይ
ብሄሩ ደብ ምኳኑ ንምሕባር ከምዚ ይብል፤

ናይ ብሄራት መሬት፣ እቲ ገዛእቲ ደርብታት አዲስ አበባ ንምምሕዳር
ኪጥዕሞም ወይ ካልእ ምስ ረብሓ ህዝቢ ዘይቃዶ ዕላማታት ንኪወቕዑ
ዝሓንጸጽዎ ናይ ክፍለ ሃገር ወይ አውራጃታት ደባት አይኮነን። ናይ
ብሄራት ጉዳይን መሰልን አብ ግምት ብምእታው አይተሓንጸጸን። አብ
ዝተፈላለየ ወገናት ኢትዮጵያ ከም ዝተራእየ፣ አብሉ ተመስሪትካ ወይ
አብ ልዕሊኡ ካልእ ደሚርካ በብወገንካ ናይ ብሄርካ ደብ ብምሕንጻጽ፣
አብ ናይ "መሬተይ መሬትካ" ምስሕሓብ ምእታው። አብቲ መሬተይ
እትብሎ ቦታ ንዚርከቡ ካልኦት ጭቁናት ብሄራት ናጻ ውድብ ከቝሙን
አብ ጉንኻ አንጻር ናይ ሓባር ጸላኢ ኪቃለሱን ዘይምፍቃድ፣ ንደባትካ
ናትካ ፍሉይ ሕዘእቲ ቀጺርካ ብባህሪኣም አብ መላእ ኢትዮጵያ
ኪነጥፉ ንዚግብአም ሕብረ-ብሄራውያን ውድባት አብቲ መሬተይ

እትብሎ ከይዓዩ ምኽልካል፡ ነቲ መሰረት ናይ ዓወት ዝኾነ ሓድነት ህዝብታት ዘምክን ጸቢብ ኣረኣእያን ጉዳኢ ስጉምቲን እዩ። ብዘይከ'ዚ እቲ ዕላማ፡ ማዕከናዊ ሓድነት እንተኾይኑ እቲ ዘኸራኽር መሬት፡ ናይ ሓንቲ ሃገር፡ ናይ ሓደ ስሙር ህዝቢ፡ መሬት ምኻኑ ኣይተርጋጽን። ጽባሕ ከም ዜጋታት ናይ ሓንቲ ሃገር ብሓባር ክትነብር እንተኾንካ፡ ሎሚ ናይ ብሄርካ መሬት ምስፋሕ ትርጉም የብሉን።

ኣብ ጉዳይ ሕብረት-ሶቭየት፡ መግለጺ ህዝባዊ ግንባር ጥሪ 1985 ከምዚ ይብል፤

ሕብረት ሶቭየት ሃጸያዊት እያ ዝብል ምሳና፡ ሕብረት ሶቭየት ሃጸያዊት እያ ዘይብል ኣባይና እናበልካ፡ ንናይ ሶቭየት ወራር ብትብዓት ንዘመክቱን ንዘረ ሓርነታዊ መርገጺኣ ኣብዚ ከባቢ ካልኦት ክፍላት ዓለምን ዚኹኑን ውድባት፡ ተኸላኸልቲ ኩሓሓልትን ኩራዕካርን ሶቭየት ቀጺርካ ኣብ መስርዕ ጸላእቲ ምጽብጻብ ግጉይ እዩ። ንሓደ ውድብ ሓንሳብ ምስ ጸላእትኻ ምስ ሰራዕካዮ፡ ኣንጻሩ ጉስጓስ ምክያድ፡ ህዝቢ ኣንጻሩ ምልዕዓል፡ ጽልዋኡን ሓይሉን ንምድራት ምጽዓር፡ ብዋጋኡ ምትንዃል ኣይተርፍን። ናይ'ዚ ሳዕቤን ድማ ናይ ውድባትን ህዝብታትን ምርሕሓቕ፡ ምቅሕሓር፡ ኣብ መወዳእታ ድማ ምግርጭው እዩ።ተመክሮ ነዚ እዩ ዘረጋግጽ። ኣብ ዝተፈላለያ ሃገራት ናይ ምዕራብን ሳልሳይ ዓለምን እዚ ኣገማግማን ኣተሓሳሰባን ሓድነተን ዓቒበን ብዙሕ ከፍርያ ኣብ ዚኽእላ ዝነበራ ውድባት ምጉጅጃልን ዳግም ምጉጅጃልን ፈጢሩ። ንብዙሕ ሰውራዊ ምንቅስቓሳት ረሚሱ እዩ። ብኹሉ እዚ ምኽንያታት'ዚ፡ 'ሕቶ ማሕበረ ሃጸያዊ ባህርይ ሕብረት ሶቭየት' ንውድባት ኢትዮጵያን ህ.ግ.ን ናብ ክልተ ተጻረርቲ ጋንታታት ዚኸፍል ማይክያ ኪኸውን የብሉን።

ኣብ ወተሃደራዊ መዳይ፡ መሪሕነት ወያነ፡ "ህዝባዊ ግንባር ኣብ ድፋዓት ሳሕል ምስ ዓረደ ምንቅስቓስ ኣብዩ፡ ናይ ደባይን ተንቀሳቓሲን ስልቲታት ኩናት ገዲፉዎ፡ ንቓልሲ ህዝቢ ኤርትራ ዘየዐውት ስትራተጂ ይኽተል ኣሎ...እዚ ስትራተጂ'ዚ እቲ ሰውራ ካብ ህዝቢ ተነጺሉ ከም ዝዳሽምን መወዳእታኡ ከም ዝሰዓርን ዝገብር'ዩ። . .ዝብል ነቐፌታታት የቕርብ እኳ እንተነበረ፡ እዚ ግን፡ ህዝባዊ ግንባር ኣብ መግለጺኡ ዝተገለጸ ነጥቢ ኣይነበረን። ናይ ጥሪ 1985 መግለጺ ህዝባዊ ግንባር ኣብ መወዳእታ፡ ቃልሲ ምሕዝነት ህዝብታት ንህ.ግ. ስትራተጂያዊ ሕቶ ብምኻኑ ብዝተኻእለ መጠን ንምዕዋቱ ከም ዝሰርሕ ብኽምዚ ዝስዕብ ቃላት ገለጸ፤

ህ.ግ.ሓ.ኤ. ኣብ መሰረታዊ ሕቶታትን ዕማማትን ሰውራ ኢትዮጵያ ርእይቶኡ ኣንጉሑ ዚገልጽ ዘሎ ዕድል ህዝቡን ህዝብታት ኢትዮጵያን ብቓረባ ዝተጠምረ ምኻኑ ስለዝግንዘብ እዩ። ኣብ ምዕባለ ሰውራ ኤርትራ፡ ድሕሪ ውሽጣዊ ዓቕሚ ናይ ህዝቡ፡ ምድግጋፍ ምስ ቃልሲ

20

ህዝብታት ኢትዮጵያ ብቐጥታ ከም ዝስራዕ፡ ንሰውራ ኢትዮጵያ ከኣ እቲ ቀዳማይ ጸላዊ ረቛሒ ናይ ህዝቢ ኤርትራ ብረታዊ ተጋድሎ ምዃኑ ህ.ግ. ይኣምን። በዚ ድማ ዝምድናታቱ ምስ ደሞክራሲያዊያን ውድባት ኢትዮጵያን ገድላዊ ምሕዝነት ክልቲኡ ህዝብታትን ከስፍሕን ከዕምቑን ብጥንቃቑን ዓቕልን ዕቱብነትን ይሰርሕ። ንምትካል ድልዱል ኪዳን ኣብ መንጎ ክልቲኡ ሰውራታት ቅድምን ልዕልን ኩሉ ዲፕሎማስያዊ ንጥፈታት ይሰርዖ። ካብ ደሞክራሲያውያን ምንቅስቓሳት ኢትዮጵያ ድማ ተመሳሳሊ መርገጽን ናይ ሓላፍነት መንፈስን ይጽበ።

እዚ ናይ ጥሪ 1985 መግለጺ (ጥብቆ ተመልከት) ብሬድዮ ድምጺ ሓፋሽ ኤርትራ ምስ ተቓልሐን ኣብ መጽሔት 'ፍጻመታት' ምስ ወጸን፡ ወያነ፡ ኣብ መጋቢት 1985፡ "ዓቢ ዝላ ንቕድሚት" ብዝብል ኣርእስቲ ንመርገጺ ህዝባዊ ግንባር ኣምሪሩ ዝነቕፍ 20 ገጽ ዝሓዘ መግለጺ ብምውጻእ መለሰ። ድሕሪ'ዚ ወያነ ብገዛእ ፍቓዱ ብድምጺ ሓፋሽ ኤርትራ ዘካይዶ ዝነበረ ፈነወ ኣቋረጸ። ካብኡ ንድሓር ግን ህ.ግ. ነቲ ናይ ወያነ ዕለታዊ መግለጺታትን ትርኽን ኣይሰዓቦን። ወያነ ግን ዕሽላዊ ክርክራቱን ኣንጻር ህዝባዊ ግንባር ዝቐንዐ ዘመተኡን ኣየቋረጸን።

ኣብ ሓምለ 1985 ማርክስ ለኒናዊ ሊግ ትግራይ (ማለሊት) ኣብ ዝቘመሉ መስራቲ ጉባኤ፡ ህወሓት ዝኽተሎ ዝነበረ ናይ ወጻኢ ዝምድናታት ፖሊሲ፡ *"ብፍልስፍና ግብሪ ዝምራሕ፡ ካብ ስልታዊያን መሓዙት ብዝረኸቦ ግዝያዊ ረብሓታት ተታሊሉ ዝጸንሐ ፖሊሲ"* ምዃኑ ብምግላጽ ነቲ ዝጸንሐ ኣካይዳን እንተላይ ዝምድናኡ ምስ ህዝባዊ ግንባርን ኣትሪሩ ነቐፎ። ኣብ ዓለማዊ ጉዳያት ድማ፡ *"ምዕራባውያን ሃገራትን ብሶቭየት ዝምራሕ ማሕበረ ሃጸያዊ ሓይሊን ጨቆንቲ ኩሎም ደርብታት ሽቃሎ፣ ሰዉራ ቻይና፡ ንሃገራዊ ብርጅዋ ከም ስትራተጂያዊ መሓዛ ዝጽንብር፡ ዘይሩ ዘይሩ ኣብ ትሕቲ ምልኪ ብርጅዋዊ ስርዓት ዘእቱ ኣግላሲ ስርዓት"* ተባሂሎም ከም ስትራተጂያውያን ጸላእቲ ተመደቡ። ብሓጺሩ ማለሊት ንኹሎም ስርዓታት ብምንጻግ፡ ዳርጋ ኣብ ዓለም በይኑ ገስጋሲ ሓይሊ ምዃኑ ዝገልጽ ኣዝዩ ጥሩፍ መርገጺ እዩ ሒዙ። እቲ ዘገርም ግን፡ ከምዚ ዓይነት ጥሩፍ መርገጺ ሒዙ ከብቅዕ፡ ምስቶም ስልታውያን መሓዙት ዝብሎም፡ ማለት ምስተን ግንየ ዘስንቓእ ዝነበራ ገለ ጎረባብቲ ሃገራት እናተዋደየ፡ ምስ ትካላት ስለያ ምዕራብን ዘይመንግስታውያን ውድባትን'ውን ጥቡቕ ዝምድና ብምምስራት ረብሓታቱ ዘኻዕበት ዝነበረ ውድብ ምዃኑ እዩ። ድሕሪ ውድቀት ስርዓት ደርግ፡ ወያነ ኣብ መንበረ-ስልጣን ኣዲስ-ኣበባ ምስ ተቐመጠ፡ ዛንታ ማለሊት ከም ዘሕፍር ታሪኽ ተራእዩ ተረሲዑ እዩ። ስም ማለሊት እውን ኣይልዓልን እዩ። ህወሓት ከኣ ብቕጽበት ናብቲ ካልእ ጫፍ ናይ ጥሩፍነት ብምዝላል፡ ቀንዲ መሓዛ ምዕራባውያን ክኸውን ግዜ ኣይወሰደሉን።

ምቛም ማርክስ ለኒናዊ ሊግ ትግራይ (ማለሊት) ብወግዒ ምስ ተኣወጀ፡

በዚ ሓድሽ መርገጺ፡ ህዝባዊ ግንባር ምስ ስትራተጂያውያን ጸላእቲ ሰለ ዘተመደቡ፡ እቲ ኣንጻር ህዝባዊ ግንባር ዝካየድ ዘመተ ብዝሰፍሐ መልክዑ ቀጸለ። መራሕቲ ማለሊት፡ ነቲ ዝምድና መመሊሱ ዘበላሹ ዝተፈለላየ ዓንቀጻት እናጸሓፉ፡ ተኹታኹ ተግባራቶም ኣዛየዱ። ኣብ 1985 ማለሊታውያን፡ ክሳብ ህዝቢ ኤርትራ ንህዝባዊ ግንባር ክነጽን ዝጽውዕ ጽሑፋት እናዘርግሑ፡ ኣብ ከተማታት ሱዳን ናይ ኤርትራውያን ኣኼባታት ብምዕዳም፡ ህዝቢ ኤርትራ መተካእታ ህዝባዊ ግንባር ዝኾውን "ገስጋሲ" ውድብ ክምስርት ዝጽውዕ ፍሹል ፈተነ ኣካየዱ። ከም መቐጸልታ ናይዚ ጎስጓሳት'ዚ ሸለ፡ ኣብ መጀመርታ 1986፡ *"ኣፈላላየትና ኣብ ግልጺ መድረኸ ይቐርብ"* ዝርእስቱ ጽሑፍ ዝሓዘ ወረቐት ዘርግሑ። እቲ ጽሑፍ ንውድባት ኤርትራ ክነቅፍ እንከሎ ከምዚ ይብል፤

እዞም ተራ ናይ ሓርነት ውድባት (ህዝባዊ ግንባርን ገለ ኣብ ሱዳን ዝነብሩ ናይ ተ.ሓ.ኤ. ጉጅለታትን ማለት'ዩ) ነቲ ዝተሓላለኸ ኩነታት ቅኑዕ ፍታሕ ከምጽኡሉ ኣይክእሉን እዮም፣ ህዝቢ ኤርትራ ንነብሱ ባዕሉ ወዲቡ ከይቃለስ ዝዕንቅፍ ኩነታት ፈጢሮም ኣለው፣.........ሰለዚ ነዞም ዕንቅፋታት እዚኣቶም ብምእላይ፡ ብሰነ-ፍልጠት ዝምራሕ ብቑዕ ወድብ ምምስራት ይጽንሓለይ ዘየድልዮ ዕማም ህዝቢ ኤርትራ እዩ።

ኣብ መፋርቕ 1986 እንደገና፡ ማለሊት፡ *"ቃልሲ ህዝቢ ኤርትራ ካበይ ናበይ?"* ዝርእስቱ መጽሓፍ እውን ዘርግሑ። ኣብዚ መጽሓፍ'ዚ ወያነ ንወተሃደራዊ ስትራተጂ ህዝባዊ ግንባር ብዝምልከት ኣስፈሩዎ ዘሎ ጽሑፍ ከምዚ ይብል፤

ዓንዲ ናይቲ ውግእ ዝኾነ ሓይሊ፡ ንበይኑ ኣብ ሓደ ሜዳ ተቐርኑ፡ እቲ ነዚ ዓንዲ ተምሮኩሱ ዝዋጋእን ከዋጋእ ዝግብኣን ህዝቢ፡ ድማ ኣብ ካልእ ሜዳ እንተኾይኑ፡ እቲ ክህሉ ዝግባእ ተወሃሂድካ ምውጋእ ይተርፍ። ክልቲኡ ሜፋት ድማ ይደክም። ኣብ ዝተናውሐ ኩናት ድማ ህዝባዊ ግንባርን ህዝቢን ክሰዓሩ ይኽእሉ። ወያን ካብዚ ትንተና'ዚ ተበጊሱ፡ ናይ ህዝባዊ ግንባር ስትራተጂ ግጉይ'ዩ ዝብል መርገጺ ወሲዱ።

ማለሊት ብድሕሪ'ዚ እውን፡ *"ብረት ህዝቢ ኤርትራ ቋልቋል ኣፉ ኣይደፋእን"* ዝርእስቱ 151 ገጽ ዘለዎ መጽሓፍ ኣሕተመ። እዚ ጽሑፋት'ዚ ኩሉ፡ ህዝቢ ኤርትራ ናጽነት ከምጽእ ዝኽእል ብናታቶም ኣበሃህላ፡ *"ሓቀኛ፡ ደሞክራሲያዊ፡ ሰነ-ፍልጠታዊን ብቕዑን"* ውድብ ክፈጥር ዝጉስጉስ ነበረ። ጒኒ ጒኒ'ዚ ጉስጓሳቲ'ዚ ድማ መሪሕነት ወያነ፡ መተካእታ ህዝባዊ ግንባር፡ ናይ ወያነ ኣረኣእያ ዘለዎ ውድብ ንምፍጣር ንገለ ተረፍ-መረፍ ተ.ሓ.ኤ. ብምእካብ ኣብ ትግራይ ክነጥፉ ኣፍቀደሎም።

ማለሊት ኣብ ከምዚ ዝኣመሰለ መወዳእታን ቁምነገርን ዘይብሉ ክርክር ተጸሚዱሉ ኣብ ዝነበረ እዋን፡ መሪሕነት ህዝባዊ ግንባር፡ ሕቶ ህዝቢ ትግራይ ቅኑዕን ፍትሓዊን ምዃኑ እናገለጸ፡ መራሕቲ ወያነ ዘልዕልዎ ዝነበሩ ስነ-ሓሳባዊ ክትዓት ዘዋጥጥን ብሓባር ካብ ምስራሕ ዝዕንቅፍን ከም ዘይኮነ እናተሓሳሰበ፡ ወያነ ኣንጻር ደርግ ዘካይዶ ወተሃደራዊ ስርሒታት ብምቅጻል፡ ቃልሲ ህዝቢ ትግራይ ኣብ ዓወት ንምብጻሕ ብኹሉ ዓቕሙ ክረባረብ ይጽውዕ ነበረ። ወያነ ወተሃደራዊ ስርሒታቱ ከነጣጥፍ ንምድራኽ እውን፡ ምስ ኩሉ'ቲ ዝነበረ ጸገማት፡ ኣብ ሚያዝያ 1985 ኣብ ባዕከር፡ ሰሜን ክፍለ-ሃገር ጎንደር ዝነበረ መዓስከር ጸላኢ ናይ ምድምሳስ ሓባራዊ ስርሒት ተኻየደ። ኣብዚ ውግእ'ዚ ዝተማረኸ ኣጽዋር ድማ ብዘይካ ታንክታትን ከበድቲ ኣጽዋራትን፡ ካልእ ኩሉ ከምቲ ልሙድ ንመሐየሊ ቃልሲ ህዝቢ ትግራይ ክውዕል ንወያነ ተዋህበ።

ወያነ ብጉዳይ ዶብ ንህዝባዊ ግንባር ብቐጻሊ ይተኣኻትኾ እኳ እንተነበረ፡ ህ.ግ.ኣብ ዘይግዜኡ ብጉዳይ ዶባት ኣብ ምስሕሓብ ክኣቱ ስለ ዘይመረጸ፡ ብዝተኻእለ መጠን ንረጽሚ ካብ ዝዕድም ተግባራት ወያነ ክርሕቕ ይፍትን ነበረ። "መsግዛእታዊ ዶባት ፍሉጥን ንጹርን ብምዃኑ፡ ጉዳይ እንተልዩ ኣብ ግዜኡ ክፍታሕ ይኽእል እዩ" ዝብል እምነት ስለ ዝነበሮ፡ ነቲ ነገር ኣይሰዓቦን። ካብቲ ብመሪሕነት ወያነ ዝካየድ ዝነበረ ቀጻሊ ዘመተን ምትኹታኹን ንምእላይ ከኣ፡ ኣሃዱታቱ ካብ ከባቢ ባድማ ኣርሓቐን። ወያነ ህላወኡን ቀጻልነቱን ኣብ ዘየረጋገጸሉ፡ እቲ ቓልሲ ክዕወት ዘይክዕወት ኣብ ዘይተፈልጠሉ መድረኽ፡ ናይ ዶብ ሕቶ ምልዓሉን እቲ ኩሉ ዘቕርቦ ዝነበረ ናይ ስነ-ሓሳብ ክርክራትን ድሕሪ ምምስራት ማለሊት ብስፍሓት ዝዝርጋሕ ዝነበረ መግለጺታትን፡ መርኣያ ዘይብሱል፡ ዕሽላዊ፡ ጥሩፍ፡ ተላጋጊን ተበላጺን ፖለቲካዊ ኣተሓሳስባ ናይቲ መሪሕን እዩ ነይሩ።

ህዝባዊ ግንባር፡ ኣብቲ እዋን'ቲ፡ ዕሽላዊ ኣተሓሳስባ መሪሕነት ወያነ ብምግምጋም፡ ነቲ ጽባሕ-ጽባሕ ኣንጻሩ ዝካየድ ዝነበረ ብዙሕ ዘመተታትን ጉስጓሳትን መልሲ ይህበሉ ኣይነበረን። ኣብ መስከረም 1985 ግን፡ *"ትም ዝበልና፡ ትም ክንብል ስለዘመረጽና ጥራይ'ዩ"* እትብል ሓንቲ ሓጻር መግለጺ ኣውጸአ።

ዳግማይ ጠለብ ንምሕዳስ ዝምድና

ካብ 1984 ክሳዕ 1988 ዝነበረ ኣርባዕተ ዓመታት ዝምድና ህዝባዊ ግንባርን ህወሓትን በዚ ዝተጠቕሰ ምኽንያታት ተበቲኹ ዝነበረሉ መድረኽ እዩ። ኣብዚ መድረኽ'ዚ ምስ ምቛም ማለለቲ ተኣሳሲሩ፡ ኣብ ውሽጢ

መሪሕነት ወያነ ፖለቲካዊ ስኽነት አይነበረን። በዚ ድማ ህወሓት ወተሃደራዊ ስርሒታት አንጻር ስርዓት ደርግ አደስኪሉ፥ አብ ውሽጣዊ ፖለቲካዊ ቃልሲ ዝተጸምደሉ መድረኽ ነበረ። ከም አካል ናይቲ ንወያነ ብውሽጡ ዝህውጽ ዝነበረ ሕሉፍን ዘይክዉንነታውን አረአእያታት ድማ፥ መሪሕነት ወያነ ንህዝባዊ ግንባር ብዶብን ካልእን እናሳበበ አብ ዘየድሊ ቄዬቅን ነገርን ከእቱ፥ ናብ ጎነጽ ዘምርሕ ቀጻሊ ምትኹታኻት የካይድ ነበረ። መሪሕነት ህዝባዊ ግንባር፥ ናይ ወያነ ተግባራት ንቓልሲ ክልቲኦም ህዝብታት ናብ ዘየድሊ ማእዝን ዝወስድ ምኳኑ ብምስትውዓል፥ ንጉስጓሳትን ምትኹታኹን ወያነ ብትዕግስቲ ክሰግሮ መረጸ። ካብ ጓል መገዲ ብምእላይ፥ ብምሉእ ሓይሉ ናብቲ ቀንዲ ዕላጉ ብምትኳር፥ ወተሃደራዊ ቃልሱ አንጻር ሰራዊት ደርግ አበራተየ።

አብ ጥሪ 1984፥ ህዝባዊ ግንባር ተሰይን ከባቢአን አጥቂዑ ክቆጻጸር እንከሎ፥ አብ መጋቢት ከአ ነቲ ብ"ውቃው እዝ" ዝፍለጥ፥ ንልዕሊ 5 ዓመታት አብ ግንባር ሰሜናዊ ምብራቕ ሳሕል ዓሪዱ ዝነበረ፥ ሰራዊት መግዛእቲ ኢትዮጵያ አኽቢቡ ደምሰሶ። ደርግ ናብ ሰሜናዊ ምብራቕ ሳሕል ንምምላስ ዘካየዶ ተደጋጋሚ ፈተነታት ድማ መኪቱ አፍሸሎ። አብ ግንቦት 1984 ብዕዉት ስርሒት ኮማንዶ አብ አስመራ መደበር ሓይሊ አየር 33 ነፈርቲ ውግእ አዕነወ። አብ ሓምለ 1985 ድማ አብ ባረንቱን ከባቢአን በርቃዊ መጥቃዕቲ ድሕሪ ምፍጻም፥ ደርግ ካብ ዝተፈላለየ ከባቢታት ኢትዮጵያ ጊዜፍ ሓይሊ ብምኽታት ባረንቱ ንምምላስ ንአስታት ክልተ ወርሒ ዘካየዶ ሓያል ውግእ ገጢሙ ንጸላኢ ከቢድ ክሳራ ድሕሪ ምስካም፥ ካብ ባረንቱ አዝሊቒ፥ ናብቲ ቀንዲ መከላኸሊ መስመሩ ሳሕል ተመልሰ። አብዚ ቀዋሚ ድፋዓቱ ኸአ፥ ነቲ ደድሕሪ መጥቃዕቲ ባረንቱ አብ መወዳእታ 1985 ደርግ ዘበገሶ "ወፍሪ ባሕረ ነጋሽ" ዝተሰምየ ሻሙናይን ናይ መወዳእታን ወራር ስርዓት ደርግ ሓምሺሹ አፍሸለ።

ድሕሪ'ዚ ዓበይቲ ውግእት'ዚ፥ ህዝባዊ ሰራዊት ሓርነት ኤርትራ፥ አብ ዓመተ 1986-1987 አብ ድሕሪ መስመር ጸላኢ፥ አብ ምዕራብ ደቡብን ማእከልን ኤርትራ ሓያል ተርግእትን፥ ንጸላኢ እስትንፋስ ዝኸልእ፥ ብዙሕ ተንቀሳቓሲ ውግእትን ብምኽያድ ንሰራዊት ደርግ አጸቢቑ አዳኸሞ። አብ 1987 ጥራይ፥ ሰራዊት ህዝባዊ ግንባር፥ አብ ድሕሪ መስመር ጸላኢ 170 መጠነ ንኡሰን ዓበይቲን ተርግእት ክፍጽም እንከሎ፥ አብ ታሕሳስ ናይቲ ዓመት'ቲ ድማ፥ አብ ጸጋማይ ግንባር ናቅፋ፥ ሓያል መጥቃዕቲ ፈንዩ ንሰራዊት ጸላኢ ብምድፋእ፥ ንዝቐጸል ስትራተጂያዊ መጥቃዕቲታት መገዲ ዝጸረግ ዓወት አመዝገበ።

በዚ ኩነታት'ዚ ዝተሰናበደ መራሒ ስርዓት ደርግ መንግስቱ ሃይለማርያም፥ አብ ለካቲት 1988 አስመራ ብምምጻእ፥ ንአዘዝቲ ካልኣይ

ኣብዮታዊ ሰራዊት (ሁ.ኣ.ሰ.) ኣኼባ ኣብ ዘካየደሉ፡ ብምድኻም ናይቲ ኣብ
ግንባር ናቕፋ ዓሪዱ ዝነበረ ሰራዊቱን ከም ሳዕቤኑ ኣብ ወርሒ ታሕሳስ
ኣብ ግንባር ናቕፋ ዘጋጠመ ስዕረትን፡ ቀንዲ ተሓታቲ፡ ኣዛዚ ናይቲ ግንባር
ዝነበረ ብሪጋዴር ጀነራል ታሪኩ ያይኔ ምዃኑ ብምግላጽ፡ ኣብ ቅድሚ
ሰራዊት ከም ዝርሸን ገበረ። ተሓታትነት ናይቲ ኣብ ከበሳታት ብደባይን
ተንቀሳቓሲን ውግኣት ኣብ ልዕሊ ሰራዊት ደርግ ዝወረደ ከቢድ ክሳራታት
ድማ ንኣዛዚ መክት እዝ ዝነበረ ብሪጋዴር ጀነራል ከበደ ጋሼ ብምስካም፡
ኣብ ቅድሚ ሰራዊቱ ማዕርጉ ተገፊፉ ከም ዝባረር ገበረ። ኣዛዚ ሁ.ኣ.ሰ.
ሜጀር ጀነራል ረጋሳ ጂማን ምክትሉ ሸዋረጋ ቢሆነኝን ካልኦት ልዕሊ
20 ላዕለዎት ኣዘዝቲ ሰራዊትን ድማ ካብ ኤርትራ ናብ ካልእ ከባቢታት
ኢትዮጵያ ቀየሮም።

ኣብቲ እዋን'ቲ መንግስቱ ሃይለማርያም ዝወሰዶ ናይ ዓቕሊ-ጽበት
ስጉምቲታት ንድኻመት ናይቲ ሰራዊት ዝፍውስ ዘይኮነ፡ መሊሱ ዘጋደድ'ዩ
ነይሩ። ሰርዓት ደርግ፡ ብዘይካ'ዚ ነቲ ኣብ ከበሳታት ኤርትራ ብተንቀሳቓሲ
ውግኣት ዝወርዶ ዝነበረ ቀጻሊ መጥቃዕቲታት ክጸውሮ ስለ ዘይክእሎ፡ ናይ
ውሽጢ መስመሩ ከደልድል ካብቲ ቀንዲ ግንባራት ቡብቕራብ ሓይሊ
እናሰሓበ ይኸይድ ነበረ። ነዚ ወተሃደራዊ ምዕባለታት'ዚ ብደቂቕ ኣብ
ምክትታል ዝነበረ መሪሕነት ህዝባዊ ግንባር፡ 'ናደው እዝ' ንምድምሳስ
ኣቓዲሙ ከካይዶ ዝጸንሐ መጽናዕቲን ከሰላስሎ ዝጸንሐ ውጥንን ኣብ
ባይታ ዝትግበረሉ ልክዕ ግዜ ከም ዝኣኸለ ገምገመ። ኣብ መጋቢት 1988
ከኣ፡ ነቲ ኣብ ግንባር ናቕፋ ዓሪዱ ዝነበረ ዓቢ ክፋል ሰራዊት መግዛእቲ
ኢትዮጵያ "ናደው እዝ" ኣብ ፍጹም ከበባ ኣእትዮ ብምድምሳስ፡ ካብ
መድረኽ ጀላነት ናብ ስትራተጂያዊ መጥቃዕቲ ነጥብ-መቐይሮ ዝኾነ ወሳኒ
ወተሃደራዊ ዓወት ኣመዝገበ።

ዋና ጸሓፊ ህዝባዊ ግንባር ሓርነት ኤርትራ ተጋዳላይ ኢሳይያስ
ኣፈወርቂ፡ ምስ መጽሔት ሳግም ቁ. 14፡ መስከረም 1988፡ ኣብ ዘካየዶ
ቃለ-መጠይቕ ንወሳንነት ናይዚ መጥቃዕቲ'ዚ ብኸምዚ ዝስዕብ ቃላት
ገሊጽዎ፤

> ....ህዝባዊ ግንባር፡ ንዓወት ግንባር ናቕፋ፡ ኣብ ውሽጢ'ቲ ዝተናውሐ
> ብረታዊ ተጋድሎ ህዝቢ ኤርትራ፡ ኣውራ ድማ ኣብ ውሽጢ ወተሃደራዊ
> ምዕባለታት ናይ'ዚ ዝሓለፈ ዓስርተ ዓመታት ኣእትዩ እዩ ዝመዝዞ።
> እቲ መጥቃዕቲ ሓያል፡ ቅልጡፍን ዓሚቕ ስምብራት ዝገደፈን ምንባሩ
> ዘይክሓድ እዩ፡ ገዛእቲ ኢትዮጵያ ንኤርትራ ካብ ዝንብጥዋ ንደሓር
> ንፈለግ ግዜ ኣብ ኣእምሮኦም፡ 'መግዛእቲ ኢትዮጵያ ኣብ ኤርትራ
> ክቕጽል ድዩ ኣይቕጽልን?' ዝብል ሕቶ፡ ከም ህጹጽ መልሲ፡ ዝድልዮ
> እዋናዊ ጉዳይ ከም ዝለዓል ዝገበረ ስርሒት እዩ።......

ምስ ምድምሳስ ናደው እዙ፡ ወተሃደራዊ ሚዛን ሓይሊ ናብ ረብሓ ህዝባዊ ግንባር ተቐየረ። ህዝባዊ ግንባር ዝተኸተሎ ናይ ምርብራብ ስትራተጂ ብኣንጻባራዊ ዓወት ወጺኡ፡ ውድቀት ሰርዓት ደርግ ክቀላጠፍ ዝረአየ መሪሕነት ወያነ ኸአ፡ ነቲ ህዝባዊ ግንባር ዝኸተሎ ዝነበረ ወተሃደራዊ ስትራተጂ ኣትሪሩ ክነቐፍ ከም ዘይጸንሐ፡ ብዘይሕንከት ግልብጥ ኢሉ፡ ክሳዕ ብሬድዮኡ፡ ህዝባዊ ሰራዊት ሓርነት ኤርትራ ዝተንናጸፍ ዓቢይን ወሳኒን ወተሃደራዊ ዓወት ብምንኣድ፡ ውድቀት ሰርዓት ደርግ ዝያዳ ንምቅልጣፍ ዝምድና ክልቲኡ ውድባት ናብ ንቡር ተመሊሱ፡ ወተሃደራዊ ስርሒታት ክወሃሃድ ናይ መሪሕነት ርክብ ክካየድ ጻውዒት አቐረበ።

ጻውዒት ህወሓት ብሬድዮ ወያነ ድሕሪ ምቅልሑ፡ ህዝባዊ ግንባር ብ29 መጋቢት 1988፡ "መልእኽቲ ህ.ግ. ንህዝቢ ትግራይ፡ መሪሕነትን መሰረታትን ህወሓት" ኣብ ትሕቲ ዝብል ኣርእስቲ ንኣካይዳ መሪሕነት ወያነ ብትሪ ዝነቕፍ፡ ብድምጺ ሓፋሽ ዝተቓልሐ ከምዚ ዝብል መግለጺ ኣውጸአ፤

ህወሓት. ብቐጻሊ ፍልልያት ኣለና፡ ፍልልያትና ነቃልሕ ካብ ምባልን ምቅላሕን ኣይዓረፈንን። . .ህ.ግ ኣብ ህወሓት. ዘለዉ ኣረኣእያታት ናይ ግድን ምስ ኣረኣእያታቱ ምእንቲ ኪጣበቐ ሕሳብ ንምዕጻው ኪጭነቐን ሓይሊ ኣዝቢሉ ንምምዕርራዮም ዘየድሊ ድኻም ኪገብርን ዘድሊ ኣይኮነን። ህወሓት. እውን ኣብ ህ.ግ.ሓ.ኤ. ብዘለዉ ኣረኣእያታት ኪጭነቐን ሓይሊ ኣዝቢሉ ንምድቃሶም ወይ ሕሳብ ንምዕጻው ዘየድሊ ድኻም ኪገብርን ኣይግባእን። . .ሎሚ ኣብዚ ታሪኻዊ መድረኽ'ዚ እውን። . .ህ.ግ ከም ወትሩ ኣብ ቄይቐ ኪኣቱ ኣይደልን። ንጕልሲ ህዝቢ ትግራይን ህወሓት.ን እዚ ጌራ እዚ ኣበርኪተ ኢሉ ኪጀሃር እውን ኣይደልን።

ኩልና፡ ካብዚ ዝሓለፈ 'ናይ ፍልልያትና ሕሳብ ምዕጻው' ዝበሃል ብኸንቱ ግዜን ጸዐርን ዘባኽን እዋን ተማሂርና ስለዘለና፡ ዝኣኸለ ይኣክል ኢልና፡ ሓድሽ ከውንታዊ ኣመለኻኽታ ከነተኣታቱ ይሕተት። ህዝቢ ትግራይን መሪሕነትን መሰረታትን ህወሓት. ነዚ ተገንዚቦም፡ ብኣጋጣሚ ናይዚ ዘሎናዮ ኣገዳሲን ታሪኻዊን መድረኽ፡ ቃልሲታትና ንክሕይልን ምትሕግጋዝና ሓቀኛ መልክዕ ንክሕዝን ከጸዕሩ ናይ ህ.ግ.ሓ.ኤ. ጻውዒት እዩ።

ድሕሪ'ዚ መልእኽቲ'ዚ፡ ኣብ ሚያዝያ 1988፡ ኣብ ካርቱም ኣብ መንጎ መሪሕነት ክልቲኣን ውድባት ርክብ ተኻየደ። ኣብዚ ዝስዕብ ነጥብታት ከኣ ስምምዕ ተበጽሐ፤

- ኣብ ክንዲ ናብ ዝሓለፈ ፍልልያት ምጥማት፡ ክልቲኦም ወገናት ኣብ ህልዊ ኩነታትን መጻኢ ዕድል ህዝብታት ኤርትራን ኢትዮጵያን ኣተኩሮም ብሓባር ክሰርሑ፤

- ኣብ መንን ክልቲኣም ወገናት ሰፈሕ ወተሃደራዊ ምትሕግጋዝን ናይ ሓበሬታ ምልውዋጥን ክህሉ፣

- መሪሕነት ወያን ወተሃደራዊ ስርሒታቱ ከበራብርን ከዕቢን፣ ህዝባዊ ግንባር ከኣ ዘድሊ ናይ ዕጥቂ ሓገዝት ክንበር፣ ናይ ታንክታትን መዳፍዕን ደገፍ፣ ከምኡ'ውን ኣብ ምጽ ጋን ኣጽዋራትን ተሸክርከርቲን ምስ ወያን ክተሓጋገዝን ስልጠናታት ክህብን፣

- ኣብ ናይ ክልቲኡ ውድባት ፖለቲካዊን ዲፕሎማሲያዊን ንጥፈታት ምውህሃድ ክህሉ፣

ድሕሪ'ዚ ርክብ'ዚ፣ ሓድሽ ናይ ምትሕግጋዝ ሃዋህው ተፈጥረ። ኣብ ዝቐጸለ ኣኼባታት ድማ፣ ኣብ ጉዳይ ኣፈታትሓ ፖለቲካዊ ሽግራት ኢትዮጵያ፣ ምኽባር ብሄራዊ መሰል ህዝቢ ትግራይን ካልኦት ብሄራት ኢትዮጵያን፣ ኣብ መንን ዝተፈላለዩ ተቓወምቲ ኢትዮጵያ ኪህሉ ብዛዕባ ዝግባእ ምትሕግጋዝ፣ ድሕሪ ውድቀት ስርዓት ደርግ ብዛዕባ ዝምሰረት ንኹሎም ተቓወምቲ ውድባት ኢትዮጵያ ዘሳትፍ መሰጋገሪ መንግስቲ፣ ከምኡ'ውን ኣፈታትሓ ጉዳይ ኤርትራ ኣብ ዝእመሰሉ መሰረታዊ ሕቶታት ዓሚቚ ዘተታት ተኻየደ።

በዚ ሓድሽ ናይ ምርድዳእ መንፈስ፣ ዝሓለፈ ቀዩቑን ዘመተታትን ተሰጊሩ ዝሓሸ ዝምድና ተመስረተ። ክልቲኣም ውድባት በበይኖም ኩነ ብሓባር ዘካይድዎ ወተሃደራዊ ስርሒታት ሰፊሕን ብውህደት ቀጸለን። ድሕሪ ምድምሳስ ናደው እዝ፣ ህዝባዊ ግንባር ነቲ ደርግ ካብ ዝተፈላለየ ከባቢታት ኢትዮጵያን ኤርትራን ኣጽዋርን ሰራዊትን ኣኪቡ ብምምጻእ ኣፍዓበት ንምምላስ ዘካየዶ ንኣስታት ሸዱሽተ ኣዋርሕ ዝቐጸለ ሓያልን ተደጋጋሚን ውግእት ኣብ ምምካት እዩ ተጸሚዱ። ስርዓት ደርግ ድማ ማዕረ-ማዕረ'ቲ ኣብ ግንባር ከረን ዘካይዶ ዝነበረ ተደጋጋሚ መጥቃዕቲታት፣ ኣብ ትግራይ ሸረ-እንዳስላሰ፣ ብዝሒ ዘለዎ ሰራዊት ኣኪቡ፣ ንሰራዊት ወያን ካብቲ ከባቢ ጸረጉ፣ ብምዕራብ ኤርትራ፣ ቅድሚኡ ዘይነበረ ሓድሽ ግንባር ንምኽፋት ምድላዋት የካይድ ነበረ። በዚ ድማ፣ ኣብ መንን መሪሕነት ህ.ግ.ን ወያንን ብዝተበጽሐ ወተሃደራዊ ስርሒታት ናይ ምውህያድን ምትሕግጋዝን ስምምዕ መሰረት፣ ኣብ ቀዳማይ ሰሙን ለካቲት 1989 እቲ ኣብ ሸረ-እንዳስላሰ ዝተኣኻኸብ ዝነበረ ገዚፍ ሰራዊት ክድምሰስ ተወሰነ። ሓደ መካናይዝድን ሓደ ኣጋርን ብርጌዳት ህዝባዊ ግንባር ከኣ፣ ኣብቲ ውግእ ብምስታፍ፣ ዓቢ ግደ ኣበርከቱ።

ቅቅድሚ'ዚ ሓባራዊ መጥቃዕቲ'ዚ ሰራዊት ወያን፣ ንሸረ እንዳስላሰ በይኑ ከጥቅዓ ፈቲኑ ነይሩ እዩ። እንተኹን እቲ ውግእ ክሰልጥ ኣይከኣለን።

ብፍላይ እቲ ደሓር "ታባ ወያናይ ጽንዓት" ዝተሰምየ ብርቱዕ ዕርዲ፡ ከቢድ
መስዋእቲ ሓቲቱ ከብቅዕ፡ ክፈርስ ሰለ ዘይከኣለ፡ እቲ መጥቃዕቲ ንግዜኡ
ደው ከም ዝብል ተገብረ፡፡ ብድሕሪ'ዚ እዩ፡ መሪሕነት ወያነ፡ ሰራዊት
ህዝባዊ ግንባር ብዝጹጽ መኺኡ ዳግማይ ዝሰፍሐ መጥቃዕቲ ክኸየድ ጠለብ
ዘቅረበ፡፡

አብዚ ሰራዊት ህዝባዊ ግንባር ዝተሳተፈ ዳግማይ መጥቃዕቲ፡ ስርዓት
ደርግ፡ አብ ሽረ ዝኣከቦ ገዚፍ ሓይሊ ተሳዒሩ ተበታተነ፡፡ በዚ ድማ፡ ደርግ
ሰራዊቱ ካብ መላእ ትግራይ ስሒቡ፡ አብ ኤርትራ ዝኸበረ ወተሃደራዊ
ዓቅሙ ከደልድል ወሰነ፡፡ "ናይ ኤርትራ ዕርፌ እንተጽኒዑ፡ ትግራይ ናብ
እተብሎ የብላን" ዝብል ቅማረ እዩ፡፡ በዚ ቅማረ'ዚ ድማ፡ ደርግ ንኹሉ
ከባቢታት ትግራይ እንተላይ ንመቐለ ራሕሪሑ፡ አብ ከባቢ ማይጨው-
አላማጣ መከላኸሊ መስመር ሓዘ፡፡ እዚ ዓወት'ዚ ፍናን ህዝቢ ትግራይ
ክብ ብምባል፡ንወተሃደራዊ ዓቅሚ ወያነ ብብዝሒ፡ ተሰለፍቲ መንእሰያት
ብተዓጻጻሪ አዕበዮ፡፡ በዚ ድማ ወተሃደራዊ ዓቅሚ ወያነ ብደረጃ ክፍላት-
ሰራዊት ክዓቢ እንክሎ፡ መካናይዝድ ክፍለ-ሰራዊት ንምጽዋም ከአ፡ ካብ
ኤርትራ ብዝኸዱ አሰልጠንቲ ናይ ታንክ፡ መድፍዕ፡ ረሻሽ፡ ጸረ-ታንክን
ጸረ-አየርን ሚሳይላት ስልጠናታት ክወሃብ ጀመረ፡፡

ስርዓት ደርግ ካብ መቐለ ድሕሪ ምስሓቡ፡ ሰራዊት ወያነ እግሩ-እግሩ
ሰዓበ፡፡ መጥቃዕቲታቱ ብምቅጻል ከአ ዘባውንቲ ማይ-ጨዉን አላማጣን
ተቖጻጺሩ፡ ናብቲ ሰራሕ ጎላጉል ቆቦ ተገምገመ፡፡ ንቆቦ ተቖጻጺርካ ወልድያ
ንምሓዝ ዝተወጠነ ውጥን፡ ብዘይ መካናይዝድ ሓይሊ ምትግባሩ አጸጋሚ
ስለ ዝነበረ፡ እንደገና ካብ ህዝባዊ ግንባር፡ መካናይዝድን ኮማንደን አሃዱታት
አብቲ ውግእ ክሳተፉ ተላእከ፡፡ በቲ አብ ሕዳር 1989 ዝተኻየደ ሓባራዊ
መጥቃዕቲ ወያነን መካናይዝድን ኮማንደን ሰራዊት ህዝባዊ ግንባርን ከአ፡
ጎላጉል ቆቦ ተሰጊሩ፡ ወልድያ ተታሕዘት፡፡ ሰራዊት ወያነ ካብ ወልድያ
ሓሊፉ ክሳብ ውጫለ ብምድፋእ ድማ፡ ናብ ደሴ አብ ዘቅምት ከባቢታት
መከላኸሊ መስመር ሓዘ፡፡

ድሕሪ'ዚ፡ እቲ አብ ውግእ አላማጦ-ቆቦ-ወልድያ ዝተሳተፈ ሓይሊ
ህዝባዊ ግንባር፡ ምስ ግንባር ሓርነት አርሞ ብምውህሃድ፡ አብ አሶሳ፡
ወለጋ (ምዕራብ ኢትዮጵያ) መጥቃዕቲ ከካይድ ሰለ ዝተመደበ፡ አብቲ
ዝቐጸለ መጥቃዕቲታት ምስ ወያነ ዝተሓጋገዘ ገለ ውሑዳት ናይ መዳፍዕ
አሃዱታት ገዲፉ፡ ናብ ኤርትራ ተመልሰ፡፡ ሰራዊት ወያነ ድሕሪ'ዚ ዓቢ
ዓወት'ዚ፡ መጥቃዕቲታቱ ንሰሜናዊ ምዕራብ ኢትዮጵያ ናብ ክፍለ-ሃገር
ጎንደር አልሓዞ፡ ካብ ገርገራ፡ ንፉስ ማውጫን ክምር-ድንጋይን ክሳብ
ስትራተጂያዊ ጠiፐ ደብረ-ታቦር ዘሎ ከባቢታት ተቖጻጺሩ ድማ፡ ናብ

ባህርዳርን ጎንደርን ዘቑምት ግንባር ደብረ-ታቦር ዝተሰምየ መከላኸሊ መስመር ሓዘ።

ክሳዕ'ዚ ግዜ'ዚ ደርግ፡ ኣብ ውሽጢ ኢትዮጵያ፡ ዝተወሰነ ደገፍ መካናይዝድ ብዝነበሮም ካብ ዝተፈላለየ ከባቢታት ኢትዮጵያ ኣኪቡ ዘምጽኦም ምልሻን፡ ምስቲ ዝነበረ ህጹጽ ኩነታት፡ ብሃታ-ሃታ እናተዓለሙ ናብ ግንባራት ብዝልኣኹ ዝነበሩ ሓደስቲ ወተሃደራትን'ዩ ዝዋጋእ ነይሩ። እቶም ልዑል ናይ ውግእ ተመኩሮ ዝነበሮም ክፍላተ-ሰራዊቱን ዝበዝሕ ኣጽዋሩን ኣብ ኤርትራ ኩሚሩ፡ ካብ ማእከል ኢትዮጵያ እውን ደሓን ዓቕሚ ዝነበሮም ኣሃዱታት እናወሰኸ፡ ሓይሉ ኣብ ኤርትራ ከደልድል፡ እንተኸኣሉ እውን ጸረ-መጥቃዕቲ ብምክያድ ንግስጋስ ህዝባዊ ግንባር ክገትእን ክቐልብስን ይሕልን ነበረ።

ኣብ መጋቢት 1989፡ ደርግ፡ ኣብ ግንባር ከረን፡ "እንሲ" ኣብ ዝበሃል ውሱን ከባቢ፡ ሓይሊ ኣጽዒቑ፡ ብኣዝዩ ብርቱዕ ደብዳብ፡ ድፋዓት ህዝባዊ ግንባር ከፍርስ ጸረ-መጥቃዕቲ ከፈተ። እንተኾነ፡ እዚ ውግእ'ዚ ንሰራዊት ደርግ ህልቂት ነበረ። ጀነራላት ኢትዮጵያ፡ ድሕሪ'ቲ ኣብ እንሲ ዘጋጠሞም ስዕረትን ዝተሰከምዎ ከቢድ ሰብኣዊ ክሳራን፡ ናይ ህዝባዊ ግንባር ጉልበት ተኹሲን ኣጠቓቕማ ከበድቲ ኣጽዋርን፡ ኣብ ዝለዓለ ደረጃ ምብጽሑ ብምርኣይ ተሰፉ ቆሪጾም እዮም። ውግእ እንሲ፡ ነቲ ኣብ መፋርቕ ግንቦት 1989 ጀነራላት ደርግ፡ ንመንግስቱ ሃይለማርያም ካብ ስልጣኑ ንምእላይ ወጢኖሞ ዝነበሩ ዕልዋ መንግስቲ ከቀላጥፉ ካብ ዝደረኾም ረቛሒታት ነበረ። እንተኾነ፡ እቲ ዕልዋ ፈሺሉ፡ ልዕሊ 20 ጀነራላት ዝርከቡዎም፡ ክሳዕ 40 ዝኣኽሉ ወተሃደራዊ መኮነናት ብስርዓት ደርግ ተረሸኑ።

መንግስቱ ሃይለማርያም፡ በቲ ኣብ ኤርትራን ኢትዮጵያን ዝካየድ ዝነበረ ቀጻሊ ውግኣትን፡ ኣብ ውሽጢ'ቲ ስርዓት ዝተፈጥረ ተቓውሞን ምሕር ስለ ዝተዋጠረ፡ ብ5 ሰን 1989 ህጹጽ ኣኼባ ባይቶ (ሸንጎ) ጸዊዑ፡ ጉዳይ ኤርትራ ብሰላም ንምፍታሕ ንሰላማዊ ዘተ ቅሩብ ምዃኑ ኣፍለጠ። ኣብ መንን ህዝባዊ ግንባርን ስርዓት ደርግን ካብ መፋርቕ 1978 ናይ በርሊን ኣኼባ ጀሚርካ፡ ጉዳይ ኤርትራ ብሰላም ንምፍትሑ ብምስጢር፡ ውጽኢት ዘይተረኽቦ 10 ዝኾነ ርክባት ተኻይዱ እኳ እንተኾነ፡ ደርግ ንፈለማ ግዜ፡ ብቕሉዕ ኣብ መኣዲ ዘተ ክቐርብ ዝተቓሰበሉ ግን፡ ኣብዚ መድረኽ'ዚ ነበረ። ብ7 መስከረም 1989 ኣብ ከተማ ኣትላንታ፡ ብመንግንኘነት ፕረዚደንት ኣመሪካ ነበር ጂሚ ካርተር ቀዳማይ ርክብ ተኻየደ። ሽው እውን እንተኾነ ስርዓት ደርግ ምስ ህዝባዊ ግንባር እንተዘይኮይኑ ምስ ካልኣት ተቓወምቲ ኢትዮጵያ ክዘራረብ ፍቓደኛ ኣይነበረን። ደርግ ምስ ህዝባዊ ግንባር ጥራይ ክዘራረብ ምምራጹ፡ ወያን ብንዕቀት ስለ ዝጠመቶ ኸአ፡ መራሕቲ ወያን፡

"ሻዕብያ ጥራይ አይኮነን ተቓዋሚ፡ ስለምንታይ'ከ ምሳና ዘይትዘራረቡ?" ዝትሕዝቶኡ ደብዳበ ናብ ሰብ-ልጣን ሰርዓት ደርግ ስለ ዝለአኹ፡ ምስ ወያነ እውን ሒደት ርክባት ተኻይዱ ነይሩ እዩ።

አብ ውግእ እንሲ፡ ብኸቢድ ካብ ዝተሃሰዩ ክፍላተ-ሰራዊት ደርግ፡ እቲ ፍሉይ አተሓሕዛ ዝግበረሉ፡ ሓደ ካብ ብሉጻት ክፍላተ-ሰራዊት ሰርዓት ደርግ ዝነበረ፡ አንበሳ 3ይ ክፍለ-ጦር እዩ። በዚ ድማ፡ ሰርዓት ደርግ፡ ድሕሪ ውግእ እንሲ፡ ሞራል 3ይ ክፍለ-ጦር ንምዕቃብ፡ ካብ ካልአት አህጉራት መተካእታ ዝኹኑዎ ዓቕሚ ሰብ ብምውሳ‹ ደጊሙ ከደላድሉ ፈተነ። ካብ ኤርትራ ናብ ምዕራብ ኢትዮጵያ ወሲዱ ድማ፡ አብ ግንባር ደብረ-ታቦር ከም ዝዓርድ ገበር።

አብቲ እዋን'ቲ፡ ስተራተጂያዊ ዝባውንቲ ደብረ-ታቦር አብ ትሕቲ ቀጽጽር ወያነ አትዩ ብምንባሩ፡ ንኸተማታት ባህርዳርን ጎንደርን ንመጥቃዕቲ ቅሉዓት ገይሩወን ነበረ። 3ይ ክፍለ-ጦር ካብ ኤርትራ መጺኡ አብ ግንባር ንደበረ-ታቦር ምስ ተደረበ ኸአ፡ ደርግ፡ ነዊሕ ከይጸንሐ ደብረ-ታቦር ካብ ኢድ ወያነ ንምምንዛዕ፡ ሓያል ጸረ-መጥቃዕቲ ፈነወ። በዚ መጥቃዕቲ'ዚ ሰራዊት ደርግ ንደብረ-ታቦር መሊሱ አብ ትሕቲ ቀጽጽሩ አእተዋ። ውግእ ደብረ-ታቦር፡ መሪር ስለ ዝነበረ፡ አብቲ ብሓደስቲ ተሰለፍቲ ዝተዓብለለ ሰራዊት ወያነ፡ ዘስዓቦ ናይ ሞራል ምትንኻፍ ናብ ማእከል ኢትዮጵያ ናይ ምቅጻል ስምዒት ሃሰዮ። "መሬትና ሓራ አውጺእና ኢና፡ ውግእ ዘቐጽል ምኽንያት እንታይ አሎና?" ዝብል ሕቶ አብ አኼባታት ናይ ተጋደልቲ እናተላዕለ አካታኢ ኮነ። ብኢደ ዋኒኖም ናብ ዓዶም ዝምለሱ ተጋደልቲ እውን ቀጺሮም ብአሽሓት ዝቑጸር ነበረ። አብዚ መድረኽ'ዚ መሪሕነት ወያነ፡ ንትግራይ ብይና ሓራ አውጺእካ ቀሲንካ ምንባር ከም ዘይከአል ንህዝቢን መንእሰያትን ትግራይ ንምእማን ሰፈሕ ጉስጓሳት የካይድ ነበረ። ደርግ አብ ደብረ-ታቦር ዝተንኖጸፈ ዓወት መንጢልካ፡ ፍናን ህዝቢን ተጋዳላይን ንምሕዳስ ድማ፡ ካብ ህዝባዊ ግንባር ተወሰኽቲ አህጉራት መዳፍዕ ብምድራብ፡ ዳግማይ ዕዉት መጥቃዕቲ ተፈጺሙ፡ ወያነ ንደብረ-ታቦር ደጊሙ ተቖጻጸራ።

ህዝባዊ ግንባር፡ አብ ጥሪ 1990 ምስ ግንባር ሓርነት አሮሞ ብምትሕብባር አብ አሶሳ በርቃዊ መጥቃዕቲ ድሕሪ ምፍጻሙ፡ አብ ለካቲት 1990 ብስርሒት ፈንቅል አብ ባጽዕን ከባቢኣን ዝነበረ ጊዜፍ ሰራዊት ደምሰሰ። ክሳዕ ሰነ 1990 አብ ዝነበረ አዋርሕ፡ ህዝባዊ ግንባር ብደቡብ መጥቃዕቲ ብምቅጻል ንስንዓፈ፡ ዓዲቐይሕን ሰገነይቲን ተቖጻጺሩ፡ አብ ግንባራት ጊንዳዕን ደቀምሓረን ሓያል ምርብራብ አብ ዘካይደሉ ዝነበረ እዋን ድማ፡ አብ ውሸጢ ኢትዮጵያ፡ ወያን አብ ግንባራት ውጫለ፡ ሰሜን

ሽዋን ደብረ-ታቦርን ዓሪዱ፣ ደርግ ዘካይዶ ዝነበረ ጸረ-መጥቃዕቲታት
እናመከተን መጠነ ንኡስ መጥቃዕቲታት እናፈነወን፣ ንካልእ ዝሰፍሐ
መጥቃዕቲ ይዳሎ ነበረ። ሰራዊት ደርግ ብወገኑ፣ በዚ ዝተጠቅሰ ግንባራት፣
አብ ልዕሊ ወያነ ዘይዕዉት ጸረ-መጥቃዕቲታት እናፈጸመ፣ ብሰሜን እውን
ንኤርትራ ምስ ጎንደር ዘራኽብ መስመር ብሽንኽ መረብ ንምኽፋት ናይ
ዓቕሊ ጽበት ጸረ-መጥቃዕቲ ፈተነ። እንተኹን አብቲ ናይ ለካቲት 1991
ውግእ፣ ሓይልታት ህዝባዊ ግንባር ናብ ከባቢ ዓድዋ፣ ዳዕሮ-ተኽሊ መሰመር
ራማ ተጠውየን፣ ምስ ገለ አሃዱታት ወያነ ተሓባቢረን ብምምካት፣ ጸሬዐን
መለሳእ። በዚ ድማ፣ ደርግ አብ ኤርትራን ማእከል ኢትዮጵያን ዝፈተኖ
ተደጋጋሚን ብርቱዕን ናይ ዓቕሊ ጽበት ጸረ-መጥቃዕቲታት ተዳሺሙ ዘፍ
በለ። ውድቀት ደርግ ካብ አዋርሕ ከም ዘይሓልፍ ድማ ጐሊሑ ተራእየ።

አብ መወዳእታ 1990ን ፈለማ 1991ን ሓደ ምሉእ መካናይዝድ
ብርጌድ ህዝባዊ ግንባር ናብ ኢትዮጵያ ሰገረ። ህዝባዊ ግንባር፣ አብቲ
እዋን'ቲ አርባዕተ መካናይዝድ ብርጌዳት እዮም ነይሮሞ። ስለዚ፣ እዚ
ሓይሊ'ዚ ዳርጋ ሓደ ርብዒ ካብ መካናይዝድ ዓቕሚ ህዝባዊ ግንባር ነበረ።
ንአስታት ክልተ ወርሒ አብ ግንባር ደብረ-ታቦር፣ አብ ከባቢ ጎርጎራ ሰፈሩ
ዘድሊ ምድላዋት ድሕሪ ምኽያድ፣ ወያነ ንባህርዳርን ጎንደርን ንምቁጽጻር
ዘወጠና፣ "ወፍሪ ቴድሮስ" ዝተሰምየ፣ ብዓቢ መካናይዝድ ሓይሊ ዝተደገፈ
ሰፊሕ መጥቃዕቲ ተጀመረ። ስርዓት ደርግ፣ አብ ውሽጢ ኢትዮጵያ ካብ
ዝነበረ ሰራዊቱ እቲ ብተዛማዲ ዝሓሸ ዝበሃል አብዚ ከባቢታት'ዚ እዩ
አሰፊሩዎ ነይሩ። ሰራዊት ወያነ አቐድም አቢሉ ነዚ ሓይሊ'ዚ ብምጥቃዕ
ባህርዳር ንምቁጽጻር ፈቲኑ እኳ እንተነበረ፣ አብቲ ጐላጉል ዝበዝሓ ቅርጺ
መሬት፣ ብመካናይዝድ ሓይሊ ተጠናኺሩ ዝዓረደ ሰራዊት ደርግ ስለ
ዝበደሆ፣ እቲ መጥቃዕቲ ዕዉት አይነበረን።

አብ መወዳእታ ለካቲት 1991፣ አብ ግንባር ደብረ-ታቦር፣ ከባቢታት
ወረታ፣ አዲስ-ዘመን፣ ሃሙሲት ድሕሪ ዝተኻየደ ብርቱዕ ናይ ታንክ
ብታንክን አጋር ሰራዊትን ግጥም፣ አብቲ ከባቢ ዝዓረደ ብልዕሊ 40
ታንክታትን ዓሰርተታት መዳፍዓትን ዝተጠናኸረ ብዝሓ፣ ዝነበር ሰራዊት
ደርግ ተሳዒሩ ተበታተነ። ባህርዳርን ጎንደርን ድማ አብ ትሕቲ ቁጽጽር
ሰራዊት ወያነን አሃዱታት ህ.ግ.ን አተዋ። ድሕሪ ምፍራስ ናይዚ ግንባር'ዚ፣
ሓባራዊ መጥቃዕቲ ህዝባዊ ግንባርን ወያነን ቀጺሉ፣ ሰራዊት ደርግ ካብ
ክፍላተ-ሃገር ጎንደርን ጎጃምን ምሉእ-ብምሉእ ተጸርገ። እዚ መጥቃዕቲ'ዚ፣
ምስቲ አብ ኤርትራ ሰራዊት ህዝባዊ ግንባር ደንከል ሓራ ንምግባር፣ አብ
ጢዖ፣ ዕዱ፣ በርዓሶለ፣ በይሉል ዘካየዶ ተኸታታሊ ብርቱዕ መጥቃዕቲታት፣
አብ ሓደ እዋን፣ ጎኒ ጎኒ'ዩ ዝካየድ ዝነበረ።

ኣብ መወዳእታ መጋቢት፡ ሰራዊት ወያነ ብደገፍ መካናይዘድን ኮማንዶን ሓይሊ ህዝባዊ ግንባር፡ ብቑንቁ ኦሮምኛ ወፍሪ "ቤሉሱማ ወልቀጡማ" (ወፍሪ ሓርነትን ማዕርነትን) ዝተሰምየ፡ ንክፍለ-ሃገር ወለጋ ሓራ ናይ ምውጻእ መጠነ ሰፊሕ መጥቃዕቲ ፈነወ። ንርእሰ ከተማ ወለጋ፡ ነቀምቴ፡ መመንጨዊ ሓይሊ ኤለትሪክ ፍንጫ፡ ከተማታት ሻምቡ፡ ጌዶን ጉደርን ብምቁጽጻር ድማ ኣብ ሚያዝያ 1991 ክሳብ ኣምቦ ብምብጻሕ፡ ምዕራብ ካብ ኣዲስ-ኣበባ (125 ኪ.ሜ.) ዓረደ።

ኣብ ግንቦት 1991 ሳልሳይን ናይ መወዳእታን ሰፊሕ መጥቃዕቲ፡ "ወፍሪ ዋልልኝ" ተሰምዩ፡ ብግንባር ውጌለን ሰሜን ሸዋን ተኸፍተ። ዕላማ ናይዚ መጥቃዕቲ'ዚ ኣብ ሰሜን ሸዋ ከምኡ'ውን ኣብ ክፍለ-ሃገር ወሎ፡ ኣብ ደሴን ከባቢኣን ዓሪዱ ዝነበረ፣ ልዕሊ 25,000 ብዝሒ ዝነበር፡ "ሳልሳይ ኣብዮታዊ ሰራዊት" ደርግ ኣኽቢብካ ምጭፍላቕ እዩ ነይሩ። ኣብ ውሽጢ ሓደት መዓልቲታት ዝወሰደ ከቢድ ግጥም ከኣ፡ ሓይልታት ወያነን ህዝባዊ ግንባርን፡ በዚ መጥቃዕቲ'ዚ ሰፊሕ ከባቢታት ተቖጻጺሮም፡ ዝባን ደብረ-ብርሃን ብምውጻእ፡ ብሰሜን ናብ ኣዲስ-ኣበባ ተጸግዑ። ኣዲስ-ኣበባ፡ ኣብ ርሕቀት ተኾሲ መዳፍዕ ህዝባዊ ግንባር ኣተወት።

እዚ መጥቃዕቲ'ዚ፡ ምስቲ ህዝባዊ ሰራዊት ኣብ ግንባር ደቀምሓረ ዝፈነዎ ዛዛሚ መጥቃዕቲ ዝተኣሳሰረ ኩይኑ። ኣብቲ ግዜ'ቲ ግንባር ደቀምሓረ ፈሪሱ፡ ህዝባዊ ግንባር ናብ ኣስመራ ይግስግስ ነበረ። ዓርቢ 24 ግንቦት 1991 ህዝባዊ ግንባር ብዓወት ኣስመራ ክኣቱ እንከሎ፡ ኣብ ሳልስቱ፡ ብ26 ግንቦት ንዓሰብ ኣብ ትሕቲ ቀጽጽሩ ኣእተዋ። ብ28 ግንቦት ከኣ፡ ሓይልታት ህዝባዊ ግንባርን ወያነን ኣዲስ-ኣበባ ንምቁጽጻር መጥቃዕቲ ፈነወ። ድሕሪ ምፍራስ ግንባር ደቀምሓረ፡ መራሒ ስርዓት ደርግ መንግስቱ ሃይለማርያም ስለ ዝሃደም፡ ሰራዊት ኢትዮጵያ ድሮ ክበታተን ጀመረ። በዚ ድማ ኣብ ማእከል ኣዲስ-ኣበባ ብዘይካ ታንከኛታት ህዝባዊ ግንባር ኣብ ቤተ-መንግስቲ ምኒሊክ ምስ ዝጸንሓኣም ገለ ታንክታት ዘካየድዋ ሓጺር ግጥም፡ ዳርጋ እታ ከተማ ብዘይ ከቢድ ተቓውሞ፡ ኣብ ትሕቲ ቀጽጽር ወያነ ወደቐት።

ታንክታት፡ ከብድቲ መዳፍዕን ረሻሻትን ጸረ-ነፈርቲን ጸረ-ታንክን ሚሳይላት ዝዓጠቐ መካናይዘድ ኣሃዱን ፍሉያት ኣሃዱታት ኮማንዶን ህ.ግ.፡ ኣብ ጎድኒ ሰራዊት ህወሓት ተሰሊፎም፡ ካብ ምሕራር ሽረ-እንዳስላ ክሳዕ ምትሓዝ ኣዲስ-ኣበባ ዘካየድዋ ሓያሎ ግጥማት፡ ሰራዊት ወያነ ብዘይ ብዙሕ ክሳራ ብዓወት ኣዲስ-ኣበባ ክኣቱ ዘኽኣሎ ዓቢ ደገፍ እዩ ነይሩ። ኣብ ከባቢ ደሴን ሰሜን ሸዋን ዝነበረ ሰራዊት ተደምሲሱ፡ ሰራዊት ህዝባዊ ግንባርን ወያነን ደብርብርሃን ምስ ወጹ፡ ምስ ናይ ኣስመራ ዓወት ተኣሳሲሩ፡ ኣብ ሰንዳፉ፡ ማእከል መሰልጠኒ ፖሊስ ኢትዮጵያ፡ ንሰራዊት ህዝባዊ ግንባር ናይ

ታንክኛታት ህ.ግ. ናብ ቤት መንግስቲ ምኒሊክ እናአተዉ
(28 ግንቦት 1991)

ምስጋና እንግዶት ተገብረ፡፡ ኣብቲ ኣጋጣሚ፡ ሓለቓ ስታፍ ሰራዊት ወያነ ኣዛዚ ናይቲ ግንባርን ዝነበረ ጻድቃን ገብረትንሳኤ፡ ንወሳኒ ግደ መካናይዘድ ኣብቲ ውግእ ንምግላጽ፡ "ኣብዚ ግንባር'ዚ (ግንባር ደሴ ሰሜን ሾዋ)፡ ኣብ ሰፈሕ ከባቢታት ተዘርጊሑ ዝነበረ 25,000 ሰራዊት ንምድምሳስ ዝኸፍልናዮ ዋጋ ቀደም ሓንቲ ነፎ ንምቁጽጻር ንኸፍሎ ዝነበርና እዩ፡፡ ተራ መካናይዘድ ኣብ ኩናት ክሳብ ክንደይ ዓቢ ምዃኑ ዘርኢ ድማ እዩ፡ ስለዚ ኣበርክቶኹም ዓቢይን ወሳኒን ምንባሩ ክገልጸልኩም እደሊ." ክብል ንተጋደልቲ ህዝባዊ ግንባር፡ ገለጸሎም፡፡

ድሕሪ ናጽነት ኤርትራ

ህዝባዊ ግንባር ሓርነት ኤርትራ፡ ድሕሪ'ቲ ብነዊሕ ኩናትን ክቡር መስዋእቲን ብኣንጸባራቒ ወትሃደራዊ ዓወት ዝተዛዘመ ቃልሲ፡ ህዝቢ ኤርትራ ንናጽነትን ውድቀት ስርዓት ደርግን፡ ክሳዕ'ቲ ልኡላውነት ኤርትራ ብህዝባዊ ረፈረንዱም ዕላዊ ዝኾነሉ 1993 ኣብ ዝነበረ ግዜ፡ ኣብ መንን ህዝብታት ኤርትራን ኢትዮጵያን ብገዛእቲ ዝተፈጥረ ቅርሕንቲ ተሰጊሩ፡ ሓድሽ ሰላማዊን ናይ ምትሕግጋዝ ምዕራፍ ንምኽፋት ጻዕሪታቱ ቀጺሎ፡፡ ኣብኡ ከይተሓጽረ'ውን ኣብ ውሽጢ ኢትዮጵያ (ዋላ'ኳ ውሽጣዊ ጉዳይ ኢትዮጵያ ብቐንዱ ንኢትዮጵያውያን ዝምልከትን ባዕሎም ዘውስኑዎን እንተነበረ) ህዝባዊ ግንባር ቡቲ ዝነበር ጽልዋን ምስ ኩሎም ተቓለስቲ ሓይልታት ብዝነበር ናይ ቃልሲ ምሕዝነትን፡ ኣብታ ሃገር፡ ወያነ ካልኦት ተቓወምቲ ሓይልታትን ዝሳተፉዋ መስጋገሪ መንግስቲ ኣብ ምቛም ዝነበር

ምድግጋፍ ቀሊል አይነበረን። ናይቲ ሹዑ ዝጮመ መሰጋገሪ መንግስቲ አቃውማ፣ አብ ናይ ሰነ 1991 አኼባ ሰንዓፈ፣ ከም ዝረቐቐ ዝፍለጥ እዩ (ነቲ አኼባ ዘአንገደት ሆቴል ሰንዓፈ፣ ወያን አብ ግዜ ወራር ደይ-መደይ ኢሉ አዕንዮዋ እዩ)። ብዘይካ'ዚ፣ ህዝባዊ ግንባር፣ አብ አዲስ-አበባ አብ ዝተኻየደ ብዙሓት ፖለቲካውያን ሓይልታትን ፍሉጣት ውልቀ-ሰባትን ዝተረኽቡሉ ኮንፈረንስ ብምስታፍ፣ አብ ኢትዮጵያ ርግአትን ስኽነትን ንምርግጋጽ አብ ዝካየድ ዝክበረ ፖለቲካዊ ጸዕሪታት እጃሙ አበርኪቱ እዩ።

ኤርትራውያን ነበርቲ ኢትዮጵያ እውን፣ ነቲ አብ መንጎ ተጋደልቲ ኤርትራን ትግራይን ካልአት ተቓወምቲ ኢትዮጵያን ብሓባራዊ ስራሕን መስዋእቲን ዝተፈጥረ ናይ ቃልሲ ምሕዝነት ንምድንፋዕን አብ ኢትዮጵያ ምርግጋጽ ንምምጻእን፣ አብነት ተጋደልቲ ህዝባዊ ግንባር ብምስዓብ፣ እቲ ስርኝት ክሳዕ ደልዲሉ ዝረግጽ፣ አብቲ ዝጮመ ኮሚቴታት ሰላምን ምርግጋጽን (ሰላምና መረጋጋት) ብምጽንባር ብኹሉ መዳይ ተሓጋጊዞምን ዘይንዓቅ ፋይናንስያዊ ደገፋት አበርኪቶምን እዮም።

ኤርትራ አብ 1993 ብመገዲ'ቲ ህዝቢ ኤርትራ መሰል ርእሰ-ውሳነኡ ዘረጋገጸ ህዝባዊ ረፈረንዱም፣ ልኡላውነታ ብዕሊ ድሕሪ ምርግጋጽ፣ አብ አስመራ አብ ዝተኻየደ ጽንብል ናጽነት ኤርትራ፣ አቦ-መንበር ህወሓትን ኢህወደግን ፕረዚደንት ኢትዮጵያን መለስ ዜናዊ፣ አብ አስመራ ተረኺቡ አብ ዘስምዖ ቃል፣ ንህዝቢ ኤርትራ "እንቋዕ ሓጎሰካ" ድሕሪ ምባል፣ ገዛእቲ ኢትዮጵያ አብ ልዕሊ ህዝቢ ኤርትራ ዘውረድዎ በደል ብዙሕ ምኽኑ ጠቒሱ፣ "ቁስሊ ከም ዘለኩም እፈልጥ'የ፣ ቁስልኹም አይትሕከኹ!" ክብል ተማሕጺኑ።

አብዙን ቀዳሞት ክልተ ዓመታት ናጽነት ኤርትራ፣ ዋና ጸሓፊ ህዝባዊ ግንባር ተጋዳላይ ኢሳይያስ አፈወርቂ፣ ምስ ሰበ-ስልጣን ኢትዮጵያ ንምምኽኻር ናብ አዲስ-አበባ ይመላለስ ነይሩ እዩ። ወግዓዊ ምብጻሕ ዝፈጸሙሉ ግን፣ ድሕሪ ረፈረንዱም፣ ካብ 28 ክሳዕ 30 ሓምለ 1993 ነበረ። አብዚ ምብጻሕ'ዚ፣ አብ መንጎ መንግስቲ ኤርትራን መሰጋገሪ መንግስቲ ኢትዮጵያን፣ አብ ብዙሕ መዳያት ብሓባር ንምስራሕ ሰፊሕ ናይ ምትሕግጋዝ ስምምዕት ተፈረመ። መንግስቲ ኤርትራ አብ መንጎ ክልቲኡ አሕዋት ህዝብታት ዘሎ ታሪኻዊን ሕውነታዊን ዝምድና አብ ግምት ብምእታው፣ እቲ ካብ ዕለት ናጽነት ኤርትራ ጀሚሩ ንኢትዮጵያ ናጻ አገልግሎት ክህብ ዝጀመረ ወደባት ባጽዕን ዓሰብን ንኢትዮጵያ ክፉት ኮይኑ ክቕጽል ምኽኑ ደጊሙ ብወግዒ አፍለጠ። በዚ ድማ ዝሓለፈ ጸሊም ታሪኽ ተዓጽዩ፣ ናብ ሓድሽ መድረኽ ዘስጋግር ባብ ተራሕወ። እዚ ናይ ኩናት ምዕራፍ ዓጺኻ፣ ሰናይ ጉርብትናን ኩሉ ሽነኻዊ ምትሕግጋዝን

ንምምስራት ዝተበጽሐ ስምምዕነት፡ ን'ኻልአት እውን ኣርኣያ ክኸውን ተስፋ ዝተነበረሉ፡ ኣብ ግዜኡ ኣዝዩ እወታዊ ፖለቲካዊ ምዕባለ ኣብ ዞባና ነበረ።

ኢትዮጵያ ኣብ ዘመነ ስልጣን ወያነ

ህወሓት፡ ኣብ ፈለግ መድረኽ ናይ ቃልሲ፡ "ዕላማና ናጽ ሪፑብሊክ ትግራይ ምምስራት እዩ" ኢሉ ኣብ ወግዓዊ ማኒፌስቶ ናይ 1976 (ማኒፌስቶ 68) ዘስፈር ዕላማ፡ ብብዙሓት ወገናት ስለ ዝተነጽገ፡ ምስ ግዜ ናብ "ምኽባር ብሄራዊ መሰል ርእስ ውሳነ ህዝቢ ትግራይ ክሳብ ምንጻል" ከም ዝቐየሮ አቐዲሙ ተጠቒሱ እዩ። ይኹን'ምበር ብግብሪስ ኣብቲ ማኒፌስቶ ዝተንጸባረቐ ኣተሓሳስባ ኣብ ዝተፈላለየ መድረኻት ናይቲ ቃልሲ በጨቕ ይብል ነበረ። እዚ ኣኪያይዳ'ዚ፡ መሪሕነት ወያነ ኣብ ምሉእ ጉዕዞኡ ዝተደባለቐን ዘይንጹርን ማንታ ኣተሓሳስባ ሒዙ ን'ኽኸይድ ዝደረኸ ውሽጣዊ ዛዕባ ነበረ።

መሪሕነት ወያነ ኣብ ኢትዮጵያ ተቐባልነት ን'ኽረክብ ካብ ዝተኸተሎ ሜላታት ሓደ፡ "ን'ኻልአት ብሄራት ኢትዮጵያ ክውክላ"፡ ብዝብል ስርሓቱ ዝኹና ውድባት ብምስሉ ምፍጣር'ዩ ነይሩ። በዚ ድማ፡ ብቐንዱ ብብሄረ ኣምሓራ ዝቖመ፡ ሕብረ-ብሄራዊ ውድብ "ደሞክራሲያዊ ምንቅስቓስ ህዝቢታት ኢትዮጵያ" (ኢህደን)፡ ህዝቢ ኦሮሞ ካብ ነዊሕ ዝጸንሐ ታሪኻዊ ውድብ (ግንባር ሓርነት ኦሮሞ) እናሃለዎ፡ ካልእ ን'ኦሮሞ ዝውክል፡ ኣብ ኤርትራን ኢትዮጵያን ብዝተማረኹ ወተሃደራት ዝተመስረተ "ደሞክራሲያዊ ውድብ ህዝቢ ኦሮሞ" (ኣህዴድ) ብምጽዋም፡ ከም'ኡ'ውን ኣብ ኩናት ኤርትራን ኢትዮጵያን ዝተማረኹ መኩንናት ደርግ ዝሓቘፈ ሓደ ን'እሽቶ ውድብ ብምፍጣር፡ ኣብ 1990 "ኢህወደግ" ዝተሰምየ ስሙር-ግንባር መስረተ።

በዚ ሜላ'ዚ፡ ወያነ/ኢህወደግ ነቲ ብወተሃደራዊ ሓይሊ ዝጨበጦ መንበረ-ስልጣን ኣዲስ-ኣበባ ሕጋውነት ን'ምልባስ፡ ኣብ 1991 ነዝን ውድባት እዚኣተንን ን'ግንባር ሓርነት ኦሮሞን - ኣነግ (ክሳዕ 1993)፡ ከም'ኡ'ውን ካልኣት ፖለቲካዊ ውድባት ዝሓቘፈ መሰጋገሪ መንግስቲ መስረተ። ጸኒሑ እውን ንህዝብ ኢታት ደቡብ ዝውክል ውድብ (ደኢህዴን) ብምፍጣር ኣካል ኢህወደግ ገበሮ። ወያነ ኣብ ካልኣት ከባቢታት ኢትዮጵያ እውን (ጋምቤላ፡ ዓፈር፡ ሃረር፡ ቤንሻንጉል ጉምዝ፡ ሶማል፡ ወዘተ.) ተምሳል ወያነ ዝሓዛ መሓዙት ዝበለን ካልኣት ፖለቲካዊ ውድባት እናኣቖመ፡ ን'ኢህወደግ ወካሊ ኩለን ብሄራትን ብሄረ-ሰባትን ኢትዮጵያ ክመስሉ ዝኽእል ውዳበታት ኣስፍሐ።

ወያነ ስልጣን ምስ ጨበጠ ዝወሰዶ ስጉምቲታት ምስ እንዕዘብ፡ ነቲ ኣብ ማኒፌስቶ 68 ኣስፊሩዎ ዝነበረ ዕላማታት ዘንጸባርቐ ኩነታ ን'ረኽቦ። እዞም ዝሰዕቡ ነጥቢታት ጭቡጣት መርኣያታት እዮም፤

35

- ወያነ/ኢህወደግ፡ ዘጽደቖ ሓድሽ ሕጊ መንግስቲ ኢትዮጵያ፡ ኣብ ዓንቀጽ 39፡ "መሰል ርእስ ውሳነ ብሄራት ክሳብ ምንጻል ብሕገ-መንግስቲ ዝተኽብረ እዩ" ይብል።

- ወያን ዝጸንሐ ምምሕዳራዊ ኣቃውማ ቀይሩ፡ ብሄራትን ቋንቋታትን መሰረት ዝገበረ ምምሕዳር ክልላት ምጽውሙ፡ ናይታ ኣብ ማኔፌስቶ 68 ዝተሓልመት ዓባይ ትግራይ እምነ-መሰረት ዘንበረ እዩ ነይሩ። በዚ ድማ ምስ ዳግሙ-ምሕንጻጽ ዶብ ክልላት ኢትዮጵያ፡ ዶብ ክልል ትግራይ ንሸነኽ ደቡብ ክሳብ ራያ-ኣላማጣ (ክፍለ ሃገር ወሎ) ተመጢጡ፡ ብምዕራብ ሸነኽ ሑመራ ኽዓ ንወልቃይት፡ ጸለምቲን ጸገደን ኣብ ሕቑፉ ኣጠቓለለ። ብምስምስ ዶባዊ ምስሕሓብ፡ ካብ ኤርትራ ክጉበጥ ዝተሓስበ መሬት ደኣ ተሪፉ እምበር፡ እቲ ኣብ ማኔፌስቶ 68 ዝተንጸባረቐ ናይ ምስፍሕፋሕ ሓሳብ ብግብሪ ተሃዊኹ እዩ።

ዋዜማ ወራር

ካብ 1991 ክሳዕ 1996 ኣብ ዝነበረ መድረኽ፡ ብደረጃ ላዕለዎት ኣካላት መንግስታት ኤርትራን ኢትዮጵያን ብተዛማዲ ናይ ምርድዳእ መንፈስ ዝርአየሉ ዝነበረ መድረኽ እዩ። ኣብ 1993 ረፈረንዱም ተኻይዱ፡ ኤርትራ ልኡላዊት ሃገር ድሕሪ ምኻና፡ ነቲ ብልማድ ዝፍለጥ ዶባት ክልቲአን ሃገራት፡ ብመሰረት መግዛእታዊ ውዕላት ዳግም ምንጻሩን ምርግጋጹን የድሊ እኳ እንተነበረ፡ ምስቲ እናሰፍሐ ዝኸይድ ዝነበረ ኩለንተናዊ ዝምድናን ምትሕብባርን ክልቲአን ሃገራትን ህዝብታትን፡ ብወገን መንግስቲ ኤርትራ ጉዳይ ምንጻር ዶባት ቀዳምነት ኣይተዋህቦን።

መንግስቲ ኤርትራ፡ ዶባት ኣብ ዘድሊ እዋን ብመሰረት መግዛእታዊ ውዕላት ክምልከት ከም ዝኽእል ኣብ ግምት ብምእታው፡ ከም ህጹጽ፡ ኣከራኻርን ኣሻቓልን ጉዳይ ይርእዮ ኣይነበረን። በዚ ድማ፡ እቲ ወያነ ኣብ መፋርቖ 1980ታት ኣልዒልዎ ዝነበረ እሞ ናብ ጎንጺ ከየምርሕ፡ ብወገን ህዝባዊ ግንባር ብዓቓል መንፈስ ዝተታሕዘ ሕቶ ዋንነት ባድማን ከባቢኣን ምስ ሓፈሻዊ ናይ ዶባት ምንጻር ክርኣ ብዝብል ሓሳብ ውንዙፍ ጉዳይ ኩይኑ ቀጸለ።

ጉዳይ ምንጻር ዶባት ቀልጢፉ ዘይምትግባሩ፡ ኣብ ክልል ትግራይ ዝነበሩ ኣመሓደርቲን ካድረታትን ወያነ፡ ነቲ ፍሉጥ መግዛእታዊ ዶባት ሰጊሮም፡ ካብ ሕጊ ወጺኢ ሰፌርዎ ዝነበሩ ባድማን ከባቢኣን ከም ግዝኣቶም ከውሕስዎ ጥራይ ዘይኮነ፡ ካልእ ተወሳኺ መሬት ክውስኹ ይደፋፍኡም ነበረ። በዚ ድማ ብላዕለዎት መራሕቲ ክልቲኣም መንግስታት፡ ነቲ ኣብ

መንነ ክልቲአን ሃገራት ሰፊኑ ዝነበረ ሰላምን ጥዑይ ዝምድናን ትስፉው መጻኢኦን ዝእምት መግለጺታት አብ ዝወሃበሉ ዝነበረ ግዜ፡ አብ ባይታ ብፍላይ አብ ክልል ትግራይ፡ አመሓደርቲን ካድረታትን ወያነ፡ ካብ 1993፡ ድሕሪ ረፈረንዱም ጀሚሮም ናብ ምስሕሓብን ረጽሚን ዘምርሕ፡ ነቶም አብ ዶባት ዝነብሩ ብዙሕ ባህላዊን ማሕበረ-ቁጠባዊን ርክባት ዝነበሮም ህዝቢ ክልቲአን ሃገራት ዘቀራሕን ተግባራት ይፍጽሙ ነበሩ።

ልሙዕ መሬት እናጠረርካ (እናመንዛዕካ)፡ ብሰላሕታዊ አገባብ ነቲ ፍሉጥ አህጉራዊ ዶብ ዝቅይር ኩነት አብ ባይታ ምፍጣር፡ ምምሕዳር ክልል ትግራይ ካብቲ ግዜ'ቲ ጀሚሩ ብመደብ ዝተተሓሓዞ ስራሕ ነበረ። "ግጭት ኤርትራን ኢትዮጵያን፡ ቅድሚ ግንቦት ዝነበረ ኩነታት" ብዝብል አርእስቲ፡ አብ ጋዜጣ ሓዳስ ኤርትራ (31 ጥቅምቲ 1998) ዝሰፈረ ጽሑፍ፡ ነቲ አብ ባይታ ዝነበረ ኩነታት፡ ብዝርዝር የብርህ።

እዚ ዓንቀጽ'ዚ (ጋዜጣ ሓዳስ ኤርትራ 31 ጥቅምቲ 1998). . . ሓለፍቲ ሰርዓት ወያነ፡ አብ ባይታ ዝፍጽምዎ ዝነበሩ ናይ ዓለቁ ተግባራት እናበዝሓን እናጸዓቐን ከይዱ፡ አብ ከባቢ ዶባት አብ ልዕሊ ዝነብር ህዝቢ ጸገማት ክፈጥርን ከም ሳዕቤኑ ካብ ህዝቢ ጥርዓናት ክመጽእን ምስ ጀመረ፡ አብ መንነ ወከልቲ ህዝባዊ ግንባርን ህወሓትን ብ10 ሕዳር 1993 ነቲ ጸገም ንምፍታሕ፡ ፋልማይ ርክብ ከም እተኻየደ ይገልጽ። ብድሕሪ'ዚ እውን፡ ካብ 20-21 ሕዳር 1994 አብ አዲስ-አበባ፡ ብ27 ግንቦት 1995 አብ አዲስ-አበባ፡ ካብ 15-16 ሓምለ 1995 አብ አስመራ፡ ብ14 ሕዳር 1995 አብ ምጽዋዕ፡ ብ9 መጋቢት 1996 አብ አዲስ-አበባ ብአጠቓላሊ 6 ርክባት ተኻየደ።

አብዚ ርክባት'ዚ፡ ላዕለዋት ሰበ-ልጣን ወያነ፡ ነቲ አብ ዶባት ዝነበረ ጸገም ብዙሕ ከም ዘይፈልጥዎ ኮይኖም ይቐርቡ ነበሩ። በዚ ድማ እቲ ሽግር፡ ብታሕተዋት አመሓደርቲ ወይ በቲ ህዝቢ ንሓድሕዱ ዝፍጠር ዘሎ መሲሉ ይርአ ነበረ። አብዚ ዝተጠቕሰ ተኸታታሊ ርክባት፡ አብ ዶባት ዘሎ ጸገማት ካልእ አሉታዊ ሳዕቤን ከየኸተለ ብኣጋ ንምእላዩ፡ ነቲ ጉዳይ ዝከታተል ኮሚቴ ክምስረት፡ አባላት ናይዛ ኮሚቴ፡ አብ ነፍሲ-ወከፍ ወርሒን ፈረቓን አብ ዶባት ብዛዕባ ዘሎ ኩነታት ቡብወገኖም መጽናዕቲ እናካየዱ ጸብጻቦም ከቕርቡ፡ አገዳሲ አብ ዝኹነሉ እዋን ከአ፡ ብላዕለዎት ሓለፍቲ ክልቲኦ ውድባት ዘተ ክግበረሉ፡ አብ ስምምዕ ተበጺሑ ነበረ። እንተኾነ፡ አብዚ ርክባት'ዚ ብዛዕባ ምሕንጻጽ ዶባት ዝተዘርበ ኮነ ዝተታሕዘ ጭቡጥ መደብ አይነበረን። በቲ ዝተበጽሐ ስምምዕ መሰረት ግን፡ ብአመሓዳሪ ዞባ ጋሽ ባርካን አመሓዳሪ ምዕራባዊ ትግራይን ዝተመዘዘት ኮሚቴ ቆመት።

እዚ ርክባት'ዚ እናተኻየደ፡ ሓለፍቲን ካድረታትን ክልል ትግራይ፡

አብ ውሽጢ መሬት ትግራይ ዝቐመጡ ዝነብሩ ኤርትራውያን እናሰጐጉ፡ ዶብ ሰጊሮም እውን ቀስ ብቐስ ንኤርትራውያን ካብ ቦታኦም እናፈናቐሉ መሬት ናይ ምምንዛዕ ሰላሕታዊ ተግባሮም አየቋረጽዎን። እኒ ደአ እቲ ዓመጽ ዝያዳ እናግሃድዎ ከዱ። ብፍላይ አብ 1996 አብ ምዕራብ ኤርትራ፡ አብ ከባቢ ዶባት ንዝቐመጡ ኤርትራውያን፡ ግራውቶም ከይሓርሱ ብምኽልካል፡ አብ ጸጽባሕ አእማን ብምጭራሕ "እዚ መሬት'ዚ ተጠሪሩ'የ" እናበሉ ንብዙሓት ካብ ገዛእ ናይ ሕርሻ መሬቶምን ዓድታቶምን ከሳጉጉን ከኮላብቱን ተራእዮ። በዚ ድማ እቶም ግዳይ ናይዚ ሰዉር ምስፍሕፋሕ'ዚ ዝኾኑ አብ ከባቢ ዶባት ዝነብሩ ኤርትራውያን ጥርናፀም ናብ መንግስቲ ኤርትራ አምሪሮም አቐረቡ። መንግስቲ ኤርትራ ክሳዕ ሽዑ እቲ ዓመጽ ብታሕተዋት ናይ ከባቢ ምምሕዳራትን ሓለፍቲን ከም ዝፍጸም ዘሎ ደአ እምበር በቲ መንግስቲ ተባሪኹ ዝዉሰድ ዘሎ ስጉምቲ ገይሩ ይወስዶ አይነበረን። ካብዚ ግዜ'ዚ ንደሓር ግን አብ ልዕሊ ህዝቢ ዝበጽሕ በደላት እናጸዓቐን እናኽበደን ስለ ዝኸደ፡ መንግስቲ ኤርትራ ብዕቱብ ክርእዮ ግድነት ኮነ።

በዚ ድማ፡ ነቲ ጸገም ንምፍታሕ፡ ካብ 20-22 ሚያዝያ 1997፡ ምክትል ፕረዚደንት ክልል ትግራይን ምክትል አመሓዳሪ ዞባ ጋሽ ባርካን ዝተረኽብዎ፡ ብደረጃ ዞባ ጋሽ ባርካን ምዕራብ ትግራይን አብ ሸረ እንዳስላስ ርክብ ተኻየደ። አብዚ አኼባ'ዚ፡ ብደረጃ ክልቲአን ዞባታት ዝቖመት ሓባራዊት ኮሚቴ ብህዝቢ ዝቖርብ ዝነበረ ጥርናፍት ክትምርምር፡ አብ ትሕቲ'ዛ ኮሚቴ'ዚአ፡ ብንኡስ ዞባን ብወረዳን ደረጃ ካልአ ኮሚቴ ቀይማ፡ አብ ከባቢ ሻምብቆ፡ ላዕላይን ታሕታይን ጋሽ ዘሎ ኩነታት አጽኒዓ፡ ናብታ ብዞባ ደረጃ ዝቖመት ኮሚቴ ጸብጸባ ከተቐርብ አብ ምርድዳእ ተበጽሐ። በዚ ስምምዕ'ዚ መሰረት፡ ካብ 8-9 ግንቦት 1997 አብ ሻምብቆ አብ ዝተኻየደ አኼባ፡ 7 ዝአባላታ ኮሚቴ (3 ካብ ትግራይ 4 ካብ ኤርትራ) ቖመት።

እዚ ከምዚ ኢሉ እንክሎ፡ ዕጡቓት ሓይልታት ትግራይ አብ ልዕሊ ህዝቢ ዝፍጽምዎ ግፍዒታት እናወሰኸ ይኸይድ ነበረ። አብ ከባቢ ዶባት ዝነብር ህዝቢ አንጸርጺሩ ንኽርሕቀሎም፡ ንብዙሓት ኤርትራውያን ዝተፈላለየ ምኽንያታት ፈጢሮም እናአሰሩን ብገንዘብ አኽቢዶም እናቐጽዑን አኸላበትዎም። ብ25 ግንቦት 1997 ንአብነት፡ ዕጡቓት ትግራይ፡ ናብ ደምብ ሸቃ (ዓዲ ተኽላይ) ብምእታው ንብረት ናይቶም ደቂ ዓዲ ዘረፍም ወሰዱ።

እዚ እናኹኡ፡ እታ አብ አኼባ ሻምብቆ ዝቖመት ኮሚቴ፡ ካብ ገዛ ሸሪፍ ክሳብ ዓዲ ተኽላይ ንአስታት 40 ኪ.ሜ. አብ ዝዘርጋሕ ከባቢ ዝንበረ ኩነታት ዘይራ ብምዕዛብ፡ ብታሕተዋት ሓለፍቲን ካድረታትን ክልል

ትግራይ ካብ ሕጊን አገባብን ወጺኡ ዝተኻየደ ምጥራር መሬት ምስ ተመልከተት፡ አብታ ኮሚቴ ዝነበሩ ወከልቲ ኤርትራ፡ እቲ ተግባር ልክዕ ከም ዘይኮነ፡ ዶብ ናይ ምድራት ሓለፍነት ናይ መንግስታት ኤርትራን ኢትዮጵያን እምበር ናይ ዝኾነ ካልእ ታሕተዋይ አመሓዳሪ ወይ ዕጡቓት ሓላፍነት ከም ዘይኮነ ብምግላጽ፡ ተሪር ተቓውሞኦም አስምዑ። እቶም ካብ ትግራይ ዝተወከሉ አባላት ናይታ ኮሚቴ ግዳ፡ ነቶም ናይ ኤርትራ ወከልቲ "ናብዚ ዘምጻእናኩም፡ እቲ ጠሪርናዮ ዘለና መሬት ከነርእየኩም እሞ፡ ዜጋታትኩም ካብዚ መስመር'ዚ ከይሓልፉ ክትሕብርዎም ጥራይ'የ" ኢሎም ብንዕቀት መለሰሎም። አባላት ናይዛ ኮሚቴ'ዚኣ ብምምሕዳር ክልል ትግራይ ብፍላጥ ዝተወከሉ፡ አብቲ ናይ ምጥራር ስጉምቲ ቀንዲ ተዋሳእቲ ዝነበሩ ሰባት እዮም።

ድሕሪ'ዚ ወከልቲ ኤርትራ ናብታ ላዕለወይቲ ኮሚቴ ጸብጻቦምን እዚ ዝስዕብ እማመታቶምን አቕረቡ፦

- ተቓማጦ ገዛ ሸሪፍን ደምበ ጭዓን ካልእ አብቲ ከባቢ ዝርከባ ዓድታትን እቲ ጉዳይ ፍታሕ ክሳብ ዝርከበሉ አብ ዘዘለውዎ ክጸንሑ፤
- ናይ ኤርትራ ሓይልታት አብቲ ከባቢ እናተንቀሳቐሱ ጸጥታ አብ ዞኸብርሉ ዕንቅፋት ከይፍጠረሎም፤
- ክልል ትግራይ ዝተጠረረ መሬት ሓሊፍኩም እናበለ አብ ልዕሊ ኤርትራውያን ዝብይኖ ናይ ገንዘብን ማእሰርቲን መቕጻዕቲ ብቕጽበት ከቋርጽ፤
- ሓሳቦም ብናጻ አብ ልዕሊ ዝገልጹ ዓበይቲ ዓዲ ተጽዕኖ ከይግበር፡ እታ ንኡስ ኮሚቴ፡ አብ ዝቐልጠፈ ግዜ ተራኺባ ብዝተኻእለ መጠን ናይ ፍታሕ እማመ ከተቕርብ፤

ወከልቲ ክልል ትግራይ ድማ እዚ ዝስዕብ እማመታት አቕረቡ፦

- አብቲ ዝተጠረረ ከባቢ ዝኾነ ዕጡቕ ናይ ኤርትራ ከይአቱ፡ እዚ እንድሕሪ ኮይኑ ተኹሲ እውን ክኸፈት ስለዝኸእል፡ ዕጥቆም ከምዘውርዱ ክግበር ምኽኑ፤
- ተቓማጦ ገዛ ሸሪፍን ደምበ ጭዓን አብ ዝቐልጠፈ ግዜ ካብቲ ከባቢ ክወጹ፡ ካብ ሕጂ ንድሓር ከአ መሬት ከይሓርሱ ወይ ግዜ ከይሰርሑ፤

ወከልቲ ክልቲኣም ወገናት እማመታቶም ናብ ላዕለዋይ ኮሚቴ ድሕሪ ምቕራቦም፡ ብድሕሪኡ ን22 ሰነ 1997 አብ ሸራሮ አኼባ ክካየድ ቆጺራ ተታሒዙ እኳ እንተነበረ፡ አባላት ናይታ ንኡስ ኮሚቴ "አብ መቐለ ካልእ

ኣኼባ ኣለና" ብዝብል ምስምስ ኣብ ዕለት ቀጸራ ኣይተረኸቡን። ብድሕሪኡ
እውን ቀጸራታት ንምሓዝ ብዙሕ ተፈቲኑ፡ ወከልቲ ትግራይ ዝተፈላለየ
ምኽንያት እናቕረቡ ከም ዘይጥዕሞም ብምግላጽ ደይ-መደይ ኢሎም ነቲ
ግዜ ኣናውሕዎ። ኣብ ውሽጢ ከምዚ ዝኣመሰለ ቀጸራታት ናይ ምስግጋር
እዋን ከኣ፡ ኣብ ውሽጢ'ቲ ብትግራይ ዝተጠረረ ቦታታት ዝነበራ ዓድታት
ኤርትራ ብፖሊስ ክልል ትግራይን ዕጡቓት ናይቲ ከባቢን ቀጻሊ ግፍዒ
ይወርደን ነበረ።

ብ2 ሓምለ 1997 ንኣብነት፡ ፖሊስ ትግራይ ንተቐማጦ ደምብ ጭዓ
ካብ ምሕራስ ከልኪሎም፡ ካብ 'ወደቢ' ዝተባህለ ቦታኦም ክለቁ ብሓይሊ
ኣገደድዎም። ንሓያሎ ደቂ ዓዲ ድማ ብመግረፍቲ ተሳሕልዎም።ብ19
ሓምለ 1997 ፖሊስ ትግራይ ናብ ገዛ ሸሪፍ ብምእታው፡ ንሓሙሽተ
ሰባት በእማን ኣባትርን ክቐጥቅጥዎም ምስ ጀመሩ፡ ተቐማጦ እታ ዓዲ
ኣውያቶም ብምድርጓሕ ገለ ረዳኢ እንተረኸቡ ክሳዕ ደወል ቤተክርስትያን
ምድዋል በጽሑ። ድሕሪ'ዚ እቶም ፖሊስ ብዙሓት ደቂ ዓዲ ኣሲሮም
ወሰዱ።

ኣብ ልዕሊ ህዝቢ ዝፍጸም ግፍዒ እናኸረረ ምስ ከደ፡ ህዝቢ ነቶም
ፖሊስን ካልኦት ዕጡቓትን ትግራይ ኣበርቲዑ ክቃወሞምን ክብድህዎምን
ጀመረ። ነዚ ምኽንያት ብምግባር፡ ሰብ-ስልጣን ትግራይ ተወሰኽቲ
ወተሃደራት ኣብቲ ከባቢ ኣሰፈሩ። ኣብ መንጎ'ቶም ዕጡቓትን ህዝቢን
ወጥሪ እናዓረገ ይኸይድ ብምንባሩ ኸኣ፡ ምምሕዳር ዞባ ጋሽ ባርካ፡ ብ23
ሓምለ 1997 ብሀጹጽ ወከልቱ ናብ ምምሕዳር ክልል ትግራይ ብምልኣኽ፡
ኣብ መቓለ ምስ ላዕለዋት ሓለፍቲ ናይቲ ክልል ኣኼባ ኣካየደ። ኣብቲ
ኣኼባ ወከልቲ ትግራይ፡ ኤርትራውያን ኣብ መሬት ትግራይ ሰፊሮም
ከይኣክል፡ ኣብቲ ከባቢ ጸጥታ ከኸብሩ ንዝተመደቡ ፖሊስን ዕጡቓትን
የሸግርዎምን የጥቅዕዎምን ከም ዘለው ገለጹ። ወከልቲ ዞባ ጋሽ ባርካ
ብወገኖም፡ ህዝቢ ኣብ ልዕሊ ፖሊስ ትግራይ ዝፈጸሞ ዝኾነ መጥቃዕቲ
ከም ዘየለ ብምግላጽ፡ ብኣንጻሩ ፖሊስ ትግራይ ኣብ ልዕሊ ኤርትራውያን
ዝፈጸሞ በደል፡ ብኣስማትን ዕለታትን ኣሰንዮም ጭቡጥ ሓበሬታ ኣቕረቡ።
ኣብ መወዳእታ ኸኣ ኣብዚ ዝስዕብ መደምደምታ ተበጽሐ፤

1) ክሳብ'ቲ ደባት ብክልቲኡ መንግስታት ብንጹር ዝሕንጸጽ፡ ምምሕዳር
ናይቲ ከባቢ ከም'ቲ ብ1987 (እዋን ሓርነታዊ ቃልሲ) ዝነበር
ክጸንሕ፡

2) ብዞባ ደረጃ 8 ዝኣባላታ ሓዳስ ኮሚቴ ቆይማ፡ ቅልጡፍ ፍታሕ
ንምምጻእ ን30 ሓምለ 1997 ኣብ ባድማ ክትራኸብ፤

እዚ ስምምዕ'ዚ ተበጺሑ እንከሎ፡ ካብ 26-27 ሓምለ 1997፡ ሰበ-ስልጣን ትግራይ ኣብ ሰለስተ ኣራል መካይን ዝተጸዕኑ ዕጡቓት ብምምጻእ ኣብቲ ከባቢ ወተሃደራዊ መናውራታት ኣካየዱ። ነቶም ኤርትራውያን ክህድዱን ከርዕዱን ከኣ ኣብቲ ከባቢ ንዝቅመጡ ብዙሓት ተጋሩ ጠበናጁ ዓደልዎም። ነዚ ድሕሪ ምግባር፡ ካብ ገዛ ሽርፍ 15 ስድራቤታት፡ ካብ ደምብ ጭዓ ድማ 30 ስድራቤታት ካብ ገዛእ ዓዶም ብምስንግ፡ ዘራእቶም ቦናቑሶም ኣብ ገዛዉቶም ዝጸንሐ ንብረት ኣዕነዉዎም። በዚ ድማ እቶም ስድራቤታት ምስቲ ዝንበረ ዝናብን ዛሕልን ኣብ በረኻ፡ ኣብ ትሕቲ ኣግራብ ክሰፍሩ ተገደዱ።

ጐኒ ጐኒ'ዚ ግፍዒታት'ዚ፡ ሰበ-ስልጣን ትግራይ፡ 14 ዝኣባላታ ናይ ጉስጓስ ኮሚቴ ብምቛም፡ ኣብቲ ከባቢ ናይ ተጋሩ ኣኼባታት እናወደቡ፡ ኣንጻር ኤርትራን ኤርትራውያንን ዘቐንዐ ጽዑቕ ጎስጓስ የካይዱ ነበሩ። ኣባላት ናይዛ ኮሚቴ፡ ንተጋሩ ካብ ምጉስጓስ ሓሊፎም፡ ናብ ሽዱሽተ ኣብቲ ከባቢ ዝርከባ ዓድታት ኤርትራ፡ "እንታይ'የ ምርጫኹም? ደም ዲኹም ትደልዩ ሰላም?" ዝብል ናይ ታህዲድ መልእኽቲ ለኣኹ። ኣብ ልዕሊ ሓያሎ ኤርትራውያን፡ እንተላይ ኣንስቲን ቆልዑን፡ ማእሰርቲን ናይ ገንዘብ መቕጻዕቲን እናበየኑ ኸኣ ግፍዒታቶም ቀጸልዎ።

እዚ ከምዚ ኢሉ እንከሎ፡ ብመሰረት ኣቐዲሙ ዝተታሕዘ ቀጸራ፡ ብ30-31 ሓምለ 1997 ኣብ ባድማ ኣኼባ ናይታ ኮሚቴ ተኻየደ። እቲ ኣኼባ ነቲ ብ23 ሓምለ 1997 ዝተበጽሐ ስምምዕ ምርኩስ ገይሩ ክካየድ እኳ እንተነበረ፡ ወከልቲ ትግራይ፡ "ኤርትራውያን ቅድሚ ዝኾነ ይኹን ዘተ፡ ነቲ ብ1987 ብትግራይ ዝተጠረረ ዶባት ክቕበሉ ኣለዎም" ዝብል ገታር ቅድመ-ኩነት ብምቕራብ እዮም ከፌቶሞ። ኣብ እዋን ሓርነታዊ ቃልሲ፡ ማለት ብ1987 ወይን በይኑ ዝሰኣሎ ዶብ፡ ነቲ ፍሉጥ ኣህጉራዊ ዶብ ብምጥሓስ ንብዙሕ ከባቢታት ኤርትራ ኣብ ትሕቲ ግዝኣት ትግራይ ዘእቱ እዩ ነይሩ። ወከልቲ ኤርትራ እቲ ዝቐረበ ቅድመ-ኩነት፡ ነቲ ቅድሜኡ ኣብ ኣኼባ መቐለ ዝተበጽሐ ስምምዕ ዝጻረር ብምዃኑ ቅቡል ከም ዘይኮነ ገለጹ። እቲ ኣኼባ ኸኣ ብዘይ ፍረ ተዓጽወ።

ደድሕሪ'ዚ ኣኼባ'ዚ፡ ሓለፍቲ ምምሕዳር ክልል ትግራይ፡ ተወሳኺ መሬት ናይ ምጥራርን ኤርትራውያን ናይ ምግፋዕን ተጸባኢ፡ ተግባራቶም ብስፍሓት ብምቅጻል፡ ኣብ ገዛ ሽርፍን ሓድሽ ዓዲን ዝነበረ ኣባይቲ ብምፍራስ ኣብ ሰሲዎን ዓዲ-ተኽላይን ዝነበረ ናይ ኤርትራውያን ሕርሻዊ ተራድኣ ምሉእ ብምሉእ ኣዕነውዎም።

ኣብ ምዕራብ ኤርትራ ከምዚ ዝኣመሰለ ናይ ዓመጽ ተግባራትን ግፍዒታትን እናተፈጸመ እንከሎ፡ ብሽነኽ ደቡባዊ ምብራቕ ኤርትራ፡ ከባቢ

41

ባዱ፡ ካልእ ብወተሃደራዊ ሓይሊ ዝተሰየ ግህስት ልኡላውነት ተፈጸመ። ብ18 ሓምለ 1997፡ ክልተ ቦጦሎኒ ዝግመት ሰራዊት ወያነ ምስ መካይኑን ከበድቲ ኣጽዋሩን፡ ናብ ሩባ ራጋለ፡ ከባቢ ባዱ ተንቀሳቐሰ። ኣብቲ ከባቢ ዝነበረ ኣዛዚ ብርጌድ ሓይልታት ምክልኻል ኤርትራ፡ ንምንታይ ዕላማ ከም ዝመጹ ምስ ሓተቶም፡ ብዛዕባ "እንጉጡ" (ናይ ዓፈር ተቓወምቲ) ሓበሬታ ከም ዝረኸቡን ንዕኦም ንምህዳን ከም ዝመጹን ገለጹሉ። ሓይልታት ምክልኻል ኤርትራ ድማ ከተሓባበርዎም ብምሕሳብ ናብቲ ቦታ ክኣትዉ ፈቐዱሎም። ሩባ ራጋለ ምስ ሰገሩ ግን፡ ኣብ ክንዲ ዘምጽኦም ዝገብሩ፡ ኣብ ዓዲ ምሩግ ዓስከሩ። ኣብኡ ከይተሓጽሩ እውን ንባዳን ባሎለን ንምቁጽጻር ተንቀሳቐሱ። በዚ ድማ ኣዘዝቲ ሓይልታት ምክልኻል ኤርትራ ብዛዕባ'ቲ ኩነታት ንላዕለዋይ ኣካል ክውከሱ ግድነት ኮኖም። ካብ መንግስቲ ዝተዋህቦም መልሲ፡ ብዝተኻእለ መጠን ኣብ ግጭት ከይኣትዉ፡ ክጥንቀቑ፡ እቲ ጉዳይ ድማ ላዕለዎት ሓለፍቲ ክዘራረቡሉ ምኻኖም ዘመልክት ነበረ።

ኣባላት ሓይልታት ምክልኻል በቲ ዝተዋህቦም ትእዛዝ መሰረት ስጉምቲ ካብ ምውሳድ ተቖጠቡ። በዚ ድማ፡ ኣዘዝቲ ኣሃዱታት ሰራዊት ወያነ፡ ንኣመሓዳሪ ዓዲ ምሩግን መሳርሕቱን ከም'ኡ'ውን ኣብታ ዓዲ ዝነበሩ መማህራን ሰጉጎም፡ ነቲ ቤት ትምህርቲ ናብ መዓስከሮም ቀየርዎ። ነቲ ምምሕዳር ከኣ ብናይ ባዕሎም ምምሕዳር ተከኡዎ። ካብኡ ሓሊፎም እውን፡ ነቶም ደቂ ዓዲ፡ እቲ ቦታ መሬት ኢትዮጵያ ምኻኑ ብምግላጽ፡ ለቒቖም ክኸዱ ከጋፍዕዎም ጀመሩ። በዚ ኸኣ፡ ሓያሎ ደቂ'ቲ ዓዲ ኣባይቶም ገዲፎም ናብቲ ኣባላት ሓይልታት ምክልኻል ዝነበሩዎ ከባቢ ክዕቆቡ ተገደዱ። በቲ ኩነታት ዝተገረሙ ኣመሓዳሪ ናይቲ ንኡስ ዞባን ኣዛዚ ብርጌድ ሓይልታት ምክልኻልን "እንታይ'ዩ ዝግበር ዘሎ?" ክብሉ ንሓለፍቲ ሰራዊት ወያነ ከዘራርብዎም እኳ እንተኸዱ ብዋርድያታት ተዓገቱ። ምስ ሓለፍቲ ክዘራረቡ ከም ዘይክእሉ፡ እቲ ቦታ ድማ ናይ ኢትዮጵያ ምኻኑ ተነግሮም። ኣብቲ ከባቢ፡ ኣብ ልኡላዊ መሬት ኤርትራ "ኣፍራ-ኬር" ብዝተባህለ ኣመሪካዊ ትካል ዝካየድ ዝነበረ ፕሮጀክት ህንጸት መእለዪ ውሕጅ ድማ፡ በቲ ኩነታት ተሰናኸለ። ብተወሳኺ፡ ትካል ኣፍራ-ኬር፡ ኣብ ከባቢ ዓዲ-ምሩግ ካብ ዝርከብ ጥረ-ነገራት ከይጥቀም ተኸልከለ።

ስርዓት ወያነ ናብ ዓዲ-ምሩግ ሰራዊት ብምልኣኽ ዝፈጸሞ ዓመጽ ቅሉዕ ግህስት ልኡላውነትን ናይ ወራር መልክዕን ስለ ዝነበሮ፡ መንግስቲ ኤርትራ ብ8 ነሓሰ 1997 ናብ ኣዲስ-ኣበባ ልኡኽ ሰደደ። ልኡኻት መንግስቲ ኤርትራ ምስ መዛኑኦም ሓለፍቲ ተራኺቦም፡ ነቲ ብሰራዊት ኢትዮጵያ ዝተፈጸመ ተግባር ብትሪ ብምቅዋም፡ ሓይሊ ተጠቒምካ ኣብ ባይታ ዘይነበረ ኩነት ክትፈጥር ምፍታን ዘይቅቡል ልዕሊ ኹሉ ድማ ምስ

ሕውነታዊ ዝምድና ክልቲኣን ሃገራት ዘይከይድን ተግባር ምኻኑ፡ ክንዲ ዝኾኑ መንግስቲ ኢትዮጵያ ዘወሰዶ ስጉምቲ ብቐልጡፍ ዳግመ-ግምት ክገብረሉ ሓተቱ።

እንተኾኑ፡ ብወገን ሰብ-ስልጣን ወያነ ናይ ምርድዳእ ቅሩብነት አይነበረን። በዚ ድማ፡ ፕረዚደንት ኢሳይያስ አፈወርቂ ብ16 ነሓሰ 1997 ናብ ቀዳማይ ሚኒስተር መለስ ዜናዊ ደብዳበ ብምጽሓፍ፡ እቲ ብሓይሊ ዝተፈጸም ዓመጽ፡ ብዝኾኑ መገዲ ምኽኑይ ከም ዘይኮነን ናብ ዘየድሊ ምስሕሓብ ከየምርሕ ቅልጡፍ መአረምታ ክግበረሉን ሓተተ። ደብዳበ ፕረዚደንት ኢሳይያስ ከምዚ ይብል፤

> . . . ምስ ካልኣት ናይ ሎሚን መጻእቲን ዝምድናታትና፡ (ጉዳይ ደብ) ብዙሕ አቓልቦ ጌርናሉ ዝጸናሕና አይኮነን። ንሓዋሩ እውን አከራኻርነቱ ዘሻቕል'የ አይብልን። እዚ አብ ቦታኡ እናሃለወ ግን፡ ሓሓሊፍም አብ ነንበይኑ እዋናት፡ ብዝተፈላለየ ቀለልቲ ምኽንያታት ምስሕሓባት ክርኣዩ ጸኒሖም እዮም። ብ... ከም አብ ከከባቢኡ ብዝርከቡ ሓለፍቲ ብሕውነታዊ መገዲ ንምርግጋእምን ንምፍታሕምን ክፍተን ጸኒሑ። አብዚ መወዳእታ እዋን፡ አብ ዓዲ ምሩግ ብሰራዊትኩም ብሓይሊ ዝተወሰደ ስጉምቲ ግን፡ ናይ ብሓቒ ዘጉሂ እዩ።
>
> እቲ ጉዳይ ክሳብ ብወተሃደራዊ ሓይሊ ስጉምቲ ምውሳድ ዘብጽሕ ምኽንያት አይነበሮን። ክሳብ ክንዲ'ዚ አቓልቦ ዝሓትት አገዳሲ ጉዳይ እንተነይሩ እውን፡ ብሕውነታዊ መገዲ ብምርድዳእ ንምፍትሑ አምበይ'ምሸገረን። ብስሩ ሕንጻጽት ደባት ምስኣል ዘድሊ እንተኾይኑ እውን ብዝሓሸ አገባብ ሃዲእካ ክፍታሕ ዝኽእል'የ። እቲ ተወሲዱ ዘሎ ስጉምቲ ምኽኑይ ናብ ዘይኮነ ምስሕሓብ ከየምርሕ ምግትኡ አገዳሲ ኮይኑ ስለዝርኣየኒ፡ ባዕልኻ ዓቃል ስጉምቲ ክትወስደሉ እላቦ።

ቀዳማይ ሚኒስተር መለስ ዜናዊ፡ አብቱን ዝቐጸላ መዓልቲታት ናብ ፕረዚደንት ኢሳይያስ ዝሰደዶ መልሲ፡ ነቲ አብ ደብዳበ ፕረዚደንት ኢሳይያስ ዝተላዕለ ቀንዲን ህጹጽን ጉዳይ ጐሰየ፡ ዝበዝሕ ብዛዕባ መስርሕ ምውጻእ ሓድሽ ባጤራ ኤርትራን ምቕያር ባጤራ ኢትዮጵያን ዝምልከት ነበረ። እቲ ደብዳበ፡ መልሲ ናይቲ ፕረዚደንት ኢሳይያስ ዘልዓሎ አብ ባይታ ዝተፈጥረ አተሓሳሰቢ ኩነታት ዘይኮኑ፡ ዝበዝሕ ክፋሉ ብዛዕባ ካልእ ጉዳያት ምንባሩ፡ ቀዳማይ ሚኒስተር መለስ፡ ብዛዕባኡ ክዛረብ ድሌት ከም ዘይነበሮ ብግልጺ፡ እዩ ዘመልክት። አብ መእተዊ ናይቲ ደብዳበ ግን፡ እቲ ሰራዊት ወያነ አትዮም ዝተባህለ መሬት ዘየከራኸር ግዝኣት ናይ ኢትዮጵያ ከም ዝኾነ በዚ ዝስዕብ ቃላት አተንቢሁ ሓሊፍዎ፤

> አብ ከባቢ ደባት ዘሎ ኩነታት ጽቡቕ ከምዘይኮነ አነ'ውን ሰሚዐዮ ነይረ። በዓል የማን መጺኣም እንክለው ምስ በዓል ተወለደ ከምእተዘራረብሉ

እውን ፈሊጠ ነይረ። እዚ ናይ ባዳ ጸገም ክፈጥር ይኽእል'የ ዝብል
ግምት አይነበረናን። እቶም ብጾትና ሓፈም ዘለው ቦታ፣ ቅድሚ ሎሚ
ዘካተዕ ቦታ ስለዘይነበረ። አብቲ ዘሰሓሕብ ቦታታት ጥራሕ አቓዲምካ
ምርድዳእ ከምዘድሊ ስለዝተራእየና እዩ።

ክልቲአም መራሕቲ ደብዳበታት ምስ ተለአእኹ እውን እንተኹኑ፣ አብ
ልዕሊ ህዝቢ ዝፍጸም ዝነበረ ግፍዒን በደላትን አየቋረጸን። ብፍላይ አብ
ዓድታት ከባቢ ባድማ እቲ ግፍዒን ምኽልባትን ብስፍሓት ቀጺለ። በዚ ድማ፣
መራሕቲ ወያነ ነቲ ተግባር፣ ብአፍልጦ ላዕለዋይ አካል፣ ብመደብ፣ ደይ
መደይ ኢሎም ይፍጽምዎ ምንባሮም እንግልሕ ከደ።

እቲ ኩነታት ናብ ሕማቕ አብ ዘምርሓሉ ዝነበረ እዋን፣ ማለት ብ20
ነሓሰ 1997፣ ካብ ፕረዚደንት ኢሰይስ አፈወርቂ ናብ ኩሎም አካላት ዞባዊ
ምምሕዳራት፣ አካላት ህዝባዊ ግንባር ንደሞክራሲን ፍትሒን ሓይልታት
ምክልኻልን፣ ብቑጽሪ መዝገብ MR/828/97፣ "እብዚ ቀረባ እዋን አብ ዶባትና
ምስ ኢትዮጵያ ዝተራአየ ምዕባሌታትን ዘሎና አረአእያን አተሓሕዛ'ቲ ጉዳይን"
ብዝብል አርእስቲ ዝተጻሕፈ፣ ሓደ ዘዋሪ መልእኽቲ፣ መንግስቲ ኤርትራ
አብቲ ጉዳይ ዝነበር አመለኻኽታን አተሓሕዛን አነጺሩ ዘርኢ'የ። እቲ
መልእኽቲ ከምዚ ይብል፤

<blockquote>

አብ ነንበይኖም እዋናትን ቦታታን፣ ብዝተፈላለየ ምኽንያታት፣
ምስሕሓባት ኪርአዩ ከምዝጸንሑ ኩሉ ዝፈልጦ እዩ። ነዞም ተርእዮታት
እዚአቶም፣ ካብ ዓቕሞም ንላዕሊ ስለዘይተሻቐልናሎም፣ በብዘመጽእ፣
አብ ከከባቢኡ ብዝርከቡ አካላትናን ካልኦት ዝጠዓሙ መገዲታትን፣
ክንፈትሕም ወይ ከነረጋግአም ክንፍትን ጸኒሕና ኢና።

. . . አብዘን ዝሓለፋ 6 ዓመታት ኪምዕብል ዝጸንሐ ዝምድናታትናን
ንመጻኢ ኪምዕብል እንደልዮ ስትራተጂያዊ ዝምድናታትን አብ ግምት
ብምእታው፣ ንናይ ዶባት ሕቶ ብሱሩን ነቶም ኪቀላቐሉ ዝጸንሑ
ምስሕሓባትን ከም ዓቢይቲ ሽግራት ተሻቒልናሎምን አድሂብናሎምን
አይጸናሕናን። እቲ ዶባትን ልክዕ ሕንጻጹን አበይ ምኳኑ፣ ተረዳዲእና
ብሕውነታዊ መገዲ ወይ ከአ ብአህጉራዊ አገባባትን ሕጊታትን
ክንጸር ስለዝኽእል፣ መን ስድሪ ሓሊፉ መን ደረት ተደፊኡ፣ ምንም
ዘጨንቕ ጉዳይ አይኮነን። ከምቲ ናይ ካልኦት መሰል ኪሕሎ ዝግባእ፣
መሰልና ኪሕደገና ወይ መሰል ካልኦት ክንምንጥል አይንደልን። ዝኾነ
ምስሕሓብን አከራኻሪ ዝበሃል ጉዳይ፣ ብምርድዳእን ብሰላማዊን
ሕውነታዊን ሕጋዊን መገዲ ጥራይ ከምዝፍታሕ ስለንፈልጥ፣ ናይ ዶብ
ጉዳያት ብግጭት ወይ ብወተሃደራዊ ሓይሊ ኪፍታሕ ከምዘይክእል
አረጋጊጽና ንግንዘቦ'የ። ሓቂ ዘለም ሓይሊ ከይተጠቐመ ናቱ ብፍትሒ
ኪረክብ ስለዝኽእል።

. . . መንግስቲ ኢትዮጵያን ሰበስልጣኑን፣ እቲ መሬት 'መሬትና'የ
ኢሎም ዝአምኑ እንተድአ ኮይኖም፣ ንመጕትአም ክረጋግጹለን ናቶም

</blockquote>

44

ዝብሉዋ ኪረኽብሉን ዝኽእሉ ደረት ዘይብሉ ሰላማዊን ሕጋዊን
ምርጫታት ነይሩዎምን አለዎምን። እቲ ዝወሰዱዎ ወተሃደራዊ
ስጉምቲ ከኣ አብ ትሕቲ ዝኾነ ኩነታት አይቅቡልን'የ።

. . .አብ ትሕቲ ከምዚ ዝአመሰለ ፈታኒ ኩነታት. . .ነቲ ጉዳይ
ብህድአትን ብወድዓውነትን ክንርእዮ፣ ክሳብ መወዳእታ ኩሉ'ቲ
ዝከአል ሕውነታዊን ሰላማዊን መገዲታት ተኸቲልና ክንሰርሕ ግቡእ'የ።
ነዚ ምኽንያት ብምግባር፣ አብ ውሽጢ ህዝቢ ዘይምኽኑይ ሃስዮን
መቀሓሓሪን ዕስ ንዓት ከነኸይድ፣ ነቲ ጉዳይ ብትዕግስቲ ክንቀጽጸር
እናኽአልና፣ ኪጽይቅ ንዝደለየ ምስምስ ፈትፈትና ከንኞርብ ረብሓን
ድሌትን የብልናን።. . .እቲ ጉዳይ ካብ ዓቅሙ ንላዕሊ ከይጋን
ምእንቲ፣ ብዘተኻእለ መጠን ብሕውነታዊ መገዲ ክንፈትሓ ክንፍትን
ኢና፣ እዚ ፍረ እንተዘይሃበ ግን፣ ብሕጋዊ መገዲ፣ አህጉራዊ ደባትና
ዝሰአለሉን ዝስነደሉን መገዲ ከም ናይ መወዳእታ አማራጺ ክርንእዮ
ኢና።

. . .አብ ውሽጢ ከምዚ ዝበለ መረዳእታ፣ ኩላተን አካላት ምምሕዳርን
አካላት ህግደፍን፣ አብ ከባቢ'ቲ ምስሕሓብ ዘለዎ ቦታታት ንዝነብሩ
ዜጋትና ብዘዕባ'ቲ ጉዳይ ሰፊሕ አጠማምታ ምእንቲ ኪህልዎም
ከረድኣ፣ ነቶም ዝተገፍዑ ዜጋታት ግቡእ ሓገዝ ኪገብራ፣ አባላት
ሰራዊትን ጸዋታን'ውን፣ እቲ ጉዳይ ቀሊልን ዘይስግእን ምኞኑ
ተገንዚቦም ነቲ ኩነታት ኪከታተልዎ፣ ዝምልከቶም ሓለፍቲ በቲ
ዝጥዕሞም አገባብ ሓበሬታን መልእኽቲን ከመሓላልፉ እዋናዊ'የ።
(ምሉእ ትሕዝቶኡ ጥብቆ ተመልከት)

ከምቲ አቐዲሙ ዝተገልጸ፣ እቲ ጉዳይ ናብ ሓደገኛ አንፈት የምርሕ
ስለ ዝነበረ፣ ብ25 ነሓሰ 1997 ፕረዚደንት ኢሳይያስ እንደገና ናብ ቀዳማይ
ሚኒስተር መለስ ዜናዊ ደብዳበ ለአኸ። ፕረዚደንት ኢሳይያስ ንኩነታት
ዓዲ-ምሩግን ከባቢ ባድማን ብዝምልከት አብ ደብዳበኡ ከምዚ በለ፤

እቲ አብ ዓዲ-ምሩግ ዝተወሰደ ስጉምቲ አብ ዘካራኽር ቦታታት
ዘይኮነ፣ ናትና አካላት አብ ዝነበርዎ ከባቢ፣ አባላትና ብምስግግን
ዝጸንሐ ምምሕዳር ብምፍራስን'የ ተወሲዱ። ን'እንጉሙ' ብዝምልከት
እውን፣ ቅድሚ እቲ ስጉምቲ ምውሳደ፣ ንናትና አባላት ሓይልታት
ምክልኻል ብኣትኩም ከምዝተሓበረን ናትና ክተሓጋገዙ ይቀራረቡ
አብ ዝነበርሉን'የ እቲ ስጉምቲ ተወሲዱ። አብ ከባቢ ባድመ እውን
ተመሳሳሊ ስጉምቲ ተወሲዱ አሎ።

ከምቲ ዝሓበርኩኻ፣ ናይ ከምዚ ዝአመሰለ ስጉምቲታት አድላይነት
ምኹኑይ አይመስለንን። ብኣጋ ንምቁጽጻሩን ንሓዋሩ ንምእላዩን
ምእንቲ ኪጥዕም ከኣ፣ ብወገንና ወዲ ኤፍሬም፣ የማነ ወዲ ካሳን ነቲ
ጉዳይ ክክታተልዎ ሓሲብና ስለዘለና፣ ብወገንኩም'ውን ብተመሳሳሊ
መገዲ (ወይ ይሓይሽ'የ ብዝበልካዮ ካልእ አገባብ) ሰባት መዚዝኩም፣
ቀልጢፍዎም ተራኺቦም ነቲ ጉዳይ እተሓዘዎ ዝሓሸ'የ ዝብል ርእይቶ
አሎኒ'የ፣ ሓሳብካ አካፍለኒ።

ፕረዚደንት ኢሳይያስ ብዘቕረቦ ሓሳብ መሰረት፡ እቲ ጸገም ናብ ዘየድሊ ኣንፈት ከይዓረገ፡ ፍታሕ ምእንቲ ክርከበሉ፡ ብደረጃ ክልቲኡ መንግስታት ሓደ ላዕለዋይ ኮሚቴ ከም ዝቐውም ተገብረ። ብወገን መንግስቲ ኤርትራ ጀነራል ስብሓት ኤፍሬም፡ የማነ ገብርኣብን ብሪጋዴር ጀነራል ኣብርሃ ካሳን ክምዘዙ እንከለዉ፡ ብወገን መንግስቲ ኢትዮጵያ ድማ፡ ተወልደ ወልደማርያም፡ ሜጀር ጀነራል ጻድቃን ገብረትንሳኤን ክንፈ ገብረመድህንን ተመዚዞ።

እዚ ከምዚ ኢሉ እንከሎ፡ ኣብ ጥቅምቲ 1997፡ ናይ ኢትዮጵያ በዓል ስልጣን ካርታ፡ ንክልል ትግራይ ዘርኢ፡ ብጀርመናዊ ትካል GTZ ዝተዳለወ፡ ነቲ ኣብ መንጎ ኤርትራን ኢትዮጵያን ዘሎ ፍሉጥ ኣህጉራዊ ዶብ ብምጥሓስ ንብዙሕ ከባቢታት ልኡላዊ ግዝኣት ኤርትራ ኣብ ክልል ትግራይ ዘእተወ ወግዓዊ ካርታ ዘርግሐ። እዚ ካርታ'ዚ፡ ነቲ ንሩባ ተከዘ ምስ ሩባ መረብ ዘራኽብ፡ ኣብ ኩሉ ካርታት ንጹር ዝኾነ ትኽ ዝበለ መስመር፡ ናብ ውሽጢ መሬት ኤርትራ ቀኒት ከም ዝኣቱ ዝገበረ፡ ኣብ ካልእ ከባቢታት ዶብ እውን ብዙሕ ግማዓት ልኡላዊ መሬት ኤርትራ ናብ ውሽጢ ካርታ ክልል ትግራይ ዝጸንበረ እዩ።

እቲ ብጻውዒት ፕረዚደንት ኢሳይያስ ካብ ክልቲኡ መንግስታት ዝቘመ ላዕለዋይ ኮሚቴ፡ ጉዳይ ዶብ ብሰላማዊን ሕጋዊን መገዲ ዝፍትሓሉ ቅጥዒን መሰርሕን ንምውሳን፡ ቀዳማይ ርክቡ ኣብ ኣስመራ ዘካየደ፡ ድሕሪ ሰለስተ ወርሒ ናይቲ ጻውዒት ማለት ብ13 ሕዳር 1997 እዩ። ናይቲ ርክብ ዛዕባ፡ ትርጉም ዶባትን ምሕንጻጽን ከምኡ'ውን ነዚ ዘድሊ ኣልያ (መካኒዝም) ምንጻር ዝብል እዩ ነይሩ። ዋላ እኳ ባህርይ ናይቲ ጉዳይን እናገደደ ዝኸይድ ዝነበረ ወጥሪን ቅልጡፍ ርክባት ናይዛ ኮሚቴ'ዚኣ ዝጠልብ እንተነበረ፡ ብምኽንያት'ቲ ሰበ-ስልጣን ወያነ ቀጸራ ንምስግጋር ዘቕርብዎ ዝነበሩ ተደጋጋሚ ልኡም ይቕረታታት ካልኣይ ኣኼባ ናይዛ ኮሚቴ'ዚኣ ተናዊሑ፡ ብ6-7 ግንቦት 1998 እዩ ተኻይዱ።

ኣብ መንጎ'ዚ ዝተጠቕሰ ግዜ፡ ኣብ ጥሪ 1998፡ ወተሃደራት ወያነ ኣብ መስመር ዓሰብ-ቡሬ፡ ካብቲ ዶብ ኤርትራን ኢትዮጵያን ዝኾነ 71 ኪ.ሜ. ናብ 57 ኪ.ሜ. ንምንቅስቓስ ክህቅኑ እንከለዉ፡ ኣብ ለካቲት 1998 ከኣ፡ ልክዕ ከም ናይ ዓዲ ምሩግ ብዝመሳሰል ኣገባብ፡ ኣብ ዞባ ደቡባዊ ቀይሕ ባሕሪ ኣብ ከባቢ ቡሬናብ እትርከብ ሲሬሩ ብምእታው፡ ኣብኡ ዝጸንሐ ምምሕዳር ኤርትራ ኣፍሪሶም፡ ኣብ መስርሕ ዝነበረ ናይ ማይ ፕሮጀክት ከም ዝቋረጽ ብምግባር፡ ነቲ ፕሮጀክት ተባሂሉ ዝመጸ ጽዕነት መኪና ስሚንቶ ሃገሩም። ነቶም ደቂ ዓዲ ኣኪቦም ድማ እቲ ቦታ ናይ ኢትዮጵያ ምዃኑ ገለጹሎም።

ምሕታም ሃገራዊ ባጤራ ኤርትራ ናቕፋ

ኤርትራ ድሕሪ ናጽነት ክሳዕ 1997 ናይ ኢትዮጵያ ባጤራ እያ ትጥቀም ነይራ። አብ ጉዕዞ ቁጠባዊ ትውጊታት ክልቲኣን ሃገራት ዘጋጥም ዝነበረ ጸገማት ድማ በብቑሩብ እናተጋህደ ክኸይድ ጀመረ። አብ ነፍሲ-ወከፍ ዓመት ክንደይ ሚኢታዊት ዕብየት ይምዝገብ አሎ? አብ ዕዳጋ ክንደይ ዝኣክል ብዝሒ ገንዘብ ይንቀሳቐስ አሎ? ዘቕበባ ይረአ እንተሎ ብኸመይ? ወዘተ. ዝብሉ ጉዳያት ብስታቲስቲክስ ክትፈልጦ ብፍላይ ንኤርትራ አጸጋሚ ነበረ። ብተወሳኺ ኤርትራ፡ አብ ናይ ኢትዮጵያ ገንዘባዊን ፊስካላዊን ፖሊሲታት ተሳታፍነት አይነበራን።

አብዚ ዝተጠቕሰ እዋን፡ ነዚ ጸገማት'ዚን ብዓቢኡ ኸአ ንቑጠባዊ ፖሊሲታት ክልቲኣን ሃገራትን ካልእ ጽላታትን ዝምልከቱ አገደስቲ ጉዳያት ክበዝተየሎም ብናይ ክልቲኣን ሃገራት መሪሕነታት ርክባት ይካየድ ነበረ። ብመሰረቱ ናይ ሓባር ባጤራ ጌርካ ንሓዋሩ ክትጓዓዝ ንኽልቲኡ ሃገራት ጠቓሚ ምኻኑ እውን ብኽልቲኣም መሪሕነታት ይዝረበሉ ነይሩ እዩ። ይኹን'ምበር ቁጠባዊ ፖሊሲታት ክልቲኣን ሃገራት አብ ክንዲ እናተቃራረበ እናተፈላለየ'ዩ ዝኸይድ ነይሩ። በዚ ምኽንያት'ዚ፡ ኤርትራ በቲ ዝደለየቶ ሜላ ቁጠባ ክትምራሕ ናታ ባጤራ ክህልዋ ወሰነት። እቲ ውሳነ ንቐዳማይ ሚኒስተር መለስ ዜናዊ ተነግሮ። መንግስቲ ኤርትራ ውሳነኡ ንሰበስልጣን ኢትዮጵያ ክሕብር እንከሎ፡ ክቃወሙ-ዎ ወይ ክምርቕዎ ዘይኮነ፡ እቲ ዝጸንሐን ንሓዋሩ ዝህሉን ዝምድና አብ ግምት ብምእታው እዩ።

ድሕሪ እዚ ውሳነ'ዚ፡ ዕቱብ ዘተን ስምምዕን ዘድልዮ ዓቢይ ጉዳይ፡ ባጤራ ኤርትራ አብ ዕዳጋ ምስ ወረደ "አብ መንጎ ክልቲኣን ሃገራት ዝህሉ ንግዳውን ገንዘባውን ትውጊታት ብኸመይ ይትግበር?" ዝብል ሕቶ ነበረ። ብወገን መንግስቲ ኤርትራ ሓደ መዛተዪ ዝኸውን እግам ተቐሪቡ ንሰበስልጣን ኢትዮጵያ ክወሃቦም እሞ ርክባት ተገይሩ ክውስን ተመደበ። እቲ እግам ተዳልዩ ኸኣ፡ ቀዳማይ ሚኒስተር መለስ ናብ አስመራ አብ ዝመጸሉ፡ ካብ ኢድ ፕረዚደንት ኢሳይያስ ክልተ ቅዳሕ ተዋህቦ። ቀዳማይ ሚኒስተር መለስ፡ "ሎሚ ለይቲ ምስ መሳርሕተይ ኬንና ክንርእዮ'ሞ ጽባሕ አፈናዊ ዘተ ክንገብር" ስለ ዝበሉ፡ ንጽብሒቱ ርክብ ተገብረ። ቀዳማይ ሚኒስተር መለስ፡ እቲ እግам ከም ዝረአይዎ፡ ብወገኖም ሓንቲ ከይተገብረ፡ ብወገን ኤርትራ ጽቡቕ "ዕዮ ገዛ" ተፈጺሙ ከም ዘሎ ብምሕባር፡ እቲ ሰነድ ንዝምልከቶም አካላት ክህቦም ምኻኑ፡ ንሳቶም ምስ ረአይዎ ብኮሚተታት ክልቲኣን ሃገራት ርኢዮ ተዋሂቡሉ ናይ መወዳእታ መልክዑ ክሕዝ ነቲ ጉዳይ ከአ አመሓደርቲ ሃገራዊ ባንክታት ክልቲኣን ሃገራት ክከታተልዎ ሓሳብ አቕረበ። ፕረዚደንት ኢሳይያስ ብወገኑ፡ መመርቐታ ባጤራ አብ

በዓል ናጽነት 1997 ክኸውን ተመዲቡ ከም ዝነበረ ብምሕባር፡ እቲ ጉዳይ ቀልጢፉ ተወዲኡ ብኣዋጅ ናብ ክልቲኡ ህዝብታት ምእንቲ ክዝርጋሕ ብወገን መንግስቲ ኢትዮጵያ ቀዳምነት ክወሃቦ ተላብዩ እቲ ርክብ ተዛዚሙ።

ብድሕሪ'ዚ መንግስቲ ኤርትራ ባጤራኣ ናብ ዕዳጋ ከውርድ ዕየ-ጓዛኣ ኣጸፊፉ፡ መቘየሪ ባጤራ ነቚጣታት ኣለልዩ፡ ኣዋጅ ክእውጅ፡ ፖስተራት ባጤራ ከሕትም ኣብ ምሽብሻብ ኣተወ። እዚ እናተገብረ ግን፡ ብወገን ኢትዮጵያ ዝመጸ መልሲ ኣይነበረን። ኣመሓዳሪ ባንክ ኤርትራ ኣቶ ተኪኤ በየነ ደጋጊሙ ናብ ኣዲስ-ኣበባ እናደወለ ምስ መዘናኡ ይዘራረበሉ እኳ እንተነበረ፡ ብወገን መንግስቲ ኢትዮጵያ ርጡብ መልሲ ተሳእነ። እቲ መልሲ "ኮሚተ ትርእዮ ኣላ" ጥራይ ዝበል ብምንባሩ፡ ትሕዝቶ ናይቲ ብወገን መንግስቲ ኤርትራ ዝቐረበ እግመ ከም ዘይማእእምኣም ርዱእ ነበረ። ካብ ትሕዝቶ ናይቲ እግመ እዚ ዝስዕብ ኣገደስቲ ነጥቢታት ምጥቃስ ይከኣል፤

1. ኣብ ግዜ ምቅያር ገንዘብ፡ እቲ ኣብ ውሽጢ ኤርትራ ዘሎ ብር ጥራይ ናብ ባጤራ ናቕፋ ይቕየር፡ ካብ ደባት ኤርትራ ወጻኢ ዘሎ ብር ኣይቅየርን።

2. ብር ኣብ ነፍስወከፍ መቘየሪ ነቚጣ ክቕየር እንከሎ ናይ ኢትዮጵያ ወከልቲ ከም ተዓዘብቲ ይህልዉ። ኩሉ ምስ ተኣከበ ከኣ፡ ብተሳታፍነት ወከልቲ ተቘጺሩ ናብ ኢትዮጵያ ተላኢኹ ሃገራዊ ባንክ ኢትዮጵያ ይርከቦ።

3. ኣብ ኤርትራ ዝጸንሐ ብር ተኣኪቡ ሃገራዊ ባንክ ኢትዮጵያ ምስ ተረከቦ፡ ኣምሳያኡ መንግስቲ ኤርትራ ክኽፈሎ ዘለዎ መጠን ገንዘብ ብናይ ወጻኢ ሽርፈ ድዩ ብዓይነት ክልቲኦም መንግስታት ዘትዮም መዕለቢ ክገብሩሉ።

4. ኣብ መንን ክልቲኦን ሃገራት ዘቐጽል ትዉጊታት ንግድን ገንዘብን ካብዚ ዝስዕብ ሰለስተ ኣማራጺታት ሓዲኡ ክኸውን፦

-   ክልቲኡ ባጤራታት ኣብ ዕዳጋ ብዘይ ቀይዲ ይፍኖ። ናይ ክልቲኣን ሃገራት ነጋዶ ብዝደለዮም ባጤራ ትዉጊት ንግዶም የተግብሩ። ነጋዶ ኢትዮጵያ ናይ ወደባት ኣገልግሎት ክፍሊቶም ብዝመረጹዎ ባጤራ ይኸፍሉ። ኣብ ነፍስወከፍ 6 ወርሒ ወይ ዓመት ከኣ ክልቲኣን ሃገራዊ ባንክታት ዘዝሓዘአ ባጤራ የወራርዳ'ሞ ዝያዳ ዝሓዘት ብናይ ወጻኢ ሽርፈ ትኸፍል።

-   ካልኣይ ምርጫ ከምቲ ኣብ ሃገራት ኮመሳ (COMESA) ዝስርሓሉ ብማእከላይ መወራረዲ ኣካል ክትግበር (እዚ ካብቲ ቀዳማይ እግመ ብዙሕ ፍልልይ ዝነበር ኣይኮነን)

- ሳልሳይ አማራጺ ኩሉ ትውጊት ብናይ ወጻኢ ሸርፊ ይግበር። ከም
ምስ ኩሉ ዓለም ዝግበር ትውጊት ስለ ዝኾነ ከኣ ስምምዕ'ውን
አየድልዮን።

እዚ ዝተጠቕሰ እማም'ዚ፡ ሰበ-ስልጣን ኢትዮጵያ ስለ ዘይማእእም
መልሲ ከይህቡ ዕጥይጥይ አብዙሑ። አብ ክንዲ ነቲ ብመንግስቲ ኤርትራ
ዝቐረበ እማም ብቕደም-ተኸተል ብወግዒ ዝዘትዩሉ ድማ፡ ሓሓሊፎም
እናበጥቀሉ "እዚ ክኸውን አይክእልን እዩ፡ እዚ አይንቐበሎን ኢና" ብምባል
ንወግዓዊ ርክብ አበዩ። አብ ክንዲ ወግዓዊ ርክብ፡ ናይ ቀዳማይ ሚኒስተር
መለስ ቄጠባዊ አማኻሪ ንበይኑ ናብ አስመራ መጺኡ፡ ንአመሓዳሪ ባንክ
ኤርትራን ሚንስተር ፋይናንስን ረኺቡ፡ ነታ "መንግስቲ ኤርትራ አምሳያ
ናይቲ አብ ኤርትራ ዝጸንሐ ብር ብናይ ወጻኢ ሸርፊ ክኽፈሎ" እትብል
ነጥቢ ንበይና ፈልዩ ክዛረበላ ጀመረ። "ስለምንታይ ኢኹም ግን ነቲ
እማም ብሰፈሑ ብብሓደ ክትዘትዮሉ ዘይደለኹም? ስለምታይ'ከ ንበይንኻ
መጺእካ?" ተባሂሉ ዘዕግብ መልሲ ከህብ አይከአለን። "መንግስቲ ኢትዮጵያ
አምሳያ ምሳኹም ዝጸንሐ ብር አይከፍለኩምን እዩ። ብር ኢትዮጵያ
ክትጥቀሙሉ ጸኒሕኩም ኢኹም" ኢሉ ጥራይ ንዓዱ ተመልሰ።

በዚ ጉዳይ'ዚ ምርድዳእ ምስ ተሳእነ፡ ክልቲኦም መራሕቲ ተዘራሪዮም
ብዝተሰማምዑሉ መሰረት፡ ክኢላታት አህጉራዊ ማዕከን ገንዘብ (IMF)
ተዓዲሞም ናብ ኤርትራን ኢትዮጵያን ድሕሪ ምብጻሕ፡ አብ ካልኣት
ተመሳሳሊ ተመኩሮ ዘሕለፋ ሃገራት ዝተመስረተ ጥያዊን ሕጋዊን
ርእይቶአም ሃቡ። ሓደ ካብቶም ክኢላታት፡ ቸኮዝሎቫክያ አብ ክልተ ሃገራት
ክትምቀል ከላ አብ ናይ ባጤራ ፍትሕ ዝተዋስአ ክኢላ እዩ ነይሩ። እዞም
ካብ አህጉራዊ ማዕከን ገንዘብ ዝመጹ ክኢላታት፡ "አብ ኤርትራ ዘሎ ብር
ናይ ኤርትራ ማል (Asset) ክኸውን እንከሎ ንኢትዮጵያ ግን ዕዳ (Li-
ability) እዩ፡ ስለ ዝኹነ መንግስቲ ኤርትራ ዘቅርቦ እማም ቅኑዕ እዩ"
ክብሉ ደምደሙ።

ድሕሪ'ዚ ብወገን መንግስቲ ኢትዮጵያ ሓድሽ ዘረባ መጸ። ንሳቶም
እውን ነቲ አብ ግዜ ስርዓት ደርግ ዝተሓትመ ብር ክቐይርዎ ወሲኖም ከም
ዝነበሩ ብምግላጽ፡ እቲ ምቅያር ብሓደ ክኸውን ግዜ ክወሃዮም ሓተቱ።
ክልተ መራሕቲ ሃገራት ብዝተሰማምዑሉ መሰረት ከአ፡ መዓልቲ ምቅያር
ባጤራ ካብቲ ተመዲቡሉ ዝነበረ ዕለት ናጽነት ናብ ሕዳር ተመሓላለፈ።
ወያን ብተብ-ተብ ባጤራ ክቐየር ዝተገደዩ ምኽንያት ንመንግስቲ ኤርትራ
ብሩህ እዩ ነይሩ። ዕላማኡ ነቲ አብ ኤርትራ ዝነበረ ብር ዝጉሓፍ ወረቐት
ከም ዝኸውን ምግባር ነበረ።

መንግስቲ ኢትዮጵያ ነቲ ክኢላታት አህጉራዊ ማዕከን ገንዘብ ዝሃቡዎ ብይን አይተቐበሎን። ደጊሙ ናይ ዓለም ባንክ (World Bank) ይዳንየና በለ'ሞ ናብ ዋሽንግተን መገሻ ኮነ። ናይ ባንክ ዓለም ሓለፍቲ "እዚ ጉዳይ'ዚ ንዓና አይምልከትን እዩ፡ ናይ አህጉራዊ ማዕከን ገንዘብ ስራሕ እዩ፡ ናብአም ኪዱ" ኢሎም እኳ እንተነበሩ፡ ብወገን ወከልቲ ኤርትራ "በጃኹም፡ ስራሕኩም ከም ዘይኮነ ይርደአና እዩ፡ ናይ መንግስቲ ኢትዮጵያ ጠለብ ስለ ዝኾነ ግን ፍርድኹም ሃቡና" ተባሂሎም ተለሙኑ። ናብ ክልቲኡ መንግስታት ደብዳበ ጸሓፍም ከአ፡ "ብጠለብኩም መሰረት ነቲ ጉዳይ ክንርአዮ፡ ነፍሲ-ወከፍ ሃገር አርባዕተ ክኢላታት መሪጻ ትርቋሕ እሞ ምስአም ሓቢርና መዕለቢ ክንገብረሉ" በሉ። ብኡኡ መሰረት መንግስቲ ኤርትራ አርባዕተ ወከልቲ ረቍሓ ከቓርብ እንከሎ መንግስቲ ኢትዮጵያ ተሰማሚዕሉ ከብቅዕ አስቀጠ።

እዚ እናኾነ ከሎ፡ አብ ዶባት ብካድረታትን ፖሊስን ትግራይ ልዕሊ 2000 ብር ዝዋጋኡ አቍሑ ብናይ ወጻኢ፡ ሸርፊ፡ ትሕቲ 2000 ብር ዝዋጋኡ ከአ ብብር ትውጊት ይግበር ብዝብል በይናዊ ስጉምቲ፡ ካብ ዝባን አውቶቡስን መጽዓኛን ቄጻራት እናውረድካ ቀንጠመንጢ ምድርባይን ህዝቢ ምክልባትን ተጀመረ። ነቲ አብ ከባቢ ባድማን ዓዲ-ምራግን ዝተፈጸመ ብበይናዊ ምጥራር ዶብን ምክልባት ህዝቢን ተፈጢሩ ዝነበረ ወጥሪ ኽአ ተወሳኺ ነዳዲ ከዐወለ።

እቲ ሃዋህው ከምዚ ኢሉ እንከሎ፡ ምኽያር ክልቲኡ ባጤራታት ዕለቱ አኸለ። ምስ ኩሉ'ቲ ብካድረታት ወያነ አብ ከባቢ ዶባት ዝግበር ዝነበረ ምክልባት ህዝቢ፡ አብ ኤርትራ ጸገም ዘይነበር መስርሕ ምኽያር ባጤራ ተተግበረ። ክሳዕ'ዚ ጽሑፍ'ዚ ዝተጻሕፈሉ ግዜ ከአ፡ እቲ ሸዉ ዝተቐየረ ናይ ኢትዮጵያ ባጤራ፡ ንዓመታት አብ መኽዘን ባንክ ኤርትራ ተዓቚቡ መዓልቱ ይጽብ አሎ።

እዚ ናይ ባጤራ ጉዳይ፡ ምስቲ ስዒቡ ዝመጸ ወራር ናይ ቀረባ ምትእስሳር ስለ ዘለም ደአ'ምበር፡ ቅድሚኡ ብስርዓት ወይን ዝተፈጸመ ካልእ ዓለቍ እውን ነይሩ እዩ። አብ እዋን ናጽነት አብተን አብ ኤርትራ ዝነበራ ባንክታት ኢትዮጵያ ዝጸንሐ ብዘሕ ገንዘብ ምስቲ አብ ደብተራት ናይ ዓማዊል ዝሰፈረ ሕሳብ ዝሰማማዕ አይነበረን። ብምስምስ ጸጥታዊ ኩነታት፡ ስርዓት ደርግ ቡብእዋኑ ጥረ ገንዘብ ናብ ኢትዮጵያ የግዕዝ ስለ ዝነበረ አብ ባንክታት ዝጸንሐ ገንዘብ አዝዩ ውሑድ እዩ። በዚ ድማ፡ "እቲ ናይ ህዝቢ ጥረ ገንዘብ ናብ ኤርትራ ይመለስ" ዝብል ጠለብ ብመንግስቲ ኤርትራ ቀሪቡ፡ ቅኑዕ ጠለብ ስለ ዝነበረ ንሳቶም'ውን ተቐቢሎሞ። አብ መጀመርታ 1992፡ ናይ ፈለግ 50 ሚልዮን ብር ምስ ሰደዱ ግን፡ "ዝተረፈ

ከነስዕበልኩም ኢና እኳ እንተበሉ” ብድሕሪኡ ነዴኺ ማይ ውረድላ እዩ ኰይኑ።

ኤርትራ፡ ሃገራዊ ባጤራ ከተሕትም ምውሳና፡ ኣብ ብዙሓት ሰበ-ስልጣን ወያነ ስንባደ ዝፈጠረ ክስተት ነበረ። ኤርትራ ብቑጠባ ነብሳ ስለ ዘይትኽእል ውዒላ ሓዲራ ናብ ኢትዮጵያ ክትምለስ ትኽእል እያ፣ እንተዘይኰነ እውን ካብ ጽልዋ ኢትዮጵያ ክትርሕቕ ዓቕሚ የብላን ዝብል ዘይክውንነታዊ ግምት ዝነበሮም ውሑዳት ኣይነበሩን። በዚ ድማ፡ ካብ ገንዘባዊ ፖሊሲ መንግስቲ ኢትዮጵያ ተላቒቓ፡ ናታ ባጤራ ምሕታማ፡ ቁጠባዊ ናጽነት ኤርትራ ምሉእ ዝገበረ ፍጻመ ብምንባሩ፡ ተጻብኦታቶም ንምቕጻልን ምዕባይን ተወሳኺ ምኽንያት ኰነ።

ከም ውጽኢት ናይዚ ስንባደ'ዚ፡ ኣብ ሕዳር 1997፡ ባጤራ ኤርትራ ብወግዒ ናብ ዑደት ድሕሪ ምእታው፡ ብኡ-ንብኡ ኣብ ዶባት ብዙሕ ጸገማት ክፈጥር ተራእየ። ብፍላይ ኣብ ክልል ትግራይ ዝነበሩ ሓለፍቲን ካድረታትን ወያነ፡ “ናቕፋ ዝሓዘ፡ ሓሸሸ ከም ዝሓዘ እዩ ዝቑጸር” እናበሉ፡ ባጤራ ናቕፋ ኣብ ኢትዮጵያ ከይርአ፡ ኣብ ልዕሊ'ቲ ኣብ ዶባት ዝነብር ህዝቦም ጸቕጢ ክገብሩን ህዝቢ መዓልታዊ መነባብሮኡ ንምምላእ ዘካይዶ ንግዳዊ ልውውጥ ብጥብቂ ክቆጻጸሩን ቁጻር-ምጻር ክይተረፈ ብኸቢድ እናፈተሹ ንዜጋታት ክልቲኦን ሃገራት ከከላብቱን ተራእዩ። እዚ ኩነታት'ዚ፡ ነቲ ብበይናዊ ምድራት (ምጥራር) መሬት ድሮ ተፈጢሩ ዝነበረ ጸገማት ተወሳኺ ነዳዲ ብምኽዓው፡ ጽልኢን ቅርሕንትትን ብምጉሃር፡ ምስሕሓብን ወጥሪን ብምዕራግ፡ ሓደ ካብቲ ዝተጠናነገ ፖለቲካዊን ቁጠባዊን ጠንቂታት ምህንዳድ ንኩናት ነበረ።

ግጭት 6 ግንቦት 1998

ጉዳይ ዶብ ብሰላማዊን ሕጋዊን መገዲ ዝፍትሓሉ ኣገባብ ንምንዳይ ካብ ክልቲኡ መንግስታት ዝተመዘዘት ኮሚቴ፡ ኣብ ሕዳር 1997 ኣብ ኣስመራ ርክብ ድሕሪ ምክያዳ፡ ኣብ ጥሪ 1998 ካልኣይ ርክብ ክተካይድ እኳ እንተነበራ፡ ሰበ-ስልጣን ወያነ ብዘቕረብዎ ዕባራ ምኽንያት፡ እቲ ርክብ ኣይተኻየደን። በዚ ድማ ን6 ግንቦት 1998 ክትራኸብ ቆጸራ ተታሕዘ። በቲ ቆጸራ መሰረት ከኣ፡ ልኡኻት ኤርትራ ናብ ኣዲስ-ኣበባ ተበገሱ።

ኣብቲ ኣኼባ፡ ወከልቲ ኤርትራ፡ ብመሰረት መግዛእታዊ ውዕላት ኣብ ዝቐልጠፈ ግዜ ዶባት ኣብ ባይታ ተመልኪቱ፡ እቲ ጉዳይ ክዓርፍ ጸቕጢ እኳ እንተገበሩ፡ ወከልቲ ስርዓት ወያነ ግን፡ ቅድሚ ሓምለ ንምምልካት ዶብ ዝምልከት ዝኾነ ይኹን ዘተ ምግባር ከም ዘይክኣል ገለጹ። እቲ

ዘቕረብዎ ምኽንያት፡ "አቦዲምና ወከልቲ ክልላትን ፌደራላዊ መንግስቲን ዝርኩብዎ ናይ ቴክኒክ ኮሚቴ ከነቕውም አለና" ዝብል ነበረ። ወከልቲ ኤርትራ ብወገኖም፡ እቲ ተፈጢሩ ዘሎ ወጥሪ ግዜ ዘይህብ ህጹጽ ጸገም ስለ ዝኹነ፡ ግዜ ቆጺራ ሓጺሩ፡ ድሕሪ ሓደ ሰሙን ርክብ ብምግባር፡ ነቲ ወጥሪ ብምልዛብ ናብ ምምልካት ዶብ አብ ዘምርሕ ስምምዕ ክብጻሕ ሓተቱ።

ቀቅድሚ'ዚ ናይ አዲስ-አበባ አኼባ፡ ብ2 ግንቦት 1998፡ አብ ቡሹካ አብ ማእቶት ዝክበረት ሓንቲ አሃዱ ሓይልታት ምክልኻል ኤርትራ፡ አብቲ ከባቢ ናይ ጀሃድ ምንቅስቃስ ከም ዝተራእየ ሓበሬታ በጽሓ። አብቲ ግዜ'ቲ ካብ መሬት ሱዳን እናተበገሰ፡ ፈንጂታት ዘጻውድን ንእሽቱ ሽበራዊ ሰርሒታት ዘካይድን ጉጅለ ነይሩ እዩ። በዚ ድማ፡ እዛ አሃዱ ሓይልታት ምክልኻል ንዳህሳስ ናብቲ ከባቢ ተንቀሳቀሰት። አብቲ ከባቢ ዳህሳስ ከተካይድ ድሕሪ ምቕናይ ከአ፡ ከም መቐጸልታ ናይቲ ዳህሳስ ብ6 ግንቦት፡ ሽዱሽተ ካብ አባላታ ናብ ላዕላይ ዔዳ አበገሰት። ላዕላይ ዔዳ፡ አብ ትሕቲ ምምሕዳር ኤርትራ ክነሱ፡ 25 ዝኹነ ምዱባት ወተሃደራት ኢትዮጵያ ሰፊሮሞ ጸንሑ።

አባላት ናይታ ጉጅለ፡ እቲ ቦታ ናይ ኤርትራ ብምኻኑ ወተሃደራት ወያነ አብኡ ክጸንሕዎም ትጽቢት አይነበሮምን። ወተሃደራት ወያነ አብኡ ብዛዕባ ምስፋሮም ዝኹነ ሓበሬታ ኸአ አይነበሮምን። ነዚ ከይፈለጡ ናብቶም ወተሃደራት ምስ ተጸገዉ ተኹሲ ተኸፍተሎም። ሰለስተ ካብአም ተወግኡ። መን? ስለምንታይ? ከም ዝተኩሰሎም እውን ከረጋግጹ አይከአሉን። አብ ጥቓአም ካብ ዝክበረት አሃዱ ሓንቲ ጋንታ፡ ተኹሲ ምስ ሰምዐት ብጉያ ናብቲ ቦታ ደበኽ በለት። አብ መገዳ እቶም ውጉአት ቡቶም ምስአም ዝነበሩ ብጾት ተደጊፎም ንድሕሪት ክምለሱ ረኸበቶም። ግዜ አብ ምጽልጋቱ ስለ ዝክበረ፡ እታ ጋንታ ክትገብሮ እትኽእል ነገር አይነበረን። ከባቢኣ እናተኸታተለት ድማ አብቲ ቦታ ሓደረት።

መሬት ምስ ወግሐ አባላት ናይታ ጋንታ፡ ወተሃደራት ወያነ ብትግርኛ ንሓድሕዶም ከዘራረቡ ስለ ዝሰምዑ፡ ብዛዕባ'ቲ ቅድሚኡ ምሽት ዘጋጠመ ኩነታት ንምዝራዮም 8 ሰባት ለአኹ። ወተሃደራት ወያነ ብማዕዶ ከመጹ ምስ ረአዮም፡ ክሳዕ ዝጽግዑዎም ተጸብዮም ተኹሲ ከፈቱ። ብኡ-ንብኡ ድማ ነቶም 7 አውደቕዎም። ተኹሲ ምስ ተኸፍተ እታ ጋንታ፡ አብቲ ከባቢ አብ ዝነበረ አኻውሕ ተዘርጊሓ መከላኸሊ ቦታ ክትሕዝ ተገደደት። ወተሃደራት ኢትዮጵያ ተኹሲ ቀጸሉ። ተኹሲ ምስ ጸዐጸ አብቲ ከባቢ ንዳህሳስ ተዋፊረን ዝነበራ ካልኦት ጋንታታት ሓይልታት ምክልኻል ኤርትራ ናብቲ ቦታ መጻ። ወተሃደራት ወያነ፡ ተወሳኺ ሓይሊ ይመጽእ ከም ዘሎ ምስ ረአዩ፡ ብቐጽበት ካብቲ ቦታ ሃዲሞም ለቐቑ።

ብድሕሪ'ዚ እቶም አባላት ሓይልታት ምክልኻል ሰዉአቶም አብ

ምልዓል አተዉ። አብዛ ናይ 6 ግንቦት ፍጻሜ፥ እድሪስ ጅምዕ ዑመር፡ ዓሊ መሓመድ ሳልሕ፡ ዘርአይ ዑቕባሰላስ ወልደጋብር፡ ዘርኣብሩኽ ብርሃን ሓድጉ፡ ናይዝጊ አስራት ገብርሂወት፡ አስመሮም በላይ ገብረኪዳን፡ ገብረብርሃን ይርጋው መንገሻ፡ ተወልደ ጸጋይ ተስፉ ዝተባህሉ ሾሞንተ አባላት ሓይልታት ምክልኻል ኤርትራ ተሰውኡ። አብ መቓብር ሓርበኛታት ሻምብቆ ድማ ሓመድ አዳም ለበሱ።

እዚ ወከልቲ ኤርትራ ንዘተ አብ አዲስ-አበባ እንከለዉ. ዘጋጠመ ናይ 6-7 ግንቦት 1998 ፍጻመ፣ ንኣባላት ሓይልታት ምክልኻል ኤርትራ ካብ ትጽቢት ወጻኢ'ዩ ነይሩ። እንተ ብወገን ሰራዊት ወያነ ግን፣ ብመደብ ዝተዋህበ ተልእኾ ምንባሩ ዘመልክት ምቅርራብት ነይሩ እዩ። ግጭት ምስ ተወል0 ቀልጢፉ ናብ ዶባት ዝንያ "ፈጥኖ ደራሽ" ዝተባህለ ናይ ፈደራል ፖሊስ ሓይሊ. አቓዲሙ ናብ ሽራር አትዩ ተዳልዩ ቀንየ። ድሕሪ'ቲ ተኹሲ፣ እቶም ሓደጋ ዘውረዱ ወተሃደራት ወያነ ካብ ላዕላይ ጌዳ ምስ ስሓቡ፣ "ፈጥኖ ደራሽ" ብመካይን ካብ ሽራር ብቅጽበት ናብ ንባድማ ጠበቅ ኢሉ፣ ባድማ ድሕሪኡ ገይሩ፣ 0ርድታት ንምሓዝ ክንያ ተራኣየ። አብ ልዕሊ ሓይልታት ምክልኻል እውን መጥቃ0ቲታት ከካይድ ሃቀነ።

አብቲ ዝቐጸለ ክልተ መዓልታት እቲ ግጭት ዓሪጉ ናብ ውግእ ስለ ዘምረሐ፣ ሓይልታት ምክልኻል ኤርትራ ሓይሊ. ደሪቡ ዝተፈነወሉ መጥቃ0ቲ ክምክትን ጸረ-መጥቃ0ቲ ክፍጽምን ግድነት ኮነ። አብ መስርሕ ናይቲ ውግእ ድማ ንባድማ ሰጊሩ፣ ንሰራዊት ወያነ ክሳብ'ቲ ፍሉጥ አህጉራዊ ዶባት ደፍአ። አብዚ ግጥም'ዚ ድማ፣ አስታት 200 ዝኹኑ አባላት "ፈጥኖ ደራሽ"ን (ፈደራል ፖሊስ) አባላት ምልሻ ናይቲ ከባቢን ብሓይልታት ምክልኻል ኤርትራ ተማረኹ።

እዚ ኩነታት'ዚ አብ ዝተኸስተሉ እዋን፣ እቲ ንጉዳይ ዶባት ብሰላማዊ መገዲ ንምፍታሕ እተመዘ ኮሚቴ ናይ ኤርትራ፣ አብ አዲስ-አበባ እዩ ነይሩ። ስለዚ. ድማ፣ ነቲ ጉዳይ ብዙሕ ከየንሃየርካ ንምህድኡ ጽቡቅ አጋጣሚ ነይሩ እዩ። እንተኾነ ስርዓት ወያነ፣ ደይ-መደይ ኢሉ ንኩናት አንቂዱ ብምንባሩን ወከልቲ ወያነ ንምዝርራብ ቅሩብነት ስለ ዘየርኣዮን ልኡኽ ኤርትራ ዝኹነ ነገር ከየስለጠ ናብ አስመራ ተመልሰ።

አዋጅ ኩናት ስርዓት ወያነ

እቲ አብ ከባቢ ባድማ ስርዓት ወያነ ዝወልያ ግጭት፣ ካብ ትጽቢት ሃንደስቲ ወጻኢ. አብ ልዕሊ 0ጡቓት ወያነ ከቢድ ጉድአት አውሪዱ፣ ሰራዊት ወያነ አብ ትሕቲ ቀጽጽሩ ካብ ዝነበረ ቦታታት ምስ ሃደም፣ መንግስቲ ኢትዮጵያ ብ13 ግንቦት 1998 ህጹጽ ናይ ፓርላማ አኼባ ጸው0። አብቲ አኼባ ሰበ-ስልጣን ወያነ፣ ነቲ ቅድሚኡ አብ ዶባት ብዘ0ባ ዝነበረ ኩነታት ዝኹነ አፍልጦ ዘይነበር ፓርላማ ኢትዮጵያ፣ ሓድሽ መርድኢ ብዝመስል አገባብ፣ ኤርትራ መሬት ኢትዮጵያ ከም ዘወረረት አምሲሎም ብምምዳር፣ ብስም ፓርላማ ናይ ኩናት አዋጅ አሕለፉ። ብመደረታት መራሕቲ ወያነ ዝሰንበደን ዝተረበሸን ፓርላማ ኢትዮጵያ፣ "አበይ ቦታ'ዩ መሬትና ተወሪሩ? ስለምንታይ እዚ ግጭት'ዚ መጺኡ?" ኢሉ ክሓትት

ዕድል እውን አይረኸብን። ሰራዊት ኤርትራ ካብቲ ወሪሩ ሒዝዎ ዘሎ
መሬት ኢትዮጵያ ብዘይ ቅድመ-ኩነት እንተዘይወጺኡ፡ ሰራዊት ኢትዮጵያ
ናይ ሓይሊ ስጉምቲ ክወስድ ምኽኑ ዘፈራርሕ ውሳነ ድማ አሕለፈ።

ንጽባሒቱ 14 ግንቦት 1998 ካቢነ ሚኒስተራት ኤርትራ ህጹጽ አኼባ
ብምኽያድ፡ አብቲ ስርዓት ወያነ ዘውጽአ ናይ ኩናት አዋጅ ብዕምቄት
ተመያይጡ፡ ነቲ ዝተፈጥረ ኸጽ ከህድኣ፡ ነቲ ጉዳይ ሕጋዊን ሰላማዊን
መገዲ ከትሕዝ ዘኸእል መግለጺ አውጽአ። ካቢነ ሚኒስተራት ኤርትራ አብ
ዘውጽኦ መግለጺ፡ ብመንግስቲ ኢትዮጵያ ዝወጸ ናይ ኩናት አዋጅ አዝዩ
ከም ዘሕዘኖ ድሕሪ ምግላጽ፡ እዚ ዝሰዕብ ንጹርን ጭቡጥን ናይ መፍትሒ
ሓሳባት አቕረበ፤

1) መንግስቲ ኤርትራ ሓይልን ስነ-ሞገት ሓይሊን ከምዘይቀበል፡
   ዶባዊ ምስሕሓብ ድማ ብሓይሊ ዘይኮነ ብሰላማዊን ሕጋዊን
   መገዲ ጥራይ ከምዝፍታሕ፤

2) እቲ ጎንጺ ዝተፈጥረሉ ዘሰሓሕብ ቦታታት፡ ንግዜኡ ካብ ህላወ
   ክልቲኡ ሰራዊት ናጻ ኮይኑ፡ ሓደ ሻራ ዘይብሉ ሓይሊ ክቆጻጸር፤

3) ብድሕሪ'ዚ ብመሰረት ቻርተር ውድብ ሓድነት አፍሪቃን
   አህጉራዊ ሕጊን መግዛእታዊ ውዕላትን ሳልሳይ አካል አብ ዘለም፡
   አብ ዝሓጸረ ግዜ ዶባት ተነጺሩ አብ ባይታ ከምልከት፤

   (መግለጺ. ካቢነ ሚኒስተራት ኤርትራ. . .ጋዜጣ ሓዳስ ኤርትራ 15 ግንቦት
   1998)

መግለጺ. መንግስቲ ኤርትራ፡ ህዝቢን መንግስቲን ኤርትራ ነቲ ጉዳይ
ብሰላማዊን ሕጋዊን አገባብ ንምፍታሕ ዝነበርም ድሌትን ቅሩብነትን
ብምንጻር፡ ኤርትራ ምእንቲ ሰላም ኢላ ካብቲ ልኡላዊ መሬታ ምኸኑ
አረጋጊጻ እትፈልጦ ባድማን ከባቢኡን እውን እንተኸነ ሰራዊታ ክትስሕብ
ቅርብቲ ምኸና ዝገልጽ እዩ ነይሩ።

ይኹን'ምበር መንግስቲ ወያነ፡ ንጽባሒቱ አብ ዘውጽአ ተወሳኺ
መግለጺ፡ ነዚ ንጹርን መገዲ ሰላም ዝኸፍትን ሓሳብ ብምንጻግ፡ ታህዲድን
ምጉብዕባዕን ብዘመልአ ቃላት፡ ሰራዊት ኤርትራ፡ ካብቲ ሒዝዎ ዘሎ ከባቢታት
(አየናይ ቦታ ብንጹር ዘይሕብር)፡ ብዘይ ገለ ቅድመ-ኩነት እንተዘይወጺኡ፡
ኢትዮጵያ ብፍጹም አብ ዘተ ሰላማዊ ፍታሕ ከም ዘይትአቱ ብምግላጽ፡
ካብ መገዲ ሕጊን ሰላምን ርሒቋ፡ ነቲ ኩነታት መመሊሱ አብ ዘረሳስን
ሰፊሕ ፕሮፓጋንዳዊ ዘመተ ተጸምደ። ኩለን ማዕከናት ዜና ኢትዮጵያ ድማ
ብዘገርም ረስኒን ፈኸራን፡ አብ መንን ህዝቢ ክልቲኡ ሃገራት ብሓፈሻ፡
አብ መንን ህዝቢ ትግራይን ህዝቢ ኤርትራን ድማ ብፍላይ፡ ናይ ጽልኢን

55

ቅርሕንቲን ሃዋህው ንምፍጣር ሰፊሕ ዘመተ ተተሓሓዘ። ፕረዚደንት ክልል ትግራይ ዝነበረ ገብሩ አስራት፣ ብ28 ግንቦት 1998 አብ መቐለ ህዝቢ አኪቡ፤

ኤርትራውያን ይንዕቅኹም እዮም። ሓንቲ ድሙ ንሓሙሳ
አናጹ፣ ሓንቲ ፍሊት ንሺሕ ሃመማ እዮም ዝብልኹም. .
.ክንዲ ዝተኽፍለ መስዋእቲ ይከፈል ኩናት ክቐጽል'የ

ክብል ህዝቢ ንምርሳሳን ዝዕላማኡ ክትሰምያ ዘጸይፍ ብነድሪ ዝደርገሐ
ቃላት፣ ከም ዘለዎ በታ ካብ መቐለ እትፍኖ ሬድዮ ትግራይ ተቓሊሑ
ነይሩ።

ነዚ ነኺ'ዚ አደንቋሪ ፕሮፖጋንዳ'ዚ፣ ስርዓት ወያነ መንእሰያት ናብ
ቅድመ ግንባር ክኸቱ ብምጽዋዕ፣ ነቲ ብሰላም ክነብር ዝጸንሐ ብዛዕባ'ቲ
ጉዳይ ምንም አፍልጦ ዘይነበሮ ህዝቢ ኢትዮጵያ፣ ዳግም ናብ መጋርያ
ኩናት ንምጥባሱ ተሃንዲዱ። ስርዓት ወያነ አብቲ ቅንያት'ቲ ብቐጽበት
ዝወሰዶ ስጉምቲታት ናብ ኩናት ዝነበሮ ህንዳደ አጉሊሑ ዘርኢ እዩ። ብኡ
ንብኡ፣ ወደባት ኤርትራ ብምሕሳም ኩለን ንብረት ኢትዮጵያ ጸኒነን ናብ
ወደባት ኤርትራ ዘምርሓ ዝነበራ መራኽብ ናብ ወደብ ጅቡቲ ክቐንዓ
መምርሒ ብምሃብ፣ መገዲ አየር ኢትዮጵያ ናይ ኤርትራ በረራኡ ክቋርጽ
አዘዘ። ሕሉፍ ሓሊፉ፣ "ክሊ አየር ኤርትራ ናይ ኩናት ዞባ ኮይኑ አሎ"
ብዝብል በይናዊ ውሳነ፣ ዝኹነት ናብ ኤርትራ እትበርር ነፋሪት፣ ክትውቃዕ
ከም እትኽእል ዘፈራርሕ ሓበሬታ ዘርግሐ። ብዝተፈላለየ ስራሕ ናብ
ኢትዮጵያ ተንቀሳቒሰን ዝነበራ ልዕሊ 160 ናይ ጽዕነት መካይን ኤርትራ
ኸአ ናብ ንዓደን ከይምለሳ ከልከለ። አብ መንጎ ክልቲአን ሃገራት ዝነበረ
ናይ ቴለኮሙኒኬሽን ርክባት ድማ ከም ዝቋረጽ ገበረ።

ቀዳማይ ተበግሶ ንስላም

አብ መንጎ ኤርትራን ኢትዮጵያን ዳግማይ ናይ ኩናት ሃዋህው ምስ
አንጸላለወ፣ ብቐጽበት አጓልቦ ዓለም ስለ ዝሰሓበ፣ ካብ ሕቡራት ሃገራት
ጀሚርካ ዝተፈላለያ አህጉራውያን ውድባትን ውልቀ ሃገራትን፣ እቲ ጉዳይ
ብሀድአት ክተሓዝን ክልቲአን ሃገራት ነብስ ግትአት ክገብራን ዝጽውዕ
ምሕጽንታታት አቕረባ። ብሰላማዊ መገዲ ንምፍትሑ፣ ናይ አሳላጥነት
ተራ ክጸወታ ቀዲመን ዝተንቀሳቐሳ ድማ እተን ምስ ኤርትራን ኢትዮጵያን
ጽቡቕ ዝምድና ዝነበረን አመሪካን ርዋንዳን ነበራ። ልኡኻት አመሪካን
ርዋንዳን፣ አብ ሓጺር ግዜ አብ ክልቲአን ሃገራት በጺሐም ምስ መራሕቲ
ክልቲአን ሃገራት ድሕሪ ምርኻብ፣ መፍትሒ እዩ ዝበልዎ ሓሳባት አቕረቡ።
እቲ ዝቐረበ እማመ፤

- ኩሉ ተጻብኦ ብቕጽበት ደው ክብል፣
- ክልቲኣን ሃገራት መግዛእታዊ ዶባት ክቕበላ፣ ብኡ መሰረት ድማ ምምልካት ዶብ ኣብ ባይታ ክትግበር፣
- ክሳብ ዶባት ዝምልከት ናይ ክልቲኡ ሰራዊት ካብቲ ዘሰሓሕብ ቦታ ክርሕቕ፣
- ኣብ ባድማ ዝነበረ ምምሕዳር መንግስቲ ኢትዮጵያ ድማ ክሳብ ዶባት ዝንጸር ናብ ቦታኡ ክምለስ ዝብል ነበረ።

መንግስቲ ኤርትራ ብዘይካ’ቲ ንምምሕዳር ዝምልከት ነጥቢ፣ እቲ ብልኡኻት ኣመሪካን ርዋንዳን ዝቐረበ እጋም፣ ኣቐዲሙ ብመገዲ ካቢነ ሚኒስተራቱ ዘቕረቦ ሓሳብ ስለ ዝነበረ ከም ዝቐበሎ ብምግላጽ፣ እቲ እጋም ዘየጠቓለሎም ኣገደስቲ ነጥቢታት ማለት፣ ናይ ግዜ ሰሌዳ፣ ሰራዊት ክሳብ መኣስ’ዩ ካብቲ ቦታ ዝርሕቕ፣ ምምልካት ዶብ ኣብ ውሽጢ ክንደይ ግዜ’ዩ ዝትግበር፣ ከም’ኡ’ውን ሓላፍነት ናይቲ ዕማም ዘወስድ ኣካል መን’ዩ፣ ወዘተ. ናይ ዝብሉ ሕቶታት መልሲ ክንጸር ሓተተ። መንግስቲ ኤርትራ ነዚ ሕቶታት’ዚ ዘቕረበ፣ እቲ ዝእቶ ስምምዕ፣ ኣብ ክንዲ ሓፈሻዊ ኩይኑ ደሓር ኣብ ምትርጓሙ ዘየድሊ ምትሕልላኻት ዝፈጥርን ግዜ ዘባኽንን፣ ብንጹርን ጭቡጥን ኩይኑ ክብገስ ካብ ዝብል ሓሳብ እዩ።

ብኣንጻሩ ሰርዓት ወያነ፣ ነቲ እጋም "ተቐቢለዮ ኣለኹ" ንምባል ዘውጽኦ መግለጺ፣ ንጹርነት ኣይነበሮን። ብ4 ሰነ 1998 ቀዳማይ ሚኒስተር ኢትዮጵያ መለስ ዜናዊ "እቲ እጋም ተቐቢልናዮ ኣለና" ምስ ዝብል መግለጺኡ ኣተሓሒዙ "ሰራዊት ኢትዮጵያ፣ ካብ ሎሚ መዓልቲ ጀሚሩ ኣብ ልዕሊ ኤርትራ ኣድላዪ ዘበለ ስጉምቲ ክወስድ ተኣዚዙ ኣሎ" ክብል ናይ ኩናት ትእዛዝ ምምሕልላፉ፣ ኣብ ግዜኡ ንስሜዕቲ ዘደንጹወ ተገራጫዊ መግለጺ እዩ ነይሩ።

እቲ ብመንግስቲ ኤርትራ ዝቐረበ ርእይቶታት፣ ብልኡኻት ርዋንዳን ኣመሪካን ኣቢሉ ናብ መንግስቲ ወያነ እኳ እንተቐረበ፣ ሰርዓት ወያነ ግን ዝኹን ናይ ግዜ ገደብ ይኹን ካልእ ኩነት ፈጺሙ ከም ዘይቅበል ኣፍለጠ። ነቲ ውግእ ናብ ምሉእ ኩናት ንምዕራግ ድማ፣ ብተብተብ ናብ ኩሉ መኣዝናት ሰራዊት ኣብ ምውፋር ተጸሚዱ ነበረ። በዚ ድማ፣ መንግስቲ ኤርትራ ናይ ግዜ ገደቡን ካልእን ኣብ ዘይተነጸረ መስርሕ ሰላም ምእታው ትርጉም ዘይብሉን ንህንዳደ ወያን ናብ ኩናት ክገትእ ዘይክእልን ምኻኑ ብምግንዛብ፣ ናይ ኣመሪካን ርዋንዳን ናይ ኣሰላጥነት ተራ ከም ዘብቅዐ ብወግዒ ኣፍለጠ።

ይኹን’ምበር ልኡኻት ኣመሪካን ርዋንዳን፣ ብኢደ-ወነኖም መደቦም ቀጸሉ። ብ5 ሰነ 1998 ኣኼባ መራሕቲ ውድብ ሓድነት ኣፍሪቃ ኣብ ኡጋዱት ኣብ ዝካየደሉ ዝነበረ፣ ልኡኻት ኣመሪካን ርዋንዳን፣ ካብ ሓላፍነቶም

57

ንላዕሊ ብምኻድ፡ እቲ እማመ ከጠቓልሎም ኣለዎ ዝተባህሉ ጉዳያት ኣብ ግምት ከየእተወ፡ ከም ዘለዎ ናብ መራሕቲ ሃገራት ኣፍሪቃ ኣቐረብዎ፡፡ መራሕቲ ኣፍሪቃ ድማ ነቲ ብኣመሪካን ርዋንዳን ዝቐረብ ሓሳብ ድሕሪ ምስማዕ፡ ሓደ ሰለስተ ነጥቢታት ዝሓዘ ሓፈሻዊ እማመ ኣውጺኡ፡፡ እቲ እማመ፤

1) ኩናት ብቐጽበት ደው ኢሉ ብዝቐልጠፈ ዘተ ክጅመር፤

2) ነዚ ንምርግጋጽ ብዋና ጸሓፌ ናይቲ ውድብ ዝምራሕ ኣርባዕተ መራሕቲ ሃገራት ዝርከብዎ ልኡኽ ምስ መራሕቲ ክልቲኣን ሃገራት ንምዝርራብ ናብ ክልቲኣን ሃገራት ክበጽሕ፤

3) ክልቲኣም ወገናት ነቲ ብኣሳለጥቲ (ኣመሪካን ርዋንዳን) ዝቐረብ ሓሳብ ክቕበሉ፡፡

መንግስቲ ኢትዮጵያ፡ ካብቲ መራሕቲ ሃገራት ኣፍሪቃ ዘቕረብዎ ነጥቢታት፡ እቲ "ኩናት ብቐጽበት ደው ኢሉ ዘተ ክጅምር" ዝበል ሓሳብ ፍጹም ከም ዘይቅበሎ፡ ሸው ንሸው ብወግዒ ከፍልጥ እንከሎ፡ መንግስቲ ኤርትራ ብወገኑ፡ እቲ ጉዳይ ናብ ውድብ ሓድነት ኣፍሪቃ ካብ ቀረበ፡ እቲ ናይ ኣመሪካን ርዋንዳን ናይ ኣሳላጥነት ተራ ኣብቂዑ፡ ኣፍሪቃ፡ ናታ ዝኾነ ንጹርን ዘየሻሙን መስርሕ ኣፈታትሓን ናይ ግዜ ሰሌዳን ዘለዎ እማመ ከተቕርብ ዝሓሸ ምኻኑ ገለጸ፡፡ እቲ "ኩናት ብቐጽበት ደው ክብል" ዝበል ሓሳብ ግን ብወገን መንግስቲ ኤርትራ ቅቡል ምኻኑ ኣፍለጠ፡፡ እዚ መግለጺታት'ዚ፡ መንግስቲ ኤርትራ እቲ ጉዳይ ብሰላም ክፍታሕን ኣገባብ መፍትሒኡ ክንጸርን ዝነበሮ ድሌት፡ ብኣንጻሩ ድማ ስርዓት ወያነ ኩናት ንምዕራግ ዝነበሮ ተርባጽ ኣጉሊሑ ዘርኢ ነበረ፡፡

ስለምንታይ ኩናት? . . . ኩናት ዘይተርፍ ድዩ ነይሩ?

ጉዳይ ዶብ፡ ብዘይ ደምን ዕንወትን፡ በቲ መንግስቲ ኤርትራን ካልኦት ወገናትን ዘቕረብዎ ናይ መፍትሒ ሓሳባት፡ ብቐሊሉ ብሰላማዊን ሕጋዊን ኣገባብ ክፍታሕ ዝኽእል እናኾነ፡ ስርዓት ወያነ፡ ክሳዕ እንድኣ ንኩናት ዘህንደደሉ ዝነበረ ምኽንያት፡ ኣብቲ እዋን'ቲ ንተዓዛቢ ማዕዶ ክርድኦ ኣይክእልን ነይሩ ይኸውን፡፡ እንተ ንህዝቢን መንግስቲን ኤርትራ ግን ንጹር'ዩ ነይሩ፡፡ እቲ ኣቐዲም ዘተጠቕስ ብዙሕ ሓጎጽጎጽ ዝነበሮ ነዊሕ ታሪኻዊ ድሕረ-ባይታን፡ ኣብ ዋዜማ ኩናት ዝነበረ ሃዋሁን ስምዒታትን፡ ምስቲ ካብ ነዊሕ ኣትሒዙ ኣብ ኣእምሮ መራሕቲ ወያነ ዝሰረጸ "ኤርትራውያን ይንዕቀን እዮም" ዝበል ነብሰኻ ናይ ምትሓት ኩነተ-ኣእምሮ ደማሚርካ ክርኣ እንከሎ፡ ዘልዕሎ ሓደ ዓቢ ሕቶ ኣሎ፡፡ እዚ ኩናት'ዚ ብፖለቲካዊን

ዲፕሎማሲያውን መገዲታት ክግታእ ምተኻእለ'ዶ? ወይስ ግድን ዘይተርፍ
እዩ ነይሩ? ዝብል ሕቶ።

ሰርዓት ወያነ እቲ "እጀታይ'የ" ዝብሎ፡ አቓዲሙ፡ አብ በይናዊ
ካርታኡ ናብ ግዝአቱ ጸንቢሩ አብ ባይታ ብሓይሊ ክጥርር ዝህቅን ዝኸረ
ልኡላዊ መሬት ኤርትራ፡ ባድማን ከባቢአን፡ ናይ ኢትዮጵያ ከም ዘይኮነ
አዳዕዲዑ ስለ ዝፈልጦ፡ እቲ ጉዳይ፡ ናብ ሕጊ እንተቐሪቡ፡ ክረኸቦ ከም
ዘይክእል ይፈልጥ ነይሩ እዩ። እቲ ጉዳይ አብ ዶብ ጥራይ እንተተሓጺሩ
ኸአ፡ ነቲ ዝዓበየ ዕላማ መበገሲ ዝኸውን ምኽንያት ክረክብ አይኮነን።
ምኽንያቱ እቲ ናይ ዶብ ጉዳይ፡ ከም መመሳመሲ ደአሉ ቀሪቡ እምበር፡
ተረባጽ ሰርዓት ወያነ ናብ ኩናት፡ ኪኖ ዶብ ዝኸይድ ዝዓበየ ፖለቲካዊን
ቁጠባዊን ዕላማታት ነበር።

ሰርዓት ወያነ ስልጣኑ አብ ኢትዮጵያ ድሕሪ ምድልዳል፡ ከም ዞባዊ
ሓይሊ ክጥመት ዝነበሮ ጥሙሕ አብ ምትግባር፡ ከም ቀንዲ ስግአቱ
ገይሩ ዝርአያ፡ ዝያዳ ኹሉ ን ኤርትራ'የ። ካብዚ ፍርሓን ስግአትን'ዚ
ብምብጋስ ድማ፡ ከምቲ መንግስቲ ኤርትራ አብ ናይ 30 ግንቦት 2000
መግለጺኡ ዝበሎ፡ "ዕላማ ናይቲ ኩናት፡ ሓይልታት ምክልኻል ኤርትራ
ደምሲስኻ፡ አስመራ ብምእታው፡ ንህዝቢ ኤርትራ አንበርኪኽኻ፡ ናይ ወያነ
ወኪል መንግስቲ አቑምካ፡ ልክዕ ከምቲ አብ ኢትዮጵያ ዝተገብረ፡ ህዝቢ
ኤርትራ አብ ሓድሕዱ ዝናቘተሉ ጸቢብ ትሕተ-ሃገራዊ ፖለቲካዊ ሃዋህው
አዋዲድኻ፡ ቁጠባን ትሕተ-ቅርጺን አዕኒኻ፡ ሓንቲ ትርጉም ህላወ ዘይብላ
ኤርትራ ከዊን ብምግባር፡ ብደረጃ ቀርኒ አፍሪቃ ዞባዊ ሓይሊ ናይ ምኻን
ጥሙሕ ምርግጋጽ" እዩ ነይሩ። (ንምሉእ ትሕዝቶ ጥብቆ ርአ)

እቲ ቀዳማይን ዝዓበየን ዒላማ ወራር ወያነ፡ መንግስቲ ኤርትራ ካብ
ስልጣን ምግላፍ ዝኾነሉ ምኽንያት፡ አብ ኤርትራ ዘሎ መንግስቲ ትእዛዛት
ወያነ ርዒሙ ክኸይድ ፍጹም ዘይሕሰብ ስለ ዝኾነ እዩ። በዚ ኩናት'ዚ
ንእግረ መገዱ ከም ሳዕቤን ዕንወት ኤርትራ፡ ናብ ህዝቢ ኢትዮጵያ
ክመሓላለፍ ዝተደልየ መልእኽቲ እውን ነይሩ እዩ። "ሓይልና ርኢኻዮ
አለኻ! ርዒምካ ተገዛእ! ብዘተረፈ ክትደሃኽ ኢኻ" ዝብል መልእኽቲ። እዚ
ዕላማ'ዚ ናይ ወያነ ናይ በይኑ አይነበረን። ወያነ ክሳብ ክንድኡ ድፍረት
ከጥሪ ዘኽአሎ፡ ፖለቲካዊ፡ ስለያዊ፡ ዲፕሎማሲያዊ፡ ንዋታዊን ካልእን ገዚፍ
ደገፍ ዘራያት ነይሩዎ እዩ።

ከምዚ ዓይነት እኩይ ዕላማን ጥሙሕን ዝደረኾ፡ ብድሕሪ ወያነ ናይ
ዝተሰለፉ ሓይልታት (አውራ ናይ ምምሕዳር አመሪካ) ዛዕባን ኩለንተናዊ
ደገፍን (ፖለቲካዊ፡ ዲፕሎማሲያዊን ስለያውን) ዝተሓንገጠ ልዑል ርእስ-
ምትእምማን ዝተነብረሉ ኩናት እምበአር፡ ብሕጋዊን ሰላማዊን አገባብ

ምእላዩን ምውጋዱን ይከአል ነይሩ። ወይ 'ከምዚ እንተዝግበር'ሲ ከምዚ'ዶ ም'ኸነ?' ኢልካ ክትጠራጠረሉ እትኽእል አይነበረን። ሰለዚ ድማ 'እቲ ኩናት ፍጹም ዘይተርፍ'ዩ ነይሩ' አብ ዝብል መደምደምታ ዘብጽሕ እዩ።

እዚ ናይ ሓደ ብስልጣን ዝሰኸረ ብዛዕባ ነብሱ ዘይክዉንነታዊ ስእሊ ዝሓዘ ዓንዳሪ ጉጅለ ሕልሚታት ግን አብ ባይታ ብቐሊሉ ዝሰምር ኩይኑ አይተረኽበን። እቲ ዕንደራ ብቐንዱ ካብቲ "ዓቕሚ ሰብን ቁጠባን አለና፣ ደገፍ ርእስ-ሓያል አመሪካ ዝህበና ፖለቲካዊ፣ ዲፕሎማሲያዊ፣ ፋይናንስያዊን ሓበሬታዊን ብልጫ አለና፣ ብአንጻሩ ህዝቢ ኤርትራ ውሑድ'ዩ፣ ነቲ ኩናት ክጸውር ዝኽእል ቁጠባዊ ዓቕሚን ወተሃደራዊ ቅሩብነትን የብሉን፣ ዘራያት እውን ክረክብ አይኩነን" ዝብል ግጉይ ገምጋምን ምትብባዕ ደገፍቲ ሓይልታትን ዝብገስ እዩ ነይሩ።

ወተሃደራዊ ቅሩብነት ኤርትራ ብመንጽር ግጉይ ገምጋም ስርዓት ወያነ

ሓደ ካብቲ ንስርዓት ወያነ አብ ልዕሊ ኤርትራ ኩናት ክኸፍት ዝሀጸጸን ዘሀንደደን ግጉይ ቅማረታት፣ ብዛዕባ ወተሃደራዊ ቅሩብነትን ብቕዓትን ኤርትራ ዝነበሮ ካብ ሓቂ አዝዩ ዝረሓቐ ገምጋም እዩ። "እቲ ልዑል ናይ ውግእ ብቕዓትን ተመኩሮን ዝነበሮ ተጋዳላይ ህዝባዊ ግንባር፣ ዝበዝሐ ካብ ሰራዊት ተሰናቢቱ እዩ። ዝበዝሐ አባል ሓይልታት ምክልኻል ኤርትራ፣ ሃገራዊ አገልግሎት ብምፍጻሙ፣ አገልግሎቱ ወዲኡ ክፋኖ ዝሓሰብ'የ፣ ንውግእ ቅሩብነት ኮነ ብቕዓትን ተመኩሮን የብሉን" ብዝብል ግጉይ ገምጋም፣ ስርዓት ወያነ ጉዳይ ደብ መመሳመሲ ገይሩ ጊዜፍ ወራር ብምብጋስ፣ ዓማጺ ፖለቲካዊ ዕላማታቱ ከተግብር ዓቕሚን ብቕዓትን ከም ዘለዎ እምነት ስለ ዘሕደረ እዩ።

ሓቂ እዩ፣ ድሕሪ 30 ዓመታት ዝወሰደ መሪር ሓርነታዊ ኩናት፣ ህዝቢ ኤርትራ ናጽነቱ ተጓናጺፉ፣ ልኡላውነቱ ብረፈረንዱም ሕጋውነት አልቢሱ፣ ናብ ካልአይ ምዕራፍ ቃልሲ፣ ማለት ናብ ህንጸት ሃገር አብ ዝተሰጋገረሉ እዋን፣ ብዝሓ\u1263 ናይቲ ቃልሲ ንናጽነት ናብ ዓወት ዘብጽሐ ህዝባዊ ሰራዊት ክንኪ ስለዝነበሮ፣ አብ 1993 መደብ ምጥያስ አባላት ሓርነታዊ ሰራዊት ወዲኡ፣ በቲ መደብ መሰረት ሓይልታት ምክልኻል ኤርትራ 20,000 ዝኸውን ዓቕሚ ተዋጋኢ ሰራዊት ክሕዝ'ዩ ተወሲኑ። ይኹን'ምበር፣ ብዛይ መተኻእታን ምውርራስን አይነበረን።

መንግስቲ ኤርትራ፣ እቲ ውሁል ወተሃደራዊ ተመኩር ንዝሀሊ ጽግንነትን ተወፋይነትን ተጋዳላይ ናብ ተካኢ ወለዶ ንምስግጋር፣ ናጽነት ዝተረክበ መንእሰይ ወለዶ አብ ሃገራዊ ህንጸትን ምዕቃብ ሰላምን ጸጥታን

ተራኡ ዝጸወተሉ ሰፊሕ ባይታ ንምፍጣር፣ አብ 1994 ሃገራዊ አገልግሎት'ዩ አዊጁ። ቀንዲ ዕላማታት ሃገራዊ አገልግሎት፤

- "ህላወን ቀጻልነትን ናጽን ልኡላዊነትን ሃገር ንምውሓስ ዘኽእል ህዝባዊ ሰረት ዘለዎ ድልድል ሓይሊ ምኽልኻል ምቋም፣
- አብ እዋን ሓርነታዊ ቃልሲ፣ ህዝቢ ኤርትራ ዝኹስኩሶ ባህልን ክብርታትን ዓቂብካ ንተረካቢ ወለዶ ምውራስ፣
- አብ መንእሰያት ሃገራዊ ሓድነትን ውህደትን ብምኹስኳስ፣ ንህንጸት ሃገር ዝበቅዕ ፈታው ስራሕን ብዲስፕሊን ዝተሃንጸን ሓድሽ ትውልዲ ምፍራይ"

(አዋጅ ሃገራዊ አገልግሎት ቁጽሪ 82/1995)

ነዚ ዕላማታት'ዚ መሰረት ብምግባር፣ አብ መፋርቕ 1994 ደቂተባዕትዮን ደቀንስትዮን አባላት 1ይ ዙርያ ሃገራዊ አገልግሎት፣ ፖለቲካዊን ወተሃደራዊ ታዕሊም ንምውሳድ፣ ናብቲ ሽዑ አብ ሳዋ ዝተመስረተ፣ ማእከል ስልጠና ሓይልታት ምኽልኻል ኤርትራ አተዉ። ናይ ሽዱሽተ አዋርሕ ታዕሊም ድሕሪ ምቅሳሞም ከአ፣ አብ ስሩዕ አሃዱታት ሓይልታት ምኽልኻል ከይተጸንበሩ፣ አብ ሳሕልን ዞባ ጋሽ ባርካን አብ ህንጸት ትሕተ-ቅርጺ፣ ንጥፈታት ምዕቃብ ማይን ሓመድን፣ ሕርሻዊ ማእቶት. . . ተዋፊሮም ብዙሕ ስርሓት ዓመሙ። ብመሰረት'ቲ አዋጅ ድማ፣ ናይ 18 አዋርሕ አገልግሎቶም ወዲአም፣ አብ መወዳእታ 1995 ተፋነዉ።

ሳዋ አብ መጀመርታ 1995 ካልአይ ዙርያ ሃገራዊ አገልግሎት ተቐበለት። ካልእይ ዙርያ ሃገራዊ አገልግሎት ድሕሪ ታዕሊም አብ ሓይልታት ምኽልኻል ኤርትራ ተመደቡ። አብ ርእሲ ልምዓታዊ አበርክቶአም ድማ፣ ካብ ሱዳን ዝብገስ ዝነበረ ንእሽቱ ግብረ-ሽበራዊ መጥቃዕቲታት አብ ምምካን ዓቢ ተራ ተጻወቱ። አብ ውግእ አንጻር ወራር የመን እውን ተሳተፉ። አብዚ ክልቲኡ ወተሃደራዊ ግጥማት፣ እዞም ተረከብቲ ሃገር መንእሰያት ብመሬትን ባሕሪን ከመጽእ ዝኽእል ተጻብአታት ንምምካት ወተሃደራዊ ቅሩብነቶምን ብቅዓቶምን አመስኪሮም እዮም። አገልግሎቶም ወዲአም ድማ ተፋነዉ። አብ ነሓሰ 1995 ሳዋ ሳልሳይ ዙርያ ሃገራዊ አገልግሎት ተቐበለት። ሳልሳይ ዙርያ አብ ልምዓታዊ መደባትን ውግእ አንጻር ግብረ-ሽበራን ድሕሪ ምስታፍም፣ አገልግሎቶም ወዲአም ተፋነዉ። ብድሕሪአም አባላት ራብዓይ ዙርያ አብ መጀመርታ 1996 ናብ ሳዋ ወረዱ። ድሕሪ ታዕሊም ከአ፣ አብ ሓይልታት ምኽልኻል ተጸንበሩ። አብ መኸተ አንጻር ግብረ-ሽበራ ከም'ኡ'ውን አብ ዝተፈላለየ ልምዓታዊ መደባት ተሳቲፎም ድማ፣ አገልግሎቶም ወዲአም ተፋነዉ።

61

ንኣባላት ሓሙሻይ ዞርያ ሃገራዊ ኣገልግሎት ፍሉይ ዝገብሮም፣ ኣገልግሎቶም ከይወድኡ ወራር ወይን ዘርከቦም ምኳኖም እዩ። ኣብ ልምዓታዊ መደባትን ውግእ ኣንጻር ግብሪ-ሽበራን ክሳተፉ ድሕሪ ምጽናሕ ድማ፣ ምስ ምእዋጅ ወራር ወይነ ናብቲ ዝተኸፍተ መጠነ ሰፊሕ ውግእ ተጸንቢሩ። ወራር ወያን ክጅምር እንከሎ ሻዱሻይን ሻቡዓይን ዞርያ እውን ታዕሊም ወዲኦም ኣብ ሰራዊት ተጸንቢሮም ነበሩ። ሻሙናይ ዞርያ ድማ ኣብ ታዕሊም ነበሩ። ኣብቲ ሽውዓት ዞርያታት፣ ሳዋ ኣስታት 100,000 መንእሰያት መልምላ ንልምዓትን ምክልኻል ሃገርን ኣውፊራ ነበረት።

ኣገልግሎቶም ዘወድኡ መንእሰያት፣ ኣብ ዝተወሰነ እዋን፣ ንሓጺር ግዜ ናብ ኣሃዱታቶም እናተመልሱ፣ ናይ ተሃድሶ ታዕሊም ከወስዱን መንግስቲ ኣብ ዝመደቦ ሃገራዊ ልምዓታዊ ፕሮግራማት ክሳተፉን ኣዋጅ ሃገራዊ ኣገልግሎት ይእዝዝ እዩ። በዚ መሰረት፣ ኣብ ሚያዝያ 1998፣ ካብ 1ይ ክሳዕ 4ይ ዞርያ ኣባላት ሃገራዊ ኣገልግሎት፣ ንወፈራ ልምዓት ንውሱን ግዜ ናብ ኣሃዱታቶም ተመሊሶም ነበሩ። ግጭት 6 ግንቦት ዝተኸስተ ድማ፣ እዞም ወፋር ገና ከይተመልሱ እንከለዉ እዩ።

ወያን ኣብ ልዕሊ ኤርትራ ኩናት ኣብ ዝኣወጀሉ ግዜ፣ 72% ኣባላት ሓይልታት ምክልኻል ኤርትራ ሃገራዊ ኣገልግሎት እዮም ነይሮም። ውዳበ ሓይልታት ምክልኻል ኤርትራ ብደረጃ ኮራት ኩይኑ፣ 4 ናይ ኣጋር ሰራዊት ኮራት፣ (161፣ 271፣ 381፣ 491) ሓደ መካናይዝድ ኮር 74፣ ሓደ ኮማንዶ ክፍለ ሰራዊት ነበሩዎ። ምስ ምእዋጅ ወራር ወያን ድማ 2001 ዝተሰምየ 5ይ ኮር ኣጋር ሰራዊት ከም ዘቘውም ተገብረ። ኣብ ውሽጢ'ዚ ብመንእሰያት ዝተዓብለለ ጊዜፍ ሓይሊ፣ ብዘሒ ናይቲ ኣቐዲሙ ተመኩሮ ውግእ ዝነበሮ ተጋዳላይ 1:5 ከም ዝነበረ ይፍለጥ። እዚ ኣብ ሓይልታት ምድሪ (ኣጋርን መካናይዝድን) ዝነበረ ዓቕሚ ኹይኑ፣ ኣብ ርእሲኡ፣ ካብ እዋን ሓርነታዊ ቃልሲ ጀሚሩ ዝተሃንጸ ሓያል ናይ ውግእ ብቕዓት ዝነበሮን ብኣባላት ሃገራዊ ኣገልግሎት ዝደልደለን ሓይሊ ባሕሪ ከም'ኡ'ውን ገና ኣብ መስርሕ ምህናጽ ዝነበረ፣ እንተኾነ፣ ጀግንነታዊ ባህሊ ሓርነታዊ ሰራዊት ዘወረሰ መጠነ ንኡስ ሓይሊ ኣየር ስለ ዝነበሩ፣ ብኣንጻር'ቲ ንዕንደራ ዝደረኸ ግጉይ ገምጋም ወያን፣ ወተሃደራዊ ቅሩብነት ኤርትራ ብቘሊል ዝርአ ወይ ዝነዓቕ ኣይነበረን። ወያን ብወግዒ ወራር ድሕሪ ምእዋጁ ኸኣ፣ ብዙሓት ተፋንዮም ዝነበሩ ተጋደልቲ ህዝባዊ ግንባር፣ ተጋደልቲ ተሓኤን ካልኦት ዕጡቓት ዝነበሩን ብገዛእ ድሌቶም፣ ብልዑል ወኒን ሃገራዊ ስምዒትን ናብ ግንባራት ብምኽታት ንዓቕሚ ሓይልታት ምክልኻል ዝያዳ ኣደልደልዎ።

ቀዳማይ ወራC

ከምቲ ኣቐዲሙ ዝተገልጸ ማሕበረሰብ ዓለም (ብዘይካ'ቶም ንወራር ወያነ ብድሕሪት ኩይኖም ዝድርኹ ዝነበሩ ሓይልታት)፡ ካብ ሕቡራት ሃገራት ጀሚርካ ክሳብ ዝተፈላለያ ኣህጉራውያን ውድባትን ውልቀ-ሃገራትን፡ ኣብ መንጎ ኤርትራን ኢትዮጵያን ዝተወልዐ ግጭት ሓደገኛነቱ ብምግንዛብ፡ ብህድኣት ክተሓዝን ክልቲኣን ሃገራት ነብሰ-ግትኣት ክገብራን ዝጽውዕ መግለጺታትን ምሕጽንታታትን ኣብ ዘውሕዙሉ ዝነበሩ፡ሰርዓት ወያነ፡ ብስነ-ሞጎት ሓይሊ ሓቂ ንምድፋን፡ ነቲ ግጭት ናብ ምሉእ ኩናት ንምዕራግ ይሃጽጽ ነበረ። ካብ ዝተፈላለየ ከባቢታት ኢትዮጵያ ዝነቐለ ዓሰርተታት ኣሸሓት ሰራዊት፡ ታንክታትን ከበድቲ ኣጽዋርን ድማ ለይቲን መዓልቲን ንሰሜን እናተንቀሳቐሰ ኣብ ዶባት ኤርትራ ብምጽጋዕ ዕርድታት ክሕዝ ጀመረ።

ወያነ ኣብ ሓጺር ጊዜ ዝኣክል ሓይሊ ድሕሪ ምንቅስቓሱ፡ ነቲ ኣብ ከባቢ ባድመ ዝተወልዐ ግጭት ናብ ምሉእ ዶባት ከም ዘልሕም ብምግባር፡ ብሽነኽ ዓሰብ፡ ከባቢ ዛላምበሳ፡ ጾሮና፡ ክሳድ ኢቃ. . . ሓዲሽ ግንባራት ከፈተ። ክሳዕ 11 ሰነ 1998 ኣብ ዝነበረ እዋን ድማ፡ ብፍላይ ኣብ ግንባራት ዓሰብን ዛላምበሳን መረብ ሰቲትን፡ ኣብ ልዕሊ ሓይልታት ምክልኻል ኤርትራ መጥቃዕቲታት ፈነወ።

ሰራዊት ወያነ፡ ኣብቲ ፈላማ ንሓይልታት ምክልኻል ኤርትራ ካብ ባድመን ከባቢኣን ንምድፋእ ዘካየዶ ፈተነ ኣይተዓወተን። ብሽነኽ ዓሰብን ዛላምበሳን ስትራተጂያዊ ቦታታት ንምቍጽጻር ዘካየዶ ተደጋጋሚ መጥቃዕቲታት እውን ኣይሰለጦን። ኣብዚ ውግእት'ዚ ሓይልታት ምክልኻል ኤርትራ ንመጥቃዕቲታት ሰራዊት ወያነ መኪቱ ኣፍሺልዎ ጥራይ ዘይኮነ፡ ብጸረ-መጥቃዕቲ ንብዙሕ ካብቲ ቅድሚኡ ኣብ ትሕቲ ምምሕዳር ወያነ ዝጸንሐ ልኡላዊ መሬት ኤርትራ ኣብ ትሕቲ ቍጽጽሩ ብምእታው፡ ኣብቲ ፍሉጥ ኣህጉራዊ ዶብ መከላኸሊ መስመር ሓዘ። ሰራዊት ወያነ ኣብዚ ናይ ግንቦት-ሰነ 1998 ውግእት፡ ኣስታት 6600 ምኩራት ወተሃደራቲ ምዉታትን ውጉኣትን ምራኻትን ክኸውን እንከለዉ፡ ብዓሰርተታት ዘቍጸራ ታንክታትን ብዙሕ ከበድቲን ፈኮሰቲን ኣጽዋርን ከሲሩ ዘፍ በለ።

ስርዓት ወያነ፡ ፈለማ ብኣጋር ሰራዊት ዘካየዶ ናይ መጥቃዕቲ ፈተነታት ምስላጥ ኣብይዎ፡ ብጸረ-መጥቃዕቲ ሓይልታት ምክልኻል እናተወቅዐ ዘይተጸበዮ ከቢድ ክሳራታት ምስ ተሰከም፡ ነቲ መጥቃዕቲ በቲ "ጽብለልትነት ኣሎኒ" ዝብሎ ሓይሊ ኣየር ክቕጽሎ ወሰነ።

ብ5 ሰነ፡ ሰዓት 2:00 ድሕሪ ቐትሪ፡ ስርዓት ወያነ ንፈለማ ጊዜ ነፈርቲ ውግእ ኣንቀሳቒሱ፡ ኣብ ልዕሊ መዓርፎ ነፈርቲ ኣስመራ ደብዳብ ኣካየደ።

ወያነ ንመዕርፎ ነፈርቲ አስመራ ድሕሪ ምድብዳቡ፡ ዘይተጸበዮ ግብረ-መልሲ'ዩ ረኺቡ። እቲ ገና አብ ምህናጽ ዝነበረ ውልዱ ሓይሊ አየር ኤርትራ፡ ብቕጽበታዊ ስጉምቲ፡ ነተን አስመራ ደብዲበን ዝምለሳ ዝነበራ ነፈርቲ ውግእ ደድሕሪአን ብምስዓቡ፡ ንመዕርፎ ነፈርቲ መቐለ ወቒዑ፡ ሓያሎ ናይ ውግእ ነፈርቲ አብ መዕለቢአን እንከለዋ ብምቅጻል፡ አብ ልዕሊ ሓይሊ አየር ኢትዮጵያ ከቢድ ጉድአት አውሪዱ። ምስዚ ፍጻሜ'ዚ፡ ዕላግኡ ዝሰሓተ ሓደ ቦምባ፡ አብ ሓደ ቤት ትምህርቲ ወዲቔ፡ አብ ልዕሊ ተማሃሮ ናይ ሞትን መቑስልቲን ጉድአት ምውራዱ፡ ከይተጠቕሰ ክሓልፍ ዘይግብእ ዘሕዝን ፍጻሜ እዩ። ብዘዕባ'ዚ ፍጻሜ'ዚ መንግስቲ ኤርትራ አብ ግዜኡ ዝተሰምዖ ሓዘን ምግላጹ'ውን አይርሳዕን።

ሓይሊ አየር ኤርትራ፡ አብ መዕርፎ ነፈርቲ መቐለ ዘውረዶ ከቢድ ጉድአት፡ ነቲ "ናይ አየር ጽብለልትነት አሎኒ" ዝብል ዝነበረ ስርዓት ወያነ ዘባህረረ ፍጻሜ ነበረ። በዚ ዘንጸርጸረ ስርዓት ወያነ ንጽባሒቱ 6 ሰነ 1998 ቅድሚ ቖትሪ ነፈርቲ ውግእ ብምብጋስ አብ ወሰናስን አስመራ ደብዳብ ፈጸመ። ካብተን ንመዕርፎ ነፈርቲ አስመራ ዝደብደባ ናይ ውግእ ነፈርቲ፡ ሓንቲ ብጸረ-ነፈርቲ ሓይልታት ምክልኻል ኤርትራ ተወቒዓ ክትሕምሽሽ እንከላ፡ አብራሪኣ በዛብሀ ጴጥሮስ (አብ እዋን ሓርነታዊ ቃልሲ ነፋሪቱ ተወቒዓ ብህ.ግ. ድሕሪ ምምራኹ ናጻ ዝተለቐ ፓይሎት) ብጃንጥላ ወሪዱ ዳግማይ ተማረኸ። በዚ ክሳራታት'ዚ ዝተሰናበደ ስርዓት ወያነ፡ ተስፋ ቆሪጹ ናይ ነፈርቲ ደብዳብ ዝግ ኩብሎ ተገደደ። ብአንጻሩ ሓይሊ አየር ኤርትራ ብ12 ሰነ 1998፡ አብ ከባቢ ዓዲ-ግራት አብ ልዕሊ ዝነበረ ወተሃደራዊ መኽዘናት ብምድብዳቡ፡ ከቢድ ጉድአት አውረደ።

አብ መንጎ ኤርትራን ኢትዮጵያን ዝተወልዐ ግጭት ዓሪጉ፡ ካብ ሓይልታት ምድሪ ሓሊፉ ናብ መጥቃዕቲ አየር ምስ ተሰጋገረ፡ ብዙሓት ወገናት ሓደገኛነቱ ብምግንዛብ፡ ብፍላይ እቲ ናይ አየር መጥቃዕቲታት አብ ሰላማዊ ህዝቢን ሲቪላዊ ዕላማታትን ከቢድ ጉድአት ከየውርድ ስግኣቶም ገለጹ። ግብረ-መልሲ ሓይሊ ኤርትራ፡ ብፍላይ ንደገፍቲ ወያነ ትጽቢት ዘይተገብረሉን አዝዩ አሻቓሊን ነበረ። በዚ ድማ ምምሕዳር አመሪካ፡ ብቐንዱ ንወያነ ንምድሓን፡ ክንያ ግድነት ኮነ።

ፕረዚደንት አመሪካ ቢል ክሊንተን፡ ብ14 ሰነ 1998፡ ንመራሕቲ ክልቲኡን ሃገራት ብቴለፎን ድሕሪ ምዝርራቡ፡ ናይ አየር መጥቃዕቲታት ደው ኩብሉ ጻዕጣ ገበረ። መንግስቲ ኤርትራ፡ አብ ባይታ ብሓይልታት ምድሪ ጥራይ ዘይኮነ፡ ብሓይሊ አየር እውን ዕወት እኳ እንተነበረ፡ እቲ ናይ አየር መጥቃዕቲ ባዕሉ ስለ ዘይጀመሮን፡ እቲ ግጭት ካብቲ ዘሰሓሕብ ቦታታት ሓሊፉ ከተማታት ናብ ምህራም ክበጽሕ ድሌት ስለ ዘይነበሮን፡

ነቲ ጸውዒት ብዘይ ገለ ቅድመ-ኩነት ብምቅባል፡ እቲ ስምምዕ ኣብ ክንዲ ኣብ ምቅራጽ መጥቃዕቲ ኣየር ጥራይ ዝሕጸር፡ ናብ ሓፈሻዊ ምቅራጽ ተኸፊሉ ከምርሕ ዘለዎ ድሌት ገለጸ። ሰርዓት ወያነ ግን ዋላ እኳ ኣብ ሓይሊ ኣየሩ ከቢድ ጉድኣት ወሪዱ እንተነበረ፡ ነቲ ስምምዕ ንይምስል ብምጉብዕባዕ ተቀበሎ። ነቲ ስምምዕ ከም እተቀበሎ ኣብ ዘፍለጠሉ ድማ፡ ንህዝቢ ኢትዮጵያ ንምርስራስ "ገና ዓቕሚ ኣሎና፡ እዚ ተገይሩ ዘሎ ስምምዕ ከኣ ግዝያዊ ስለ ዝኾነ፡ ኣብ ዝኾነ እዋን ሓይሊ ኣየር ክንጥቀም ዝእግደና ኣይኮነን" ዝብል መግለጺ ኣውጸአ። በዚ ድማ ቀዳማይ ወራር፡ ካብ ትጽቢት ወያነን ተሓባበርቱን ወጻኢ፡ ብፍሽለትን ከቢድ ክሳራን ሰርዓት ወያነን ኑሱ ዘፈጠሮ ሕርቃንን ምረትን ኣኸተመ።

ምብጻሕ መራሕቲ ሃገራት ኣፍሪቃ

ሰርዓት ወያነ፡ ብዝተፈላለየ መእዘናት ወተሃደራዊ መጥቃዕቲታት ኣብ ዘኸይደሉ ዝነበረ ግዜ፡ ኣኼባ መራሕቲ ሃገራት ኣፍሪቃ፡ ኣብ ኡጋዱጉ ቡርኪናፋሶ፡ ይካየድ ስለ ዝነበረ፡ ውድብ ሓድነት ኣፍሪቃ ንመራሕቲ ቡርኪናፋሶ፡ ዚምባብወ፡ ርዋንዳን ጅቡቲን ከምኡ'ውን ዋና ጸሓፊ ናይቲ ውድብ፡ ናብ ኣዲስ ኣበባን ኣስመራን ብምብጻሕ ምስ መራሕቲ ኤርትራን ኢትዮጵያን ርኸብ ከኻይዱ ብ10 ሰነ 1998 መዘዞም።

እዞም ንውድብ ሓድነት ኣፍሪቃ ዘወከሉ መራሕቲ ናብ ኣስመራ ኣብ ዝበጽሕሉ፡ ብፕረዚደንት ኢሳይያስ ኣፈወርቂ፡ ንጠንቂን ኣመዓባብላን ናይቲ ግጭት ብዝምልከት ብካርታን ዝተፈላለየ ስነዳትን ዝተሰነየ ሰፊሕ መግለጺ ተዋህቦም። እቲ ጉዳይ ከምቲ ሰርዓት ወያነ ዝገልጾ ዝነበረ፡ ሃንደበት ብናይ 6 ግንቦት 1998 ኣብ መንን ሓለውቲ ዶብ ዝተፈጥረ ግጭት ዝተወልዐ ዘይኮነ፡ ኣቐዲሙ ከዞርብ ዝጸንሐ ምኽኑ፡ መንግስቲ ኢትዮጵያ፡ በይናዊ ካርታ ብምሕታም፡ ልኡላዊ መሬት ኤርትራ ኣብ ካርታኡ ንምጽንባር ኣብ ልዕሊ ህዝቢ ግፍዒታትን በደላትን ክፍጽም ምጽንሑ፡ ነቲ ጸገም ንምፍታሕ ድማ ብኽልተኣዊ መገዲ ፈተነታት ይካየድ ምንባሩ ምስ ተገልጸሎምን ክልቲኡም መራሕቲ ብዛዕባ'ቲ ጉዳይ ዝጸሓሕፍዖ ዝነበሩ መልእኽቲታት ብጭብጢ ምስ ቀረበሎምን፡ እቶም መራሕቲ ዝሓሸ መረዳእታ ክረኽቡ ከኣሉ። ኣብቲ ግዜ'ቲ፡ እቲ ግጭት ናብ ምሉእ ኩናት ዓሪጉ ብምንባሩ "ሰራዊት ኤርትራ ናብቲ ቅድሚ 6 ግንቦት ዝነበሮ ቦታታት ይመለስ" ዝብል ምጉት ሰርዓት ወያነ ክኸውን ከም ዘይክእል፡ ብቐዳምነት ስምምዕ ምቅራጽ ተኸፊሉ። ክግበርን እቲ ጉዳይ ብቓጥታ ናብ ሕጋዊን ሰላማዊን ፍታሕ ከምርሕን ከም ዝግባእ ድማ ነቶም መራሕቲ ሃገራት ክንጸረሎም ከኣለ።

ድሕሪ'ዚ መረዳእታ'ዚ መራሕቲ ሃገራት አፍሪቃ፥ ናይ አምባሳደራት ኮሚቴ ብምቛም፥ እቲ ጉዳይ ብደቂቕ ከጽንዕ፥ እቲ መጽናዕቲ ናብ ቤት ምኽሪ ሚኒስትራት አፍሪቃ ቀሪቡ ከዘተየሉ፥ ድሕሪኡ ናብ መራሕቲ ሃገራት ቀሪቡ ብኡ አቢሉ ን'ኽልቲአም መራሕቲ ሃገራት ሓደ ናይ መፍትሒ እማመ ከቐርበሎም አብ ዝብል መደምደምታ በጽሐ። ጎኒ ጎኒ'ዚ ናይ መራሕቲ አፍሪቃ ተበግሶ፥ ሕቡራት ሃገራት እውን ነቲ ናይ ውድብ ሓድነት አፍሪቃ ጻዕታት ብምድጋፍ፥ ክልቲአን ሃገራት ብህጹጽ ተኹሲ ደው አቢለን አብ ዘተ ክአትዋ፥ መግዛእታዊ ዶባት ከቐበላ፥ ነቲ ጉዳይ አብ ምፍታሕ ምስ ውድብ ሓድነት አፍሪቃ ክተሓባበራ፥ መስል ናይ ሓድሕድ ዜጋታት ከኽብራ ብምጽዋዕ፥ እቲ ውድብ አብ ምምልካትን ምንጻርን ዶባት ብክአላታቱ ክተሓጋገዝ ድልው ምንባሩን፥ አብቲ ዕማም'ቲ ዝውዕል ሓደ ማዕከን ገንዘብ ከቐውም ምዃኑን አፍለጠ።

ብዘይካ'ቲ ናይ ውድብ ሓድነት አፍሪቃን ሕቡራት ሃገራትን ተበግሶ፥ ዝተፈላለዩ ደለይቲ ሰላም ወገናት እውን በብሸነኾም ጻዕታት ካብ ምክያድ አይተቖጠቡን። ውድብ ሃገራት ሳሕል ሰሃራ፥ ክልቲአን ሃገራት ብህጹጽ ተኹሲ ደው አቢለን አብ ዘተ ክአትዋ አብ ርእሲ ምጽዋዕ፥ ክሳዕ'ቲ ዘሰሓሕብ ዘሎ ዶባት ዝንጸር፥ ሰራዊት ክልቲአን ሃገራት ካብቲ ቦታ ርሒቑ ናተን ሰራዊት ከአትዋ ቅሩብነተን ገለጻ። ፕረዚደንት ኡጋንዳ የወሪ ሙሴቨኒ፥ ፕረዚደንት ደሞክራሲያዊት ሪፑብሊክ ኮንጎ ለውረንት ካቢላ፥ ፕረዚደንት ኬንያ ዳኒኤል አራፕ ሞያ እውን በብሸነኾም ክልቲአም መራሕቲ ብአካል ተራኺዮም ቀዋታዊ ዘተ ዝጅምሩሉ ኩነት ንምፍጣር ፈተነታት አካየዱ።

ኩሉ'ዚ ተበግሶታት'ዚ መንግስቲ ኤርትራ ከቐበሎ እንከሎ፥ ስርዓት ወያነ ግን፥ ጸማም ሓደ ደርፉ ከም ዝበሃል፥ "ሰራዊት ኤርትራ ካብቲ ሓዚ዗ዝ ዘሎ ቦታታት እንተዘይወጺኡ ዘተ ዝበሃል የለን" አብ ዝብል መርገጺኡ ብምድራ፥ ንቓጸሊን ወሳኒን ግጥም ይዳሎ ከም ዝነበረ ብወግዒ እናገለጸ፥ ንህዝብታት ክልቲአን ሃገራት ዘናቑት ስምዒታዊ ናይ ጽልኢን ቅርሕንትን ፕሮፖጋንዳ ብስፍሓት ተተሓሓዞ።

አብ ቀዳማይ ወራሩ፥ ብሓይሊ ምድርን አየርን ዝከአሎ መጥቃዕቲታት ፈቲኑ፥ ብኹሉ መአዝን ተጻሪዑ ስዕረት ዝተሰከመ ስርዓት ወያነ፥ ድሕሪ'ቲ ዘጋጠሞ ፍሽለት፥ ሕን-ሕነ ስዕረቱ፥ አብ ኢትዮጵያ አብ ልዕሊ ዝነብሩ ሰላማውያን ኤርትራውያን አቕንዖ። ብ12 ሰነ 1998 ከአ፥ ብምራኽቢ ብዙሓኑ፥ "ጸዋታዊ ስጉአት" ዝኹኑ ኤርትራውያን (ቁጽሮም ዘይተገልጸ) ካብ ስራሕ መንግስቲ ክስጉጉን ካብታ ሃገር ክባረሩን ተወሲኑ ከም ዘሎ ብወግዒ አፍለጠ። ሃገራዊ አገልግሎቶም ወዲአም አብ ኢትዮጵያ ከቐመጡ

ዝጸንሐ፡ "ልኡኻት ሻዕብያ" ዝኹኑ መንእሰያትን ዝተማየሱ ተጋደልቲን ድማ፡ ከም ምሩኻት ኩናት ተጠሚቶም፡ ኣብ መዳጉኒ መዓስከራት ክእከቡ፡ ናብ ካድረታትን ሓለፍቲን መምርሒ ኣመሓላለፈ።

ብድሕሪ'ዚ መግለጺ'ዚ፡ ኣብ ኩሉ ከባቢታት ኢትዮጵያ፡ ሓለፍቲን ካድረታትን ወያነ፡ ኣብ ከተማታትን ገጠራትን ዝቐመጡ ኤርትራውያንን ኤርትራዊ መበቆል ዘለዎም ኢትዮጵያውያንን፡ ካብ ገዛውቶምን ኣብያተ ጽሕፈትን ካልእ ናይ ስራሕ ቦታታን --ኣብ ቤት ጽሕፈት ውድብ ሓድነት ኣፍሪቃ ዝሰርሑ ዝነበሩ ከይተረፈ -- እናለቐሙ ብምውጻእ፡ ሰብኣይ ሰበይቲ፡ ቆልዓ ሽማግለ፡ ጥዑይ ሕሙም፡ ነፍሰ-ጾር ስንኩል ከይፈለዩ፡ እንተላይ ኣብ ሆስፒታል ደቂሶም ዝነበሩ ሕሙማት ካብ ዓራቶም ጎቲቶም ብምውሳድ፡ ኣብ መዳጎኒ ቦታታት ኣኪቦም ከሰራጥዩዎም ጀመሩ። ኣመት ናይቲ ምሉእ ዕድመኦም ርሂጾም ዘጥረይዎ ቀዋሚ ንብረቶምን ገንዘቦምን ከይገብሩ ብምኽልካል ድማ፡ ጥራይ ኢዶም፡ ኣብ ኣውቶቡሳትን ዓበይቲ መካይንን እናጸዓኑ፡ ኣብ ከባቢ ደባት ብምብጻሕ፡ በቲ ተኣፋፈ ናይ ኩናት ግንባራት ብእግሮም ተጓዒዞም ናብ መሬት ኤርትራ ከምዝሰግሩ ምግባር ስራሕና ኢሎም ተተሓሓዙዎ። ብ17 ሰነ 1998 ከኣ፡ እቶም ቀዳሞት ብግፍዒ ዝተባረሩ 800 ኤርትራውያንን ኤርትራዊ መበቆል ዘለዎም ኢትዮጵያውያንን፡ ብግንባር መረብ ሰቲት፡ ድልድል ሑመራ-ኣምሓጀር ሰጊሮም ናብ ኤርትራ ኣተዉ።

ካልኣይ ወራር

ኣብ መንጎ ቀዳማይን ካልኣይን ወራር፡ ማለት ካብ ግንቦተ-ሰነ 1998 ክሳዕ ለካቲት 1998 ዝነበረ ኣስታት ትሽዓት ኣዋርሕ፡ ሰርዓሕ ወያን ካብ ሰራዊት ተፈናዮም ዝነበሩ ተጋደልቲ ወያነን ካልኣት ዕጡቓትን፡ ብፍላይ ድማ መኮንናት ሰራዊት ደርግ ዝነበሩ ዳግም እናኸተተ፡ ሓደስቲ ወተሃደራት እናመልመለ፡ ዘመናውያን ታንክታትን ከበድቲ ኣጽዋራትን ነፈርቲ ውግእን እናሸመተ፡ ንዳግማይ ወራር ሰፈሕ ምድላዋት ዝገብረሉ ዝነበረ ግዜ እዩ። እቲ ኩናት ናብ ዝለዓለ ደረጃ ከዓርግ ምኽኑ ድማ ብሩህ ነበረ። ጕኒ ጕኒ'ዚ ሰፈሕ ወተሃደራዊ ምቅርራብ፡ ወያን ኤርትራውያን ነበርቲ ኢትዮጵያ፡ ናይ ምብራር ተግባራቲ ብስፍሓት ይቕጽሎ ነበረ።

ኣባል ፖሊት ቢሮ ህወሓትን ፕረዚደንት ክልል ትግራይን ዝነበረ ገብሩ ኣሰራት፡ ነቲ ዝተገብረ ምቅርራብን ዝተሓንጸጸ ውጥንን፡ "ልኡላውነትን ደሞክራሲን ኣብ ኢትዮጵያ" (ልኡላውነትና ደሞክራሲ ብኢትዮጵያ) ብዝብል ኣርእስቲ ኣብ 2014 ኣብ ዘሕተሞ መጽሓፍ፡ ከምዚ ክብል ኣስፊሩዎ ኣሎ፤

ኢትዮጵያ ዝኣክል ዕጥቂ ኣማሊኣ ዘድሊ ናይ ሰራዊት ምቅርራብ
ድሕሪ ምፍጻም፡ ናይቲ መጥቃዕቲ ዕላማ ኣቦዲማ ክትውስን ነይሩዋ።
ሰራዊት ሻዕብያ ንምጥቃዕ ዝግበር ምንቅስቓስ ክሳብ ኣበይ ክበጽሕ
ይኽእል? ዝብል ሕቶ ድማ እቲ ቀንዲ ክምለስ ዝነበር እዩ። በዚ ከኣ፡
ናይ መወዳእታ ሸቶ ሰራዊት ኢትዮጵያ፡ ኣስመራ ምእታው ክኽውን
ፈጻሚት ሽማግለ ኢህወደግ ተሰማሚዐ። . . . ኣብ ትግራይ፡ እዚ
ኣስመራ ምእታው ዝብል ዕላማ ኣብ መንን ኣባላት ማእከላይ ሽማግለ
ህወሓት ሓያል ክትዕ ኣለዓዒሉ ነይሩ። ልኣላውነት ናይ ሓንቲ ሃገር
ምድፋር'ዶ ኣይከውንን? ክብሉ ስክፍታኦም ዝገለጹ ነይሮም። ኣብ
መደምደምታ ግን እቲ ገዛ ብዝበዝሐ ድምጺ ነቲ ውሳነ (ኣስመራ
ምእታው) ኣጽዲቆም (ልኡላውነትና ደሞክራሲ በኢትዮጵያ - ገጽ
285)

ሰርዓት ወያነ ነዚ ወተሃደራዊ ዕላማ'ዚ ሓዘ፡ ንዝሰፍሐ ወራር ኣብ
ዝቀራረበሉ ዝነበረ እዋን፡ ብውድብ ሓድነት ኣፍሪቃ ዝተመዘ ኮሚቴ
ኣምባሳደራት ኩነ፡ ፍሉይ ልኡኽ ሕቡራት መንግስታት ኣመሪኸ ኣማኻሪ
ሃገራዊ ጸጥታ ዝነበረ ኣንቶኒ ሌክ፡ ናብ ክልቲኤን ሃገራት እናተመላለሱ
እቲ ጉዳይ ብሕጋዊን ሰላማዊን ኣገባብ መዓልቦ ክረክብ ጻዕራት የካይዱ
ነበሩ። ብፍላይ ኮሚቴ ኣምባሳደራት ውድብ ሓድነት ኣፍሪቃ፡ ባይታ
ንስምምዕ (Frame-work Agreement) ዝተሰምየ 11 ነጥቢታት ዝሓዘ
ናይ መፍትሒ ሓሳባት፡ ብ17 ታሕሳስ 1998 ኣብ ኮሚቴ ውድብ ሓድነት
ኣፍሪቃ ኣቐሪቦም ብምጽዳቕ፡ ከምኡ'ውን ኤርትራ መብርሂ ክወሃባ
ብዝሓተቶ መሰረት 45 ነጥቢታት ዝሓዘ መልሲታታ ድሕሪ ምሃቦም፡
ንክልቲኤን ሃገራት ከቀራርቡ ብዙሕ ፈተነታት ኣካየዱ።

ብወገን መንግስቲ ኤርትራ ጸዐሪ ናይዞም ኣካላት ንምድጋፍን
ንምዕዋትን ዘድሊ ምትሕብባር ይግበር እኳ እንተነበረ፡ ሰርዓት ወያነ፡
ዕላማኡ ከምቲ ገብሩ ኣሰራት ብንጹር ኣስፈራዋ ዘሎ ኣስመራ ኣቲኸ
ንመንግስቲ ኤርትራ ምዕላው ጥራይ ስለ ዝነበረ፡ "ሰራዊት ኤርትራ ካብቲ
ሓዚዝዎ ዘሎ መሬት ኢትዮጵያ ከይለቐቐ ዘተ ዝበሃል ፍጹም ዘይሕሰብ
እዩ" ኣብ ዝብል መርገጺኡ ደሪቹ፡ ንኹሉ ጻዕርታት ሰላም የበርዕኖ ነበረ።
ወያነ ጉዳዩ ብቐንዱ ጉዳይ ዶብ ስለ ዘይነበረ፡ እቲ መሰረታዊ ፖለቲካዊን
ቁጠባዊን ዕላማታት ምእዋጅ ኩናት ብስፉ ካልእ ስለ ዝነበረ ድማ፡ እቲ
ንኣዋርሕ ዝቐጸለ መስርሕ ሽምግልናን ምቅርራብን ፍረ ክርከቦ ወይ ዘተሰፉ
ኣንፈታት ከርኢ፡ ኣይከኣለን። ኣብቲ እዋን'ቲ መንግስቲ ኤርትራ፡ ዶባዊ
ግጭት ብወተሃደራዊ ሓይሊ ክፍታሕ ከም ዘይክእል ደጋጊሙ እናገለጸ፡
ኩናት እንተተኻየደ እውን ዘይርኸ ዘይርኸ ኣብ መኣዲ ዘተ ምቅራብ ስለ
ዘይተርፍ፡ ሰርዓት ወያነ፡ ሓይልን ስነ-ምንት ሓይልን ኣወጊዱ፡ መገዲ ሰላም
ክመርጽ ደጋጊሙ ይምሕጸን ነበረ።

አብዚ ክጥቀስ ዝግብአ ርኡይ ድኽመት ናይቶም አብ ሽምግልናን አሳላጥነትን ዝነጥፉ ዝነበሩ አካላትን ማሕበረሰብ ዓለም ብዓቢኡን እዩ። እዚ ድማ ብመሰረቱ ካብቲ ርእሰ-ሓያል አመሪካ አብዚ ዞባ እትኸተሎ ፖሊሲ ዝብገስ እዩ። ፖሊሲ ሃገራዊ ድሕነት ሕቡራት መንግስታት አመሪካ፣ ንኢትዮጵያ አብዚ ዞባ ከም መልሕቕን ዞባዊ ሓይልን እዩ ዝጥምታ። ኢትዮጵያ መጋበርያ ፖሊሲታት አመሪካ አብዚ ዞባ ክትከውን ዝተሓርየት ሃገር ብምዃና ድማ መርጊጺን ደገፍን አመሪካ ብርኡይ ናብ ኢትዮጵያ ዘድለወ እዩ ነይሩ።

ብሰንኪ'ዚ ግጉይ ፖሊሲ ምምሕዳር አመሪካን ካብኡ ዝብገስ ምድንጋጽ ምስ ስርዓት ወያነ፣ እቲ ናይ ሰላም ተበግሶታት፣ ጸቕጢ ፈጢሩ ነቲ ስርዓት ናብ መአዲ ዘተ ከምጽአ ዝኽእል ሓይሊ አይነበርን። እኳ ደአ ንምስምሳት ስርዓት ወያነ ዘሳሰየ ልኡም አተሓሕዛን አቀራርባን ነበረ። ብፍላይ ልኡኻት አመሪካ፣ "ኤርትራ ካብ ኢትዮጵያ ንላዕሊ ዝሓሸ ጥምረት ዘለዋ ሃገር ብምዃና፣ መንግስቲ ኢትዮጵያ ግን ውሽጣዊ ጸገማት ስለ ዘለዎ፣ ሕድገታት ክገብር ዘለዎ መንግስቲ ኤርትራ'የ" ዝብል መቐሸሺ ምኽንያታት እናቐረቡ፣ አብ ዲፕሎማሲያዊን ፖለቲካዊን ዓንኬላት ንስርዓት ወያነ ዝድግፍ መርጊጺታት ይወስዱ ነበሩ። እዚ አተሓሕዛ'ዚ ድማ ነቲ 'ክዋጋእ'የ አይትሓዙኒ' ዝበለ ዝነበረ ስርዓት አሻዲኑ ብናይ ኩናት አጀንዳኡ ክቐጽል ዕድል ሂብዎ።

ስርዓት ወያነ ንኹሉ ጸዕርታት ሽምግልና፣ ብዕባራ ምኽንያታትን ብምትብባዕ ልኡም መርጊጺ አመሪካን እናበርዓነ ዝአክል ግዜ ወሲዱ። ምሉእ ወተሃደራዊ ምድላዋት ገይረ ምስ በለ፣ ቀዳማይ ሚኒስተር መለስ ዜናዊ ብ27 ጥሪ 1999 አብ አዲስ-አበባ ንዝርከቡ ዲፕሎማሰኛታት አፍሪቃ አኪቡ፣ ኩለን አባል ሃገራት አፍሪቃ፣ ትግባረ እማመ ሰላም ናይቲ ውድብ ንምዕዋት አብ ጎድኒ ኢትዮጵያ ክቖማን ኢትዮጵያ አብ ልዕሊ ኤርትራ እትፍጽሞ ወተሃደራዊ መጥቃዕቲ ክድግፉን ብምጽዋዕ፣ ድሕሪ ሓደት መዓልታት ኩናት ምውልዑ ዘይተርፍ ምዃኑ ብወግዒ አፍለጠ። ብ5 ለካቲት 1999 ከአ፣ ማዕከናት ዜና ኢትዮጵያ፣ "ነፈርቲ ውግእ ኤርትራ አብ ዓዲ ግራት ደብዲበን" ክብላ ናይ ሓሶት ዜና ዘርጊሐ።

እዚ ዜና'ዚ፣ ነቲ አብ ሰነ 1998 ብተበግሶ ፕረዚደንት አመሪካ ቢል ክሊንተን ዝተበጽሐ ግዝያዊ ስምምዕ ምቁራጽ መጥቃዕቲ አየር ንምጥሓስ ከም መመኽነይታ ዝቐረበ እዩ ነይሩ። ብ6 ለካቲት ድማ፣ ስርዓት ወያነ፣ ብግንባር መረብ ሰቲት፣ ብሸነኽ ጎዝ ገርሃላሰ፣ ብግንባር ዓሊተና መረብ ድማ ብኽባቢ ቅንተ፣ ቀዳማይ ናይ ምጥቃዕ ፈተነ አካየደ። አብቲ ናይ ጎዝ ገርሃላሰ ሓያል ውግእ ክልተ ብርጌዳት ስርዓት ወያነ ምሉእ ብምሉእ

ክድምሰሱ እንከለዉ ልዕሊ 100 ወተሃደራት ተማረኹ። ገብሩ ኣስራት ብዛዕባ'ዚ ቀዳማይ ገጽ ናይቲ ውግእ ከምዚ ይብል፤

> መጥቃዕቲ ባድመ ምስ ተጀመረ ቅልጡፍ ውጽኢት ኣየምጽኣን። ኣስመራ ክኣቱ ዕላማ ሒዙ ዝተበገሰ ሰራዊት፡ ባድመ እኳ ክቆጻጸራ ዘይምኽኣሉ ኣተሓሳሳቢ ኮነ። ብዙሕ ሰራዊትን ኣጽዋርን ነፈርቲን ሄሊኮፕተራትን ዝተሰለፈሉ ውግእ ትሑት ውጽኢት ምምዝጋቡ፡ ከቢድ ሽግር ከም ዝነበረ ዘመልክት እዩ ነይሩ። ስለዚ ድማ፡ ወተሃደራዊ ብቕዓት ብዝግባእ ከም ዘይተሃንጸ፡ ቅኑዕ ስልቲ ከም ዘይተኸተለ፡ ወይ ኣብ ስልቲ ጌጋ ከም ዝተፈጥረ ዘመልክት ስለ ዝነበረ ክግምገም ነይሩዎ። ውጽኢት ናይቲ ቀዳማይ ውግእ ኣብ ሰራዊት መሰረታዊ ሽግር ከም ዝነበረ ዘመልክት እኳ እንተነበረ፡ ብዘይካ ሓይልኻ ኣጠናኺርካ ዳግም ምጥቃዕ ግን ካልእ ምርጫ ኣይነበረን።
>
> ኣብቲ ግዜ'ቲ፡ ሰራዊት ይኹን ህዝቢ፡ ዓወት ክሰምዕ'ዩ ዝጽበ ነይሩ። ሃገራዊ ሞራላዊ ውድቀት ከየኸትል ድማ፡ እንተ ወሓደ ባድመ ግድን ክንሕዛ ኣለና ተባህለ። ክንዲ ዝኾነ ማእከላይ እዚ፡ ኣብቲ ጉዳይ ብሰፊሑ ድሕሪ ምምይያጥ፡ ካብ ግንባር ቡሬ ተንቀሳቒሱ ንግንባር ጾሮና ክፍርስ ተዳልዩ ዝነበረ ብብዓል ሰዓረ መኰንን ዝምራሕ ዝተወሰነ ሓይሊ፡ ከምኡ'ውን ብብዓል ጀነራል ምግብነን ካልኦት ፍሉጣት ኣዘዝቲ ውግእን ዝምራሕ ሰራዊት ናብቲ ግንባር ተላእኩ። ከም ስትራተጂያዊ ሪዘርቫ ተዳልዩ ዝነበረ ኮማንዶ ክፍለ-ሰራዊት እውን ኣብቲ ውግእ ከም ዝኣቱ ተገብረ። (ልኡላውነትና ደሞክራሲ በኢትዮጵያ - ገጽ 287)

ድሕሪ'ዚ ፍሹል መጥቃዕቲ ወያነ፡ በቲ ኩነታት ዝተሻቐለ ናይቲ ዓመት'ቲ ኣቦ መንበር ውድብ ሓድነት ኣፍሪቃ ፕረዚደንት ቡርኪናፋሶ፡ ብለይዝ ኮምፓወረ፡ "ብህጹጽን ብዘይ ቅድመ-ኩነትን ኩናት ደው ኢሉ፡ ክልቲኣን ሃገራት ነቲ ግጭት ብሰላማዊ መገዲ ንምፍታሕ ብውድብ ሓድነት ኣፍሪቃ ዝቐረበ እማመ ሰላም ክቕበላ" እኳ እንተ ጸውዐ፡ ዕንደራ ስርዓት ወያነ ንኩናት ንድሕሪት ዝምለስ ኣይነበረን። ባይቶ ጸጥታ ውድብ ሕቡራት ሃገራት እውን ብተመሳሳሊ፡ ኩናት ብቕጽበት ደው ክብል ብምጽዋዕ፡ ኩለን ኣባል ሃገራት፡ ንኤርትራን ኢትዮጵያን መሸጣ ኣጽዋር ከቋርጻ ዝጠልብ ውሳነ ብምሉእ ድምጺ ኣሕለፈ። እንተኾነ ጻውዒት ውድብ ሓድነት ኣፍሪቃን ውሳነ ሕቡራት ሃገራትን ነቲ ኩናት ደው ክብል ዝኽእል ኣይነበረን።

ብ8 ለካቲት 1999 ስርዓት ወያነ ነቲ ግዝያዊ ስምምዕ ምቁራጽ መጥቃዕቲ ኣየር (ሞራተርዩም) ብምጥሓስ፡ ኣብ ጾሮናን ላዕላይ ዱዳን ኣብ ልዕሊ ስቪል ዕላማታት፡ ከምኡ'ውን ኣብ ዝተፈላለየ ግንባራት ብነፈርቲ ክድብድብ ጀመረ። ካብ 14-15 ለካቲት 1999 ከኣ፡ ብሸነኽ ዓሰብ፡

ኣብ ግንባር ቡሬ ብደብዳብ ነፈርቲ ዝተሰነየ መጥቃዕቲ ፈነወ። ኣብቲ ግጥም ሓንቲ MI-24 ናይ ውግእ ሄሊኮፕተር ስርዓት ወያነ ብጸረ-ነፈርቲ ሓይልታት ምክልኻል ተወቒዓ ወደቐት። ነፈርቲ ውግእ ስርዓት ወያነ ካብ ወተሃደራዊ ዒላማታት ሰጊረን፡ ንምንጪ ማይ ዓስብ (ሓርሲለ) ንምዕናው ሰለስተ ግዜ ፍሹል ፈተነታት ኣብ ርእሲ ምክያደን ንመዕርፎ ነፈርቲ ዓስብ ንምዕናው እውን ዒላማኡ ዘሰሓተ ደብዳብ ፈጸማ። ብዘይካ'ዚ ኣብ ብርክት ዝበላ ዓድታት ከባቢ ዶብ ደብዳብ ብምክያድ ዓሰርተታት ሰላማውያን ሰባት ቀተላን ንብረትን ኣባይቲን ኣዕነዋን። ምጥሓስ ስምምዕ ምቁራጽ መጥቃዕቲ ኣየር፡ ማሕበረሰብ ዓለም ብሓፈሻ፡ ብፍላይ ድማ መንግስቲ ኣመሪካ፡ ኣጥቢቖም ክኹንንዎ ዝግባእ እኳ እንተነበረ፡ ዝተሰምዐ ግብረ-መልሲ ትርጉም ዘይብሉ እዮ ነይሩ። ሚኒስትሪ ጉዳያት ወጻኢ ኣመሪካ፡ ኢትዮጵያ ኣብ ሲቪላዊ ዒላማታት እትፍጽሞ ዘላ ደብዳብ ብምቑራጽ ንምራትርዮም ደጊማ ከተኽብር ብምጽዋዕ፡ ኤርትራ ብወገና ክሳብ ሸው ኣጽኒዓ ዝሓዘቶ ስምምዕ ክትዕቅብ ካብ ምምሕጻን ሓሊፉ ነቲ ተግባር ዝኹንን ተሪር መርገጺ ኣይወሰደን።

ብ23 ለካቲት 1999 ስርዓት ወያነ፡ እቲ ነዊሕ ምድላዋት ዝገበረሉን ዝሓየለን መጥቃዕቲ ብግንባር መረብ ሰቲት ፈነወ። ኣብቲ ንኽልተ መዓልቲ ብዘይ እስትንፋስ ዝቐጸለ ብርቱዕ ውግእ፡ ሓይልታት ምክልኻል ኤርትራ ዓሰርተታት ታንክታት ስርዓት ወያነ ብምቅጻል፡ ሓንቲ ሄሊኮፕተር ወቒያም ኣውደቘ። ሰለስተ ጥዑያት ታንክታት ድማ ማረኹ። እንተኹነ ወያነ ከቢድ ክሳራ ተሰኪሙ ከብቅዕ፡ ማዕበላዊ መጥቃዕቲታቱ፡ ምስናይ ከቢድ ሰብኣዊ ክሳራታት ብዘይ ምቁራጽ ቀጸሎ። ብ26 ለካቲት ከኣ፡ ወያነ ኣብ ማእከላይ ግንባር ባድማ፡ ሰራዊት ኣጽዒቖ፡ ብኸቢድ ደብዳብ ዝተሰነየ፡ ማዕበል ኣብ ርእሲ ማዕበል መጥቃዕቲ ብምፍናው፡ ኣብ ውሱን ቦታ ንመከላኸሊ መስመር ሓይልታት ምክልኻል ኤርትራ ክሰብሮ ከኣለ። በዚ ድማ ሓይልታት ምክልኻል፡ መከላኸሊ መስመሩ ንምስትኽካል ካብ ባድማ ከዝልቕ ወሰነ። ካብቲ ቀዳማይ ዕርዱ ስሒቡ ኸኣ ባድማ ቅድሚኡ ገይሩ ኣብ ካልኣይ መከላኸሊ መስመሩ ዓረደ።

ስርዓት ወያነ ንባድማ መሊስካ ምቑጽጻር ከም ዓቢ ፖለቲካዊን ጥራላዊን መኽሰብ ስለ ዝቘጸር፡ ንጸቢብ ፖለቲካዊ ዕላማ ከቢድ ዋጋ ዘኽፍል ድሓር ስልቲ ውግእ ተጠቒሙ'ዩ ንባድማ ክቆጻጸር ዝኸኣለ። ኣብዚ ናይ ሳልስቲ ብርቱዕ ግጥም ድማ፡ 9,000 ምዉታትን 12,000 ቁሱላትን ወተሃደራት ክሲሩ፡ ኣማኢት ወተሃደራት ድማ ተማሪኾም፡ ሓንቲ ሄሊኮፕተርን 41 ታንክታት ተሓምሸሻእ።

አብዚ ውግእ'ዚ ሓይልታት ምክልኻል ኤርትራ፡ ብውሕሉል ስልቲ ውግእ ዓቒሙ ሰቡን አጽዋሩን ዓቂቡ ወጸ፡፡ አብ ግንባር ባድማ ብዘይካ ክልተ ዝታቓጸላ ታንክታት፡ ብሰንኪ ምብልሻው፡ አብ ግዜ ምዝላቕ ክወጻ ዘይከአላ ገለ ታንክታትን ብንዋት ዝኸሰር ብዙሕ አይነበረን፡፡ በቲ ዝተኸተሎ ስልቲ ውግእ ድማ እቲ ዝተኸፍለ መስዋእቲ፡ ምስቲ ወያነ ዝኸፈሎ ዋጋ ፍጹም ዝዳረግ አይነበረን፡፡ ማዕረ ማዕረ'ዚ፡ ብግንባር መረብ ሰቲት ዝተኻየደ ከቢድ ግጥም፡ ስርዓት ወያነ ንመናውራ ብግንባራት ዓሰብን ዓሊተና መረብን መጠነ ንኡስ መጥቃዕቲታት አካይዱ ነበረ፡፡

ስርዓት ወያነ ዝኸፈለ ከፈሉ ባድማ ምቈጽጻሩ ፍናን ስለ ዝረኸበ፡ ከምኡ'ውን 'ሓይልታት ምክልኻል ኤርትራ አብቲ ውግእ ከቢድ ጥራላዊ ማህሰይቲ ወሪድዎ ይኸውን'ዩ' ዝብል ግምት ስለ ዘሕደረ፡ ንሰራዊት ኤርትራ ትንፋስ ከይሃበ መጥቃዕቱ ክቕጽሎ ወሰነ፡፡ ዕላማ ናይቲ ዝቐጸለ መጥቃዕቲ ብሹነኽ ጾርና፡ ግራት እግሪ-መኻል ብዘተባህለ ንእሽቶ ጉልጉል ፈንጢሱካ፡ ናብ ሃዘሞ ብምምራሕ፡ ብጽርግያ ማይ-ዓይኒ ደቀምሓረ አቢልካ አስመራ ብምእታው ንመንግስቲ ኤርትራ ምዕላው ነበረ፡፡ በዚ ድማ ወያነ፡ ልዕሊ 10 አጋር ክፍላተ-ሰራዊትን አስታት 100 ታንክታትን አሰሊፉ፡ ብ14 መጋቢት 1999፡ አይሂ ብዝኹን ደብዳብ ከበድቲ አጽዋርን ነፈርቲን ተሰንዩ፡ ንዕርዲ እግሪ-መኻል ብታንክታት ንምጥሓስ ብርቱዕ ውግእ ከፈተ፡፡

አብዚ ክሳዕ 16 መጋቢት 1999 ረፋድ ዝተኻየደ አሃዱታት ወያነ፡ ቀትርን ለይቲን ብተኸታታሊ ማዕበላት ዘጥቅዕሉ እስትንፋስ ዘይህብ መሪር ውግእ፡ እቲ ድሕሪ ናጽነት ንወለዶ ገድሊ ተኪኡ ሃገር ዝተረከበ፡ ሳዋ ዝመልመሎ 'ዋርሳይ' ኤርትራዊ መንእሰይ፡ ብሓርበኛታት እዋን ሓርነታዊ ቃልሲ፡ 'ይከአሎ' እናተመርሐ፡ ክሳዕ አብ ርእሲ ታንክታት እናሓኾረ ብዘስተንክር ጅግንነት ንመጥቃዕቲ ወያነ ሓምሺሹ ዝተጓናጸፈ ዓወት፡ አብ ታሪኽ ወተሃደራዊ ግጥማት፡ ሒደት መዳርግቲ ጥራይ ዝርከቦ እዩ፡፡ እዚ ግጥም'ዚ መሰኻሕ ህልቒት ሰራዊት ወያነን ከቢድ ዕንወት ታንክታትን ዝተራእየሉ ነበረ፡፡ ሓይልታት ምክልኻል ኤርትራ፡ አብዚ ውግእ'ዚ ዓሰርተታት አሽሓት ካብ ወራሪ ሰራዊት ወያነ ቀቲሉ፡ አቝሲሉን ማሪኹን፡ ልዕሊ 30 ጥዑያት ታንክታት ማሪኹ፡ አስታት 50 ታንክታት ሓምሺሹ፡፡ ሓንቲ MI-35 ናይ ውግእ ሄሊኮፕተር ድማ ብቴክኒካዊ ጸገማት አብ ከባቢ ማይ-ላም ምስ ወረደት ብሓይልታት ምክልኻል ኤርትራ ተማሪኻት፡፡ ነፋሪት ምምራኽ አብ ታሪኽ ወተሃደራዊ ግጥማት ምናልባት ብርቂ ተርእዮ ክኸውን ይኽእል እዩ፡፡

ሰራዊት ወያነ አብ ጾርና ዘጋጠሞ ቅዝፈትን ዘሕፍር ስዕረትን፡ አብቲ ስርዓት ከቢድ ነውጺ ዘስዓብን አዘዝቲ ሰራዊት ወያነ "መን'የ ተሓታቲ?"

ብዝብል ንሓድሕዶም ዝተወናጀልሉን፡ ናይ ዝተፈላለየ ማዕከናት ዜና ዓለም ጋዜጠኛታት ኣብቲ ቦታ በጺሖም ዝተጸፋጸፈ ሬሳታት ወተሃደራት ወያነ ርእዮም ዘስካሕክሕሉን ፍጻመ'ዩ ነይሩ።

ገብሩ ኣስራት ብዛዕባ'ዚ ውግእ'ዚ ኣብ መጽሓፉ ከም'ዚ ይብል፤

ምስ ሻዕብያ ኣብ ዝተኻየደ ውግእ ዓቢ ጌጋ ዝተፈጸመ፡ ምናልባት እውን ኣብ ታሪኽ ውግእ ኢህወደግ መዳርግቲ ዘይርከቦ ጌጋ፡ እዚ ናይ ጽርና ውግእ እዩ። እዚ ግንባር'ዚ፡ ካብ ባድመ ንላዕሊ ትኹረት ተዋሂብዎ፡ ናይ ሻዕብያ ማእከል ሰሕበት (center of gravity) ንምፍራስ ተልእኮ ዝነበሮ፡ መበል 20 መካናይዝድ ክፍሊ-ሰራዊትን ካልኦት ሓያላት ዝበዛሑ ክፍላተ-ሰራዊትን ዝተዋፈርሉ እዩ ነይሩ። ኣብ ግንባር ባድመ ካብ ዝነበሩ ክፍላተ-ሰራዊት ብፍጥነት ናብ ጽርና ተንቀሳቒሶም ሃንደበትነት ንምርካብ እኳ እንተፈተኑ፡ ኣይሰመረሎምን። መሪሕነት ኣብዚ ኣሽጋሪ ቅርጺ መሬት ንሻዕብያ ንምጥቃዕ ኣቐዲሙ ክግበር ዝግብእ መሰናድኦ ብግቡእ ኣየለዮን። ኣብ ባድመ ዘጋጠመ ከቢድ ብድሆ፡ ህድእ ኢሉ ንምግምጋም፡ ንኻልእ ውግእ ክዳሎ ይግባእ ነይሩ። እንተኾነ ናይ ባድመ ውግእ ከይተገምገመ፡ እቲ ሓድሽ ውጥን እውን ከይተመርመረ፡ ኣብ ውግእ ተኣትዩ።

ኣብዚ ግንባር'ዚ ጽላኢ ዘሎ ናይ ኣጽዋር ዓቕሙ ተጠቒሙ ኣብ ልዕሊ ሰራዊትና ከቢድ ጉድኣት ከውርድ ዕድል ረኺቡ። እቶም ኣብ ቀረባ ዝነበሩ ኣዘዝቲስ ይትረፍ እቶም ርሑቕ ኢልና ንክታተሎ ዝነበርና፡ ብዝሒ ናይቶም ካብቲ ግንባር ዝመጹ ዝነበሩ ውጉኣት ምስ ረኣና፡ እቲ ውግእ ከም ዝፈሽለ ተገንዚብና፣ ብዘይካ ቀልጢፍካ ምቅራጹ ካልእ ኣማራጺ ከም ዘይነበረ ንርዳእ ነይርና። . . . መቸስ ጌጋ ንዓና ጥራይ ዝተወሰነ ኣይኮነን። ሻዕብያ ሹዑ በዚ ግንባር'ዚ እቲ ውግእ ቀጺሉ'ሞ ነይሮም እንተዝኾኑ ኣዝዩ ዝኸበደ ጉድኣት ከውርዱ ምኽኣሉ ነይሮም፣ ግን ኣይቀጸልዎን። (ልኡላውነትና ዴሞክራሲ በኢትዮጵያ - ገጽ 290)

ተስፋየ ገብርኣብ፡ ኣብታ "መዘክር ደራሲ" (የደራሲው ማስታወሻ) ዝርእስታ መጽሓፉ፡ ካብ ገጽ 248-255 "ጻድቃንን ጽርናን" ብዝብል ኣርእስቲ ኣብ ዘሰፈሮ ጽሑፍ፡ ኣብ ውግእ እግሪ-መኸል፡ ነቲ ውግእ ዝመርሕ ዝነበረ ጀነራል ጻድቃን፡ ድሕሪ'ቲ ዘጋጠመ ከቢድ ስዕረት፡ ኣብ ሰሙኑ፡ ነቲ ውግእ ንምግምጋም፡ ንኣዘዝቲ ክፍላተ-ሰራዊት ኣብ መኣዘዚ ቦታኡ ከም ዝጸውዖም፡ ሓደ ኣብቲ ኣኼባ ዝተሳተፈ መኮንን (ኩለኔል ኣለበል ኣማረ) ከም ዘዕለሎ ይገልጽ።

ጻድቃን ነቲ ኣኼባ ቅድሚ ምጅማሩ ንብነት ቀዲምዎ፡ ፈቕ-ፈቕ ኢሉ ኣልቀሰ። ካልኦት ተኣከብቲ እውን ንዕኡ ስዒቦም ተታሓሒዞምና በኸና። ኣብ መወዳእታ ጻድቃን፡ ከም ገለ ገይሩ ነብሱ ተቖጻጺሩ፡ ከረጋግኣና ፈተነ። . . . ክሳብ ሕጂ ብዙሕ ውግኣት መሪሕ ብዙሕ

ውግኣት ተዋጊኣ፣ ሰሚዐን ርእየን'ሞ፣ ከምዚ ዓይነት ሕማቕ ኩነታት ግን ኣጋጢሙኒ ኣይፈልጥን ድማ በለና።

ሰራዊት ኢትዮጵያ፣ ኣብ ውግእ ጾሮና፣ ኣብ እግሪ-መኸል፣ ብዝወረዶ ህልቂትን ዕንወትን ወዲ-ኣሸብር ንዝተባህለ ሓደ ካብ ኣዘዝቲ ሰራዊት ወያነ ተሓታቲ ንምግባሩ ተፈቲኑ እኳ እንተነበረ፣ ናይ መለስ ዜናዊ ደገፍ ስለ ዝነበሮ ኣይተሓተን። ሓሙሽተ ዝኾኑ ደቂ ኦሮሞ መኩንናት ግን "ተሓተትቲ ኢኹም" ተባሂሎም ከም እተኣሰሩን ብዙሕ ግፍዒ ከም ዝወረዶምን እቲ መጽሓፍ ይገልጽ።

ብድሕሪ'ዚ ናይ እግሪ-መኸል ከቢድ ውግእ፣ ሓይልታት ምክልኻል ኤርትራ፣ ንሰራዊት ወያነ ኣጸቢቑ ንምድኻም ኣብ መወዳእታ መጋቢት 1999 ኣብ ግንባር መረብ-ሰቲት ዕርዲታት ከባቢ ባድማ፣ ብሸነኽ ዓዲ ሃኪን መጥቃዕታዊ ተበግሶ ብምውሳድ፣ ህንዳደ ወራሪ ሰራዊት ወያነ ዘዐገሰ ጉድኣት ድሕሪ ምውራዱ፣ ካልኣይ ወራር ወያነ ኣኽተመ።

ድሕሪ ክልተ ወርሒ፣ ኣብ ሰነ 1999 እንደገና፣ ሓይልታት ምክልኻል ኤርትራ፣ ኣብቲ ከባቢ ሓያልን በርቃዊን ጸረ-መጥቃዕቲ ብምፍናው፣ ኣብ ውሱናትን ኣገደስቲን ቦታታት ማእከላይ ግንባር መረብ-ሰቲት ንሰራዊት ወያነ ካብ ዕርድታቱ ክድፍኦ ከኣለ። ገብሩ ኣስራት ኣብ መጽሓፉ ጠቒስዎ ከም ዘሎ፣ ድሕሪ'ዚ ናይ ሰነ 1999 ውግእ'ዚ ኣብ መሪሕነት ወያነ፣ *"ሰራዊት ኢትዮጵያ፣ ኣብቲ ዝተኻየደ ከቢድቲ ውግኣት፣ ዝነበሮ ተተኳሲ ተጠቒሙ ብምውድኡ፣ ሻዕብያ ኣብ ዝኾነ እዋን ገድመ ንምምላስ መጥቃዕቲ ምስ ዘኻይድ ከቢድ ጉድኣት ከውርድ ስለ ዝኽእልን ግንባር ገድመ በዚ ዘለዎ ኣተሓሕዛ ክጸንዕ ስለ ዘይክእልን፣ መከላኸሊ መስመርና ናብ በረኽቲ ቦታታት ዓዲ ሃገራይን ዓደ-ኣውዓላን ንስሓብ" (ልኡላውነትና ደሞክራሲ በኢትዮጵያ - ገጽ 290)* ዝብል ሓሳብ ክትዕ ኣለዓዒሉ ነይሩ።

ብተወሳኺ 'እቲ ዓቢ ዕላማ (ኣስመራ ምእታው) ስለ ዝፈሸለ፣ ናብ ዕርቂ ክንኣቱ ይሓይሽ' ዝብል፣ ገብሩ ኣስራት "ዝሕፍር" ኢሉ ዝገለጾ ሓሳብ ኣብቲ መሪሕነት ተላዒሉ ነይሩ። እንተኾነ፣ ናይ ዝበዝሐ ኣባላት መሪሕነት ርእይቶ፣ ከምቲ ገብሩ ኣስራት፣ ህዝቢ ኣኪቡ፣ "ክንዲ ዝተኸፍለ መስዋእቲ ይከፈል. . . ኩናት ክቕጽል እዩ" ዝበሎ እዩ ነይሩ። *"ኤርትራ ዘሎ ናይ ሰብ ዓቕሚ ኣሰሊፉ ክትጸንቅቕ እንከላ፣ ኢትዮጵያ ብብዙሕ ሚልዮናት ዝቝጸር ተጠባባቒ ሓይሊ ክትምልsምል ስለ ትኽእል ብስትራተጂ ኣንጻር ንኢትዮጵያ ብልጫ ዝሀባ እዩ" (ገጽ 293 ገብሩ ኣስራት)* ብዝብል ግጉይ ቅማረ ድማ፣ ፈጻሚት ሸማግለ ኢህወደግ፣ ካብቲ ሃሊቑ ዘይነጽፍ ብዝሒ ህዝቢ ኢትዮጵያ፣ ተወሳኺ ሰራዊት መልሚልካን ዘድሊ ተተኳሲ ሸሚትካን ዳግማይ ሰፊሕ ምድላዋት ጌርካ፣ ነቲ ውግእ ምቕጻል ኣብ ዝብል መደምደምታ በጽሐ። ኤታ ማጆር ሹም

ሰራዊት ኢትዮጵያ፡ ጻድቃን ገብረትንሳኤ፡ ድሕሪ 2ይ ወራር፡ ብፍሸለት ናይቲ ዓቢ ውጥን ዝተሰምየ ምረት ከምዚ ክብል ኣዕሊልዎ ምንባሩ ገብሩ ኣሰራት ይጠቅስ፤

> ንሻዕብያ ዝግባእ መቕጻዕቲ ሂብና ልክዑ ከየእተና፡ ቅንዕ ኢለ ኣብ ቅድሚ ህዝቢ ክሽይድ የሕፍረኒ እዩ። ህዝቢ ዘድልየና ኩሉ ቀሪቡልና ከብቅዕ፡ ኣብ ውግእ ኣቲና ዕላማና ብዘይምውቃዕና ከቢድ ሕፍረት'ዩ ዝሰምዓኒ። እዚ ከይገበርና፡ ኣብ ኣደባባይ ኣብ ቅድሚ ህዝቢ ክርአ ድሌት የብለይን።. . . ፖለቲከኛታትና ኣብ ዝገብርዎ ቃለ-መጠይቓት፡ ኣፎም መሊኦም ንሻዕብያ ብቐሊሉ ኣጥቂዕና ከም እንሰዕራ ክገልጹ እንከለው ይገርመኒ'ዩ። ከምዚ ኢልካ ብፍጹምነት ምዝራብ፡ ኣይኮነን'ዶ ንፖለቲካውያን ሓለፍቲ ንወተሃደራውያን ኣዘዝቲ እውን ዝኸብድ እዩ። ከምዚ ዓይነት መግለጺታት ተጽዕኖ ስለ ዝፈጥረለይ፡ ብወገነይ ፖለቲከኛታት መግለጺ እንተዘይሃቡ እየ ዝመርጽ። (ልኡላውነትና ደሞክራሲ በኢትዮጵያ - ገጽ 295)

ካብ ካልኣይ ናብ ሳልሳይ ወራር

ኣብ መጋቢት 1999 ካልኣይ ወራር ወያነ፡ በቲ ኣብ ግንባር ዓሊተና መረብ ክንፊ ጾሮና፡ ዕርዲ እግሪ-መኸል ዝተራእየ ዘሰካሕክሕ መቕዘፍቲ ሰራዊት ወያነን ድሕሪኡ ሓይልታት ምክልኻል፡ ኣብ ከባቢ ባድማ ክልተ ግዜ፡ ማለት ኣብ መወዳእታ መጋቢትን ሰነን፡ ዝወሰዶ መዐገሲ ጸረ-መጥቃዕቲን ዘፍ ኢሉ ድሕሪ ምኽታሙ፡ ኣብቲ ዝቐጸለ ዓሰርተ ኣዋርሕ ዝተኻየደ ብርቱዕ ውግእ ኣይነበረን።

ብ14 ሓምለ 1999፡ ኣብ ኣልጀርያ ኣብ ዝተኻየደ መበል 35 ስሩዕ ኣኼባ ውድብ ሓድነት ኣፍሪቃ፡ ብመራሕቲ መንግስታት ኣፍሪቃ ዝተደገፈ፡ ነቲ ኣቐዲሙ ብውድብ ሓድነት ኣፍሪቃ ናብ ክልቲኣን ሃገራት ዝቐረበ ባይታ ንስምምዕ (Frame-work Agreement) ኣገባብ ትግባረኡ ዘነጽር "Modalities of Implementation" ዝተሰምየ ሸወዓተ ነጥቢታት ዝሓዘ እማመ ናብ ክልቲኣን ሃገራት ምስ ቀረበ፡ ኤርትራ ብዘይውዓል ሕደር ክትቀበሎ እንከላ፡ መንግስቲ ኢትዮጵያ፡ መግለጺ መንግስቲ ኤርትራ "ነቲ እማመ ምቕባሉ ዘመልክት ኣይመስልን" ብዝብል ናይ ገዛእ-ርእሱ ኣተረጓጉማ ከድሓርሕር ፈተነ። ጸኒሑ ግን ከም እተቐበሎ ኣፍለጠ። በዚ ድማ፡ ናይቲ እዋን'ቲ ኣቦ መንበር ውድብ ሓድነት ኣፍሪቃ፡ መራሒ ኣልጀርያ ዓብደልዓዚዝ ቡታፍሊቃ ንቐዳማይ ሚኒስተር ኣልጀርያ ነበር፡ ኣሕመድ ኣያሕያ፡ ነቲ ብውድብ ሓድነት ኣፍሪቃ ዝካየድ ዝነበረ ሸምግልና ከሳልጥ ፍሉይ ልኡኽ ገይሩ መዘዞ።

ፍሉይ ልኡኽ ውድብ ሓድነት አፍሪቃ ምስ ፍሉይ ልኡኽ ሕቡራት መንግስታት አመሪካ ብሓባር፡ አብ ነሓሰ 1999 ምስ ወከልቲ ኤርትራን ኢትዮጵያን እናተመኻኸሩ፡ ዝርዝራት ባይታ ንስምምዕን አገባብ ትግባሬኡን ዘነጽር ተወሳኺ "ቴክኒካዊ ቅጥዒታት" (Technical Arrangements) ዝተሰምየ ሰነድ ብምድላው ናብ ክልቲኡም መንግስታት አቕረቡ፡፡ እቲ ልኡኽ ምስ መንግስታት ኤርትራን ኢትዮጵያን እናተላዘበ፡ ነዚ ሰነድ'ዚ ንምድላው አብ ዝሰርሓሉ ዝነበረ እዋን፡ መንግስቲ ኢትዮጵያ 'ንኤርትራ ዕድል ንምኽላእ፡ እቲ ሰነድ ፍጹም ክቕየርን ክመሓየሽን ዘይክእል ኩይኑ ክዳሎ አለዎ' ዝብል ጸቕጢ ይገብር ነበረ፡፡ ጠለብ ኢትዮጵያ ድማ ቡቶም ሸምገልቲ ተቐባልነት ረኸበ፡፡

እንተኾነ እቲ ሰነድ ተዳልዩ ምስ መጸ፡ ኤርትራ ምሉእ ብምሉእ ክትቀበሎ እንከላ፡ ስርዓት ወያነ 'እቲ ሰነድ ፍጹም ዘይቕየርን ዘይምሓየሽን ኩይኑ ክዳሎ አለዎ' ክብል ከም ዘይጸንሐ፡ ትሕዝቶኡ ስለ ዘይማእምአ ተወሳኺ መብርሂ ክወሃቦ ልዕሊ 40 ድርዳር ሕቶታት አቕረበሉ፡፡ ፍሉይ ልኡኽ ውድብ ሓድነት አፍሪቃ ድማ፡ ኢትዮጵያ ንዘቕረበቶ ሕቶታት ዘብርህ 13 ገጻት ዝሓዘ መልሲ ናብ መንግስቲ ኢትዮጵያ አቕረበ፡፡ ምስኡ አተአሳሲሩ ኸአ፡ ኢትዮጵያ አብቲ ሰነድ ምትዕርራይ ክግበር ከይትጽበ፡ እቲ ሰነድ ንምምሕያሽ ክፉት ከም ዘይኮነ ደጊሙ አዘኻኸረ፡፡ ስርዓት ወያነ ክቕበሎ ስለ ዘይደለየ ኸአ፡ ፍሉይ ልኡኽ ውድብ ሓድነት አፍሪቃ ስርሑ ከይቃጸል ዝዐንቀጸ ኩነት ተፈጥረ፡፡

ቀዳማይ ሚኒስተር መለስ ዜናዊ፡ ብ5 ግንቦት 2000፡ አብ ተሌቪዥን ኢትዮጵያ ቀሪቡ፡ "ቴክኒካዊ ቅጥዒታት፡ ኤርትራ ካብ ኩሉ'ቲ ሓዛቶ ዘላ መሬት ኢትዮጵያ ክትስሕብ ዘየውሕስ እንተኾይኑ፡ ኢትዮጵያ ካብ ዝኾነ ወገን ዝመጸ ጸቕጢ ከም ዘይትቕበል" አፍለጠ፡፡ አብዚ ሰነድ'ዚ ኢትዮጵያ ዘይተቀበለቶ ዝዓበየ ነጥቢ፡ እቲ ቀዳማይን አገዳሲን ነጥቢ ናይቲ ስምምዕ ማለት "ምቅራጽ ተኹሲ" ዝብል እዩ ነይሩ፡፡ ብዘይካ'ዚ ስርዓት ወያነ፡ ቅድሚ ዝኾነ ይኹን ዘተ፡ ካብቲ እጃታይ ዝብሎ ዝነበረ መሬት ከባቢ ዛላምበሳን ካልእን ሰራዊት ኤርትራ ክወጽእ ይጠልብ ነበረ፡፡ እቲ መስርሕ ሰላም ድማ በዚ ገታር መርገጺ ስርዓት ወያነ ንኣዋርሕ ተዓንቂጹ፡ ንቕድሚት ክስጉም አይከአለን፡፡ አብዚ ዝተጠቕሰ ናይ ክርክር ግዜ፡ ሰበ-ስልጣን ምምሕዳር አመሪካ፡ እቲ ንምምሕያሽ ክፉት ዘይኮነ ሰነድ፡ ርእይቶ ወያነ አብ ግምት ዘእተወ ምቅይያር ክግበረሉ ብውሽጢ ውሽጢ ጸቕጢ ይገብሩሉውም ምንባሮም፡ ፍሉይ ልኡኽ ውድብ ሓድነት አፍሪቃ ንሚኒስተር ጉዳያት ወጻኢ ኤርትራ አተንቢሁሉ ነይሩ፡፡

ካብ ለካቲት ክሳዕ ሚያዝያ 2000 ኣብ ዝነበረ ኣዋርሕ፡ ፍሉይ
ልኡኽ ውድብ ሓድነት ኣፍሪቃ ኣሕመድ ኣያሕያን ፍሉይ ልኡኽ
ሕቡራት መንግስታት ኣመሪካ ኣንቶኒ ሌክን ናብ ኣስመራን ኣዲስ-ኣበባን
እናተመላለሱ፡ ትግባረ ባይታ ንስምምዕን ተለቀብቲ ስነዳቱን ተፈጸምነት
ክረክብ ፈተነታት እኳ እንተ'ካየዱ፡ ጾርታቶም ናይ ምግዳድ ዓቕሚ ስለ
ዘይነበሮ፡ ስርዓት ወያን ትርጉም ዝሀቦ ኣይነበረን። ምኽንያቱ ስርዓት ወያን፡
ኣብቲ እዋን'ቲ ነቲ ወሳኒ ዝበሎ ግጥም ሳልሳይ ወራር ኣብ ምድላው'ዩ
ዝነበረ። በዚ ድማ ንኣዋርሕ ዝቐጸለ ዲፕሎማሲያዊ ጾርታት ፈሺሉ፡
መስርሕ ሸምግልና ተጸንቀቐ። ወያን ድማ "ኩናት ዘይተርፍ'ዩ" እናበለ
ወግሕ-ጸብሕ ናይ ታህዲድን ምጉብዕባዕን ከበሮ ይሃርም ነበረ።

ስርዓት ወያን ኣፉ መሊኡ "ኩናት ዘይተርፍ'ዩ" እናበለ ኣብ ዘፈራርሓሉ
ዝነበረ ግዜ፡ ፕረዚደንት ኢሳይያስ ኣፈወርቒ "ኤርትራ ኣብ ትሕቲ ዘኾነ እዋን
ቀዳማይቲ ጥይት" ከም ዘይትትኩስ ብምግላጽ፡ ህዝቢን መንግስቲን ኤርትራ
እቲ ጉዳይ ብሰላማዊን ሕጋዊን መገዲ ጥራይ ከም ዝፍታሕ ዝነበሮም
እምነት ብዘየወላውል መገዲ ደጊሙ ኣፍለጠ።

ጾርታት ውድብ ሓድነት ኣፍሪቃን ፍሉይ ልኡኽ ኣመሪካን ፍረ
ተሳኢኑም፡ እግም ሰላም ውድብ ሓድነት ኣፍሪቃ ናብ ፍሽለት ገጹ
ምስ ተገምገመ፡ ኩናት ምውልዑ ከም ዘይተርፍ ዝገመገም ባይቶ ጸጥታ
ሕቡራት ሃገራት፡ ካብ 8-9 ግንቦት 2000፡ ሸውዓተ ኣምባሳደራት ኣባል
ሃገራት ባይቶ ጸጥታ ዝርከብዎ ጉጅለ ናብ ክልቲኤን ሃገራት ለኣኸ።
መንግስቲ ኤርትራ ከም ወትሩ ንጾርታቶም ብምድጋፍ፡ ናብ ኩናት ክኣቱ
ድሌት ከም ዘይብሉ ከነጽር እንከሎ፡ መንግስቲ ኢትዮጵያ ግን፡ ጾርታት
ሰላም "ብሰንኪ ኤርትራ" ከም ዝተጾንቀቐን ኩናት ዘይተርፍ ምኽኑን ነቲ
ልኡኽ ብወግዒ ኣፍለጦ። ልኡኽ ባይቶ ጸጥታ ሕቡራት ሃገራት እውን
ከም'ቶም ካልኦት ሸምግልቲ ብዘይ ፍረ ናብ ቦታኡ ተመልሰ።

ድሕሪ'ዚ ሳልሳይ ወራር ወያን ናይ መዓልታት ጉዳይ ም'ኳኑ ንኹሉ
ንጹር ኮነ። ብ12 ግንቦት 2000 ኣብ ዘውግሕ ለይቲ ድማ ሰራዊት ወያን፡
ብጸጋማይ ግንባር መረብ ሰቲት መጥቃዕቱ ጀመረ።

ሳልሳይ ወራር

ኣብቲ ቀዳማይ ናይ ውግእ ም'ዕራፍ፡ ክሳብ ኣስመራ ንምብጻሕ
ዘውጸእናዮ ውጥን፡ ድሌትና እምበር ዓቕምናን ክእለትናን ዘንጸባርቕ
ኣይነበረን። ኣብቲ ዝቐጸለ ም'ዕራፍ ግን ኣስመራ ጥራይ ዘይኮነ
እንተተደልዩ እውን ክንዮኡ ሰጊርካ ንምጥቃዕ ዘኽእል ሓይሊ'ዩ
ተዳለየ። . . . ክሳብ ኣስመራ ምጥቃዕ ዝብል ሓብል ብ'ግሕበረስብ

ዲፕሎማሲ እንተዘይኮይኑ፣ ኣብ ህዝቢ ሰፊሕ ተቐባልነት ዝነበሮ እዩ። ክንዲ ዝኾነ ዘለና ዓቕሚ ተጠቒምና፣ ክሳብ ኣስመራ ብምብጻሕ ንትዕቢተኛ መንግስቲ ሻዕብያ ምድምሳስ፣ ናይ ዝበዛሕና ኣባላት ፈጻሚት ሽማግለ ኢህወደግ ድሌት ጥራይ ዘይኮነ፣ ናይ ኩሉ ፈታው ሃገር ኢትዮጵያዊ ድሌት እዩ ነይሩ። (ልኡላውነትና ደሞክራሲ በኢትዮጵያ - ገጽ 309)

ኣብዚ ወራር'ዚ እውን እቲ ዓቢ ዕላማ 'ኣስመራ ምእታው' ኣይተቐየረን። ናይ መወዳእታ ዕላማ ሳልሳይ ወራር፣ ልክዕ ከም ናይ ካልኣይ ወራር፣ ንዕርዲታት ህዝባዊ ሰራዊት ኣፍሪስካ፣ ኣስመራ ብምሓዝ ንመንግስቲ ኤርትራ ምዕላው ክኸውን ፈጻሚት ሽማግለ ኢህወደግ ወሲኑ ነበረ። ኣብዚ ወራር'ዚ ዝተቐየረ ነገር እንተነይሩ፣ ስርዓት ወያነ ካብ ፍሽለት ቀዳማይን ካልኣይን ወራር፣ ኣውራ ድማ ካብ ተመኩሮ ናይቲ ኣብ ግንባር ባድማን ክንፈ ጸሮናን ዘጋጠመ ነቲ ስርዓት ዘሰንበደ ህልቂት ሰራዊትን ዕንወት ታንክታትን ተማሂሩ ንነዊሕ ዝተዳለወሉ፣ ብስልቲ ውግእ ድማ ካብቶም ቀዳሞት ውግኣት ቅሩብ ፍሉይነት ዝነበሮ ምዃኑ እዩ። ወያነ ኣብ ካልኣይ ወራር ዝተጠቕመሉ፣ ብገዚፍ መካናይዝድ ሓይሊ ዝተሰነየ ስልቲ ውግእ ዘስዓበሉ ከቢድ ንዋታዊ ክሳራ ብምግምጋም፣ ናብ መጥቃዕቲታት ኣጋር ሰራዊት ዝዛዘው ስልቲ ውግእ ክኸተል'ዩ መሪጹ። ኣብዚ ወራር'ዚ ስርዓት ወያነ ኣስታት 250,000 ሰራዊት ኣሰለፈ።

ሓይልታት ምክልኻል ኤርትራ፣ "ቀዳመይቲ ጥይት ኣይንትኩስን" ዝብል ፖለቲካዊ ውሳኔ መንግስቲ ኤርትራ፣ ንጡፍ ናይ ምክልኻል ስጉምቲ ክወስድ የኽእሎ ኣይነበረን። sእዚ ብወተሃራዊ ዓይኒ ቅቡል እኳ እንተዘይኮነ፣ መንግስቲን ህዝቢን ኤርትራ፣ እቲ ጉዳይ ብሰላማዊን ሕጋዊን መገዲ ክዓርፍ ዝነበሮም ድሌትን ልዑል ርእስ-ምትእምማን ሓይልታት ምክልኻል ኤርትራን ዘጉልሕ ተባዕ ውሳነ'ዩ ነይሩ። በዚ ምኽንያት ሓይልታት ምክልኻል ኤርትራ ዝነበሮ ኣማራጺ፣ ሰራዊት ወያነ ተኹሲ ድሕሪ ምኽፋቱ ኣንፈት መጥቃዕቲታቱ እናረየ ተዓጻጺፉ ምምካት ጥራይ ነበረ። እዚ ኩነታት'ዚ ንሰራዊት ወያነ፣ ዓቕሚ ሰራዊት ኤርትራ ገምጊሙ፣ ዝረቐቐ ቦታ ብምምዝማዝ፣ ሃንደበትነት ተጠቒሙ ከቢድ ጉድኣት ከወርድ ሰፊሕ ዕድል ዝሀቦ እዩ ነይሩ። ሓይልታት ምክልኻል ኤርትራ፣ ምእንቲ ሰላም ክብል ክሳብ ክንዲ'ዚ ተወፋይነት ኣርኣየ። ድሕሪ'ቲ ወራር ጀነራል ስብሓት ኤፍሬም፣ ብ25 ሰነ 2000 ምስ ቴለቪዥን ኤርትራ ኣብ ዘካየዶ ቃል-መጠይቕ፣ "ኣብ ወተሃደራዊ ግጥማት ከምዚ ዕድል ዝሀብ የለን" ክብል፣ ሰራዊት ወያነ ረኺብዎ ዝነበረ ብልጫ ቀሊል ከም ዘይነበረ እንተኹን ብምትዕጽጻፍ ሓይልታት ምክልኻል ከምቲ ዝድለ ክጥቀመሉ ከም ዘይከኣለ ዝርዝር መረዳእታ ሂቡ ነይሩ።

ሓይልታት ምክልኻል ኤርትራ፡ ዋላ እኳ ቀዳመይቲ ጥይት ክትኩስ እንተተዘይወሰነ፡ ነቲ በየን ከም ዝጀምር ዘይፍለጥ መጥቃዕቲታት ሰራዊት ወያነ ተዓጻጺፍካ ንምምካት ዝሓንጸጸ ስልቲ ውግእ ግን ነይሩዎ እዩ። በዚ ስልቲ'ዚ መሰረት ነቲ ዝበረ ግንባራት፡ ከከም ደረጃ አሰጋእነቱ አብ ሰለስተ ምድባት ከፋፊሎ።

በቲ ሓይልታት ምክልኻል ኤርትራ ዘውጸአ ናይ ምክልኻል ስትራተጂ፡ እቲ ብቐዳምነት ብሓይሊ ሰብን አጽዋርን አደልዲልካ ክዕረድ ዝነበሮ ከባቢ፡ ግንባር ደቡብ (ዓሊተና-መረብ) ነበረ። እዚ ዝኹነሉ ምኽንያት፡ እዚ ግንባር'ዚ ምስቲ ናብ አስመራ ዘለዎ ቅርበትን ዒላግ ወያነን፡ ብኡ ክፍጠር ዝኽእል ሃንቅ አብ ሓጺር ግዜ ሓደገኛ ኩነታት ክፈጥርን ተዓጻጺፍካ ቅልጡፍ ግብረ-መልሲ ክትህበሉ ዘጸግምን ብምዃኑ እዩ። በዚ ድማ፡ እቲ ዝበዝሐ ዓቕሚ ሓይልታት ምክልኻል ኤርትራ አብዚ ከባቢ'ዚ ዓራዱ ይጽብ ነበረ። እቲ ብኻልአይ ደረጃ ዝተነጸለን ቦታ ብምዃኑ፡ አብ ሓጺር ግዜ ክትረድኦ ስለ ዘጸግም፡ ርእሱ ክአሉ ክገጥም ዝኽእሎ ሓይሊ ክሕዝ ነይሩዎ። እቲ ሳልሳይ ዝተሰርዐ ግንባር፡ መረብ-ሰቲት እዩ። እዚ ግንባር'ዚ ምስቲ ብድሕሪኡ ዘሎ ጉላጉል ዝዓብለሎ ሰፈሕ ቦታታት፡ ዋላ እንተተሰብረ፡ ንምትዕጽጻፍ ዕድል ዝህብ እዩ ነይሩ። በዚ ድማ፡ ሓይልታት ምክልኻል አብዚ ከባቢ ዘሰፈር ዓቕሚ ሰብን አጽዋርን ካብ ክልቲኡ ግንባራት ዝወሓደ ነበረ።

ብደገፍ ስለያዊ ሓበሬታ ዓበይቲ ሓይልታት አብ ኩሉ ግንባራት ዝነበረ ዓቕሚ ሓይልታት ምክልኻል ኤርትራ ብደቒቕ ዘጸነዐ ሰራዊት ወያነ፡ መጥቃዕቱ በቲ ስሑው ግንባር መረብ-ሰቲት ክጅምሮ ወሰነ። ልዕሊ 100,000 ሰራዊት፡ ማለት ልዕሊ ሰለስተ ዕጽፊ አብቲ ግንባር ዝነበረ ዓቕሚ ሓይልታት ምክልኻል ኤርትራ አሰሊፉ ድማ ብጸጋማይ ክንፊ ብሸነኽ ትኹል-ደበኖ፡ ብየማን ድማ ብጭፍ ማይ ቆጃሕ ከም'ኡ'ውን አብ ማእከል ናይቲ ግንባር ብሸነኽ ፎውሊና ዝረኸቦ ረቒቕ ቦታ በሲዑ፡ አብቲ ግንባር ንዝነበረ ሓይልታት ምክልኻል ኤርትራ አብ ከበባ አእትዩ ክድምስሶን አጽዋራቱ ክማርኾን ተሃንደደ። ሓይልታት ምክልኻል ኤርትራ፡ ድሮ ሓንጺጽዎ ብዝጸንሐ ናይ ምክልኻል ስትራተጂ መሰረት፡ አብ ውሽጢ'ተን ቀዳሞት ክልተ መዓልታት፡ ሰራዊቱን አጽዋሩን ብዘይ ብዙሕ ጉድአት ካብቲ ግንባር ብምውጻእ፡ አብ ከባቢ ሻምብቆ ዓረደ። ክሳብ 17 ግንቦት አብ ዝነበረ መዓልታት ድማ፡ ካብ ሻምብቆ ክሳብ ከባቢ ባረንቱ አብ ዘሎ ከባቢታት እናተዋግአ አብ ልዕሊ'ቲ ሓሽከት ሀንዱድ ወራሪ ሰራዊት ወያነ ከቢድ ጉድአት ድሕሪ ምውራድ፡ ካብቲ ግንባር ምሉእ ብምሉእ ስሒቡ፡ ንባረንቱ ገዲፉ፡ አብ መገዲ ባረንቱ-አቑርደት ዓረደ። በዚ ድማ፡ ሰራዊት ወያነ ንባረንቱ ክቆጻጸራ ከአለ።

ዕላማ ሰራዊት ወያነ ድሕሪ ምፍራስ ናይቲ ግንባር፡ ብመልቀሩ ማይ-ድግማ፡ ዓረዛ ኣቢሉ ንመንደፈራ ምውጻእ ነበረ። እንተኹነ ኣብ ግንባር መረብ-ሰቲት ዝነበረ ሰራዊት ኤርትራ ስለ ዘይተደምሰሰ ጥራይ ዘይኮነ ከይተሃስየ እውን ስለ ዝወጸ፡ ንናይ ድሕሪት መጥቃዕቲ ከይቃላዕ ብምስጋእ፡ ደድሕሪ ሰራዊት ኤርትራ ክስዕብ ተገደደ። ሰራዊት ወያነ፡ በቲ ዘይሓሰቦ ሰራዊት ኤርትራ ዝወሰዶ ናይ ምዝላቕ ስጉምቲ፡ ሽኩ-ሽካ ሒዝዎ፡ ናብ ባረንቱን ከባቢኣን ተፈርሺሑ ኣብ ዝወሓጠሉ ዝነበረ ግዜ ኸኣ፡ ኣብ ግንባር መረብ-ሰቲት ካብ ዝነበረ ሓይልታት ምክልኻል ኤርትራ፡ ዘበዝሕ ክፋሉ ናብቲ ብቐዳማይ ደረጃ ዝተሰርዐ ግንባር ደቡብ ተደረበ።

ጀነራል ስብሓት ኤፍሬም ደድሕሪ ፍሽለት ሳልሳይ ወራር ወያነ፡ 25 ሰነ 2000 ምስ ቴሌቪዥን ኤርትራ ኣብ ዝገበሮ ቃል-መሕትት፡ ነዚ ናይ ግንባር መረብ-ሰቲት ውግእ ብኸምዚ ዝስዕብ ቃላት ገሊጹዎ ነይሩ፤

ወያነ በዚ ግንባር'ዚ ጊዜፍ ሓይልን ብዙሕ ኣጽዋርን ሃንደበትነትን ሒዙ እዩ መጺኡ። ኣብ ውግእ ልዕሊ ሰብን ኣጽዋርን እቲ ዝንበየ ብልጫ ሃንደበትነት እዩ። . . 'ቀዳመይቲ ጥይት ኣይንትኩስን' ዝብል ናትና ፖለቲካዊ ውሳነ፡ ወያነ ነዚ ዓቢ ብልጫ'ዚ (ሃንደበትነት) ክረክብ ኣኽኢልዎ እዩ፡ ግን ኣይተጠቐመሉን. . .ብሰኪዬት ዝሓዝካዮ ዓሳ፡ ብኢድካ ክትሕዞ ምስ በልካ ኣጻብዕትኻ ቀራሪጹካ እንተኸይዱ፡ ዓሳ ኣይሓዝካን ጥራይ ዘይኮነ፡ ኣጻብዕትኻ እውን ካልኣይ ግዜ ከም ዘይትጥቀመሉ ጌሩካ ኣሎ ማለት እዩ . . ሳልሳይ ወራር ኣብዚ ቀዳማይ ገጽ መጥቃዕቲ እዩ ፈሺሉ.. . .ሰራዊት ኤርትራ ካብቲ ዝተጸወደሉ ሰኪዬት ወጺኡ ጥራይ ዘይኮነ፡ ኣብቲ ከባቢ ጸረ-መጥቃዕቲ ኣካይዱ፡ ቀስ ኢሉ ዝጥዕም እንገበረ ኣብ መወዳእታ ብግንባር ደቡብ ተሰሊፉ ኩሉ ነገር ክገብር ክኢሉ። . . .ዓቕምኻ ሒዝካ እንተድኣ ወጺእካ፡ ጽባሕ ኣለኻ፡ ድሕሪ ጽባሕ ኣለኻ፡ ንመስርሕ ናይቲ ውግእ ድማ በቲ ንስኻ እትደልዮ ክትመርሓ ትኽእል ኢኻ። . . . ከምዚ ክገብር ዝኽእል ሰራዊት ግን ውሑድ እዩ። ባህሊ፡ ዘለዎ፡ ነዊሕ ተመኩሮን ርእሰ-ተኣማንነትን፡ ሓድነት፡ ሞራል ዘለዎ ሰራዊት ጥራይ'ዩ ከምዚ ክገብር ዝኽእል። ኩሉ ብረት ዝዓጠቐ፡ የኒፎርም ዝተኸድነ ወተሃደር ክገብር ዝኽእል ኣይኮነን. . .

ብርግጽ ድማ ወራሪ ሰራዊት ወያነ፡ ኣብ ግንባር መረብ-ሰቲት ንዘዓረደ ሓይልታት ምክልኻል ኤርትራ ኣኽቢሩ ክጭኮፍልቐ ዘካየዶ ፈተነ፡ ብቐልጡፍ ስጉምቲ ናይቶም ምኩራት ኣዘዝቲ ሰራዊት ኤርትራ ምስ ፈሽለ፡ ኣንፈቱ'የ ኣጥፈኣ። ዘይሓሰቦ ናብ ባረንቱን ካልእ ከባቢታት ባርካን ምምርሑ፡ ዝምታን ዕንወትን ክፍጽም ኢኺ እንተኣኽኣሎ፡ ዓቕሙ ተመጢጡ ብቐልጡፍ ናብቲ ቀንዲ ሾቶ ከይግስግስ ዝዕንቅጽ እንተዘይኩይኑ ወተሃደራዊ ፋይዳ

አይነበሮን። ክንዲ ዝኹነ ወይኑ፡ ነዚ ከባቢታት'ዚ ክቆጻጸር ዘጥፈአ ግዜ
ንሓይልታት ምክልኻል ኤርትራ ዓቢ ብልጫ ሃቦ።

ወራሪ ሰራዊት ወያነ ብድሕሪ ባረንቱ፡ ምቅጽጻሩ፡ ዝድረብ ሓይሊ
ደሪቡ፡ ካልአይ ገጽ መጥቃዕቱ ፈነወ። ዕላማ ካልአይ ገጽ መጥቃዕቲ
ወያነ፡ ብምዕራብ ብሽነኽ ማይ-ድማ፡ ከምኡ'ውን ብደቡብ ብሽነኽ መረብ
ንዓዲ-ኻላ ተቒጻጺርካ መንደፈራ ምእታው፣ ብሽነኽ ዓይጋ-መነኹሰይቶ
ናብ ዓዲ-ቋይሕ፡ ብሽነኽ ጸርና ድማ ብማይ ዓይኒ አቢልካ ደቀምሓረ
ብምእታው ንሰራዊት ኤርትራ አብዚ ከባቢታት እናኽርደንካ ብምብትታን
አስመራ ምእታው ነበረ። እንተኹነ፡ ብሽነኽ ማይ-ድማ ዝፈተኖ መጥቃዕቲ
ነዊሕ ከይከደ ብኸቢድ ተወቒዑ መኸነ። ብኸሳድ ዒቃ፡ ናብ ጎቦታት ዓዲ-
ኻላ ንምውጻእ ዘካየዶ ፈተነ እውን ብተመሳሳሊ ከቢድ ክሳራ ተሰኪሙ
ክስጉም አይከአለን። ብፍላይ ብ24 ግንቦት ብሽነኽ ዓዲ-በጊያ አብ ዝፈተኖ
ሓያል መጥቃዕቲ፡ ሰራዊት ወያነ አስቃቒ ህልቂት'ዩ አጋጢምዎ። ምስዚ
ተአሳሲሩ ሰራዊት ወያነ፡ ምብራቕ ካብ ዓዲ-ኻላ ብኸንፈ ሃዘሞ-ጸርና፡
ዘካየዶ ብርቱዕ ፈተነ እውን ውጽኢት አይረኸበሉን፡ ጥራይ ዘይኮነ ከቢድ
ክሳራ አጋጢምዎ።

አብ ባይታ እዚ ዝተጠቕሰ ወተሃደራዊ ግጥማት እናተኻየደ፡ ልኡኻት
ውድብ ሓድነት አፍሪካ፡ አመሪካን ካልኦት ግዱሳትን፡ ነቲ ኩናት ንምዕራፍ
ካብ ምጉያይ አየዕረፉን። ብፍላይ አቦ-መንበር ውድብ ሓድነት አፍሪቃ
ዝነበረ ፕረዚደንት አልጀርያ፡ ዓብዱልዓዚዝ ቡተፍሊቃ፡ ናብ ማእከላይ
ምብራቕ ዘመደቦ ዑደት አቋሪጹ፡ ካብ 21 ክሳዕ 26 ግንቦት 2000 አብ
ዝነበረ መዓልታት ብአካል ናብ አስመራን አዲስ-አበባን ብምብጻሕ ኩናት
ደው ንምባል ልዑል ጻዕሪ አካየደ። ፕረዚደንት ቡተፍሊቃ፡ ዝአመሞ ፍታሕ፡
ንኢትዮጵያ ንምርሳዕ፡ አቋዲማ ኤርትራ፡ ድሕሪኡ ድማ ኢትዮጵያ
ሰራዊተን ናብቲ ቅድሚ 6 ግንቦት 1998 ዝነበራ ቦታታት ክስሕባ፣ እዚ
ምስ ተፈጸመ፡ ወከልቲ ክልቲአን ሃገራት ን29 ግንቦት 2000 አብ አልጀርስ
ዘይቀጥታዊ ዘተ ብምኽያድ፡ ብዘዕባ ቅጥዒታት አተገባብራ ውጥን ሰላም
ውድብ ሓድነት አፍሪቃ ከመያየጣ ዝብል ነበረ።

ኤርትራ ነቲ እግመ ብኡ-ንብኡ ብምቕባል፡ ፕረዚደንት ቡተፍሊቃ ገና
አብ አስመራ እንከሎ ሰራዊታ ካብ ከባቢ ዛላምበሳ ሰሓበት። ስርዓት ወያነ
ግን፡ "ሰራዊት ኤርትራ ገና ካብ ባዳን ቡሬን አይወጸን ዘሎ" ዝብል ካልእ
ምስምስ አምጸአ። እዚ ቦታታት'ዚ ቅድሚ 6 ግንቦት ኢትዮጵያ ዘይነበረቶ
እኳ እንተነበረ፡ መንግስቲ ኤርትራ ካብዚ እውን ምእንቲ ሰላም ክብል
ሰራዊቱ ክስሕብ ምኻኑ አፍሊጡ፡ ብተግባር እውን ፈጸሞ።

ይኹን'ምበር ስርዓት ወያነ ሸውዓተን ኩናት ደው አቢሉ ናብ ቅድሚ

6 ግንቦት ዝነበር ቦታታት ክምለስ አይመረጸን። ብአንጻሩ፡ ሰራዊት ኤርትራ አብ ዛላምበሳ፡ ባዳን ቡሬን ካብ ዝነበረ ድልዱል ዕርድታት ምውጽኡ፡ ከም ዓቢ ዕድል ቆጺሩ፡ መጥቃዕቲ ብክልቲኡ ግንባራት ዓሊተና-መረብን ዓሰብን ቀጸለ። ሓይልታት ምክልኻል ኤርትራ ካብ ዛላምበሳ ድሕሪ ምስሓቡ ንምክልኻል ከጥዕም ዘመረጸ ቦታ ምስ እምባ-ታሪኻን እምባዖይራን ዘተአሳሰረ ስትራተጂያዊ አኽራናት ነበረ። በዚ ድማ ሰራዊት ወያነ ንሰንንፈ ከቆጻጽራ ከአለ። ሰራዊት ወያነ ሰንዓፈ ድሕሪ ምእታዉ፡ ዓዲ-ቆይሕ ንምቁጽጻር ተደጋጋሚ መጥቃዕቲታት እኳ እንተ'ካየደ ከሰልጦ አይከአለን። ድሕሪ ሓያል ምርብራብ ድማ፡ መጥቃዕቲ ሰራዊት ወያነ በዚ ግንባር'ዚ እውን ናሁሩ ወዲኡ ዘፍ በለ።

ሰርዓት ወያነ አስመራ ንምእታው ብዘተፈላለየ አንፈት ዘካየዶ ፈተነታት ምሉእ-ብምሉእ ምፍሻሉ ምስ ተገንዘበ፡ ብውሑዱ ወደብ ዓሰብ ብምቁጽጻር መደዓዕሲ ናይቲ ዓቢ ፍሽለት ከረክብ መደበ። በዚ ድማ ነቲ አብ አልጀርስ ብ29 ግንቦት ዝጀመረ ዘይቀጥታዊ ዘተ፡ ብዕባራ ምስምሳት እናነውሐ፡ ብሓደ ወገን፡ እንተውሓደ ዓሰብ ሐዙ ናብ ዘተ አልጀርስ ብምእታው ተጸዕኖ ክፈጥር፡ በቲ ኻልእ ወገን ድማ፡ አብ ዝተፈላለየ ዘይወግዓዊ መድረኻት *"ዓሰብ ናብ ኢትዮጵያ ክንመልሳ ኢና"* እናበለ ነቶም አቐዲሙ *"ትምክሕተኛታት"* እናበለ ዝገልጾም ዝነበረ ኢትዮጵያውያን ዝአተወሎም መብጽዓ ንምፍጻም፡ ብ3 ሰነ 2000 ሳልሳይ ገጽ መጥቃዕቲ ብግንባር ዓሰብ ፈነወ።

ወያነ ቀቅድሚ'ዚ መጥቃዕቲ'ዚ፡ ብ29 ግንቦት፡ ሰራዊቱ ተልእኾኡ ፈዲሙ ካብ ምዕራብ ኤርትራ ከም ዘውጽአ ብምግላጽ፡ ካብ ባረንቱን ከባቢኡን ሰሓበ። ዕላማ ናይቲ ምስሓብ ዘሎ ሓይሊ አኻኺብካ፡ ብግንባር ዓሰብ መጥቃዕቲ ምፍናው እዩ ዝነበረ። መንግስቲ ኤርትራ ግን፡ ወያነ ምዕልባጡ እንተቐጸለ እውን ክገብር ዝኽእል ነገር ከም ዘየለ ድሮ ገምጊምዎ ብምንባሩ፡ ቀቅድሚ'ቲ ናይ ግንባር ዓሰብ ውግእ ማለት ብ30 ግንቦት 2000 መጊለጺ ብምውጽአ፡ ውጥን ወያነ ምሉእ-ብምሉእ ከም ዝፈሽለ ንህዝቢ ኤርትራን ዓለምን አፍለጠ። እቲ "ዕንወት እምበር ፋይዳን ትርጉምን ዘይብሉ ኩናት" ብዝብል አርእስቲ ዝወጸ መግለጺ፡ (ጥብቆ ተመልከት) ንዕላማ ወራር ወያነን ጀግንነታዊ መኸተ ህዝቢ ኤርትራን ሓይልታት ምክልኻሉን ከምዚ ክብል ገለጸ፤

ብዞባን ብዓለምን ደረጃ ዝተወጠነ ዕላማ (ናይቲ ወራር) ዓለም ብሓይሊ
ሰለእትአምን፡ አብ ባይታ ክውን ኩነት እንተፈጢርና፡ ሰላም'ዶ!
ምምልካት ደብ'ዶ! ዝብሃል ተሪፉ፡ ዝበልናዮ ኪ'ኾነልና ጥራይ ዘይኮነ፡
ቅልጽምና እናአርአና፡ ተፈራሕናን ተሓፈርናን ክንነብር ኢና፡ አብ
ሃገራት ዓረብ ብፍላይ፡ ቅልጽምና ምርአይ ናይ ሓዋሩ ስትራተጂያዊ

ጽብለልትነትን ውሕስነትን ከውህበና'ዩ፣ ኣብ ዝብል ዝንቡዕ ስነ-መንት
ዝተመርኮሰ'ዩ ነይሩ፡፡ . . .

(ብወገንና) ኩናትን ውጽኢቱን ልዕሊ ዝኹነ ረቛሒ ብሰብ ስለዝምዝን፣
እቲ ዝኸሰርናዮ ውሑድ ዘይንደልዮ'ኳ እንተነበረ፣ ባይታ ንምሓዝ
ኢልና ዘካየድናዮ ጠላዕ ስለዘይነበረ፣ ዓቕሚ ሰብና ክንዕቅብ ምኽኣልና፣
ብቚዓት መኸተና ከም ወትሩ ሓይሉ'ዩ ወጺኡ፡፡ . . . ሸውዓተ
ነፈርቲ ውግእ፣ ብናይ መሬት ሚሳይላትን ብኣየራዊ ምትሕንናቖን
ኣውዲቕና፣ ሓንቲ ነፋሪትን ሰብን ከይከሰርና ምውጻእና ንነዊትና
ዝያዳ ዘድምቕ'ዩ፡፡ ልዕሊ ዝኹነ ካልእ ግምታት ግን፣ ኣብ ውሽጢን
ወጻኢን ዝንብር ህዝቢ፣ ኤርትራ፣ ድምብርጽ ከይበሎ፣ መኸተኡ ክምህ
ከምዘይብል ምርግጋጹ፣ ናይ ዓወታት ዓወት'ዩ፡፡ (መግለጺ መንግስቲ
ኤርትራ 30 ግንቦት 2000)

ወያነ ውጥኑ ምሉእ-ብምሉእ ከም ዘፈሸለ ምስ ተረጋገጸ እውን
እንተኾነ ናይ ኮን ዶኾን ፈተነ ኣየቋረጸን፡፡ ወደብ ዓሰብ ንምቚጽጻር
ብምሕሳብ ድማ ንኣስታት 10 መዓልታት ዝቐጸለ ተደጋጋሚ መጥቃዕቲታት
ኣካየደ፡፡ ሓይልታት ምክልኻል ኤርትራ፣ ካብ ግንባር ቡሬ ድሕሪ ምስሓቡ፣
ነዚ መጥቃዕቲታት'ዚ ኣብ መበል 37 ኪ.ሜ. ጽርግያ ዓሰብ-ቡሬ ኣብ
ዝርከብ ስትራተጂያዊ ቦታ ኮይኑ'ዩ መኪትዎ፡፡ ገኒ ገኒ'ዚ ሓያል መኸተ'ዚ፣
ሓይልታት ምክልኻል ኤርትራ፣ ንዝምታን ዕንወትን ብሸነኽ ሓመራ ወፊሩ፣
ኣብ ተሰነይን ከባቢኣን ኣትዩ ኣብ ልዕሊ ዝቛነየ ሰራዊት ወያነ መጥቃዕቲ
ብምፍጻም፣ ካብ ተሰነይን ከባቢኣን ጸራረጎ፡፡

ሰርዓት ወያነ ገለ ዶኾን መደዓዓሲ ዓወት ይኸውን ኢሉ እምበር፣
ኣብቲ እዋን'ቲ፣ ኣብ ከባቢ ዓሰብ ውግእ ከተካይድ ኣእምሮ ዘለዎ መራሕ
ውግእ ዝሓስቦ ኣይኮነን፡፡ በዚ ድማ ሰራዊት ወያነ፣ ኣብ ትሕቲ ብርቱዕ
ሙቐት ተደጋጋሚ መጥቃዕቲታት ከካይድ ብታሕቲ ረመጽ ብላዕሊ ረመጽ
ኮይኑዎ ከቢዱ ዋጋ ከፈለ፡፡ እቲ ዘጥቅዓሉ ዝነበረ ከባቢታት ብሬሳ መርኸዩ
ኣይነበሮን፡፡ ዝኹነ ፋይዳ ከይረኸበ ድማ፣ ሰፍ ዘይብል ሰብኣዊን ንዋታዊን
ክሳራ ተሰኪሙ ሓይሉ ጸንቂቖ ውግእ ከቋርጽ ተቐሰበ፡፡

ጀነራል ስብሓት ኤፍሬም፣ ኣብ ናይ 25 ሰነ 2000 ቃለ-መሕትቱ፣ ነቲ
ኩነታት ከምዚ ክብል ገሊጹዎ፤

ኣብ ግዜ ምጽዓን ንገመል እታ ናይ መጨረሻታ ሳዕሪ'ያ ሕቖኡ
እትሰብሮ፣ ናይ ግንባር ዓሰብ ውግእ ድማ፣ ነቲ ኣብ ካልእ ግንባራት
እናተዳኸመ ዝመጸ ሰራዊት ወያነ፣ ሕቖኡ ዝሰበር ናይ መጨረሻታ
ውግእ እዩ ነይሩ፡፡

ወራሪ ሰራዊት ወያነ ኣብ መወዳእታ ብሓያል መኸተ ህዝቢን ሰራዊትን
ኤርትራ ዘፍ በለ፡፡ ወያነ ድሕሪ ፍሽለት ናይቲ ብዓሰብ ዘካየዶ መጥቃዕቲ፣

አብ ዓቐሊ ጽበት'ዩ ተሸሚሙ፡፡ እንታይ ክገብር ከም ዝገብር ስለ ዝሓርበቶ
ድማ፡ ንህዝቢ ኢትዮጵያ "ጉና ምስ ሓይልናና ኢና ዘለና" ዝዓይነቱ ጥራላዊ
መልእኽቲ ንምትሕልላፍ፡ ከምኡ'ውን ንዝምታን ዕንወትን ንኻልአይ
ግዜ፡ ብሽነኽ ተሰነይ መጥቃዕቲ ከፊቱ ዳግማይ ናብ ተሰነይ ተመልሰ፡፡
እንተኾነ እዚ ውግእ'ዚ ናይ ዓቐሊ ጽበትን እንጽርጽሮትን እንተዘይኮ‐ይኑ፡
ብወተሃደራዊ ዓይኒ ትርጉም አይነበሮን፡፡ ስርዓት ወያነ ናብዚ ውግእ'ዚ
ዝአተወሉ ቀንዲ ዕላማ፡ ንብረት ምዝማትን ምዕናውን ስለ ዝነበረ ድማ፡
ንህዝቢ'ቲ ከባቢ ብምክልባትን ቁጠባዊ ትካላት ዒላማ ብምግባርን ከቢድ
ዝምታን ዕንወትን ድሕሪ ምፍጻም፡ አብኡ ምጽናሕ ከውርደሉ ዝኸእል
ሳዕቤን ብምምግምጋም ቀልጢፉ ካብቲ ከባቢ ለቐቐ፡፡

ወያነ እምበአር ድሕሪ'ዚ ኹሉ ናይ ዓቐሊ ጽበት ፈተነታት እዩ፡ አብ
መወዳእታ ተስፋ ብምቑራጽ አብ ስምምዕ አልጀርስ ክአቱ ዝተቐሰበ፡፡
ቅድሚ ዝኾነ ስምምዕ ምፍራሙ፡ አብ ባይታ ላዕለዋይ ኢድ ዝሀሎ
ከዉንነት ክፈጥር ሓሲቡ ነይሩ፡፡ በዚ ድማ አብቲ ዘይቀጥታዊ ዘተ፡ "ሰራዊት
ኤርትራ ስግአት ስለዝኾነ ዓቕሚ ሰቡን አጽዋሩን ክንድል አለዎ፣ ሰራዊት ኤርትራ
ደገሙ ከየጥቅዕ አህጉራዊ ጸጥታዊ ውሕስነት ይወሃቡ፣ ኩነታት አብ ኤርትራ ዘለው
ኢትዮጵያውያን ክምርመር አለዎ፣ ካሕሳ ክኸፍለኒ አለዎ፣ ምምልካትን ምሕንዳጽን
ደብ አይቀበሉን'ዩ፣ እቲ ጉዳይ ብቾጥታ ናብ ዳንነት ከምርሕ አለም" ወዘተ. ዝብል
ንሸምግልቲ ሸንኩለል ዘበለ ነጥቢታት እናልዓለ ነቲ ዘተ ካብ ልክዕ ንላዕሊ
ድሕሪ ምምጣጥ፡ አብቲ ዘካይዶ ዝነበረ ፈተነታት ውጽኢት ስኢኑ ምስ
ቀበጸ፡ ነቲ ብውድብ ሓድነት አፍሪቃ ዝቐረበ ስምምዕ ክፍርመሉ ተገደደ፡፡
እቲ ብ29 ግንቦት ዝጀመረ ዘይቀጥታዊ ዘተ ድማ፡ ብ18 ሰነ 2000
ንምቑራጽ ተጻብአታትን ምፍንታት ሰራዊትን ዝምልከት አፈናዊ ስምምዕ
ብምፍራም ተዛዘመ፡፡

እዚ ስምምዕ'ዚ፡ ተኹሲ ደው ኢሉ፡ አብ መሬት ኤርትራ ናይ 25
ኪ.ሜ. ናጽ ዞባ ተመስሪቱ፡ ሰራዊት ክልቲአን ሃገራት ተፈናቲቱ፡ አብቲ
ቦታ ዓቃብ ሰላም ሰራዊት ሕቡራት ሃገራት ክአቱ፡ ፖሊስን ምምሕዳርን
ኤርትራ አብቲ ናጽ ዞባ ክነጥፉ፡ እቲ ዘተ ቀጺሉ ድማ፡ አብ አጠቓላሊ
ስምምዕ ሰላም ክብጻሕ ዝብል ትሕዝቶ ነበሮ፡፡

ከም አገባብ፡ ምስሓብ ሰራዊት ብኽልቲኡ ወገን ክኸውን፡ እቲ ናጽ ዞባ
ድማ አብ መሬት ኤርትራን ኢትዮጵያን ክምስረት'የ ዝነበሮ፡፡ እንተኾነ፡
ወያነ፡ ምስ ፍሽለት ናይቲ ዓቢ ውጥንን ኑሱ ዝፈጠረሉ ምረትን፡ ሰራዊቱ
ክስሕብ ኩን ምስረታ ናጽ ዞባ አብ መሬት ኢትዮጵያ ክቐበል፡ ሰዐረቲ
ዘጉልሕ ክኸውን ስለ ዝኽእል፡ ከም ዘይስማምዕሉ ርዱእ ነበረ፡፡ እንተ
መንግስቲ ኤርትራ፡ እቲ ዝዓበየ ቁም-ነገር፡ ኩናትን ዕንወትን ደው ኢሉ፡
እቲ ጉዳይ ናብ ሕጊ ክቐርብ ብምንባሩ፡ ከምኡ'ውን ንወያነ ምስምስ

ንምኽላእ፡ ነቲ 'ምምስራት ናጻ ዞባ አብ መሬት ኤርትራ' ዝብል ነጥቢ እውን፡ ንስለ ሰላም ኢሉ ተቐበሎ።

ድሕሪ ምፍራም ናይዚ አፈናዊ ስምምዕ'ዚ፡ እውን እንተኹነ፡ ስርዓት ወያነ፡ አብቲ ዝቐጸለ ርክባት፡ እቲ ብመሰረት መግዛእታዊ ውዕላት ደባት ከምልከትን ክሕንጽጽን ዝብል ነጥቢ ናይቲ ስምምዕ ስለ ዘይተዋሕጠሉ፡ ንሽምግልቲ ብዙሕ ዕንክሊል አበሎም። አብ መወዳእታ ግን፡ አግራጺ ስለ ዘይነበር፡ አብ ባይታ እውን ብሓይሊ ከምጽእ ዝኽእል ለውጢ ስለ ዘይነበረ፡ ብምድኻም ሰራዊቱ ኸአ ተስፋ ስለ ዝቘረጸ፡ ነቲ እግም ክቕበል ግድነት ኮነ። ብ12 ታሕሳስ 2000 ድግ፡ ፕረዚደንት ኢሳይያስ አፈወርቂን ቀዳማይ ሚኒስተር መለስ ዜናዊን፡ አብ ርእሲ ከተማ አልጀርያ ተረኺቦም፡ ንአጠቓላሊ ስምምዕ ሰላም አልጀርስ ክታሞም አንበሩለ። ሕቡራት ሃገራት፡ ውድብ ሓድነት አፍሪቃ፡ ሕቡራት መንግስታት አመሪካ፡ ኤውሮጳዊ ሕብረትን መንግስቲ አልጀርያን ድማ አውሓስቲ ናይቲ ስምምዕ ተባሂሎም ክታሞም አንበሩ።

ቀንዲ ትሕዝቶ ናይዚ ስምምዕ'ዚ፡ ሓሙሽተ ዝአባላቱ ዘይሻራዊ ዳናይ ኮምሽን ቄይሙ፡ ንደባት ክልቲአን ሃገራት ዝምልከት መግዛእታዊ ውዕላት (Pertinent Colonial Treaties) 1900፣ 1902፣ 1908፣ ከምኡ'ውን ምስ ጉዳይ ደባት ተዛማድነት ዘለዎ አህጉራዊ ሕጊ (Applicable International Law) ምርኩስ ብምግባር ናይ መወዳእታን ቀያዲን ብይን ከህብሉ፡ በቲ ብይን መሰረት ከአ፡ ደባት ተሓንጺጹ አብ ባይታ ከምልከት ዝብል ነበረ። ወያን አግራጺ አይነበሮን እምበር ምስቲ ኩናት ክእውጅ ዝደረኾ ዓቢ ዕላማ ብምንጽጻር ክቕበሎስ ይትረፍ ክሓስቦ እውን ዝኽእል ስምምዕ አይነበረን። ገብሩ አስራት አብታ "ደምክራሲን ልኡላውነትን አብ ኢትዮጵያ" ዘርእስታ መጽሓፉ፡ ኢትዮጵያ ነቲ ስምምዕ ክትፍርመሉ ምግዳዳ፡ ናይ ብሓቂ መሪር ከኒና ምንባሩን ዝተሰምዖ ዓሚቝ ጓሂን፡ ከምዚ ክብል ይገልጾ፣

እቲ ስምምዕ፡ ኤርትራ እትበሃል ሃገር ዝተፈጥረት፡ አብ መንን ጣልያንን ሃጸይ ሚኒልክን አብ 1900፡ 1902፡ 1908 ብዝገበሩዎ መግዛእታዊ ውዕል'ዩ ንዝብል ሞጎት መሰረት ዝገበረ እዩ። አብ ግምት ክአትዉ ዝግብእም ካልኦት ነጥቢታት ግን ነይሮም እዮም. . .1) ጣልያን ንኤርትራ ቅድሚ ምቑጽጻሮም፡ ኤርትራ ናብ ኢትዮጵያ ብዝግብሩ ባሕረ ነገስታት እያ ትመሓደር ነይራ 2) ሃጸይ ምኒልክን ጣልያንን አብ ዝገበሩዎ ስምምዕ፡ ጣልያን ለቝቖም አብ ዝኸድሉ ግዜ፡ እቲ ቦታ ንምኒልክ ከረክብዎ ተሰማሚዖም ነይሮም እዮም 3) አብ 1935 ጣልያን ንኤርትራ፡ ኢትዮጵያን ሶማልያን አሕቢሮም ሓንቲ ምብራቕ አፍሪቃዊት ሃገር አብ ዝፈጠሩለ፡ እቲ ናይ ምኒልክን ጣልያንን ውዕል

ፈሪሱ እዩ 4) ካልአይ ውግእ ዓለም ምስ ተወድአ፡ ኢትዮጵያ፡ ኤርትራ ልኡላዊት ግዝአተይ እያ ኢላ ስለ ዝተኸራኸረት ሕቡራት ሃገራት አብ 1952 ኤርትራ ምስ ኢትዮጵያ ብፈደረሽን ክትሓብር ወሲኑ እዩ።

. . . ናይዚ ውሳነ ቀንዲ ምኽንያት ድማ ኢትዮጵያ አፍደገ ባሕሪ ክህልዋ አለዎ ዝብል'ዩ ነይሩ። እቲ ስምምዕ፡ እዚ ነጥቢታት'ዚ አብ ግምት ከእትዎ ነይሩዎ። ልዕሊ ኹሉ ድማ፡ ሕጊ ታሪኽን ናይ እዋኑ ፖለቲካን ዘፈቅዶ ናይ ባሕሪ አፍደገ ጉዳይ አብቲ ስምምዕ ክእቲ ነይሩዎ። . . . ናይ ኢህወደግ አመራርሓ እዚ ብዘይምግባሩ፡ ጌጋ ፈጺምና ጥራይ ዘይኮነ፡ ሻዕብያ፡ ዘይግብአም መሬት ወሲኹም ደቦም ክኽልሉ ዞኸእል ውዕል እዩ ተፈሪሙ። (ልኡላውነትና ደሞክራሲ በኢትዮጵያ - ገጽ 318)

አብዚ ሰለስቲኡ መጠነ-ሰፊሕ ወራራት ወያነ፡ ኢትዮጵያ ዝተስከመቶ ሰብአዊን ንዋታዊን ክሳራ አዝዩ ከቢድ እዩ። ዋላ እኳ እቲ ስርዓት ዘጋጠሞ ሰብአዊ ክሳራ ንህዝቢ ኢትዮጵያ ብወግዒ እንተዘይገለጸሉ፡ አብ ሰለስቲኡ ወራራት ናይ ዝሞቱ ወተሃደራት ኢትዮጵያ ብዝሓ፡ ብሓያሎ ወገናት አስታት 100,000 ይግመት። ክሳብ 120,000 ከም ዝበጽሐ ዝገልጹ ገለ-ገለ ጽሑፋት እውን አሎ። ቁጽሪ ዝዓነወን ዝተማረኻን ታንክታት ድማ ካብ 100 ክሳዕ 150 ይበጽሕ። ልዕሊ 10 ነፈርቲ ውግእን ሄሊኮፕተራትን ድማ ተሓምሺሹን።

ተስፋዬ ገብርአብ፡ አብ መጽሓፍ "የደራሲው ማስታወሻ" አስፊሩዎ ከም ዘሎ፡ ኩሉጌል አለበል አግራ፡ "ካብ ምምሕዳር ዓቆሚ ሰብ ሚኒስትሪ ምክልኻል ኢትዮጵያ ረኺበሎ" ዝበሎ ሓበሬታ እውን ምስዚ አብ ላዕሊ ዝተጠቕሰ ዝቀራረብ እዩ። እቲ መኮነን ከምዚ ይብል፤

አብ ኩናት ኤርትራ፡ 98,700 ወተሃደራት ከሞቱና እንከለዉ፡ 194,300 ቆሱላት ነይሮሙና። . . . ምስቲ ስርዓታ ጃንሁዋይን ደርግን አብ ነዊሕ ዓመታት ኩናት ኤርትራ ዘጋጠሞም ክሳራ ክነጻጽር እንከሎ፡ ወያነ አብ ኤርትራ አብ ውሽጢ ሓደ ዓመት ናይ ዘህለቐ ወተሃደር ብዝሒ፡ አዝዩ ዘሕፍር እዩ። (ገጽ 245-255)

እዚ ጽሑፍ'ዚ ክዳሎ እንከሎ፡ ጸሓፊ ዝተወከሶ ሚኒስትር ምክልኻል ኤርትራ ጀነራል ስብሓት ኤፍሬም፡ ንድሕሪት ተመሊሱ ንክሳራታት ወያነ ከስተንትና እንከሎ ከምዚ ይብል፤

መራሕቲ ወያነ፡ ውግእ እንታይ ማለት'ዩ ብልክዕ ይፈልጡ አይነበሩን። ጥርታር፡ መድፍዕ፡ ረሻሽ፡ ታንክ፡ ፈንጂታት ተደማሚሩ፡ እንታይ ክገብር ከም ዝኽእል ንፈለግ ግዜ አብዚ ናይ ኤርትራ ውግእ እዮም ርእዮሞ። አብ እዋን ቃልሲ፡ እቶም ቀንዲ ክፍላት-ሰራዊት ደርግን አሎ ዝበሃል አጽዋሩን አብ ኤርትራ እዩ ነይሩ። ወያነ ንትግራይን

መላእ ኢትዮጵያን ሓራ አብ ዘውጽኣሉ እዋን ድማ። እቲ ሰራዊት ምስ አጽዋራቱ አብ ኤርትራ ተኸርዲኑ ብምንባሩ። መራሕቲ ወያነ እቲ ሽዑ ዘኪየድዋ ውግእ። ውግእ ይመስሎም ነይሩ ይኸውን። ንሱ ግን ምስቲ አብ ኤርትራ ዝገጠሞም ውግእ ፍጹም ዝዘመድ አይኮነን። ወያነ አብ ምሉእ ናይ ቃልሲ እዋኑ ዝኸፈሎ መስዋእቲ። ምስቲ ካብ 1998-2000 ኤርትራ ንምውራር ዝኸፈሎ ዋጋ ብቐጺሪ ጥራይ እንተ አወዳዲርካዮ ዝመጣጠን አይኮነን። ብዓይነት እሞ ኸአ ፈጺሙ አይራኸብን እዩ። እቲ ንወያነ ናብ ስልጣን ዘምጽአ ተጋዳላይ ትግራይ፣ እቲ አሎ ዝበሃል ገዲም። ካድር። መራሕ ጋንታ። መራሕ ሓይሊ፣ መራሕ ቦጦሎኒ፣ አብዚ ዳሕረዋይ ውግእ'ዚ እዩ ጠፊኡ። መራሕቲ ወያነ አግሂዶም ክዛረብሉ አይደልዩን እምበር። እዚ መሪር ሓቂ'ዚ አጸቢቑም ይፈልጥዎ እዮም።

ሓይልታት ምክልኻል ኤርትራ እውን። ነዚ ጠገለ ዘይብሉ ናይ ኩናት ዕንደራ'ዚ ንምምካት ዝኸፈሎ መስዋእቲ ቀሊል አይነበረን። ህዝቢ ኤርትራ። ነዚ ዓቢ ፖለቲካዊን ንዋታዊን ደገፍ ዓቢይቲ ሓይልታት ዓለምና ዝነበሮ። ብዘተራቖቐ ቴክኖሎጂ ስለያዊን ወተሃደራዊን ሓብሬታን ምኽርን ሰኒቑ ዝወፍር ዝነበረ ገዚፍ ወራሪ ሓይሊ'ዚ መኪቱ ብዓወት ክወጽእ። ልዕሊ 19,000 ብሉጻትን ጀጋኑን ዜጋታቱ (ዋርሳይን ይከአሎን) መስዋእቲ ከፊሉ እዩ።

ግፍዒ፣ ዝምታን ዕንወትን

ህዝቢን ንብረቱን አካል ናይ ውግእ ምግባር ካብ ነዊሕ ዝጸንሐ ሕማም ገዛእቲ ኢትዮጵያ እዩ። ሓቂ'የ አብ ውግእ ሰላማዊ ሰብን ንብረትን ይልከም'የ። ደይ መደይ ኢልካ ገዛ ገዛ እናአተኻ አበይ አላ ፍንጃል፣ አበይ አላ ኩብያ እናበልካ ክትሰርቕ። ከተዕነ ምፍታን። ሓደ ካብ ዘሕዝን ባህርያት ሰራዊት ኢትዮጵያ እዩ። እንታይ'ሞ ንብረት ይጠፍእ-ይጥሪ። ስምዒት ሰብ ምቝሳል ግን ከቢድ እዩ። እቲ ዘተሓሳሰብ። እቲ ገዲፍሞ ዘለዉ ንነዊሕ ዝኸይድ በሰላ እዩ። ነዚ ብሓባር ዝኑብር ህዝብታት ገዲፍሞሉ ዘለዉ ስምዒት እቲ ዝዓበየ ዕ እዩ።

ጀነራል ስብሓት ኤፍሬም 25 ሰነ - ቃለ-መሕትት ምስ ተለቪዥን ኤርትራ

ካብ 17 ክሳዕ 19 ክፍለ-ዘመን፣ ነገስታት አቢሲንያ፣ ሩባ መረብ እናሰገሩ አብ ዝተፈላለየ ከባቢታት ናይ ሕጇ ኤርትራ ተደጋጋሚ ወራራት አብ ዘኻይድሉ ዝነበሩ። አዝዩ መሰክሕ ግፍዒታትን ዝምታን ይፍጽሙ ምንባሮም ስኑድ ታሪኽ እዩ። በዚ ድማ፣ እቲ ዘይናቱ ዘይደሊ። ብህርኩትናኡ ሃብቱን ጥሪቱን ዚፍለጥ ጻዕረኛ ህዝቢ ኤርትራ፣ ሓሪሱ ዝሓፈሶ ምህርቲ፣ አንሲሱ ዘፍረየን ጥሪትን መጽዓኛን እናተዘምታ ንኽቢድ ሽግር እናተቓልዖ። ሰላምን ቅሳነትን ዘይብሉ ህይወት የሕልፍ ነበረ። እቲ አብ እዋን ስርዓት ሃይለስላሰን

ደርግን፣ ከምኡ'ውን ኣብ ወራራት ወያነ ዝተራእየ፣ ናብ ሰላማዊ ህዝቢን ንብረቱን ዝቐነዐ መጥቃዕቲ፣ ዝምታን ዕንወትን እምበኣር፣ መቐጸልታ ናይዚ ድሕር መስፍናዊ ባህሊ'ዚ እዩ።

ኤርትራ ምእንቲ ሰላም ኢላ ዝተኸተለቶ ኣብ ምክልኻል ዝተሓጽረ ወተሃደራዊ ስትራተጂ፣ ዋላ እኳ ኣብ መወዳእታ ነቲ ዓቢ ውጥን ወያነ ኣብ ምብራዓን ተዓዋታትሉ እንተወጸት፣ ህዝቢ ኤርትራ ከቢድ ዋጋ ከፊሉሉ እዩ። ሓይልታት ምክልኻል ኤርትራ "ኣብ ትሕቲ ዝኾነ ይኹን እዋን ቀዳመይቲ ጥይት ኣይንትኩስን" ብዝብል ጽኑዕ ፖለቲካዊ ውሳነ ምቕያዱ፣ ወራሪ ሰራዊት ወያነ ናይ ተበግሶ ዕድል ክጭብጥ ኣኽኢልዎ እዩ። በዚ ድማ፣ እቲ ውግእ ኣብ መሬት ኤርትራ ክካየድ ግደን እዩ ነይሩ። ሓይልታት ምክልኻል ኤርትራ "ካብ ኣህጉራዊ ደባት ከይሓልፍ" ብዝተዋህቦ መምርሒ፣ ዋላ ዕድላት እናረኸበ፣ ደብ ሰጊሩ ኣብ መሬት ኢትዮጵያ ኣትዩ ዘካየዶ ውግእ ኣይነበረን።

ኣብ ናይ ምክልኻል ወተሃደራዊ ስትራተጂ 1000 ኪ.ሜ. ዝነውሓቱ ደባት፣ ጸላኢ ከም ዘይሰልኩ ጌርካ ክትሓጽሮ ኣዝዩ ኣጸጋሚ እዩ። ብወተሃደራዊ ስነ-ፍልጠት ነዚ ከምዚ ዝኣመሰለ ሰፊሕ ቦታ፣ ባዕላዊ ተበግሶ ጨቢጥካ፣ ድኻማት ጸላኢ እናመዘመዝካ፣ ኣብ ዝጥዕም ግዜን ኣብ ዝመረጽካዮ ቦታን ብምጥቃዕ ጥራይ ኢኻ ክትከላኸለሉ እትኽእል። በቲ ዝተጠቕሰ ፖለቲካዊ ውሳነ ግን፣ ሓይልታት ምክልኻል ኤርትራ ዝነበሮ ኣማራጺ፣ እቲ ወራሪ ሰራዊት ተኹሲ ድሕሪ ምኽፋቱ፣ ኣንፈት ምንቅስቓሱ እናመዘነ ብምትዕጽጻፍ ምምካት ጥራይ ነበረ። ኣብ ውግእ ብሓፈሻ፣ ኣብ ከምዚ ዓይነት ውግእ ድማ ብፍላይ ክትደፍእን ክትድፋእን ንቡር ስለ ዝኾነ ኸኣ፣ ኣብ ኩሉ'ቲ ዕርድታት ተታሒዙሉ ዝነበረ ከባቢታት፣ ኣውራ ድማ ኣብ ደቡብን ምዕራብን ኤርትራ ዝነበር ህዝቢ ኤርትራ እቲ ኩናት ብኸቢድ ጸልዎ እዩ።

ኣቐዲሙ ከም እተጠቕሰ ሓደ ካብ ዓበይቲ ዕላማታት ወራር ወያነ፣ ቁጠባን ትሕተ-ቅርጺን ኣዕኒኻ፣ ንህዝቢ ኤርትራ ኣብ ጸበባን ጥሜትን ኣውዲቕካ ሞራሉ ብምስባርን ብምርዓድን፣ ሓንቲ ብወኪል ወያነ እትመሓደር፣ ትርጉም ህላወ ዘይብላ ኤርትራ ክዊን ምግባር እዩ። በዚ ድማ፣ ወያነ ኩናት ድሕሪ ምእዋጁ፣ ንሰላማዊ ህዝቢን ንብረቱን ከም ኣካል ናይቲ ኩናት እዩ ጠሚቱዎ። በዚ መንፈስ'ዚ ስርዓት ወያነ፣ ንኒ ንኒ'ቲ ኩናት፦

- ኣብ ኢትዮጵያ ዝቐመጡ ዝነብሩ ኤርትራውያንን ኤርትራዊ መበቆል ዘለዎም ዜጋታት እታ ሃገርን ብኣዝዩ ግፍዓዊ ኣገባብ ምብራር፣ ንብረቶምን ገንዘቦምን ምርሳይ፦

- ናብ ዓዶም እንተተባሪርም ኣብቲ ውግእ ተሰሊፍም ክገጥሙና

ይኽእሉ እዮም ዘተባህሉ ነበርቲ ኢትዮጵያ መንእሰያት፡ ከም
ምሩኻት አብ መዓስከራት ዳጉንካ ምርዓድን ምስቓይን፣

- አብ ግዜ ምስጓግ ደይ መደይ ኢልካ ስድራቤታት ምብትታን፣
ቄልዑን ህጻናትን ካብ ስድራኣም ፈሊኻ ብምብራር ጭንቀትን
ብስጭትን ምፍጣር፣

- ክንክን ዘድልዮም ሕሙማት፡ ነብሶ-ጾራት፡ ሓራሳት፡ ስንኩላን፡
አረጋውያን ብዘስካሕክሕ አገባብ ምብራር፡ ምግፋዕን ምስቓይን፣

- አብታ ሃገር ዝቕመጡ ዝነብሩ ዜጋታት ኤርትራ ብዘይ ሕጊ
ምእሳር፡ ምቝጥቃጥን ምርሻንን፣

- አብቲ ግዜ ኩናት፡ ብደብዳብ ነፈርቲን ከቢድ ብረትን፡ ደይ- መደይ
ኢልካ ሲቪላዊ ዒላማታትን ትካላት ማሕበራዊ አገልግሎታትን
ምዕናው፣ አብ ከም ተሰነይ፡ ዓሊግደር፡ ባረንቱ ሰንዓፈ ዝጸንሐ
ቄጠባዊ ትካላት ምዕናው፣

- ብወራር አብ ዝተበጽሐ ቦታታት፡ ንህዝቢ ካብ ገዛእ ዓድታቱን
ከተማታቱን ምስጓግን ምምዝባልን፣ ክሳብ 30 ዓመት ዝዕድመአም፡
አብ ዓድታቶም ዝጸንሑ መንእሰያት ከም ምሩኻት ይተሓዙ
ብዝብል መምርሒ. ላዕለዋይ አካል አብ መዳጎኒ መዓስከራት
ምእካብ፣

- አብ ልዕሊ ደቀንስትዮ ጾታዊ ዓመጽ ምፍጻም፣

- ህዝቢ ዝነብረሉ አባይቲ ምፍራስ፡ አዕኑድ ዚንጓትን መዓጹን
ቀንጢጥካ ናብ ትግራይ ምግዓዝ፣

- ታሪኻዊን ባህላዊን ቅርሲታት ከም ሓወልቲ መጠራ ምዕናው፣
አብያተ-ክርስትያንን መሳጊድን ምዕናውን ንብረቱን ቅዱሳት
ጽሑፋትን ምዝማትን ምቅጻልን፣

- አብ ዝእተኻዮ ዓዲ ዝጸንሐ ካብ ዝደቆቐ ክሳዕ ዝለዓለ ንብረት
ህዝቢን መንግስቲን ምርሳይ፣ ጥሪት ምዝማት፣ (አብዚ ዝምታ'ዚ
ዝዋፈር፡ ላሎ ዝበሃል መጽዓኛ ካብ መላእ ትግራይ ተአኪቡ ከም
ዝመጽእ እዩ ተገይሩ)

- ሕሉፍ ሓሊፍካ መቓብር ሰማእታት ምፍሓር፣ ዝአመሰለ ንስማዒኡ
ዘስደምም ናይ ዝምታን ዕንወትን ተግባራት'ዩ ፈጺሙ።

ምስጓግ ኤርትራውያን ካብ ኢትዮጵያ

ሰርዓት ወያነ፡ ድሕሪ ፍሽለት ቀዳማይ ወራሩ (ግንቦት-ሰነ 1998)
ብቕዋታ ነቲ ከም አካል ናይቲ ኩናት ካብ ፈለግ ወጢንም ዝነበረ

መደብ ምብራC ሰላማውያን ኤርትራውያን ካብ ኢትዮጵያ ንምትግባር እዩ ተጓይዩ። ብ12 ሰነ 1998 ድማ፡ ብመራኽቢ ብዙሓኑ "ጸዋታዊ ስግኣት" ዝኹኑ ኤርትራውያን ካብ ሰራሕ መንግስቲ ክስጉጉን ካብታ ሃገር ክባረሩን ምኻኖም፡ ሃገራዊ አገልግሎቶም ወዲአም አብ ኢትዮጵያ ክቕመጡ ዝጸንሑ "ልኡኻት ሻዕብያ" መንእሰያትን ዝተማየሱ ተጋደልቲን ድማ አብ ትሕቲ ቀጽጽC ክጸንሑ ምኻኖም ገለጸ።

ኢትዮጵያ ብሻዕብያ አብ ዝተወረረትሉ ግዜ ብዙሓት ኤርትራውያን ብሰልኪን ብአካልን ሓበሬታ እናሃቡ ናይ ኢትዮጵያ ሰራዊት ዝንብር ምንቅስቓስ ይጥቁሙ ነይሮም እዮም። . . . በዚ ምኽንያት ንሃገራዊ ድሕነት ተባሂሉ አብ ኢትዮጵያ ዝኑብሩ ናይ ሻዕብያ ወተሃደራዊ ሰልጠና ዝወሰዱ ኤርትራውያን ብ6 ሰነ 1990 (14 ሰነ 1998) አብ ትሕቲ ቀጽጽC ከም ዝውዕሉ ተገብረ (ገብሩ አስራት፡ ልኡላውነትና ደሞክራሲ በኢትዮጵያ - ገጽ 280)

ገብሩ አስራት አብ መጽሓፉ (ገጽ 280) ኤርትራውያን ክባረሩ ምስ ተወሰነ ብደረጃ ሃገርን ክልላትን ነቲ ሰራሕ ዘተግብራ ኮሚቴታት ቆይመን ምንባረን፡ ብዓል ክንፈ ገብረመድህን፡ ተወልደ ወልደማርያም፡ ነጋሶ ጊዳዳ፡ አለምሰገድ ገብረአምላኽ፡ በረኸት ስምኦን ዝኮብዎም ላዕለዋት ሓለፍቲ ናይቲ ሰርዓት ድማ ብደረጃ ሃገር ናይ ዘቖመት ኮሚቴ አባላት ከም ዝነበሩ ይጠቅስ።

ብመንግስቲን በዛ ላዕለወይቲ ኮሚቴ ምብራC ኤርትራውያንን መምርሒ ምስ ተመሓላለፈ፡ ሓለፍቲን ካድረታትን ወያነ አብ ኩሉ ከባቢታት ኢትዮጵያ፡ አውራ አብ አዲስ-አበባ፡ ድሬዳዋ፡ አብ ዝተፈላለያ ከተማታትን ገጠራትን ክልላት ትግራይ፡ አምሓራ፡ ኦሮሞ፡ ደቡብ፡ ዓፋC፡ ሶማል፡ ኤርትራውያንን ኤርትራዊ መበቆል ዘለዎም ኢትዮጵያውያንን፡ ካብ ገዛውቶምን አብያተ-ጽሕፈትን ካልእ ናይ ሰራሕ ቦታታትን ካብ ሆስፒታላት ከይተረፈ-እናለቐሙ ምውጻእ ምድጓንን ሰራሕና ኢሎም ተተሓሓዙዎ።

በዚ ዓሌት ጥራይ እናጸብጸብካ ዝፍጸም ዝነበረ፡ ለይቲ-ለይቲ (መብዛሕትኡ ግዜ ካብ ፍርቂ-ለይቲ ክሳዕ ሰዓት 5:00 ወጋሕታ) ብአዝዩ አርዓዲ ናይ ሽበራ አገባብ ሰባት ካብ ገዛውቶም እናለቐምካ ብምውጻእ አብ መዓስከራት ምድጓን፡ ምእሳር፡ ምቕጥቃጥ፡ አብ መወዳእታ ድማ ምብራCን ምርሳይ ንብረቶምን ዘጠቓልለ ግፍዒ፡ ካብ ሰነ 1998 ክሳዕ መጀመርታ 2000 አብ ዝነበረ ክልተ ዓመታት ልዕሊ 75,000 ኤርትራውያንን ኤርትራዊ መበቆል ዝነበሮም ኢትዮጵያውያንን፡ ሃንደበት ካብ ቤት ንብረቶም ተፈናዊሎም፡ ብሓንሳብ አብ ድኽነትን ከቢድ ቁጠባዊ ጸገምን ከም ዝወደቑ፡ "ዜጋታት

90

ንሰላም አብ ኤርትራ" ዝተባህለ ወለንታዊ ጉጅለ መጽናዕቲ፡ ነቶም ግዳያት ብኣካል እናረኸበ ዝአከቦ ሰፊሕን ዓሚቑን ሓበሬታ የረጋግጽ። (ፕሮፌሰር አስመሮም ለገሰ፡ The Uprooted ገጽ 25-39)

ገብሩ አስራት ብወገኑ አብታ "ልኡላውነትና ደሞክራሲ በኢትዮጵያ" ዘርእስታ መጽሓፉ፡ ነቲ ዝፍጸም ዝነበረ ግፍዒታት ከመኽንያሉ እንከሎ ከምዚ ይብል፤

> ብወገነይ ኤርትራውያን ክባረሩ እንከለዉ፡ ዝኹነ በደል አይወረደምን ክበል አይክእልን። እቲ ውሳነ ብመሰረቱ ቅኑዕ ይኹን'ምበር አብ አፈጻጽማኡ ብዙሕ ጌጋታት ዝነበሮ እዩ። ገለ ደለይቲ ጥቕሚ አስፈጺም፡ ንኤርትራውያን እናፈራርሑ ጉቦ ይቅበሉ ምንባሮም፡ ጉቦ እናተዋህቦም ክባረሩ ዝግብአም ሰባት እናትረፉ፡ ክባረሩ ዘይብሎም የባርሩ ከም ዝነበሩ፡ እቶም ዝባረሩ ንብረቶም ክሸጡ እንከለዉ ተወዳዲሮም ብሕሰር ዋጋ ይገዝእሎም ምንባሮም፡ ጸኒሑ ተቓሊዑ እዩ። . . . ገለ ላዕለዎት ሰበ-ስልጣን፡ ኤርትራውያን ክባረሩ እንከለዉ፡ ቪላታቶምን ትካላቶምን ከም ዝገዘእሎም ተራ ዜጋ ከይተረፈ ዝፈልጦ እዩ። ይኹን'ምበር ናይ ህወሓት/ኢህወደግ አመራርሓ (ዘበዝሑ) ብሓደ ወይ ብኻልእ ምስ ኤርትራውያን አብ ዝተአሳሰረ ወንጀል ጥሒሎም ብምንባሮም፡ 'ብመስትያት አብ ዝተሰርሐ ገዛ ዝኑብር ብእምኒ አይጸወትን' ከም ዝበሃል ዋላ ሓንቲ ክገብሩ ዝኽእሉ አይነበሩን። (ልኡላውነትና ደሞክራሲ በኢትዮጵያ - ገጽ 280-281)

ጆምላዊ ምስጓግ ኤርትራውያን ካብ ኢትዮጵያ፡ ርኡይ ግህሰት ሰብአዊ መሰል እኳ እንተነበረ፡ ግብረ-መልሲ ማሕበረ-ሰብ ዓለም፡ ከምቲ ዝግባእ ስለ ዘይነበረ ስርዓት ወያነ ብዘይ ከቢድ ጸቕጢ ግፍዒታቱ ብስፍሓት ክቕጽሎ አተባቢዕዎ እዩ። ገለ ውሱንን ልኡምን ተቓውሞ ግን ነይሩ እዩ።

አብ ውድብ ሕቡራት ሃገራት ላዕለወይቲ ኮምሽነር ሰብአዊ መሰል፡ መሪ ሮቢንሶን ብ1 ሓምለ 1998 አብ ዝሃበቶ መግለጺ፤ "በቲ አብ ልዕሊ ኤርትራዊያን ዝፍጸም ዘሎ ምግሃስ ሰብአዊ መሰላት ብዘይ መጠን ተሻቒለ አለኹ። ብሕልፊ ኸአ፡ አብ ፓስፖርትታቶም ዝልጠፍ ዘሎ 'ተሰጉት እንደገና ክምለስ አይፍቀደሉን'የ' ዝብል ማሕተም አዝዩ አተሓሳሲቡኒ። እዞም ተግባራት እዚኣቶም፡ ቅሉዓት ምግሃስ ናይቶም ኢትዮጵያ'ውን ዘፈረመትሎም አብ ውዕል አድማሳዊ መሰል ደቂ-ሰብ ከም'ኡ'ውን አብ አህጉራዊ ኪዳን ብዛዕባ ሲቪላዊን ፖለቲካዊን መሰላት ዝሰፈሩ መሰላትን ናጽነታትን እዮም" ክትብል ማሕበረሰብ ዓለም ኢትዮጵያ ነቲ ተግባር ከተቋርጽ ጸዊዓ ነበረት።

ሓያሎ ተጣበቕቲ ሰብአዊ መሰል ዘበጹሉ ውድባትን ውልቀ-ሰባትን እውን ተመሳሳሊ መግለጺታት የውጽኡ ነይሮም እዮም። ናትናኤል ክለይን

ዝተባህለ ኣውስትራልያዊ ናይ ሕጊ ምሁርን ጠበቓ ላዕለዋይ ቤት ፍርዲ ደቡብ ኣውስትራልያን ንኣብነት፡ እቲ ተግባር ምስቲ ኣብ ቀድሚ ካልኣይ ውግእ ዓለም ዝተፈጸመ ምስጓግ ኣይሁድ ካብ ናዚ ጀርመን ኣመሳሲሉ ገሊጽዎ። ንሱ ኣብ ከምዚ ዓይነት መደምደምታ ዝበጽሔ፡ ካብ ኢትዮጵያ ምስ ዝተሰጐ ልዕሊ 60 ኤርትራዊያን ሰፊሕ ቃለ-መጠይቕ ብምክያድ፡ ናብ መንግስቲ ኣውስትራልያ ዝቐርብ 50 ገጻት ዝሓዘ ጸብጻብ ድሕሪ ምድላው፡ ብ9 መስከረም 1998 ንማዕከናት ዜና ኣውስትራልያ ኣብ ዝሃቦ መግለጺ እዩ። እዚ ውሱን መግለጺታት'ዚ ግን ምስቲ ዝፍጸም ዝነበረ ግህሰት ዝዳረግ ኣይነበረን።

ዕላማ ጃምላዊ ምብራር ሰላማውያን ኤርትራውያንን ኤርትራዊ መበቈል ዘለዎም ኢትዮጵያውያንን ካብ ኢትዮጵያ፡ ስርዓት ወያነ "ጸጥታዊ ስግኣት" ኢሉ ከመኽንየሉ፡ ነቶም ዝተገፍዑ ድማ "ሰለይቲ ሻዕብያ" ኢሉ ክጥቅኖም ፈቲኑ እኳ እንተነበረ፡ ዕላማ ናይቲ ምብራር፡ ምስ ጸጥታዊ ጉዳይ ዝኾነ ምትእስሳር ከም ዘይብሉ፡ ማሕበረሰብ ዓለም ክግንዘቦ ግዜ ኣይወሰደን። ምኽንያቱ 75,000 እሞ ኸኣ ዝበዝሑ ቈልዓ-ሰበይቲን ኣረጋውያንን ሰለይቲ ክበሃሉ ዝእመን ኣይነበረን።

ዕላማ ናይዚ ጃምላዊ ምብራር ሰላማውያን እምበኣር፡ ብመዳይ ስነ-ኣእምሮ፡ ንኤርትራውያን ምርዓድን ምድሃልን፡ ብመዳይ ቁጠባ ድማ፡ ቀዋሚን ተንቀሳቓሲን ንብረቶምን ጥሪቶምን ናይ ባንክ ሕሳባቶምን ብምርሳይ ኣብ ድኽነት ከም ዝሸመሙ ምግባር፡ ነቲ "ነዊሕ ኲናት ክጻወር ኣይክእልን" ተባሂሉ ዝተገመተ ቁጠባ ኤርትራ ድማ፡ ጥራሕ ኢዶም ብዝተባረሩ ዓሰርተታት ኣሽሓት ህዝቢ ተወሳኺ ጾቕጢ ፈጢርካ ንህዝቢን መንግስቲን ኤርትራ ምጭናቕ ምንባሩ ንጹር እዩ ነይሩ።

እዞም ዝኣበስዎ ዘይብሎም፡ ግዳያት ናይዚ እኩይ ዕላማ ዝኾኑ ግን መን እዮም? ድሕረ ባይታኦም'ከ እንታይ ይመስል? ምርኣይ ንኣረሚንነት ናይቲ ስርዓት ኣጉሊሑ ዘርኢ እዩ።

ቅድሚ መግዛእቲ ጣልያን፡ ኣመንቲ ኦርቶዶክስ፡ ኤርትራውያን ካብ ነዊሕ ጀሚሮም ብውልቆም ንትምህርቲ ክህነት ናብ ገዳማት ኢትዮጵያ ይኸዱ ምንባሮም ይፍለጥ። ካብዚኣቶም ዝበዝሑ ተማሂሮም ናብ ዓድታቶም እናተመልሱ ከገልግሉ እንከለዉ፡ ውሑዳት ኣብኡ ናብራ መስሪቶም ከይተመልሱ ዝተርፉ ነይሮም እዮም። ቀቅድሚ መግዛእቲ ጣልያን ነገስታት ኣበሲንያ ኣብ ዝተፈላለየ ከባቢታት ናይ ሕጂ ኤርትራ ሰፊሕ ግፍዒን ዝምታን ኣብ ዝፍጽምሉ ዝነበሩ ግዜ እውን፡ ነብሶም ንምድሓን ዶብ ሰጊሮም ክዕቈቡ ዝተገደዱ ስድራቤታት ነበሩ። ብጉስነት፡ ማለት ሳዕሪ-ብላዕ ከምኡ'ውን ብመውስቦ ናብ ዝተፈላለየ ከባቢታት ኢትዮጵያ ምስ ተንቀሳቐሱ፡ ምስ ግዜ ኣብኡ ተጣይሶም ዝሰረቱ እውን ይርከቡዎም።

ግዘኣት ጣልያን ዝመረርዎም፡ ካብ ሰራዊት ኢጣልያ እናኸድዑ ናብ መሬት ኢትዮጵያ ክዕቆቡ ዝኸዱ ዝነበሩ ኤርትራውያን ዓሳክር እውን ውሑዳት አይነበሩን። በዚ ድማ፡ አብቲ ታሪኻዊ ውግእ ዓድዋ ኩነ ጣልያን ንኢትዮጵያ አብ ዝወረረትሉ 1935፡ አብ ጎድኒ ኢትዮጵያውያን ኩይኖም አንጻር ጣልያን ዝተዋግኡ ኤርትራውያን ብዙሓት እዮም።

እዞም፡ ብዝተፈላለየ ምኽንያት ናብ ኢትዮጵያ ዝሰበኹ ኤርትራውያን፡ ክሳዕ ራብዓይን ሓሙሻይን ወለዶ አብታ ሃገር ተቐሚጦም፡ ምስቲ ሕብረተሰብ ተዋሃሂዶም፡ ገሊኦም ተዋሲዮም፡ ንኩቦም ከም ኢትዮጵያውያን ዝፈልጥዋ እዮም። "እቶም ንቑላት" (The Uprooted) ብዝብል ኣርእስቲ ብ"ዜጋታት ንስላም አብ ኤርትራ" ተሓቲሙ ዝተዘርግሐ ውጽኢት መጽናዕቲ ከም ዘረጋገጸ 12% ካብቶም አብ ዓመተ 1998 ዝተሰጉ፡ ምስ ኢትዮጵያውያን ዝተመርዓዊ መጻምድቶም ደቆም ገዲፎም ዝተባረሩ እዮም። እቶም ካልኦት እውን እንተኾኑ፡ ዋላ ከይተዋሰቡ ብብዙሕ መዳይ ምስቲ ሕብረተሰብ ተኣሳሲሮም፡ ምስ ቋንቋን ባህልን ክብርታትን ናይቲ ዝነብሩሉ ሕብረተሰብ ተወሃሂዶም ዝቐመጡ ዝነበሩ እዮም።

እቲ ዝበዝሐ ስደት ኤርትራውያን ናብ ኢትዮጵያ፡ ድሕሪ ገበጣ ኤርትራ ብኢትዮጵያ፡ ሰርዓታት ሃይለስላሰን ደርግን ደይ-መደይ ኢሎም አብ ኤርትራ ዝነበረ ቁጠባ ንምዕናው፡ ሓያሎ ትካላት እናመሓው ናብ ኢትዮጵያ አብ ዘግዕዘሉ ዝነበሩ ግዜ እዩ። ብሰንኪ'ዚ ብዙሓት ኤርትራውያን ሽቕለት ንምርካብ ናብ ኢትዮጵያ ክስደዱ ተገዲዶም እዮም። ድሕሪ ናጽነት ከአ ውሑዳት ሃገራዊ አገልግሎቶም ዘወድኡ ኤርትራውያን መንእሰያት፡ ናይ ወጻኢ ሃገር መገሻ ንምስላጥ፡ ንምዝዋር፡ ቤተሰብ ንምብጻሕ፡ ወዘተ. ናብ ኢትዮጵያ ዝኸዱ ነበሩ።

ሓያሎ ካብቶም ንነዊሕ እዋን ብቐዋምነት አብ ኢትዮጵያ ዝቐመጡ ዝነበሩ ኤርትራውያንን ኤርትራዊ መበቆል ዘለዎም ኢትዮጵያውያንን፡ ሳላ'ቲ መለለዪ ህዝቢ ኤርትራ ዝኾነ ናይ ስራሕን ጻዕረኛነትን ባህሊ፡ አብ ዝሓዘዎ ዓይነት ስራሕ ህርኩታትን ዕውታትን እዮም ነይሮም። በዚ ድማ፡ ጽቡቕ ኩነታት መነባብሮ ዝነበሮም እዮም። ዝበዝሐ ካብቲ አብ ዝተፈላለየ ከባቢታት ኢትዮጵያ፡ አውራ ድማ አብ አዲስ-አበባ ዝነበረ ቑጠባዊን ንግዳዊን ትካላት፡ ከም ጋራጃት፡ ዋኒን ትራንስፖርት፡ ናይ ኤለትሪክ ንግዲን ስራሕን፡ ትካላት ጽርበት ዕንጸይቲን ሓጺንን፡ ትካላት መቀያየሪ አቑሑ መካይንን ናይ ህንጻ መሳርሒታትን ብኤርትራውያን ዝውነን እዩ ነይሩ። እዞም ግቡእ ግብሮም እናኸፈሉ ብሕጊ ዝሰርሑ ኤርትራውያን አብ ቁጠባ ናይታ ሃገር ዝነበሮም አበርኩቶ ብቐሊሉ ዝግመት አይነበረን። ብዘይካ'ዚኣም፡ ብዙሓት ክኢላታትን ምሁራትን ኤርትራውያን፡ አብ ከም ቴለኮሙኒኬሽንን ሓይሊ ኤለትሪክን ዝኣመሰለ መንግስታዊ ትካላት፡ ካልኦት አብያተ-ጽሕፈት

መንግስቲ፡ ከምኡ'ውን ኣብ ዝተፈላለዩ ዘይመንግስታውያን ማሕበራትን ኤምባሲታትን ይሰርሑ ነበሩ።

ካድረታት ስርዓት ወያነ፡ ነዞም ኣብ ኢትዮጵያ ዝቐመጡ ዝነበሩ ሰብ ጸጋ ኤርትራውያን፡ ብኣንጻር'ቲ ስርዓት ወያነ ኣብ ኢትዮጵያ ሰልጣኑ ከደልድል ብንዋትን ካልእን ዝገበሩሉ ደገፍ፡ ብዓይኒ ቅንኢ ይጥምትዎም ምንባሮም ዘረጋግጽ፡ እቲ ናይ ምስንግ ስጉምቲ ምስ ተኣወጀ ተቘዳዲሞም ዒላማ ዝገበሩዎም ነዞም ትካላትን መንበሪ ኣባይቲን ዝውንኑ ደሓን ቁጠባዊን ማሕበራዊን ቦታ ዝነበሮም፡ ዝበዝሑ ኣብ ኣዲስ ኣበባ ዝቐመጡ ኤርትራውያን እዮም። ካብቶም ኣብ ፈለግ ናይ ምስንግ ዘርያታት ዝተሰገ ልዕሊ 35% ናይ ገዛእ-ርእሶም መንበሪ ኣባይቲ ዝነበሮም፡ ወነንቲ ትካላትን ዓበይቲ ናይ ጽዕነት መካይንን ማሺነሪታትን ምንባሮም መጽናዕቲ ዜጋታት ንሰላም ኣብ ኤርትራ የረጋግጽ። ሓደ ካብ ዓበይቲ ዕላማታት ናይቲ ምስንግ ንብረት ምዝማት ብምንባሩ፡ መብዛሕትአም ካብዞም ስጉንት ንብረቶም ሕጋዊ ውክልና ክገብሩሉ እውን ኣይተፈቐደሎምን።

ካድረታት ወያነ፡ ነዞም ኤርትራውያን እናለቐሙ፡ ኣብ መዓስከራት ዳጕኖም ከምርምርዎም እንከለዉ ዘቅርብሎም ዝነበሩ ክሲታት፡ "ኣብ ረፈረንዱም ኣድሚጽኩም፡ ኣብ ሃገራዊ ኣገልግሎት ተሳቲፍኩም፡ ኣባላት ማሕበረ-ኮም ኢኹም፡ ኣባላት ህግደፍ ኢኹም፡ ኣብ ክረምታዊ ማእቶት ተሳቲፍኩም፡ ናብ ኤርትራ በጺሕኩም ነይርኩም. . ." ዝበል ነበረ። እዚ ዝተጠቐሰ ከም ዓቢ ገበን ዝቘጸር ኮይኑ፡ ኣብዚ ኩሉ ንዘይተሳተፉ ድማ፡ "ኣቦኻ - ኣደኻ ኣበይ'ዩ ዓዶም?" ዝበል ሕቶ ብምቅራብ፡ ስም ናይ ኤርትራ ዓዲ እንተጠቐሶም ብቘጥታ ክባረሩ ይውሰነሎም ነበረ።

እዞም ኤርትራውያንን ኤርትራ ዝመበቈሎም ኢትዮጵያውያንን፡ ድሕሪ ናጽነት ኤርትራ፡ በቲ ኣብ መንን ህዝባዊ ግንባርን ወያነን ኣብ ቃልሲ ዝተመስረተ ዝምድናን ከም ውጽኢቱ ኣብ ክልቲአን ሃገራት ዝሰፈነ ሰላምን ምሕዝነትን ክልቲኦም ህዝብታት እምብዛ ሕጉሳት ብምንባሮም፡ ክሳዕ'ታ ወያነ ኣብ ልዕሊ ኤርትራ ወራር ዝኣወጀላ ሰዓት፡ ደገፎም ንስርዓት ወያነ ቀጢብ ኣይነበረን። ኣብቲ ፈለግ ዓመታት ከኣ፡ እቲ ስርዓት ክሳብ ዝድልድል፡ ገንዘብ ብምውጻእ ኩን ጸጥታን ርግኣትን ከባቢ ብምሕላው፡ ኩታ ኣብ ኩሉ'ቲ ስርዓት ዝጠልቦ ዝነበረ ምትሕግጋዝ ልዑል ኣበርክቶ ይገብሩ ነበሩ።

ብዜጋታት ንሰላም ኣብ ኤርትራ ዝተኻየደ መጽናዕቲ ከም ዘመልክቶ፡ ካብቶም ወያነ ብግፍዒ ካብ ዝተፈላለየ ከባቢታት ኢትዮጵያ ዘባረሮም ልዕሊ 75,000 ኤርትራውያን፡ 7% ኣብቲ ወያነ ካብ 1991 ክሳዕ 1993 ስልጣኑ ንምርግጋእ "ሰላምና መረጋጋት" ብዝብል ስም ዘቘም ናይ ጸጥታ ሓይሊ፡

ብረት ዝዓጠቋን ንምርግጋእ ናይቲ ሰርዓት ብዝገበሩዎ አበርኩቶ ናይ
ምስጋና ወረቐት ዝተቐበሉን እዮም ነይሮም። እቲ መጽናዕቲ ብተወሳኺ
6.8% ናይ ፓርቲ (አብ ውድባት ኢህወደግ) አባልነት ዝነበሮም፡ 19.6%
ገንዘብ ብምውጻእ ነቲ ፓርቲ ዝድግፉ ዝነበሩ፡ 45.2% ድማ አብ ግዜ
ምርጫ ንኢህወደግ ዘድመጹሉ እዮም።

ድሕሪ ናጽነት፡ መንግስቲ ኤርትራ፡ አብ ኢትዮጵያ ይኹን አብ
ዝተፈላለየ ወጻኢ ሃገራት ዝርከቡ ኤርትራውያን፡ ምስቲ ብሰደት ክቐመጥዎ
ዝጸንሑ ሃገር ዘለዎም ምትእስሳር አብ ግምት ብምእታው፡ ድርብ ዜግነት
ክሕዙ ምፍቃዱ ዝፍለጥ እዩ። እንተኹን መንግስቲ ኢትዮጵያ፡ አብታ
ሃገር ድርብ ዜግነት ምሓዝ ከም ዘይፍቀድ ብምግላጽ፡ አብ 1993፡ ማለት
ደድሕሪ ረፈረንዱም፡ ኤርትራውያን ሓዲኡ (ኢትዮጵያዊ ወይ ኤርትራዊ
ዜግነት) ክመርጹ እዩ አገዲድዎም። በዚ ድማ፡ እቶም ንነዊሕ ዓመታት
አብ ኢትዮጵያ ዝተቐመጡን ዝሰረቱን ንብረት ዘጥረዮን ዜጋታት፡ ናይ
ኢትዮጵያ ዜግነት ክመርጹ ባህርያዊ እዩ ነይሩ።

መጽናዕቲ "ዜጋታት ንስላም አብ ኤርትራ" ከም ዘመልክቶ፡ ካብቶም
ወያነ ዘባረሮም ዓሰርተታት አሽሓት ኤርትራውያን፡ እቶም 83.3% እቲ
ንኢትዮጵያውያን ዝወሃብ መንነት ወረቐት ዝነበሮም እዮም። ነቶም 5.6%
ትሕቲ ዕድመ ብምኽንያም ወረቐት መንነት ዘይነበሮም ገዲፍካ ድማ፡ 9.5%
ጥራይ እዮም አብ ቀረባ ግዜ ናብ ኢትዮጵያ ብምእታዎም ኢትዮጵያዊ
መንነት ወረቐት ዘይነበሮም። ምስጓግ ናይዞም ብሕጊ ኢትዮጵያዊ መንነት
ዝተዋህቦም ሰባት እምበአር ብቓንዱ፡ ነቲ "ዝኹን ዜጋ ብዘይ ፍቓዱ
ኢትዮጵያዊ መንነቱ ክሕከኽ አይክእልን" ዝብል ዓንቀጽ 33 ሕገ-መንግስቲ
ኢትዮጵያ ዝጠሓሰ ቅሉዕ ዓመጽ እዩ ነይሩ።

ጃምላዊ ምስጓግ ኤርትራውያን ካብ ኢትዮጵያ፡ ርኢይ ግህሰት ሰብአዊ
መሰል ብምንባሩ፡ ዋላ እኳ ከምቲ ዝድለ እንተዘይነበረ፡ ማሕበረሰብ ዓለም
ነቒፉዎ እዩ። ካብ ውድብ ሕቡራት ሃገራት ጀሚርካ፡ ሓያሎ ሃገራት
ብውልቀን ተጣበቕቲ ሰብአዊ መሰል ትካላትን ወቒሳእምን ስክፍታአምን
ገሊጾም እዮም። በቲ ሽዑ ዝመጽአ ዝነበረ ተቓውሞታት ዝነደረ ቀዳማይ
ሚኒስተር መለስ ዜናዊ፡ ብ9 ሓምለ 1998 ምስ ጋዜጠኛታት ውሽጢ ሃገር
አብ ዘካየዶ ቃለ-መጠይቕ፡ ሃገሩ ዝኾነ ወጻእተኛ ብዘይ ዝኹን ይኹን
ምኽንያት ክትሰጉግ ምሉእ መሰል ከም ዘለዋ ጠቒሱ፡ ከምዚ ዝብል ወትሩ
ዘይርሳዕ ናይ ብድዐ ቓላት ከም እተዛረበ ይዝከር፤

> አብ ኢትዮጵያ ዝነበር ዝኹን ወጻእተኛ፡ ኤርትራዊ ይኹን ጃፓናዊ፡
> ወዘተ. ብሰናይ ፍቓድ መንግስቲ ኢትዮጵያ እዩ ዝነብር። መንግስቲ
> ኢትዮጵያ ሕብሪ ዓይንኻ አይተፈተወናን ውጻእ እንተኢልዎ፡ ብዘይ
> ዝኾነ ሕቶ ነቲ ትእዛዝ ከኽብሮ ጥራይ'ዩ ዘለዎ።

95

መንግስቲ ኤርትራ ከም ግብረ-መልሲ ናይቲ ወያነ አብ ልዕሊ ኤርትራውያን ነበርቲ ኢትዮጵያ ዝወሰዶ ሰፈሕ ናይ ምእሳርን ምስጓግን ስጉምቲታት፡ አብ ልዕሊ ኢትዮጵያውያን ነበርቲ ኤርትራ ዝወሰዶ ስጉምቲ አይነበረን። ብአንጻሩ እኳ ደአ ሃገራዊ ባይቶ ኤርትራ፡ ብ26 ሰነ 1998 አብ ዘካየዶ አኼባ፡ ብአንጻር'ቲ ሰርዓት ወያነ ዝተኸተሎ ጸረ-ሰብአውነት ፖሊሲ፡ መንግስቲ ኤርትራ አብ ልዕሊ ኢትዮጵያውያን ዝኹን ናይ ተጸብአ ስጉምቲ ከም ዘይወስድ፡ ኢትዮጵያውያን አብ ኤርትራ፡ ብሰላም ናይ ምንባር፡ ምስራሕን ምንጋድን ትካላት ናይ ምኽያድን መሰሎም ሕልዉ ምኻኑ፡ እዚ መሰል'ዚ ብዝኹን አገባብ ወይ አካል ምስ ዝጠሓስ ከአ፡ ጥርዓን ከቅርቡ መሰል ከም ዘለዎም፡ እዚ ፖሊሲ'ዚ እቲ ግጭት ዝያዳ እንተዓረገ እውን ፍጹም ከም ዘይቀየር ዘፍለጠ ወግዓዊ መግለጺ'ዩ አውጺኡ።

ከም አካል ናይዚ ሰብአዊ አተሓሕዛ'ዚ፡ መንግስቲ ኤርትራ፡ አብ ኩናት ዝተማረኹ ወተሃደራት ወያነ ከይተረፈ ብሰብአዊ አተሓሕዛ አብ ርእሲ ምኽንኻን፡ ብ28 ነሓሰ 1998 ከም መርኣያ ሰናይ ድሌቱን ንሰላም ዘለዎ ቅሩብነትን፡ ነቶም አብ ፈለግ መዓልታት ቀዳማይ ወራር ዝተማረኹ 71 ምሩኻት ወተሃደራት ወያነ ብናጻ ለቒቑ ናብ ዓዶም ምፍናዉ። ኩናት ተጀሪጹ እቲ ጉዳይ ብሰላማዊን ሕጋዊን መገዲ ክፍታሕ ንዝነበር ድሌትን እምነትን ዘጉልሕ እዩ ነይሩ።

ምስጓግ ኤርትራውያን ካብ ኢትዮጵያ አብ ውሽጡ ብዙሕ ዘሰደምም ናይ ጭካነን ኢሰብአውነትን ዛንታታት ዝሓቆፈ እዩ። ሓደ ካብ ዕላማታት ናይቲ ምስጓግ፡ ህዝቢ ምርዓድ፡ ምጭናቕን ብስቓዩ ምሕጓስን ምንባሩ ዘጉልሕ፡ እቲ ደይ-መደይ ኢልካ ዝፍጸም ዝነበረ ስድራቤታት ናይ ምብትታንን ብዝተፈላለየ አገባባት ሰባት ናይ ምስቓይን ተግባር እዩ። ንሰብአይ ምስ ደቁ ገዲፍካ ሰበይቲ ንበይና ምብራር ወይ ብአንጻሩ፡ ሰብአይን ሰበይቲን ሶጉጉካ ቈልዑ በይኖም ምግዳፍ፡ . . . ዕላጎ ብስቓይ ሰባት ምሕጓስ እምበር ብኻልእ ክትርጎም አይክእልን።

አብቲ ቀዳማይ ዓመት፡ ማለት አብ 1998 ካብ ዝተሰጉ ልዕሊ 40,000 ዜጋታት እቶም 5000፡ ብዘይ ናባዪ ህጻናት ደቆም ምስ ጎረባብቲ ወይ ሰራሕተኛ ገዛ ገዲፍሞም ዝተባረሩ ምኻኖም መጽናዕቲ ዜጋታት ኤርትራ ንሰላም ይሕብር። ጸብጸብ አብ ኤርትራ ዝነበረ ኮሚቴ ቀይሕ መስቀል ከም ዝሕብሮ ድማ፡ ካብ መንጎ'ዞም ዝተሰጉ፡ 2,600 ደይ-መደይ ኢልካ ካብ ወለዶም ፈሊኻ ዝተሰጉ ህጻናት ነበሩዎም።

ሓራስ ካብ ናጽላአ ፈሊኻ ምብራር፡ ሕማም ሕርሲ ዝተታሕዛ ነብሰ-ጾራት ምስቶም ካልኦት ሓዊስካ ምብራር (አብ መገዲ ዝሓርሳ ብዙሓት

ነይረን እየን)፣ ናጽላታት ምስ አደታቶም ከምኡ'ውን ደቂ 80-90
ዓመት አረጋውያን አብ መቐነዪ መደበራት ዳጉንካ መግቢን መድሃኒትን
ከይአተዎም ምኽልካል፤ አብ ሕክምና ዝደቀሱ ውጹዓት እንተላይ ሓድሽ
መጥባሕቲ ዝገበሩ ካብ ዓራቶም ወሲድካ ምስቶም ዝስጉጉ ምጽንባር፤ ናይ
አእምሮ ሕሙማትን አብ መገዲ ዝተረኽቡ ቄልዑን ከይተረፈ ኩነታቶም
ከየጻረኻ ምብራር፤ ንገለ ካብቶም ዶብ ዝሰግሩ ዝነበሩ ብፈንጂ ዘለዎ
ከባቢታት ከም ዝሓልፉ ምግባር፤ ተመራሪሕም ዶብ አብ ዝሰግርሉ ግዜ፡
ብድሕሪት ተኹሲ ከፈትካ ምቝናቕ. . . እቲ ግፍዒ ዝርዝራቲ ብዙሕ
እዩ።

ንብረትን ገንዘብን ኤርትራውያን ንምግባት፡ 'ካብ ምስጓግ ከነድሕነኩም
ኢና' እናበልካ ብላዕ ወሲድካ ከተብቅዕ ምብራር (ገለ ኤርትራውያን
ንብረቶም ንምውጋን ብምሕሳብ ካብ 50,000 ክሳዕ 100,000 ብር
ብላዕ ንካድረታት ወይን ከም ዝሃቡ መጽናዕቲ ዜጋታት ኤርትራ ንስላም
የረጋግጽ)፣ ንብረትኩም ብሕሱር ዋጋ ክንገዝአልኩም እናበልካ ምብሎጭ‐ወ
(ሓንቲ ሰበይቲ፡ ዋጋ አሽሓት ቴሌቪዥን ብ400 ብር ክንገዝዝአልኪ ኢና ምስ
በሉዋ፡ አብ ቅድሚ ካድረታት ወይን አብ መሬት ደርብያ ከም ዝሓምሸሸታ
ትገልጽ) ወዘተ. አብ ነፍሲ‐ወከፍ ውልቀ‐ሰብ ዝተፈጸመ በደልን ግፍዒን
ጸዊኻ ዝውዳእ አይኮነን።

እዚ፡ አብቲ ብዙሕ ተዓዛቢ ዘለዎ ከተማታትን ሓውሲ ከተማታትን
ዝፍጸም ዝነበረ ኩይኑ፡ አብቲ መስካሪ ዘይብሉ ርሑቕ ገጠራት ዝፍጸም ዝነበረ
ዝምታን ግፍዒን ከአ ዝገደደ እዩ። ካብ ኢትዮጵያ ካብ ዝተሰጉጉ አስታት
75,000 ዜጋታት እቶም ልዕሊ 20,000 ካብ ገጠራት ትግራይ፡ ብፍላይ
ድማ ካብ ወረዳታት ምዕራብ ትግራይ ዝተሰጉጉ እዮም። እዚ ከባቢታት'ዚ፡
ልክዕ ከም ምዕራባዊ ኤርትራ፡ ንጉስነትን ማሕረስን ካብ ከበሳታት ኤርትራ
ዝተንቀሳቐሱ ኤርትራውያን፡ ደምበታትን ዓድታትን መስሪቶም ንነዊሕ
ዓመታት ዝተቐመጥዋ እዩ። አብ ወረዳ አድያቦ ንአብነት፡ ኤርትራውያን
ብብዝሒ ዝቐመጥወን ዓሰርተታት ዓድታት ነበራ። ስርዓት ወይን ነዞም
ብሕርሻ መነባብሮኦም ዝመርሑ አሽሓት ሰድራቤታት፡ ካብ መረበቶም
ቦንቊሩ፡ አባይቶም፡ ጥሪቶምን ንብረቶምን መንዚዑ፡ ታቦትን ንብረትን ናይ
ልዕሊ 50 ዝኹና፡ ብኤርትራውያን መራሕቲ ሃይማኖት ዝኸየዳ አብያተ‐
ክርስትያን ከይተረፈ ከም ዝሃገረ መጽናዕቲ ዜጋታት ንስላም አብ ኤርትራ
(The Uprooted – Part III) ብምግላጽ፡ እቲ አብ አድያቦ አብ ልዕሊ
ሓርስቶት ሰድራቤታት ዝተፈጸመ ጃምላዊ ምብራር፡ ዓሌት ናይ ምጽጻይ
መልክዕ ዝነበሮ አዝዩ አስካሕካሒ ተግባር ምንባሩ የረድእ።

ገበናት ኩናት

"ዋዜማ ወራር" ኣብ ዘርእስቱ ክፋል ናይዚ ጽሑፍ'ዚ ተጠቒሱ ከም ዘሎ፡ ሓለፍቲን ካድረታትን ወያነ ብስላሕታዊ ኣገባብ መሬት ኤርትራ ክምንዝዑ ካብ ዝብገሱ ጀሚሮም፡ ኣብ ከባቢ ዶባት ዝነብሩ ኤርትራውያን ካብ ገዛእ ዓድታቶም ሃጽ ኢሎም ንኽጠፍኡ ዝተፈላለየ ናይ ራዕዲን ሽበራን ተግባራት ይፍጽሙ ነይሮም እዮም። ኣብ ቀዳማይ ወራር፡ መጥቃዕቲ ሰራዊት ወያነ ቀልጢፉ ስለ ዝመኽነነ ሓይልታት ምክልኻል ኤርትራ ብዝወሰዶ ጸረ-መጥቃዕቲ እቲ ወራሪ ሰራዊት ክሳብ'ቲ ፍሉጥ ኣህጉራዊ ዶባት ስለ ዝተደፍአ፡ ኣብ ልዕሊ ዓድታትን ከተማታትን ኤርትራ፡ ከም'ኡ'ውን ኣብ ልዕሊ ስቪላዊ ዒላማታት ብደብዳብ ነፈርቲን ከቢድ ብረትን ዝወረደ ዕንወት ምጡን እዩ ነይሩ።

ኣብ ካልኣይ ወራር፡ ወያነ ኣብ ከባቢ ግንባር መረብ-ስቲትን ግንባር ዓሊተና-መረብን ንዝርከባ ብዙሓት ዓድታትን ከተማታትን ዒላማ ብምግባር፡ ብደብዳብ ነፈርቲን ከቢድ ብረትን ኣማኢት ሰላማውያን ሰባት ቀቲሉን ኣቝሲሉን፡ ዓሰርተታት ኣሸሓት ህዝቢ ካብ መነባብሮኡ ኣፈናቒሉ፡ ኣብቲ ክቐጻጸር ዝኽኣል ቦታታት ንብረት ሰላማዊ ህዝቢን ትካላት ማሕበራዊ ኣገልግሎትን፡ ከም'ኡ'ውን፡ ጥሪትን ካልእ ንብረትን ራሰዩን ኣዕንዩን። ኣብቲ እዋን'ቲ መንግስቲ ኤርትራ ነዞም ካብ ዓድታቶም ዝተፈናቐሉ ህዝቢ ዘዕቍብ ዓበይቲን ንኣሽቱን መደበራት ኣብ ዝተፈላለየ ከባቢታት ክድኩን ተገዲዱ ነይሩ። ብዙሓት ተፈናቐልቲ እውን ናብ መቝርዮም ዝተጸግዑ ነበሩ።

ብወራር ወያነ እቲ ዝኸበደን ዝኸፍአን ዕንወት ዝወረደ ኣብ ሳልሳይ ወራር'ዩ። ኣብዚ ወራር'ዚ፡ ሰራዊት ወያነ ኣብ ገሌሕ ከባቢታት ዞባ ጋሽ-ባርካ ክኣቱ ዕድል ረኺቡ እዩ። ኣብ ዞባ ደቡብ እውን፡ ሓይልታት ምክልኻል ኤርትራ ብመሰረት ጸውዒት ውድብ ሓድነት ኣፍሪቃ፡ ካብ ዛላምበሳ ኣብ ዝሰሓበሉ እዋን ንምክልኻል ክጥዕም ናብ እምባ ታሪኻ ብምስሓቡ፡ ሰራዊት ወያነ ንስንዓፈን ኣብ ከባቢኣ ዝርከባ ዓድታትን ክቐጻጸር ክኢሉ እዩ። በዚ ድማ፡ ኣብ ልዕሊ ህዝቢ ዝወረደ ስቓይ ኣዝዩ ከቢድ ነበረ። ልዕሊ 1.1 ሚልዮን ህዝቢ ካብ ዓድታቱ ተፈናቒሉ፣ 250,000 ህዝቢ ብሁጹጽ ኣብ ዝተመሰረተ መደበራት ክዕቆብ እንከሎ፡ 50,000 ናብ ሱዳን ተሰዲዱ። ክሳዕ'ዚ ወራር'ዚ፡ ቀጸሊ ብዝኾየድ ዝነበረ ምስንጋግ ኤርትራውያን ካብ ኢትዮጵያ፡ ቀጺሩ ዝተሰጉ 75,000 በጺሑ ብምንባሩ ድማ፡ እቲ ኣብ ልዕሊ ሰላማዊ ህዝቢ ዝወረደ ግፍዒን በደላትን ብስፍሓቱን ብዓይነቱን ኣብ ታሪኽ ኤርትራ እቲ ዝዓበየ'የ ክበሃል ይከኣል።

እቲ ናይ ውሽጢ ምምዝባል እውን ብዙሓት ስድራቤታት በታቲኑ እዩ። ጽብጻብ ኮምሽን ረድኤትን ሰደተኛታትን ኤርትራ ከም ዘመልክቶ፡ አብ ግዜ ሳልሳይ ወራር፡ ካብ ከባቢ ሰንዓፈ ተመዛቢሎም አብ መዓስከር ሓፈና ካብ ዝተዓቆቡ ዓሰርተታት አሽሓት ዜጋታት፡ እቶም 6,000 ትሕቲ ሓሙሽተ ዓመት ዝዕድመኦም ህጻናት እዮም ነይሮም። ልዕሊ 1,300 ካብአቶም ድማ፡ ብደብዳብ ወለዶም ዝሞትዎም፡ ወይ አብቲ ግዜ ውግእ ስድራቤቶም ተበታቲኖም ብዘይ አላዪ ዝተረፉ ነበሩ።

ወያነ ንብረት ህዝቢ ንምርሳይ ምእንቲ ክጥዕሞ፡ አብቲ ብወራር ዝበጽሓ ዓድታት ህዝቢ ካብ አባይቱ እናውጽአ ምብራር ስርሓይ ኢሉ ዝፍጽሞ ዝነበረ ተግባር እዩ። "ካብ ዓድና አይንለቅቕን" ዝበሉ፡ አንስቲ፡ አረጋውያንን ቈልዑን ምቅጥቃጥን ምርሻንን ድማ ምስኡ ሓቢሩ ዝኸይድ ዝነበረ ግፍዒ እዩ። አብ አውጋሮ ንአብነት፡ ደቂ ዓዲ ቦታአም ለቚቆም ክኸዱ ምግዳዶም ሓደ መርአያ ናይዚ ዓመጻኛ ተግባር እዩ ነይሩ። ብዘይካ'ዚ ወተሃደራት ወያነ፡ አብ ልዕሊ ደቀንስትዮ ብዙሓ፡ ገሊኡ ብፍላይ ክትአምኖ እውን ዘጸግም ጽታዊ ዓመጽ ፈጺሞም እዮም። አብ ከባቢ እምባሶይራ ንአብነት፡ ወተሃደራት ወያነ፡ ብትእዛዝ ሓለፍቶም አብቲ ከባቢ ንዝነበራ አመንቲ ምስልምና ሰብ-ሓዳር ደቀንስትዮ፡ ዕለታዊ፡ ንብዙሕ መዓልታት፡ ድሕሪ ሰዓት 5:00 ናይ ድሕሪ ቐትሪ፡ ገዛአን እናመጹ ብሳንጃ እናፈራርሑ ይጋሰሱወን ምንባሮም፡ እተን ዝተዓመጻ ደቀንስትዮ፡ መጽናዕቲ ንዘካይዱ ዝነበሩ አባላት ዜጋታት ንሰላም አብ ኤርትራ ዝገለጻሎም ጉድ ተሰኒዱ አሎ።

በዚ ሰፊሕ ናይ ኩናት ገበን'ዚ አብ ርእሲ'ቲ አብ ልዕሊ ህዝቢ ዝወረደ ስቓይን ስነ-አእምሮአዊ ማህሰይቲን፡ አብ ንብረት ዝወረደ ዕንወት ቀሊል አይነበረን። በቲ ዝተፈጸመ ዕንወትን ራስያን አዝዩ ካብ ዝተሃስየ ከባቢታት ባረንቱ፡ ቶኾምብያ፡ ሻምብቆ፡ ተሰነይ፡ ዓሊግድር፡ ተላታ ዓሸር፡ ጎልጅ፡ አምሓጀር፡ ማይ ድማ፡ አውጋሮ፡ ክሳድ ዒቃ፡ ጸሮናን ሰንዓፈን አብ ከባቢአን ዝርከባ ብዙሓት ዓድታትን ብአብነት ምጥቃስ ይከአል።

ደድሕሪ ሳልሳይ ወራር፡ ብዩኒቨርሲቲ አስመራ ዝተኻየደ አፈናዊ መጽናዕቲ፡ ወያነ አብ ዝአተም ከባቢታት ልዕሊ 34 ሚልዮን ዶላር ዝግመት ናይ ልዕሊ 50,000 ስድራቤታት አባይቲ ምሉእ-ብምሉእ ወይ ብኸፊል ክዓኑ እንከሎ፡ አስታት 3000 ትካላት ምሉእ ወይ ከፈላዊ ዕንወት ከም ዝወረደ የመልክት። ምምሕዳር ዞባ ጋሽ ባርካ ብወገኑ አብ ዘካየዶ መጽናዕቲ፡ አብቲ ዞባ ዝወረደ ዕንወትን ዝምታ ጥሪትን 700 ሚልዮን ናቕፋ ከም ዝበጽሐ፡ ብሰንኪ ሰፊሕ ምምዝባል ህዝቢ፡ ምህርቲ ሕርሻ ናይቲ ዞባ፡ አብቲ ዓመት'ቲ ብ77.7% ከም ዘንቈልቈለ የመልክት። አብ

ሕርሻ ጡዋ ዓሊ.ግደር ከአ ዓሰርተታት ሚልዮናት ዶላር ዝዋጋኡ ፋብሪካን ማሺነሪታትን፡ ወያን ብመደብ ከም ዘዐነዎ ይፍለጥ።

ድሕሪ'ቲ ወራር ብባንክ ዓለም፡ ትካላት ሕቡራት ሃገራትን መንግስቲ ኤርትራን አብ ዝተገብረ ገምጋም ነቲ ዝወረደ ዕንወት ንምፍዋስ ልዕሊ 300 ሚልዮን ዶላር ከምዘድሊ ተገሚቱ እኳ እንተነበረ፡ አብ መወዳእታ ዝጸደቐ፡ 287.7 ሚልዮን ዶላር እዩ ነይሩ። ካብዚ 90 ሚልዮን ባንክ ዓለም፡ 50 ሚልዮን ኤውሮጻዊ ሕብረት፡ 58.7 ሚልዮን መንግስቲ ጣልያን፡ 24 ሚልዮን መንግስቲ ኤርትራ፡ 11 ሚልዮን ደንማርክ፡ 3 ሚልዮን ፈረንሳ፡ እቲ ዝተረፈ 30 ሚልዮን ዶላር ድማ ብዘተፈላለየ ሃገራትን ውድባትን ከምወል ተባሂሉ እኳ እንተነበረ፡ እቲ ሓዝነ ቅሩብ ምስ ተበጋገሰ፡ ብሰንኪ'ቲ ድሕሪ ፍሽለት ወራር ወያን ስዒቡ ዝመጸ ፖለቲካዊን ዲፕሎማሲያዊን ተጻብአ ሃገራት ምዕራብ አይቀጸለን።

መንግስቲ ኤርትራ፡ አብቲ ናይ ኩናት እዋን፡ አብ ዝተፈላለየ ከባቢታት ብዘጓጸ መዐቀቢ መደባራት ብምምስራት፡ ናይ ሕክምናን ማይን አገልግሎታት ብምቅራብ፡ ንተፈናቐልቲ ዝዕቑብሉ ቴንዳታት፡ ናይ መግቢ መቑነንን፡ ኮሮርታን ክዳውንቲን ብምዕዳል ዓቕሚ ሃገር ብዘፍቅዶ፡ ህዝቢ ንምርዳእ ተጓይዩ እዩ። ማሕበረሰብ ዓለም እውን እንተኾነ፡ ዋላ እኳ ከም'ቲ ትጽቢት ዝግበረሉ እንተዘይነበረ፡ ክሳዕ ብነፈርቲ ህጹጽ ረድኤት ብምልኣኽ፡ ነቲ ዝተፈጥረ ከቢድ ምምዛባልን ሰብአዊ ቅልውላውን ንምፍዋስ መጠናዊ አበርክቶ ገይሩ እዩ። ዝያዳ ኹሉ ግን፡ አብ ውሽጢን ወጻኢን ዝነብሩ ዜጋታት፡ ብልዑል ዜግነታዊ ሓላፍነት፡ ንተመዛበልቲ ዜጋታቶም ንምሕጋዝ ዝገበሩዎ አበርክቶ እቲ ዝዓበየ ግምት ዘወሃቦ እዩ።

ብመሰረት ውዕል አልጀርስ፡ አብ ክልቲአን ሃገራት ዝወረደ ዕንወት ከጸሪ ዝቖመ ኮምሽን ካሕሳ ኤርትራን ኢትዮጵያን፡ ብመሰረት አህጉራዊ ሰብአዊ ሕግታት፡ ካብ ሕጊ ወጻኢ፡ አብ ግዜ ውግእ ዝተፈጸሙ ገበናት አብ 6 ምድባት ከፋፊሉዎ'የ ርእይዎም፦

ምድብ 1 = ዘይሕጋዊ ምብራር ሰባት ካብ ቀዋሚ መንበሪ ቦታአም፤

ምድብ 2 = ሰባት ካብ ቀዋሚ መንበሪአም ምፍንቓል፤

ምድብ 3 = ኢሰብአዊ አተሓሕዛ አብ ልዕሊ ምሩኻት ኩናት፤

ምድብ 4 = ንሰላማውያን ሰባት ብዘይ ሕጊ ምእሳር፡ ምቕታል፡ አብ መዓስከራት ምድጓንን ብኢሰብአዊ አተሓሕዛ ምስቓይን ደቀንስትዮ ምዕማጽን፤

ምድብ 5 = ንብረት ውልቀ-ሰባት ምዝማትን ምዕናውን፤

ምድብ 6 = ንብረት መንግስቲ ምዕናውን ምዝማትን።

ብመሰረት መምዘኒ ምድባት ናይቲ ኮምሽን፣ ጥርዓን ብመንግስቲ ይኹን ብውልቀ-ሰባት ክቐርብ ዝኽእል ኩይኑ ብእኩባት ጉጅለታት፣ ትካላት ወይ ማሕበራት ዝቐርብ ጥርዓን እውን ካብ 1-5 ኣብ ዘለዉ ምድባት ከፋፊልካ ክርኣይ ይኽእሉ።

በዚ መሰረት፣ እቲ ኮምሽን፣ ኣብ መሬት ኤርትራ ዝተፈጸመ ካሕሳ ዝግብኦ ናይ ኩናት ገበናት ዝበሎ ከምዚ ዝስዕብ ዘርዚሩዎ ኣሎ፤

- ምዕናው መንበሪን ንግዳዊን ኣባይቲን ካልእ ህንጻታትን ኣብ ማእከላይን ምዕራባዊን ግንባር

- ኣብ ልዕሊ ሰላማዊ ህዝቢ ዝወረደ ሞትን መቝሰልቲን

- ዕንወት ትካላት ሕክምናን መሳርሒታቱን

- ዕንወት ሓወልቲ መጠራን መቓብር ሓርበኛታት ጾርናን ሻምብቀን

- ሕማቕ ኣተሓሕዛ ኣብ ልዕሊ ምሩኻት ኩናት

- ጸታዊ ዓመጽ ኣብ ሰንዓፈ፣ ባረንቱን ተሰነይን

- ምብራር ህዝቢ ኣውጋሮ ካብ ገዛእ መሬቱ

- ምስጓግ ኤርትራውያን ካብ ኢትዮጵያ፣ ምብራር ክልተ ዜግነት (ኤርትራን ኢትዮጵያን) ዘለዎም ሰባትን ኢትዮጵያውያን ክነሶም ሰኣን ምጽራይ ተለኪዎም ዝተባረሩን

- ሕማቕ ኣተሓሕዛ ኣብ ግዜ ምስጓግ

- ምዝማጥ ንብረት ካብ ኢትዮጵያ ዝተባረሩ ኤርትራውያን

- ምዝማጥ ኣብ ግዜ ውግእ ኣብ ኢትዮጵያ ዝነበራ ክምለሳ ዘይክኣላ መካይን ኤርትራውያን

- ምዝማጥ ንብረት ቀወምቲ ተቐማጦ ኢትዮጵያ ዘይኮኑ ኤርትራውያን

- ካብ ሕጊ ወጻኢ ምእሳርን ምድጓንን ምስቓይን ሰላማውያን ኤርትራውያን

- ምግሃስ መንበሪ ገዛ ዲፕሎማሰኛታት ኤርትራን ምዝማጥ ንብረቱን

እዚ በደላት'ዚ ካሕሳ ክኽፈሎ ከም ዝግባእ እቲ ኮምሽን ብምግላጽ፣ መጠን ናይቲ ካሕሳ እውን ወሲኑ እዩ። ብወገን ኤርትራ ተፈጺሙ ዝበሎ በደላት እውን ብተመሳሳሊ። እንተኹኑ፣ መጠን ናይቲ ዝወረደ ዕንወት ኩኑ ኣብ ልዕሊ ኤርትራውያን ዝተፈጸመ ዘስካሕክሕ ግፍዒን ግህሰት መሰልን ስነ-ኣእምሮኣዊ ማህሰይቲን፣እቲ ኮምሽን ምስ ዝወሰኖ ካሕሳ ፍጹም ዝመጣጠን ኣይነበረን።

እቲ ኮምሽን ብዘይክኡ'ዚ፡ ዋላ'ኳ ምትኹታኻት ናይ ኢትዮጵያ እንተነበረ፡ "ጀማሪት ናይቲ ኩናት ኤርትራ እያ" ክብል'የ ወሲኑ። ንምጅማር ኩናትን ካልእ ተፈጺሙ ዝበሃል ዝርዝር በደላትን ነናቱ ዋጋ ብምሃብ ድማ፡ መንግስታት ኤርትራን ኢትዮጵያን ክኽፍልዎ ዘለዎም መጠን ካሕሳ እነጺሩ። በቲ ውሳነ መሰረት ከኣ፡ ኤርትራ 10 ሚልዮን ዶላር ዝያዳ ኢትዮጵያ ካሕሳ ክትከፍል ተበይኑዋ።

ብመሰረት ውዕል አልጀርስ፡ እቲ ብኮምሽን ዶብ ኮነ ብኮምሽን ካሕሳ ዝወሃብ ውሳነታት ቀያዲን ናይ መወዳእታን ባህርይ ስለ ዝነበሮ፡ መንግስቲ ኤርትራ፡ ልክዕ ከምቲ ንውሳነ ኮምሽን ዶብ ብቐጥታ ዝተቐበሎ፡ ውሳነ ኮምሽን ካሕሳ እውን ርትዒን ሚዛናውነትን ዝጎደሎ ምኻኑ እናፈለጠ፡ ብኡ-ንብኡ ከም ዝቐበሎ ብወግዒ አፍሊጡ።

ይኹን'ምበር ብደረጃ ዓለም ፍሉጣት ናይ ሕጊ ክኢላታት፡ ኮምሽን ካሕሳ፡ አጀማምራ ናይቲ ኩናት ብዝምልከት ዝሃቦ ውሳነ፡ ፍጹም ካብ ሓላፍነቱ ወጺኢ ምኻኑ ርእይቶኦም ገሊጾም እዮም። ውዕል አልጀርስ ዓንቀጽ 3፡ "ብዋና ጸሓፊ ውድብ ሓድነት አፍሪቃ ዝምዘዝ፡ ሓደ ካልእ ናጽነ ዘይሻራዊን አካል ቄይሙ፡ ነቲ ብ6 ግንቦት 1998 ዘጋጠመ ኩነታትን ቅድሚኡ ግጭት አብ ምምጻእ አበርክቶ ዝገበረ ፍጻመታትን እንተላይ ናይ ሓምለን ነሓሰን 1997 ጉዳይ ክምርመር" እዩ ዝእዝዝ።

እንተኾኑ፡ በቲ ስምምዕ መሰረት ብውድብ ሓድነት አፍሪቃ ዝተገብረ ነገር አይነበረን። እታ ጠንቂ ምብራዕ ኩናት ተባሂላ እትግለጽ ዝነበረት ባድማ፡ ብኮምሽን ዶብ ልኡላዊ ግዝኣት ኤርትራ ምኻና ብምርግጋጹ፡ ኮምሽን ካሕሳ ዝወሰኖ መጠን ካሕሳ፡ ንወያነ ናይ ምድዕዓስን ምጽንናዕን ፖለቲካዊ ድርኺትን ድፍኢትን ከም ዝነበሮ ናይ ብዙሓት ትዕዝብቲ እዩ።

ጥሕሰት ወያነ ንኣህጉራዊ ሕጊ

ናይ ኩናት ጽልኢን ምዕራፍ ብናይ ምትሕግጋዝን ብሓባር ምንባርን መድረኽ ክዕጾ አለዎ። ከምቲ አነ ኩሉ ግዜ ዝብሎ፡ ጉርብትና ህዝብታት ምርጫ እምበር መርገም አይኮነን። አብዚ ታሪኻዊ እዋን፡ ኤርትራ በዚ መንፈስ'ዚ ዝሓለፈ ረሲዓ ንቅድሚት ናብ ሰላምን ተስፋን ክልቲኡ አሕዋት ህዝብታት ከተማዕዱ መብጽዓ አትያ ከም ዘላ ከረጋግጽ እደሊ።

ፕረዚደንት ኢሳይያስ፡ 12 ታሕሳስ 2000 (ስምምዕ አልጀርስ አብ ዝተፈረመሉ)

ከምቲ አብ ዝቐደም ጽሑፍ ተገሊጹ ዘሎ፡ ስምምዕ አልጀርስ ብ12 ታሕሳስ 2000፡ ነቲ ብዶብ ዝተመኽነየ ኩናት ንምዕራፍ፡ ብመንጎኝነት

ወከልቲ ማሕበረሰብ ዓለም፡ ማለት ሕቡራት ሃገራትን ውድብ ሓድነት አፍሪቃን፡ ዝተበጽሐ ስምምዕ ኩይኑ፡ አውሓስቲ ትግባረ ናይቲ ስምምዕ ተባሂሎም ክታሞም ዘንበሩ ድማ፡ ሕቡራት መንግስታት አመሪካ፡ ኤውሮጻዊ ሕብረትን መንግስቲ አልጀርያን እዮም። ስምምዕ አልጀርስ፡ ሓሙሽተ ዝአባላቱ ዘይሻራዊ ዳናዩ ኮምሽን ቄይሙ፡ ንዶባት ክልቲኣን ሃገራት ዝምልከት መግዛእታዊ ውዕላት (Pertinent Colonial Treaties) 1900፣ 1902፣ 1908፣ ከም'ኡ'ውን ምስ ጉዳይ ዶባት ተዛማድነት ዘለዎ አህጉራዊ ሕጊ (Applicable International Law) ምርኩስ ብምግባር ናይ መወዳእታ ቀያዲን ብይኑ ክህብ፡ በቲ ብይን መሰረት ከአ፡ ዶባት ሓንጺጹ አብ ባይታ ከመልክት፡ ነቲ ዝቐውም ዳናዩ ኮምሽን ስልጣን ዘሰከሞ ስምምዕ እዩ።

በዚ ውዕል'ዚ ዝቖመ ኮምሽን ዶብ ኤርትራን ኢትዮጵያን፡ አብቲ ዝቐጸለ ልዕሊ ሓደ ዓመት፡ ክልቲኣም ወገናት ሕጋዊ ጭብጢታቶም ከቐርቡ ዕድል ብምሃብ፡ ብክልቲኣም ወገናት ዝቐረበ መርትዖታት ብምምርማር፡ እቲ ስምምዕ ብዘሰከሞ ሓላፍነት መሰረት፡ ዝምልከቶም መግዛእታዊ ውዕላትን ተዛማድነቲ ሕጊታትን ምርኩስ ብምግባር ብ13 ሚያዝያ 2002 ውሳኔኡ ሃበ።

ድሕሪ ውሳነ ናይቲ ኮምሽን፡ እቲ ዝቐጸል ዕማም፡ ዶባት አብ ባይታ ምምልካት ነበረ። ኮምሽን ዶብ ብዘውጽአ ውጥን መሰረት ከአ፡ ክሳዕ ሕዳር 2003 ዶብ አብ ባይታ ተመልኪቱ፡ እቲ ጉዳይ ሓንሳብን ንሓዋሩን ተዓጽዩ አብ ከብሒ. ናይ ታሪኽ ክቐመጥ ነይሩዎ። እንተኹን ሕንጋደ ወያነን ደገፍ አተባባዕቱን ንፈጻሚ ናይቲ ብይን ዓንቂጽዎ። ካብ ምዕንቃጽ ትግባረ ብይን ሓሊፍካ እው'ን፡ እቲ ኮምሽን ካብ ሕጋዊ ሓዲድ አንደልሂጹ ከም ዝህውትት ንምግባር ብዙሕ ሜላታት ተሃንዲሱን ጸቒጢ ተሻይዱን።

ብሰሪ'ቲ ዝነበረ ብዙሕ ዕንቅፋታት፡ ኮምሽን ዶብ ስርሑ ንምፍጻም ብአዝዩ አሸጋሪ ግዜ'የ ሓሊፉ። ወያነ በቲ ብይን መሰረት ዶብ ክምልከትን ልኡላዊ ግዝአት ኤርትራ ክለቅቕን ቅሩብነት ስለ ዘየርአየ ድማ፡ ድሕሪ ናይ ሓሙሽተ ዓመትን መንፈቕን ሽንኩለል፡ አብ መወዳእታ ኮምሽን ዶብ፡ ነቲ ሕጋዊ ብይን፡ ብሸርቶዋል ምምልካት አብ ካርታ አስፊሩ ዕማሙ ክዛዝም ወሰነ።

ብኡ መሰረት፡ አብ ሕዳር 2007፡ ነቲ ልዕሊ 1000 ኪ.ሜ. ዝዘርጋሕ ዶብ ኤርትራን ኢትዮጵያን፡ ብጂኦግራፊያዊ መራኸቢ ነጥቢታት (Coordinates) እንተላይ አዕኑድ ዝተከለሉ ደቒቕ ዝርዝራት አነጺሩ፡ አብ 45 ካርታታት ብምስፋር፡ ቅድሓቱ ንክልቲኣን ሃገራት ከም'ኡ'ውን ንባይቶ ጸጥታ ሕቡራት ሃገራት አረከበ። እቲ ኮምሽን ስርሑ ዛዚሙ፡ ናብ ባይቶ

ጽጥታ ሕቡራት ሃገራት አብ ዞባረዖ ናይ መጨረሽታ ጸብጻብ፡ ከምዚ ዝስዕብ በለ፤

ኢትዮጵያ፡ እቲ ቀያዲን ናይ መወዳእታን ክሽዉን ዝተሰማምዓትሉ ብይን፡ አብ ባይታ ኪትግበር ድልየትን ቅሩብነትን አየርአየትን፡፡ እቲ መስርሕ ኪቅጽል ተሰፋ ስለ ዝተሳእኖ ኽአ፡ ኮምሽን፡ ብማንዛ ምምልካት (Virtual demarcatiom) ነቲ ዶብ አብ ካርታ ብምምልካት ስርሑ ክዛዝም ወሲኑ፡፡ በዚ መሰረት እቲ ብ13 ሚያዝያ 2002 ብዝተዋህበ ውሳነ ዝተሓንጸጸ፡ አብ ሕዳር 2007 ድማ ብማንዛ ምምልካት ተነጺሩ ዘሎ ዶብ ክልቲአን ሃገራት፡ ናይ መወዳእታን ቀያዲን ምኻኑ ብወግዒ የፍልጥ፡፡ ነዚ ዶብ'ዚ ዝጸረር ወይ ዝዋሕስ ዝኾነ ተግባር ከአ ዘይሕጋዊ እዩ፡፡....ኮምሽን ዶብ፡ በዚ ናይ መወዳእታ ስጉምቱ፡ ስምምዕ አልጀርስ ዘሰከሞ ሓላፍነት ምሉእ ብምሉእ ከም ዝፈጸም ይአምን....”

እቲ ኮምሽን ብተወሳኺ፡ አብ ምሉእ ናይ ስራሕ ግዜኡ፡ አዉሓስቲ ስምምዕ አልጀርስ ሓላፍነቶም ብዘይምፍጻምም፡ ከም'ኡ'ውን መንግስቲ ኢትዮጵያ ብዝፈጠሮ ከቢድ ዕንቅፋት እንተዘይኮይኑ፡ ብወገን ኤርትራ ዝኾነ ይኹን ካብ ሕጊን መንፈስን ናይቲ ስምምዕ ዝወጸ ተግባር ከም ዘይተፈጸመ አብቲ ናይ መወዳእታ ጸብጻቡ ምስክርነቱ አስፊሩ አሎ፡፡ መንግስቲ ኤርትራ፡ ናብቲ ኮምሽን ዝጸሓፎ መልሲ፡ ድማ ከምዚ ይብል፤

ኢትዮጵያ አብ ዕማም ምምልካት፡ ምስ ኮምሽን ዶብ ክትተሓባበር ቅርብቲ ዘይምኻና፡ ሕማቅ ዕድል ይኹን'ምበር... ንቋያዲን ናይ መወዳእታን ባህርይ ናይቲ ውሳነ ብዝኾነ መገዲ ዘዕኑ አይኮነን፡፡ ኢትዮጵያ ብሕጊ ክትቅየድ ፍቓደኛ ብዘይምኻና፡ ኮምሽን ዶብ አብ መወዳእታ ብዝወሰዶ ውሳነ መሰረት፡ ጸሓፊ ኮምሽን ዶብ፡ ናብ ክልቲአም ወገናትን ናብ ሕቡራት ሃገራትን ዝለአኸ፡ ብ1:25,000 ምጣኔ (ስኬል) ዝተዳለወ፡ ብመራኺቢ ነጥብታት ምልክታት ናይቲ ዶብ ዝሓብር፡ 45 ካርታታት መንግስቲ ኤርትራ ተረኪቡ አሎ፡፡ በዚ ድማ፡ኤርትራ፡ ኮምሽን ዶብ ምሉእ ብምሉእ ሓላፍነቱ ከም ዝፈጸም ትዉስዱ፡፡ በዚ መንፈስ'ዚ፡ ኤርትራ፡ ባይቶ ጽጥታ ሕቡራት ሃገራት ወራር ልኡላዊ መሬት ኤርትራ ከብቅዕ ዘለዎ ሕጋዊ ስልጣን ክጥቀም ድርኺት ምግባር ክትቅጽሎ እያ፡፡ ኤርትራ አብ መወዳእታ፡ እቲ ኮምሽን አብ ትሕቲ ከምዚ ዝአመሰለ አዝዩ አጸጋሚ ኩነታት፡ ስምምዕ አልጀርስ ዘሰከሞ ሓላፍነትን ዕማምን ብግቡእ አሰላሲሉ ምፍጻሙ ምስጋናኣ ትገልጽ፡፡

ደባዊ ምስሕሓብ” ዝብል ስም ተዋሂብዎ ዝተወልዐ ግጭት ኤርትራን ኢትዮጵያን እምበአር፡ በቲ አብ ሚያዝያ 2002 ዝተዋህበ ብይን ተደምዲሙ፡ አብ ሕዳር 2007 ብማንዛ ምምልካት ተተግቢሩ ዞኽተመ ጉዳይ እዩ፡፡ እንተኾነ ጥሕሰት ወያነ ንኣህጉራዊ ሕጊ ክሳዕ 2018 ቀጺሉ፡፡

ግሀሰትን ንዕቀትን ወያነ ኣብ ልዕሊ ኣህጉራዊ ሕጊ ግን ካበይ'የ ዝብገስ? ወያነ እንታይ ዓቒሚ ስለ ዝነበር ወይ እንታይ ስለ ዝተኣማመነ? ወያነ ንዓመታት ዝኣከል ካብ ትግባረ ብይን ክሃድም እንከሎ፡ እቲ ንማሕበረሰብ ዓለም ወኪሉ ክብረት ስምምዕትን ኣህጉራዊ ሕጊን ከተግብር ግዴታ ዝተሰከመ ባይቶ ጸጥታ ሕቡራት ሃገራት ኩነ ኣው-ሓስቲ ስምምዕ ሰላም ኣልጀርስ ስለምንታይ ሕጋዊ ግዴታኣም ዘይፈጸሙ?

ባይቶ ጸጥታ ሕቡራት ሃገራት ከም ኣው-ሓሲ ናይቲ ስምምዕ መጠን፡ ሕጋዊ ግዴታኡ ክፍጽም ዘይክእለ፡ ብቖንዱ ቀዋሚት ኣባል ባይቶ ጸጥታ፡ ኣመሪካ፡ ትግባረ ናይቲ ብይን ሓኒቓ ክትሕዞ ስለ ዝወሰነት እዩ። ነዚ ሓቂ'ዚ ዘረጋግጽ ጭብጢታትን ተግባራትን ድማ ብዙሕን ቅሉዕን እዩ።

ቀዳማይ ሚኒስተር ኢትዮጵያ ኣብ መስከረም 2003 ንብይን ኮምሽን ዶብ *"ዘይሕጋዊን ዘይሓላፍነታውን ዘይቅኑዕን"* ኢሉ ብምግላጽ፡ ባይቶ ጸጥታ *"ኣማራጺ መካኒዝም"* ከናዲ ክሓትት እንከሎ፡ ብምኽሪን ፍቓድን ምምሕዳር ኣመሪካ እዩ ነይሩ። እቲ ጉዳይ ብኮምሽን ዶብ ተታሒዙ እንከሎ፡ ሕቡራት ሃገራት፡ ኣብ ርእሲ ዋጣ. . . ከም ዝበሃል፡ ንኤርትራን ኢትዮጵያን ከቀራርብ፡ ንሚስተር ሎይድ ኣክስዋርዚ ፍሉይ ልኡኽ ሕቡራት ሃገራት ገይሩ ምምዛዙ፡ ነቲ ውዱእ ጉዳይ ብኻልእ ጥበብ ንድሕሪት ናብ ዘተ (ዳያሎግ) ንምምላሱ ዝዓለመ ሃቐን እዩ ነይሩ። መንግስቲ ኤርትራ ግን ፍጹም ኣይተደናገረን። ብድሕሪኡ እውን ምምሕዳር ኣመሪካ ጀነራል ፋልፎርድ ዝተባህለ ካልእ ሽም-ጋሲ መዚዙ ነይሩ። ነቲ ውዱት ብዙሕ ዘይነቅሓሉ ጀነራል ፋልፎርድ፡ ነቲ መዝነት ድሕሪ ምቕባሉ፡ ናብ ሕጋዊ ኣማኻሪ ኤርትራ ኣብ ዝጸሓፈ ግሩህ መልእኽቲ፡ ኣብቲ ዶብ ክሳብ ናይ ሓደ ኪሎ ሜተር ዝበጽሕ ምስትኽኻል ምግባር ምእንቲ ክከኣል፡ ስርሒታዊ (ኦፐረሽናል) ዓቒናት ክልኣኽሉ ሓቲቱ ነይሩ።

ኣምባሳደር ኣመሪካ ኣብ ሕቡራት ሃገራት ዝነበረ ጆን ቦልተን፡ 'Surrender is not an option: Defending America at the United Nations' ብዝብል ኣርእስቲ ብ2007 ኣብ ዘሕተሞ መጽሓፍ ንጉዳይ ዶብ ኤርትራ ኢትዮጵያን ብዝምልከት ከምዚ ዝስዕብ ጽሒፉ ኣሎ፤

> ብርግጽ ኣነ ጸግዒ የብለይን፡ ናይ ኤርትራ ነጥቢ ግን ሓቅነት ዝነበሮ ኩይኑ ይስምዓኒ። ኢትዮጵያ ኣብ 2000 ነቲ ዶባዊ ምስሕሓብ ንምፍታሕ ዝቐረበ መካኒዝም ተሰማሚዓትሉ ከተብቅዕ፡ ዝኣተወቶ መብጽዓ ጠሊማ እያ። …ኣነ ነቲ ጸገም ክንፈትሓ ኣለና፡ እናረኸስ ክኸይድ ስቅ ኢልና ክንርኢ የብልናን እብል ነይረ። ፈረንሳ፡ ጃፓንን ካልኦት ኣባላት ባይቶ ጸጥታን እውን ምስ ርእይቶይ ይሰማምዑ ነይሮም።..... ንዓይ ፈጺሙ ክርድኣኒ ብዘይክኣለ ምኽንያት ግን፡ ኣብ ለካቲት 2005 ፍሬዘር ኣንፈታ ብምዛር፡ እቲ 'ጌጋ'የ ነይሩ'

ኢላ ዝደምደመቶ ውሳነ ኮምሽን ዶብ ኤርትራን ኢትዮጵያን ዳግም
ተሳላዪሉ፡ 9ቢ. ክፋል ካብቲ ዘሰሓሕብ ግዝኣታት ንኢትዮጵያ ዘወሃበሉ
ኩነት ክፍጠር ሕቶ ኣቕሪባትለይ። ብወግኒ ነዚ. (ግዝኣት ሕጊ ዝጸረር)
ሕቶ'ዚ. ከመይ ገይረ ናብ ባይቶ ጸጥታ ከም ዘቕርቦ ስለ ዝሓርበተኒ.
. ኣየቕረብኩምን።

ብግዝያውነት ፍሉይ ወኪል ባይቶ ጸጥታ ኣብ ኤርትራን ኢትዮጵያን
ኩይኑ ተመዚዙ ዝነበረ ሚስተር ኣዞዝ ኤኒፋር እውን፡ ናብ ሕቡራት
ሃገራት ዝጸሓፎ ጸብጸብ፡ ነዚ. ሓቂ'ዚ. ዘራጉድ እዩ፤

ብ24 ሰነ 2006 ምስ ተሓጋጋዚት ጉዳያት ወጻኢ. ኣመሪካ ኣብ ጉዳያት
ኣፍሪቃ ጃንዳይ ፍሬዘር ኣብ ኣዲስ-ኣበባ ተራኺበ ነይረ። 'ኮምሽን
ዶብ ኤርትራን ኢትዮጵያን ተዓጻጸፊ ኣይኮነን' ዝብል ናይ ማዕሳ
መግለጺ. ነይሩዋ። ነቲ ጸገም ንምፍታሕ ካልእ ተመዓዳዊ መስመር
ፈጢራ ከም ዘላ ድማ ገሊጻትለይ። ብርእይቶኣ፡ ምምልካት ዶብ፡ በቲ
ኤርትራ እትደልዮ ዘላ መልክዕ እንተኾይኑ ግብራውነት ዘይብሉ እዩ።
ብተወሳኺ፡ እቲ ፍታሕ ንኢትዮጵያ እውን ዘርብሕ ምእንቲ ክኸውን
ምምልካት ዶብ ብዘይ ዲያሎግ ክፍጸም የብሉን በሃሊት እያ።

ብ11 ነሓሰ 2009 ኣብ ኤለክትሮንካዊ መልእኽቲ (ኬብል) ኤምባሲ
ሕቡራት መንግስታት ኣመሪካ ኣብ በርሊን ዝተጸሕፈ፡ ብዊኪ-ሊክስ ዝለሓኹ
ሓበሬታ ብተመሳሳሊ. ከም'ዚ ዝሰዕብ ይንበብ፤

ኢትዮጵያ፡ ንምርግጋእ'ቲ ዞባ 'መተካእታ ዘይብላ መሻርኽቲ' ምኻና
ተሰማሚዕና ኢና። ደባዊ ምስሕሓብ ኢትዮጵያን ኤርትራን ደስኪሉ
ዘሎ ንመጻኢ. ኣርሒቑካ ብምጥማት እዩ።

መቖጻልታ ወራር ተጻብኦታት

ኣብ ወርሒ. ታሕሳስ ናይ 2009ን 2011ን፡ ባይቶ ጸጥታ ሕቡራት
ሃገራት ብብዮን 1907ን 2023ን፡ ኣብ ልዕሊ. ኤርትራ ክልተ ግዚ እገዳታት
(ምኽልካል ዕድጊ ኣጽዋርን መገሻ ሰበ-ስልጣንን፡ ምውንዛፍ ሕሳባት ሰበ-
ስልጣን፡ ምሕናቕ ግብሪ ዲያስፖራ፡ ምዕንቃጽ ወፍራትን ፋይናንሲያዊ
ትውጊትን ዝተሓዘቶኡ) ምውሳኑ ዝፍለጥ እዩ።

ታሪኽ ዝሓለፈ 80 ዓመታት፡ ከም'ኡ'ውን ዛንታ ወራር ወያነ ጥሕሰት
ወያነ ንኣህጉራዊ ሕጊን ንዕኡ ዛሳሰየ ፖለቲካዊ. ዲፕሎማሲያዊን ሓበሬታዊን
ደገፍን ምትብብዓን ሕቡራት መንግስታት ኣመሪካን ኣብ ግምት ኣእቲኻ
ክርኣ እንከሎ እምበኣር፡ እዚ. ውሳነ'ዚ. ብርግጽ፡ መቖጻልታ ናይቲ ብቐሉዕ
ወራር ተሃዊ ዘይሰለጠ ተልእኾ ምኻነ ከም ጸሓይ ቀትሪ ድሙ፦ እዩ።

እዚ. እገዳ'ዚ. ደይ-መይ ኢልካ፡ ስርዓት ወያነ ንዝምሕጋዝ ተባሂሉ

ዝተሃንደሰ ምኽኑ፡ "መዓስን ኣብ ከመይ ኩነታትን'ከ ቀልጢፉ ክልዓል ክኢሉ?" ዝብል ቀሊል ሕቶ ብምልዓል ጥራይ ምርግጋጹ ይከኣል እዩ።

የግዳስ እቲ እገዳ ኣብ ዝተበየነሉ እዋን፡ ናይ ሰርዓት ወያነን ምምሕዳር ኣመሪካን ዛዕባ መሲሉ ከይርአ፡ እኳ ደኣ ብቛንዱ ናይ ሃገራት ኣፍሪቃ ድርኺት ዘለዎ ንኽመሰል ድራማ ተደሪሱለ። እቲ ክሲ፡ ፈለግ ብስርዓታት ኢትዮጵያ፡ ጁቡቲን መሰጋገሪ መንግስቲ ሶማልን ናብ ኢጋድ ቀሪቡ፡ ውሳነ ናይቲ ዞባዊ ውድብ ኩይኑ ድሕሪ ምጽዳቅ፡ ብሕብረት ኣፍሪቃ ኣቢሉ ናብ ባይቶ ጸጥታ ከም ዝቐርብ'የ ተገይሩ። ዘእምን ጭብጢን መርትዖታትን ስለ ዘይነበሮ ድማ፡ ኣብ ባይቶ ጸጥታ ምስ ቀረበ እውን ተቓውሞን ሕቶታትን ከየልዕል፡ ብጽልዋን ጸቕጢን ኣመሪካ፡ ብዙሕ ከይተዘርበሉን ክትዓት ከየተኻየደሉን ብኽድኑ ውሳነ ባይቶ ጸጥታ ኩይኑ ሓሊፉ።

ቅድሚ ውሳነ እገዳ ባይቶ ጸጥታ፡ ብ1 መጋቢት 2008 ዝተጻሓፈ፡ ካብ ጸሓፊ ጉዳያት ወጻኢ ኣመሪካ ናብ ወኪል ኣመሪካ ኣብ ሕቡራት ሃገራት ዝተላእከ፡ ብዊኪ-ሊክስ ዝለሓኹ ሓደ መልእኽቲ (ኬብል)፡ ተልእኾ ወኪል መንግስቲ ኣመሪካ ኣብ ሕቡራት ሃገራት፡ ካብ ገለ ኣባላት ባይቶ ጸጥታን ኣብ ሰራዊት ሕቡራት ሃገራት ኣበርኩቶ ዘለዎን ሃገራትን ደገፍ ብምርካብ፡ በዚ ዝስዕብ ምኽንያታት ኣብ ልዕሊ ኤርትራ እገዳ ክግበር ጻዕርታት ምክያድ ምኽኑ ይገልጽ፤

    ....(ኤርትራ) ኣብ ስራሕ ዓቃብ ሰላም ሰራዊት ሕቡራት ሃገራት ኣብ ኤርትራን ኢትዮጵያን (ኣንሚ) ምትእትታው ብምግባራ፡ ብፍላይ ድማ ኣብዚ ቀረባ እዋን ቀረብ ነዳዲ ብምኽልኣ..." ይብል እሞ እቲ መልእኽቲ፡ "እቲ ክውሰድ ዝኽእል ኣግራጺ ስጉምቲታት፤ 1)ኣብ ልዕሊ ቄልፈ ሓለፍቲ መንግስቲ ኤርትራ ናይ ጉዕዞ እገዳ ምስግዳድ፤ 2)ምድስካል ሕሳባት ናይዞም ሓለፍቲ እዚኣቶምን ካልእ ናይ ኤርትራ ሕሳባትን ጸጋታትን፤ 3)ኣብ ጸጋታት ኤርትራ እንተላይ ማዕድናዊ ሃብቲ ዝቐነ ናይ ንግዲን ወፍሪን ማዕቀብ ምግባር፤ 4)ናይ ኣጽዋር እገዳ... ከጠቓልል ከም ዝኽእል ይገልጽ።

ምስዚ ሓሳብ'ዚ ተኣሳሲሩ፡ ኣብ ለካቲትን መጋቢትን 2008 ኣብ ልዕሊ ኤርትራ መራጎዲ ክስታት ንምርካብ፡ዶባዊ ምስሕሓብ ኤርትራን ጁቡቲን ዝብል ሓድሽ ዛዕባ ብምፍጣር፡ ደይ-መደይ ኢልካ ከም ዝራሰን ተገይሩ።

ብመሰረት ኬብላት ዊኪሊክስ፡ ብ20 መስከረም 2009 ዝተጻሕፈ ሓደ ሰነድ፡ ኣብቲ እዋን'ቲ ኣምባሳደር ኣመሪካ ኣብ ሕቡራት ሃገራት ዝነበረት ሱዛን ራይስ፡ ንክሲታታ ኣብ ልዕሊ ኤርትራ ዘእምን መርትዖታት ኣብ ምቕራብ ብዙሕ ጭንቐቲ ከም ዘይነበረት የረድእ። ኣብ ልዕሊ ኣባላት

ባይቶ ጸጥታ ብዝነበራ ርእይቶ፡ ድሌታ ንምትግባር ብዙሕ ኣጸጋሚ ከም ዘይከውን እምነት ነበራ። እቲ ሰነድ ከምዚ ይብል፤

> ...ራይስ፡ ዝሓለፈ ተመኩሮታት ባይቶ ጸጥታ ምርኩስ ብምግባር፡ ብኣፍሪቃውያን ዝኾና ኣባል ሃገራት ናይቲ ባይቶን ብሕብረት ኣፍሪቃን ዝቐረበ ብይናት፡ ባይቶ ጸጥታ ዓጊትዎ ከም ዘይፈልጥ. . .ቡርኪናፋሶን ኡጋንዳን ነቲ ብይን እንተድኣ ኣቕሪበናኣ፡ ብሪጣንያ ክትድግፊ፡ ፈረንሳውያን ድማ ርእሶም ኣድኒኖም ስቕ ክብሉ ትጽቢት ኣመሪካ ምኻኑ. . .ምናልባት ሩስያን ቻይናን . . . ዘሰክፎም እንተመሲሉ፡ እቲ ብይን ናብ ድምጺ ቅድሚ ምቕራቡ ምስኣቶም ምምኽኻር ክግበረሉ ከም ዝኽእል (ንሚኒስተር ጉዳያት ወጻኢ ኡጋንዳ፡ ኩቴሳ) ገሊጸትሉ....

ሕቡራት መንግስታት ኣመሪካ ኣብዚ ከይተሓጽረት፡ ኣብ ዝሓለፈ ዕስራ ዓመታት ወራር ወያነን ድሕሪኡ ዝሰዓብ መድረኽ ኩነተ ኣይሰላም-ኣይኩናት፡ ንኤርትራ ንምንጻል፡ ካብ ኤውሮጳን ካብ ማእከላይ ምብራቕን ናብ ኤርትራ ዝውሕዝ ወፍሪን ቄጠባዊ ምትሕብባርን ንምዕጋት ብዙሕ ጽዒራ እያ። *"ካርተር፡ (ኣመሪካዊ በዓል ስልጣን) ብ23 ሚያዝያ ኣብ ሚኒስተር ጉዳያት ወጻኢ ቤልጁም ምስ ጉጅለ ኣፍሪቃ ዘዘራር ኣሼጋ"* ብዝብል ኣርእስቲ ብ29 ግንቦት 2009 ዝተላእከ መልእኽቲ (ኬብል) ከምዚ ይብል፡-

> ...ኣብ እዋን ቄርሲ ናይ 23 ሚያዝያ፡ ፈሊጥ ካርተርን ናይ ኤን.ኤስ.ሲ. (NSC) ላዕለዋይ ዳይረክተር ኣብ ኣፍሪቃ ሚቸል ጌቪን ኣብ ሚኒስትሪ ጉዳያት ወጻኢ ቤልጁም ምስ ጉጅለ ኣፍሪቃ ኣብ ዝተራኸቡሉ፡ ፈሊጥ ካርተር ንኤርትራ ደጋጊሙ ብምኽሳስ፡ ምትሕግጋዝ ኤውሮጳዊ ሕብረት ምስ ኤርትራ ዘተሓሳሰብ ምኻኑ ገሊጹ። '...ካርተር ብተወሳኺ፡ ኤውሮጳዊ ሕብረት ንመንግስቲ ኤርትራ ብዛዕባ ዝሀሮ ዘሎ ደገፍ ክፈልጥ ሓቲቱ።....ማሕበረሰብ ዓለም ኣብ ልዕሊ ኤርትራ እገዳታት ክግበር ሕብረት ኣፍሪቃ ኣቕሪብዎ ንዘሎ ጸውዒት ክድግፍ ዘለዎ ተስፋ እውን ገሊጹ። ጠንቂ ዞባዊ ዘይምርግጋእ ንዝኾነ ሓደ ንጹል መንግስቲ 122 ሚልዮን ዩሮ ሓገዝ ምሃብ፡ እንታይ ዓይነት ልቦና ከም ዝኾነ እውን ኣብ ምልከት ሕቶ ኣእትይዎ...

ተሓጋጋዚ ጸሓፊ ጉዳያት ወጻኢ ኣመሪካ ኣብ ጉዳያት ኣፍሪቃ ካርል ዋይኮፍ፡ ብ19 ሕዳር 2009 ምስ ቀዳማይ ሚኒስተር መለስ ዜናዊ ናይ ዘካየዶ ዝርርብ ጸብጻብ ድማ፡ ኣመሪካ ንኤርትራ ንምንጻል ተካይዶ ዝነበረት ዘመተ ከምዚ ክብል ኣንጉሑዎ፤

108

....ዋይኮፍ ዋላ እኳ ፕረዚደንት ኢሳይያስ አብዚ ቀረባ ግዜ፡
አማራጺታት ይጥምት ከም ዘሎ ዘመልክት፡ ናብ ዲፕሎማሰኛታት
ሕብረት ኤውሮጳ ጊላማ ዝገበረ ሰሓቢ ምንቅስቃሳት ይገብር እንተሎ፡
ኤርትራ አብ ባህርያታ ምምሕያሽ ከም ዘርአየት ዘረድእ ጭብጢታት
ዘይምህላው ገሊጹ። ዋይኮፍ፡ ሕቡራት መንግስታት አመሪካ፡ ምስ
አባላት ባይቶ ጸጥታ ዝርርባታ ብምስፋሕ፡ ባይቶ ጸጥታ ሕቡራት
ሃገራት አብ ልዕሊ ስርንት አስመራ እንዳታት ከሕልፍ ድርኺት ናይ
ምግባር መብጽዓ አጽኒዕ ሒዛቶ ከም ዘላ ንመለስ ዜናዊ አረጋጊጹሉ።
መንግስቲ አመሪካ ብዘይካ'ዚ፡ ንአስመራ ዝወሃብ ደገፍት ምብታኽ
ዘዕላማኡ፡ ብቐንዱ ድማ ንመስጋገሪ መንግስቲ ሶማል ጭቡጥ ደገፍ
ንምርካብ፡ ናብ ካይሮ፡ ርያድ፡ ጆዳን ካልኣት ከተማታትን ልኡኻትን
ከም ዘሰደደ እውን ሓቢሩ። አቖዲመን ንኤርትራ ዝድግፉ ዝነበሩ ገለ
አባል ሃገራት ሕብረት ኤውሮጳ፡ ኤርትራ አብዚ ዞባ እትጸወቶ ዘላ
ሓደገኛ አሉታዊ ተራ ይርድአ ምህላወን ከም ዝተዓዘበ ጠቒሱ ኸአ፡
ብሪጣንያ አብዚ ሕጂ እዋን፡ ኤርትራ እንተላይ ንዜቤታዊ ጸጥታአ
አስጋኢት ምኻና ክትአምን ምኽአላ አረጋጊኡ...

ሕቡራት መንግስታት አመሪካ ጓኒ ጓኒ'ዚ እገዳ ብምስግዳድ፡ ብቐጠባዊ
ጸቕጢን ዲፕሎማሲያዊ ተነጽሎን ንመንግስቲ ኤርትራ ከተጫንቕ ተካይዳ
ዝነበረት ጸዕሪ ወተሃደራዊ ዓቕሚ ኤርትራ ንምድኻም'ውን፡ ካብ ሃገራዊ
አገልግሎት ዝሃድሙ መንእሰያት ኤርትራ፡ ናይ ውቅባ መሰል ብምፍቃድ
ተተባብዐ ነበረት። አብ ለካቲት 2009፡ ቤት ጽሕፈት ስደተኛታት ክፍሊ
ጉዳያትs ወጻኢ አመሪካ፡ ካብ ሃገራዊ አገልግሎት ንዝሃድሙ መንእሰያት
ኤርትራ 10,000 ናይ ውቅባ መሰል ከም ዝመደብ ብወግዒ ምፍላጡ
ይዝከር። አቐድም አቢሉ እውን፡ አብ 2004፡ መንግስቲ አመሪካ፡ ንኮምሽን
ስደተኛታት ሕቡራት ሃገራት (UNHCR)፡ አብ ኤርትራ ዝርከቡ መላእ
ብሄረ ኩናማ አብ አመሪካ ውቅባ እንተሓቲቶም ክወየቦም ምኻኑ አፍሊጡ
ነይሩ። መንግስቲ አመሪካ ብኸምዚ መገዲ፡ ስደት ኤርትራውያን እናተባብዐ፡
ቡቲ ካልእ ወገን ንኤርትራ ብዘይሕጋዊ ምስግጋር ሰባት ዝኸሰሰሉ ግዜ
እውን ነይሩ። አብ ሰነ 2009 ፕረዚደንት አባማ፡ ንኤርትራ አብ መስርዕ
ናይተን አብ ዘይሕጋዊ ምስግጋር ሰባት (human trafficking) ዝሳተፋ
ሃገራት ዝጽንበር "ትእዛዝ 1349" ዝተሰምየ ሰነድ ብምፍራም፡ አብ ርእሲኣ
ጽኑዕ ፋይናንስያዊ እገዳ ክግበር ምውሳኑ ይፍለጥ። ሕቡራት መንግስታት
አመሪካን መሻርኽታን ብዘይካ'ዚ፡ አብ ኤርትራ፡ ናይ ሃገራት ምዕራብ
ኩባንያታት ወፍሪ ከይገብራ አብ ርእሲ ምኽልካል፡ ነቲ አብ ቢሻ፡ ብካናዳዊ
ኩባንያ ተበጊሱ ዝነበረ ናይ ዕደና ፕሮጀክት ንምስንኻል፡ ኤርትራ ልቓሕ
ከይትረክብ ክልኪለን እየን።

ኩሉ'ቲ አመሪካ ንኤርትራ ንምቕጻዕን ምንጻልን እተካይደ ዝነበረት
ጸዕሪ፡ ዘይፍረ ዘይሩ፡ አብ ሓደ ንጹር ምኽንያት እዩ ዝዓልብ። ተጻባኢ

አመለኻኽታ አመሪካ አብ ልዕሊ ኤርትራ፡ ካብ 1940ታት ጀሚሩ ንኣስታት 80 ዓመታት ዝጸንሐ እዩ። ምስ ግሎባዊን ዞባዊን ስትራተጂአ እንተዘይኮይኑ ድማ፡ ምስ አህጉራዊ ሕግታትን መትከላትን ከምኡ'ውን ምስ ክብርታት ፍትሒ፡ ደሞክራሲ ይኹን ሰብአዊ መሰላት ዝኹን ምትእስሳር የብሉን።

አመሪካ ፖለቲካዊ መሰመርን እንታይነትን አብ አዲስ-አበባ ሰልጣን ዝሓዘ ስርዓት ብበየገድስ፡ *"ኢትዮጵያ ንስትራተጂያዊ ረብሓታት አመሪካ ብዝበለጸ ከተገልግል እትኸእል ሃገር'ያ"* ዝብል ካብ ነዊሕ እትሓዙ ዝጸንሐ ጽኑዕ እምነት አለዋ። እዚ ዘይቅየርን ዓብላሊን ፖሊሲ'ዚ አብ መፋርቅ ዝሓለፈ ዘመን ንዘሓል ኩናት ብምምኽናይ ዝተራዕመ እዩ። ድሕሪ ምብቃዕ ዝሓለፈ ኩናት ድማ፡ አብ ናይ 2002 ስትራተጂ ሃገራዊ ድሕነት አመሪካ፡ ዞባዊ *"መልሕቅ ሃገራት"* ብዝብል አምር ከም ዘለዎ ዳግም ሰፈሩ።

ስርዓት ወያነ፡ በዚ ግሎባዊ ፖሊሲ ሕቡራት መንግስታት አመሪካ ተተባቢዑ፡ ዞባዊ ሓይሊ ንምኻን አብ ዝሓደሮ ጥሙሕ ከም ቀንዲ ዕንቅፋቱ ዝርአዮ ንመንግስቲ ኤርትራ እዩ። በዚ ድማ እዮ ዕላማ ናይቲ ወራር፡ ብቐንዱ አስመራ አቲኻ መንግስቲ ኤርትራ ምእላይ ክኸውን፡ ማእከላይ ባይቶ ወያነ/ኢህወደግ ዝወሰነ። እቲ ዕላማ ብቅሉዕ ወራር ክፍጸም ተሃዊኩ ምኽአል ምስ ተሳእነ ድማ፡ አብ 2002 ዝጸደቐ ሰነድ ፖሊሲ ዝምድናታት ወጻኢ ኢትዮጵያ፡ ነቲ ዝተኹልፈ ዕላማ ብኻእል ሜላን መገዲን ክቅጽሎ'የ ሓሊኑ። እዚ ሰነድ'ዚ፡ *"ኢትዮጵያ አብ ልዕሊ ኤርትራ እትኸተሉ ፖሊሲ፡ ምስ መሕዘት ሃገራት ተሓባቢርካ፡ ጉዳይ ዶብ ከይተተግበረ ከም ዝጸንሐ ምግባር፡ ንመንግስቲ ኤርትራ ካብ ዓለም ንምንጻልን ምድኻምን ምስራሕ፡ መንግስቲ ኤርትራ ንዝወሰዶ ስጉምታታት ዓቢፉ እናመለስኩ፡ እንተተኻኢሉ አብ ኤርትራ ንዘለዉ ተቃወምቲ ሓይልታት ደጊፍካ አብ ኤርትራ ዘሉ መንግስቲ ምቅያር"* (ፖሊሲ ጉዳያት ወጻኢ ኢትዮጵያ 2002) ምኻኑ ይግለጽ።

ፖሊሲ ሃገራዊ ድሕነት አመሪካ ኩን ብኡ ዝተማእዘነ አካይዳ ስርዓታት ኢትዮጵያ፡ አብዚ ዝሓለፈ ልዕሊ ፍርቂ ዘመን ውጽኢቱ ብጋህዲ ከም እተራእየ፡ ንህዝብታት ኤርትራን ኢትዮጵያን ኩን ነዚ ዞባ፡ ከምኡ'ውን ንባዕላ ንሕቡራት መንግስታት አመሪካ አየርብሐን። ድሕሪ'ዚ ኹሉ ተመኩሮታት'ከ እዚ ብዙሕ ክሳራን ዕንወትን ዘኸተለ ስቓይ ህዝብታት ኤርትራን ኢትዮጵያን ዘናውሕ፡ ቀንዲ ጠንቂ ዘይምርግጋእ ዞባና ኩይኑ ዝጸንሐ ፖሊሲ ይቅየር'ዶ ይኸውን?

ናይዚ ዝሓለፈ 20 ዓመት ዛንታ ወራር ወያነ፡ ግህሰትን ንዕቀትን ወያነን አሻደንቱን አብ ልዕሊ አህጉራዊ ሕጊን አብ ልዕሊ ኤርትራ ዝተሃቀን በብዓይነቱ ሸርሒን ተጻብኦታትን ብሓጺሩ ከምዚ አብ ላዕሊ ዝተጠቕሰ እዩ። እቲ ዘገርም ግዳ፡ ግዜ ናቱ መልሲ አለዎ። *"ጽባሕ ካልእ*

መዓልቲ'ዩ ከም ዝበሃል" ወያነ፡ ኣብ ውሽጢ ኢትዮጵያ ዝኽተሎ ዝነበረ ዓሌታዊ ፖሊሲን ግጉይ ኣካይዳን፡ ብህዝቢ ኢትዮጵያ ተፈንፊኑ፡ እቲ ን27 ዓመታት ኣብ መንግስቲ ኢትዮጵያ ዓብላሊን ወሳኒን ቦታ ሒዙ ዝጸንሐ ጉጅለ፡ ክቐጽል ኣብ ዘይክእለሉ ደረጃ ተበጺሑ። ምስቲ ኣብ ኢትዮጵያ ዝተኸስተ፡ ንስርዓት ወያነ ዝቃወም ሰፊሕ ምልዕዓል ህዝቢ ተኣሳሲሩ፡ ኣብ መጋቢት 2018፡ ኣብ መሪሕነት ገዛኢ ሰልፊ ኢህወደግ ለውጢ ምስ መጸ ኸኣ፡ እቲ ሓድሽ መንግስቲ ኢትዮጵያ፡ ስምምዕ ኣልጀርስን ብይን ኮምሽን ዶብን ብዘይ ቅድመ-ኩነት ክትግበር ወሲኑ። በዚ ድማ፡ ኣብ መንጎ ክልቲኣን ሃገራት ናይ ሰላምን ምሕዝነትን ስምምዕ ተኸቲሙ፡ ስርዓት ወያነ ብዝምትባዕን ደገፍን ዘራያት፡ ንዓመታት ዝሓላለኹ ዕንቅፋት ተሰጊሩ፡ ኤርትራን ኢትዮጵያን እንደገና ናብ ሓድሽን ዝተፈልየን ምዕራፍ ተሰጋጊረን ይርከባ።

መወከሲታት

1) ማኒፌስቶ 68፡ መግለጺ. ህወሓት፡ ለካቲት 1976

2) ሓባራዊ መግለጺ. ህዝባዊ ግንባርን ተሓህትን 25 ሕዳር 1977

3) ህወሓትን አማዕብሳ ዝምድናኡ ምሳናን - 30 ገጽ ዝሓዘ ናይ ሰሚናር ወረቐት - ህ.ግ. 1985

4) ጽብጻብ መኸዘን አጽዋር ህ.ግ. 16 ሕዳር 1981

5) ህ.ግ.ሓ.ኤ.ን ዝምድናኡ ምስ ደሞክራሲያውያን ምንቅስቓሳት ኢትዮጵያን - 15-2-1985 –

6) "ንቢ ዝላ ንቕድሚት" ብህወሓት ንመግለጺ. ህ.ግ. ዝተዋህበ መልሲ - መጋቢት 1985

7) "አፈላላያትና አብ ግልጺ. መድረኽ ይቕረብ" - 1986 (ብህወሓት ዝተዘርግሐ ጽሑፍ)

8) "ቃልሲ. ህዝቢ ኤርትራ ካበይ ናበይ?" 1986 - ብህወሓት ዝተዳለወ መጽሓፍ

9) ታሪኽ ህዝባዊ ወያነ ሓርነት ትግራይ (ብክፍሊ. ምርምርን ስነዳን ህግደፍ ዝተዳለወ ዘይትሓትም መጽናዕታዊ ጽሑፍ)

10) መልእኽቲ ህ.ግ. ንመሪሕነት፡ መሰረታትን ህዝቢ. ትግራይን - 29 መጋቢት 1988

11) ሓባራዊ መግለጺ. ህ.ግ.ን ህወሓትን - ሚያዝያ 1988

12) መደረ ቀዳማይ ሚኒስተር መለስ ዜናዊ - 24 ግንቦት 1993 - አስመራ

13) ስምምዕ መንግስቲ ኤርትራን መሰጋገሪ መንግስቲ ኢትዮጵያን - 30 ሓምለ 1993 - አዲስ አበባ

14) ደብዳበታት ፕረዚደንት ኢሳይያስ ናብ ቀዳማይ ሚኒስተር መለስ ዜናዊ - 16 ነሓሰ 25 ነሓሰ 1997

15) ደብዳበ ቀዳማይ ሚኒስተር መለስ ዜናዊ ናብ ፕረዚደንት ኢሳይያስ - 25 ነሓሰ 1997

16) መግለጺ. ቤት ምኽሪ ሚኒስተራት ኢትዮጵያን አዋጅ ፓርላማ ኢትዮጵያን - 13 ግንቦት 1998

17) መግለጺ. ካቢነ ሚኒስተራት ኤርትራ - 14 ግንቦት 1998

18) እማመ ሰላም አመሪካን ርዋንዳን - ግንቦት 1998

19) እማመሰለማ አኼባ መራሕቲ ሃገራት አፍሪቃ - ኡጋዱ - 5 ሰነ 1998

20) ስምምዕ ምቑራጽ መጥቃዕቲ አየር (ሞራቶርዮም) – 14 ሰነ 1998

21) "ግጭት ኤርትራን ኢትዮጵያን፡ ቅድሚ ግንቦት ዝነበረ ኩነታት" - ጋዜጣ ሓዳስ ኤርትራ - 31 ጥቅምቲ 1998

22) Frame work agreement – OAU – 17 ታሕሳስ 1998

23) መግለጺ ቀዳማይ ሚኒስተር መለስ ንዲፕሎማሰኛታት - አዲስ አበባ ብቴለቪዠን ኢትዮጵያ ዝተፈነወ 27 ጥሪ 1999

24) Modalities of Implementation – OAU Technical committee - 14 ሓምለ 1999

25) Technical Arrangments – OAU Technical Committee - ነሓሰ 1999

26) ቃለ-መጠይቕ ቀዳማይ ሚኒስተር መለስ ዜናዊ - ቴለቪዠን ኢትዮጵያ - 5 ግንቦት 2000

27) ቃለ-መጠይቕ ጀነራል ሰብሓት ኤፍሬም - ቴለቪዠን ኤርትራ - 2 5 ሰነ 2000

28) ስምምዕ ምቁራጽ ተጸብኦታት - አልጀርስ - 20 ሰነ 2000

29) አጠቓላሊ ስምምዕ ሰላም ኤርትራን ኢትዮጵያን - አልጀርስ - 12 ታሕሳስ 2000

30) አዋጅ ሃገራዊ አገልግሎት ቁጽሪ 82/1995s

31) A Compiled record of statements issued by the government of Eritrea & Ethiopia on the Border Dispute (Parts I,II,III) ዘይትሓትመ ጥርኑፍ ሰነድ መግለጺታት - ሚኒስትሪ ዜና

32) Chronology of Events regarding Ethiopian Agression on Eritrea - ሚኒስትሪ ዜና

33) ሕታማት ጋዜጣ ሓዳስ ኤርትራ ግንቦት 1998 - ታሕሳስ 2000

34) "ልኡላውነትና ደሞክራሲ በኢትዮጵያ" ገብሩ አስራት - 2014 - ገጽት 285,287,290,293,295,309,318

35) International Claims Commissions, righting wrongs   after conflict፣ Lea Brilmayer, Chiara Giorgetti, Lor raine Cahrlton Page 231

36) ብዊኪ-ሊክስ ዝለሓኹ ምስጢራዊ መልእኽቲታት (ኬብልስ) ክፍሊ ጉዳያት ወጻኢ አመሪካ፣ (01/03/2018፣ 29/05/2019፣ 20/09/2009)

37) ሰነድ ፖሊሲ ዝምድናታት ወጻኢ መንግስቲ ኢትዮጵያ (2002/2013)

እግሪ-መኳል - 1999

ውዳቐ መዳፍዕ
መሬት ነቕኒቛ፤
ንዳድ ሓጸውን
ዑብ! ሃል! ጒሄሩ፤
ጸሊም ማዕበል
ጸሊም ሰማይ ፈጢሩ፤
ዝተዘርወ ሬሳታት
ዝተበታተኸ ኣካላት
መሬት ከዲኑ፤
ዝዛረየ ደም
ፈኻሕካሕ! ደሪቛ፤
ሽታ ቓሬት
ፈቖዶኡ ተበቲኑ፤
ቓንዛ-ኣውያት
እናሃጠመ በኒኑ፤
ጸሊም ኣሞራ
ንታሕቲ ጠኒኑ፤
ግዜ ከጸባጸብ
ግዜ ከመሓሰብ
ጸሊም ጸጥታ ሰፊኑ።

ከሳድ እግሪ-መኳል!
ከሳድ ሓዛ
ከሳድ መንጢላ፤
ዘይከም ምሕጸራ -
ምትራራ፤
ኣይተኻእለን ምስጋራ
ኣይተኻእለን ምጥሓራ።

ኤፍረም ሃብተጽዮን

1

መሬት ሕድሪ

ቢንያም ሃይለ - 1998

ድሕሪ ናጽነት፡ እቲ ብተቐባል ሕድሪ ዝደልደለ ሓይልታት ሻዕብያ ተሰሪዑ እናመረሽ፡ ንመጀመርታ ግዜ ኣብ ከባቢ ዛላምበሳ ኢና ርእናዮ፣ ገራሙና፣ ንኽብስና ኸአ ሓቲትናያ፤ 'ኣበይ ኣሎ እቲ ከተማዊ ጠባይን ሕንቃቐን፣ ኣበይ ኣሎ'ቲ ለምባእ ዝብል ኣካላተ፣ ኣበይ ኣሎ'ቲ ናይ ከተማ ኣከዳድና፣' ክርድኣና ኣይከኣለን - ነቲ ምዑት ሰራዊት ኤርትራ ምስ ረኣና፡፡ እቲ ትርኢት ካብ 1979 ክሳብ 1980 ንሕን ዘርኩብናሉ፡ ኣብቲ መሪር መድረኽ ብረታዊ ቃልስና ዝነበሩ ተጋድልቲ ኣዘኻኺሩኒ፡፡ ሹዑ እቶም ተጋደልቲ ነዚ ናይ ሎሚ ክዳን ዝመሳሰል፡ ካምቦድያ ዝበሃል ወተሃደራዊ ክዳን እዩ ነይሩዎም፡፡ መብዛሕትኡ ግዜ ጽንዓት ናይቶም ኣብ ዝሓለፈ መድረኽ ዝነበሩ ተጋደልቲ እናኣልዓልካ ምንኣድ ልሙድ እዩ ነይሩ፡፡ ቀደም፡ መብዛሕትኡ ሓድሽ ተጋዳላይ ብዕጥቁ፡ ክዳኑን ኣቃውማኡን ከተለልዮ ትኽእል ኢኻ፡፡ ናይ ሎሚ ሻዕብያ ግን ሽዱሽተ ወርሒ ታዕሊም፡ ማእቶታዊ ስራሕ፡ ናይ ተሃድሶ ታዕሊም ከምኡ'ውን ወራራዊ ልምዓት ቀሲሙ ዝተመልመለ እዩ፡፡ ኩሉ'ዚ፡ ምስቲ ምስ ነባራት ተጋደልቲ ብምንባሮም ዘወረሱዎ ወተሃደራዊ ተመኩሮ ተደማሚሩ፡ ኣብ ሜዳ ንዓመታት ተቖሚጥካ እተጥርዮ ብልሕን ሓላፍነትን ኣብ ሓጺር ግዜ ኣጥርዮም ከም ዝነበሩ ብዘይጥርጥር ኣብ መደምደምታ በጺሕና፡፡

ኣብ ምብራቓዊ ዝባን ዛላምበሳ፡ ኣብ ውሻጢ ፍርቃ ጥራይ ዝተኸድነትን ዘይተዛዘመትን መርባዕ፡ ክልተ ላዕለዋት ሓለፍቲ ሰራዊት ሻዕብያ ነበሩ፡፡ እታ መናድቓ ዘይተሸፈነ መረባዕ፡ ብሓደ ኩርናዕ ዝተጸፍጸፈ ኩቦ መሊኡ፣

ሓንቲ ደቃቕ ሽምዓ ኸኣ ምስ ንፋስ እናተቓለሰት ጭልምልም ትብል ነበረት። መራሕቲ በራጊድ ሓይልኣብ ኢሳቖን ወዲ ሰዓረን አብ ዝተነጽፈ ኮበርታ ተጋዲሞም ሬድዮ ድምጺ አመሪካ ይሰምዑ ነበሩ። ሰላምታ አቐዲምና ውሽጢ አተና። ካብቲ ተጋዲሞምሉ ዝነበሩ ባይታ ዝባኖም አቐኒያም፣ "ንበሩ፣ ንበሩ" በሉና። እቲ ምቕሉል ሰላምታአምን አቀባብላአምን ናጻ ኬንካ ንኽተዕልል ዘተባብዕ እዮ ነይሩ። ልክዕ ነቶም ብዕላል ንፈልጦምን ዘርኩብናሎምን መራሕቲ ህዝባዊ ሓይልታት ከኣ አዘኻኸሩና። ኮሎኔላት እዮም ብማዕርግ፣ አብ ገጾም ቅሳነትን ምቾትን ዘይኮነ ግን፣ ክብደት ሰራሕን ሃለኻለኻን'ዩ ዝንበብ። ልዕሊ ክልተ ሽሕ ሰራዊት እዮም ዝእዘዙ። ነቲ ሰራዊት አብ ምእላይ ብጃካአም ንየው-ነጀው ዝብል አይነበረን፣ ህሉው ኩነታት ንኽተታሉ ዝሕግዛም ሬድዮ ርኩብን ሬድዮ ወረን ግን ብዮማናይን ጸጋማይን ኢደም ሹሽ ይብላ ነበራ።

ወዲ ኢሳቖ፣ "አብዛ ትርእዮዋ ዛላማበሳ ዝፈረስ ገዛ የለን፣ ሰላማዊ ሰብ ንኽይጉዳእ ቀዳማይ ጥንቃቐና'የ ነይሩ። ንሰራዊት ወያነ'ውን እቲ ሓቂ ንግለኡ ተኸዊሉዎ አሎ ኢልና ስለ እንአምን ክሳብ ሕጂ ከም ጸላኢ አይረአናዮን ዘሎና። 'ማለሊት' ዝበሃል'የ እዚ ኹሉ ሓዊ ዝአጉደልና ዘሎ፣" በለና። አብታ ሓጸር ሓበሬታኡ ወዲ ኢሳቖ፣ "ንሕና ንኹሉ ቅሩባት'ኳ እንተለና፣ ልዕሊ ኹሉ ግን እቲ ግጭት ብሰላም ክፍታሕ ኢና ንደሊ፣" በለና።

'ሰላም' እትብል ቃል ምስ ሰማዕና፣ ሾው ንግሆ ካብ ዝርአናዮ ሬሳታት ወያነ ናይ ሓደ አቦ ተራእየኒ። አብቲ ጸቢብ ካናል ተኾርምዩ ርእሱ አንቃዕሪሩ ከሎ ዝሞተ እዩ፣ 'ይዋእ እታ ነዚ ኹሉ አበሳ ዘይረአየት ስድራ!' ድማ በልኩ።

ናብ ቦታ ውግእ ክመርሓና ዝተበገሰ ምክትል ተለንቲ 'ብኢደ' ዝተባህለ መንእሰይ እዩ። አብቲ ጸልማት ሓይልታት ሻዕብያ ጎኒ-ጎኒና ለመም እናበሉ ይኸዱ ነይሮም። ምስቲ ኹሉ ተሰኪሞሞ ዝነበሩ ዕጥቕን አቑሑ ምግብናን ገልጠም ዝብል ድምጺ አይሰማዕናሎምን። ወተሃደራዊ አካይዳ ርእሱ ዝኸኣለ ድስፕሊን ስለ ዘለም፣ ንእኡ ብምዕዛብ ጥራይ ባህሪ ናይ ሓደ ሰራዊት ክትግምግም ይከአል'የ። ካብ ጽርግያ ተአሊና፣ አኻውሕ ዘበዝሐ ቦታ ሰናጢቕና ናብ ዕርዲ ምስ ቀረብና፣ "መን ኢኻ፣" ዝበል ነዳር ድምጺ አቓልሐ። ምክትል ተለንተ ብኢደ፣ ሰሙን አሃዱኡን ነጊሩ እናኸድና፣ እቲ ሕቶ ተደገመ።

"እንተ ዘይተረዲኡካ ደአ ንምንታይ ተሓልፈና፣" ኢሉ ብኢደ ቀሪቡ ምስ ተረዳድኡ ተበገስና። አዘራርባኡም፣ ቄራጽነቶምን ጥንቃቐአምን ከይአመተ ዝሓልፍ አይነበረን። እቲ ሓለዋ ብቕድሚት ጥራይ ዘይኮነ ብድሕሪት'ውን ነበረ። አብታ ህሞት'ቲአ ዝቘልቀል ተጻባኢ ሓይሊ ከምልጠሉ ዝኽእል መንገዲ አይነበሮን።

ሰዓት 11 ናይ ምሸት ኣቢልና መራሕቲ ቦጦሎኒታት ሃይለ እስቲፋኖስን መጀሙዕን፡ ከምኡ'ውን መራሕ ብርጌድ ወዲ ሰዓረ ኣብ ዝነበሩዋ ብርኽ ዝበለት ቦታ በጻሕና። ኣፐረተራት ብዝተመጠነ ድምጺ ይራኸቡ፣ ካብን-ናብን መልእኽቲ ዘበጻሕ ተጋደልቲ ይመላለሱን ሕሹኽ እናበሉ ይረዳድኡን፣ ሓደ-ክልተ ኾአ ክውል ኢሎም ሽጋራ ከትክኹ ጸንሑና። መራሒ ቦጦሎኒ መጀሙዕ፡ "ሕጂ ኣዕርፉ፣ ንተጋደልቲ ጽባሕ ተዘራርቡዎም፡" በለና። ብዓይኒ ጸላም ክልለ ዝኸእል ምልክዑ መንእሰይ'የ ዝመስል። ደኺምና'ኻ እንተ ነበርና ድቃስ ግን ኣይተራእየናን። እቲ ምሸት፡ ህይወት ገድሊ ኣዝኻሺሩ ኣዝዩ ተበሪሁና'ኻ እንተ ነበረ ፍርቂ ለይቲ ምስ ሓለፈ፡ ንጽባሒቱ ከይንፈዝዝ ግድን ክንድቅስ ነይሩና። መዳቍስተይ ሰኣላይ የማን ዓንደብርሃን'የ። ክሳብ'ቲ ቦታ ንበጽሕ ኣኻውሕ ዓቐብን ቁልቁልን ዝርከቦ ተበተብ እናበልና ንስዓታት ኣብ ዝተንዓዝናሉ፡ ካሜራታቱ ተሓንጊጡ ታህ ዘይምባሉ ከይመስጠኒ ኣይሓለፈን። ካብ ኩላትና ወተሃደራዊ ታዕሊም ዘይወሰደ ንሱ ጥራይ እዩ ነይሩ።

ፍርቂ ለይቲ ምስ ሓለፈ፡ ነጸላና ፍርቃ ኣንጺፍና ፍርቃ ንኸንኸደና ገቦ ኩንና። እቲ ቦታ ሓባጥ-ጐባጥ ኣብ ልዕሊ ምንባሩ፡ እግርኻ ከይትዝርግሕ ዝዓግት ጸዳፍ'ውን ነበረ። ሳእነይ መተርኣስ ገይረ፡ ብላዕሊ ቆቢዐይ ኣቐሚጠ ምስ ኣጣጣሕኩ ደቀስኩ። እታ ብኩርኽሕ እናተገላበጥናን ብቝሪ እናተሓለብናን ዝደቀስናያ ክልተ ሰዓት ኣይትኸውንን እያ። ሰዓት 4፡ 50 ናይ ንግሆ ሓሓሊፉ ብጸዕቂ ከቓልሕ ዝጀመረ ድምጺ ጢያይት ካብ ድቃስና ኣበራበረና። ሬድዮ ርኽብ ጭጭ ይብላ፣ መሳርዕ የማን-ጸጋም ይንቀሳቐሳ፡ ወያን ነቲ ውግእ ብለይቲ'ኻ እንተ ጀመሮ፡ መሬት ወገግ ምስ በለ ግን ውጥናቱ ንኸኹለፍ ጸረ-መጥቃዕቲ ክካየድ ምቅርራብ ተገብረ። ሓበርቲ ጢያይት ገለ ንዓቐብ ገለ ንቝልቍል ከውንጨፉ ነጺርም ተራእዩ። እተን ንላዕሊ ዝትኮሳ ዝነበራ ሓበርቲ ጢያይት ናይ ዘጥቅዕ ወያን፡ እተን ንቝልቍል ዝትኮላ ዝነበራ ድማ ናይ ዝከላኸል ሰራዊት ኤርትራ እየን ነይረን።

እተን ሓባሪ ጢያይት እናነስነሳ ንላዕሊ፡ ዝሓኹራ ዝነበራ ኣኢጋር ወተሃደራት ጸላኢ፡ ካብ ፍርቂ'ቲ ገሮ ንላዕሊ ክቐጽላ ኣይከኣላን፣ በብቝሩብ ጠርቆሽቆሽ እናበላ ንድሕሪት ኣንቈልቍለን ናብ ቦታኣን ተመልሳ። ንሕና፡ ኣብ ፍርቂ'ቲ ገሮ ወተሃደራት ወያን ብጭንዝ ክልለዉ፡ ዉጉኣት እናንፍሓኹን ኣካላቶም እናነስሱን 'እበጽሕ ዶ እኸውን' እናበሉ ብጸዐረ ሞት ክሰሓጉ ረኣናዮም።

"ጽሕዲ፡ ሓደ ጃኽ ሃለው ጽሕዲ ... መን ኢኻ ትኣትወኒ ዘሎኽ፣ ሓንሳብ እስከ ውጽለይ በላ," በለ መራሒ ቦጦሎኒ መጀሙዕ በታ ዓትዒትዋ

ዝነበረ ሬድዮ ርኽብ። ጸጋመይቲ ኢዱ ባንደጅ ተሸፊና፣ አብ ርእሱ ባርኔጣ አጥሊቑ፣ ነብሱ ምሉእ፣ መንእሰያዊ ጉብዝናኡ መሳጢ ነበረ።

አብቲ ፈለግ፣ "በለን ጥራይ ከይትመልሰን!" ብምባል በተን እናቓያየረ ዝሕዝን ዝነበረ ንአሽቱ ሬድዮ ትእዛዝ ሃበ። አዘራርባኡ ህዱአ እዩ። ድሕሪ ቑሩብ፣ "ይሃድማ አለዋ!" ዝብል ሓበሬታ ምስ ተቐበለ፣ "ነዋሕቲ ብረት ከሃርመልካ ነጊሮኒ አለኹ። ንስኻ ኽአ ወሪድካ ሰዓበን። ነቲ የማንካ ዘሎ ከተርክቦ መታን ቅሩብ ሰሓብ!" በለ።

በቲ ኻልእ፣ ባርኔጣ ዝመለሰ መራሒ፣ ቦቦሎኒ፣ ጽልም ኢሉ ጉልቡት። ናይ አሃዱ ከቢድ ብረት ሃይለ እስቲፋኖስ እዩ ነይሩ። "ተቘጻጺራዋ ስለ ዘሎ፣ እቲ ትሃርም ዘለኻ አቋርጾ፣ ካብቲ ትኪ ንየማን ሰብ ክንሳቓስ ዶ ትርኢ አለኻ? ናትና ጋንታ እያ ተጠንቀቛላ፣ ንጸጋም 100 አቢልካ ግን ለምጾ" በለ። እንደገና ካልእ ሬድዮ ርኽብ ከፊቱ፣ "ይሃድማ አለዋ፣ ኩሉ ሞርታር አብቲ ዓሚቑ አግራብ እሰሮ፣ ናብኡ ክወርዳ'የን," በለ።

"እታ ቀልጣ እዛ ሬድዮ ጥቓ እዝነይ አይተቐርጋ እንድየ ዝብለካ ዘለኹ," በለ መራሒ ብርጌድ ወዲ ሰዓራ ጸር-ጸር እናበለ። አብኡ ዝነበርና ኩላትና ክርትም ኢልና ሰሓቕና። ወዲ ሰዓራ እተን ንአሽቱ ሬድዮ ርኽብ አብ እዝኑ ለጊቦን ጭጭ-ሹሽ ክብላ አይብርሃኣን እየን። እቲ ፈተውራሪ አፕረተር ረሲዑ-ዶ ይቖርሶ ስለ ዝነበረ'ዩ ከምኡ ዝበለ። ዘረባኡ መስሓቕ ስለ ዝኾነ ግን፣ ንባዕሉ እቲ አፕረተር ከይተረፈ'የ ክርትም ኢሉ ዝሰሓቐ። ሓንሳብ ከአ ካድራት ወያን ሸገርገር እናበለ ክራኸቡ ስሚዑ-ምም፣ "አንታ ከመይ'ዮም ዝብሉ!" እናበለ ሰሓቐ። ሕጽር ኢሉ፣ ቀይሕ ዝሕብሩ ወዲ ሰዓራ ባህሪያቱ ከሎ ጌና አፍካ ንኽትከፍት ዘዕድምን አቀራርባኡ መራሒ ብርጌድ ኢልካ ዘይግመትን አዝዩ ምቑሉል እዩ።

አብ ከባቢ'ዞም ሓለፍቲ ዝንቀሳቐሱ አፕረተራት ብሬድዮ ምርኻብ ጥራይ አይኮነን ስራሓም። አንፈት ናይቲ ውግእ ተዓዚቦም ሓበሬታ'ውን ይህቡ ነይሮም።

ብቅዓት አመራርሓ ውግእ ናይዞም መራሕቲ ሓይልታት፣ ቦቦሎኒታትን በራጊድን ዘደንጹ እዩ። ህዱእ ርኸባቶም፣ ናይ ምውሀያድ ዓቕሞም፣ ኩነታት ብደቂቕ ናይ ምክትታል ትኹረቶም፣ ንሓንቲ ካልኢት'ውን ከየስገሉ ይፍጽሙ-ዎ። ውግእ ንዛገራዊ ክብረት ብምንባሩ ድምብርጽ አይብሎምን እዩ። ምስቲ ቦማባን ጥይትን ጭርጭር ዓበደ ዝጸወቱ እዩም ዘመስሉ። አብ ዝኾነ ደቒቕ ከሃርመና ይኽእል'የ ዝበል ስግአት ከም ሓሳብ'ውን አይመጾምን። ከምቲ ንጀግና ጥይት ትሓንኮ'ያ ዝበሃል፣ ብቑሊሉ ዘይረኸቦም እዎን ከአ አሎ። መሓልፎ አብ ጥቓአም ዘወርወር ንዝበል ሰብ 'ተአለዩ አብ ከውሊ ጸንሑ' ዝበል መግናሕቲ ሂቦም፣ ንባዕሎም ነቲ ኩነታት አብ

ምቀጽጸር አብ ቃልዕ ይወጹ። ምስ ትሕቲኣምን ልዕሊኣምን ዘለዉ ሓለፍቲ ክራኸቡ እንከለዉ፣ "በል ሓንሳብ ጽናሕ፣ ሕራይ ጉልባብ ግበርለይ፣ ተረዲኣካ አለኹ!" ዝብል ናይ ምስምማዕ ቃላት ብተደጋጋሚ ትሰምዓሎም። እዉ፣ ካብ ተራ ወተሃደራት አትሒዞም ብሓውን ዓርኝን እናተፈተኑን እናተሳሕሉን ዘጥረዮዎ ዓቕሚ ብምህሮ ይኹን ብዝኹኑ ካልእ አቋራጭ ክርክብ ከም ዘይከአል ምስ ገምገምና፣ እዛ ሕድሪ ሰማእታት ዝኹነት ሃገር ዝመጽ ይምጻእ ከም ዘይትድፈር አረጋገጽና።

አብ ሓርነታዊ ቃልሲ፣ ነፍሲ-ወከፍ ዓቕሚ ዘለዎ አንጻር ገዛእቱ ክቃለስ ቅሩብ፣ ህዝቢ'ውን አብ ውግእ ዕጥቅን ስንቅን አብ ምምልላስ ብንጡፍ ስለ ዝተሳተፈ እዩ "ሰለስተ ሚልዮን ሰራዊት አለና!" ዝተባህለ።

ዝኹነ ሰብ ንመጀመርታ ግዜ አብ ውግእ ክኣቱ እንከሎ ስኽፍክፍ ክብሎ ከም ዝኽእል ርዱእ'የ። ሰኣሊ የማነ ዓንደብርሃን ግን፣ ከቢድ ብረት ጸላኢ ብዓይኒ'ብለይ ስኒ'ብለይ አብ ዝድብድበሉ ዝነበረ፣ ከይፈርሐ ነቲ ህዱእ ምውህሃድ ሓለፍቲ፣ ነቲ ውግእ ከርክበሉ ዝኽእል ርሕቀት፣ ምንቅስቓስ መሳርዕ - ንሱ'ውን ብህድአት - ዋያኡ ብዝሓቶ ጥበብ ክስእል ምርአየይ አድኒቐዮ።

"ስማዕ'ስከ የማነ፣ እዚ ውግእ ፈለማይካ ከም ም'ኟኑ መጠን እንታይ ተሰሚዑካ" ሓተትኩዎ ናብኡ ቀሪበ።

"አብ ህይወተይ እታ ዝዓበየት አጋጣሚ ገይረ'የ ዝወስዳ።"

"አይፈራሕካን?"

"ካብ ሰበይ ንላዕሊ ዶ ህይወት ሓዘ ኢልካኒ፣ ደሓር ከአ ናይ ብሓቂ ውግእ ኩይኑ አይሰምዓንን'የ ዘሎ።"

ከምዚ የማነ ዘበሎ ንሕና'ውን ካብ ብድሮኡ አትሒዙ እቲ ውግእ ናይ ብሓቂ ኩይኑ አይተሰምዓናን፣ ምኽንያት ክትረኽበሉ ኸአ ትጽገም። ምናልባት ከም መጋድልቲ፣ ምስ ህዝቢ ትግራይ ክንጨሻኸን አብ አእምሮና ፈጺሙ ዘይምንባሩ ክኸውን ይኽእል'የ። እዚስ መቀባበልቲ ወረ ዘበአሱዎ'ምበር ናይ ተጻረርቲ ውግእ ኢልና ክንቅበሎ ብሓቂ'የ አጸጊሙና። እንታይ'የ'ሞ ክግበር! ሓዊ ሒዙ ዝመጽአ ሰብ፣ ማይ ሒዝካ ክትጽበዮ ዝከኣል አይኩነን። ከይፈተኻ ነብስኻ ክትከላኸል ትግደድ ኢኻ። ነብስኻ ናይ ምክልኻል ምሉእ ብቕዓት ከም ዘለካ ምስ እተመስከር ጥራይ ከአ'የ እቲ ናይ ብሓቂ ሰላም ዝርከብ።

ሰራዊት ሻዕብያ ንናይ ጸላም መጥቃዕቲ ወያነ መሊሱ፣ ወጋሕታ ናብ ጸረ-መጥቃዕቲ ተሰጋገረ። ብፍላይ ብየማን ዝነበሩ ሓይልታት ተገዳዮም ክሃጅሙ ከለዉ፣ ብግዕዶ ረአናዮም። ሰዓት 8፡00 አቢሉ ታንክታትና ጽርግያ-ጽርግያ ገይረን ክአትዋ ጀመራ። ስግረን፣ ተደራቢ ሓይሊ ወተሃደራት ወያን

123

ጻጸ ክመሰል ብኸልተ ኣንፈት ተረሓሒቘ መጸ። ምናልባት ዓዲ-ግራት ካብ ፋጺ ቀረባ ስለ ዝኹነት ስጊኣም፡ ኣብ ሓጺር እዋን ብጽርግያ ሓይሊ ክወስኹ ይኸእሉ እዮም። ሰራዊት ወያነ ብፍላይ ንታንክታትና ከም በርቂ'ዮም ዝፈርሑወን። ዘሎን ዘየሎን ከቢድ ብረቶም ከኣ ኣኾነኡለን። እቲ ጨመተ'ሞ በየን ይምጻእ!

ኣብ መንን ክልተኡ ዕርዲታት ንጎቦ ዓሲምባ ገጹ ዘወርድ ስንጭሮን ለሰን ኣሎ። ክንየ'ቲ ዝነበርናዮ ስንጭሮ ከኣ በብደረጃኡ እናበረኽ ዝኸይድ ኣታውን ወጻእን ታባታት'ዩ።

ድሕሪ ቅሩብ፡ እታ ዝነበርናያ ታባ ቦምባታት ወያን ክወድቃ ጀመረ። ነተን ታንክታት ምጭኖማት ምስ ሰኣነወን፡ ዓይኒ'ብለይ ስኒ'ብለይ እናበሉ ፈቆዶኡ ደርበዮም። ቦምባ ምስንዳው ምልክት ሓይሊ ኣይኮነን። ቦምባ ምስንዳው ቀሊል'ኳ እንተኾነ፡ ኣበይ ይወድቅ ከም ዘሎ ንምቁጽጻርን ዕላማ ንምህራምን ግን ዓቕሚ ይሓትት። ኢትዮጵያ ድኻ ሃገር እያ። መግዛኢ ቦምባ ዝኸውን ሚልዮናት ገንዘብ ግን ኣይትስእንን። እቲ ኣብተን ውሑዳት ሰዓታት ዝተደርበዮ ዕላማ ኣልቦ ቦምባታት ብገንዘብ ተተሚኑ ንህዝቢ ኢትዮጵያ ጸብጺብ እንተ ዝቓርበሉ እንታይ ኩን ምበለ! እቲ ኹሉ ክሳራ፡ እቲ ኹሉ ዝተኸፍለ ህይወት እንታይ መኽሰቡ፡ ስርዓት ወያን'ውን ልቢ እንተ ዘዕቢ፡ እቲ ዘሰሓሕብ ዘሎ መሬት ኣልጊልካ ዝግዕዝ ኣይኮነን፡ 'ውዒሉ ሓዲሩ ኸኣ በዓል መሰል መሰሉ ክረክብ እዩ' እንተ ዝበሉ ናይዚ ኹሉ ጸገም ፍታሕ ምረኽቡ። እዛ ኢትዮጵያ፡ ኣብ ክንዲ ብሓንጎሎም ብስፍሓት መሬታን ብዝሒ ህዝባን ተመሪሓም ዘጉባዕብዑ'ምበር ልቢ ዘዕብዩ መራሕቲ ገና ኣይተዓደለትን።

ነቲ ሳዕቤናት ውግእ ኣብ ቅድሚ'ታ ለጋዕ ዝተባህለት ዓዲ ኩይነ እናተዘዝብኩ፡ ኣሃዱታት ከቢድ ብረት ወያን ነታ ዝነበርናያ ቤተ-ክርስትያን ብመድፍዕ ተሳሃሎዋ። ፍርቂ ጉድና ፈረሰ። ኣጋማሚ ወዲ እስጢፋኖስ ኣብ ቅድሚ'ታ ቤተ-ክርስትያን ብምንባሩ፡ ሳልሳይ ርእሱ ደርና ተኸዲኖም ቅልጥፍ ኢሎም ንድሕሪት ተጠውዮም መጹና። "ተኸለ ወልደኣብ የለን፡" ተበሃሃሉ'ሞ፡ ሓደ ካብኣቶም ተመሊሱ ብኢዱ መሪሑም መጸ። ፍራስ መንደቕ ኣብ ርእሱ'ኳ ቅሩብ እንተ ሃረሞ፡ ብቓንዱ ብዒግታ ባሩድን ደርናን'ዩ ኣንፈት ምፍላይ ስኢኑ። ነብሶም ዝኸደነ ሓመድ እናነገፉ፡ ወዲ እስጢፋኖስ፡ ንመራሒ ጋንታ ተስፋሚካኤል ቀለታ "ቄቢዐይ! ቄቢዐይ!" በሎ።

"ዘየላ፡ ኣጽዲፋዋ እንድዩ" መለሰሉ። ተቓቢለዮም ዝጸናሕኩ ሬድዮ ርክብ ኣቆሚጠ፡ ብርዐይ ኣልዒለ፡ 'ቄልዓ' ዝበለ መሲሉኒ ሓንቲ ካብተን ምልክት'ያ ተሃሪማ ማለት እዩ ብምባል 'መን'ያ ሸማ፡ እዛ ተሰዊኣ ዘላ ፈተውራሪ!" ሓተትኩም'ም ተሃዊኸ።

"ሰብ ዘይኮኑ፡ ናይ ወዲ እስጢፋኖስ ባርኔጣ እያ፡ ካብ ርእሱ ተመንጢላ በሪሪ።" በሉኒ እናተዋዘዩ።

ከምቲ ቀደም ዝፈልጦ እንተ ኹይኑ፡ ሓንሳብ ቦምባ ዝወደቐ ከባቢ ተኣሲሩሉ ስለ ዘሎ፡ ልክዕ አብቲ ቦታ ናይ ምድጋም ተኽእሎ ሰፊሕ'የ። ናይ ወያን ከቢድ ብረት ግን ብሃበ-ተረኸበ ዝድርበን ከም በርቂ መውደቒኡ ዘይፍለጥን እዩ።

ምፍራስ ናይቲ ቤት-ክርስትያን ከይተሰምዓና አይተረፈን። ወያነ ቤት-ክርስትያን አይዓጅቦም፡ መስጊድ አይዓጅቦም፡ ትኻላት አይዓጅቦም፣ ሻዕቢያ'ዮም አፍሪሶም ኢሎም ክስልበጡ አይእግሞም። ብድሕሪኡ'ውን ነታ ቤት-ክርስትያን ክረኽቡ ማእለያ ዘይብሉ ቦምባ'ኺ እንተ ደርበዩ ክጭምቱዋ ግን አይከአሉን።

ወዲ እስጢፋኖስ ርክብ አየቋረጸን። ቅሩብ ጽንሕ ኢሉ፡ "ክልተ ሰብ ልአኽለይ" ክብል መልእኽቲ አመሓላለፈ። መራሕ ቦጦሎኒ መጅሙዕ ሓንቲ ጋንታ አኸቲሉ፡ ሬደዮ ርክቡ ሓዙ "ሃለው!" እናበለ ብድሕሬና ሓለፈ።

ከቢድ ብረት ወያን ነታ ቤት-ክርስትያን ክጭምታ ሒ ኹ ስለ ዝበለ ገዲፍናያ ቅሩብ ድሕር በልና። ሻቡ፡ ጸረ-መጥቃዕቲ ፈጺማ ካብ ውሽጢ ዝተመልሰት ሓንቲ መስርዕ፡ ቅሩብ ከተዕርፍ ወጺአ ተጸንበረትና። ሕጸር ዝበለን ጀብጃብ ዝጸጉሩን ተጋዳላይ ዮናስ አለም፡ ተጣይሱ አብ ሚኒስትሪ ሃብቲ ባሕሪ ክሰርሕ ድሕሪ ምጽናሕ፡ ከቲቱ ምስታ መስርዕ ነበረ። አብቲ ጸረ-መጥቃዕቲ ጉጅለኣም ንሓይሊ ወያን ክልተ ድፋዓት አልቂጾ፡ ነቲ ቦታ ን'ኻልእ ጉጅለ አረኪባ'ያ ተመሊሳ።

"ጢያይት አብ ሃዋህውን አብ ቅድሜኻን ጠራዕራዕ ይብል'ዩ፡ ፍርሒ ስለ ዘለዎም ግን ፈጺሙ ምንጻር የለን።" በለና ዮናስ።

ካድራት ወያን አብ ሰራዊቶም ስለ ዘይተአማመኑ ሰለስተ ዙርያ ዕርዲ'ዮም ገይሮም ነይሮም። አብ ቀዳማይን ካልአይን ዕርዲ ዘለዉ ምልሻታት በጃ ዝሓልፉ ዝተቓብጹ እዮም። ንሳቶም'ውን እቲ ቐንዲ ዕርዲ ዳሕረዋይ ምኻኑ ስለ ዝርድኡ፡ ብዙሕ ከየትከሉ፡ ገጾም ንድሕሪት'ዮም ዝመልሱ። እንተኾኑ፡ ምልስ ክብሉን ዳርጋ እምኒ ክቐብሎምን ሓንቲ ይኸውን፡ ንእአቶም ብዝተሓስበ እምን ዝተፈግኡ ተጋደልቲ ሻዕቢያ'ውን ነበሩ።

ሰላሳን-ሓሙሽተን ዓመት ዘዕደመኣ ምሕረት አርኣያ፡ ድሕሪ'ቲ ውግእ ናብ አምባሰተ-ገለባ ምስ ተመለስና ዝረኸብናያ ውጹእ መዓት ሰላማዊት ሰብ እያ። ሰራዊት ወያን ብሸነኽ አምባሰተ-ገለባ ብለይቲ ውግእ አብ ዘኸፈተሉ ተቓማጦ'ታ ዓዲ፡ ታኒካ ከየልዓሉ'ዮም ናብ በዓቲታት ሃዲሞም። ምሕረት አብ ሓደ በዓቲ ምስ ቄልዓ-ሰበይቲ እንከለዉ፡ ሰራዊት ወያን

ብማዕዶ ረአዩዎም። ብቋንቋ አምሓርኛ፡ ግደፉ ሰላማውያን ሰባት'ዮም ዝበል ዘረባ ሰሚያም ነበሩ። ሓደ ወተሃደር ግን ነቲ ሓበሬታ ዕሽሽ ብምባል አድራጋ ጠያይት አዝነበሎም። አብቲ ግፍዒ'ቲ 'ብዙ ቢያን' ዝተባህለት 65 ዝዕድመአ አደ፡ ከምኡ'ውን መሓሪ መሓሪ ተኸሊት ጽዮን፡ መርሃዊት ገብሩ ዝተባህሉ ሰለስተ ቄልዑ ክሞቱ እንከለዉ። ሓደ ሰብአይ ከአ ክሳዱ ከም ዝተሃረም ውጹእ መዓት ምሕረትን ጉረባብታን ሓበሩኒ።

ስርዓት ወያነ ናይ ምስፍሕፋሕ ዕላማአም ከተግብሩ፡ ንገባር ብብዝሒ ብረት'ኳ እንተ አዕጠቑ፡ መንግስቲ ኤርትራ ግን ጠንቂ ግርጭት መታን ከይከውን ብረት ከዕጥቖ አይጸንሐን። ስራዊት ወያነ ናብ ዝርኸቡዎ ገባር እናተከሉ አብ ዝሃድምሉ ዝነብሩ ምሽት፡ ሃለቃ በርህ ገብረመድህን ዝተባህለ በዓል አምበሰተ-ገለባ፡ አብ ቅድመኡ ጨርባሕባሕ ዝበል ድምጺ፡ ብረት ምስ ሰምዐ፡ ተቓላጢፉ በትሩ አብ እምኒ እናአጋጨወ ነቲ ወተሃደር አርክብ ምስ አበሎ፡ ብስምባደ ዝአክል እቲ ወተሃደር ብረቱ ደርብዩ ሃደመ። ነታ ብረት ከአ ሃለቃ ለገስ ናብ ምምሕዳር ዓዲ፡ ከም ዘረከባ አዕለሉኒ።

አብቲ ከባቢ አብ ንቀሳቐሰሉ ዝነበርና እዋን፡ ያቆብ ገብረሂወት ዝተባህለ አባል ኮር 2001፡ ካልአይ ብርጌድ ካልአይ ቦጦሎኒ፡ ክልተ ታንክታት ከም ዘቃጸለ ተነግረኒ። ተጣያሳይ ያቆብ እታ ንዓመታት ተቓሊሱ ዘምጽአ ሃገር ተጸብአ ከም ዘጋጠማ አብ ዝሰምዐሉ፡ ተመርዕዩ አብ ሕጽኖት እዩ ነይሩ። ንእለቱ፡ ንመርዓቲ ጥራይ ዘይኮኑ፡ አብ መንደፈራ ዝነበር ትኻል ቼርዱራን መኪናኡን ጠንጢኑ፡ ምስ ክፍለ-ሰራዊቱ ተጸንቢሩ አርፊጁ ዓጠቐ። ሽዑ ንቲ ፍጻመ ከዕልለና ፍቓደኛ አይነበረን። ብዛዕባ ቅያታትካ ዘያታትካ ዘይምዝራብ ባህሊ ሻዕብያ አብ ቦታኡ ምንባሩ ተረድአኒ። ሓላፌኡ ካፒተን ወልዱ እስጢፋኖስ፡ "አብ ዛላምበሳ፡ ገዛውቲን ጽርግያን እናስነጠቐት፡ ብድሕሪአ አጋር ሰራዊት አኹቲላ ትመጽእ ዝነበረት ታንክ አብ ከባቢ 50 ሜተር ርሕቀት በጋ አቢሉዋ። እንደገና ናብ ድፋዕ ገጻ ትቐርብ ዝነበረት ካልአይቲ ታንክ አብ ከባቢ 35 ሜተር አቃጺሉዋ፡" በለና።

ያቆብ ግን ነቲ ቅያ ክንየተሉ አይደለየን፤ "አነ፡ ጽቡቕ አጋጣሚ ኰይኑ ነዚ'ኳ እንተ ፈጸምኩ፡ እቲ ሃገራዊ አገልግሎት፡ ነባር ተጋዳላይን ተጣያሳይን ሓደ ካብቲ ካልእ ክትፈልዮ ዘይትኽእል ንያትን ቄራጽነትን'የ ዘለዎ፡" ብምባል'የ ነቲ ቅያ አዕብዩ ከም ዘይርእዮ ዝገለጸ።

ሕጽኖት ራሕሪሕካ፡ ናይ ቤትካ ጸጋ ገዲፍካ . . . ጉዳይ ሃገር ቀዳምነት ብምሃብ ናብ ቦታ ውግእ ካብ ምኻድ ንላዕሊ፡ ተወፋይነት ኤርትራዊ መንእሰይ ብምንታይ ቃላት'የ'ሞ ክግለጽ፤ ነዛ ሕድሪ ሰማእታት ዝኸነት ብርኽቲ መሬት፡ ተሓቢኒ ነዚ ናቱ ዘይህብ፡ ናይ እንዳማ'ቱ ዘይደሊ፡ ክቡርን ክፉዕን ህዝቢ፡ ሒዝኪ ምባላ አኻሊ ይመስለኒ።

የማነ ዓንደብርሃን - 2017

በዓል የማነ ካብ አስመራ ተበጊሶም ዛላምበሳ በጺሓም አብ እምባ ምራC ዝበሃል መአዘዚ ክፍለ-ሰራዊት 2001 እንከለዉ፡ ቅድሚ ናብቲ ውግእ ምእታዎም፡ ሓለፍቱ፡ ተሰፋይ ቀለታን ግርማይ በርሀን (ዓሲምባ)፡ የማነ ዓንደብርሃን ስቪል ብምንባሩ አብቲ ውግእ አትዩ ክስእል አይደለዮን። ከትርፉዎ ኢሎም፡ "የማነ ስቪል ስለ ዝኹንካ ምሳና አብዚ መአዘዚ ክትጸንሕ ኢኻ፣ ካሜራኻ ንስለሙን አብርሃ ሃቦ" በሎ ተሰፋይ።

"አነ ክእቱ እየ፣ ካሜራይ ከአ አይህብን እየ፡ ሰለሙን ናይ ቪድዮ ሰአላይ እዩ፣ አነ ኽአ ደርቅ ስእሊ ክስእል እየ መጺኤ" መለሰ የማነ።

"ውግእ መጀመርታኻ ስለ ዝኹነ ኢና ብኻልእ አይኩነን" ከረድአ ፈተነ ተሰፋይ።

የማነ ግን ኣቕበጸ፣ "አነ ጸገም ዝበሃል የብለይን አብቲ ውግእ አትዬ ክስእል አለኒ፣ ዝኽፍአ ዝመጽእ ሞት'ዩ ንሱ ኽአ ከም ሰበይ" ተረረ።

"በል ደገ ጽናሕ" ኢሎዎ ተሰፋይ አብ ሓድሕዶም ድሕሪ ምዝርራብ ክእቱ ፈቒዱሎ። ካብ መአዘዚ ግንባር፡ ነቦ ምራራ ናብቲ ውግእ ክእቱ ምስታ በዓል አሌክስ ላስትን (ጋዜጣኛ ቢቢሲ) ካሮል ፒኖን (ጋዜጠኛ ሲ. ኤን. ኤን.) ዝነበሩዎ ጉጅለ ተበገሰ። ሬሳታት ጸላኢ፡ እናሰአሉ፡ እቲ ዝመርሓም ዝነበረ አባል ሓምሻይ ዙርያ መንእሰይ፡ "በዚ ታሕቲ ኽአ መሊኡ'ሎ ሬሳታት" በሎም። ናብ ሓደ ዕሙቕ ዝበለ ቦታ መሪሑዎም እናኸዶ፡ ዝተኸመረ ሬሳታት አማዕድዮም ረአዮ።

እቲ ብረት ዓጢቑ መሪሑዎም ዝኸይድ ዝነበረ፡ ሃንደበት ደው ኢሉ ናብቲ ሬሳታት ገጹ ተኩሶ፣ ኩላቶም ስንቢዶም ደው በሉ። ንሱ አብ መንጐ'ቲ ሬሳታት ዝንቀሳቐስ ሰብ ርእዩ እዩ ተኩሶ። አብታ ቦምባ ኤፍ - ዋን ሒዛ ክትልክሞም ዝሓሰበት ኢዱ ሃገሙ ድማ አውደቘ፣ ከዳግሞ ኢሉ ምስ ዓመረ፡ "ግደፍ! ግደፍ! ዕድሉ'ዩ ይአኽሎ" በሎ ጠርናፈ ናይታ ጉጅለ ብርሃን ገብረትንሳአ።

"እንታይ ግደፍ! ብቦምባ ክልክመና ደልዩ ጸኒሑስ ግደፍ?" ተገረመ እቲ አባል።

"ስማዕ ከም'ኡ'ዩ መትከል ህዝባዊ ግንባር፡ አብ ዝኹነ እዋን ከአ አይቅየርን እዩ። በቃ ማሪኹ አሎ ድሕሪት ንሰዶ" በሎ ብርሃነ።

"አቦ ሓምሸተ ቄልዐት'የ፣ በይዛኹም መሓሪኑ!" ተማ0ዐ እቲ አብ ማእከል ሬሳታት ዝጸንሐ ሰብአይ ደም ጃሕጃሕ ትብል ዝነበረት ኢዱ ሒዙ። በዓል የማነ ገራሙዎም እናረአዮዎ እቲ ወተሃደር መኪና ተአዚዛትሉ ንድሕሪት ናብ ሕክምና ተወስደ። "ከመይ ደአ'ዩ'ዚ! ክቆትለካ ንዝተዳለወስ መኪና ገይርካ ብህጹጽ ናብ ሕክምና!" በለ የማነ ገራሙዎ።

የማነን አሌክስ ላስትን ነቲ ምሩኽ ጽቡቕ ገይሮም ስኢሎም አፋነዉዎ። ድሕሪ ሰለስተ ወርሒ፡ እቲ ወያናይ ተሓኪሙን ሓውዩን አብ እንዳ ምሩኻት ዳግማይ ረኸቡዎ። አሌክስ፡ ስእሉ ሒዙሉ ብምኻድ መዘከርታ ሃቦ። ጸኒሑ እቲ አለኻ ዝበሎ ምሩኽ፡ ምስ ምልዉዋጥ ምሩኻት ናብ ዓዱ ተፋነወ።

የማን ዓንደብርሃን ከይተዳህለ ናይ ውግእ ሰኣላይ ተቘረረ። ንመጀምርታኡ ናብ ውግእ ዝአተወ ክትብሎ'ውን ዘየድፍር ትብዓት ነበረ። "ካብቲ ከባቢ ፍርቂ ለይቲ ዝአተናዮ ግንባር፡ ውግእ ከባቢ ሰዓት ሓምሽተ ወጋሕታ እዩ ተጀሚሩ። ብብዝሒ ከቢድ ብረት ድማ ይዘንብ ነበረ። እቶም ጥርታራት ዝተከሱ ዝነበሩ ብጾትና፡ ከቢድ ብረት ጸላኢ አብ እግሮም እናወደቐ፡ ትኽን ደርናን ሸሬንዎም እንከሎ፡ ምዮቕ ብዘይብሉ ትብዓት ስቕ ኢሎም ቦምባታት ክትኮሱ፡ ክመልኡን ከመላልሱን ላዕሊን ታሕትን ክብሉ ስኢሉስ ቀዉ ኢሉ ጠመቶም።

"ስማዕ እንዶ ቢንያም ካብቲ ቦታ ዘይእለዩ፡ አብ እግሮም እናወደቐ ናብዝን ናብትን ይብሉ!" በሎ ተገሪሙን ደንጊጹን።

"ናበይ ክእለዩ'ሞ፡ ዝረኸበት ክትረኽቦም አብአ'ያ!"

"እሞ ከይህረሙ እባ!"

"ኤእ አማራጺ የለን፡ ዕድለኛታት ኩይኖም ይስሒታእም አለዋ።"

"አብ እግሮም'ኺ እዩ ዝወድቕ ዘሎ! ትርእዮ ዶ አለኻ፡ ዕጅብ ከአ አይበሎምን እምበር፡" የማን ተገሪሙ ሓተቶ በቲ ደርናን ትኽን ዝመልአ ከባቢኣም ክስእል እናፈተነ።

"ጌና ካልእ ክትርኢ ኢኻ፡" ኢሉዎ ቢንያም ናብ ምክትታሉ አተወ።

የማን ሃሙን ቀልቡን ካብቶም ብደብዳብ ከቢድ ብረት ንስክላ ዝሰሓቱ ዝነበሩ አባላት ጥርታር ናብ ካልእ ትርኢት ክሰሓብ ግዜ አይወሰደን። ናብ ሰራዊት ወገን ማይ እተመላልስ ቦጥ ናብቲ ድፋዕ ገጻ ክትመጽእ ረአያ። ደብዳብ ከቢድ ብረት ጸላኢ፡ ከም ሃዳኒ አራዊት እግሪ-እግራ ክሰዐባ ድማ ተዓዘበ። ከቢድ ብረት ይትኩስ አብ ድሕሪኣ ይወድቕ፡ ንሳ ትቕጽል! ከቢድ ብረት ድሕሪኣ ይወድቕ፡ 'አርማይ ተረኺባ'ያ ይብሉ'ሞ በዓል የማን፡ ካብቲ ዉብ ዝብል ትኽን ደርናን መሰስ ኢላ ትወጽእ። እቶም ናብኣ ገጾም ዝጥምቱ ዝነበሩ አባላት፡ እታ ቦጥ አብ ትኽን ደርናን ምስ ተዋሕጠት፡ "ተሃሪማ!" ይብል ሓደአም። ንሳ ግን መሰስ ኢላ ትወጽእ፡ "አላ!" ይብል እቲ ኻልእ።

"ተሃሪማ!"

"አላ!"

"ተሃሪማ!"

"አላ!"

ብኸምዚ ኣንጠልጣሊ ትርኢት እታ ቦጥ፡ ከም ኣብ ጫካ ዝጥሕሰስ ገበል መሰስ እናበለት ናብ ዕርዲ ብጸታ በጽሐት። እዚ ኩሉ ከቢድ ብረት እግሪ-እግራ እናወደቐ ካብ መንገዳ ኣይተኣልየት፡ ከውሊ ኣይደለየት ትም ኢላ መንገዳ ምቅጻላ ድማ'ዩ ንየማነ ዝያዳ ዘገረሞ።

"እንቋዕ ብሰላም ወጻእካ፣ ንሕና ደኣ ከብድና እንዲና ሓቝፍና ጸኒሕና፡" በሉ'ም ነቲ ኣውቲስታ ናብኦም ምስ መጸ።

"እዚ ደኣ ኣየናይ ኩይኑ፣ ኣብ ሜዳ ላዲናሉ እንዲና፡" በሎም እቲ መራሕ መኪና ዕጅብ ከይበሎ። የማነ ብዛዕባ ህይወት መራሕቲ መካይን ኣብ ውግእ ኣስተንተነ።

"ቅሩብክ'ሞ ካብቲ መንገዲ ውጽእ ዘይትብል?"

"ዝረኸበት ክትረኸበካ ምቅጻል ጥራይ እዩ ህይወት ሰራዊትና፡" በሎም።

ቀዳማይ ወራር እምበኣር የማነ ስቪል ኩይኑ ብኸምዚ ዝበለ ተመኩሮ ኣብ ዛላምበሳ ኣሕሊፉዎ። ብተመሳሳሊ ኣብ ካልኣይ ወራር ምስ ጉጅለኡ ኣብ እግሪ-መኸል ኣትዩ ሰኣለ። ኣብ እግሪ መኸል፡ ድሕሪ ጸረ-መጥቃዕቲ ኣብ ጉኒ ሓንቲ ጽላእ። ገዲፉዋ ዝሃደም ታንክ ኩይኖም ሰለሙን በርሀ ንሓደ ኣባል ሓይልታት ምክልኻል እናኣዘራረቦ የማነ ክስእል ጸኒሑ ኣብ ጉኖም ኮፍ በለ፡ በዓል ኣለምሰገድ ተስፋይ'ውን ኣብቲ ከባቢ ነበሩ። ኩላ ሰብ ኣብ ተዛን ኩይና ገሊኣ ዝተቓጸላ ታንክታት ትዕዘብ፡ ገለ ኸኣ ተዕልል እንከላ፡ ሓደ ኣባል ነጢሩ ኣብታ ታንክ ክኣቱ ሓያል ነትጉ ክስማዕን ሓደ ኩነ፡ ኩላ ሰብ ኣብ መሬት በጥ ኢላ ኣስቀጠት። ድሕሪ ቕሩብ "ተንስኡ! ናይዛ ታንክ እዩ ደሓን'ዩ፡" በሉ ገለ ካብቶም ኣባላት። ኩላ ሰብ ተንሲኣ ሓመዳ ነገፈት። የማነ ሓመዱ ነጊፉ ካሜራኡ ግን ምስራሕ ኣበየቶ። በቲ ብርቱዕ ድምጺ ተነዚዛ ንስዓት ዝኸውን ኣስቀጠት።

"እታ ናይ ቀደም'ምበር ኣዘኪራትና፡" በለ ኣለምሰገድ ሓመዱ እናንገፈ።

"በጥ'ያ ዝበለት ኩላ ሰብ፡" ኣሻቡ እቲ ወጥሪ ናብ ሰሓቕ ተቐየረ።

እቲ ኣብታ ታንክ ዝኣተወ ኣባል እንታይ ከም ዝጸንሖ ኣይተፈልጠን ተመታተረ፣ ካብቲ ደማዊ ውግእ እግሪ-መኸል ወጺኡ ከብቅዕ ብዘይጠቅም ተሰውኦ። ሰኣላይ የማነ ዓንደብርሃን ኣብ ውግእ እግሪ-መኸል ዘድልዮን ዝሕበነሉን ኣሳእል ወሰደ። ሓደ መዓልቲ እቲ ውግእ ደው ምስ በለ ኤፍሬም ዘበሃል ፕርሰናል ናይቲ ግንባር፡ በዓል የማነ ምስ ሰራዊት ተጸጊያም ይምገቡ ስለ ዝነበሩ፡ ናቶም መሻርፍ ኩነ ካልእ ስንቂ ክጠልቡሎም ወተሃደራዊ ቑጽሪ ሓተቱዎም።

"ኣነ ወተሃደራዊ ቑጽሪ የብለይን፡" መለሰ የማነ።

"እንታይ?" ተገሪሙ ሓተቶ ኤፍሬም።

"የብለይን።"

"ከመይ የብልካን?"

"ስሺል እየ።"

"ወይለይ ዳሕራይካ'ባ ይኸፍእ! ስሺል ሒዝና ኢና ኣብዚ ውግእ ቀኒና! ከመይ ኢልካ ከምኡ ትገብር፣ መን'ዩ ኣምጺኡካ" ክጽለል ደለየ እቲ ፕሮፌሰል። ንብርሃን ገብረትንሳኤ ረኺቡ ኸኣ ክብደት ናይቲ ጉዳይ ገለጸሉ። "ኣብ ውግእ ዝአቱ ዝኹን ይኹን ኣባል ግቡእ ታዕሊም ዘወሰደ፣ ኦርኒክ ዘመልኣ፣ መን ምኻኑ ዝፍለጥ ክኸውን ኣለዎ። እዚ ሰብ'ዚ ኣብዚ እንተ ዝስዋእ እንታይ ክንብሎ ኢና! እዚ'ኻ ውግእ'የ እንታይ የጋጥም እንታይ ይፍለጥ!" ከረድአ ፈቲኑ፣ ሽዑ-ንሽዑ መኪና ኣዚዙ ንየማነ ካብ እግሪ-መኸል ናብ ሚኒስትሪ ዜና ኣፋነዎ። ብድሕሪ'ዚ የማነ ካብ ዜና 11 ርእሱ ኣብ ታሸዓይ ዙርያ ናብ ሳዋ ወረደ።

ድሕሪ ታዕሊም፣ ወተሃደራዊ ስኣላይ ናይ ምኻን ባህጉ ስለ ዘይነከየ፣ ናብ ሚኒስትሪ ዜና ክምለስ ዘይኮነስ ናብ ምክልኻል ክምደብ እዩ መሪጹ። ወላ'ኻ ከም ድሌትካ ምምዳብ እንተ ዘየለ፣ ድሕሪ ታዕሊም የማነ ናብ ኣዛዚ ራብዓይ ክፍለ-ሰራዊት መመልከቲ ጸሓፈ። "ብዘተኻእለ መጠን ናብታ ዝነበርኩዋ ናይ ሓኔታይ ብርጌድ [ቀዳማይ ብርጌድ፣ ክፍለ-ሰራዊት 2001] ክምለስ፣ እንተ ዘይኮይኑ ግን ብዘይካ እንዳ ዜና ምምላስ ወይ ዓስብ ወይ ሳዋ ምምዳብ ካልእ ኣብ ዝኹን ቦታ ምስ ሰራዊት ክምደብ እደሊ።" ኢሉ ንሓለፍቲ ታዕሊም ኣመልከተ። ነዚ ዘንበበ ኣዛዚ ራብዓይ ክፍለ-ሰራዊት፣ ጸውዖም ኢሉ ንየማነ ረኸቦ።

"ኣብ ግንባር'የ ዝምደብ ምባልካ ንፉዕ፣ ሕጂ ግን ኣባላት ታሸዓይ ዙርያ ናብ ተብልድያ ንጸህያይ እዮም ተበጊሶም ዘለዉ። ኣባላት ዜና ግን ኣብዚ ጸኒሐም፣ ብድሕሪኡ ነስመራ ክምለሱ እዮም። እንታይ እዩ ምርጫኻ" ሓተቶ።

"ጸህያይ ክኸይድ።" ኢሉ ንወርሒ ናብ ጸህያይ ከደ። ካብ ጸህያይ ምስ ተመልሰ፣ እታ ክምደባ ዝደለ፣ ቀዳማይ ብርጌድ ምስ ክፍለ-ሰራዊታ ናብ ዓስብ ትቕየር ከም ዝነበረት ሓቢሩ ኣዛዚ ራብዓይ ክፍለ-ሰራዊት፣ ናብ ክፍለ-ሰራዊት 38 መደቦ። የማነ፣ መስነያት ደብዳብ ሓዙ ናብ ማይ ዕዳጋ ከደ። ኣብኡ ኣብ ቀጠባ ብርጌድ ተመዲቡ ኣብ ሓድሽ ዓዲ፣ ቀላይ በዓልቴት፣ ከባቢ ተኹሎ፣ ክሳብ ምዝዛም ሳልሳይ ወራር ኣብ ምምዝጋብ ዝአቱ ዝወጽእ ንብረት እናጠፈ፣ ምስኣል ቀጸለ። ብፍላይ ሰራዊትና ካብ ጸርና እናወጸ ኣገደስቲ ኣሳእል ሰነደ። ብድሕሪ'ዚ፣ ናብ ቤት ጽሕፈት ክፍለ-ሰራዊት 38 ተሳሒቡ ኣብ ምድላው "መኸተ" እትብል መጽሔት

ናይታ ክፍለ-ሰራዊት ሰአላይ ኩይኑ ብምምዳብ ክሳብ ሰለስተ ሕታም አሕተሙ፡፡ አብ መጋቢት 2003 ናብ ኮምሽን ምጥያስ ተሳሒቡ ክሰርሕ ድሕሪ ምጽናሕ አብ 2010 ናብ አውድዮ ቪዡዋል ኤርትራ ተቐየረ፡፡

የማነ ካብተን አብ ወራራት ወያነ ዝሰአለን ዘድንቐን አሳእል እዘን ዝስዕባ ይርከባን፤

- አብ እግሪ መኾል ቦምባ ቢኤም ወንጭፌ ሮኬት አብ ዓንቀር እንከላ
- አብ ዛላምበሳ ኤፍ - ዋን ሒዙ ምስ ሬሳታት ዝጸንሓም ወተሃደር ወያነ
- ቤት-ክርስትያን ዛላምበሳ
- ሰራዊት ኤርትራ አብ ዛላምበሳ አብ ጽዑቕ ተኹሲ ምርታር
- መድፍዕ 130 እናተኩስ
- ረሸራሽ ዝጸዓነት ዝተማረኸት መኪና አብ እግሪ-መኾል
- ሰራዊት ናብ ውግእ እናአተወ

*　　　*　　　*

ዛንታ ስእሊ

ሳልስቲ ድሕሪ ውግእ ዛላምበሳ (ፋጇ)፡ ሰዓት ሸውዓተ ናይ ምሽት አቢሉ፡ ንድራር እናተዳለና፡ አብ ርእሶም መጠምጠምያ ዝገበሩ ሓደ ሸማግለ ቀሺ ህሩግ በሉና፡፡ አብቲ ከባቢ ገባር ዝበሃል ስለ ዘይነበረ፡ "እንታይ ዝኾንኩም ኢኹም፧" ሓተትናዮም ብስንባዶ፡፡

"ኢጆኹም ናይ ደሓንየ እዞም ደቀይ፤ ናይ ሓደ አብ በዓቲ ተሓቢኡ ዘሎ ዝተወግአ ብጻይኩም መልእኽቲ ሒዘ'የ መጺአ ዘለኹ፡" በሉና ወረቐት እናአቐበሉና፡፡ ብቕጥታ ናብ ቤት ጽሕፈት ስለያ ወሰድናዮም፡፡ አባላት ስለያ ሓቅነት ናይቲ ጉዳይ ምስ አረጋገጹ፡ ክልተ አባላት ስለያን ክልተ አባላት ሃንደሳን ምስተ ስብአይ ከኸዱ አበገሱ፡፡ አነ፡ ካሜራይ ሒዘ ምስአቶም ክኸይድ'ም አብታ በዓቲ እንከሎ ክስእሎ ዝብል ሕቶ አቕረብኩ፡፡ አይተፈቐደለይን፡፡ ምኽንያቱ፡ አብቲ ጸልማት ዝፍጠር ናይ ካሜራ ብልጭታ ዘይተደልየ ሓደጋ ከስዕብ ስለ ዝኸእልን ንድሕነት ናይቶም ቆሺ'ውን ጽቡቕ ስለ ዘይኮነን፡ "ናብ ሕክምና ምስ መጸ ትስእሎ፡" ብምባል ከልከለኒ እቲ ሓላፊ፡፡

ንጽባሒቱ ንግሆ አነን ቢንያም ሃይለን ናብቲ ሆስፒታል ብምኻድ ነቲ ዉጉእ ረኸብናዮ፡ እንተ ኾነ፡ ናይቲ ንስለስተ መዓልቲ አብ በዓቲ ተሓቢኡ ዝጸንሐ፡ ሓይሉ ደኺሙ ስለ ዝጸንሓና፡ ንጽባሒቱ ክስእሎን

131

ከነዘራርቦን መዲብና ናብ ቦታና ተመለስና፡፡ ንጽባሒቱ ደሓን ጸኒሑና ከነዘራርቦን ክንስእሎን ፈቒዱልና፡፡

"ስመይ እስቲፋኖስ ቦኹረጼን እበሃል፡" ብምባል ዕላል ጀመረ፡፡

ንሕና'ውን አስማትና ነገርናዮ፡፡

"ለይቲ ተወጊአ ካብ ብጾተይ ምስ ተረፍኩ፡ እናተንፋሓኹኹ ናብ ሓደ ዕሙቝ ዝበለ ቦታ አተዮ፡፡ ብጾትና ነቲ ቦታ ገዲፎም ስለ ዝኸዱ ዝርድኣኒ ሰብ አይረኸብኩን፡፡ አብ ሳልሳይ መዓልቲ ግን እዞም ቀሺ ረኺቦምኒ፡ 'እንታዋይ ኢኻ 'ዚወደይ፤ ወያናይ ዲኻ ሻዕብያ?' ሓቲቶምኒ ካባይ ፍንትት ኢሎም፡፡

"አቦ፡ ማይ አስትዮኒ፡' ምስ በልኩዎም ናባይ ቀሪቦም፡ ነቲ ብደም ጠስጢሱ ዝነበረ ስረይ ንላዕሊ ሰብሲቦም፡ በቲ ጀዲድ ነጻላአም ጠምጢሞምኒ፡፡

"በል 'ዚወደይ፡ ወያነ አብዛ ቅድሜና አለዉ'ም ክሕከሙኻ ክነግረልካ ክኸይድ'' በሉኒ፡፡

'አቦ፡ አነ ናይ ኤርትራ ሰራዊት እየ፡፡ እንተ ደአ ንወያነ ኪርኩምላይ በዛ ቦምባ ገይረ ነብሰይ ከጥፍእ እየ፡" በልኩዎም ነታ መሓለዊት ሒዘያ ዝነበርኩ ቦምባ እናአርእኹዎም፡፡

'በል 'ዚወደይ፡ እንሀልካ ወረቐት'ም ስምካን አሃዱኻን ጸሓፈለይ ከይደ ንብጾትካ ክነግረልካ'' በሉኒ፡፡

ብድሕሪ'ዚ'ዮም እቶም ትግራዋይ ቀሺ ነታ ወረቐት ናባና አብጺሐማ ዘድሓኑዋ፡፡ አነ፡ ነዚ እናአዘንተወልና ከሎ ሰለስተ ግዜ ስእለዮ፡፡ ደሓር ከም ዝፈልጠኒ ሓቢሩኒ፡ "አበይ ደአ ትፈልጠኒ?" ሓቲተዮ ስለ ዘየለለኹዎ፡፡

"አብ ገዘውትና፡ አብ ስታንታአቶ፡፡"

"ወዲ መን ዲኻ፡"

"ወዲ ቦኹረጼን ከተማ፡" ምስ በለኒ መወዳእታ ሰብዓታት ዘኪረ ዝን በልኩ፡፡

"እንታይ ደአ ዝን ኢልካ፡" ሓተተኒ፡፡

"ዘገርም እዩ፡ አቦኻ ኢትዮጵያ ወይ ሞት እናበለ ሞይቱ፤ ንስኻ ኸአ ኤርትራ ወይ ሞት ኢልካ ድሒንካ!" በልኩዎ፡፡

አቦኡ፡ በቲ ዝፍጽሞ ዝነበረ ጸረ-ሰውራ በደላት፡ አብ መወዳእታ ሰብዓታት ካብ ተጋደልቲ ከተማ (ፈዳኢን) ተደጋጊሙ መጠንቀቕታ መጺኡዎ ስለ ዘይሰምዖ'ዩ አብ ማእከል ከተማ ሰውራዊ ፍርዱ ወሲዱ፡፡ እስቲፋኖስ ሎሚ አብ ኤውሮጳ ይቕመጥ አሎ፡፡

*   *   *

132

ተዓንዚዘ ዘይስእልኩዋ አጋጣሚ

ቅድሚ ውግእ እግሪ-መኽል፡ አባላት ዜና አብቲ ድፋዓት ንሰለስተ ሰሙን ጸኒሐና፡፡ ሓደ ንግሆ፡ ናብቲ ቅድም-ግንባር ተንቀሳቒስና ቅርጺ መሬት ንስእል ነበርና፡፡ ስራሕና ወዲእና እናተመለስና፡ ሓደ ሸማግለ ሰብአይ ዝዘውራ ዓባይ ዶዘር፡ ንመታኽሲ ዝኸውን ክንዲ እምባ ሓመድ ክትኩምር ጸንሐትና፡፡ ነዚ ዝረአየ አማኑኤል ተኸለ፡ "አቦ፡ አዚ ኹም ተበርኹዋ አለኹም፡" በሎም ጸዕሮም ተራእይዎ፡፡

"ትም በል 'ዚወደይ፡ ነዞም ደቅና እዚ'የ ዘድሕነኩም፡" ኢሎም ስርሓም ቀጸሉ፡፡ ንሕና ኸአ ናብ አንደርና ቀጸልና፡ ጽንሕ ኢሉ ቀኒሱ ተዳልዩ፡ ሻሂ አብ ምቅዳሕ እንከሎ፡ ሓንቲ ፒክ-አፕ መኪና አብ ቅድሜና ደው በለት፡ ማዕጾ ተኸፊቱ ሓደ ቆልዓ ዱብ ኢሉ ብምውራድ፡ እናጐየየን 'ባብ! ባባ! ባባ!' እናበለን ነጢሩ ናብ ከሳድ አቦኡ ተጠምጠመ፡፡ ፍጹም ምልቃቅ ድማ አበየ፡ እቲ አቦ፡ ኔና እቲ ቆልዓ አብ ከሳዱ ተጠምጢሙ እንከሎ፡ ምስቲ ሒዙዎ ዝመጸ መራሕ መኪና ነድሪ ዝተሓወሶ ቄይቁ ጀመረ፡፡

"እንታይ ከትገብር አምጺእካዮ!፡" ደጋገመ፡፡

"ደሃይካ ከነግረን ንገዛኹም ምስ ተአለኹ፡ ወድኻ 'ምሳኻ ከኸይድ'የ ንባባ ናፊቆ - ክርእዮ፡' ኢሉ አብ መሬት ሰፋሕፋሕ ኢሉ፡፡ በዓልቲ ቤትካ ኸአ ውሰዶ ርእይዋ ይመጸእ ሰለስተ ወርሒ ምሉእ ድቃስ ከሊኡኒዩ፡ አብ ዘይሕማሙ ከይበጽሕ፡" ኢላትኒ በሎ፡፡

"እዚ'ኮ ቦታ ውግእ እዩ፡ ውግእ ሒጇዶ ደሓር ይጅምር እናበልናስ ቄልዓ ሒዝካ ከትመጽእ፡ ንዓ ሒጇ-ሒጇ ምለሶ! አብዚ ከሓድር አይከአልን እዩ፡" በሎ፡፡

"ሕራይ፡ በል ሓንሳብ ከነቍሪሶ፡" ብምባል ገላ ደቀንስትዮ አባላት ናይቲ አሃዱ ናብቲ አንደር ከወስዳእ እንተ ፈተና፡ ወዮ ቄልዓ ከመይ ገይሩ ካብ አቦኡ ከፍለ፡ ደሓር አቦኡ ባዕሉ አቐሪሱ፡ ብኸንደይ መከራ ናብቲ ጋቢና አእትዮ አፋነዎ፡፡

እዚ ፊልም ኮይኑ ዝተሰምዓኒ ትርኢት'ዚ ኢዴይ ናብ ካሜራይ ከሰድድ አየኽአለንን፥ እቲ ቄልዓ አብ ከሳድ አቦኡ ተጠምጢሙ እንከሎ ድማ ወትሩ አብ ዓይነይ አሎ - ከስእሎ ብዘይምኽአለይ ግን. . .! ዓሚ፡ ነቲ ናይ ሸዉ ህጻን ሎሚ አብ ሃገራዊ ግቡእ ዘሎ መንእሰይ አብ ከተማ ረኺበዮ፡ ንሱ'ውን ነታ ፍጻመ ፈጺሙ አይርስዓን'ዩ፡፡

ድሕሪ ክልተ መዓልቲ ናይዚ ፍጻሜ'ዚ፡ ውግእ እግሪ-መኽል ተጀመረ፡፡ አዝዩ ከቢድን ደማውን ምርብራብ ተኻይዱ ድማ ብዓወት ሰራዊትና አብ ምዝዛሙ፡ አብ መወዳእታ ዝተደርበየ ናይ ዓቐሊ-ጽበት

ከቢድ ብረት ጸላኢ ዋጋ ኣኸፊሉና። እታ ቦምባ ኣብ መኣዘዚ ቦጦሎኒ
ብምውዳቓ፡ ነቲ ናይ ሞት ምርብራብ ኣካይዱ፡ ብትብዓት መሪሑ
ዝተዋግአን ዘዋግአን ምኹርን ፍቱውን መራሕ ቦጦሎኒ ተጋዳላይ
ኣማኑኤል ተኽለ ለኪማቶ።

እታ ቅድሚ ክልተ መዓልቲ ምስ ህጻን ወዱ ተሓጺቛፉ
ዝረኣኹዋ፡ ካብ ዓይነይ ምፍላይ ኣብያትኒ። ስኢለያ እንተ ዝኸውን
ምቝሰንኩ ’መስለኒ፣ እንተኾነ፡ እታ በርቃዊት ፍጻመስ ተዓንዚዛ
ከይሰኣልኩዋ ደኣ ሓለፈት።

አብ ጸዉቕ ተኹሲ ከቢድ ብረት

ዝተማረኸት ረሸራሽ ዘለዋ ትዮታ

134

ጾዑቕ ተኹሲ ሞርታር

ጉዕዞ ናብ ውግእ

ቦምባ ቢኤም ኣብ ዓንቀር

ሰኣሊ የማነ ዓንደብርሃን

2

ዝኽሪ' ታ ቦጦሎኒ

ተዓገስ ፍረዝጊ

አብ ክፍላ ለካቲት 1999፥ ካብ ፎርቶ ሒዛትና ዝተበገስት ላንድክሩዘር ብልዑል ፍጥነት ንመስመር አስመራ-ደቀምሓረ ተተሓሓዘቶ። አብ ውሽጣ አርባዕተ አባላት ዜና'ኺ እንተ ነበርና፥ አብ መንጎና ብዙሕ ዕላል አይነበረን። ነፍሲ-ወከፍ ሰብ ምስ ነፍሱ የዕልል ነበረ። አብ ጉዕዞና፥ እቲ ብድምጺ ሓፋሽ ዝፍና ዝነበረ እዋናውን ወኒ ዘለዓዕልን ሃገራዊ ደርፌታት፤ ዎርሳይ፥ ባድማ፥ ዓጀበና ዓጀቡ፥ ዮም ሻዕብየት፥ መሬት እናንሃረ. . . አብ ሓሳባት ከም እንሽመም'የ ገይሩና። ሳሕቲ፥ ሰራዊት ዝጸዓና ዓበይቲን ጭቃ ዝተለኸያ ንኣሽቱን መካይን እናከጓንፉና ጥራይ ኢና ብዛዕባ ግንባራትን ውግእን ገለ ዕላል ወስ ዘበልና።

ደቀምሓረ ክንበጽሕ አይተረፈለጠናን። ደቀምሓረ ንጻጋም ገዲፍና፥ ንትኹል ሰንጢቖና ጉዕዞና ናብ ማይ-ዕዳጋ ኮነ። ማይ-ዕዳጋ ብኹለንተናአ ተቐያዪራ ጸንሓትና። ተውዛሕዛሕ ሰራዊት፥ ዝተዓሸጋ ናይ ጽዕነት መካይን፥ አጽዋር ዝጸዓና ወተሃደራውያን መካይን... ነታ ዓዲ ዓባይ ወተሃደራዊት መዓስከር አምሲሉዋ ነበረ። እዚ ትርኢት'ዚ፥ ምስቲ ቀልጢፍና ናብቲ ግንባር ክንበጽሕ ዝተዋህበና ሓበሬታን ብግንባር መረብ ሰቲት ዝካየድ ዝነበረ ውግእን ተደማሚሩ። ብግንባር ዓሊተና-መረብ፥ ክንሬ ጸርና፥ ውግእ ክህሉ'የ አብ ዝበል መደምደምታ በጻሕና። ንማይ-ዕዳጋ ሕቛና ሂብና፥ ብልዑል ናህሪ ጉዕዞና ቀጸልና። ጥዉይዋይ ማይ-ውሻጠ ከይወዳእና ቀልቀለት

ክንጅምርን በርሃው ዝበለ ጉላጉል ተድረርን በረኽቲ ቦታታት ቅናፍናን እምባ ተኺሎን አብ ቅድመና ተኾየጡ።

ዓዲ-ነብሪ፡ ዓዲ-መኽዳ፡ መኽዓና፡ ግሒሰባ. . . ረጊጽና አብታ ብጀራዲና እትልለ ማይ-ዓይኒ ክንበጽሕ ግዜ አይወሰደልናን። ጸጸነሑ ዘጋጥም ሓጐጽጐጽ መኪናን ረጊጽናየን ዝሓለፍና ዓዲታትን ካብ ሓሳባት አበራበረና። ወላ'ኳ አብ ጉዕዞ እንተ ነበርና፡ ሃፈጽታ፡ ቀጨውጨውን ምጨት ጨላን አይተጋደፈናን። መኪናና አብ ደረት ጽርግያ ዝጸንሑዋ አሻኻት አግራብን ጨጥቁጣት ጨላን ድሕሪት እናገደፈት፡ ንጉላጉል ሃዘሞ ከም ማይ እናስተየቶ ተሓምበበት። የማን-ጸጋምና ገና ዘይተኼደ ቅሚጦታት ጣፍን ስገም-ስርናይን፡ ዘይተዓጽደ ቃንጫ መሸላ፡ አብ ጉልጉል ሃዘሞ ተዘሪኤን ዝጥሕሰሳ ከብቲ፡ ጤለ-በጊዕን አእዱግን ካብ ሓሳባት ውግእን ወረ-ውግእን አውጺኤ ናብ ካልእ ዓለም አሲጋገረና። ጉላጉል ሃዘሞ ከይወዳእና፡ ንአዛዚ ክፍለ-ሰራዊት 22 ብሪጋደር ጀነራል አብርሃም ዓንደም (ዓፉን) አብ ገማዕ ረኺብና፡ ናብታ አብ የማናይ ክንፈ ድፋዓት ግንባር ጽርና ዓሪዳ ዝነበረት ቀዳማይ ብርጌድ ክፍለ-ሰራዊት 22 ክንበጽሕን ጽሓይ ክትፍነወናን ሓደ ኮነ።

*   *   *

አዛዚ ክፍለ-ሰራዊት 525 ብሪጋደር ጀነራል ፍጹም ገብረሂወት (ወዲ መምህር)፡ ሰራዊቱ አኪቡ፡ "ካብ ግንባር ቡሬ ወጺእና ናብ ካልአት ግንባራት ክንቅየር ኢና።" ኢሉ መግለጺኡ ከይዛዘም ብጣቐዒትን ፋጻን ተኾልፈ። እቲ እዋን፡ አብ ግንባር መረብ-ስቲት ደማዊ ውግእ ዝካየደሉን ወያነ ንባድመ ተቐጺሩ አብ መራኽቢ ብዙሓኑ ብጀሃራን ፈኸራን እዚኒ ሰብ አጽሚሙሉ ዝነበረን እዋን'የ ነይሩ። ምትሓዝ ባድመ ብጸላኢ፡ አብ ሓይልታት ምክልኻልናን ህዝብናን ልዑል ቁጥዐን ነድሪን ፈጢሩ፡ ነፍሲ-ወከፍ ሰብ ናብ ግንባር ክኸይድ ዝህንደደሉ ዝነበረ ህሞት ኩይኑ። እቲ አብ እዋን መግለጺ ወዲ መምህር ብሰራዊት ዝተራእየ ግብረ-መልሲ ውሽጣዊ ነድሪ ዘንቀሎ ስምዒት'የ ነይሩ። ድሕሪ'ቲ ወዲ መምህር ዝሃቦ መግለጺ ኩሉ አባል ናይቲ ክፍለ-ሰራዊት ብቐጽበት ሓፍ ኢሉ ባድመ ክበጽሕን ሕን ክፈድን አይጸልአን።

ሓደ መጋቢት 1999 መርከብ ሰላም፡ ከባቢ ሰዓት 9.00 ቅ.ቐ. ካብ ወደብ ዓሰብ አንፈታ ናብ ባጽዕ ገበረት። መርከብ ሰላም፡ ዝተወረ መሬቶም ካብ አባይ ከምልሱ ዝህንደዱ፡ ሓጸልጸል ዝብሉ፡ ውግእ-ውግእ ዝሸትቱ አባጽሕ ክፍለ-ሰራዊት 525 ጀጊና'ያ አብ ማያት ቀይሕ ባሕሪ ብህድአት ከተንሳፍፍ ዝጀመረት። ማያት ቀይሕ ባሕሪ፡ እንትርፎ'ቲ መርከብ ሰላም

138

ብሞተረታታ የማነ-ጸጋም ትጋልሆ ዝነበረት ዝዓፍር ጻዕዳ፡ ሀዱእ ግዜያዊ ማዕበል፡ ጸጥ ኢሉ፡ ዝንቀሳቐስ'ውን ይመስል ኣይነበረን። ኩሉ ሀዱእ ነበረ-ባሕሪ ሀዱእ፡ ሰራዊት ሀዱእ። ኣብ ልዕሊ'ታ መርከብ ዝነበረ ሰራዊት ኣይከም ብዝሑን፣ እቲ መብዛሕትኡ እምን ዝርኣ ዋዕዋዕታን ጭርቃንን ሰራዊት ዳርጋ ኣይነበረን። ዝበዝሐ ኣባል ባድም በጺሑ፡ ብኸመይ ኣብቲ ውግእ የርክብ ነበረ ሓሳቡ። ሳሕቲ፡ ካብቲ ብህድኣት ቀንበይ-ቀንበይ ዝብል ድሙ-ቅ ስማያዊ ባሕሪ በዚ መጹ ዘይበሃሉ ዕስለ ዓሳ፡ ዘዘሊሎም እናተነቐሉ፡ ንጉዕዞ መርከብ ሰላም ከስዩ ምስ ተዓዘበ ጥራይ'የ ገለ ድምጺ ዘስምዕ ዝነበረ። ሰላም፡ ድሕሪ ናይ 24 ሰዓታት ጉዕዞ ብሰላም ባጽዕ ኣተወት። ምምጻእ ከጽብያ ዝጸንሐ ልዕሊ 30 ናይ ጽዕነት መካይን፡ ዝተራገፈ ሰራዊት ጸጺዒነን ነቐላ።

ሰራዊት ዝጸዓነ ቃፍላይ፡ ኣብ ትሕቲ ሰግለለትን ጠሊን ክራማት ባሕሪ፡ ናሀሩ ዘይወድአ ግመ፡ ኣብቲ ውቁብን ልሙዕን ኣጻድፍ ስሜናዊ ባሕሪ በጽሐ። እተን መካይን ዓቃብ ጋሕተላይ ደይበን ደንጉሎን ቦንረስፐሮን ክሳብ ዝበጽሐ ዝነበረ ባህ ዘብል ትርኢት ልሙዕ ኣግራብን ካብ ዕንባባታቱ ዝፍኖ ጥዑም ሽቶን ንጹህ ኣየርን ንብዙሓት ካብቶም ሰራዊት፡ ኣብ ግዜ ሰላም ምስ መዛኑኣም፡ ቤተ-ሰቦምን ኣፍቀርቶምን፡ ካብን ናብን ምጽዋዕ ክዛነዩ በዚ ቦታ'ዚ ክሓልፉ ቅጅል እናበሎም፡ ንድሕሪት ተመሊሶም ኣብ ተዘኩሮ ጥሒሎም ንምረት ኩናትን መቐረት ሰላምን ኣብ ሓደ እዋን ከም ዘነጻጽሩ ገበሮም። መካይን፡ ደጎሊ፡ ማይ-ኣጣል፡ ጋሕተላይ፡ ጊንዳዕን እምባትካላን ሰንጢቐን እምባ ደብረ-ቢዘን ተጎዝጒዘን፡ መስመር ነፋሲት-ኣስመራ ንየማን ገዲፈን፡ ንማይ-ሓባር ብምንቀልቋል ጋጄን ደቀምሓረ ሰጊረን ሰዓት 6:00 ድ.ቐ. ቀላይ ብዓልተት ተራእያ። ብዝሓለፋ ከተማታትን ዓዲታትን፡ ህዝቢ ብምድፍናቕን ዕልልታን፡ "ኣጀኹም! ኣጀኹም!" እናበለ ነድሪ ዝተሓወሶ ጥራል ኣስነቐም። እቲ ባድም ከርክብ ዝተሃንጠየ ሰራዊት፡ መካይን ኣንፈተን ቀዬረን ኣብ ዘይተጸበዮ ቦታ ምስ ኣውረዳ ጋን ኩኖ።

*   *   *

ድሕሪ ናይ ሓደ ለይቲ ሕድሮ፡ ብኣዛዚ ካልኣይ ብርጌድ ክፍለ-ሰራዊት 22፡ ኮሎኔል ሃብተጽዮን ጸገ (ሓጄታይ) ተመሪሕና ኣተሓሕዛ ድፋዓትን ንጥፈታት ሰራዊትን ክንርኢ፡ ብንግሆኡ ናብ ድፋዓት ኣምራሕና። ምንቅስቓስና ብቻልድ ቦታ'የ ነይሩ። ኣብቲ እዋን'ቲ፡ ኣብ የማናይ ክንፈ ጸርና ዘስግእ ወተሃደራዊ ንጥፈታት ሰራዊት ወያነ ኣይነበረን። ኣብቲ ድፋዕ ዝተቘበሉና ኣዘዝቲ ቦጦሎኒታት ቀዳማይ ብርጌድ ክፍለ-ሰራዊት 22 ኣማኑኤል ተኽለ፡ ጸውሎስ ክብረኣብ፡ የሴፍ ሃይለን የውሃንስ ወዲ-ባሻይን

139

ምሳና ነበሩ። ሰራዊት አብ ምድልዳል ድፋዓት ተጸሚዱ ጸንሓና። እቲ ቦታ
መኸወሊ ዘይብሉ ሌጣ ጉልጉል ብምዃኑ፡ ሓንቲ ደዘር ብኹምራ ሓመድ
መተሓላለፊን መኸወልን ክትሃንጽ ጸኒሓትና። አገዳሲ ዝበልናዮ ንጥፈታት
- መዓልታዊ ህይወት ሰራዊት፡ ዓበይቲ አግራብ ዓላ፡ መቝዐን ሰራውን
ዝደረቱ ሩባ በለሳን አተሓሕዛ ድፋዓት ሰራዊት ወያነን እናስነድና፡ እታ
ብርጌድ አብ ዝዓረደትሉ ድፋዓት በጻሕና። ዝቐጸላ ሰሙናት ከአ ህይወትና
ምስዛ ብርጌድ ኮነ።

*   *   *

አብ ጉዕዞ ዝቐነየ ሰራዊቶም አብ መንበሮ (ከባቢ ማይ-ዓይኒ)
ገዲፍም፡ ክልተ አዘዝቲ ብራጊድ 525፡ ሌ/ኮ ጀማል ማሕሙድን ኮሎነል
ተስፋሂወት መረስዕን (ሙ-ሰሊኒ)፡ ናብ ሰርዐ፡ መአዘዚ ሜጀር ጀነራል
ገረዝጊሄር ዓንደማርያም (ውጬ) አምሪሑ። አብኡ፡ አብ በራንዳ ናይ
ሓንቲ መረባዕ፡ ብሪጋደር ጀነራል ፍጹም ገብረሂወት (ወዲ መምህር)፡
ብሪጋደር ጀነራል አብርሃም ዓንደምን (ዓፋን) ኮሎኔል አማኑኤል ሓድጉን
(ፖሊስ) ነበሩ። ውጬ፡ "ወያነ፡ ሩባ በለሳ ሰጊሩ ካብ ሓደ ኪሎ ሜተር
አብ ዘይሓልፍ ስፍሓት፡ ኩሉ አጽዋራቱ አጋዲሙ ንድፋዕ እግሪ መኸል
ፈንጢሱ፡ ሃዘሞ ጥሒሱ፡ ደቀምሓረ ክአተ'የ መዲቡ ዘሎ። እዚ ኩናት ንዓና
አዝዩ ሓደገኛ እዩ። ስለዚ፡ ዝድሊ ምድላዋት ክግበር አለም። ወያን አብዛ
ጉልጉል ክትተርፍ አለዋ፡" ክብል ህሉው ኩነታትን አመታቱን ገለጸል.ም።
መግለጺን መምርሕን ዝተቐበሉ አዘዝቲ ሰራዊት፡ ድሕሪ አኼባ ብቑጥዓ
ናብ አሃዱታቶም አምሪሑ።

እቲ ጸሊም፡ ቀኑጽ-ብ ክሹኽ አብ ክሳዱ፡ ሓመዳዊ ከቢብ ወተሃደራዊ
ባርኔጣ አብ ርእሱ፡ 'ኢኮም' ዝዓይነታ ሬድዮ ርኽብ ብጸጋማይ መንኩቡ
ዝተሓንገጠ አዛዚ ብርጌድ ጀማል ማሕሙድ፡ አብ ቅድሚ'ቶም ውግእ
አብ ባድመ ንሳቶም ናብ ማይ-ዓይኒ ምምጽአም ሕንቅል-ሕንቅሊተይ
ዝኾኖም ሰራዊቱ ደው በለ። "እጦ፡" ኢሉ ዘረባኡ ብምጅማር፡ "ንስራሕ
መጺእና አሎና። አብ ኩናት ክንአቱ ኢና። እዚ ኩናት'ዚ ኸአ ቀሊል
አይክኸውንን'የ። ምንባርን ዘይምንባርን ዝውስን እዩ። ከቢድ መስዋእቲ
ክሓተና'የ። ወይ ወያነ ወይ ንሕና ክንህሉ አብዛ ሒጂ እነካይዳ ግጥም
ክውስን እዩ። ዝአክል መስዋእቲ ከፊልና ሃገርና ከነድሕና ኢና። ወራር
ወያነ ከአ አብዚ ከኸትም እዩ።" ምስ በለ፡ እዝኑ ኩር አቢሉ ክሰምዐ ዝጸንሐ
ሰራዊት ጣቕዒት አንጉድጉዱ።

አዛዚ ሳልሰይቲ ቦጦሎኒ፡ ሌ/ኮ መንግስትአብ ሳሙኤል (ማርቶብ)
ብወገኑ ንሰራዊቱ አብ ምትብባዕን ድሉውነቶም አብ ምርግጋጽን አተወ።

140

"ሕነና እንፈድየሉ ግዜ ሕጂ'ዩ፣ ናይ መወዳእታን ናይ ሞትን ሕየትን ውግእ'ዩ ክኸውን፣ ኣነ ካብታ ዘተዋህበትኒ መአዘዚ፡ ንስኻትኩም ድማ ካብታ ድፋዕኩም ፈልከት ምባል የለን!" ብምባል ሓጺር መግለጺ ድሕሪ ምሃብ ሰራዊት ካብ መንበሮ ናብ ጸርና ተበገሰ።

* * *

ክልተ በራጊድ 525 ናብ ዘዘተመደባእ ቦታ ኣምረሓ። ኮሎኔል ተስፋሂወት መረስዕ (ሙሰሊኒ) ዝመርሓ ብርጌድ ካብ እግሪ መኸል ንየማን ምስ ኮሎኔል ኣማኑኤል ሓድጉ (ፖሊስ) ዝመርሓ ክፍለ-ሰራዊት 38 ክትድረብ፣ ናይ ጀማል ማሕሙድ ብርጌድ ድማ ምስታ ኣብ ጉልጉል እግሪ መኸልን ጸጋሙን ዝዓረደት ናይ ኮሎኔል ሃብተጽዮን ጽገ (ሓኔታይ) ቀዳማይ ብርጌድ፣ ክፍለ-ሰራዊት 22፣ ተመደበት።

ኣዛዚ ብርጌድ ጀማል፣ ብርጌዱ ኣብቲ ውግእ ከተድምዓሉ ብእት'ኽእል መንገዲ መቓቐላ። ቀዳማይ ቦጦሎኒ ሓደ ኪሎ ሜተር ድሕሪ ድፋዕ ክትጸንሕ፣ ካልኣይ ቦጦሎኒ ካብ እግሪ መኸል ጸጋም፣ ኣብ ድፋዕ ከም ተጠባባቒት (ሪዘርቫ) ኣሃዱ ተዳልያ ክትጸንሕ፣ ሳልሳይ ቦጦሎኒ ኸኣ ኣብ ማእከል ጉልጉል እግሪ መኸል ምስ ቀዳማይ ቦጦሎኒ፣ ቀዳማይ ብርጌድ፣ ክፍለ-ሰራዊት 22፣ ኣብ ድፋዕ ክትጽጋዕ፣ ራብዓይ ቦጦሎኒ፣ ኣጋር ከቢድ ብረት ድማ ኣብ ኩጀታት እግሪ መኸል ቦታ ክትሕዝ መደበ።

* * *

ኣብ ድፋዓት ክንፈ ጸርና፣ ንኸባቢ ወርሒ ኣብ ዘጸናሕናሉ፣ እንትርሬ ሳሕቲ ዝስግዕ ጽምጺ ደብዳብ ናብ ውግእ ዘእንፍት ሃዋህው ኣይነበረን። መዓልታዊ ህይወትና ምስ ስታፉት፣ ስለያን ተወርወርን ቀዳማይ ብርጌድ፣ ክፍለ-ሰራዊት 22 ነበረ። ዘበዝሑ ካብኣቶም መንእሲያት እዮም። ተለማሚድና ኣብ ጭርቃንን ጸወታን፣ ስሕት ኢልና ድማ ድፋዓት እናበጻሕና ኣሓለፍናዮ። ፍትፍት ቫኒን ዓደስን መዓልታዊ ቀለብና ኩይኑ ማዕረ'ቶም መንእሲያት ክንመናጠል ወራሕና። ካብ መጀመርታ መጋቢት 1999 ጀሚሩ ግን፣ ዘይንቡር ተርእዮ ክቀላቐል ጀመረ። ኣብ ሩባ በለሳ ድፋዕ እግሪ መኸል፣ ኣብ መንጉ ናይ ክልተኡ ወገናት ስለያ ምሽት-ምሽት ናይ ተኹሲ ልውውጥ፣ ሳሕቲ ድማ ደብዳብ ሞርታራት ተኻየደ። ኣብ ከባቢና፣ ቀድሚኡ ርእሲናዮም ዘንፈልጥ ብኣከዳድናኣም፣ ዕጥቆም፣ ኣቃውማኣም፣ ካብቲ ምስኡ ዝቘና ሰራዊት ፍልይ ዝበሉ ኣሃዱታት ኣብ ምስራሕ ኣንደራትን ድፋዓትን ተጓየዩ፣ ኣብቲ ከባቢ ቀድሚኡ ዘይነበረ ናይ ሰብን ተሽከርከርትን ጽዕቂ ተራእየ።

141

መኣዘዚ ነቑጣ ቀዳማይ ብርጌድ፡ ክፍለ-ሰራዊት 22፡ ኮሎኔል ሃብተጽዮን ጽገ (ሓጌታይ)፡ ካብ ኩለን ኣብቲ ከባቢ ዝርከባ ኩጀታት ዝበረኽትን ብ360 ዲግሪ ንኹሉ ከባቢታትን ድፋዓትን ብንጹር እተቑጻጸርን እያ፡፡ ኣብ ጥርዛ ሰለስተ፡ ኣብ ፍርቂ ድማ መውዓሊ ስታፍትን ሰለያ ብርጌድን ተፈናቲቶም ዝተሃንጹ (ኣንደራት) ይርከቡዋ፡፡ ኣዛዚ ብርጌድ ናይታ ካብ ግንባር ቡሬ ዝመጸት ኣሃዱ 525 ከምኡ'ውን ናይ መካናይዝድ ኣሃዱታት ሓለፍቲ፡ ኣብታ ኩጀት ካብ ዝድረቡ ገለ መዓልቲታት ኣቑጺሮም ነበሩ፡፡ ንሕና'ውን ንኹሉ ዝርኣ ዝነበረ ወተሃደራዊ ምዕባለታትን ምቅይያራትን ኣብዚ ቦታ ኬንና ብኣካልን ንኣዛዚ ብርጌድ ኮሎኔል ሃብተጽዮን ጽገ እናተወከስናን ሓበሬታ ኣብ ምእካብ ተዋፈርና፡፡

ቀዳም 13 መጋቢት 1999፡ ሰራዊት ወያነ ካብ ሰዓት 2:00 ድ.ቐ. ጀሚሩ ክሳዕ ሰዓት 8:00 ናይ ምሸት፡ ንኹሉ ድፋዓት ከባቢ እግሪ መኽተል፡ ጸርናን ጉላጉል ሃዘሞን ብኸፈርትን ኣሎ ዝበሃል ከበድቲ ኣጽዋርን ብኣልማማ ክድብድቦ ወዓለን ኣምሰየን፡፡ ንምሸቱ፡ ካብ ላዕለዎት ኣዘዝቲ ናይቲ ግንባር፡ ንኣዘዝቲ ብራጊድ ጀማል ማሕሙ'ድን ሃብተጽዮን ጽገን (ሓጌታይ)፡ "ጸላኢ ጽባሕ ንግሆ ቦታ ጉልጉል ክመጽእ እዩ!" ዝብል ቀጻሊን ጽዑቕን መጠንቀቕታ ሓዘል መልእኽቲ ክመጾም ሓደረ፡፡

ቀዳም ምሸትን ናብ ሰንበት14 መጋቢት 1999 ኣብ ዘውግሐ ለይቲን፡ ወያነ ነተን ናብ ራባ በለሳ ከጸግዖን ዝሓደረ ታንክታት ጉልባብ ዝኾውን ጽዑቕ ናይ ሰለያ ተኹሲን ናብ ድፋዕ እግሪ መኽተል ዘነጻጸረ ደብዳብ ሞርታራትን ከካይድ ሓደረ፡፡ ወያነ፡ ብጉልጉል እግሪ መኽተል ውግእ ከም ዝጅምር ርዱእ ስለ ዝነበረ፡ ኩሉ ሰራዊት ኣብ ዝለዓለ ተጠንቀቕ ነበረ፡፡

ሰንበት 14 መጋቢት፡ ከባቢና ብንግሆኡ ክናወጽ ጀመረ፡፡ ኣብ ነፍሲ-ወከፍ ስድሪ መሬት ቦምባ ይዓልብ፣ ድምጺ ናይቲ ካብ ወገንን ካብ ጸላእን ዝዘንብ ቦምባታትን ከበድቲ ኣጽዋርን ተደማሚሩ ዝሃዝም ዘሎ ከቢድ ዝናብ ክረምቲ መሰለ፡፡ ርሕቕ ዝበለ ከባቢታት ንምርኣይ ክሳብ ዘጸግም፡ መሬት ብደርቂ፡ ባሩድን ትክን ተዓብሎኽት፡፡ ዝፋጺ ቦምባታትን ዝፈናጨል ሓጺውን፡ ንከባቢና ርግኣት ከልአ፡፡ ኣብቲ ህሞት'ቲ፡ ነቲ ፍጻሜታት ብካሜራና ክንስንድ'ኳ እንተ ፈተንና፡ ደርናን ትክን፡ ዝፈናጨል ሓጺውን (ስኩጀታት) ንካሜራና ምርኣይ፡ ንዓና ድማ ደው ምባል ከልኣና፡፡ ኣብ መኣዘዚ ቦታኡ ኩይኑ መሬት እንታይ ከም እትወልድ ብደቒቕ ዝከታተል ዝነበረ ኣዛዚ ብርጌድ ጀማል ማሕሙ'ድ፡ ደብዳብ ግዜ ወሲዱ፡ ሰራዊት ወያነ ብኣጋር ምቅልቃል ምስ ደንጐየ፡ "እሞ ተመሲሐን እየን ክመጻና፡" ብምባል ንሓጌታይ ጨረቐሉ፡፡

እቲ ንከባቢ ሰዓት ዝቖጸለ እልቢ ዘይብሉ ደብዳብ፡ ቅሩብ ዝግ ኣብ ምባሉ ክልተ ጀሊኮፕተራት፡ ካሜራና ኣብ ክንዲ ናብ ሰማይ ናብ መሬት

ቀኒና ክትስእል ክሳዕ እትግደድ፡ ትሕቲ ዝነበርናዮ ብራኸ፡ ማዕረ አግራብ ሩባ በለሳ ትሒተን፡ ወተሃደራዊ ምርኢት ከርእያና ክመሰላ፡ አብ ቅድሚና ሓዊ እናተፍአ ከሹድዱ፡ ብትኪ፡ ደርናን አግራብን ተኸዊለን፡ ደዘራት ዘምርሓ ዕስል ታንክታት ወያነ ንመከላኽሊ፡ ዕርዲ ቀዳማይ ቦጦሎኒ፡ ቀዳማይ ብርጌድ፡ ክፍለ-ሰራዊት 22 ክበጽሓ ግዜ አይሃባን። ሸዱሸተ ታንክታት ጸላኢ ተገዲመን፡ ሰለስተ ብጻጋም፡ ሰለስተ ብየማን፡ ብናህሪ ንካናል ሓይልታት ምክልኻልና ረጊጸን ሓለፋ። አብቲ ካናል ዝነበረት አያዱ፡ ንየማነ-ጸጋም ተገልሀት። አብ መንጉ’ቲ ዕርዲታት ከፋት ቦታ ተፈጥረ። ነቲ አብ ሬቶም ዝፍጸም ዝነበረ ቅጽበታውን ዘሰደምምን ትርኢት ብሓደ ኩይኖም ዝከታተሉ ዝነበሩ አዛዚ ናይታ ዕርዲታ ብታንክታት ጸላኢ ዝተረግጸ ቀዳማይ ቦጦሎኒ፡ አማኑኤል ተኽለን አዛዚ ናይታ ከም ተጠባባቒት አያዱ (ሪዘርቭ) አብ ድፋዕ ተጸጊዓ ዝነበረት ሳልሳይ ቦጦሎኒ፡ ካልአይ ብርጌድ፡ ክፍለ-ሰራዊት 525 ማርቶብን ብቆጥታ አብ ምፍታሕ ናይቲ ሓደጋ ተዓየዩ። ማእከልነት ቦጦሎኒ አማኑኤል ተኽለ፡ ኩነታት አያዱኡ ቀልጢፉ ሰለ ዘንበቦ፡ ምሉእ ሓላፍነት ንማርቶብ አረከቦ። አማኑኤል፡ "ማርቶብ፡ እታ ትግበር ሕጂ ግበራ! እተዋ!" በሎ።

አብ ውግእ፡ ኩሉ ዝወሰደ ስጉምቲ ብትእዛዝ ልዕሌኻ ዘሎ ሓላፊ ምኳኑ አዛዚ ቦጦሎኒ ማርቶብ አዳዕዲዑ ይፈልጦ’ዩ። እቲ አብ ካልኢታት ዝተፈጥረ ካብ ትጽቢት ወጻኢን ሓደገኛን ምቅይያር ግን ትእዛዝ ክትቅበልን ክትምልስን ግዜ ዝህብ አይነበረን። ገና ካብ አዛዚ ብርጌድ ጀማል ትእዛዝ ከይተጸበየ፡ ነቲ ኩነታት ብቅረባ ይርእዮ ሰለ ዝነበረ፡ አብ ተጠንቀቅ ንዝጸንሐ ማእከልነት ሓይሊ፡ የሱፍ ሱሌማን፡ ሓንቲ ጋንታን ሰለስተ መድፍዓጂታት አርፒጂን ሒዙ ነታ ዝፈረሰት ካናል ክጾጹ ሓበሮ። ማርቶብ፡ ንአዛዚ ብርጌዱ ከየፍለጠ ገለ ፍታሕ ገይሩ ናብ ቦታኡ ክምለስ’ኳ እንተ ሓሰበ፡ እቲ ኩነታት ናብ ዝበአሰ የምርሕ ስለ ዝነበረ አያዱኡ ነቲ ጥምጥም ቀጸለቶ። ታንክታት ድፋዓት ክረግጸ ምስ ጀመራ፡ ጀማል ብቆጥታ ምስ ማርቶብ ርክብ ጀመረ።

ማርቶብ፡ "ሃለው ግስላ (ጀማል) አቲና አለና፡" በሎ።

"ጽናሕ! መን ኢሉኻ፡" መለሰ ጀማል። ጸኒሑ ነቲ ኩነታት ስለ ዘስተውዓለሉ፡ "ከላስ ቀጽል! ቀጽል!" በሎ።

ማርቶብ ንጀማል "አቲና አለና" ክብሎ እንከሎ፡ አባላቱ ድሮ ታንክታት ከቃጽሉ ጀሚሮም ስለ ዝነበሩ፡ "እዞ ክቃጸላ ትርእየን ዘሎኻ ብአና እየን፡" በሎ።

"ተረዲኣካ አለኹ፡ ቀጽል! ቀጽል!"

እተን ብየማን ዝጠሓሳ ክልተ ናይ ሚእትን ሓንቲ ረሻሽ ዝጸዓነትን ሰለስተ ታንክታት ጸላኢ፡ ዝጥዕመን መታኸሲ ቦታ ብምሓዝ ብቆጥታ ናብቲ

አብ ሬተን ዝነበረ አማኑኤልን ማርቶብን ዝነበሩዎ መአዘዚ ኩጅት ክትኩሳ ጀመራ። ማእከልነት ቦጦሎኒ አማኑኤል ተኸለን ሬድዮ አፐሬተራቱን በታ ናይ መጀመርታ ቦምባ ናይ'ተን ታንክታት ሞባእ ኩኑ። ምስ መሰዋእቲ ማእከልነት ቦጦሎኒ አማኑኤል ተኸለን ምፍራስ ናይቲ ዐርዲን ናይ ማርቶብ ሳልሳይ ቦጦሎኒ ግዜ ከይወሰደት ነቲ ድፋዕ ምሉእ-ብምሉእ ተረከበቶ።

*   *   *

ሓንቲ ጋንታን ሰለስተ አርፒጄን ሒዙ አብ ትሕቲ ጸዉቅ ተኾሲ ታንክታትን ረሻሻትን ዝፈረሰ ካናለ ክዓጹ ዝተአዘዘ ማእከልነት ሓይሊ። ዮሱፍ ሱሌማን። ድሮ አብ መንጉ'ተን ሸድሸት ዝሰገራን ዝስዕባን ዝነበራን ዕስለ ታንክታት አተወ። መድፍዓጂ አርፒጄ መሓመድ አማን። አብ ቅድሚተ'ን ክስዕብ ዝተሃንደዳ ታንክታት ተገቲሩ። ብተመልከተለይ ክልተ ምስ አቃጸለ። ሳልሰይቲ ክሃርም ኢዱ አብ ቃታ አእትዩ እናአነጻገረ። እታ ከቃጽላ ዝሓረያ ታንክ ቀዲማ ጥሒናቶ አብ ልዕሊ አካላቱ ደው በለት። መራሕ መስርዕ ከሊፉ ሸፉ መሓመድ'ውን ሳልሰይቲ ታንክ አቃጸለ፣ ንሱ ግን አይቀጸለን፤ ካብ ታንክታት ብዘተተኩሰሉ ረሻሽ ተሃሪሙ ምስ አርፒጄኡ አብ ልዕሊ ካናለ ጸሕ ኢሉ ወደቐ። አብ ካናለ ኩይኑ ምስ አባላቱ ዝኸላኸል ዝነበረ ማእከልነት ሓይሊ ብርሃን ገብሩ። አንሬብያን ዝዓይነታ ታንክ ክትረግጾም አብ ልዕሊ'ቲ ዝነበሩዎ ትሕቲ መሬት ገዛ ምስ ደየበት። አርፒጄ መንጢሉ ብጉኒ ቦምባ ረኩዓላ። ካብ ዝደየበቶ ምንቅ ከይበለት መበል ራብዐይቲ ቃልቃል ዝበለት ታንክ ኩነት።

እቲ ሃዋህው አዚዩ ቅልጡፍን ሕውሰውስ ዝበለን ነበረ። መን ምስ መን አብይን ክትፈልየሉን መምርሒታት ክትቅበለሉን ክትህበሉን ዘይከአል ኩኑ። በዚ ድማ ነፍሲ-ወከፍ ሰብ ዘዝመስሎ ስጉምቲ አብ ምውሳድ አተወ። አርባዕተ ታንክታት ድሒሪ ምቅጻልን እተን ክስዕባ ዝሓሰባ ስለ ዝተገትኣን። እቲ ጥምጥም ምስተን ብጸጋም ዝሰገራ ሰለስተ ታንክታት ኩነ።

'ተን ታንክታት ነቲ ጉልጉል ብሒተን የዕገርግራ። ሰብ ይረግጻን ብቐጻሊ ይትኩሳን ስለ ዝነበራ። ማእከልነት ሓይሊ ዮሱፍ ሱሌማን ዝርከቦም ገለ አባላት ናብአተን አምረሑ። ሓንቲ ካብአተን ብአርፒጄ ፈስቶአ ምስ ተሃርመ ሃዲማ ንድሕሪት ተመሊሳ አብ ሓደ ኩምራ ሓመድ ድፋዕ ሓዘት። ምስቲ ዝነበረ ዕገርግርን ነውጽን ካልአይቲ ታንክ ካብ ዓይኖም ተሰዊራ ንቕድሚት ናብ ደጀን ሓለፈት። ኩሎም በብዝነበሩዎ ናብታ ዝተረፈት ሳልሰይቲ ታንክ ተጓየዩ። ተጋደልቲ ጉብረ ተኸለን ዳኒኤል ገረዝጊሄርን (ወዲ ጨለ)፣ ሓደአም ብየማን ሓደአም ብጸጋም። ብጉያ ናብታ ታንክ ክድይቡ እንከለዉ። ሳልሳዮም ኢብራሂም ዑስማን ድሒሩ ተጸምበርዎም። ማእከልነት ሓይሊ ዮሱፍ ሱሌማንን የማን አብርሃን (ሻውል) አብ መሬት

144

ኩይኖም ነታ ታንክ ከበቡዋ። ኣብ መኣዘኒ ቦታ ዝነበረ ማእከልነት ብሬድዮ
ጀማል፡ በቲ ዝተፈጥረ ኩነታት ስለ ዘይቀሰነ፤

"ኩነታት ከመይ'ዩ ዘሎ?" ንማርቶብ ተወከሶ።

ማርቶብ፡ እታ ናብ ደጀን ገጻ ሓሊፋ ዝተሰወረት ታንክ ኣሻቒሳቶ
ብምንባራ፡ "ነታ ዝሓለፈት ጥራይ ደሃያ ግበሩ እምበር ናይዚ ኣብ ቅድመይ
ዘሎ ናባይ ግደፉዎ፡" ብርእሰ-ተኣማንነት መለሰሉ።

እቶም ክልተ ኣብ ልዕሊ'ታ ታንክ ዝደየቡ ገብረ ተኽለን ዳኒኤልን
ኣባላት ሓንቲ ኣሃዱ ኩይኖም፡ መበገሲኡ ዘይፍለጥ ንነዊሕ እዋን ዝቐጸለ
ከቢድ ውልቃዊ ባእሲ ነበሮም። ኣብታ ናይ ቂሕ ሰም ህሞት ኣብ ልዕሊ
ታንክ ጸላእቶም ፊት-ንፊት ምስ ተጋጠሙ ግን ናይ ኢድ ሰላምታ
ተጫባቢጦም ኣብ ምቅጻል እታ ታንክ ኣተዉ።

ዝደየቡዋ ታንክ ብኹሉ ተዓጽያ፡ ቦምባ ይኹን ጥይት ከእቱ ዝኽእል
ከፋት ቦታ ሰኣኑላ። እንትርፎ ኣብ ልዕሊኣ ምኹላል ድማ ዝኹን ነገር
ክገብሩ ኣይከኣሉን። ብኣንጻሩ፡ እታ ታንክ ናብ ብጻታ ክትጽንበር ንድሕሪት
ሒዛቶም ክትምለስ ጀመረት።

ማርቶብን ኣዛዚ ጋንታ ገብረ ተኽለን ብሬድዮ ይራኸቡ ስለ ዝነበሩ፡
ገብረ ተኽለ፡ "ማርቶብ፡ ሒዛትና ትኸይድ ኣላ እንታይ ክንገብራ?" ሓተቶ።

"ካምቻኻ ኣውጺእካ ንቬትሮ ናይ ኣውቲስታ ሸፍኖ፡" በሎ ማርቶብ።

ገብረ ተኽለ ነቲ ሾትሮ ምስ ሸፈኖ እታ ታንክ ኣብ ዘላቶ ኣዕኒንያ
ደው በለት። ኣባል ሻውዓይ ዘርያ ኢብራሂም መሓመድ ዑስማን፡ ቦምባ
ከእቱ ዝኽእል ከፋት ቦታ ሃሰው ክብል ድሕሪ ምጽናሕ፡ በቲ መውጽኢ
ትኸ ነታ ወዲ ሱሌማን ዘቐበሎ ቦምባ ምስ ኣእተወላ፡ ምስቶም ኣብ ውሽጣ
ዝነበሩ ዘወርታ ናብ ሃልሃልታ ባርዕ ተቐየረት። ካብቶም ኣብ ልዕሊ'ታ
ታንክ ዘኹደደን ምስ መባእስቱ ዝተዓርቀን ዳኒኤል ገብረእግዚኣብሄር (ወዲ
ጨለ) ካብታ ታንክ ዘሊሉ ምስ ወረደ፡ ብናይ ካልኣት ታንክታት ረሻሽ
ተሃሪሙ ምስቶም ኣብዚ ከቢድ ጥምጥም ኣብቲ ጉልጉል ምእንቲ ህዝቦምን
ልኡላውነት መሬቶምን በጃ ዝሓለፉ መንእሰያት ሓለፈ።

እታ ናብ ደጀን ዝመለቖት ታንክ ወያነ፡ ንበይና ኮሊላ-ኮሊላ ዝስዕባ
ምስ ሰኣነት ዝኹነ ጉድኣት ከየውረደት ብድሕሪ'ቲ ዝነበርናዮ ኩጀት ኣብ
ስንጭሮ ተጉምብያ ደው በለት። ሒዞማ ዝነበሩ ወተሃደራት ድማ ኢደም
ሃቡ።

እዚ ኹሉ ቡብወገኑ ዝፍጸም ዝነበረ ተኣምር፡ ኣብ ናይ ቂሕ-ሰም
ግዜ እዩ። ኣብዚ ሂር ዝበለ መጋርያ ውግእ፡ ከውሊ ኣብ ዘይብሉ ሰጣሕ
ጉልጉል፡ ካብ ነፈርትን ሄሊኮፕተራትን ዝዘንብ ቦምባታትን ርኬታትን፡ ካብ
ስግር ሩባ በለሳ ዝውንጨፍ ደብዳብ ከበድቲ ኣጽዋር፡ ናይ ሜትሮታት

145

ራሕቂ ጥራይ ካብ ዝነበረን ታንክታት፡ ረሻሻት ዝጸዓና ኣራላት፡ ካብ
ብሬናት ብቶመልከተለይ ዝዝራእ ዝነበረ ጢያይት፡ ካብ ዝተቓጸላ ታንክታትን
ረሻሻትን ዝፍንጀር ዝነበረ ቦምባታት፡ ዝባራዕ ኣግራብን ዝዕብሉኹ ትክን
ደርናን መግለጺ. ዘይርከቦ ትርኢት ነበረ።

* * *

ካናል ምስ ዝሰገራ ታንክታት ጭርጭር ዓበደ እናቐጸለ እንክሎ፡ ዝተረፉ
ኣባላት ናይዛ ቦጦሎኒ ኣብ ካናል ምስ ሰራዊትን ታንክታትን ኣብ ጥምጥም
ኣተዉ። ሰዓት ኣብ ዘይመልእ ግዜ ብኣባላት ሳልሳይ ቦጦሎኒ ዝተቓጸላ
ሓምሽተ ታንክታትን ብኣባላት መካናይዝድ ብፉጉት ካልኣት ተወሰኽቲ
ታንክታት ምስ ተሃርማ፡ ጸላኢ። ድፋዓት ሰጊርካ ንቕድሚት ናይ ምቕጻል
ሕልሙ። ስለ ዝበነነ፡ ነታ ዝተኸፍተት ቦታ ኣጽኒዑ ብምሓዝ ነተን ብየማን
ዝሰገራ ሰለስተ ታንክታት ኣብ ምሕላዉ ኣተወ።

ላዕለዎት ኣዘዝቲ ሰራዊት ወያነ፡ ኩሉ ውጥናቶም ከይጀመረ ምስ
ፈሸለን ካብ ዝሓሰቡዎ ስድሪ ምስጓም ምስ ሰኣኑን ነቲ ዝሃጅም ዝነበረ
ሰራዊቶም፡ ብሬድዮታት ርክብ ኣንጸርጺሩለን ጸርፈ ኣዝነቡለን።

"እንታይ ትገብር እንኤኻ ንቕድሚት ዘይትቕጸል!" ዝበለ ትእዛዝ
ድማ ብተደጋጋሚ ተሰምዐ።

ጅግንነትን ትብዓትን ሓይልታት ምክልኻልን መንነት ናይቲ ፈልከት
ምባል ዝኸልእዎ ኣሃዱን ስለ ዝሓርበቶም፡ ኣብ ካናል ተጸጊያም ዝነበሩ
ሓለፍቲ ወያነ፡ ብዛዕባ'ቲ ኣብ ቅድሚ ዓይኖም ዝፍጸም ዝነበረ መስተንክር
ንላዕለዎት ሓለፍቶም ክሕብሩ ተገደዱ።

"እዚ ትብሉ እኒኤኻ ብፍጹም ኣይኸውንን። ኣብ ታንክ ዝሓኩርን
ዝጠማጠምን እየ ረኺበ ዝነኤኹ። ሰብ የብለይን ንበይነይ እየ ተሪፈ።"

"ናይ መን እዩ! እንታይ ምልክት ረኺብካ!"

"ክሳዕ ሕዚ መን ም'ጻኡ ኣይፈለጥኩን።"

"በል ዝገበርካ ጌርካ ብቕልጡፍ ዝኹን ምልክት ረኺብካ ሓብረኒ።
ንስኻ ድማ ኣብኣ ትረፍ! ንድሕሪት ገጽካ ከይትምለስ!" ክብሉ ብሬድዮ
ተጠልፉ።

ኣባላት ሳልሳይ ቦጦሎኒ 525፡ እታ ዝተኸፍተት ቦታ መሊሳ ከይትገፍሕ
ክዓጽዉን ታንክታት ጸላኢ. ካብቲ ዝነበራእ ተንከስ ከይብላን ኣብ ምርብራብ
ኣተዉ። ነዚ ዝተዓዘበ ኣዛዚ ብርጌድ ጀማል፡ ነታ ምስ ታንክታት ትራጸም
ዝነበረት ሳልሳይ ቦጦሎኒ፡ ብየማና ዓዳ ንዝነበረት ቀዳማይ ቦጦሎኒ ናብኣ
ለጊባ ቦታ ከተጽብብ፡ ብጸጋማ ዝዓረደት 'ብጀቲ' ዝሓዛ ካልኣይ ቦጦሎኒ

ድማ ካናለ-ካናለ ገይራ ናብቲ ዝተኸፍተ ቦታ ብምቕራብ አደልዲላ ከም እትሕዝ ገበረ።

አብ ኩምራ ሓመድ ዝተጉዘጒዛ ታንክታት ጸላአ፡ ነታ ፌት-ንፌት ትራጸም ዝነበረት ሳልሳይ ቦጦሎኒ፡ ፍጹም ምንቅስቓስ ከልአአ። ናብ ዝፌረስት ካናል ክሃጅሙ ዝፌተኑ ብዙሓት አባላት ድማ ግዳይ መሰዋእትን መውጋእትን ገበራእም። በዚ ፍጻሜ'ዚ ድቃስ ዝሰአነ አባል ካልአይ ዙርያ ሃገራዊ አገልግሎት፡ ነጸርአብ ቀሺ አብርሃለይ፡ አብ ጐኑ ንዝነበረ አባል ሳልሳይ ዙርያ፡ ነባይ በየነ፡ "ነዛ ትርብሽና ዘላ ታንክ ብጒኒ አቲና እንተ አቃጺልናያ እዚ አብ ቅድሜና ዘሎ ሰራዊት ወያነ ደው አይክብልን እዩ" ክብል ሓሳቡ አካፈሎ። መድፍዓጂ አርፒጂ መሓመድ ስዒድ ዓብደላ፡ ወዲ ሽፋን፡ ራምቦን ዝተሃህሉ ሰለስተ ብጾቶም ወሲኾም፡ ነቲ ሓሳብ ንማእከልነት ጋንታአም ተጋዳላይ እድሪስ ኢብራሂም (ሸባሕ) አካፈሉዎም።

"ሕጂ ብቾትሪ አይጥዕምን'ዩ፡ ምስ ጸልመተ ክንዓጽዋ ኢና፡ ሕጂ ግን ክሳራታት ከይበዝሕ ዓቕሊ ግበሩ" ኢሉ ብሓልዮት'ኳ እንተ ኸልከሎም ብጒያ ናብቲ ወተሃደራት ወያነ ሒዞሞ ዝነበሩ ኩምራ ሓመድ ተጸገዉ። ምስ ወተሃደራት ወያነ አብ ሓጺር ርሕቀት፡ ናይ ኩምራ ሓመድ ፍልልይ፡ ርእሲ-ንርእሲ ተጋጠሙ።

ነባይን ወዲ-ቀሽን ሒዞሞ ካብ ዝመጹ ቦምባታት አብ ርእሲ ወተሃደራት ወያነ ኮረር አበሉ። እቶም ወተሃደራት ከም ዝተጉዘጒዘዎም አይፈለጡን። ቦምባ ክድርብዮ እንከለዉ ናይ ኢዶም ጻላሎት አብ ልዕሊ በዓል ነባይ ዓለበ። አብ ከምዚ ዝበለ ህሞት፡ ነባይ፡ ሓመድ ስዒድን ወዲ ሽፋን ክውግኡ እንከለዉ ራምቦ ተሰውአ። ወዲ ቀሺ ንብይኑ ተረፈ። ወዲ ቀሺ ማህረምቲ ነባይ ርእዩ፡ "ንድሕሪት ዉጻእ" በሎ። ነባይ ናብቲ ካናለ ገጹ ሰጐመ።

መውጋእትን መሰዋእትን ብጾቱ ንነጸርአብ ወዲ ቀሺ ካብ ተበግሶኡ አይዓንቀፎን። ዘሊሉ ናብ ካናለ ብምእታው፡ አብቲ ካናለ ዝጸንሐ ብሬን ወያን አልዒሉ፡ ንብይኑ ንዕስለ ሰራዊት ወያን ተሳሃሎም። አብቲ ካናለ ኮይኑ ኩነታት ወዲ ቀሺ ዝከታተል ዝነበረ ነባይ፡ ሕጂደ ደሓር ይወድቕ እናበለ፡ ወዲ ቓሺ ንብይኑ ንሰራዊት ወያነ ኩብኩቡዎም ክኸይድ ረአዮ። ብድሕሪ'ዚ ሓይሎም አርኪባ ተጸምበረቶም።

እዚ ኹሉ ውግእ እናተኻየደ፡ ውጉአት ምምጻእ ዝደንጐይዎ ሓኪም ሳልሳይ ቦጦሎኒ፡ ወዲ ማኤል "ገለ ጸገም አጋጢሙዎም አሎ" ብምባል አበባን ትርሓስን ዝበሃላ አባላት ሃገራዊ አገልግሎት ዝርከባአም ሓሙሸተ ሰባት ሒዙ ብቾጥታ ናብቲ ረጽሚ ዝካየደሉ ዝነበረ ካናል አምረሐ። አብ ቅድሚአም፡ ካናለ ዝጠሓሳ ሰለስተ ታንክታት ጸላአ እናአዕገርገራ ጐፍ በላአም። ብዘይ ዝኹን ስግአት ጥሒሶመን ትኽ ኢሎም ናብ አሃዱአም

ብምጽንባር ውራይ ምሕካም ናይቶም መውጽኢ ስኢኖም ዝነበሩ ውጉኣቶም ገበሩ።

ሰንበት 14 መጋቢት፣ መደባቱ ብንግሆኡ ዝፈሸሎ ወያነ፣ ክፍላተ-ሰራዊት እናደራረበ፣ ምሉእ መዓልቲ ማዕበላዊ ህጁማት ከካይድ ወዓለ። እንተኾነ፣ ሰራዊቱ ጌና ካብ ሩባ በለሳ ከይተበገሰ፣ ካብታ ዝነሰት ሞርታር ክሳዕ'ቲ ዝለዓለ ቢኤማትን መዳፍዕን ሓይልታት ምክልኻል ተሳህሎ። እቲ ካብ ደብዳብ ንስክላ ዎሊጁ ናብ ድፋዓት ዝተጸግዐ ድማ፣ ካብ ፈንጅን ጠያይት ሓይልታት ምክልኻል ከምልጥ አይከኣለን። ዝኣቲ'ምበር ዝድሕን ይኹን ንድሕሪት ዝምለስ አይነበረን። ዘዝኣተወ ክፍለ-ሰራዊት ካብታ ሩባ ክሳዕ'ታ ጉልጉል አብ ዝነበረ መሬት ይተርፍ። ጉልጉል እግሪ መኸል፣ አብ ቀዳማይ መዓልቲ ጥራይ፣ ብዝቆንዘዉ ዘኣውዩ፣ "በጃኹም ርድኡ-ና!" ዝብሉ፣ አካላቶም ዝተቖራረጸን ዝተጃለዐን ውጉኣት፣ ሬሳታት፣ ባርዕ ታንክታትን ረሻሻትን ጸላኢ መርኣዪ ተሳእኖ።

ወያነ በቲ ዘጋጠሞ ናይ ሰብን አጽዋርን ክሳራ አይሃድኣን። ሰንበት ምሸት፣ በታ ምሉእ መዓልቲ ብረሻሻትን ታንክታትን ክሕልዋ ዝወዓለ ከፋት ቦታ፣ ብዝሒ አጋር ሰራዊት አሰሊፉ ትኽ ኢሉ መኣዘዚ ሳልሳይ ቦጦሎኒ ናብ ዝነበሮ ቦታ ሃጀመ። ሰራዊት ኩሉ ደድፋዉ ሓዙ ብምንባሩ፣ ብዘይካ ናይ ክብሮም ተስፋሚካኤል መስርዕ ስለያ ሳልሳይ ቦጦሎኒ፣ አብቲ ቦታ ነቲ ዝሃጅም ዝነበረ ሰራዊት ወያነ ክከላኸል ዝኽእል ዓቕሚ ወገን አይነበረን። ማርቶቡ፣ ካልእ አማራጺ አይነበሮን፣ ክሳዕ ዝኹን ዝኸውን እታ መስርዕ ክትገጥሞ ወሰነ። አብ ከምዚ ናይ ተፈራረድ ህሞት ካብ ኮር 491 ናይ ጸጋይ ስካ ሓይሊ ደበኽ በለት።

"ማርቶቡ፣ እንታይ ክንሕግዘካ፧" በሎ ጸጋይ ስካ።

"እነሀልካ ጸላኢ፣ አብዚ ቅድሜና በጺሑ፣ ሓንቲ መስርዕ'ያ ዓጊታቶ ዘላ፣ እንተ ኽኢልካ ጸራሪግካ ናብ ካናለ ምለሰን።" በሎ።

"አጆኻ! ናባይ ጥራይ ግደፈን።" ኢሉ ጸራሪቱ ናብቲ ካናለ መለሰን።

አዝዚ ካልኣይ ብርጌድ 525፣ ጀማል ማሕሙድ፣ ብዘይካተን ምስ ልዕሊኦን ትሕቲኦን ዝነበሩ ሓለፍቲ ዝራኸበለን ዝነበረ ሬድዮታት ርኽብ፣ ንኹነታት ጸላኢ እትከታተል ካልእ መስመር ፌልዮ እናተኸታተለ፣ ሰንበት ምሸት፣ ጸላኢ ክልተ ብርጌድ አኽቲቱ በታ ዝተኸፍተት ቦታ፣ ናብተን ብየማን ጥሒሰን ሰጊረን ዝወዓላ ሰለስተ ታንክታት ገጹ ከም ዘምርሕ ፈለጠ።

አዝዚ ሰራዊት ጸላኢ፣ "ትኽ ኢልካ ናብተን መብራህቲ ወሊዖን ዘለዋ እቶ!" በሎ ነቲ ቐዳማይ። ነቲ ካልኣዩ ድማ፣ "ንስኻ ድማ አርክቦ።" በሎ። ጀማል

ነዚ ሰሚዑ ንበዓል ወዲ መምህርን ዓፉንን፡ "ነዝን ታንክታት ከነቃጽለን እ.ና፡" በሎም።

"ንብረትና ኩፈነን እንድየን፣ ኣብ ኢ.ድና ከለዋ ሰለምንታይ ነቃጽለን፣ ኣብይ ከይበጽሓ!" በሉም ብጿቲ።

ጸላኢ፡ ቀዳማይ እግሩ ሩባ በለዕ ክሳዕ ዘበጽሑ ተጸበዩ። ናይተን ታንክታት መብራህቲ ከም መሐበሪ ይጥቀሙ ስለ ግክበረን ኣብኡ እንተ በጺሑ ሓደገኛ ስለ ዝኸውንን ግን መራሒ ሓይሊ ካልኣይ ቦጦሎኒ፡ ወዲ መሊጥ፡ ነተን ታንክታት ከቃጽለን ትእዛዝ ሃቦ። ወዲ መሊጥ ኣይደንጐየን፡ ኣቃጸለን።

ካብ ኮር 271 ከምኡ'ውን ኮር 491 ሰምንቱ ዘማእክላ ቦጦሎኒ ናብቲ ኣብ ካናል ክርባረብ ዘወዓለ ሳልሳይ ቦጦሎኒ፡ ካልኣይ ብርጌድ ናይ 525 ስለ ዝተደረባ፣ እታ ተኸፈታ ዘወዓለት ቦታ ሰንበት ለይቲ ብኣባላት 491 ተዓጽያ ሓደረት። ከም መሓበሪ ዝተጠቅመለን ታንክታት ድሕሪ ምቅጻለንን እቲ ረዳት ዝኣተወ ክልተ ብርጌድ ብደብዳብ ከበድቲ ኣጽዋር ድሕሪ ምርጋፉን ጸላኢ፡ ብምሽት ከካይዶ ዝሓሰበ ፈተነ ፈሺሉ፣ ብዘይካ ሓሓሊፉ ዝድርብ ሞርታራት፡ ካብ ዝተቓጸላ ታንክታት ዝፍንጀር ቦምባታትን ሃሃልታን፣ ካብ ረሻሻት ዝፍኖ ሓባሪ ጠያይትን ሰንበት ለይቲ ተዛማዲ ህድኣት ሰፈኑዋ ሓደረ።

ኣብ ከምዚ ህሞት ንሕና'ውን ካብ ዝነበርናዮ ኩጀት ናብ መውዓሊ ንድሕሪት ተመሊሰና ባትሪታት ካሜራና ክንመልእን ቅሩብ ቀም ከነብልን ዕድል ረኸብና።

ኣብ ተዛማዲ ርግኣት ዝሓደረ መሬት፡ ሱኑይ 15 መጋቢት ንግሀ፡ ብደብዳብን ድምጺ ነፈርትን ክዝረግ ጀመረ። ታንክታት ጸላኢ ክተኣኻኸባን ናብታ ብሰንበት ተኸፈታ ዘወዓለት ቦታ ገጸን ከምርሓን ዘስተብሃለ ማእከልነት ሳልሳይ ቦጦሎኒ፡ ማርቶብ፣ ሾዑ'ውን ንማእከልነት ሓይሊ ወዲ ሱሌማን፡ ማእከልነት ጋንታ ገብረሂወት ገብረማርያምን (ጮፍሪ) ንመድፍዓጂ ኣርፒጂ ደስታ ኣብርሃን ቀልጢፉ ናብቲ 491 ዝነብሩዋ ቦታ ክሰዶም ሓበር።

ምንቅስቃሶም ክከታተል ዝጸንሐ ማርቶብ፡ ኣብቲ ቦታ ምብጽሓም ምስ ኣረጋገጸ፡ ንጮፍሪ፡ "ኣብኣ ኬንካ ክትሃርም ትኽእል ዲኻ!" ክብል ተወከሶ።

"እወ እኽእል፡" መለሰሉ ጮፍሪ።

"በል ጀምር!" ኢሉ ኣብ ምክትታል ኣተወ።

መድፍዓጂ ኣርፒጂ ደስታ ኣብርሃ፡ ኣነጻጺሩ ሓንቲ ታንክ ኣቃጸለ፣ ካልኣይቲ ደገመ፣ ናይታ ሳልሰይቲ ቺንጉሎ (ሰንሰለት) በተኸ፣ ራብዐይቲ ኣቃጸለ፣ ሓምሸይትን ናይ መወዳእታን ቦምባኡ ተኩሶ። ዝተተኩሰት ቦምባ

ዘይከም ቀዳሞት፡ ሮታ ታንክ ሃሪማ ሓለፈት፡፡ ማርቶብ፡ ድሕሪ ዕንወት
ናይተን ሓሙሽተ ታንክታት፡ ነቶም አብ ምቅጻል ታንክታት ተጸሚዶም
ዝጸንሑ ክልተ አባላቱ ናብ አሃዱአም ከምለሱ ሓበሮም፡፡ ምድረ-ሰማይ
ብናይ ቅድሚኡ ዕለትን አርባዕተ ሹዑ ዝተቓጸላ ታንክታትን ሃልሃልታን
ጸሊም ትክን ተዓብለኾት፡፡ ጸላኢ፡ አብ ክልተ መዓልቲ ብዘጋጠሞ ዕንወት
ዓቕሚ ታንክታቱ ተጸንቂቛ፡ ብታንክታት ምውጋእ ከም ዘየዋጽአ ፈለጠ፡፡
ዝተረፋ ታንክታቱ ዓቢዩ ኸአ፡ ሰኑይ 15 መጋቢት ምሉእ መዓልቲ አሎ
ዝበሃል ዓቕሚ ሰቡ አኪቡ ብአጋር ሰራዊት ተደጋጊሚ ፈተነታት ድሕሪ
ምክያድ ነታ ተታሒዛ ዝሓደረት ካናል አፍሪሱ እንደገና ተቘጻጸራ፡፡ እዚ
ፈተነ'ዚ ግን፡ ብዝርካቡን ናይ መወዳእታን ዓቕሙ ዘካየዶ ነበረ፡ ክንዮ'ዚ
አትኪሉ ክዋጋእ ይኹን ክከላኸል ዓቕሚ አይነበሮን፡፡ ስለዚ፡ ሰኑይ ምሽት
ሓዙዎ ዘወዓለ ካናል ገዲፉ፡ ንድሕሪት ተመልሰ፡፡ ሰሉስ 16 መጋቢት
ረፋድ፡ ውጉአቱ ሬሳታቱን አጽዋሩን ዛሕዚሑ፡ ራባ በለሳ ሰጊሩ ብቖቢጻ-
ተስፋ ንድሕሪት ተመልሰ፡፡

*   *   *

ሰሉስ ንግሆ፡ ካብታ ዝነበርናያ ኩጀት ናብቲ ተአምር ክስራሓሉ
ዝቐነየ አብ ቅድሚኢና ዝነበረ ካናል አምራሕና፡፡ ዘስካሕክሕ ትርኢት!
ካሜራና እንታይ ከም እትስንድ ሓርበተና፡፡ አብ ውሽጢ ባሩድ፡ ትክን
ቃሬትን ዝሸተት ዝተበከለ አየር አቲና፡ ዝቃጸላን ዝተካን አብ ጉልጉል
ዝተዘርዋ ታንክታት፡ ደዘራትን አራላትን፡ አብ ጸቢብ ቦታ ከም ቅሚጦ
ዝተኹመረን ዝተዛሕዘሕን ሬሳታት፡ አብ አግራብ ተላሒጉም ገና ዘእውዩ
ጸላኢ ገዲፉዎም ዝኸደ ዉጉአት፡ ጥላም ዘወደዩ ንብረት ህዝቢ ክዘምቱ
ናይ ዝአተዉ ገባር ሬሳታትን መጽዓኛን፡ ንሰለስተ መዓልቲ ምስ ሓጸውን
እናተራጸሙ ንዘወደቑ ብጸቶም ሓመድ አዳም ዘልብሱ፡ ምስ ዝቐነዩም
ውግእ፡ ድኹም ነብሶም ገና ሓመዱ ዘይነገፈ ግን ከአ አብ ገጾም ጥራልን
ፍናንን ዝንበብ ዝስሕቑን ወኻዕ ዝብሉን፡ አብ ዝማረኹወን ታንክታትን
ዝተሃሞኽ አጽዋርን ጸላእቶም ተውዛሕዛሕ ዝብሉ፡ . . . አባላት ሓይልታት
ምክልኻል ድማ በቲ ኸልኤ፡ ክልተ ፈጺሙ ዘይራኸብ ተጻራሪ ምርኢት
ነበረ፡፡

በዚ ዘስደምም ትርኢት ስራሕና አይረሳዕናን፡ ምስቶም አብቲ ውግእ
ዝቐነዩ ቃለ-መጥይቅ አብ ምክያድ አተና፡፡ ንሰለስተ መዓልቲ አብ ካናል
ክረጋረግ ዝቐነየ አባል ሳልሳይ ቦጦሉኒ፡ ካልአይ ብርጌድ፡ ክፍለ-ሰራዊት
525፡ አዛዚ ጋንታ እድሪስ ኢብራሂም (ሽባሕ): "ውግእ ቅድሚ ምጅማሩ፡
አብ ማይ-ዓይኒ አብ ዝገበርናዮ አኼባ ምስ አዛዚ ቦጦሉኒና ማርቶብ ቃል

150

ተኣታቲና። ማሕላ ነይሩና፣ ኣብዚ ውግእ'ዚ ድማ ማሕላና ፈጺምና። ሕነ ባድመ ፈዲና፣ መርባትና ኣኽሲኗና" ብምባል ነቲ ናይ ሰለስተ መዓልቲ ውዕሎ ደምደሞ።

ሳልሳይ ቦጦሎኒ፣ ካልኣይ ብርጌድ፣ ክፍለ ሰራዊት 525። ኣብ ናይ ሰንበትን ሰኑይን ግጥም ጥራይ ዓሰርተ ታንክታት ኣቃጺላ፣ ኣርባዕተ ኸአ ቡቱን ካልኣት ቦጦሎኒ ጋት ተቖጺለን። ብርክት ዝበላ ድማ ቀሊል ጉድኣት ወሪዱወን ንብረት ሓይልታት ምክልኻል ኩና። (እዚ ቀጺሪ'ዚ፣ ብኻልኣት ኣሃዱታትን ብከበድቲ ኣጽዋርን ብፉ-ጉትን ዝተሃርማን ዝተማረኻን ብዙ-ሓት ታንክታት ጸላኢ ኣብ ግምት ዘእተወ ኣይኮነን።)

ኣብቲ ናይ ሰለስተ መዓልቲ ናይ ሞትን ሕየትን ውግእ፣ ነፍሲ-ወከፍ ደቒቕ ዋጋ ሓቲታ እያ። ሳልሳይ ቦጦሎኒ ካብ 450 ዓ'ቚሚ ሰባ፣ ናጽነት ኣብ ምምጻእ ብህይወት ካብ ዝኣተወ። ኣብዚ ልኡላውነት ንምኽባር ዝተኻየደ ዳግማይ ውግእ ብደረጃ ሓላፍነት ነቲ ውግእ ዝመርሑን ዝተዋግኡን፣ ከም'ኡ'ውን ፍረ ሳዋ ካብ ዝኹኑ ዋርሳይ 35 ብሉጻት ከፊላ። ካልኣይ ብርጌድ፣ ክፍለ-ሰራዊት 525፣ ብሓፈሻ 75 መንእሰያት ሞባእ ከፊላ። ድሕሪ'ቲ ውግእ፣ ጌና ሓመዳ ከይነገፈት፣ ካብ እግሪ መኽል ናብ ካልእ ዕማም ናብ ግንባር መረብ-ሰቲት ኣምሪሓት።

ምንጪታት፣

- ኣብ እዋን ውግእ ካብ ዝሰነድኩዎ ትዕዝብትን ሓበሬታን
- ምስ ኣባላት ሳልሳይ ቦጦሎኒ ኣብ እግሪ መኽል ዝተኻየደ ቃለ-መጠይቕ፣ 17-03-1999

ቃለ-መጠይቕ፣

- ለቴና ኮሎኔል ጀማል ማሕሙድ
- ለቴና ኮሎኔል መንግስተኣብ ሳሙኤል (ማርቶብ)
- እድሪስ ኢብራሂም (ሽባሕ)
- ነባይ በየነ
- ገብረሂወት ከስተ

ድሕሪ ውግእ እግሪ መኽል - 16-03-1999 ሬሳታት ጸላኢ.

አብ ቦታ ዓወት ድሕሪ ውግእ - አባላት ሳልሰይቲ ቦጦሎኒ አብ ድፋዕ

አባላት'ታ ቦጦሎኒ ድሕሪ ዓወት

ቅድሚ ውግእ - አኼባ ቦጦሎኒ ሰለስተ አብ ቀላይ በዓልቴት

3

ዋርሳይ ጋዜጠኛ

ዓብደልቃድር አሕመድ

አቡበከር ዓብደልአወል፡ ናብታ አብ የማናይ ኢዶይ ዝነበረት ስእሊ አተኩሩ እናጠመተ ዝን በለ። አብ ትሕቲ'ታ ስእሊ ዝነበረ "ሰዉእ ገብረመድህን ገብሩ" ዝብል ጽሑፍ ናብ ዓሚቝ ትዝታ ከም ዘሸመሞ ካብ ገጹ አንበብኩ። ምስሊ ናይቲ ወትሩ ፍሽኽታ ዘይፍለዮ ጋዜጠኛ ተቓጀሎ።

* * *

"ጮፍራ ወያነ፡ ብወገን 'ድፋዓት ሰላም' ውግእ ከኸፍት ስለ ዝኹኑ፡ 'ሃይቀዳም' ዘሎ መአዘዚ ብርጌድ ግዜያዊ ቦታኹም ከኸውን'ዩ። አብኡ ኬንኩም ንኽትከታተሉ ሕጂ ተበገሱ፡" በሎም አዛዚ ኮር 161 ጀነራል ፍሊጶስ ወልደዮውሃንስ ንስታፍ ዜና ናይቲ ግንባር። ብድሕሪ'ዚ ብ5 ለካቲት 1999 ዝተዋህበ ትእዛዝ'ዚ፡ ብርዒ ጋዜጠኛ ገሬ ዝስነደቶ ውዕሎ ውግእ ታባ ሰላም እዚ ዝስዕብ'ዩ ነይሩ፦

አባላት ስታፍ ዜና፡ አነን ሳልሕ ዓበን ጋዜጠኛታት፡ ሰለሙን አብርሃ ሺድዮ ካሜራ፡ አሚን ከተማ ደረቕ ስእሊ፡ የማነ ሃብቱ መራሕ መኪና ኢና። ብመሰረት ዝተዋህበና ትእዛዝ፡ ሽዑ ረፍዲ፡ ካብ ቀዋሚ ቦታና ሻላሎ፡ ናብ ሸሸቢት ብምኻድ ምስ አዛዚ ክፍለ-ሰራዊት 26 ኮሎኔል ዓብዱ መጠረ ተራኸብና። ብዛዕባ ህሉው ኩነታት ተወሳኺ ሓበሬታ ተዋሂቡና ኽአ ናብ 'ሃይቀዳም' ቀጺልና፡ 'ወሎ' ብዝብል ሳጓ ምስ ዝፍለጥ አዛዚ ቀዳማይ ብርጌድ፡ ኮሎኔል በረኸት ተጸንበርና።

መአዘዚት ብርጌድ 'ሃይቀዳም' ካብ ሸሸቢት ንሰሜን አብ ሰጣሕ ጉልጉል ካብ ዝርከባ ውሑዳት ታባታት ሓንቲ'ያ። ታባ ሰላም ኸአ ካብ 'ሃይቀዳም' ልዕሊ ሰዓት ብእግሪ ኩዪኑ ቀዋሚ ድፋዕ እዮ።

155

ሰላም፣ ብጸጋም ክሳብ ገምሃሎ፣ ብየማን ድማ ክሳብ ጎቦታት ፍቓያ ገብረ ብክናለ ዝተኣሳሰረ ታባ'ዩ፡፡ ድፋዕናን ድፋዕ ጸላእን ዝተረሓሓቐ'ኳ እንተኾነ፣ ብቐንጡብ ጨዓን ካልእ ዓይነት ኣግራብን ናብ ዱር ዝተቐየረን ንምንቅስቓስ ጸላኢ ንምክትታል ዘይጥዕም፣ ብምኽኑ፣ ኣዝዮ ጥንቁቕ ሓለዋ'ዩ ዝካየድ ነይሩ፡፡

ጭፍራ ወያነ፣ በዚ ቦታ'ዚ ውግእ ከም ትኸፍት ጥሉል ሓበሬታ ተረኺቡ ኣሎ፡፡ 'መዓስ' ንዝብል ሕቶ ግን ዝፍለጥ የለን፣ ሓደ... ክልተ... ሰለስተ... መዓልቲ ሓሊፉ ሰሙን ኮይኑ፣ ደሃይ ወያነ ግን የለን፡፡

ድሕሪ ናይ 17 መዓልቲታት ትጽቢት፣ ወያነ ከም'ቲ ዝተገመተ ብ22 ለካቲት 1999 ወጋሕታ፣ በቲ ዝተባህለ ቦታ መጠነ-ሰፊሕ ውግእ ካልኣይ ወራር ከፈታ፡፡ ሰአላይ ቲቪ ኤረ ተስፋልደት ኪዳነ፣ ብኻልእ ሰራሕ'ዩ ኣብቲ ከባቢ መጺኡ፡፡ ኣጋጣሚ ኹይኑ ውግእ ስለ ዝተኸፍተ ምዕብልቲ ቪድዮ ካሜራኡ ሒዙ ምሳና ተሓወሰ'ሞ፣ ኣብ መአዘዚ ብርጌድ ኬንና ነቲ ውግእ ክንክታተል ጀመርና፡፡ ይኹን'ምበር ብዘይካ ዒግታ፣ ደርናን ትክን ካልእ ዝረአየና ኣይነበረን፣ ኣብቲ ኬንና እንስንዶ ከም ዘሎ'ውን ብሩህ ኮነ፡፡ ስለዚ፣ ናብቲ ውግእ ዝካየዱ ዝነበረ ካናለ ኣቲኻ ምስኣል እቲ እንኮ ኣማራጺ ነበረ፡፡ ኣዛዚ ብርጌድ ክፈልጥ ስለ ዝነበር፣ 'ዘለናዮ ቦታ ንምስናድ ዘይጥዕም ስለ ዝኹነ፣ ናብቲ ድፋዕ'ዶ ክንከይድ፣' ብምባል ንወሎ ተወኪሰዮ፡፡ ወሎ ሬድዮ ርክብ ሒዙ ቅልጡፍ ትእዛዝ የመሓላልፍ ስለ ዝነበረ ኣየቓለበለይን፡፡ ደጊም ሓቲተዮ፣ ሕጂ'ውን "... መለኸት ንፋሕ! ... መለኸት ንፋሕ!..." ብዓውታ ትእዛዝ ሂቡ ርከቡ ምስ ወድአ'ዩ ቀሪቡኒ፡፡ ሕቶይ ደገምኩሉ፡፡

"ኣይከውንን'ዩ፣ ኣብዚ ኬንኩም ክትክታተሉ'ዩ ተሓቢሩኒ፡፡"

"ኣብዚ ደኣ'ሞ ብዘይካ ደርናን ትክን ዝረኣን ዝሰኣልን ዘየለ፡፡"

"እሞ፣ ብወገነይ እተዊ ኣይብለኩም'የ፡፡"

"ንዓና ኸኣ'ባ ሕሰበልና፣ ብፍላይ ሰአላይ ኣብቲ ውግእ ቀሪቡ እንተ ሰኣለ'የ ዝሓይሽ፡፡"

"እሞ፣ ብናትኩም ሓላፍነት ዘዋጽኣኩም ግበሩ..." ድሕሪ ብዙሕ ምምልላስ ተረዳዲእና፡፡ ኣብ ምብጋስና፣ 'ወሎ... መለኸት ንፋሕ ክትብል ጸኒሐካ'ሞ፣ እንታይ ማለት'የ፣' ዘይተጸበዮ ሕቶ ሓተትኩዎ፡፡

"እዚ ወተሃደራዊ ኮድ'ዩ፡" ካብ ምባል ሓሊፉ ተወሳኺ ሓበሬታ ክህበኒ ኣይደለየን፡፡ ብዘዕባ ምዕባለታት ናይቲ ውግእ ግን ሓበሬታ ሃበኒ፡፡ "ድሮ'ኳ ኣርባዕተ ታንክታት ኣሕሪቕም ኣለዉ፡" በለኒ፡፡ ቃላት ወሎ፣ ንዓና ዓቢ ብስራት'የ፣ ጥራልና'ውን ክብ በለ፡፡

"እሞ ስራሕ ኣብኡ ከሎስ ኣብዚ ጽንሑ ትብለና! ኬድና ጥራይ ብሰላም የራኽበና፣" ምስ ወሎ ተፈላለና፡፡

ካሜራታትናን ዕጥቅናን አዋዲድና ከባቢ ሰዓት 8:00 ንግሆ ተበገስና። ካብ ወጋሕታ ዝጀመረ ደብዳብ ከቢድ ብረት ጸላኢ ብዘይ ምዝሓሉ ጒዕዞ ብመኪና አይተኻእለን፣ ብአጋር ዘብ-ዘብ ተተሓሓዝናዮ።

ብአግራብ ዝተሸፈነ ቅርጺ መሬት ንምቍጽጻር፣ ክንዮ ብራኽ አግራብ ከተቐምጥ አሎካ። ካብን ናብን ብዝዝትኩስ ዝነበረ ጢያይት እናተመራሕና ኸአ አብ መታኹሲ መሰመር በጻሕና። ርሱን ውግእ ይካየድ ስለ ዝነበረ ንመን ከም ንረክብ አይፈልጥናን ብቋታ አብ ስራሕ አተና።

ብወገነይ፣ አብ ውግእ ክሳተፍ ናይ መጀመርታይ ስለ ዝነበረ፣ ናብቲ ድፋዕ ብንኂ ተጸጊዐ አንፈተይ ከመዓራሪ ፈተንኩ። ብድሕረይ ቀሊሕ ኢሉ፣ አብ ርእሱን ኢዱን ዝተሃርመ ዊጉእ ረአኹ። እናተሓከመ እንከሎ ቃል-መጠይቕ ከነግብር ተጓየና። ቃንዛኡ ተጻዊሩ አዕለለና።

"ናብ ሕክምና ቦጦሎኒ ዘይትሰዱዎ፧" ነቲ ሓኪም ሓቲተዮ።

"ክሳዕ ዝኹን ዝኸውን ካብ ጎንኹም ከይተፈለኹ ዓቅመይ ክሕግዘኩም ክጸንሕ'የ ኢሉ አብዩና።" ምስ በለኒ እቲ ሓኪም፣ ንዓይ'ውን አትበዓኒ። ፍርሒ ብዘንቀሎ ኩብደይ ሓሞጭሞጭ ክትብል ከም ዘይጸንሐት፣ ቀጥ... ትኽ... ክሳደይ አቐኒዐ ነቲ መስተንክራዊ ውዕሎ ውግእ ብድምጺ አብ ቴፕ ክቐርጾን አብ 'ኖት ቡከይ' ክምዝግቦን ተንዓኹ።

ጭፍራ ወያነ፣ ሳዕሪ'ምበር አግራብ ዘይነበራ ቀላጥ መሬት'የ መሪጹ። ብዙሓት ታንክታትን ድሩዓት መካይንን አብ ቅድሚት ብምስላፍን አግኢታት ወተሃደራት ብምስዐብን ድማ'የ ነቲ ውግእ ጀሚሩዋ።

እታ ጸባብ ቦታ፣ ወያነ ሽዑ ሰራዊቱ አኪቲቱ ፈንጢሱ ክአቱ ዕድል እትህቦ፣ ንዓና ግን፣ ንቦጦሎኒ'ኪ ዘይተተዓጻጸፍ ነበረት። ጸሓይ መሪራ፣ ውግእ ከአ መመሊሱ በርትዐ። አተአታትዋ ጭፍራ ወያነ ዓይኒ የብለይ ስኂ... ብጃምላ ክኸውን ከሎ፣ አዝጊቦም ዝጸንሑ ምዑታት ዋርሳይን ይከአሎን ኸአ ምቋላብ ኮነ ስራሐም።

ክሳዕ ሰዓት 11:00 ቅ.ቐ፣ ቃል-ቃል ዝበላ ታንክታት ጸላኢ ዓሰርተ በጽሓ። ብፍላይ ሓንቲ፣ ካብቲ ዝኸበርናዮ ካላ ናይ 20 ሜትሮ ርሕቀት ጥራይ ነበራ። "እዚ ታንከኛ ጸላኢ ደአ ከመይ ኢሉ ደፊሩ ክሳብ አብዚ በጺሑ፧" እናተዛየ ይቴከሱ ንዝነበሩ ጀጋኑ ተወከስኩዎም።

"አይክትፕሕረና እንድያ መሪሓ መጺአ። 'ሰቕ በሉ፣ አሕልፉዋ ከይትትኩሱላ' ዝብል ትእዛዝ ምስ መጸና ትም ኢልና፣ ጠኒና ካናለና ረጊጸ ንሳ አብ ላዕሊ ንሕና አብ ታሕቲ ተጠማሚትና። ደሓር ግን ዝሰዕባ ከም ዘየላ ምስ ፈለጠት ንድሕሪት ክትምለስ ምስ ጀመረት ተዘቢጣ" ብምባል መለሱለይ።

"ነዛ ታንክ መን'ዩ ዘቢጡዋ፣ ብምንታይ፧" ሕቶ አስዕበኩ።

ነቲ ብኢዶም ዘመልከቱለይ በዓል ኣርፒጃ ተዳህዮየ፣ ተኹሲ ኣቋሪጹ ቀሪቡኒ። ስሙ ነጊሩ ኣባል ሓምሻይ ዞርያ ም'ኻነ ገለጸለይ።

"ነዛ ታንክ ብኸመይ ኢኻ ሃሪምካያ፧" ሓተትኩዎ።

ነቲ ብጽምኢ ማይን ባሩድን ተለኺቴ ዝነበረ ኣፉ ሓቦ ኣጥሊሉ ብኸምስታ መለሰለይ፤ "በስ ተጸጊዐናና በብተራ ኸአ ዘቢጠየን...። መጀመርታ ነዛ ካናለና ዝረገጽት... ሕጃ ድማ ነዛ ብየማንና ትትክኸ ዘላ በዛ ኣርፒጀይ ጌረ ሃሪመየን. . ." ዘርባኡ ከይወድአ ብጹቱ ጸዊዐም ገዲፉኒ ከደ። ለካ ዝሓሰበላ ታንክ ጸላኢ 'ያ መጺኣ። ቅድሚኣ ዝሓረራ ታንክታት እናረአየት 'ያ ተጸጊዓ። ከዘራርቦ ዝጸናሕኩ በዓል ኣርፒጃ ኣወሃሂዱ ተኩሲ። እታ ታንክ ተሓቆነት። ብኡ-ንብኡ 'ውን ተኸኸት። "ተዐወት! ተዐወት! ዓሸ ያሆ!..." ን'ሳልሳይ ግዜኡ ብኣርፒጃ ታንክ ጸላኢ ንዘሓረረ ጅግና ብጹቱ ብፋጺን ጣቕዒትን ሞሳ ሃቡዎ። ብወገነይ፣ ነቲ ምስኣም እንከለኹ ብግብሪ ዝፍጸም ዝነበረ ጅግንነት እናረአኹ ክኣምን ኣይከኣልኩን።

መብዛሕትኡ እዋን፣ ታንክ ብታንክ ወይ ብፋጉት ክትህረም'የ ዝረአ ወይ ዝንገር። ኣብዚ ውግእ'ዚ ግን፣ ታንክታት ጸላኢ፣ ብኣጋር ሰራዊትና'የን ተለቒሚጸን። ብዘይምግናን፣ እቲ ግጥም፣ ግጥም ኤርትራዊ መንእሰይ ምስ ሓጺን እዩ ነይሩ።

ኣብቲ ከባቢ፣ ፈውሲ ማሕላ ሓንቲ ናይ ወገን ታንክ'ያ ነይራ። ን'ሳ'ውን ቦምባ ከቢድ ብረት ጸላኢ ኣብ ጥቓኣ ስለ ዝወደቐ፣ ኤለትሪካዊ ክፍሊ ኣካላታ ተበላሸየ ኣየድመዐትን። እቲ ዝገረመኒ፣ እቶም ታንከኛታት ብኻላሽኖም ይዳራዐሙ ምንባሮም'የ። ንሓደ ካብቶም ታንከኛታት፣ "መተካእታኣ ታንክ ኣይትመጸኩምን ድያ፧" ሓቲተዮ።

"እንተ መጸት ጸቡቕ እንተ ዘይመጸት ከአ እንታይ ጸገም ኣሎ...። ኣብዚ ርሱን ጓይላ ተማዶም እንዲና ንደራገም ዘለና...። ውግእ ካብ ኣብ ታንክ ኬንካ ካብኣ ወጺእካ'የ ጥዑም፣" በለኒ።

ሰኣላይ ስሱዕ'የ ዝበሃል። ተስፋልደት ኪዳነን ኣሜነ ከተማን'ውን ነዚ ኣንጸባራቒ ዓወት፣ ነየናይ ስኢሎም ነየናይ ከም ዝገድፉ ሓርቢቴዎም ን'የው-ነጀው ክብሉ ኣስተብሂለሎም።

ኣብቲ ጅሪፍ ተላሒግና ናብ ወያን ኣቋመትና፣ ምርኢት ትራጀዲ'የ። ማዕበል ዝገባበጥ ዘሎ ይመስል...። ማዕበል ይመጽእ ይሃድኣ፣ ካልእ ማዕበል ይብገስ ... ይዘሕል። ወተሃደራት ወያን ብእኩብ ጉምብሕ-ጉምብሕ እናበሉ ይቐርቡ'ሞ፣ መላሲ ኣውያት ዘይብሎም ይልሓሱ። እናረኣናዮም ብጅምላ ይወድቁ... ይርግፉ። ን'ፋስ ከም ዝጠለሞ ማዕበል ረፍ ይብሉ። ገለ-ገለ ተወጊኦም ዘወደቑ፣ "እናቴ... ልጆቸ..." ኣውያቶም ክስማዕ ጀመረ። ጾዳ ካናቴራም ኣውጺኦም ናይ ርድኣና ምልክት ዘገብሩ'ውን ብብዝሒ ረኣኹ።

ሓድሽ ክፍለ-ሰራዊት ጸላኢ መጺኡ'ዩ መስለነ። ከባቢ ሰዓት 1:00 እቲ ውግእ ካብቲ ዝነበሮ በርትዐን ተጉሃሃረን። ተስፋልደት እናሰአለ ከሎ፡ ጥይት አብ ቅድሜና ተሸኺታ ሓመድ አብነትልና። ተጻጊያሙና ካብ ዝነበሩ ወያነ ዝተተኩሱት'ያ። "ተስፋልደት... ነብስኻ ሓሉ፡ ቦታ እናቖያየርካ ስአል! ነዚአ አሲረናላ'የን ዘለዋ፡" በልኩ-ም። ንሱ ግን አይተረድአን። ሕጂ'ውን ክስእል ካሜራኡ ከቘንዕን ክትኮሳሉን ሓደ ኩነ። ንስኸላ ተሳሕተ።

እናተተኩሰለን ብዕድል ካብ ሞት ዘምለጣ ውሑዳት ጭፍራ፡ ክጽግዓና ረአናየን። ቴፕን ኖት ብኩዪን አቘሚጡ ተሓንጊጡያ ንዝወዓልኩ ካላሽን ሰርሓ አጀመርኩዋ። ድሕሪ ታዕሊም፡ አብ ቀዳማይ ዙርያ ሃገራዊ አገልግሎት፡ ንመጀመርታ ግዜ እያ ዝትኩስ ዘለኹ። እንተኹን፡ አይሓገዘኩ-ምን። አብ ጉድነይ ዝነበረ መራሕ ጋንታ፡ "ጋዜጠኛ ገራ ስስራሕና'ባ ንስራሕ... ነዚ ባዕልና አለናዮ - ውርድ ኢልካ ጥራይ ተኸታተል" በለኒ። ብጽተይ፡ "ተመልከተለይ!" እናተበሃሃሉ ንወተሃደራት ጸላኢ ተሳሃሉ-ምም፡ መወዳድርቲ ንዘይነበሮ ጅግንነቶም ክምስክር ዓቕሚ ሓጸረኒ።

አብ ጥጡሕ ቦታ ኩይኑ፡ ምስ ጀብጀብ ተሓጋጊዙ ዝትኩስ ዝነበረ በዓል ብሬን አቓልቦና ካብ ዝሰሓቡ ጀጋኑ ሓደ'ዩ ነይሩ። ነታ ብሬን ካብ አዋቕዓ ከበር ብዘይፍለ፡ ብመንፈር ከነቅዋ እንክሎ፡ የወናውነካ። ነቲ መሳጢ ድምጺ ተኸሲ ብሬን አብ ቴፐይ ቀረጽኩ-ዋ'ሞ፡ "ከመይ አሎ ውግእ!" በለኩ-ም።

"እንታይ ክወጽ... እነህልካ ንትብትቦ ነድርና ንስድድ አሎና - ርሑስ መዓልቲ'ዩ፡" ማዕረ'ቲ ካብ አፉ ዘውጽአን ጥዑማት ቃላት፡ ካብ አፍ ሻምብቆ ብሬኑ'ውን ዓወት ተቓልሐ።

ካብ ማእከል'ቶም አብ ጸወታ ተሓምበለን ደበላን'ምበር አብ ዓውደ-ውግእ ዘለዉ ዘይመስሉ ተሰከምቲ ሕድሪ፡ ሓንቲ ተወናጨፈ ባህሪ ዝነበራ ንጸል አንስተይቲ ርአየ ተኸታተልኩዋ። አብ ካዝና ጢያይት ትመልእ፡ እናጉየየት ንዘወድአ ተቐብል...፡ ተመሊሳ ማይ ሽኮር ትብጽብጽ... ትዕድል...፡ አብ መንጎ ኸአ ካላሽና አልጊላ ትትኩስ፡ ትደራዕም... ገራሙኒ። ከዕልላ ፈቲነ፡ ክትምልሰለይ ግዜ ስለ ዘይነበራ፡ "ጽቡቕ አሎና..." ብምባል፡ ተኸሲ መሪጻ ትትኩስ ጥራይ...።

ነቲ ውግእ የወህዱ ካብ ዝነበሩ መራሕቲ ሓይሊ ሓደ'የ። ብዘይ ምቅራጽ ብሬድዮ ይራኸብ ስለ ዝነበረ፡ ጉርሮኡ ይላሕትት'ምበር ገጹስ ባህታ ዝዓሰሎን ፍሽኸታ ዘይፍለዮን'የ ነይሩ።

"ብዛዕባ'ዚ ውግእ'ዶ ገለ ሓበሬታ ክትህበኒ ምኽአልካ" ሓቲተዮ።

"ከምዚ ትዕዘቡዎ ዘለኹም አጋን'የ ዘሎ...፡ እነህ ዋርሳይ ብዓወት ሰኺሮም ምቅኑጽጸርም ክሳዕ ንስእን ከም ኢራብ ይዘሉ አለዉ።"

159

"ክሳዕ ሕጂ ክሳራ ጸላኢ ከመይ ትግምግሞ፧"

"ዋእ... ወተሃደራቱ ዝተረፈን የብለንን - ተረፍሪፈን'የን፡፡ ክሳዕ ሕጂ ጥራይ 15 ታንክታት ሓሪረን ኣለዋ፡..." ኢሉኒ ንክኸይድ ትንዕ ኢሉስ ተመልሰ'ሞ፡ "ብወገንኩም'ከ ከመይ ትስንዱ ኣለኹም፧" ሓተተኒ፡፡

"እንታይ ክወጸ፡ ብጣዕሚ ዘሕጉስ'ዩ፡፡ ንኽትኣምኖ ዘጸግም ግን ከኣ ጅግንነት ሰራዊትና ዝምስክር ሰነድ ረኺብና ኣሎና፡፡"

"ወዲ ሊቀ ደኣ ንኹለን ሬድዮ ርክብ ጫቑ-ጫቑ እንድዩ ከብለን ጸኒሑ፡" ኣስዓበለይ፡፡

"ኢሄ፡ እንታይ ተረኺቡ፧"

"'ዋርሳይ ከም ኣያታቱ ጅግንነታዊ ታሪኽ እናረጸመ ኣባላት ዜና ኣበይ ኣለው፧' እናበለ ከናድየኩም ጸኒሑ፡፡ ኣቲኹም ከም ዘለኹም ምስ ተነግሮ ግን ቀሲኑ፡" ምስ በለና፡ ነብስና እናሓለና ክንስንድ መኺሩ፡ ናብ ምእላይ'ቲ ውግእ ኣተወ፡፡

ወጋሕታ ዝጀመረ ውግእ፡ ብዘይ ምቅራጽ ቀጺሉ፡፡ ሰራዊትና ነቲ ማዕበላዊ ወራር ከፍሽል መስተንክራዊ ቅያን ጅግንነትን ፈጸመ፡፡ ጸላኢ፡ ዝወረዶ ጃምላዊ ህልቂት ኣይገደሶን፡ ሓደስቲ ሰራዊት ኣብ ርእሲ-ርእሲ እናደራረብ ምእታው ብምቕጻሉ፡ ሓደ ዘስክፍ ተርእዮ ተኸስተ፡፡

ሽሾ ጭፍራ ወያነ፡ ብሓንቲ ጸባብ ድፋዕና ፈንጢሱ ናብ ታባ ሰላም ሓኹረ፡፡ "ሰላም፡ ስትራተጂያዊት ቦታ'ያ፡፡ ስለዚ፡ እቲ ናብ ሰላም ዝሓኹረ ጸላኢ፡ ከወርድ ወይ ክህሞኽ ኣለዎ!" ኣዘዝትና ተሰማምዑ፡፡ እቲ ምሉእ መዓልቲ ክምክት ዝወዓለ ሰራዊት'ውን ኣብ ህልኽ ኣተወ፡፡

ተደራቢ ኣሃዱ ኩይና ዝመጸት ቦጦሎኒ ወዲ ቓሺ ብኹሊት ጸላኢ ኣተወት፡፡ ዓሻ ጸላኢ፡ ብዝተጋናጸፈ ግዜያዊ ዓወት ደቃይቕ ከይተመክሐ መስመሩ ተብትከ፡ ብጹትና፡ ኣብ ካናል ኣትዮም ምስ ጸላኢ ተሓናነቐን ኢ.ድ-ብኢ.ድ ተንሰጡን፡ ስዮም ነኺሶም፡ ኔሕን ሓቦን ዓጢቓም ጅግንነት ወሪሶም ሳላ ዝመከቱ፡ ምሉእ ዓወት ተጐናጸፉ፡፡ ወተሃደራት ጸላኢ፡ ዝመውቱ ጥይቱ ልዕሊ 100 ድማ ተማረኹ፡፡

ጸሓይ ዓራርቦ ኩይኑ፡ ተረፍ-መረፍ ጸላኢ፡ እግረይ ኣውጽእኒ ኢሉ ስለ ዝተመልሰ፡ ከባቢና ንመጀመርታ ግዜ ህድኣት ሰፈና፡ ኩለን መሳርዕ ወገን ከኣ ኣባላተንን ዕጥቀንን ክቑጻጸራ ጀመራ፡፡

ምቀር ውግእ የለን፡፡ ውግእ ውግእ'ዩ፡፡ ኣብዚ ግጥም ናይ ሓደ ንብዙሓት፡ ጸላኢ፡ ብማዕበል መጺኡ'ኳ ብዝመጸ እንተ ሃለቐ፡ ካብ ጀጋኑና'ውን ለኪሙልና እዮ፡፡ ማዕበል ንምህዳእ... ሃልሃልታ ንምጥፋእ... ምሳና ካብ ዝወዓሉ ብጹት፡ ልኡላውነት ሃገር ንምኽባርን ንምውሓስን ኣብታ ውዕሎ ውግእ ብሉጻት ተኸፊሎም'ም፡፡

160

ቃለ-መጠይቕ ካብ ዘግበርኩዎም ብጾት፣ እቲ ሬድዮ ርክብ ሐዙ ክዋጋእ ዘወዓለ መራሕ ሓይሊ፣ እቲ ብኣርፒጂ ሰለስተ ታንክታት ዘቓጸለ ጅግና ዋርሳይ፣ እቲ ንብሬኑ ከም ከበሮ ዘነቀዋ ጨጓር ዳንጋን ካልኦትን... ንታብ ሰላም ሰላም ንምስፋን ተሰዊኦም።

*   *   *

ካብ ትረኻ ታብ ሰላም ምልስ ኢለ፣ "ካልእከ!" ምስ በልኩዎ ንኣቡበክር፣ ብትዝታ ናብ ቅድሚ 17 ዓመታት ዘነበረ ውዕሎ ሳልሳይ ወራር ዘኪሩ ኣዕለለኒ።

ወራር ተጀሚሩስ ጉጅለታት ኣባላት ዜና ኣብ ውድድር ዝኣተናሉ ግዜ'ዩ። 'መን ስነደ' 'መን ቀደመ...' ሰራዊት ወያነ ካብ ተሰነይ ተጸሪጉ ንኣምሓጀር ክሃትፉ ከሎ ክልተኣን ጉጅለታት ዜና ኣብ ገርገፍ ተኣከባ። ካብተን ጉጅለታት ኣርባዕተ ሰባት፣ ክልተ ቪድዮ ካሜራ ሓደ ደረቕ ስእሊን ሓደ ጋዜጠኛን ጥራይ'ዮም ዘድልዩ ተባህለ'ሞ፣ ገሬን ኣቡበክርን 'ኣነ'የ ዝኸይድ' ክበሃሃሉ ወጠጥ ኮነ። ገሬ ፍጹም ኣቕበጸ፣ ነቶም ሰለስተ ሰኣልቲ ኣሰንዩ፣ ቴፕ ሪከርደር ሒዙ ኣብ ልዕሊ ታንክ ደየበ። ናብ ኣቡበክር እናጠመተ፣

"ንስኻ ነዞም ዝተረፉ ኣባላት ዜና ከተወሃህድ ምስእም ጸናሕ፣ ኣነ ቀጺለ ኣለኹ..." ተላብዩም ተበገሰ። ሰዓት ሓደ ናይ ለይቲ ይኸውን፣ ገሬን ብጾቱን ድኻሞን ጽምእን ተበራርዮሎም ተመልሱ። ሹዑ ኸእ'የ ኣቡበክር፣ ገብረመድህን ተዋጋኢ ጋዜጠኛ ምኳኑ ደጊመ ዘረጋገጽ።

ገሬ፣ ኣብ ካልኣይ ወራር ኣብ ገምሃሎ፣ ግርመ፣ ዓዲ ሃኪን፣ እላላ፣ ሃይቀዳምን ካልኦን፣ ውግእ ጀሚሩ ክሳብ ዝውዳእ፣ ኣብ ሳልሳይ ወራር፣ ኣብ የማናይ ክንፊ ግንባር መረብ ሰቲት፣ ኣብ ሽላሎ፣ ማይ ቀጻሕ፣ ካብ ዳስ ክሳብ ምዝላቕ ባረንቱ፣ ከም'ኡ'ውን ኣብ ውግእ ዓዲ በጊያን ምሕራር ተሰነይን...እቲ ዝተሳተፎ ውዕሎታት ብዙሕ'የ። እቲ ንወለዶታት ዝኸውን ዝስነደ ታሪኽ ጅግንነት'ውን ብእኡ መንጸር ረዚን'የ።

ውዕሎ ዋርሳይ-ጋዜጠኛ ገሬ ዝገልጾ ተወሳኺ፣ ሓበሬታ ክረክብ ሃሰው እናበልኩ፣ ሓንቲ ስነ-ጥበበኛ ሳሙኤል ኣልመደ ዝጸሓፉ ዓንቀጽ ረኺበ። ካብታ ብዛዕባ ብጻይ ገብረመድህን ዝጸሓፉ ዓንቀጽ፣ ሓንቲ ሕጥብ-ጽሑፍ ወሰድኩ፣

ኣብቲ ኣብ ኣፍንጫ ጸላኢ ቀሪብካ ብመገዲ ማይክሮፎን ዝካየድ ዝነበረ ናይ ድፋዕ ፕሮፓጋንዳ፣ ገሬ ሓንቲ ሜላ ነይራት። ሓደ ወተሃደር ወያነ ምስ ሓለፍቱ ይበኣስ'ሞ ተኮሱሎም ሃዲሙ ናብ ድፋዕና ኢዱ ይህብ። ገሬ እዛ ሓበሬታ ምስ መጸቶ ናብቲ ቦታ ብምኻድ ነቲ

161

ወተሃደር ኣዕለሎ፡፡ ኮነታቱ ምስ ኣጽንዐ ኸኣ፡ ነቲ ወተሃደር በቲ ዝመልኮ ቋንቋ ኣምሓርኛ ገይሩ ድሌቱ ንኽዛረብ ዕድል ሂቡ፡ ኣብ ቴፑ ቀረጾ፡፡ ገሬ ንሓያሎ እዋን ኣብ ኢትዮጵያ ተቐሚጡ ስለ ዝነበረ ነቲ ቋንቋ ጽቡቝዩ ዝመልኮ፡፡ ወዮ ወተሃደር ብኡኡ ተተባቢዑን ደስ ኢሉዎን ምሉእ ስሙን ስም ዓዱን ከምኡ'ውን ኣሃዱታቱ ብምዝርዛር ከርፋሕ ህይወት የሕልፍ ከም ዝነበረን ኸዑ ግን ኣባላት ሓይልታት ምክልኻል ኤርትራ ተቐቢሎም ብጽቡቝ ከም ዘንገዱዎን ሓበረ፡፡ ገሬ፡ ነቲ ቃለ-መጠይቕ ብዝግባእ ከም ዝቐረጾ ድሕሪ ምጥላል፡ ነቲ ወተሃደር ተሰናቢቱዎ ከደ፡፡

ኣማስያኡ ድማ፡ እቲ ወተሃደር ብዝነተወላ ናይ 18 ሜትሮ ርሕቀት ዝነበራ ድፋዕ፡ ገሬ ነታ ካሴት ብማይክሮፎን ኣቃላሓ፡፡ እተን ኸዑ ሽበድበድ ዝኣተወን ወያነ፡ ከም ግብረ-መልሲ ብሞርታር ኣይሓድጋ ብዶሽካ፡ መሬት ኣዳሮና፡፡

ነታ ካሴት ሰሚዑ ንጽባሒቱ ኢዱ ዝሃበ ካልእ ወተሃደር ወያነ፡ ሓለፍቱ በቲ ዝተኸየደ ስነ-ኣእምሮኣዊ ውግእ ኣመና ተረቢሾም ምህላዎም'ዩ ገሊጹ፡፡ ዕላማኡ ምሉእ ብምሉእ ከም ዘወቐዐ ዝተበስረ ገሬ ገጹ ብሓጎስ ተመልአ፡፡ ነዚ ከም ኣብነት ጠቒሰዮ'ምበር፡ ከምዚ ዓይነት ንጥፈት፡ ናይ ወትሩ ዕማማት ገሬን መሳርሕቱን'ዩ ነይሩ፡፡

*　　*　　*

ብ1966 ኣብ ኣስመራ ተወሊዱ ዝዓበየ ገብረመድህን ገብሩ፡ ኣብ ዓውዲ ጋዜጠኝነትን ስነ-ጽሑፍን ናይ ኣስታት 15 ዓመታት ተመኩሮ ዝደለበ፡ መፍቀር ሞያኡ እዩ ነይሩ፡፡ ነቲ ኣብ መወዳእታ 1993 ዝጀመሮ ሞያ ጋዜጠኝነት፡ ፈለግ ከም ሪፖርተር ጋዜጣ ሓዳስ ኤርትራ ኲይኑ'ዩ ሰሪሑሉ፡፡ ኣብ ሳዋ ተዓላማይ ቀዳማይ ዙርያ ኣብ ዝነበረሉ'ውን፡ ምስሊ ሳዋ ኣብ ምቅላሕ ዝዓለመ ዝተፈላለየ ዓንቀጻት ኣቕሪቡ፡፡

ገብረመድህን ገብሩ (ገሬ) ሃገራዊ ግቡእ ዛዚሙ ናብ ኣስመራ ተመሊሱ ሰሺላዊ ናብራኡ ክመርሕ ምስ ጀመረ፡ ከም ጋዜጠኛ መጽሔት ሕድሪ ኣባል ቦርድ ምስንዳእ መጽሔት ራንዳ ኲይኑ ሰሪሑ፡፡ ኣብ መጽሔት ሕውየት'ውን ከም ቀዋሚ ኣበርካቲ ብምዃን "ተኣምረ-እንስሳ" ኣብ ትሕቲ ዝብል ኣርእስቲ፡ ብርክት ዝበሉን ሓያል ሞያዊ ክእለት ዝሓለፈምን ኣዘናጋዕትን መሃርትን ጽሑፋት ኣቕሪቡ፡፡

ገሬ ኣብ ቀዳማይ ዙርያ ሳዋ ምስ ወረደ፡ ድሕሪ ታዕሊም ኣብ ራብዓይ ብርጌድ ተመደበ፡፡ ዓርኩን መሳርሕቱን ጋዜጠኛ ኣቡበከር ከአ ኣብ ሳልሳይ ብርጌድ፡፡ ንኽልተኦም ዝያዳ ዘቀራርቦም ምዃም ጉጅለታት ባህሊ ኣሃዱታት እዩ ነይሩ፡፡

162

ኣብ ቀዳማይ ዙርያ ሃገራዊ ግቡእም ድሕሪ ምፍጻም፡ ክልተኣም ኣዕሩኽ ተፈላልዮም ጽኑሓም ምስ ምጅማር ወራር ወያነ ኣብ ክተት’ዮም ተራኺቦም። ገሬ ጠርናፌ ዜና የማናይ ክንፌ መረብ ሰቲት፡ ኣቡበከር ከኣ ጠርናፌ ጸጋማይ ክንፌ መረብ ሰቲት ብምምዳቦም ሞያዊን ብጻያዊን ዝምድናኣም መመሊሱ ተረረ።

ገሬ ብ1999 ኣብ ውግእ ታባ ሰላሞ (የማናይ ክንፌ) ንኣባላቱ ክኣሊ ክብል ኣብ ርእሱ ተወጊኡ ነይሩ’ዩ። ማህረምቱ ፍኹስ ዝበለ ስለ ዝነበረ ግን ሕክምና በጺሑ ርእሱ ብፋሻ ተጠምጢሙ ተመልሰ። እንትርቤ ዓይኑ ርእሱን ገጹን ብፋሻ ተጀኒኑ ምስ ረአየ ኸኣ ሓሪቑ፡ ‘እንታይዶ ኩይነ’የ’ እናበለ ንማህረምቲ ርእሱ ኣቃሊሉ ነቲ ፋሻ ዘርዚሩ ደርበዮ።

“ወላ ሓንቲ ኣይኮንኩን!” እናበለ ነታ ቁስሊ ተሓኪሙ ናብቲ ውግእ ኣትዩ ምስናድ ቀጸለ። ኣብ ስነ-ጥበብ ብሓፈሻ ብዝተፈላለየ መንገዲ ኣገዳሲ ኣበርክቶ ዝገበረ ገሬ ኣብ 2005 ብሕማም ተሰዊኡ።

ኣዘንታዊ፤
ኣቡበከር ዓብደልኣወል
መወከሲ፤
ጋዜጣ ሓዳስ ኤርትራ፡ 15 ጥሪ 2005

ካብ ጸጋም ናብ የማን፤ ጋዜጠኛታት ገብረመድህን ገብሩ፡ ዮናስ ኣብርሃም፡ ኣቡበከር ዓብደልኣወል. . .

4

ሬድዮ ሰዓረ

ዮውሃንስ ሃብተገርግሽ (ጁንሜራ)

አብ ውሽጢ'ቲ ዝተሃደም ናይ ትሕቲ መሬት ገዛ ኬንና ትእዛዝ ንጽበ
ነበርና። ሰዓሪ ብሓደ ጸጋዒ ተኾርምዩ ኮፍ ኢሉ ከም ዝነበረ ገና ናብቲ
ገዛ ብዋግዋን ብርሃን ክንኣቱ ከለና ርእየዮ'የ። ብዘይካ'ቲ ውጒሉ ዘግሰየ
ድምጺ. ፈኵስ ብረትን መዳፍዕን ናይ ዝኹን ይኹን ፍጡር ዝስማዕ ድምጺ.
አይነበረን። አብ ከምዚ ዓይነት ህዋህው መራሒ. ጋንታና አድም ሳርቶ
ካብቲ ዝነበርናዮ ገዛ ውጽእ-እተው ክብል ተዓዘብኩዎ።

ካብ ቀዳማይ ብርጌድና ተፈሊና ናብታ አብ ውግእ ዝነበረት ካልአይ
ብርጌድ: ቀዳማይ ክፍለ-ሰራዊት ኮር 271 ተደራቢ. ሓይሊ. ኬንና ኢና
መጺእና። ነቲ ንአሽቱን ዓበይቲን አግራብ ዝመልአ ቦታ አጋይሽ ነበርና።
አብ እግሪ ኩጀት አብ ዝተሃደመት ገዛ ከም ዝተዓቆብና'ምበር ነቲ ቀዳማይን
ዳሕረዋይን ድፋዕ ንፈልጦ አይነበርናን። እንተኾነ: ወትሩ ተደራቢ. ሓይሊ.
ኬንና ናብ ውግእ ምእታው ተለማሚድናዮ ኢና። ንዝኹን ሓይሊ. አብ
ዝኹን ቦታ ክንገጥሞ ከም እንኽእል ከአ ዘሀየድናዮ ጽኡቅ ወተሃደራዊ
ምድላዋት ምስክር ነበረ።

አብ ማእከል'ቲ ምድረ-ሰማይ ዘናውጽ በበዓይነቱ ተኹሲ: ካብታ አብ
ልዕሌና ዝነበረት ኩጀት ብመንፈርን መጅሙዕን ደሽካ (12.7 ሚ.ሚ ረሻሽ)
የድሒ ነበረ። ነታ ረሻሽ አዝዩ ንፉዕ መድፍዓጂ ሓዙዋ ከም ዝነበረ ሀርመት
ናይቲ ተኹሲ ይምስክር። መራሒ. ጋንታ አድም ሳርቶ ጥራል ክኹነና
ግዲ ሓሲቡ: ካብ ግዳም እተው ኢሉ: "እዚ ደሽካ ናይ ቦሞሎኒና'የ!" በለና

ብሕሹኽታ። እቶም ወተሃደራዊ ታዕሊም ዝጸገቡ፡ ምኩራት ኣባላት ደሸካ ቦጦሎኒና እፈልጦም'የ። ብውሽጠይ ሓበን ተሰምዓኒ።

* * *

ሰዓረ፡ ሃንደበት ካብታ ተኾርምያላ ዝነበረ ጸግዒ ተንሲኤ፡ ፎግፈጉ ብጸጋማይ ጎድነይ ኮፍ በለ። ሰዓረ ጉይትኦም ገብረሩፋኤል ኣባል ዓሰራይ ዙርያ ሃገራዊ ኣገልግሎት'የ። ብ1980 ካብ ኣቶ ጉይትኦም ገብረሩፋኤልን ወይዘሮ ለተየሱስ ምስጉንን ኣብ መንደፈራ ተወሊዱ ዓቢዩ። ካብ ቀዳማይ ክሳዕ ሻድሻይ ክፍሊ ኣብ መባእታ ቤት ትምህርቲ ገዛ ከኒሻ (መንደፈራ)፡ ካብ ሻውዓይ ክሳዕ 11 ክፍሊ ድማ፡ ኣብ ካልኣይ ደረጃ ቤት ትምህርቲ ዓዲ-ወግሪ (ሳንጀርጆ) ተማሂሩ።

ኣብ 2000 ፈለማ ናብ ጋንታና ምስ ተመደቡ፡ ወጀሃላይ ኣተዓጣጥቓኡ ተዓዚብና ጋንታ ምልእቲ ሁኩይ፡ ሕማቕ ሰብ ዝተወዝዓና ኩይኑ ተሰምዓና። ንባዕሉ'ውን ክሳዕ ኩልና ንላለዮ ንቕሩብ እዋን ተሸጊሩ'የ። ተጻዋታይ ባህሪኡ ክንርድኣሉ ኣይከኣልናን። በቲ ሕንቁቕ ባህሪያቱ፡ ካብ ደሓን መነባብሮ ዝነበሮም ስድራ ዝመጸ ምኻኑ ተገንዚብና ኢና። ንሱ'ውን ኩነታትና ዝተረድአ ክመስል፡ ዝበዝሐ ናይ ዕረፍቲ ግዜኡ ምስታ ሓዙዋ ዝመጸ ሬድዮ የሕልፎ ነበረ።

ሰዓረ ኣብ ቦጦሎኒና ተመዲቡ ድሕሪ ምምጽኡ፡ ቦጦሎኒና ኣስታት ክልተ ወርሒ. ኣብ መደበር ታዕሊም ሓጅፈራይ ናይ ፓራ ኮማንዶ ታዕሊም ክትቀስም ተላእከት። ካብ ዓሰርተ ክፍላተ-ሰራዊት ዝመጸ ዓሰርተ ቦጦሎኒታት ድማ ተጸንበራኣ። እቲ ታዕሊም ኣዝዩ ሓያል ነበረ።

ኣብዚ ናይ ታዕሊም ግዜ ሰዓረ፡ ምስ ኣባላት ሓይሉን ጋንታኡን ኣጸቢቑ ተላለየ። ሽዑ'የ ድማ ኣብ ውሽጡ ተደጕሉ ዝነበረ ሕዉስ ባህሪያቱ ንግዳም ዝወጸ። ተዋዛያይን ዘይኩሪን ሰብ እዩ። ብፍላይ ምሳይ ማይን ጸባን ኮነ። ግርህና ዝመልአ ዕላላቱ መስጠኒ። ውሽጡ ጸዕዳ'የ። ከም ዓቢ ሓዉ ጠሚቱ ነጻ ኩይኑ ከዕልለኒ ጀመረ።

ኣብ ግዜ ተዛነ ወይ ንመግቢ ክንእከብ እንከለና፡ ነቲ ዝሓለፍናዮ ናይ ውግእ እዋን ኣልዒልና ከነዋግዕ ከለና ብተመስጦ ጽን ኢሉ'የ ዝሰምዓና። ክሳዕ ክንደይ ጸገም ይገጥመና ከም ዝነበረን ብጅግንነት ንምክቶ ከም ዝነበርናን ብምስትውዓል ድማ ይግረም። ብፍላይ ነቲ ጅግንነት ዝመልአ ናይ ገለ ብጾትና ዛንታ፡ ኣብ እዋን ድቃስ ክደግሞሉ ይምሕጸነኒ።

"ከምዚ ናትኩምሲ መዓስ'የ ዘዘንቱ!" በለኒ ሓደ ምሽት።

"ንስኻ ከተዘንቱ ኢልናስ ውግእ ክንገጥም! ውግእ እኮ ምስ ሓለፈ'የ

ከተዐልለሉ ጥዑም'ምበር ክንደይ ጀጋኑ ድዮ ዝበልዕን ዘስንክልን፣ ንስኻ
ዝቖስምካዮ ታዕሊም ይኣኽለካ'ዩ፦" መሊሰሉ።

*　　*　　*

ኣብቲ ተዓቒብናሉ ዝነበርና ትሕቲ-መሬት ጸልማት ገዛ፣ ትሑት ድምጺ
እናገበረ ምስ ቀረበኒ ኣይጋገጕኹዎን። ስለምንታይ ካብ ቦታኡ ተንሲኡ
ናባይ ከም ዝመጸ ግን ኣተሓሳሰበኒ። ናይ ፈለግ ተሳትፎኡ ኣብ ውግእ
ከም ዝተሃንጠየላ ብቓትሩ ነጊሩኒ'የ። ከምኡ ዝበለ ህንጥዮነት ኣብ ጸገም
ከየውድቓ መኺረዮ፣ ኣይተገደሰለይን።

"እዚ ዶሽካ'ባ ስምዓዮ ክጥዕም ድምጹ!" በለኒ ናብ እዝነይ ቀርብ
ኢሉ።

ነዚኣ ክብል ካብቲ ተኾርምዮሉ ዝነበረ ምምጽኡ ብውሽጠይ ኣስሓቐኒ።
ወላ'ኳ ድምጺ ናይቲ መንፈርን መጅመዕን መሳጢ እንተ ነበረ፣ ኣብ
ኣእምሮኡ ዝነበረ ታህዋኽን ናይ ምውጋእ ድሌትን'የ ኣገሪሙኒ። ድሕሪ
ውግእ ዘሉ ዕላላት ከም ዝምስጦን ተባዕ መንእሰይ ክበዪል እንተ ኹይኑ
ድማ ኣብ ዓውደ-ውግእ ክሳተፍ ከም ዘለዎን ነጊሩኒ'የ።

"ነዛ ዶሽካ መረስዕ'የ ሕዙዎ ዝህሉ፣ ኣጻቢቐ'የ ዝመልኩ" በልኩ ፦
ንኹሎም ምዑታት ኣባላት ዶሽካ ጋንታ ቦጦሉኒና ብውሽጠይ እናዘከርኩ።

"ግጥሚ ሓዊስካ ጥዑም ዜማ ም኉ን! ትሰምያዶ ኣለኻ ርእሲ ጸላኢ
ፈልዩ ብመንፈር ዝትኵስ ዘሉ'የ ዝመስል፦" ኢሉኒ ናብ ምጽንጻኑ ኣተወ።

መራሒ ጋንታና ኣደም ሳርቶ ምስ መራሒ ሓይሊና ደብረ-መዓር
ብትሑት ድምጺ ተዘራረቡ። ናይ ክልተኣም ሬድዮ ርክብ "ሹሽ" ይብላ
ነበራ። ናይ 'ተበገስ!' ትእዛዝ ዝኣኸለ መሲሉኒ ንነብሰይ ኣዳልየ ንስዓረ
ከይድቅስ ተንኪኹዎ።

"በረኸት መንግስትኣብ ደኣ ጥዕምቲ ደርፊ እንድዩ ደሪፉ፣ እተን
ኣዕዋፍ ዝጥዕማ ተቘበልቱ ድማ ከምኡ ኢለን ኣለዋ። በጃኻ ስምዒያ ትደጋግም
ኣላ፦" ኢሉ ነታ ብትሑት ድምጺ ኣብ እዝኑ ኣጸጊዑዋ ዝነበረ ሬድዮ ወረ
ናብ እዝነይ ኣጸገዓ።

ፈለግ ዘረባኡ ኣይተረድኣንን። ነታ ጋሻ እዝነይ ዝኹነት ደርፊ
ብትሑት ድምጺ ትቕኑ ዝነበረት ሬድዮ ምስ ሰማዕኩ ግን፣ ካብታ ደርፊ
ንላዕሊ ናይ ስዓረ ኮነታት ገረመኒ። ኣብቲ ናይ ውግእ ህሞት ሬድዮ
ወሊዕካ ክትሰምዕ ዘገርም'የ።

"ጽን ኢልካ ስምዓያ፣ ኣነ ጽቡቕ ገይረ'የ ሰሚዐያ። ምርኢት ጽምብል
ናጽነት ሕጂ ኣብ ሜዳ ባሕቲ መስከረም ይበዓል ኣሎ፣ በረኸት ኣብኡ'የ
ደሪፉዋ፦" ወሰኹ።

"ይከኣሎ'ሎ ዘይሕለሎ ጅግና ጅግና ወሊዱ
ዋርሳይ ጸላእቱ ኣርዒዱ..."

ፍረ ግጥማ ይኹን ዜማኣ ዝወጻ ኣይነበራን። ልዕሊ ኹሉ፡ ሃገራዊ ወኒ እተበራብር፡ ዝሓለፈ ውግእን መስተንክራቱን እተዘኻኽር ኰይና ረኺበያ። ከም ወዮ ሰዓረ ዝበሎ፡ እተን ኣዕዋፍ ወጋሕታ ዝጥዕማ ተቐበልቲ፡ ነታ ዜማ መቐረት ወሲኽናላ እየን። "ንሕና ህዝቢ" እትብል ናይ በረኸት ደርፊ'ውን ትደጋገም ስለ ዝነበረት ንሃዋህው መዓልቲ ናጽነት ፍሉይ ዝኽሪ ወሲኹሉ ነበረ።

ክሰምዕ ጸኒሐ ንሰዓረ ሬድዮኡ መለስኩሉ። ኣጥፊኡ ዘቐምጣ'ኳ እንተ መሰለኒ፡ ደጊሙ ናብ ጉንዲ እዝኑ ኣጸገዓ። ፍቕሪ ሬድዮ ኣለዎ። ካብ ገዛኡ ናብ ሳዋ ክብገስ እንከሎ'ዩ ዓዲጉዋ። ኣብ ግዜ ስራሕ ወይ ትምህርቲ እንተ ዘይኣቐሚጡዋ፡ ካብ ኢዱ ወይ ጁባ ስረኡ ፈልዩዋ ኣይፈልጥን። ብጥንቃቐ ስለ ዝሕዛ ድማ ገና ብሓዳሳ ነበረት። ብፍላይ መደባት ድምጺ ሓፋሽ ዕለተ-ሰንበት ሓሊፉዎ ኣይፈልጥን። ንኹሎም ጋዜጠኛታትን መደባቶምን ኣጸኒዑዎም'ዩ። ብዛዕባ ጣዕመ-ዜማ ናይ ቀደም ደርፌታት'ውን ብዙሕ ግዜ ኣዕለልና።

"እንታይ ደኣሉ እቲ በዓል ዶሸካ ተኸሲ ኣቋሪጹ!" ብሕሹኽታ ሓተትኒ። ኣነ'ውን ብውሽጠይ ክሓስቦ ጸኒሐ'የ። ምናልባት ምስቲ ውግእ ቦታ ቀይሮም ወይ ሸሪጥ ጥይት ይቕይሩ ነይሮም ይኾኑ።

"ኣብ ታዕሊም ኢኻ ተረጋጊእካ ከምዚ ገይርካ ትትከስ'ምበር፡ ኣብ ውግእ ዘገርም'ዩ። እዞም እንዳ ዶሸካ ኩሎም ኣስተብሂለሎም ኣለኹ፣ ወላ'ቶም ቀጭ-ሕርሙ ዝሕዙ ንፉዓት'ዮም፡" በለኒ።

ብርግጽ ንፉዓት'ዮም። ካብቲ 8 ለካቲት 1999 ዝጀመረ ግጥም ቁኒን-ቁኒቶን ኣትሒዞም ኣብ ውግኣት ባድመን ግርመን ማይ-ቀጃሕን ተሳቲፎም'ዮም። ኣብ ውሽጦም ዝነበረ ሓድነት'ውን እፈልጦ'የ። ልዕሊኡ ግን ናይ ሰዓረ ኩነታት'ዩ ዘተሓሳስበኒ ነይሩ - ኣብ ጸጋማይ እዝኑ ሬድዮ ኣጸጊዑ ብዛዕባ'ቲ ዶሸካ ምስትውዓሉ። እተን ብዝተፈላለየ ቋንቋታት ሃገርና ኣብቲ ጽንብል ናጽነት ዝተደርፋ ሓደስቲ ደርፌታት ይደጋገማ ከም ዝነበራ፡ ብፍሉይ ግን እታ ናይ በረኸት ከም ዝመስጠቶ ደጊሙ ሕሹኽ በለኒ።

ክሳዕ ክንድ'ዚ ደርፊን ግጥሚን ዘስተማቕር ሰብ ስነ-ጥበበኛ ወይ ናይ ስነ-ጥበብ ዝምባለ ዘለዎ ክኸውን ኣለዎ ዝብል ግምት ኣሎኒ። ሰዓረ፡ ስነ-ጥበባዊ ጽሑፋት ኣብ ደብተር ክሓናጥጥ'ኳ እንተ ዘይረኣኹዎ ኣብ ዜማን ግጥምን ሓሳባት ከፍስስን ሬድዮ ከፊቱ ዝተፈላለዩ መደባት ክከታተልን ተዓዚበዮ እየ።

ፍሉይ ቃና ዝነበሮ ተሸሲ። ዶሽካ እንደገና ተደያየ። ናብ ሓይልና
ዝመጸ ናይ ውግእ ትእዛዝ ስለ ዘይነበረ ግን ሰለስተና ጋንታታት አብ
ዘዘነበርናዮ ተጸበና። መራሒ ጋንታና ብቶደጋጋሚ እትው-ውጽእ በለ።
እቲ ብመንፈር ዝትኮስ ዝነበረ ዶሽካ ብትእዛዝ ዝመሰል ተሸሲ አጽዓቐ።
አብ ከምዚ ዝበለ ህሞት ናባና ዝተመሓላለፈ ትእዛዝ ብዘይምንባሩ ግር
በለኒ።

"ሳልሰይቲ ሓይሊ ድፋዕ በጺሓ ምስ ጸላኢ ክትጨራገፍ ጀሚራ'ላ፣" በለ
መራሒ ጋንታና። ካልአይ ሓይሊ'ውን ትእዛዝ ትጽብ ከም ዝነበረት ተረዳእኩ።
ብሓፈሻ ካልአይ ብርጌድ ክፍለ-ሰራዊትና፣ ሰለስተ ቦጦሎኒታታ አገዲማ ካብ
ወጋሕታ ጀሚራ'ያ ንሰራዊት ጸላኢ ዓጊታቶ ውጊላ። ክልተ ቦጦሎኒታት
ብርጌድናን ሳልሰይቲ ብርጌድን ከአ ካብቲ ውግእ ዝነበሮ ከባቢ ምድማር
ሩባ መረብ ንጸጋም ክሳብ እንዳ ዕሽ፣ አብ ጉልጉል አግሪ መኸል ተዘርጊሐን
ምንቅስቓስ ጸላኢ ተኸታተላ።

እቲ አህዱና ዝአተወቶ ውግእ መናውራ ናይቲ ብግንባር ክሳድ ዒቃ፣
ብዓዲ በጊያ ዝካየድ ዝነበረ መጥቃዕቲ'የ። እንተ ሰሊጡዋ ጸላኢ አውሓን
ሰላሳኛን ዝበሃላ ንአሸቱ ዓዲታት ሓሊፉ ንምድፋእ ዋልታ ጥሒሱ ብጸጋም
ዓዲ-ኻላ ብምቑራጽ ንየማን ንቑናፍና ምዕጻፍ'የ ዝበል ግምት ነበረኒ።
እንተኾነ ጸላኢ፣ ክቖጽልሲ ይትረፍ ካብ ድፋዉ ወጺኡ ሓመድ ድፋዕና
ክረግጽ'ውን አይከአለን፤ እናኽጾጋዕ ተተጸፈሩ ይምለስ። ተደሪብቲ
ሓይልታት ወገን ክመጸ ስለ ዝጀመራ ናይ ምክልኻል ዓቕሚና ዝያዳ
ተደሪዐ። ብዘይካ'ዚ፣ ተሸሲ አጋር ከቢድ ብረት ካልአይ ቦጦሎኒ ናይ
ራብዓይ ብርጌድ፣ ከምኡ'ውን ካብ ዝባን ዓዲ ከንዘናብን ከባቢኡን ዝትኮስ
ዝነበረ ደብዳብ መዳፍዕን ታንክታትን ልዑል ተራ ተጸወተ።

አብ ሓሳብ እንክሊኸኩ፣ ሰዓረ ፍሕትሕት በለ። ገና ሬድዮ አብ እዝኑ
አጸጊዑ ይሰምዕ ነይሩ። አባላት ጋንታና ንትሓሙት ድምጺ ናይታ ሬድዮ
ዘቃለቡሉ አይመሰለንን። አቓልቦአም አብቲ ውግእን ክመጽእ ዝኽእል
ትእዛዝን ነበረ። ናይ መራሒ ጋንታና ምንቅስቓስ ግን ዘቑስን አይነበረን።
መልእኽቲታት ሬድዮ ርኩብ መራሒ ሓይሊና ንስምያ ነይርና፣ ካብቲ
ርኩባት ብየማናይ ሽነኽ፣ ቦጦሎኒ ክልተ ተካይዶ ዝነበረት ውግእ ትንፋስ
ከም ዘይነበሮ ተረዳእኩ።

"እዚ ዶሽካ ምትካስ እንተ'ቐረጸስ ውግእ ዝተወድአ እኮ'የ መሲሉኒ
ጸኒሑ!" በለኒ ሰዓረ ጽግዕ ኢሉ።

"ጸወታ ኩዕሶ ድዩ ብሬስካ ዶሽካ ክዝዘም!" በልኩዋ ንጋሻ ሓሳቡ
ብምንጸግ።

"እንታይ ፈሊጠ! ብዝኾነ እነ ሎሚ ምሸት ኣብ ውግእ ክሳተፍ ኣለኒ። ብድሕሪኡ ብዛዕባ'ቲ ውዕሎ ምሳኹም ከዕልል። ብዛዕባ ዝሓለፍኩምዎ ውግእት ከተዕልሉ እንከለኹም እሎ ኩሉ ግዜ'የ ዝቐንእ።" ነቲ ድሮ ዝገመትኩዎ ስክፍታኡ ገለጸለይ።

ንስዓረ ከይመለስኩሉ ነቦም ድምጺ. ዝገበሩ ኣባላት ጋንታና ጾን በልኩዎም። ትእዛዝ ዝመጽእ'የ መሲሉኒ። ኣብቲ ብደብዛዝ ብርሃን ወርሒ. ዝተሰነየ ምሸት ሓበርቲ ጠያይት ክመሓላለፍ ብኣፋፈት ናይቲ ትሕቲ መሬት ገዛ ርእየ እየ። ንሳልሳይ ሓይሊ ቦጦሎኒና ዘርከበላ ውግእ፡ ናባና ከም ዝቐረበ ገመትኩ። ምንቅስቓስ መራሒ. ጋንታና ለውጢ. ኣይገበረን። መራሕ ሓይልና፡ ደብሪ-መዓር፡ ካብ ዝነበሮ ኣይተንቀሳቐሰን።

"ከመይ ዝበለ ግጥሚ ሓሊፉካ! ሓዳስ ደርፊ ናይ በረኸት'ሞ ከቅርጹዋ ኣይደለዩን። ኩሉ ደርፌታቱ እዝን ኣዋልድ እዚኣን ጥራሕ'የን ዝቐበላኦ መስለኒ - ድምጺን ክጥዕም!" ኢሉ ስዓረ፡ ነታ ሬድዮ ሓንሳብ ናብ እዝነይ ኣጸጊዑ ናብ እዝኑ መለሳ።

"ኣብዛ ሓቲሙዋ ዘሎ ካሴት ተቐበልቲ'ውን ንስን'የን መስለኒ፡" በልኩዎ።

"እወ፡ ኣብቲ ባር ናይ ሆቴልና እታ ካሴት ተገዲሳ እውልዓ ነይራ። ኣዕዋፍ ዝጥዕማ ተቐበልቲ ም'ኻነን ኣስተማቚሪየን እየ። ብኸምኡ ድማ'የን ኣብ ሓንጎለይ ተቐሪጸን" በለኒ።

ሓደ ምሸት፡ ናይ ኩናትን ኣጋጣሚታቱን ሕቶታት ጸሊኣ መደቀሲየይ ካብ ጉድኑ ምስ ፈለኹ፡ ድሌተይ ፈሊጡ። "ወላ እዛ ሬድዮ ምሳኻ ሓዛ ጥራይ ካብዛ ጥቓይ ኣይትኺድ!" ክብለኒ እዝክር። ካብታ ሬድዮ ንላዕሊ. ኣባይ ዝነበሮ ፍቕሪ ደሪኹኒ ኣብ ጉድኑ ደቀስኩ። ጋንታና ዘሕለፈቶ ህይወት ከዕልሎ'ውን ስርሓይ ኢለ ተተሓሒዘኩዋ። ታዕሊም ወዲእና ብመንደፈራ ገይርና ናብ ድፋዕ የማናይ ሸነኽ እግሪ መኽል - ከባቢ. ደሴት - እናኣተና፡ ንወላዲኡ ኣቶ ጉይትኣም ኣብ መንደፈራ፡ ኣብ ኣፍ-ደገ ድኳኖም ምስ ረኣዮ፡ "ባባ ቻው! ኣይምለስን'የ!" ክብሎ ምስ ሰማዕኩ ከም ንእሽቶ ሓወይ ኣሐንቂቑዮ። ወላዲኡ ግን ምስቲ ዝነበረ ብዝሒ. ሰራዊት ንስዓረ ኣየለዮን።

ኣብ ዝባን'ታ ዝክበርናያ ናይ ትሕቲ መሬት ገዛ ኣብ ዝነበረ ኩጀት ኩይኑ ዝትኩስ ዝነበረ ደሽካ ምስ ጸዓቐ ለውጢ. ከም ዝሰዓብ ገመትኩ። መራሒ. ሓይልና ደብሪ-መዓር ንሰለስተኣም መራሒቲ ጋንታታት ሓይልና ጸዊዑ ኣብ ኣፋፌት ከዘራርቦም ረኣኹ። ንሳቶም ከኣ ቅሩብ ጸሒሖም ትእዛዝ

አመሓላለፉ። ብትኹል ተሰሪዕና ናብ ድፋዕ፡ ናብቲ ጽዕጹዕ ናይ ቦምባ ኢድ
ዶርባ ዝነበሮ ውግእ አተና። ሰዓረ ብድሕሪይ ነበረ። ሓድሽ አባል'ኳ እንተ
ነበረ ፍርሒ ዝበሃል አይነበሮን። በራሪ ጥይት ዝምንጥሎ'ውን አይመሰሎን፡
ተጓቲሩ ዘብዘብ በለ።

አባላት ጋንታና አብቲ ካናл ተዘርጊሓም ቦምባ ኢድ ክደራበዮን
ብጽዕቂ ከላሸናት ክትኩሱን እንከለዉ። ሓኪም ጋንታ ኩይነ ምስ ሓኪም
ሓይልና፡ ሃይለ ከስተ፡ አብ ማእከል'ታ ብሞርታር ጸላኢ ሓመድ ናሕሳ
ዝተፈርሸሓ ናይ ትሕቲ መሬት ገዛ ነበርኩ። ሰዓረ አብ መንጕአም ከም
ዝነበረ አረጋገጽኩ። አባላት ቀዳማይ ጋንታ ብጸጋምና ነበሩ።   እቲ ካናл
ሓድሽን አጸቢቑ ዘይተፋሕረን ጥውይዋይ ብምንባሩ ንተኹሲ ይኹን
ንምክልኻል ምቹእ አይነበረን።

እቲ ቅድሚ ድፋዕ ዝነበረ ንአሽቱ ራባታትን ኩጀታትን ብአግራብ
ዝተሸፈነ'የ። ጸላኢ ብዘይ ተኹሲ እናተጸገዐ ብቐጻሊ ፈተነታት አካይዱሉ'የ።
ተደራቢ ሓይሊ ቦሞሎኒና፡ ምስቲ አብቲ ቦታ ዝጸንሐ ብሪጌድ ክፍለ-
ሰራዊትና ኩይኑ ንጸላኢ ፈልከት ምባል ከልአ። ምድሪ ብብርሃን ክሳዕ
ዝትካእ አዝዩ ጽዑቕ ተኹሲ ሓደረ። ክሳዕ ሸው መውጋእቲ ይኹን
መስዋእቲ አባላት አየጋጠመናን።

ብለይቲ ዘይሰለጦ ጸላኢ፡ ዳግም ተወዲቡ ካብ ንግሆ ክሳዕ ረፋድ
አጥቀ0። ጥርታራትን መዳፍዕን ከም ማይ አይዚ ዘነበ። ካብቲ ሸው ቀንያት
ዝተሃንጸ ሓድሽ ድፋዕና ምንቅ ከብለና ግን አይከአለን።   መራሒ ሓይልና
ደብረ-መዓር አብ መንጉ ሓይልና ኩይኑ እናአዋግአ ጸጋመይቲ ዓይኑ
ተሃየ0። ሸው-ንሸው ብግደ ዓንደብርሃን (ወዲ ዓንደ) ተተከአ።

አብዚ ብርቱዕ ውግእ'ዚ ጸላኢ ብዕማናይ ሸነኽ ናይ ሓንቲ ቦሞሎኒ፡
ናይ ካልአይ ብርጌድና፡ ዝነበረ በሪኽ ኩጀት መንዘ0። ስለዚ፡ እቲ ዝነበርናዮ
ቦታ ስለ ዘይጠዓም ምስ ሳልሳይ ሓይሊ ቦሞሎኒና ንጸጋም ናብ ዝነበረ ክፍለ
አንሰሓብና። እቲ ድፋዕ አታውን ወጻእን ስለ ዝነበረ፡ እቲ ዝተመንዘ0
በሪኽ ታባ ንጸላኢ፡ ዝያዳ ዕድል ፈጠረሉ። እንተኾነ፡ አብቲ ቦታ ዝነበረት
ቦሞሎኒ ዳግም ተወዲባ፡ ነቲ ገና አጸኒዑ መዝገቡ ዘይሓዘ ሰራዊት ጸላኢ፡
አብ ሓጺር ግዜ ጸሪጋ ነቲ ታባ ተቘጻጸረቶ።

አብ መንጎ'ቲ ምንቅስቓስ ንሰዓረ ደጊመ'ኳ እንተ ረአኹዎ፡ ሰላም
ክንበሃሃል ዕድል ከይረኸብና ተፈላለና። ሰዓረ፡ ናይ ውግእ ወኑ ማዕረ'ቶም
ገዳይም ብጾቱ ነበረ። ብሰላም ካብቲ ውግእ እንተ ወጺእና ብዛዕባ'ቲ ውዕሎ
ዘዕልለኒ ክስምዕ ተሃንጠኹ።

171

እቲ ውግእ ብዘይ ዝኹን ለውጢ ቀጺሉ ወዓለ። ብየማናይ ሸነኽ ዝተደረብ ሓይሊ ወገን ተወሳኺ ድርኺ ኮነና። ጸላኢ ብፍላይ ምድሪ አብ ምምሳዩ ደጋጊሙ ዘካየዶ ፈተነታት ብዘይ ፍረ ተረፈ። እንተኾነ ሃንደበት ክንርድአ ዘይከአልና ምቅይያራት ሰዓበ። አብ የማን-ጸጋም ናይቲ ዝነበርናዮ ድፋዓት ተኸሲ አቑረጸ። መራሒ ሓይልና ግደ ዓንደብርሃን ንመራሕቲ ጋንታታት ረኺቡ ሰብን ንብረትን ተቓጺሮም ብትኹል መስርዕ ካብ ድፋዕ ክወጹ ሓበሮም። አብዛ ብዛሕሊ ዝተጉብአት ምሽት፡ አብ ዝተኻየደ ግጥም ካብ ሓይልና፡ ብመደብ ከም ዝተመቕለ፡ ካብ ነፍሲ-ወከፍ ጋንታ ሰሰለስተ አባላት ሃለዋቶም ጠፍአ። ካብ ጋንታና መጉስ ኢሳቕን ስዓረን አይነበሩን። መራሒ ሓይልና ሃለዋቶም ክፍለጥ ምስ አዘዘ፡ ብዘይካ ስዓረ ጉይትአም፡ ሸሞንትአም አባላት አብቲ ምሽት ዝተኻየደ ሓጺርን ጽዑቕን ግጥም ከም ዝተሰውኡ ተረጋገጸ።

ኩነታት ስዓረ ክፍለጥ ስለ ዘይተኻእለ፡ መራሒ ሓይልና ሃለዋቱ ከየረጋገጽና ካብቲ ቦታ ከም ዘይንኸይድ ሓበረና። ዓይኖም ሚካል (ወዲ ሚካል) ዝርከቦም አባላት ጋንታና ድማ ክደልዮዎ ከዱ። ስዓረ ተወጊኡ ናብታ ዊጉአት ንቝበላላ ዝነበርና አነን ሓኪም ሓይሊ ሃየለ ከስተን ዝነበርናያ አንደር አይመጸን። ናብ ሓካይም ካልአይ ሓይሊ'ውን ከም ዘይከደን ክሳዕ'ቲ እዋን'ቲ ከም ዘይተወግአን አባላት ጋንታና ነጊሮምና'የም።

ከባቢ ሰዓት 9:00 ምሽት፡ ኩሉ ቀጽጽር ንብረት ተጸፈፈ። ደሃይ ስዓረ ንምፍላጥ አብቲ ከባቢ ተፈናቲትና እናተጸናጺንና፡ ዓይኖም (ወዲ ሚካል) ምስ ካልአዩ አብቲ ጸጥ ዝበለ፡ ውግእ ውዒሉ ዝሓደር ዘይመስል ዝሑል ምሽት ድምጺ. ደርፊ ስምዑ። አንፈቱ ስለ ዝጠፍአም ተቐራሪቦም ተላዘቡ። ብዃንቃ ትግርኛ ምዃኑ አስተውዓሉ። ሓደ ካብአቶም፡ አንፈት ናይቲ ትሑት ድምጺ. ስለ ዝገመተ፡ ተመራሪሖም ከዱ። ስዓረ አብቲ ጸቢብ ካናል ጥንቅልዒት ወዲቑ ጸኒሖም።

እታ ብትሑት ድምጺ. "ይከአሎ'ሎ ዘይሕለሎ..." እናበለት ደርፊ በረኽት መንግስትአብ ተቃልሕ ዝነበረት ሬድዮ፡ አብ ላዕለዋይ ጅባ ካምቻኡ ነበረት። ጥይት ጸላኢ. ነቲ ብነድኒ ዝነበረ መድለዪ ፍሪኴንሲን (ባንድ) ቀጺሪታት ዝሓዘ ስሌዳ ሬድዮን ጀልዒፋ፡ ንልቢ ስዓረ ስራሕ ከም እተቋርጽ ገበረ። እታ ዝተወቕዐት ሬድዮ ግን፡ ነታ ሓዳስ ደርፊን አዐዋፍ ዝጥዕማ ተቐበልታን ካብ ምቅላሕ አይተዓገተትን።

ስዓረ፡ ብሬድዮ ዝፍና ዝነበረ ደርፌታት እናሰምዐ'የ ዝዋጋእ ነይሩ። ኩሉ'ቲ ካብ ቃሉ ክሰምዖ ዝተሃንጠኹ ዕላል ናይቲ ውዕሎ ከየዕለለኒ ምስቶም ጀጋኑ ብጹቱ ሓመድ አዳም ለበሰ። እንተ እታ ደርፌ፡ ክንዲ ኹሉ ኩይና ፍሉይ ዝኽሪ ስዓረ ሓዛ አብ አእምሮይ ተቐሪጻ አላ።

ይከኣሎ ኣሎ ዘይሕለሎ ጅግና ጅግና ወሊዱ
ዋርሳይ ጸላእቱ ኣርዒዱ
በሃር ጅግና'ሎ እቲ ናይ ቀደም
ስራሕ ቖያ እናደጋገመ
ተቓባሊ ሕድሪ ዝናር ዕጥቂ
ዋርሳይ ኸኣ ዋርሳይ ናይ ብሓቒ
ከመይ ነይሩ ህጁም ወጋሕታ
ጠያይትካ ክብል ቱታ ቱታ
ከመይ ነይሩ ህጁም ጸሓይ በርቒ
ረፍረፍካዮ ሬሳታት ብጸዕቒ
ይከኣሎ ኣምበሳ በዓል ጋም ወርቒ
በዓል ፋረ ሽደን ዋርሳይ ናይ ብሓቒ . . .

ስዉእ ሰዓረ ጉይትኦም

5

ጐይታ አርፒጁ

ማሕሙድ ኢብራሂም

አብ 2014፣ አብ ሻድሻይ ፈስቲቫል ሃገራዊ ማሕበር መንእሰያትን ተመሃሮን ኤርትራ፣ አብ መዛዘሚ ናይቲ ንመደብ 'ዋርሳ' ዘቅረብኩዎ ውዕሎ ጅግንነት፤ "አብ ወራር ወያነ ካብ ዝረአኻዮ ጅግንነት እቲ ተድንቆ እንታይ'ዩ፤" ዝበል ሕቶ ብሓደ መንእሰይ ቀረበለይ፨ መልሰይ፣ አብ ዝተሓተትኩዎ መቓን ግዜ አይተደረተን፤ እቲ ምንታይ'ሲ፣ አእምሮ ብፍሉይ ዝኸዘኖ ንኽዘክር ንእሸተይ መበገሲ ይኣኽሎ'የ፤ ሕቶኣ ንምምላስ ድዮ ክበሃል ዘለዎ ወይስ እምነት ውሽጠይ ንምግላጽ ከኣ ነዚ ዝስዕብ በልኩ፤ "አብ ምዝዛም ካልኣይ ወራር ወያነ፣ ሓደ ዓምር ዝበሃል አባል ጸረ-ነፈርቲ ሓይልታት ምክልኻል ኤርትራ ምስ አህዱና ኩይኑ 20 መዓልቲ አብ ዘይመልእ ግዜ ክልተ ሄሊኮፕተራት አቃጺሉ፨ ንሕና ነቲ ፍጻመ፣ እቲ ብጻይ አብ ብረት ጸረ-ነፈርቲ ስለ ዝተመደብ እዮ ነቱን ነፈርቲ አቃጺሉወን ኢልና ኢና ንሓልፎ፨ ዝተማልአ ኩሉንተናዊ ብቕዓት እንተ ዘይሀሉዎ ግን ነቱን ነፈርቲ ከቃጽለን ከም ዘይክእል ንፈልጥ ኢና፨

"ካልእ፣ አብ ውግእ እግራ-መኽል አብ ዓይነቱ ትሑት ብዝኾነ ጸረ-ታንክ፣ ማለት ብአርፒጁ ገይሩ ሸውዓተ ታንክታት ዘቃጸለ ብጻይ ሒጂ አብ ሓንቲ አህዱ ምሳይ አሎ፨ ነዚ በዓል አርፒጁ'ውን ዕድሉ ኩይኑ አብቲ ብረት ስለ ዝተመደበ ነቱን ታንክታት አቃጺሉወን ኢና ንብሎ፨ እዚ ሰብ'ዚ ግን ናይቲ ብረት ልዑል ምልከት፣ ትብዓትን ርግአትን እንተ ዘይሀሉዎ ንታንክ አብቲ አርፒጁ ከድምዓሉ ዝኽእል ዝነአስ ክፋላ ፈልዮ ብምህራም ከቃጽላ ከም ዘይምኽአል አጸቢቑና ንፈልጥ ኢና፨ ስለዚ፣ እቲ ምሉእ

አድናቖት አብዘን ፍጻመታት'ኺ እንተሎ፡ አነ ብፍሉይ ዘኮንቆ ግን ካልእ እዩ። ንሱ ኸኣ አብ ሓርነታዊ ቃልሲ ደቀንስትዮ ተጋደልትና ናይ አዋርሕ ጥንሲ ሓቢአን አብ ዓውደ-ውግእ ዝፈጸማ ጅግንነት እዩ።"

ከዚ መልሲ'ዚ ምስ ሃብኩ፡ አዳራሽ አብ ጉዕዞ ናይ ዘሎ ዕሰለ ንህቢ ዝጥዕም ጉጅምጅም አስመዐ። እንታይ ይበሃል ከም ዝነበረ አይተሰምዐን። ምናልባት፡ ገለ ንኽልተኡ ከም መልሲ ንወስዶ ኢና ክብል እንከሎ፣ ገለ ደገፍ፡ ገለ'ውን እንታይ ይፍለጥ ተጋደልትና ናይ አዋርሕ ጥንሲ ሓዘን ከለዋ ይዋጋአ ነይረን ድየን ይብል ነይሩ ይኸውን። ብዝኾነ፡ አብ ምጽሓፍ ዛንታታት ናይዚ መጽሓፍ'ዚ ክሳተፍ ዕድመ ምስ ቀረበለይ ናብቲ ወዲ አሃዱና በዓል አርፒጂ እየ አምሪሐ። አብ ሬድዮ ድምጺ ሓፋሽን መጽሔት ተዓጠቕን አብ ስም አቦ ዝተገብረ ጌጋ ገዲፍካ፡ ብዛዕባ'ዚ ብጻይን ካልአት ብጾቱን ክዝንቶ ተኸታቲለዮ እየ።

*   *   *

ጀማል ይበሃል። ካብ አቦኡ ሳልሕ አድምን አደኡ ሳዕድያ ኢ.ብራሂምን አብ ደቐ-ሰብ፣ ዞባ ማእከል፡ ብ1974 ተወሊዱ አብኡ ዓብዩ። አብ ሚያዝያ 1991 ተሰሊፉ፡ ንኹናት ሓርነታዊ ቃልሲ አየርከበሉን። ናጽነት ዘምጽአ ተጋዳላይ ዝኸሩ ክይሃሰሰን ወኑ ክይነኸየን ግን አርኪቡሉ እዩ።

ብ1993 ምስቶም አብ 1990ን 1991ን ዝተሰለፉ ብጾቱ ካብ ሰራዊት ተፋንዩ ጸኒሑ፡ አብ ወራር ወያነ 1998 ከቲቱ፡ አብ ኮር 491፡ ሳልሳይ ክፍለ-ሰራዊት ዝነበረ፡ ደሓር ክፍለ-ሰራዊት 39 ዝተሰምየ፡ ተመደበ።

*   *   *

ጸላኢ፡ አብ ካልአይ ወራር ብግንባር ባድመ መጥቃዕቲ ምስ ከፈተ፡ ዝበዝሐ ክፋል ናይቲ ከም ትሕጃ ዝነበረ ሰራዊት ካብ ግንባር ዓሊተና-መረብ ቀስ ብቐስ ናብቲ ግንባር ገዓዘ። ግንባር ባድመ ብዓይኒ ስልቲ ምክልኻል አንፈት ጸላኢ፡ ምሉእ-ብምሉእ ናብኡ ምኻኑ ምስ ተፈልጠ ህድአ ኢልካ ከተርክበሉ እትኽእል አቃውማ ነይሩዎ። መደብ ጸላኢ፡ ፍሉይ አሳልጦ እንተ ዘይረኺቡ፡ ነቲ ጾዕቂ ሰብነን አጽዋርናን ዝነበር ግንባር ዓሊተና-መረብ ናብ ግንባር ባድመ ብምስሓብ ከም ዝረቕቕ ገይሩ፡ ተመሊሱ በቲ ዝረቐቐ ግንባር ንምጥቃዕ እዩ ነይሩ። ምኽንያቱ፡ ግንባር ዓሊተና-መረብ እዩ ብቐረባ ናብ ማእከል ስሕበትና ከብጽሓ ዝኽእል።

ክሰዕብ ዝኽእል መደብ አብ ግምት ብምእታው፡ ነቲ ጸላኢ ብምሉእ ዓቕሙ ዘጥቅዓሉ ዝነበረ መከላኸሊ መስመር ምቕያር የድሊ ነይሩ። ንጸላኢ፡ ብድሕሬኻ አብ ዘሎ፡ ንሱ አብ ዘየለስዮ ቅርጺ መሬት ስሒብካ ክትገጥሞ

176

ከለኽ ዝያዳኡ ብልጫ ይህልወካ። ግንባር ባድመ ንድሕሪት ተሳሒቡ ኸኣ
ግንባር መረብ-ሰቲት ተባህለ።

ጸላኢ። ኣብቲ ዝተመስረተ ሓድሽ መከላኸሊ መስመር ተረባሪቡ ምስ
ተዓገተን ንሓይልታት ምክልኻል ኤርትራ ናብቲ ግንባር ስሒበዮ እየ ምስ
በለን። ብግንባር ዓሊተና-መረብ ክንፈ ጸርና መጥቃዕቲ ክሽፍት ተሸባሸበ።
ግንባራት ዓሊተና-መረብን ቡሬን ከም ግንባር ባድመ ከምኡ'ውን ናይ
ደሓር ግንባር መረብ-ሰቲት። ጸላኢ ዝኸፈቶ መጥቃዕቲ መዚንካ ከተርክበሉ
ትጽበየለን ግንባራት ኣይነበራን። ምናልባት ብዓይኒ ተራ ተዓዛቢ ግንባር
ባድመ ዝለዓለ ትኹረት ዝዋሃዮ ክኸውን ይኽእል እዩ። ምኽንያቱ፡ ባድመ
ንብይና ከም መበገሲ ናይቲ ኩናት ተወሲዳ ስለ ዝንበረት እቲ ኩናት ብስም
ባድመ ዝተዓብለለ እዩ ነይሩ። ብዓይኒ ወተሃደር ግን ባድመን እቲ መስመር
ንድሕሪት ምስ ተሳሕበ ዝተመስረተ ግንባር መረብ-ሰቲትን፡ ብኣሰራርሓ
ቀዳምነታት ድሕሪ ኩሉ ዝስራዕ እዩ። እዚ ዝኹነሉ፡ ብግንባራት ቡሬን
ዓሊተና-መረብን ዝፍጠር ሃንደበታዊ ምድፋእ ጸላኢ ብቐጥታ እቲ ሓደ
ናብ ወደብ ዓሰብ እቲ ሓደ ድማ ናብ ርእሲ ከተማ ዘምርሕ ብምኻኑ እዩ።
ብግንባር ባድመ ወይ መረብ-ሰቲት ዝግበር ምድፋእ ግን ካብ ተኣፋፊ
ከባቢ ዝርሓቐ ምኻኑ ብወተሃደራዊ ስነ-ፍልጠት ንዘይጠመቶ ጥራይ እዩ
ዘጋጊ።

ጸላኢ እምበኣር ብግንባር ዓሊተና-መረብ ክገብር ዘመደብ ተፈሊጡ።
ሰራዊት ወገን ካብ ግንባራት ቡሬን መረብ ሰቲትን እናተሳሕበ ናብቲ
ግንባር ወሓዘ። ጀማል ዝነበራ ክፍለ-ሰራዊት እምበኣር፡ ጸላኢ ብእግራ-
መኸል መጥቃዕቲ ክሽፍት ይሸባሸበሉ ኣብ ዝነበረ ግዜ እያ ካብ ግንባር
ቡሬ ካብ ዓሰብ ዝተሳሕበት።

ጸላኢ። ርእስ-ተኣማንነት ብዘለዎ ዘመስል ዓው ኢሉ ናብቲ ቀንዲ ሽቶኡ
ንምብጻሕ ዘይዕገት ምኻኑ ዝገለጸ መጥቃዕቲ ንምጅማር ዓቐሙ ጓሕጉሑ
ናብ ክንፈ ጸርና ኣቕነዐ። ድፋዕ በሲዕካ ንምሕላፍ ከጥቃዕ ዝተወሰነ
ስፍሓት መሬት ካብ ዓሰርተ ኪሎ ሜተር ዘይሓልፍ ኩይኑ። ድሕሩ ከም
ዝተራእየ፡ ጸላኢ ብፍሉይ ፈንጢሱ ክሓልፈሉ ዝተረባረበሉ ግን ክልተ
ኪሎ ሜተር ዘይምልእ ኣዝዩ ጸቢብ ቦታ እዩ ነይሩ። ኣብቲ ዓሰርተ ኪሎ
ሜተር ኣቢሉ ዝኸውን ጸቢብ ክሊ ንምጥቃዕ ዝተመደበ ሰራዊት ከኣ
ኣርባዕተ ክፍላተ-ጦር ምስ ተደረብቲ ረጂመንትታት። ብብዝሒ ታንክታት
ከምኡ'ውን ከባቢ 120 ወተሃደራውያን መካይን። ጸረግቲ መንገዲ ደዛራት።
ብርክት ዝበለ መዳፍዕን ረሻሻትን። ደድሕሪ ሰራዊት እናሰዐብ ዉጉኣቱ
ዘልዕል። ምዉታት ዝቐብር። ሎጂስቲካዊ ቀረብት ዘመላልስ ከባቢ ሽሞንተ

ሽሕ ህዝቢ ምስ መጽዓኛታቱ ተሰለፈ። እቲ ምንታይ'ሲ ብዘየዳግም አገባብ
ካብ ዝሓጸረ አንፈት በሲዑ አስመራ ክአቱ ዝመደብ ሓይሊ እዩ። ኩሉ'ቲ
ሰራዊት ኩን አጽዋር: ዝተኩሱካየ ተተኳሲ። አብ መሬት አይዓልብን እዩ
ካብ ምባል: ንኽትትኩስ ዕድል ከይሃበ ከም ሓያል ውሕጅ እናተሰራሰረ
ጸራጉተካ ክዕዘር ዝኽእል እዩ ምባል ዝቐልል እዩ ነይሩ። ምኽንያቱ: ከምኡ
ዝበለ ስልቲ መጥቃዕቲ: ውጽኢቱ አብ ዝተኸየደ መጽናዕትን ጽንዓት
አንጸሩ ዘሎ ሓይልን ዝምርኩስ'ኳ እንተኹነ: ዝኹን ወተሃደራዊ ሓይሊ
አብ ፍሉይ ግዜን ቦታን ዝጥቀመሉ ብስልቲ ባርዕ ዝፍለጥ በሳኢ መጥቃዕቲ
እዩ። ጸላኢ. አብቲ ግዜ'ቲ ዳርጋ ብምስጢር አልቦ አዘራርባ: አስመራ
ንምእታው ክዕገት ከም ዘይኹን ምግላጹ እምበኣር: ነቲ ዝወጠኖ መጥቃዕቲ
ንበይኑ ብምምዛን እዩ።

እቲ ዓቢ መጥቃዕቲ: ወጋሕታ 14 መጋቢት 1999 ብቐጥታ በተን
ሞተራን አጥፈአን ናብ ድፋዓትና ተጸጊዖን ዝሓደራ ታንክታት ተጀመረ።
ከምኡ ዓይነት ጸዕቂ ሰብን አጽዋርን ዘለዎ ሰራዊት ባዕሉ ተኾሲ አብ
ዝጅምረሉ ቦታ ብሰላም ካብ በጽሐ: ካብ መጀመርታኡ ንምዕጋቱ ዘሎ
ተኽእሎ ትሑት እዩ። ድፋዕና ኽኣ አብ ሓጺር ግዜ ተሰብረ።

ንሓይልታት ምክልኻል ኤርትራ ዝመስረት ህዝባዊ ሰራዊት ሓርነት
ኤርትራ አብ አድላዩ ግዜ ዝጥቀመሉ ዝበራ: "ጸላኢ. ሬሳና ረጊጹ
ይሕለፍ!" ዝብል ጭርሓ አለዎ። ከምኡ ኢሉ ዝቐረጸ ህዝባዊ ሰራዊት ከኣ
ድፋዑ አሕሊፉ ሂቡ አይፈልጥን። አብ ከምኡ ዘብጽሓካ አገዳስነት ቅርጺ
መሬት እዩ። ግንባራት ዓሊተና-መረብን ቡረን ከምቲ ድሕሪ ዓመት ዝሰዓብ
ብፖለቲካዊ መዳይ ተጸሊካ አብ ተዛማዲ ህድአት መስመር ክትቅይር እንተ
ዘይኬንካ: ብወተሃደራዊ ዓይኒ መከላኸሊ. መስመር ትቕይረሉ አይኹነን።
ስለዚ: ነቲ 1800 ሜተር ብዝስፍሓቱ አዝዩ ጸቢብ ቦታ ተተቲዑ ዝበስዐ
ዓሰርተታት አሸሓት ሰራዊት ንምዕጋት: "ጸላኢ. ሬሳና ረጊጹና ይሕለፍ!"
ክበሃል ግድን ኹነ።

ካብ ካናል ፍንትት ኢለን አብ ምክትታል ዝነበራ አያዱታት ናብ
ዝተሰብረ ድፋዕ አምረሓ። ጀማል ዝነበረ ሓይሊ. ንረዳት ስለ ዘይተመዘት
ካብታ ቦጦሎኒ ድሕሪት ተረፈት። ጸላኢ: አጀማምራኡ ከም ትጽቢቱ
ኹይኑሉ ብማእከል ድፋዕ በሲዑ ንቕድሚት ሰጐመ። ናህሩ ንምዕቃብ ድማ:
በቲ ድሮ ዝተኸፍተ ቦታ ዝኣቱ ተወሰኽቲ አያዱታት ካብ ቀረባን ርሑቕን
አበገሰ። ብውጥን ጸላኢ: ድፋዕና ምስ በሰዐ: ክፍላተ-ጦር 23ን 24ን ንየማን-
ጸጋም: ማለት ንመንደፈራን ዛላምበሳን ዝዕጸፋ ክኹና እንክለዋ: ክፍለ-ጦር
20 ንቕድሚት ገስጊሱ ደቀምሓረ ክረኣ ዝተመደብ እዩ። ክፍለ-ጦር 13

ምስ ካልኦት ተደረብቲ ኣሃዱታት ድማ ከከም ኣድላይነቱ ናብ ዝተደልየ ኣንፈት ክረድእ ተዳለወ። እዚ ከም መፈለሚ ዝተወጠነ ኩይኑ፡ ገስጋስ ናይቲ ኩነታት ርኢ.ኻ፡ ካብ ዝረሓቐ ግንባራት ከይተረፈ እናተሳሕበ ዝዕብ ኣሃዱታት ኣብ መደብ ነበረ። ነቲ ተኣፋፊ ከባቢና ንምውሓስ ብወገንና'ውን ኣርባዕተ ክፍላት-ሰራዊት ተቐረባ። ኣብ ቅርጺ ግን ሓንቲ ክፍለ-ጦር ጸላኢ ብሸሞንተ ረጂመንቲታት፡ ማለት በራጊድ፡ ዝቘመት ክትከውን እንከላ ሓንቲ ክፍለ-ሰራዊት ወገን ብኣርባዕተ በራጊድ ዝቘመት ነበረት።

እቲ ኣብ መንጐ ዝባናት ዓዲ-ኻላን ዛላምበሳን ኣብ ዓቢ ሃኑፍ ሰንጭሮ ዝኣተወ ጸላኢ፡ ካብ ሰለስተ መኣዝን ብዝብገስ ከበድቲ ኣጽዋር ተደብደበ። ድሮ ድፋዕ ዝሰዐረ ጸላኢ፡ ክዕገት እንተ ኹይኑ፡ ካብ ድሕሪት ዝድረቦ ሓይሊ ኣብ መንገዲ ከሎ ክድምሰስ ነይሩዎ። ምድምሳስ ናይቲ ዝስዕብ ሰራዊት ከኣ ስራሕ ከበድቲ ኣጽዋር እዩ። ኣጽዋር ሰርሑ ክሰርሕ እንተ ኹይኑ'ውን እቲ ድሮ ድፋዓትና ሰይሩ ናብቲ ከበድቲ ኣጽዋርና ዝነበሮ ቦታ ገጹ ዘምረሐ ጸላኢ ክዕገት ነይሩዎ። ጸላኢ፡ ካብ ድፋዕን ናይ ሜትሮታት ራሕቂ ጥራይ ስጉሙ ብረዳት ኣሃዱታትና ተዓግተ። ሰለዚ፡ ዕለት 14 ብኽልተኡ ወገን ንቕድሚታን ድሕሪትን ምድፍኣ እናተራእየ ወዓለ።

ጀማል ዝነበራ ሳልሰይቲ ሓይሊ፡ መሬት ምስ ጸልመተ ንረዳት ተበገሰት። ጀማል፡ ድሮ ዳርጋ ተኹሱ ዘይስሕት ተኻሲ ኣርፒጂ ምኾኑ ኣመስኪሩ ነይሩ እዩ። እቲ ጨመተ ግን ኣብ ውግእ ዘይኮነ ኣብ ታዕሊም ዘመዝገቦ እዩ ነይሩ። መድፍዓጂታትና ብሰንኪ ዋሕዲ ቦምባታት ነቲ ብረት ከይተኹሱሉ ብኽልሰ-ሓሳብ ጥራይ ዝመሃሩሉ ግዜ ብዙሕ እዩ። ቀቅድሚ ካልኣይ ወራር ወያነ ግን ብዙሓት መድፍዓጂታትና ኣብ ታዕሊም ብግብራዊ ተኹሲ ተመኩራ። ኣብ ታዕሊም ዘርኣኽዮ ብቕዓት ኣብ ውግእ ከይትደግሞ ግን ተኽእሎ ኣሎ። ሰለዚ ጀማልን ብጾቱን ኣብ ታዕሊም ዘርኣዮም ብቕዓት ኣብ ውግእ ይደግምዎ ዶ ኣይደግምዎን ሸው ዝርኣ እዩ።

ሓንቲ ታንክ ባልባል ከብል ክርኣዮ ዝወዓለ ጀማል፡ ሓሽዋ ዝጐረሳ ቦምባ ኣርፒጂ ፈልዩ ኣብ ኢዱ ሒዙ ምስ ብጾቱ ተሓምበበ። ትጽቢቱ፡ ክልተ ሰለስተ ታንክታት ኣማዕድዩ ክርኢ። እምበር ዕሙር ሽኽ ከም ዝረኸባ ከብቲ መሬት ዝኸደና ታንክታት ክጸንሓ ኣይነበረን። ሰለዚ እዩ ኸኣ ሓንቲ ታንክ ጥራይ ከቃጽል ዝተራእየ።

ጀማል፡ ኣብታ ለይቲ ብሓገዝ ገምበል ሓንቲ ታንክ ኣቃጺሉ ሓደረ። እዛ ካብታ ቦጦሎኒ ብጻላም ዝኣተወት ሳልሰይቲ ሓይሊ፡ መሬት ምስ ወግሐ ብዝያዳ ምስ ከባቢኣ ተላለየት። ጸላኢ'ውን፡ ለይቲ ብዘካየዶ ምውድዳብ ዳግማይ መጥቃዕቲ ኣንሃረ። ጀማል፡ ዕለት 15 ንግሆ፡ ካብ ሰዓት 8:00

179

ክሳብ 8:30 አቢሉ አከታቲሉ ክልተ ታንክታት አቃጸለ። ሓንቲ ታንክ
ከቃጸል ዝሓሰቦ ሰለስተ ታንክታት አየዕገባአን። እቲ ውግእ ብነብሱ፡ ከም
ንቡር ክልተ-ሰለስተ ታንክታት ተቓጺለን ኢልካ ትሰራሰሩ አይነብረን።
ታንክታት ጸላኢ፡ መዳፍዕ እናተኩሳን ብረሻሻት እናረሸረሻን አብ መዛግብና
ውትፍ ይብላ፡ ብጸረ-ታንክ አጽዋርና እናተሃረማ ድማ ይተካ። ካብ ክልተ
ዓብይቲ ዝባናት ዝተኩስ ዝነበረ ቦምባታት መዳፍዕና፡ ጨቓዊት ከም ዝረአየ
ሽላ ናብቲ ዓሚቚ መሬት እናተነቘተ አብ ሰብን ሓጻውን ዓለበ። ብጸዕቂ
አብ ዘይተጸንዐን ዘይምችአን መንቀራቚሮ መሬት ዝአተወ አጋር ሰራዊት
ጸላኢ፡ በቲ ዘይምሕር ቦምባታት ተጨፍለቐ። እታ ታሪኻዊት ዓባይ ስንጭሮ
ሰብን ሓጻውን አምኪኻ በክልቲ ጋዛት ንሰማይ አዕረገት። አብቲ ግዜ ነቲ
ውግእ ዝጸብጹ ጋዜጠኛታት ወጻኢ።

"ሰራዊት ኢትዮጵያ አብዚ ውግእ'ዚ ሰርኖኡ ተሰይሩ እዩ።"

"ሰራዊት ኢትዮጵያ ሰኺሩ ከይህሉ!" ዝብሉ ጸበጻባት አመሓላለፉ።
ጸላኢ አይሰኸረን፣ ሓበርቲ ተኹሲ ሓይልታት ምክልኻል ኤርትራ ደኒኖም
አብ ዝሓጸጸራዋ ለጠቐታ መሬት ብምእታው ግን፣ ንድሕሪት እንተበለ
ንቕድሚት፣ ኩሉ ረመጽ ኮነ፣ ብኹሉ ሞት ካብ ኩነ እምበአር'የ እቲ
ዘየዋጽአ ምጥናን ዝመረጸ። ስለዚ ጸላኢ፡ ብፍላይ'ኳ ታንክታቱ ንድሕሪት
ሰገጥ አይበላን።

ሓንቲ ታንክ፡ ብሓያል ድምጺ እናሃደደትን ሓባጥ-ጕባጥ መሬት
ዝፈጠሮ መድፍዓ እናወዛወዘትን ናብ ድፋዕና ተጸጋዐት።

"ጀማል! ጀማል!" ተዳህየት ጋንታ። ጀማል በይኑ ይጽዋዕ አይነበረን፣
ኩሉ ተዋጋኢ፡ አብ ዘዘሕተተሉ ይድለን መልስ-ግብሪ ይህብን ነይሩ።
ካብ ጋንታኡ ታንክ እትምልከቶ ግን ጀማል እዩ። አነጻጺሩ ሓንቲ ቦምባ
ወንጨፈ። ታንክ ሃልሃልታን ትክን ነቲ ዝቓደም ደመረቱሉ። ጀማል፡ ክሳዕ
ድሕሪ ቖትሪ ራብዐይቲ፡ ሓምሸይቲ . . . እናበለ ሽውዓተ ታንክታት
አቃጸለ። ሓደ-ክልተ ከም ርዱእ ስለ ዝወሰድኩዎ፡ ናብ ተሸከርከርቲ ካብ
ዝተኩሶኻዮን ቦምባታት ክንደይ ስሒትካ ምባል አየድለየንን። ጀማል ንፋዕ
ተኳሲ አርፒጂ ምኳኑ ግን አብቲ ውግእ አዛዚ ብርጌዱ ዝነበረ ኮሎኔል
ዘካርያስ ተስፋዝጊን ብጾቱን ይምስክሩ እዮም። ጸዕቂ ታንክታት ዘጋጠሞን
ዘየጋጠሞን ክሸውን ይኽእል እምበር፡ እቲ ቓያ መድፍዓጀታት ሓይልታት
ምክልኻልና ብዙሕ ፍልልይ ዘለዎ አይኮነን። ካብታ ቦጦሎኒ'ኳ፡ መድፍዓጀ
ነይሩ ናብ መራሕ መስርዕ ዝተሰጋገረ አሕመድ ኢብራሂም፡ ንዕኡ ተኪኡ
ካብ ካልአይ ናብ ቀዳማይ መድፍዓጀ ዝመጸ እስማዒል ማሕሙ-ድን
እናተበራረዩ ብሓንቲ አርፒጂ እስማዒል ሓሙሽተ ታንክታት፡ አሕመድ

180

ከኣ ክልተ ኣቃጺሎም እዮም። ኣሕመድ ዝሃረማ ቡልዶዘር ከኣ ሻምነይተን
ነበረት።

ኣዘዝቲ ሰራዊት ኤርትራ፡ "ጸላኢ ሬሳና ረጊጹ ይሕለፍ!" ኢሎም ኣብ
ዝወሰኑሉ ዝተፈላለየ ከባቢታት፡ ሰራዊት ሓይልታት ምክልኻል ኤርትራ
ተመሳሳሊ ጽኑዕ ምክልኻል ኣርኢዩ እዩ። ኩነታት እግሪ-መኸል ከኣ ዕለት
17 መጋቢት ብዝተወሰደ ጸረ-መጥቃዕትና ተዛዘመ።

ምንጪ፤
- ጀማል ሳልሕ
- መጽሔት ተዓጠቕ፡ ቁ. 5፡ ሓምለ 2003፣ ቁ. 6፡ ሕዳር 2003

ተጋዳላይ ጀማል ሳልሕ ኣድም

6

ዓምራ፣ ሃዳኒ ሰማይ

ሳምሶን ሃይለ

"ዓምራ፣ ዓምራ ሄሊኮፕተራት መጺኤን! ቀልጥፍ! ቀልጥፍ!" ዝብል ድምጺ ሰምዐ ዓምር ዓሊ ዑስማን፡፡ 'ዓምራ' ንስሙ ተኪኣ መጸውዒቱ ካብ እተኸውን ርብዒ ዘመን አቝጺራ ነበረት፡፡

ንዓምር ዓሊ ዝጸውዐ ወዱ ብርሃኑ፡ ብመስኮት ናይቲ አንደር ተቐልቂሉ ናብቲ አባላቱ አብ ሓያል ውግእ ተጸሚዶምሉ ዝነበሩ ሰናጭሮ እናተዛዘ እንከሎ'ዩ ነተን ጽምዲ ሄሊኮፕተራት ብኽሻፍ ዝረአየን፡፡

"እስከ፡ እስከ ሓንሳብ!" ኢሉ ዓምራ ነቲ አብ አፉ ማይክሮፎን አቕሪቡ ቃለ-መጠይቕ ዘካይደሉ ዝነበረ ጋዜጠኛ ደው አቢሉ፡ ብቕጽበት ብድድ በለ፡፡ ብዛዕባ'ታ ቅድሚ ክልተ ሰሙን አብ ሩባ ወዳስ ተኮሱ ዘሕረራ ሄሊኮፕተር'ዩ ምስ ድምጺ ሓፋሽን ጋዜጣ ሓዳስ ኤርትራን ቃለ-መሕትት ዘካይድ ነይሩ፡፡ ተዋዲዳ ዝበረት ብረቱ አልዒል አቢሉ ንግዳም ከወጽእ ምስ በለ፡ በቲ ከም አይሂ ዝዘንብ ዝነበረ ደብዳብን ጠያይት ነዋሕቲ ብረትን ተወር ምባል ሰአነ፡፡ እንተኾነ፡ እቲ ዕማም እምብዛ ከቢድን ንኸላኢታት ትንፋስ ዘይህብን ብምንባሩ፡ ዝገበረ ገይሩ ከወጽእ ነይሩዎ፡፡ በቲ ጸቢብ አፍደገ ናይቲ አንደር መሰስ ክብልን ቦምባ ሞርታር ሓደት ሜትሮታት ርሒቑ አብ ጥቃኡ ክዓልብን ከአ ሓደ ኮነ፡፡ ዓምራ ስኮጃታት ብየማን-ጸጋሙ ክወናጨፍ ተፈለጦ፡፡ በቲ ስኮጃታትን ብርእሱ ብዝሓልፍ ዝነበረ ማእለያ ዘይብሉ ጠያይትን ከመይ ኢሉ አይተሃርመን ንባዕሉ'ውን ገረሞ፡፡ አብ ዝነበር በጥ ክብል ኩነታት ስለዘይፈቐደሉ፡ ብፍጥነት ናብታ አብ ቅድሚኡ ምሕድግ ኢላ ዝነበረት ዓባይ ገረብ ጹግ ተጸግዐ፡፡

ምምጻእ ሄሊኮፕተራት ጸላኢ፤ ነቲ ኣጋር ሰራዊት ወገን ዝጨበጦ ኣንጻባራጃ ዓወት ከይኮልፎ ስክፍታ ፈጠረ። ልዕሊ ኹሉ፤ እተን ስንጭሮታት ከውሊ ተጠቒመን ትሒተን ዝመጻ ነፈርቲ ዕድል ክረኽባ ኣይነበረን። ሚሳዪላትን ፋክረስ ዘበዝል መርዛም ቦምባታትን ስለ ዝተኮሳ፤ ተቓውሞ እንት ዘይገጢሙወን ኣብ ሓጺር ግዜ ሓያሎ ታንክታትን ጸረ-ነፈርቲ ዝጽዕና መካይንን ኣጋር ሰራዊትን ክእርምዳ ይኽእላ'የን። ወተሃደራዊ እዚ እንተ ወሰዐን ከኣ ኣብ ምምዝባል ሚዛን ሓይሊ ናይቲ ውግእ ቅልጡፍ ምልውዋጥ ክስዕብ ይኽእል ነበረ። ኣብ ልዕሊ ሎጀስቲክን ኣብ ውግእ ትንፋስ ሰራዊት ዝኹና ቦጣትን ተመሳሳሊ ሓደጋ ናይ ምውራድ ተኽእሎአን'ውን ዓቢ'የ ነይሩ። ብዝያዳ ኣብ ልዕሊ ሰራዊት ዝፈጥራአ ስነ-ኣእምሮኣዊ ጸቕጢ እምብዛ ርሒብ'የ። ዓምር፤ ከም ምኩር ተኻሲ ሚሳዪል መጠን፤ ሓደገኛነት ናይተን ሄሊኮፕተራት ኣግእዞዩ ይግንዘቦ ነበረ።

እተን ሄሊኮፕተራት ኣብ ከባቢ'ቲ ዓምር ዝነበሮ ታባን ኣብ ካልእ ከባቢታትን ተኾሲ ከፈታ። ኣብታ ገረብ ተጸጊዑ ክወቕዖን ከም ዘይክእል ስለዝተገንዘበ ድማ ናብ ቃልዕ ወጺኡ ሚሳዪሉ ኣብ መንኮቡ ሰቐለ። ሃሙን ቀልቡን ምስ'ተን ነፈርቲ'የ። ሽቶኣ ከይሃረመ እተን ሄሊኮፕተራት እንት ኸሺፈናኣ ልዕሊ ዝኹን ንዕኡ ክሃርማ ክንደያ ም፞ኳነን ይፈልጥ'የ። ካብቲ ውግእ መድፍዓጃ ሚሳዪል እንተ ኣልየን ነቲ ዓውዲ ከም ድላየን ክሕምብጣሉ እየን።

ኣብቲ ኣዋጣሪ ህሞት ዓምራ ክረግእን ልዑል ጥንቃቐ ክገብርን ነይሩዎ። ኣገዳስነት ግዜ ልዕሊ ዝኹነ እዋን ኣብታ ህሞት እቲኣ ተኻስተሉ። ሓንቲ ደቒቕ እንተ ደንጉዩ ዝመጽእ መዘዝ ስፍሪ ኣይነበሮን። መን ቀደሙ'ዩ፤ ንሱዶ እተን ሄሊኮፕተራት! ልዕሊ ኹሉ ንዓምራ ጥንቃቐ ዝሓተቶ ጉዳይ፤ ጉዳይ ናይቲ ጸይሩዎ ዝነበረ ሚሳዪል'የ። እቲ ሚሳዪል ከኢላ ተኻሲ እንተ ረኺቡ ዝምሕር ኣይኮነን። እንተኾነ፤ ሓንሳብ እንተ ተኮሱ ካልኣይ ኣይደግምን'የ። እቲ ብረት ኣገልግሎቱ ብኡ'የ ዘበቅዕ። ቅያር ኣብ ኢዱ ኣይነበሮን - ካብ ኣሃዱኡ ክለኣኸሉ'የ ክጽበ። ስለዚ፤ ዓምራ ነተን ሄሊኮፕተራት እንተ ስሒቱወን እቲ ኩነታት ክቀያየር ተኽእሎ ስለዝነበረ ንጸሩ ዝያዳ ኣ፞ክበዶ።

ካብተን ዓምር ናብ ዝነበሮ ታባ ዝተጸግዓ ሄሊኮፕተራት፤ እታ ብሽነኽ የማን ዝነበረት ዝረኣየቶ ኩይኑ ተሰምዖ። ብሚሳዪል ወይ ረሻሽ እንተ ወቒዓቶ ክሰዋእ ም፞ኳኑ ተሰወጦ'ሞ ሃንደበት ኣደኣ ተቓጀለቶ። እቲ ኣፍ ዘየኽድን ጭርቃና ካብቲ ዝያዳ ዝናፍቖ ባህሪያታ'የ።

＊   ＊   ＊

184

ዓምር ዓሊ ዑስማን ብ1971 እዮ ኣብ ሕርጊጎ ተወሊዱ፡ ክሳብ ወዲ ሓሙሽተ ዓመት ኣብኡ ተቐሚጡ። ብ1976 ጸላኢ ኣብ ሕርጊጎ ጃምላዊ ህልቂት ኣብ ዘፈጸሙሉ ቅንያት ምስ ስድራቤቱ እግሪይ ኣውጺእኒ ኢሎም ናብ ኣፍታ ሃደሙ። ጸላኢ ኣብ ሕርጊጎ ብዝፍጸም ኣስቃቒ ግፍዒ፡ ብዙሓት ስድራቤታት ብጅምላ ተቐዚፈን፡ ብዙሓት መንእሰያት፡ ኣረጋውያንን ህጻናትን ድማ ኣብ ቅርዓት ዓደም ብደም ጨቅዮም'ዮም። ስድራቤታት ዳግማይ ህልቂት ከይከስት ሰለዝሰግአን ኮፍ ምባል ሰለዝሰኣንን ገለን ኣባለተን ጠርኒፈን ንሜዳ፡ ገለን ናብ ስደት ኣምራሓ። ስድራ ዓምራ ካብ ሕርጊጎ 40 ኪሎ ሜተር ኣብ ዝርሕቀታ ኣፍታ ሰፊራ፡ ኣብ ማሕረስ ዝተመርኮሰ ሓድሽ ናብራ ጀመረት።

እቲ ኣብ ሕርጊጎን ካልኦት ከባቢታትን ብወተሃደራት ኢትዮጵያ ዝፍጸም ዝነበረ ቅትለትን ማእሰርትን ንበዓል ዓምራ ካብ ህጻንነቶም እትሓዙ ስምብራት ሰለዝሓደገሎም፡ ኣብ ልዕሊ ስርዓት ኢትዮጵያ ሕማቕ ስእሊ እናሓደሩ ዓቐም-ኣዳም በጽሑ። ወላ'ኳ ኣብታ ብኣቦኡ በታ ኣብ ልዕሊ ደቃ ፍሉይ ፍቕሪ ዝነበራ ኣደኡ ከምኡ'ውን ሸዱሽተ ኣሕዋቱ ማሟቒ ብፍቕሪ እንተ ዓበየ፡ ግፍዒታት ጸላኢ ድቃስ ሰለዝኸልኡ፡ ነታ ዓላ ዝመልአ ሕጉስቲ ስድራ ራሕሪሑ ብ1988 ናብ ሜዳ ኣምረሐ። ኣብ ቀጣን ወተሃደራዊ ታዕሊም ወሲዱ ናብ ክፍለ-ሰራዊት - 52 ኣሃዱ ኣጋር ከቢድ ብረት ተወዚዑ። ምስታ ኣሃዱ ክልተ ዓመት ምስ ጸንሐ ናብ ክፍለ-ሰራዊት - 90 ተቐየረ። ናጽነት ኤርትራ ምስ ተረጋገጸ ናብ ሜካ - 74 ተሰጋጊሩ፡ ኣብ ኣሃዱ ጸረ-ነፈርቲ ተኳሲ ረሻሽ ኮነ። ኣብ ወራር ወያነ ከኣ'ዮ ምስዚ ሓድሽን ዘመናውን ሚሳይል ጸረ-ነፈርቲ ዝተላለየ።

"ስግዕ ዓምራ፡ በዚ የማናይ ሽነኽ ውግእ ጾዲዑ ኣሎ'ሞ ሕጂ ተቐላጢፍካ ናብኡ ተበገስ" በሎ ኣዛዚ ብርጌዱ ወዲ ሓሊማ። ሓይልታት ምኽልኻል ኤርትራ ኣብ ካልኣይ ወራር፡ ኣብ ግንባር መረብ ሰቲት መከላኸሊ መስመሩ ንምትዕርራይ ክብል ሓዲጉዋ ንዝወጸን ወተሃደራዊ ኣገዳስነት ዝነበሮን ቦታታት ዳግማይ ንምቑጽጻር ብ10 ሰነ 1999 መጠነ-ሰፊሕ ጸረ-መጥቃዕቲ ካብ ዝኸፍት ሓያሎ ሰዓታት ሓሊፉ ነበረ።

"ሐራይ ሐራይ ጠዋሊ ወዲ ሓሊማ!" መለሰ ዓምራ። ኣይኮነንዶ ኣብ ግዜ ውግእ ኣብ ሰላማዊ ምንቅስቓሳቱ'ውን ጥንቁቕን ትኩርን'ዩ። ብሽነኽ የማን ኣብ ዝርከብ ጎሶሞ'ዮም ነይሮም። ሕጂ ናብቲ ብጸጋሞም ዝነበረ ግርሞ፡ ኣብታ ካብ ኩለን ዝበረኸት ታባ ከይዱ ዕማሙ ከሳልጥ'የ ካብ ወዲ ሓሊማ ትእዛዝ ዝተቐበለ።

እቲ ጸላኢ ኣብ ዘይተጸበዮ ግዜ - ልክዕ ሰዓት 10:00 ረፍዲ - ብሽነኽ እላላን ግርሞን ዝጀመረ ጸረ-መጥቃዕቲ ብቕልጣፈኡ፡ ጉልበት ተኸሱን

ውህደቱን አዝዩ ዝድነቐ ምንባሩ፣ እቲ አብ ውሽጢ ሓደት ሰዓታት ዝተመዝገበ ዓወታት ምስክሩ'ዩ። አብ መንግ ሰራዊት ወገንን ጸላእን ካብ ሓምሳ ሜትሮ ዘይሓልፍ ምፍንታት ዝነበራን ብተዛማዲ ልዋልጥ ዝበለትን እላላ፣ አብ ውሽጢ 10 ደቒቕ አብ ትሕቲ ቀጻጽር ሓይሊታታ ምክልኻል ድሕሪ ምእታው፣ ሰራዊት ወያነ አየትከለን - ፋሕፋሕ በለ። አሃዱታት ወገን እግሪ-እግሩ ብምስዓብ ስለዝተሰሃላ፣ ክሳብ አጋ ምሽት ሓያሎ ኪሎ ሜተራት ንውሽጢ ደፊኡ ብምእታው አገደስቲ ታባታት መንዛዕ።

"በየን በየን አቢለ'የኸ ክኸይድ?" ዓምራ'የ ሓቲቱ። ብረቱ ተሓንጊጡ ማይ አብ ብራሾኡ እናመልአ።

"በዛ ናተይ መኪና ኢኻ ክትከይድ፣ ጸሎት አብ እግሪ'ታ በራኸ ታባ'ቲኣ ከብጸሓከ'የ፣ አብአ ኬንካ ምንቅስቓስ ነፈርቲ እናተኸታተልካ ዕማምካ ተሳልጥ! ሓንቲ ከምታ ናይ ሩባ ወዳስ ተድልየና አላ! ያላ አብሸር!" ሞራል አስኒቑ አፋነዎ እቲ ጸልም ኢሉ ጕልቡት አዛዚኡ።

ዓምራ ብዘዕባ ፍጻመ ሩባ ወዳስ እናሓሰበ ምስ ጸሎት አብ መኪና ደየበ። ሰራዊት ወያነ "መዓልቲ ናጽነት ኤርትራ ናብ መዓልቲ ሓዘን ክንቅይራ ኢና።" ዝበለ መፈክር ሒዙ ብ23-24 ግንቦት አብ ግንባር መረብ ሰቲት፣ 'ሩባ ወዳስ' አብ ዝበሃል ቦታ መጥቃዕቲ አብ ዝፈጸመሉ፣ ዓምራ ናብተን አብ ልዕሊ ሰራዊት ወገን ቦምባታት ብምዝናብ ስግአት ዝፈጠራ ሄሊኮፕተራት ተኰሱ ንሓንቲ ካብአተን ምስ አብራሪኣ ሓምሺሹ ነፈርቲ ዳግማይ ተወዝ ከም ዘይብላ ገይሩወን'የ። ምቅጻል ናይታ ነፋሪት አብ ልዕሊ'ቲ አብ ሩባ ወዳስ ዝደራገም ዝነበረ ናይ ወገን ሰራዊት ዘሕደር ሞራልን ንኸዕወት ዝፈጠሮ ድርኺትን ዘኪሩ ዓምራ ብሓበን ፍሽኸ በለ።

"ኢሂ ደአ ዓምራ በይንኻ ትስሕቕ፣ ናይ ደሓንዶ! በል አብዚ ኢኻ ክትወርድ፣ ዳይ-ዳይ ሓንቲ ድገመና!" ጸሎት'ውን ተወሳኺ ጸር ወስ አቢሉ መኪናኡ ንድሕሪት ዓጺፉ በቲ ደግዳግ ዝመልአ መንገዲ ደርጓዕጓዕ እናበለ ተሓምበበ። አዛዚ ሓይሊ ክንሱ'የ ንህጹጽነት ተልእኾ ዓምራ ተገንዚቡን አውቲስታኣ ተጸሊኡዎ ስለ ዝነበረን ቦታ ቅድሚኡ ዘዊሩዋ ዘይፈልጥ ናይ ሓላፊኡ መኪና ዘብጸሑ።

"ሎሚ ሓዲኣ አላ፣ ኩሉ አባል ሰራዊት ቡብዓውዱ ይከራፈስ አሎ። በታ ዝተዋህበትኒ ዕማም ተልእኾይ እንተ ዘይፈጺመ ኸአ አብዚ ዓውደ-ውግእ ምህላወይ ትርጉም የብሉን!" በለ ዓምራ ብውሽጡ ናብቲ ታባ እናደየበ። ሚሳይሉ ካብ መንኩቡ አውሪዱ ጠመታ'ሞ ድልውነታ ዳግማይ አረጋገጸ።

እታ 'SAM-9' ዝዓይነታ ሚሳይል ተጻይራ እንክትርእያ አብ ወሰኒ ወተሃደራዊ ተልእኾ መስተንክር ትሰርሕ ኩይኑ አይስምዓካን'የ። አቦዋት ነታ ቀደም ዘመን አገራሚት ውጽኢት ተክኖሎጂ ዝነበረት ጎንጄ ሕንቅል-

ሕንቅሊተይ ከውጽኡላ እንከለዉ። "አጻውራኣ - አጻውራ ሬሳ፣ አናቝዋኣ - አናቝዋ አንበሳ" ደኸ አይበሉዋን! እዛ ናይ ሎሚ ዘመናዊት ብረት'ውን ትርኢታን አጻውራኣን ካብ ናይ ጓንጌ ዝፍለ አይኮነን፣ ዕማማ ግና እንሓንሳብ ቦጦሎኒ'ውን ትዳረጎ አይኮነትን።

ዓምራ፡ አሃዱታት ህዝባዊ ሰራዊት ዓሪደን ንጸላኢ ናብ ዝድምሰሳሉ ዝኸበራ ግርማ ደዩቡ'ዩ ዕማሙ ከሰላሰል። ብነዋሕቲ መሓውራን ድልዱል አራግጻኡን ተሓጊዙ ነቲ አብ ሓድሕዱ ዝተሓናገር ነቦታት ተተሓሒዙ። ከምቲ ወዲ ሓሊማ ዝሓበሮ ግና እቲ ቦታ ብመዳፍዕን ፈኩስን ማእከላይን ብረትን ተናዊጹ ህይወት ዘለዎ ፍጡር ዝሓጨፈ ይመስል አይነበረን።

ንዓምራ ፈለግ ቦምባ መድፍዕ'ዩ ተቓቢሉዎ። እቲ ቦምባ ንዕኡ ሓዲጉ አብ ማእከል'ቶም አብ ጥቓኡ ዝነበሩ ክልተ ብጸት ወዲቑ ጉድአት ከውርደሎም ተዓዘበ። እቶም ጓል ወድን አሕዋት ምኝኖም ጸኒሑ'ዩ ፈሊጡ። እታ ጓል ዝነበረታ አሃዱ ካብቲ ግንባር ክትወጽእ አሃዱ ሓዋ ድማ ንዓአቶም ተኪኣ ናብቲ ውግእ ክትአቱ እናተቃያየሩ ከለዉ'ዮም ሃንደበት ዝተራኸቡ። ገና ተሰዓዒሞም ከይወድኡ ድማ ክልተአም ብሓንቲ ቦምባ ተወቒያዮም ወደቑ። እቲ ቆማት መንእሰይ ማህረምቱ ሓያል ብምንባሩ ሹዑ ንሹዑ ተሰውኣ። ሓፍቱ ኸአ መሓውራን ካልእ አካላታን ተሃስያ ብባዕላ ተጸይራ ናብ ሕክምና ተወስደት። ህዊኽ ዝነበረ ዓምራ በቲ አብ ቅድሚ ዓይኑ ዝተፈጸመ መስዋእቲ እናሓንሓነ ጉዕዞኡ ቀጸለ።

ዓምር ናብ ጥርዚ'ቲ ታብ እናተቓረበ ብዝኸደ ቦምባ ጥርታር አብ ከባቢኡ ወዲቑ ተፈናጨለ። "አንታ'ዚኣተን ዕላማና ከይወጻዕና ክልክማና'የን ግዲ!" በለ ብስክፍታ። ስክፍታኡ ከይስዋእ ወይ ከይውጋእ አይነበረን፣ ነዚስ ከም ኩሎም ብጹቱ ከም ቅቡል ወሲዱዎ'የ። ናብቶም ምስ ጸላኢ ንምድርጋም ብመካይንን አጋርን ዝንቀሳቐሱ ዝነበሩ አባላት ሰራዊት ብሓበን እናተመልከተ፡ አብ መወዳእታ ናብታ ክዓርደላ ዝተሓበረቶ በራኽ እምባ ግርማ ሓኾረ። ካብቶም አብቲ ቦታ ዝነበሩ አዘዝቲ፡ "ስማዕ ነብሲ ንሱ ክሻፉ'ዩ! ንዓ ንዓ ቀልጥፍ - አብዚ ምሳና እቶ!" ኢሎም ምስ ጸውዑዎ'የ አብቲ ነቦ ሰብ ከም ዝነበረ ዘስተውዓለ።

አብታ መአዘዚት አንደር፡ አዛዚ ናይታ አብቲ ቦታ ዓሪዳ ዝነበረት ብርጌድ ወዲ ብርሃን ደሚርካ ሓሙሽተ አዘዝቲ ሰራዊት ሬድዮታቶም ጨጭ. . .! እናአበሉ ከዋግኡ ተዓዘበ። ክልተ ካብአቶም ከቢድ ብረት ዘተኮሱ (ዝሕብሩ) አዘዝቲ ቦጦሎኒ'ዮም። እቲ ውግእ እምብዛ ጸዕጺዑ ብምንባሩ ኩላቶም ብሓደ ብዓውታ ስምኂትን'ዮም ዝዛረቡ። ወስታታት አአዳዎምን ገጾምን መምስ ምዕባላታት ናይቲ ውግእ ይለዋወጥ። ክልተ አባላት ዜና ድማ - ሓደ ጋዜጠኛ ሓደ ካሜራ ማን - ፈት-ንፈቶም

187

ኮፍ ኢሎም ማይ ሽኮር በጽቢጸም ይምስሑ። እቲ ቦታ ብደብዳብ ተወዝ ስለዘየብል፡ እቶም አባላት ብዘይካ ማይ ሽኮር ካልእ መግቢ አይነበሮምን።

እቶም ጋዜጠኛታት ነቲ ደንጉዩ አብታ አንደር ዝተጸንበሮም ዓምራ ንፍሉይ ተልእኮ ከም ዝመጸ በቲ ቅድሚኡ ርእዮም ዘይፈልጡ ብረቱን ዕቡብነቱን ተረድኡ። ጽግዕ ኢሎም ከዕልሉዎ ድሕሪ ምጅማሮም ናብ ቃለ-መጠይቅ ሰገሩ። ገና ዝርርዮም ከይወድኡ እንክለዉ እምበአር'የን እተን ክልተ MI-35 ዘመናውያን ሄሊኮፕተራት ናብ ግርማ ገጸን ዝተንቀሳቐሳ።

*　　*　　*

ዓምራ ብዮማነ-ጸጋሙ እናፋጸየ ንዘወናጨፍ ጠያይት ብሬናትን ረሻሻትን ግምት ከይሃበ፡ ብደዉ ናብ ምንጽጻር አተወ። ነታ ቀዳመይቲ ሄሊኮፕተር እናአነጻረላ ከሎ ቀዲማቶ አብ ልዕሊ ሰራዊት ወገን ተኮሳ ናብ ኢትዮጵያ ገጸ አንቃዕሪረት። እንተኾኑ፡ እቲ ዘነጻጽር ነታ ካልአይቲ አብ ዕላማ ከእትዋ ሓጊዙዎ'የ።

ዓምራ ነታ ሄሊኮፕተር ምሉእ ብምሉእ አብ ዕላማኡ ከም ዘእተዋ ስለዝተአማመነ ኢዱ አብ ቃታ አንበረ። ሚሳይል ብቓታ'የ ዝትኮስ፡ ትንፋሱ ሓቢኡ ብዓቢ ጥንቃቐ ቃታ ሰሓበ። እቲ ሚሳይል ብቅድሚኡን ብድሕሪኡን ሓዊ ብምትፋእ ትኽ ኢሉ ናብታ ሄሊኮፕተር ገጹ ተመርቀፈ። አብ ሰማይ ከውንጨፍ እንክሎ አብቲ ከባቢ ዝነበረ ሰራዊት ብዓይኑ ክርእዮ ጸገም አይነበሮን። እታ ሄሊኮፕተር አብ ጥቓአ ምስ በጽሐ ንድሕሪት ተጸፈት። እንተኾኑ፡ እቲ ሚሳይል'ውን ደድሕሪአ ተዓጺፉ አርኪቡ አላዓማ። ከም-ቅጽበት አብ ሰማይ ብልጭታ ሓዊ ተፈጥረ - ተቓጺላ! እታ ብድርዒታት ዝጠንከረት ሄሊኮፕተር ምሉእ-ብምሉእ አብ ኩብዳ ስለዝተረኸበት፡ ሽዑ ንሽዑ ተበታቲና ናብ መሬት ወደቐት።

እቲ አብ ላዕሊ ኩይኑ ዝዘውር ዕንክሊል-መሰል ንበይኑ በቲ ሓደ ሸነኽ ተገቲቱ፡ ጭራአን ገለ ክፋላቱን ከአ ካብኡ ሓደት ሜትሮታት ርሒቹ ተበታተነ። እቲ ዝሰፍሐ አካላታ ንፋስ ፋሕፋሕ ስለዘበሎ፡ አበይ ከም ዝአተወ አይተረኸበን። ጸይራቶ ዝነበረት አጽዋርን ተተኲሰን ምስ ስለዝነደደ፡ ንመስርሕ ምቅጻል'ታ ሄሊኮፕተር አቀላጢፉዎ ይኸውን'የ።

አባላት ሓይልታት ምክልኻል ኤርትራ ንሰራዊት ጸላኢ ጸራሪት ድሮ አህቲፉዎ ብምንባሩ፡ ገለ አባላት ናብቲ እታ ሄሊኮፕተር ዝወደቐትሉ ከባቢ ብምኻድ ዝተቐራረጸ አካላታ ጸይሮም ንቦታአም ተመልሱ። አብረርቲ ናይታ ሄሊኮፕተር አሰርም'ውን አይተረኸበን - አስከሬኖም ናብ መሬት ዝነጠበ'ውን አይምስልን።

ዓምራ፡ ቃታን ንእሽቶ ሻምብቆ ብረትን ጥራይ ሒዙ ተዓነደ! ሓጉስን ተስኪሙዎ ዝነበረ ጸርን ተሓዋዊሱ ጋን ሰርሐ። እቶም ብመስኮት ናይቲ

188

አንደር ተቛልቂሎም ነቲ ህያው ድራማ ዝከታተሉ ዝነበሩ ብጾት፥ "ዓሽ! ዓሽ! ዓምራ ተዓወት! ተዓወት!!" ኢሎም ክጭድሩ ከለዉ᎓ውን አየቃለበሎምን። ክልተ ሰባት ካብቲ አንደር ብምውጻእ ሓፍ አቢሎም ምስ ተስከምዎን ሓደ ካልእ ድማ አብ ልዕሊኦም ተደሪቡ ምስ ተሓቝፎምን እዩ ውዓኡ ዘፈለጡ። ሻምብቆ ሚሳይል ደርብዩ᎓ ነታ ቃታ ብየማናይ ኢዱ ጨቢጡ᎓ በቶም አዘዝቲ ተዓጂቡ ናብ አንደሩ ተመልሰ።

"ደጊም ሞት ከም አዳም!" በለ ዓምር ዓሊ ዑስማን እቲ ን10 መዓልቲ ዝቐጸለ ውግእ ተዛዚሙ᎓ ልዕሊ 20 ሽሕ ወተሃደራት ወያነ ምዉታትን ቁሱላትን ምሩኻትን ከም ዝኾኑ ብድምጺ ሓፋሽ ምስ ተቃልሐን እታ ንሱ ዝወቐዓ ሄሊኮፕተር አብ ሰማይ እናተቓጸለት ብቲቪ ኤረ ከም ዝተራእየት ምስ ሰምዖን። ናብ አህዱኡ - አህዱ ጸረ-ነፈርቲ - ክጽንበር ተሃዊኹ ብምንባሩ ላዕለዋይ አዛዚ ናይቲ አብ ግርመን ከባቢኣን ዓሪዱ ዝነበረ ሰራዊት ኤርትራ᎓ ሜጀር ጀነራል ተኽላይ ሃብተስላሰ፥ ከም መግለጺ ጅግንነቱ ንዝለአኽሉ በረቅረቅ እትብል ሸጉጥ አብ የማናይ ጎኑ ዓጢቑ ተበገሰ።

አብ መንኮቡ ጸይሩዋ ዝነበረ ሓዳስ ሚሳይል አውሪዱ ገማጢሉ እናረአየ፥ "እስኺ'ውን አብ ካልእ አጋጣሚ ተሓጉሰኒ ትኹኒ'ምበር!" በለ። ነታ ሄሊኮፕተር ምስ አቃጸላ ደቂ አህዱኡ መሓሪ ማቴዎስን ዑስማን እንገርነን እናላህለሁ ብምምጻእ ካልእ ሚሳይል አቐቢሎሞ ነይሮም'ዮም።

ተጋዳላይ ዓምር ዓሊ ዑስማን

7

ዘወዓለ ይንገር

ናጽነት አፈወርቂ

ዘምኪኤል ተወልደ እበያል፡ ዝያዳ ግን ብ'ዛኪ' እፍለጥ። አብ አርባዕተ አስመራ ተወሊደ ዓብዬ። መባእታ ትምህርተይ አብ አኽርያ መለስተኛ አብ ዝበሃል ዝነበረ ጆሚራ፡ አብ ቤት ትምህርቲ ካልአይ ደረጃ ኢብራሂም ሱልጣን ዛዚም። አብ ትርፊ ግዜይ፡ አብ አርባዕተ አስመራ ሕርሻ ስለ ዝነበረና፡ ምስ ወለደይ አብ ሕርሻዊ ንጥፈታት እናተሓጋገዝኩ ዓብዬ። ዘፍረናዮ - ከም ሽጉርቲ፡ ኮሚደረ፡ አሕምልቲ፡ . . . - አብ ምሻጥ እጃመይ እንገብር ነይረ። ካልአይ ደረጃ ትምህርቲ ምስ ዛዘምኩ፡ አብ ክራማት 1995፡ ሃገራዊ ግቡአይ ክፍጽም አብ ሳልሳይ ዙርያ ሃገራዊ አገልግሎት ናብ ሳዋ ወሪደ።

አብ ሳዋ ንሽድሽተ ወርሒ ወተሃደራዊ ታዕሊም ምስ ወሰድኩ፡ ንዓመት አብ ተኹምብያ ምስ ኮር 161፡ ሳልሳይ ብርጌድ ግቡአይ ፈጺመ። ድሕሪ ዓመትን ሽዱሽተ ወርሒን ተፋንየ ንገዛ ተመለስኩ። ብ1998 አብ ሕርሻውን ንግዳውን ንጥፈታት ስድራቤተይ እንከለኹ፡ ጸውዒት ወፍሪ ልምዓት ተገብረ። ስለዚ ድማ ናብ ኮር 161 ከተትኩ።

አሃዱና አብቲ ቀዋሚ ቦታኡ አብ ተኹምብያ እያ ጸኒሓትና። ካብኡ ቅሩብ ፍንትት አብ ዝበለ መፍለጺ ዝበሃል ዓዲ ድማ ጸናሕና። አባላት ሳልሳይ ብርጌድ፡ ካልአይ ቦጦሎኒ ኢና፡ ዲጋ አብ ምስራሕን አብ ካልእ ማእቶታዊ ንጥፈታትን ተጸመድና። ክልተ ሰሙን ክንገብር አይተፈለጠናን - ተጊህና ስራሕና ዓሚምና ናብ ዘዘመጻእናሉ ክንፋኖ ልዑል ህንጡይነት ነበረና።

መብዛሕትና ሰብ ሰራሕ፡ ሰብ ውልቃዊ ዋኒን ኢና ነይርና። ተልእኾና
ፈጺምና ቀልጢፍና ናብ ገጉዳይና ክንምለስ፡ ሃገራዊ ማእቶት ብትግሃት
ተተሓሓዝናዮ። ካልኣይ ሰሙን ኣብ ምውዳእና ግን ሓደ ዘሰንብድ ጋሻ
ዜና በጽሓና፣ ኢትዮጵያ ኣብ ልዕሊ ኤርትራ ኩናት ከም ዝኣወጀት ኣብ
ሬድዮ ኢትዮጵያ ሰሚዕና። ድምጺ ሓፋሽ ኤርትራ፡ 'ዘሰክፍ ነገር ከም
ዘየለ፣ ነገር ብሰላም ክፍታሕ ም'ዃኑ' ክትገልጽ እንከላ ኢትዮጵያ ግን
ድሮ ምስ ኤርትራ ዘራኸቦም ኩሉ መስመራት፡ ተሌፎን ኩነ መንገዝያ፡
ዓጽዮም ወተሃደራዊ ረጽሚ ጀሚሮም ነበሩ። ካብቲ ኣዋጅ ወራር ብሬድዮ
ዝሰምዕናሉ መዓልቲ፡ ኣብ ሳልስቱ፡ እቲ ወራር ብቐጽበት ግሁድ ኩነ።

ባዬላን ኣፍራዛን ኣረኪብና። ብረትን ዕጥቅን ኣልዓልና። ከም ብሓድሽ
ምውድዳብ ተገይሩ ኣብ ካልኣይ ቦጦሎኒ ካልኣይ ሓይሊ ተመደብኩ።
መራሒ ሓይልና "ኩላሲ" ብእትብል ሳጓ ዝፍለጥ የውሃንስ ብርሃኑ ኣዛዚ
ብርጌድና ኸኣ ወዲ ቐሪን እዮም ነይሮም። ወዲ ቐሪን ሓደ መዓልቲ ኣብ
ዓዲ ጸጸር ኣብ ንጡፍ ወተሃደራዊ ልምምድ ከለና ኣኼባ ገበረልና።

ኣብ ቅድሚ ሰራዊት ደው ኢሉ፡ ነድሪ ብዝነበር ቃና፡ "መቸም እዚ
ኮነታት ትርእዮዋ ኣለኹም። እዚ ነገር ኣብ ቅድሚ ዓይንኹም'ዩ ዝፍጸም
ዘሎ፡" ኢሉ መልሰና ከም ዝጽብ ንገለ እዋን ትም በለ። ንሕና፡ "እወ፡ እወ. ."
ብብርቱዕ ድምጺ ጨደርና'ሞ ዘረባኡ ቀጸለ፤

"ወያነ ደም ሰዊእትና ከይነቐጸ፡ ኣብ ልዕሊ ልኡላዊ መሬትና ወራር
የካይድ ኣሎ። ሽሕ'ኳ ደለይቲ ሰላም ንኹን ነዚ ተዓሚትና ክንርእዮ
ግን ኣይከኣለናን እዩ፡ ግቡእ'ውን ኣይኮነን። ናውቲ ህንጸ ገዲፍና
ብረት ክንሕዝ ተገዲድና ኣለና።. . ." ዘረባኡ ከይወደአ ሰራዊት ሓያል
ጣቕዒትን ፋጻን ኣመንገወ። መደረኡ ምስ ዛዘመ ሕቶን ርእይቶን ሰዓበ።

"እዚ ወዓል ሕደር ከይበልና ህጹጽ ግብረ-መልሲ ክንህበሉ ዘለና
ጉዳይ'ዩ። ንሕና መሬትና ዝሓተተትና ክንከፍል ድልዋት ኣለና፡" ዝብል
ርእይቶን ድሉውነትን ተደጋጊሙ። ውልቃዊ ጉዳይና ጉሲና፡ ሃገር
ዝሓተተትና ዋጋ ክንከፍል ብምሉእ ልብና ተዳለና።

እቲ ወራር ክእወጅን ኣብ ባይታ ክፍጸምን ሓደ'የ ነይሩ። ዝኹነ
ቅድመ-ኮነት ዘይሀብ ፍኑው ወራር ድማ ነበረ። ብድሕሪ'ዚ ወያነ ኣብ
ሓጺር እዋን፡ 23 ግንቦት 1998፡ ሰዓት ስለስተ ኣቢሉ ብምሉእ ሓይሉ
ከወረና ግዜ ኣይወሰደን። ንዕለት ናጽነትና ንምጉባጥ ዝተገብረ ወራር
ምንባሩ ዘግሃደ ስርሒት ድማ እዩ ነይሩ።

ኣብ ታባ ጨጓር፡ ከባቢ ተከዘ እዩ። ፈለግ ውግእ ዝረኣናላ መዓልቲ
እያ ነይራ። ሓይሊ ጸላኢ ክሳብ ዝወተፈና ድንግርግር በለና። መብዛሕትና

ውግእ ርኢና ዘይንፈልጥ ኣባላት ሃገራዊ ኣገልግሎት’ኳ እንተ ነበርና፡ ምኩራት ኣያታት ምሳና ስለ ዝነበሩ ግን ድምብርጽ ኣይበለናን። ጥይት "ኺሕ" ምስ በለት ኩልና ማዕረ ኹንና።

እቲ ቦታ ልዑል ምጭት ነበሮ። ሓዊ ብረታት ተወሲኹዋ ኸኣ መሊሱ ረመጽ ተፈኣ። ንሕና፡ ነቲ ገዚፍ ሓይሊ ክንገጥም ግድነት ስለ ዝነበረ፡ የማንና ጸጋምና ሰብ ክወድቅ ምስ ረኣና ንእለት ምግያሽና ንውግእ ጠሪኡ ብትብዓት ተተከኣ።

እቲ ብታሪኽ እንፈልጦ ባህሪ ተጋዳላይ፡ "ኣነ ክስዋእ ንስኻ ስዓብ" ኣሻቡ ብጋህዲ ዝርኣናሉን ዝመለኻናሉን ኣጋጣሚ ድማ ስዓበ። ኣያታትና፡ ዘይከውን ኩይኑዎም እምበር ኣብ ክንዳና ነቲ ውግእ በይኖም ክሓልፉዎ ኣይምጸልኡን። ምሒር እዮም ዘበቁና ነይሮም። ኣብ ማእከል ውግእ፡ ብየማነ-ጸጋምና ቦምባ እና ወደቐ፡ "ኣታ ቄልዓ ነብስኻ ሓሉ። ኣብ ቃልዕ ኢኻ ዘለኻ፡ ተኣለ፡ ቦታ ቀይር!" እናበሉ ንዓና ኣልዮም ባዕላቶም ይኣትውዎ። ቀዲሞምና ይሓልፉ፡ ትርጉም መስዋእቲ ብግብሪ ዝፈለጥናሉ ናይ መጀመርታ ተመኩሮና ድማ ነበረ። ምሒር ከንፍቅሮምን ንዕኦም ክንመስልን ፍቖሮም’የ ደሪኹና።

ሰራዊት ጸላኢ ካብ ምሒር ምብዛሑ ተኮስና ይኹን ቦምባ ደርቢና ክንውድኦ ኣይከኣልናን። ጢያይትን ቦምባን ወዲእና ካብ ስዉኣት ብጾትናን ካብ ጸላኢን እና ኣልዓልና ክንትኮስ ተገደድና። ኣብ ዝነበርናዮ ብምጽናዕ ግን ነቲ ብዝሒ ወተሃደራት ምስ ዘመናዊ ዕጥቁን ሓይሉን መከትናዮ።

ድሕሪ ናይ ሰለስተ ሰዓታት መሪር ውግእ፡ መሬት ዓይኒ ሕዝ ኩብል እቲ ውግእ ዝግ በለ። ጸላኢ፡ ተጸፊዑ ምዉታቱን ዉጉኣቱን ራሕሪሑ ናብ መበገሲኡ ተመልሰ፡ ዉጉኣት ዝርከቡዎ ብብዝሒ፡ ሰራዊት ጸላኢ ኸኣ ማረኽና። ከበድትን ፈኪስትን ኣጽዋር'ውን ብብዝሒ ኣብ ኢድና ኣተወ። ሰብ መዓርግ ወይን ከይተረፉ ኢደም ሃቡ። ንዓኣቶም ናብ ደጀንና ሰዲድና፡ ዉጉኣትና ኣፋኒጊና፡ ምሽት ብላምፓዲ ተሓጊዝና ንስዉኣትና ሓመድ-ድብ ኣልበስናዮም። ምስቲ ሓደስቲ ምንባርን፡ ምቅባር ስዉኣትና ብርቱዕ ነድሪ ፈጠረልና። ኣብታ ውግእ'ቲኣ ሽድሽተ ዝኹኑ ብጾት'ዮም ተሰዊኣምና። ካብዚኣቶም 'ወዲ ተሽ' ዝበሃል ካልኣይ መራሒ ሓይልና ነበረ።

ንጽባሒቱ፡ ንመደባት ጸምብል መዓልቲ ናጽነትና ብሬድዮ ተኸታተልናዮ። "ናትና ኣይንህብን ናይ እንዳማትና ኸኣ ኣይንደልን" ዝበል ጥቕሲ ፕረዚደንት ኢሳይያስ ኣፈወርቂ ድማ ሰማዕና። ህዝብና ኣብ ንቡር ህይወቱ ከም ዝነበረ ተረድኣና። ህዝብናን መሬትናን ብዘይ ምድፋርና ሓበን ተሰሚዑና፡ ነቲ ምስ ገዚፍ ሓይሊ ገጢምና ደው ንኽንብል ዘኽኣለና ሓይሊ ምዉራስ ኣድነቕናዮ።

አብ ልዕሊ ኤርትራ ኩነት ምስ ተአወጀ፡ ኩሉ ኤርትራዊ ካብ ህጻን ክሳዕ ሽማግለ፡ ተናዕዩ እዩ። ስንኩላን ተጋደልቲ ከይተረፉ ከቲቶም መጽና። ተመሃሮ ትምህርቶም ገገዲፎም ሳዋ ይወርዱ ብምንባሮም፡ ካብ ሓንቲ ዙር ብዝሒ ዓቕሚ ሰብ ተደረበና። ሰራዊትና እናሰሰነ ብምኻዱ፡ ቦጦሎኒ ቦጦሎኒ እናወለደት፡ ብርጌድ ብርጌድ እናወሰኸት ከደት። ድሕሪ'ዚ ናብ ካልአይ ቦጦሎኒ ካልአይ ሓይሊ ተመደብኩ። ካብ ኣሃዱ ናብ ኣሃዱ ክትቅየር - ዝለመድካዮም ብጾት ገዲፍካ ናብ ሓድሽ ኣሃዱን ሓደስቲ ገጻትን ስለ ዝኸውን፡ ክሳዕ ትለማመዶ ክብድ ይብል'የ። ዝመረረ ኣካል ናይቲ ገድሊ ምንባሩ ድማ ኣይክሓድን፡ ይልመድ ግን።

ድሕሪ'ቲ ኣብ 1998 ዝጀመረ ወራር፡ ድፋዓት ኣብ ምስራሕ፡ ካብ ደብዳብ እንከላኸለሉ ትሕቲ ምድሪ ኣባይቲ ኣብ ምህናጽ፡ ኣብ ጽዑቕ ስራሕ ኣሕለፍናዮ።

*   *   *

ኣብ 10 ሰን 1999፡ ዝተወርረ መሬትና ንምምላስ ብግንባር ደረጃ መጥቃዕቲ ተገብረ። ንጸላኢ ጸራሪግና ኣህቲፍናዮስ ዶቡ ኣቲና ክንእድሮ እናበልና ብትእዛዝ ተመለሱ ተበሃልና። ብድሕሪ'ዚ ብዙሕ ከይጸናሕኩ ሓዱስ ክፍሊ-ሰራዊት ምስ ቄመት ምልክት ተማሂረ ናብ ሳልሳይ ክፍሊ-ሰራዊት፡ ሳልሳይ ብርጌድ፡ ካልአይ ቦጦሎኒ ተመደብኩ።

ዝተጨራረጹ ዝኽሪታተይ ኣይርስዖምን እዩ፡ ሓደ መዓልቲ ምሉእ ለይቲ ብእግሪ ክይድ ሓዲርና ከባቢ ዓዲ ገሹ በጻሕና። ዓዲ ገሹ ዶብ ኢትዮጵያ ኩይኑ መዓስከር ጸላኢ እዩ ነይሩ። ጸላኢ ብጸላኢኡ ኸኣ ኣሕዋትና ዝተሓዉ·ዎ፡ ኤርትራዉያን ክንሶም ነታ ብደም ኣሕዋቶምን ኣቦታቶምን ዝመጸት ናጽነት ኣብ ዋጋ ዕዳጋ ዘእተዉ፡ ምስ ጸላኢ ተደሪቦም ብረቶም ናባና ዘቕነዉ።

ወጋሕታ ኣብቲ ቦታ በጺሕና መጥቃዕቲ ብምፍናው ንቕሩብ ግዜ ነቲ መዓስከር ተቖጻጸርናዮ፡ ቦታና ስለ ዘይኩን ግን ኣብኡ ግዜ ኣይወሰድናን፡ ዝማረኽ ተማሪኹ፡ ዝቐተል ተቐቲሉ፡ ዝሃድም ሃዲሙ። ውግእ ይበርትዕ ይፍከስ ተኸሲ፡ እንተ ተወሊዑ መስዋእቲ ኪጋጥም ግድነት እዩ። ኣብቲ ስርሒት ድማ ሰለስተ ብጾት ተሰዉኡና፡ ገለ መውጋእቲ'ውን ኣጋጠመና። ሰዉእትና ጸይርና ናብ ቦታና ብምምላስ ቀበርናዮም፡ ሓደ ካብዞም ካብ ዓይነይ ዘይፍለዩ ሰዉእት፡ ኣወልጊሳ ዝበሃል ኣባል ሓምሻይ ዙርያ ኣፐረተር እዩ።

ንግሆ፡ ሰላሳ ዝኹኑ ምሩኻት ምስ ምሉእ ዕጥቆም ሒዝና፡ ነቲ ትጉዕዝ ዝሓደርናዮ ተመለስናዮ። እቲ መንገዲ ኣብ ልዕሊ ምንውሑ ብጽምኢ

ዝፍትነካ ደረቕ ቦታ እዩ። ድሓ ብምኳኑ፡ ሓገዝ መኪና ዘይትረኽበሉ
አድካሚ ጉዕዞ ድማ ነበረ። አብ ከምዚ ዝበለ ፈታኒ ህሞት፡ ክልተ ብጻትና
ብድኻምን ጽምእን ተሰኒፎም ድሕሪት ተረፉ።

እቶም ብጻት አባላት ቀዳማይ ዙርያ ኩይኖም፡ እቲ ሓደ "ዓይኒ"
ብእትብል ሳን'ዩ ዝፍለጥ ነይሩ። ንሕና ወይ ተሰዊአም ወይ ድማ አንፈቶም
አጥፊአም አብ ኢድ ጸላኢ. አትዮም አለዉ. ኢልና ቀበጽናዮም። ንሳቶም
ግን ተበላሒቶም ካብ ውሽጢ ጸላኢ. ብጥዉይዋይን አድካምን ጉዕዞ ድሕሪ
ሳልስቲ ተመልሱና። ብጥሜትን ጽምእን ከም'ኡ'ውን ተደራቢ ንዉሓት
ጉዕዞ አዝዮም ተዳኺሞም ነበሩ። አሃዱና፡ ከም ሞት ስኒሮም ካብ መቃብር
ዝወጹ፡ አኼባ ገይርና ብኽብሪ ተቆበልናዮም።

ሓለፍትና፡ "ሰራዊት ጸላኢ፡ ህይወቱ ክዕቅብ መዓልታዊ ሃዲሙ ናባና
ይመጽእ አሎ። እዚአቶም ከአ ካብ ኢድ ጸላኢ፡ ንዳግማይ መስዋእቲ
ተመሊሶምና አለዉ!" ብምባል ዝያዳ ክብሪ ከም ዝወሃቡ ገበሩ። ሰራዊትና
ብድሙቕ ጣቕኒት ተቆበሎም። ዘድሊ ሕክምናዊ ሓገዝ ተገይሩሎም ድማ፡
ዝለዓለ ሕክምን ንምርካብን ብኡ አቢሎም ዕረፍቲ ክወስዱን ናብ ሰድራአም
ክኸዱ ተፈቕደሎም።

*   *   *

ከም አፐረተር ዘይርሰያ ፍጻመ አሎ። ካብ ገዛ ገርሀላሶ ወሪድና አብ
ቀላጥ ጉልጉል ነበርና። እቲ ቦታ አጸምእ ኩይኑ ፈዉሲ ሞት መጽለሊ
ገረብ ዘይብሉ'ዩ። ንመኸላኸሊ. ዝኸውን ደናጉላ'ውን አይርከቦን። አብ
ቃልዕ ኬንና ምስ ጸላኢ. ፊት-ንፊት ገጠምና። ወያን ጥሩምባ እና ሃረሙ
ብታንክታትን ሄሊኮፕተርን ተሰንዮም እዮም አትዮምና። በቲ ደብዳብ
ታንክታትን ከበድ ብረትን፡ በቲ ኸአ እታ ሄሊኮፕተር አመና ትሕታ
ረሸራሽ አዝነበትልና። ካብ ምሕር ምትሓታ ዝተላዕለ አብአ ተወጢሓም
ናይ ዝትኮሱ ዝነበሩ ሰባት ሕብሪ ክዳንን ምስሎምን ብንጹር ረአናዮ።
ሰማያዊ ሃሳስ ዝሕብሩ ምሉእ ክዳን እዮም ገይሮም ነይሮም። ርእሶም
አቓልቒሎም ብምንባሮም ኩልንተናአም ረአናዮ።

ልዕሊ.'ቲ አብ ፌትና ንገጥሞ ዝነበርና ምሉእ ዝዓቐሙ ጸላኢ፡ እታ
ሄሊኮፕተር እያ ሓሳብና ሰሪቓቶ። አብ ልዕሌና ኩይና "CCCCC" እናበለት
ብላዕሊ. ሓዊ ከተዝንበልና እንከላ፡ ዝነበረና አማራጺ. ክሳዕ ተውድቓና ጸማም
እዝኒ ምሃብ ኩነ። ከም ዘይረአናያ ብጽንዓት መከትና። ሰራዊቶም ብብዝሒ.
እናጸነተ፡ ብጻትን'ውን የማንና ጸጋምና እናወደቐ ሰብ ምኳንካ ዘጽልእ
ኩነታት ተፈጥረ። ንዘይመሬትካ መሬቱ፡ ንዘይናትካ ናተይ እናበልካ
አሸሓት ትንፋስ ከተህልቕ ዘሕዝን ኩነት እዩ ነይሩ። ምስቲ ኩሉ ብዘሓም፡
ኤርትራዊ ኔሕ ልዕሊ ድፋዕን አጽዋርን ኩይኑ በደሆም።

195

ሃንደበት፡ እታ አድህቦና ዝሰረቐት ሄሊኮፕተር፡ ምስ አብረርታ ሃል-
ሃል ኢላ ክትቃጸል ረአናያ፡፡ ብጕንና ዝነበረት ሓይሊ ብአርፒጂ ሃሪማ
ንዓና ጸባ ንጸላእቲ ኸአ ደም አስተየቶም፡፡ ዓል-ዓል እናበለት አብ ዝባን
ዋናታታ ክትወድቕ ረአናያ፡፡ ውልዶ ሓይሊ አየርና'ውን መልሰ-ግብሪ
ክህብ ጀሚሩስ ሞራልና ሓፍ በለ፡፡ ንሚዛን ሓይሊ ናይቲ ውግእ ምሉእ-
ብምሉእ፡ ብዓብላልነት ተቐጻጸርናዮ፡፡ ቍጽረን አይዝክርን እምበር፡ ገለ
ታንክታት ማሪኸና ብብዝሒ'ውን አቃጺልና፡፡ አማስያኡ ጸላኢ ነበሱን
አጽዋሩን ዓንዮ፡ ጸላም ዓሪቑና ተፈላለና፡፡

ሰዊአትና ቀቢርናዮም ሓደርና፡፡ ዉጉአት፡ እቶም ብርቱዕ ዝማህረምቶም፡
ዝገደፍካ ገዲፍካ ኢኻ ተውጽአም፡፡ እቶም ደሓን ዝኾኑ ድማ አብ
ሕክምና ቦጦሎኒ ቀዳማይ ረድኤት ክግበረሎም ጺኒሑ መውጽኢ፡ ዕድል
ምስ ተረኸብ ንድሕሪት ይምለሱ፡፡ ካብኡ ናብኡ እቶም ዘየላቡ ማህረምቲ
ከብዴ ርእሲ...ዝነበሮም ብቐጥታ ናብ ምሉእ ረድኤት ዝርከቦ ይስደዱ፡፡

ሸው ለይቲ፡ ወላ'ውን ውግእ አይሓደር፡ አብ ተጠንቀቕ ሓደርና፡
ንዳግማይ ውግእ አብ ተዳሎ እንከለና አብ ሕማቕ ቦታ ብምንባርና፡
ከነንሳሕብ ብላዕሊ፡ ትእዛዝ መጸና፡፡ አፐረተር ብምንባረይ ነቲ መልእኽቲ
ባዕለይ እየ ተቐቢለዮ፡፡ "ናብይ ከነንሳሕብ" በልኩ ንባዕለይ ጽቡቕ
አይተሰምዓንን፡፡ እታ ትኸውን አብአ ትኸን ዝበል አረአእያ እየ ነይሩኒ፡፡
ልዕሌና ዝተዋግኡን ኩነታት ውግእ ዝፈልጡን ሓለፍቲ ስለ ዝነበሩና ግን
ነቲ ዝሃቡኻ ትእዛዝ ምቕባሉ ዝሓሸ አማራጺ እየ ነይሩ፡፡

መራሒ ቦጦሎኒና ወዲ ኮኸብ ነቲ መልእኽቲ ምስ ነገርኩዎ ተጸሊሉ
እዮ፡፡ "ናብይ ክንከይድ፤ ሰዊአትና ቀቢርና ኢና፡፡ ዉጉአት'ውን አለዉና፡፡
ብዘይካ ክንምክት ካልእ አማራጺ የብልናን በሎ፡" በለኒ ከምዛ አነ ዝአዘዝኩዎ
ብነድሪ፡፡ ክሳዕ ህይወቱ ትሓልፍ፡ ክሓልፍ እምበር ከነንሳሕብ አይመረጸን፡፡

"ሓገዝ ክወሃበካ'የ ውጻእ ጥራይ!" ደረቕ ትእዛዝ ምስ መጾ ከይፈተወ
ክቐበሎ ተገደደ፡፡ ካብ 'ጋንባለ' ዝበሃል ዝመርሓ ቦጦሎኒ፡ ክልተ ጋንታ
ዝግመቱ ብጸት ሓገዝ መጺአምና፡ ቪሰራ ዝኾኑ ዉጉአት ብባዕላ ተጸይሮም
ወጻእና፡፡

* * *

27 ለካቲት 1999፡ አብ ከባቢ ጽብራ ነበርና፡፡ ብዘይ ምቅራጽ ውግእ
ዝኸየደሉ ዝነበረ እዋን ድማ ነበረ፡፡ ንአርባዕተ መዓልቲ ብዘይ ዕረፍቲ
ተዋጋእና፡፡ ጸላኢ ብኹሉ ግንባራት ፈተነታት የካይድ ብምንባሩ፡ ሓገዝ

አይረኽብናን፡፡ ኩለን አሃዱታትና አብ ዕርዲታተን ከቢድ ዋጋ ዝኸፍላሉ እዋን'የ ነይሩ፡፡

አብቲ ንእርባዕተ መዓልቲ ዝተኻየደ ጽዑቕ ውግእ፡ ወያነ ከም አመሉ፡ ብብዝሒ ሰራዊት እናአሰለፈ ረጊጹና ክሓልፍ ተሃንደደ፡፡ ካብተን አቐዲም ዝረአኹወን ውግአት ከምኡ ዓይነት ውግእ ርእየ አይፈልጥን፡፡ ጸላኢ ብብዝሒ ይመጽእ፡ መብዛሕትኦም ብሓደ ይወድቁ፣ ቅሩብ ይደፍኡና፡ ከይጸናሕና ንደፍኦም፡፡ መግቢ የለ ድቃስ፡ ውግእ ጥራይ! ዘየቋርጽ ምርብራብ፡፡

አብ ራብዓይ መዓልቲ ውግእ ዝግ ምስ በለ፡ ምሸት-ምሸት ድሕሪ ድራር፡ አብ መአዘዚ በሪኽ ቦታ ኬንና በብተራ አብ ጽዑቕ ስራሕ አተና፡፡ ምስ መሓሪን አዚን ዝበሃሉ ብጾት አብ ጽዑቕ ስራሕ እንከለና ከቢድ ብረት አብ ጥቓና ዓለበ፡፡

አዚን አብ ኢዱ ፍኹስ ዝበለ፡ መሓሪ ግን አብ ሕቘኡ ክብድ ዝበለ ማህረምቲ ወረዶም፡፡ መሓሪ፡ ድሕሪ ነዊሕ ዝወሰደ ሕክምና ድማ'የ ናብ ንቡር ህይወት ተመሊሱ፡፡ አነ የማነይቲ ዓይነይ ተሃሪመ፡ ደሳለ፡ ወዲ ዒላበርዕድ እንብሎ ስታፍ ምልክት፡ ሓገዝ ሰባት ጸዊዑ ንታሕቲ አውረደና፡፡ ናብ ሕክምና ቦጦሎኒ ከም ንበጽሕ ተገብረ'ሞ ንዝለዓለ ሕክምና ናብ ከረን ተፋነና፡፡ ክሳዕ ሰሙን ኩይኑ ክርአ፡ ዝጅምር ዝተረፈኒ አይመሰለንን፡፡ ኦርማይ ዒረ እየ ዝብል ግምት ሓዚኹ፣ ክልተአን አዒንተይ ብደም ተሸፊነን ግስም ኢለን ብርቱዕ ቃንዛ'ውን ነበረኒ፡፡

ድሕሪ መዓልቲታት ዝወሰደ ሕክምና፡ ሓንቲ ዓይነይ ጥዕይቲ ምንባራ ተሓበርኩ፡፡ ክርእየላ ምስ ጀመርኩ ኸአ ምእማን ሰአንኩ፡፡ ካልአይ ግዜ ዝተፈጠርኩ ኩይኑ ተሰምዓኒ፡፡ ምኽንያቱ፡ ንኽልተ ሰሙን ንነብሰይ ከም ዓይነ-ስዉር እየ ተቐቢለያ፡፡ ብዙሓት ዕጽፍ-ዝርግሕ ዝበሉ መንእሰያት ስለ ዝቐበርኩ ብዛዕባ አካላዊ ማህረምተይ ድምብርጽ አይበለንን፣ ሓንትስ ተመሊሰ ብጹተይ ክሕግዝ ዘይክእል ምንባረይ እየ ዝያዳ ዘተሓሳሰበኒ፡፡

ድሕሪ ነዊሕ ናይ ሕክምና ሓገዝ ቀስለይ ሓወዩ፡ ሓንቲ ዓይነይ ካብ ስራሕ ወጸኢ'ኺ እንተ ኹነት፡ ነታ ሓንቲ ምቕሊ ሒዘ ካብ ሕክምና ተፋነኹ፡፡ ብድሕሪኡ ናብ አሃዱአይ ክምለስ አይከአልኩን፡ ምስ ናፍቖተይ ክፍለዮም ተገዲደ ናብ ካልእ አሃዱ ተመደብኩ፡፡

ዋርሳይ ዘምኪኤል ተወልደ

ዘምኪኤል ተወልደ ምስ ብጾቱ

ዳኒኤል ሚኪኤል (ዳኒኤል ረጉድ)

8

ሐድጊ ስዉአት ... ስዉእ

ጉይትኦም አሰፋው

"ሕማቐን ፈራሕን ተመሃራይ ቤት ትምህርቲ ሰውራ የለን። ብትብዓት ክንዋጋእ አለና። እቶም ዝተሰውኡ ብጾትና ጅግንነት ፈጺሞም እዮም። ንሕና'ውን ምስዋእና ዘይተርፍ እዩ። ካብዚ ኩናት'ዚ ዝወጻ ግን ሓደራ የዘንቱ! ንስኻ እንተ ደአ ተሰዊእካ ንወደይ ሚኪኤል ክሰምዮ እዩ። ሚኪኤል ዳኒኤል ሚኪኤል ተባሂሉ ድማ ክጽዋዕ እዩ።" በሎ ዳኒኤል ነቲ መተዓብይቱን መጋድልቱን ሚኪኤል።

እዚ ጽሑፍ'ዚ ንታሪኽን ጉዕዞ ህይወትን ዳኒኤል ሚኪኤል (ዳኒኤል ረጉድ) ክድህስስ እዩ። ታሪኽ ዳኒኤል ምስታ ዝፈረየቶ ስድራ አተአሳሲርካ ምርአዩ ዘድሊ ድማ፣ ታሪኽ ዳኒኤል ምስ ታሪኽ ናይታ ስድራ ስለ ዝተአሳሰር እዩ።

199

አቦይ ባሻይ ክንፉ ገብረመሃሪ፡ አቦሓጉኣ ንዳኒኤል፡ አብ ሽከቲ ዝቐመጥ ህርኩት፡ ለባምን ሕፉርን ሓረስታይ ኩይኑ ብሕግን ስርዓትን ነታ ዓዲ ዘነባብር ዝነበረ እዩ። ባሻይ ክንፉ አብ ጣልያን ምስ ተዓስከረ ባሻይ ዝብል መዓርግ ረኺቡ። ንሱ፡ ዓስከር ጣልያን ኩይኑ አብቲ ካብ 1912 ክሳብ 1932 አብ ሊብያ ከምኡ'ውን ብ1936 አብ ማይ-ጨው፡ ኢትዮጵያ፡ ዝተኻየደ ውግአት ተሳቲፉ። አብ ትሪቡሊ፡ ሊብያ፡ እናተዋግአ እንከሎ ብኽሳዱ ዝአተወት ጥይት ንሓንቲ ዓይኑ ለኪማ ወጺት። ንሳ ብዝፈጠረቶ ጸገም ድማ አብ ዝተናውሓ ግዜ ክልተ አዒንቱ ንቡር ስርሐን አቋሪጸን ንዑረት ተቓልዐ። ብድሕሪ'ዚ፡ እቲ ብንጥፈቱ ዝፍለጥ ዝነበረ ጻዕራም አቦ፡ ብሰብ ተመሪሑ ክኸይድ ጀመረ።

*   *   *

ሚኪኤል፡ ሳልሳይ መትሎ ወዱ ንባሻይ ክንፉ፡ አብ ሰራዊት ኢትዮጵያ ተኹቲቡ ናብ ኢትዮጵያ ከደ። ድሕሪ ዝቐሰሞ ስልጠና ኸአ አብ አየር ወለድ ተመደበ። ሚኪኤል አብ ደብረ-ዘይቲ ኢትዮጵያ አየር ወለድ አብ ዝነበረሉ ምስ አለም አስገዶም ዝተበሃለት ደግራ ሜረቶ ዝዓዳ መንእሰይ፡ ስድራቤቱ አብ ዘይነበሩሉ ቃል-ኪዳን አሰረ።

አብ 1975 ሰውራ ኤርትራ ብዓቕሚ ሰብን ንዋትን እናጉልበተን ብተመኮሮ እናሓየለን ከደ። ዓዲታትን ከተማታትን ሓራ እናወጸ ኸአ አስመራ ተኸበበት። ገስጋስ ውድባት ኤርትራ ክምክት ዘይከአለ ስርዓት ኢትዮጵያ፡ ካብ ኢትዮጵያ ተደሪብቲ ወተሃደራት ናብ ኤርትራ አምጸአ። ሚኪኤል ዝነበረ አሃዱ አየር ወለድ ነቲ አብ ኤርትራ ዝነበረ ውግእ ንምጭፍላቕን ንምብርዓንን ናብ ኤርትራ መጸት።

አብ ተመሳሳሊ ዓመት 1975፡ ተ.ሓ.ኤ.ን ህዝባዊ ሓይልታትን መዓስከራት ጸላኢ ብምድምሳስ ንዘበዘሓ ገጠራት ኤርትራ ሓራ ገበሩወን። አብ ከተማታት ዝነበረ ጦር-ሰራዊት ድማ ናብ ገጠራት ገጹ ተወር ምባል ሰአነ። በዚ ፍናን ዝረኸበ ህዝቢ፡ ምስ ደቁ ምሉእ ደገፍን ምትሕብባርን ብምግባሩ፡ ጦር-ሰራዊት ሕኒ-ሕነ ናይቲ አብ ዓውደ-ውግአት ዝገጠሞ ክሳራ ተቐሚዑ፡ ዓዲታት ከቃጽልን ቄልዓ-ሰበይቲ ዝርከቡዎም ሰላማውያን ሰባት ክቐትልን ጀመረ።

ካብ አስመራ ንደቡብ 20 ኪ.ሜ.፡ አብ መስመር አስመራ-መንደፈራ እትርከብ ሽከቲ፡ ሓንቲ ካብተን ግዳያት ጸላኢ ዝኾና ዓዲታት ነበረት። አብ ሕዳር 1975 ካብ አስመራ ብመካይን ናብ ራማ፡ ትግራይ፡ ዝጓዓዙ ዝነበሩ ወተሃደራት ኢትዮጵያ፡ ሽከቲ ምስ በጽሑ ሃንደበት ካብ መካይኖም ብምውራድ ነታ ዓዲ ሓደጋ ወደቑዋ። መጀመርታ ንዝረኸቡዎም በራኺ መዓሸ ምስ ወዱ ከምኡ'ውን ንአርአያ ዋሂድ ሸዉ-ንሸዉ ብጠያይት

200

ዛሕዘሑ-ዎም። ንገዛውትን ቍሚጦታት እኽልን ድማ ሓዊ አእተዉሉ።
ብቆሊሉ ከም ዘይንሕፉ-ዎም ዝተገንዘቡ ደቂ ዓዲ፡ ህይወቶም ንምድሓን
ናብ ፈቆዶ በረኻታት ብምብታን አብ ስንጭሮታት ተዓቚቡ።

በዓልቲ ቤቱ ነቦይ ባሻይ ክንፉ፡ ወይዘሮ ዘውዲ መንገሻ፡ ዓይነ-ስዉር
ሰብአይ ሓዛ ከም ሰብ ክትጉዪ አይከአለትን። ሰለይ እናበለት ናብ ውሓስ
ዝበለቶ ቦታ ክትመርሓ ብኢዱ ሓዘቾ። "ነዞም ቄልዑ ደአ ሓዚኪዮም
ኪዲ'ምበር፡ አነስ ሞት እንተ ኹ-ይኑ ብኽብረት አብ ገዛይ፡" ብምባል
ምኻድ አበየ። አግራጺ ዝሰአነት ወይዘሮ ዘውዲ፡ በቲ ሓደ በዓል ቤታ
ገዲፋ ክይትኸይድ፡ እንተ ጸኒሓም ከአ ስድራ ብምልእታ ክይትጠፍእ
ሰግአት። ሰለዚ በዓል ቤታ ብህይወት ክጸንሓ እናተማህለለት ደቃ ሓዛ ናብ
በረኻታት ዓዳ አምረሐት።

አቦይ ባሻይ ክንፉ ተዕቀ-ቢ'ያ አብ ዝበላ አንጉ-ሎ ናይታ መረባዕ ገዛኡ
ተሸጉጠ። አብአ ተቐርምዩ በዓልቲ ቤቱ፡ ደቁ፡ ደቂ ዓዱ፡ መዛኑኡ፡ . . .
ብሰላም ክምለሱ-ዎ ጸለየ። እቶም ጦር-ሰራዊት፡ አብ ጎኒ እንዳዕ ባሻይ፡
ብፍላይ ከአ ብሸንኽ የማን ንዝነበራ ሽውዓተ ሃዳሙ ሓዊ ረኩ-ዕ-ለን። አብቲ
ከባቢ ብርቱዕ ባርዕ ተፈጥረ። ሽታን "ጦሽ" ዝበል ድምጺ ቃጸሎን ዝሰምዐ
ባሻይ ክንፉ፡ ገዛኡ ዝቃጸል ዝነበረ መሰሎ። ካብቲ ሓደጋ ንምድሓን ከአ
መንደቕ-መንደቕ እናተደገፈ ናብ አፍ-ደገ አምረሐ። ብሃሰስ-ለባም ሽጋጥ
ማዕጾ ከፈቱ ናብ-ታ አብ ቅድሚ መረባዕ ዝነበረት ህድሞ ብዳሕረዋይ
አፍ ደገ አተወ። ማዕጾ ህድሞ ከፈቱ ናብ አፍ-ደገ ክ-ቐልቀልን ክልተ
ወተሃደራት አብቲ ቦታ ክበጽሑን ሓደ ኩ-ነ።

"መን ኢኻ፣" ብምባል አጉ-ባዕበዑ-ሉ ሽማግለን ዓይነ-ስዉርን ምኽኑ
እናረአየም። አቦይ ባሻይ ሰላማዊ ገባር ምኽኑ ሓበረ። ሓደ ካብቶም
ወተሃደራት፡ "ወንበዴ እዩ፡ አይንምሓሮ፡" በለ።

"እዚ ደአ እንታይ ወንበዴ፡ አረጊት ሰብአይ እናረአኻዮ ንዓናይ ጥራይ
አርኪበኒ፣" ኢሎ-ዎ ተበገሰ እቲ ካልአዩ፡ እቲ ወተሃደር ደድሕሪ ብጻዩ
ተበጊሱ ክብቀዕ፡ ተመሊሱ ነቦይ ባሻይ ቦምባ ደርበየሉ። አቦይ ባሻይ ንእለቱ
አብ አፍ-ደገ ገዛኡ ዘልሓጥ ኢሉ ወደቐ።

እቶም ጦር-ሰራዊት ዝቐተል ቀቲሎም ዝቃጸል አቃጺሎም ምስ ከዱ፡
እቲ በረኻ ዝወዓለ ህዝቢ ናብ ዓዱ ተመልሰ። ምሉእ አድህዖኡ ናብቶም
ዘልዕሎም ስኢኖም አብ ጸሓይ ተሰጢሓም ዝወዓሉ ሬሳታት ኮነ። መሬት
ክይጸልመተ ኸአ ብሃታሃታ ቀበርም።

በዓልቲ ቤቱ ደንጉያ ንዓዲ ዝአተወት አቦይ ባሻይ፡ ዝረአዮ ስለ
ዘይነበራ ቀልጢፋ ዝረድአ አይረኸበትን። ደቂ ዓዲ ደሃይ ሓድሕዶም ክገብሩ
ምስ ጀመሩ ኸአ'ዩ አቦይ ባሻይ ተሃሪሙ ዝብል ወረ አምሰዩ ዝተሰምዐ።

ህዝቢ፡ ናብ እንዳ አቦይ ባሻይ ወሓዘ። አቦይ ባሻይ ጸጋመይቲ ኢዱ ተሓማሺሻ፡ ብጕኑ ተበሲዑ፡ ፈርፋሪት አፍ-ልቡ ተቘዲዳ ደም ክትነዝዕ ጸንሓቶም። ዳርጋ ብምልኡ አካላቱ ብደቀቕቲ ጅላዳታት ተሃሪሙ ነበረ። ከባቢ ሰዓት ዓሰርተ ረፋድ ዝተሃርመ፡ ደሙ ምሉእ መዓልቲ ክዛሪ ወዓለ። ሸዉ እንተኹኖ'ውን መሰዮ ስለ ዝነበረ፡ ክሳዕ ሓደረ። ንጽባሒቱ፡ ሕክምና ተ.ሓ.ኤ. አብ ዓዲ ሸረፈቶ ስለ ዝነበረ፡ ደቂ ዓዲ ጸይሮም ናብኡ ወሰዱም።

ሓካይም ተ.ሓ.ኤ. ከድሕኑዎ ብዙሕ ጸዓሩ። ይኹን'ምበር ማህረምቱ ከቢድ ብምንባሩን ረድኤት ከይረኸበ ነዊሕ ስለ ዝጸንሐን ልዕሊ ዓቕሞም ኮኖም። ስለዚ፡ ወረቓት ጽሓፈሮም አብ ማይ-ድጋ ዝበሃል በረኻ ዓዲ ናህባይ ናብ ዝነበረ ሕክምና አመሓላለፉዎ። አቦይ ባሻይ ብሰባት ተጸይሩ ሰዓት ክልተ ድሕሪ ቐትሪ ካብ ዓዲ ሸረፈቶ ነቐለ። ካብ ዓዲ ናብ ዓዲ እናተሰጋገሩ ሰዓት ሽዱሽተ ናይ ምሸት ዓዲ ናህባይ በጽሑ። ካብ ዓዲ ናህባይ ድሕሪ ናይ ክልተ ሰዓታት ጕዕዞ ኩቦ-ነብሪ ዝበሃል ደምብ እንዳ 'ቦይ ደሞዝ አብጸሑዎም። ናብታ ሕክምና ዝነበረታ ቦታ ክበጽሑ ከባቢ ርብዒ ሰዓት ምስ ተረፈቶም ግን ሰዓት ትሽዓተ ምሸት ህይወቱ ሓለፈት። ነቲ ሬሳ ናብ ዓዲ ናህባይ መሊሶም ድጋ አብኡ ቐበሩዎ።

*   *   *

አባል አየር ወለድ ሚኪኤል ባሻይ ክንፉ፡ ማእከላይ ዝቑመቱ፡ ድልዱልን ምልኩዕን መንእሰይ ነበረ። አየር ወለድ ኩይኑ መሬት ኤርትራ ካብ ዝረግጽ ሃሙን ቀልቡን ምስ ኤርትራውያን ተጋደልቲ ኩኑ። ንረብሓ ጸላእቲ ክብል፡ አንጻር አሕዋቱ ክዋጋእን ደም ናይቶም ንስለ ህዝቦምን ቅንዕ መትከሎምን ዝቃለሱ ዝነበሩ አሕዋቱ ከፍስስ ሕልናኡ አይገበረሉን። ስለዚ ድጋ ምስ ኮማንዲስ ዝነበረ አድሓኖም ገብርአብን ካልኦትን ተማኺሩ ናብ አሕዋቱም ክጽንበሩሉ ዝኽእሉ መንገዲ ከናድዩ ጀመሩ።

ሚኪኤልን ብጹቱን ቅድሚ ምብጋሶም፡ አየነይቲ ውድብ ከም ትሓይሽን ብኸመይ ክረኽቡዋ ከም ዝኽእሉን ዝተሓባበሩዎም ሰባት ደለዩ። ብርሃን ተኽለሚካኤል ንዝበሃለ በዓል ዓዲ ንፋስ፡ መረታ ቀይሕ፡ ሰብአይ ጋል-አሞኡ ንእድሓኖም ገብርአብ፡ አጽኒዑ ከነግሮም ድጋ ለአኹሉ። ብርሃን፡ "ምስ ህዝባዊ ሓይልታት ይሕሽኩም። ንሳቶም ሓድነት አለዎም፡ ዝመጸ ንብረት ናይ ሓባር ይገብሩም፡ መነባብሮአም ሓደ፡ ሓላፍን ተራን ዝበሃል የብሎምን፡" ብምባል ዝርዝር ሓበሬታ ሰደደሎም።

ቀጺሎም፡ ንሃብተማርያም ገብርአብ፡ ሓዉ ንእድሓኖም፡ ምስ ተጋደልቲ ህዝባዊ ሓይልታት ከራኽቦም ሓተቱዎ። ንሱ ድማ ዓድን ከተማን እናተመላለሰ ዝአክል መጽናዕቲ ገይሩ ምስ ቦጦሎኒ ሓሙሽተ ከራኽቦም አብ ላዕላይ ዓዲ-ቀ ቄጸራ ሓዘ።

202

ሚኪኤልን ብጾቱን ነንዘአምኑዎም ብምሕባር፡ ብሓባር ክወጹ መደቡ። ሓሓሊፎም ሰብት ክውድቡ ድማ ጀመሩ። ኩሉ ምድላዋቶም አጸፊፎም መዓልቲ ቂጸራ ተጸበዮ። ግዜ ቂጸራ ሓንቲ መዓልቲ ምስ ተረፈታ ግን፡ ሚኪኤል ብስራሕ ንባጽዕ ክገይሽ ብሓለፍቱ ተሓበሮ። እንታይ ከም ዝገብሩ ዓቒሎም ጸበዮም።

ሚኪኤል ድሕሪ ሓደ መዓልቲ ናይታ ዝተቛጸሩላ ምሽት አሰመራ አተወ። ንሱ አብ መዓስከር አየር ወለድ ቃኘው፡ አድሓኖም ድማ አብ መዓስከር ኮማንዲስ ሰምበል ስለ ዝነበሩ ሽዑ-ንሽዑ ክራኸቡ አይከአሉን። ስለዚ፡ እታ ናይ ምብጋስ ምሽት ፈሸለት። ነቶም ዝጸበዮዎም ዝነበሩ ተጋደልትን አራኸብትን ብምጥላሞም ብዙሕ ስክፍታን ጸቕጥን ድማ ፈጠረሎም።

በብወገኖም ክሓስቡ ሰለም ከየበሉ ሓደሩ። ንጽባሒቱ ንግሆ አድሓኖም ብዛዕባ ሚኪኤል፡ ሚኪኤል ድማ ብዛዕባ አድሓኖም ደሃይ ክፈልጡ ሃንደበት አብ ጽርግያ ተራኸቡ። ተሓቛቚፎም ድሕሪ ምስዕዓም፤

"መጺእኩም፧" በሎ አድሓኖም።

"እወ፡" መለሰ ሚኪኤል።

"እሞ እንታይ ንግበር፧"

"ሎሚ ንኺ.ድ።"

"ተስፋማርያም ከ፧"

"ናይ ተስፋማርያም ናባይ ግደፍ።"

አድሓኖም ዘድልዩ ምቅርራብ ክገብር ናብ ገዛኡ ተመልሰ። ሚኪኤል ከአ ንሓደ ሓፋሽ ውዱብ ልኢኹ ንተስፋማርያም ናብ ሰምበል ከም ዝመጽእ ገበረ። ጉርቤት እንዳ አድሓኖም ዝነበረ አባል ኮማንዲስ ምስ በዓል ሚኪኤል ክወጽእ ተሰማሚዑ ከብቅዕ፡ ዝተፈላለየ ምስምስ እናፈጠረ ግዜ መጠጠሎም። አብ መወዳእታ ገዲፈዎ ክብገሱ ወሰኑ። ንሳቶም ገዛ ምስ አተዉ፡ እቲ አባል ኮማንዲስ ጠርጢሩዎም ግዲ ኮይኑ፡ መሰስ ኢሉ ካብ ካንሽሎ ወጸ። ልባ ዘይረግአላ በዓልቲ ቤቱ ንአድሓኖም ስክፍታኣ ሰግየ ዓረገ፡ "ከይዱ... ከይዱ..፤ ሕጂ ጠፋእኩም፡" ብምባል ሕማቕ ከይትርኢ፡ "ገለ ግበሩ!" በለቶም።

"አርኪብካ ምለሶ" በሎ ሚኪኤል ንአድሓኖም። አድሓኖም ብቕጽበት ወጺኡ ነቲ ኮማንዲስ አርከቦ። ብርእስ-ተአማምነት ከአ፤

"ናበይ ደሊኻ፧" ሓውሲ ትርር ኢሉ ሓተቶ።

"ናብ ስርሐይ እየ።"

"ተመለስ!" ቁልቁል ዝአፉ ብትሪ አዘዞ።

"ናብ ስርሐይ እየ እናበልኩኻ፡"

"አይፈልጥን እየ! ተመለስ ጥራይ፡"

እቲ ኮማንዲስ ብትሑት ድምጺ አጉረምረመ፡

"ስማዕ፡ አነን ሚኪኤል ዓርከይን ተሰፋማርያምን ናብ አሓዋትና ክንጽበር ኢና፡ እንተ ኽኢልካ ሕጂ ምሳና ንዓናይ፡ እንተ ዘየሎ ግን እንተ ደአ ሓሲኻ አብአ ትረኽባ፡ አባና ይኹን አብ ስድራና ዝኹኑ ምስ ዘጋንፍ ብዘይካኻ ጸላኢ የብልናን፡ እንተ ሜትና ቀታሊና ንስኻ ምኻንካ አብ ሓያሎ ምስጢራዊ ቦታታት ንዝተፈላለዩ ሰባት ሓቢሬታ ሂብና አለና፤ ወደሓንኩ" ኢሉዎ ናብ ብጹቱ ተመልሰ፡ ሚኪኤልን ተሰፋማርያምን ካብ ሓይሊ አየር፡ አድሓኖም ገብርአብ ካብ ኮማንዲስ አብ መወዳእታ ታሕሳስ 1975 ካብ ሰምበል ናብ ገድሊ ነቒሉ፡

አድሓኖም ኮማንዲስ ከሎ እናወፈረ ነቲ መንገዲ አጽኒዑ-ዎ ስለ ዝነበረ፡ ካብ ሰምበል ተበጊሶም ንዳዕሮ ጸውሎስ ንጸጋም ገዲሮም ምሽት ምስጋጉ አተዉ፡ አኽላባት ናይታ ዓዲ ክነብሑ ምስ ጀመሩ፡ አብ ወሰን ናይታ ዓዲ ሓዲሮም ንጽባሒቱ ንግሆ ብኽትሞውሊዕ ቄሪጾም ዓዶም-ነገር አተዉ፡

አብ ዓዶም-ነገር ተጋደልቲ ተ.ሓ.ኤ. ረኸቡ፡ አካላዊ ብቕዓቶምን ወተሃደራዊ ብስለቶምን፡ አድሓኖም ምስ ምሉእ ዕጥቁ ሚኪኤል ከአ ሽጉጥ ዓጢቒ ምስ ረአዮምም፡ ብቓሊሉ ክለቑዎም አይደለዮን፡ ምስአቶም ክጸንሑ ከአምንዎም ፈተኑ፡ ሚኪኤልን ብጹቱን ንኽልተኤን ውድባት አጽኒዑመን ስለ ዝነበሩ ግን አቕበጹ፡ አባላት ተ.ሓ.ኤ. ምሳና ኩኑ ክብሉ፡ በዓል ሚኪኤል ክአብዮ ገለ መዓልቲታት ሓለፈ፡ አብ መወዳእታ ግን ናብ ዓዲ ሸረፈቶ ክኸዱ ፈቐዱሎም፡

አብ ዓዲ ሸረፈቶ ለተሚካኤል ገብረእግዚአብሄር እትበሃል ጓል ዓዶም ረኸቡ፡ አብ ገዛኣ እናወዓሉ እናሓደሩ ኸአ ኩነታት ከጸንዑ ጀመሩ፡ ሓደ መዓልቲ ተሰፋይ ህድአት ዘበሃል በዓል ሽኽቲ እኽሉ ብጦር-ሰራዊት ከይቃጸሎ ብአድጊ ጸዒኑ አብ ዓዲ ሸረፈቶ ከቐምጦ መጽሞ ምስ በዓል ሚኪኤል ተራኸበ፡ ሰላምታ ድሕሪ ምልውዋጥ፤

"አብ ዓድና ተጋደልቲ አለዉዶ፤" ብማባል ተወከሱዎ፡

"እወ አለዉ፡"

"አየኖት እዮም፤ ተ.ሓ.ኤ. ወላ ህዝባዊ ሓይልታት፤"

"ክልተኦም አለዉ፡"

"እሞ መልእኽቲ 'ተሃብናካ ተብጽሓልናዶ፤"

"ኢሂናይ ደአኸ... ተገዲስ'ምበር የብጽሓልኩም፡"

ሚኪኤል ንእሽተይ ወረቓት ሓንጢጣ-ሓንጢጣ አቢሉ፡ "እዚአ እቱው ምስ በልካ ነቶም ህዝባዊ ሓይልታት ሃቦም፡" በሎ፡

ሓበሬታ ዝበጽሐ አዛዚ ሳልሳይ ቦጦሎኒ፡ ተጋዳላይ በርሀ ጾዕዳ፡ ሳልሳይ ርእሱ ናብ ዓዲ ሸረፈቶ ብምምጻእ፡ ንሚኪኤልን ብጾቱን ረኸቦም። በዓል ሚኪኤል አባላት ህዝባዊ ሓይልታት ምኳኖም ንኸረጋግጹ መንኮቶም ሓተቱዎም። በርሀ ጾዕዳ ዘድሊ ሓበሬታ ሂቡ፡ ብምምጻእም አመስገኖም።

"እምበአር ሓንቲ ሓይሊ በዚ ከባቢና ስለ ዘላ እንተ ደሊኹም ሕጂ ምሳይ ንዑናይ፣ ምስታ አብ ዓዲ ዘላ ሓይሊ ይሕሸና እንተ ኢልኩም ድማ በዞም ብጾተይ ገይረ ንሸኸቲ ክሰደኩም።" በሎም።

ንሳቶም ናብ ቦጦሎኒ ሓሙሽት ሓሲቦም ስለ ዝነበሩ፡ ቦጦሎኒ ሓሙሽተ ኸአ ከባቢ ላምዛ ስለ ዝነበረት፡ ናብአ እተቀረቦም ብምሕሳብ፡ "ንዓዲ ክንከይድ ይሕሸና።" በሉ ም።

ሚኪኤልን ብጾቱን ቦቶም ክልተ ተጋደልቲ ተሰንዮም ሸኸቲ አተዉ። ንሚኪኤልን አድሓኖምን ዘረአዩ ደቂ ዓዲ ተገረሙ። ብፍላይ ሚኪኤል አባል ሓይሊ አየር ኩይኑ፡ ፍሉይ ወተሃደራዊ ልብሲ ለቢሱ፡ ፍልይቲ ብረት ዓጢቚ ምስ ብዙሓት ጦር-ሰራዊት ናብታ ዓዲ ክመጽእ ርእዮ'ዮም። ሸዉ ም ተጋደልቲ ምምጽኡ ድማ ገረሞም። እታ ዝደልዩዋ አህዱ ንጽልግ ነጪላ ስለ ዝጸንሓቶም፡ ከርክቡዋ ሸዉ-ንሸዉ ስለ ዝነቐሉ አብ ሸኸቲ ኮፍ አይበሉን። ምሉእ መዓልቲ ክይድ ውዒሎም ንምሸቱ አብ ተማጅላ ዝበሃል ዓዲ አርከቡዋ።

መራሒ ናይታ ሓይሊ፡ ተጋዳላይ ተኸስተ ሃይለ (ወዲ ሃይለ) ብሓጉስ ተቐበሎም። ቅሩብ ምስ አዕረፉ ድማ አዘራረቦም። ንሳቶም እታ ምስ አባላት ቦጦሎኒ ሓሙሽት ዝነበረቶም ዝፈሸለት ቄጸራ ጸቒጣ ገይራትሎም ስለ ዝነበረት ምስታ ቦጦሎኒ ከራኸቦም ተሃዊኾም ሓተቱዎ። ንሱ ግን ቅድም ከዕርፉ ሓቢሩ ናብ ካልእ ዋኒኑ ከደ። ቅሩብ ጸኒሑ ብምምላስ፡ "ምሳና ምህላዉኩም ንቦጦሎኒ ሓሙሽት ሓቢርናዮም አለና። ስለዚ ቀሲንኩም አዕርፉ።" በሎም።

ሚኪኤልን ብጾቱን ውዒሎም ሓዲሮም ምስ ቦጦሎኒ ሓሙሽት ክጽንበሩ ዝነበሮም ድሌት ብተደጋጋሚ ገለጹ። ወዲ ሃይለ ግን ዝተፈላለየ ምኽንያት እናፈጠረ አደናጕዮም። ከምኡ ኢሎም ግዜ ምስ ተመጠ ንቦጦሎኒ ሰለስተ እናተላመዱዋን እናፈተዉዋን ከዱ።

ሓደ መዓልቲ ሚኪኤል ንአድሓኖምን ተስፋማርያምን፡ "ስለምንታይ ናብ ሓምሸይቲ ቦጦሎኒ ኢልና ንጭነቕ! ኩሎም ሻዕብያ እንድዮም፡ እቲ ቃልሲ ኸአ ንሓደ ዕላማ'ዩ።" በሎም'ሞ ሰለስተእም ተሰማሚያም ነቲ ምስ ቦጦሎኒ ሓሙሽት ናይ ምጽንባር መደብ ንሓዋሩ ሰረዙዎ። ሸዉ ንሸዉ ንሚኪኤልን ተስፋማርያምን "አየር ወለድ"፡ አድሓኖም ገብርአብ ከአ "ኮማንዲስ" ዝብል ሳጓ ወጸም።

ቦጦሎኒ ሰለስተ ቀዋሚ ቦታኣ ኣብ ካርነሸም፡ ቀዳማይ ሓይሊ ኣብ ገረሚ፡ ካልኣይ ሓይሊ ኣብ ደቀጥሮስ፡ ሳልሳይ ሓይሊ ድማ ኣብ ኻንደባ ነበረ። መራሒ ሓይሎም፡ ወዲ ሃይለ ልክዕ ኣብ ወርሓም ንሚካኤልን ብጾቱን ረኺቡ፡ "ምስ ቦጦሎኒ ሓምሸተ ክሳብ ሎሚ ብዛዕባኹም ክንከራኸር ጸኒሕና። ሕጂ ግን ተሰማሚዕና ኣለና፡ ካብ ሕጂ ንንዮው ቀወምቲ ኣባላትና ኬንኩም ኣለኹም፡" በሎም። ዝነበሮም ወተሃደራዊ ብቕዓት ተራእዩ፡ ኣብ ታዕሊም ከይኣተዉ፡ ግቡእ ቅጥዒ ተማሊእሎም ብወግዒ ኣባላት ናይታ ቦጦሎኒ ኮኑ።

*   *   *

ኣለም ሰይቲ ተጋዳላይ ሚካኤል፡ ቀያሕ፡ ጽብቕቲ፡ ማእከላይ ቁመታ፡ ትልሚ ዝመስል ኣፍንጫ ዝነበራ ተፈታዊት መንእሰይ ነበረት። ሚካኤል ኣብ ኢትዮጵያ ገዲፉዋ ምስ ወጸ፡ ኣብ ደብሪ-ዘይቲ ወዲ ተበኩረት። ነቲ ዝነበረ ሕማቕ እዋን ዳንዮ ፍታሕ ከምጽኣላ ድማ "ዳኒኤል" ሰመየቶ።

ምሕራስ በዓልቲ ቤቱ ብወረ ዝሰምዐ ተጋዳላይ ሚካኤል ምስ ዕርኩ ተጋዳላይ ኣድሓኖም ብምዃን ኣብ 1976 ናብ ደገራ መሬት ከይዱ ንስድራ-ቤት ኣለም ተላለዮም። ኣለም ናብ ዓዳ ክትምለስ ክተሓባበሩዋ ተላብዮዎም ስለ ዝኸደ፡ ኣለም ካብ ደብሪ-ዘይቲ ንህጻን ዳኒኤል ሒዛ ናብ ዓዳ ተመልሰት። ድሕሪ ሓጺር ዕረፍቲ ድማ ወዳ ሓቚፋ ናብ ዓዲ በዓል ቤታ ናብ ሸከቲ ከደት። ንተጋዳላይ ሚካኤል (ኣየር ወለድ) ካብ ንእስነቱ ሓብሒባ ከም ኣደ ዘዕበየቶ ወይዘሮ ዘውዲ መንገሻ፡ ሰይተ'ብኡ እያ ነይራ። ንኣለም ብፍሕሹው ገጽን ሓጉስን ተቐበለታ።

ኣብቲ ግዜ'ቲ ኣሃዱ በዓል ሚካኤል ኣብ ሰላዕ-ዳዕሮ ነበረት። ወይዘሮ ዘውዲ፡ ሚካኤል ኣብ ሰላዕ-ዳዕሮ ከም ዝተራእየ ወረ ስለ ዝበጽሓ ንምዕባየ ሓፍቱ፡ ውዳሴ ክንፉ፡ በዓልቲ ቤቱ ኣለም ኣስገዶምን ህጻን ወዱ ዳኒኤልን ሒዛ ናብ ሰላዕ-ዳዕሮ ከደት። ኣጣይቓ ድማ ረኸበቶ። ምስ ረኸባኣ ካልኣይ ውላድ ከወልድ ክቱር ድሌት ነበራ። እንተኾነ ኣለም ተጣቡ ስለ ዝነበረት ተኸእሎ ጥንሲ ኣይነበረን።

ሚካኤል በዓልቲ ቤቱን ቦኽሪ ውላዱን ምስ ረኣየ ኣዝዩ ተሓጒሰ። እቲ ምርኻብ ግን ልዕሊ ክልተ መዓልቲ ክኸይድ ኣይከኣለን። ኣብ ሳልሳይ መዓልቲ ሚካኤልን ስድራቤቱን ተኣኪቦም እናዕለሉ፡ ሃንደበት ተኹሲ ተሰምዐ። ሚካኤል ብረቱ ኣልዒሉ ብጉያ ተመርቀፈ። እተን ስድራ ናብ ዓደን ኣበላ።

*   *   *

ኣብ 1977 ምጅማር በራጊድ ኣብ ዝካየደሉ ዝነበረ እዋን፡ እቶም ብሓንሳብ ዝተሰለፉ ሚካኤል ክንፉ (ኣየር ወለድ)፡ ኣድሓኖም ገብርኣብ (ኮማንዲስ)፡

206

ተስፋማርያም ተወልደ (ኣየር ወለድ) ሰለስተኣም ኣብ መንተብለ ዝተባህለ ቦታ ናብ ብርጌድ 51 ተመደቡ። ተስፋማርያም ቀዳማይ ቦጦሎኒ፡ ሚኪኤል ካልኣይ ቦጦሎኒ፡ ኣድሓኖም ከኣ ሳልሳይ ቦጦሎኒ ተመዲቦም ቃልሶም ቀጸሉ። ተጋዳላይ ሚኪኤል ክንፉ፡ ኣብ ውግእ ዓዲ ንጋምበሎ፡ ንላን ኣብ ዝተባህለ ንቦ ከባቢ ሰላዕ-ዳዕሮ ኣብ ዝተኻየደ ውግእ ብ20 ለካቲት 1978 ተሰውኡ። ተጋዳላይ ተስፋማርያም ተወልደ (ኣየር ወለድ) ኣብ ውግእ ዓዲ-ቆይሕ 1978 ክስዋእ እንከሎ፡ ተጋዳላይ ኣድሓኖም ንብርኣብ (ኮማንዲስ) ከኣ ኣብ ሰሓርቲ፡ ከባቢ ዓዶም ዘማት፡ ብ1977 ተወጊኡ መስበርቲ ዓጽሚ ሰለፉ ኣጋጢሙዎ ኣብ ሕክምና ዓላ ተዓቒብ።

*　*　*

ኣቦዲሙ፡ ተጋዳላይ ሚኪኤል ክንፉ (ኣየር ወለድ) በዓልቲ ቤቱ ናብ ህዝባዊ ሓይልታት ንኽትመጽእ ንሓለፍቱ ሓተተ። ኣብ መጀመርታ፡ "ቄልዓ ሰበይቲ ከየክላበትና ሓራ ከነውጽኣም እምበር፡ ላዕልን ታሕትን ከነብሎም የብልናን፡" ዝብል መልሲ ተዋህቦ። ድሕሪ መስዋእቱ ግን ሓርበኛ ስዉእ ዓሊ ኢብርሂም ብኩነታት ስድራ ሚኪኤል ኣይቀሰንን። ሓደራ ስዉእ ብጻዩ ንምትግባር፡ ንኣለም ናብ ደቀምሓረ ክትመጽእ ኣዘዘ። ኣለም ድማ ብሓፋሽ ውዱባት ተመሪሓ ናብ ደቀምሓረ ብምምጻእ ኣብ ውቁባ ህዝባዊ ግንባር ሓርነት ኤርትራ ኣተወት።

ኣብ 1978 ተጋዳላይ ኣድሓኖም ንብርኣብ (ኮማንዲስ) ማህረምቱ ሓውዩሉ ናብ መንዓዝያ ተመዲቡ መኪና ሓዘ። ሓደ መዓልቲ፡ ዓሊ ኢብርሂም ኣብ ደቀምሓረ ተሃዊኹ እናኸደ፡ ካብ ርሑቕ ንዝረኣዮ ኮማንዲስ ጸዊዑ፡ "ሰይቲ ኣየር ወለድ መጺኣ ስለ ዘላ ርኸባ" በሎ።

ጽግ ሃይለ ሰይቲ ተጋዳላይ ኣድሓኖም ንብርኣብ'ውን ኣቦዲማ ምስ ደቃ ደቀምሓረ ኣትያ ነበረት። ኣድሓኖም ነታ ዓሊ ኢብርሂም ዝሃቦ ሓበሬታ ናብ በዓልቲ ቤቱ ኣመሓላሊፉ ሓቲታ ንኣለም ክትረኽባ ሓበራ። ኣለምን ካልኣት ከምኣ ዝኣመሰላ ኣንስትን ኣብ ሓደ ቦታ ስለ ዝነበራ፡ ከይዳ ብቐሊሉ ረኸበታ። ኣቦዲመን፡ ኣብ ዓዲ ተረኣእየን ስለ ዝነበራ ኸኣ ኣብ ምርካባ ኣይተሸገረትን። ተጋዳላይ ኣድሓኖም ንብርኣብ (ኮማንዲስ) መኪና ሒዙ ብምንጋፉ፡ ፍቓድ ሓቲቱ ንኣለምን ዳኒኤልን ምስ በዓልቲ ቤቱን ደቁን ሒዙዎም ናብ ደንጉሎ ወረደ። ብኡ ኣቢለን ከኣ ሰለሙና፡ ፍልፍል ሓሊፈን፡ ከረን ኣተዋ።

ኣብ 1978 ሰራዊት ኢትዮጵያ ካብታ ርእሰ-ሓያል ዝኾነት ሕብረት ሶቬት ዘመናውን ዝተራቘቘን ኣጽዋር ስለ ዝረኸበ ሚዛን ሓይሊ ተቐያይሩ ስትራተጅያዊ ምዝላቕ ኩነ። ስለዚ፡ እተን ኣብ ከረንን ከባቢኣን ዝነበራ

207

ስድራ-ቤታት ተጠራኒፈን ናብ ናቝፋ ከም ዝግዕዛ ተገብረ። ስድራ ተጋዳላይ
ኣድሓኖም ገብርኣብን ኣለም ኣስገዶምን'ውን ምስኣቶም ኣዝለቛ።

ኣለም ንዳኒኤል ወዳ ሓንሳብ ምስ ደቁ ኣድሓኖም ምስ ሓወሰቶ ኣብ
ልዕሊ. ጽገ ምሉእ እምነት ኣሕደረት። ሓላፍነት ምእላይ ዳኒኤል ድማ
በብቅሩብ ናብ ጽገ ሃይል እንዘዘወ ከደ። ጽገ ደጋጊማ ክትምግቦን ጽሬቱ
ክትሕልወሉን ምስ ጀመረት ከም ውላዳ እናረዓመቶን እናፍቀረቶን ስለ
ዝኸደት'ውን ንኣለም ዘቅስን እዩ ነይሩ። ብተወሳኺ ጽገ፡ ሰዉእ ሚኪኤል
ትፈትዎ ዓርኪ-ርእሳ ስለ ዝነበረ ውላዱ ምሕብሓብን ምእላይን ውሽጣዊ
ራፍታ ዝህባ እዩ ነይሩ።

ካብ ከረን ተበጊሶም ሕዳይ ኣብ ዝኣተዉሉ፡ "ቄልዑ ዘይብልክን
ውጉኣት ክትኣልያ ተመዝገቤ" ተባህለ። ኣለም ንወዳ ምስ ጽገ ገዲፋ
ክትከይድ ድልውቲ ስለ ዝነበረት ንግኣቶት ናብ ናቝፋ ተበገሰት። ኣለም
ምስ ከደት፡ ገለ ካብ ብጾታ፡ "ኣለም ቄልዓ ኣለዋ፡" ብምባል መሓምድኑር
ንዘተባህለ ተጋዳላይ ሓበራ።

"እንታይ ቄልዓ ክህልዋ ደኣ፡ ንበይና እንዲና ንርኣያ ዘለና፡" በለን
ክኣምን ስለ ዘይከኣለ።

"ኣይፈለጥካን እምበር ኣለዋ፡" ምስ በላኣ፡ እቲ ኣብ ውግእ እግሩ
ዝተቝርጸ መሓምድኑር፡ ሓንከስ-ሓንከስ እናበለ ንጽገ ሃይል ረኸቡ፡ "ኣለም
ቄልዓ ኣለዋ ድዩ!" ሓተታ።

"እወ፡" በለቶ።

"ኣበይ ኣሎ፤ ኣርእይኒ፡" ርእዩ ክኣምን ደለየ።

"እነሀልካ'ዚ ኮፍ ኢሉ ዘሎ እዩ።"

"እዚ ወዳ እዩ!"

"እወ።"

"መን ደኣ ይኣልዮ ኣሎ፤"

"ኣነ።"

"በሊ ንዝግሄር ይግበረልኪ፡ ኣይትሕመቒ። ንሕና፡ ክኸይድ'የ ኢላትና
ቄልዓ ዘይብላ መሲሉና ንግኣቶት ሰዲድናያ ኢና፡" ኢሉዋ ናብ ቦታኡ
ተመልሰ።

ወተሃደራት ኢትዮጵያ ምስቲ ዝነበሮም ሓይልን ናህሪን በብቅሩብ
ናብ ናቝፋ ገጾም ተጸገዉ። ኣብቲ እዋን'ቲ ኣለም ማእቶት ወዲኣ ናብ
ቦታኣ ተመሊሳ ነበረት። ንሳን ጽገን ዘርከባእም ካብ ከበሳታት ዝመጹ፡
ብፍላይ ድማ ቄልዓ-ሰበይቲ፡ ካብ ናቝፋን ከባቢኣን ክርሕቁ ስለ ዝተወሰነ፡
ድሕሪ ነዊሕን ኣድካሚን ጉዕዞ እግሪ ተጸብአ ነፈርቲ እናመከቱ፡ ብለይቲ
እናተጓዓዙ፡ ኣብ ፈቓዶ ዓዳይ እናተሓብአ፡ ካብ ናቝፋ ንቝብር ወአት፡

208

ካብኡ ናብ ገረግር አስመራ፡ አብ መወዳእታ ኸአ ገረግር ሱዳን ሓሊፎም
ጀልሃንቲ አተዉ። ጀልሃንቲ መዓስከር ንክኸውን አቛዲሙ ተሓርዩ ዝነበረ
ደጀን እዩ።

*   *   *

አለም አስገዶም ንዳኒኤል አብ እንዳ ህጻናት አእትያ ብ2 ነሓሰ 1980
ከተተት። አብ ብሌቻት ወተሃደራውን ፖለቲካውን ትምህርቲ ቀሲማ ኸአ
አብ ብርጌድ 44 ተመደበት። ተጋዳሊት አለም ድሕሪ ምኽታታ ክልተ
ግዜ ናብ እንዳ ህጻናት ብምኻድ ንዳኒኤል ረአየቶ። ጸኒሓ ግን ደሃይ
አጥፊአት፣ እቲ ምርእሳይ ብኡ አቢሉ ንሓዋሩ አኽተመ። አለም፡ ንስለ
ሓርነትን ናጽነትን 1 ጥሪ 1984 አብ ሓሊበት ተሰዊአ አሰር በዓል ቤታ
ሚኪኤል ሰዓበት።

አለም አብ ዝኸተተትሉ ጽግ አመት ዳኒኤል ክትገብር ናብቲ እንዳ
ህጻናት ተመላለሰት። ዳኒኤል'ውን ድሮ ተለማሚዱዋ ስለ ዝነበረ፡ ሕግብግብ
ኢሉ ምፍላይ ክአቢ ጀመረ። ኩነታት ህጻን ዳኒኤል ዘስተብሃለ ይባ
ዝበሃል አባል ማሕበራዊ ጉዳይ፡ "ክሳብ ዝርስዓኪ አይትምጽእዮ፣ ወይ
ድማ ብማዕዶ ኼንኪ ጥራይ ርኢኽዮ ኪዲ፡" በላ። ብድሕሪ'ዚ፡ ነዊሕ
እናጸንሐትን ጸጸቒጣን ደሃየ ገበረት።

ጀልሃንቲ መሬት ሱዳን'የ። መንግስቲ ሱዳን ድማ ነቶም አብኡ ዝነበሩ
ህዝቢ ወይ ሰደተኛታት ኩኑ ወይ ካብ መሬትና ውጹ ስለ ዝበለ ምግዓዝ
ኩነ፣ ዳኒኤልን መሳቱኡን ከአ ናብ ግልዕ ገዓዙ። ድሕሪ ዝተወሰነ ግዜ፡ ካብ
ግልዕ ንዓራርብ፡ ናብቲ አብ ትሕቲ ማሕበራዊ ጉዳያት ዝእለ ዝነበረ እንዳ
ህጻናት አተዉ።

አብ መጀመርያ አዋርሕ 1983 እቶም ዓቢይቲ ተመሃሮ ቤት ትምህርቲ
ሰውራ ንዝመትቲ ዝወፍርሉ ዝነበሩ እዋን፣ ዳኒኤል ዝርከቦም ህጻናት ናብ
ቤት ትምህርቲ ሰውራ ብፍላይ ድማ ናብ 02 አተዉ። ይኹን እምበር፣
ዋሕዲ ማይ ስለዝጋጠመ፣ ገለ ክፋል ካብ ተማሃሮ ቤት ትምህርቲ ሰውራ
ንፈልሒት ገዓዙ። አብ 1984 ድማ እቶም ዳኒኤል ዝርከቦም ካብ እንዳ
ህጻናት ዝመጽኡ ቆልዑ፣ ብምልአም ካብ 02 ናብ 01 ዓረብ ገዓዙ።

*   *   *

ጽግ ሃይለ፡ ዳኒኤል ቤት ትምህርቲ ሰውራ ምስ አተወ'ውን ሓላፍነታ
አየጉደለትን። ከም ቀደማ እናተመላለሰት ደሃዩ ትገብርን አብ ግዜ ዕረፍቱ
ምስአ ናብ እንዳ ህዝቢ ትወስዶን ነይራ። ናብ ቤት ትምህርቲ ሰውራ ከይዳ
አርኪኡ መልአትሉ። አቦኡ ንዳኒኤል ዓርኪ ርእሳ ስለ ዝነበረን ደቂ ሓደ
ዓዲ'ውን ስለ ዝኹኑን ምሉእ ሓበሬታኡ ነይሩዋ'የ። ብወገን እንዳ አደኡ

ግን ምሉእነት ዝነበር ሓበሬታ አይነበራን። ወላዲት ዳኒኤል አለም አስገዶም ምንባራ ጥራይ'ያ ትፈልጥ ነይራ። ስም አቦሓጉ ሰውእቲ አለም ክትፈልጥ ድማ ንሽዋ ትብሃል ጓል ዓዲ ንአለም ሓተተታ። ሽዋ: አለም አስገዶም ሃይለ ከም ትብሃል ምስ ነገረታ: ምስ ስም አቦ ሓደ ኩይኑላ: "ጽብቝቲ ዘይትርሳዕ ስም!" ብምባል ሓዘታ: ብድሕሪኡ ናብ ቤት ትምህርቲ ሰውራ ከይዳ ንኦርኒክ ዳኒኤል ስም አቦሓጉ አደአ ወሲኻ አመዓራረየቶ። አብቲ ኦርኒክ ትውልዲ ዓዲ አለም "ደግራ" ኢላ ድማ አመዝገበቶ።

ሓደ እዋን ሓትኖኡ ንዳኒኤል ሓፋሽ ውድባት ኩይና ሜዳ አትያ ደሃይ ዳኒኤል እናአጣየቐት ንጽግ ሃይለ ረኸበታ። ጽግ: ዳኒኤል ወትሩ ምስአ ምኽኑት ብምሕባር አድራሻኡ ሂባ ናብ ቤት ትምህርቲ ሰውራ ሰደደታ። ዳኒኤል ምስ ሓትኖኡ ተራኸበ።

አብ መወዳእታ ሰማንያታት: አብ ቤት ትምህርቲ ሰውራ ዓሬርብ ዋሕዲ ማይ አጋጠመ። አብ 1990 ድማ ፍርቆም ተመሃሮ ቤት ትምህርቲ ሰውራ: ማለት 01፡ 04 ከም'ኡ'ውን 05 ናብ ዓራግ ገዓዙ። ዳኒኤል አብ 01 ስለ ዝነበረ: ምስቶም ናብ ዓራግ ዝገዓዙ ኩይዱ ክሳብ ናጽነት አብኡ ጸንሐ።

*   *   *

አብ መጀመርታ ናጽነት: ተጋዳላይ አድሓኖም ገብርኣብ (ኮማንዲስ) ንሓወቦ ዳኒኤል: ተጋዳላይ ፍስሃየ ክንፉ ረኺቡ: "ምስዚ አጋጢሙኒ ዘሎ ማህረምቲ ርእሲን ስንክልናን ሚዛነይ ክሕሉ እሸገር ስለ ዘለኹ ንዳኒኤል ካብ ሳሕል አምጽኣዮ" በሎ። ተጋዳላይ ፍስሃየ ክንፉ ናብ ሳሕል ተመሊሱ: ናብ ቤት ትምህርቲ ሰውራ ብምኻድ: ፍቓድ ሓቲቱ ንዳኒኤል ካብ ዓራግ ናብ አስመራ ሒዙዎ መጸ። ዳኒኤል ምስቶም ከም አሕዋቱን መተዓብይቱን ዝቑጽሮም ደቂ አድሓኖም አብ አስመራ ስምበል: ተጠርነፈ። ጽግ ብምምጻእ ዳኒኤል አዝያ'ኳ እንተ ተሓጉሰት: ካልእ ዘየቋስን ሓሳብ ግን ተመላለሳ። ካብ መወዳእታ 1991: ዳኒኤልን ደቃን ክመሃሩ ናብ ሳሕል ክምለሱ ነይሩዎም። ከይተመልሱ ከለዉ እያ ድማ ንዳኒኤል ምስ እንዳ አደኡ ከተላልዮ ዘንቀደት። ብኡ መሰረት መስርሕ ምድላይ ስድራ ሰውእቲ አለም ጀመረት።

"እንዳ አስገዶም ሃይለ ዝበሃሉ ደግራ ዝዓዶም ትፈልጡዶ!" እናበለት ክፈልጡ ይኽእሉ'ዮም ንዝበለቶም ሓተተት። "አየናይ ደግራ!" ዝብል ሕቶ ምስ ገጠማ ግን አብቲ አብ ቤት ትምህርቲ ሰውራ ዓዲ ወላዲቱ "ደግራ" ኢላ ዝመልአቶ ገለ ሃንፍ ከም ዝነበር ተሰወጣ። ስለዚ: ንኽልተ ዕላማ ገይራ ምድላይ "ደግራ" ቀጸለት። በቲ ሓደ ንዳኒኤል ምስ እንዳ አደኡ ከተራኽቦ: በቲ ኻልእ ከአ ቅኑዕ አድራሻ ዓዲ አደኡ ክትፈልጥ።

ድሕሪ ብዙሕ ምሕታትን ኩሎልን፡ ዓዲ ኣለም ደግራ መሬቶ ምኳኑን ኣደኣ መዋቲት፡ ኣቦኣ ኣቦይ ኣስገዶም ሃይል ግን ኣብ ኣስመራ ከም ዘቐመጠ ሓበሬታ ረኸበት፡፡ ብመንገዲ'ቶም ሓበሬታ ዝሃቡዋ ኣቢላ ንኣቶ ኣስገዶም ሃይል መልእኽቲ ሰደደትሉ፡፡ ወዲ ጓሉ ኣብ ኣስመራ ከም ዘሎ ዝፈለጠ ኣቶ ኣስገዶም፡ እናተሃንፈፈ መጺኡ ምስ ጽግ ሃይል ተራኸበ፡፡ ጽግ ነቲ ሰብኣይ ምስ ረኣየት፡ ሓደ ኣገዳሲ ዝሓቅያ ጉዳይ መዓልቦ ስለ ዝረኸበትሉ ሩፍታ ተሰምዓ፡፡ "እዚ ቄልዓ'ዚ ወዲ ኣለም ጓልኩም እዩ፡" በለቶ ድሕሪ ሰላምታ ናብ ዳኒኤል እናኣመልከተት፡፡ ኣለም ወይ ከኣ ኣቦኡ ኣቢይ ኣሎ ኢሉ ንኸይሓተታ፡ "ንዓይ ወዲ ሓሙተይ እዩ፡፡ በዓል ቤተይን ወለዲ'ዚ ቄልዓን ብሕጄ ክመጹ እዮም፡፡ ኣነ ቄልዑ ሒዘ ቀዲመዮም መጺኡ" ብምባል ካልእ ሓበሬታ ኣስዓበት፡፡ ቀጺላ፡ "እዞም ቄልዑ ሕጄ ናብ ቤት ትምህርቲ ሰውራ ክምለሱ እዮም፡፡ ከይተመልሱ ኸሎ ክትርእዮዋ፡ ኣነ ድማ ሕልናይ ከቅስን ኢለ እየ ልኢኸልኩም" በለቶ፡፡

ኣቦይ ኣስገዶም እንተስ ጠርጢሩ እንተስ ፈሊጡ ነይሩ፡ ወይ'ውን ከየስክፋ ኢሉ፡ ደሃይ ኣለም ይኹን በዓል ቤታ ኣይሓተተን፡፡ ኣብ መወዳእታ ግን፡ "ስምኪ መን'ዩ'ዛ ጓለይ፡" ብምባል ልዝብ ኢሉ ሓተታ፡፡

"ጽግ ሃይለ እበሃል፡፡"

"ጽግ ይሃብኪ፧ ብርኽቲ ዘርኢ ኢኺ! ኣገባብክን ግብርኽን'ኳ ይዓቢ፡ ሕጄ ግን ፍቓደኛ እንተ ኼንኪ ምሳይዶ ንገዛ ክወስደ፧ ገዛይ ኣሕዲረ ጽባሕ ከምጽኣልኪ፡" እናተሰከፈ ፍቓድ ሓተተ፡፡

"ዳኒኤለይ እዚእም ኣቦሓጉኻ እዮም፡ ኣቦ ንኣለም፧ ተላለዮም፡፡ ንሎሚ ምስኦም ሕደር'ሞ ጽባሕ ከምጽኡኻ እዮም፡" በለቶ ርእሱ እናደራረዘት፡፡ ዳኒኤል ዕጥይጥይ ከይበለ ምስ ኣቦሓጉኡ ከደ፡፡ ሸዑ-ንሸዑ ድማ ሰሪ፡ ጉልፎ፡ ጫማ፡ ተገዝኣሉ፡፡ ለይቲ ግን ናብ ጽገየይ ውሰደኒ እናበለ ሰለም ከየበሎ ሓደረ፡፡ ኣቦሓጉኡ ንግሆ ሒዙም ናብ ጽግ ብምኻድ፡ "እዛ መሬት በየን ትወግሕ ኢለ ንሰማይ ከቋምት ሓዲረ፡ ፈጺሙ ኣብዮኒ" በላ፡፡

"ኢሂ ዳኒኤለይ... እዚ ኹሉ ሓድሽ ተኸዲንካ፡ ጫማ ተዓዲጉልካስ ክትርብሾም ሓዲርካ" በለቶ ርእሱ እናደረዘት፡፡

"እሞ ንዓኺ እንድየ ደልዬ፡" በላ ሕስይስይ እናበለ፡፡ ጽግ ሃንደበት ገለ ስምዒት ወሪሩዋ ሕንቍንቍ በለት፡፡

ኣቦሓጉ ዳኒኤል ድሕሪ'ዚ ክልተ ወርሒ ጺሒሑ ዓረፈ፡፡

*   *   *

ዳኒኤል ኣብ መፋርቕ 1991 መባእታ ትምህርቲ ዛዘመ፡፡ ኣብ ዓሬብን ዓራግን ዝነበረ ቤት ትምህርቲ ሰውራ ይግዕዝ ስለ ዝነበረ፡ ማእከላይ ደረጃ ዝጅምረሉ ዓመተ-ትምህርቲ ተደናጕየ፡፡ ኣብ መወዳእታ 1991 ኸኣ ናብ

211

ናቅፋ፡ እምባልቆ፡ ብምኻድ ማእከላይ ደረጃ ጀመረ። ድሕሪ ዓመት፡ ኩሎም ተመሃሮ ቤት ትምህርቲ ሰውራ መሃይምነት ንምጥፋእ ወፈሩ። አብ ጥቅምቲ 1992 እቶም ዕብይ-ዕብይ ዝበሉ ተመሃሮ ተጋደልቲ ንኽምህሩ ክምደቡ እንከለዉ። ዳኒኤል ዝርከቦም ንእስ ዝበሉ ድማ ህዝቢ ክምህሩ ናብ ማርያ ጸላም አበሉ። ዳኒኤል አብ ሻድሻይ ክፍሊ ተሪፉ ስለ ዝነበረ፡ ሽዑ ክመሃር ዕድል ረኺቡ ቀዳማይ ብምውጻእ ናብ ሻውዓይ ክፍሊ ሰገረ።

እቶም ንዓመት ዝወፈሩ ተመሃሮ ቤት ትምህርቲ ሰውራ፡ አብ መፋርቅ ሕዳር 1993፡ አብ አስመራ ሜዳ ባሕቲ መስከረም፡ ተጠርነፉ። ናብ ሻውዓይ ዝሓለፉ ተመሃሮ ናብ ደቀምሓረ፣ ካብ ሻምናይ ክፍሊ ንላዕሊ ድማ ናብ ቤት ትምህርቲ ሰውራ ናቅፋ (ጸብራ) ከም ዝኸዱ ተገብረ። ዳኒኤል ሚኪኤል ናብ ቤት ትምህርቲ ሰውራ ደቀምሓረ አተወ።

ዳኒኤል ካብ ሻውዓይ ክሳብ ዓስራይ ክፍሊ፡ አብ አሕዳሪ ቤት ትምህርቲ ሰውራ ደቀምሓረ እናተኣልየ ትምህርቱ አብ ካልኣይ ደረጃ ቤት ትምህርቲ ደቀምሓረ ቀጸለ። ዓስራይ ክፍሊ እንከሎ፡ ብ1996፡ ምስ ከምኡ ዝኣመሰሉ 13 ደቂ ስዉኣት ብሞያ ኤለትሪክ ንኽስልጥኑ ናብ መሰልጠኒ ማእከል ቤት ትምህርቲ ስነ-ኪነት ማይ ሓባር ተላእኩ።

ዳኒኤል ንሽድሽተ ወርሒ፡ ስልጠና ምስ ወሰደ፡ አብ አባይቲ ሰገን፡ ማይተመናይ፡ ንኣርባዕተ ወርሒ፡ ግብራዊ ስራሕ ተኸታተለ። ነቲ ዝቆሰሞ ሞያ ቀሲኑ ንኽሰርሓሉ ሃገራዊ ግቡእ ክፍጽም ስለ ዝደለየ ብ1997 ምስ ሻውዓይ ዙርያ ሃገራዊ አገልግሎት ናብ ሳዋ ክወርድ መደበ። መደቡ ኸኣ ንሓወቦኡ ጊላዝጊ ክንፉ አካፈሎ።

"ንስኻስ'ባ ሓንሳብ ጽናሕ ከነመርዕወኻ" በሎ ጊላዝጊ።

"ቀዳማይ ነገር አነ ገና ንእሽተይ ስለ ዘለኹ አብዚ ግዜ'ዚ ክምርያ ድሌት የብለይን፣ ካልኣይ ነገር ድማ፡ አቦይን አደይን ዝተሰውኡ-ላ ሃገር አነ ዘየገልግልኩዋ መን ከገልግላ ጽናሕ ትብለኒ፡" ብምባል መደቡ ከም ዘይለውጥ ሓወሲ ኩርይ ኢሉ ሓበሮ።

ዳኒኤል፡ ሓንሳብ እንተ ወሲኑ ንድሕሪት ዘይምለስ ሰብ እናኹኑ እዩ ከይዱ። ጠባዩ ዝተገንዘበ ጊላዝጊ ክከራኸሮ አይመረጸን። "ካብ በልካስ በል ደሓን፣ ዘይኣነስ ከርክበኻ እየ፡" ብምባል አፋነዎ። ዳኒኤል አብ ሻውዓይ ዙርያ ናብ ሳዋ ክወርድ እንከሎ፡ ሓወቦኡ ጊላዝጊ ድማ ምስ ዓስራይ ዙርያ ወረደ።

ዳኒኤል፡ አብ ሳዋ ናይ ሽዱሽተ አዋርሕ ወተሃደራዊ ትምህርቱ ምስ ዛዘመ፡ ድሕሪ ሓጺር ዕረፍቲ፡ አብ ሓይሊ ምድሪ - ደንጎሎ - ተመደበ። አብ ሓጀፈራይ ናይ ፓራ ኮማንዶ ታዕሊም ወሲዱ፡ ታዕሊም ዛዚሙ ድሕሪ ምምራቕ፡ ንኽምደብ ናብ በለዛ ከይዱ ናብ ኮር 271 ተመደበ።

*   *   *

212

ዳኒኤል ብደገ ክትርእዮ ከለኻ ዝኸኑ ዘይዓጅቦ፡ ብፍላይ ብዛዕባ መስዋእቲ ወለዱ ዘይግደስ ይመስል ነይሩ። ይኹን'ምበር፡ ውሽጡ ከምኡ ኣይነበረን። ሓደ መዓልቲ ሓደ ካብ መማህርቱ "ኤርትራውያን ኮማንዶ" እትብል ንቝያ ስርሒት ኮማንዶ ኣብ መዓርፎ ነፈርቲ ኣስመራ እትገልጽ መጽሓፍ ወሲዱ ከንብብ ጀመረ። ኣብ መንጎ ስእሊ ናይ'ቶም ስዉኣት ገንጺሉ ምስ ረኣየ እናተነከው ኣምሪሩ በኸየ። እቶም ምስኡ ዝነበሩ ክእብዱዎ'ኳ እንተ ፈተኑ ምእባድ ኣበዮም።

*　　*　　*

ዳኒኤል መማህርቱ ዘፈልጡዎ ምስ ሓንቲ መተዓብይቱ ክቡር ፍቕሪ ነበሮ። ንእፍቃሪቱ ኣዝዩ ይፈትዋ ብምንባሩ፡ ኣብ ልዕሌኣ ዝነበሮ ኣድናቘትን ስምዒትን ዓው ኢሉ ክገልጾ'ውን ይሰከፍ ኣይነበረን። ሓደ እዋን፡ ቀቅድሚ ካልኣይ ወራር ወይን፡ ኣፍቃሪተይ ናሬቃ ኢሉ ንኣርባዕተ ኣዋርሕ ዝኸውን ካብ ኣሃድኡ ተኣልየ።

ዳኒኤል ድልዱል ኣካላት ዝውንን፡ ተጓዚዙ ዘይደክም፡ ኣብ ርእሲ ሰኸሙ ሰኸም ብጾቱ ዝውስኽ እዩ ነይሩ። ኣብ ካልኣይ ወራር ወይን ቅልል ዝበለ ናይ ኢድ ማሀረምቲ ኣጋጢሞ። ኣብ ሳልሳይ ወራር መድፍዓጂ ኣርቲጂ ኩይኑ ንኹሉ መሰናኽላት ሰገሮ። ጸላኢ፡ ንኸባቢ ተኹምብያ ምስ ተቘጻጸር፡ ምዝላቕ ሰዊቡ በዓል ዳኒኤል ነዊሕን ዕረፍቲ ዘይህብን ጉዕዞ ተጓዒዞም ኣብ ዳስ ኣዕረፉ። ኩሎም ብድኻም ተሰነፍም ስለ ዝነበሩ ኣብ መሬት ዘርጋሕ በሉ። ዳኒኤል ቦምባታት ኣርቲጂ ተሰኪሙ ነቲ ኹሉ ጉዕዞ ተጓዒዙዎ ከብቅዕ፡ ንኹሎም ደቂ ሓይሉ ጸባ በጽቢጹ፡ "ኣጆኹም፡ እንኩም ጸባ ስተዩ" እናበለ ዓንገሎም።

ዳኒኤል፡ ድሕሪ'ቲ ውግእ መስዋእትን መውጋእትን መተዓብይቱ ተመሃሮ ቤት ትምህርቲ ሰውራ ስምዐ። ብፍላይ መስዋእቲ ናይቲ ኣዝዩ ዝፈትዎ ቴድሮስ ጉይትኣም ከም'ኡ'ውን መውጋእቲ ሓሚደ ኣመና ኣሰንበደ። መውጋእቲ ሓሚደ ከቢድ ብምንባሩ ምስውኣ ዘይተርፎ'የ ምስ በሉዎ፡ ነቲ ተሰኪሙ ናብ ውሓስ ቦታ ዘብጽሓ መተዓብይቱን መቃልስቱን ዝነበረ ሚኪኤል መብራህቱ ንምርካብ ተበገሰ።

ሚኪኤል ንሓሚደ ተሰኪሙዋ እናወጸ መውጋቱ ከቢድ ብምንባሩ፡ ብዙሕ ደም ፈሰሶ። ክዳን ሚኪኤል ብደም ሓሚደ ጠልቂዩ እንከሎ ናብ ሕክምና ኣብጺሑ ነቲ ተኸዲኑዎ ዝነበረ ካምቻ፡ ቅያር ስለ ዘይነበሮ፡ ብግያይ ሓጺቡ ክነቕጽሉ እናተጸበየ ሃንደበት ዳኒኤል ረጉድ ህሩግ በሎ።

"ክንዝራረብ ስለ ዝደለኹ'የ መጺኣኩ" በሎ ብኣገዳሲ ጉዳይ ከም ዝደለዮ ካብ ስምዒቱ እናተነበ። ስምዒት ዳኒኤል ዘንበበ ሚኪኤል፡ ነታ ጠልቂያ ዝነበረት ካምቻኡ ብጥልልታ ንግፍ-ንግፍ ኣቢሉ ተኸድና። ዘበሎ ንኽስምዕ ኣእዛኑ ጸለወ።

213

"በዓል ቴድሮስ ጉይትአም ጅግንነት ፈጺሞም ተሰዊአም አለዉ። ከምቲ
ወዲ ፈንቅል፡ 'ሕማቕ ሓጺንን ሕማቕ ሰብን የለን!' ዝበሎ፡ ሕማቕን
ፈራሕን ተመሃራይ ቤት ትምህርቲ ሰውራ የለን። ኩልና ከይፈራሕና ምስ
ብጾትና ብጅግንነት ክንዋጋእ አለና። መሰዋእቲ'ውን ዘይተርፍ እዩ። ካባና
ዝደሓነ ግን ሓደራ የዘንቱ። አይግበር እምበር፡ ንስኻ ተሰዊእካ አነ እንተ
ተረፈ፡ ንውላደይ ብስምካ ሚኪኤል ክብሎ እየ። ልክዕ ከምዚ ምእመናን
ምስልምና መሓመድ አሕመድ መሓመድ ዝበለ፡ ውላደይ ድማ ሚኪኤል
ዳኒኤል ሚኪኤል ተባሂሉ ክጽዋዕ እዩ። አነ እንተ ተሰዊአ ኸአ ንስኻ
ከምኡ ትገብር፡ ብዝመሰለካ ኸአ ተዘንቱ!" ብምባል ነቲ አብቲ ጽንኩር
ኩነታት መኻፍልቲ ሽግሩ ዝነበረ ሚኪኤል መብራህቱ ተላቦም።

"ሎሚ ሕን ናይቶም መተዓብይትና ንፈድየላ ዕለት ክትከውን እያ!"
ዳኒኤል ናብ ውግእ ከባቢ ጎልጅ ክብገስ ከሎ ብስምዒት ዝበሎ እዩ።
አብቲ ውግእ ከአ ብልዑል ወኒን ጅግንነትን ክዋጋእ ምኻኑ እትእንፍት
ነበረት። ከም አበያሀላኡ፡ አብቲ ኢድ-ብኢድ ጥምጥም ዝተኻየደሉ ውግእ
ብዘለዎ ዓቕሚ ተረጋረገ። ብፍጹም ሕኑን ወኒ እናተዋግአ ኸአ ሕቝኡ
ተሃርመ። እታ ዝሃረመቶ ስኩጅ ቄርበቱ በሲዓ አብ ሕቝኡ አተወት።
አባላት ቦጦሎኒኡ ናብ ሕክምና ክኸይድ'ኳ እንተ ሓበሩዎ መጀመርያ
ፍጹም አበየ። ደሓር ግን ብጻቕጢን ስለ ዝበርትዖን ከም ዝኸይድ ገበሩዎ።

ንዳኒኤል ዝተቐበሎ ሓኪም፡ ማህረምቱ አብ ሕቝኡ ምኻኑ ምስ
ረአየ፡ ሓደገኛ ክኸውን ስለ ዝኽእል ክተናኽፎ አይደለየን። ዳኒኤል ግን
አብቲ ሕክምና ካብ ናቱ ዝኸፍአ መውጋእቲ ዝነበሮም ብጾቱ ርእዩ፡
ንመውጋእቱ አስተናዓቓ። ነታ አብ ሕቝኡ ዝነበረት ስኩጅ ኢዱ ጠውዩ
ባዕሉ ከውጽአ'ውን ተቃለሰ። ከም ዘየርከባ ምስ አረጋገጸ፡ ነቲ ዝአልዮም
ዝነበረ ሓኪም ከውጽአሉ ሓተቶ። እቲ ሓኪም ግን ልዕሊ ዓቕሙ ምኻና
ብምሕባር ከም ዘይትንክፋ ገለጸሉ።

ዳኒኤል ክንድርን ክሓርቕን ጀመረ። ነቲ ሓኪም ድማ: "ወይ
አውጽአለይ ወይ ድማ አብ መንጉይን አብ መንጉኻን ከቢድ ባእሲ
ክፍጠር'የ!" ብምባል አጉባዕባዕሉ። እቲ ሓኪም ኩነታት ዳኒኤል ርእዩ፡
ነታ ስኩጅ አውጺኡ ንሕቝኡ ብዘርያ ጀነለ። ዳኒኤል ድማ ህራሙ ደም
እናነዝዐ፡ ብሃታህታ ተመሊሱ አብቲ ርሱን ጥምጥም አተወ። ዳኒኤል ሓደ
ካብቶም ዝነአድ አበርክቶ ዝነበሮም መድፍዓጀታት ናይታ ቦጦሎኒ ስለ
ዝነበር'የ ብጾቱ ከይግድዑ፡ ምስ ቃንዛኡን መውጋእቱን ናቲ ውግእ ክአቲ
ዝመረጸ።

ንምሽቱ ቃንዛ በርተዖ። እንተኾነ፡ ሽዑ'ውን ናብ ሕክምና ተበገስ ምስ
ተባህለ: "እዚ ካልኣይ መድፍዓጂ ሓድሽ ስለ ዝኹነ ነዛ ብረት አይመለኻን

214

ዘሎ፣ ምንኽኣል ስኢነ ብሰብ ክሳብ ዝጽወር አይከይድን እየ፡" ኢሉ አኸበጸ። ውግእ ቀጺሉ ክጥንቀቅ ምስ ተሓበር፡ "ተጠንቂቐካ አይተጠንቂቐካ ትርጉም የብሉን። ዕምሪ እንተ አኺላ ተበላሒትካ አይትረፍን እዩ፡" በሎም።

*   *   *

ዳኒኤል አዝዮ ደፋር፡ ብጥይት ዝምወት ዘይመስሎ፡ ከሰዓር ዘይደሊ ተባዕ መንእሰይ'የ። አሰር ናይቶም ንስለ ህዝብን ሃገርን ንዕኡ ጥራይ ሓድጊ ገዲፍም ዝተሰውኡ ወለዱ ንኽስዕብ ዘገደደ፡ 'ዘራጊ ኸሎ ጽሩይ ማይ ነይስተ' ከም ዝበሃል፡ ንሱ'ውን ንኽብሪ ልኡላውነት ኤርትራ 12 ሰነ 2000 አብ ጀበል ናዓም፡ ከባቢ ዓልጀ፡ ብጀግንነት ሓድሽ ምዕራፍ መስዋእቲ ከፈተ።

ምንጋር አስማት ስዉኣት ምስ ኩነ፡ ስም ዳኒኤል ምስ ደቂ ዓዱ አይተረቝሐን። አብ ናይ ቀረባ ቤት-ሰብቡን ፈተውቱን ድማ ስንባደ ፈጠረ። ተጸዋዕነቱ ንሓትኖኡ ትርሓስ አስገዶም ሃይል አመዘጊቡዋ ስለ ዝጸንሐ እቲ መርድእ ጺነሓ ብመንገዳ መጸ። ዳኒኤል ንወለዱ ሓደን ጻንታን እዩ ነይሩ። እንተኾነ፡ ንሱ'ውን "ደቂ ስዉኣት ዝተሰውኡላ ሃገር" ከም ዝተባህለ፡ አሰር ወለዱ ደሙ ከስኪሱ መስዋእቲ ከፈሉ። አብ ክንዲ ሃብትን ርስትን መስዋእቲ ወሪሱ፡ ሓድጉን ሓድጊ ስድራ-ቤቱን ድማ ታሪኹምን ነጻ ኤርትራን እዩ።

ዳኒኤል ቃልሲ ኤርትራ ዝወለዶ ታሪኽ እዩ። ታሪኽ ብታሪኹ፡ ምስክር ናይታ ንስለ ሓርነት፡ ክብረትን ልኡላውነትን ዝጸነተት፡ ሜኣት ካብ ሜእቲ መስዋእቲ ዝኸፈለት፡ ቀጻልነት ወለዶአ ዘኸተመት ውፍይቲ ኤርትራዊት ስድራ እዩ። መስዋእቲ ዳኒኤል፡ ንቤት-ሰቡ፡ ስድራ-ቤት ተጋዳላይ አድሓኖም፡ ብዓቢኡ ነቶም ዘዕቡዎ መምህራንን አለይትን ቤት ትምህርቲ ሰውራን መተዓብይቱን መማህርቱን ንመላእ ህዝቢ ኤርትራን ንስለ ሃገር ዝተኸፍለ ሓወልቲ እዩ ክበሃል ይከአል።

*   *   *

ሰለስተ ስድራ-ቤታት ንዝኸሪ ዳኒኤል ንደቀን 'ዳኒኤል' ሰምየናአም አለዋ። እቶም ንዝኸሩ ስም ዝወጸም ቄልዑ ዳኒኤል ቢንያም አልአዛር፣ ዳኒኤል ሚኪኤል መብራህቱ ከምኡ'ውን ዳኒኤል አማኒኤል ሰመረ እዮም። ብተወሳኺ ስድራ-ቤት ሳምሶን ሃጾይ ንዝኸሪ ስዉኣት መተዓብይቲ ዳኒኤል ሚኪኤልን ቴድሮስ ነይትአምን ንምዝካር ንውላዶም "ዳንቴድ" ክበሉ ሰየምዎ። ዳን ንስዉእ ዳኒኤል ሚኪኤል (ዳኒኤል ረጉድ) ክውክል ከሎ፡ ቴድ ድማ ንስዉእ ቴድሮስ ነይትአም ይውክል። ብፍላይ ዳኒኤል ሚኪኤል መብራህቱ፡ ምስ ስም ስዉእ "ዳኒኤል ሚኪኤል" ስለ ዝተጋጠመ ንኽልተአም ስዉኣት አቦን ወዲን ዘዘኻኽር ሓድጊ ኩነ። ሚኪኤል መብራህቱ፡ አብቲ ከቢድ ውግአት ምስ ዳኒኤል ካብ ዝነበሩ መተዓብይቱ እዩ። መስዋእቲ ናይቲ

215

ዝፈትዋ ዓርኩ ብዓይኑ ርእዩን ሕርቃኑ ተጻዊሩ ሓመድ-አዳም አልቢሱ-ዎን። እታ "ዝተረፈ የዘንቱ" እትብል ቃል ዳኒኤል ድማ አብ አእምሮኡ እናተመላለሰት ቅሳነት ከልአቶ። ሕድሩ ንምጽናዕ፥ ሸዑ-ንሸዑ አብ ጸጋማይ ቅልጽሙ "ዳኒ" ዝብል ብዓቢ ተወቀጠ። ንቦኹሪ ወዱ ድማ "ዳኒኤል" ሰምዩዎ'ሎ። ዳኒኤል ታሪኽ'ዩ ካብ በርካ፥ ታሪኹ ከአ ካብ ጽሑፋትና ሓሊፉ በዞም ፍረ-ናጽነት ዝኹት ዕምባባታት እናተዘንተወ ክሰጋገር እዩ። ሓድጊ ስዉአት ስዉእ ዳኒኤል ረጉድ!

*　　*　　*

ታሪኽ ዳኒኤል ካብታ ዝፈረየቶ ስድራ ነጺልካ ዘይርአ ተመላላኢ እዩ። አቦሓጉኡ ባሻይ ክንፉ ብግፍዒ ጸላእቲ ተቐቲሉ። ሰለስተ ደቁ፥ ሰይቲ ወዱን ወዲ ወዱን'ውን ስለ ሃገር ተሰዊአም። ሚኪኤል ክንፉ 20 ለካቲት 1978 አብ ጎላነ፥ በላይ ክንፉ 18 ጥቅምቲ 1980 አብ ባብቦም፥ ሰይቲ ስዉእ ሚኪኤል፥ አለም አስገዶም፥ 01 ጥሪ 1984 አብ ሓሊበት - ሰለስተኣም አብ ሓርነታዊ ቃልሲ ክስውኡ እንከለዉ። ሕሳስ-ልደ ወዱ ተጋዳላይ ፍሰሃ ክንፉ ብሰንኪ'ቲ አብ ካልኣይ ወራር ወያነ ዘጋጠሞ ናይ ርእሲ ማህረምቲ ብ27 ታሕሳስ 2006 ተሰዊኡ። ወዲ ስዉእ ወዱ፥ ጽንታ ዳኒኤል ሚኪኤል (ዳኒኤል ረጉድ) ድማ አብ ሳልሳይ ወራር ወያነ - 12 ሰነ 2000 - አብ ጀበል ናዓም፥ ከባቢ ጎልጅ፥ ተሰዊኡ።

አዘንተውቲ፥

- ጊላዝጊ ክንፉ
- ተጋዳላይ አድሓኖም ገብርኣብ (ኮማንዲስ)
- ወይዘሮ ጽገ ሃይለ
- አማኒኤል ሰመረ (መስሒቕ)
- ቀሺ ገብረስላሰ ገብረሚካኤል
- ምሕረትኣብ ጠዓመ
- ሚኪኤል መብራህቱ
- እዮብ ዑቕባይ
- ሰጊድ ተስፋማርያም
- ዓዚዝ ታደስ
- ማሕታ ጸጋይ

ባሻይ ክንፉ ገብረመሃሪ

ኣየር ወለድ ሚኪኤል ክንፉ

ዳኒኤል ኣብ ቅድሚ ናጽነት

ድሕሪ ናጽነት ዝተሰውአ ተጋዳላይ
ፍስሃየ ክንፉ

ብስም ስዉእ ዳኒኤል ስም ዝወጽዎም ደቂ ብጾቱ

ዳኒኤል ቢንያም ኣልኣዛር

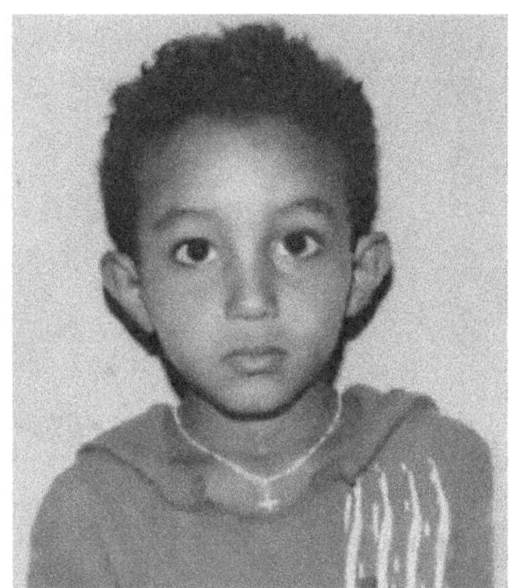

ዳኒኤል ሚኪኤል መብራህቱ

ዳኒኤል ኣማኒኤል ሰመረ

ንዘኽሪ ክልተ ስዉኣት ስም ዝወጽኣ
ዳንቴድ ሳምሶን ሃጸይ

9

ምጽላል ጽላል

አቡበከር ዓብደልአወል

ዝረአያ፦ "ንምንታይ'ያ ተፈጢራ፤" ተባሂሉ እንተ ዝሕተት፦ "ክትሕንቅቐ!" ክብል ሰጋእ አይምብለን፨ ልክዕ ከም ከይትሰበረካ እትፈርሓ ክብርቲ ንብረት፦ ከይትቕምስለካ እትከናኸና ጸጌሬዳ እያ ነይራ አብ አሃዱኣ - ምጽላል ገብራይ ቀለታ (ጓል ከረን)፨

ተፈጥሮ፦ ይውሓድ ይብዛሕ፦ ንኹሉ ገለ ጽባቐ ትዕድሎ'ያ'ሞ፦ አብ ምጽላል በጺሓስ አመና ለጊሳ'ያ፨ ዕድመኣ 18 አቢሉ ይኸውን ነይሩ፤ ናብ ሕጽሪ ገጹ ዝኸደ ቍመታ ብኻልእ መልክዓን ቅርጻን ተሸፊኑ ዘስተብህለሉ አይነብረን፨ ንምጽላል ጓል ከረን 'እታ ጽብቕቲ' እምበር 'እታ ሓጻር' ዝብላ አይርከብን፨

ምጽላል፦ ትምህርቲ አብ ሻውዓይ ክፍሊ አቋሪጻ ብፍቓዳ ምስ አባላት ሻውዓይ ዘርያ ሃገራዊ አገልግሎት ብ1997 ናብ ሳዋ ወረደት፨ ድሕሪ ታዕሊም፦ አብ ኮር 381፦ ቀዳማይ ክፍለ-ሰራዊት፦ ቀዳማይ ብርጌድ፦ ሳልሳይ ቦጦሎኒ ተመዲባ ምስ መጸት እየ ተላልየያ፨

ቦጦሎኒና፦ ጉጅለ ባህሊ አቚማ መደባት ምዝንጋዕ ከተዳሉ ብአዛዚ ቦጦሎኒ ሌተና ኮሎኔል ተሽመ ባህታ መምርሒ ምስ ተዋህባ፦ ነታ ዝቘመት ጉጅለ ባህሊ ከሰልጥኖን ክመርሓን ተመዘዝኩ፨ አባላት ናይታ ጉጅለ፦ ንኹለን ብሄራት ሃገርና ዘውክሉን ዝተፈላለየ ክእለት ዝነበሮምን ነበሩ፨ ዝተፈላለየ መበቇላዊ ድራማታትን ደርፌታትን ብምድላው ስራሕና ንኽንጅምር ካብ ድፋዕ ወጺእና፦ አብ እንዳ ቦጦሎኒ ቦታ ተዋሂብና፦ አብ ትሕቲ አግራብ ልምምድ ጀመርና፨ ብዘይካ ሓንቲ ክራርን ክልተ ከበሮን ካልእ ናውቲ

ባህሊ'ኳ እንተ ዘይተቐረበ፡ ቡቲ ንኹሉ ሕጽረታት ዝሽፍን ልዑል ድሌትን ተበግሶን ኣባላት መደባትና ካብ ምድላው ኣይተዓንቀጽናን።

ሓንቲ ካብ ኣባላት ናይዛ ጉጅለ ባህሊ'ዚኣ፡ ምጽላል ገብሩይ ቀለታ (ጓል ከረን) ነበረት። ምጽላል፡ መጀመርታ ከም ተላሃዪት ኲይና ኣብ ደርፌታት ትግርኛ፡ ሕዳርብ፡ ሳሆን ኲናማን ተሳተፈት። ጸኒሓ ኸኣ ሓንቲ ደርፌ ኣቕረበት፤

“ክትኩነኒ ኢለ ኪዳን ኣሲረልካ
ስልማት ኣካለይ ሓቦ ክኾነካ
ናይ ኢደይ ናይ እዝነይ ቀንጢጠ ሂበካ
ካሕሳ ተቐቢለ ዘሕዝን ጥልመትካ...”

እናበለት ኣብ 1960ታት ድምጻዊት ትበርህ ተስፋሁነይ ዝደረፈታ ደርፌ ምስ ደገመት፡ ምቕጣንን ሕብሪን ድምጻ፡ ትበርህ ዳግማይ ተወሊዳ ዘብል ነበረ። ምጽላል ምስ ካልኦት ኣባላት ጉጅለ ባህሊ ብምኳን ብዘቕረበቶ መሳጢ ምርኢት ገና ኣብ ዝዓበየ መድረኽ ከይበጽሐት ሉባ ተባህለላ።

ኣባላት ናይታ ጉጅለ ባህሊ፡ ብሉጽ ምርኢት ከነቕርብ ኣብ ዘካየድናዮ ጻዕሪ፡ ኣብ ሓጺር እዋን ክንላለን ኣጸቢቕና ክንፋለጥን ሓጊዙና። ሽዑ ድማ'የ ንምጽላል ጓል ከረን ከም ንእሽቶ ሓፍተይ ዝፈተኹዋን ኣጸቢቓ ክፈልጣ ዕድል ዝረኸብኩን። ጠባያ ሓላል'ዩ። ሰብ ኣይትጉድእ፡ ሰብ ይጉድኣኒ'ዩ ኣይትብል። ንኹሉ ከም ሓዋን ሓፍታን፡ ንኹሉ ቦታ ድማ ከም ገዛኣ ትቑጽሮ።

ኣብ ልምምድን ኣብ መንገዲን ካብ እግረይ ኣይፈልያን'የ። ንዓኣ ባህ ዘብል ዕላል እናኣምጻእኩ ኣጸቢቐ ቀሪበያ። ኣገልግሎታ ወዲኣ ናብ ስድራኣ ብሰላም ክትምለስ ተመንየላ።

ጉጅለ ባህልና ምድላዋታ ኣጻፊፋ ኣብ ከባቢ ቊጠባና ዝነበሮ ቦታ፡ ኣብ መኻርም፡ ዓቢ ዳስ ተሰሪሑ ላዕለዎት ኣዘዝትና ዘማዕረትዎ ናይ ምሳሕን ምዝንጋዕን መደብ ተኻየደ። ንሰበ-ስልጣን ሰርዓት ወያነ ብእትጉጢ ኮመዲ ዝጀመረ መደብና፡ ካብ ተዓዘብቲ ልዑል ሞራላዊ ደገፍ ረኺብናሉ። ዝቐጸለ መደባትና'ውን ከይተመንወ ዝውዳእ መሳጢ ነበረ።

ምጽላል፡ ናይ 1960ታት ወይዘራዝር ዘዘውትራኦ ዝነበራ ቅዲ ኣለባብሳን ኣመሻሽጣን ሒዛ ናይ ትበርህ ተስፋሁነይ ደርፌ ምስ ደረፈት፡ ዳስ ብፋጻን ጣቕዒትን “ትደገም” ብዝብል ቃላትን ተነቓነቐት። ምጽላል ደርፌ ወዲኣ ብድሕሪ መጋረጃ ናባይ ገጻ ክትመጽእ እንከላ፡ ገጻ ብንብዓት ተሓጺቡ ረኣኹዎ። ሰንቢደ፡ “ስለምንታይ ትበኽዪ!” በልኩዋ።

“ተሓጉሰ! ክሳብ ክንድ'ዚ ሰብ ዘሐጉስ ኣይመሰለንን ነይሩ... ተመስገን፡” በለት።

ሓጉሳ ጽቡቕ ገይራ ምእንቲ ከተስተማቕር፡ ነታ ደርፊ ክትደግማ ሓቢረ ናብ መድረኽ መለሰኩዋ። ደጊማ ናብ መድረኽ ምስ ተቐልቀለት ዝተቐበላ ማዕበል ጣቕዒት፡ መሊሳ ብወነ ክትደርፍ አተባብዓ። ገንዘብ ሸሽሊሞምን ስዒሞማን ዝወርዱ ተዘዝብቲ በዝሑ። ንምጽላል ስዒዮም አባላት ጉጅለ ባህልና፡ በቲ መረዋሕ ድምጾም፡ ብዘተፈላለያ ቋንቋታት ሃገርና ንመድረኽ ተቐጻጺሩዋ። በዓል አደሮብ፡ ተስፋሂወት፡ ወዲ ዳኪን፡ ሓመድ፡ ወዲ ናራን ወዲ ፈሊቸን ብዘቕረቡዎ ደርፈታትን ትልሂትን ዳስ ተነቓነቐት። ንስለስተ ሰዓት ዝቐጸለ ምርኢት ምስ ተዛዘመ፡ ስዋና ስለ ዝጠዓመን ክሰርሕ ስለ ዝጀመረን፡ በቲ ዕሉል ከራሪ ቦጦሉኒና (ወዲ ዓረዛ) ጽራይ ጓይላ ተተኺሉ ሽሽ ኮነ።

ዕዉት ምዝንጋዕ ቦጦሉኒና ናይ ፈለግ መደብ ምዝንጋዕ ቦጦሉኒታት አብቲ ግንባር ስለ ዝነበረ፡ መዛረቢን አብነት ንኻልአት አህዱታትን ክኸውን ግዜ አይወሰደን። ብፍላይ ድምጻዊት፡ ተላዛይትን ተዋሳኢትን ምጽላል ጓል ከረንን ፍቱው ኮሜድያን ስዉእ ተኽለሃይማኖት እምባየን (ወዲ እምባ) ስምም አብቲ ከባቢ ገነነ።

*   *   *

ድሕሪ'ዚ መደብ ምዝንጋዕ'ዚ ቦታ ቐይርና አብ ከባቢ ሩባ ወዳስ ስልጠና ዝተወሃሃደ ህጁም አጋርን ታንከኛን ወሰድና። አብ እዋን ታዕሊም፡ አባላት ባሀሊ ብሓደ ክንጥርነፍን አብ ዝረኽብናዮ ናጻ ግዜ ባህላዊ ልምምድ ክንገብርን ዕድል ተፈጥረልና። ሓደ ካብ አገዳሲ ባህሊ ውትህድርና፡ አህዱአዊ ስምዒት እዩ። ንሕና አባላት ባሀሊ፡ ከም ሓንቲ አህዱ አብ ታዕሊም ከይንሓምቕ ንባህላዊ ልምምድ አብ ንተአኻኸበሉ ዝነበርና ግዜ ብዘዕባ'ቲ ታዕሊም ክንረዳዳእ ነዊሕ ግዜ ንወስድ ነበርና።

ምጽላል ዝነአሰት አባልና እያ። ኩሉ ክፍትን በሃሊት ስለ ዝነበረት ከአ አብቲ ታዕሊም ልዕሊ ካልአት ክትከውን ክትብል ብተደጋጋሚ ካብ ሓደጋ ንስክላ ወጺአ። ዝዘለል ቅድሚ ሰባ ክትዘልል፤ ዝሀጅም ቅድሚ ብጻ ክትሃጅም፡ . . . ትቐዳደም።

ብድሕሪ'ቲ ታዕሊም፡ ጸላኢ ምትኹታኹ ስለ ዘብዘሐ አይቀሰንናን። ኩለን አህዱታት ድማ አብ ቀዳማይ ደረጃ ተጠንቀቕ ክጸንሓ ተሓበረን። ከበሮ፡ ክራርን ማይክሮፎንን አብ ሳንዱቕ ተዓጺዩ፡ ካላሽንን ብሬንን ተተሰፈረን ተወልወላ። ቦምባታትን መለኸት ሞርታራትን አብ ዓንቀር ኮነ። ግንባር ብምሉኡ ውግእ-ውግእ ሸተተ። ሸውሃት ውግእ ደሊኻ እተምጽአ'ኺ እንተ ዘይኮነ፡ አንጻላይና ዝነበረ ሓደጋ ውግእ ንምግጣም ግን ይከአሎን ዋርሳይን ብሓባር ተዳለናሉ። ውግእ ሰብ ከም ዝበልዕ እናተፈልጠ፡ ናይ ውግእ ሸውሃትና ምግፍሑ ዘገርም'ዩ።

223

አብ 1998 ዝተወልዐ ቀዳማይ ወራር ወያነ ፈሺሉ፡ ዓመት አብ
ዘይመልእ ግዜ ጸላኢ፡ ንኻልአይ ወራር ይዳሎ ከም ዝነበረ ናይ ዕዳጋ
ምስጢር ኮነ፡ በቲ ዝነበርናዮ ሽነኽ፡ ብተደጋጋሚ ፈተነታት ውግእ ይኻየድ
ነይሩ'ዩ፡ ኮርና፡ ኮር 381 ካብ ፋውሊና ክሳብ ከባቢ ዓዲ-ሃኪን እዩ አሲሩ
ነይሩ፡ ዕርዲታት ገምሃሎ፡ ጓል ገምሃሎ፡ ምሕጸብ ዓላቡ፡ ቢያራ፡ ዓደ-ሰመሩ፡
ገዛ ሸውሊን ገዛ ገርሀላስን'ውን ድልዱል ድፋዓት ዝተሃንጸሉ ቅድመ
ግንባር'ዩ ነይሩ፡ ወያነ ነዚ ድፋዓት'ዚ ፈንጢሱ ናብ ውሽጢ ክአቱ
ዘይገበር አይነበረን፡ ዝነበራ ዘመናውያን ነፈርቲ ውግእ አብ ሰማያትና
ከም ሑሱም ሓንበሳን ተሃሪመን ወደቓን፡ ቦምባታት መዳፍዕ 130፡ 120
ቢ.ኤም. ከም ማይ አይሂ ዘነበ፡ ተኹሲ ማእከላይ ብረትን ከላሽናትን ከም
ቄሎ ተዘርወ፡ ኩሉ ብዘይ ፋይዳ!

ጸላኢ፡ ዕርዲታትና ንምፍራስ ሓሸከት ሃሱሳት እዩ አዋፊሩ፡ ሬድዮታት
ወያነን አጆኹም በያልቶምን፡ ብዘይ ምቁራጽ ስነ-አእምሮአዊ ኮናት
አካዪዱ፡ ኩሉ ዓይነት ኮናት - ቅጠባዊ፡ ዲፕሎማስያዊ፡ ስነ-አእምሮአዊ፡
ፖለቲካዊን ወተሃደራዊን - አብ ልዕለና ተፈነወ፡ ብወገንና ዝነበረ
ምድላው'ውን፡ ከም ልሙድ ብዓቕምና ማዕረኣን ልዕሊኣን ነበረ - ህዝባዊ
መኽተ! ንእስነትን ዘይጸገባ መንእሰያት ብንቅሓትን ተወፋይነትን ዝሳተፋ
መኽተ፡ ውላድ ይዓጥቕ፡ አቦ ይዓጥቕ፡ አቦሓጎ ይዓጥቕ፡ አደ ትዓጥቕ-
ተዕጥቕ፡ ጎርዞ ትዓጥቕ... ፡ ቄልዑ ማይ ዝመልእ ጆሎን ብካሻ ሸፈኖም፡
የቘብሉ፡ አደታት ጥስተንን ሳሙናንን ሒዘን ድግድጊት ዓጢቐን ፈቐዶ
ግንባራት እናኸዳ ክዳን ዊጉኣት ደሓጸባ፡ ጥሕንን እንጣጢዕን በጽቢጸን
ዝጸምኣ ጉሮሮ ሰራዊት የተርክሳ፡ ክንዮኣ ሓሊፈን፡ 'ሃገሪ ስልማተይ!'
እናጨርሓ፡ ወርቂ ስልማተን ንምኽልኻል ሃገር የወፍያ!. . .

አብ መጀመርታ ወርሓት 1999 ዝነበረ ኩነታት ብሓጺሩ ነዚ'የ
ዝመስል ነይሩ፡

> "... ርስተይ መሬተይ ባድመ ...
>
> ኢ.ለኪ ነይረ አቐዲመ...
>
> ታንክታት ከይተጋደመ..."

*　　*　　*

ምጽላል ጓል ከረን ከም ኩሎም መዛኑኣ ዕጥቃ ሽጥ አቢላ፡ አብ
ቅድመ-ግንባር ተሰለፈት፡ ፈለማ ለካቲት 1999፡ ብሽነኽ ባድመ ክዘንብ
ዝሓደረ አይሂ ቦምባታት መዳፍዕ፡ ወግዓዊ መኽፈቲ ካልአይ ወራር
ኮነ፡ ሽሾ ሰራዊት ጸላኢ'የ ወፈሩ፡ እቲ ብዝሒ፡ ነፍሲ-ወከፍ ጥይት
ወጉን አብ ወተሃደር ጸላኢ ክትዓልብ ዘገድድ ነበረ፡ ወተሃደራት ጸላኢ
ብማዕበል እናጥቅዑ ከም ቄጽሊ ይረግፉ፡ ብድሕሪኦም ካልአት ይሰዕቡ -

224

ንሶም'ውን ይረግፉ። አጸብዕቲ ይከአሎን ዋርሳይን ቃታ ብምስሓብ ደንዘዛ። ሻምብቆታት ካላሽንን ብሬንን ጓህሪ መሰለ። አጸብዕቲ በዓል ምጽላል አብ ካዝናታት ጥይት ብምምላእ አጽፋሩ ተጀላሊዑ ደመየ። "አጆኹም፡ አጆና! በለን ጥራይ... ረፍርፈን... ዓወት ንሓፋሽ!" ዝብላ ቃላት ደጋጊመን ተቓልሓ።

ግዱድ ሰራዊት ወያነ፡ ብድሕሪኡ ከም አሓ ብብረት እናተጎብከብ፡ ናብ ዕርዲታትና ይቐርብ'ሞ ብጥይት ይቐልብ። ደሓር ግን ምስቲ ብዝሑ ካብ ብረት ምትካስ ቦምባ ኢድ ምጥቃም ዝሓሸ አማራጺ ኮነ። ዓባይ ዓባይቶ አጸብዕትን ቀለቤት ቦምባ ኤፍ -1 ብምስሓብ ረብሪባ፡ ለይትን መዓልቲን ተዋጊእና ዘይኮነስ፡ ለይቲን መዓልቲን ሰብ ቀቲልና ምባሉ ዝቐልል ግናይ ትርኢት።

ምጽላል ጓል ከረን ከም'ቲ አብ ባህላዊ ምርኢት እናተቐጻጸየት ትስዕስዕ ዝነበረት፡ አብ ካናልታት ድፋዕ'ውን ካዝና ጥይት መመሊኣ ንተኮስቲ ከተቐብልን ዝተወድአ ካዝና ክትመልእን፡ "አጆኹም" እናበለት ከተተባብዕን ብልዑል ወኒ ላዕልን ታሕትን በለት። ዝወደቐ ወተሃደራት ወያነ ክትርኢ ርእሳ ካብ ድፋዕ ከተቐልቅል ዝረአያ መራሒ መስርዕ፡ ብዙሕ ግዜ ገኒሑ መሊሱዋ'ዩ፡ ነቲ ከቢድ ውግእ አቐሊላ ግዲ ርእያቶ፡ መራሒ መስርዕ ካብአ ፍንትት ምስ ዝብል፡ ናብቶም ብዘይ ዕረፍቲ ዝትኮሱ ብጸታ ጽግዕ ኢላ ዝወደቐ ሬሳታት ወያነ ክትርኢ ትቐልቀል። "ተዓዊትና!" እናበለት ዓው ኢላ ትስሕቖን ትሕጉስን...። አብ ከም'ዚ ዝአመሰለ ርሱን ስምዒት እንከላ፡ ከቢድ ድምጺ ገይሩ አብ ካናልና ዝዓለበ ቦምባ መድፍዕ 130 ሚ.ሚ. ንስሓቕ ጓል ከረን ጸጥ አበሎ።

ምጽላል ድሕሪ ሰለስተ መዓልቲ'ያ ሃለዋታ ፈሊጣ። አዒንታ ከፊታ ቀሊሕ በለት። አብ ሆስፒታል ደቀላ ከም ዝነበረት ተረድአ - አብ ወተሃደራዊ ሆስፒታል ቢንቢና። አብቲ ሆስፒታል ብዙሕ ምንቅስቓስ ሓካይምን አለይቲ ሕሙማትን'ኳ እንተ ነበረ፡ ብአእዛን ምጽላል ግን እቲ ምንቅስቓስ ድምጺ ዘበጸል አይነበሮን።

"አበይ አለኹ፣ አበይ አለዉ መስርዐይ፣ እንታይ'የ ኮይነ፣" ኢላ ሓሰበት። ገለ ድምጺ'ውን ገበረት። ድምጺ ግን ባዕላ'ውን አይሰምዐቶን። እቶም አብ ቀጻንዛአም ዝነበሩ ዊጉአት፡ ብትኽታኽን ትርጉም ዘይብሉን ድምጺ ከም'ቲ ብልባ ዝሓሰበቶ፡ 'አበይ አለኹ፡ አበይ አለዉ መስርዐይ፡ እንታይ እየ ኮይነ፡' ዝብል ትርጉም ዘለም ቃላት አይሰምዑን። ምጽላል ድንግርግር ኢሉዋ ንእለት ገጻ ብንብዓት ተሓጽበ። ህላወ አካላታ ከተረጋግጽ ብኽልተ አእዳዋ ነብሳ ክትድህስስ ብርእሳ ጀመረት። ሽክና ርእሳ ምሉእ፡ አእዛና ብደጊኣም ጥዑያት፡ ስራሕ ግን ደው አቢሎም፡ አፍ-ልባ፡ ከብዳ ዋላ ሓንቲ ጉድአት አይነበራን። ንታሕቲ ወሪዳ ንአእጋራ ቆንጥያተን አሕሚሰመናእ፣

ዕጽፍ ዝርግሕ አቢላተን ተአዚዘናኣ። ድሕነት ሕቔአ ከተረጋግጽ ብድድ ክትብል ፈቲና፣ ኢላ ኸአ። ብዘይካ ክቱር ድኻምን ጥሜትን ዘፈጠሮ ረሽሽ ካልእ ጉድኣት ከም ዘይብላ አረጋጊጽት። ብልጋ 'ተመስገን' በለት።

አብ ሕክምና ቢንቢቢ ንልዕሊ ዓሰርተ መዓልቲ ደቀስት። አእዛና ምስ ግዜን ዝነጥብ መድሃኒት ተኸታቲላን ከም ዝመሓየሽ ተሓበራ። እቲ ኻልእ ብምልሕጻጽ ዘወረዳ ፍኩስ መቑሰልቲ ግን ድሮ ሓውዩላ'የ። ሓካይማ፣ ክሳብ እዝና ዝሕሻ ናብ ስድራኣ ከይዳ ከተዕርፍ ሓበሩዋ። ንሳ ግን አኰበጸት። በንጻሩ፣ ብዘይ ፍቓድ ሓካይማ፣ ካብቲ ሕክምና ሃዲማ ናብ አሃዱኣ ደኣ ከደት።

ደቂ አሃዱኣ፣ ብምውቕ ስምዒት ተቐበሉዋ። ክትሰምዕ ከም ዘይትኽእል ምስ ፈለጡ ኸአ ብልቢ ሓዘኑ። አብ እንዳ ቦጥሎኒ ሰለስተ መዓልቲ ጸንሐት፣ ናብ መስርዐይ ክኸይድ'የ በለት። "አብዚ አዕርፊ፣ ክሳብ ትሓውዪ ምስዞም ፕርሰናላት ተሓጋገዚ።" ተባሂላ አበየት።

"ሎሚ ናብ መስረዐይ እንተ ዘይከይደ!" ኢላ አቐቢጻ። ደብዳብ አብ ዝመልኣ ኮነታት ናብ መስርዓ ከደት። ደቂ መስርዓ ምስ ረኸበት፣ ከም አደኡ ዝረኸበ ህጻን፣ ብታሕጓስ ዘሊላ። ምጽላል አሻቡ ንኹሉ ረሲዓ ብጀንቃ ኢድ ገይራ፣ ፍሽኽታ ሓዊሳ፣ ምስ ደቂ መስርዓ ጸቡቕ ተረዳደአት።

ምስ ምጽማም እዚ ተተሓሒዙ ድምጽ'ውን ከትቒጻር ዘይትኽእል ሓላፍ-ዘላፍ ኮይኑ'የ። ብኡ መጠን፣ ጠባያ እናቐጠነ ብሕትውቲ፣ መስተማስሊትን መንጸርጻሪትን ክትከውን ጀመረት። አሃዱ ማለት፣ ስድራቤት ማለት ስለ ዝኾነ ግን፣ ንኹሉ ጸገማታ ተጻዊርምን ተረዲኣምን ሓቒፍማ ተጓዕዙ።

ካብኡ ሓሊፋ፣ ትስምዓዮ አይትስምዓዮ፣ ክትደርፍ ጀሚራ። ከም ናይ ርሑቕ ሃገር ሬድዮ 'ዓው... ህጥም' እናበለት ምድራፍ ቀጸለት። እቲ ትደርፎ ንዝሰምዖ ሰብ ስምዒት አይህቦን'የ። ንዓኣ ግን ተዘኩሮታት ውሸጋ ሓዊሱ ብልቢ የሃንያ ነበረ።

ክልተ ሰለስተ ቆን ምስ ጸንሐት፣ ሳላ ብግቡእ መድሃኒታ ዝተኸታተለት፣ አእዛና 'ጺ...ጽ'፣ 'ሹ...ሽ' ዝብል ድምጺ ከስምዓ ጀመረ። ንዓኣን ንደቂ መስርዓን ተስፋ ዘስነቐ ጺጽታን ሹሽታን።

ምጽላል፣ ድሕሪ ማህረምታ ብዘይካ'ቲ ናይ እዝና ጸገም፣ ተኸለ-ሰብነታ ከም ዝጠዓም ተኸሊ.'የ አጉላዕሊዑ። ቅሩብ ደኺን እተን አብ ግዜ ውግእ ካዝና ብምምላእ ዝተጉድኣ ጽፍሪ አጻብዕታ ሓቢለን'ምበር ካልኣስ ምሉእ ኩነት።

ድሕሪ ፍሽለት ካልኣይ ወራር፣ ንአዋርሕ ዝግ ኢሉ ዝነበረ ውግእ ዳግማይ ተፈንጁሩ - አብ ግንቦት 2000 ሳልሳይ ወራር ተጀመረ። ምጽላል ገብራይ (ጓል ክረን) ከም አብ ዝሓለፈ ውግእ፣ አብ ካናለ መስርዓ ኩይና፣

ምስ በዓል ስተል መሓመድ (ጃል መሓመድ)፡ ጽገሬዳን ሚዛንን ካዝናታት መመሊኣ ኣብ ምቚባልን ቦምባታት ኣብ ምቝራብን ንዉጉኣት ቀዳማይ ረድኤት ኣብ ምሃብን ተዋፊረት። እቲ ዳርጋ ዘይሰምዕ ኣእዛና፡ ተጎሲ መዳፍዕ፡ ታንክታትን ደቀቕቲ ብረትን ካብ ምስማዕ ኣይከልከላን። ገለኡ ብእዝና ገለኡ ድማ ብኹብዲ እግራ ሰምዓቶ። በቲ ዘይትዉጸጸር ድምጺ፡ "ኣጆኹም በሉዎም... በሉዎም!" ትብል ክሳብ ጉሮሮኣ ደሪቛ ክስንጠቝ ዝደሊ። ካብ ድፋዕ ቅልቅል እናበለት ንቕድሚት ናይ ምጥጣት ኣመል ኣይገደፈቶን። ብጻታ ሓንሳብ ብኺሌታኣ፡ ሓንሳብ ብእጅገኣ እናወጠጣ ናብ ካናለ ይመልሳኣ።

ሃንደበት ኩነታት ምጽላል ተቐያየረ። ሽታ ባሩድ፡ ሂምታ ተኾሲ፡ . . . ተደማሚሩ ግዴ ኣሲኪሩኣ ኣመና ወዓየት። ኣብ ዕሙር ጃይላ ከም ዘላ ካብን ናብን ብፍጥነት እናተወናጨፈት ጥይትን ቦምባን ምቚባል ቀጸለት።

"ሞጉዴ" ብዝበል ሳጓ ንዝፍለጥ ወዲ መሰርን ምልእቲ ካዝና ኣቐቢላቶ፡ ወዲኡ ዝደርበያ ካዝና ከተልዕል ድንን ምስ በለት ሞጉዴ ኣብ ልዕሊኣ ረፈጥ ኢሉ ወደቘ። ስንቢዳ፡ ደፌኣቶ ቅንዕ በለት። ኣብ ግንባሩን ጸጋመይቲ ዓይኑን ተወቒዑ ጸጥ ኢሉ ረኣየቶ - ተሰዊኡ። ድሕሪ'ዚ ነፍሳ ክትቋጻጸር ኣይከኣለትን። ዓው ኢላ እናተዛረበት፡ ካላሽኑ ኣልዒላ ተኾሲ ጀመረት። እናተኩሰት ትስሕቆን ትገብሮን ዝነበረት ምንቅስቓስ፡ 'ዕሰለ' ተባሂሉላ እትስዕስዕ መርዓት ኣምሰላ። ትትኩስ፡ ትጫኽምት፡ ተውድቝ... ስሒቃ ኣብ ማእከል'ቲ ርሱን ውግእ የቃልሕ።

ኩነታታ ዝተዓዘበ መራሒ መሰርን፡ ናብኣ ገጹ ጉየየ፡ "ጃል ከረን ድፋዕ ሒዝኪ ተኾሲ... ድንን በሊ. ..." እና በላ ኣይሰምዓቶን። ንሱ'ውን ኣየርከባን። ኣብቲ ርሱን ውግእ እናስሓቐት ብኣድራጋ ጠያይት ተሃሪማ ኣብ ልዕሊ 'ሞጉዴ' ወደቘት። መልክዕ፡ ገርሂ ጠባይ፡ ጥያእ፡ ብዓቢኡ ህይወታ፡ ሓንሳብን ንሓዋሩን ኣስቀጠ።

* * *

ወላዲታ ወ/ሮ ኣብረሀት ሰመረ ኣድሓኖም

* * *

"ምጽላል ገብራይ፡ ፈለማ ናይ እዝኒ ጸገም ምስ አጋጠማ ገዛእ
ከትምለስ ዝኽልከላ ኣይነበረን፡፡ ንመውጋእታ ግና ከም መመኽነይታ
ከትጥቀመሉ ኣይመረጸትን፡፡ ዝወፈረትሉ ዕላማ፡ ክንዮ እዝና
ዘይትትካእ ህይወታ ከትከፍለሉ'ያ መሪጻ፡፡ ኣብ መዝገብ ጀጋኑ
ሰማእታት ኤርትራ ብኽብሪ ከትሰፍር ከኣ በቒዓ፡፡"

ቀዳማይ ዙርያ ሃገራዊ ኣገልግሎት - ኤፍሬም ተኽለ ደብረጼን
ክፍለ ሰራዊት 18

*   *   *

"ኣብዛ ጉጅለ ባህሊ፡ ቦጦሎኒና፡ ከም በዓል ምጽላልን ጠልቆመን
ዝኣመሰሉ ኮተቴታት ብምህላዎም ኣብ ገዛና ምስ ንኣሽቱ ኣሕዋትና
ዘለና ኮይኑ ይስምዓና'ሎ፡፡ በልስክ ሕጂስ እዚኣ [ምጽላል] እንታይ
ሃገርን ቃልስን ኣፍሊጡዋ'ዩ ከትጋደል ዝመጸት፣! ስድራኣ ዝቐረቡላ
እናበልዐት ትምህርታ ዘይትገብር! ነዛ ጭፍራ ንሕናን ዶ ምኣኽልናያ፡፡"

ስዊእ ተኽለሃይማኖት እምባየ (ወዲ እምባ)
7 ሕዳር 1998 - ሩባ ወዳስ

ምጽላል ገብራይ (ጓል ከረን)

228

10

"ምሳና ትዓኑ፡ ምበር ዕደ ነስኡ!"

ልኡል ግርማይ

ወራር ወያነ ኣብ 1998 ኣብ ዝጀመረሉ፡ በረኸት (ወዲ እያሱ) ኣባል ካልኣይ መደበር ፖሊስ ባጽዕ ነበረ። ዝበዝሑ መዛኑኡ ኣብ ቅድሚ-ግንባራት እናተረጋገጡ እንዀ ኣብ ሰራሕ ፖሊስ ኣብ ከተማ ምንባሩ ሕልናኡ ኣይተቀበሎን። ናብ ናይ ቀረባ ሓላፊኡ ብምኻድ፡ ናብ ተዋጋኢ ሰራዊት ተቆይሩ ምስ ጸላኢ ፊት-ንፊት ክገጥም ከም ዝደለ. ሓበረ። ሓላፊኡ ኩሉ ሰብ ናብ ውግእ ክኣቱ ግድን ከም ዘይኮነ፡ ኣብ ዘዘለዎ ቦታ ኩይኑ ሰላምን ጸጥታን ህዝብን ሃገርን ምኽባር ኣካል ናይቲ መኸተ ምኻኑ ከእምኖ ነዊሕ ወሰደሉ። ማዕዳ ሓላፊኡ ካብ ልቢ’ኻ እንተ ዘይተቀበሎ፡ ንግዜኡ ግን ሕራይ በለ።

ኣብ ካልኣይ ወራር፡ ሓሳብ ልቡ ዝሰመረሉ በረኸት፡ ኣብ ተዋጋኢ ሰራዊት ተመዲቡ ኣባል ናይታ ኣብ ከባቢ. ክሳድ-ዒቃ ዝነበረት ብርጌድ 61 ክፍለ-ሰራዊት 1.161 ኩነ። እታ ኣሃዱ ኣብ ከባቢ. ኩና ተጠባባቒት ኣሃዱ’ያ ነይራ። ካብ ኩና ምስቶም ካብ ፖሊስን ሚኒስትሪታትን ናብ ግንባር ዝኸተቱ ብጹቱ ብእግሪ ተጓዒዞም ፋውሊና ምስ ኣተዉ. ኣብ ምስራሕ ድፋዓትን ካልእ ኣገዳሲ ምድላዋትን ተዋፈሩ። በረኸት ብዘይ ተጉላባነት ክነጥፍ ዝተዓዘቡ ኣዘዝቱ፡ ንኩና ተመሊሱ ምልክት (ሬድዮ ርኽብ) ከመሃር ሰደዱዎ። ትምህርቱ ብብሉጽ ውጽኢት ወዲኡ ምስ ተመልሰ ድማ ምልክት ቦጦሎኒ ተመደበ።

*　　*　　*

እዋኑ ዝበዝሐ ከተማታት ኤርትራ ሓራ ዝወጸሉ 1978 እዩ ነይሩ። ስርዓት ደርግ አብ አፈፈት ስዕረት በጺሑ። ከተማ አስመራ ብኹሉ ሸነኻታ ተኸቢባ፡ 'ሎሚ ዶ ጽባሕ ትትሓዝ' እናተባህለ ሃንቀውታ ሓርነት ኤርትራ ጥርዚ ዝበጽሓሉ እዋን። ማዕረ-ማዕረ'ዚ፡ እቲ አብ ኩረሻ ስልጣን ካብ ዝድይብ አርባዕተ ዓመት ዘቑጸረ ስርዓት ደርግ፡ አብ ልዕሊ ህዝቢ ዝፍጽሞ ዝነበረ ግፍዒ መዳርግቲ አይነበሮን። ብ1978 አብ አስመራ፡ ጉዳይፍ፡ ከባቢ ሓይሊ አየር ዝተወልደ በረኸት፡ ወዲ 10 ዓመት እንከሎ'የ አብ ልዕሊ መግዛእቲ ደርግ ጽልኢ ዘሕደረ። በረኸት ዝዓበየሉ ከባቢ መዓስከር ሓይሊ አየር ደርግ ብምንባሩ፡ እቶም ንዓይኑ'ውን ክርእየም ዝጽየኖም አባላት አየር-ወለድ ካብን-ናብን መዓስከሮም ብማእከል ካንሸሎ'አም ክመሓላለፉ እንከለዉ። አዒንቱ ብሕራቃን ድልኽ ይመስላ ነበራ። ከም መልስ-ግብሪ ሕርቃቱን ጽልኡን፡ ብዓቐሙ፡ ምስ መዛኑኡ ነቲ መተሓላለፊ ብእምኒን እሾኽን ይሓጽሩዎ ነበሩ።

መባእታ ትምህርቱ አብ ቤት ትምህርቲ ጉዳይፍ እንዳ ሓበሻ፡ ማእከላይ ደረጃ አብ ቤት ትምህርቲ ባና ተኸታቲሉ ዝዓበየ በረኸት፡ ካብ ቁልዕነቱ አትሒዙ ክሰርሕ በሃላይ'የ ነይሩ። ሓደ መዓልቲ በቲ ካብ ጸወታ ቀ-ምነገር ዘቐድም ባህሪኡ፡ አባጊዕ ከፍሪ አለኒ ዝብል ድሌት ሓዞ። አብ ከባቢኡ ብዝረኸቦ ጥረ-ነገራት መሕደሪ አባጊዕ ሰሪሑ። ንአቦኡ አቶ እያሱ ወልደስላሰን አደኡ ወ/ሮ ሃይማኖት ተስፈ ተኪኤን በጊዕ ክገዝእሉ ሓተቶም። ንዓቶም፡ ሕቶኡ ከየዕበሩ፡ ሓንቲ በጊዕ ስለ ዝገዝእሉ አብ'ታ ዝሰርሓ ገዛ እናአሕደረ ክንስያ ጀመረ። እንተኾነ፡ ሓደ መዓልቲ እታ በጊዕ ብሓጹር ሰሊ'ኻ ናብቲ ይትረፍ ክትአትዎ ክትጥምቶ'ውን ዘፍርሕ መዓስከር ሓይሊ-አየር ደርግ አተወት። በረኸት ምስ ዓርኩ በጊዑ ከናዲ ዘይዱህሶ ከባቢ አይነበረን። በጊዕ ግን ሸታ ማይ ኩነት። ድሕሩ ናብ መዓስከር ሓይሊ-አየር ገጻ ከም ዝአተወት ፈለጠ።

ዓሳክር ደርግ፡ ይትረፍ ባዕላ ናብ መዓስከሮም ዝአተወት በጊዕ፡ ካብ አፍ ሰብ'ውን ዝምንጥሉ ብምንባሮም፡ ንበጊዑ አብ ኮራርምቶም ከም ዘእተዊዋ ርዱእ ኮነ። ምስ ሓሙም ከብዱ ክሓድር ስለ ዘይወሓጠሉ በረኸት፡ ሕነኡ ንምፍዳይ ገለ ነገር ክጣበብ ነይሩዎ። ምስ ከምኡ ቄልዑ ተማኺሩ ብሓጹር ሰሊ'ኹም ናብቲ መዓስከር ሓይሊ አየር አተዉ። ንንብሶም፡ ብኸምቲ ዘዘውትሩዎ ጸወታ አተሓባቢእ፡ ካብ አዒንቲ ወተሃደራት እናኸወሉ፡ ብሰላሕታ ናብ ከባቢ መንበሪ አባይቲ አባላት አየር ወለድ ተጸግዑ። በረኸት፡ ሸሕ'ኻ ንበጊዑ እንተ ቐበጸ፡ እንተ ረአያ ብምባል አዒንቱ ቀባሕባሕ አበለ። እተን ብሕን ምፍዳይ ተመሊአን ዝነበራ አዒንቱ አብ ክንዲ በጊዑ ፋሕ ኢለን ሳዕሪን ቀጽለ-መጽሊን ዝምእረራ አጋል

ጠመታ። እተን ኣጣል፡ ሰራዊት ደርግ ሕነሕነ ናይቲ ብህዝባዊ ግንባር ኣብ ሳሕል ዝወረዶም ስዕረት፡ ኣብቲ ከባቢ ንዝጸንሖም ሰላማዊ ህዝቢ ቀቲሎም፡ ኣባይቱ ኣንዲዶም፡ ጥሪቱ ይዘምቱሉ ኣብ ዝነበሩ እዋን ብኣባላት ኣየር ወለድ ተዘሚተን ዝመጸ ምንባረን እዩ ዝንገረለን ነይሩ። በዓል በረኸት'ውን ካብ ህዝቢ ተዘሚተን ዝመጸ ኣጣል ኣብቲ መዓስከር ከም ዘለዋ ካብ ወለዶምን ጐረባብቶምን ይሰምዑ ብምንባሮም፡ እናክርእዩወን ኣስናኖም ይሕርቅሙ ነይሮም። ነተን ኣጣል ዝረኣየ በረኸት፡ ንገለ ብምውሳድ ሕነ ናይታ ኣየር ወለድ ዝበልዑዋ በጊዑ ክፈዲ ብዓቕሙ ሓሰበ። ኣምሳያ በጊዑ ድማ ሓሙሽተ ኣጣል ኮብኲቡም በታ ዝኣተዉዋ ወጹ። ገዛ በረኸት ጥቓ'ቲ መዓስከር ስለ ዝኾኑ፡ ኣብቲ ንሱ ዝሰርሖ ንእሽቶ ገዛ እናኣሕደረ ክፋርየን ምፍታን ንገዛእ-ርእሱ ጥራይ ዘይኮነ እንተላይ ንስድራኡን ጐረባብቱን ንሓደጋ ዝዕድም እዩ። እተን ኣጣል ናብ ቦታአን ክምለሳ ከም ዘይብለን ግን ምስቲ ብተግባራት ጸላኢ ዝኸሓነ ሕልናኡ ተመሓሓለ። ክንዲ ዝኾነ፡ ምስ ሓደ ዕብይ ዝበለ ዓርኩ ነተን ኣጣል ዕዳጋ ወሲዶም ድሕሪ ምሻጥ፡ ሓድሽ ክዳን ተኸዲኖም ናብ ገዛኦም ተመልሱ። ነዚ ዝረኣየት ኣደ በረኸት፡ ወ/ሮ ሃይማኖት፡ "ካበይ ኣምጺእካ ደኣ ሓድሽ ክዳን ተኸዲንካ!" ኢላ ምስ ሓተተቶ፡ ሕብእብእ ዘይኣመሉ በረኸት፡ "ኣቲ ኣደ፡ በጊዐይ በሊዐን ደኣ ቀሲነን ክሓድራ..." በላ። ወ/ሮ ሃይማኖት ኣፋ ጐምጺጻ ሰቕ በለት'ምበር ኣይመለሰትሉን።

* * *

ቅርሕንትትን ጭካነን በረኸት ኣብ ጸላእቱ ደኣ'ምበር ኣብ ካልእ ማሕበራዊ ህይወቱስ ምቕሉል፡ ርህሩህን ካብ ንዓይ ንሰብ ይጥዓሞ በሃላይን እዩ። እዚ ባህሪኡ'ዚ ጉቢዙ ክንዲ ሰብ ምስ ኣኸለ'ውን ኣይተጋደፎን። ወዲ 13 ዓመት ከሎ ናጽነት ዘርከበቶ በረኸት፡ ካልኣይ ደረጃ ትምህርቱ ኣብ ቤት ትምህርቲ ቀይሕ ባሕሪ ዛዚሙ'ዩ ብ1996 ምስ ሓምሻይ ዙርያ ሃገራዊ ኣገልግሎት ናብ መደበር ታዕሊም ሳዋ ዝወረደ። እቲ ዝቐሰሞ ፖለቲካዊን ወተሃደራዊን ስልጠና ንሃገራዊ ስምዒቱ ኣዕቢዩዎ'ዩ። ድሕሪ ታዕሊም፡ ኣብ ፖሊስ ኤርትራ ስለ ዝተመደበ ናብ ካልኣይ መደበር ፖሊስ ባጽዕ ኣምረሐ።

ሓደ እዋን፡ ተራኛ ፖሊስ እንከሎ ዕሸል ተደርብዩ ከም ዝነበረ ዝገልጽ ሓበሬታ ናብቲ መደበር በጽሐ'ሞ ምስ መሳርሕቱ ናብቲ ቦታ ከዱ። በቲ ተግባር ሕርቃኑ ክጸወር ዘይከኣለ በረኸት፡ ነቲ ህጻን ሓቝፉዎ ተመልሰ። ብድሕሪ'ዚ እታ ነቲ ህጻን ዝደርበየት ኣደ ብምክትታል ተታሒዛ ኣብ ትሕቲ ቀይዲ ኣተወት። ኣብ ቀይዲ እንከላ ድማ ጥምቀት ቈልዓ ኣኸለ። በረኸት፡ መጠመቒ ዝኸውን ክዳንን ሸጉማኖን ብገንዘቡ ዓዲጉ ነታ ኣደ

ምስ ወዳ ናብ ቤተ-ክርስትያን ብምውሳድ ባዕሉ አቦ-ክርስትና (አባልጎ)
ኩይኑ አጠመቓ።

*　　*　　*

በረኸት ዝክበራ አሃዱ፡ ተጠባባቒት ሓይሊ ስለ ዝክበረት ዳርጋ ካብ
ሰለስተ ወርሒ. ንላዕሊ. አብ ሓደ ቦታ ጸኒሓ አይትፈልጥን። አሃዱኣም ካብ
ከባቢ. ፋውሊና ብእግሪ ናብ ከባቢ. ዑብል ምስ ገዓዘት፡ ነቲ ድፋዕ ዘይተነጸ
ተሪር ታባ ወግሪ-መዓር ተረኪባ አብ ምስራሕ ድፋዕ አተወት። እቲ ዝሰራሕ
ድፋዕ አብ ልዕሊ. ተሪር ታባ ስለ ዝከበረ፡ ካብ ነዊሕ ርሕቀት ብመካይን
ዝመጸ መስርሒ. ድፋዕ አጉናድ አብ እግሪ'ቲ ታብ'ዩ ዝራገፍ ነይሩ።
ብጉልበት አባላት ናብ ዝባን ከተደይቦ ብውሑዱ መንገዲ 45 ደቓይቕ
ስለ ዝኹን አዝዩ አህላኺ'ዩ ነይሩ። እታ: "እንግድዓ ንፍልሐ'የ" እትብል
ካብ አፉ ዘይፈልያ ቃል: ንህርኩት ባህሪያት በረኸት እተንጸባርቕ'ያ። ንሱን
ብጾቱን: አብ ሓጺር ግዜ ብጉልበቶም ውሑስን ግሩምን ድፋዓትን መጽለሊን
ሰርሑ። ድፋዕ ናይ ምስራሕ ዕማም ምስ ተዛዘመ: መደብ ምዝንጋዕ ክግበር
ጉጀለ ባህሊ. ቆይማ ዘድሊ. ምድላዋት ተጻፈፈ። እንተኹኑ: ሕጂ'ውን እታ
አሃዱ አብ ሓደ ቦታ ካብ ሰለስተ ወርሒ. ንላዕሊ ዘይትጸንሓሉ አጋጣሚ
ስለ ዘርከባ: ናይ ምዝንጋዕ መደብ ተሰሪዙ ተበጊስ ተባህለ። ብእግሪ ካብ
መግርባ ናብ ጸርና ተጓዕዙ።

አብ ትሕቲ 'እዚ. 44' ዝነበረት አሃዱ በዓል በረኸት: ጸርና ምስ
አተወት'ውን ድፋዕ ስለ ዘይሓዘት: አባላታ አብ ትምህርታዊን ስፖርታዊን
መደባት አተዉ። በረኸት: አብ ንጥፈታት ስፖርት ተጠማትን ቀዋሚ
ተሰላፊን ብምንባራ: ብመላእ ሰራዊት ህቡብን ተፈታዊን'የ ነይሩ።
አብ ዘይንቡር ኮነት ንቡር ህይወት ክቐጽል ስለ ዘይክእል ግን: እዚ
መደባት'ዚ'ውን ተጎናዲቡ ካብ ደቡባዊ ጫፍ ጸርና ናብ ደቡባዊ ቀይሕ
ባሕሪ: ናብ ዓሰብ ምብጋስ ኮነ። ካብ ቀላይ በዓልቴት መኪና ተሳፊሮም
ባጽዕ ዝአተዉ. በዓል በረኸት: ድሕሪ ናይ 72 ሰዓታት ጉዕዞ ብመርከብ
ሓይሊ. ባሕሪ: 14 ለካቲት 2000 ራስዳርማ አተዉ። አብ መንገዲ ዓሰብ-
ቡሬ: አብ መበል 37 ኪሎ ሜትር ዓስኪሮም: ብግንባር ቡሬ ክመጽእ
ንዝኽእል ጸላኢ. ክምክቱ አብ ተጠንቀቕ አተዉ።

እቲ ከባቢ. አብ ተዛማዲ ሰላም ስለ ዝነበረ: ነቲ አብ ከባቢ. ፋውሊና
ድሒሩ ድጋ አብ ከባቢ. ጸርና ዝተጉናደበ ናይ ምዝንጋዕ መደባት አብ
ከባቢ. ዓሰብ ክቐጽሉዋ አብ ምድላው. ሕጂ'ውን ወያን ብዕልት
12 ግንቦት 2000 ሳልሳይ ወራር ስለ ዝጀመረ ተኹልፈ። ጸላኢ. ንሳልሳይ
ወራሩ ብፋውሊና ስለ ዝጀመር: አሃዱ በዓል በረኸት ካብ ከባቢ. ዓሰብ

ናብ ከበሳ ክትብገስ ተነግራ። በታ ተቐሪባ ዝጸንሓቶም መርከብ ሰላም ምስ አባላት 525 ድሕሪ ናይ 24 ሰዓታት ጕዕዞ-ባሕሪ ባጽዕ አተዋ።

ብመርከብ ባጽዕ ዝአተወ ሰራዊት፡ ብዘይ ወዓል-ሕደር መካይን ተጸዒኑ ብመገዲ ነፋሲት ማይ-ሓባር አቢሉ፡ ቄልዉን አደታትን እንጓጢዕ ብጃሎናት፡ እንጀራን ቅጫን ከቕብላ ዝርኣ ዝነበረ ምድፍኡ፡ አብ ፈቖዶ ወሰናስን ጽርግያ ናይተን ዝሓለፋወን ከተማታትን ገጠራትን ዘጋጠሞም እዩ ነይሩ። ነቲ "ናተይ'ባ ናተይ'ባ" ብዘስምዕ ቅዱስ ቅንኢ፡ ዝተቐበሎ እኽለ-ማይ ተማቒሉ ብአድካሚ ጕዕዞን ጥሜትን ዝተዳኸመ ነበሱ እናዓንገለ ጕዕዞኡ ዝቐጸለ አሃዱ በዓል በረኸት፡ ደቀምሓረ ሓሊፉ ኮርባርያ ምስ በጽሓ አዕረፈ። አብ ዕረፍቲ ከለዉ ድማ፡ "እሞ ብጾት፡ ካብቲ ዘለኩም ሽኮር ማይ በጽቢጽኩም ስተዩ - ምሳሕና ንሱ'የ!" በሎም ሃይለ መለስ (ወዲ-መለስ) መራሕ ቦጦሎኒአም። በረኸት ወዲ እያሱ ትቕብል አቢሉ፡ "አንታ ወዲ መለስ፡ እዚ ህዝቢ'ዚ ሓዚ ህዝባስ እንታይ ማይ-ሽኮሩ! ..." በለ፡ ናብተን እኽለ-ማይ ሓዘን ናብአም ገጹን ዝግስግሳ ዝነበራ አደታት ኮርባርያ እናአመልከተ። ካብቲ ሂቡ ዘይሓልል ህዝቢ፡ ዘምጽአሎም እኽለ-ማይ ተመሲሑም ነብሶም ምስ መለሱ፡ ጕዕዞ ቀጸሉ።

ማይድማ ምስ በጽሑ፡ ጸላኢ አብቲ ከባቢ ከም ዝነበረ ተሓበሮም። "ዋይ'ዘን ቅሩሓት! በዓል ናጽነትና ብሓባር ከይንጽምብል'ባ ዓንቂጸና!" በለ በረኸት ወዲ እያሱ ህላወ ጸላኢ አብ ቀረባኡ ከም ዘሎ ምስ ሰምዐ። "ብደም አሕዋትናን አሓትናን ዝተረኸበት ናጽነት፡ ብህይወት ከለና አይትድፈርን'ያ!" ድማ በለ።

ፍርቂ-ለይቲ ምስ ኮነ ናይ ተበገስ ትእዛዝ ተመሓላለፈ። ብሓደ አባል ስለያ እናተመርሑ 15 ግንቦት 2000 ወጋሕታ ዓደባይ አትዮም ምስ ቀረሱ፡ ብምብራቕ ዝተቐልቀለት ጸሓይ ንግሆ ከተቃጽል አብ ዝጀመረትሉ ሰዓት 10:00 ቅ.ቐ. ካብ ዓደባይ ንሸነኽ ደቡባዊ ምዕራብ ፈላሚ ውግእ ተጀመረ። አብዚ ግዜ'ዚ ምስ ኤምዳድን ቀኑጠባን አብ ዓደባይ አብ ድሕሪት ክጽንሕ ዝተሓበሮ በረኸት፡ ድሌቱ ፈት-ንፈት ምስ ጸላኢ ክኺሻመድ'ምበር ተዓዚቢ ክኸውን ስለ ዘይነበረ፡ ሓርቃኑ ምቅጻር ስአነ። ወተሃደራዊ ትእዛዝ ኩይኑዋ ስምዒቱ ክቆጻጸር'ኳ እንተ ፈተነ፡ ሕጉስ ዘይምንባሩስ ካብ ብጾቱ ዝተኸወለ አይነበረን። በዓል ወዲ ሓምደ፡ ወዲ መለስ፡ አማንን ኤርምያስን ናብቲ ነቲ ውግእ ንምቅጻር ተባሂሉ አብቲ ከባቢ ዝቖመ ግዜያዊ መአዘዚ ነቑጣ አበሉ። እቲ ውግእ እናሃየለ ከደ።

ጸላኢ፡ አቐዲሙ ነተን ካብ ዓዲ-ንፋስ ንጸጋም ዝነበራ ዓበይቲ ታባታት ተቖጻጺሩወን ስለ ዝነበረ፡ እቲ መጥቃዕቲ ዋጋ ዝሓተት ምኳኑ ዘማትእ አይነበረን። ድሕሪ ሰዓታት ዝቐጸለ ተኹሲ፡ ጸላኢ ነቲ መአዘዚ ነቑጣ

ብሞርታር ክድብድቦ ጀመረ። ጸላኢ፡ ነታ ኣብቲ ከባቢ ኩይና ከም ሕሱም ትምልዕሶ ዝነበረት ጋንታ ደሽካ ወገን ንምርካብ'የ ደብዳብ ሞርታሩ ከም ማይ-ኣይሂ ዘዝነቦ። በዓል ወዲ ሓምደ ካብ መጥቃዕቲ ሞርታር ክውል ኣብ ዝበለ ቦታ ኣብ ትሕቲ ሓንቲ ገረብ ኩይኖም ሬድዮ ርክብ እናቖጸሉ፡ እታ ገረብ ብሞርታር ተሃርመት። ኣማን ብስኩጀ ርእሱ ስለ ዝተሃርመ፡ ኤርምያስ ካብ ጋንታ ደሽካ ሓገዝ ክሓትት ተላእከ። እንተኹን ኤርምያስ ቀልጢፉ ኣይተመልሰን። በዚ ዘይቀሰነ ወዲ ሓምደ ኣሙቱ ክገብር ምስ ከደ ኤርምያስ ተሃሪሙ ኮፍ ኢሉ ጸንሐ። ናብ ወዲ መለስ ተመሊሱ ሬድዮ ርክቡ ከሬቲ "ሃለው!" በለ። ወዲ-ሓምደ 'ሃለው!' ይበል'ምበር ዘወሃቦ መልሲ ይሰምዖ ኣይነበረን። "ቀጽል እሰምዓካ ኣለኹ" ዝበለ መልሲ ወዲ ሓምደ ወይክ ክስምዖ። ነዚ ዝተዓዘበ ወዲ መለስ፡ ንወዲ ሓምደ፡ "ንዓ ዝወደይ ኣዕርፍ፡ ንስኻ'ውን ኣይጠዓኻን ዘለኻ" ኢሉ ኮፍ ኣበሎ። ኣእዛን ወዲ ሓምደ በቲ ምድሪ-ሰማይ ዘናውጽ ድምጺ ከቢድ ብረት ተለኹኺን ምስማዕ ኣቋሪጹን ነበራ። ንሱ ግን እዙ ከም ዝጸመመ ኣይፍለጦን ነይሩ። እታ ቦጥሎኒ ብዝይ ምልክት ተረፈት።

ከምኡ ኢልካ ክቖጸል ስለ ዘይከኣል ኣብ ጥቓኣም ካብ ዝነበረት ኣሃዱ ሚኪኤልን ሃይለሚኪኤልን ዝተባህሉ ክልተ ኣባላት ምልክት ብግዜፋውነት ክተሓጋገዙ ጀመሩ። ንሳቶም መልእኽቲ ይቖበሉ፡ ወዲ ሓምደ በቲ ዝፈልጦ ሚስጢራዊ ኮድ እናተርጎመ ነቲ ዕማም ሰለይ'ኳ እንተ ኣበሉዎ፡ ነቲ ኣብታ ቦጥሎኒ ዝተፈጥረ ናይ ምልክት ሃጓፍ ክሽፍኑዎ ኣይከኣሉን። ስለዚ፡ ምስ ኤምዳድን ቀጠባን ኣብ ዓደባይ ዝነበረ በረኸት ወዲ እያሱ፡ ናብቲ መኣዘኒ ነቑጣ ክመጽእ ተነግሮ። ሓሳብ ልቡ ዝስመረሉ በረኸት፡ ብታሕጓስ ክፍንጭሐ እናደለየ ንእለቱ ናብቲ መኣዘኒ ነቑጣ ከተፍ በለ። በዓል ወዲ ሓምደ፡ ኣማንን ኤርምያስን ናብ ሕክምና ቦጥሎኒ፡ በረኸት ድማ ሬድዮ ርክብ ሒዙ ናብቲ ውግእ ኣበሉ። እቲ ውግእ ብዘይምቅራጽ ን24 ሰዓታት ምስ ቀጸለ፡ ኣሃዱ በዓል በረኸት ዝኸፈለት ከፋላ ንጸላኢ ካብቲ ተቖጸጺራዎ ዝነበረ ድፋዕ ኣልቀቐቶ። እንተኹነ፡ ሃንደበት ናይ "ኣዝልቕ!" ትእዛዝ ምስ ተመሓላለፈ፡ ኣባላት ናይታ ኣሃዱ ክወሓጠሎም ኣይከኣለን። ወትሩ ዝመሰሎ ካብ ምዝራብ ድሕር ዘይብል በረኸት፡ "ስለምንታይ ነዝልቕ! ኣይከውን'ን'የ!" በለ። እቲ ምቅሉል፡ ከም ኣቦን ሓላፍን ኩይኑ ነታ ኣሃዱ ዝመርሕ ዝነበረ ወዲ መለስ፡ "ኣይፋልካን ወዲ እያሱ ከምኡ ኣይትብል። ንዓና ዘይረኣየና ንሓለፍትና ክርኣዮም ዝኽእል ነገር ስለ ዘሎ ንሕና ትእዛዝ ከነኽብር ጥራይ'የ ዘለና፡" በሎ ሀድእ ኢሉ።

ወዲ መለስ ኩልን ሓይልታት ክሳዕ ዘዝልቓ ኣብ መኣዘኒ ነቑጣ ኩይኑ ነቲ መሰርሕ ተኸታተሎ። ጸላኢ፡ ቡብቆሩብ ናብቲ መኣዘኒ ነቑጣ

234

እናተጸግዐ ከደ፡፡ ጸላኢ. ይጽጋዕ ከም ዝነበረ ዝፈለጠ ወዲ መለስ፡ ኩሎም አባላቱ ምውጽአም ክሳዕ ዘረጋግጽ ድሕሪት ክተርፍ ስለ ዝደለየ፡ ንበዓል ወዲ እያሱ፡ “ንስኻትኩም ኪዱ ንብጻትኩም አርክቡዎም፡” በሎም፡፡

“ንሕና ካባኻ ተፈሊና አይንኽይድን ኢና፡፡ ከም’ቲ ብሓንሳብ ዝመጻእና ብሓንሳብ ኢ'ና ንኽይድ፡” በሎ ወዲ እያሱ ሀልኽን ሕርቃንን ብዝኹላለፎ ድምጺ፡፡

“ግደፍ እታ ቄልዓ፣ አነ ብዙሕ ጽቡቕን ሕማቕን ርእየ’የ፣ ንስኻትኩም ጌና ዕሸላት ስለ ዘለኹም እዛ ሀገር ካባኹም ብዙሕ’ያ ትጽቡ፡” ኢሉ ክኸዱ ደጊሙ ሓበሮም፡፡

“ከም’ታ ነዝ ታባ ብሓባር ዝደየብናያ ብሓባር ደአ ንወርዳ’ምበር ገዲፍናካስ አይንኸይድን፡” አቖበጸ በረኸት፡፡ ድሕሪ ብዙሕ ክትዕ፡ በረኸት ሓሳብ ልቡ ሰሚሩሉ፡ ኩሎም አባላት ናይታ አሃዱ ተታሓሒዞም ናብ ዝባን-ደብሪ አዝለቑ፡፡ እታ አሃዱ ዝባን-ደብሪ አብ ዝንረደትሉ፡ መዓልታዊ ሰራዊት ዝጸዓና መካይን ጸላኢ. ብትሕተአም ይሓልፋ ነበራ፡፡ እቲ ምፍዳይ ሕነ ዝረአዮ ዝንበረ በረኸት፡ ነተን መካይን እናጠመተ፡ “እታ ወዲ መለስ፡ እዘን ሰራዊት ዝጸዓና መካይን ጸላኢ. ብናይ ቀረባ ርሕቀት ብትሕተና እናኸዳስ ስለምንታይ ስቕ ኢልና ንርእየን፡ ብአርፒጂ ዘይነዕንወን፧” በሎ፡፡ ወዲ መለስ ታሀዋኽ ካብ መኽሰቡ ክሳራኡ ከም ዝዛይድ እናአረድአ ብንቕሊ. ክጽበዮ መኸዶ፡፡

አብታ ናይ ፈለግ መዓልቲ ውግእ፡ ብብርቱዕ ድምጺ. ከቢድ ብረት አእዛኑ ተለኹሹ ናብ ሕክምና ቦጥሎኒ ዝኸደ ወዲ ሓምደ፡ ሓውዩ ናብ አሃዱኡ ተመልሰ፡፡ ድሕሪ ሳልስቲ፡ ወዲ መለስ ካብ እንዳ ብርጌድ ዝረኸቦ ሓድሽ ሓበሬታ ሒዙ ብታሕጓስ እናዘለለ ናብ በዓል በረኸት መጸ፡፡ ዘይንቡር ባህሪ ዝተዓዘቡሉ በዓል በረኸት፡ “እንታይ ሓድሽ ነገር ተረኺቡ፧” ሓተቱዎ ተሃዊኾም፡፡

“ዓቕሊ. ዋጋ በቒሉ. ዝበሃል ምስላ ሰሚዕኩም’ዶ ትፈልጡ፣ ሳላ ተጻሚምና ብንቕሊ. ዘሕለፍናየን ወሰን ክይደ ዝቘነያ ቃፍላያት ጸላኢ. ብጽትና ግዜ፡ ቦታን ኩነታትን መዝሚዝም ምስናይ ሽኖ ሰራዊተን አብ ጸዕዳ ቀላይ ሓመደን ንላዕሊ. ገይሮመን!” በሎም፡፡ “ያላ ሕጂ ንበገስ! ተረፍ-መረፍ ክንቃርም!” አስዓበሎም፡፡ ዘይከም ድሌትን ዕላማን ጸላኢ. 24 ግንቦት መዓልቲ ናጽነት አብቲ ቦታ’ቲ ብዘይ ውግእ፡ አብ ተዛማዲ ሰላም ምሕላፋ ንኹሎም አባላት ዳርጋ አብ ንቡር ኩነት ዝጸምበሉዋ ኩይኑ ተሰምዖም፡፡

ንበዓል ናጽነት አብ ራብዕቱ፡ አዛዚ ካልአይ ብርጌድ ክፍለ-ሰራዊት 44፡ ወዲ ሃንስ፡ አብ ዝባን-ደብሪ አብ ዘኮየደሉም አኼባ፡ ጸላኢ. አብ ልኡላዊ መሬት ኤርትራ ክሳዕ ዘሎ ውግእ ክቐጽል ምኽኑ ዘንጸር ነበረ፡፡

235

"ወላ'ውን ላዕለዋይ ኢድ እንተ ሃለወና፡ ኣዝልቕ ክትብሃል ከለኻ ብምዝላቕ፡ ዝተበሃልካዮ ክትፍጽም'ዩ ዘለኻ።" ድሕሪ ምባል፡ ናብ ሰራዊቱ ቀው ኢሉ እናጠመተ፡ "ስሚዕኩም'ዶ ብጾት፡ ኣዝልቑ እንተ ተባህላ ከነዝልቕ ጥራይ'ዩ ዘለና!" በሎም። ንጠገል ዘይብሉ ዕንደራ ወያን ድሕሪ ምዝርዛር፡ "ሰራዊት ወያን ሕጂ ኣእማንና ይሰብሩዋ ኣለዉ፡ ደሓር ከም ሑጻ ክንጥቀመሉ ኢና፡ መሬትና ይኹዕቱዎ ኣለዉ። ጽባሕ ኣግራብ ክንተኽለሉ ኢና፡" ምስ ኣሰዓበ፡ እቲ ጽን ኢሉ ክሰምዕ ዝጸንሐ ሰራዊት ጣቕዒትን ጭደራን ኣሰዓበ። ኣኼባ ተወዲኡ ንጉዕዞ እግሪ ተበገሰ ኩነ። ድሕሪ ናይ ሰለስተ መዓልቲ ጉዕዞ ብጸዕዳ ቀላይ ሓሊፍም ነቲ ናብ ዓዲ ድራር-ዓይኒ ዘእቱ ተሪር ዓቐብ ደይቦም ናብታ ዓዲ ኣተዉ።

ዓዲ ድራር-ዓይኒ ከም ስጋ ዓይኒ እተዐግብ ኩይና'ያ ጸኒሓቶም። ህዝቢ'ታ ዓዲ ካብ ገገዛኡ ናብ መንገዲ ኣርብዓ ብምውጻእ፡ ብእኽሊ-ማይ ዓንጊሉን ጥራል ኣሰነጮን ናብ ዓዲ-ኻላ ገጹ ኣፋነዎም። ካብ ጸዕዳ ቀላይ ናብ ዓዲ-ኻላ ቀሪባ ምኳኑ ዝተዓዘበ በረኸት፡ "ኣንታ እዞን ሓሳዳትስ'ባ ዓዲ-ኻላ ንድሕሪት ገዲፈን፡ ብሩባ ሩባ ደይበን ብኣቑራጭ ናብ ኣስመራ ክግስግሳ'ዩ ነይሩ መደበን!" በለ ብምግራም።

"ዕደ ደኣ፡ ንሕና ከልናስ ኣስመራ ኣይተረኽበ ዓዲ-ኻላ፡" ድማ በሎም ንብጾቱ። ኣብ ከባቢ ዓዲ-ኻላ ሰለስተ መዓልቲ ምስ ገበሩ፡ ኣብ መካይን ተጻዒኖም ጉዕዞ ናብ ኣስመራ ኩኑ። ሰዓት 2:00 ናይ ለይቲ ብጉዳይፍ ነስመራ ስንጢጮም ክሓልፉ ከለዉ በረኸትን ካልኦት ደቂ ኣስመራን ናብ ናይ ተዘክሮ ባሕሪ ጠሓሉ።

ጉዕዞ ቀጺሉ፡ ኣብ ኣቑርደት ቅሩብ ኣዕሪፍም ሳዋ ኣተዉ። ካብ ሳዋ ንደሓር ኣብ ዝኸበረ ጉዕዞ ሬድዮ ርኽብ ስለ ዝተጀመረ፡ በረኸትን ወዲ ሓምደን ኣብ ምዱብ ሰረሓም ኣተዉ። ኣብ መንገዲ እታ ተሳፊሮሙላ ዝነበሩ መኪና ስለ ዝተበላሸወት፡ ኣብ ልዕሊ ቦጥ ደይቦም ክጓዓዙ ተገደዱ። ኣብ ኣእምሮኦም ዘዘመጸሎም ሓሳባት እናገማድሐ፡ ናብታ ድሕሪ ምንስሓብ ጸላኢ ዓስኪራላ ዝነበረ ተሰነይ ኣበሉ።

"ስማዕን'ዶ ሰልማን፡" በለ በረኸት ነቲ ስቕታ ሰይሩ ናብ ወዲ ሓምደ እናጠመተ። ወዲ ሓምደ ዝብሎ ክሰምዕ ይጽብ ከም ዝነበረ ምስ ኣረጋገጸ በረኸት፡ "እዚ ብማዕዶ ንርእዮ ዘለና ጎቦታት እንታይ ዝብል ዘሎ ኩይኑ ይስምዓኻ?" ድቦላ ሕቶ ኣቕረበሉ። ነቲ ሕቶ ብዙሕ ግዲ ዘይገበረሉ ወዲ ሓምደ፡ "ክላ ንስኻ ድማ ስቕ ኢልካ ኢ.ኻ፡" መለሰሰ።

"ሓቀይ'የ ሰልማን ዓርከይ፡ ቀው ኢልካ'ሞ ጠምቶ ኣፍ ኣውጺኡ ዘዘረብ ዘሎ'ዩ ዝመስል።" ደገመሉ። ብዘረባ በረኸት ተመሲጡ ናብቲ ጎቦታት ከማዕዱ ዝጀመረ ወዲ ሓምደ፡ ከምቲ በረኸት ዘስተብሃለሉ ነቲ
236

ደበና ዘንጸላልዎ ንቦታት ተሰነይ ካብቲ ንቡር ትርኢቱ ንላዕሊ ጸሊሙ። ምንባሩ ተዓዘበ። "እዚ ንቦታት በኛኹም ኣድሒኑኒ'የ ዝብል ዘሎ።" በሎ በረኸት ብናይ ሕን ምፍዳይ መንፈስ።

ጉዕዞ ኣብ ልዕሊ ቦጥ ቀጺሉ ኣለቡ ምስ በጽሑ ከባቢ ሰዓት 4:00 ድ.ቐ. ዕረፍቲ ኩነ። እቲ ከም ኣቦን ሓላፍን ኩይኑ ዝኣልዮም ወዲ መለስ ኣዕሪፍም እንከለዉ ኣኼባ ገበሮም።

"ስምዑ ብጾት። ተሰነይ ኣብ ትሕቲ ጸላኢ ከም ዘላ ኩላትና ንፈልጦ ሓቂ'ዩ። ዕላማ ጉዕዞና ድማ ነዛ ከተማ ካብ ኢድ ጸላኢ መንጢልካ ሓራ ምውጽእ'የ።" በሎም። ኣስዒቡ፡ ናይ ወገን ሰራዊት ዓጢቑዎ ዝነበረ ዓይነትን ብዝሒን ኣጽዋር ምስ ወሃብ-ደገፉ ብዝርዝር ድሕሪ ምብራሁ፡ ክሳዕ ናይ ዜሮ ሰዓት ዝኣክል ናብ ጸላኢ ገጾም ክጽግዑ ምኻኖም ሓቢሩ ናይ ተበገስ መልእኽቲ ኣመሓላለፈ።

ኣብ ጉዕዞ እንከለዉ፡ በረኸት ሃንደበት ብብርቱዕ ክቕረጽ ጀመረ። "ሓሚምካ ስለ ዘለኻ፡ ከይተግድዓኒ ንወዲ-መለስ ክንሕብሮ።" በሎ ወዲ ሓምደ ነዳሪ ባህሪያት በረኸት ፈሊጡ እናተሰከፈ። ካብ ዝፈርሐ ኣይወጸን፣ ዘረባኡ ከይወድአ፡ በረኸት ከም ሓራስ ነብሪ ክጥሕር ደለየ። "ንተሰነይ ቢይንኹም ሓራ ከተውጽኡዋ! እዚ ዘይከውን ጥራይ ዘይኩነ ዘይሕሰብ'ውን'የ።" ብምባል መለሰሉ። "እዛ ትቐርጸኒ ዘላ ኩብዲ 'ቶግ' ምስ ስምዐት ክትገድፈኒ እያ።" ሓውሲ መደዓዓሲ ንወዲ ሓምደ ሰው ኣቢሉሉ ጉዕዞ ቀጸሉ።

ናይ ዜሮ ሰዓት ቅድሚ ምእካሉ፡ ጸላኢ ካብቲ ዝሓሰቡዎ ቦታ ንቕድሚት ቀሪቡ ጸንሐም። ብዘይካ ገርብ ካልእ መኽወሊ ኣብ ዘይብሉ ብእንዳ ወዲ ለገስ ኣብ ዝፍለጥ ጀራዲን ድማ ሃንደበት ተኹሲ ተጀመረ። በረኸት፡ ካብ ወዲ ሓምደ ፍንትት ኢሉ ኣብ ሬድዮ ርክብ እንከሎ ዝረኣያስ ዓሳክር ወያነ ዝተኩሳእ ኣርፒጂ ኣብ ቅድሚኡ ዓለበ'ሞ ብስኩኾ ተሃሪሙ ወደቐ። እታ ኣሃዱ፡ ነቲ ሃንደበታዊ ኩነት ንምትዕርራይን ንዳግማይ ውዳበን ንድሕሪት ክትምለስ ተኣዘዘት። ወዲ ሓምደ ናብቲ ተሃሪሙ ዝወደቐ በረኸት ገጹ እናኸደ፡ ኣብ እግሩ ተሃሪሙ ኣሰር ብጻዩ ሰዓበ።

ምስጢራዊ መፍትሕ ሬድዮ ርክብ (ናይ ሬድዮ ኮድ) ምስ ወዲ ሓምደ፡ እታ ሬድዮ ርክብ ድማ ምስ በረኸት'የን ነይረን። ኣብ ፈቶም ኣሲሩ ዝነበረ በዓል ቅጮ-ሕርሙ ጸላኢ ፍጹም ምንቅስቓስ ከልኣም። ኩነታት ከም ዘይቀርዓወ ዝተዓዘበ በረኸት፡ ወዲ ሓምደ ናብኡ ገጹ ይቐርብ ከም ዘሎ ምስ ረኣየ፡ ብኢዱ እናኣመልከተ ክዳኽም ብዝጀመረ ድምጺ፡ "ቦምባ ኣለካ'ዶ!" ተወከሶ። ወዲ ሓምደ፡ ኣብ ዕጥቁ ሓንቲ ቦምባ ከም ዘላቶ ነገሮ። "ስልማን ዓርከይ፡ ከማዛ ትርእየኒ ዘለኻ ዘሰCC ኣይመስለንን ዘሎ። ሕድሪ

ዝብለካ ግን ሬድዮናን ኮድናን ኣብ ኢድ ጸላኢ ከይኣቱ ተጠንቀቕ!" ብቻንዛ እናተሳሕገ ተማሕጸና። ቃንዛ እግሩ ተጻዊሩ ዝሳለ ዝነበረ ወዲ ሓምደ: "አጆኻ ቅሰን! ብፍጹም ኣብ ኢድ ጸላኢ ኣይክኣትዋን'የን" መለሰሉ። ጸላኢ ድሮ ኣብ ጥቓአም ቀሪቡ። ዳግመ ምውዳብ ክትገብር ንድሕሪት ዝተመልሰት ኣደ አኃዱአም ከአ አየርከበትሎምን። "ሬድዮናን ኮዳቱን ምሳና ይዓኑ ደአ'ምበር ጸላኢስ ዕደ ነሰአ!" ብምባል ክልተአም ቤታ ምስ ወዲ ሓምደ ዝነበረት ቦምባ ምስ ሬድዮኣምን ኮዳቱን ክጠፍኡ ተሰማምዑ።

ጸላኢ ከየርከቦም: ወዲ ሓምደ ነታ ቦምባ ክፍንጅራ ኣብ ምቅርራብ እንከሎ: ካብኣም ኣብ ናይ ቀረባ ርሕቀት ዝነበረ ድራር ዝተባህለ መድፍዓጁ ኣርፒጁ ካልኣይ ሓይሊ ስለ ዝረኣዮ: "ጽናሕ! ጽናሕ!... እመጸኩም ኣለኹ!" ኢሉ ናብኣቶም ቀረበ።

"በል ቀልጥፍ: ኣነን በረኸትን ተሃሪምና ኢና ዘለዚ። ስለዚ እዛ ሬድዮን ኮድን ኣብ ኢድ ጸላኢ ከይኣትዋ ውሰደን" በሎ ወዲ ሓምደ። ኣካላዊ ቃንዛኡ ዘይኮነ ኩነታት ሬድዮን ኮድን ቅሳነት ዝኸልአ በረኸት: ብድኹም ድምጹ "ሰልማን! ሰልማን! ጸላኢ ነዚን ኮድ እንተ ሓዙወን ተሰነይ ሓራ ኣይክትወጽእን'ያ'ሞ ግድን ገለ ግበር" በሎ ሓይሉ ኣኻኺቡ። ሕድሪ ናይ'ቲ እናተዳኸመ ዝኸይድ ዝነበረ ዘፈትዎ ብጻይ በረኸት ከም መርጊ ዝተጻዕና ሰልማን ወዲ ሓምደ'ውን: ቃንዛኡ ከይዓጠዮ: "አጆኻ ቅሰን: ኩነታት እንተ ገደደ ምስኣን ደኣ ንጠፍእ'ምበር ኣብ ኢድ ጸላኢስ ኣይኣትዋን'የን" ደጊሙ ኣረጋግጸሉ። እቲ ናብ በዓል ወዲ ሓምደ ገጹ ዝመጸ ድራር: ካብቲ ኣሲራሎም ዝነበረ በዓል ቅጭ-ሕርም ወተሃደር ጸላኢ ክኸወል ስለ ዘይከኣለ ተሃሪሙ ወደቐ። ጸኒሑ ኸአ ኣብ ጥቓ ወዲ ሓምደ "ቄም! ቄም!" ዝብል ድምጺ ወተሃደር ጸላኢ ተሰምዐ። ድሮ ኣብ ኢድ ወዲ ሓምደ ቦምባ ከም ዘላ ዝፈለጠ በረኸት: ርእሱ ናብ ጸላኢ ገጹ ብምቅናዕ: "በሎ! በሎ!" ተዳህየ። ወዲ ሓምደ ግዜ ከይ ወሰደ ነታ ቦምባ ፈቲሑ ናብቲ ወተሃደር ደርበያ። እቲ ቅጭ-ሕርሙ ሒዙ ተኻል ዘውዓሎም ወተሃደር ጸላኢ: ቤታ ነብሶም ከጥፍኡላ ዝዓቀቡዋ ቦምባ ተበታቲኹ ህዋሙ ጠፍአ።

"በል ቀልጥፍ: ሕጂ ሒዝካየን ውጻእ: " በሎ በረኸት ንወዲ ሓምደ በቲ ፍጻመ ተተባቢዑ።

"ምኻድሲ ክኸይድ'የ: ቅድም ግን ቀሲልኻ ክኣሰርልኻ" ብምባል ክትንስእ ፈተነ። ወዲ ሓምደ ኣብቲ በረኸት ዝተሃረመሉ ቦታ: ኣብ ውሽጢ ጀራዲን ወዲ ለገሰ ሰዓት 5:00 ወጋሕታ'ዩ ኣብ ጸጋማይ ዳንጋኡ ተሃሪሙ። ናብ በረኸት ብምኻድ ክሕግዝ ዝፈተነ ድማ መውጋእቲ በረኸት

ሰጋ ንስጋ ስለ ዝመሰሎ'የ። እንተኹኑ፡ በራቒቶኡ ስለ ዝተሰብረ፡ ኣብራኹ ጠሊ*መ*ናእ'የ ኣብ ዝነበር ዝወደቐ።

ዳግመ-ምውድዳብ ዝገበረት ኣሃዱኣም እናጥቀዐት ስለ ዘርከበት፡ እተን በረኸትን ወዲ ሓምደን ህይወቶም ክውፍዩለን ዝመሓሉ ሬድዮን ኮዳትን ኣብ ኢድ ጸላኢ ካብ ምእታው ደሓና። ሰለሙን ወዲ ኣሃዱኣም ንወዲ ሓምደ ተሰኪሙ ኣውጸአ። ኩነታት በረኸት ገ-ልቡ ዝገበሮ ወዲ ሓምደ፡ ነቲ ተሰኪሙ ዘውጽአ ዝነበረ ሰለሙን፡ "በረኸትክ!" ክብል ሓተቶ።

"ደሓን ካልእት ከውጽኡዋ'የም፡" መለሰሉ። ሰለሙን፡ ንወዲ ሓምደ ኣብ ዊሐሰን ሕክምና ዝረኽበሉን ቦታ ክወስዶ፡ ድሕሪ ሓያል ተጻብኦ ጸላኢን ኮለልን ዝበዝሓ ጉዕዞ ናብ ቢንቶ ዓዲ-ዑመር ኣብጸሐ። ብጥሜትን ድኻምን ተሰኒፉም ከለዉ ድጋ መኪና ተጻዒኖም ኣለቡ ኣተዉ። ወዲ ሓምደ፡ ንበረኸት ምስቶም ኣብ ሕክምና ኣለቡ ዝጸንሑዋ ዊጉኣት እንተ ረኸቦ ብማለት ብተስፋ ጠመተ። ክረኽቦ ግን ኣይከኣለን። ነቶም ኣብ ኣለቡ ዝጸንሑዋ ደቂ ኣሃዱኣ፡ ምልክት ብርኤድ ኣድያም ተወልደ፡ ኣባል ቤት ጽሕፈት ቦጦሎኒ ስናይት ኪዳነን ፐርስነል ካልኣይ ሓይሊ የማነን ምስ ረኸቦም ቀልጢፎም ካብ ኣለቡ ናብ ሕክምና ሳዋ ኣበጸሑዎ።

ክልተኣም ሬድዮ ኦፐረተራታ ካብ ስራሕ ወጺኢ ዝኹነታዊ ኣሃዱ ወዲ መለሰ፡ ዳግመ-ምውዳብ ብምግባር ብቖጥታ ናብቲ ውግእ ኣትያ ንጸላኢ። ካብቲ በዓል በረኸት፡ ወዲ ሓምደን ድራርን ዝተሃርሙሉ ጀራዲን እናጸርገፈት ንቅድሚት ብምግስጋስ ንከተማ ተሰነይ ሓራ ኣውጸአታ። ነቲ ጫራኡ ደጉሉ ዝሃደም ሰራዊት እግሪ-እግሩ እናቘሽመደት ከኣ ገልጅ ሓሊፉ ከባቢ ማዕሉብ ኣብጸሓቶ። ኣብቲ ጸረ-መጥቃዕቲ ኣዛዚ ካልኣይ ቦጦሎኒ ወዲ መለሰ ከቢድ ማህረምቲ ኣጋጠሞ። ንሕክምና ናብ ሳዋ ምስ ከደ ድጋ ምስ ወዲ ሓምደ ተራኸበ። ንወዲ ሓምደ ዝረኣየ ወዲ መለሰ፡ ቅድሚ ሰላምታ፡ "በረኸትክ፧!" ሓተቶ ከቢድ ሻቅሎት ኣብ ገጹ እናተነበ። ንገዛእ-ርእሱ ብሃለዋት በረኸት ኣብ ሻቅሎት ዝጸንሓ ወዲ ሓምደ፡ "ኣይመጸን፡" መለሰሉ። ኣዒንቲ ወዲ መለሰ ዛራ ንብዓት ኣውሓዛ። "ዋይ ወደይ! ንሕና ከለናስ ንስኻ!" ድጋ በለ። ብንብዓት ዝተሓጽበ ገጹ ደሪዙ፡ ኣሰናኡ እናሓርቀመ ኣዕሚቒ ድሕሪ ምስትንፋስ፡ "ወዲ እያሱ፡ ወዲ እያሱ፡ መስዋእትኻ ከንቱ ኣይተረፈን! ንሕድርኻ ኣብ ምዕራፉ ዘብጸሐ ብጻት ኣለዊኻ፡" በለ።

ደሃይ ወዲ እያሱ ሻታ-ማይ ዝኹና ወዲ ሓምደ፡ ርጡብ ሓበሬታ ከይረኸበ ከሎ ንዝለዓለ ሕክምና ናብ ግላስ ተላእከ። ግላስ ምስ ኣተወ፡ ምስቲ ንሱ ኣብ ዓደባይ ብድምጺ ከቢድ ብረት እዝኑ ምስ ጸመመ ካብ ቀዳማይ

ሓይሊ. መተካእታኡ ዘመጸም ሃይለሚካኤል ተራኺበ። ሃይለሚካኤል ምስ
በዓል ወዲ መለስ ክንዮ ጎልጅ እናጥቀዐ ምስ ዘመረሽ ሰራዊት ኣብ ማዕሉባ
ተወጊኡ እዮ ናብ ግላስ መጺኡ። ወዲ ሓምደ ካብ ሃይለሚካኤል ብዛዕባ
በረኽት ርጡብ ሓብሬታ ከም ዝረኸብ ኣይተጠራጠረን። ተቐላጢፉ ኸኣ
"ወዲ እያሱኸ" ሓተቶ።

ንሕቶ ወዲ ሓምደ ክሰግሮ ዘይከኣለ ሃይለሚካኤል፡ ኣፉ ቅድሚ
ምኽፋቱ ንብዓት ሰዓሮ። መስዋእቲ ወዲ እያሱ ኸኣ ንወዲ ሓምደ ጋህዲ
ኮኑ። ኣብታ ብ5 ሰነ 2000 ኣብ ሕርሻ ወዲ ለገስ ፈለማ ዝተሃርመላ ቦታ
በጃ ህዝቡን ሃገሩን ብጅግንነት ከም ዝተሰውኣ ሃይለሚካኤል ንወዲ ሓምደ
ኣዘንተወሉ። እቲ ነታ ሬድዮ ርኽብ። ንበዓል ወዲ-እያሱን ወዲ ሓምደን
ከውጽእ ክብል ዝተወግአ ድራር'ውን ኣሰር ወዲ እያሱ ስዒቡ ኣብታ ቦታን
ዕለትን ምስውኡ ሓበሮ። ኣብ ከቢር ሓዘን ተሸሚሙ ክሰምዖ ዝጸንሐ ወዲ
ሓምደ፡ "ሳላ ትብጻትካን ቄራጽነትካን ሬድዮናን ኮዓትናን ኣብ ኢድ ጸላኢ.
ብዘይምእታዉ ተሰነይ ሓራ ወዲኣ'ኺ'ያ ወዲ እያሱ!" በለ። እተን ካብ
ህጻንነቱ ጀሚረን ዘይነብዓ ምኽኒን ዝንገረለን ኣዒንቲ ወዲ ሓምደ፡ ኣብ
ወዲ-እያሱ ምስ በጽሓስ ንዓመታት ዝተዓግተ ንብዓት ኣውረዳ።

እቲ ቄልዓ እንክሎ ንመንበሪ ገዛኡ ብሓጹርን እምኒን ካብ ወተሃደራት
ጸላኢ. ዝተኸላኸለ ወዲ እያሱ፡ ሃገሩ ከወርር ንዝንቀደ ጸላኢ. ብደሙን
ኣዕጽምቱን ሓጹር ብምኻን መተካእታ ዘይብላ ህይወቱ ወፈየ።

ኣዘንታዊ፤
    ሰልማን ሓምደ ሙባረክ (ወዲ ሓምደ)

11

ካልእ ገጽ'ታ ቦጦሎኒ

ተዓገሰ ፍረዝጊ

ሳልሳይ ቦጦሎኒ፡ ካልኣይ ብርጌድ ክፍለ-ሰራዊት 525፡ ድሕሪ ውግእ እግሪ-መኸል ደሃዩም ኣይነበረንን። ምስሎም ግን ካብ ኣእምሮይ ኣይሃሰሰን። ኣብ እግሪ-መኸል ምስ ገለ ኣባላት ናይታ ቦጦሎኒ ቃለ-መጠይቕ ገይረ ብምንባረይ፡ ዝረኣኹዎ ጅግንነት ኣብ ገለ ኣጋጣሚ ክገልጾ ሓሳብ ነበረኒ። ኣብ 2011፡ ኣብ መበል 20 ዓመት በዓል ናጽነትና፡ ባህላዊ ጉዳያት ህግደፍ ንዋርሳይ ዝምልከት ሰነዳዊ ፊልም ክዳሉ ምስ ሓተቱኒ ኣይተወላወልኩን፡ ነታ ኣብ ኣእምሮይ ትመላለስ ዝነበረት ሓሳብ ክጥቀመላ ጽቡቕ ኣጋጣሚ ረኺበ፡ ንጀጋኑ እግሪ-መኸል ደሃዩም ኣናደኹ።

* * *

ቶኾምቢያ፡ ሽላሎ፡ ዴዳ፡ ዓዲ-ሃኪን፡ ኣውጋሮ፡ ኣንቶረ፡ ሻምብቆን ካልኦት ዓዲታትን ጋሽ ክለዓል እንከሎ ስእሊ ናይቲ ከባቢ ኣብ ኣእምሮይ ይቕጀለኒ። እዘን ዓዲታት እዚኣተን ኣብ እዋን ቃልሲ፡ ኣብ ግዜ ረፈረንደምን ድሕሪኡን ብዙሕ እዋን ብስራሕ ተመላሊሰየን እየ።

ኣብ ኩለን ዓዲታትን ቍሸታትን፡ ብኣባትር ዝልክዓ ጸሊምን ጻዕዳን ዝሕብረን ብጋይት፡ ኣግማልን ጤለ-በጊዕን መሬት ከዲነን ካብቲ ልሙዕ ሳዕሪ ጋሽ ጸጊበን፡ ኣብ ትሕቲ ዓበይቲ ኣግራብ ዓየ፡ ጋባ፡ ንፋሻ (ጨጎኖ)፡ ወይባ፡ ጭዓ፡ . . . ለም ዝበላ ጥሪት መለለዩ ናይዚ ከባቢ እየን። ጸባን ርግኦን ብኹሮ፡ ጓጕድን (ዳጕድ) ጀሪካናትን እንተ ዘይኩይኑ ብኩባያ ወዲ ኩባያ ኣይቦታኡን'ዩ። ዝተሓቑነ ብራሕ ንኣእዱግ ደኣ'ምበር ሰብ ክሰትዮ ልሙድ ኣይኮነን።

ብሰንኪ'ቲ ኣብ ግንቦት 1998 ዝጀመረ ወራር ወያነ ግን ግርማ ናይዚ ከባቢ ተለዊጡ'ዩ። ህዝቢ ዓዲታቱ ገዲፉ ገሊኡ ናብ ዓዲ ቀሺ ገሊኡ ናብ ከባቢ ሻምብቆ ግዒዙ ዝበዝሑ ዓዲታት ባዶመን ተሪፈን። እተን ግርማን ሃብትን ናይቲ ከባቢ ዝኹና ጥሪት ናብ ዝተፈላለየ ቦታ ግዒዘን። እምባሕ ከብትን ድምጺ ጤሌ-በጊዕን ብሂምታ መዳፍዕን ድምጺ ጥይትን፡ ዕንደራ ኣብ ታይን ምራኹትን ብሰራዊትን ተሸከርከርትን ተተክአ።

*   *   *

ካልኣይ ብርጌድ ክፍለ-ሰራዊት 525፡ ድሕሪ ውግእ እግሪ-መኸል ሓመድ እግራ ከይነገፈት ካብ ከባቢ ሰንዓፈ ናብ ግንባር መረብ-ሰቲት ከባቢ ዓዲ-ሃኪን ተራእየት። ኣብ ከባቢ ዓዲ-ሃኪን ኣዛዚ ክፍለ-ሰራዊት 525፡ ብሪጋደር ጀነራል ፍጹም ገብረሂወት (ወዲ መምህር)፡ ጸላኢ ክጥቃዕ መደብ ወጺኡ ከም ዘሎን ካልኣይ ብርጌድ ናይቲ ክፍለ-ሰራዊት ድማ ተጠባባቒት ከም ዝተመደበት መግለጺ ሃበ። ኣብቲ ኣኼባ 'ንሕና ኣብ ውግእ ስለ ዝጸናሕና፡ ዓቅምና'ውን ጉዲሉ ስለ ዘሎ፡ ኣብ ክንዲ ካልኣት ዝጀመሩዎ ውግእ ንኣቱ ንዓና እጃም ተዋሂቡና ናትና መደብ ዘይንገብር' ዝብል ርእይቶታት'ኳ እንተ ቐረበ፡ ኣቓዲሙ ዝተሓንጸጸ መደብ ክቕየር ዝኸኣል ኣይነበረን።

እቲ ኣሃዱ'ቲ ኣብ ውግእ እግሪ-መኸል ብሰንኪ መውጋእትን መስዋእትን ዓቅሚ ሰቡ ጉዲሉ'ኳ እንተ ነበረ፡ ቀቅድሚ'ቲ ውግእ ምጅምሩ ኣባላት ሻምናይ ዙርያ ሃገራዊ ኣገልግሎት ነቲ ቀጽሪ ክብ ኣበሉዎ።

29 መጋቢት 1999 ወጋሕታ፡ ውግእ በተን ኣብኡ ዓሪደን ዝነበራ ኣሃዱታት ተጀመረ። ጸላኢ፡ ካብቲ ሒዙዎ ዝነበረ ገለ ቦታታት'ኳ እንተ ለቐቐ፡ እቲ መጥቃዕቲ ግን ከም'ቲ ዝድለ ኣይገስገሰን። ኣብ ከም'ዚ ህሞት ድማ'ዩ እታ ተጠባባቒት ዝጸንሐት ካልኣይ ብርጌድ 525 ናብቲ ውግእ ክትኣቱ ዝተኣዘዘት። ቀዳማይ ቦጦሎኒ ብየማን ከተጥቅዕ ክትተርፍ እንከላ፡ ካልኣይ ቦጦሎኒ ካብ ዓዲ-ሃኪን ሰሜናዊ ምዕራብ ንጸጋም፡ ሳልሳይ ቦጦሎኒ ድማ ካብ ጸሊም ርእሱ መንን ዓዲ-ሃኪንን ሓበላን ካብ ዝርከብ ቦታ ተበጊሳ ንባዮ ጸጋም ገዲፉ ብመቓር፡ ቀንጠብ ጨዓ፡ ሓበነን ካልኣት ኣግራብን ዝተሸፈነ ስንጭሮታትን ኩጀታትን እናሰሎኸት ብየማን፡ ብእንዳ ጭዓ ዝፍለጣ ሰለስተ ጨንራት ታባታት ከተጥቅዕ ብጸሓይ ጋሽ እናተለብለበት ድሕሪ ናይ ሰዓት ኣህላኺ ጉያ፡ ናብተን ታባታት በጽሐት።

"ክንኣቱ እንከለና እቲ ውግእ ህይወት ኣይነበሮን፣ ዝሒሉ ጠርበሽ ክብል እዩ ጸኒሑና፡" ይብል ኣዛዚ ሳልሳይ ቦጦሎኒ ሌትና ኮሎኔል መንግስተኣብ ሳሙኤል (ማርቶብ)።

"እዘን ሰለስተ በላሕቲ ታባታት ጸጊመናኦም ኣለዋ፡" ዝተባህለት እታ ቦጦሎኒ፡ ምስቶም ኣብቲ ቦታ ዝጸንሑዋ ናይ እንዳ 381 ተዘራረበት።

ብመሰረት ዝተዋህቦ ሓበሬታ አተሓሕዛ ጸላእን አሃዱታቶምን፡ አዛዚ
ናይታ ቦጦሎኒ ንሓይልታቱ በቦታአን አትሓዘን። የሱፍ ሱለማን ዝመርሓ
ሓይሊ ብየማን ናብታ ዝበረኸት ጨጓር ታባ፡ ሓይሊ ሰረቖ መሓሪ አብ
ማእከል፡ ሓይሊ ግርማይ ሰመረ ድማ ብጸጋም ዝበራ ታባታት ከጥቅዑ
ጀመሩ። ብየማን ናብታ ዝበረኸት ታባ ገለ አባላት ሒዙ ዘጥቅዐ የሱፍ
ሱለማን፡ ብመሰረት ናይቶም አብኡ ዝጸንሑ ዝሃቡዎ ሓበሬታ፡ ብየማኑ
ካልእት አሃዱታት ወገን አለዋ ዝብል እምነት ስለ ዝነበሮ፡ አብታ ታባ
ንዝነበረ ሓይሊ ጸላኢ፡ ግዜ ከይሃብ አጽደሮ። ብጸጋሙ ዝነበራ ናይ ሰረቖን
ግርማይን'ውን አይደጉያን ዝተዋህበን ሽቶ ተቐጺራ። ወዲ ሱለማን፡ ነታ
ታባ ክሕዛን ብየማኑን ቅድሚኡን ቦምባታትን ጠያይትን ጸላኢ፡ ክዘንብን
ሓደ ኮነ፡ ሰራዊት ጸላኢ፡ ብየማኑ ተጠውዩ አብ ከበባ አእተዎ። ብጸጋሙ
ዝነበረ ሰረቖ መሓሪ፡ ወዲ ሱለማን፡ "ተጸጊመ አለኹ!" ክብል አብ ማዕበል
ስለ ዝሰምዖ፡ ማእከልነት ቦጦሎኒ ማርቶብ ምስ አዛዚ ብርጌድን ክፍለ-
ሰራዊትን ይራኸብ ብምንባሩ፡ ክሳዕ ውሳነ ዝወስድ፡ ሰረቖ መሓሪ ንጋንታ
ጸጋይ ባምቢ ናብ ወዲ ሱለማን አበገሳ። ክረድኦ ዝተበገሰ ጸጋይ ባምቢ፡
ጋንታኡ ሒዙ ክብገስን ተሃሪሙ ክወድቕን ሓደ ኮነ።

መራሕ መስርዕ የማን አብርሃ (ወዲ ሻውል)፡ ማእከልነት ሓይሊ ወዲ
ሱለማን ከጥቃዕ ምስ ረአየ፡ ብሬን መንጢሉ፡ "ዘርከበ የርክብ!" ብምባል
ካብ መስርዑ ዘሊሉ ንቕድሚኡ ናብ በዓል ወዲ-ሱለማን ብምእታው ብሬን
አብ ሽምጡ ገይሩ ብጠጠዊ እናተዋግአ አአንጉሩ ተሃሪሙ ወደቐ።

ማእከልነት ቦጦሎኒ ማርቶብ፡ አሃዱ ወዲ ሱለማን ካብ ዝአተወቶ ከበባ
ንምድሓን ተንያየ። ዝገበሩ እንተ ገበሩ ግን ምውጽአም አይተኻእለን፡ ከም
ፍታሕ ዝወሰዱዎ ካብ ካልአይ ቦጦሎኒ ወዲ ገብሩ ዝእዝዝ ሓይሊ ናብ
ወዲ ሱለማን ሰደዱ።

"እዛ ትመጻካ ዘላ ትርእያደ አለኻ፤" ሓተቶ ማርቶብ ንወዲ ሱለማን።

"እወ።"

"ክሳዕ ትመጻካ ክትጸንሕ ትኽእል ዲኻ፤ ዘይትኽእል እንተ ኼንካ
ውረድ!" በሎ።

"ቀልጥሬ ጥራይ በሉዋ!" በሎ ወዲ ሱለማን።

እቲ አብ አጻምእ ደንክልን ረመጽ ውግእ እግሪ-መኽልን ዝዓንተረ
የሱፍ ሱለማን አብዛ ሓጻር ህሞት፡ አባላቱ በብሓደ አብ ቅድሚኡ እናወደቐ
ንድሕሪት አይጠመተን። ክሳዕ ዝከአሎ ተረጋሪጉ። እንተኾነ፡ እታ ንረዳት
ዝተበገሰት ሓይሊ፡ ጸላኢ፡ ምሕላፍ ስለ ዝኸልአ ናብ ወዲ ሱለማን ክትአቱ
አይከአለትን። አብቲ ዝበጽሓቶ ኩይና እያ አብ ምክልኻል ዝአተወት።

እቲ ኣብ እግሪ-መኽል ን'ክልተ መዓልቲ ምስ ታንክታት ብቦምባን አርፒጂን ዝተራጸመ ማእከልነት ሓይሊ ዮሱፍ ሱለማን ድሕሪ'ታ ን'ማርቶብ፡ "ቀልጥፈ ጥራይ በሉዋ፡" ዝሃባ ናይ መወዳእታ ቃል ደሃዩ አይተሰምዐን፡፡ ድምጹ ካብ ማዕበል አጥፍአ፡፡ ማእከልነት ጋንታታት ገብረሂወት ገብረማርያምን (ጮፍሪ) አብር ዓብደልከሪምን፣ መራሕ መስርዕ ማእከል ኢሳቕ፣ መርኃዊ፣ አብ እግሪ-መኽል አብ ታንክታት ካብ ዝደየቡ የማነ ሻውል ን'ረዳት ዝተበገስ ማእከልነት ጋንታ ጸጋይ ባምቢን ካልአትን አብ ውሽጢ ሰዓት ዘይመልእ ግዜ ሞባእ ተኸፍሉ፡፡

ብሰንኪ'ቲ ዝተዋህበ ግጉይ ሓበሬታ አያዱአ ግዳይ ዝኾነት ማእከልነት ቦጦሎኒ ማርቶብ፡ ነቲ ኩነታት ክጸወር አይከአለን፡፡ ወዲ ሱለማን ርኽብ ምስ አጥፍአ ነብሱ ክቑጻጸር አይከአለን፡፡ ቦማባታት ሒዝካ ምውጋእ ዝብል ውሳነ ድማ ወሰደ፡፡ ምስኡ ዝነበሩ አባላት ስለያ ቦጦሎኒን ምልክቱን ምስኡ ክልከሙ አይደለየን፡፡ ሬድዮ ዝራኽብ ተመሲሉ አዳህሊ.ልዋም ካብ መአዘዚኡ ን'ቅድሚ.ት፣ ናብተን ሓይሊ.ታት ሰጐመ፡፡ አዘንጊዑ-ዋም ተጠውዩ በይኑ እናደየበ፣ ብ'ቅድሚኡ ክልተ ሰብ ረአየ - ካብቶም ድሕሪት ዝገደፎም አባላት ስለያ ዓዲ ሻሩምን ዘርኣይን፡፡ ን'ማርቶብ ቀዲሞም እዮም አብቲ ውግእ አትዮም፡፡ አይጸንሐን ዘርአይ ወደቐ፡፡ እድሪስ ኢብራሂም (ዓዲ ሻሩም) ተውጊኡ ሸፈናምሉ ናብ ማርቶብ መጸ፡፡

"ስለምንታይ ናብዚ መጺእኩም፣" ሓተቶ ማርቶብ፡፡

"ን'ሕና እንከለና ን'ስኻ ክትስዋእ ትም ኢልና ክንርኢ!" በሎ፡፡

"ደሓን በል፡ ናብ ሕክምና ኪድ፡" ኢሉዎ ናብ ቅድሚ.ት ቀጸለ፡፡

ማርቶብ፡ ካብ መአዘዚኡ ናብቲ ሓይሊ ሰረቐ መሓሪ ዝነበረቶ ቦታ ምስ በጽሐ አብኡ ካብ ዝጸንሑዎ ውጉአት፣ ክልተ ቦምባ ኤፍ ዋን (F-1) አልጊሉ ብ'ቆለቤተን አብ ክልተ አጸብዐቱ አእትዩ፣ ሬድዮ ርኽብ አብ ጉንዲ እዝኑ አልጊቡ ምስ ማእከልነት ክፍለ-ሰራዊት ወዲ መምህር እናተራኸበ እንከሎ መራሕ መስርዕ ተስፋልደት ሃይለን (ወዲ ሃይለ) አባል ሻምናይ ዙርያ ዳኒኤል ምልክቱን ነተን አብ ኢድ ማርቶብ ዝነበራ ክልተ ቦምባ ሓሓንቲኡም ብ'ምምንጣል ን'ማርቶብ ዓጊቶም ናብታ ክአትዋ ዝሓሰበ ቦታ ብ'ምእታው ነተን ቦምባታት ደርበዮወን፡፡ አይቀጸሉን ግን፡ ክልተአም ሓደ ድሕሪ ሓደ አብ ቅድሚ ማእከልነት ቦጦሎኒአም ወደቑ፡፡

ዝወደቑ አባላቱ አብ አእጋሩ፣ ተስፋልደት ሃይለ አብ ክሳዱ ብ'ዘጋጠሞ ከቢድ ማህረምቲ ደሙ ዝሸፈነሉ ጨርቁ ሓሊፉ፣ ናብ መሬት እናወረደ፣ ትንፋሱ ከይሓለፈት አብ ትሕቲ ጽላሎት ማርቶብ ኩይኑ ናይ መወዳእታ እናተሳሕጎ፣ ምጥፋእ አያዱ ወዲ ሱለማን ደም እናጠዓሞ ተዓኒዱ ተረፈ፡፡

244

ማርቶብ፡ አብቶም ድሕሪት ዝገደፍዎም አርባዕተ አባላቱ አብ ውሑዳት ደቓይቕ ተፈለዩዎ፡፡ ንሱ በቒቑዎም፡ ንሳቶም በቒቓዎ ሓደ በጃ ሓደ ክሓልፉ መሪጾም፡፡ አብ ከምዚ ዝበለ ህሞት አዛዚ ክፍለ-ሰራዊት፡ ወዲ መምህር፡ ንማርቶብ፡ "አበይ አለኻ፤ አበይ አለኻ፤ ዘለኻዮ ብንጹር ንገረኒ!" ክብል ብተደጋጋሚ ሓተቶ፡፡ ነቲ አሃዱታት ማርቶብ ብቦምባ ዘካይዳእ ዝነበራ ውግእ ኩሉ ሰብ ይርእዮ ብምንባሩ፡ ማርቶብ ንወዲ መምህር፡ "እዚ ናይ ኢድ ቦምባታት ዝድርበዮ ዘሎ ቦታ ትርእዮዶ አለኻ፤"

"እወ፡፡"

"አብኡ’የ ዘለኹ፡" ክብል ድሕሪ ምምላስ ብዛዕባ’ቲ ኩነታት ብህድአት ክሓስብ ጀመረ፡፡ ብዮማኑን ጸጋሙን ዝነበረ ውግእ ቅኒው ዳርጋ አይነበረን፡፡ መሰዋእቲ በዚሑ፣ ካብኡ ምቅጻል ዝተረፉ ምኽሳር ምዃኑ ብምግንዛብ ካብ ካልአይ ቦጦሎኒ ሰብ ብምድራብ አብ ዘዝነበሩዎ ደው ክብሉ መምርሒ አመሓላለፈሎም፡፡ ናይታ ዕለት ውግእ ድማ አብቀዐ፡፡ መሬት ምስ መሰየ ካልአይ ብርጌድ፡ ክፍለ-ሰራዊት 525፡ ንድሕሪት ክትምለስ መምርሒ ተዋህባ፡፡

ዓዲ-ሃኪን፡ ንኻልአይ ብርጌድ ክፍለ-ሰራዊት 525 ብሓፈሻ፡ ንሳልሳይ ቦጦሎኒ ድማ ብፍላይ፡ ዘየደቅስ ክሳራ ዘስዓብ ካብ አእምሮ ነፍሲ-ወከፍ አባል ዘይሃስስ ስምብራት ዝገደፈ፡ ብቓሊሉ ዘይትክአ ምኩራትን ብሉጻትን ሰባት ዝተኸሰር ውግእ’የ ነይሩ፡፡ ሳልሳይ ቦጦሎኒ አብታ ረፍዲ’ቲአ ክልተ መራሕቲ ሓይሊ፡ ክልተ መራሕቲ ጋንታ፡ መራሕቲ መሳርዕን አፐረተራትን ዝርከቡዎም 19 ስዉአትን 41 ውጉአትን ከፈለት፡፡

ማእከልነት ጋንታ ገብረሂወት ገብረማርያም (ጭፍሪ) አብ ውግእ እግሪ-መኽል ምስ መድፍዓጁ አርፒጁ ደስታ አብርሃ፡ አርባዕተ ታንክታት ምስ አቓጸሉ በቲ ዝተፈጥረ ምፍንጃር ቦምባታት ዝሰግአ ማእከልነት ቦጦሎኒአም ማርቶብ፡ "ተጠንቀቕ እዚ ባርዕ ከይልክመካ፡" በሎ ንጭፍሪ፡፡

"አጆኻ ጥራይ፡ አብ ጠርባሽ ኩነት ከይስዋእ ደአ’ምበር አብዚ መጋርያ ዝኹን ውግእሲ አይስዋእን’የ፡" ክብል መሊሱሉ ነይሩ፡፡ ከምታ ዝበላ ንሱን ብጾቱን ካብ መጋርያ እግሪ-መኽል ወጺአም አብ ውግእ ዓዲ-ሃኪን ምስ ወዲ ሱለማን አብታ ጨጓር ታባ ወደቑ፡፡

*   *   *

ካልአይ ብርጌድ ክፍለ-ሰራዊት 525 ድሕር’ዚ ውግእ’ዚ፡ ካብ ዓዲ-ሃኪን ብቓጥታ ናብቲ ዝነበሩዎ ግንባር ዓሊተና-መረብ፡ ከባቢ ደብሪ ሃም፡ አምረሑ፡፡ አብ ዝተፈላለየ ቦታታት ናይቲ ግንባር ክልተ አዋርሕ ምስ አሕለፉ፡ ዳግማይ ናብ ግንባር መረብ-ስቲት ክኸዱ መምርሒ መጸም፡፡

ካብ ከባቢ ሰንዓፈ፡ ጾዕዳ ኮርሶ፡ ዝተበገሳ ካልኣይ ብርጌድ ክፍለ-ሰራዊት 525 ዝጾዓና መካይን፡ ዓዲ-ቐይሕ፡ ሰገነይቲ፡ ደቀምሓረ ሓሊፈን አስመራ ምስ በጽሓ፡ ንሓድሕደን ተጸባብየን ካብ ቀሓውታ ብሚዛን ገይረን ብማእከል አስመራ፡ ብጉደና አፍዓብት መሰመር ከረን ሓዛ። ዕረፍቲ አብ ዘይነበሮ ጉዕዞ፡ ዘዝተታኸስ መራሕ መኪና ጆሎን ማይ አብ ገጹ እናኸዓወ፡ አብ ጋቢና ዝክብሩ ሰራዊት እናዕለሉ-ም መዓልትን ለይትን ተጓዕዙ። ዓዲታትን ከተማታትን - ገለኡ ብለይቲ፡ ገለኡ ብቐትሪ - ሓለፉም። አብ ልዕሊ መካይን ዝክብሩ ሰራዊት ክሳብ ባረንቱ ጸገም አይነበሮምን፡ እናደቀሱን እናዕለሉን ተጓዕዙ። ካብ ባረንቱ መሰመር ሻምብቆ ምስ ሓዙ ግን ሓጉጽጉጽን ሓሓሊፉ ብአሻኹ ጨናፍር እና ተጨርግፉን ከባቢ ቢንቢና በጽሑ። 9 ሰነ 1999፡ ካልኣይ ብርጌድ ካብ ከባቢ ቢንቢና ብለይቲ ናብ እላላ አምረሐት።

10 ሰነ 1999፡ ሰዓት 10:00 ቅ.ቐ. ሃዲኡ ዝቐነየ እላላን ከባቢኡን ብድምጺ መዳፍዕን ጢያይትን ተረበጸ። አህዱታት ሓይልታት ምክልኻል ኤርትራ ካብ ዕርዲታተን ብምውጻእ ናብ ድፋዓት ወያነ ከቢድ መጥቃዕቲ ከፈታ። ቀዳማይ ድፋዕ አፍሪሰን ደድሕሪ ጸላኢ ናብ ካልኣይ መከላኸሊ መስመሩ ሰገራ። እቲ ግንባር ብምሉኡ ንቕድሚት ሰጉመ። ብማእከል ዝክበራ አህዱታት ብፍላይ፡ ብናህሪ ውሽጢ ብምእታው ንዬዳን ባድመን አብ ዘቐልቀል በረኽቲ ቦታታት በጽሓ።

ካልኣይ ብርጌድ ክፍለ-ሰራዊ 525፡ ተጠባባቒት'ኳ እንተ ነበረት፡ ኩነታት ተራእዩ ቀዳማይን ካልኣይን ቦጦሎኒታታ ሸው ዕለት 10 ሰነ ናብቲ ውግእ ክአትዋ እንከለዋ፡ ሳልሳይ ቦጦሎኒ ግን ናብቲ ጸላኢ ዝተጸርን ድፋዓት ቀሪባ አብ ተጠንቀቕ ከም እትጸንሕ ተገብረ።

እተን ደፈአን ንቕድሚት ዝአተዋ አህዱታት፡ ቀትሪን ለይቲን አብ ምጥቃዕን ምክልኻልን ተጸሚደን ስለ ዝተዳኸማ፡ ንጽባሒቱ ዕለት 11 ረፍድ፡ ሳልሳይ ቦጦሎኒ ክትትክአን አተወት። ማእከልነት ሳልሳይ ቦጦሎኒ፡ ማርቶብ፡ አህዱኡ መሪሑ ናብ ቦታ ውግእ በጺሑ ንሓይልታቱ በቦታአን አትሓዘን።

ዕለት 11 ምሸት፡ ቦጦሎኒ ማርቶብ መጥቃዕቲ ብምግባር ካብቲ ዝተረከበቶ ቦታ ንቕድሚት ክሳብ ከባቢ ጸሊም ቀላይ ብምድፋእ፡ እዚ ጸላኢ ተቐጻጺራ ዓረደት። እቲ አብ ውግእ እግሪ-መኽል ብውልቁ ብሬን ጸላኢ ሓዙ አብ ማእከል ሰራዊት ወያነ ዘኹደደ አባል ካልኣይ ዙርያ ነጸርአብ ቀሺ አብርሃለይ አብዛ ምሸት'ዚኣ'ውን ንበይኑ ንቕድሚት ተወርዊሩ ብምእታው እናተዋግአ እንክሎ ተሃሪሙ ወደቐ።

ወያነ፡ ነቲ ብሓይልታት ምክልኻል ዝተወስደ ስጉምቲ አቕሊሉ አይረአዮን። ካብቲ ዝነበር እንተ ቐጺሉ ሰራዊት ወገን ንዬዳን ባድመን

ብቐሊሉ ከሕድን ም'ኳኑ ስለ ዝተገንዘበ፣ ኣብ ሓያል ምክልኻል ኣተወ። ምሉእ ኣድህቦኡ ድማ ናብተን ን'ቅድሚት ደሬኣን ዝኣተዋን ን'ዴዳ ተቀልቂለን ዝተጉዘጉዛን ኣሃዱታት ገበረ። ሓንሳብ ብየማን ሓንሳብ ብጸጋም እናቐያረ ድማ ብዘይዕረፍቲ ለይትን መዓልትን ውግእ ቀጸለ። ደብዳብ መዳፍዕን ሞርታራትን ዓቘን ኣይነበሮን።

እቲ ውግእ ዝካየደሉ ዝነበረ ቦታ መከላኸሊ፣ ዘይብሉ ኣሳሒት ጥራይ ዝርከቦ ቀላጥ ቦታ ብምንባሩ፣ ካብ ደብዳብ ከቢድ ብረትን ሞርታራትን ከተምልጥ ዘይሕሰብ'ዩ። ዘዘተተኩሶ ኣብ ዝባን ሰብ ይጽሒ, ዘይተተንከፈ ድማ ክሳብ ዝህረም ምውጋእ ይቕጽል። ረዳት ዝኣተወት ሓይሊ ሰረቖ መሓሪ: ብቕድሚት ካብ ዝመጸ ጠያይት እናተኸላኸለት ኣብ ሓንቲ ጉላ ተጸጊዓ ክትታኾስ ጀመረት። ካብ ም'ሕር ም'ቅርራብ ክልተኡ ወገናት ውግእ ብቦምባ ኢድ ጥራይ ኮነ። ሓይሊ ሰረቖ መሓሪ ብቕድሚት ቦምባታት ካብ መምርያ ጨንር ታባ ዝበሃል ቦታታት ከኣ ጠያይት ጸላኢ፣ ዘነባ፣ ቀትሪ ንለይቲ፣ ለይቲ ንቐትሪ እናተክኣ ከደ፣ እተን ኣብቲ ውግእ ዝነበራ ኣሃዱታት ግን ብዘይተኸኣ ቀጸላ።

ጸላኢ፣ ሰራዊት እናቐያየረ ብዘይዕረፍቲ መጥቃዕቲ ቀጸለ። ነቲ እስትንፋስ ዘይህብ መጥቃዕቲ ን'ምክል'ኻል፣ ሓላፍን ተራን ኩሉ ቦምባታት ኣብ ምድርባይ ኣተወ። ማእከልነት ሓይሊ ሰረቖ መሓሪ ሬድዮ ርክብ ኣቋሪጹ ምስ ኣባላቱ ቦምባታት ኣብ ምድርባይ ኣተወ። ኣብ መሰመር ዝሰኣኖን በቲ ዝርእዮ ዝነበረ ናይ ኢድ-ብኢድ ውግእ ዝተሻቐለን ማእከልነት ቦጦሎኒ ማርቶብ ደጋጊሙ፣ "ሃለው፣ ኩኑ! ኩኑ! ኩኑ! ኩኑ!" ኢሉ ጸዊዑ መልሲ ምስ ሰኣነ፣ ኦርማይ ኢሉ ተስፋ ኣብ ኣጋ ምቝራጹ፣ "ሃለው! ሃለው!" ዝብል መልሲ ረኸበ።

"ኢሂ ደኣ ደሃይ ኣጥፊእካ"

"ደሓን'የ ደሓን፣ ኣብ ስብራ ስለ ዝጸናሕኩ'የ፣ ሕጂ ኩዳ ስለ ዝጀመርና'የ ተቐቢለካ!" በሎ። ነቲ ጽዑቕ ዳርባ ቦምባታት ብስብራ፣ ነቲ ቀጸሊ ውግእ ድማ ብኹዳ መሰሎ። ድሕሪ ነፍሲ-ወከፍ ትድርብ ቦምባ፣ ኣውያትን ቃንዛን ሰራዊት ወያነ ምስማዕ ማዕረ'ቲ ተኹሲ ልሙድ ኮነ።

ኣብቲ ውግእ'ቲ፣ ኣብ ዕጥቅን ስናዱቕን ዝነበረ ቦምባታት፣ ኣእዳው ክሳዕ ዝርብርባ፣ መናኹብ ክሳዕ ዝምናህ ብዘይ ዕረፍቲ ተደርበየ። ኣብ መንጎ'ቲ ውግእ ሓደ ኣባል፣ ን'ማእከልነት ሓይሊ ሰረቖ: "ሰረቖ! ሰረቖ! ቦምባ ኢድ ወዲኡና!" በሎ ዓው ኢሉ።

"መን ኢሉካ! ብድሕረኻ ስናዱቕ መሊኡ'ሎ፣ ካብኡ ውሰድ ወይ ድማ ቀልጢፍካ ናባይ ንዓ!" በሎ።

እቲ ኣባል ናብ ወዲ ሰረቖ ምስ ቀረበ፡ "ሕጂ ሱቕ በል፡ ቦምባታት ይመጽና ስለ ዘሎ ትዕግስቲ ንግበር፡ ዓው ኢልካ ኸኣ ኣይትዛረብ" ኢሉ ኣፋነዎ።

ወዲ ሰረቖ ንመሓለውታ ኣብ ዕጥቁ ካብ ዝሓዘን ቦምባታት ሓንቲ ደርብዮ መጽንሒ ገበረ። ኣይደንጉየን ሓላፌ ኤምዓድ ወዲ ረዘን ኣባላቱን ቦምባታት ሒዞም ተጸንበሩዎም።

ብብርሃን መሓሪ (ወዲ መሓሪ) ዝምእከል ስታፍ ቦጦሎኒ ኣብ ነብሶምን ከባቢኦምን ዝዓልብ እልቢ ዘይነበሮ ደብዳብ ተጸዊሮም ንሽድሽተ መዓልቲ ብዘይዕረፍቲ ነታ ኣብ ውግእ ዝነበረት ኣያዱኣም ተተኻሲ፡ ማይን መግብን ኣብ ምቕራብን ውጉኣት ኣብ ምውጻእን ተጸምዱ።

ኣብቲ መዕቆብን መብረን ዘይነበሮ፡ ዓቕሚ ሰቦም'ውን ኣብ ኣጋ ምጽንቃቕ ዝበጽሓሉ ውግእ'ዚ ነፍሲ-ወከፍ ኣባል ንዋሕዶም ዝሸፍን ምብልሓት ኣርኣየ። ኣባል ሻምናይ ዘርያ መብራህቲ ማንም ሰብ ክግምቶ ዘይክእል፡ ኣብ ቀላጥ ቦታ ኣብ ዝነበረት ቆጥቋጥ ብምእታው፡ ኣብ ከባቢኡ ንዝዓልብ ደብዳብ ግዲ ከይገበረ፡ ስናይፐር ብረት ሒዙ ምሉእ መዓልቲ ነንዘተቓልቀለ ጸላኢ ከውድቕ ወዓለ። ኣጋ ዓራርቦ ናብ ብጾቱ ብምጽንባር፡ ብቦምባ ኢድ እናተደራገሙ፡ ከባቢ ሰዓት ሸድሽተ ናይ ምሽት ተሃሪሙ ወደቐ።

ኣብ እዋን መስዋእትን መውጋእትን ምትኽኻእ ምእንቲ ክህሉ፡ ኩሉ ኣባል ኣብቲ ኣያዱ ንዘሎ ብረት ብማዕረ ከም ዝመልኮ'የ ዝግበር ነይሩ። መድፍዓጂ ብሬን ሓምድ ኣብቲ ጽዑቕ ምርብራብ ምስ ተሃየ፡ ኣባል ሻምናይ ዘርያ ብሌናይ፡ ነታ እንትርፎ ኣብ ልምምድ ኣብ ውግእ ተኮሱዋ ዘይፈልጥ ብሬን ኣልዒሉ ቦታ ሓምድ ተኪኡ ተዋግአ። እንተኾነ፡ ድሕሪ ቅሩብ እዋን ንሱን ማእከልነት ሓይሊ ደርማስን ብሓንሳብ ተሃሪሞም።

እቲ ብዘይ ዕረፍቲ ዝቐጸለ ውግእ ራብዓይ መዓልቲ ሓዘ። ኩሉ ኣባል ብድኻም ተሰነፈ፡ ካብ ምንዋሕ ግዜ ኣዒንቱ ቀሕ ምባል ክሳብ ዝሰእን ኩነ። ሞት ተረሲዓ፡ ነቲ ደብዳብን ተኹሲን ዋጋ ዘህP ተሳእነ። ገብረመድህንን ሙሴን ዘበሃሉ ኣባላት ሓይሊ ሰረቖ፡ ካብ ምሓር ድኻም ዝተላዕለ ኣብ ማእከል'ቲ ውግእ ኣብ ሓንቲ ጸግዒ እንኪለዉ ተታኺሶም ኣብ ማእከሎም ብዝዓለበት ቦምባ ንሓዋሩ ደቀሱ።

ሳልሳይ ቦጦሎኒ ኣብ ከባቢ ሰንዓፈ እንኪላ፡ ገብረመድህን ዓዱ ኣብ ከባቢ ስመጃና ስለ ዝኾነ፡ በዓልቲ ቤቱን ደቁን ክርኢ ንማእከልነት ሓይሉ ሰረቖ መሓሪ ፍቓድ ሓተቶ።

"እሞ ሕጂ ደአ አብ ተጠንቀቕ እንዲና ዘሎና፣ ግን ደሓን ቀልጢፍካ በጺሕካ ምጻእ።" ተባሂሉ ናብ ስድራቤቱ ነቐለ። ንሱ ከይተመልስ እንከሎ፣ "ተበገሱ" ዝብል ትእዛዝ ስለ ዝመጸ፣ ሰረቖ ክሕብር ስለ ዝነበሮ ንማርቶብ፣ "ክልተ ሰባት ጉዲሎምና አለዉ።" ኢሉ ኩነታቶም ሓበሮ።

"አብ ተጠንቀቕ እንከለና ስለምንታይ ትሰዶም?"

"አታ፣ ገለ ዘርኢ እንተ ገደፉ ኢለ'የ።" በሎ ብህድአት።

ማርቶብ ተወሳኺ ክዛረብ አይደለየን። እታ 'ዘርኢ እንተ ገደፉ' እትብል ከቢዳቶ ትም በለ። ገብረመድህን ከይደንጉየ ደቁን በዓቲ ቤቱን ርእዮ ምስ ተመልሰ አሃዱኡ አይጸንሓቶን። ናይ ካልአይ ቦጦሎኒ ናይ መወዳእታ መኪና ረኺቡ እዩ ንአሃዱኡ አብ አስመራ ዘርከቦም። ሽዑ-ንሽዑ ምምጻኡ ንማእከለነት ሓይሉ ሓበሮ። ሰረቖ ንማርቶብ፣ "ገብረመድህን አርኪቡና'ሎ፣" ምስ በሎ "አታ ምስ ስድራኡ ዘይጸንሐ እንታይ ዕምሪ ወጢጡዋ መጺኡ!" ክብል ሓልዮት ዝተሓወሶ ጭርቃን ደርበየሉ።

ውግእ ብዘይዕረፍቲ እናቐጸለ፣ ማርቶብ ምስኡ ንዝነበረ ማእከለነት ሓይሊ፣ ወዲ ሓየሎም፣ ንሰረቖ መሓሪ ክድረቦ፣ እንተ ኽኢሉ ኸአ ክብርዮ ሰደዶ። ወዲ ሓየሎም አብቲ ቦታ አትዩ ምውጋእ ክጅምርን ከህረምን ግን ሓደ ኮነ።

"ሃለዉ ማርቶብ፣ ወዲ ሓየሎም ናባኻ አቢሉ'ሎ!" በሎ ሰረቖ።

"እንታይ እዋን ደአ ሰሊጡዋ ወደይ!"

"ኤእ! ቀልጢፉ'የ ሰሊጡዋ ዘሎ!" ጭርቃን አብ መንጎ ሞትን ሕየትን።

አብ ሳልሳይ መዓልቲ፣ ማርቶብ ክሻፉ አብ ዓይኑ ሬድዮ ርኪብ አብ እዝኑ አልጊቡ፣ ምሉእ አቓልቦኡ አብ ውግእ እንከሎ፣ ብድሕሪኡ "ማርቶብ! ማርቶብ!" ዝብል ድምጺ ሰሚዑ ግልጽ ምስ በለ፣ ሸላሎ ዝበሃል ምልክቱ ማይን ክዳንን ሒዙ "ማርቶብ ንዓ ተሓጸብ" በሎ።

ማርቶብ ተገሪሙ ጠሚቱዋ፣ ከይሀረሞ ስጌኡ፣ "ኪድ ናብ አንደር እቱ" ብምባል ገንሐ።

ቀቅድሚ'ቲ ውግእ፣ አቦ ሸላሎ፣ አባል ሚኒስትሪ ጥዕና፣ ተጋዳላይ አብርሃለይ (ወደርሓ) ሓኪም ኩይኑ አብ ደምብ ላኽ ከም ዝነበረ አማኑኤል (ሸላሎ) አዕሊሉዎ ብምንባሩ፣ ውግእ ክጅመር ምኳኑ ማርቶብ ስለ ዝፈለጠ፣ አቦን ወድን አብ ሓደ ውግእ ከይጠፍኡ ሓደኦም ክድሕን ብምባል ንምልክቱ ሸላሎ ጸዊዑ፣ "ሎሚ ምሽት ምሰዛ ናይ ቪ መኪና ኬድካ ነዴኻ ርኢኻያ ምጻእ" በሎ። አደ ሸላሎ ምስቶም ካብ ውግእ ሃዲሞም አብ ዓዲ-ቀሺ ዝተዓቑቡ ምንባራ ሸላሎ አዕሊሉዎ ስለ ዝነበረ'የ ክሰዶ ዝደለየ። ሸላሎ ውግእ ከም

ዝጅመር ስለ ዘይፈለጠ፤ ወላዲቱ ክርኢ. ናብ ዓዲ-ቀሺ ከደ። እንተኹኑ፤
ክልተ መዓልቲ ምስ ገበረ ውግእ ከም ዝተጀመረ ስለ ዝሰምዐ፤ ንወላዲቱ
ተፋንዩ እዩ ናብ አሃዱኡ ደበኽ ዝበለ። ንማርቶብ ሓመድ መሲሉ ስለ
ዝረአዩ ድማ'ዩ ማይን ቅያር ክዳንን ሓዚሉ ዝመጸ።

አብቲ ውግእ'ቲ አባላት ሳልሳይ ቦጦሎኒ አብ ንሓድሕድካ ምትሕግጋዝ
ጥራይ ዘይኮኑ፤ ብጻጋሞምን የማኖምን ዝነበረ አሃዱታት ወገን አብ
ምሕጋዝ'ውን ልዑል ተራ'ዮም ተጻዊቶም። ጸላኢ፤ ሓይሉ እናቋያየረን
እናደረበን ቀጺሉ ናይ ምፍንጣስ ፈተነታት አብ ዘኸየደሉ እዋን፤ ብዕለት
13 ብጻጋም በዓል ሸባሕ ዝነበረት አሃዱ ጥሒሱ ሓለፈ። ነዚ ዝተዓዘበ
ማእከልነት ሓይሊ፤ እድሪስ ኢ.ብራሂም (ሸባሕ) ንማርቶብ፡ "ነዚ ሓሊፉ
ዘሎ ብጻጋም አቲና ክንቆርጾ" ዝበለ ሓሳብ አቕረበሉ። ናይታ ዝፈረሰት
አሃዱ ማእከልነት ቦጦሎኒ፤ ተወልደ ቅሱን ምስ ማርቶብ ብሓደ ስለ ዝነበሩ፤
ማርቶብ፡ "ስማዕ ተወልደ፡ ምስ መለሰናያ ቀልጢፍካ ክትቅበለና ኢ.ኻ!"
በሎ። ብድሕሪ'ዚ ሸባሕ ከም'ቲ ዝበሎ አብ መንን በቲኹ ብምእታው፤
ነቲ ዝፈረሰ ቦታ ዓጸም። እቶም ዝሓለፉ ሰራዊት ወያነ ድማ ብምሉኦም
ተማረኹ።

ጸላኢ. በዚ ተስፋ አይቈረጸን፣ ብለይቲ፡ ከም'ታ ብቘትሪ ዝገበራ፡ በቲ
ሰረቅ መሓሪ ዝነበሮ ቦታ ጥሒሱ ሓለፈ። አብዛ ህሞት'ዚአ ሸባሕ ንማርቶብ፡
"ብጻጋምና ሓሊፉ'ሎ'ሞ ከም'ታ ናይ ቀትሪ ክንገብራ'የ፡ በሎ።

"ሕጂ ጸልማት ምድሪ ከባቢ'ኻ ዘሎ ጥራይ ተቘጻጸር፣ ክትበትኽ ክትብል
ከይትብተኽ ቅድሚ'ኻ አረጋግጾ፡" በሎ።

"ጸገም የለን፤ አረጋጊጸ'የ፡" ብምባል ሸባሕ አባላት ሰዲዱ ምስ ሰረቍ
መሓሪ ነታ ዝተኸፍተት ቀልጢፎም ዓጸዉዋ።

እቲ ዕለት 10 ዝጀመረ ውግእ፤ ክሳብ ዕለት 16 ብዘይዕርፍ-ቲ'የ
ቀጺሉ። ከቢድ መውጋእትን መስዋእትን ድማ ተኸፊሉ። ጸላኢ ዝተታሕዘ
ቦታ ከምልስ ዝከአሉ'ኳ እንተ ገበረ፡ አይሰለጦን። ዕለት 16 ወጋሕታ
ብዝፈተኖ ናይ መወዳእታ ህጁም ድማ ውግእ እላላ አብቀዐ።

ጸላኢ፡ ሰብን ቦታን ከሲሩ ዘፍ በለ። እታ ብየማንን ጸጋማን ምስ
ዝነበራ አሃዱታት ንሸድሸት መዓልቲ ብዘይ መተካእታ ዝመከተት ካልአይ
ብርጌድ፡ ክፍለ-ሰራዊት 525 ድማ ብክፍለ-ሰራዊት 161 ተቐዩራ ንሩባ
መገል፡ ከባቢ ማይ-ቀጃሕ አበለት።

*   *   *

ነታ ብኣጋጣሚ ዝኽሪ 20 ዓመት በዓል ናጽነት፡ ሰነዳዊ ፈልም ዝኽሪ'ታ ቦጦሎኒ ንምድላው ከናድያ ዝተበገሰኩ ሳልሳይ ቦጦሎኒ፡ ካልኣይ ብርጌድ፡ ክፍለ-ሰራዊ 525፡ ደሃያ ረኺበ። ውሕዳት ብኣካል ዝብዝሐ ግን ዝናኣም ጥራይ እዩ ጸኒሐኒ። እቶም ብ17 መጋቢት 1999 ኣብ እግረ-መኽል ቃለ-መጠይቕ ዝገበርኩሎም ኣባላት ሎሚ የለዉን። ታሪኹም ግን ጸኒሐኒ። ብጸቶም፡ ቅንጣብ ከየጉደሉ ህያው ገይሮም ኣዘንትዮምለይ። ነቲ ዝፈልጦ ቀ·መናኣምን ዕጥቁምን ኣብ ኣእምሮይ እናሰኣልኩ ምስኣቶም ብሓሳብ ኣብ ዓዲ-ሃኪን እላላን ተዋጊኣ። ናይ ግንባር ቡሬ ሓመዳዊ ክዳን ለቢሶም፡ ኣብ ታባታትን ስንጭሮታትን ዓዲ-ሃኪን እላላን ኣብ መንጎ ኣግራብን ሳዕሪን ኣብ ሓላል መሬቶም ዝወደቑ፣ ኣብ ዘዘወደቑዎ ግንብ·ው ዝበሉ ኣባላት ሻምናይ ዙርያ፣ ንደቆምን ኣንስቶምን ተፋንዮም ዳግማይ ዘይተመልሱ መንእሰያትን ኣያታቶምን፡ ዝፈልጦምን ዘይፈልጦምን፡ ከም በዓል ዑመር ዑስማን፡ መሓሪ ብድሆ፡ ተስፋኣለም፡ ሓመድ ስዒድ፡ ዑመር ዑስማን፡ ፍስሓጼን፡ ወዲ ሰመሀይን ካልኣትን ኣብ ኣእምሮይ ተመላለሱ። ካብ ሓሳብ ምስ ተበራበርኩ፡ ጅግንነቶም ክገልጽ ዓቕሚ ስኢነ። ኢደይ ግን ኣይሃብኩን፡ ንኽብሮም ስነዳዊት ፈልም "ዝኽሪ'ታ ቦጦሎኒ" ከም·ኡ'ውን ነዛ ንው·ዕለቶም ዘይትብቅዕ ጽሕፍቲ ኣዳልየ።

ምንጪ ሓበሬታ፤

- ሌትና ኮሎነል መንግስተኣብ ሳሙኤል
- ማእከልነት ሓይሊ፡ ሰረቐ መሓሪ
- ማእከልነት ሓይሊ፡ እድሪስ ኢብራሂም (ሸባሕ)
- ኣባል ሻምናይ ዙርያ፡ ኣማኑኤል ኣብርሃለይ (ሸላሎ)

እታ ቦጦሎኒ ድሕሪ'ቲ ውግእ

ኣዛዚ ቦጦሎኒ ሰለስተ፣ ማርቶቡ ኣኼባ እናመርሐ

12

ሃይና

ዘመንፈስ ሃይለ

አብ ዝኸነ ንሱ ዘለዎ ቦታ፡ ቀልቢ ናይቶም አብ ከባቢኡ ዝርከቡ ሰባት ናይ ምስሓብ ተውህቦ ነበሮ። አብ ቀዳማይ ወራር ወያነ፡ ግንቦት 1998፡ 'ምሕጻብ ዓላቡ' አብ ዝበሃል ከባቢ አብ ዝተኻየደ ባህላዊ ምርኢት፡ ዓይኒ ካሜራ ክስሕብ ምኽአሉ መቐጸልታ ናይዚ'የ ነይሩ። እቲ ሸዑ ዝተቐድሐን አብ ኤሪ-ቲቪ ዝተዘርግሐን ምርኢት፡ እቲ ሰብ ልዕሊ ማንም ጉሊሑ ክርአን አብ ዓይኒ ተዓዚበ ክአቱን አኽአሎ። ወኒ ሳዕስዒቱ፡ ድልዳለ አካላቱ፡ ምቅጽጻየ . . . ንዝረአዮ አብሂጉን አገሪሙን። ድሕሪ'ቲ ወራራት ዝተፈላለዩ ዜጋታት ህላወኡ ክፈልጡ ተገዲሶም ሓተቱ። እታ "ውረስ ተወራርስ" እትብል ናይ የውሃንስ ትኳቦ (ወዲ-ትኳቦ) ደርፌ አብ ትቃልሓሉ፡ ሓደ ልሉይ ምስሊ ናይ ሓደ ወናም ሳዕሳዒ-ተዋጋኢ ሰብ ቅጅል ይብል - ምስሊ ተጋዳላይ ገብረመድህን በርህ (ሃይና)።

ሃይና፡ ብዙሕ ግዜ፡ "አነ ወዲ በርህ ጻዕዳ!" እናበለ ስምዒቱ ይገልጽ ብምንባሩ፡ ዝተፈላለዩ ሰባት ብቘጥታ ምስቲ ህቡብ ኤርትራዊ ተቓላሳይን አብ ምሕራር ናቕፋ፡ 23 መጋቢት 1977፡ ዝተሰውአን ተጋዳላይ በርህ ተኽለ ደስታ (በርህ ጻዕዳ) የተሓሕዙዎ ነበሩ። ሃይና፡ ካብ ቀዳሞት ዕባይ ቤት ትምህርቲ ሰውራ ብምጭኑ'ውን ገለ ሰባት ቡቲ አብ ቤት ትምህርቲ ሰውራ ዝስምያ ዝነበረ ዛንታ በርህ ጻዕዳ ተጸልየ ክኸውን ይኽእል'የ ዝብል ግምት ይሕዙ ነይሮም። እንተኹኑ፡ ሃይና ምስ በርህ ጻዕዳ ዝኸነ ስጋዊ ዝምድና የብሉን። አቦኡ ንሃይና 'በርህ' ስለ ዝበሃል ጥራይ'ውን አይኮነን።

አቦኡ፡ ተጋዳላይ በርሀ፡ አብ ገለ ዘዘርብ ጉዳይ ቀኑጥዕ ኢሉ፡ "አነ ወዲ አስፍሃ አነ! ጸዕዳ እኮ እየ፡፡ አነ በርህ አነ ጸዕዳ እየ!" ይብል ከም ዝነበረ ዝሰምዕ ሃይና ካብዚ ነቒሉ'ዩ "አነ ወዲ በርህ ጸዕዳ!" ዝብል ዝነበረ፡፡

ዝበዝሐ ካብቲ አብ ሜዳ ዝወጸ ሳ377 ወላ አሰካፊ ይኹን፡ ንባህሪያትን ትርኢትን ናይቲ ሳ378 ዝወጸ ሰብ ናይ ምግላጽ ብቕዓት ዝነበርን ብዘዕባ'ቶም ሳ377 ዘውጽኡ ከም እትሓስብ ዝገብርን እዩ - ከም'ዚ ናይ ተጋዳላይ ገብረመድህን በርህ - "ሃይና"፡፡ ሃይና፡ ሽሞንተ ዓመት ከይመልኣ እዩ ብ1978 ናብ ቤት ትምህርቲ ሰውራ አትዩ፡፡ እንተኹኑ፡ አብቲ ቤት ትምህርቲ ክአቱን ሕልፈ ካልአት ብኹሉ ነገራቱ ፍሉጥን መዛረቢን ክኸውንን ግዜ አይወሰደሉን፡፡ ሽዑ እያ ድማ እዛ ንስሙ ዘህሰስት ሳ378 ብዝተፈላለየ መንገዲ ዝወጸቶ፡፡

አብ መጀመርታ "ዝብኢ ዓዳይ" እያ ትብል ነይራ፡፡ እንተኹኑ፡ እቲ ንዘይአምነሉ ፈጺሙ ክቕበል ዘይክእል ገብረመድህን፡ ነዛ ሌጣ ጸርፈ ምኽንያ ዝርአያ ሳ378 ሕራይ ኢሉ አይተቐበላን፡ ተባኢሱላን ክሳዕ ምስ ሓለፍቲ ናይቲ ቤት ትምህርቲ ተዋጢጡላን እዩ፡፡ አግሰያኡ ከም እትቕየር ገበረ፡፡ ወላ'ኳ እታ ሳ378 ትቕየረሉ፡ አብቲ ነቲ ሳ378 ክወጸሉ ዘገደደ ባህሪያቱ ግን ዝኹነ ለውጢ አየርአየን፡፡ እታ ዝተቐየረትሉ ሳ378 ንባዕላ ናይ ቋንቋ እምበር (ብጀንቋ ትግረ እያ ኮይና) ናይ ትርጉም ለውጢ ከም ዘይገበረት ክፈልጥ ግዜ አይወሰደሉን፡፡ ስለዚ ንአአ'ውን አይተቐበላን፡ ከም እትቕየር ገበረ፡፡ መሊሳ ናይ ቋንቋ ለውጢ ጥራይ ብምግባር ብቋንቋ ሳሆ ኮነት፡ ሕጂ'ውን አይተቐበላን፡፡ እቶም ሳ378 ዘጥብቒ ናብ ቋንቋ ዓረብ ሰጊሮም ፈተኑ፡፡ ትርጉማ ቀልጢፉ ስለ ዝፈለጦ ነጸጋ፡፡ ስለዚ፡ እቶም ዝብሉዎ ዝጨነቖም አባላት አብ መወዳእታ፡ ናብዛ "ሃይና" እትብል ናይ እንግሊዝኛ ቃል ዓለቡ፡፡ ነዚአ'ውን እቲ ፈለማ ትም ኢሉ አይተቐበላን፡ ትርጉማ ምስ ሓተተ፡ ደረጃ ትምህርቱ ርእዮም ቀሺሸሞ፤ "ናይ እንግሊዝኛ ቃል እያ፡ ስም ናይ ሓደ አብ አመሪካ ዝርከብ ዓቢ ገራብ ኮይኑ፡ እቶም ዓበይቲ አመሪካውያን ሓለፍቲ ኮፍ ዝብሉላ ዝነበሩ ዓይነት ገራብ እያ፡" በሉዎ፡፡ ነዚ ምስ ሰምዐ ብዘይዝኹን ዕጸይ-ምጸይ ንእኡ እትኸውን ሳ378 ከም ዝረኸበ አሚኑ ረድዩ ተቐበላ፡፡ ደሓር ትርጉማ ምስ ፈለጠ'ውን፡ ድሮ ናብ ኩሉ ተባጺሓ ብምንባራን ባዕሉ'ውን ለሚዱዋ ስለ ዝነበረን ንኽትቕየር አይደኸመላን፡፡

ዝኹን ምስ ሃይና አብ ቤት ትምህርቲ ሰውራ ዝነበረ ሰብ፡ ንሃይና ጠቒሱካ ምስ እትውከሶ፡ ብዘይ ዝኹን ሰጋእ-መጋእ ክዝክር ዘይጽገም ብዙሕ አስሓቒ 'እከይ' ተግባራት ክዝርዝር አይጽገምን፡፡ ወላ'ኳ ብሓፈሻ ተመሃር ቤት ትምህርቲ ሰውራ ከም ውዑያትን ብናጽነት ዝዓበዩን ገይርካ ይግለጽ እንተኹኑ፡ ናይ ሃይና ግን መዳርግቲ ዘይነበሮ ዋኒን ሓይልን ነበረ፡፡ ሃይና

አብ ቤት ትምህርቲ ሰውራ ካብ ዝኣተወሉ ክሳዕ ዝወጸሉ (1978 – 1983)፡ ብሹሉ መዳዩ መትሓዚን መስምዕን ዘይነበር እሳት ቄልዓ ብምንባሩ፡ ብኡ ዘይተተንከፈ መማህርቲ አይነበረን። ገለ ካብቲ ግኑን ተግባራቱ ምብኣስን ንመዛኑኡ ብዘተፈላለየ አገባብ ምብኻዮምን ነበረ። አብ ምግብና ዝኹነ ባህ ዘይብሎ ተግባር እንተ ደአ ርእዩ፡ ነቲ መኣዲ አልዒሉ፡ እናበልዐ ካብ ብጾቱ ይሃድም'ሞ፡ ምስ ጸገበ፡ እቶም ክበልዑ ዝሰዓቡዎ ከየርከቡዎ እንኽለዉ። ኩሉ ክፋእ አእትዩሉ ይጸንሓም።

ሓይልን ክፋእ ግብሪን ቀላዕነት ሓዊሱ ነቲ ከባቢኡ ክሳብ ዝኣኽሎ ዝረበሸን ዘስከሐን ተመሃራይ ኩይኑ ዘሕለፈ ሃይና፡ ብተግባራቱ ዝስኽሑ አባላት ናይቲ ቤት ትምህርቲ እዮም እምበኣር ነታ ሳዕ ዘውጸኡሉ። ይኹን እምበር፡ እቲ ከምኡ ኢሉ አብ ሰውራ ዝዓበየ ገብረመድህን "ሃይና"፡ ነዚ ናይ ቀላዕነትን ግርህናን ባህሪያት ሓዲጉ ናብ ሓደ ብቑዕ ተቓላሳይ ክሰግር ግዜ አይወሰደሉን።

ሃይና ክሳዕ ሻድሻይ ክፍሊ፡ አብ ቤት ትምህርቲ ሰውራ ድሕሪ ምምሃር፡ ካብ 1983 ጀሚሩ ካብቲ ዝነበር ባህሪያት ብዝተፈልየ መልክዕ ክርስ ጀመረ። እቲ ናይ ቀላዕነት ባህሪያቱ በልዩሉስ ከም ጉብዝ ክሓስብን በቲ አብ ከባቢኡ ዝነበረ ኩነታት ክጽሎን ግድን ኩነ። ከምዚ ዝበለ ለውጢ ባህሪያት፡ አብ ኩሎም መዛኑኡ ዝርኣ'ኺ እንተ ነበረ፡ አብኡስ ብፍልይ ዝበለን ቀልጢፉን እዩ ተራእዩ። ተመሃር ቤት ትምህርቲ ሰውራ ቅሩብ ምስ ጎበዙ፡ "ዘመትቲ" ተባሂሎም አብ ምንቃሕን ምምሃርን ሓፋሽ ክኸቱን ክንቀሳቐሱን ምኻኖም ተፈልጠ። ነዚ ዝሰምዐ ሃይና፡ ሃንደበት ካብቲ ቤት ትምህርቲ ተሰወረ። 'አበይ አትዩ?' ንዝብል ሕቶ ዝምልስ ግን ተሳእነ። ናብቲ ክኸዶ ይኽእል'የ ዝበሃል ቦታታት - ናብ ድፋዕ፡ ናብ ክፍሊ ታዕሊም... - አብ ኩሉ ተደልዩ ተቐብጸ። እዚ ምስ ኩነነ ኩሉ ብዛዕባ ሃለዋቱ ተስፋ ምስ ተሳእኖን፡ ባዕሉ ካብቲ ዝነበር ተቐልቀለ - ካብ ሱዳን።

ሃይና ካብ ቤት ትምህርቲ ሰውራ ጥሊቒ ናብ ሱዳን እዩ ከይዱ። አብኡ ግዜ ከይበልዐ ናብ መደበር ታዕሊም ክአቱ ስል ዝመደበ ድማ'ዩ ተሓቢኡ ዝኸደ። ከምኡ ዘግበር ምኽንያት፡ ነቲ ናብ መደበር ታዕሊም ክአቱ እንከሎ ዝሀሎ ናይ ዝመጸሉ አድራሻ ሓብሬታ ንምቕያር ዝወጠነ ብልሓት ነበረ። ስለዚ፡ ካብ ቤት ትምህርቲ ሰውራ ዘይኩነ፡ ንኽስለፍ ካብ ሱዳን ንሜዳ ዝኣተወ ስቪል መሲሉ ተመዝገበ። እዚ ድማ ድሕሪ ታዕሊም አብ ሓይልታት ክምደብ'ምበር ናብ ቤት ትምህርቲ ሰውራ ንኽይምለስ ዝገበር እዩ ነይሩ። እንተኹን ሃይና ክሕባእ ዝኽእል ፍጥረት ስል ዘይነበረ፡

ወረኡ ድሮ ናብ ቤት ትምህርቲ ሰውራ በጲሐስ መማህራኑ ከይደም መለሱዎ። ብድሕሪ'ዚ ፍጹም ቀሲኑ ክመሃር ከም ዘይኩን ፈሊጦም ድማ ናብ ክፍሊ ትምህርትን መጽናዕትን መደቡዎ።

ሃይና ኣብ ክፍሊ ትምህርትን መጽናዕትን፡ ብምምራሕን ምጽጋንን መኪና፡ ከም'ኡ'ውን ምጽጋን ሰዓትን ሬድዮን እናሰልጠነ እንከሎ፡ ቋንቋታት ትግረን ዓረብን መለኸ፡ ነሱ ምምራሕ መኪና ተማሂሩ ናብ ቤት ጽሕፈት ዋና ጸሓፊ ህ.ግ.ሓ.ኤ. ተመደበ። ኣብቲ ዝተመደበሉ ቦታ፡ መራሕ መኪና ዋና ጸሓፊ ኩይኑ ክሰርሕ ምኻኑ ድማ ፈለጠ። ነቲ ስራሕ ተቐቢሉ ክሰርሕ'ኳ እንተ ጀመረ፡ ንልዕሊ ሰለስተ ወርሒ ክጸንሕ ግን ኣይከኣለን፡ ካብኡ ኮብሊሉ ናብቲ ክቐብለኒ ይኽእል'የ ዝበሎ ቦጦሉኒ ኣርገዐተ፡ ናብ ዉጪ ከደ። በዚ ስጉምቲ'ዚ ዘይቀሰነ ኣሃዱኡ ናብታ ቦጦሉኒ ብምኻድ መለሱዎ። ኣብ ክንዲ ኣብቲ ዝነበሮ ክፍሊ ድማ ናብ ክፍሊ ኤምዳድ፡ ቀይሮም መኪና ኣትሓዙዎ። ንዝተወሰነ ግዜ ኣብኡ ጸኒሑ፡ ከም ኣመሉ፡ ናብታ ክጽንበራ ዝብግህ ዝነበረ ቦጦሉኒ ኣርባዕተ ብምኻድ ምርጫኡ እንታይ ምኻኑ ብንጹር ኣፍለጠ።

"ናብ ኣበይ ስደዱኒ - ናብ ቦታ ኣበይ ስደዱኒ" ይብል ምንባሩ ዘሰምዐ ውጪ፡ "ኣነን ኣቦኻን ደኣ እንታይ ኣልየና፡ ዘይዓያሹ ኢና፡ ውግእ ጥራይ እዩ ህይወትና!" በሎ። ምርጫኡ ንሱ እንተ ኹይኑ ብጥብቂ ተወኪሱ ምስ ኣረጋገጸ ግን ንኣሃዱኡ ኣረዲኡ ምስኡ ከም ዝቅጽል ገበሮ።

ስድራቤት ሃይና ኩላቶም ወናማት'ኳ እንተኾኑ፡ ንሱ ግን ኣብ ሳዕስዒት እምበር ኣብ ከበሮ ይኹን ካልእ ናይ ሙዚቃ መሳርሒ ብዙሕ ወኒ ኣይነበሮን፡ ኣብ ጀልሃኒት እንከሎ ወኑ ርእዮም ኣባል ባህሊ ክኾውን ፈቲኖሞ፡ ልዑል ወኒ እምበር ዓቕሚ ወይ ብቅዓት ከም ዘይነበሮ ተራእዩ። ኣብ መወዳእታ ሃይና፡ ካብ ተመሃራይን መራሕ መኪናን ናብቲ ባህጊ ልቡ ዝኾኑ ተዋጋአይ ተሰጋገረ።

ኣቦኡ ንሃይና፡ በርህ ኣስፍህ፡ ነቲ ኣብ ዓዱ (ኮኾባይ) ኩይኑ ዘካይደ ዝነበረ ሰውራዊ ንጥፈታት፡ ምክትታል ጸላኢ፡ ሓይሉዎ ክቐጽለሉ ኣብ ዘይክእል ደረጃ ብምብጽሑ፡ ካብ ኢድ ጸላኢ፡ ንስክላ ኣምሊጡ'የ ብ1975 ናብ ሜዳ ተጸንቢሩ። እታ ብድሕሪኡ ዝሓደጋ ስድራቤቱ'ውን በቲ ዝነበረ ፖለቲካዊ ኩነታት ክትጽሎ ስለ ዝጀመረት፡ እግሪ-እግሩ ስዒባ ኣብ 1978 ሜዳ ኣትያስ ኣብ እንዳ ህዝቢ ተጠርነፈት።

ተጋዳላይ በርህ ኣስፍህ፡ ታዕሊም ምስ ወሰደ፡ ኣብ ሓይልታት፡ ኣብ ብርጌድ ሹሞንተ ተመዲቡ ክሳብ'ቲ ሃይና ናብ ቤት ትምህርቲ ሰውራ ዝኣተወሉ 1978 ተዋጊኡ፡ ኣብ ከበሳ ኣብ ዓዲ መርዓዊ ኣብ ዝተኻየደ ውግእ ተሰውአ። ነዚ ዛንታ'ዚ ብኸፊል ዝፈልጦ ዝነበረ ሃይና፡ ካብኡ

ብምብጋስ እዩ ናብቲ ኣቦኡ ዝተመደበሉ ተመሳሳሊ ቦታ ተመዲቡ ጅግንነት ክፍጽም ንዝዕድም ድሌቱ ክሰምዕ ዝመረጸ። ኣማስያኡ፡ ከም ምርጫኡ ኮይኑሉ፡ ኣብ ሓይልታት ተመደበ።

ኣብዚ ኣብ ሓይልታት ዝክበረሉ ግዜ'ውን እንተኹነ፡ ምስ ዝከበር ንጥፈትን ኣካዳምያዊ ዓቕምን ተራእዩ፡ ስልጠና ቀዳማይ ረድኤት ወሰደ። እቲ ንዝኹነ ዝሓለ ብዘግባእ ክመልኽ ዘይጽገም ሃይና፡ ኣብ እዋን ስልጠና ዝኸኣድ ብቕዓት ኣንጸባረቐ። ቀልቡ ኣብኡ ስለ ዘይነበረ ግን፡ ነቲ ሞያ ክመሃር እምበር፡ ዓቕሊ ገይሩ ክሰርሓሉ ከም ዘይክእል ሓቢሩ ናብ ተራ ተዋጋኣይ ተመልሰ። ከምዚ ኢሉ ድማ ናጽነት ርእዩን ከም ምዱብ ተጋዳላይ ቃልሱ ቀጺሉን። ድሕሪ ናጽነት፡ ኣባል ምዱብ ሰራዊት ሓይልታት ምክልኻል ኤርትራ ብምዃን ኣብ ኮር 381 ቀጺሉ።

*   *   *

ኣብ 1996 ኣባላት ቀዳማይ ዙርያ ሃገራዊ ኣገልግሎት ዓመታዊ ናይ ተሃድሶ መደብ ክፍጽሙ ናብ ኣሣዱታቶም ተጸንበሩ። ኣብቲ ግዜ'ቲ ሰራዊት ኤርትራ ካብ ገድላዊ ሜላ ናብ ወተሃደራዊ ኣገባብ ይስጋገር ብምንባሩ፡ እቶም ኣብ ሳዋ ዝተዓለሙ ሃገራዊ ኣገልግሎትን እቶም ኣብ ኣሣዱታቶም ዝተዓለሙ ተጋደልትን ዝወሃሃዱሉ ዕድል ንምፍጣር ዝሕግዝ ነበረ። ሃይና ሓደ ካብቶም ብትሮምን ጽኑዕ ኣተሓሕዛእምን ዝልለዩ ተጋደልቲ ነበረ። ምስቲ ዋኒኡን ንጡፍነቱን ድማ ነቶም ቀዳማይ ዙርያ ቀጥ ኣቢሉ ሓዘም። ሽግራ ንዝብሉዎ ሓሊፉ እናጸንሐ ኣሸገሮም። ነዚ ዘስተብሃሉ ኣባላት ቀዳማይ ዙርያ፡ ኣተሓሕዛ ሃይና ክወሓጠሎም ስለ ዘይከኣለ፡ ካልኣ ኣማራጺ ኣብ ምንዳይ ኣተወ። ሃይና ግን ብኹሉ መዳዩ ዝከኣል ኩይኑ ኣይረኸቡዎን። ኣብ ህልኽ ኣትዮም፡ ብሳንኡ ኣመሳሚሶም እክብ ኢሎምን ኣብ ጸላምን ድምጺ ዝብኢ እናገበሩ ከሕርቐዎ'ውን ፈተኑ። እንተኹነ፡ ንሃይና መሊሱ ደኣ ከሕንና ተራእዩ። "ግበራ ደሓን፡ ንስኻትክን ከም ኣጣል ኣነ ከም ዝብኢ ክንረባረብ ኢና!" እናበለ ክሳዕ ነቲ ዘሕርቕ ተግባር ናብ ስሓቕ ይቕይሮ ነበረ።

ወተሃደራዊ ኣተሓሕዛ ሃይና ኣብ ማሕበራዊ ህይወቶም'ውን ስለ ዝተረርዎም፡ ብዙሓት ካብኣቶም እቲ ዝሓሽ ኣማራጺ ምስኡ ምርድዳእ ምዃኑ ኣመኑ። ስለዚ ድማ፡ ኣገባብ ብምቕያር፡ ቀስ ኣቢሎም ከቀባጥሩሉ ፈተኑ። ሓደ ካብኡ ነታ ሳጓ ቅይር ኣቢሎም፡ "ኣንታ ሃኒ . . . እንታይ ድዩ መሲሉካ . . ." እናበሉ ክሕዙዎ ፈተኑ። ሃይና፡ ነቲ ኩነታት ክግንዘቦን ኣካይዳእም ክርድኦን ኣይተጸገመን ጥራይ ዘይኮነ፡ "ሃኒ መኒ ኣይትብሉኒ፤ ንሱ ነተን ትብሉወን በሉወን። ኣነ ውድበይ ዘውጽኣለይ ሳጓ ኣሎኒ!"

257

ይብሎም'ሞ ሓቢሮም ይስሕቁ ነበሩ። ካብዚ ዝነቐለ እቶም አባላት፡ "ሃይና ኩሉ ግዜ ነታ ዝገብራ ቡቲ ዝለዓለ መልክዓ እዮ ዝተሓሓዛን ዘተግብራን፡" ብምባል ገለጹም።

ሃይና፡ ካብታ ሓሙሽተ ዘፈረየት ስድራ፡ አቦን አደን ምስ ሓንቲ ንእሶም አብ ቃልሲ ንናጽነት፡ ከም'ኡ'ውን ሓዉ በራኺ በርሀ አብ ቀዳማይ ወራር ወያነ ዝተሰውኡ፡ ንሱን ሓደ ምእንቲ ሃገር ዝሰንከለ ሓዉን ጥራይ እዮም ተሪፎም ነይሮም። ኩነታቱ ተራእዩ'ውን ካብ ሰራዊት ክፋኖ'ሞ ስቪላዊ ህይወቱ እናመርሐ ነታ ስድራ ዋሕስን ምቅልን ክኹና ዝተጀመረ መስርሕ አብ መፈጸምታኡ ከይበጽሐ ወራር ወያነ አርከበ።

እዚ ኩነታት'ዚ ነቲ አብ ዝኹን ግዜ ንድሕሪት ዘይብል ሃይና፡ ብመጠኑ ከሰክሮን ንድሕሪት ከም ዝሓሰብ ክገብሮን ተራእየ። ከም'ኡ ኢሉ ድማ'ዩ ነቲ ካብ ቀዳማይ ወራር ጀሚሩ ዝቐጸለ ህይወት ዝተሳተፈ። እዚ ተርእዮ'ዚ ነታ ብመስዋእቲ ናብ ምጽናት ዝኸደት ስድራቤት ሃይና፡ ንሱ ብሓላፍነት ከም እትቅጽል ክገብራን ከህልወላን አዳላይ ም'ኚኑን ናይ ስድራቤት ጸቕጢ። ሽዑ ተወሲኹዎን ብዙሕ ንድሕሪት ዘሕስቦ ዝነበረ እዮ። በዚ ክልተ አዋጣሪ ጠለባት'ዚ ተታሒዙ እንከሎ ድማ'ዩ አብቲ ወራራት ዝተሳተፈ።

ሃይና አብቲ አብ ካልአይ ወራር ዝተሳተፈ ውግእ አብ ርእሱ ተሃርመ። እዚ ፍጻሜ'ዚ ድማ ነቲ ተገማሚዑ ዝነበረ ሓቀኛ ድሌቱ ንውግእን ስድራ-ቤታዊ ሓላፍነትን መሊሱ ዘጋድድ ኩኖ። ምኽንያቱ፡ ነታ ከይትጸንት ኢሉ ዝፈርሓላን ቤተሰብ'ውን ዝጭነቐላን ስድራ በርህ ከቃጽል ኢሉ ሓዳር ገይሩን ሰለስተ ወሊዱን'ኳ እንተ ነበረ፡ ኩሉ'ቲ ንዕአም ንምዕባይ ዘድሊ ንምምላእ ኩን ንእንዳ አቦኡ እግሪ ከትክል አለኹልኪ ክብላ ዝሕተቶ ግዜ ብምንባሩ፡ ብኹሉ ቅሱን አይነበረን።

ሃይና፡ ንሱ ጥራይ አይኮነን ዓይኒ ሰባት ዝስሕብ፡ ንሀዕሉ'ውን ብብዙሓት ዓውዲታት ይስሕብ ምንባሩ እዮ ዝፍለጥ። አብ ስፖርት ብሓፈሻ፡ አብ ናይ ሓጺር ርሕቀት ጉያን አብ ቮሊቮልን ድማ ብፍላይ ንጡፍ ነበረ። አብ ስነ-ጥበባዊ ስራሓት ድማ አብ ምጽሓፍ ይግደስ ነይሩ፣ ክራር'ውን ይሃርም። ልዕሊ ኹሉ ግን ሕልፍ ዝበለ ሙዚቃ ናይ ምስትምቓር ዝንባለ ነበሮ። አብ ሳዕስዒት፡ ከም'ቲ ንምግላጹ ብዘጸግም ወኒ አብ "ምሕጻብ ዓላቡ" ንሓፋሽ ዘርአዮ ልዑል ወኒ ነበሮ። "ቆር ልበይ" ንእትብል ናይ ዘርአብሩኽ ሓድጉ (ናይጀርያ) ንጽል ደርፈ ደጋጊሙ አብ ካሴት መሊኡ ክሰምዓ ይውዕልን ይሓድርን ነይሩ።

መራሕ መስርዕ ኩይኑ አብ ዝሰርሓሉ፡ አብ አተሓሕዛ አባላቱን ምስኡ ተደሪቡ ዝወሃቦ ናይ ስራሕ መደብን አዚዩ ጥንቁቕ ካብ ም'ኚኑ ዝተላዕለ፡

258

ንብምሉኣ ቦጦሎኒ ቀውጢ እዩ ዝገብራ። ዝኾነ ካብ ወተሃደራዊ ሕጊ ንዝወጽእ ብትሪ ይቐጽዕ። "ብዓይኒ መርፍእ የሕልፉ" ከም ዝበሃሉ ዓይነት ሰባት ብምዃኑ ይምረር'ዩ፣ ግን ከኣ ንሓላፊ ይኹን ተራ ሓደ ዓይነት ኣተሓሕዛ ዘርኢ ብምንባሩ ዝሕጉስሉ ይበዝሑ።

ሃይና ቀቅድሚ ሳልሳይ ወራር፡ ብዕረፍቲ ናብ ዓዲ ከይዱሉ ኣብ ዝነበረ፡ ቅድሚኡ ገይሩዎ ዘይፈልጥ፡ ምስ ሓዉ ሓደ ጉዳይ ኣልዓለ። ሓደ መዓልቲ ምስቲ ዓይነ-ስዉር ሓዉ፡ ኣለም፡ ብሓደ ዕትብ ዝበለ ጉዳይ ተዘራረበ።

"ሕማቕ ኣሎ፡ ጽቡቕ ኣሎ፣ ኩሉ ንዓይ ዝምልከት ነገር ብመገድኻ ምእንቲ ክኸውን ወኪለይን ተጸዋዒ ናተይን ንዓኻ እየ ገይረካ ዘለኹ፡" በሎ። ዘረባ ሓዉ ዝሰምዐ ተጋዳላይ ኣለም፡ ኩነታቱ ባህ ኣይበሎን። ሃይና ግን፡ በዓልቲ ቤቱ ብዛዕባ ኣብ ኣብያተ-ጽሕፈት ዝሳለጥ ጉዳይ ዝኾነ ኣፍልጦ ስለ ዘይነበራ፡ ምስ ጸገሙ ንሱ ከም ዝሓይሽ ብምእማን ከምኡ ከም ዝገበረ ኣጥቢቑ ገለጸሉ።

* * *

ኣብ ሚያዝያ 2000፡ ሃይና፡ በቲ ዝነበሮ ዝንባለ ተሓርዩ ኣብቲ ዝካየድ ዝነበረ ንጥፈታት ስፖርትን ባህልን ንኽሳተፍ ካብ ድፋዕ ወጺኡ ኣብ ማይላም ነበረ። ማይላም ካብቲ ናይ ድፋዕ ህይወት ብተዛማዲ ሰላማውን ካልእ ማሕበራዊ ህይወት ክትመርሓሉ ዘኽእልን ቦታ'ዩ። ሃይና ኣብቲ ግዜ'ቲ፡ ጠርናፊ ስፖርትን ባህልን ናይቲ ክፍለ-ሰራዊት ነበረ።

እቲ ባህላዊን ስፖርታዊን ንጥፈታት እናተኻየደ እንከሎ፡ ወያነ ሳልሳይን ሰፊሕን ወራር ኣበገሰ። እቲ ወራር ኣብ ሓጺር ግዜ ተወዓዊዑ፡ ናብ ሰፊሕ ክፋል ናይቲ ግንባርን ናብ መላእ ሃገርን ተዘርግሐ። ሽዑ'ዩ ሃይና ኣባላቱ ጠርኒፉ ብዛዕባ'ቲ ኩነታት መብርሂ ብምሃብ፡ ንሱ ብውልቁ ኣብ ከምኡ ዝኣመሰለ ኩነታት ኣብ ድሕሪት ክጸንሕ ከም ዘይክእልን ክጻወሮ ከም ዘጸግሞን ብምግላጽ፡ ናብ ኣሃዱኡ ተመሊሱ ናብቲ ውግእ ክሳተፍ ምዃኑ ሓቢሩ፡ ምስ ምሉእ ስፖርታዊ ዕጥቁ ዝስዕቦ ክስዕቦ ሓቢሩ ብኡ-ንብኡ ናብ ድፋዕ ነቐለ።

ሃይና፡ ኩሎም ብጾቱ ስዒቦሞ ናብቲ ኣሃዱኡ ዝነበረቶ ድፋዕ ኣተወ። ናይ ስፖርት ክዳኑ ክቕይር ከይበለ፡ ብረቱ ኣልዒሉ፡ ዕጥቁ ዓጢቑ፡ ሃሙን ቀልቡን ናብቲ ኩነታት ገይሩ ክዋጋእ ምስ ኣሃዱእ ተሰለፈ። ነዊሕ ኣይጸንሐን፡ ብልዑል ወኒን ቈራጽነትን እናተዋግኣን እናኣዋግኣን፡ 12

መኸተ ________________

ግንቦት 2000 ኣብ ግንባር መረብ ሰቲት፡ ትኹል ኣብ ዝበሃል ቦታ ኣሰር ኣቦኡ፡ ኣደኡ፡ ሓዉ፡ ሓብቱን ብጾቱን ብምስዓብ ንሰለ ሃገር ተሰውአ።

____

ምንጪ ሓበሬታን ምስጋናን፤

- ኣለም በርሀ (ስንኩል ተጋዳላይ ሓዉ ንሃይና)
- ኤፍሬም ተኽለ (ቐሺ)
- ኣስመሮም ዘሚካኤል
- ብርሃንየኹን በረኸት
- ቤት ጽሕፈት ክፍለ ሰራዊት 18

ስዉእ ገብረመድህን በርሀ (ሃይና) ምስ
ስዉእ ሓዉ በራኺ በርሀ

13

ጉያ ህይወት

ሳሙኤል መንግስትኣብ

ቤት ገብሪኤል፡ ኣስታት ሸውዓተ ኪሎ ሜተር ደቡባዊ ምብራቕ ዓዲ-ኻላ እትርከብ ዓዲ እያ፡፡ ኣብዛ ዓዲ'ዚኣ ክንዮ መባእታ ደረጃ ዝኸይድ ትምህርቲ ብዘይምንባሩ፡ ነበርታ ንደቁም ናብ ዓዲ-ኻላ ይሰዱዎም ነበሩ፡፡ ተመሃሮ፡ ካብን ናብን ቤት ገብሪኤል ዓዲ-ኻላ እናተመላለሱ፡ ጽልዋ ናይቲ ብእኩብ፡ ብጽምድን ብውልቅን፡ ብመን ቀደም፡ ዝገብሩዎ ዝነበሩ ርሱን ቅድድም ጉያ ይርድኦም ኣይነበረን፡፡

በዚ መንፈስ'ዚ ዝተደረኸ እቲ ውድድር ናብ ልምዲ ክቕየር ግዜ ኣይወሰደን፡፡ ዝቐደም ቀዲሙ ዓዲ ምስ ኣተወ፡ ጽባሕ ንዝስዕብ ጉዕዞ ናብ ዓዲ-ኻላ፡ "ኣነ'የ ዝቐድም!" ዝብል ርሱን ክትዓት ንኹሉ ዕላሎም ይብሕቶ፡፡ እዚ ንጥፈት ተደጋጋሚን ቀጻሊን እናኾነ ምስ ከደ፡ ነቲ ውድድራት ዝብሕት ሓደ ጉብለል ቄልን በሎኽ በለ፡፡ ካብቲ ናይ ተወዳዳርነት መንፈስ ነፍሶም ዘግለሉ መዛኑኡ፡ ብሓደ ዘይተረድኦም ውሽጣዊ ድርኺት፡ ናብ ደገፍቱ ተቐየሩ፡፡ እዚ ኮተቴ ጉብለል፡ ነቶም ኢዶም ዘይሃቡ ሓደ ክልተ ኣላሽ ከብል ህልኾ ቀጸለ፡፡ ትጉህ፡ ፍሕሹው፡ ትኩር፡ ዝብሉ ግሉሓት ባህሪያቱ፡ ነቶም ዝተረፉ መወዳድርቱ ኢዶም ኣብ ምሃብ ቀንዲ ዕጥቁ ነበሩ፡፡

እዚ ዝና'ዚ ግዜ እናበልዐ፡ ሓጹር ዕላላት መዛኑ መተዓብይትን ሰጊሩ፡ ኣብ ኣእዛን መማህራን ዓለበ፡፡ እንተኾነ፡ መባእታ ቤት ትምህርቲ ቤት ገብሪኤል፡ ነዚ ባህጊ'ዚ ዘስምር ባይታ ኣይነበራን፡፡ ማእከላይን ካልኣይን

ደረጃ ትምህርቲ ንምቅጻል፡ መሓውር ናይዚ ውልዶ ጉብለል ከወፍራን ክአትዋን ልዕሊ 14 ኪሎ ሜተር ምስጋም ልሙ'ድን ግድነታውን ምስ ኮነ፡ ካልእ ወኔን ባህሪን ቀስቀሰ። ፈቃርን ናብ አድናቔት ዘበለን መልሰ-ግብሪ መዛኑ ምስ ረኸበ፡ አእምሮኡ አብ ውሽጡ ረስኒን ምሕንሓንን ክቐርጽ፡ እዚ'የ ዘይብሎ፡ ቅርጹን መልክዑን ዘየለለየ፡ ከጭብጦ ግን ዝሓልሞ ብልጭኵታ ዶጉሐ።

ህይወት፡ አብ ባህጊን ንጥፈታትን ናይዚ ጉብለል ዝኹን ለውጢ ከየርአየት፡ ንግዜ ከም ተንኮብት ክትጥቅልሎ ጀመረት። ምትብባዕ መዛኑ ሓድሽ ቅኒት ምስ ሓዘ፡ ሃሙን ቀልቡን ጉያ ጥራይ ኮነ። ብኸመይ፣ አበይ፣ መዓስ፣ ዝብሉ ሕቶታት ወንዚፉ፡ ነፍሱ ብተደጋጋሚ አብዚ ሓድሽ ፍቕሪ ክትዕቈብ ረኸቡዋ። ሾ አበይ ኢሉ'ምበር፡ ዝናኡ ሓጹር መዛኑኡን መማህርቱን ሰጊሩ፡ አብ ዕላላት መማህራኡ፡ ውሑስ ቦታ ረኺቡ ከም ዘራጠጠ እንዶ አይነበሮን። ታሽዓይ ክፍሊ፡ አብ ዝነበረሉ፡ ሓንቲ መዓልቲ አብ ህይወቱ ወትሩ ዝዝከር እጃም ከተልዕል ተሓርየት - መበገሲትን መወከሲትን ናይቲ ስዒቡ ከም መንገዲ ጸጸ ከመላለሶ ዝመረጸ ጉዕዞ ህይወት።

ካብ ተደጋጋሚ ዕላልን ባዕላዊ ትዕዝብትን አብ ልዕሊ'ዚ ትስፉው ኩተቴ ጽቡቅ መረዳእታ ሓዙ ዝጸንሐ መምህር ገብረእግዛብሄር፡ አብዛ ፍልይቲ ዕለት ጸዊዑ፡ መአዝን ህይወቱ ዝቓነየ ዘረባ አስኒቖ። ጉኒ አካዳምያዊ ትምህርቱ፡ ነቲ ድሮ አለልዩዎ ዘሎ ዓቕሚ ከጉልብትን አብ ስፖርታዊ ንጥፈታት ቤት ትምህርቶም መሪሕ ተራ ከበርክትን ብልዙብን ፈቃርን አንደበት ሕሹ'ኽ በሎ። እዘን ቃላት መምህሩ ብአእዛኑ ዞሪቖን ዓውታ መቓልሐን አብ ልቡ አዕለባ።

በዚ ድርኺት'ዚ ተተባቢዑ፡ አብቲ አብያተ-ትምህርቲ ከም አካል አካዳምያዊ ንጥፈታተን ዘካይዳአ ስፖርታዊ ውድድራት ብንጥፈት ተራኡ ከበርከት ነቐለ። ብጉስ ወኔን ክኹላዕ ድሉው ዝጸንሐ ዓቕሙን ተላፊኖም፡ አብ መስርሕ ሰብ ውዕለቱ ኮኑ። አብ ቤት ትምህርቲ ንዝነበሩ መወዳድርቱ ንእለት በሊጹ፡ ጸብለል በለ። እንተኹኑ፡ ዓቕሙን አድማዕነቱን ዝልክዕ ብቑዕ መስፈሪ ክድለ ነይሩም። ቤት ትምህርቶም 'የዕውቱ'ዮም' ኢላ ካብ ዝወከለቶም ተማሃሮኣ፡ ሰብሃቱ ቀዳማይ ሕርያ ከም ዝኸውን ቅድሚ ሕቶ ዝመጽእ መልሲ'የ ነይሩ። ብዘይ ዝጥቀስ ንቕሓት አብቲ ዓውደ-ስፖርት፡ ጉብለል ኬንካ ምውጻእ ልሙድ ዕማሙ ምስ ገበር፡ ቅኑዕነት ሕርያ መማህራንን ትጽቢት መዛኑኡን ተረድኣ። ሓደ መዓልቲ አብ መስመር ዓዲ-ኻላ - እምኒ-ሓየሊ ንዝተሰርO 21 ኪሎ ሜተር ውድድር፡ ልዑል ርእሰ-ተአማንነት ሰኒቑ ብምእታው ዓቢ ዓወት ጨበጠ። እዚ ዓወት'ዚ

ፍናኑ ዘዕቢን ተስፋኡ ዝቓኒን ካብ ም፞ኻን ሓሊፉ፣ ኣዒንቲ ቤት ትምህርቱን ከባቢኡን መሊሰን ከተኩራሉ ኣተባቢዐ፨

ሸሕ'ኣ እወታዊ ኣጠማምታ ወለዱ ኣብ ዓወቱ ልዑል ግደ እንተ ነበሮ፣ ብዋጋ ኣካዳምያዊ ትምህርቱ ከይከውን ግን ስክፍታ ሓደሮም፨ ብቐደሙ፣ ትጉህን ምእዙዝን ስለ ዝነበረ፣ ምሕጻንታኦም ከዕብር መንፍዓቱ ኣብ ትምህርቱ ዓቂቡ፣ ክኸይድ ነይሩዎ፨ ኣቶ ከስተን ወይዘሮ ውዳስን ዝበሃሉ ወለዱ ነቲ ተስፋ ዘስንቕ ወረ ቦኹሪ ውላዶም፣ የማን-ጸጋም ኢሉ ኣብ ቤቶም ክዓልብ ልሙድ ኩኖም፨

ግዜን ዓወታትን ናይዚ መንእሰይ እናሰጐሙ፣ ምዝዛም ካልኣይ ደረጃ ትምህርቱ ደብኽ በለ፨ እቲ ብ1979 ኣብ ቤት ገብሪኤል ተወሊዱ፣ መባእታ ትምህርቱ ኣብ ቤት ገብሪኤል፣ ማእከላይን ካልኣይን ደረጃ ኸኣ ኣብ ዓዲ-ኻላ ዝተኸታለለ ሰብሃቱ፣ ኣብ 1996 ናይ ካልኣይ ደረጃ መልቀቒ ፈተና ወሲዱ፣ ንዝቐጽል መድረኽ ጉዕዞኡ ተስፋ ተቐኒቱ፣ ወተሃደራዊ ስልጠና ንምቕሳምን ሃገራዊ ግቡእ ንምፍጻምን ኣብ ሓምሻይ ዙርያ ሃገራዊ ኣገልግሎት ናብ ሳዋ ወሪዱ፨ ውሑድ ዘየታተዮ ስፖርታዊ ባህጉ'ውን፣ ዘይከምቲ ምስ ግዜ ዝፈኩስ ስንቁ፣ ካልእ መልክዕን ቅርጺን ሒዙ ቀጸለ፨

ታዕሊም፣ ምስ ጸዕቁን ሃለኽለኹን፣ ባህጊ ውሽጡ ዝምልስ ም፞ቹእ ባይታ ኩይኑ'የ ረኺቡዎ፨ ካብታ ዝነኣስት ኣሃዱ ክሳዕ ብደረጃ መዓስከር ኣብ ዝወደብ ዝነበረ ውድድራት ጉያ ብምስታፍ፣ ዓቕሙን ን፞ቕሓቱን ክመዝን ሃቂኑ፨ ሳዋ መተኣኻኸቢት ኩሎም ዓይነት ዜጋታት ብም፞ኻና፣ ነብሱ ኣብ ውሽጢ'ዚ መቓን'ዚ ንእትሕዞ ምስሊ ከለሊ ሓጊዘቶ፨ ካብ መላእ ሃገር ዝተዋጽኡ፣ ነንብይኑ ድሕረ ባይታ ሒዞም ዝመጹ መወዳድርቱ ብቐሊሉ ዝብድሁ ኩይኖም ኣይጸንሑን፨ ሳዋ ሃንፋቱን ብልጫታቱን ዘለለየላ ብቐዕቲ መወከሲት ኩነቶ፨

ወተሃደራዊ ስልጠና ምስ ተዛዘመ፣ ስብሃቱ ናብታ ሃገራዊ ኣገልግሎቱ ክፍጸመላ ዝተመደባ ኮር 2001 ከደ፨ ግላስ፣ መንሱራ፣ ጨጋሪት፣ ጉናይ ሳግላ፣ ዓደርዮ፣ ኣሸራ . . . እናተንቀሳቐሱ፣ ምስታ ኣብ ናይ ጽርግያ ማእቶታዊ ንጥፈታት ዝነበረት ካልኣይ ብርጌድ ጸመደ፨ ጉድኒ-ጉድኒ ስራሕን ኣብ ተዛማዲ ዕረፍትን ርሱን ባህላውን ስፖርታውን ንጥፈታት ሰራዊት ይካየድ ነይሩ፨ ኣብዚ ልዑል ውዳበ ዝነበሮ ውድድራት ስፖርት'ዚ፣ ስብሃቱ ካብቲ ከም ፕርሰነል ቦጦሎኒ ተመዲቡዎ ዝነበረ ተወኪሉ ተሃን ፍቅሩን ወኑን ከወጽእ ነቐለ፨ ኣብዚ ምስ ግዜ በሲሉን ዓቕሚ ደርቡን ዝተጸንበር ውድድራት፣ ኣተባባዒ ዓወት ኣመዝገበ፨ ምትብባዕ ብጾቱ ርሑቕ ን፞ኸቒምት ዝድርኽ ኩይኑ ድማ ረኸቦ፨ ኣሃዱ ወኪሉ ክወዳደር

ተደጋጋሚ ምሕጽንታ ብጾቱ ድቃስ አይሃቦን። ንሱ ግን፡ አብ ክንዲ ጉያ ነቲ ተመዲቡዎ ዝነበረ ጥያ ፐርሰነል ከዐቢ ቀዳማይ ምርጫኡ ነበረ።

ፍቕሪን ሕድሕዳዊ ውህደትን ናይ’ቶም መቝርሱ ዝነበሩ ብጾቱ፡ ምስ ባህጉን ወኑን ማዕረ ሚዛን ጥራሕ ከይሕዙ፡ ንቦታ ሰፖርታዊ ጥሙ-ሕ ዝትክእ ሓደ እዚ’ዩ ዘይብሎ ሓይሊ ዓቢ ቦታ ሒዙ ረኸቦ። ነብሱ አብ’ዞም ክልተ ምርጫታት ተቛርቁራ አብ ሓሳብ አእተወቶ፡ "ጉያ፡ አገልግሎተይ ወዲኣ ጽባሕ አርክበሉ፡ ምፍናው ምስ ኮነ ግን ሓልዮትን ምቕታን ናይዞም ብጾት ካበይ ይርከብ?" ዝብል አሃዱአዊ ፍቕሪ ተፈታተና።

ስብሃቱ፡ አገልግሎት ድሕሪ ምዝዛም፡ ትስፉው አንፈት ንዝነበሮ አካዳምያዊ ጉዕዞኡ ክቕጽልን ሰፖርታዊ ፍቕሩ ክርውን’ዩ መዲቡ። አገልግሎት ክዛዝም ቀረብ-ቀረብ አብ ዝበሃለሉ ዝነበረ እዋን ግን፡ ሓደ ናጤባ ክስተት ውትፍ በለ። እቲ ውሁብ ኩነት ብጥሪኡ ዝድህስስ ዝጭበጥ ክነሱ፡ ክኸውን ይኸእል’የ ኢሉ ዝቕበል ድሉው ቀልቢን አእምሮን ግን ብቐሊሉ ዝርከብ አይነበረን። "ከመይ’የ ነገራቱ?" ዝብል ሕቶ ጥራይ ሓዚሉ፡ ምስ ዘሰደምም ቅኒቱ የማን ጸጋም ወሓዘ። እቲ ወደቓ ረማዕ ኢልካ መልሲ ሃሰው ዝበሃሎ ዘይኮነ፡ ዘየላቡ መልሰ-ግብሪ ዝጠልብ ክስተት ብምንባሩ፡ አሃዱ ስብሃቱ ካብቲ አብ ንጡፍ ማእቶታዊ ንጥፈታት ተጸሚዱትሉ ዝነበረት ከባቢ ነቒላ ጽብራ ሓሊፉ ደምብ አስመራ ዓለበት። ባይታ ዝፈጠሮ ክውንነት ንምድህሳስ፡ ካብን ናብን ሸፈነ ቦታን ምስኡ ዝዛመዱ ወተሃደራውያን ምድላዋትን ብአጋን ብስቱም ውህደትን ክሳለጥ ነይሩዎ።

ስብሃቱ፡ ተመሃራይ ካልኣይ ደረጃ እንከሎ ዘጥረዮን ክሳዕ ሎሚ ዝቕጽሎ ዘሎን ብሉጽ ልምዲ፡ አገደስቲ ፍጻሜታት ህይወቱ ዝስንደሉ መዝገብ ዝኽሪ አለዎ። ብዛዕባ’ቲ አብ ፌለማ ወራር ወያነ ዝሰዓበ ኩነታት፡ ትዕዝብቱን ዝኽሩን ሓዊሱ ከምዚ ዝስዕብ አስፈረ፤

06-05-98

ብዕለት 06-05-98 አሃዱና ብስራሕ ንጽብራ ንኡስ ዞባ ሻንብቆ ምስ ከደት አብኡ አዕሪፍና። እቲ ቦታ ስለ ዘይንፈልጦ ካብ ጋንታና ሓንቲ መስርዕ ድሕነት ሰራዊትና ንምሕላውን ነቲ ቦታ ንምስላይን ተንቀሳቒስት። ሰራዊት ወያነ፡ ሰራዊት ኤርትራ ጽብራ አትዮም ኢሉ፡ ንሰራዊትና ከም ጸላኢ ቆጺሩ፡ ሃንደበት ነታ መስርዕና ብዘይተፈልጠ ምኽንያት ተኹሲ ከፈቱሎም። አባላትና እቲ ተኹሲ ካበይ ይመጽእ ከም ዘሎ ብዘይ ምፍላጥ ጋን ኮኖም። ካብቲ ሽዑ ዘጋጠመና ሃንደበታዊ ተኹሲ ጸላኢ፡ ብንጥፈት አንፈት ተኹሲ ብምፍላጥ፣ ካብ አፍ ሙዝ ጸላኢ ተሰወርና። አብ ፈለማ መውጋእቲ ብጾትና አጋጠመና። እታ

አብ ጽብራ ዘዕረፈት ጋንታና ተኾሲ ብዝሰምዖት ደሃይ ንምግባር አብ ዚኸድናሉ፡ ወያን ምስ ምሉእ ሓይሎምን አጽዋሮምን ነቲ አገዳሲ ዝበሃል ቦታ ሓዘሞ ጸንሑ። ጋንታና ከባቢ ፍርቂ ለይቲ ይኸውን፡ እቲ ቦታ'ውን ስለ ዘይንፈልጦ፡ ንእሽተይ ኩጀት ረኺብና አዕሪፍና። አብቲ ከሳዕ ከባቢ ሰዓት 4:00 ናይ ለይቲ ዝሓደርናሉ ቦታ፣ መሬት ቅሩብ ብርህ ምስ በለ፡ አብ ቅድሜና ብመስርዕ ዝተታሓዘ ተረተር ረአና። መሬት አጸቢቑ ምስ በርሀ፡ ካብ ምንቅስቓስ ሰራዊት ወያነ ከም ዝተረዳእናዮ አብ ጥቓእም ኢና ሓዲርና። ወያነ ብዝሕናን ምንቅስቓስናን ስለ ዘጽነዑዋ፡ ሰዓት 5:30 ወጋሕታ ይኸውን ቅሩብ ዓይኒ ንዓይኒ ተረአአና። መራሕ ጋንታና ገብረብርሃን ይርጋው ሰብ ምስ ረአየ፡ "መን ኢኻ፧" ክብል ሓተቶም።

"ንሕና ህዝባዊ ግንባር ኢና፡" ዝበለ መልሲ ካብ መንጽርና ተዋህበና።

መራሕ ጋንታና ግን በቲ ንጡፍ ግብረ-መልሱ፡ "ህዝባዊ ግንባር አብ ድሕሬና እምበር ብቅድሜና የለን፡" በሎም። መልሲ ምስ ደንጎዮ፡ "መን ኢኻ?" ደገመሉ።

"ንሕና ሰራዊት ኢህወደግ ኢና። እዚ አብ መንጐናን አብ መንጐአምን ዘሎ ርሕቀት 4 ወይ 5 እምኒን ገረብን ጥራይ ዝፈልዮ እዩ ነይሩ። መራሕ ጋንታና፡ "እሞ ከንረዳዳእ ንቅረብ፡" ዝበል ዕድመ አቅረበ። አብዚ ግዜዚ ጸላኢ ብዝሑዋ ሓዙዋ ዝነበረ ቦታን ንዓና ሓዲሽ'ዩ ነይሩ። ከንረዳእኣ ዝተጸጋዕናዮ ጸላኢ፡ ድሮ ከንኡቱ ከለና ብዝሕናን ምንቅስቓስናን ስለ ዘጽነዐ፡ ሃንደበት ሓደ ካብ'ቶም አባላት ሰራዊት ወያነ፡ "በሉወን!" ምስ በለ፡ ካብቲ ከቢቡና ዝነበረ ኩጀት በዚ መጽኤ ዘይበሃል ጠያይቲ ቦምባ አብ ልዕሌና ዘነበ። ንሕና አዚና ውሕዳት ኔርና፡ ነታ ወሳኒት ኩጀት አቐዲሞም ስለ ዝተጸገዉዋ፡ ነፍስና አብ ንከላኸለሉ ዝነበርና ህሞት ገለ አባላት ተሰውኡኢና። ነቲ ጸገም ዘስተብሃለ መራሕ መስርዕ፡ ምኽትል ኮፕራል ተወልደ ጸጋይ ንመራሒ ጋንታና ገብረብርሃን፡ "እዚ ዘለናዮ ቦታ ስለ ዘይጥዕመናን ዘየዋጽኣናን ቅሩብ ንድሕሪት ምልስ ኢልና ንዋጋእ፡" በሎ።

ብዝሒ ጸላኢ ብምርኣይን ዳርጋ ከቢቦምና ስለ ዝነበሩንየ ከምኡ ኢሉዋ። መራሕ ጋንታና ግን፡ "ብጾትና ስለ ዝተሰውኡ አብ ዘለኻዮ ጥራይ ቀጽል፣ ስዉኣትና ገዲፍና አይንስሕብን፧" ምስ በሎ፡ ነዚ መልሲ'ዚ ዝሰምዐ እቲ መራሕ መስርዕ፡ ሓንቲ ቦምባ ቻይና ደርብዩ ካልኣይቲ ከውርውር ከስዋእን ሓደ ኮነ። ብድሕሪኡ መራሕ ጋንታና ብመስዋእቲ ብጾትና ሓሪቖ፡ አብታ መራሒ መስርዕ፡

መድፍዓጇ ብሬን ወዲ ትኹል ዝተሰውኣላ መራሕ ጋንታና ናቱ ብሬን
ሒዙ እናተዋግአ: "ኣጆኹም በሉወን፡" ኣናበለ ንሱ'ውን ከምቶም
ዝሓለፉ ብጾትና ኣብታ ቦታ ሓለፈ። ብድሕሪ'ዚ ዝተረፍና ኣባላት
ሃገራዊ ኣገልግሎት ዝኹኖን 5ይ፡ 6ይ፡ 7ይ ዘርያታት ሓቢን ስውኣትና
ከየድፈርና ብዘለና ከንዋጋእ ወዓልና። ብድሕሪኡ ብጾትና ንረዳት ምስ
መጹ. ንጸላኢ. ጸሪግና ንስውኣትና ኣብ መቓብር ሓርበኛታት ሻንበቆ
ቀበርናዮም። ኣብዚ. ብዕለት 06-05-98 ወያነ ዝኸፈቶ ሃንደበታዊ
ውግእ'ዚ 6 ኣባላት ተሰዊኣምና።

ዝኽሪ መሰዋእቲ: ካብኡ ናብኡ ኽአ ናይ ፈለግ ስውኣት ብጾትካ
ምርኣይ ኣሰሩ ኣይሃስስን። ኣእምሮ ሰብሃቱ ኣብዚ ኩነት'ዚ ዝሰነዶ
ጦብላሕታ: ኣብ ህይወቱ ሓለፉ ኣለም። ፍቕሪን ሓልዮትን ድማ ንቦታ
ስፖርታዊ ባህት ሰዓረ። መራሕቲ ጋንታኡን መስርዑን ወትሩ ዝኹላዕን
ዝሕደስን ኣሰር ገዲፍምሉ'ዮም ተሰዊኣም። መራሕ ጋንታኡ ገብረብርሃንን
መራሕ መስርዑ ወዲ ትኹልን፡ ብግዜ እናተሃንጸ ዝኸደ ስጡም ዕርክነት
ዝነበሮም እዮም። ወትሩ ጉጅም መባህልቲ: ብፍሉይ ቃል ኪዳን ዝተጣመሩ
ክልተ ሓደ'ዮም ነይሮም።

ቀቅድሚ'ቲ ወራር ምጅማሩ: ገብረብርሃን ምስ ሓዳሩ ደቁን ኣብ
ብሹኻ'ዩ ዝነብር ነይሩ። ትኽ ትንፋስ ዓርኩ ወዲ ትኹል ከኣ ኣብ ዎልቂ።
ገብረብርሃን ምስ በዓልቲ ቤቱ ሓርኮትኮት እናበለ ኣብ ብሹኻ ክልተ ስታንሳ
ገዛ ኣሰራሑ ነበረ። ነዚ. መንጸፍ ገይሩ'የ ድማ: ኣብ ምዉቕ ሓዳሩ ኩይኑ
መጸኢኡ ዘማዕዱ ዝነበረ። ንወዲ ትኹል'ውን: ምስ በዓልቲ ቤቱ ተረዳዲኡ
ደቁ ጠርኒፉ ካብ ዎልቂ ናብ ብሹኻ ክግዕዝ ዝደረኾ ዕርክነቶም እዩ ነይሩ።
ወዲ ትኹል ኣይተማትአን ናብ ብሹኻ ግዒዙ ገዛ ክካረ ድሮ ወዲኡዎ ነበረ።
ኣብ ዝኹን መሰረታዊ ነገር ንዓርኩ ገብረብርሃን'ዩ ዘውክስ። ገብረብርሃን
ዘረባ ወዲ ትኹል ሰሚዑ ዘዕግብ ሓሳብ ከካፍሎ ድሕር ኣይበለን። ነቲ
ካብ ዎልቂ ናብ ብሹኻ ምግዓዝ ብዘይነግፈረግ "ጽቡቕ" በሎ። እንተ ነቲ
ገዛ ክካረ ዝብል ግን: ብልዙብን ሕውነታውን ቃላት: "ክልተ ዘሰራሕኩወን
ስታንሳ ከም ዘለዋ ትፈልጥ ኢኻ። ኣነን ንስኻን ከኣ ኣብ ውዑይን ዝሓልን
ብሓደ ዝነበርናን ዘለናን ኣዕሩኽ ኢና። እቲ ክካረ ትብሎ ዘለኻ ንየው በሎ።
ካብ'ተን ክልተ ስታንሳታት ሓንቲ ክህበካ እየ። ደቕኻን ሓዳርካን ጠርኒፍካ
ኣብኣ ትኣቱ።" በሎ።

ፈቃቕ ዘይህብ መስተውዓሊ. ቃላት ገብረብርሃን: ብናይ ምስጋና ቃላት
ዝግለጽ ኩይኑ ኣይረኸቦን። እቲ ዝሰረቱም ሓባራዊ ህይወት: ልዕሊ ዕርክነትን
ጉርብትናን ዝኸይድ'የ ነይሩ። ዓንኬል ዕርክነቶም ደቄምን ሓዳርምን ምስ

ተጸንቢሩዎ ኸአ፥ ዓጀብ ዘብል ትርኢት ፈጠረ።። ገብረብርሃንን ወዲ ትኹልን በዚ ተናፋቒን ሕንቁቕን ጕዕዞ፥ አብ ህይወት እናተሳለዩ ከለዉ'የ እምበአር ወራር ዝተኸስተ።። ዕርክነትና አብ ምድራዊ ዓለም ዝሕጸር አይኮነን ዝብል ጽኑዕ ኪዳኖም አይጠለሙን።። አብ ሓንቲ ረፍዲ፥ ብሓንቲ ፍጻመ፥ መስዋእቲ ሕርያአ ገይራቶም።።

አሃዱ ሰብየቱ፥ ነቲ ብሃንደበት ዝተኸስተ ቀዳማይ ወራር ንምምካት አብ ዝተገብረ ግጥማት ብብቕዓት ተሳተፈት።። ብፍላይ አብዛ ቀዳመይቲን ሰንካምን ውግእ፥ ሓይሎም ሸዱሸተ ካብ ብሉጻት አባላታ ሞባእ ንሃገር ከፈላ።። ቀዳማይ ወራር ፈሺሉ፥ ንአዋርሕ ምድላው ዝተገብረሉ ካልአይ ወራር አብ ለካቲት 1999 ምስ ሰዓበ'ውን፥ እታ አሃዱ አብ ጸጋማይ ክንፈ ጸሮና፥ ቄኒን-ቄኒቶን፥ ካብ 14 ክሳዕ 16 መጋቢት አብ እግሪ መኸል፥ 29 መጋቢት አብ ምርብራብ ዓዲ ሃኪን፥ መጥቃዕቲ ገቦ አበበ፥ ጥምጥም ጀርበትን ማይ ቀጻሕን . . . ዘጠቓልል መኸተን ዘይተጻዕድነትን አባላት ሓይልታት ምክልኻል ኤርትራ ዝተንጸባረቐ ርሱን ውግአት ብጅግንነት ተሳቲፋ።። እታ አሃዱ ምስቲ ዝግበር ዝነበረ ዳግም-ምውድዳብ ክፍለ-ሰራዊት 22 ዝብል ስም ሒዛ'ያ ነቲ ግጥማት ተሳቲፋቶ።። መልክዕ ናይቲ ውግእ እናሰፍሐ ምስ ከደ፥ አቃውማ አሃዱታት ብኡ መጠን ክተዓጻጸፍ ስለ ዝነበሮ፥ ስብየቱ ዝነበራ ብርጌድ ካብቲ አሃዱ ወጺአ ምስ ካልኣት ዝተዋጽአ አሃዱታት ሓዳስ ክፍለ-ሰራዊት 31 አቘመት።። ምስዛ አሃዱ እንከሎ'የ እምበር ስብየቱ ነቲ ዛዛሚ መድረኽ ካልአይ ወራር ዝተሳተፎ።።

ውግእ ብዘየላቡ ፍጥነት፥ ሓደስቲ ክስተታት ዘእንግድ መድረኽ እናኹነ'የ ቀጺሉ።። ወራር ከከም አመጻጽአ፥ ንምምካት፥ ሰራዊት ኤርትራ ንነብሱ አብ ናይ ልዑል ተጠንቀቕ ኩነተ-አእምሮ ክጸምድ ባህሪያዊ መልሰ-ግብሪ ናይቲ ሓደገኛ ውዲት ጸላኢ ነበረ።። ኩሎም'ቶም አብ ግዜ ውግእ ከማልአ ዝጥለቡ ሮቓሒታት፥ ብልዑል ጥንቃቐን ቅድመ-ምድላዋትን መሰመሮም ሓዙ።። ምስ ምስፋሕ ናይቲ ውግአት፥ አወዳድባ አሃዱታት ብጽፈት ጕድኒ-ጕድኑ ቀጸለ።። ቦጦሎኒ ስብየቱ፥ ናብታ ትቐውም ዝነበረት ክፍለ-ሰራዊት 25 ንምጽንባር፥ ማይ-ምነ አብ ዝተኻየደ መስርሕ ተኸሊጥ ተጸንበረታ።። አብ መንጐ ካልአይን ሳልሳይን ወራር አብ ዝነበረ ግዜ ስብየቱ፥ በቲ ክነጥፈሉ ዝጸንሐ ፐርሰነል ቦጦሎኒ ኩይኑ ተመደበ።። ኩሉንትናዊ ምድላዋት መኸተ፥ ጸፈቲ ከይነከየ ምስ ግዜ ጉያ ቀጸለ።።

ስብየቱ፥ አብ ዓቕሙ ዘጕልብት፥ ንስራሕ ፐርሰነል ዘደንፍዕ ስልጠና ክሳተፍ ብአሃዱኡ ተሓርዩ ናብ አስመራ መጸ።። አብቲ ስልጠና ተገዲሱ እናቓጸለ እንከሎ፥ ጕዕዞ ህይወቱ ሓደ ጋሻ ምዕራፍ ሒዙ ውጥፍ በሎ።።

አብ መንጉ ስልጠናአም፡ አብ ትራክ ቢ፡ አስመራ፡ ማእቶታዊ ንጥፈታት የሰላሰሉ አብ ዝነበሩ፡ አብቲ ዝነበሩዎ ቦታ ተኣኪቡ ዝነበረ ኩምራ ሓጻውን ወዲቛ አብ ልዕሊ'ቶም ወፋሮ ዓለበ። ስብሃቱን ብጹቱን በቲ ሓጻውን ተጸቚጡ። ኩሉ አብቲ ከባቢ ዝነበረ ሰብ ዘዘሊሉ ህይወት ንምድሓን ተንያየ። አብ ልዕሊ ዘበዝሑ ከቢድ ማህረምቲ፡ አብ ውሑዳት ከአ ፈኮስ መቝሰልቲ ዘኸተለ እቲ ሓደጋ፡ ብትንፋስ ዘይህብ ጸዕሪ ግዳያት በብሓደ ወጹ። ስብሃቱ ምስ'ቶም ከቢድ ማህረምቲ ዘጋጠሞም ብምንባሩ፡ ሆስፒታል ሓሊቡት አተወ። ጾዋቕ ሕክምናዊ ክንክን እናተገብረሉ ድማ ቀስ-ብቐስ ውነሱ ክመልሰን ከባቢኡ ከስተብህልን አብ ዝጀመረሉ፡ ከቢድ ማህረምቲ እግሪ ከም ዘጋጠሞ ተረድአ። አብ ሆስፒታል ሓሊቡት ንሓሙሽተ አዋርሕ ተኣልየ።

ግዜ እናተመጠ ብዝኸደ፡ "ሕጂ ሕጂ ሓዊኻ ናብ አሃዱኻ ክትከይድ ኢኻ" ዝበል ምትብባዕ ሓካይምን ዝአልዮ ዝነበረ ወላዲኡን፡ ዝጭበጥ ትርጉም እናሰአነሉ ከደ። ካብ ሆስፒታል ሓሊቡት ናብ ሆስፒታል አሮታ ምስ ገዓዘ፡ ተኸናኺኑ ሓዙሎ ዝነበረ ተስፋኡ ክተናኸፍ ተፈሊጡዎ። "ንዘለዓለ ሕክምና" ዝበል ርእይቶ ሓካይም ቀልቢ ሂቡ ክቐበሎ አይተብቦን። አብ አሮታ እንከሎ'የ እምበአር ሓደ ረፍድ ዶክተር ሃይለ መጺኡ፡ ንዕኡን ተመሳሳሊ ክብደት ማህረምቲ ዝነበሮ ብጻዩ ዮናስ ሃይለን (ጀብጀብ)፡ "ካብ ጽባሕ ናብ መዓስከር ደንደን ክትግዕዙ ኢኹም፡" ዝበሎም።

"መዓስከር ደንደን ደአ እንዳ ስንኩላንዶ አይኮነን። ማህረምትና ጸጊንና ናብ አሃዱና ክንፋኖዶ አይኮናን፧" ሓተቱዎ ተገሪሞም።

"ክጽንዕልኩም እምበር፡ መን ስንኪልኩም ኢኹም ኢሉኩም?" ብምባል ዶክተር ሃይለ ናብ መዓስከር ደንደን አፋነዎም።

ስብሃቱ፡ እተን ሸኩ አኢጋሩ፡ አብ ብሽክሌታ ምስ ተወጥሓ፡ "እምበርዶ ንሰን እየን!" ዝበል ምስድማም ዓብለሎ። ውዕሎን ሕድሮን፡ ምስ ገዳይም ሓርበኛታት ሰብ ብሽክሌታ ስንኩላን ምስ ኮነ ግን ከብዱ እምኒ መለሰላ። ነዚ ክውሕጦ ዝዓርዓር ውሁብ ኩነት ከም ዘለዎ ወሲዱ፡ ጻሕፍቶኡ አሚን ኢሉ ንኽቐበል ዘኽእል ሓይሊ በዚ'የ ዘይብሎ ናህሪ አብ ውሽጡ ከስፋሕፍሕ ብርእዮ ተፈለጦ። ግብራዊ አብነት ናይ'ቶም ገዳይም ሓርበኛታት ስንኩላንን ምትብባዕ መቕርቡን ፈታዉን፡ ህይወት ንዘበየንትሉ ጻሕፍቶ ክርዕም ሓገዙዎ።

አብ ልቡ ዝሰፈረ ፍቕሪ ስፖርት፡ ዝሓከኽ አይነበረን። ስፖርታዊ ባህጉ ዝቐስቀስ ንጥፈታት መዓስከር ደንደን ምስ ረአየ፡ ድጉል ወኑ ሓድሽ ሓይልን ዘይነጽፍ ጸዓትን ሒዙ ገንፈለ። ውዱብን ጾዋቕን ስፖርታዊ ንጥፈታት ስንኩላን መዓስከር ደንደን ንስብሃቱ አብ ውድድራት ኩዕሶ

ሰክዬትን ኩዕሶ ኢ.ድን ጸብለል ክብል ሓገዞ። ነታ ንእግሩ ተኪአ ተሳልዮ ዝነበረት ብሸክሌታ ኣብ 2001 ምሉእ-ብምሉእ መሊኹ። ስፖርታዊ ንጥፈታት ቀዳማይ ውራየይ ኢሉ ተታሓሓዞ። ሃሙን ቀልቡን በዚ ንጥፈት ተባሕተ። ጉያን ቅድድም ብሸክሌታን ኣብ ሓደ ዓይነት ስፖርት ዝምደቡ ምኻኖም ዝፈለጠ ስብሃቱ፣ ናይ ጉያ ባህጉ ብቅድድም ብሸክሌታ ክትክእ ኣብ ዝሓሰበሉ ዝነበረ ህሞት፣ ኣብ ዓይኒ ዶክተር ሙሴ ተገኘ ኣተወ።

ዶክተር ሙሴ፣ ነቲ ዝካየድ ዝነበረ ውዕዉዕ ንጥፈታት ስፖርት ስንኩላን ንምትብባዕ ዝዋሳእ ዝነበረ ግዱስ ዜጋ'ዩ። ካብ መፋርቅ 2003 ክሳዕ 2007 ኣቢሉ፣ 15 ብዝኾኑ ተወዳደርቲ ዝተበጋገሰን ዝቖጸለን ቅድድም ብሸክሌታ ስንኩላን፣ ኣብ መወዳእታ 2008 ናብ ዝተሓተ ደረጃ ወረደ። ስብሃቱ በዚ ምድኻም ስፖርታዊ ውድድራት ኢዱ ኣይሃበን። ነዛ ምስ ባህጉ ከም መተኣሳሰሪት ፈትሊ ገይሩ ዝቖጸራ ኣጋጣሚ፣ ዝኾነ ዋጋ ከፊሉ ኣብ ምዕራፋ ከብጽሓ ሓለነ። ስኑ ነኺሱ፣ ተስፋኡ ኣብሪኹ፣ ጉዕዞ ክተሓሓዞ ምስ ነበሩ ጽኑዕ መብጽዓ ኣተወ።

ጉያ እግሪ ነቲ ኣብ ኣእምሮኡ ዝበሓቶ ስፍራ ኣይለቐቖን። ኣብ ነብሱ ዘይረአዮ ባህጊ፣ ንእሽቶ ሓዉ፣ መርሃዊ ከሰተ፣ ኣትሌት ንክኸውን ከደፋፍአ ኣንቀደ። መርሃዊ፣ ነቲ ስብሃቱ ሓዉ ዝተኹልፎ ጉዕዞ ክቖጽሎ ተበገሰ። ምስ ኣሰልጠንትን ኣለይትን ክለብ ሱቲት ንዝጸንሓ ጥቡቕ ፍልጠት ተጠቒሙ፣ ኣብ 2007 ንመርሃዊ ምስታ ክለብ ከም ዝሕቆፍ ገበሮ። መርሃዊ ቃል ሓዉ ከየዕበረ፣ ዓዕላዊ ጻዕሩ'ውን ጸንቢሩ፣ በታ ዓቢ ሓዉ ዘትሓዞ መንገዲ፣ ዓመት ዓመት ዝኹላዕ ውጽኢት ኣመዝገበ። ነዚ ህይወቱ ዘማእዘነ ጉዕዞ፣ ምስ ግዜ ኣብ ኣህጉራዊ ውድድራት ክንዮ ሱታፌ ዝኸይድ ኣተባባዒ ውጽኢት ኣምጸአ።

ድሕሪ'ዚ ስብሃቱ ሓዳር ክገብር ወሰነ። ትርሓስ ተወልደ ንእትበሃል ዝጠመታ መንእሰይ ድማ መደቡ ኣካፈላ። ክንዮ'ቲ "ስንኩል ኣካል እምበር ስንኩል ሓንጎል የለን" ዝበል ኣበሃህላ ዝሰገረ እምነትን ንቕሓትን ዝጸንሓ ትርሓስ፣ ንሕቶኡ ዓይና ኣይሓሰየትሉን። ንህይወቶም መቓረት ዘወስኻሉ ክልተ ኣዋልድን ሓደ ወድን ድማ ወለዱ። ህይወት ካልእ ጣዕምን መልክዕን ሒዛ ቀጸለት።

ስብሃቱ ንዝተሰከሞ ማሕበራዊ ሓላፍነት ብብቕዓት ንኸወጽ ቀጠባዊ ሰረት ቤቱ ከውሕስ ነይሩዎ። ነዚ በቲኹ ዝኣተዎ ውሳነ ንምትግባር፣ ብደገፍ ፈተውትን ስድራ-ቤትን ናብ ጋሽ ባርካ ወሪዱ ንግዲ ጀመረ። ክንገብር'የ ዝበል ኔሕ ተቓኒቱ፣ ተለቂሑን ተመርቂሑን ኣብ ኣርባዕታዓሸር፣ ከባቢ ዓሊ ግድር፣ ቤት መግብን ድኳንን ዘጠቓለለ ሸቓጥ ጀመረ። ለይቲን ቀትሪን ርሂጹ ፈርዩ፣ ክሳዕ ስንክልናኡ ዝርስዕ ስኑ ነኺሱ ተረጋረገ። ኣብቲ

ናይ ምውዓቕን ምትንሳእን ጥምጥም፡ ኔሕን ዘይተጸዓድነቱን ቅድሚ ኹሉ ዝሰርዑ ነይሮም። ክልተ ዓመት ብዘይታህ ዝበል ዓቕሊ ገጢሙ ግዜ እናበልዐ ብዝኸደ፡ እቲ ቃልሲ ብዋጋ ቃንዛ ስንክልናኡ ምስ ኩነ ነብሱ ክፈቅድ ጉዕዞኡ ካብ ኣርባዕታዓሸር ናብ ኣስመራ ገበረ።

ርሂጹ ዘዋህለሎ ገንዘብ፡ ናብራኡ ከኣውነሉ ኣብ ዝነቐለሉ ህሞት፡ "እነ'ኸ ቅድድም ብሽክሌታ ዘይቅጽል!" ዝበል ፍረ-ሓሳብ ኣብ ኣእምሮኡ ተመላለሰ። ውድድራት ናይቲ ዓውዲ ስፖርት ደው ኢሉ ስለ ዝነበረ፡ ብውልቁ ክገብሮ ዝኽእል ኣብ ምስልሳል ኣተወ። ወስን ኢሉ ኣብዚ ዓውዲ ስፖርት ከድምዓሉ ዝኽእል መንገዲ ንምርካብ ይፈልጡ'ዮም ንዘበሎም ተወከሰ። ናይ ቀረባ ፈለጥቱን ኣዕሩኽቱን ኣትሌታት፡ ንተበግሶኡ ኣድነቝዎን ኣተባበዑዎን። እቶም ኣትለታት ናብ ወጻኢ፡ ሃገራት ከይዶም ኣብ ዝወዳደሩሉ፡ ስንኩላን ኣብ ፓራ ኦሎምፒክ ክሳተፉ ይርእዩ ስለ ዝነበሩ፡ ሰብዛቱ ጽጌራ ናብቲ ደረጃ'ቲ ዘይበጽሓሉ ምኽንያት ከም ዘለ ብርእሰ-ተኣማንነት ገለጽሉ። ድሕሪ'ዚ ዘየላቡ ዕዮ ገዛ ምስ ነብሱ ዝጸመደ ሰብዛቱ፡ ውጥኑን ንጥፈታቱን በዚ ዓቢ ዕላማ ተባሕተ። ቀትሪን ለይቲን ዘይብሉ ጽዑቕ ልምምድ ድጋ ገበረ። ኣእምሮኡ በዚ ግድን ክጭበጦ ኣሎኒ ኢሉ ዝተበገሰሉ ዕላማ ምስ ተባሕተ፡ ጋሽ ባርካ ወሪዱ ዘጠራቐሞ ገንዘብን ካብ ፈተውቲ ተለቃቒሑን፡ ኣብቲ ኣህጉራዊ ውድድር እተሳተፈ መወዳደሪት ብሽክሌታ ክዕድግ ወሰነ።

"ብጉ ኣ ክበጽሓ ዘይከኣልኩ ኣብዚ ናይ ስንኩላን ስፖርት ተወዳዲረ፡ ኣብ ኦሎምፒክ መዳልያ ከምጽእ ኣለኒ" ዝበል ኔሕን ዕላማን ሓዙ ጽዑቕ ልምምድ ዕለታዊ ውዕሎኡ ገበር። እታ ዝርካቡ ጸንቂቛ ዝዓደጋ ብሽክሌታ፡ ዘይከም ባህጉ፡ ኣብ ምንቅስቓሳቱ ምችእቲ ኩይና ኣይረኸባን። ምስ'ቶም ዝሰርሑዋ ትካል ተረዳዲኡ፡ ኣብዚ ኩይኑ ኣዚዙ ዘሰርሓ ብምንባሩ፡ ምስ ክውንነት ስንክልናኡ ምጥዕዓም ኣበየቶ። እታ ብሽክሌታ ልዕሊ ብርኪ መቝረጽቲ ንዘለዎም ስንኩላን ደኣ'ምበር፡ ታሕተዋይ መሓውሮም ንዘለመሱ ትምጥን ኣይነበረትን። ንኽትቅየሬሉ ዝገበር ተደጋጋሚ ፈተነ ድጋ ኣይሰለጦን። ተኣዚዙ ዝተሰርሐ ኣብ ኢድ ተጠቃሚ ዝበጽሓ ንብረት ለውጢ ክግበረሉ እንተ ኹይኑ፡ ዳግማይ መስርሕ ምእዛዝ ክካየድ ስለ ዝጥለብ ምስ ቀ ጠባዊ ክውንነቱ ዘጠዓዓም ኣይነበረን። ብዘለካ ዝከኣለካ ምግባር ዝበል መትከል ሓላጊቱ ዝገበረ ሰብዛቱ፡ እግሩ ጨቢጡ ተጸጊሙ ክለማመድን ክወዳደርን እዩ መሪጹ።

ኣብ ከምዚ ዝበለ ህሞት፡ ሓደ መዓልቲ ደገ ብምኻድ ነብሱ ፈቲሹ መጸኢኡ ከማእዝነሉ ዝኽእል ዕድል ደቦኽ በሎ። ብምትሕብባር ናይ'ቶም ኣብ ጉድኑ ኩይኖም፡ ወትሩ ኣጆኻ ዝብሉዎ ኣትሌታት ብሓፈሻ፡ ቀጥታዊ

270

ደገፍ ሓዉ. አትሌት መርሃዊ ድማ ብፍላይ። አብ 2014 ነርወይ አብ ዝተሰርዐ ውድድር ፓራ አሎምፒክ ክሳተፍ ወጻኢታቱ ክሽፍን ዘለዎ ነጊሩ ነፍለ። ነርወይ ንኽኣቱ መስርሕ ምስላጥ ወረቓቕቲ ብሱዳን አቢልካ ስለ ዝነበረ፡ ብድድ ኢሉ ሱዳን ተራእየ። እዚ ናይ ፈለግ ፈተነ፡ ብሰንኪ ምስላጥ ወረቓቕቲ ስለ ዘይቀንያ ግን ናብ አስመራ ተመልሰ። ስብሃቱ ነዚ መሰናኽል'ዚ መወከሲ ናይቲ ስዒቡ ዝኸዶ ጉዕዞ ገይሩ ወሰዶ። መጋቢት 2015: አብ በርሊን ጀርመን፡ አብ ዝተአንገደ ውድድር ክሳተፍ ዘኽእሎ ዕድል ድማ ዳግማይ ተራሕወሉ። ጀርመን ከይዱ፡ ምስ ምኩራት አትለታት አብ ፍርቂ ማራቶን በርሊን ክወዳደር ተሰርዐ። እግሩ ምስታ ብሽክሌታ ክጠዓዓም ብዘይምኽኣሉ፡ ቃንዛ ትዕግስቱ ዝፈታተን ግድል'ዩ ነይሩ። ስኑ ነኺሱ ዕላማኡ ክወቅዕ ዘንቀደ ስብሃቱ ግን፡ መሰመር መዘምሪ ሕንጻጽ ካልኣይ ኩይኑ ረገጸ። እዚ ፈላሚ ምቕርን ዓወት'ዚ፡ ንስብሃቱ ከይተረፈ አገረሞ። ውድድሩ ብኽልተ ሰዓትን 10 ደቒቕን ከም ዝዛዘም ምስ አረጋገጸ፡ ተሰፋኡ ሰማይ ዓረገ። ተሰፋን ዓወትን ተገዚሙ ናብ ሃገሩ ምስ ተመልሰ፡ ዝበረኸ ጫፍ ጉዕዞ አብ ምምዕዳው ተጸምደ።

ሚያዝያ 2016: አብ ሃምቦርግ ጀርመን አብ ዝተአንገደ ተመሳሳሊ ውድድር፡ ብኽልተ ሰዓትን 20 ደቒቕን ካልኣይ ወጺኡ። ክንዮ ተሳታፍነት ናብ ዓወት ዝተሰጋገረ ስብሃቱ፡ ዓቢይቲ መደባት ክሕንጽጽን ጉብለል ኩይኑ ክወጽእን አበርቲዑ ሰርሐ።

መስከረም 2016 አብ ኒው ዮርክ፡ አመሪካ፡ አብ ዝተኻየደ ውድድር ክሳተፍ ዕድል'ኳ እንተ ረኸበ፡ ብሰንኪ ምድንጓይ አየርከበሉን። ነዚ ዕንቅፋት'ዚ ከም ዘለዎ ተቐቢሉ፡ ናብ ረብሓኡ ክልውጦ ባህሪኡ ብምኻኑ፡ ንብሽክሌታኡ ዳግም ከሰርሕ አንቀደ። ነዚ አብ ምስላጥ፡ ራሄል ሰለሙን ዝተባህለት ዜጋ እትርከቦም ግዱሳት ኤርትራውያን ዓቢ ተራ ተጻወቱ። እቲ ነታ ብሽክሌታ ዝሰርሕ ትካል መርገጺኡ'ኳ እንተ ዘይቀየረ፡ አማራጺ ሓሳብ ግን አቕረበ፤ "ነታ ብሽክሌታኽ አሚራትና፡ በቲ ዝተረኸበ ገንዘብ ዝምላእ ተመሊኡ ድሌትካ ክንገብረልካ" ዝብል ርእይቶ ሃብ እቲ ትካል። ስብሃቱን ፈተውቱን ነዚ ጉዳይ አብ ምስላጥ ከም ዝነበሩ ዝሰምዐ አብ አመሪካ ዝነበር ሓደ ኤርትራዊ፡ ነቲ ጉዳይ ብሓልዮት ተደሪኹ ተጸንበር። ብመንገዲ ሳምሶም ደሞዝ ዝተባህለ ግዱስ ዜጋ አቢሎም ድማ ማሕበር ምትሕግጋዝ ተጋደልቲ ዋሽንግተንን ከባቢኣን ካልኣትን ምስ ተጸንበሩዋ ካልእ ሓሳብ መንጨወ። ንተበግሶን ጻዕሪን ስብሃቱ ብአድናቖት ዝተመልከቱ'ዞም ዜጋታት፡ ባህላዊ መሰናድአ ብምውዳብ ገንዘብ አዋጺኦም፡ 10 ሽሕ ዶላር ዝዋጋኣ፡ ደረጃ ዝሓለወት መወዳደሪት ብሽክሌታ አረከቡዎ። እዚ ልግሲ'ዚ ክንዮ ህያብ፡ ድቃስ ዝኸልእ ሓላፍነት ዘሰከም ውዕለት'ዩ ነይሩ

ንስብሃቱ። ተኻፊልካ ምኽኣድ ዝኣምን ስብሃቱ። ነታ ብሽክሌታኡ ዝነበረት ቴድሮስ አረጋይ ንዝተባህለ ሰንኩል ብጻዩ ህያብ ሃቦ። አሰሩ ተኸቲሉ ክሰዕቦ ድማ አጇኻ በሎ።

አብ ውድድር አሎምፒክ ተሳቲፉ። ስሙን ስም ሃገሩን ከጸውዕ ዝነቐለ ስብሃቱ። ለይትን ቀትርን ብዘይፈሊ ጸዕሪ ወትሩ ጽሙድ እዩ። ዝነቐለሉ ባይታ ታሕቲ። ዝስጉሞ ዘሎ ርሕቀት ከአ አተባባዒ ኩይኑ። ቅድሚት እምበር ድሕሪት ግልጽ አይብልን እዩ። በተን ሽኻ አእጋሩ ከበጽሓ ዘይከአለ ጫፍ። ብሽክሌታ ስንኩላን ተወጢሑ ክሓኹር ከም ዝኽእለ ተጠራጢሩ አይፈልጥን።

ምንጪ፦

- ስብሃቱ ከሰተ
- ቃል-መጠይቕ ስብሃቱ ምስ ሬድዮ ኑግ። ለካቲት 2017
- ጋዜጣ ሓዳስ ኤርትራ። ግንቦት 2016

ስብሃቱ አብ ልምምድ

ስብሃቱ አብ ምጅማር ወራር ወያነ
06 ግንቦት 1998 ዝጽሓፎ መዘክር

ስብሃቱ ምስ ደቂ ኣያዱኡ

ስድራቤት ስብሃቱ

14

አብ ጥራይ ዝባና

ዓንዶም ግርማይ (ወዲ-ደረስ)

ምስ ማቴዎስ ብ1996፣ አብ ቤት ትምህርቲ ባርካ ተመሃሮ ዓስራይ ክፍሊ እንከለና ኢና ተላሊና። ሸዑ፡ ንመዛኑና ዘቘንእ ፍቕሪ'ኳ እንተ ተኸልና፡ ቅድሚ መርዓ ሃገራዊ ግቡእና ክንፍጽም ስለ ዝወሰንና ተሓጺና ናብ ሳዋ ክንወርድ ተረዳዳእና። 11 ክፍሊ ምስ ወዳእና ምዕሩግ ስነ-ስርዓት ሕጸ ፈጺምና፡ አብ ሻውዓይ ዙርያ ሃገራዊ አገልግሎት ሳዋ ወረድና። አነ አብ ሓምሻይ ክፍለ-ሰራዊት፡ ማቴዎስ አብ ካልአይ ክፍለ-ሰራዊት በጺሑና፡ ማዕረ-ማዕረ ታዕሊም ደብዳበ እናተጻሓሓፍና፡ ካብ ስድራ ዝተላእከልና ነገራት እናተማቐልና ታዕሊም ዛዘምና። አብተን አብ ሳዋ ዝጸናሕናለን ሽዱሽተ አዋርሕ፡ ብአካል ተራኺብና ናፍቖትና እነውጽአሉ ዕድል ግን አይረኸብናን።

ህይወት ሳዋ አይከበደንን፣ በንጹሩ'ኳ ብዘርአኹዋ ጠባይን ንጥፈትን ተናኢደስ መራሒት መስርዕ ኮይነ'የ ወተሃደራዊ ታዕሊም ዛዚመ።

* * *

ጓል አርባዕተ ዓመት እንከለኹ፡ ብ1982 ምስ ስድራቤተይ ናብ ሱዳን ተሰዲደ። አቦይ ካብ ሱዳን ናብ ሱዑድያ'ኳ እንተ ቐጸለ፡ አደይ ንዓይን ንአሕዋተይን ከተምህር አብ ሱዳን ተረፈት። አብ ሱዳን ዝነበርና ኤርትራውያን ሕሉፍ ሕድሕዳዊ ፍቕሪ ስለ ዝነበረና፡ ፍቕሪ ሃገር ከሰርጸኒ መሰረት ኮይኑኒ'የ። አብ ቤት ትምህርቲ ሰውራ ህዝባዊ ግንባር (አብ ሱዳን) ክሳብ ሓምሻይ ክፍሊ ስለ ዝተመሃርኩ፡ ብመዛሙርን ጽሑፋትን አቢለ ብዘዕባ ጉዳይ ሃገር፡ ቃልሲን ተጋደልቲን ክፈልጥ፡ በቲ ካብ ሚዳ ዝመጹና

ዝነበረ ቪድዮታት ባህላዊ ንጥፈታትን ፊልምታትን ከአ ምስ ሰውራና ክላስ
ሓጊዙኒ። አብቲ ካብ ሻድሻይ ክሳብ ሻምናይ ክፍሊ ትምህርተይ ዝቐጸልኩሉ
ቤት ትምህርቲ ካምቦኒ (ፖርትሱዳን) እውን እንተኾነ፡ ምስ ከማይ ዝአመሰሉ
ኤርትራውያን ብዛዕባ ሃገርና ዘይነዓቕ ንቕሓት ክንሕዝ ስለ ዘኽአለና ልዑል
ሃገራዊ ስምዒት ሒዘ'የ ካብ ስደት ናብ ኤርትራ ተመሊሰ።

*　　*　　*

ታዕሊም ተወዲኡ ምምዳብ ምስ ኩነ፣ አነ አብ ኮር 381፣ ክፍለ-
ሰራዊት 28፣ ቀዳማይ ብርጌድ፣ ሳልሳይ ቦጦሎኒ፣ ካልአይ ሓይሊ፣ ሳልሳይ
ጋንታ መድፍዓጂ ብሬን ተመዲበ። ማቴዎስ ግን ተመሃራይ እንክሎ ዘጥረዮ
ሞያ መካኒክነት ስለ ዝነበሮ፡ አብ ክፍሊ ሓፈሻዊ አገልግሎትን ህንጻን ሳዋ
ተመዲቡ አብ አስመራ ነበረ።

አሃዱና አብ መጉራይብ እዩ ነይሩ። አብታ ዝተመደብኩዋ ጋንታ
ተጋደልቲን ካብ ቀዳማይ ክሳብ ሻዱሻይ ዘርያ ሃገራዊ አገልግሎትን
ጸንሑኒ። አነን ከማይ ተወዚዕና ምስ መጻእናዮም ፍቕሪ ብዘሕድር ጽቡቕ
መንፈስ ተቐቢሎም ዘይርሳዕ እንግዶት ገበሩልና። ብዛዕባ ወተሃደራዊ
ህይወት ሓይልታት ተመኩሮ'ኡ እንተ ዘይነብረኒ፡ አብ ሳዋ ምዕላም ንባዕሉ
አብ ዝኸድካዮ ክትነብር ዘኽእለካ ብቓዓት ከተጥሪ ስለ ዝሕግዘካ፡ ብዙሕ
ከሲቡ'የ። እቲ ዘካየድናዮ ናይ ልምዓት ወፍሪ'ውን ናይ ስራሕ ዓቕመይ
ከዕቢ ሓጊዙኒ። እቲ ግዜ ንባዕሉ ምቕሩ ስለ ዝነበረ፡ ከም ደቂ ሓንቲ ስድራ
ዘሕለፍናዮ ህይወት ሓይልታት ፍጹም አይርስዖን። ስሓቕ ሸዉ ተወዲኡ
ክትብል ኢኻ ትደፍር። ሓልዮት፣ ፍቕሪ፣ ምክብባር... መግለጺ ዘይርከቦ እዩ
ነይሩ።

ምስ ማቴዎስ፡ ብናይ ስንቂ መካይን ይኹን ካብን ናብን ብዝንቀሳቐሱ
አባላት ደብዳበ ካብ ምጽሕሓፍ አየቋረጽናን። አብ አስመራ ስለ ዝተመደበ፣
ንንፍሲ-ወከፍ ደብዳበ ስእሉ አሰንዩ'የ ዝሰደለይ ነይሩ። ሃገራዊ ግቡእና
ዛዚምና ዕሰለ እንብለሉን ምዉጭ ሓዳርና እንምስርተሉን ግዜ ርሑቕ
ዘይምሃኚኑ እናገለጸ ዝጽሕፈለይ ዝነበረ ደብዳቡ፡ ነተን አገልግሎትና ወዲእና
ገዛና ክንምለስ ተሪፈና ዝነበራ ዓመት ዘይመልእ መዓልቲታት ክቑጽር
አገደደኒ።

አሃዱና ካብ መጉራይብ ወጺኡ ድሉኽ አብ ዝበሃል ከባቢ መንሱራ
ጽዉ ማእቶታዊ ንጥፈታት አብ ምስልሳል አተወ። እንተኾነ፣ 'ዘራጊ
እንክሎ ጽሩይ ማይ ነይስተ' ከም ዝበሃል፣ ወያን ንኹሉ ኤርትራዊ ዘሰንበደ
ውግእ ምስ አወጀ፣ ሃገራዊ ግቡእና ፈጺምና ናብ ሓዳርን ናብራን
ክንምለስ ዝወጠንናዮ አብ ምልክት ሕቶ አተወ። ብዘይ መሬት ክብረት፣
ብዘይ ቅሳነት ድማ ጥዑይ ሓዳር ክምስረት አይክአልን። ክንዲ ዝኾነ፡

276

ልቢ ዘርግእ ኩነታት ክሳብ ዘይመጸ፡ ጉዳይ ሓዳር ወንዚፍካ ልኡላውነት ሃገር ምውሓስ ኣግራኢ፡ ዘይህብ ቀዳምነት ኩይኑ ኣብ ቅድሜና ደው በለ። ድሕሪ'ቲ ኢትዮጵያ ዝኣወጀቶ ኮናት፡ ካብ ድሉክ ተላዒልና ናብ ባድመ ኣቘናዕና።

እቲ ጉዕዞ ብመካይንን ብለይቲን ነበረ። ሰንጢቝናዮ ዝሓለፍና ቦታታት እዚ ኣይብሎን። ነቶም ሓደስቲ ተወዛዕቲ፡ ሓድሽ ቦታ ናይ ምልላይ ጸገም ነይሩና። እቲ ጉዕዞ ገልጠምጠም ዝበዝሓ ምንባሩ ግን እዝክር። ባድመ ቅድሚ ምብጻሕና ንሰለስተ መዓልቲ ኣብ ሓደ ብዓርኮብካይ ዝተሸፈነ ዕሙር ከባቢ ኣዕረፍና። ምጅማር ናይቲ ውግእ ንኹሉ ዘስደመመ ሃንደበት ብምንባሩ፡ ጥራል ናይቶም ኣብታ ኣሃዱ ዝነበርና መንእሰያት ኣገንፈሎ። ወያን ዘበገሶ ወራር መኪትና ከነህድኣ ዝሓደርና ወኺ ድማ ፍጹም ፍሉይ ነበረ።

ውግእ ተጀሚሩ፡ ኣህዱና ኣብ ከባቢ ጓል ገምሃሎ ዓራትሉ ኣብ ዝነበረት፡ ኣባል ቀዳማይ ዙርያ ሃገራዊ ኣገልግሎት፡ ድምጻዊ ዮውሃንስ ትኳቦ (ወዲ ትኳቦ) ተሃሪሙ መጸና። ማህረምቱ ኮፍ ክብል ዘየኽእሎ'ኳ እንተ ነበረ፡ ቃንዛኡ ረሲዑ ምሉእ ምሸት ብኽራር ከዘናግዓና የምሲ ነበረ።

ኣብ ቀዳማይ ወራር፡ ኣብታ ኣሃዱ ዝነበርና ደቀንስትዮ ካብ ድፋዕ ንድሕሪት ተሳሒብና፡ ሸሸዊት ኣብ ዝበሃል ቦታ ተኣከብና። ድፋዕ ንዝኣተዉ ብጾትና ዘድሊ ነገራት ኣብ ምምላእ ድማ ተጸመድና።

ጸላኢ፡ ናይ ቀዳማይ ወራር ፍሽለቱ ንምድባስ፡ ብዓቕሚ ሰብን ዓይነት ኣጽዋርን ብዝሓየለ ተወዲቡ ኣብ ዝመጸሉ ካልኣይ ወራር፡ ወድና ጓልና ኣብ ደምብ ሰላሙ ዓሪድና ነቲ ወራር ንምምካት ድሉዋት ኩንና። ኣብታ ኣህዱና ብደረጃ ሰለስተኣን ቦጦሎኒታት ኣብ ማሕበራዊ ህይወት ሰራዊት፡ ማለት፡ ባህሊ (ደርፊ፡ ተዋስኦ፡ ግጥሚ) ስፖርት፡ ወዘተ፡ ዘተኰረ ውድድራት ከካይድ ዝምስየሉ ምሸት እዩ። እቲ ውድድር ብኣእማን ኣብ ዝተሰርሑ ዓበይቲ ኣድራሻት ክካየድ ኣምሰየ። ውድድራት ተዛዚሙ ጌና ውጽኢት ከይተፈልጠ ሰዓት 3:00 ወጋሕታ ካልኣይ ወራር ወያን ጀመረ። ንመማዕረጊ ውድድር ተባሂሉ ኣብ ዝተዳለወ ግብጃ ንኽስተ ብሪስቶታት ተጸሚቖ ዝተዳለወ ድሙ-ድሙ ኣብ ምስታይ ከይተበጽሐ ስዋ ደፊእካ ንብረትካ ጠርኒፍካ ተበገስ ዝብል ትእዛዝ ካብ ኣዛዚ ሳልሳይ ቦጦሎኒ፡ ወዲ-ዓንደማርያም፡ ተመሓላለፈ። ኣብ ጸወታን ወኻዕካዕን ዝጸንሐ ሰራዊት፡ ብጥሙይ ከብዱ ንጉዕዞ እግሪ ተበገሰ። ንኣስታት ኣርባዕተ ሰዓት ምስ ተጓዓዝና፡ ጸሓይ ስለ ዝበረቐት፡ ካብ ክሻፉ ጸላኢ ከዕቀብና ኣብ ዝኽእል ቦታ ኣድቢና ወዓልና። ብኽምዚ ሰለስተ ለይቲ ተጓዒዝና ናብ ቦታ ውግእ ኣተና። እቲ ቦታ፡ ብልክዕ እዚ'የ ኣይብሎን። ኣዝዮ ዕሙርን ልሙዕን ሜካዮ ነይሩ። ሓመድ ናይቲ ቦታ ምቹእ ብዘይምንባሩ ከም ድላይካ ንኽይትስቱም ሓሊኹ ዝሕዝ'የ።

ልምዑ ኣግራብ ሓሊፍና፡ ስሕው ኣግራብን ቀጣቁጥን ኣብ ዝነበሮ ቦታ በጸሕና። ጸላኢ ኣብ ቅድሜና ኣሎ እናበልናዮ፡ ዘይተጸበናዮ ተሸኩሲ ካብ ድሕሬና ተኸፍተልና።

እቲ ውግእ ከባቢ ሰዓት 8:00 ናይ ንግሆ'ዩ ጀሚሩ። ጸላኢ እንተስ ሓበሬታ በጺሑዎ እንተስ ኣብኡ ዓሪዱ ነይሩ፡ ኣድብዮ እዩ ጸኒሑና። ምስ ሓለፍና ብድሕሬና ተኹሲ ከፈቱ ንድሕሪት ግልጽ እንተ በልና፡ ገለን ኣብ መሬት ኣራእሶም ደብዮም፡ ገለን ከም ኣህባይ ኣብቲ ዕሙር ኣግራብ ተሰቒሎም ክሳብ ንሓልፍ ዝተጸበዩ ወተሃደራት ወያነ ምንባሮም በርሃልና።

ድሮ'ውን ብርቱዕ ምቕት ጀሚሩ'ዩ። ተኹሲ ምስ ተኸፍተልና፡ ዘበዘሑ ተጋደልቲ ነቲ ኣውዲኣሞ ዝነበሩ ላዕለዋይ ወተሃደራዊ ክዳውንቶም ደርብዮም ናብቲ ዕድል ዘይህብ ውግእ ኣተዉ። ብቕድሜናን ድሕሬናን ዝተረነወ ጽዕጹዕ ተኹሲ፡ ኣማራጺ ኣብ ዘይነበር መጸወድያ ኣእትዩና ጥራይ ዘይኮነ፡ ደብዳብ ታንክታት፡ ሞርታራትን ረሻሻትን ከም'ኡ'ውን ባይታ ልሒሰን ዝድብድባ ነፈርቲ ውግእ ተደሚሩዎ፡ ነቲ ጥምጥም ናብ ክትኣምኖ ዘጸግም ከቢድ ውግእ ኣዕረጉ። ብሰማይን ምድሪን ዝተኸዐወ እሳት፡ ነቲ ልሙዕ ጫካ ናብ ሃልሃልታ ሓዊ ቀየሮ። ሰራዊት ወያነ ኣብ ኣጠቓቕማ ኣጽዋር ውሑልነት ኣይነበሮን። ንሓደ ሰብ ጸረ-ታንክ ፋንት ዝትኩሱሉ ኩነታት ድማ'ዩ ነይሩ። ጸረ-ታንክ ብረት፡ ንሰብ ክትኩሱሉ ብዓይኒ ወተሃደራዊ ስነ-ፍልጠት ፍሹት እዩ። ንሕና፡ ሓገዝ ክሳብ ዝመጸና በቲ ዝኸኣለና ንኹሉ ኣብ ዝባንና እናጸሓናን ዝኽፈል እናኸፈልናን ክንደራገም ወዓልና።

ካብ ርሑቕ ስለ ዝተበገስና፡ ብዘይካ ዕጥቅና ተወሳኺ ንብረት ኣይተሰከምናን። ኣነ መድፍዓጄ ብሬን ብምንባራይ፡ ኩለይ እያ ዓጢቐ ነይረ። እቲ እናተረረ ዝኸደ ናይ ተሓናነቕ ግጥም፡ ንሕና ብዘይካ ርእሲ ዘቕብራ ንኣሽቱ ኣእማን ካልእ መኸወሊ ኣብ ዘይነበር ቀላጥ ጉልጉል፡ ወያን ግን ኣብ'ቶም ልሙዓት ኣግራብን ጨጥቁጥን ብምንባሩ፡ ክወርደና ዝኽእል ናይ መስዋእትን መውጋእትን ክሳራ ንምግማቱ ኣየጸግምን።

መስርዕና፡ ወተሃደራት ወያን ካብ ዝነበሩዎ ነዊሕ ኣብ ዘይኮነ ርሕቀት ንቕድሚት ሓለፈት። ብየማነይን ጸጋመይን ኩ..ይናም ካብ ዝረጋረጉ ዝነበሩ ብጾተይ ብብዝሒ መውጋእትን መስዋእትን ስለ ዝጋጠመ፡ ኣብቲ ከባቢ ዓርጋ በይነይ ተረፍኩ። ዝርእዮ ስኢነ መሬት ሓርብት በለትኒ። ኣብ ወጥሪ ተቖርቁረ ቀባሕባሕ እናበልኩ፡ ሓደ ወዲ ጋንታይ፡ ካባይ 30 ሜትሮ ኣብ ዝርሕቀቱ፡ ኣትኪሉ ክዋጋእ ረኣኹዎ። ካብ ብሰሙ ዝያዳ ወዲ-ከረን ብእትብል ሳጓ ዝፍለጥ መንእሰይ እዩ። ወዲ ከረን ቀጢን ለይለይ ዝበል ጸጋእ ሰብነት ዝነበሮ ናይ '90 ተጋዳላይ እዩ።

"ቤትኤል!" ብትሕት ድምጺ ተዳሃየኒ። ፈለግ ጽቡቕ ገይረ
ኣይሰማዕኩዎን፣ ምስ ደገሙ'የ ኣቓሊበሉ። ብደው-ደው ክኸዶ ዘይሕሰብ'የ፣
ንዕድለይ እናኣንኽራረኹ አብቲ ዝነበር በጸሕኩ። ወዲ-ከረን ኣብ ከባቢ
የማናይ ሰለፉ ተወጊኡ እንከሎ ክዋጋእ ጸንሓኒ። እታ ጥይት፣ ብቕድሚት
ወጊኣ ሲጋ በሲዓ ብድሕሪት'ያ ወጺኣ። መትኒ ደም ስለ ዝለከመት ደሙ
ንላዕሊ ትኒን ይብል ነበረ።

"ቤቲ፣ ኣነ ሸፋን ክገብር ንስኺ ጀንን፣" በለኒ። ኣብ ፈለግ ዝነበረኒ
ንእሽቶ ፋሻ ገይረ፣ ተበቲኻ ደም ትነዝዕ ንዝነበረት መትኒ ረኺበ ስሓበ
ኣሲረያ። እቲ ትኒን ዝበል ዝነበረ ደም ቀነሰ'ምበር ደው ኣይበለን። ኣብ
ዕጥቀይ ዝነበረ ፋሻ ኣቑዳም ተጠቒመሉ'የ። ኣብታ ሰዓት ኣብ ዕጥቀይን
ጅባይን ፋሻ ኣይነበረን። ስለዚ፣ ብምንታይ ከም ዝጀንነሉ ሓርበተኒ።

ከም ብጾተይ፣ ሃሩር ምስ በርትዐ፣ ላዕለዋይ ወተሃደራዊ ክዳነይ ደርቢ'የ
ናብቲ ውግእ ኣትየ። ኣብ ዝባነይ ብሩር ዝሕብራ ካናቴራ ጥራይ እያ
ነይራ። ንወዲ ከረን ክሳብ ረድኤት ዝረክብ ክጀንነሉ እንተ ኹለይን ካብ
ሰብነተይ ከውጽአ ነይሩኒ። ምስ ኣውጻእኩዋ፣ እንተርፎ ጸዐዳ ዝሕብራ
ረጂቤተ፣ ጥራይ ዝባነይ ተረፍኩ። ነታ ማልያ ቀዲደ፣ ንዝተወግአት
ሰለፍ ወዲ-ከረን ጀነንኩዋ። እዚ እናገበርኩ፣ 70 ሜተር ኣብ ዘይመልእ
ርሕቀት ኣብ ቆጥቋጥ ዝተሸጕጡ ወተሃደራት ወያነ ይከታተሉና ምንባሮም
ኣስተውዓልና።

ወዲ-ከረን ኣዝዩ ትኮር'የ። "ቤቲ፣ ድሕሬኺ እናተመልከትኪ ብዝተኻእለ
ናብዛ ሩባ ክንግምገም አለና። ካብኡ ንዓይ በቲ ሩባ ሸለዉ ተብልኒ..."
በለኒ። ከምኡ ክንበሃል፣ ሓደ ካብ'ቶም ክከታተሉና ዝጸንሑ ወተሃደራት
ወያነ ብጀንቄ ትግርኛ ገይሩ፤

"አታዮ ብሱራማ በሎም ዶ፣ ጠርፍፈሎም" በሎ ነቲ ካልኣዩ።

"ብኢድና ዘይንሕዞም..." ምስ መለሰ እቲ ካልኣዩ፣ ኣብ ክርክር ኣተዉ።

ዘወረደት ክትወርድ፣ ግዜ ከነጥፍእ ኣይነበረናን። ክሳብ መወዳእታ፣
ብትብዓት መፍትሒ ዝበልናዮ ስጉምቲ ክንወስድ'ውን ተረዳዳእና። ንወዲ-
ከረን ሓዚለ ብግስ በልኩ። "ቤቲ" ኢሉ ወዲ ከረን ሰገጥ አበለኒ።

"ኢሂ ወዲ-ከረን?" ሓተትኩዎ።

"ብረተይ'ባ፣" በለኒ። ካብቲ ዝወደቐቶ ስሓበ ሂቦ ቀጸልና። ብየማንናን
ጸጋምናን እናፋጸየ ዝሽምብብ ጠያይት ጸላኢ፣ ማእለያ ኣይነበሮን። "ሕጂዶ
ጸኒሕና ንወድቕ!" እናበልና ብዝከኣለና ስጉምቲ። ሓይሊ ካበይ ኣምጺኡዮ
ኣይፈልጥን። ግልጽ ከይበልኩ፣ ብስንደልደልን ኣካይዳ ሸንቲ ብዕራይን
ናብታ ከተህትፈና ትኽእል'ያ ዘበልናያ ገምገም ሩባ ብናህሪ ተሓወስኩ።
ንወዲ-ከረን ካብ ዝባነይ ኣውሪደ፣ በቲ ደንደስ ናብቲ ሩባ ኣስተኾኩዎ።

ኣነ'ውን ኣይደንጉኹን ኣሰሩ ሰዓብኩ። ካብ'ቶም ብኢዶም ክሕዙና ዝተወናወኑ ወተሃደራት ጸላኢ'ኳ እንተ ተኸወልና፡ ዘዚኒ ግን ኣይነብረን።

ንወዲ-ከረን ኣልጊለ ምስ ምሉእ ዕጥቁ ኣብ ዝባነይ ሓዚለዮ ተበገስኩ። ነቲ መሪር ቃንዛ ስኑ ነኺሱ ምጽዋሩ፡ ተቢዑ ኣትቢዑኒ'የ። ሩባ-ሩባ ከውሊ ተጠቒምና፡ ኣንፈቱ ናብዚ'የ ኣብ ዘይብሎ ክልተ ኪሎ ሜተር ዝኸውን ሓዚለዮ ከድኩ። ካብታ ሩባ ምስ ወጻእና፡ ሰባት ዝመላለሱሉ ዝመስል ርጋጽ ረኺብኩ። ነታ መንገዲ፡ እንተስ ናብ ውሓስ እንተስ ናብ ተኣፋፊ ቦታ ከተብጽሓና ክለቅቃ ኣይመረጽኩን። ቀላጥ ቦታ ብምኻኑ ግን ንክሻፉ ከይተቃልዕና ተሰከፍኩ።

ንወዲ-ከረን ሓዚለ መኸወሊ ኣብ ዘይነበር ቃልዕ ቦታ ዘብዘብ በልኩ። ሰብ ክትጸውር እሞ ድማ ምሉእ ብምሉእ ኣብ ልዕሌኻ ረም ዝበለ ህሩም፡ ዘይፈተን ይፈትኖ ዘብል'የ። ድልዱል ሰብነት ስለ ዝነበረኒ ግን፡ ዕጥቁ ክልተና እንተ ዘይኮይኑ፡ ጾር ወዲ-ከረንሲ ከምኡ ገይሩ ኣይምወጽዓንን። ሚዛን ከይሓለኹ ዝኸደ ዝነበርኩ ኣካይዳ፡ ንወዲ-ከረን ክጉድኣን ነቲ ተዓጊተ ዝነበረ ደሙ ዳግማይ ከዝዕጉን ጀመረ። ወዲ ከረን፡ ነቲ ዝነዝዕ ዝነበረ ደሙ ብኢዱ ክዓብሶ ይፍትን'ሞ፡ ተመሊሱ ሚዛኑ ክሕሉ ኣብ ዝባነይ ይድገፍ ስለ ዝነበረ፡ ዝባነይ ብሕንሳስ ደሙ መርኣዩ ተሳእና።

ደብዳብ ነፈርቲ ውግእ ወያነ ኣይዓረፈን። ጸጉሪ ርእሲ ክነጽያ ዝዓለማ ክመስላ፡ በጥ ኢለን ቅድሚና ሓሊፈን ቦምባታት ደርብየን እንደገና ይምለሳ።

ድሕረ ከም ዝተረዳእኩዎ እታ ሩባ፡ ሩባ ዓዲ ተኸላይ እያ ነይራ። ካብታ ሩባ ወጺእና ነዊሕ ምስ ተጓዓዝና ንወዲ-ከረን ካብ ዝባነይ ኣውረድኩዎ። ከባቢ ሰዓት 1:00 ድ.ቃ ኩይኑ'የ። ቅሩብ ኣዕሪፍና ክንብገስ ምስ በልና፡ "ቤቲ፡ መታን ኩበርየኪ በዛ ሀርምቲ እግሪይ ደግፍኒ" በለኒ። ብኽምኡ ቅሩብ ምስ ከድና ቀልጢፉ ስለ ዝደኸመ ተመሊሰ ሓዘልኩዎ። ጥሜት፡ ጾምኢን ድኻምን ተደራሪቦም ዘግ ኣቢሎምና'የም። ብፍላይ ወዲ-ከረን፡ ምፍሳስ ደም ተወሲኹዎ ተሃስዩ እዩ ነይሩ። "ቤቲ ማይ!" እያ መውጽኢት ኣፉ። ዓቕሊ ጸበት'ምበር፡ ማይ ከም ዘይብልና ይፈልጥ'የ። ንውጉእ ማይ ምስታይ ሓደገኛ ምኻኑ'ውን ኣይጠፍኣን። ኣነ'ውን ሳዕቤኑ ስለ ዝፈልጥ፡ እንተ ዝነብረና'ውን ኣይመስተኹዎን። በዚ ኩይኑ በቲ፡ ኣብቲ እዋን'ቲ ኩሉ-ምሉ ኣይተረኸበን።

ወዲ-ከረን፡ ብዘይርድኣኒ ቋንቋ ካብ ንቡር ንላዕሊ ከሀተፍትፍን ደሃይ ኣጥፊኡ ዕዝም ክብልን ጀመረ። ኣብ ዝባነይ'ውን ጸጸኒሑ ዛሕሊ ተሰምዓኒ። ፍጹም ተኻኢሉ፡ "ቤቲ ማይ!" ጥራይ ይብል ስለ ዝነበረ፡ ኣብ ዝባነይ ከይሰዋእ እምብዛ ፈራሕኩ።

ደው ኣይበልናን። ኣብ ሓደ ቦታ ምስ በጻሕና፡ ተኸፊቱ ዝተበልዐ ብብዝሒ ስቃጥላ ረኺብና። ሃመይን ቀልበይን፡ ዝወጠንኩዎ ከይፈሸለኒ ኣብ

ስግኣት ስለ ዝነበረ: "ኣንታ እዚ ወዲ ማይ እናበለ ኣብ ዝባነይ ካብ ዝሰዋእ ሸንቴ እንተ ሰተየ እንታይ ከይከውን...!" ዝብል ሓሳብ መጸኒ። ሓንቲ ስቓጥላ ኣልዒለ ኣጽረኹዋ። ካልኣሲ ይትረፍ መልሓሱ እንተ ተርከስት ብምባል: እናተጠራጠርኩ: "ወዲ-ከረን: ሸንቲ እንተለካ ኣብ'ዚኣ ኣዕቍርካ ሰተ..." በልኩዎ። ኣማራጺ ከም ዘይብሉ ተገንዚቡ ከምኡ ገበረ። ኣነ'ውን ነቲ ውዑይ ሸንተይ ኣዝሒለ ሰተኹዎ። መልሓሰና: ቅሩብ ክትጠልል ተፈለጠና: ከም እንደገና ንሰለስተ ሰዓት ዝኸውን ኣንፈቱ ናብ ዘይንፈልጦ ጉዕዞ ቀጺልና።

ከባቢ ሰዓት 4:00 ድ.ቐ ኮነ። በቲ እንትርቦ ኮለል ንጹር ኣንፈት ዘይነበሮ ጉዕዞ: ኪሎ ሜተራት ተጓዓዝና። ኣብ መወዳእታ: ወዲ-ከረን ጥራይ ዘይኮነ: ኣነ'ውን ኦሮማይ ኢለ ክወድቕ ዝደለኹሉ ህሞት ኣርከበ። ኣብ መንጉ ከምዚ ዝበለ ፈተነ ተስፋ ዝገበርናላ መንገዲን ኣጕዶ ገዛውቲን ብምዕዶ ረኣኹ። ሰብ እንተ ረኸብና ብምባልት ንወዲ-ከረን ሓዚለ ስነይ ነኺሰ ክምክት ተበገስኩ። ሰጥ ዝበለን ዘይውዳእን ጉልጉል'የ። ኣብ ዝባነይ ኮይኑ ወዲ-ከረን: "ቤቲ ማይ!" ካብ ደቒቕ ናብ ደቒቕ ደጋገመ። ክንብር ዝኽእል ግን ኣይነበረን። ከይጠልመኒ ዝነብረኒ ስግኣት ከይኣክል: ደሙ ምስቲ ምጭትን ምንቅስቃስን መመሊሱ ክዘሪ ጀሚሩ'የ። ምስትንፋሱ'ውን ናብ ምቍርራጽ ገጹ ከደ። ምናልባት: ዕጥቅን እንተ ንገድር ሰኸም ምፈኹሰለይ ነይሩ። እንተኾነ: እታ ኣብ ትሕቲ ዝኹን ይኹን ኩነታት: "ብሪትካ ክትገድፍ የብልካን!" እትብል ሓንቲ ካብተን ፍጹም ዘይጠሓሳ መትከላት ሰራዊት ኤርትራ ብኽመይ ትሰገር! ክሳብ'ታ ናይ መወዳእታ መሰዋእቲ ብሪትካ ኣይትሓድግን ኢ'ኻ። ነዚ እምነት'ዚ ብንቕሓት ተቐቢለዮ'የ።

ኣብ'ታ ስጋ ዘይንፈልጣ ዓዲ ኣተና። ውጉእ ኣዕናዊ'የ: ገዛኻን ንብረትካን ገዲፍካ ክትሃድም ዘስገድድ ስለ ዝኾነ: ኩሉ ነባሪ ናይታ ዓዲ ውጉእ ቅድሚ ምጅማሩ ሃዲሙ'የ። ኣብ ገለ-ገለ ገዛውቲ ኣቲና ዝብላዕ ኩን ዝስተ ፈቲሽና'ውን ኣይረኸብናን። ናህሪ ደብዳብ ነፈርቲ ስለ ዘይዘሓለ: ኣብ'ታ ዓዲ ከሎና ከይድብድባና ሰጊእና ቀልጢፍና ክንወጽእ መረጽና። ተስፋ ኣይቈረጽኩን። ንወዲ-ከረን ኣብ ዝባነይ ጸይረ ነታ ዓዲ ሕቆና ሂብና'ያ ጕተተት ምባል ቀጸልና። ንተጸዐኛይ ከፋኹሰን ተስፋ ሃላወኡ ክህበንን ጸጺሐ ፈለኽ ዝበል ዝነበረ ወዲ-ከረን: ሓቦ ክንብር ይሕልን'ሞ: "ቤቲ: ኣውርድኒ ክሕግዘኪ!" ይብለኒ። ሕልና ገይሩ'ምበር: በቲ ዝፈሰሶ ዝነበረ ደም ብእግሩ ክፍትንሲ ይትረፍ ደው ክብሎ ዘኽእል ዓቕሚ'ውን ኣይነበሮን። ከነዕርፍ ደው እንተ ኢልና: ኣእጋረይ ረድረድ ክብለኒ ምኻኑ እፈልጥ'የ። ስለዚ: ናብቲ ኣንፈቱ ዘይንፈልጦ ጉዕዞ ምቕጻል ጥራይ'የ ዝሓሸ ኣማራጺ ነይሩ። ነዊሕ ምስ ተጓዓዝና: እተን በበተራ ኣብ ልዕለና እናዘንበያ ዝተኮሳ ዝነበራ ነፈርቲ ውጉእ ወይን በብቍሩብ ካባና ዝረሓቓ ወይ ንሕና ካብአን ዝረሓቕና ኩይኑ ተሰምዓኒ። እቲ ጸጺሐ ወዲ-ከረን

ዝንቀሳቐሱ ዝነበረ ክስእኖ ስለ ዝጀመርኩ ግን፣ ዝተፈራረቐ ስምዒት ሓዚ'የ
ሓዚለዮ ጉሰስ ዝበልኩ፨

ሰዓት 5:00 ድ.ቐ.፣ ሓንቲ ብጥዒቃ ዝተለበጠት መኪና ካብ ርሑቕ
ብቅድሜና ረአኹ፨ ወዲ-ከረን ከይዱ ጸንቂቐ'የ፨ እታ መኪና ኣብ ጥቓና
ብዝበጽሐት ደዉ ከብለልና ንመራሒ መኪና ብኢደይ ምልክት ገበርኩሉ፨
ብላዕሊ ሑጻ ተነጺፋላ ውጉኣት ጽዒና ነበረት፨ እቲ ኣውቲስታ፣ ዝባነይ
ብደም ተለቢጡ ምስ ረአየ፣ ብኽቢድ ዝተወጋእኩ መሲሉዎም፣ "ብጻይቲ
ደሓን ዲኻ!" ስንባደ ሓዊሱ ሓተተኒ፨

"ኣነስ ደሓን'የ፨ እዚ ብጻየይ ደኣ'ምበር፣" ምስ በልኩዎም፣ ብዙሕ
ኣይተዛራረብናን፣ ሰራዊትና ዝነበር ቦታ ሓቢሩኒ ንወዲ-ከረን ምስ'ቶም
ውጉኣት ጽኔቱዎም ናብ ሕክምና ተዓዘረ፨ ደሓር ከም ዝፈለጥኩዎ እታ
መኪና፣ ናይ'ቶም ንረዳት ዝመጹና ኮር 271 እያ ነይራ፨

ድኽመይ ጥርዚ በጺሑ ዓቕመይ ጸንቂቐ'የ፣ ደንዚዘ ምጽንሓይ ድማ
ሸው ተፈለጠኒ፣ ስለዚ፣ ኣብ ጥቓይ ኣብ ዝነበረት ንእሾ ቆጥቋጥ ተሸጒጠ
ኩፍ በልኩ፨ ነዊሕ ከየዕረፍኩ፣ ካልእ ብጥዒቃ ተለቢጣ ሓመዳዊ ሕብሪ
ዝሓዘት ፒክ-ኣፕ ትዮታ ክትመጽእ ብማዕዶ ረአኹ፨ ኣይደንጎየትን
ፈልፈል እናበለት በቲ ዝነበርኩዎ ህራግ በለት፨

ካብቲ ቆጥቋጥ ናብ ማእከል'ቲ ጽርግያ ወጺአ ምልክት ገበርኩሉ፨
ፍጥነታ በብቅሩብ ኣጉዲላ ኣብ ቅድመይ ደው በለት፨ ከም ዝመስለኒ፣
ላዕለዋይ ወተሃደራዊ ሓላፊ ሒዛ ዝነበረት'ያ፨ ንሱ'ውን ጥራይ ዝባነይ
ብደም ተዓሊሱ ምስ ረአየ፤

"ማንጁስ ደሓን ዲኻ!" ሓተተኒ ስንብድ ኢሉ፨ ወሪዱ ኮነታተይ ምስ
ፈለጠ፣ ነቲ ንእስታት ሸውዓተ ሰዓታት ብደም ወዲ ከረን ምዕላሱ ከይኣኽሎ፣
ብጸሓይ ረሲኑ ናብ መቝሎ ዝተቐየረ ዝባነይ ርእዩ፣ "እንባሲት ኣጀኻ፣ ናይ
ጀጋኑ ኣደታትኪ ኢኺ ወሪስኪ!" ኢሉ ላዕላይ ክዳኑ ኣውጺኡ ከደነኒ፨
ኣሃዱኣይ ምስ ሓበርኩዎ፣ ኣብ መኪና ሰቒሉ ኣንፈት ጉዕዞና ንድሕሪት
ብምግባር ምስ ብጸተይ ኣራኸበኒ፨

ድሕሪ ከቢድ መስገደል ካብ ሓደጋ ድሒንና ወዲ-ከረን ናብ ሕክምና፣
ኣነ ድማ ናብ ብጸተይ ብሰላም ብምጽንባርና ትብዓት ተሰምዓኒ፨ ካልኣይ
ወራር ወያነ ብዓወት ዘፍ'ኪ እንተ በለ፣ ኣሃዱና ብዙሓት ጀጋኑ ከፊላ'ያ
ጸኒሓትኒ፨ ኣነን ወዲ ከረንን'ውን ሃለዋትና ስለ ዘይተፈጠ፣ ምስ'ቶም
ተሰዊኦም ክኹኑ ይኽእሉ'ዮም ዝተባህሉ ኣባላት ተጸንቢርና ምጽናሕና
በርሃለይ፨

ደም ወዲ-ከረን ዝተለበጠ ዝባነይ ምስ ኣጽረኹ፣ "ወዲ-ከረንሲ ከመይ
ኩን ኩይኑ ይኸውን፣ ኣብ መገዲዶ ይስዋእ ወይስ ሕክምና ክበጽሕ'የ!"
ዝበል ሓሳብ ድቃስ ከልኣኒ፨ ድሕሪ'ዚ ፍጹም'ዚ፣ ምስ ወዲ-ከረን ብኣካል'ኳ

እንተ ዘይተራኸብና፡ ኣብ ሕክምና ግላስ ከም ዝተሓከመን መውጋእቲ ዘጋጠማ የማነይቲ ሰለፉ ከም ዝሰሓበቶን ድሕረ ፈሊጠ።

*   *   *

ካልኣይ ወራር ድሕሪ ምዝዛሙ ዝቐጸለ ሳልሳይ ወራር፡ ንመርዓ ዘፍቅድ ምቹእ ግዜ ኣይነበሮን። ምስ ማቴዎስ ሕጹየይ ዝነበረና ዝምድና፡ ነቲ ወራራት እናስዓረ ንነዊሕ እዋን ብጽቡቕ ቀጺሉ'የ። ምስ ምንዋሕ ግዜ ከኸውን ይኽእል ግን ኣብ መንጎና ገለ ፍሕፍሕ ተፈጥረ። ንማቴዎስ፡ ኣብ ልዕለይ ጥርጣረ ከም ዘሕድር ዝገበረ ገለ-ገለ ዕላላት በጽሓ። ንሱ በዚ ተደፋፊኡ ዘይድሊ ትሕዝቶ ዝነበራ ደብዳበ ሰደደለይ። ድሕሪ'ቲ ኹሉ ዝሓለፍኩዎ ሽግር ኣብ ህይወተይ ከምታ መዓልቲ'ቲኣ ገይረ ጉህየን ሰንቢደን ኣይፈልጥን። ብቑጽበት'ውን "ዝምድናኺ ብተኺ!" ዝበል ህዉኽ ሓሳብ ወረረኒ። "እነ፡ ኣብ ግንባር'የ ዘለኹ - ኣብ ምክልኻል ሃገር። ንስኻ ግን ኣብ ኣስመራ። ከተተባብዐኒ ዝግብኣካ ዘየድሊ መረዳእታ ክትሕዝ ጽቡቕ ኣይኮነን።" ዝበል መልሲ ደብዳበ ሰዲደሉ፡ ርክብና ድማ ዛሕተለ።

ሳልሳይ ወራር ተወዲኡ፡ ኩነታት'ውን ተረጋጊኡ ኣንፈት ሰላም ክነፍስ ምስ ጀመረ፡ ንዕረፍቲ ናብ ኣስመራ መጻእኩ። ምስ ማቴዎስ ተራኺብና ነቲ ኣብ መንጎና ዝተፈጥረ ዘይምርድዳእ ኮፍ ኢልና ብዕምቈት ዘተናሉ። ብድሕሪ'ዚ፡ ካብ ፈለማ ኣብ ዕለተ-ናጽነት ክምርያ ባህጊ ነይሩኒ። ኩይኑ ድማ ካብ ሰራዊት ምስ ተፋነኹ፡ 24 ግንቦት 2002 ምስ ማቴዎስ ቃል ኪዳን ኣሲርና ሓንቲ ቄልዓ ወሊድና ንገለ እዋን ብሓደ ድሕሪ ምጽናሕ ተፈላሊና። ብድሕሪ'ዚ ካልእ ሓዳር ገይረ ወሊደ ብፍቕሪ እነብር ኣለኹ።

ኣዘንታዊት፤
ቤትኤል ደሰበላይ ኣርኣያ

ኣባል ሻውዓይ ዙርያ ቤትኤል

ቤትኤል ድሕሪ ወራራት

15

ምእንቲ ልኡላውነት ኣብ ዕለተ-ናጽነት

ብንያም በረኸት

ከም ወትሩ፡ ኣብታ ዕለት እቲኣ'ውን ድምጺ ሓፋሽ ሰሚዕና ኢና ናብ ቤት ትምህርቲ ኬድና። ካብ ትምህርቲ ምስ ተመለስና ኸአ ድምጺ ሓፋሽ ምሉእ መዓልቲ ደርፍታት ጥራይ ከተቃልሕ ወዓለት - 24 ግንቦት 1991። እቲ ንሰላሳ ዓመታት ዝተኻየደ ብረታዊ ቃልሲ ብዓወት ተዛዚሙ፡ ህዝባዊ ሰራዊትና ኣስመራ ኣተወ። ሓለፍትናን ኣለይትናን ደረት ብዘይብሉ ሓጉሰን ይገልጹሉ ኣብ ዝዘበራ፡ ንዝበዛሕና ተመሃሮ ቤት ትምህርቲ ሰውራ ትርጉም ናይቲ ድግስ ብልክዕ ኣይተረድኣናን። ስለዚ ኸአ ንሓንቲ ኣላይትና ሕቶታት ኣብዛሕናላ። ንደቃይቅ ዝን ድሕሪ ምባል ንኹልና እናጠመተት "ትሰምዑ ኣለኹም፡ ካብ ጽባሕ ነፈርቲ ኩናት ኣይመጻን እየን!" በለትና ናጽነት በቲ ክርድኣና ይኽእል'ዩ ዝበለቶ ቋንቋ ገይራ። ኩልና ብሓደ ድምጺ ወጨጭናን ኣጣቓዕናን።

ምረት ደብዓብ ነፈርቲ ኣሰኪሐሙና'ዮ። ስለዚ፡ ልዕሊኡ ትርጉም ናጽነት ክውክለልና ዝኽእል ኣብነት ዳርጋ ኣይነበረን። መምህርና እቲ ሓሳብ ከመይ ኢሉ መጺኡላ ክባብ ሕጂ ይገርመኒ።

ብድሕሪ ናጽነት፡ ካብቲ ኣጸቢቖ ዝዝክሮ፡ ኣብ ሰማያት ኤርትራ ንሸውዓተ ዓመት ድምጺ ናይ ኩናት ነፈርቲ ብናይ ህዝቢ ምትክኡ እዩ። ሳላ ናጽነት ድማ ካብ ምዮች ምባል፡ ኣብ ትሕቲ ኣንደር ተሓቢእካ ቀባሕባሕ ምባልን ምብህራርን ናብ ደረትካ ቀሊዕካ እትጥምቶ ሰላማዊ ሰማይ ተሰጋጊርና። ምዝራግ ናይዚ ሰላም'ዚ ክርድኣና እንተኹኑ ኸኣ ኣብ 1998 ወራር ወያነ ምስ መጸ፡ እቲ ወራር ኣብቲ ሰላማዊ ሰማይ ነፈርቲ ኩናት ጸላኢ ዳግም ክዝምብያ ምርኣይ ማለት ምኻኑ ርዱእ ነበረ።

ወያነ ኣብ ልዕሊ ኤርትራ ወራር ምስ ጀመረ፡ ኤርትራዊ መንእሰይ ኣብ

ጉኒ አያታቱ ዓጢፁ፣ ንዘልአለም ዘይጥለም ሕድሪ አብ ማእገሩ ከም ዘሎ ከመስክር ናብ ግንባራት ወፈረ፡፡ ህዝቢ ኤርትራ ብሓፈሻ፣ ንኽብሪ ናጽነቱ ክንዲ'ቲ ንምምጻእ ዝኸፈሎ ዋጋ፣ ንምዕቃብ ልኡላውነቱ ረዚን ዋጋ ክኸፍል ድሉው ኩነ፡ ብዛዕባ'ዚ ዝወራረስ ዘሕብን ታሪኽ ጅግንነት ክጽሕፍ ምስ ሓሰብኩ፡ አብ ውሽጠይ ስክፍታ ዝፈጥር ስምዒት ንውሽጠይ ዝሕው በለ፡፡ አብ ባህሊ ህዝባዊ ግንባር፣ ዘይነበረን ዘየሎን "አነ" እናበልካ ምጽሓፍ፣ እንታይ ከም ዝብሎ ጠፍአኒ፡፡

ካብ 1998 ክሳብ 2000 ኢትዮጵያ አብ ልዕሊ ኤርትራ ሰለስተ ዓበይትን ሰፋሕትን ወራራት አካየደት፡፡ እዞም ወራራት እዚአቶም ዕላማአም ሓደ'ኳ እንተኾኑ፡ ዝተኻየዱሉ ዕለት ግን አጋጣሚታት እናፈጠረ ይፈላለ'ዩ፡፡ ሳልሳይ ወራር 12 ግንቦት 2000 አብ ግንባር መረብ ሰቲት ምጅማሩ ድማ ጽንብል ናጽነት ሃገርና ንምዘራግን ትርጉም ንምኽላእን ነበረ፡፡

አብቲ እዋን'ቲ አሃዱና፡ 525.2.1 አብ ግንባር ቡሬ እዩ ነይሩ፣ ሓለፍትና አንፈትን አመዓባብላን ናይቲ ወራር ብደቂቕ ይከታተሉ ነበሩ፡፡ በዚ መሰረት፡ አድላዪ አብ ዝኾነሉ፡ አብ ኩሉ ግንባራት ነቲ ናይ ጸላኢ መጥቃዕቲ ንምምካት ኩሎም አሃዱታት ሓይልታት ምክልኻል ዝተዋህቦም ተልእኾ ክፍጽሙ ድሉዋት ነበሩ - ወራር ጸላኢ ንምምካትን ንምፍሻልን፡፡

ሓለፍትና፣ ንጸላኢ አበይ መቕተሊ ቦታ ትገብረሉ አጸቢቔም ስለ ዝፈልጡ፣ አብቲ ዝድለ ቦታ አእትዮም መሬት ኤርትራ ሕጂ'ውን ከም ቀደም መቓብር ጸላኢ ምኽኑ ከነረጋግጽ፣ አብ ኩሉ ከባቢታት ዓረድና፡፡ እቲ ሓያል መኸተ ዝሓተተ ሰፈሕን ዛዛምን ዝተባህለሉ ሳልሳይ ወራር ከአ 17 ግንቦት 2000 አብ ምዕራባዊ ግንባር ስትራተጅያዊ ምንስሓብ ክንገር'ኳ እንተ አገደደና፡ ንጸላኢ ስድሪ መሬት ኤርትራ ዋጋኡ ብንጹር አርኢናዮ ኢና፡፡

ጸላኢ ነቲ ምዝላቕ ንፕሮፖጋንዳዊ ሃልኪ'ኳ እንተ ተጠቐመሉ፡ አብ ባይታ ከምቲ ዝወጠኖ ዓወት ተጎናጺፉ ናብ አስመራ ክበጽሕ ስለ ዘይከአለ በቲ ሓደ፡ ዝወረደ ስዕረት ንምሽፋን ድማ በቲ ኻልእ፡ አብ ካልአት ግንባራት መጥቃዕቲ ክጅምር ግድን'ዩ ነይሩ፡፡ ስለዚ ድማ፡ አሃዱና ከም ኩለን ሕድሪ ምኽባር ልኡላውነት ተሰኪመን ከቢድ ዋጋ ዝኸፍላ ዝነበራ አሃዱታት ሓይልታት ምክልኻልና፣ ዝሰዕብ ምዕባለታት ብደቂቕ እናተኸታተለት ዝወሃብ መምርሒ ንምትግባር ክሳብ 18 ግንቦት 2000 አብ ከባቢ ካንሻላይ ድሕሪ ምጽናሕ፣ ንጽባሒቱ 19 ግንቦት አብ ከባቢ ሻኽ ወዲ-ብስራት ውጊልና ብለይቲ ማይ-ነፍሒ፣ አቲና አብኡ ሓደርና፡፡ ሻኽ ወዲ ብስራት በጺሕና፡ መካይንና ናብ የማን፡ ናብ ጎቦ አብ ዝጥወያሉ ዝነበራ፡ ብቅድሜና ካብ ዝነበራ መካይን ሓይል ፈስካን ጭደራን ስማዕና፡፡ ኩሎም አብ ዝባን'ተን መካይን ዝነበሩ አባላትና ንስላምታ አእዳዎም የማነ-ጸጋም ከወሳውሱ ረአናዮም፡፡ ንሕና፡ እንታይ ተረኽበ ኢልና፡ ናብቲ ብማዕዶ ንርእዮ ዝነበርና ክንበጽሕ

ተሃወኽና፡፡ መኪናና ፍጥነት ቆኒሳ ናብ መጥወዩ ቅድሚ ምብጻሕና፡ ኣብ ጸጋማይ ወገን ጸሊም ጽርግያ ደው ዝበለት፡ ዝባና ብጭቃ ተጸይቁ ተመሳሲላ ዝነበረት ንእሽቶ መኪና ረኣና፡፡ ኣብ ውሽጢ ጋቢና ናይታ ዝነበርናያ መኪና ዝነበረ ሓላፌና፡ ርእሱ ብፍኒስትራ ኣቐልቂሉ፡ "ፕረሲደንት እዮ፡ ሰላም በልዎ!" በለና፡፡ ኩልና ጭደራን ፊስካን ሓዊስና፡ "ወዲ-ኣፈ! ወዲ-ኣፈ!" በልና ብዓውታ፡፡ ክቡር ፕረሲደንት ኢሳይያስ ኣፈወርቂ፡ ዝግባእ መልሰ-ግብሪ ብምሃብ፡ ብኢዱ ዓወት ንሓፋሽ እናኣመልከተ ኣብ ርእሲ ሞራልና ሞራል ወሰኸልና፡፡ ኣቓዲሙ ኣብ ባረንቱ ወራር ወያነ ንምክተሉ ኣብ ዝነበርናʼውን ኣብ ጉድንና ከም ዝነበረ ርእናዮ ኢና፡፡ ኩልና ሕድሪ ብጾትና ከም ዘይጠለምናን ኣብ ሓደ ናይ መኸተ መድረኽ ከም ዝነበርናን ድማ ዝያዳ በርሃልና፡፡ ታሪኽና ከም ዝምስክር፡ ንህዝባዊ ግንባር ኣብ ዓውት ዘብጽሓ እቲ ኣብ መንጎ ተራ ተጋዳላይን መሪሕነትን ዝኹስኩሶ ሓያል ምትእስሳር እዩ፡፡ እቲ ኣመራርሓ ድሕሪ ናጽነት እውን ከም ባህሊ ኣብ ስራዊት ኤርትራ ስለ ዝሰረጸ፡ ኣብ ኩሉ ብሓደ ነይርና፡፡

20 ግንቦት 2000 ስራዊት ጸላኢ ብኸባቢ ዝባን ደብሪ ምንቅስቓስ ስለ ዝገበረ፡ ንኣድላዩ ምክልኻል ናብኡ ከድና፡፡ ጸላኢ ምንቅስቓሳትና ከይከታተል ጉዕዞና ብጸላም ኩይኑ፡ መካይንና መብራህቲ ኣጥፊአን ኣብቲ ዝተደልየ ቦታ፡ ዝባን ደብሪ፡ ኣተና፡፡ እቲ ወራሪ ሓይሊ ጸላኢ ዝተሓስበሉ መጸወድያ ግዲ ተረዲኡዎ፡ ወይʼውን ንዓና ንምተላል ከኸውን ይኸእል፡ ንሓይልታት ምክልኻል ኣብ ዝሓጸረ ግዜ ደምሲሱ ኣስመራ ብምቁጽጻር ንህዝቢ ኤርትራ ከምበርከኽ ዘወጠነ ትልሚ ንኸተግብር 23 ግንቦት 2000 ብግንባር ዓሊተና-መረብ፡ ክንፈ ጽርና፡ ሰፊሕ መጥቃዕቲ ጀመረ፡፡

ኩልን ኣሃዱታት ሓይልታት ምክልኻል ኣብ ከቢድ ናይ ምክልኻል መኸተ ተጸምዳ፡፡ ኣሃዱናʼውን ነዚ መጥቃዕቲ ንምፍሻል ካብቲ ዝነበርናዮ ዝባን ደብሪ፡ ድሕሪ ናይ ሸውዓተ ሰዓት ጉዕዞ እግሪ፡ ኣብ ዲጋ ዓረዛ ኣዕረፍና፡፡ ኣብዚ ቦታʼዚ፡ ከም ኣብ ኩሉ ቦታታት ሃገርና ዝጸንሓና ህዝቢ፡ ናብ ጽርግያ ብምውጻእ ዘለም ትሕዝቶ - ማይ፡ እንግጣጢዕ፡ ኮሮንጾ፡ ልዕሊ ኹሉ ድማ ሞራል - እናሰነቐ ኣፋነወና፡፡ ካብኡ ብምካይን ናብ ጸርና ተበገስናᎎ ገለ ኣሃዱታትና ኸኣ ካብ ዓዲ ኢታይ ብሄሊኮፕተር ኣብ ጸርና ከም ዘርከባ ተገብረ፡፡ ንሕና ገና ካብ መካይን ከይወረድና ጉዕዞ ቀጸልና፡፡ ኣብ ከምዚ ዝበለ ህሞት ሬድዮ ወሊዕና ምዕባለታት ናይቲ ውግእ ንከታተሉ ኣብ ዝነበርና ግዜ፡ ቀዳማይ ሚኒስተር ስርዓት ኢትዮጵያ ነበር መለስ ዜናዊ፡ "ናይ ኤርትራ ጉዳይ ኣብ ውሽጢ ዕስራን ኣርባዕተን ሰዓታት ክንውድኣ ኢና፡" ክብል ሰሚዐናዮ፡፡ ኣዚና ተገረምናᎎ ብውሽጥና ንዘተሰከምናዮ ሕድሪ ስዉኣት ስድሪ መሬትና ብወረርቲ ከይድፈር ናብቲ ውግእ ክንኣቱ ተሃወኽና፡፡ ኩሉʼቲ ካብ ምዝላቕ ባረንቱ ጀሚሩና ዝሓለፍናዮ ህዝብና ዝሃበና እኽለ-ማይን ሞራልን እናተራኣየና መሊሱ ንውሽጣዊ ስምዒትና ኣገንፈሎ፡ ንያትና ሰማይ ዓረገᎎ

287

ድሕሪ ነዊሕን አድካምን ጉዕዞ ናብ ዝተዋህበና ሽቶ በጻሕና። ጀጋኑ ብጾትና መሬት ካብ ዝረገጹላ አትሒዞም ንሰራዊት ጸላኢ አጸብዕቶም ቃታ ምስሓብ ክባብ ዝአብዮም፤ መላሲ አውያት ዘይብሉ ኩይኑ ከም ቄጽሊ አርገፉዎ። አብ ውሽጢ ድፋዕ ዝነበራ አሃዱታትና እዚ ኹሉ ጅግንነት እናረጸግ፤ ከም ራብዐይቲ ሓይሊ (ሪዘርቫ) ዝነበረት አሃዱና፤ ከባቢ ሰዓት 8፡ 00 ንግሆ ውጉአት ክትቅበል ጀመረት። ስለ ዝኹነ ድማ ሕክምና ቦጦሎኒና ውጉአት አብ ምሕካም፤ አባላት ቤት ጽሕፈት ከአ ኩሉ ዘድሊ ሰነዳት ብጾትና ብጥንቃቐ አብ ምምዝጋብ - ከም'ቲ ዝጸንሓና ክቡርን ጽፉፍን ባህሊ አተሓሕዛ ሰነዳት ህዝባዊ ግንባር - አብ ጽዑቕ ስራሕ ተጸመድና። ታሪኽ ብረታዊ ቃልስና አብ አተሓሕዛ ሰነዳት ተጋዳልቲን ውድብን አዝዩ ዝድነቕ ምንባሩ ብዙሕ እዋን ይግለጽ እዩ። ንሕና'ውን አብ'ቲ ከቢድን ጽንኩርን ህዋት ዝኹነ ሓበረታ ስዉአትን ዉጉአትን ከይሓልፈና ብጥንቃቐ አብ ምምዝጋብ አተና። ክዘርቡ ዘይክእሉ ከቢድ ማህረምቲ ንዝነበሮም ብጾት፤ አስማቶምን አሃዱአምን አብ ችሮቶ ብምጽሓፍ አብ ግንባሮም ለጢፍና ድሕሬና ናብ ዝነበረ ሕክምና ንሰዶም። አብ ከም'ዚ ዝበለ ኩነታት እንከለና፤ ሓደ ከቢድ መውጋእቲ ርእሲ ዝነበሮ ብጻይ ረአኹ። ርእሱ ብጸዐዕ ገዚ ተሸፊኑ፤ አይርኢ፤ አይሰምዕ አብ ባሬላ አደቂሰሞ ምስ ረአኹዎ፤ ከለልዮ ስለ ዘይከአልኩ፤ ተቓላጢፈ ሰሙ ሓተትኩዎም። አብ'ቲ ሒዘዮ ዝነበርኩ ጥራዝ ክምዝግቦ እንተ ደለኹ፤ አጸብዐተይ ምጽሓፍ አብየን ደረጃ - ተዓንድኩ። አዕሚቐ ብምስትንፋስ፤ "ሓምድ ሳልሕ!" ኢላ ብኽንደይ ሓይሊ ምስ ውጉአት መዘግበኩዎ። አብ ትዝታ ጥሒላ ኩሉ'ቲ ክብለኒ ሓሲቡዎም ይኹውን ዝበልኩዎ ከመላልሰን ከም ስእሊ አብ ቅድሚ ዓይነይ ቅጅል ክብለንን ወዓለ። ድሕሪት ተመሊሰ ስሓቘ፤ ዕላሉ፤ ብፍላይ ናይ ትምህርቲ ክቴር ድሌቱ ዘኪረ ብውሽጠይ ተነኽነኽኩ።

ሓምድ አብ'ቲ አብ አሃዱ (ቦጦሎኒ) ዝወሃብ አካዳምያዊ ትምህርቲ ክሳብ ራብዓይ ክፍሊ በጺሑ ነይሩ። ኩሉ ግዜ ምስ እንራኸብ ከአ፤ "ንስኻትኩም ዕድለኛታት ኢኹም። ህዝባዊ ግንባር አብ ንእስነትኩም ብኽንክን አዕብዩ አምሂሩኩም። ስድራና ግን ብስንኪ መግዛእቲ ከምሀሩና ዕድል አይረኸቡን። ሕጂ እዚ ኩነታት ወያነ ምስ ተወድአ ክሳብ ዩኒቨርስቲ ተማሂረ ክምረቕ እየ ዝደሊ።" ዝበለኒ ዝነበረ ዘኪረ አብ ሓሳብ ተሸመምኩ። ብስራሕ ናብ ሓይልታትና አብ ዝኸደሉ፤ ሓምድ ሳልሕ ዘይተረድአ ወይ መብርሂ ዝደልየሉ ብደወይ'ውን ይኹን፤ ከይሓተተ አየሕልፈንን ነይሩ። አነ'ውን ነቲ አብ ልዕሊ ትምህርቲ ዝነበሮ ክቴር ባህጊ አብ ግምት ብምእታው፤ ዝደለዮ እፍጽመሉ ነይረ።

ስታፍ ሕክምና ቦጦሎኒና ሙሴ ተኸስተ፤ ብቑልጡፍ ኢንፈዮጅን ምስ ተኸለሉ ምስ ኩሎም ውጉአትና አብ ትሕቲ ገራብ አደቂሰናዮ ናብ ስራሕና ተመሊስና ላዕልን ታሕትን ምባል ቀጸልና። ሓኪይም ውጉአት አብ ምሕካም፤

ስንቄን ኤምዳድን ናብ ውሽጢ ድፋዕ ኣብ ምብጻሕ፡ ኣፐሬተራት እዋናዊ መልእኽቲ ኣብ መንጎ ሓለፍቲ ኣብ ምትሕልላፍ፡ ተዋጋእቲ ኣብ ውግእ.
. . ኩሉ ሰብ ኣብ ጽዑቕ ስራሕ ነበረ። ፐርሰናላት ከኣ ዘጋጠመ መስዋእትን መውጋእትን ብጾት ብኽብሪን ጥንቃቐን እናመዝገብና ከባቢ ሰዓት 10:00 ኩነ። ኩነታት ሓምድ ዓርከይ ስለ ዘየቕሰነኒ፡ ማህረምቱ ኣብ ርእሱ ስለ ዝነበረ፡ እናተመላለስኩ ኩነታት ኢንዶየጅኑ ኣረጋጊጸ ናብ ካልእ ስርሓይ እኸይድ ነይረ። ኣብ ከምዚ ውጡር ህሞት እንከለና፡ ኣፐሬተር ዓብዱ መሓመድ: "ጥይት ወዲእና!" ዝብል ህጹጽ መልእኽቲ ካብ ድፋዕ ስለ ዝተቐበለ ንኣዛዚ ሓይሊ ሰረቆ መሓሪ ሓበሮ። ተንዒ ኩነ።

ኣጽዋር ዝጸንተት ማርቸድስ ናብ ጥቓና ስለ ዝመጸት: ኩልና ሰናዱቕ ተተሰኪምና ናብ ውሽጢ ድፋዕ ከንብጽሓ መምርሒ ተዋህበና። ብጾትና ንሸሾ ሰራዊት ጸላኢ፡ ኣእዳውም ክሳብ ዝርብርቡ ብቦምባታት ተሳሂሎሞ ምዉትን ቁሱልን ብምግባር ህልቂቱ እምበር ውግእ ክትብሎ ዘጸግም ክሳራ ኣብ ልዕሊ ሰራዊት ጸላኢ። ድሕሪ ምውራድ ብጾትና: ገለ ኣገደስቲ ንቦታት ተቛጻጺሩ። ካልኣይ ግዜ ቦምባታት ኣብጺሐ እናተመለስኩ ብሓምድ ዓርከይ ቅሳነት ስለ ዝሰኣንኩ: ጉያ ወሲኸ ናብታ ዊጉኣትና ደቂዖምላ ዝነበሩ ዓባይ ገረብ ኣማዕድየ ጠመትኩ። ቡቲ ዝረኣኹዋ ስለ ዝሰንበድኩ ናህሪ ወሲኸ: ልዕሊ'ቲ ተሰኪመ ዝኸድኩዋ ህርመት ልበይ ወሲኹ ትንፋስ ክሳብ ዝሓጽረኒ እናላህላህኩ ሁራግ በልኩዋም። ሓኪይም ቦጦሎኒና: ዮናስ ነታባይን መሓመድዓሊን (ታጀር) ነታ ኢንዶየጅኑ ከውጽኡዋ እንከለዉ ኣርከብኩዋም። ኣብ ልዕሊ ሓምድ ደዉ ኢለ ኣተኩረ ጠመትኩዋ: ሓምድ ንዘልኣለም ኣጽቂጡ ነበረ!

ካብቲ ዝነበርናዮ ርሕቕ ኢልና ብዝኽሪ-ሰማእታት ቀበርናዮ። ብድሕሪኡ ንሓምድ ሳልሕ ዓርከይ ብኽብሪ ኣብታ ናይ ጀጋኑ ሰዉኣት መዛግብ: ኣብታ ድሕሪ ሰላሳ ዓመታት ናጽነት ዝጨበጥናላን ክብሪ ልኡላውነትና ንምዕቃብ ኣብ ከቢድ ምርብራብ መስዋእትን ዝነበርናላን 24 ግንቦት 2000: ሰዓት 10:30 ቅ.ቆ. ኣስፈርኩዎ። መስዋእቲ ብጾትና ሕልናና ብምብርባር ፍናን ሰኒቕና ክንሰርሕ ስለ ዝድርኸና ተመሊስና ስራሕና ቀጸልና።

ኣብ ከምዚ እንከለና የማን (ኣባዓንጋ) ካብ ውሽጢ ድፋዕ መጺኡ: ንኣዛዚ ሓይልና ቅርብ ኢሉ ክዘረቦ ብማዕዶ ረኣኹዎ። ዊጉን ሒዞም እናወጹ ጥርታር ኣብ ጥቓኡ ወዲቓ: ሓሰን ሸዉ ንሸዉ ተሰዊኡ ከም ዝቛበሩዎን ጅምዕ ዝተባህለ ኣባልና ተወጊኡ ስለ ዝነበረ ንዕኡ ከምጽኡ ባሬላን ሰባትን ከም ዘድሊ'ዩ ሓቢሩዎ። ከምቲ ልሙድ: ንመስዋእቲ ናይቲ ብጻይ መዝጊበክዎ። ናብቲ ዝተወግአ ክንከይድ ኣብ ቅድመይ ዝጸንሓትኒ ባሬላ ኣልዓልኩዎ። ሃንደበት: ክፍላይ የማን ብድሕሪኡ መጺኡ ከምንጥለኒ ደለየ። ኣትሪረ ሓዘኩዎ። "ደሓን ኣነ ክኸይድ እየ:" በለኒ ብታሀዋኽ ዝሓለፉ ኣባላትና ከርክቦም እናደለየ። ኣይሃብኩዎን። ሓለፍትና ከርእዮና ጸኒሐም

አብ መንጉ መራሒ ሓይልና፡ ብስመይ ጸዊዑ፡ "ደሓን ሃቦ፡ ንስኻ ስራሕካ ግበር፡ ከይተመዝገቡ ከይሓልፉኻ ተጠንቀቕ፡" በለኒ ልዝብ ኢሉ። ትእዛዝ ስለ ዝኹን ክሰግር አይክእልን። ስለዚ፡ ዝተበሃልኩዎ ገበርኩ። በእዳወይ ጨቢጠያ ዝነበርኩ ባሬላ አብ ዝፈነኹሉ፡ ንክፍላይ ጠመትኩዎ፣ አደኡ ከም ዝረአየ ህጻን ክምስ በለኒ። እተን ጸዓዱ አስናኑ ካብ ምሕፈር ታሕንስ መሊሰን በሪደን ተራእያኒ። አዒንቱ አጨምቲሉ'ውን ጠመተኒ። አብቲ ጥምጥም ምስሕሓብ ንባሬላ ከም ዝሰዓረኒ ዘመልክት ምሉእ ኩርዓት ተሰሚዑዎ ሕቘኡ ሂቡኒ ምስቶም ብጾት ክፍለየኒ እንከሎ፡ ክሳብ ካባይ ርሕቕ ዝብሉ ጠመትኩዎም።

ድሕሪ ዓሰርተ ደቒቕ ይኸውን ኩነታት ተቐየረ። ካብ የማናይ ወገን ጸርና ናባና ገጹ ጾዕጹዕ ደብዳብ ከቢድ ብረት ዘነበ። ጸላኢ፡ ነታ ውሽጢ አትያ አጸዋር ተራግፍ ዝነበረት ማርቾድስ ርእየዋ ከኸውን ከም ዝኽእል ጠርጠርና። ሓለፍትና ብቑጽበት ክንጥንቀቕን አብ ከውሊ ክንከውን ሓበሬታ አመሓላለፉ። ስለዚ፡ ምስ ዓብዱ መሓመድ (አፐሬተር) ብድሕሪ ንእሸቶ ከውሒ ተጸጊዕና ኮፍ ኢልና እንከለና አብ ጥቓና ዝወደቐ ሞርታር ክፋጺ ሰማዕናዮ። ገለ ነገር ሾቕ ስለ ዘበለኒ፡ ናብ የማነይቲ እደይ ጠመትኩ፣ 'ፈርፈር' ክትብል ረአኹዋ፡ ንእለት ደም ዛረየ።

ዝኹን ቃንዛ አይተሰምዓንን፣ ዓብዱ ተቐላጢፉ ካብ ሓካይም ንሃብቶም ሚኪኤል ጸወዖ። እቲ ሓኪም ቀዳማይ ረድኤት ገይሩ ብገዝ ጀነነኒ። የማነይቲ እደይ ስለ ዝኹነት ካብ ስራሕ ከም ዝበኩር ተረድኣኒ። ምስ ውሽጠይ ድማ ተመያየጥኩ። እታ ሰነዳት ቦጦሉነና ዝሓዘት ጸላም ቦርሳይ ንሓላፈየይ ኢሳቕ ዳኒኤል ሃብኩዎ። አሻቡ፡ ዓዲ-ውዒል ዝኹንኩ ኩይነ ተሰምዓኒ። ምስ ውሽጠይ አብ ዓሚቝ ሓሳብ እንከለኹ፡ ብቕድመይ አባላትና ንሓደ ብጻይ ብባሬላ ጸይሮሞ መጺአም አብ ጥቓይ አደቀሱዎ። መን ምዃኑ ከለልዮ ቅርብ በልኩ። የማናይ ጉድኑ ብስኩጆ ተበሲዑ ብርቱዕ ውሽጣውን ደጋውን መድመይቲ ነበሮ። በዓል ተመስገን ክሕክሙዎ ተጓየዩ፡ ማህረምቱ አዝዩ ከቢድ ብምንባሩ ኸአ አመና ተሻቐሉ። ኩላቶም ብሓንሳብ ዝን በሉ። ቅርብ ኢለ ጠመትኩዎ፡ ክዛረብ ዝደለየ ክመስል ከናፍሩ አንቀሳቐሰን። አብ ዓሚቝ ሓሳብ አተኹ - እቲ ነታ ባሬላ መን ወሰደ ዝገበርናዮ ምውጣጥ ከአ ቅጅል በለኒ። ቅድመይ ሓሊፉ፡ ቀጢንን ጸሊምን ክፍላይ የማን፡ ምስ ዓስራይ ዙርያ ሃገራዊ አገልግሎት'የ አብ ዓዲ ሃኪን ናባና ተመዲቡ። አብታ ክብርቲ ዕለት፡ 24 ግንቦት፡ ብኽብሪ አብ መዝገብ ስዉአት ዝተመዝገበ ካልእ ብጸይ ኮነ።

ካብ አሃዱና ልኡላውነት ሃገርም ንምኽባር አብ መዓልቲ ናጽነት ዝተሰውኡ ብጾት እዞም ዝስዕቡ ነበሩ፣ ልኡል ተስፋሚካኤል (ወዲ ኢለ)፡ ተስፋአለም እሴት፡ ማሕሙድ ኢብራሂም፡ ሓምድ ሳልሕ ክፍላይ የማን፡ ዮሴፍ መንግስቱ (ቺኮ)፡ ዑቕባይ እያሱ፡ አማረ ሰለሞን።

16

ብመስዋእቲ ዝደመቐት ዕለት

ናጽነት ኣፈወርቂ

ረፋድ ምስ ኮነ፡ እቲ ብከበድቲን ፎኩስትን ብረት ክናወጽ ዝሓደረ ምድረ-ሰማይ ህድኣት ዓሰሎ። ውግእ በኒኑ ክነሱ፡ ኣሰሩ ግን ንስንጭሮታት ጸዓዳ-ቀላይ ሸፊኖ። ብብዝሒ፡ ሬሳታት ጸላኢ፡ ዝመልእ መሬት፡ ንወዓሊኡ ከይተረፈ ዘስካሕክሕ ትርኢት፡ ሓዘ። ኣባላት ሓይልታት ምክልኻል ኤርትራ፡ ስዉኣቶም ኣብ ምቕባር ከም'ኡ'ውን ንብረት ብጹቶም ጸላኢን ኣብ ምእካብ ተዋፊሩ።

ካብ ብዝሒ፡ ሬሳታት ጸላኢ፡ ዝተላዕለ፡ ንሓደ ስዉእ ብኽዳኑ ኮነ ብትርኢቱ ከለልዮ ኣጸጋሚ ነበረ። ነንዘረኽቡዎ ስነዳቱ እናፈተሹ ክፈልዩዎ ድማ ኣብ ስራሕ ተጸምዱ። ቀዳማይ ዕማሞም እቲ ስዉእ መን ምዃኑ ንምልላይ መንቱ ወይ ስነዳቱ ምእካብ'ዩ ነይሩ። ብድሕሪኡ'ዮም ሓመድ ኣዳም ዘልብሱዎ።

ኣብ ከም'ዚ ዝበለ ጽዑቕ ህሞት፡ ሓደ ምሉእ ወተሃደራዊ ክዳን ዝለበሰ መንእሰይ፡ ኣብ ማእከል'ቲ ሬሳታት ተዓኒዱ ብተመስጦ ወረቐት ከንብብ ተራእየ። ሙሴ ግርማይ ይበሃል። ዕስራታት ዘይወደአ፡ ማእከላይ ቁመት፡ ቀይሕ ሕብሪ፡ ወላ'ኳ ጥንኩር ኣካላት ይሃሉዎ ቀጢን ብምዃኑ ድቑቕ ኢሉ ዝርአ መንእሰይ እዩ።

ሙሴ ዝተጸፋጸፈ ሬሳ ጸላኢ፡ ሓሊፉ፡ ናብ ሓደ ሽዳ ዝገበረ ስዉእ ብምቕራብ ካብ'ቶም ጸቒጦምዎ ዝነበሩ ሬሳታት ጸላኢ ክፈልዮ ስሕብ ምስ ኣበሎ'ዩ ጃኬቱ ዝተገልሀ። ዘይተ ዓሸገት ስታሪት ካብ ጅባኡ ተቐልቀለት። ብንፉስ ፌል-ፌል ኢላ ክትበርር ተዳልያ ዝነበረት ትመስል። ን'ኽስሕባ

አይተወላወለን፡፡ ዘይተዓሸገት ብምንባራ ኸአ ስሒቡ ረአያ፡፡ አድራሻን ስምን ናይቲ ሰዉእ ድሕሪ ምርአይ ትሕዝቶአ ማሪኹዎ ከንብባ ጀመረ፤

"ብዘይካ ዝናበዮ ቁልዑ እንታይ ገዲፈልኪ? ክራማት ከመጸኪ'የ ዝሓሰብ ዘለኹ፡፡ አጆኺ አይትሕመቒ፡፡ ዋላ ነቲ ብዕራይ ሺጥኪ ፍርቁ መናበዮ ፍርቁ ኸአ ንዘርኢ ግበርዮ፡" ዝብል ሰዉእ ናብ በዓልቲ ቤቱ ክሰዳ ዝቓረባ ደብዳበ ምንባራ ተረድአ፡፡ ሙሴ ፍቅራዊ ሰላምታ ድሕሪ ምንባብ ክቖጽል አይከአለን፡፡ ከብዱ ግልብጥብጥ ኢሉዎ ንላዕሊ ጠመተ፡፡ ሰማይ ክረምቲ ምቅራቡ ንኽሕብር ሰርቢ ብዝነበር ደበና ተጎልቢቡ ምስ ረአየ ኸአ ሻቕሎቱ ዛየደ፡፡

አዒንቱ ናብቲ ሰዉእ መሊሱ ቀው ኢሉ ጠመቶ፡፡ ካብ ሰላሳ ዘይሓልፍ ዕድመ ከም ዝነበሮ ክንዮ ወረቓት መንነቱ፡ ሽዊት አካላቱ'ዩ ዝምስክረሉ፡፡ ብሕዙን መንፈስ አተኩሩ ጠመቶ፡፡ እቲ አብ ክረምቲ ዓዱ ብምኻድ ክሓርስ ዝሓሰባ ብጸዮ፡ ስለ ሃገር ሓሊፉ እዮ፡፡ ሙሴ ብግሁይ ስምዒት ክዕብለል ተፈለጦ፡፡ እቲ ንዕኡ ዘጋጠሞ ዕድል፡ ድሮ ነቶም ዘይፈልጦም ህጻናት ከም ዝበጽሓም ዘኪሩ፡ ብሕልናኡ ነታ ስድራ ቓሪጹ አስገለ፡፡

*   *   *

አቦኡ ንሙሴ፡ ግርማይ ዑቝባንካኤል፡ ብዝያዳ ሓላው-ወሰን ብዝብል ሳጓ ዝፍለጥ፡ ብ1973 እዩ ንሜዳ ወጺኡ፡፡ አቐዲሙ አባል ኮማንዲስ ብምንባሩ ደሓን አታዊኺ እንተ ነበሮ፡ አብ ህዝቢ ዘወርድ ዝነበረ ግፍዒ ገዛእቲ ክጸወሮ ስለ ዘይከአለ፡ ምስ ምሉእ ዕጥቁ ናብ ሰውራ ተሰለፈ፡፡ ነታ ሓዙዋ ዝኸደ ብሬን (ሞቝሎ) ሓዙ ንሓርነት ህዝቡ ክብጀ ነቒለ፡፡

ግርማይ፡ አባል ካልአይ በጦሎኒ፡ ካልአይ ጋንታ ናይታ አብ ከባቢ ካርነሽም ዓራ ዝነበረት አሃዱ እዩ ነይሩ፡፡ አብ ዝተፈላለየ ስርሒታትን ወተሃደራዊ ግጥማትን ድማ ተሳተፈ፡፡

አብ መስከረም 1975፡ ሓደ መዓልቲ፡ ናብ ናቕፋ ዝኸይድ ድሩዓት መካይን ዝሓዘ ቃፍላይ ጸላኢ ይሓልፍ ነበረ፡፡ በጦሎኒ ክልተ፡ አቐዲማ መጽናዕቲ ገይራ ብምጽናሕ አድብያ ጸንሓቶ፡፡ እተን መካይን ምሉእ ዕጥቅን ስንቅን ሒዘን፡ ወተሃደራት ዝጸዓና ዘሰንያን መካይን ከአ ብቐድሚት፡ ድሕሪትን አብ ማእከልን ገይረን'የን ዝጓዓዛ ነይረን፡፡

እታ አድብያ ዝጸንሐት አሃዱ ተኹሲ ምስ ከፈተት ብርቱዕ ውግእ ሰዓበ፡፡ ግርማይ፡ ብሬኡ ሒዙ እናተዋግአ አፍ-ልቡ ተሃርሙ፡፡ ብጹቱ ሰዉእ ገረዝጊየር ዓንደማርያም (ውጨ)፡ ዕንዱኩር፡ አስመሮም፡ . . . እና አልዓሉዎ፡ "አይትድከሙ፡ ግዜኹም አይተጥፍኡ፡" ብምባል ሓዲጉዎ ክወጹ አተባብዖም፡፡

292

"እነ አኺሉኒ'የ ግደፉኒ። ሓዳረይን ደቀይን አብ ኢድ ጸላእቲ ከይወድቁ ግን ሓደራ፡" ተላብዮምም እዮ ሓሊፉ።

ብጾቱ፡ ቃሎም ከየዕበሩ ንሓዳሩ ናብ ደጀን፡ ናብ ጀልሃንቲ አብጺሖሉ። ሙሴ፡ ቄልዓ እንከሎ ተጋደልቲ ምስ አደኡ ካብ አስመራ አውጺኦም ናብ ሳሕል ከውርድዎም ሃሳስ ዝኽሪ'የ ዘለዎ። ካብ 1977 አብ ቤት ትምህርቲ ሰውራ ብሰውራዊ ድስፕሊን ተኸስኩሱ ዓበየ። ቤት ትምህርቲ ሰውራ፡ ካብ ዜሮ ዝበሃል ቦታ ናብ ዓራርብ ዝነበረ ቀዋሚ ቦታአ ምስ ቀየረት ሙሴ አብኡ ክሳብ ሻምናይ ክፍሊ ተማህረ። ልዕሊኡ ምቕጻል ስለ ዘይነበረ ኸእ፡ አብ ንኡስ ዕድመኡ ተጋደለ።

አብ 1985 ካብ ትምህርቲ ወጺኡ መምህር ብምዃን፡ አብ ቤት ትምህርቲ ዓራርብ፡ ንአሽቱ ብጾቱ ክምህር ጀመረ። አብ ንኡስ ዕድመኡ፡ ውድቡ ዝሃሎ ዕማም ድማ ብግቡእ ዓመመ። ድሕሪ ናጽነት፡ አካዳምያዉን ምያዉን ትምህርቲ ብምቕሳም፡ ነታ ንሱ ዝቦኸራ ስድራ አብ ምእላይ ድርብ ተጸዕኖ ተሰከመ። አብ 1998 ወራር ወያነ ምስ አጋጠመ ግን ኩሉ ነገር ተቐያየረ።

ክተት ምስ ኩኑ፡ ሙሴ ግርማይ ካብ ቀነጠባዊ ጉዳያት ሀገደፍ እዮ ናብ ሓይልታት ተመዲቡ። ሓጺር ስልጠና መራኽቢታት ወሲዱ ድማ አብ ክፍለ-ሰራዊት 25 ተመደበ። ምስ ጊላይ፡ አዛዚ ክፍለ-ሰራዊት፡ ክሰርሕ ምስ ተመደበ፡ አቐዲሙ ዝፈልጦ ስራሕ ብምንባሩ ብዙሕ አይሓደሶን። አብ ሓርነታዊ ቃልሲ፡ ድሕሪ ምምህርና፡ ኦፐረተር ዓባይ ሬድዮ ብምዃን ምስ ዝተፈላለዩ አዘዝቲ ክፍለ-ሰራዊት ሰሪሑ እዮ። አብ ክፍለ-ሰራዊት 25 ድማ ሓላፊ ጨንፈር ስታፍ ምልክት ብምዃን አብ ሳልሳይ ወራር ወያነ ተሳተፈ።

ፈለግ ከቲቱ ናብ ድፋዕ ምስ ከደ፡ እተን አህዱታት ሸዉ ይራኽባ ብምንባረን፡ ንሓድሕደን ዘራኽበን ኩዳት አብ ምድላወ፡ ባትሪ ሬድዮታት አብ ምቕይያር ኩኑ ጥዕናአን አብ ምርግጋጽ፡ . . . ብጸዕቂ ስራሕ ተዋሒጡ'የ ነይሩ። ክሳብ ብሓደ ለይቲ አስመራ በጺሑ ዘድልዮም ዕጥቂ አማሊኡ ድማ ይምለስ ነይሩ።

አብ ራብዓይ መዓልቲ አቢሉ፡ ኩሉ ነገር አዳልዮም አብ ተጠንቀቕ እንከለዉ፡ ምስ ቦጦሎኒ እንዳ ጦርታር፡ አሃዱ ወዲ-እሰይ ብመስመር ሬድዮ ተራኸበ። እታ አሃዱ አብ ጥቓአም ብምንባራ፡ ደብዳብ ናብአም ገጹ ይቐርብ ከም ዝነበረ ሓበረታ ሃቦም። ብአካል ከይዱ ምስ ያቆብ (ዱዕሳ) ዘበሃል አባል አሃዱ ጦርታር ተራኸበ። ካብ ግዜ ቁልዕነት መትዓብይቲ እዮ። ከይተራኸቡ ዓመታት አቑጺሮም ብምንባሮም፡ ብናፍቖት ተሰዓዓሙ። ዱዕሳ ካብ ናጽነት አትሒዙ ካብ ሓይልታት ስለ ዘይተፈልየ ግዜኡ አብ በረኻ'የ አሕሊፉዎም።

293

ንሙሴ ምስ ረአዮ፡ ተመሳሳሊ ዝኽትምናን ታሪኽን ዘለዎም ክነሶም፡ ልዕሊ ነብሱ ደንገጸሉ፨ "ክልተና ኣብዛ ግንባር ንተርፍ ንኸውን!" ብምባል ብውሽጡ ገለ ዘሕዝን ስምዒት ተሰምዖ፨ ሙሴ ግን ኣይኩነን ዝፈትዎ መትዓብይቲ፡ ረኺቡ፡ ብዘይብሉ ሕጉስ መንፈስ'የ ዝውንን፡ ክዛረብ ከሎ ፍሽኽ-ፍሽኽ እናበለ ኣስናኑ ኣይከድንን'የ፨ ወትሩ ብሩህ ገጽ ዘይፍለዮ ብምንባሩ፡ ምቕሉል ባህሪ ከም ዝውንን ጋሻ ረአዩኡ እዩ ዝፈልጦ፨

"ወዲ ግርማይ ደኣ እንታይኪ ኣብ ቅድሚ ግንባር ኬንኪ ፍሽኽ-ፍሽኽ ትብሊ፨ ረጋቢት ክትሽርኪ ዝመጻእኪ ድዮ መሲሉኪ!" ብምባል ዱዕሳ ንባዕሉ ገረሞ፨ ኣብ ግዜ ቍልዕነቶም፡ ኣብ ቤት ትምህርቲ ሰውራ እንከለዉ ሸረኸ ኣጻዊዶም ኣዕዋፍ ክሕዙ ዘኪራ ሙሴ መስሓቒኡ ረኺበ፨ ብድሕሪ'ዚ፡ መዓልታዊ ደሃይ ሓድሕዶም ክገብሩ ጀመሩ፨

ሳልሳይ ወራር ወያነ መቋጸልታ ናይ'ተን ዝሓለፋ ክልተ ወራራት ጥራይ ዘይኮነ፡ ጸላኢ "ዛዛሚ ኩናት" ኢሉ ዝኣመነሉን ኣብ ሓጺር እዋን ክሳብ ኣስመራ ኣትዩ ድሌቱ ከማልእ ዝተሃንደደሉን እዩ ነይሩ፨ ኣዳዕዲዑ ብምራኽቢ፡ ብዙሓኑ ኣስመራ ከም ዝኣቱን ንኤርትራ ምድራን ባሕራን ክቆጻጸር ምኽኑን ገሊጹ፨ ኤርትራዊ ድማ "ኩሉ ድሕሪ ሃገር" ብምባል ኣብ ቅድሚ-ግንባር ናይቲ ሓደገኛ ውዱት ተረኽበ፨

ክፍለ-ሰራዊት 25 ምስ ክፍላተ-ሰራዊት 29፡ 31፡ 33 ኣብ ጾዕዳ-ቋላይ (ዓዲ በጊያ) ተባሂሉ ኣብ ዝፍለጥ ማእከላይ ግንባር ዓረደት፨ እቲ ግንባር፡ ኣብ ሓድሕዱ ዝተሓላሓዝ በረኻን ሰፈሕን ጎቦ ኩይኑ፡ መከላኸሊ መሰመር ኣብ ትሕቲኡ ኣብ ዝርከብ ራባ ነበረ፨ ምስ መኣዘዚ ነቑጣ ወገን ሓጺር ርሕቀት እዩ ነይሩ፦ እቲ ፍልልይ፡ መኣዘዚ ኣብ በረኽ፡ መከላኸሊ መሰመር ኣብ ትሕቲኡ ምንባሩ ጥራይ እዩ፨ ግንባር ጾዕዳ-ቋላይ (ዓዲ በጊያ) ክባዊ ቅርጺ፡ መሬት ዝሓዘ ኩይኑ፡ ካብ መራጉዝ፡ እምኒ ሓይሊ፡ ንወሽመጥ ዝኣተወን ምስ ዓዲ ቀሺን ዓዲ በጊያን ዝተተሓሓዘን እዩ፨

እዘን ኣሃዱታት'ዚኣተን ሸው'የን ኣብቲ ቦታ ተራኺበን፨ ብፍላይ እንዳ 25፡ ካብ ክፍልታትን ካልኦት ኣሃዱታትን ዝጨመት ሓዳስ ኣሃዱ ነበረት፨ ስለ ዝኾነ፡ ኩሎም ኣባላታ ሓደስቲ ብምንባሮም ኣብ ንሓድሕዶም ዓሚቝ ሌላ ኣይነበሮምን፨ ደቂ መስርዕካ ካብኡ ናብኡ ደቂ ጋንታኻ እንተ ዘይኩይኑ፡ ደቂ ሓይልኻ ክትፈልጥ ግዜ ዘይህብ ኩነታት ነበረ፨

እዘን ክፍላተ-ሰራዊት እዚኣተን ኣብ ሓደ ግንባር ሰሚረን ኣብ ተጠንቀቕ ነበራ፨ ወያነ ውግእ ክሳብ ዝጅምር መሰመር ርኽብ ኣቚጹ'የ፨ ካብ ሬድዮ ርኽብ ፈጺሙ ወጺኡ ብምንባሩ ናበይ'የ ኣንፈቱ፡ በየናይ ወገን'የ ክጥሕስ ክፍትን ብቓሊ ኣይተፈልጠን፨ ጊላይ፡ ኣዛዚ ክፍለ-ሰራዊት 25፡ ንሙሴ ኣብ ደቂቕ ደቂቕ'የ ብዘዕባቲ ኩነታት ዝውከሶ ነይሩ፨ ሙሴን ብጾቱን ካብ ሬድዮኦም ከይተፈልዩ መስመራት ኣብ ምፍታሽ ተጸምዱ፨ ድምጺ ጸላኢ ግን ሃጠመ፨

እቶም ምልክት ፒኣርሲ፡ አይኮም ረሲሸርን ሞተሬላን ዝዓይነተን መራኸቢታት ሒዞም አብ ጽዑቕ ስራሕ አተዉ። ሓላፊ ስታፍ ምልክት ግንባር ወልዳይ ዝተባህለ ዕባይ ቤት ትምህርቲ ሰውራ፡ ሙሴ ሓላፊ ጨንፈር፡ ዮሴፍ፡ ሰላማዊት፡ ግደይን ጆርጆን ድማ አፐረተራት ክፍሊ-ስራዊት ነበሩ።

ሙሴ፡ ሞተሬላ ሬድዮ ሒዙ ምስ ትሕቲኡን ልዕሊኡን ክራኸብ "ሃለው፡ ብወገንካ እንታይ አሎ፧" ክብል ተረባረበ። እንተኹኑ፡ ድምጹ ናይቶም አቓዲሞም ክዘራረቡን ከንጸርጽሩን ዝሰምዑምም ሓለፍቲ ወያነን አፐረተራቶምን ብምስዋሩ ተሻቐለ።

"ቅሩብከ ደአ፡ ካን ድምጽኻ ምሕባእ ይሓይሽ!" ጊላይ በቲ ኩነታት ተገሪሙ ተዛረበ። ብትሑት ድምጺ'ኺ እንተ ተዛረበ፡ አብ ገጹ ግን ናይ ሻቐሎት ምልክት ተነበ። እቲ አስመራ ቄሪሱ ባጽዕ ከም ዝድረር ብትምክሕቲ ዝገለጸ ስራዊት ጸላኢ ደሃይ አጥፍአ። ድሕነት ሃገር አብ ኢዶም ብምንባራ ክሻቐሉ ግድን'ዩ ነይሩ። ገለ ተዋዘይቲ፡ "ጸወታ ቅልዕነት ማግ ከተግ ገይርናኣ በቃ!" ኢሎም ክዋዘዩ እንከለዉ፡ አዘዝቲ ናይተን አርባዕተ ክፍላት-ስራዊት ግን ብዕቱብ ተኸታተሉ።

"ዝኾነ ኹይኑ እዚ ሰራዊት'ዚ ነፈሩ አይኩነን ነስመራ ክበጽሕ ዝሓስብ ዘሎ፡" ብምባል፡ ንስልቲ ጸላኢ ግምት ከይሃቡ፡ ግንባሮም ከይድፈር ብጥንቃቐ ሓለዋ ቀጸሉ። እቲ ዝበዝዖ ግንባር ካብ ካልኦት ግንባራት ዝፈልዮ፡ ንውሽጢ ኤርትራ ዝሓጸረ መስመር ብምኻኑ እዩ። ጸላኢ፡ ብኡ ክበትኽ ከም ዝፍትን ድማ አይሰሓቱዎን። ሓለዋን ጸጥታን ብምሕያል አብ ከቢድ ተጠንቀቕ ተጸምዱ።

ህዝቢ ናይቲ ከባቢ ክወጽእ ምስ ተሓበሮ፡ ካብቲ ዓውደ-ውግእ ዝተቐየረ ከባቢኣም ርሒጨም ሳገሙ። እተን ዝተረፉ ውሑዳት አደታት ዓዲ በጊያ፡ ዓዲ ጤሎ፡. . .፡ እኽለ-ማየን ሒዘን ብቓጸሊ ተመላለሳኣም። ብቓጸሊ ቡን ሻሂ፡ ቅጫ፡ ቆሎ-ጥጥቆ . . . ብምድላው ዳርጋ ደቂ አሃዱአም ተቐየራ። እና ክርእየወን ድማ ድርብ ተጸዕኖን ሓላፍነትን ተሰምዖም።

ድሕነት ህዝቢን ሃገርን ንምውሓስ ንዝመጽእ ኩነት ብትብብዓት ተጸበዮ። ዓበይቲ ተቓልስትን ዝተፈላለዩ ውግኣት ዝረአዮን ብምንባሮም ንስልቲ ጸላኢ ስድሪ አይሰደፉዎን። ከም ግምቶም 22 ግንቦት 2000 ሰዓት ሸሞንት ንግህ፡ ብዝሒ ዝነበር ሰራዊት ክውተፍም ረአዩ። ዋርሳይ-ይከኣሎ፡ ክሳብ አብ መከላኸሊ መስመር ዝበጽሑ ከይተረበሸ ተጸበዮም። አብ ልዑል ተጠንቀቕ ዝነበሩ እንዳ ሞርታር፡ ሃንደበት ብደብዳብ ልቦም አጥፉኡሎም። ብብዝሒ ወተሃደራት ረገፉ። ሞርታር ሰብ የርግፍ፡ ጸላኢ ሰብ ይውስኽ፤ . . . ነቲ ዝነበረ ቁጽሪ ብብዝሒ'ኺ እንተ አንደሉዋ፡ አብ ደቓይቕ'ዩ ክንዳኡ

ዝትካእ ዝነበረ። ብዓይኒ-ይብለይ ስኒ-ይብለይ ጠኒኖም ናይ ምእታውን ብድሕሪት ብብረት ናይ ምኹብኳብን ተርእዮ ልሙድ ኩነ።

ካብ ሰዓት 8:30 ንግሆ ጀሚሮም ዝወደቑ እናወደቑ፡ ዝተረፉ ኣብ መከላኸሊ መስመር ሓይልታት ምክልኻል ኤርትራ በጽሑ'ሞ ምስ ሰራዊት ኤርትራ ፊት-ንፊት ገጠሙ። እቲ ሓደ ይደፍእ፡ ከይጸንሐ እቲ ካልእ ይደፍእ። ኣሻሓት ህይወት ዝወሰደ ደማዊ ውግእ፡ ምሉእ መዓልትን ለይትን፡ ብዘይ ዕረፍቲ ቀጸለ። ግንባር ጻዕዳ-ቐላይ ዘይከም ስሙ ቀይሕ ደም ዛረየ።

ሰራዊት ወያነ ዘጥፈአ እናኣጥፍአ ነቲ ካብ ሰራዊት ኤርትራ ዝመጾ መጥቃዕቲ ክምክቶ'ኳ እንተ ፈተነ፡ ኣብ ካልኣይ መዓልቲ ግን ዘፍ ድሕሪ ምባሉ፡ ብኽምኡ ምቕጻል ከም ዘየዋጽኦ ብምእማን ውዳበኡ ቀየረ። እቲ ወራሪ ሰራዊት ንድሕሪት ስለ ዝተመልሰ ኻኣ ውግእ ንግዚኡ ዘፍ በለ።

ሰራዊት ኤርትራ ውጉኣቱን ስውኣቱን ኣልዒሉ፡ ገና ኣብ ተጠንቀቕ ኩይኑ፡ እቲ ውግእ ከም ዝጀመረ እምበር ከም ዘይተወድአ ጽቡቕ ገይሩ ፈለጠ። ጸላኢ፡ መደቡ ዓቕሚ ሰብን ኣጽዋርን ወሲኹ ናብ ሓደ ወገን ብምጥቃዕ ፈንጢሱካ ምሕላፍ ነበረ። ኣዘዝቲ ማእከላይ ግንባር ድማ እታ ጸላኢ ክፍትነላ ዝሓሰበ ቦታ እታ ዝነበሩዋ ምንባራ ተረዲኦም ሓለዋኦም ኣሐየሉ።

23 ግንቦት ኣብቲ ቦታ ድምጺ ተኹሲ ኣይተሰምዐን። ደበና ውግእ ግን ኣንጠጥዩ ኣምሰየ። ድሮ በዓል ናጽነት ኣብ ኣስመራ ብኽብ ዝበለ ስነ-ስርዓት ክትክበር እንከላ፡ ኣብቲ ተዛማዲ ህድኣት ዝነበሮ ግንባራት ዝነበረ ሰራዊት ኤርትራ ኻኣ ሬድዮኡ ወሊዑ ነቲ ጽንብል ብመንፈስ ተኸታተሎ።

23 ግንቦት ናይ ምሸት፡ ኩሎም ኣዘዝቲ ክፍላተ-ሰራዊት መምስ ምልክታቶም፡ ሓላፊ ኣሃዱ ሞርታር፡ ናይ እንዳ 29 ሓኪም ዝርከቡዎም ኣብቲ መአዘዚ ነበሩ። ኣቐዲሙ፡ ጸጸኒሑ ሃንደበት ዝጅምር፡ ናብ ዓዲ-ኳላ ገጹ ዝውንጨፍ፡ ደብዳብ ከቢድ ብረት የሸግሮም ስለ ዝነበረ፡ ንግዚኡ ኣብ ትሕቲ'ቲ በሪኽ ጎቦ ኣንደር ስለ ዝነበረ ኣብኡ ኣተዉ። ካብ እንዳ ምልክት ሙሴ ጥራይ እዩ ሞተሪላ ዝዓይነታ ሬድዮ ሒዙ ምስ ጊላይ ናብቲ ኣንደር ዝኣተወ። እታ ሬድዮ ኣብ ትሕቲ መሬት ይኹን ኣብ ዓሚቝ ስንጭሮ ምስ ዝደለዩዎ ከተራኽቦም ስለ እትኽእል፡ ናይ ርክብ ጸገም ኣይነበሮምን። ሙሴ፡ ካብ ላዕለዎት ኣካላትን ካልኦት ግንባራትን ዝመጸ መልእኽቲ ተቐቢሉ ናብ ጊላይ ኣመሓላለፈ።

ሙሴ ሬድዮ ርክብ ከፊቱ ንዘኽሪ መዓልቲ ናጽነት ዝፍኖ ዝነበረ መደባት ኣብ ምክትታል'ውን ኣተወ። "ኣብዛ ዕለት እዚኣ፡ ኣብዛ ደቒቕ እዚኣ፡ ብዙሓት ጀጋኑ ስለዛ ምድሪ እዚኣ ይሓልፉ ኣለዉ" ዝብል ድምጺ ካብ ባሕቲ መስከረም ምስ ተቓልሐ፡ ኣብ ልቢ ነፍሲ-ወከፍ ኣባል ናይ

ሓበንን ጽንዓትን መንፈስ ዓሰለ። ጅግና ከም ሰቡ ሓመድ ዝኸደን ክነሱ፡ ኣብ ልቢ ወለዶታት ዝነብር መንፈስ ምዃኑ ተጋህደሎም። ልኡላውነት ሃገሮም ብጅግንነት ኣውሒሶም ክሓልፉ መሊሶም ድልዋት ኲኖም። ሙሴ፡ ኣቦኡ ንዝሓለፈላ ሃገር ንሱ'ውን ክሓልፈላ ምዃኑ ንነብሱ ኣእመና።

ኣዘዝቲ ክፍላተ-ሰራዊት ውጽእ-እትው እናበሉ ኲነታት ኣብ ምክትታል እንከለዉ፡ "ክንዲ ዝመጸ ሓይሊ ይምጻእ ካብ ቦታኹም ምንቕ ከይትብሉ!" ዝብል መልእኽቲ ሬድዮ መጸም። እታ ዝነበሩዋ ቦታ መአዘዚ ግንባር ብምንባራ ብዙርያእ ብሓለዋ ጋንታ ተኸቢባ ነበረት። ብሓደ ወገን ግን ዋርድያ ዘየድልዮ ዝመስል ጸዳፍ ቦታ ስለ ዝነበረ፡ ሓለዋ ኣይነበሮን።

ጋንታ ሓለዋ ምሉእ ለይቲ ከባቢኦም ክፍትሹ ከም ዘይሓደሩ፡ ሰዓት 3፡00 ናይ ለይቲ ኣቢሉ ይኸውን፡ ገለ ወተሃደራት ጸላኢ በቲ ካብ ሓለዋ ነጻ ዝነበረ ጸዳፍ ሰሊኾም ኣተዉ። መሰርዕ ኮማንዶ ጸላኢ ምስ ምሉእ ዘመናዊ ዕጥቀም፡ ብገመድ እናተንፋሓኹ'ዮም ደይቦም። እታ መሰርዕ፡ ናብ መአዘዚ ሰራዊትና ኣትያ ንኹሎም ሓለፍትን ኣባላትን ክትቅንጽል'ዩ ነይሩ መደባ። መአዘዚ ናይቲ ግንባር ምስ ዝድምሰሱ ድማ ሰራዊት ከሰንፉ ዝቐለለ እዩ።

ኣብቲ መአዘዚ ከም ዝበጽሑ ንሰራዊቶም ከበስሩ፡ ገምበል ወሊያም መሬት ብብርሃን ኳዕ ኣበሉዎ። እቲ ጋምባለ ንሰራዊቶም፡ 'በጺሕና ኣለና፡ ሰዓቡና፡' ዝብል ምልክት ነበረ። ሰራዊቶም፡ ብቐልጡፍ ኣስመራ ክረአ ስለ ዝነበሮ፡ ተሃንደደ። ነቲ መዓልቲ ናጽነቱ ከብዕል ዳሳት ተኺሉ ዝሸባሸብ ዝነበረ ህዝቢ፡ ንደቁ ረጊጾም ብምእታው፡ መዓልቲ ሓጉሱ ናብ ሓዘን ክልውጡዎ ተጓየዩ። ነቲ ኣብ ፊቶም ዓሪዱ ዝነበረ ሰራዊት ኤርትራ ንምጥቃዕ ድማ ድሕሪ'ቲ ገምበል፡ ብከበድትን ፈኩስትን ብረት ንመሬት ሓዊ ኣጉዱላ።

ሰራዊት ኤርትራ - ይከኣሎ-ዋርሳይ - ተዛንዩ ኣብ ድቃስ ኣይጸንሖምን። ንደቓይቕ ሰለም ከየበለ ኣብ ተጠንቀቕ ዝነበረ ሰራዊት ብምዃኑ፡ ዕጽፊ መለሰሎም። መአዘዚኡ ተደፊሩ ምስ ረአየ፡ እቶም ኣርኣያ ዝኾኑዎ ጀጋኑ ሓለፍቱ እንተ ተሰዊኦም ሞራሉ ክትንከፍ ግድን'ዩ። ስለዚ፡ ኣብ መከላኸሊ መስመር ቅልጡፍ ምትዕርራይ ተገብረ።

ኣብ ትሕቲ'ቲ ጎቦ ክልተኡ ተጻራሪ ሰራዊት ብሓዊ እናተጻፍዐ እንከሎ፡ እቶም ኮማንዶ ሓለፍቲ ንምእራይ ኣብታ ጎቦ ተዘርዉ። ድምጺ ኣልቦ ብረትን ካራን ዝዓጠቑ ምልሙላት ወተሃደራት እዮም ነይሮም። ብሬን ዝሓዘ ሓደ ካብኣቶም ንዘዝረኣዮ ክቘልብ መሬት ኣናወጸ። ንሓደ ናይ ታንከኛ መራሒ ቦጦሎኒ ድማ ቀዳማይ ዕላማኡ ገበሮ፣ ታንክታቱ ከመሓድር እናተጓየየ ኩለፎ።

አይረአዮምን እምበር፡ ሓንቲ ቦምባ እትኣኽሎም ዝለዓሉ ሓለፍቲ'ውን ተጠርኒፎም አብ ትሕቲኡ ነይሮም'ዮም። ንሳቶም ከም ድሌቶም ወጺኦም ኩነታት ሰራዊቶም ከይከታተሉ፡ አብ ልዕሊኦም ብምንባሩ ወጥሪ ፈጢረሎም። ክወጹኡ እንተ ፈቲኖም ሓንቲ ቦምባ'ያ ክትኣኽሎም። ሓደ ምስ ዝቅልቀል ድማ እቲ ዝነበሩኦ ቦታ ክኽሻሕ ስለ ዝኹኑ፡ ወላ ሓንቲ ከየፍረዩ ብምሉኦም ብሓደ ሰብ ክጠፍኡ ይኽእሉ እዮም። አብ ዝነበሩዋ እንተ አስቂጦም ከአ ደሃይ ሰራዊቶም ስለ ዘይፈልጡ ልዕሊ ሞት ዝኽበደ'የ።

ብመብርሂ ላምፓዲና ተሓጊዘዮም ንሓድሕዶም ተጠማመቱ። ድምጺ ናይቲ ውግእ ናብኣቶም ዝቐርብ ዝነበረ ኩይኑ ተሰመያም። ሰራዊቶም ከየንሳሕብ ሻቐሎቶም ዛየደ። ዝኹኑ ከይኩኑ ግቡኣም ከበርከቱ ስለ ዝነበርያም ነቲ መንገዲ ዓጊቱዋም ዝነበረ በዓል ብሬን ክኣልዩዎ ነይሩዎም። ሓደ አባል ክፍለ-ሰራዊት 29 መንስዐይ፡ በቲ ጸቢብ ፍኒስትራ ናይቲ አንደር ወጺኡ ነቲ ነገር ክፈትሓ ድማ ተረዳድኡ።

ሙሴ፡ ጸላኢ ሰሊኹ ከም ዝኣተወ ምስ ፈለጠ ብዙሕ አይተረበሸን። ምኽንያቱ፡ ብ1990 አብ ግንባር ከረን ከም'ኡ'ውን አብ ግንባር ጊንዳዕ ብዝሒ ዝነበሮ ሰራዊት ሰሊኹ ክኣትዎም ርእዩ እዩ። ሽዑ፡ እቲ ሰሊኹ ዝኣተወ ሓይሊ ጸላኢ ክድምሰስ ስለ ዝረኣየ፡ አብቲ ውዕሎ'ቲ ከም'ኡ ክኹነሎም ምዃኑ ተኣማነ። ክኹውን ከይከውን ግን እቲ በዓል ብሬን መንገዲ ዓጽዋም። አብ ከም'ዚ ከቢድ ብድሆ እንክለዉ፡ እታ ሓለዋ ዝተመደበት ጋንታ ብበጠበጥ አትያ ተቐዳዲማ ነቲ በዓል ብሬን ቀቲላ ንብሬኑ አልዓለታ።

እቶም አዘዝቲ ብቐጥታ ካብቲ አንደር ወጹኡ። ሰራዊት ክልተኡ ወገን ዳርጋ ተሓዋዊሱ ብምንባሩ ናበይ ገጹም ከም ዝወግኡ'ውን ጠፍኦም። አንፈት ናይቲ ውግእ ንኽለልዩ በዋ ምስ በሉ፡ ኮማንዶ ጸላኢ አብ ፈቶም ኩይኖም ሓፍ ዝበለ ንምቅታል ተዳለዉ።

ሰለስተ/እርባዕተ ዝኹኑ ካብቶም ኮማንዶ ብጥይት ወደቑ፡ እቶም ዝተረፉ ራዕዲ አተዎም። አብቲ በሪኽ መአዘዚ አባላት ቤት ጽሕፈት እንዳ ጦርታር፡ ታንከኛታትን ምልክትን . . . ዘጠቓልሉ አባላት ነበሩ። ገለ አባላት፡ ነቲ ዘጋጠመ ኩነታት ብዘይምፍላጥ ተገሪሆም ናብቲ ውግእ እናተንያዩ ቦቶም ኮማንዶ ተኹልፉ። ሰራዊትና፡ እቲ ውግእ ብቐድሜኢን ድሕሪኡን አብ ማእከሉን ብምንባሩ ናይ ምትሕውዋስ ኩነታት'የ አጋጢሙዎም። ነቲ ዝተኸስተ ድንግርግር፡ እቶም ካብ አንደር ዝወጹ አዘዝቲ እዮም ዝያዳ አቐሊዮሞሉ። በጥ ኢሎም ነቲ ኩነታት ስለ ዝጸነዑዎ፡ አባላቶም ከይልክሙ ብጥንቓቐ ሰልዮም ነቶም ኮማንዶ በብሓደ አጉደሉዎም።

አብ ከም'ዚ ዝበለ ጽንኩር ህሞት፡ ሓደ ዳርጋ ተዓዛቢ ዝነበረ ወተሃደር ምስአቶም ለጊቡ በጥ በለ። ትርኢቱ ኩን አዘራርባኡ ካብ ሰራዊት ኤርትራ

298

መፍለዩ አይነበሮን፡፡ ንኣዘዝቲ ሰራዊት ኤርትራ ሓደ ካብቶም ሓለዋ ጋንታ'ዩ መሲሉዎም፡፡ እንተኹኖ ንሱ፡ ሓላፊ ናይ'ቶም ኮማንዶ ኩይኑ፡ ነቶም ሓለፍቲ ንምኞንጻል ዘዝገበ እዩ ነይሩ፡፡ ሰራዊቱ በብሓደ ክድምሰሱ ስለ ዝረአየ፡ ክሳብ ዝደልዎ እዩ አድብዮ፡፡ ዕላማኡ ከተግብር ሓፍ ምስ በለ ኸአ፡ ብጾቱ ናብ'ቶም ሓለፍቲ አትኪሎም ስለ ዝነበሩ፡ 'ሓላፊ ሻዕብያ ረኺብና' ብምግል ከም ቅጽበት ርእሱ መንጠሉዎ፡፡

ሓኪም ክፍለ-ሰራዊት 29፡ ሓላፊ ተሃሪሙና ኢላ ብንዋፈት አንክራርያ ከተልዕሎ ከደት፡፡ እቲ ውግእ መመሊሱ ስለ ዝበርትዐ፡ ከቢድ ጻዕም'ውን ተሓዊሱዎ፡ ግንባር ጾዕዳ ቆላይ አብ ደቒቕ-ደቒቕ ትንፋስ እናወሰደ ምስሊ ሲአል ሓዘ፡፡

ድሕሪ'ቲ መሪር ውግእ እቶም ኮማንዶ በብሓደ ረገፉ፡፡ ሓደ ካብአቶም፡ ልቡ ከም ዘጥፍአ ፍጡር፡ ናብይ ከም ዘብል ሓርቢቱዎ በቲ ሃው ዝበለ ገደል ጸደረ፡፡ ድሕሪ'ዚ እቶም ሓለፍትን ምልክታቶምን ብረቶም ሓዞም ምሉእ-ብምሉእ ናብቲ ውግእ ተጸንበሩ፡፡

ድሕሪ ናይ ሰለስተ ሰዓታት መሪር ውግእ፡ መሬት በርሃው አብ ምባሉ፡ ሓይሊ ጸላኢ ዘፍ ኢሉ ሚዛን ሓይሊ ብሰራዊት ኤርትራ ተዓብለለ፡፡ እታ ናይ እንዳ 29 ሓኪም፡ ህይወት ውጉአት ከተድሕን ብጠያይት እናተሽልፈፈት እያ ትሰርሕ ነይራ፡፡ ነቲ ወተሃደር ጸላኢ ሓኪግ ናብ ዝለዓለ ሕክምና ከተፋኑዎ ድማ ቀረበቶ፡፡ ውጉአት ዘወስዳ መካይን ምስ መጹ፡ ምስቶም ብኸቢድ ዝተሃርሙ ከተጽዕና ተጓየየት፡፡

እቲ ወተሃደር ምስ ተወግአ፡ ተቓዳዲሙ ኩሉ ሓዙም ዝነበረ ካራ ኩን ዕጥቂ ደርብዮ፡ ክልለ ከም ዘይክእል እዩ ኩይኑ፡ ምናልባት ብጾቱ አሰመራ እንተ አትዮም ግን፡ አባሎም ኩይኑ ሓላፊ ኮማንዶ ምኽኑ ዝሕብር ሰነድ ስለ ዘድልዮ፡ '3ል ብስክሊት' ንእትበሃል ንእሽቶ ክፋል ዕጥቁ ጨኪኑ ክድርብያ አይመረጸን፡፡ ምስ ዊጉአትና ተጸንቢሩ አብ መኪና እናተሰቐለ፡ ሓደ አባል ዕጥቁ ሰራዊቶም ዘይምንባራ አቐለበላ፡፡

"ሓንሳብ፡ ከይትብገስ በዓል መኪና!" ጨደረ፡፡ አስዒቡ፡ "ሓዙዋ! አውርዱዋ ነዚ!" ምስ በለ፡ አቓልቦ ብጾቱ ሰሓበ፡፡ ሓዞም ምስ ረአዮም፡ አብ ብስክሊቱ ፓስፖርት፡ ነጻ ትኬት ነፋሪት፡ አሰመራ ምስ አተወ ዘወየቦ ማዕርግ ዝሓዘ ሰነዳት ረኸቡሉ፡፡

ወጋሕታ፡ እቲ ውግእ አኽተመ፡፡ ውግእን ሞትን ምስ ጸላም ተገፊፉ ከም ዝኸደ፡ መሬት አብ ምውግሑ ዝግ በለ፡ እቲ ንምስሊ'ታ ታሪኻዊት ዕለት ንምኞያር ዝተበገሰ ሓይሊ ፍጹም አይሰለጦን፡ 24 ግንቦት ብጀጋኑ ደቃ ተኸቢራ፡ ናጽነታ ዓቂባ ጸሓያ ደጊማ አብረቐት፡፡

አብ ከባቢ ማእከላይ ግንባር ዝነበሩ ኣሃዱታት ከቢድ ብረትን ሞርታርን ብላዕለዋይ ኣካል ብዝመጸም ትእዛዝ፡ ሓይሎም ናብቲ አብ ፊቶም ዝነበረ መአዘዚ ጸላኢ ገበሩ። ነታ፡ 'ነቦ ነዓት' ዝብሉዋ መአዘዚ ጸላኢ ታባ ኸአ ብኹሉ ሸነኻ ሃረሙዋ። ብወገን መራጉዝ፡ ዓዲ ቀሺ፡ እምኒ ሓይሊ፡ ዓዲ ኛላ፡ ዓዲ በጊዖ፡ . . . ዝነበሩ ሓይልታት ከበድቲ ብረት፡ ናብአ ብምቅናዕ ፍጡር ከም ዘይተርፉ፡ ሃሃሃል ኢላ ክሳብ ትነድድ ቀጥቀጡዋ።

ጸላኢ ግንባር ዓዲ-በጊያ ምስ ከቢድን ኣሰንባድን ክሳራኡ ምስ ፈሸሎ፡ አብ ካልኣት ግንባራት - ዓሊተና-መረብ፡ ቡራ፡ ጋሽ - ፈተነ። ካብ ናይ ዓዲ-በጊያ ዘይሰንፍ መልሰ-ግብሪ ተዋሂቡዎ ኸአ አስቀጠ። አብቲ ቦታ ዝነበራ ኣሃዱታት፡ ነተን አብ ካልኣት ግንባራት ዝነበራ ንምሕጋዝ ንእለት ነቲ ቦታ ገደፋአ። ውሕዳት፡ ኣመት ስዉኣቶም ዝነብሩ ገዲፍም ነቲ ግንባር ንክፍለ-ሰራዊት 25 ገዲፍምላ ናብ ዝተፈላለየ ግንባራት ተዋፈሩ።

ሙሴ፡ ነቶም አብቲ ከቢድ መኽተ ከድንቛም ዘምሰየ ብጾት አይረኸቦምን። ነቲ ኣዘዝቲ ከድሕን ብፍኒስትራ ዝወጸን ነታ ዘዘተሃርሙ ክትሕክም ካብን-ናብን ትወናጨፍ ዝነበረትን አባላት ሃገራዊ አገልግሎት ደጊሙ አይረአዮምን። ካብቲ መሪር ውግእ ወጺኦም ምስ ኣሃዱኦም ናብ ካልኣ ግንባር ከም ዝወፈሩ ግን ድሓሩ ፈለጠ።

*   *   *

ድሕሪ'ቲ ውግእ፡ እንዳ 25 ውጉኣቶም አፋንዮም ስዉኣቶም ሓመድ ኣዳም አብ ምልባስ ኣተዉ። ሙሴ፡ ምስ ብጾቱ ስዉኣት እናቘበረ እንከሎ'የ ድማ ነቲ ሓሳብ ልቡ ዘይፈጸም፡ ናብ ሰበይቱ ዝጸሓፉ ደብዳበ ዘይሰደደ ስዉእ ዝረኸቦ። ምስ አቦኡ ኣመሳሲሉ ውሻጡ'ኳ እንተ ተተንከፈ፡ ዝነበር ኩነታት ንኽስተንትን ዕድል ስለ ዘይሃቦ፡ ስነዳቱ ጠርኒፉ ስርሑ ቀጸለ።

ድሕሪ ፍሽለት ወራራት ወያነ ሙሴ፡ ተዛማዲ ሰላም ምስ ኮነ፡ ናብ ትምህርቲ ተመሊሱ ካብ ዩኒቨርስት ተመረቐ። ብሞያን ፍልጠትን ነብሱ ኣዕቢዩ፡ አብ ሃገራዊ ዕማም ተመዲቡ፡ አብ ዓሻ-ጉልጉል ጋራጅ መንግስቲ ሓላፊ ተክኒክ ኮነ።

አዘንታዊ፦

    ሙሴ ግርማይ

17

ፈሓርቲ መቓብር

አቡበከር ዓብደልአወል

ስዉእ ወደይ እሾኽ አይትወጋእ
ስዉእ ወደይ እሾኽ አይትወጋእ
ስዉእቲ ጓለይ መቓብርኪ ይርጋእ
ስዉእቲ ጓለይ መቓብርኪ ይርጋእ
   መቓብርኩም ይፈልፍሎ ማይ ገነት
   መቓብርኩም ይኮላዓዮ ጻዳል ጊሓት
አዴኹም'የ ጐይታ አትሪፉኒ ድሕሬኹም
ከርሲ ሓወልት'ኹም . . . ከስዕም ሓወልት'ኹም
ከርሲ ከብር'ኹም . . . ከስምዕ መጉስኩም
አዴኹም'የ ጐይታ ዘትረፈኒ ድሕሬኹም
ባዕሉ ብላዕሊ ይቀበልኩም . . . አብ ሰፈሕ ገነቱ የስፍርኩም።

እዚ መልቀስ'ዚ ብ19 ሰነ 1996 አብ መመረቕታ ሓወልቲን መቓብርን ሰማእታት ሓወሲ ከተማ ሻምብቆ ብ'ማማ-ባድመ' እትፍለጥ አደይ እሙና ዝተለኸሰ እዩ። አደይ እሙና ድሕሪ'ቲ መልቀስ አብ ዘስምዓቶ ቓል፡ አብ'ቲ መቓብር ሓርበኛታት ካብ ዝሰፈሩ ጀጋኑ ብዙሓት አብ ግዜ ገድሊ ትፈልጦምን ባዕላ ዘስነቐቶምን ዓሪፎም ከም ዘለዉ አስጋት እናጠቐሰት ዘርዚራ።

ምህናጽ ሓወልቲን መቓብርን ሰማእታት ሻምብቆ፡ ኣብ 1993 ኣብ እዋን ረፈረንዱም፡ ብኣመሓዳሪ ወረዳ ሻምብቆ ዝነበረ ተጋዳላይ ኪዳነ ወልደስላሰ እዩ ተበጊሱ። ህዝቢ ሻምብቆን ከባቢኣን፡ ማለት፡ እላላ፡ ዔዳ፡ ዓዲ ማእከል፡ ቶለጋምጃ፡ ቢንቢና፡ ዓደባዓረ፡ ማይላም፡ ዓዲ ግብዲ፡ ደምበ ሕምብርቲ፡ ደምበ ጸዓዘጋ፡ ሰፍኣ፡ ዓዲ ትንባኾ፡ ደከማረ፡ ኣይኮታ፡ ብሹኻ፡ ገዛ ኢራብ፡ ማይ ኣንበሳ ዓዲ ተኽላይን ከባቢኣን ኣብ ልቡ ዝነበረ ሓሳብ ብምንባሩ፡ ብሓደ ቓልን መንፈስን ምስቲ መደብ ተሰማምዐ። እቲ ህዝቢ እኽሊ፡ ጠለ-በጊዕ፡ ጥረ ገንዘብ ብምውጻእ ንሸማግለ ምህናጽ መቓብር ሓርበኛታት ኣወፈየ።

ብድሕሪ'ዚ እቲ መቓብርን ሓወልቲን ብምትሕብባር ምምሕዳርን ኣብቲ ከባቢ ዝነበሩ ሓይልታት ምክልኻልን 19 ሰነ 1996 ተዛዚሙ ምስ ዝኽሪ 20 ሰነ፡ ብጥዋፍን ሽምዓን፡ ጸሎተ-ፍትሓትን ዱዓን ብመዛሙርን ግጥሚታትን፡ ብልዑል ዝኽሪን ሓበንን ተመሪቑ።

ኣብቲ ናይ ምምራቕ ስነ-ስርዓት፡ ኣመሓዳሪ ወረዳ ሻምብቆ ኣቶ ኪዳነ ወልደስላሰ፡ ". . . ኣብ ምህናጽ ናይዚ ታሪኻዊ ሓወልቲን መካነ-መቓብርን ህዝቢን ሰራዊትን ዘርኣዮ ልዑል ተወፋይነትን ትግሃትን፡ ሕድሪ ሰማእታቱ ንምትግባር ዘለዎ ቅሩብነት ዘረጋግጽ እዩ። እዚ ሓወልቲ'ዚ ዓቢ ትርጉምን ረዚን ዝኽሪን ዘለዎ ሓወልቲ ስለ ዝኾነ፡ ብኣትክልቲን ዕንባባታትን ክነማዕርጎ ኢና . . . " ኢሉ።

ንጽባሒቱ 20 ሰነ 1996 ረፋድ፡ ኣብ ሸሞንተ ዓበይቲ ሳጹን ዝሰፈረ ናይ 137 ሰማእታት ኣስከሬን፡ ብወተሃደራዊ ማርሺንን ሰልፊን ተሰንዩ ብህዝቢ ተዓጂቡ፡ ኣብቲ ሓድሽ መቓብር ሓርበኛታት ብኽብሪ ዓረፈ። እቲ ኣስከሬን ሰማእታት ካብ'ተን ልዕል ኢለን ዝተጠቕሳ ዓድታት፡ ብህዝብን ገዳይም ተጋደልትን ተኣኪቡ'ዩ ኣብቲ እቶም ጀጋኑ ዝወደቑሉ መሬት ናይ ዘልኣለም ዘዕርፈሉ ቦታ ረኺቡ፡ ብረዚን ክብረትን ፍቕሪን ከኣ ግቡእ ቦታኡ ሓዘ።

ንኡስ ዞባ ሻምብቆ፡ ብምዕራብ ምስ ንኡስ ዞባ ላዕላይ ጋሽን ትግራይን፡ ብደቡብ ምስ ንኡስ ዞባ ሞልቆ፡ ብምብራቕ ምስ ንኡስ ዞባ መንሱራ፡ ብሰሜን ምስ ንኡስ ዞባ ባረንቱ እትዳወብ ሩባ ጋሽ ዝቕነታ ሃብታም ናይ ሕርሻን መጓሰን ንኡስ ዞባ ኰይና፡ ብሄራት ኩናማን ትግርኛን ብብዝሒ፡ ብውሑድ ቍጽሪ ድማ ሃውሳ፡ ሳሆ፡ ትግረን ናራን ይቕመጡዋ።

* * *

ንሻምብቆ ብምዕራባ እትዳወባ ቶኾምቢያ'ውን፡ ሓንቲ ካብ'ተን ኣብ ዞባ ጋሽ-ባርካ ብዕቤት ዕዳጋኣን ዝልለያ ዕምርቲ ሓውሲ ከተማ'ያ። ቶኾምቢያ፡ ኩናማ፡ ትግርኛ፡ ትግረ፡ ሳሆ፡ ብሌን፡ ሕዳርብ፡ ከምኡ'ውን ሃውሳ ብሓባር

ብስኒት ዝነብሩላ ከም ሻምብቆ ሩባ ጋሽ ዘቕነታ ሓውሲ ከተማ'ያ። ብሰፊሕ ቦታ ምስ ኢትዮጵያ ስለ እትዳወብ ካብ ምትንኳልን ውግእን ወረ ውግእን ኣየዕረፈትን። ከም ውጽኢቱ፡ ኣብቲ ን30 ዓመት ዝተኻየደ ብረታዊ ቃልሲ ኣብ ቶኾምቢያን ከባቢኣን ብዙሓት ዓሳክር ጸላኢ ረጊፎም፣ ብሉጻት ደቂ ሃገር'ውን ተሰዊኦም።

ሓወልቲን መቓብርን ሰማእታት ቶኾምቢያ ብ1995 ብህዝብን ሓይልታት ምክልኻልን ኣብ ኣፍደገ ናይታ ሓውሲ ከተማ ተሃኒጹ። ኣብቲ እዋን'ቲ ኣመሓዳሪ ቶኾምቢያ ዝነበረ ተጋዳላይ መሓመድኑር ካልባይ፡ ". . . ድሕሪ ምውጻእ ተሃን ምልኣት ናጽነትና፡ ህዝቢ ቶኾምቢያን ከባቢኣን ቀዳማይ ዘንቀሎ ሓሳብ ምህናጽ ሓወልቲን መቓብርን ሰማእታት'ዩ። ስለዚ ድማ ኮሚተ ቀይማ ናይ ህዝቢ ወፈያታት ብምእካብን ሰሌዳ ግዜ ወፈራታት ብምሕንጻጽን እቲ ስራሕ ተጀሚሩ። ቤት ጽሕፈት ኣውራጃ ጋሽ ሰቲት ናይ ምህንድስና ክኢላታቱን ተንዲኖን ቸሚንቶን ካልእ መሳለጥያታትን ብምቕራብ፡ እቲ መደብ ኣብ ውሽጢ ትሽዓተ ኣዋርሕ ተዛዚሙ . . ." ኢሉ።

ኣብቲ መቓብር ሓርበኛታት ዘዕረፉ ሰማእታት፡ ኣብ ግዜ ሓርነታዊ ቃልሲ ኣብ ከባቢታት ሸላሎ፡ ኣውጋሮ፡ ኣንቶረ፡ ሸሸቢት፡ ዓድ እብርሂም፡ ደሴ፡ ማርያም ጋባ፡ ምማት ወዲ ዓንድኪኤል፡ ስገም ከፈሎ፡ ዓዲ ሃኪን ከባቢኡን ቅድሚ ወራር ወያነ ዝተሰዉኡ ኣስታት 110 ጀጋኑ ነበሩ።

* * *

እዘን ክልተ መቓብራትን ሓወልቲታትን ሰማእታት እዚኣተን፡ ብዘይካ'ዞም ስዉኣት ገድሊ ንሓርነት ኤርትራ፡ ኣብ ቀዳማይን ካልኣይን ወራራት ወያነ ዝተሰውኡ ብርክት ዝበሉ ጀጋኑ'ውን ተቐብሩለን። ብፍላይ መቓብር ሰማእታት ሻምብቆ እቶም ግዳያት ሓደጋ ወራር ወያነ ዝኾኑ፡ ምስ መሬት እንዳማቶም ዝገበቱን ሰላማዊ ህዝብና ዘጋፈውን ክረዳድኡ ምስ ከዱ፡ ብ6 ግንቦት 1998 ብሰራዊት ወያነ ዝተቐትሉ ሸሞንተ መኮንናት ሓይልታት ምክልኻል ኤርትራ ዝተቐብሩሉ እዩ።

ሓወልቲታት ሻምብቆን ቶኾምቢያን ተሃኒጸን ብዙሕ ከይጸንሓ ወራር ወያነ ኣብ ግንቦት 1998 ጀመረ። ድሕሪ ትሽዓተ ኣዋርሕ ናይቲ ቀዳማይ ወራር፡ ኣብ ለካቲት 1999 ካልኣይ ወራር ሰዓበ። ገለ ካብቶም ኣብቲ ወራራት ምእንቲ ልኡላውነት ሃገሮም ዝተበጀዉ ጀጋኑ ድማ ናብቲ መካነ መቓብር ሓርበኛታት ኣተዉ። ወራር ኣየብቀዐን፣ ብዝሰፍሐን ዝሓየለን መልክዑ ደኣ ቀጸለ። 12 ግንቦት 2000 ሳልሳይ ወራር ብኹሉ ግንባራት - ቡሬ፡ ዓሊቴና መረብ፡ ክሳድ ዒቃን ሰፊሕ ግንባር መረብ ሰቲትን ተኻየደ።

አብዚ ወራር'ዚ ሰራዊት ወያነ ክሳብ መወዳእታ ግንቦት አብ ሻምብቆን ቶኾምቢያን አተወ።

ወተሃደራት ወያነ ናብተን ሓውሲ ከተማታት ምስ አተዉ፡ አብቲ ዝተፈላለየ አስቃዔ ግፍዒ ዝተራእዮ ታሪኽ ገዛእቲ ኢትዮጵያ አብ ልዕሊ ኤርትራ ተራእዮን ተሰሚዑን ዘይፈልጥ፡ ቀዳማይ ተግባር ምፍሓር መቓብር እዩ ነይሩ። እቶም ወተሃደራት ማእከላት ጥዕና ቶኾምቢያን ሻምብቆን፡ ህንጻ ቤት ፍርዲ ሻምብቆ፡ ልዕሊ 280 አንዱ መንበሪ ህዝቢ ቶኾምቢያ፡ ዕዳጋ አሕምልትን ፍረታትን ሻምብቆ ምሉእ-ብምሉእ አዕንዮም፡ ማእለያ ዘይብሉ ንግዳዊ ትካላትን ንብረት ገባርን ዘመቱ። ወያነ አብ ነፍሲ-ወከፍ ዝረገጽ መሬት ኤርትራ ዝምታን ራስያን ቀንዲ መለለዪኡ እዩ ነይሩ። ምፍሓር መቓብር ግን ልዕሊ ዝኹን እከይን ሕሱርን ተግባር ነበረ።

"... ሰብ ምስ ከምኡ ሰብ ክብአስን ከዋጋእን'ምበር ምስ አስከሬን ክበአስ'ሲ። አብ ታሪኽ ውግአት ዓለም ተራእዮን ተሰሚዑን አይፈልጥን። ቃኤል'ኳ ንሓዉ አቤል ብቅንኢ ተደፋፊኡ ምስ ቀተሎ፡ ን'እስት'የ ተጣዒሱ። ሬሳ ሓዉ ተሰኪሙ ዝገብር ጠፊኡዎ ዓነን-ዓነን ምስ በለ፡ ሬሳ ደቂ ሰብ ክቡር ምጽኑ ንምርአይ ኳኹ ሬሳ ብጸዮ ሓዙ ብምምጻእ አብ ቅድሚ ቃኤል መሬት ፍሒሩ ቀበር። ቃኤል፡ አብነት ናይቲ ዑፍ ተኸቲሉ'የ ንሬሳ አቤል ሓዉ ብኽብረ ሓመድ አዳም ዘልበሶ። እዚ አብ ልዕሊ አዕጽምቲ ሰማእታት ሻምብቆን ቶኾምቢያን ዝተገብረ ተግባር ወያነ ግና ሕጂ ድሕሪ 18 ዓመታት ከተዘንተወሉ'ውን ግንብንብ ዘብል አረሜናዊ ተግባር'የ ..." በለ መምህር ጊደወን የማነ፡ ሓደ ካብቶም አብ ምህናጽ ናይቲ ሓወልቲ ሰማእታት ዝነበሩ።

ድሕሪ'ቲ ሕሱር ፍጻሜ፡ ጌና ናብቲ ቀጽሩ ዝዓነወ ጋህሲን ሓወልቲን ከይአተኻ፡ ብደጉሒ ጸሓይ እናንጸባረቐ ዋርዋር ዝብል ጸዕዳ ነገር ተበቲኑ ይረአየካ። ጸዓዱ ከበብቲ ነገራትን ሓኸሊታትን ከመስለካ ዝጸንሐ ቀሪብካ ምስ ረአኻዮ ሽክናታትን መሓወርን ሰማእታት ኩይኑ ትረኽቦ። እታ ብእምኒ-በረድ ቆይማ አብ ጫፉ ምስሊ ዝዓጠቐ ተጋዳላይ ዝነበራ ሓወልቲ ሰማእታት ሻምብቆ፡ ብኽቢድ ቦምባታት እያ ብተመልከተለይ ድኹዒ ተቐይራ። መአከቢ ወፈያታት ዝነበረት ሳንዱቕ ከአ ተጨፋሊቓ ብሓደ ሽነኽ ተደርብያ ነበረት።

ድሕሪ'ቲ ዕንወት አብኡ ዝነበረት መስርዕ ስለያ፡ ነቲ አስከሬን ብጥንቃቐን ልዑል ክብሪን እናልዓለት አብ ሓደ አኪባ ናብቲ ጋህሲ አእተወቶ። አዕጽምቲ ጀጋኑ ተበቲኑ፡ አብ ጸሓይ ቀሪዕ ክብል ምርአይ ንኹሉ ምጽሩ ከቢድ ነይሩ። "... ዝኸረ ሰማእታት!" ምስ በለ መራሒ'ታ መስርዕ፡ እቶም አብኡ ዝነበርና፡ ነቲ ተአኪቡ ዝተኹመረ አዕጽምቲ ሰማእታት ከቢብና ዝኸረ-ሰማእታት ገበርና።

አባል ሓይልታት ምክልኻል ኤርትራ ተዓገስ ሓጎስ ዑቝቡ፥ " . . . ልኽዕ’የ ጸላኢ. ቤትካ አትዩ አጸራርዮ፥ ወጋጊኑ ስንደልን ዑድን አህጉ-ጉ ክወጽልካ አይትጽበይን ኢኻ፥ ምኽንያቱ ጸላኢ. ከም ሽሙ ጸላኢ.’የ፥ ወራሪ ሓይሊ. አበላሽዩ ክኸይድ አብ ታሪኽ ብተደጋጋሚ ዝኽሰት ተርእዮ እዩ፥ አስከሬን ሰብ ካብ ጉድንዱ ፍሒርካ አውጺእካ ምብታን ግና . . . ‘ተፈጺሙ’ እንተ በልካ’ውን ዝአምነካ የለን፥ ስነድ ጮብጢ. እንተ ዘይከውን ‘ጸለመ’ እዩ ተባሂሉ ምተሓልፈ፥ . . ." በለና ካሜራ ሒዙ እናሰአለ።

"ምፍሓር መቓብር. . . አብ ናይ ዝኹን ጨካን ዝበየለ ፍጡር ተግባር ዘይርከብ፥ ናይ ክፉአት ክፉእ ተግባር’የ፥ ከምዚ. ዓይነት ነውራም ተግባር ተራእዮን ተሰሚዑን አይፈልጥን፥ መራሒ. ደርጊ፥ ውልቀ-መላኺ. መንግስቱ’ኢ ምስቲ ኩሉ ጮካነኡን ዝፈጸም ግፍዒን፥ ንሬሳ ጀግና ሰዉእ ሰርሒት ኤርትራውያን ኮማንዶ - ምቅጻል ነፈርቲ ውግእ ጸላኢ. አብ ሰምበል 1984 - ብኽብሪ ክቐብር አዚዙ ዝበሃል፥ ናይ’ዞም ትሑታት ትሑት ግብሪ ግና አብ ልቢ ኤርትራውያን ዘይሃስስ በሳ ሓዲጉ አሎ . . ." በለት ነብሪት ሓዉሲ. ከተማ ሻምብቆ ወ/ሮ ጸጋ ሃብተ። ወ/ሮ ጸጋ አብ መጀመርታ ነቲ መቓብርን ሓወልቲን አብ ምህናጽ አብ ዝተወሰደ ተበግሶ ህዝቢ፥ ስሚንቶን ሓጹን አጽኒና ድግድጊታ ተዓጢቓ ምስ ህዝባ ናብቲ መቓብር ዝጉየየት እያ።

ሸማግለ ምህናጽ መቓብርን ሓወልቲን ሰማእታት ሻምብቆ፥ እቶም ሰብኡት አብ ሰለስተ ጉጅለታት ተመቓቒሉ፥ ቀዳመይቲ ጉጅለ አብ ምእካብ ፈቐዶኡ ፋሕ ኢሉ ዝነበረ አስከሬን ሰማእታት ተዋፈራ፣ ህዝቢን ገዳይም ተጋደልትን ‘በዓል እከለ አብዚአ ተቐቢሮም አለዉ.’ እናበሉ ናይ ልዕሊ 130 ሰዉአት አስከሬን አብ ሸውዓተ ወርሒ. አከቡ። እታ ካልአይቲ ጉጅለ፥ አብ ምእካብ ወፈያታት፥ ምምቅራሕን ምሕደራን ተዋፈራ፥ ሳልሰይቲ ጉጅለ ኸአ አብ ምክያድ ህንጸዊ ስራሓት፥ አደታትን ቄልዑን፥ አብ ሰራሕ ሚነዋልን ምድላው እኽለ ማይን ተዋፈረን ጋእ ከይበላ ክሳብ ምዝዛም’ቲ ሓወልቲ ሰርሓ። ብዕልልታን ደርፌን ድማ ነቲ ስራሕ ሓይሊ. ወሰኻሉ።

"ብልዑል ወኒን ልባዊ ተበግሶን ዝተሃንጸ ክቡር ሓወልቲ ጀጋኑ ደቅና፥ ብሓደ ረፍዲ ‘ብሓሹላት ዓንየ’ ዝብል ዝመረረ ስማዕ አብ ህይወተይ ሰሚዐ። ሽዑ ዝተሰምዓኒ ጓሂን ቃንዛን ናብ ሕማም አድሒቡለይ። ዘየጉሂ’ውን አይኮነን። ጓሂየይ ምስ ሰኸነ፥ አሰደሚሙ-ኒ፥ ነቶም ጸየቕቲ ክዒበዮም፥ ሕማቓት! ዉዱቓት! ኢለዮም። . . . ንዮ በሎም! ንሳቶም ክንጉሒ ኢሎም እንድዮም ገይሮሞ፥ ንሕና ግን ንሂና ስዒርና፥ ዳግማይ ክንሃንጽ ተበጊሰና። ጌርናዮ ድማ። እነዉት ሎሚ ከምዚ. ትርእዩዋ፥ ሓወልቲ ሰማእታት ሻምብቆ፥ በዓልቲ ድርብራብ ታሪኽ ኩ-ይና። አብ መንጉ ታሪኽ ምስራሕ ዘይሕለሎ

ህዝቢ ኤርትራን ታሪኽ ምጽያቕ አስሓኮ ዘይብሉ አረሜናዊ ጸላኢን ዘሎ ፍልልይ ኻዕ አቢላ ተርኢ'ላ፡ . . ." በለ አቦይ ተኸላይ አባል ሽማግለ ምህናጽ ሓወልቲ ሰማእታት ዝነበረ።

ድሕሪ'ቲ ፍጻመ ዕንወት ዝተፈጥረ ሕኑን ስምዒት፡ ነድሪን ምስድማምን፡ "ከመይ ገይሮም ከምዚ ይገብሩ?" ዝብል ነበረ። . . . ህዝቢ ዝሕከመሉ ማእከላት ጥዕና አዕኒዮም፡ ቤት ፍርዲ አፍሪሶም፡ አባይቲ አቃጺሎም፡ ንዕዳጋ ሓሙ-ኹሽቲ ገይሮም፡ ትካላት ዘሪፎም፡ ከይአክልሲ . . . መቓብር ሰማእታት ክፍሕሩ!? እምበር'ዶ ፍጥረት ሰብ አለዎም'የ?! እቲ ተግባር ናይ መወዳእታ ናይ ዝወደቐ ሰብት ተግባር'የ ነይሩ።

አብ ታሪኽ፡ አዶልፍ ሂትለር ሚልዮናት አይሁድ አቃጺሉ፡ ስታሊን ምልዮናት ዜጋታት ደምሲሱ። . . . ኤውሮጳውያን ገዛእቲ ንደቀባት ብዙሕ ዘስካሕክሕ ባርባራዊ ተግባራት ፈጺሞም ዝብል መዛግብቲ ታሪኽ ፍቑዲ የብሉን። አብ ዝኹን ዘበንን ብዝኹን ስርዓትን መቓብር ተፋሒሩ አስከሬን ሰብ ተብታቲኑ ዝብል ሕጡብ-ጽሑፍ ግን አይርከብን፡ ብዘይካ አብ ኤርትራ ብወያነ!

አብ መቓብርን ሓወልቲን ሰማእታትና ዝወረደ ዕንወትን ነውራም ተግባርን፡ ብዓይነይ ክሳብ ዝርእዮ አይአመንኩን። ምስ ረአኹ'ዃ ዝተሰምዓኒ ስምዒት ከአ ከም ሰበይ መግለጺ አይረኸብኩሉን። አብ ኤርትራ ብዙሕ ግፍዒ ስርዓታት ኢትዮጵያን መሳፍንቲ ትግራይን ተራእዩን ተሰሚዑን'የ። ከምዚ ዓይነት ነውራምን ግዕዘይን ተግባር ግን አይተሰምዐን።

ድሓር ሰብ፡ ናይ ጥዑይን ምሉእን ሰብ ስራሕ ክሰርሕ አይክእልን'የ። ሰበ-ስልጣን ወያነ ብኑባስ-ምትሓትን ሕስድናን ተደሪኾም ዘመደቡዋ ምስ ፈሸሎም፡ ጥዑይ ሰብ ክሓስቦ ዘይክእል ተግባር'ዮም ፈጺሞም። ዕላማ ናይዚ ሕሱር ተግባር'ዚ፡ አብ ህዝብታት ኤርትራን ኢትዮጵያን ንሓዋሩ ዝነብር ጽልኢ ምስዋር'የ።

ድሕሪ'ቲ ዕንወት ዓቒጣ ስኢኖም፡ ምስ በዓልቲ ቤቶም አብ ቤቶም እንከለዉ፡ ወያን ቶኾምብያ አትዩ ዘጋፈያም ወዲ 84 ዓመት አቦይ በረኸትአብ ሓይለሚካኤል፡ አብ አካላቶም ጉሊሑ ዝነበረ ቁስልን በሰላን እናርአዩ፡ ". . . እዚ ትርእዮም ዘለኹም ቁስልን በሰላን፡ መሰበርተይን ስንብራተይን ቀሊል'የ፡ ብዙሕ አየሕመመኒን፡ 'መቓብር ሰዉአት አፍሪሶም፡ አዕጽምቲ ሰዉአት ፈሒሮም ቡቲኖም. . .' ኢሎምኒ ሰለይ እናበልኩ ከይደ። ምስ ረአኹዋ አመና ተቘንዚየ . . . አሕሚሙኒ . . . ንፈለግ ግዜይ ንፈጣሪየ 'ንዚ ከተርእየኒ ክሳብ ሎሚ አጽኒሕካኒ!' ኢለ አምሪረዮ። ክፉእ ርእየ . . . ክፉእ አይትርኣዩ ደቀይ. . . . ክፉእ ርእየ . . . ." ኪኖ ምባል ክዛረቡ አይከአሉን፡ ንብዓትን ምድፍናቕን ዓጊቴዎም።

ጸኒሓም፡ ድሕሪ ነዊሕ ግድል ትንፋሶም ምስ ወሓጡ "... . ደሓን፡ እዚ ሕጂ ኣዕኒዮምዎ ዘለዉ፡ ጽባሕ ንግሆ ብዘበለጸን ዝማዕረገን ክንሃንጾን ክንኩልዖን ኢና። ሰውኣትና፡ በዚን ወዲ ኸምዚን ክብሮም ኣይትንከፍን'ዩ። እቲ ዘሕዝን ምስ ሰብ ዘይኩነና ምስ ኣራዊት ምውጋእና'ዩ። . . . ኤህ! ኣዕጽምቲ'ዮም ዝበተኑዎም ሰማእቲ ክወግኦም ይንበር። . . ."

ድሕሪ'ዚ ዕንወት'ዚ ኣብ ሓጺር ግዜ ህዝቢ ኣብ ዳግማይ ምህናጽ ናይተን ሓወልቲ ተጸምደ። ኣብ ዳግም ምስራሕ ናይተን መቓብራት ሓርበኛታት ድማ ኣደታት ዓዲ ጣልያን ብቐዳምነት ይጥቀሳ። ንኽልተኣን ሓወልቲ መጻጊኒ ዝውዕል ምሉእ ፋይናንስያዊ ወጻኢታት ገበራ። ነበርቲ ናይተን ሓውሲ ከተማታትን ከባቢኣንን ከኣ፡ ልዕሊ እቲ ቀዳማይ ተበግሶ ብምውሳድ፡ ብገንዘብ፡ ንዋትን ጉልበትን ወፈያታቶም ኣውሓዙ። ምምሕዳር ዞባ ጋሽ-ባርካ ነቲ ገዚፍ ወፈያን ተበግሶን ብምውሃዱን ክኢላታቱ ብምውፋርን ኣብ ጉኒ'ተን ዝዓነዋ ሓወልቲታት ደበስ ሰማእታት ዝኹና ሓደስቲ ሓወልቲ ሃነጸ።

ኣብ ወራር ወያን ዓንያ ንቕርሲ ዝተሓድገት መቓብር ሰማእታት ሻንብቆ

መቓብር ሓርበኛታት ሻንብቆ

ሓገዝ / ለአብወ / በለሓበ

መሓዘተ / አወዐ / አለፈነ / ወጸበለነ

እዚ ጽሓፍ'ዚ አብ ገጽ ሓወልቲ በለው ክለው፡ መጠራ፡ ተወጪሩ ዘሎ
ጽሓፍ'ዩ። ብክኢላታት ስነ-ጥንቲን ተመራመርቲ ሌግዊ ቋንቋን፤ "አገዝ
ወይ ሓገዝ ንአቦታቱ መዘከርታ ምስ መሓዙቱ አለፈነን ጸብለነን ኩይኑ
አብዚ አግኒዙዎ ወይ አቐሙዎ፡" ይትርጎም።

ትሕዝቶ ናይዚ ጽሓፍ'ዚ ቅድሚ 2000 ዓመታት አብዚ ከባቢ ስልጡን
ባህሊ ምክብባር፡ ምሕዝነትን ምትሕግጋዝን ከም ዝነበረ ዝገልጽ እዩ። ነዚ
ጥንታዊን ታሪኻውን ሓወልቲ'ዚ ወራሪ ስርዓት ወያነ አብ 2000 ናብቲ
ቦታ ምስ በጽሐ ብቲኤንቲ አዕነዎ።

ምዕናው ናይዚ ታሪኻዊ ሓወልቲ'ዚ፡ ንዓና ዘጉሂ ዝመሰሎ ወያነ፡
ካብ አፍንጫሉ አርሒቑ ስለ ዘይሓስብ ጥራይ'ዩ። እዚ ሓወልቲ'ዚ
መቐጸልታ ጥንታዊ ስልጣነታት ከባቢና እዩ። ሓበን ምብራቕ አፍሪቃን
አፍሪቃ ብምሉአን ዓለማዊ ቅርሲን'ውን እዩ። ቅድሚ 2000 ዓመታት
ዝነበረ ብፍልጠትን ተክኖሎጂን ዘይማዕበለ ህዝቢ ዝተኸሎ ቅርሲ ስልጣነን
መንነትን፡ አብ መበል 21 ስልጡን ክፍለ-ዘመን ዝነብር ሰብ ኩነ ኢሉ
ከፍርሶ እንከሎ ብኸመይ ከም ትገልጾ ዘጸግም እዩ።

አብ ክፍላ 2000፡ ሰራዊት ወያነ ንሓወልቲ በለው-ክለው አብ እግሩ
ተፈንጃሪ ብምጽዋድ ኩነ ኢሉ ከም ዘውደቖ ብነገራዊ መርተዖ፡ አብ
ቅድሚ ሃገራውያን፡ ጀርመናውያንን ፈረንሳውያንን አባላት ዓቀብቲ ሰላም
ተረጋጊጹ። ሃገራዊ ቤተ-መዘክር ኤርትራ ከአ፡ ነቲ ጉዳይ ናብ አህጉራዊ
ማሕበረ-ሰብን ናብ ብቖጥታ ዝምልከቶ ትምህርታዊ ማዕከን ሕቡራት
ሃገራትን ዓለማዊ ማእከል ስነ-ቅርሲን (UNESCO – WHC) ጥርዓናቱን
ከሱን አቕሪቡ።

ብዕላማ ዝተሃርመ ሓወልቲ በለው ክለው፡ ካብቲ 5.68 ሜትር ቁመቱ፡
1.60 ሜትር ብቲ.ኤን.ቲ. (TNT) ተሰባበረ። ዳግም ጸጊንካ ልክዕ ናብ
ዝነበሮ ክምለስ'ኳ እንተ ዘይከአለ ብሓገዝ ዩኔስኮ ሃገራዊ ቤተ-መዘክርን
ብዓቢኡ ኸአ ብክእለትን ብልሓትን ደቂ እቲ ከባቢ ብ11 ግንቦት 2005
ዳግማይ ተተኸለ።

እቲ ዝተጸገነ ሓወልቲ አሰር ዝወረደ ዕንወት ንምግላጽ፡ ካብቲ ዝዓነወሉ
ተላጊሉ ቅሩብ ተፈንቲቱ'ዩ ተተኺሉ። እዛ መግለጺ ኤርትራዊ መንነትን
ናይ መዋእል ታሪኽን አርማን ዝነበረት ሓወልቲ'ዚአ፡ አብዚ እዋን'ዚ
ሓድሽ ታሪኽ ወሲኻ ተቘኒታ'ላ። ሕላገት ክፉአ ተግባር ስርዓት ወያነ
ንወለዶታት ከተስጋግር ድማ እያ። ስለዚ ጸላኢ ንሕግማቻ ኢሉ ዝገበሮ፡
ዝያዳ መጠመቲአን መናበቢአን ኩነ።

ነዚ ዝርኣየ አቦዲሙ አብ በለው ከለው ኩዕታ ጀሚሩ ዝነበረ ፈረንሳዊ ክኢላ ስነ-ጥንቲ፡ ዳግማይ ተተኺላ ምስ ረአያ ብቋንቋ ፈረንሳኛ፤

ኸንታ... ብቆዳሞት አብ ጥንቲ

ዝተተኸልካ ሐወልቲ

ስኽፍ አይበልካ ከም ቀደምካ በርኽ

ዝረትያ የለን ነቲ በዓል ታሪኽ*

ኢሉ ገጠመ።

ተግባራት ወያን አብ ምፍሓርን ምዕናውን ሐወልትን መቓብርን ሰማእታት ሻምብቆን ተኾምብያን ከም'ኡ'ውን ምዕናው ሐወልቲ መጠራ ጸሊም ታሪኽ ሐዲጉ እዩ። ኩሉ ድሌቱ ድማ ታሪኽን መንነትን ኤርትራ ምጥፋእ ም'ኳኑ ብንጹር አርእዩ። እቲ ብዘይክማሁ ብነዊሕን መሪርን ቃልሲ ዝተረጋገጸ መንነት ኤርትራ ግን ሐወልቲ ወሲኹ ደመቐ'ምበር አይወደቐን።

ምንጪ፤

- ሃገራዊ ቤተ-መዘክር ኤርትራ
- ዶር. ዮሴፍ ልብስቃል
- አቶ ሃይለ በርሀ
- PALEOANTHROPOLOGICAL AND ARCHEO-HIS
  TORICAL REASERCH ON ERITREA
- አቶ ተኽላይ ባሻይ አብርሃም
- መም. ጊደወን የማነ
- ወ/ሮ ጸጋ ሃብተ
- አቶ ሐመድኑር ካልባይ
- ሃማደኤ ዞባ ጋሽ-ባርካ
- ቅርስታትና አገደስቲ መወከሲ መንነትና (መንሹራ)
- ዝተፈላለየ ሕታማት ጋዜጣ ሐዱስ ኤርትራ

---

* ነዛ ግጥሚ'ዚኣ ካብ ፈረንሳኛ ናብ እንግሊዝኛ ካብኡ ናብ ትግርኛ ዝተርጉሙ ዶር ዮሴፍ ልብስቃልን አቶ ሰለሙን ጸሃየን እዮም።

18

ቦኹሪን ሕሳስ-ልደን

መሓመድ እድሪስ መሓመድ

ካብ ጅግንነታዊ ፍጻመ ዋርሳይ-ይከኣሎ ገለ ክጽሕፍ ምስ ተበገስኩ'የ ንዓብደላ መሓመድዓሊ (መዓልም) ብዛዕባ ዛንታ ናይ ሓደ ዋርሳይ ብጻዩ ከዕልለኒ ኣብ ቤት ጽሕፈተይ ዘዓደምኩዎ። ዓብደላ፡ ቅድሚ ነቲ ዛንታ ምዝንታዉ፡ ነታ ኣብ ኮምፕዩተረይ ዝነበረት ሓምሻይ ርእሱ ዝተሳእላ ስእሊ ምስ ረኣየ፡ ጦብላሕታ ፈጢራትሉ ዝን በለ። ተዘኩሮኡ ዝቅስቅስ ኣብ ገጹ መሳእልቱ እናረኣየ፡ ነቶም ኣብታ ስእሊ ዘለዉ በብሓደ ሸሞም እናጠቐስ ኣዘንተወለይ።

ሓደ ካብኣቶም ምስ ክልተ ገዳይም ተጋደልቲ ኣሕዋቱ፡ እድሪስን መሓመድዓሊን፡ ኣንጻር ወራር ወያነ ዝኸተተ ዑስማን መሓመድ'ዩ። ዑስማን ብ1995 ካብታ ዝተወልደላ 'ገብገብ' ኣብ ሳልሳይ ዙርያ ሃገራዊ ኣገልግሎት ናብ ሳዋ ወሪዱ። ነቲ ዝተማየሰ ዓቢ ሓዉ፡ ተጋዳላይ እድሪስ መሓመድዓሊ፡ ካብ 'ገብገብ' ክፋነዎ እንከሎ፡ "በቃ ድሕሪ ደጊም ቅሰን!" ብምባል ብፍሕሹው ገጽ እዩ ናብታ ሰሓሊትን መልማሊትን መንእሰያት ሳዋ ዘወረደ። እድሪስ፡ ዑስማን ሓዉ ኣገልግሎቱ ወዲኡ ብሰላም ክምለሶ እናተመነየ፡ "ጾዕዳ ይጽናሕካ" ኢሉ ኣፋነዎ።

ዑስማን፡ ናብታ ብወረ ጥራይ ዝፈልጣ ሳዋን ምስቶም ካብ ዝተፈላለየ ቦታን ብሄራትን ናብ ሳዋ ዝወረዱ መዛኑኡን ተራኺቡ። ነቶም ሃገራዊ ግብኣም ክፍጽሙ ኣብ ሳዋ ዝተኣኻኸቡ ኣባላት ሳልሳይ ዙርያ ምስ ተጸንበሮም፡ ኣሰር ናይቶም ምእንቲ ሓርነት ህዝቦም ዝተጋደሉ ኣሕዋቱ

ከም ዝሰዓብ ተረደኣ። ኣብ ሳዋ ምስ ኣሸሓት መንእሰያት ብወተሃደራውን ፖለቲካውን ትምህርቲ ምስ ተሳሕለ፡ ዝቐጽል ኣገልግሎቱ ክሳብ ዝውድእ ኣብ ከበሳን ቆላን፡ ብፍላይ ድማ ኣብ ከባቢ ኣስመራን ሮራ-መንሳዕን፡ ተመዲቡ ድሕሪ ምግልጋል፡ 18 ኣዋርሕ ኣእኪሉ ናብታ ብ1995 ዝተፋነዋ ጉብገብ ተመልሰ።

እቲ፡ 'ጸዕዳ ይጽናሕካ' ኢሉ ቅድሚ ክልተ ዓመት ዘፋነዋ እድሪስ ሓዉ፡ ናብ ስቪላዊ መነባብሮ ተሰጋጊሩ፡ ከምቲ ብፍሕሹው ገጽ ዘፋነዋ ብፍሕሹው ገጽ ተቐበሎ። ዑስማን ብታዕሊምን ኣገልግሎትን ዝያዳ በሲሉን ተመኩሩን፡ ካብ ወተሃደራዊ ናብ ስቪላዊ ህይወት ተመልሰ። ናይ መጻኢ መደባቱ ክሰርዕን ብዛዕባ ሓዳርን ውላድን ክሓስብን ብዝጀመረ ድማ፡ ናብራኡ ከጣጥሕ ምስ እድሪስ ሓዉ ኣብ ሕርሻን መንሰን ተዋፈረ።

ኣብ ምጥጣሕ ናብራ እንከለዉ ኣብ ሚያዝያ 1998፡ መንስግቲ ኤርትራ ኣዋጅ ወፍሪ ሃገራዊ ልምዓት ኣወጀ። ኩሎም ሃገራዊ ኣገልግሎቶም ዝፈጸሙ ዋርሳይ፡ ኣፍራዛን ባዴላን ዓቲሮም ብዘይ ወዓል ሕደር ናብ ግንባር ልምዓት ከተቱ። ብመሰረት'ቲ ኣዋጅ፡ ዑስማን ብ28 ሚያዝያ 1998 ምስ ኮር 2001 ተጸንበረ። ኣብ ቪላጆ ጂንዮ ኣስመራ ገለ መዓልታት ምስ ጸንሑ፡ እቲ ኣሃዱ ናብ ደቡብ ኤርትራ ገዓዘ፡ ኣይደንጉዮን ወያን ኣብ ልዕሊ ኤርትራ ወራር ስለ ዝኣወጀ፡ እቲ ኣሃዱ ኣፍራዛን ባዴላን ኣውሪዱ ብረት ብምልዓል ናብ ሶይራን ሰርሓን ከደ። ካብ ወፍሪ ልምዓት ድማ ናብ ወፍሪ ምህናጽ መከላኸሊ ዕርዲ ኣተዉ።

እታ ዑስማን ዝነበራ ሳልሳይ ብርጌድ ኮር 2001፡ ምስ ብዝሒ ሰራዊት ዓብያ ክፍሊ-ሰራዊት 32 ተባህለት። ዑስማን፡ ናጽነት ዘምጽኡ ክልተ ዓበይቲ ኣሕዋቱ ዘልዓለዎ ዝናርን ብረትን ኣልዒሉ፡ ኣብቲ ርሱን ውግእ ዝካየዱ ዝነበረ ጎቦታት ዓይጋን ሶይራን ከተተ።

ወያን፡ መግዛእታዊ ሕልሚ ኣያታቱ እናደገሱ ኣብ ዝኻደሉ፡ ኤርትራዊ መንእሰይ ከኣ ጅግንነትን መኸተን ኣያታቱ'ዩ ወሪሱ። ኣብቲ ጽንኩር እዋን ወራራት ወያን ብሓፈሻ፡ ኣብ ኣኽራናት ሶይራን ዓይጋን፡ ኣብ ሀሮሟ ምድረ-ባዳ ቡሬን ባዳን፡ ኣብ ጣሻ ከባቢታት መረብን ባድመን፡ . . . ዝፈጸሙዎ ቅያ ድማ መዘና ኣይነበሮን።

*   *   *

ሓደ መዓልቲ፡ ቀዳማይ ወራር ድሕሪ ምዝዛሙ፡ ዑስማንን ብጾቱን ኣብ ምስራሕን ምህዳምን ድፋዕ ኣርፈዶም ተመለሱ'ሞ፡ ኣብ መደቀሲኦም ተጉምሰሱ። ነቲ ጸላኢ ዝዳለወሉ ዝነበረ ካልኣይ ወራር ንምሕምሻሽ ሓያል ምድላው ይግበር ስለ ዝነበረ፡ ኩሎም ዝተጣየሱ ተጋደልቲ ድር ከቲቶም'ዮም። ዑስማን፡ ኣብ ኣእምሮኡ ብዛዕባ'ቲ ውግእን ክተትን እናሓሰበ

312

እንከሎ ድቃስ ወሰደ፡፡ ልዋም ዝነበር ድቃስ ግን ኣይደቀሰን፤ ገለ ዘባህርር ነገር ካብ ድቃሱ ኣበራብሮ፡፡ ምስቲ ዝነበር ናፍቖት፡ ኩነታት ስድራቤቱ ቀጺሉ ኣብ ሓሳቡ ስለ ዝነበረ፡ ኣብታ ቀም ዘበለላ ህሞት፡ ኣደኡ ኣብ ካልኣይ ጋንታ፡ ኣቦኡ ድማ ኣብ ቀዳማይ ጋንታ ዝተመደቡ ኩይኑ ተራእዮ፡፡ በዚ ግናይ ተርእዮ'ዚ ባህሪሩ ብብዕጉት ሓፍ በለ፡፡ እቲ ነገር ተራ ሕልሚ ኩይኑ ኣይተሰምዖን፡፡ ብልቡ፡ 'ቀደም ክልተ ዓበይቲ ኣሕዋተይ ንናጽነት ተቓሊሶም፣ ሕጂ ድማ እቲ ቃልሲ ንዓይ'ውን ኣርኪቡለይ እቕጽሎ ኣለኹ፡፡ ወለደይ ግን...' ብምሕሳብ ተሻቐለ፡፡ ንብጹቱ ምስ ኣዕለሎም፡ ብምልኣም ስሓቖምን ኣብ ውሽጡ ኣእትዩ ሰንፈላል ከይከውን ኣተባበዑዎን፡፡ "ኣጀኻ፡ እዚ ወራር ካባና ዝሓልፍ ኣይኩንን፣ ባዕልና ክንሕምሽሾ ኢና፡" ድማ በሉዎ፡፡

ድሕሪ ገለ መዓልታት ናይቲ ድፋዓት ምስራሓም፡ ኣኬባ ክፍለ-ሰራዊት 32 ተገብረ፡፡ ኣብቲ ኣኬባ ዑስማን፡ ፍጹም ዘይተጸበዮ፡ ምስቲ ተጣይሱ ኣብ ዓዲ ዝገደፍ ገዲም ተጋዳላይ እድሪስ ሓዉ ተራኸበ፡፡ እድሪስ፡ ምስቶም ተጣይሶም ኣብ ብሕታዊ ዋኒኖም ዝነበሩ'ሞ ወራር ምስ ጀመረ ዝኸተቱ ተጋደልቲ ከቲቱ እዩ ናብቲ ዑስማን ዝነበሮ ክፍለ-ሰራዊት 32 ዝተመደበ፡፡ ድሕሪ ሳልስቲ ናይዚ ፍጻመ ድማ፡ ኣብ ክፍለ-ሰራዊት 12 ዝነበረ ሓዉ ተጋዳላይ መሓመድዓሊ'ውን ናብታ ዑስማን ዝነበራ ቦጦሎኒ ከም ሪዘርቫ (ተደራቢት ሓይሊ) ካልኣይ ብርጌድ ከይኑ ተመደበ፡፡ ትርጉም ናይቲ ኣብ ድቃሱ ዝተራእዮ ምኽታት ወለዱ ድማ፡ ናይ ኣቦን ኣደን ምኽታት ዘይኩነስ፡ ናይቶም ክልተ ዓበይቲን ገዳይምን ተጋደልቲ ኣሕዋቱ ኩይኑ ረኸቦ፡፡

ዑስማን፡ ልዕሊ ኹሉ ምኽታት ናይቲ ተጣይሱ ንቡር ህይወቱ ከመርሕ ዝጀመረ እድሪስ ኣተሓሳሰቦ፡፡ ብነፍሱ ዘይተሻቐለ ድማ ብሓዉ ብዙሕ ተሻቐለ፡፡ "ኣሕ! እድሪስ ሓወይ እቲ ቀደም ንሓርነት ዝተቓለሶ ከይኣክል'ሲ፡ ሕጂ ድማ ምሳና ሓድሽ ቃልሲ ክቕጽል . . .!" ብምባል ኣስተንተነ፡፡ ምስ ክልተ ኣሕዋቱ፡ ኣብ ሓደ ግንባር ብምንባሩ፡ ካብ ግዜ ናብ ግዜ ስኽፍታ እናፈጠረሉን ምስ ነፍሲ-ወከፍ ውግእ ሻቐሎቱ እናዓበየን ከደ፡፡ ተጨኒቐካ ዘይፍታሕን ዘይተርፍን ምስ ኩኖ ኸኣ፡ ምስ ኣሕዋቱ ከረሓሕቖም፡ እንተ ዘይኩይኑ፡ ካብ መስዋእቲ ኣሕዋቱ ዝሰምዕ ቀዲሙ-ምም ክስዋእ ተመነየ፡፡

*　　*　　*

ቀቅድሚ ሳልሳይ ወራር፡ ዑስማንን ዓብደላን (መዓለም) ካብ ቀዳማይ ክሳብ ካልኣይ ወራር ኣብ ሓንቲ ጋንታ'ኳ እንተ ነበሩ፡ ድሕሪ ካልኣይ ወራር ዓብደላ ካብ ክፍለ-ሰራዊት 32 ናብ ክፍለ-ሰራዊት 15 ስለ ዝተቐየረ ኣብ ሓደ ግንባር ኣብ በበይነን ኣሃዱታት ኩኑ፡፡ ንግሆን ምሸትን 'ከመይ

313

ውዒልካ፡ ከመይ ሓዲርካ’ ተሪፉ፡ ምርኻቦም ሓሓሊፍካን ብማዕዶን ኮነ።
አብ ከምዚ ህሞት እንከለዉ ድማ’ዩ ሳልሳይ ወራር ዝተጀመረ።

ቀቅድሚ ምጅማር ሳልሳይ ወራር፡ ዑስማን ካብ አሃዱኡ ተመሪጹ፡
ተወሳኺ ትምህርቲ ክቐስም ምስ ገለ ብጾቱ ናብ ሓጅፈራይ ወሪዱ
ፖለቲካውን ወተሃደራውን ኮርስ ተኸታተለ። ነቲ ካብ መድፍዓጄ ብሬን
ናብ ምምራሕ ሰብ ዘስጋግር ስልጠና ብትዕግስቲ’ኳ እንተ ተኸታተሎ፡
ቀልጢፉ ትምህርቱ ወዲኡ ናብቶም ሳልሳይ ወራር ክሕምሽሹ ዕረፍቲ አብ
ዘይህብ ምስራሕ ድፋዕን ወተሃደራዊ ታዕሊምን ተጸሚዶም ዝነብሩ አሃዱኡ
ክምለስ ተሃወኸ። አብ ሰዓቱን ግዜኡን፡ በቲ ዝቐሰሞ ወተሃደራዊ ስልትን
ትምህርቲን አካላቱን መንፈሱን ደሪዑ ኸአ ናብ አሃዱኡ ተመልሰ።

ዑስማን፡ እቶም ናጽነት ዘምጽኡ፡ ገና’ውን አብ ጎድኑ ኩይኖም አንጻር
ወራር ወያነ ዝምክቱ ዝነብሩ ዓበይቲ አሕዋቱ ካብቲ ወራራት ብህይወት
ክተርፉ፡ ንሱ ክንዳአም ክሓልፍ ናይ ወትሩ ሕልሙ ነበረ። እቲ ልዑል
ምሽብሻብን ፈኸራን ዝተገብረሉ ሳልሳይ ወራር ወያነ’ውን ውዒሉ ሓዲሩ
ከም ዝፈሽልን ልኡላውነት ኤርትራ ከም ዘኽበርን ጥርጣረ አይነበሮን።

ወያነ፡ መዓልቲ ሓልዩ ሳልሳይ ወራር ጀመረ። አሃዱ በዓል ዑስማን
የማነ-ጸጋም ዓይጋን ሶይራን ከም’ኡ’ውን ናብ ድፋዕት ዛላምበሳን ጸርናን
እናተገላበጠት ነቲ ተሃንዳዲ ሓይሊ ጸላኢ ንምሕምሻሽ ብጅግንነት
ተዋግአት። ኩለን አብቲ ግንባር ዝነብራ አሃዱታት ሓይልታት ምክልኻል፡
ነቲ አብ ቅንያት በዓል ናጽነት ጀሚሩ ንመዓልታት ዝቐጸለ ወራር አብ
ግንባር ዛላምበሳ ብሓያል ተወፋይነት መከታአ።

አሃዱ ዑስማን፡ እቲ ወራር ናብ ኩሉ ግንባራት ልሒሙ ብርቱዕ
ውግእ አብ ዝካየደሉ ዝነበረ እዋን፡ 24 ግንቦት 2000፡ አብ ሓያል መኽተ
ተጸምደት። ዑስማን፡ ካብ መድፍዓጄ ብሬን ናብ መራሒ ጉጅለ ተሰጋጊሩ
ስለ ዝነበረ፡ ካብ ሓላፍነት ብረት ሓላፍነት ሰብ ተሰኪሙ’ዩ አብቲ ትንፋስ
ዘይህብ ውግእ ዝአተወ። እቲ ብግንባራት መረብ ሰቲትን ጸርናን ጀሚሩ
ናብ ግንባር ቡሬ ዝለሓመ ከበድቲ ውግአት፡ ህይወት ጀጋኑ ከወስድ
ዝረአየ በዓል ዑስማን፡ ዝያዳ ክተብዑን ውዲት ጸላኢ ከበርዕኑን ብሓያል
መንፈስ ተዋግአ።

*　　*　　*

ሳልሳይ ወራር ብልዑል ናህሪ እናቐጸለ፡ ክፍለ-ሰራዊት 15 እትርከበን
አሃዱታት ሓይልታት ምክልኻል ኤርትራ፡ አብ ውግእ ዓይጋ ድሕሪ
ምቕናይ ናብ 25 ግንቦት 2000 አብ ዘውገሐ ለይቲ፡ ካብቲ ከባቢ ውጹ
ስለ ዝተባህለ፡ እቲ ክፍለ-ሰራዊት ናብ ሰንዓፈ ገጹ አንሰሓበ። አብዚ
ናይ ምንስሓብ እዋን፡ ዓብደላ (መዓለም) ነቶም ቅድሚ ክልተ ወርሒ
314

ዝተፈልዮም ብጹቱ ክርኢ. ተረበጸ። አብቲ ሰብ ዝበልዕ ውግእ፡ በዓል መን ሓሊፍም በዓል መን ተሪፍም ገና ነቲ አሃዱ ምስ ረአየ ዝግምግሞ'ኳ እንተ ነበረ፡ የማን-ጸጋው እናጠመተ ሰንዓፈ ናብ እተእቱ ክሳድ በጽሐ።

ዓብደላ፡ ደሃይ ዑስማን ካብ ዝስእን ሓያለ ገይሩ ስለ ዝነበረ፡ አብቲ ብቓጸሊ ዝኽፈል ዝነበረ መስዋእቲ ዑስማን አሎ ድዩ ተሰዊኡ አየረጋገጸን። ስለዚ፡ ንዑስማን ወይ ንዑስማን ዝፈልጥ ሰብ እንተ ረኸበ ከባቢኡ እናተኸታተለ ተጓዕዘ። ቅሩብ ምስ ከደ፡ ሓደ ሰብ ናብ ዓብደላ ሕውስ በለ፡ ንዑስማን ዓርኩ ዝረኸበ ዓብደላ፡ ሓጉሱ ክቑጸር አይከአለ፡ ተጠምጢሙ ሰዓሞ።

እቲ አብ ሳዋን አብ ተዛነን፡ አብ ስሓቕን ሰላምን ዝጀመረ ዕርክነቶም አብቲ ህይወት ዝሓትት ናይ ውግእን ረመጽን ግንባር ብምርኻቦም ርዝን በለ። ከም ናይ ቀደሞም ስሓቕን ወኻዕታን አየርአየን። ዑስማን አማዕድዩ ናብ እምባሶይራ ጠመተ፡ ቡብወገናዎም ብሓሳብ ናብቲ ዝናፈቐዎ ጥዑም ግዜ አበለ።

"ኩሎም በዓል ናሱር፡ ፈረጅ፡ ተኸሊት (ብርጌድ)፡ ዑስማንን መንሱራን..." አስማት እናዘርዘረ ሃለዋት ብጹቱ ሓተተ ዑስማን። እቲ ሕቶ መንጸርር ዝኾኖ ዓብደላ፡ ገጹ ጽውግ አቢሉ፡ ብዝቑራረጸ ቃና፡ "እዞም ት'ብሎም ዘለኻ ደቂ መስርዕና ካባና ምስ ተቐየሩ..." ኢሉ ዘረባ ከይወድእ፡ ዑስማን ነቲ መልሲ ካብ ገጽ ዓብደላ አንበቦ።

ዑስማን ብዝኽሪ ንድሕሪት ናብ ከባቢታት ዓይጋን አምበስተ-ገለባን ተመሊሱ እቲ ምስአም ዘሕለፎ ውዕሎ ጅግንነት ተራእዮ። መልክያም፡ ቁመናአም፡ ብጸይነቶም፡ . . . አብ ቅድሚ ዓይኑ ቅጅል በለ። አብ መንገኡን አብ መንን ዓብደላን ንገለ ደቓይቕ ጸጥታ ሰፈነ። እቶም ብጹት 23ን 24ን ግንቦት 2000 አብ ጎቦታት ዓይጋ ብጅግንነት ዝሓለፉ እያም።

ዑስማን ካብ ዝኽሪ ብጹቱ ተመሊሱ ናብቶም ምስኡ ዝነበሩ ግን ደሃዮም ዘይነበር ክልተ አሕዋቱ አበለ። ውግእ ዝወሰደ ወሲዱ ጌና ብኹሉ ወገን ይቕጽል ነይሩ። ብዙሓት ጀጋኑ ነቲ ወራሪ ሰራዊት ከም ቄጽሊ እናአርገፉ ይብጀዉ ከም ዝነበሩ'ውን አይሰሓተን። አብ ዘይገድፍ ጥብላሕታን ዝኽርን ጥሒሉ እንከሎ፡ ናብ እምባሶይራ አቋመተ። ሕሉፍ ህይወት ዘኪሩ፡ ቡቲ ህሉው ኩነታት ሓሰብ አስቄቐረን። ነቲ ተጋደልቲ ምእንቲ ናጽነት ን30 ዓመታት ዝኸፈሉዋ መስዋእትን ስንክልናን፡ እቲ ታሪኽ ሎሚ'ውን ብይከአሎን ዋርሳይን ይድገም ብምንባሩ፡ "ታሪኽ ኤርትራ ታሪኽ ምውርራስ እዩ" በለ። ብውሽጡ፡ 'ቀደም ናጽነት ንምምጻእ ክንደይ ጀጋኑ ሓሊፍም፡ ሎሚ ኸአ ናጽነት ንምውሓስ ክንደይ ጀጋኑ ይሓልፉ አለዉ!' ዝበል ሓሳብ አልዒሉ አብ ሓሳብ ተሸመ።

315

ዓብደላ፡ ነቲ ሃዋህው ክቕይር ብምባል፡ ናብ ዑስማን ግልጽ ኢሉ፡ "ሎሚ ንእድሪስ ሓውኻ ርኢየዮ ነይረ፡" በሎ። ካብ ደሃይ ምሕታት ርእየዮ ምባል ዝያዳ ሰለ ዘዘኒ ድማ እቲ ውጥር ኩነታት ፍኹስ በለ። ዑስማን፡ ተጸዊጉ ዝጸንሐ ገጹ ንእለቱ በርሀ። ደሃይ ናይቲ ኩነታቱ ጠፊኡዎ ዝጸንሐ እድሪስ ሓዉ. ብምርካቡ ገለ ቅሳነት ተሰምዖ። ሓደ ካብቲ ንዑስማን ዘጨንቖ ዝነብረ ሰለስተ ኣሕዋት ኣብ ሓደ ድፋዕ ብምንባሮም፡ ብሓንሳብ ከይስውኡ እዩ ነይሩ። ዑስማን፡ ወላ'ኳ እቲ ውግእ ጌና እንተ ዘይተወድአ፡ ድሕሪ'ዚ ሓበሬታ'ዚ ምርካቡ መንፈሱ ቅሩብ ተረጋግአ።

"እድሪስ ሓወይ ክሳብ ሕጂ ብህይወቱ ምህላዉ. ዓቢ ብስራት'ዩ። ብስራትካ ይጥዓም፣ እዚ ኩነት ድማ ድሕሪ ደጊም ክፈሽል'ዩ። በቃ፡ ሕጂ ኣብ ምኻድና ኢና," ብምባል ደሃይ ናይቲ ቀቢጹዎ ዝነብረ ሓዉ. ኣረጋጊጹ ናብታ ናብ እምባሶይራ ገጻ ትነቅል ዝነብረት ኣሃዱኡ ክጽንበር ተበገሰ። ናብ ዓብደላ ግልጽ ኢሉ፡ "መዓስላማ፡ ኣብ ዓወት የራኸበና። እድሪስ ሓወይ ድማ ብሰላም ክሳብ ሕጂ ሰንጊፈ ካብ በጽሐስ፡ ድሕሪ ደጊም ሞት ከም ኣዳም," ኢሉዎ ምስታ ሓጸልጸል እናበለት ዝተበገሰት ካልኣይ ብርጌድ ክፍለ-ሰራዊት 32፡ ናብቲ ሓዊ ዝተፍእ ዝነብረ ጎታት ሶይራ መረሸ።

*   *   *

ውግእ ብኹሉ ወገን ቀጸለ፣ ማዕራ-ማዕሪኡ ኸኣ እቲ ጅግንነታዊ መኸተን መሰዋእቲን። ሳልሳይ ወራር ኣብ ኣኽራናት ሶይራን ካልእ ቦታታትን እናቐጸለ እንክሎ፡ እቶም ክልተ ኣሕዋት፡ ዑስማንን እድሪስን ናብቲ ውግእ ገጾም እና'በሉ ህላወ ሓድሕድ ከይገበሩ ክልተኦም ናብ እምባሶይራ ሓኹሩ። ከይደንጐዩ ድማ ናብቲ ርሱን ውግኣት ዘካየዱ ዝነብረ ተረተር እምባሶይራ ደየቡ። ዑስማን ዝነብራ ካልኣይ ብርጌድን እድሪስ ዝነብራ ሳልሳይ ብርጌድን ካብቲ ዝተቓበለን ረመጽ ድሕር ከይበላ ኣብ ሓያል መኸተ ኣተዋ። ሰንስለታዊ ኣኽራን እምባሶይራ ናብ ረመጽ ተለወጠ። ከቢድ ብረትን ሚሳይልን ወገንን ጸላኢን ብዘይ ዕርፍቲ ንመሬት ናብ ሓዊ ቀየራ። እምባን ሩባን ብሓዊ ተቓጸለ፣ እቲ እምባታት መቓልሕ እናመለሰ ድምጺ. ናይቲ ብርቱዕ ውግእ መስከረ። መሬት ከም ኣፍ ዑንቂ ጸበበት፣ እቲ ከባቢ. ድማ ከም'ቲ እሳተ-ጎመራ ዝተፍእ ኣኽራን ብትክን ደርናን ተዓብሎኸ። እቶም ጀጋኑ ዋርሳይን ይከኣሎን ግን ወይከ ፈልከት!

ዑስማን ካብቲ ኣብ ቀዳማይን ካልኣይን ወራር ዝተዋግኣሉ ብሬን ተቓይሩ። ኣብዚ. ወራር'ዚ መራሕ ጉጅለ ኩይኑ እዩ ብጾቱ እናመርሐ ብኸላሽን ዝተዋግአ። ክልተኦም ኣሕዋት፡ ቡብወገኖም፡ እቲ ሓደ ቅድሚ እቲ ሓደ ክስዋእ እምበር፡ እቲ ሓደ ድሕሪ እቲ ሓደ ክተርፍ ኣይተመነዩን። እንተ እቲ ጾዕጹዕ ውግእ ግን ንኽልተኦም ሓደ ነበረ። ንመን ካብ ክልተኦም ከም ዝምሕር ድማ ዝፈልጥ ኣይነበረን።

316

ክልተኣም ኣሕዋት፡ ነፍሲ-ወከፍም ቅድሚ ሓወይ ንዓይ እናበለ፡
ኣይቅድሟሉት - ኣይድሕሪት፡ ኣብ ሓደ ቦታን ዕለትን - 10 ሰነ 2000 -
ኣብ ዝባውንቲ እምባሶይራ ብጅግንነት ተሰውኡ። እድሪስ እቲ ቦኹሪን
ገዲም ተጋዳላይን፡ ዑስማን እቲ ሕሳስ-ልደን ዋርሳይን ስለዛ መሬት ሞባእ
ተኸፍሉ። ሳልሳዮም መሓመድዓሊ ግን ሓድጊ ናይቶም ቦኹሪን ሕሳስ-ልደን
ኣሕዋቱ ኩይኑ ካብቲ ውግእ ወጸ።

ኣዛንታዊ፤

ዓብደላ *መሓመድዓሊ* (*መዓልም*)

ዋርሳይ ዑስማን

ዋርሳይ ዑስማን (የማን ዳሕረዋይ) ምስ ደቂ ኣሃዱኡ

19

ተኣምራት

ኤፍብ ግርማይ

“መን ሽምካ?”

“ተኣምራት።”

“ክንደይ እዩ ዕድመኻ?”

“ሽዱሽተ።”

“ተኣምራት እንታይ ማለት እዩ?”

“ናይ ’ጅግና!’ ሓወቦይ ስም።”

እታ ’ጅግና’ ብፍሉይ ሓይሊ አደማምጻ እዩ ዝምልሳ ህጻን ተኣምራት ሳሙኤል። መልሲ ህጻን ተኣምራት ምስቲ አቦኡ መስዋእቲ ምዕባዩ ሓዉ ዝስምዓሉ አጋጣሚ አተአሳሲረ ብዙሕ ግዜ ተተሓሳስበኒ። ሳሙኤል፤

“አብ መፋርቕ ግንቦት 1999 እዩ። አብ ዩኒቨርስቲ አስመራ ተመሃራይ ካልአይ ዓመት እንከለኹ፡ ሓደ መዓልቲ ድሕሪ ቀትሪ፡ ተመሃራይ ስነ-ጥንቲ (Archeology) ዳዊት ሓየሎም (ወዲ ሓየለ) ዝበሃል መማህርተይ፡ ናብ መካነ እንስሳታት ቤት ገርግሽ ከሰንዮ ስለ ዝሓተተኒ በብሽግሌታና ተወጢሕና ናብ ቤት ገርግሽ አምራሕና። ወዲ ሓየለ ስራሑ ምስ አጻፈፈ፡ ብፍሮቭያ አቢልና፡ ቀልቀል ቤተ-ክርስትያት እንዳ ማርያም ወሪድና፡ አብ ከባቢ ሽል ዉቕባዩ ሃይል ምስ በጻሕና፡ “ንዓ ሳሚ ዓርከይ፡ እዚ ኹሉ አሰነኻኒ ደአ ብዘይ ሽሂ፡ ንዓ ጸባ ከስትየካ እዩ፡” ኢሉ ናብ ቤት ቀኑርሲ ትሬዛ አላጌስና ዕላል ጀመርና። አብ መንጎ፡ ሓደ ንወዲ ሓየለ ዝፈልጦ ሰብ ናባና ቀሪቡ

ምስ ወዲ ሓየለ ምዉቕ ሰላምታ ድሕሪ ምልውዋጥ ምሳና ኮፍ በለ። ከልተኣም አባላት ቀዳማይ ዙርያ ሃገራዊ አገልግሎት እዮም። ወዲ ሓየለ ናብ ዩኒቨርስቲ ዘእቱ ነጥቢ ስለ ዝረኸበ አገልግሎት አቋሪጹ እዩ ትምህርቲ ከቕጽል ዕድል ረኺቡ። እቲ ካልኣዩ ስሙ ከዝከሮ ዘይከአልኩ ወዲ ሓዝሓዝ፣ ወተሃደራዊ ስልጣን ወሲዱ አብ መሳርዕ ሓይልታት ምክልኻል ዝነበረ ኮይኑ ብዕርፍቲ እዩ ነስመራ መጺኡ።

"እታ ነዊሕ ምበር ኮይኑ፣ ተጣፊእና፣" በሎ ወዲ ሓየለ እናስተንተነ።

"እወ ያኸ፣ እንታይ'ሞ ከግበር እዚ እዋን ከአ ዘራኸብ አይኮነን። ረቢሽናና እዘን ወያን - ሓሳዳት!" ብምባል ማዕረ ከንደይ እቲ ኩነታት ስብ አጣፊኡ ምንባሩ ነዲሩ መለስ እቲ ጋሻ።

"ንሱ ደአ ጽቡቕ አለኻ፣ ቅሩብ ግን ወላ ዕርፍቲ ምስ መጻእካ አብ ገዛውትና አይተረአኻን፣" ቀጸለ ወዲ ሓየለ።

"ክላእ ብኻ ተሪፉኒ'ዚ ዕርፍቲ'ዚ፣ ድሕሪ ኮናትዶ ዕርፍቲ ይምጻእ'ዩ ወደይ። ዘዝረኸብካ ደሃይ ሓዉ። ሓፍቱ፣ ወዱ፣ ጓሉ፣ ዓርኩ፦ . . . ከሓትት አየቋስነካ'የ በጃኻ። ከንሕባእ ተዋሪድና አለና፤ ካብ ገዛ ንግሆ ወጺአ ምሽት'የ ዝምለስ ዘለኹ!" በሎ።

ወዲ ሓየለ ከብደት ናይቲ ኩነታት አስተውዒሉ፦ "ሓቕኻ... ሓቕኻ" ኢሉ ነታ ጉዳይ ክድምድማ መረጸ።

ጸኒሑ ግን፣ እንታይ ከም ዝሓሰበ አይርድአንን፣ "በየን ኢ.ኻኸ ዘለኻ?" ሓተቶ።

"ኮለል'የ! ሕጂ ግን አብዚ ከባቢ ዛላምበሳ አለና። ምስ ናይ 'ጉብሳ' ቦጦሎኒ አለኹ..." ኢሉ ዘረባኡ ከይወድአ፦ "ጉብሳ" እትብል ቃል ምስ ሰማዕኩ ልበይ ከርድኣ ዘይከአለ ድምጺ አድመጸት። ትም ኢለ ከሰምዖም ከም ዘይጸናሕኩ፦ 'ጉብሳ?!' ንወዲ ሓየለ አብርሀ ሕቶን ምግራምን አልዒልኩ። አባል ቀዳማይ ዙርያ ምዕባየይ ሓወይ፣ ተአምራት፦ ብልክዕ አበየናይ አሃዱ ከም ዝነበረ'ኻ እንተ ዘይፈለጥኩ፣ ናይ 'ጉብሳ' ዝበሃል ሓላፊ ምልክት ም'ኟኑ ግን እፈልጥ ነይረ እየ። ስለዚ፣ ከም አባላት ቀዳማይ ዙርያን ደቂ አሃዱን መጠን ንተአምራት ከፈልጦ ከም ዝኽእል ርግጸኛ ኮንኩ።

ካብ አፈይ ቃል ቅድሚ ምውጽአይ አብ ደቓይቕ እልቢ ሓሳብ አመላለስኩ። በቲ ሓደ፣ አብ ውግእ ናይ ዝተረፉ ብጾቱ ዝሓቱ ሰባት ከይረኸቡዋ አብ ከቴር ስክፍታ ከም ዝነበረ ገሊጹ እዩ፦ በቲ ኻልእ ከአ፦ 'ተአምራት ደአ'ሞ ሕጂ እንድዩ ካብ ዕርፍቲ ናብ አሃዱኡ ተመሊሱ። አሻቡ ከምቶም ዘስከፉ ክኸውን? ኖ አይከውንን'የ፦

ካብ ዕረፍቲ ናብ ቦታኡ ካብ ዝኸይድ'ኳ ነዊሕ ዘይገበረ!. . .' ኢለ
ንውሽጠይ ኣደዓዒሰ።

ምስ ወዲ ሓየለ እናዕለሉ፡ ምስ ነፍሰይ ዕላል ወዲኣ: "እሞ
ተ..ኣ..ም..ራ...ት ደኣ ትፈልጦ ኢኻ ማለት'የ!..." ብዝተቔራረጸ
ከውጽኣን ዝጀመርኩ ቃላት ከይወዳእኩ: "ኣሙካቸ...!" ከብልን
ኣበይ ነይሩ ኣይፈልጥን: ድምር ናይቲ ኣብ ውሽጡ ዝተዓቝረ
ከኸውን ዝኽእል: ኣይሂ ንብዓት ጃሕጃሕ ከብልን ገጹ ሽፈኑ ናብ
ቤት ሽንቲ ክጉዒን ሓደ ኮነ። ኣብ ውሽጡ ዝተኣጕደ ኣነ ጥራይ'የ
ዝፈልጦ፣ ኣብ ገጻይ እንታይ ከም ዝተነበ ኸኣ ወዲ ሓየለ!

ጋን ዝኾኖ ወዲ ሓየለ ናብቲ ቤት-ሽንቲ ሰዓቡ፡ ካብቲ ቤት
ቀኑሲ ከውጽእ ጥራይ'የ ዝዝከር። ብድሕሪኡ: በየን ኣቢለ:
ብኸመይ ኣይፈልጥን: ነብሰይ ቪላጅ ሰጊራ ናብ ዓዲ ሰጕዶ
ኣብ ዝወሰድ መንገዲ ኣብ ዘሎ ኣግራብ ረኺበኩዋ። ንተኣምራት
ከበኸየሉን ከልቅሰሉን ምቹእ ቦታ ኮይኑላይ ከኣ ከሳብ ዝኣኸለኒ
ተነኸነኸኩ። ቅድሚ ገለ ኣዋርሕ ናብ ቦታኡ እናፋነኹዋ ዝበለኒን
ዘዕለልናዮን ተቘጃለኒ፤

ካልኣይ ወራር ወያነ ኣብ ዝጀመረሉ ተኣምራት ኣብ ዕረፍቲ'የ
ነይሩ። ወራር ጀሚሩ ምስ ተባህለ ዕረፍቱ ከይወድኣ'ዩ ናብ ቦታኡ
ተበጊሱ: ከፋንዎ ምስኡ ተበጊሰ: ኣከዳድናኡ ናይ ብሓቂ ናይ
ወተሃደር'የ። እናዕለልናን እናተጸዋትናን ካብ ማይ-ተመናይ እንዳ
ኣውተቡሳት ዕጋዳ-ሓሙስ በጺሕና። ኣሃዱኡ ናብ ዝገደፍም ቦታ
ከተብጽሓ እት'ኽእል ሓቲቱ ሓንቲ ኣውተቡስ ረኺበ። 'ንብሰይ:
ክሳብ ትመላልእ ኣብዚ ከባቢ ኣለና፣ ከይትገድፈኒ:' ኢሉ ነቲ
ኣይታንቲ ተማሕጺኖ። 'ንኺድ በል ክሳብ ትመልእ ኮካ ገለ ከስትየካ'
ብምባል ኣብ ኣፍደገ ናይቲ እንዳ ኣውተቡሳት ናብ ዝነበረት
ድኳን እተገልግል ተንቀሳቓሲት መኪና መርሓኒ። ኮካ እናስተና:
'እውይ... ረሲዐዮ ነይረ። ሓንቲ ጓል ኣሃዱና ናይ ተስፋይ መንገሻ
ካሴት ተማልኣለይ ኢላትኒ ነይራ: ንዓ-ንዓ 'ፈጣጥ' ነዩኻ ገዚእካ
ምጻእ' ኢሉ ገንዘብ ሂቡኒ ኣውተቡስ ከይትገድፎ ቀልጢፈ ከምለስ
ሓበረኒ። ካብ ቀደሙ ብሸመይ ጸዊዑኒ ኣይፈልጥን'የ - ፈጣጥ'የ
ዝብለኒ፡ ልኡኸይ ከስልጥ ብዘብዘብ ናብ ማእከል ሹቕ ኣምራሕኩ።
ካብ ቤት መዚቃ ኣንበሳ ካሴት ገዚአ ብጉያ ናብ ዕዳጋ ሓሙስ
ተመለስኩ። 'ፈጣጥ! ፈጣጥ! ቀልጢፍ ቀልጢፍ ኣውተቡስ ተበጊሳ:
' ካብ ርሑቕ ምስ ረኣየኒ ተዳህየኒ። ተተሓሒዘና ብዘብዘብ ናብታ
ኣውተቡስ ኣበልና። እታ ኣውተቡስ መሊኣ'ያ ነይራ። ተኣምራት
ብዓይኒ የብለይ ስኒ ተደፋፊኡ ማዕጾ ናይታ ኣውተቡስ ተደጊፉ

ከአቱ አብ ዝፈተነሉ፥ 'ኢታ መንዮ ሽምካ? መሊአ እናረአኻዮ!
ውረድ እንዶ፥ ብኻልእ ዘይትመጽእ፥" በሎ እቲ አይታንቲ።

'ፍጹም አይወርድንየ፣ ግድን ከኸይድ አሎኒ፣' ኢሉ ምስቲ
አይታንቲ ከመላለስን ከጨቓጨቕን አብ እግሪ'ታ አውቶቡስ
ኰይኑ ተዛዘብኩዎ፥ ድሕሪ ኸንደይ ተቓራቒሩ አተወ። አውቶቡስ
ተበጊሳ፥ ብመስኮት ማዕዶ ከሳዱ አቐልቂሉ፥ "ፈጣጥ! አታ ፈጣጥ
ቻው ቻው!" ኢሉ ኢዱ አወዛወዘለይ።

'እሞ መዓስ ደአ ኢኻ ከትመጽእ?' ድሮ አውቶቡስ ነቘላ ካባይ
ተፈንቲታ ብምንባራ ድምጸይ አበሪኸ ሓተትኩዎ።

'ቻው በቃ፥ዝምለስ አይመስለንንየ!" ምስ በለኒ ብዙሕ
አይተረድኣንን፣ ከድንጉ እየ ብምባል ድማ ተረዳእኩዎ። እታ
አውቶቡስ እናረአኹዋ ተዓዝረት፣ ምስ ተአምራት ተፈላለና።

ድሕሪ'ዚ እየ አብ ሓጺር እዋን መስዋእቲ ተአምራት ዝፈለጥኩ።
ናተይሲ ደሓን ጸርኩዎ። "እቲ'ዚ ጬልዓ'ምበር ደሃይ አጥፊኡ…፥
ኮስቶ ወዲ አሃዱኡ እንድዮ፥ መጺኡ'ሎ አብ መንገዲ ርእዮ ነይሩ፥
ኪድ እስከ ደሃይ ሓውኻ ሕተቶ፥' ዝበል ዘየቋርጽ ምሕጽንታ
ወለደይ፣ ገዛና ዘዘመጽ ጋሻ፥ 'ተአምራት ደሓን ድዩ? ደሃይ ይገብር
አሎ ዶ? አብ መንገዲ ዘዝረኸብካ፥ 'ተአምራት ሓውኻ ደሃይ
ይገብር አሎዶ?' ዝበል ገና ተአምራት ደሃይ ካብ ዘጥፍእ ነዊሕ
ከይገበረ እንከሎ ሰብ ብገርሁ ዝሓቶ ዝነበረ እዩ። ንዓይ ግን አኺሉ
ዝተርፈኒ ቓንዛ እዩ ነይሩ። ብፍሉይ ዝዘከራ፥ ሓደ መዓልቲ አብ
ኤሪ-ቲቪ ድምጻዊ ዮውሃንስ ትኻበ (ወዲ-ትኻበ) ዝደርፋ፥ 'ውረስ
ተወራረስ አጥፍአዮ ንመለስ…' አብ ፈነወ ነበረት። አብ'ታ ደርፊ
ብርከት ዝበሉ አባላት ሓይልታት ምክልኻል ኤርትራ፥ ቀኈመናአም
ደስ ዘብል አጋጉባዝ ምስ ምሉእ ዕጥቆም፥ ዝናርዖም፥ አርፒጂአም፥
ብሬኖም ብወኒን ረስንን ከስዕስዑ ተራእዮ። አደይ፥ አብ መንነአም
ተአምራት እንተሃለወ ብማለት አብ መስኮት ተለኺዣ ተወቲፋ
ከተናድዮ፥ አነ ኸአ ብድሕሬአ አብ ሳሎን ኮፍ ኢለ እናተደረርኩ
እዕዘባ ነይረ። ሃንደበት ሃጽ በል መጸኒ፥ መአደይ ገዲፈ፥ ከም
አመለይ ናብ'ታ ቤት ትምህርተይን መሕብኢተይን ዝነበረት
አስመራ ዩኒቨርስቲ ከድኩ። ምስ ግዜ፥ ምጥፋእ ደሃይ ተአምራት
እናነውሐ ምስ ከደ፥ ኩሉ ሰብ በብወሽጡ ዝተረዳድአ ከመስል
አስቀጠ። አብ ገዛና፥ 'ተአምራት' እትብል ቃል ፍጹም ዘይትልዓል
ኮነት። ኩሉ ከብዱ ሓቚፉ አስቀጠ። ኩናት ሰብ ከም ዝምንጥል
መዓስ ጠፊኡና፥ ንኹሉ ግን ከበዶ። ገዛና ብኣራጻ ፈለጥቱ፥

አዕሩኽቱን ደቂ አሃዱኡን ደሮን ይብል ከም ዘይነበረ: ጸጥ በለ!
ብስክፍታ ዝኣክል: ይትረፍ ንገዛ ከመጹ: ብማዕዶ ሪኢምና መንገዲ
ክቅይሩ ጀመሩ።: ብኸምዚ ንሓምሽተ ዓመት ጸኒሕና: 20 ሰነ 2003
ተኣምራት አብ ካልኣይ ወራር - 29-03-1999 - አብ ዓዲ-ሃኪን ስለ
ሃገርን ህዝብን ብጅግንነት ከም ዝተሰወአ ብወግዒ ተነግረና።: ኩልና
አዕረፍና! አብ ዘለዎ ዕረፍቲ ይሃቦ!

*　　*　　*

ካብዚ ዕላል'ዚ ተበጊስ ብዛዕባ አባል ቀዳማይ ዙርያ ሃገራዊ አገልግሎት
ተኣምራት ገብረብርሃንን ዝተሰውኡሉ ውግእን ክጽሕፍ ተበጊሰ።
ንመተዓብይቱ: ብጹቱን ደቂ አሃዱኡን ከም'ኡ'ውን አዛዚ ቦጦሎኒኡ
ንዝነበረ ሌተና ኮሎኔል ምሕረትአብ መስፍን (ጉብሳ) ረኺበ አዘራሪበዮም።
ንጉብሳ መበገሲ ጸሓፈይ ምስ አዕለልኩዎ: ንሱ'ውን አብ ሜዳ ከሎ
ጌና መስዋእቲ ክልተ ምንኣሱ አሕዋቱ ፈሊጡ ዘሕለፎ ውሽጣዊ ቓንዛ
አዕለለኒ፣ ብተመሳሳሊ. ዛንታ ተኣምራት ከዕልሉኒ ካብ ዝረኸብኩዎም ደቂ
አሃዱኡ ሓደ ምስ ሓዉ. አብ ሓደ ውግእ ተራኺቦም ሓዉ. አብ ኢድ
ጸላኢ. ከም ዝኣተወ ፈሊጡ ዘሕለፎ ሰብኣዊ ቓንዛ ተደማሚሩ ቃልሲ
ኤርትራውያን ንናጽነትን ልኡላውነትን ልዑል አተኩሮ ምዝንታው ከም
ዘድልዮ ገመትኩ።: ዕላል ቀጺልና፣ ያሬድ ገብረብርሃንን ካብ ኢትዮጵያ
ተሰጉጉ ዝመጸ ምዕባዮ ንተኣምራት'ውን ተመሳሳሊ. ዝኽሪ አለዎ።

ተኣምራት ድሕሪ ቀዳማይ ወራር ንዕረፍቲ አስመራ መጸ። እቲ
ንተኣምራት ንእሽተይ እንከሎ ከይዱ ካብ ኢትዮጵያ ተሰጉጉ ዝመጸ
ያሬድ ሓዉ. ምስ ረአዮ: ኩሉ ነገሩ ወተሃደር ኩይኑ ጸንሓ። ኢዱ ሰብሲቡ:
ወተሃደራዊ ክዳውንቱ ሸጥ አቢሉ: ቀብወ ወድዩ: አብ ነዊሕ እዋን
ዝተመልመለ ወተሃደር መሲሉ ምስ ረአየ: 'እንታይ እዋን አርኪቡሉ!'
በለ። ያሬድ: ተኣምራት አብ አገልግሎት እንከሎ ስለ ዝተሰጉገ ድሕሪ
ዓመታት ንመጀመርታ ግዜ እዮም ተራኺቦም ከም አሕዋት አዕሊሎም።
ተኣምራት: ዕረፍቱ ወዲኡ ናብ ቦታኡ አብ ምኻዱ ክፋነዎ እንከሎ: "በል
ቻው አብ ምምላስካ የራኽበና," በሎ ያሬድ።

"ይምለስዶ ትብለኒ?" መለሰሉ።

"እዋን: ኢሂ እንታይ ኴንካ?" በሎ ስንብድ ኢሉ።

"ደሓን ቻው ጥራይ," ኢለዎ ተፈላለዩ።

ብድሕሪ'ዚ ያሬድ ክዕለም ምስ ታሽዓይ ዙርያ ናብ ሳዋ ወሪዱ።
ታዕሊም ምስ ወድአ ብጥዖያኡ አብ ጋራጅ ሳዋ ተመደበ። ሽዑ: አብ
እንዳ ሓምሻይ ክፍለ-ሰራዊት: አብ ጥቓ ጋራጅ ሳዋ: ጥዖ ክስልጥና

323

ካብ ምክልኻል ዝተሳሕባ ደቀንስትዮ ነበራ። ካብ ኣባላት ጋራጅ ናብተን
ኣባላት ሓይልታት ምክልኻል እናኸዱ ደሃይ ኣሕዋቶም፡ ደቂ ገዛውቶም፡
መቕርቦም፡ . . . ይሓቲ ነይሮም። ብኸምዚ ምስተን ኣባላት ተላልዮም፡
ሓደ ሰንበት ምሳና ቡን ዘይትሰትዩ ኢለናኦም ያሬድ ምስ ብጾቱ ከደ። ቡን
ፈሊሓ ዕላል ዓመረ። ኣብ መንጎ ዕላል ያሬድ ነታ ቡን ተፍልሕ ዝነበረት
ጓል፡ ኣሃዱ ጠዊሳ ከተዕልል ሰምዐ። እቲ ኣብ ውሽጡ ዝጸንሐ ሻቕሎት ግዲ
ነውጸው፡ ኣሃዱ በዓል ተኣምራት ሓዉ ምስ ጠቀሰት "ኣሃ . . . ምስ በዓል
ተኣምራት ማለት ድዮ?" ኢሉ "ምስ ኣሙካቺ፡" ምስ ኣስዐበ 'ኣሙካቺ'
ዝሰምዐት እታ ጓል ነታ ከተውርዳ ኣንጠልጢላታ ዝነበረት ጀበና ፈንያ
ገድሪታ። ተንሲኣ ብምኻድ በይና ኣብ ብርኽ ተደፊኣ ተነኽነኸት። ኣብ
ዕሙር ዕላል ዝጸንሐት ገዛ ጽጥ-በለት። ኣብቲ ገዛ ዝነበሩ ኣሰራ ስዒቦም፡
"እዚ ደኣ'ሞ ዘሎ እንድዮ?" ኢሎም ኣቢዶም መለሱዋ፡ ኣይትሰተ ቡን
ተሰትዮት። ንጽባሒቱ ያሬድ ከይዱ ረኸባ፡ 'ትማሊ ደኣ እንታይ ኴንኪ
ከምኡ ትኹኒ? እዚ ደኣ ዘሎ እንድዮ፡ ሳላ ከምኡ ዝተኸፍለ'ዩ ሃገር ዘላ፡"
ኢሉ ሓዉ ምኞቱ ነገራ።

"ትማሊ ክጥምተካ እንድዩ ዉዒለ፣ ካበይ ከምጹእ ኢለ ኣብ ሓሳብ
ኣትየ፣ ብጣዕሚ ኢኹም'ም ትመሳሰሉ፡" ኢላ ንገለ እዋን ተተሓሒዞም ንብዓት
ኣውሓዘ። ክሳብ መስዋእቲ ተኣምራት ብወግዒ ዝንገር ከኣ ያሬድ ነቲ
ቃንዛ ኣብ ውሽጡ ገበረ።

*   *   *

ኣብ ግንቦት 1998 እቶም ኣብ ከባቢ ዓዲ ጀን፡ ካርነሽም፡ ዝነበሩ ኣባላት
ኮር 2001፡ ክፍለ-ሰራዊት 12፡ ካልኣይ ብርጌድ፡ ቀዳማይ ቦጦሎኒ፡ ኣብ
ማእቶታዊ ንጥፈታት እንከለዉ ወራር ስለ ዝጀመረ፡ ኣዛዚ ኮር 2001፡
ገረዝጊሄር ዓንደማርያም (ውጩ) ናብ መራሒ ናይታ ቦጦሎኒ (ጉብሳ)
መልእኽቲ ሰዲዱ "ቦጦሎኒኻ ሒዝካ ሕጂ ናብ ዛላምበሳ ምጻእ!" በሎ።
እቲ ትእዛዝ ነቲ ብወራር ወያን ነዲሩ ዝነበረ ሰራዊት ኤርትራ፡ መጸውዕታ
ናብ ውግእ ምኞቱ እናፈለጠ፡ ሞት ንሃገርን ንሰብኣዊ ክብረትን ምኞቱ
ኣሚኑ ኩሉ ኣባል ብነድሪ ተዳለወ።

ካብ ቀዳማይ ክሳብ ራብዓይ ዙርያ ኣባላት ሃገራዊ ኣገልግሎት ናይታ
ቦጦሎኒ፡ ናይ ዓመትን መንፈቕን ግቡኣም ምስ ዛዘሙ ተፋንዮም ጽኒሐም
እዮም ንወፍሪ ልምዓት ምስ ኣሃዱታቶም ተጸንቢሮም። ኣቐዲሞም ኣባላት
ቀዳማይ ዙርያ ናይ ወርሒ ተሃድሶ ተሳቲፎም ናብ በቦታኦም ተመሊሶም
እዮም። ሕጂ ንወፍሪ ልምዓት ምስ መጹ ኸኣ ማእቶት ወዲኦም ክምለሱ
ዘይክኡስ ኣብ ሓደጋ ወራር ዝኣተወት ሃገሮም ከድሕኑ ናብ ቅድሚ-ግንባር
ክስለፉ እዮም ተሓቲቶም።

324

እታ ቦጦሎኒ ነቶም ምስኣ ዝጸንሑን ዝተለማመዱን ኣባላት ሃገራዊ ኣግልግሎት - ካብ ሓምሻይ ክሳብ ሻውዓይ ዙርያ - ሒዛ ክትብገስ፣ ካብ ቀዳማይ ክሳብ ራብዓይ ዙርያ ግን ኣብቲ ቦታ ክጸንሑ፣ ኣድላዩ ምስ ዝኾውን ከኣ ከርክቡዋ'ያ መዲባ። እንተኹኑ፣ ብዝተፈጥረ "ካብ ብጾትና ኣይንተርፍን ኢና!" ዝብል ሕኑን ስምዒት ንኹሎም ኣባላታ ሒዛ ኣብቲ ውግእ ዝካየደሉ ዝነበረ ከባቢ ዛላምበሳ በጽሐት።

እታ ቦጦሎኒ፣ ድሮ ነቲ ብ6 ግንቦት 1998 ኣብ ባድመ ኣብ ልዕሊ መኮንናት ኤርትራ ዝወረደ ሓደጋ ብሬድዮ ተኸታቲላቶ'ያ፣ ባይቶ ኢትዮጵያ ኣብ ልዕሊ ኤርትራ ኲናት ከም ዝኣወጀ'ውን ተጋዊሑ እዩ። ጸላኢ ኲናት ካብ ኣወጀ መኣስን ብኸመይን ደኣ'ዩ ዘይተፈልጠ'ምበር ኩሉ ኣባል ሓይልታት ምክልኻል ኤርትራ ውግእ ከም ዝዕብ ፈሊጡ'ዩ ነይሩ። "ናበይ'ዩ ኣንፈትና? እንታይ'ዩ ክመጽእ?" ኣብ ምባል እንክላ'ዩ ድማ እቲ ናይ ተበግስ ትእዛዝ ዝመጻ። እታ ቦጦሎኒ ትጉዕዝ ሓዲራ ዛላምብሳ ምስ በጽሐት፣ ኣብ ጸዓዳ ኮርሶ ዝበሃል ዓሚቝ ቦታ ኩይና ተወዳደበት።

ምስታ ቦጦሎኒ ኣጋር ከቢድ ብረት ስለ ዘይነበረ፣ ንመጥቃዕቲ ኣብ ቅድመ-ግንባር ዛላምበሳ ምስ በጽሐት ምስተን ኣብኡ ዝጸንሓ ናይ ወገን ሰለስተ ታንክታት ኣምሪሓ ክትሃጅም ተሓበራ። ሓለፍቲ ብዘገበሩዎ ስምምዕ፣ እተን ታንክታት ኣጋር ሰራዊተ መሪሐን ከውሊ ብምግባርን ንድፋዓት ጸላኢ እናበናጨራ ክኣትዋ፣ ኣብ ድፋዕ ጸላኢ ምስ በጽሓ ሰራዊት ነቢሩ ክሃጅም ውጥን ወጸ። ኣብ ከምዚ ዝበለ ቅድመ-ምድላው ሓንቲ ካብተን ታንክታት ክትንቀሳቐስ ክትብል ንድሕሪት ምስ ኣበለት ሽዛይ ንዘበየል መራሒ መስርዕ እግሩ ረጊጻ ጉድኣት ኣውረደትሉ። መስርዑ መሪሑ ናብቲ ኣብ ፈቲ ዝነበረ ውግእ ክኣቱ ዝተዳለወ ሽዛይ ተጸይሩ ናብ ሕክምና ተመልሰ።

ተበገስ ኩይኑ፣ ታንክታት ብዝከኣለን ፍጥነት ነቲ ሕሩስ ጉልጉል ዉብ ዝበል ደርና ፈጢረን ናብ ድፋዓት ጸላኢ እናረሽረሻ ንሰራዊት ወያነ ካብቲ ዝነበሮ ድፋዕ ርእሱ ምቕናዕ ከልእኣ፣ ነቲ ሕሩስ መሬት ወዲአን ብኣዝዩ ልዑል ፍጥነት ኣብ ልዕሊ ካናለታት ወያን ደው በላ። ደድሕሪአን ጉዩን በቲ ደርና ተኸዊሉን ናብቲ ድፋዓት ዝበጽሐ ኣጋር ሰራዊት፣ ቦምባታት ብምዝናብ ንሰራዊት ጸላኢ በታተና። ኣብዛ ህሞት እዚኣ ሰለስተ ኣባላት ናይታ ቦጦሎኒ - በረኸት (ብላክ)፣ ዘራጽዮን ሓሰን መድፍዓጁ - ምልምል መንእሰያት ብጅግንነት ኣብ ቅድሚ ኣዛዚ ቦጦሎኒኣም ተሰውኡ።

ሰራዊት ኤርትራ ናብ ድፋዕ ወያነ ምስ ደየበን ዘየላቡ መጥቃዕቲ ምስ ከፈተን፣ ዝተረፈ ሓይሊ ጸላኢ ግልብጣ ኢሉ ጭራኡ ሒቡ ናብ ዓዲ ግራት ገጹ ሃደመ። ጸላኢ፣ መሬት ኤርትራ ገዲፉ ምስ ወጸን ጫፍ ዛላምበሳ ምስ

325

በጽሐን፣ "ኣብ ዘለኻዮ ደው በል፣ ከይትቕጽል!" ዝብል ተሪር ትእዛዝ ስለ ዝመጸ ምስ ሕኑን ወኑን ነድሩን ደው ክብል ተገደደ፣፣ ነዚ መዝሚዙ፣ ናብ ዓዲ ግራት ገጹ ክሃድም ጫፍ ዛላምበሳ ዝበጽሐ ተረፍ-መረፍ ሓይሊ ጸላኢ፣ ዳግም ተወዳዲቡን ሰብ ወሲኹን ሰለስተ ታንክታት ሒዙ ከጥቅዕ ተመልሰ፣፣ እታ ቦጦሎኒ ቅሩብ ድሕሪት ስሒባ፣ ነቲ ዳግም ዝመጸ ሰራዊት ናብቲ አቐዲሙ ዝነበሮ ካናልታት ከም ዝኣቱ ብምግባር አኽቢባ ዘየላቡ መጥቃዕቲ ፈነወትሉ፣፣ ጸላኢ፣ አንፈቱ ጠፊኡዎ ተበታተነን ተደምሰስን፣ እተን ሰለስተ ታንክታት ከአ ብኡ ንብኡ ንብረት ወገን ኮና፣፣

ውግእ ዛላምበሳ ነታ ኣሃዱ ናይ መጀመርታ ተመኩሮ ውግእ ድሕሪ ናጽነት እዩ ነይሩ፣፣ አብታ መዓልቲ ኸኣ ትሽዓተ ጀጋኑ ከፈላ፣፣ እቶም 'ጀንትራ'ዮም፣ አገልግሎት'ዮም' ተባሂሎም ብጸላኢ. ትሑት ግምት ዝተዋህቦም ዋርሳይ፣ አብቲ ናይ መጀመርታ ተመኩሮ ውግኦም አዝዮ ልዑል ትብዓት ብምንጽባቕ ተዋጊኦም፣፣ ናይ መጀመርታኦም'ዩ ክትብሎ ብዘጸግም ምቅድዳም ንመስዋእቲ ቅያ ከፍጽሙ ከምኡ'ውን ድሕሪት ጽንሑ ተባሂሎም ከብቅዑ ተሓቢኦም ከዋግኡ ዝረአየ መራሕ ቦጦሎኒኦም፣ ጉብዞ፣ እቶም ጀጋኑ ዋርሳይ ምሉእ ሕድሪ ከም ዘወረሱ አረጋገጸ፣፣

አብዚ. ናይ ዛላምበሳ ፈላሚ ውግእ'ዚ. እቶም ሪዘርቫ ተባሂሎም ዕጥቅን ስንቅን ከመላልሱ፣ ውጉአት ከውጽኡ ዝተመደቡ ካብ ቀዳማይ ክሳዕ ራብዓይ ዙርያ ሃገራዊ አገልግሎት ናብቲ ውግእ ምስ አተዉ፣ ተአምራት (አሙካቸ) ብተደጋጋሚ ካብ ብጾቱ ይተርፍ ነይሩ፣፣ ሓንሳብ-ሓንሳብ ደረቱ ነፊሕ ናብቲ ውግእ እናረአየ ስርሑ ይርስዕ፣፣ ሓንሳብ ከአ ናይ ዝወደቐ ብጾቱ ብረት አልዒሉ ክደራግም ተራእየ፣፣ ጽንሕ ኢሉ ትእዛዝ ከም ዝጠሓሰ ምስ ተረድአ ብጉያ ናብ ስርሑ ይምለስ፣፣

"ኣንታ አበይ ኬድካ?" በሎ ዓርኩ ደንጉዩ ምስ አርከቦም፣፣

"እታ ወዲ፣ አብኡስ ክጥዕም፣ ህዝበይ ትደራገም እያ ዘላ በቃ! አብዚ ንብረት ከንመላልስ ጥራይ . . ."

"አታ ወዲ፣ ወተሃደር ኢኻ ዝተባህለካ ትገብር፣" ኢሉ ገንሕ'ሞ ከይፈተወ አብ ስራሕ ስንቂ - ማይ፣ ቦምባ፣ ጢያይት - ምምልሳስ አተወ፣፣ ድሕሩ ግን ተአምራት ዝርከቦም ገለ ብጾት፣ "ሰብ ብጥይት እናተረጋረገት ንሕና ማይን ስንቅን ጥራይ ከነቐብል!" ብምባል ብረት አልዒሎም ክዋግኡ ብዘቅረቡዎ ተደጋጋሚ ጠለብ ብረት ሒዞም ክአትዉ ተፈቕደሎም፣፣

ድሕሪ'ዚ. ሰራዊት ወያነ ካብ መሬት ኤርትራ ዝተጸርገሉ ቀዳማይ ወራር'ዚ. ተአምራት ካብ ካልኣይ ሓይሊ፣ ምልክት ክመሃር ስለ ዝተሓርየ፣ ምስቶም ቀዳሞት ምልክት ዝተማህሩ ስልጣኑ ናብ አሃዱእ ተመልሰ፣፣ አብ አሃዱኡ ምልክት ሓይሊ ኮይኑ አብ መንጉ ቀዳማይን ካልኣይን ወራር አብ ዝነበረ ግዜ ድሕሪ ምስራሕ ናብ ምልክት ቦጦሎኒ ተሰጋገረ፣፣ ምልክት

ናይታ ጉብሳ ዝእዝዛ ቀዳማይ ቦጦሎኒ ኩ፡ይኑ ድማ ንኣርባዕተ ወርሒ ብልዑል ተወፋይነት አገልገለ።

አብ ካልኣይ ወራር፡ አብ ግንባር ጾርና ዳዊት ዝበሃል ምልክት ሳልሳይ ሓይሊ ናይታ ቦጦሎኒ ምስ ተሰውኣ፡ ንቦታኡ ብብቕዓት ክትክእ ዝኽእል ተኣምራት ብምንባሩ ናብታ ሓይሊ ተሰጋገረ። "ምልክት ሓይሊ እትሓርዮ ሰብ ምሉእ ብቕዓትን ትብዓትን ዘለዎ እዩ። መራሒ ሓይሊ አብ ዝሰውአሉ ወይ ዝውግአሉ፡ ብትብዓት ከዋግእን መልእኽቲ ክቕበልን ከመሓላልፍን ዝኽእል ክኸውን አለዎ። አብታ ቦጦሎኒ ካብ ዝነበሩ ምልክት ነዚ ብብቕዓት ክምልእ ዝኽእል ተኣምራት ስለ ዝነበረ ኸአ ምልክት ሳልሳይ ሓይሊ ክኸውን ተመዲቡ።" ይብል ጉብሳ።

እታ ቦጦሎኒ ካብ ውግእ ናብ ውግእ ብዘይዕረፍቲ እያ አብ ኩሉ ወራራት ወያን ተሳቲፋ። ድሕሪ ውግእ ዛላምበሳ ብቚጦታ ናብ ጾርና ብምኻድ ተዋግአት። አብኡ እታ አሃዱ አብቲ ዘካየደቶ መሪር ውግእ አባላታ ልዑል ብጽይነትን ናይ ምውጋእ ብቕዓትን አንጸባረቐ። አብቲ ውግእ'ቲ እቲ ካብ ዝኽሪ አዛዚ ቦጦሎኒ፡ ጉብሳ፡ ዘይፍለ ወዲ ባጽዕ ዝበሃል አባል እዩ። ወዲ ባጽዕ አብ ውግእ ጾርና ምሉእ መዓልቲን ለይቲን ከዋግአን ዊጉአት ከውጽእን ውዒሉ ሓደረ። ዊጉአት ከካብ ዝነበሩዎ እናውጽአ፡ ዝኾነ ሰብ ከይተርፎ እናደለየ፡ ብጾቱ ከድሕን ምኽአሉ አብታ ቦጦሎኒ ብፍሉይ ዝዝከር ጅግና ኩ፡ነ። "እዚ ሰብ'ዚ ፍጹም ካብ ዓይነይ አይፍለን እዩ፣ ናይ ብሓቂ ብትብዓት ካብ ብርቱዕ ውግእ ዝተወግአ ብጾቱ ተተሰኪሙ ከውጽአ ምርአይ ዘሕብን እዩ።" በለ ጉብሳ ዝኽሪ አባላት ቦጦሎኒኡ ዝነበሩ እንኽዘክር።

ካብ ጾርና ብደቀምሓረ-ኮርባርያ-ተራእምኒ ገይራ ናብ ማይድማ ካብኡ ድማ ሻምብቆ አተወት። እታ ቦጦሎኒ። አብ ሻምብቆ ንሰሙን ዝኸውን ምስ ጸንሐት ብቚጦታ አብ ካልኣይ ወራር ናብ ውግእ ዓዲ-ሃኪን አበለት። እታ ቦጦሎኒ አብ ተደጋጋሚ ውግኣት ብምስታፍ እተን ክልተ ቦጦሎኒ ብርጌዳ ከይተረፋ "እንታይ ዝገበረት ቦጦሎኒ'ያ፣ ንሕና ዘይነብር'ያ፣" ክሳብ ዝበላአ ዝተዋግአትን ሓያል ናይ ምውጋእ ተመኩሮ ዘጥረየትን እያ ነይራ። አብቲ ቀቅድሚ ውግእ ዓዲ-ሃኪን ዝእተዊሉ አብ ዝተገብረ አኼባ ገለ አባላታ ተመሳሳሊ ሕቶ ምስ አልዓሉ፡ "ካብ አብ ኩነት ዘይተፈተነ፡ ዝተፈተነ ይሓይሽ! ትእዛዝ ም'ኽባር ግድን'ዩ፣ ከም ቀደምና ድሉዋት ኬንና ሕድርና ጥራይ ንፈጽም፣ አጆኹም!" ምስ በሎም መራሕ ቦጦሎኒኦም፡ ከም ቀደሞም ንመኸት ተዳለዉ።

አብቲ አብ ዛላምበሳ፡ ጾርና፡ እግሪ-መኸል፡ . . . ዝርከቦ ዝተፈላለየ ወሰንቲ ውግኣት ብምስታፍ እታ አሃዱ በቲ ሓደ ተሳሒላ በቲ ሓደ ኸአ ብዙሕ ዋጋ ከፊላ'ያ። ብድሕሪ'ዚ ህጡር ናይ ውግእ ተመኩሮ እያ

ኸአ ናብ ውግእ ዓዲ-ሃኪን ዘምረሐት፡፡ ጭዓይ፡ አዛዚ ክፍለ-ሰራዊት 12፡ ሓንቲ ብርጌድ ናይታ ክፍለ-ሰራዊት ሒዙ ናብ ዓዲ-ሃኪን ምስ ከደ፡ እታ ቦጦሎኒ ምስኡ ከደት፡፡ አብኡ ዕማማ ተነጊሩዋ ተዳለወት፡፡ አብ ዓዲ-ሃኪን ድሮ ከቢድ ውግእ ተኻይዱን ይካየድ ነይሩን፡፡ ነቲ ዝዕብ ምዕባላታት እናተጸበየት ከአ ቅርጺ መሬት ናይቲ ከባቢ ከተጽንዕ ጀመረት፡፡

*　　*　　*

ተአምራት ብ1976 አብ መደሸቶ ተወሊዱ፡፡ ወለዱ አብ ደቀምሓረ መማህራን'ኳ እንተ ነበሩ፡ ነቲ 'ተአምራት' ንኽስም ዝደረኸ አብ ደቀምሓረ ዘጋጠሞም ፍጹም ስዒዮም ናብ አስመራ ተመልሱ፡፡ ወላዲቱ ንተአምራት፡ ወ/ሮ ኤልሳ ፍስሃየ፡ ነብሰ-ጾር እንከላ አብ ከተማ ደቀምሓረ ውግእ ይካየድ ብምንባሩ መምህር ገብረብርሃን ንብዓልቲ ቤቱ ናብ አስመራ ክትከይድ ሓበራ፡፡

"ኤልሳ፡ ንስኺ ንዒ ኪዲ፡" በላ ሓደ መዓልቲ ኮማንዲስ አጥቢቒም ክከታተሉዎም ምስ ጀመሩ፡፡

"ከመይ ገይረ፡ ክሓርስ ቀሪብ እንድየ?"

"ደሓን ኪዲ፡ እዚ ኩነታት አይጠዓየን. . . አብኡ ትሓርሲ፡" ብምባል ናብ አስመራ አፋነዋ፡፡

ብድሕሪ'ዚ ብዙሕ አይጸንሐን እታ ስድራቤት መምህር ገብረብርሃን ዝነበሩዋ ገዛ ብከቢድ ብረት ተሃሪማ ዓነወት፡፡ አብ ውሽጣ ዝጸንሐ መምህር ገብረብርሃን ብሓገዝ ሰባት ተፋሒሩ ወጸ፡፡ ምስ ካልኦት ከምኡ መማህራን ድጋ ሾዑ-ንሾዑ ብእግሪ አስመራ አተወ፡ ነዚ ዛንታ'ዚ ዘዕለሎም ስድራቤቱ፡ ምስ ምውላድ እቲ ህጻን ተጋጢምሎም፡ "እዚ ትእምርቲ እዩ፡ 'ተአምራት' ንበሎ፡" ብምባል ተአምራት ሰመዩዋ፡፡

አብ አስመራ መደሸቶ ተወሊዱ አብኡ ዝዓበየ ተአምራት፡ መባእታ ደረጃ አብ ማይ ህይወት፡ ደጐሊ፡ ፈንላንድ ሚስዮን ተኸታተለ፤ ማእከላይ ደረጃ አብ ጦጌል፡ ካልአይ ደረጃ - ክሳብ ታሽዓይ ክፍሊ. - አብ ቤት ትምህርቲ ባርካ ተማሂሩ፡፡ አብ ትምህርቱ፡ ከም መብዛሕትአም መዛኑኡ ደቂ መማህራን፡ አዝዮ ንፉዕ'ኳ እንተ ነበረ ሃሙን ቀልቡን ምስ ኩዕሶን ክራርን ብምንባሩ ትምህርቱ አብ መንጎ አቋረጸ፡፡ ድሕሪ ናጽነት፡ አብ 1991፡ ካብ መደሸቶ ናብ ማይ-ተመናይ ዝገዓዘት ስድራቤት መምህር ገብረብርሃን፡ ተአምራት ህይወት ኩዕሶ እግሪ ሀርመት ክራርን ጽልዋ መዛኑን ምስ ምውሳኽ ዕድመ እናወነኖ ከደ፡፡

አብ 1994 ናብ ቀዳማይ ዙርያ ሃገራዊ አገልግሎት ክወርድ ዝደረኹ፡ ካብ ትምህርቲ አቋሪጹ ምንባሩን ደሓር አብ ወራራት ከም ዝተራእየ ድጋ ልዑል ወተሃደር ናይ ምኳን ወነን እዩ ነይሩ፡፡ ተአምራት አብ ኩዕሶ እግሪ

328

ካብ ጉል ከመዝገብ ወርወር (ፓሎ) ክሃርም እንከሎ ዝያዳ ይምስጥ ነይሩ። "ካብ ጉል ከተእቱ፣ ፓሎ ክትሃርም ይብርትዕ!" ዝብል መረዳእታ ድማ ነበር። እዚ አበሃህላ'ዚ ንመዛኑኡ የስሕቘምን የዛናግዖምን ነበረ።

*   *   *

ቅድሚ'ቲ ውግእ አዛዚ ቦጦሎኒ፣ ጉብሳ፣ እታ ቦጦሎኒ አብ ኩሉ ክትአቱ ጸኒሓ ናብ ዓዲ-ሃኪን ክትአቱ አብ ዝተዳለወትሉ ምሸት ንአባላቱ አኼባ ገበረሎም። "ጸላእ. አብዛ ቅድሚና አሎ። ንሕና ኽአ ሪዘርሽ አለና። ሎሚ ምሸት እተን ዘጥቅዓ አሃዱታት ክአትዋ እየን፣ ንሕና ገስጋስን ስዒብና ንጸላኢ. ክንጸርጉ ክንአቱ ኢና። ምሳና ታንክታት አለዋ፣ ንሳተን ቀቅድሚና እናኸዳ ክጸራርጋኦ'የን ንሕና ኽአ አሰረን ስዒብና ክንአራርዮ ኢና። እዛ አብ ሬትና ዘላ ዓዲ-ሃኪን ትብሃል፣ ካብአ ሓሊፍካ ጸላ አሎ፣ ብድሕሪኡ ባድመ። ስለዚ. አጆኹም!" በሎም። ኩሉ አባል ድሉው ኮነ። እተን ዘጥቅዓ አሃዱታት ብለይቲ ተበግሶ ወሲደን ጸረ-መጥቃዕቲ ፈነዋ። ምሉእ-ለይቲ ተረባሪብን ንጸላኢ. ከምቲ ዝድለ ከይደፍአ መሬት ናብ ምብራህ ገጹ ከደ። አብ ከምዚ ኩነታት ከአ'የን ክልተ ሓያሊ ናይታ ቦጦሎኒ ክአትዋ ዝተዳለዋ።

እታ ቦጦሎኒ ናብቲ ውግእ ቅድሚ ምእታዋ፣ 11 ዝኾና ታንክታት ሒዛ ሪዘርሽ እያ ጸኒሓ። እተን ታንክታት አንፈት ናይቲ ውግእ ርእየን ክአትዋ እታ ቦጦሎኒ ኽአ አሰረን ተኸቲላ ክትአቱ፣ እቲ ተበግሶ ብሓይልታት ምክልኻል ኤርትራ ተወሰደ። ንጸላኢ. ካብ ዓዲ-ሃኪን ጸራሪጋካ ካብቲ ከባቢን ክንዮኡ ንምርሓቝ እዩ ውጥን ወጺኡ። እቲ ውግእ ዝተፈላለያ አሃዱታት'ኪ እንተ ተሳተፋኦ፣ ጸላኢ. ምንቅ ምባል አብዮ ጥራይ ዘይኮነ፣ ክፍለ-ሰራዊት ምሉእ ሪዘርሽ ሒዙ አብ በሪኽ ኩይኑ ንአሃዱታት ወገን ሓደጋ ፈጢሯላ። ክንድኡ ዝአክል ሓይሊ. ሪዘርሽ ከም ዝነበሮ ስለ ዘይተፈልጠ ኽአ'የ እቲ ውግእ ከቢድ ዋጋ ዝሓተተ።

አብ መጀመርታ ናይቲ መጥቃዕቲ፣ ክሳብ'ቲ ድፋዕ ጸላኢ. ዝነበረሉ ብሰንሰለት ዝተአሳሰረ ቦታታት፣ ማለት ከባቢ ቤተ-ክርስትያን ዓዲ-ሃኪን፣ አሃዱታት ወገን ጸቡቅ ሰጉሞም ነቲ ድፋዕ ሰይርም ተቖጻጺሩዎ። ስለዚ. ዕማም ናይታ አብ ልዑል ተጠንቀቅ ዝነበረት ሪዘርሽ ቦጦሎኒ እናፈኸሰ ዝኸደ መሰለ። ምኽንያቱ፣ ጸላኢ. ካብ ከባቢ ዓዲ-ሃኪን እንተ ተጸሪቱ ደድሕሪኡ ብምስዓብ ከተጸርዮን ክሳብ ክንዮ ባድማ አብ ዝረከብ ዶብ ኤርትራ ከተሳጉጉን ተዛማዲ ቀሊል እዩ ነይሩ። እንተኾነ፣ ነቲ ገስጋስ ዝዓገት፣ ትጸቢት ዘይተገብረሉ ሪዘርሽ ዝጸንሐ ክፍለ-ሰራዊት ምሉእ ነቲ ውግእ አትዮዎ ከቢድ ጥምጥም ሰዓበ። ጸላኢ፣ ካብ ትጸቢት ወጺኡ. ብዚሕ. ስለ ዝነበሮ ኽአ ነቲ ውግእ መሊሱ አኽበዶ። ምኽንያቱ፣ ሰራዊት ወገን

329

ናብቲ ቦታ ኣትዩ ምስ ተቘጻጸር፣ ክፍለ-ሰራዊት መጺኡ ድብይ ከብሎ
ቀሊል ኣይነበረን። እቲ ዝኸፍአ ተርእዮ፣ ኣሃዱታት ወገን ናብ እግሪ ታባ
ዓዲ-ሃኪን ምስ ለገባ፣ መሬት ቀቲሩ ብምንባሩ ንድሕሪት ክምለሳ ተጸገማ።

እተን ክረባረባ ዝቘነያ ኣሃዱታት ክወጻ ጀመራ። ኣብ ከምዚ ዘበለ
ኩነታት እታ ቦጦሎኒ ነቲ ኣብ ዓዲ-ሃኪን ዝነበረ ሓይሊ ጸላኢ ከተጥቅዖ
ተሓበራ። ሰራዊት ብሓንቲ ጸባብ መንገዲ ኣትዩ ኣብ ሩባ ምስ በጽሐ
ንየማን-ጸጋም መዛግብ ክሕዝ ተሓበሮ። ብተወሳኺ፣ ታንክታት ኣምሪሓ
ክሳብ'ቲ ክትከዶ እትኽእል ቦታ እናተዋግአት ገስጊስት - ክሳብ እግሪ
ናይታ 'ታባ ብሉሕ' እትበሃል ቦላሕ ታባ ድማ በጽሐት።

ጸላኢ፣ ተመራሒ፣ ሚሳይል፣ ጸረ-ታንክ፣ ኩሉ ዓይነት ኣጽዋር ኣብታ ታባ
ኣደዩቡ ነበረ። ንታንክታት ወገን ድማ ዕላማ ገበረን። ክሳብ'ቲ እግሪ ታባ
ምስ ከደት እታ ቦጦሎኒ ክትቅጽል ስለ ዘይክኣለት ኣብኡ ዓሪዳ ክትምከት
ተገደደት። ጸላኢ፣ ኣሳሪ ቦታ ሒዙ ብምንባሩ ንመስዋእትን መውጋእትን
ተቓልዖት። ሓንቲ ታንክ ብፍላይ ኣብ እግሪ'ታ ታባ ተጸጊዓ ምንቅስቓስ
ምስ ከልኣቶም፣ ክወጹ ከም ዘይክእሉ ስለ ዝፈለጡ - ከንሳሕቡ እንተ
ኢሎም ኣብ ቃልዕ ስለ ዝወጹ - ኣብ እግሪ'ቲ ታባ ኬንክ ምምካትን ዘመጽካ
ሓይሊ ምጽራግን ኩን እቲ ካልእ ኣማራጺ። ዘይነበሮ ምርጫ። እታ ታንክ
ካብ መዝገባ ወጺኣ ክትረግጾም ክሳብ ትደሊ ቀረበቶም። ብፍላይ ዝትኮሰላ
ኣርፒጂ ብዘይምንባሩ ኸኣ ንኣጋር ሰራዊትና ኣዝያ ቀረበቶም።

"ከይተቃጸላ፣ ክንሕዛ ኢና፣" ተበሃሉ ወዲ ትኹልን ብጾቱን ኣባላት
ናይታ ቦጦሎኒ። ነታ ታንክ ምስ ኣኽበቱዋን ዘውሪኣ ኢዱ ክህብ ኣብ
ዝተዳለወሉን ግን ሃንደበት ንድሕሪት ተመሊሱ ናብቲ ክትኮሰሉ ዝጸንሐ
ክሳድ ገጹ ሃደመ።

"በሎ፣ በሎ፣ ቅተሎ፣ ቅተሎ፣ ኣቓጽላ፣" ሰዓበ ድምጺ ዝተፈላለዩ ኣባላት
ናይታ ሓይሊ እታ ታንክ ተመሊሳ ክትሃድም ምስ ረኣዮዋ።

ድሮ ናይቲ ዓዲ-ሃኪን ከጥቀው ዝተዳለዉሉ ለይቲ፣ ክልተ ተረኛታት
ዋርድያ ዝነበሩ መድፍዓጂታት ኣርፒጂ ናይ ቀዳማይ ሓይሊ ንግሆ ኣብዚኣ
ኣትዮም ዘይበሃሉ ከም ማይ ኣብ ሑጻ ተሰትዮ። መራሕ መስርዕ ሰዓቱ ርእዩ
ምስ ተንስአ ሰብ ዝበሃል ኣይጸንሐን። ኣብቲ ከባቢ ደልዩ ምስ ቀበጸ ኸኣ
ንሓለፍቱ ሓበረ። እታ መስርዕ ቦምባታት ኣርፒጂ እያ ተሰኪማ ነይራ።
ኣርፒጂ ይኹን መድፍዓጂታት ኣርፒጂ ስለ ዘይነበሩ ግን፣ ትርጉም ስለ
ዘይነበሮ፣ እታ መስርዕ ቦምባ ኣርፒጂ ኣውሪዳ ብረት ክትዓጥቕ ተሓበራ።
ስለዚ ድማ እያ እታ ረሽራሽ ጺኒ ዝነበረት ታንክ ሓደጋ ከተውረደሎም
ዘወዓለት። ብቝትሪ ከየንሳሕቡ፣ እቲ መሬት ቃልዕ ስለ ዝኸውን ኣብ
ትሕቲ ምሉእ ምቁጽጻር ጸላኢ ክኣትዉ እዮም። ስለዚ፣ ብብረት ኣንጻር
ታንክ ከይተረፈ ክዋግኡ ወዓሉ።

330

ነቲ ኩነታት መዘሚዙ ክሽውን ይኽእል'የ እቲ ኣውቲስታ ታንክ፡ ክማረኽ ምስ ቀረብ ተገምጢሉ ካብቲ ከበባ ዝሃደመ። ኣብ ከውሊ ኩይኑ ክታኹስ ጸኒሑ፡ ብኣና ወገን ናይ ከቢድ ብረት ደብዳብ ስለ ዝዘሓሎ ደኺመን እየን ኢሉ ካብ ጉድጓዱ ወጺኡ እዩ ክሃጅም ሓሲቡ። እቶም ምዑታት ግን ከካብ ዝኽበሩዎ ወጺኦም ብከላሽን ክማሩኽዎ ኣኽበቡዎ። ኣብዚ ከበባ'ዚ ወዲ ትኹል ተሰውኣ። እዛ ኣብ ክሳድ ዓዲ-ሃኪን ኩይና ምንቅስቓስ ዝኽልኣቶም ታንክ፡ ካብ ወገን ናይ ኣርፒጂ ተቓውሞ ስለ ዘይገጠማ እያ ዝያዳ በቲ ዓጢቓቶ ዝነበረት ረሸራሽ ከቢድ ሓደጋ ዘውረደት።

ቀዳማይ ሓይሊ ናይታ ቦጦሎኒ ኣትያ፡ ሳልሳይ ሓይሊ ተወልደ (ጸልማት) መሪሑዋ ኣስራ ስዓበት። መሬት በሪሁ ስለ ዝነበረ ጸላኢ ከቢድ ተቓውሞ ገበረ። ተኣምራት ዝነበረ ሳልሳይ ሓይሊ ብሩባ ኣቢላ እናኣተወት፡ ክብሮም ዝበሃል ኣባላ ተሃረመ። ቅሩብ ምስ ቀጸሉ ዓወት'ውን ተሃረመ። ሓያል ውግእ ከፊቶም እናኣጥቅዑ ቀኑጭ-ሕርመ ሒዙ ዝነበረ ስለሙን ኣብ ጉኒ ኦፐረተር ሓይሊ ተኣምራት ወደቓ። ተኣምራት ነታ ተደላዪት ብረት ካብ ስለሙን ወሲዱ በቲ ሓደ ሬድዮ ርኸብ፡ በቲ ኻልእ ድማ ቀኑጭሕርመ ሒዙ ተረጋረገ። ጸላኢ፡ ነታ በብሓደ ትምንጥሎ ዝነበረት ቀኑጭሕርመ ዝሹን ዋጋ ከፊሉ እዩ ከስቅጣ ዝደሊ። ናብ ጸላኢ እናተጸግዑ ምስ ከዱ፡ ዝያዳ ብኣሙካቺ ዝፍለጥ ተኣምራት ናብ ሓንቲ ጉላ ተጸጊዑ ተኹሲን ርኸብን ቀጸለ። ነዚ ዝረአየ ተወልደ ጸልማት፡ "እታ ወዲ ግደፍ ተኣለ ካብኡ!" በሎ።

ተኣምራት፡ ክብሮም ዝበሃል ወዲ ሓይሉን ዓርኩን ክህረም ምስ ረአዮ መሊሱ ደሙ ፈልሐ። ኣቐዲሙ ዓወት ደሓር ስለሙን ሕጂ ኸአ ክብሮም ክህረሙ ብምርኣዩ ፍጹም ነደረ። ነታ ቀኑጭ-ሕርሙ ሒዙ ንጸላኢ ኣልባበን ምስ ኣጥፍኣለን ንሳተን'ውን ናብኡ ኣተኩረን ክደልያ ኣብ ምርብራብ ተኣትወ። ንሱ ኣብ ጉላ ተጸጊዑ ብቀኑጭ-ሕርሙ እናተኩሱ፡ ብሬድዮኡ እናተራኸበ እንከሎ፡ ኣብ ጉድኑ ዝነበረ መድፍዓጂ ብሬን ወዲ ሼኽ ዛይድ (ከረን) ብሬኑ ሒዙ ብደዊ ክትከስ ምስ ኣሙካቺ እናተረኣአዮን "ኣጆኻ፡ በለን!" እናተበሃሃሉን ብፍጹም ትብዓት ተዋግኡ።

ተኣምራት፡ ኩሉ ግዜ ቀዳማጣ ስረ ዝገብርን ኣብ ኢዱ ጨርቂ ዝኣስርን ልዑል ናይ ምውጋእ ወኒ ዝነበሮ ዋርሳይ እዩ።

ኣሙካቺ ዝረኸባ ስረ ሸዉ-ንሽዉ እዩ ዝቐርጻ፡ ቄሪኡ ጽብቐቲ ሓጸ ስረ ምስ ገበራ ኸአ ነቲ ቀናጽ ኣብ ቀላጽሙ ይኣስሮ። ቅድሚ ውግእ ዓዲ-ሃኪን ምስ ዓርኩን መተዓብይቱን ስረ ተለዋዊጡ ነይሩ። "ነዚኣኽ ክትቄርጻ ዲኻ?" ሓተቶ እቲ ዓርኩ ነታ ስረ እናሃቦ።

"ላዝም እምበር። ተዋጋኣይ በዓል ሓጺር ስረ!" በሎ እናስሓቖ። ዋኒኡ ኣብ ኩሉ ኩነታት ኣይቀየርን እዩ።

"በቃ በል ቻው፡ አጆኻ!" ተብሃሊሎም'ዮም ናብቲ መማሃር ውግእ ዓዲ-ሃኪን አትዮም።

አብቲ ውግእ ዓርኩን መተዓብይቱን ጥይት ብሬን ብዓይኑ አትያ አብ መንጋጋኡ ዓሊባ ክሕከም ረአየ። አሙኻቼ፡ ኩነታት ናይቲ ኩዕሶ መጻውቱን መተዓብይቱን ክፈልጥ ቀጭ-ሕርሙን ሬድዮን ሒዙ ብጉያ ናብኡ ኸደ። እናተሓከመ እንከሎ አብ ርእሱ ደው ኢሉ፡ "አጆኻ!" ኢሉዎ ናይታ ብሓደ ዝዓበዩዋ ግዲ ኾይኑ፡ ነድሪ ወሲኹ ናብቲ ውግእ ክምለስ ረአዮም።

"አታ ተኸወል እንዴ፡ አታ ወዲ፡" እናበሎም እንከሎ መራሕ ሓይሎም፡ ወዲ ሼኽ ዛይድ ተሃሪሙ ወደቐ። ሸልሸል ዝበሃል አባሎም ተንሲኡ እናተኩስ ተሃሪሙ ወደቐ። እቲ ቦታ አሲረናሉ እየን ነይረን። ንሳተን ብላዕሊ ናይ ወገን አሃዱታት ብታሕቲ ኩይኖም እቲ ምርብራብ ቀጸለ። ወዲ ባጽዕ ተሃሪሙ እንከሎ ምውጻእ አብዮ ቃንዛ ምስ በርትዖን ቀሳሉ ረኺሲ ስለ ዝገበረን ናብ ሕክምና ክኸይድ ተገደደ። ገለ ካብ አባላት ናይታ ሓይሊ፡ ወጉአቶምን ስዉአቶም አብ ምክትታል አተዉ። እታ ሓይሊ ብዙሓት ካብ አባላታ ብመዉጋእቲ ክትስእን እንከላ ገለ ኸአ ተሰዉአዋ። አብቲ መሬት ቀቲሩ መውጺኢ ዘይነበሮ ቦታ፡ ዝተሃርመን ዝተሰውአን ካብ ድፋዕ ወጺኡ አብ እግሪ'ታ ታባ ከም ዝጻንሕ ብምግባር መሬት ምስ ጸልመተ እዮም ናብ ሕክምና ዘወጹ።

አሙኻቼ ካብታ ብረት ጸላኢ አሲሩላ ዝነበረ ጉላ ከይተአልየ ተኾሱ ቀጸሉ፡ ሬድዮ ርኪቡ ከይፈለየ ኸአ ስራሕ ምልክት አብ ምስልሳል እንከሎ፡ አብ ግንባሩ ተሃሪሙ ዘልሓጥ በለ። እቲ ሓጺር ስር ምኽዳን ዝፈቱ አሙኻቼ፡ ቀብዑ'ውን ዘይፈሊ፡ እታ ባርኔጣ እትመስል ወተሃደራዊት ቀቢዑ አብ ርእሱ እንከላ'የ ተሃሪሙ። ብድሕሪ'ዚ እቲ ውግእ ብዙሕ አይቀጸለን፡ መሬት ዓይኒ ምስ ሓዘ እታ አሃዱ ውጉአት ንድሕሪት አብ ምስዳድን ስዉአት አብ ከውሊ፡ ምጽጋዕን አትያ መሬት ምስ ጸልመተ ስዉአታ ቀቢራ ውጉአታ አውጺአት።

አሙኻቼ ምስ ተሰውአ አባላት ናይታ ሓይሊ ንጸጋም ወጹ። ንምሽቱ ውጉአቶምን ንብረቶምን አኪቦም ንድሕሪት ተመለሱ። አብቲ አሻኹ አግራብ ዝመልአ ቦታ፡ እሾኹ ብኽዳንክ እናሓዘካ ኢኻ ትኸይድ። ጸልማት ብምንባሩ'ውን ንጸላኢ ዝኹን አሰር ከይገደፉሉ ክወጹ ነበሮም።

"አሙኻቼ" እትብል ሳጓ ካብቲ ህቡብ ናይጀርያዊ ተጻዋታይ ኩዕሶ እግሪ ዝወጸቶ፡ ተአምራት፡ አብ ማይ-ተመናይ 'ኡቴ' ብእትብል ሳጓ እየ ዝፍለጥ።

ቀቅድሚ ውግእ ዓዲ-ሃኪን ክልተ ብጸላኢ ተደለይቲ ብጹት እዮም ናብቲ ውግእ ዝአተዉ ነይሮም። ተአምራት ምልክት ሓይሊን ሰለሙን

332

በዓል ቀኈጭ-ሕርሙን። ቅድሚ'ቲ ውግእ ተኣምራት እታ ቀኈጭ-ሕርሙ አመና ተወናዉኖ ስለ ዝኸበረት፡ "ንቀያየርደ፤" በሎ ንሰለሙን ሬድዮ ሂቡ ቀኈጭ-ሕርሙ ክሕዝ ብሒጉ። ክሳብ ድፋዕ ዝበጽሑ ኸአ ተቐያየሮም፤ ምድላው ንውግእ ምስ ኩን ግን ነንብሪቶም ሒዞም ንውግእ ተዳለዉ።

ካልአይ ወራር ምስ አብቅዐ ድሕሪ ገለ እዋን፡ እታ ቦጦሎኒ አብ ታዕሊም አተወት። አብቲ አዛዚ ናይታ ክፍለ-ሰራዊት፡ ብሪጋደር ጀነራል ዳኒኤል አብርሃ ዝተረኽበሉ ናይ መዘዘሚ መደብ፡ ዝተፈላለየ ንውዕሎ'ታ ቦጦሎኒ ዘንጸባርቕ ስነ-ጥበባዊ መደባት ቀሪበ። ከም አካል ናቱ ድማ ጸጋይ ቴድሮስ ዝበሃል አርቲስቲ - ቀባኢ - ንውዕሎ አሙካቺ አብ ውግእ ዓዲ-ሃኪን ዝገለጸ ቅብአ አዳለወ። እታ አሙካቺ ብሓንቲ ኢዱ ሬድዮ ርክብ ቢታ ሓንቲ ኸአ ቀኈ-ሕርሙ ሒዙ እንክሎ እናተዋግአ እተርኢ ቅብአ ብኣባላት ናይቲ ቦጦሎኒ ልዑል አድናቖት ረኸበት። ብተመሳሳሊ፡ አብቲ ብ17 ሓምለ 1999 ዝተኻየደ መዘዘሚ መደብ፡ ንዝኽሪ ተኣምራት (አሙካቺ) ሓንቲ ደርፊ ቀረበት። እታ ደርፊ እናተደርፈት፡ አብቲ ብቪድዮ ዝተቐርጸ መደብ ዝረአየ አባላት ናይታ ቦጦሎኒ ዝንብብ ዓሚቚ ዝኽሪ አሙካቺ ከም ሰብ አብታ አሃዱ ክሳብ ክንደይ ፍቱውን ተባዕን ምንባሩ ዝገለጸ እዩ። እታ ደርፊ፤

<pre>
አብ ንኡስ ዕድመኡ መባእታ ዕስራታት
ንሃገር ተበጅዩ ንህዝቡ ክብርታት
አብ ታባ ዓዲ-ሃኪን ጎላጉል ባድማ
ተገደም ምስ ኩነ ንስለ ዕላማ
ጸላኢ ክሕግሕግ ካብ መሬቱ ብኣልማማ
ሰብ መንጢላትኒ እታ ጨካን ባድማ።

ወረ 'ተሓተትኩ ነቶም ዝነበሩ
ርኢናዮ ኢሎምኒ ምስ ዝናሩ ነይሩ
ቀኈ-ሕርሙ አብ ኢዱ ሃንድስት አብ አፉ
አብ መስመር ናይ ህጁም ብጅግንነት ሓሊፉ።

ነዚ ምስ ሰማዕኩ አዝየ ሓዚነ
ንነዊሕ ሓሲበ ክሳደይ አድኒነ
ምስ ሓተተትኒ ለዋህ ወላዲትካ
'ኃቴ' እንታይ ይሕሸኒ ታሪኽ ጅግንነትካ
እንታይ'የ ከብላ ታሪኽ ጅግንነትካ።

አብ ንኡስ ዕድመኡ መባእታ ዕስራታት
ንሃገር ተበጅዩ ንህዝቡ ክብርታት።
ነቢዐ እንድየ ከም ሰብ ከመይ ዘይነብዕ
ንብዓተይ ግን አይዘርን ንውሽጢ'የ ዝነዝዕ
ዓዲ-ሃኪን ድሕሬኻ ብቖልጽምና ሒዝናያ
ቅሰን 'አሙካቺ' አብታ ዘለኻያ
ቅሰን 'ኃቴ' ሓወይ አብታ ዘለኻያ!
</pre>

አብ መዛዘሚ ጽምብል ናይቲ ታዕሊም አዛዚ ናይታ ቦጦሎኒ፡ ጉብሳ፡ ንኣባላቱ ከምዚ በሎም፤ "ዕላማ ናይዚ ንዕስራ መዓልቲ ዝተዋህበ ጽዑቕ ታዕሊም'ዚ ብቕዓትና ክብ ንምባልን ንምምሕያሽን እዩ። ከም እምነት ሰራዊትና፡ ውጽኢት አብ ብረትን አጽዋርን ዘይኮነ አብ ብቕዓትን ንቕሓትን እዩ ዝምርኮስ። ልዕሊ ኹሉ ሕድሪ ሰማእታትና ንምቕባል ዘለና ድሉውነት'የ ወሳኒ። እዚ ንቕሓትን ቅሩብነትን'ዚ ብወተሃደራዊ ብቕዓት ክስነ ስለ ዘለዎ ኻአ ታዕሊም ወሳኒ እዩ፣ ናይ መወዳእታ ግን አይኮነን። ሕጂ'ውን እንተኹኑ፡ ዝሓለፈ ናይ ውግእ ተመኩሮ፡ ሀልቂት ይኹን ኩሉ ዓይነት ክሳራ ወይን ክመሃረሉ አይከአለን፣ ጌና መሬትናን ልኡላውነትናን ንምድፋር ይፈታትን አሎ። አብ ከምዚ አጋጣሚ ብወገን ቦጦሎኒና እንተ ኹይኑ፡ ንዝኾነ ክመጽእ ዝኽእል ዳግማይ ፈተነታት ወያን ንምሕምሻሽ ድሉዋት ከም ዘለና ከረጋግጽ እደሊ።"

ብድሕሪ'ዚ ጉብሳ፡ ካብታ ንነዊሕ ዓመታት ዝመርሓን አብ ዝተፈላለየ ውግእ ጅግንነት ዝፈጸመላን ቦጦሎኒ ተቐይሩ መራሕ ብርጌድ ኮነ። ነቲ ነታ ቦጦሎኒ ዝተረከባ አዛዚ ድማ፡ "ቦጦሎኒ ሕድሪ እያ፣ ጽቡቕ ጌርካ ሓዛ!" በሎ።

አዘንተውቲ፤
- ኮሎነል ምሕረትአብ መስፍን (ጉብሳ)
- አማኑኤል ፈርንታዮ
- ዓወት ዓንደብርሃን
- ዳኒኤል አነንያ
- ጊደዎን
- ክብሮም ገብረዮውሃንስ
- ታደስ
- ሰለሙን
- ሳሙኤል ገብረብርሃን
- ያሬድ ገብረብርሃን
- መምህር ገብረብርሃን

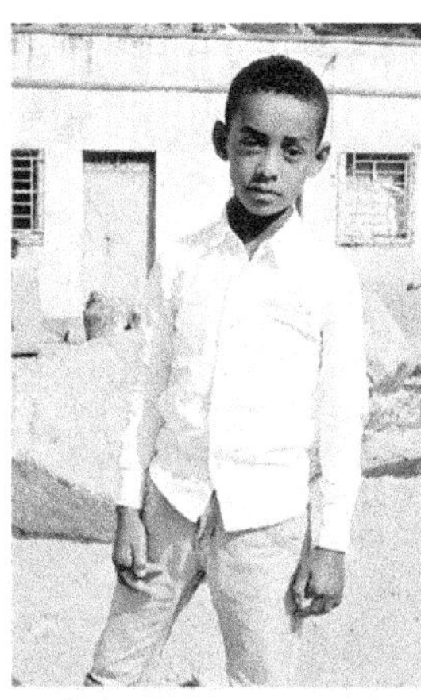

አባል ቀዳማይ ዙርያ ተኣምራት   ህጻን ተኣምራት ሳምኤል

ተኣምራት - ካብ ላዕለዎት ማእከላይ

ደቂ ኣሃዱኡን ኣሕዋቱን ንተኣምራት ዝኽሮም ከካፍሉ ምስ ተኣከቡ

335

20

ህይወትን መትከልን

ዓብደልቃድር ኣሕመድ

ተጋዳላይ ጌታቸው ፈጠነ፡ ኣስመራ ብ24 ግንቦት 1991 ናጻ ምስ ወጸት፡ ስድራኡ ናይ ምርኣይ ሃረርታ'ኳ እንተ ነበሮ ኣይተሃወኸን። ኩሉ ኣባል ኣሃዱ ዕረፍቲ ወሲዱ ናብ ስድራኡ ክበጽሕ ከሎ፡ ጌታቸው ጥራይ ምትራፉ ንኣሃዱኡ ስለ ዘሰከፉ ናብ ስድራቤቱ ክኸይድ ብቐጻሊ ካብ ምትብባዕ ዓዲ ኣይወዓለትን። ኣብ መወዳእታ፡ ብ1996 ጌታቸው ስድራኡ ክርኢ ንመጀመርታ ግዜ ፍቓድ ሓተተ። ዘድሊ ሓገዝ ብደቂ ኣሃዱኡ ተገይሩሉ ኸአ ናብ ኢትዮጵያ ኣቕንዐ። "ንስሚን ዘተኻዕዘ ኣይምለስን'ዩ፡ ዳግም ንረአአ ኣይመስለንን!" ብምባል ዝርንዛሕ እናነብዐ ዘፋነዎ ኣቦኡ ዝበሎ እናዘከረን ነብሱ ከም ካብ ብሱል ጥረ ዝወጸት እናተሰምዓቶን መንገዲ ተተሓሓዞ። ኣብ ኣእምሮኡ ዝኸዘኖ ማህደር ዝኽሪታት ትማሊ ንጉዕዞኡ እናኣሰነዮ... ተጓዕዘ።

* * *

ጌታቸው ፈጠነ ኣለሙ ብ1963 ካብ ሓረስቶት ስድራ-ቤት ተወልደ። ኣብታ ኣብ ጉንደር ወረዳ ጋይንት "ኣሞራ ሰፈር" እትብሃል ዓዲ፡ ኣብ ቤተ-ክርስትያን ትምህርቲ ወንጌል እናተማህረ ኣብ ሕርሻ ይነጥፍ ነበረ። ወዲ 15 ዓመት ምስ ኮነ ኣቦኡ ኣቶ ፈጠነ፡ ክሕክም ናብታ ኣብ ኣዲስ ኣበባ ዝነበረት ሓፍቱ ክኸይድ ሓሰበ'ሞ፡ ነቲ ኣብ መንጎ ሓሙሽተ ኣዋልድ ዝተወልደ ጌታቸው ምስ ደቂ ኣሞኡ ንኸላልዮ ናብ ኣዲስ ኣበባ ተማልአ።

ጌታቸው፣ ካብ ናብራ ጉስነትን ሕርሻን ፍልይ ዝበለ ናብራ ከተማ ክርኢ ተሃንጠየ። አንጊሆም አውቶቡስ ተሳፈሩ።

ካብ ጎንደር ብአውተቡስ አዲስ አበባ አተዉ። እታ አብ ርእሲ-ርእሲ ዝተደራረብ ገዛውቲ (ርሻናት)፣ ሸትሪናታትን ካልእ መጋየጽን ዝርከባ አዲስ-አበባ ንልቢ ጌታቸው ሰለበቶ። አብ ፍጹም አድናቖት አተዉ ኸአ ብሟኒባስ ናብቲ አሞኦ ዝነበረቶ ከባቢ አምረሑ።

ጌታቸው፣ ምስ ደቁ-አሞኦ ህይወት ከተማ አዲስ-አበባ ከስተማቐር ጀመረ። እንተኾነ፣ ብ1974 ስልጣን ዝጨበጠ ስርዓት ደርግ ቀይሕ ራዕዲ (ቀይ ሽብር) ብዝብል ብዙሓት መንእሰያት ኢትዮጵያ ሃዲኑ አብ ፈቐዶ ጉደና ክዝሕዝሐም ተራእየ። ከም ውጽኢቱ፣ ብዙሓት መንእሰያት ህይወቶም ንምድሓን ውትህድርና ክኽተቡ ናብ ቀበሌታት ተጓየዩ። ጌታቸው'ውን ሓደ ካብአቶም ነበረ።

ጌታቸው፣ ክምዝገብ ከሎ ወዲ 15 ዓመት'ኳ እንተ ነበረ ጸባ ጸገብ ስለ ዝነበረ ነቲ ወዲ 18 ዓመት ኢሉ ዘመዝገቦ ዕድመኡ ዝተጠራጠረሉ አይነበረን። ውላዱ ተመርዕዩ ሓዳሩ ክርኢ ባህጊ ዝነበሮ አቦኡ፣ "ወደይ ወዲ 15 ዓመት'ዩ፣" ብምባል ካብ ዕስክርና ከውጽአ ተጓየየ - ሰማዒ እዚ ግን አይረኸበን።

ጌታቸውን ምስኡ ዝተኸትቡ ብጾቱን ን'ኸዕለሙ ናብ መዓስከር ታዕሊም "አራት ኪሎ" አምረሑ። አብኡ ን'ሸውዓተ ወርሒ ጽዑቕ ወተሃደራዊ ታዕሊም ምስ ወሰዱ ናብ ዝተፈላለያ አሃዱታት ተወዘዑ። ህይወቱ ካብ መቐዘፍቲ "ቀይ ሽብር" ከድሕን ከይሓሰቦ ናብ ውትህድርና ዝአተወ ጌታቸው፣ ወላ'ኳ ካብ መትዓልምቱ ብዕድመ ዝነአስ እንተ ነበረ፣ አብ ሻድሻይ ክፍለ-ሰራዊት "ነበልባል" አብ ዝበሃል አሃዱ ተመደበ።

ጌታቸው ካብ "ቀይ ሽብር" ክድሕን እምበር ካልእ ዕላማ ነይሩዎ አይኮነን ወተሃደር ዝተኸትበ። ካብ ከባቢኡ ከይረሓቐ ዝዓጥቕ ስለ ዝመሰሎ'ውን አብ ሕልናኡ ዘሰፈረ ውረድ-ደይብ አይነበሮን። እንተኾነ፣ "አሃዱ ነበልባል ን'ሰሜን ክትንቀል'ያ፣" ምስ ተባህለ፣ እቲ አቦኡ ናብ ወተሃደራዊ ታዕሊም ከፋ ኡም እንከሎ፣ "ጌታቸው ወደይ ን'ሰሜን እንተ ነቒልኩም፣ ትምለሱሉ አጋጣሚ ዘሎ አይመስለንን፣ ኤርትራ ብዙሓት መንእሰያት ኢትዮጵያ ውሒጣ'ያ፣ ን'ስኻ'ውን ናቶም ዕጫ'ዩ ክበጽሓካ። ስለዚ፣ ደጊም አይንራኸአን ኢና፣" እናበለን ዝርንዛሕ እናንብዐን ዝተሳረቦ ተዘከረ።

ጉዕዞ ጌታቸው ካብ አራት ኪሎ ናብ ኤርትራ ብ'ምቅናዕ'ዩ ዝፍልም። ነታ "ካብ'ዚአስ አይከይድን'የ" ዝበላ አዲስ-አበባ ከይጸገባን ከየዕረፈላን ወተሃደራዊ ክዳን ተኸዲኑ'የ ሓሊፋዋ። ናይ ብሓቂ ዘይምለስ ኩነኡ

338

ዝተሰምያ ድማ ሸዉ'የ። ካብ አዲስ-አበባ ናብ ደብረ-ብርሃን፣ ካብ ደብረ-
ብርሃን ናብ ደሴ፣ ካብ ደሴ ናብ ወልድያ፣ ካብ ወልድያ ንቆቦ።... ጒዕዞ
ቐጸለ። አእምሮ ጌታቸው፣ ገና አብ ጒደናታት አዲስ አበባ ብሓሳብ ላዕልን
ታሕትን በለ። ናብራ ገጠር - 'አሞራ ሰፈር' - እውን አይረስዖን፣ አካሉ ግን
ድሮ ማይ-ጨው ስጊሩ መቐለ በጽሐ። አብ መቐለ ንዝተወሰነ መዓልቲታት
ድሕሪ ምዕራፍ፣ ብዓዲ-ግራት አቢሉ ሓምለ 1978፣ አብ ቀዳማይ ወራር
ደርግ፣ ናብ ኤርትራ አተወ።

ብነበልባል ዝጸዋዕ አህዱ ጌታቸው ምስቲ 503 "ለ" ተባሂሉ ብመረብ
አቢሉ ናብ ዓዲ-ኻላ ዝአተወ ግብረ-ሃይል'የ አብ ውግእ ተሳቲፉ። ምረት
ናይቲ ውግእን መቐዘፍቲ ብጾቱን ዝረአየ ጌታቸው፣ ካብቲ ውግእ
ከይተተንከፈ'ኳ እንተ ወጸ፣ ዘረባ አቦኡ ግን ዝያዳ ኹሉ ተሰወጦ።

ንሰሜን (ኤርትራ) ብመሪር ውግእ ዓዲ-ኻላ ዝተላለዮ ጌታቸው፣
እንደገና አብ ውግእ ሸኻ ወዲ-ብስራት ከም'ውን አብቲ ከባቢ አብ
ዝተኻየደ ንአሽቱ ውግአት ሓለዋ መንደፈራን ዓረዝን ተሳተፈ። አብ
ነፍሲ-ወከፍ ዝተሳተፈሉ ውግእ ዝኽፈል ዋጋ ብዝተዓዘበ፣ ብህይወት ናይ
ምንባር ዕድሉ ጸቢብ ምንባሩ ደምደመ። ጒዕዞ አየቋረጸን - ካብ ዓረዛ
ናብ ተራእምኒ፣ ካብ ተራ-እምኒ ናብ አስመራ፣ ካብ አስመራ ናብ ጊንዳዕ
ብዘይ ውግእ በጽሐ። ደንጒሎ ምስ በጽሐ፣ "ብዘይካ ዕጥቅኹም፣ ኩሉ
ንብረትኩም አብዚ ክትገድፍዎ ኢኹም!" ዝብል ትእዛዝ ሰለ ዝተዋህቦም
ናብ ውግእ ምኻዶም አይሰሓቶን። ተስፋ ሰለ ዝቐረጸ፣ "አነን ንስኹምን
ድሕሪ ሕጂ ወላ ብደብዳብ ንራኸብ አይመስለንን። ነቲ ገይሮ ዘለኹ
ተቐራጺ ካብ ምውሳድ ግን አይትሰልክዮ!" ዝብል ናይ ስንብታ ደብዳብ
ናብ ስድራኡ ለአኸ።

አብ 1978፣ ቀዳማይን ካልአይን፣ አብ 1979 ሳልሳይን ራብዓይን
ወራራት ሰርዓት ደርግ አብ ልዕሊ ሰውራ ኤርትራ ተኻየዱ። 14 ሓምለ
1979 ከአ መጥቃዕቲ ሓምሻይ ወራር ጀመረ።

ካብዚን ሓምሻይ ወራር ከካይዳ ዝተዓጥቃ "ግብረ-ሃይላት" ሓንቲ
ጌታቸው ፈጢስ ዝነበራ ግብረ-ሃይል 503 "ለ" ነበረት። ካብኡ ናብኡ
እታ ብጸጋማይ ወገን አርሒቓ ዝነበረት 'ግብረ-ሃይል'፣ ብዓገት ብምእታው
ንጽል ከበባ ንምግባር ዝዓለመት'ያ ነይራ። "ካብ ማዕሚደ ኢና ተበጊስና።
ካብ ህዝባዊ ግንባር ከዲዑ ዝአተወ ሰብ ይመርሓና ነይሩ። ንናቅፋ
ብድሕሪኣ ክንአትዋ ከም ዘለና'የ ተነጊሩና። ነዊሕ ተጓዒዝና አብ ሓደ
ቦታ ምስ በጻሕና፣ እቲ ዝመርሓና ዝነበረ 'ካብዚ ንንየው ማይ ዝበሃል ሰለ
ዘየለ ተጸወሩ፣ ዘለዋኹም ማይ ቆጥቡወን' ኢሉና። ጒዕዞ ምስ ነውሐ፣
ድሕረና ድማ ባዶ ቦታ ይተርፍ ስለ ዝነበረ፣ ገለ ካብ አዘዝትና፣ 'ንገዐልና

አብ ከበባ ክንኣቱ ኢና' ብምባል ነቲ ጉዕዞን መደብን ክቃወምዎ ጀመሩ።
'ሻዕብያ ብኣጸብዕቲ ዝቑጸር ሰራዊት'ዩ ዘለዋ። ንሱ ኸኣ አብ ናቑፋ ጥራይ'ዩ
ዓሪዱ ዘሎ' ተባሂሉና ጉዕዞ ቀጺልና።" ይዝክር ጌታቸው። ዝደየቦ እምባን
ዘወረደ ስንጭሮን ክዝክሮ እንከሎ አመና ይስክሕ። ውግእ ቅድሚ ምጅማሩ
ድኻም፡ ጥሜትን ጽምኣን ከስነፎ ብዝጀመረ እታ "ንኤርትራ ዝኸደ
አይምለሰን'ዩ!" እትብል ዘረባ ንዓኡ እተርከበሉ ዕለት ከም ዝኣኸለት
ተረድኦ። ኩሉ አባል ሰራዊት ጥራሉ ወዲቒ እናተጓዕዘ አብ ሓደ ዓሚቑ
ቦታ አተወ፣ አሻቡ ብኹሉ መአዝን ሓዊ ተኻዕዎም። መሪሑዎም ዝኸደ
ከዳዕን ገለ ካብቶም አዘዝትን በየን ከም ዝወጹ ሓርበቶም። ካብ አዲስ-አበባ
ጀሚሩ ካብ ጌታቸው ዘይተፈልየ አለሙ ጌታነህ ዝበሃል ዓርኩ። "ንዓናይ
ንህደም!" ክብል ንጌታቸው ተወከሶ። ምስቶም ካብቲ መጋርያ ውግእ
ዝተረፉ 11 ብምዃን ድማ አእጋሮም ናብ ዝመርሓም ሃደሙ። ሓምሻይ
ወርሪ ከኣ ምስ ምድምሳስ ናይዚ ግብረ-ሃይል'ዚ አኸተመ።

ጌታቸውን ብጾቱን አንፈቶም ከይፈለጡ ካብቲ ቦታ ምስ ተበገሱ፡
ብኸባቢ እማህሚም ድምጺ ከቢድ ብረት ሰምዑ'ሞ፡ 'ሰራዊት ደርግ ብእኡ
ይህሉ'ዩ' ካብ ዝብል ግምት አንፈቶም ናብ ሰሜናዊ ምብራቕ ሳሕል ገበሩ።
ብዘይ መግቢን ማይን ዳርጋ አርባዕተ መዓልቲ ስለ ዘሕለፉ፡ ምጽዋሩ ሰአኑ።
ነተን እናዄጠቡ ዘጸንሐወን ቅሩብ-ቁራቦ ማይ ንምስታይ ክሳብ ናብ
ምቅትታልን ሸንቶም አብ ምስታይን በጽሑ። እቲ ኩነታት ልዕሊ ዓቕሞም
እናኾነ ብዝኸደ፡ በብሓደ ረገፉ። ንዘወደቐ ብጾዮም ሓገዝ ክገብሩሉ
ዝኽአል አይነበረን። እቶም ዝተረፉ ዝኽብሮም አግራጺ'ውን ዕጫአም ካብ
ትመጸም በታ ዝተጸንቀቐት ዓቕሞም ምቅጻል ነበረ። አብ መወዳእታ፡
ሰለስተ ተረፉ። ንሳቶም'ውን ብዘይካ ብምልክት ክረዳድኡ፡ ክዘራረቡሉ
አብ ዘይክእሉ ደረጃ በጽሑ። ድሕሪ ነዊሕ ጉዕዞ፡ እቶም ምስ ጌታቸው
ዝተረፉ ክልተ ጽላል ቆጥቆጢ፡ ረኺዮም አእጋሮም እናጐተቱ ረፈጥ በሉ።
ጌታቸው ግን መንገዱ ብምቕጻል፡ ቅሩብ ካብአቶም ፍንትት ኢሉ ጠጠው
በለ። ቋሕ እንተ በለ ሰማይ ሰም እንተ በለካ መሬት ምስ ኩኖ ኸኣ
ተስፋ ቒሪጹ ህይወቱ ከጥፍእ ቦምባ አውጸአ። ቀሌቤት ቦምባ ክፈትሕ ምስ
በለ ነታ አብ አሞራ-ሰፈር - አብ ቤት-ክርስትያን - ዝተማህራ፡ "ህይወትካ
ባዕልኻ ምጥፋእ ሓጥያት'ዩ" እትብል ጥቕሲ ዘኪሩ ሰገጥ በለ። አእምሮኡ
እናተረበሸ ኸኣ፡ "ሻዕብያ እንተ ሒዛትኩም ወይ ኢድኩም እንተ ሂብኩም
ብህይወት ከለኹም ከተቃጽሉኩም'ያ!..." አዘዝቶም ዝበሉዎም ዘኪሩ
ዝገብሮ ጠፊኡዎ አብ መንጉ ክልተ ሓሳባት ተቓቒረ። እንተኾነ፡ ጌታቸው
ክውስን አብ ዘይክእለሉ ዓሚቑ ሓሳብ ጥሒሉ እንከሎ፡ "ኢድካ ንላዕሊ!
ኢድካ ሃብ!" ዝብል ድምጺ አበራበሮ። ነቲ አብ ቅድሚኡ ካላሽን ዓሚሩ
አነጻጺሩ ዝጸበዮ ዝነበረ ጀብጀብ ተጋዳላይ ምስ ረአየ'ዩ ከም ዝተማረኸ

ዘረጋገጽ'ምበር፡ ነታ "ኢ.ድካ ንላዕሊ!" እትብል ቋንቋ ይፈልጣ አይነበረን፡፡ ጌታቸው ጥራይ ዘይኮኑ እቶም አብ ትሕቲ ቆጥቋጥ ዘተረፉ ክልተ'ውን ተማረኹ፡፡ በቲ ብዓዕባ 'ሻዕቢያ' ብኣዘዙቶም ዘወሃዮም ዝነበረ ሕማቕ ስብከት፡ አብ ውሽጢ ሓጺር ግዜ ዝቐተሉ ስለ ዝመሰሎም ዝመቱላ ሰዓት ተጸበዩ፡፡ እንተኾነ፡ ሓደ ካብቶም ዝሓዙዎም ተጋደልቲ፡ ብዡንቂ አምሓርኛ ገይሩ፡ "አጆኹም እንቋዕ ብደሓን ናባና በጻሕኩም!" ምስ በሎም፡ አይአመኑዎን፡፡ መተርከሲ ጉሮሮኣም ማይ፡ መምለሲ ትንፋሶም ድማ ሪሃይድሬሽን ምስ ሃብዎም'ውን ክሳዕ ዝቐትሉዎም ዝኣልዮዎም ዝነበሩ መሰሎም፡፡

ናብ ሓደ መዓስከር ተወሲዶም መግቢ ተቐረበሎም፡፡ ካብኡ፡ እቲ ጉዕዞ ብመኪና ብዙሓት ምሩኻት ናብ ዝነበሩሉ ሓሊበት ኮነ፡፡ ጌታቸው፡ ሓሊበት በጺሑ ነቶም ብኣሸሓት ዝቖጸሩ ምሩኻት ምስ ረአየ ካብ መጠን ንላዕሊ'የ ተገረመ፡፡ እቶም ምሩኻት፡ ከም ዝኹን ተጋዳላይ ኤርትራ ክምገቡን መዓልታዊ ማሕበራዊ ህይወቶም ብሰሩዕ ክመርሑን ናይ ምዝንጋዕ መደባት ከይተረፈ ወዲዮም ባህላዊ ንጥፈታት ከካይዱን ምስ ረአየ አመና ደንጸዎ፡፡ በቲ ዘሕለፍ ሓጺር ግን ከአ መሪር ህይወት ውትህድርና'ውን ብዙሕ አስተንተነ፡፡

ጌታቸው፡ እቲ ልዕሊ ኩሉ ዝሰርያ፡ እቲ አብ ንኡስ ዕድመኡ ዘይረኸቦ ዕድል ትምህርቲ አብቲ ዘይተጸበዮ ቦታ ክረክብ ምኽአሉ ነበረ፡፡ ብድሕሪ'ዚ፡ ህይወቱ ንትምህርትን ማእቶትን ድሉው ብምግባር፡ መዓልታዊ ናብራኡ ሰሪዑ ቀጸለ፡ ክሳብ ሻብዓይ ክፍሊ ድማ አብ ሜዳ ኤርትራ ተማህረ፡፡

አብ 1989 ተጋዳላይ ዓሊ ሰይድ ዓብደላ ንኹሎም ምሩኻት አኪቡ፡ "ህዝባዊ ግንባር ንስኹም ናብ ስድራኹም ተመሊስኩም ህይወትኩም ክትመርሑ'የ ድልየታ፡፡ እንተኾነ ስርዓት ደርግ ዝተማረኹ ወተሃደራት የብለይን ኢሉ ስለ ዝነጸገኩም ንዓዲኹም ናይ ምኻድ ተስፋኹም ጸልሚቱ'የ፡፡ ንስኻትኩም ግን ካብዛ ሰዓት እዚኣ ነጻ ኢኹም፡፡ እንታይ ክትገብሩ ከም እትደልዩ ድማ ምርጫኹም ክትሕብሩ ኢኹም፡" በሎም፡፡

ጌታቸው፡ እንታይ ከም ዝመርጽ ነቲ መዳቕሱቱ'ውን አይነገረን፡፡ ኩሉ መምርጫኡ አመዛዚቡ ምፍልላይ ምስ ኮነ፡ ጌታቸው ሓደ ካብቶም ምስ ህዝባዊ ግንባር ምግዳል ዝመረጹ ኮይኑ፡ አብ ክፍሊ-ሰራዊት 85 አጋር ከቢድ ብረት ተወዘዐ፡፡ አሃዱኡ አብቲ ጽዕጹዕ ኮናት ዝካየደሉ ዝነበረ ድፋዓት ሮራ መንሳዕ ስለ ዝነበረት፡ ናብአ አምረሐ፡ አብ ዝተፈላለየ እዋን አብ ብርክት ዝበሉ ዓውደ-ውግኣት፡ አብ ከም ስርሒት ፈንቅልን ምክልኻል ባጽዕን፡ አብ ግንባር ጊንዳዕ፤ ቀጺሉ'ውን ካብ ሓርነት ደቀምሓረ ክሳብ ደርግ ተሳዒሩ አስመራ ሓራ እትወጽእ ተጋደለ፡፡

*　　*　　*

ተጋዳላይ ጌታቸው ካብ ኣስመራ ተበጊሱ ኣዲስ-ኣበባ ምስ ረገጸ'ዩ ካብ ዝኽሪታት ትማሊ ዝተመልሰ። "... ካብ ኣባላት ስድራኡ መን ይጸንሐ፣ መንከ ኣይጸንሐን፣ ብዛዕባ ሃለዋቱ እንታይ ዝፈልጡዎ ይህልዎም ይኸውን፣ እተን ንኣሽቱ ዝገደፈን ኣሓቱ'ኸ የለያኣዶ ይኹና፣" ዝብሉ ሕቶታት ንኣእምሮ ጌታቸው ዘጨነቑ ነይሮም።

ጌታቸው ፈለግ ናብ እንዳ ኣሞኡ ክኸይድ ወሰነ። ኣሞኡ፣ እርጋን ኣሰነፉዋ ሰብ ኣብ ዘይተለልየሉ ደረጃ በጺሓ ጸንሓቶ። ደቂ ኣሞኡ'ውን ግዜ ስለ ዝነውሐ፣ ብኣግ ከለልዮም ኣይከኣሉን። ድሕሪ ነዊሕ ሕቶን መልስን'ዮም ተረዳዲኦም። "ጌታቸው ሞይቱ'ዩ!" ተባሂሉ ስለ ዝተተስከረ ብዛዕባ ህላወኡ ዝሓሰብ ኣይነበረን። ስለዚ'ዮም እምበኣር ኣሞኡን ደቃን ወላ ነቲ ብዓይኖም ዝርኣዮ ሓቂ ክኣምኑዎ ዘይከኣሉ።

እቲ ኣብ ሓምሻይ ወራር፣ ኣብ ሳሕል ከባቢ ዓይገት፣ ንዓናይ ንህደም ዝበሎ ኣለሙ ጌታነህ ዝተባህለ ዓርኩ፣ ድሕሪ'ቲ ምፍናው ምሩኻት ዕድል ገይሩ ናብ ስድራኡ ተመሊሱ ነይሩ። እቶም ብዑረፍቲ ይኹን ሞሊቖ ንዘዘመጸ ወዲ-ዓዲ ወይ ይፈልጦ'ዩ ንዝበሉዋ ዝሓቱ ዝነብሩ ስድራ ጌታቸው ከኣ፣ ብዛዕባ ወዶም ዝፈልጦ እንተለዎ ተወከሱዎ። በታ ኣብ ሓምሻይ ወራር ዝረኣያ መቐዘፍቲ፣ ሞይቱ ይኸውን'ዩ ካብ ዝብል ግምት፣ "ወድኹም ሞይቱ'ዩ!" ኢሉ ኣርዲኡዎም ነይሩ'ዩ። ካብዚ ተበጊሶም ከኣ'ዮም ስድራኡ ነቲ ቀብሩ ዘይተራእየ ወዶም፣ ቀደም ኣተስኪሮም ዝቐበሩዎ።

ጌታቸው ነቶም ንኽርእዮም ኣመና ዝተሃንጠዮም ወለዱ፣ ዳግማይ ክሓቑፎም ዕድል ኣይገበረን። ኣደኡ ኣቐዲማ ካብዛ ዓለም ተፈልያ ጸንሓቶ። ኣቦኡ'ውን "ንወደይ ኣይቀበጽኩዎን፣" ብምባል ነተን ዝወሃባኣ ዝነበራ ተቐራቢ ሓሳብ ከፈቱ ኣብ ባንክ የዋህልለሉ'ኳ እንተ ነበረ፣ ንወዱ ከይርኣየ ሞት ኣርከበቶ። እተን ሓዳረን ወዲአን ዝነበራ ኣሓቱ ድማ፣ ነቲ ውህሉል ገንዘብ ንሓዘንን ተስካርን ኣቦአንን ሓወንን (ጌታቸው) ኣውዓላኣ።

ካብ ኣሓቱ፣ እታ ምዕባዮ ተመርዕያ ኣብ ጐንደር ብምንባራ ጌታቸው ናብ ጐንደር ተበገሰ። ጐንደር በጺሑ፣ ብመሰረት ዝተዋህቦ ሓበሬታ፣ ካንሸሎ ኻሕኮሐ። ጓል ዓስርተ ዓመት ኣቢላ እትኸውን ጓል ከፈተቶ።

"እንዳ ጸጋ ድዩ!" ሓተተ ጌታቸው።

"እወ፣" እታ ማዕጾ ዝኸፈተት ጓል ክኣቱ ዓደመቶ።

እታ ቄልዓ ጓል ሓፍቱ ምዃና ካብቲ ብዋዛ ኣምሲሉ ዘቐረባ ሕቶታት ድር ተገንዚቡ'ዩ። ሓፍቱ እንታይ ክትብል'ያ ድንግርግር ኢሉዎ እንከሎ፣ ጸጋ ካብ እንዳ ጐሮቤት ተጸዊዓ መጸት። ናይ ጋሻ ሰላምታ ተለዋዊጦም ፈት-ንፈት ኮፍ በሉ።

"ንስኺ ጸጋ ጓል ፈጠነ ዲኺ!"

"እወ፡፡"

"ደቂ ፈጠነ ክንደይ ትኹኑ፧"

"ሓምሽተ አዋልድን ሓደ ወድን ኢና፡፡ እቲ ወዲ ግን ወተሃደር ኩ-ይኑ በዚ ሰሚን ምስ ከደ አይተመልሰን - ሓደ ወዲ አብ መንጐና ተወሊዱስ አብአ ተሪፉ፡፡" በለቶ፡፡ 'ሓውና ዋይቱ'የ' ኢላ ከም ዝቓበጸቶ ምስ አረ.ጋገጸ፡ ብኸመይ ከረድኣ ከም ዝኸእል ዝን በለ፡፡ ንሳ ኸኣ፡ ነቲ ዘይተመልሰ ሓዋ ዘኪራ ንብዓት ክስዕራ እናደለየ ተኹርሚያ ስቅ በለት፡፡

"እቲ ወዲ መን ይበሃል፧" ሓተተ ጌታቸው፡ ነቲ ዝነበረ ጸጥታ ብምስባር፡፡

"ጌታቸው፡፡ ዋይ ጌትነት ሓወይ ከይረአናዮ-ከይረአየና ብዘይ ስም ጠፊኡ!" ነቲ ክትዓግቶ ዘይከአለት ንብዓታ አውሓዘቶ፡፡ ጌታቸው፡ ንሓብቱ ክእብድን ነቲ ዘይእመን ዝመስል ሓቂ ከበስራ ካብቱ ኮፍ ዝበሎ ተንሲኡ፡ "በሊ. ጸጋ ሓፍተይ፡ ጌታቸው አይሞተን አሎ፥ ብህይወቱ አሎ፥ እነሀለ ድማ አብ ጎድንኺ. ኩ-ይኑ ይእብደኪ..." ምስ በላ፡ ጸጋ ንገለ ካልኢ.ት ቀዚዛ ቀወ ኢላ አተኩ-ራ ጠመተቶ፡፡ እወ ንሱ'የ - እቲ እንኮ ሓዋ ጌትነት! ዕልልታን ታሕጓስን ሰዓበ፡ ጉረባብቲ ተአኪቦም ፈንጠዝያ ኮነ፡፡ አሓቱ'ውን ከካብ ዝነበራ መጺአን አብ ዙርያ ሓወን ከበባ፡፡ አዝማድ ካብ ርሑቕን ቀረባን መጺአም ሓጉሶም ገለጹ፡፡

ጌታቸው ከየዕረፈ ሓንቲ ሕቶ ቀረበትሉ፡፡ "ካብ ኩሉ መዓት ድሒንካ አብዚ. ካብ በጻሕካ፡ ነቲ ተዓጽዮ ዘሎ ገዛ አቦና ክትከፍት ሓዳር ክንገብረልካ ኢ.ና፧" በላእ አሓቱ፡፡ ጌታቸው'ውን አይነጸጎን፡፡ እንተኾኑ፡ ካብ ኤርትራ ተበጊሱ ናብአን ክሳብ ዝበጽሐ ግዜ ዕረፍቱ ስለ ዝአኸለ፡ አብ ዳሕራይ ዕረፍቱ ክዳለዋን ጓል ሰብ ከማጽአሉን ብምሕባር፡ ናብ ኤርትራ፡ ናብ አሃዱኡ ተመልሰ፡፡

*　　*　　*

አብ 1997፡ ካብ ጐንደር፡ ካብ አሕዋቱ ዝተላእከት ደብዳበ መጸቶ፡፡ "ጌታቸው ሓወይ ከምቲ ዝበልካዮ ጓል ሰብ ረኺብናልካ አለና'ሞ ሓሳብ ልብናን ልብኻን ክሰምር ከምታ ቃል ዝአተኻልና ዕረፍቲ ወሲድካ ምጸና..." እትብል፡ መዓልቲ መርዓ ከይተረፈ ፈሊያ እትሕብር ደብዳበ ነበረት፡፡ ሓባቡ፡ ሓሳብ ደቂ አሃዱኡን አሓቱን ንኽሰምር ከይተደናገየ ዕረፍቲ ወሲዱ ዳግማይ ናብ ኢትዮጵያ ተመልሰ፡፡ አብ ጉዕዞኡ ዘሰየቶ ሓንቲ ሓሳብ፡ 'መርዓ ገይሩ ሕጸኖቱ ምስ ወድአ፡ መርዓቱ ሒዙ ናብ ኤርትራ ክመጽእ' ትብል ነበረት፡፡

ጌታቸው አጥራ ሰፈር ብዝበጽሐ፡ እቲ ንመርዓኡ ዝግበር ምሽብሻብ ደሚቑ ጸንሐ፡፡ ቅድሚ ኹሉ ኸአ ነታ አብ ልቡ ዝሓዛ ሓሳብ ንእሓቱ አካፈለን፡፡ እቲ መርዓትካ ሒዝካ ናብ ኤርትራ ናይ ምምላስ ምርጫ፡ ነታ

343

ሕጽይቲ ዝግደፍ ስለ ዝኾነ፡ ንሳ ክትንገር ተረዳድኡ። እታ ሕጽይቲ ብዙሕ ትቃወም ስለ ዘይመሰሎም ተስፋኦም ልዑል'ዩ ነይሩ። ምስ ነገሩዋ ግን ዕጭ ሓንፈፈት። ኣሓት ጌታቸው፡ ብርሃን ናይቲ ጠፊኡ ዝተረኽበ ሓወን ክርእያ ስለ ዝተመነያ፡ "ሕጂ ሰቕ ኢልና መርዓና ንግበር፣ ደሓር ቀስ ኢልና ነረድኣ፡" ኢለን ከእምናእ'ኳ እንተ ፈተና፡ ጌታቸው ግን ነቲ ሓሳብ ኣይተቐበሎን። በዚ ተስፋ ዘይቀረጾ ኣሕዋቱ፡ ብሓሳቡ ተሰማሚዐን ካልእ መርዓት ኣብ ምንዳይ እናተጓየያ ንዕረፍቲ ዝተዋህቦ ግዜ ኣኸለ።

ጌታቸው፡ ሓደ ካብቶም ግዜ ዕረፍቶም ምስ ኣእከሉ ሓንቲ መዓልቲ'ውን ከሕልፉ ዘይፈትዉ'ዩ። ምስቲ ዝነበረ ሕጽረት ግዜ፡ ንዕኡ እትኸውን፡ ከምቲ ንሱ ዝደልዮ ሓዳር ምስ ገበረት ምስኡ ናብ ኤርትራ እትመጽእ መርዓት ክይረኽበ ዕረፍቱ ስለ ዝኣኸለ፡ ኣብ ዳግማይ ዕረፍቱ ክምርያ፡ ንሰን ከኣ ክሳብ ሽው ንጠለባቱ እተማልእ ጓል ክረኽባሉ ተሰማሚዖም ዳግማይ ብቐጸራ ተሰናቢቱወን ናብ ኤርትራ ተመልሰ።

*   *   *

ኣብ ወርሒ ሚያዝያ 1998፡ "ኩሉ ወዲእና ንዓኻ ኣብ ምጽባይ ጥራይ ስለ ዘለና ቀልጢፍካ ምጻእ" እትብል ካብ ኣሓቱ እተላእከት ደብዳበ ኣብ ኢድ ጌታቸው በጽሐት። ኣሃዱኡ ድማ ምሉእ ክኸነሉ ብምምናይ ከይተደናገየት ዕረፍቲ ሃበቶ። "መጻምድተይ ድሕሪ ሕጽኖት ንኤርትራ ክትመጽእ ምኻና ነጊሮማዶ ይኾኑ..." ነቲ ዘየወላውል ሓሳብ እናደጋገመ ንሳልሳይ ግዜ ናብ ጉንደር ተበገሰ።

ስድራ ጌታቸው ከምቲ ዝተመነዮ ሕጽኖት ምስ ኣሕለፈት ንኤርትራ ክትመጽእ ፍቓደኛ ዝኾነት'ዮም ረኺቦምሉ። ንመርዓ ዘድሊ ምድላዋት ተገይሩ፡ ብባህሊ ዓዶም ቃል ኪዳን ኣሲሩ ነታ ምንዮትን ምንዮት ኣሓቱን ዝነበረት ዕለት ብድምቀት ኣሕለፉ። እቲ "ሞይቱ'ዩ" ተባሂሉ ጥሮታኡ ዝበልዐ ዝነበረ ጌታቸው፡ ዳስ መርዓ ተተኸለሉ። ኣሕዋቱ፡ ቀቢጸናኦ ዝነበራ እንኮ ሓወን ካብ መዝገብ ምዉታን ተንሲኡ ዳስ ኣበባኡ ክርእያ ብምብቅዐን ንፈጣሪ ከመስግና ዘኽእለን ቃላት'የን ስኢናሉ። ካብታ ናይ ቃል ኪዳን ዕለት ጀሚረን ክሳብ ሕጽኖቱ ዝውድእ "እዚ ጎዲሉ" ከይተባህለ ሕጽኖት ቀጸለ።

ሓደ ምሸት፡ ከባቢ ሰዓት ሸሞንተ ይኸውን፡ ማዕጾ እንዳ ጌታቸው ተኳሕኵሐ። ኣብ ሕጽኖቱ ቀንዲ ተዋሳኢት ዝነበረት ሕሳስ ልደ ሓፍቱ'ያ ማዕጾ ኣርሕያ። ክልተ ሰባት ንጌታቸው ደልዮም ከም ዝመጹ ሓበሩዋ። ተመሊሳ ንጌታቸው ጸውዓቶ። ጌታቸው ምስ መጸ፡ "ኣብ ቀበሌ ንደልየካ ኣሎና!" ብምባል ክሰዕቦም ነገሩዎ። ሓብቱ ንምንታይ ከም ዝደለዩዎ ምስ ሓተተት ቀበሌ በጺሑ ክምለሶም ምኳኑ ሓበሩዋ። ነጸላኣ ኣልዒላ ሰዓበቶም።

እቶም ክዳን ሰቪል ዝተኸድኑ ክልተ ሰባት ንጌታቸው ናብ ቀበሌ ዘይኮኑ ናብ መደበር ፖሊስ ወሰዱዎ። ከየላበዉ ድማ ብፈር አሰሩዎ። ሓፍቲ ጌታቸው ክትኣምን አይከኣለትን። ነታ ካብ ወሰን አልቦ ሓዘስ ናብ ዓሚቝ ሓዘን ዘእተወታ ህሞት ክትጸውራ ስለ ዘይከኣለት አውያት ደርጉሓቶ። "ሓደ ሓወይ'የ! ንነዊሕ ዓመታት ጠፊኡ ዝተረኸበ ድማ'የ! እንታይ ገይሩ!" እንተ በለት ሰማዒ አይረኸበትን። ካብ ሕጽኖቱ ዝተወሰደ ጌታቸው አብ ቤት ማእሰርቲ ተዳጉነ።

*   *   *

እቲ ግዜ፣ ወራር ወያነ አብ ልዕሊ ኤርትራ ዝጀመረሉ ኩነ'ኑ አብ ኢትዮጵያ ዝነብሩ ዝነበሩ ይኹኑ ብስራሕ ወይ ስድራ ቤት ንኸርእዩ ዝኸዱ ኤርትራውያን፣ "ስለይቲ ሻዕብያ!" ብዝብል ጠቓን ብጃምላ ዝእሰሩሉ ዝነበሩ ህሞት'የ ነይሩ። ዝከታተሎ ሰብ ከይህሉ ዝሰግአ ዝነበረ ጌታቸው ናብቲ አብ ከባቢ መሓጸኒኡ ዝነበረ ዱር እናኸደ ድምጺ ሓፊሽ ይከታተል ነይሩ'የ፤ "ኩነታት ከም ዘይማእምእ ተረዲኡኒ ነይሩ'የ። ክኣሰሩኒ ምኽኒዎም'ውን አይተጠራጠርኩን። ስለዚ ድማ'የ 'ሰባት ይደልዩኻ አለዉ.' ምስ ተበሃልኩ፣ ነታ አብ ከሳደይ ዝነበረት ካቴናን ናይ ቃል-ኪዳን ካትመይን አውጺአ ንመርዓተይ ዘረከብኩዋ!" በለ ጌታቸው።

ጌታቸው፣ "ሓደገኛ ሰላዩ ሻዕብያ!" ተባሂሉ በይኑ አብ ሺላ ተዳጉነ ምስ ሓደራ፣ ንጽባሒቱ ናብ ደብረታቦር ናብ ዝርከብ ቤት ማእሰርቲ ተወስደ። ካብኡ ድሕሪ ክልተ መዓልቲ፣ ናብታ ማእከል ምምሕዳር ናይቲ ክልል ዝኹነት ባሀርዳር አስጋገሩዎ'ሞ፣ "ናይ ሓደራ እሰረኛ" ተባሂሉ ተረከበ። "ናይ ሓደራ እሱር" ብዘይ ፍርያድ'ቲ ዘምጽአ አካል፣ ዝኹን ይኹን ዝፈትሓ ዘይብሉ እሱር እዩ። መግቡ ብዕማጕ ዝተጠጠቐ ዓተር፣ ሽንቲ ክደፍእ እንተ ዘይኩይኑ'ውን ጸላይ አይርእን ኩነ። እቲ ፈር፣ ሓንሳብ ምስ ተአሰረ ዝዝክር ሰአነ።

አብቲ ጌታቸው ተዳጉኑሉ ዝነበረ ቤት ማእሰርቲ፣ በብኮርናዑ ተተገፊዖም ዝመጹ ኤርትራውያንን ኤርትራዊ መበቆል ዝነበሮም ኢትዮጵያውያንን ብብዝሒ ነበሩ። ካብኡ ናብኡ ግን ናታቶም ማእሰርቲ ይሓይሽ ምኽንያቱ፣ ብሓባር ይጸወቱ፣ ይስሕቁን ይዘናግዑን፣ ካብ ስድራቤቶም ዝመጸም መግቢ'ውን ይቅበሉ ነይሮም። ንዓታቶም ምስ ረአየ ጌታቸው ምስአም ክጽንብሩዋ ተመነየ። እቶም ኤርትራውያን ንበይኑ ብፈር ተአሲሩ ምስ ረአዮዎ ብገበን ዝተአሰረ ኢትዮጵያዊ እዩ መሲሉዎም።

ድሕሪ ወርሒ፣ ሓደ ካብ'ቶም ሓለውቲ ነቲ ማዕጾ እናኸፈተ፣ ዘይከም ቀደሙ፣ "አንተ ሻዕብያ... ካንተጋ አደለሁም ወይ.... 'አንተ ሻዕብያ'"

345

(አንታ ሻዕብያ፡ ንዓኻ እንድየ) ክብል ተዳህዮ። ጌታቸው አይመለሰሉን። ካብታ ድቃስ ዘይብሉ ጎሮ ኩይኑ ምስ ቀኒጪ ዝቃለሰላ ቦታ ተንሲኡ፡ ዝወርዶ ግፍኢ ክጸወር ድሉው ኩነ። ወዮ ወተሃደር፡ "አለኻ'ዶ!" ደጊሙ ሓተቶ፡ ነቲ ብልኬቶ ተዓጽዩ ዝነበረ ማዕጾ እናርሓወ።

"ንማዕጾ ብልኬቶ ንዓይ ብሬር አሲርኩምኒ ከለኹም ናበይ ክይከይድ ፈሪህካ!" መለሰ ጌታቸው።

"ሻዕብያ አይትፍለጡን ኢኹም፣ ወላ ከም ገለ ጌርኩም ትጠፍኡ" በለ 'ቲ ወተሃደር። እናደፍአ ናብቲ ክምርምር ዝጸበየ ዝነበረ ሓላፊ አብጸሖ።

"ንስኻ እንታይ ኢኻ፧" ሓተተ እቲ ሓላፊ።

ጌታቸው ብዘይ ነግ-ፈረግ ተጋዳላይ ኤርትራ ምኻኑን ንመርዓ ኢሉ ብዕረፍቲ ካብ ኤርትራ ከም ዝመጸን ሓበሮ።

"ንስኻ ሰላዮ ኢኻ...፣ ዝሰራሕካዮ ስለያዊ ንጥፈታት...ብጾትካ... ሓብር ወይ ..." አንጠጠሎ።

ጌታቸው፡ ንኤርትራውነት ብሕርያኡ ከም ዝእተዎን ንስለያዊ ንጥፈታት ዘይኩነን ድማ ክምርያ ኢሉ ከም ዝመጸን ደጊሙ ገለጸሉ። መርማሪ፡ ብዙሕ ዝተሓብአ ምስጢር ክህሉ ይኽእል'ዩ ብዝብል ጥርጠራ ዝተፈላለየ መስቀላዊ ሕቶታት'ኪ እንተ ሓተተ፡ ካብ ጌታቸው ዝረኸቦ መልሲ ግን ሓደ'ዩ - "አነ ተጋዳላይ ኤርትራ'የ፣ ከምርያ ድማ'የ መጺአ!"

መርማሪ ቀቢጹ፡ "ደሓን ክንርኢአ ኢና፣ ሕሰም ምስ ረአኻ ክትለፋለፍ ኢኻ!" ኢሉ፡ ነቲ አብ ሓለዋ ዝነበረ ወተሃደር ጸዊዑ ናብ ሸላኡ ክመልሶ ሓበሮ።

ሓደ መዓልቲ ጌታቸው ዘይተጸበዮ ራህዋ ተፈጢሩሉ ሓደረ። ካብታ በይኑ ዝነበራ ሸላ አው-ጺኦም ናብቶም ከም'ኡ "ሰለይቲ ሻዕብያ" ተባሂሎም ዝተአስሩ ኤርትራውያንን ኤርትራዊ መበቆል ዝነበሮም ኢትዮጵያውያንን ጸንበሩዎ። ነታ ፈር'ውን ፈትሓሉሉ።

አብ ፈለማ እቶም እሱራት "ናይ ገበን እሱር ስለምንታይ ናባና ይሕወስ፣... ፍለዩዎ!" ኢሎም ተቓወሙ። በቲ ሓደ'ውን ክስልዮም ዝሓወሱዎ ስለ ዝመሰሎም ምስአም ምጽንባሩ አይተዋሕጠሎምን። ጌታቸው፡ ኩነታቶም ስለ ዝተረድአን ከም ቁቡል ስለ ዝወሰዶን አይተቘየመሎምን። ነንዝቐረቦም ታሪኹ'ኪ እንተ ነገረ ምሉእ-ብምሉእ አሚኑ ዝቐርቦ አይረኸበን።

ኩሎም አብ ባሕርዳርን ፍቸን ተአሲሮም ዝነበሩ ናብ ብላቴ ክግዕዙ ስለ ዝተወሰነ፡ አብኡ ተአኻኸቡ። እቶም እሱራት፡ ምትሕልላይን ምድንጋጽን ዘይፍለዮም'ኪ እንተ ነበሩ፡ ምስቲ ዝነበረ ኩነታት ናይ ምጥርጣር መንፈስ ግን ነይሩ'የ። ጌታቸው ሓደ ካብቶም ዝጥርጠሩ እዩ ነይሩ። ብዘይካ'ቲ ንሱ

ዘዘንቱዎ፡ ብቑረባ ዝፈልጦ ሰብ ስለ ዘይነበረ ኸአ ነቲ ጥርጣረ ኣጋደዶ፡፡ ምስ ግዜ እያ ቤት ማእሰርቲ ብላቴ ንጌታቸው ጽቡቕ ዝፈለጠቶ፡፡

ተጋዳላይ ኤርምያስ መብራህቱ ሓደ ካብቶም "ሰለይቲ" ተባሂሎም ኣብ ፍጄ ተኣሲሮም ዝነበሩ'ሞ ናብ ብላቴ ዝገዓዙ እሱራት'ዮ፡፡ ጌታቸው ምስኡ ከዕልል ዕድል ረኸበ፡፡ ኣብ ግዜ ብረታዊ ቃልሲ ኣባል ክፍለ-ሰራዊት 85 ዝነበረ ተጋዳላይ ኤርምያስ፡ ስድራ ክርኢ ናብ ኢትዮጵያ ምስ ከደ'ዩ 'ሰላዪ' ተባሂሉ ተታሒዙ፡፡ ጌታቸውን ኤርምያስን ዝነበሩዎ ኣሃዱ ምስ ተነጋገሩ ዘይፋለጡ ግን ከአ ደቂ ሓንቲ ኣሃዱ ምንባሮም ኣረጋገጹ፡፡

ሓደ መዓልቲ ንጌታቸው ሰብኣይ ሓፍቱ ናብቲ ቤት ማእሰርቲ በጽሑኻ፡ ጌታቸው፡ ብዛዕባ ስድራ-ቤቱን ብቑንዱ ኸአ ብዛዕባ'ታ ኣብ ሕጻኖት ዝገደፉ መርዓቱን ኣጥቢቖ ሓተቶ፡ "ሰይቲ ሻዕብያ፡ ሰይቲ ሰላዪ፡ ሰይቲ ከዳዕ!" ኢሎም ከም ዘኸላበቱዎ ምስ ኣዘንተወሉ፡ ነቲ ኩነታት ብዝግዕጸ ዝተረድኣ ጌታቸው፡ ምስ መርዓቱ ደጊሙ ክራኸብ ዝነበር ዕድል ጸቢብ ምኳኑ ተገንዘበ፡፡ ብሰንኩ እናተኸላበተት ክትነብር'ውን ኣይመረጸን፡ ስለዚ፡ ንሰብኣይ ሓፍቱ፡ ነታ መርዓት ናብ ስድራኣ ክትምለስን ፍትሕ ክፍጸምን ሓበረ፡፡ ሕጻናቱ ዘይወድአት መርዓት፡ ብኡ-ንብኡ ምስ ጌታቸው ተፈላለየት፡፡

ጌታቸው ዝርከቦም "ሓደገኛታት" ተባሂሎም ፍሉይ ሓለዋን ኣተሓሕዛን ዝተገብረሎም ልዕሊ 80 እሱራት፡ ምስቶም ቡብእዋኑ ዝልቀቑ ዝነበሩ ኣይተለቑን፡ ምስቶም ዝሰጉጉ ዝነበሩ'ውን ኣይተሰጉን፡፡ ኣተሓሕዛእም'ውን ፍልይ ዝበለን ተሪርን ነበረ፡ ፍቕሪን ሓልዮትን ስለ ዝነበሮም ግን፡ ንኹሉ ኣደራዕ ተጻዊሮም ክሳብ'ታ ናይ መወዳእታ ሰዓት ተጸበዩ፡፡

*   *   *

ኣብ 2002፡ እቶም ንኣርባዕተ ዓመትን መንፈቕን ኣብ ደዴሳ ዝተዳጎኑ እሱራት ወጹ፡፡ በዓል ጌታቸው ብመንገዲ ቀይሕ መስቀል ክምለሱ ምኳኖም ተነግሮም፡፡ "ንስኻ ኢትዮጵያዊ ስለ ዝኹንካ ኣብዚ'ውን ክትተርፍ ትኽእል ኢኻ፡ ዝደለኻዮ ክንገብረልካ ንኽእል ኢና፡" በሉዎ ንጌታቸው፡፡

"ኣነ ኤርትራዊ ተጋዳላይ እየ፡ ናብታ ዝተጋደልኩላ ሃገረይ'የ ዝምለስ፡" ብምባል ኣቕበጸ፡፡

ንጌታቸውን ብጾቱን ዝሓዛ ኣውቶቡሳት ካብ ደዴሳ ተበጊሰን የማን ጸጋም ከይበላ ተሓምበባ፡፡ ካብ ኣውቶቡስ ምውራድን ምስ ሰባት ሰላምታ ምልውዋጥን ክልኩል'ኳ እንተ ነበረ፡ ንንደር ምስ በጽሑ ዘይሕለፍ ኩነታት ከም ዝነበሮም በዓል ጌታቸው ይፈልጡ ነበሩ፡፡ ነቲ ጠሓሒሶም ዝሓለፉ ቅርጺ መሬት ኣይተገደሱሉን፡ ኣእምሮኣም መኣስ ጎንደር ንበጽሕ ብዝብል

ሓሳብ ተባሕተ።። ኤርምያስ፣ ርእሶምን ወዲ ዕንቋይን ነቶም ዝመርሑዎም ዝነበሩ አባላት ቀይሕ መስቀል ከሎ ጌና'ዮም ክመሳሰሉዎም ዝጀመሩ።። ስለዚ፣ ጉንደር ብዘበጽሑ እቶም አቛዲሙ መልእኽቲ ዝተሰደሎም ስድራ ጌታቸው አብ ጉደና እንተ ጸኒሖም ጌታቸው ክሰናቦቶም ከፍቅዱሉ ሓተቱዎም።።

እሱራት ጸኒና ዝነበረት አውተቡስ ጉንደር ምስ በጽሐት፣ ጌታቸው ካብ ስድራ ቤቱ መን ከም ዝጸንሖ አብ ምቍማት አተወ።። ብመስኮት ምስ ጠመተ ድማ ንጓል ጸጋ ሓፍቱ አብ መንጉ'ቲ ዝጸበ ዝነበረ እኩብ ሰብ አማዕድዩ ረአያ።። ጌታቸው ወሪዱ ሓቁፉ ሰዓማ።። እቲ ዕቱብ ዝመስል ዝነበረ ጌታቸው አይከአለን፣ ማዕረ ጓል ሓፍቱ ንብዓት አውሓዘ።።

ጓል ጸጋ፣ አኮአ ምስአ ንገዛ ዝኸይድን ንሓዋሩ ምስአም ዝኸውን'ዩ መሲሉዋ ነይሩ።። አውተቡስ ጥያምባ ነፊሑ አባላት ቀይሕ መስቀል ንጌታቸው ምስ ተዳየዩዎ፣ ክትጸውር ዘይከአለት ስንባደ ኩይኑዋ ተዓነደት።። "ናበይ'የ ዝኸይድ፣ ምሳና'የ ዝኸውን - አይትኸይድን ኢኻ...." እናበለት በዓል አደሳ አብ ገዛ ይጽበያ ከም ዝነበራ እናንገረቱ ሓኒቃ ሒዛ ምልቃቕ አበየቶ።። ዘይከአል የለን፣ ምስ ዝርንዛሕ ንብዓታ ገዲፋዋ ተበገሰ።።

አሃዱኡ፣ ክፍለ-ሰራዊት 47 ከባቢ ከረን፣ አብ ጁፋ'ያ ጸኒሓቶ።። እታ አሃዱ ነቲ ንአርባዕተ ዓመትን መንፈቕን ዝተፈልያ አባላ ብውዕውዕ መንፈስ ተቐበለቶ።። ከይደንጎየት፣ ዘሕለፈ መከራ ብዝድብስ አገባብ ምዕሩግ መርዓ ገይራ እግሪ አትከለቶ።።

21

ዑፈይ

አማኑቱላህ ዓብዱራሕማን
ዮሴፍ አስመላሽ

ብርሃነ ካሕሳይ፡ አብ መንጉ'ቶም አብቲ አኼባ ዝተሳተፉ መራሕቲ ጋንታታት ኑሱ ጥራይ አባል ሃገራዊ አገልግሎት ብምንባሩ ብዙሕ አይተሰከፈን። ወዲ 27 ዓመት'ኳ እንተ ነበረ፡ ከምቶም ካልአት መራሕቲ ጋንታታት አብ ብዙሕ ውግአት ብምስታፍ ዘጥረዮ ህጡር ተመኩሮ አይነበሮን። እንተኾነ፡ ጋንታ መሪሓካ አብ ዝተፈላለየ ንጥፈታት ምስታፍሲ ለሚዱዎ'ዩ። ብዓቢኡ፡ ውግእ ናይ መጀመርታ ተመኩሮኡ አይነበረን። እዚ ሕጂ ዝአትዎ ውግእ ዝተፈልየ ዝገብሮ፡ ጋንታ መሪሑ ዝአትዎ ምኻኑ እዩ። እንተስ በቲ አጥርዮም ዝነበረ ተመኩሮ እንተስ አባላቱ አብ ልዕሊኡ ብዝነበሮም እምነት ተተባቢዑ፡ ብዙሕ ዘሻግር ፍርሒ አይሓደሮን። ካብ ቀደሙ ንባእስን ውግእን ፈሪሑ አይፈልጥን እዩ።

"እዚ ኩነታት ከምዚ ክንዕዘቦ ዝቐነና እዩ ዘሎ፡" ኢሉ መራሒ ቦጦሎኒኦም፡ ሰብአይ ጋማ፡ መደረ ጀመረ። "እቲ ውግእ ድሮ ጀሚሩስ ንሕና እጃምና እነበርክተሉ ግዜ መጺኡ'ሎ። ስለዚ፡ ዝኹነ ሰብ አብ ተጠንቀቕ ክጸንሕ ድሉው ክኸውን ይግባእ፡" በሎም።

እቲ መግለጺ ንጹር ብምንባሩ፡ እቶም መራሕቲ ጋንታታት ከም ወትሩ ድሉዋት ምንባሮም አረጋገጹ። ብዛዕባ'ቲ ኩነታት ስፍሕ ዝበለ ክትዕን ብዛዕባ አብቲ አሃዱታት ክግበር ዝነበሮ ምትዕርራይን መአረምታን ተዘራሪዮም አኼባኦም ብዝኸረ ሰዓእታት ዛዘሙ። በዚ ኸአ ብርሃነ፡ መራሒ ጋንታ ካብ ዝኸውን ዓመት ከይመልአ፡ ንመጀመርታ ግዜ ጋንታ መሪሑ ናብ ውግእ ክአቱ ተዳለወ።

እቲ ገዲም ተጋዳላይ ነቲ ዎርሳይ ሃገራዊ ኣገልግሎት ብሓያል ቃልሲን መስዋእትን ዘጥረዮ ባህሊ ህዝባዊ ሰራዊት ከውርሶ፡ እቲ ብዝሒ ዝነበሮ ዎርሳይ ከኣ ናይ ውግእ ተመኩሮ ኣጥርዩ ኣብ ጉኒ ኣያታቱ ደው ኢሉ ንዝመጽእ ወራር እናተወራረስካ ምሕላፍ ከንጸባርቒ ድሉዋት ነበሩ።

* * *

ብርሃን ካእሳይ፡ 18 ሰነ 1999፡ ድሕሪ ሰለስተ ወርሒ ምዝዛም ካልኣይ ወራር፡ ኣብ ጸሊም ርእሱ ዝበሃል ምስ ሸላሎ ዘተኣሳሰር ቦታ'ዩ ሓላፍነት መራሒ ጋንታ ተዋሂቡ። ብርሃን ናብ እንዳ ሓይሊ ምስ ተጸውዐ፡ ሓድሽ ነገር ኣሎ ኢሉ ስለ ዘይሓሰበ፡ ከም ቀደሙ ተዛንዩ እዩ ከይዱ። እንተኾነ፡ እቲ ኣብኡ ዝጸንሖ ጉዳይ ካብቲ ዝሓሰቦ ዝተፈልየን ዘይቅበሎን ደኣ ኮነ።

"ዑፈይ፡ ነዛ ሳልሰይቲ ጋንታ ክትሕዛ ኢኻ" በሎ መራሒ ሓይሉ ድራር።

"ኣነ! ኣነ፡ መራሒ ጋንታ ክኸውን ኣይክእልን'የ፡" መለሰ ዑፈይ በቲ ሃንደበትነት ተገሪሙ።

"እሂ እንታይ ኬንካ" ሓወሲ ልዝብ ኢሉ ሓተቶ ድራር።

"ስምዓኒ ድራር፡ ንሕና ኣብ ካልእ ህይወት ዝጸናሕና ሰባት ከመይ ጌርና ክንመርሕ ንኽእል። ኣነ ተዋጊአ እምበር መራሕ ኣይክእልን'የ። እዚ ትብሎ ዘለኻ ሎሚ ክኸውን ኣይክእል ጽባሕ" በሎ'ሞ ኣዕሚቚ ድሕሪ ምስትንፋሱ፡ "ካልኣይ ነገር ከኣ እዚ ውግእ'ዚ ውራ'የ፡ ሕጂ ድማ ኣነ ከዋጋእ'ምበር ጋንታ ክመርሕ ...።"

"ወተሃደር ምጃንካ ኣይትረስዕ። ደሊኻ ትኸውን፡ ኣይደለኻን ኣይትኸውን ዝበሃል የለን። ሓለፍትና ኸኣ መን ከመርሕ ይኽእል፡ መን ከመርሕ ኣይክእልን ይፈልጡ እዮም። ስለዚ፡ ሕጂ ተወሲኑ ስለ ዘሎ ካብ ሎሚ ጀሚርካ ናይ ሳልሰይቲ ጋንታ መራሒ ጋንታ ኢኻ" ከረድአ ፈተነ።

"ኣነ ኸኣ ክኸውን ኣይክእልን'የ ኢለካ ኣለኹ፡" ገዲፉዎ ከደ።

ዑፈይ፡ ስለምንታይ መራሒ ጋንታ ክኸውን ከም ዘይደሊ ንባዕሉ ንጹር መልሲ ክህብ ዝኽእል ሰብ ኣይነበረን። እንታይ ዓይነት ምኽንያት ከም ዘወሃብ'ውን ኣይሓሰበሉን። ምናልባት ሃንደበት ኩይኑ ከይበሃል ጸጸኒሑም ከውክሱዎን ከእምኑዎን እንኽለዉ ሕራይ ምበለ ነይሩ። እንተኾነ ንሱ፡ ክሳዕ'ቲ ን17 መዓልቲታት ተቓጺዑ ተማጊዱን ተገዲዱን ነቲ ሓላፍነት ክቕበል ዘእሙም ዝኹን ብቝዕ ምኽንያት ኣየቕረበን። ፈሪሑ ከይበሃል ንመራሕ ጋንታ ዘጠምት ሓያል ተዋጋኢ እዩ ነይሩ። እታ ከም ድሌቱ ዝገብራ፡ ከም ሀርመት ሙዚቃ ድምጻ ክሰምዕ እንኽለ ዝብርሎ ብሬት ኣቚሚጡ፡ ኣዛዚ ኩይኑ በዚ ኹን፡ በቲ ቚረጽ፡ በዚ ተኩብ ምባል

350

አይተብርሆን ድዮ ወይስ እቲ ከም ድሌቱ ዝኹነሉ ተራ ናብራ ተሪፉ፡ ብመምርሒታት ሓለፍቲን ሓላፍነትን ክቕየድ ዘኽእል ሓድሽ ህይወት ክጸውር ከም ዘይክእል ፈሊጡ አፍሪሑዎ ንባዕሉ መልሲ ሰአነሉ።

ካብ ዝውለድ ፈሪሑ አይፈልጥን። ብዛዕባ ፍርሕን ዑፈይን ሓቲትካዮም ደቂ አሃዱኡ፡ "ንዑፈይ ደአ እቲ ፍርሒ'ዩ ዝፈርሖ'ምበር!" እናበሉ ምስሓቑ። ብዙሕ እዋን ርእዮም እዮም። ብዙሕ እዋን አብ ውግእ እትዩስ ብዘይካ መውጋእትን ማህሰይትን ካልእ ፍርሒ አብ ውሽጡ ክፈጥር ዝኽእል አይነብረን። ብጾቱ ጽቡቕ ገይሮም ዝምስክሩዎ ውግእ አለዎም። አብኡ'ውን ብሬኑ ተኺሎ ምስ ሞት ተፋጢጡ እዮ። አብ ሓደ ውግእ፡ ንሓደ ካብቶም ንእሰመራ ጠሊሞማ ከይዶም ዝበሎም መተዓብይቱ ኢትዮጵያውያን ብአካል ሓዙ፡ "ንምንታይ ዝበላዕካላ እሰመራ ከዴዕካያ?" ኢሉ ከናዘዙ ብዙሕ ከም ዝፈተነ ይገልጹዎም።

*   *   *

መወዳእታ ሰማንያታት፡ አሰመራ ብናይ ጉጅለታት ባእሲ ትልለየሉ ዝነበረ እዋን እዮ ነይሩ። ኩለን ገዛውቲ ገጉጅለ አቑሞን መን ከማና እናበላ ዝህድዳ፡ መንእሰያት መታን ከይድፈሩ ብሓንሳብ ሓቢሮም ዝኸዱሉ፡ ፌት-ንፌት ተጋጢሞም ሓይሎም ዘፍልጡሉ አብ ዝነበሩሉ እዋን፡ ብርሃን (ዑፈይ) ምስ ገዛውቱ ሓዝሓዝ ኩይኑ፡ ትእዛዝ ወላዴኡ ደፊሩ፡ መን ከማይ ወይ ከማና እናበለ አብ ብዙሕ ባእሲ ተሳቲፉ እዮ። አቦኡ ሻምበል ካሕሳይ ፖሊስ እዩ ነይሩ። 1973 አብ ሓዝሓዝ አሰመራ ተወሊዱ፡ አብ አብያተ ትምህርቲ ዓወት፡ አግአዝያን፡ ጀግኖች፡ ባርካ ኸአ ተማሂሩ። ዑፈይ ወዲ 13 ዓመት ምስ ኮነ፡ አቦኡ አብ ናይ ፖሊስ ጋራጅ አእትዩ መካኒክ አምሃሮ። ከም መዛኑኡ ደቂ ፖሊስ'ውን ኩዕሶ እግሪ ይፈቱ'ኳ እንተ ነበረ፡ ደሓር ግን ምስቶም ባእሲ ዝፈተዉ፡ ብጉጅለ ኩይኖም ዝዞሩ ተሓዊሱ ንዘረባ ወለዱ ዕሽሽ በሎ። ስሙ ገዲፍም፡ "ዑፈይ ጀግና!" እናበሉ ብዘጽውዑዎን ዝንእዱዎን መሳቱኡ ተደፋፊኡ አብ ፈቓዶ መንገዲ ተባእሱ።

ልዕሊ ስሙ ብዑፍ (ዝያዳ ኸአ ዑፈይ) እዮ ዝፍለጥ። ቡቲ ክቴር ዋዒኡን ድፍረቱን ወዲ ሸውዓተ ዓመት እንከሎ ብዝፈጸሞ እያ እዛ ሳጓ ወጺአቶ። ሓደ እዋን፡ ናብ ዓዲ'ስዬል ዝኸዳ አእዱግ ደው አቢሉ፡ ንሓንቲ ብትሕቲኣ አትዩ ክጠብዋ ብዝፈተነ፡ እታ አድጊ ገጹ ረጊሓቶ ሓለፈት። ነዚ ዝረአየ ጊደላ ገረዝጊሄር ዝበሃል መስታ አቦኡ፡ "እታ እዚ ቄልዓ እንታይ እዮ! ዑፍ!" ምስ በሎ ብኡ አቢላ ጠቢቓቶ።

እተን ጉጅለታት ባእሲ ብዙሓት እዮን ነይረን። በዓል ዑፈይ ምስ ቃኘው፡ ተፈናቐል፡ ማይተመናይ፡ አባሻውል፡ ቲ.ጂ.(T.G) ዝበሃላ ጉጅለታት

351

ቡብእዋኑ ተባኢሶም። መን ይደፍረና ድማ ኢሎም። ጸኒሑ እቲ ናይ ጉጅለታት ባእሲ ፖለቲካዊ መልክዕ እናሓዘ ምስ ከደ፡ ወላ'ኳ ዑፈይ ብዛዕባ ፖለቲካ እንዶ እንተ ዘይነበሮ፡ ሓደ እዋን ተኣሰረ። ቃኘው ዝበሃሉ ጉጅለ ዳርጋ ኩላቶም ደቂ ጦር-ሰራዊት ብምንባሮም፡ ምስ ናይ በዓል ዑፈይ ጉጅለታት ክበኣሱ እንከለዉ ሓገዝ ወተሃደራት ይረኽቡ ነይሮም። ኣብ ሓደ ባእሲ ምስ ተኣስሩ በዓል ዑፈይ፡ "ንስኻትኩም ኤርትራውያን ንሳቶም ኢትዮጵያውያን ስለ ዝኾኑ'ዩ እቲ ባእሲ መጺኡ፡" ተባሂሎም ተኸሲሶም፡ ተኣሲሮም፡ ብዋሕስ ተፈቲሖም። እቲ ናይ ሽዑ ባእሲታት ዳርጋ ናይ ሞት ምፍጣጥ ዘጋጥመሉ ዝነበረ'ዩ።

ወላ'ኳ ነቲ ባእሲ ዝረኸበሉ ፋይዳ እንተ ዘይነበረ፡ እቶም ቀደም ኣብ ኣስመራ ኩይናም ዝበኣሱዎ ዝነበሩ ጉጅለታት ቲ.ጂ.ን ካልኦትን ኣብቲ ወራር ኣንጻሩ ዓጢቖም ክወሩዎን ፊት-ንፊት ክገጥሙዎን ምምጻኦም፡ ስምዒትካ ክትቈጻጸር ዘየኽእል ነድሪን ዘይዕብለል ኒሕን ፈጠረሉ። ዑፈይ፡ ኣብቲ ቅድሚ ናብ ቀዳማይ ዙርያ ሃገራዊ ኣገልግሎት ናብ ሳዋ ምኻዱ ዝሰርሓሉ ዝነበረ እንዳ ኮርያን ናቕፋ ሃውስን፡ ከምኡ'ውን ካብ ኣገልግሎት ምስ ተመልሰ ኣብ ናይ ህንጻ ትካላት ካርፔንተር ኩይኑ እናሰርሐ እንከሎን'ዩ እቲ ናይ ክተት እዋን ኣርኪቡ። ክኣምኖ ብዘሸግር፡ እቶም ኣስመራ ዘዕበየቶም ኣንጻር ኣስመራ፡ ወያነ ኸኣ ኣንጻር ዘዕበዮ ህዝባዊ ግንባር ክዋግኡ'ዮም ተዳልዮም።

ዑፈይ፡ ኣብ ሚያዝያ 1998 ንልምዓት ምስ ወፈረ፡ ውግእ ተጀሚሩ ቀዳማይ ወራር ተወዲኡስ ክሳዕ ግንቦት 1999፡ ካልኣይ ወራር ኣብ ምዝዛሙ ዝኾነ ሕነኡ ዝፈድየሉ ኩነ ሓይሉ ዘርእየሉ ኩነታት ኣየጋጠሞን። ንማእቶት ምስ ወፈሩ፡ መጀመርታ ኣብ ናቕፋ ማእቶታዊ ስራሕ ብምክያድ ኣእማን ኣኪቦም ናብ ሓልሓል ተቐየሩ። ኣብኡ እንከለዉ ናይ ጀሃድ ምንቅስቓስ ስለ ዝተራእየን ዝተፈላለየ ጸይቂ ስለ ዘጋጠመን፡ ህላውነቱ ንምርግጋጽን ነቲ ሸበራ ንምጽራግን ክሳብ ከባቢ መንሱራ ሰፊሕ ተፍትሽ ኣካየዱ።

ኣብ ግንቦት 1998፡ ካብ ናቕፋ ማርቸድስ ተጻዒኖም ተበገሱ። ወራር ወያነ ስለ ዝጀመረ፡ ኩላቶም ዋርሳዮም - ይከኣሎኦም፡ ሓለፍቶም ተራኦም፡ "እምበኣር ወያነስ እዚ ፈድዮምና!" ብምባል ሕርቃኖም ገለጹ። ቀልጢፎም ናብ ግንባራት ክኣትዉ ኸኣ ተሃወኹ። ዑፈይ ኣብታ ዝተሰቐላ ማርቸድስ ኩይኑ ኣማዕድዩ ብሓሳብ ተዋሕጠ። ደጊም እቶም ኣእማን ሒዞም ዝበኣሱዎ ዝነበሩ፡ ብረት ሒዞም እነህለና ሰብኡት ኢና ክብሉዎ ተራእዩ።

ከምዚ ኢሉ እናሓሰበ፡ ሃንደበት ድምጺ ተምላስ ሰሚዐ። ብርቱዕ ጸሓይ ስለ ዝነበረ፡ ሕጽረት ምስትንፋስ ገይሩላ፡ ሳባ እትበሃል ጓል ኣሃዱኦም እያ

ትሰሓግ ነይራ፡፡ ምስ ሳባ ብዙሕ ቅርበት አይነበሮን፣ እንተኾነ ይጥምታስ ነይሩ እዩ፡፡ አብ ሓደ ሓይሊ ኮይኖም ካብ ተራ ሰላምታ ደቂ አሃዱ ዝሓልፍ ርክብ ከምስርት ግን ዕድል አይረኸቦን፡፡ ተምላሳ ዝፈንፈኑ ገለ ብጾታ ክርሕቁ ዝርአየ ዑፈይ፡ ናብአ ቀሪቡ፡ ነቲ ተምላስ አብ ኢዱ እናተቐበለ ካብቲ መኪና ንደገ ገጨቦ፡፡ ንሳባ ደጊፉ ብማይ ሓጺቡ አረጋገአ፡፡ ንሳባ አብ ከባቢ ቃምጨዋ አብ ትርከብ ሕክምና አውሪዶማ መንገዶም ብምቕጻል ሓስመት (ማርሳ ተኽላይ) በጽሑ፡፡

ካብ ሓስመት ክፍለ-ሰራዊት ምልእቲ አብ መርከብ ተሳፊርም፡ ድሕሪ 24 ሰዓት ባጽዕ አተዉ፡፡ ካብኡ ዳግማይ ብማርቾድስ ናብ ጸርና አምሪሑ፡፡ ብኸምዚ እዩ ድማ እታ አሃዱ አብ ዝኹነ ውግእ ከይተሳተፈት ቀዳማይ ወራር ዘብቀO፡፡

አብ 1999 አብ ካልአይ ወራር፡ እቲ ውግእ ብዝሓየለ መልክዑ መጸ፡፡ ዑፈይ ንምውርራስ አብ ውግእ'ዩ ተቐቢሉዎ ዘበል አጋጣሚ ድማ ተፈጥረሉ፡፡ አብ ቅድመ-ግንባር ተረኺቡ፡ "ናትና አይንሁብን ዘይናትና አይንደልን!" ምስ ዝበሉ ብጾቱ መራሕቱን ብልUል ወነ ሕድሪ ስዉአት ከተግብር ተበገሰ፡፡

23 ለካቲት 1999 እታ አሃዱ ዴዳ ታሕታይ አተወት፡፡ ነፈርቲ ከዕገርገራ፣ ደቀንስትዮ ሓካይም ላዕልን ታሕትን እናበላ ዉጉአት ክአልያን ነቲ ክሻፉ ክገብር ዝኸእል ክርሕቃ ክንየያን ጸንሓአም፡፡ ኮር 381 አብቲ ውግእ ክዋደቐ ጸንሕዎም፡፡ እቲ ውግእ፡ ብዝሓየለ መልክዕ ስለ ዝቐጸለ፡ ነቲ ስብእነቱ ክርአ፡ ዝተሃወኸ ዑፈይ አኺሉ ዝተርፈ፡ እዩ ነይሩ፡፡ አብ ዴዳ ተደራቢት አሃዱ ኮይኖም ጸኒሓም ተቐይርም ምስ አተዉ፡ ብአርፒጂን ካልእ ከበድቲ አጽዋርን ከቢድ መጥቃዕቲ ተቐበሎም፡፡ አብዛ መጀመርታ ናብ ውግእ ዝአተዉሉ መዓልቲ ገለ ካብ ብጾቶም ብአርፒጂ ተሰውኡ፡፡ ኩሉ አብ መጀመርታ ተመኩሮ ውግእ ዝፍጠር ነውጺ ድማ አጋጠሞም፡፡ ነቲ ቦታ ሓደስቲ ብምንባሮም፡ ርኡይ አንፈት ናይ ምልላይ ጸገም ገጢምዎም፡ ኩሉ ነገር አስንባዲ ኮኖም፡፡ አብ ከምዚ ዘበለ ህሞት፡ ዑፈይ ሓደ ካብ ቀደም ዝአምነሉ፡ ትብዓት ዝፈጥረሉ ሓሳብ ቅጅል በሎ፡ "ንፍርሒ ዓቢጥካ ኢኻ ትብዓት ተምጽእ!" ብምባል ፍርሁ ዓበጠ፡፡ ተወሳኺ ትብዓት ዝሀብ ሓሳብ'ውን መጸ፡፡ እቶም ትግሊ መባእስቲ ዝነበሩ፡ ሃገሩ ክወሩ አንጻሩ ዓጢቖም ይጸበዩዋ ነይርም፣ ስለዚ፡ ክስዓር ከም ዘይብሉ ንንፍሱ አእመና፡፡ ነዲሩ፡ እቲ አብ መጀመርታ ተመኩሮ ውግእ ዝርአ ፍርሒ ብቕጽበት ተቐንጢጡሉ፡ ነቲ "አርሒቑካ ጥራይ ተኩስ" ዝበል ዝነበረ መራሒ ጋንታኡ 'ፌቶ' እናስምO ብሬኑ አጣጢሑ ክትኩስ ጀመረ፡፡

27 ለካቲት 1999፣ ጸሊም ርእሱ ኣብ ዝተባህለ ቦታ ኣብ ዴዳ ላዕላይ እዩ፡፡ ምሉእ መዓልቲ ኣዘዩ ብርቱዕ ውግእ ውዒሉ፡ ሰርዓት ወያነ ብሰብኣዊ ማዕበል ነቲ ውግእ ዓብሊሉ ብግንባር መረብ-ሰቲት ክፍንጥስ ኣሎ ዝበሎ ዓቕሙ ጠሪነፉ ዳግማይ መጥቃዕቲ ከፈተ፡፡ ምሽት፣ በቲ መራሕ ብርጌድ ወዲ ዓሊ (ደርጊ) ዝነበር እንዳ እዚን ቀጥጽርን ንምብታኽ ወያነ ጸዉቅ ደብዳብ ኣካየደ፡፡ በዚ ድማ ብርቱዕ ምርብራብ፡ ሕንቀ-ብሕንቀ ዝተራእየሉ ውግእ ሰዓበ፡፡

ኣብ መንጐ ከምዚ ዝበለ ውግእ፡ ሓደ ሬድዮ ዝሓዘ ናይ ጸላኢ ሓላፊ ዑፉይ መራሒ ሓይሊ ወይ ቦጦሎኒ ኢሉ ዝገመቶ፡ ቀሪቡ ረኣዮ፡፡ መሬት ጸልማት'ዩ፡፡ "ልኡል፣ ከይደ ክግብግቦ'የ ተኸታተለኒ፣" በሎ ንመራሒ መስርዑ፡፡

"ተጸሊልካ ዲኻ፣ ርግቢት ጌርካዮስ ክትግብግቦ፡፡ እንተኽኢልካ በሎ ብጥይት መንጥሎ፣" መለሰሉ ልኡል፡፡ ኣይሰምዖን፡፡ ብኢዱ ሓዙ ከምጽአ ነጢሩ ናብኡ ከደ፡፡ ኩነታቱ ዝተዓዘበ ልኡል ከአ ሰዓቦ፡፡ እቲ ወተሃደር ነዚ ምስ ረኣየ ገጹ ገልቢጡ ክሃድም ክብል ነጢሩ ብሕቘ ሓዞ፡፡ እቲ ወተሃደር ስንባደ ኣትዮዎ ንዑፉይ ፈንጺጉ፣ ሳንጣኡ ራሕሪሑ ሃደመ፡፡ ካብታ ኣብ ኢዱ ዝተረፈት ሳንጣ ድማ ሓንቲ ወተሃደራዊት መደቀሲ-መንጸፍ (ስሊፒንግ-ባግ) ሰለበ፡፡ ኣብታ ሳንጣ ብሽኮቲን ንያላ ዝዓይነቱ ሽጋራን ረኺቡ፡ ነቲ ሽጋራ ተማቒሎም፣ ነታ ስሊፒንግ-ባግ ግን መራሒ መስርዑ፣ "ንዑፉይ መዘከርታ ትወሃዮ፣" ስለ ዝበለ፡ ፍልይቲ መዘከርታ ናይቲ ፍጻሜ ኩይና ተዋህበቶ፡፡ ዑፉይ ነታ መንጸፍ ብመንገዲ ሓኪሞም፣ "እንተዘይ መጺአ እዛ ዝሰደልኪ ዘለኹ መንጸፍ ስእለይ ጌርኪ መዘከርታ ግበርያ" ኢሉ ንወላዲቱ ለኣኸላ፡፡ ኣደኡ እዛ መልእኽቲ ምስ በጽሓታ ተሰዊኡ ኢላ ቀበጸት፡፡ ዳሕራይ ግና እታ ንብረት መዘከርታ ጥራይ ዘይኮነትስ፣ መንጸፍ መዕበይ ክልተ ደቁ'ውን ኩነት፡፡

እቲ ውግእ ምሉእ ቅነ ቀነየ፡፡ ዑፉይ፣ ኣብዛ ነቲ ወተሃደር ብኢዱ ክሕዞ ዝጐየየላ መዓልቲ፣ በዚ መጺአ ዘይበላ ስኮጅ ቦምባ የማናይ ኣፍልቡ ሃረመቶ፡፡ ብሬኡ ገዲፉ ንድሕሪት ተሰጥሐ፡፡

"ሕክምና ክትክይድ ኢኻ፣" በሎ ሳምሶም ሓኪም ቀኒሱ ምስ ጀነነሉ፡፡

"ኣይክይድን'የ፡፡"

"ኣታ ወዲ ክትክይድ ኢኻ፣" በሎ ወዲ ሓደራ መራሕ ሓይሉ፡፡

ድሕሪ ብዙሕ ምትህልላኽ'ዩ ሰሚዑዎ፡፡ ብናይ መራሕ ብርጌድ ወዲ ዓሊ (ደርጊ) መኪና ካብ ድፋዕ ወጺኡ ኣብ ሓንቲ ዊጉኣት ዝጸንሐት ዓባይ መኪና ተሰቒሉ ናብ ማይ-ላም ከደ፡፡ ኣብ ማይ-ላም ናይ ኣዕጽምቲ ቀዳማይ ረድኤት ተገይሩሉ ናብ መንደፈራ፣ ካብኡ ናብ ሕክምና ክፍለ-ሰራዊት 17 ናብ ዓላ ተወስደ፡፡

ድሕሪ ሰለስተ ሾኽ፡ ቀኑስሎ ተለፎን ክንቀሳቐስ ምስ ጀመረን፡ ካብ ዓላ ናብ ደቀምሓረ እናተመላለሰ ደሃይ አሃዱኡ ገበረ። አብ ውጡሕ ዝበሃል ቦታ ሎጂስቲክ ክፍሊ-ሰራዊቶም ስለ ዝነበረ፡ ጌና ቀኑስሎ አጸቢቑ ከይሓወየ፡ ናብ አሃዱኡ ክሰዱዎ ብተደጋጋሚ ሓተተ። ክሳዕ ዝሓዊ ክጸንሕ ምኻኑ ምስ ተነግሮ፡ ናብቲ እንዳ ሎጂስቲክ ምምልላስን ኩነታት አሃዱኡ ምክትታልን ቀጸለ።

ናብቲ ቦታ አብ ዝመላለሰሉ ዝነበረ እዋን፡ ሓደ መዓልቲ ሃንደበት ነታ ድሕሪ'ቲ ናብ ሕክምና ከባቢ ቃምጨዋ ምኻዳ ዘይረኸባ፡ አብ ዝኽሩ ግን ዓቢ ቦታ ዝሓዘት ጓል አሃዱኡ ሳባ ረአያ። ሳባ ምዉቕ ሰላም ሂባቶ ናብ ካልእ ዋኒና ከደት። ንሱ ግን ብኽምኡ ጥራይ ክሰዳ አይደለየን። ንሓደ አብኡ ዝጸንሐ አባል ክጽውዓሉ ነጊሩ ተጸበያ። ምስ መጸቶ፡ አእሚኑ ናብ ማይ ዕዳጋ ሒዙዋ ከደ።

ብድሕሪ'ዚ ዑፈይ አብ ዓላ ነዊሕ አይጸንሐን ክሳዕ ካልአይ ናይ መጥባሕቲ ቀጸራኡ ዝአክል፡ ናብ አሃዱኡ ክፍሊ-ሰራዊት 17 ናብ ዝነበረቶ ግርመ ከደ። አሃዱኡ ናብ እዚ ክፍሊ-ሰራዊት ምስ መለሱዎ፡ ናብ ክፍሊ-ሰራዊት 37 ከም ዝተቐየረ ተነግሮ። እዚ ንዑፈይ አስንባዲ ሓበሬታ ነበረ። ምኽንያቱ፡ ምስ ክፍሊ-ሰራዊት 17 ልዑል ፍቕርን ምትእስሳርን'ዩ ነይሩዎ። አብ ብዙሕ አትዩ ክሰልሞ አይከአለን። አብ መወዳእታ ወተሃደራዊ ትእዛዝ ኩይኑዎ ናብ ዝተባህሎ አሃዱ ከደ።

እታ ዝተመደባ ሓይሊ፡ አብ ካንሸላዮ ነበረት። ምስአ ሓንቲ መዓልቲ ጥራይ ምስ ገበረ፡ እታ አሃዱ አብ ውግእ ስለ ዝአተወት፡ ምስታ ዘይተላለያ አሃዱ ተሰሊፉ ውግእ ገጠመ። መራሒ ጋንታን መራሒ ሓይሊን ናይታ አሃዱ፡ አብቲ ውግእ'ቲ አብ ከውሒ ዝዓለበ ቦምባ ተፈናጭሎ አብ ልዕሊአም ስለ ዝወደቓ ክልተአም አብ ሓንቲ ህሞት ተሰውኡ። ዑፈይ ከአ ብፎኩስ አብ ርእሲ ተሃርመ። ድሕሪ ክልተ ሰሙን ተሓኪሙ ናብ አሃዱኡ ምስ ተመልሰ፡ መራሕ ጋንታ ክኸውን ስለ ዝተሓጽየ ነታ ዝፈትዋ ብሬኑ ከረከባ ተነግሮ።

*   *   *

መራሒ ጋንታ ምኻን አብየን አዕለቢጡ ተቐጺዑን ከብቅዕ ከምልጥ አይከአለን። ወዮ ደአ ብባህሪኡ አብ ዘውጻ ቃል ዝጸንዕ ኩይኑ'ምበር፡ "ወተሃደራዊ ትእዛዝ እዩ፡ ደሊኻን ጸሊእካን ዝበሃል የለን።" ምስ በሉዎ ዝገብር ከም ዘይብሉ ይፈልጥ ነይሩ'የ። ካብዚ ንደሓር ከአ ተራ ሰብ ዘይኮነ፡ አብ ቅድሚ ሰባት ወጺኡ አኼባ ጋንታኡ ክመርሕ፡ ብጓ ዘወረቓታ

355

ኣጀንዳ ሒዙ ኣብ ቅድሚ'ቶም ብተኸሰን ናይ ከተማ ዕላላቱን ዝፈልጡዎ ኣባላቱ ደው ኢሉ ክምድርን ምኽኑ ተረዲኡዎ ክዳለወሉ ተገደደ።

ኣብ ካልኣይ ወራር፡ ጸላኢ ባድመ ንምሓዝ ኣብ ዝገበሮ ውግእ፡ ከቢድ ክሳራ'ኳ እንተ ወረዶ፡ ምድምሳስ መበል 11 ክፍለ-ጦር (ልዕሊ ኹሉ ዝእመን ምሩጽ ናይ ትግራዎት ክፍለ-ጦር) እቲ ዝዓበየ ስዕረቱ ነበረ። ናብ ኣስመራ ንምፍንጣስ ኣብ እግረ-መኸል ኣብ ዝተገብረ ውግእ፡ መዳፍዕን ሞርታራትን ሰራዊት ኤርትራ ካብ ገሃነብ-እሳት ከም ዝልብልብ ሓለፍትን ተራ ወተሃደራትን ወያነ ጽቡቕ ገይሮም ተማህሩ።

*   *   *

ሳልሳይ ወራር ካብ መጀመርታኡ ሰፊሕ ስነ-ኣእምሮኣዊ ኲናት ዘሰነየ፡ ወያነ ሓያል ፖለቲካዊን ዲፕሎማስያዊን ዘመተን ናይ ሓያላን ደገፍን ኣሰንዩ ዝጀመሮ ወራር እዩ ነይሩ።

ኣሃዱ በዓል ዑፈይ፡ 12 ግንቦት 2000፡ ሳልሳይ ወራር ክጅምር እንከሎ፡ ኣብ ዓዲ ሃኪን'ያ ነይራ። ብመሰረት ውጥን ኣዘዝቲ ሰራዊት ወያነ፡ ብመረብ ዝቖረጸ ሰራዊት ወያነ ማይላም ኣትዩ መስመር ማይድማ ባረንቱ ክዓጹ፣ ብእንዳ ሓርገጽ (ከባቢ ኦምሓጀር) ዝቖረጸ ካልእ ሓይሊ ሰራዊት ከኣ ናብ ተኾምብያ ኣትዩ፡ ናብ የማነጸጋሙ ብምዝርጋሕ ንሰራዊት ኤርትራ ኣብ ከበባ ኣእቲኻ ንመላእ መረብ ሰቲት ምቁጽጻር። ብድሕሪ'ዚ ናብ መንደፈራ ብምቕራጽ ንመስመር ኣስመራ-ዓዲኳላ ምዕጻው። ብኸምዚ ኣብ ምሉእ ግንባር ዓሊቴናመረብ ዝነበረ ሰራዊት ኤርትራ ትቆጻጸሮ። እቲ ወራር ክካየድ ከሎ፡ ኣሃዱ ዑፈይ ኣብ ዓዲ ሃኪን ኣብ ውግእ ኣተወት። ጸኒሖም ላዕለዎት ሓለፍቶም ብዝሃቡዎ ትእዛዝ መሰረት ኣሃዱታት ሰራዊት ኤርትራ ክንሳሕባ ነይሩወን። ናይ ዑፈይ ጋንታ፡ ከም ኩለን ኣሃዱታት፡ ኣብ ነፍሲ-ወከፍ ድፋዕ ክሕዝሉ ዝኽእሉ ቦታ ድፋዕ እናሓዙ ተዋግኡ። ሰለሙን መራሒ ሓይሎም፡ ሬድዮ ርክብ ሒዙ ላዕልን ታሕትን በለ። ካብ በዓል ዑፈይ 20 ሜትሮ ዝኸውን ርሒቑ፡ ሓንሳብ ኢዱ እናወጣወጠ፡ ሓንሳብ ክቕጣዕ ጸኒሑ ኸኣ ርግእ ኢሉ መልእኽቱ ከመሓላልፍ እንከሎ ዑፈይ ተኸታተሎ። ናብቶም መራሕቲ ጋንታ እናቐረበ ትእዛዝ የመሓላልፍ ኣብ ዝነበረሉ፡ ኣብ ርእሱ ተሃሪሙ ክወድቕ ዑፈይ ኣማዕድዩ ረኣየ።

"ረኣይዎ'ስከ! ሰለሙን ተሃሪሙ ኣሎ መሰለኒ፡" በሎም ነቶም ኣብ ጥቓኡ ዝነበሩ ደቂ ጋንታኡ።

"እወ፡ ወዲቑ!" ክልተ ኣባላት ናይታ ጋንታ ብጉያ ከዱዎ።

ነዚ ተርእዮ'ዚ ተኸቲሉ፡ እቲ ቀዳማይ መራሒ ጋንታ ብልዑል ፍጥነት

ነታ ሬድዮ ርክብ ሐዚ ከወሃህድ ጀመረ። ንሱ'ውን አይጸንሐን ተሃሪሙ ወደቐ። ዑፈይ ኩሉ ነገር አብ ሐደ እዋን ኩይኑዎ፣ ናብቶም አብ ጉድኑ ዝነበሩ መራሕቲ ፓንታታት ጠመተ። ናብቲ እቶም ክልተ አባላት አትኪሎም ዝዋግኡላ ዝነበሩ መዝገብ ነጢሩ ብምእታው፣ ነታ ሹሽ ክትብል ዝጸንሐቶ ሬድዮ ርክብ አልዓላ።

"መን ኢኻ፧ ልኡል!" ሓተተ መራሒ ቦጦሎኒአም።

"አይኩኑንኩን፣ አነ ዑፈይ'የ።"

"መን ኢልካ፧"

"ዑፈይ'የ። ልኡል ተወጊኡ አሎ።"

"አብ ምንታዩ ደአ ረኺቡናአ፧"

"ርእሱ'የ።"

"ደቂ ርግምቲ! ... በል ጽቡቅ ጌርኩም ሓክምዶ'ሞ፣ እዛ ሓይሊ ኸአ ናብኻ እያ። አይትተሃወኽ ርግእ ኢልካ እለዮም።"

"ጸገም የለን።"

"አጆኻ!"

ብኸምዚ ግዜያዊ መራሒ ሓይሊ ኩይኑ ነቲ ውግእ ክሳብ መጨረሽታ ብትብዓት መርሐ። እናዝለዌ አብ ዝዋግእሉ ዝነበሩ ክሳብ ሞጉሎ ዝበጽሐ ሓይሊ አልዮን አዋጊኡን።

ብድሕሪ'ዚ፣ 17 ግንቦት 2000 አብ ጉላጉል ግርሙ፣ ክፍለ-ሰራዊት 37 ምስ ክፍለ-ሰራዊት 33 ተሓዋዊሰን ክፍለ-ሰራዊት 71 ምስ አቘግ፣ ክፍለ-ሰራዊት 71 ካብ ግንባር መረብ-ሰቲት ናብ ዳዕሮ ኩናዕት ብምኻድ፣ ካብ 23 ክሳብ 24 ግንቦት፣ አብ ዓዲ በጊያን ዓዲ በሓይላይ - አብ ጸዕዳ ቀላይ አብ ዝተኻየደ ደማዊን ወሳኒን ውግአት ነታ ሓይሊ መራሑ ተሳተፈ። አብ ከባቢ ጸዕዳ ቀላይ፣ ዓዲ ቀሺ፣ ጸረ-መጥቃዕቲ ብምግባር ንጸላኢ ስድሪ ከም ዘይቅጽልን ዘፍ ከም ዝብልን ካብ ዝገበራ አሃዱታት ወገን ነበረት እታ ሓይሊ።

ወያነ፣ ናብ አስመራ ዝሓጸረ ኢሉ ብዝገመቶ ንምስላኹ አርባዕተ ክፍላተ-ሰራዊት አሰንዮ ምስ ምሉእ አጽዋሩ መጺኡ። ንተራተር ዓዲ-በጊያ ክጥሕስ ዘካየዶ ሓደገኛ ፈተነ አይሰለጦን - አደዳ ሞትን ምምራኽን ኩነ። ነቲ ማዕበል ድሕሪ ማዕበል ዝውሕዝ ዝነበረ ሰራዊት ወያነ ንምጽራግ በዓል ዑፈይን ብጾቱን ሓንቲ መትከል ነበረቶም፣ "ጸላኢ ሬሳና ረጊጹ ይሕለፍ!" እትብል። እዚ መትከል'ዚ እዮ ድማ ዕላማ ጸላኢ ሓምሺሹ መቐየር ንሰራዊት ምኽልኻል ኤርትራ ዝፈጠረ። እዚ ዓወት'ዚ በቲ ሓደ 'ኤርትራና

357

ተሓበኒ ሳዋ ወሊዳ ወራሲ.' ዝብል፡ በቲ ኻልእ ከአ ህዝብና ዕለተ-ናጽነቱ 24 ግንቦት 2000 ብሓበን ኩብዕል ኢኽኢሉ።፡ ዑፈይ አብዚ ግንባር'ዚ'ውን ንሳልሳይ ግዜ ተወግአ።

*   *   *

አብ 2002 ፍሉይ አሃዱ ክቐውም እንከሎ፡ ኩሉ'ቲ ዝድስ መርመራ ብእንዳ ኮማንዶ አብ ሳዋ እዩ ተገይሩ። ዑፈይ አባል ፍሉይ አሃዱ ኩይኑ 25 አባላት ጠርኒፉ መራሒ. ጋንታ ኩኑ። ነዚ ፍሉይ አሃዱ'ዚ ሐዙ ንታዕሊም ናብ ሳዋ ከደ።

ሎሚ ብርሃን ካሕሳይ (ዑፈይ)፡ ሓላፊ ምቁኽጽጻር ስርዓትን ድስፕሊንን ክፍለ-ሰራዊት 84 እዩ። ድሕሪ ተደጋጋሚ መውጋእቲ ከም ቀደሙ ክነጥርን ክዘልልን ዘኽእል ዓቕሚ የብሉን። ዑፈይ፡ ሰለስተ ግዜ አብ ዓውደ-ውግአት፡ ሓደ ግዜ ኸአ አብ ታዕሊም እዩ ተወጊኡ። አብ 2004፡ መራሒ. ሓይሊ ናይታ ፍልይቲ አሃዱ አብ ዝነበረሉ እዋን፡ ነታ ሓይሊ መሪሑ ካብ ሄሊኮፕተር ክወርድ እንከሎ ሓደጋ አጋጢሙዎ እግሩ ሰንኪሉ። ሓለፍቱ፡ ብቕዓቱ ርእዮም ካብ ወተሃደራዊ ንጥፈታት ከአልዮ አይደለዮን፤ አብቲ ክፍለ-ሰራዊት አብ ካልእ ዕማም መደቡዎ።

ዑፈይ፡ አብ ሚያዝያ 2001 ምስ ጓል አሃዱኡ ሳባ ቃልኪዳን አሰሩ። አብቲ ግዜ'ቲ ሳባ፡ ድሮ ጓል ተበኩራ ነበረት፤ ምዉቕ ስድራቤት መስራቶም ከአ ሽዱሽተ ቁልዑ ወለዱ - ሳሮን፡ ሲልሻና፡ ዳናይት፡ ዲቦራ፡ ሄርሚላ፡ ናእሚ ዝበሃላ ወለዱ። ሳሮን አባል 30 ዙርያ ኩይና አብዚ እዋን ተመሃሪት ካልአይ ዓመት ኮለጅ ጥዕና አስመራ፡ ሲልሻና፡ አባል 32 ዙርያ፡ አብ ሃገራዊ አገልግሎት አለዋ።

<hr>

አዘንታዊ፡

ብርሃን ካሕሳይ (ዑፈይ)

22

ፍቓድ - ንዕረፍቲደ ንመስዋእቲ

ልኡል ግርማይ

አብ ግንባር ዓሊተና-መረብ፡ እንዳ ሃዋርያ፡ ዕርዲ-ጥልያን (ከባቢ ጸርና) አብ ዘተኻየደ ውግእ ሳልሳይ ወራር፡ ወያን ሰፍ ዘይብል ክሳራ ተሰኪሙ ነቲ ውግእ አቋረጹ። ድሕሪ'ቲ ውግእ፡ ካብ ቦጦሎኒታት ዘመጸ ንሓይሊ ሰብን አጽዋርን ዘጠቓለለ ጸብጻብ አብ ኢድ ማእከልነት ብርጌድ ኮሎኔል ተስፋብርሃን ባህልቢ (ወዲ-ቆሺ) አተወ። አብቲ ጸብጻብ፡ ዝርዝር አስማት ናይቶም አብቲ ውግእ ዝተሰውኡ ሓሙሽተ አባላት ቀዳማይ ቦጦሎኒ ነበረ። ንእኡ ዘንበበ ወዲ ቆሺ፡ ዘይተጸበዮ ድቦላ ገጠሞ። ርእሱ ብማርቴሎ ከም ዝተሃርመ ክቱር ስንባደ ተሰሚዑዎ፡ አእዳዉ አብ ርእሱ አንቢሩ ደነነ። አብቲ ወያን ልዑል ምድላዋትን ፈኸራን አስንዩ ዝአወጀ ውግእ፡ መስዋእቲ አባላት ከጋጥም ንቡር ስለ ዝኹን ዘይትጽበዮ አይኩንን፡ "ዓወት ንሓፋሽ! ዘልአለማዊ ዝኽሪ ንስዉአትና!" ኢሉ ሓያሎ ብጾቱ ሓመድ አዳም ዘልበሰ ወዲ-ቆሺ፡ አብ ሽዓ በጺሑ ዝርዝር አስማት ናይቶም በጀ ሃገርምን ህዝቦምን ህይወቶም ዝኸፈሉ ስዉአት አብ ዘንበለ፡ አዒንቱ ምእማን ክሳብ ዝስእን ተጠራጠሪ። ነቲ ጸብጻብ ደጊሙ ብአተኩሮ አንበ፡ ዝተለወጠ ነገር አይረኸበን። "አብ አስመራ ዘሎ አባልዶ አብ ዕርዲ-ጥልያን ይስዋእ'ዩ!" በለ አብ መወዳእታ ዝበሎ ጠፊኡዎ። ሓደ ካብቶም ስዉአት ይትረፍ ክስዋእ፡ ብመሰረቱ አብቲ ውግእ ክህሉ ይኽእል'የ ዝብል ትጽቢት አይነበሮን።

*   *   *

359

ካብ 1998 ጀሚሩ ኣብ ልዕሊ ኤርትራ ክልተ መጠነ-ሰፊሕ ወራራት ብምክያድ ከቢድ ወተሃደራዊን ንዋታዊን ክሳራ ምስካሙ ዘየፍገደ ሰርዓት ወያነ፡ ኣብ ግንቦት 2000'ውን ነቲ ሓንሳብን ንሓዋሩን ህጣሙ ከም ዘጥፍእ ዝገበሮ ሳልሳይ ወራር ኣበገሰ። ሓይልታት ምክልኻል ኤርትራ፡ 'ሎሚ'ውን ከም ትማሊ' ኣብ ትሕቲ ዝብል ጽንዓት፡ ነቲ ወራር ከም ዝሓለፉ ወራራት ንምብርዓን ኣብ ተጠንቀቅ ነበረ።

ቅድሚ ምጅማር ሳልሳይ ወራር፡ ካልኣይ ብርጌድ ክፍለ-ሰራዊት 28፡ ኣብ ግንባር መረብ-ስቲት ዓረደት። ኣዛዚ ካልኣይ ብርጌድ ኮሎኔል ተስፋብርሃን ባህልቢ (ወዲ ቀሺ)፡ ወያን መጥቃዕቲ ንምጅማር ምቅራባት ይገብር ከም ዘሎን በቲ ንሳቶም ዓሪዶምሉ ዝነበሩ ቦታ መጥቃዕቲ ክጅምር ምኳኑን ዝገልጽ ስለያዊ ሓበሬታ በጽሐ። ከምቲ ዝተበጽሐ ወያን ፈለማ ንመጥቃዕቲ ዝመረጽዎ ቦታ ብርጌድ ወዲ ቆሺ ካብ ዝዓረደትሉ ድፋዕ ንሸነኽ ጸጋም፡ ክፍለ-ሰራዊት 18 ዝዓረደትሉ ከባቢ ነበረ። ኣብቲ ጸላኢ ብጽዑቅ ደብዳብ ከቢድ ብረት ዝተሰነየ ሸሾ ሰራዊት ኣሰሊፉ ዝኸፈቶ ውግእ፡ ዘዘቆደሙ ሰራዊቱ ብሓይልታት ምክልኻል ከም ቆጽሊ እናረገፉን ዝደሓሩ እናኣርከቡን ደማዊ ውግእ ኣካየደ። ምስ ብግዕበል ናብ ውግእ ዝጥበስ ማእለያ ዘይብሉ ሰራዊት ጸላኢ ኣትኪልካ ምውጋእ ካብ መኽሰቡ ክሳራኡ ከም ዝዓቢ ዝተዓዘቡ ኣዘዝቲ ሰራዊት ኤርትራ፡ ቅዲ ውግእ ክቅይሩ ተገደዱ።

ናብ 12 ግንቦት 2000 ኣብ ዘውግሐ ለይቲ፡ ነቲ ከም ጋሻ ውሕጅ እናተሰራሰረ ኣብ ውግእ ዝጥበስ ዝነበረ ሰራዊት ጸላኢ፡ መተንፈሲ ሂብካ ዝተጨበጠ ሓይሉ ከም ዝብተን ምግባር ከም ኣማራጺ ተወሰደ። በእኡ መሰረት፡ ነታ ብሸነኽ ጸጋም ዝነበረት ክፍለ-ሰራዊት 18 ንድሕሪት ብምስሓብ፡ ዓራዶትሉ ዝነበረት ከባቢ ንመተንፈሲ ተሸፍተሉ። ብኣንጻሩ፡ ካብ ክፍለ-ሰራዊት 28፡ ካልኣይ ብርጌድ፡ ቀዳማይ ቦጦሎኒ ሓንቲ ሓይሊ ናብ ጸላኢ ብምግስጋስ፡ ትኽ ኢላ ብደቡባዊ ሸነኽ ኣትያ ንሰሜን ከተጥቅዕ ተዋፈረት። እተን ዝተረፋ ክልተ ሓይልታት ናይታ ቦጦሎኒ፡ ናብ ደቡባዊ ምብራቅ እናጥቅዓ፡ ምሉእ መዓልትን ለይትን ኣብ ዝቐጸለ ሓያል ውግእ ተጸምዳ። ጸላኢ፡ በታ ፈለማ ዝረኸባ መተንፈሲ ኣትዩ ብኣንጻር ናይዘን ኣሃዱታት ተጠውዩ ብድሕሪት ከጥቅዕ'ኳ እንተ ሃቀነ፡ ካልኣት ኣሃዱታት ዓጊተን ምንቅ ምባል ስለ ዝኸልእኣ ኣይቀጸለን። ጸላኢ፡ ነታ ኣብ ጸጋማይ ሸነኽ ዝነበረት ብራኽ ብርኪ-ላጸዮ ኣቆዲሙ ሓዙዋ ጸኒሑ እቲ ውግእ ምስ ተኸፍተ ንግዓ ገዲፉ ናብቲ ጎልጎል ክወርድ ደለየ። ብዓይኒ እቲ ውግእ፡ ጸላኢ ነታ በራኽ ገዲፉ ክወርድ የዋጽኦ ስለ ዝነበረ፡ ቀዳማይ ቦጦሎኒ ካብኣ ንኽይወርድ ነኺሳ ሓዘቶ። ካልኣት ብዖማና ዝነበራ ኣሃዱታት'ውን

ገቲረን ሓዛአ። ብሽነኸ የማን ዝክበረ ክፍለ-ሰራዊት 28፡ ሳልሳይ ብርጌድ፡ ብፍላይ ሳልሳይ ቦጦሎኒ ሒዛቶ ዝክበረት ጨፍር ቦታ አዘዩ ስትራተጂያዊ ስለ ዝነበረ፡ ጸላኢ፡ ነቲ ቦታ ንምሓዝ ሓያልን ተደጋጋምን ፈተነታት አካየደ። እንተኾኑ፡ እተን አሃዱታት ነቲ ፈተነ እናተበራረያ ብምፍሻል መከታአ።

በዚ ክሰልጦ ዘይከአለ ጸላኢ፡13 ግንቦት ሰዓት 1:00 ድ.ቃ. ብታንክታት ዝተሰነየ ጽዑቕ ማዕበል ሰራዊት አሰሊፉ አብ ልዕሊ’ታ አብ ጉልጉል ጽብራ ዝክበረት ሳልሳይ ቦጦሎኒ መጥቃዕቲ ፈነወ። እቲ ድሮ ብናይ ዕለት 12 መጥቃዕቲ ብጸጋሙ ተጸልዩ ዝጸንሐ ካልአይ ብርጌድ፡ ብናይ ዕለት 13 መጥቃዕቲ’ውን የማናይ ሸነኹ ተጸልወ። እዚ ኹሉ ክኸውን ከሎ ታንክታት፡ ናይ ሜካናይዝድ ንብረትን አሎ ዝበሃል ዓቕሚ ናይታ ክፍለ-ሰራዊትን ብምልአ አብ ጉልጉል ጽብራ’የ ተገቲሩ። ስለዚ’የ ጸላኢ፡ ነቲ ብድሮ ዝተኸፍተሉ መተንፈሲ ተጠቒሙ ካብ ብርኪ-ላጾ ወሪዱ ንጉልጉል ጽብራ ክቐጽር ግድን ክህንደድ ዝነበር። በዚ ድግ፡ እተን አብ ሰጣሕ ጉልጉል ዝነበራ ታንክታትን ናይ ሜካናይዝድ ንብረትን ሓደጋ ዘንጸላለወን መሰለ። ጸላኢ፡ ብዘይካ’ቲ አብ ግንባር ዘስለፍ ሰራዊት፡ አብ መንን ሰፍአን ጽብራን ብሄሊኮፕተር ተወሰኽቲ ወተሃደራት አውረደ። ነቲ ኹነታት ዝተዓዘቡ አዘዝቲ ሓይልታት ምክልኻል ኤርትራ፡ ነቲ መስመር ምክልኻል ሰጊሩ ዝተዘርወ ሰራዊት ጸላኢ፡ ናብ ምቹእ ቦታ ስሒብካ ምድምሳሱ ንኸጥዕም፡ እናተዋግአ ከዝልቕ አዘዙ። አብ መንጎ’ዚ፡ ካብቶም አብ ድሕሪት ኩይኖም አብ ዘይወዱብን ዘይምእኩልን ኩነታት ዝጸንሑ አባላት’ታ ብርጌድ ቡብዝጠዓሞም ናብ ውሑስ ቦታ ክኸዱ ክብሉ አብ ኢድ ጸላኢ አተዉ።

ጸላኢ፡ ጫጫ ታቶም ከም ዘውጽአ ምስ ገበሮም፡ ሓለዋ መዲቡ ሎም ንቕድሚት ቀጸለ። ጸላኢ ንቕድሚት ምግስጋሱ ደአ’ምበር፡ አብቲ ንሱ ተቘጻጺረዮ ብምባል ዝሓለፎ ከባቢ፡ ልዕሊ ብርጌድ ተደራቢ ሓይሊ ወገን ከም ዝነበረ አይፈለጠን። እቲ ተደራቢ ሓይሊ’ቲ ብየማኑ፡ ብጸጋሙን ብቕድሚትን ተኸበበ። ወላ’ኳ ብዘሒ ናይቲ ንቕድሚት ዝሓለፈ ሓይሊ ጸላኢ፡ ምስቲ ብዘይ አፍልጦ ጸላኢ ብጸላኢ ዝተኸበ ተደራቢ ሓይሊ ዝዳረግ እንተ ዘይነበረ፡ እቲ ዝርካቡ ሓይሊ-ሰብ ምስ ምሉእ ዕጥቁ ነበረ። እዚ ብድሕሪት ተቐሪዱ ዝተረፈ ሓይሊ’ዚ፡ ንዘዝረኸቦ ጸላኢ እናሓምሸሸ ንቕድሚት ክግስግስ እንከሎ፡ እቶም መንገዲ ጠፊኡዎም አቓዲዮም አብ ኢድ ጸላኢ ዝአተዉ አባላት፡ አብ ትሕቲ ሓለዋ ጸላኢ ከለዉ ረኸቦም። ንዓታቶም ናጻ አውጺኡ፡ ነቶም ዝሓልውዎም ዝነበሩ ወተሃደራት ጸላኢ ማሪኹ እናተዋግአ ንቕድሚት መረሸ። እቲ እንትርፎ ንቕድሚት ምግስጋስ ብድሕሪኡ እንታይ ከም ዘሎ ዘየስተውዓለ ጸላኢ፡ ሃንደበት ብድሕሪት

መጥቃዕቲ ምስ ተኸፍተሉ አመና ረዓደ። እዚ ብሃንደበታዊ ለውጢ ሜላ ውግእ ካብ ጊዜፍ ሰራዊት ተቐሪጹ አብ ሕምብርቲ ጸላኢ ዝነበረ ሓይሊ ወገን'ዚ፣ ብሓያል ትብዓትን ኔሕን ምስ ጸላኢ እናተረጋገረ፣ ብዘይ መስዋእትን መውጋእትን ብደምብ ጸዓዞጋ አቢሉ ብምውጻእ ሰዓት 5:30 ድ.ቐ. ምስተን ካሃአት አሃዱታት አብ ሻምብቐ ተራኸበ።

ካብቶም አደናጋሪ መንገዲ ሓዞም ካብ አሃዱአም ተቐሪጾም አብ ሕምብርቲ ጸላኢ ዝተረፉ፣ ካብ ጸላኢ ተኸዊሎም ንሳምንታት ድሕሪ ምቅናይ፣ ብሰላም ናብ አሃዱአም ዝተመልሱ አባላት'ውን ነበሩ። ሓደ ካብአቶም አባል ሳልሳይ ዙርያ ሃገራዊ አገልግሎት ጸጋይ ዑቅቢት'የ። ጸጋይ፣ በቲ አብ ሰራዊት ዘርአዮ ንጡፍ ተሳትፎ፣ ብልሕን ተወፋይነትን ተገምጊሙ፣ ሓደ ካብቶም አብ ክልተ ዓመት አብ ዘይመልእ ብውግእ ተሳሒሎም ብሉጻት ተባሂሎም ክሳብ ናብ መራሕቲ ጋንታ ዝበጽሑ አብነታውያን ዋርሳይ እዮ። ንሱ፣ ምስታ ሓዚዋ ዝነበረ ሬድዮ ርክብ ካብ አሃዱኡ ተቐሪጹ አብ ውሽጢ ጸላኢ ዝቐጸጸር ከባቢ ተረፈ። አብቲ ብጸላኢ ዝተሓጸረ ከባቢ፣ አብ ከውሊ ቦታ ምስ ተመን፣ ዕንቅርቢትን እንሰሳ ዘገዳምን ክውዕልን ክሓድርን ግድን ኮነ። ብዘይ መግብን ማይን፣ ሃሩርን ቁሪን እናተበራረዩ፣ ሓሳብ ዘካፍሎ ጉጅም መባህልቲ አብ ዘይብሉ፣ ንዘይፈልጦ ጣሻን ዱርን ከቛራርጽ ፈታኒ ግድል አሕለፈ። ብግምት እንተ ዘይኮይኑ ዝኸዶ መንገዲ ብልክዕ ናበይ ይወስዶ ከም ዝነበረ ርግጸኛ አብ ዘይኮነሉ አዋጋሪ ኩነታት አተወ። ነቲ አዝዩ ውዑይ ክሊማ ተጻዊሩ፣ ካብቲ ዝሓዘ ንብረት፣ ሬድዮ ርክብ ሓዊስካ፣ መርፍእ ከየጉደለ ድሕሪ 15 መዓልቲ ጉዕዞ፣ ጸላኢ ካብ ዝቐጸጸር ከባቢ ፈንጺጉ ብምውጻእ ናብታ አብ ግንባር ዓሊተና-መረብ ከባቢ ኳዓቲት፣ ዓሪዳ ዝነበረት አሃዱኡ ክጽንበር ምኽአሉ ተአምራት'የ ነይሩ። እዚ ንትብዓትን ጀራጀነትን ጸጋይ ዑቅቢት ብግብሪ ዘመስከረን አብ ቅድሚ'ቶም ተሰዊኡ ወይ ተማሪኹ ኢሎም ቀቢጾም ዝጸንሑ አባላቱን ሓለፍቱን ዘመጉሶን ብርቂ ፍጻመ ነበረ። ጸጋይ ዑቅቢት፣ ብዝቐነየ ክርፋሕ ህይወት ገጹ ተደዊኑ፣ ከናፍሩ ነቑዑ፣ መልሓሱ ቀሲሉን ብድኻም ተሰኒፉን ድሕሪ 15 መዓልቲ ሬድዮ ርክቡን ካልእ ንብረቱን ተኸኽልኮሉ ደቡኽ ምባሉ፣ መቓብር ፈንቂሉ ዝመጸ'ምበር ብህይወት ቀንዩ ዝተጸንበርዮም አይመስሎምን።

*   *   *

ድሕሪ'ቲ ዝቐነየ ኩነታት፣ ካልአይ ብርጌድ፣ ክፍለ-ሰራዊት 28፣ ብደረጃ ቦጦሎኒ ዳግማይ ተወዳዲባ ናብ አሸሺ ተንቀሳቒስት። ጸላኢ፣ ናይ ሬድዮ ርክብ አንቴናታትን ትራንስሚተር ቲቪ ኤረን ተተኺሉዎ ናብ ዝነበረ ታባ

አውላ ገጹ ደየበ። እዛ ካብ ብርጌድ ብደረጃ ቦጦሎኒ ዝተወደበት አሃዱ፡ ብዘደንቕ ቅልጣፈ ነቲ ታባ ብምቍጽጻር፡ ለይትን ቀትርን ትንፋስ ዘይህብ ናይ ሰለስተ መዓልቲ ውግእ ብምክያድ ትልሚ ጸላኢ አበርዓነት።

ብዝተፈላለየ ግንባራት መጥቃዕቲ ፈቲኑ፡ ኩሉ ፈተነታቱ ብሓያል መኸተ ሓይልታት ምክልኻልና ዝፈሸሎ ጸላኢ፡ ብግንባር ዓሊተና-መረብ፡ ከባቢ ክሳድ-ዒቃ፡ ብዓዲ-በጊዖ፡ ሓድሽ መጥቃዕቲ ከፈተ። እታ ብደረጃ ቦጦሎኒ ተወዲባ አብ አውላ ምስ ጸላኢ ክትረጋረግ ዝቘነት አሃዱ፡ ብቝልጡፍ ናብ ዓዲ-በጊዖ ከተርክብ ምስ ተአዘዘት፡ ሸዉ-ንሸዉ ከባቢ ዓዲ-ኻላ ተራእየት። እቲ ወተሃደራዊ ኩነታት ቅልጡፍ ምዕባለ የርኢ ብምንባሩ፡ እዛ አሃዱ አብ ዓዲ-ኻላ ብዙሕ ከይጸንሐት ካብ ጸርና ንጸጋም፡ ከባቢ እንዳ ሃዎርያ፡ ተንቀሳቒሰት። ጸላኢ፡ ዕርዲ-ጥልያን ንዝተባህለ በሪኽ ቦታ ተቛጺሩዎ ስለ ዝጸንሐ፡ ካብኡ ንምውራዱ አብ ዝተኻየደ ርሱን ውግእ አተወት።

ክዕወተሉ'የ ብዝብል ትዕቢት ሰኺሩ፡ አብ ዝተፈላለየ ከባቢታት ብዝኸፈቶ ውግእ እንትርፊ ሰብአዊን ንዋታዊን ክሳራ ሕልሙ ከዕውት ዘይከአለ ወያነ፡ አብ ሰፈሕ ዝርግሐ ዘዋፈሮ ሓይሊ ጨቢጡ፡ አብ ጸቢብ ቦታ ብምጥቃዕ፡ ነቲ ናብ ሩባ ጸርና ዘውርድ ከባቢ ክቘጻጸር ስለ ዝፈተነ ካልእ ሓድሽ ግጥም ተኸፈቱ ተሓናንቐ ኮነ። ከምዚ ዓይነት ብድሆ ከጋጥሞ ዘይተጸበየ ጸላኢ፡ ክወርዶ ዝኽእል ስዕረት ዝተረድአ ይመስል፡ እግረይ አውጽእኒ ኢሉ ንድሕሪት ተመርቀፈ።

ብላዕለዋይ ኢድ ሓይልታት ምክልኻል ዘፍ ዝበለ ውግእ ዕርዲ-ጥልያንን ድሕሪ ዝሰዓብ ውግእ ከባቢ ሩባ ጸርናን ውሑዳት ዘይኮኑ ጀጋኑ'የም ተኸፊሎሞ። ውግእ ዘፍ አብ ዝበለሉ ድማ'ዩ ማእከልነት ካልአይ ብርጌድ ኮሎኔል ተስፋ-ብርሃን ባህልቢ (ወዲ ቀሺ)፡ ዝርዝር አስማት ሓሙሽተ ሰውአት ዝሓዘ ጸብጻብ ምስ አንበበ መስዋእቲ ናይ ሓደ ካብቶም ሓሙሽተ ፈጺሙ ክወሓጠሉ ዘይከአለ፡ ብተዘኽሮ ንድሕሪት ተመሊሱ፡ አብ ግንባር መረብ-ሰቲት አብ ዝኸበሩሉ ግዜ ምስቲ መስዋእቱ ሃንደበት ዝኾነ ሰዉእ ዘተአሳሰሮ ዝኽሪ ፈተሸ።

*   *   *

ተጋዳላይ ክፍለየሱስ ሃብተስላሰ፡ አባል ክፍለ-ሰራዊት 28፡ ካልአይ ብርጌድ፡ ቀዳማይ ቦጦሎኒ ኩይኑ፡ ሓደ ካብቶም አብ ግንባር መረብ-ሰቲት ዓሪዶም ነቲ ሎሚ-ጽባሕ ዝበሃል ዝኽበረ ሳልሳይ ወራር ወያነ ንምሕምሻሽ አብ ተጠንቀቕ ዝኸበሩ አባላት ሓይልታት ምክልኻል ኤርትራ'የ።

363

ስድራ እንዳ አቦይ ሃብተስላሴ ሚኪኤል አብ ምምጻእ ናጽነትን ምኽባር ልኡላውነትን ሰለስተ ትንፋስ ከፊላ'ያ። ሃብቶም ሃብተስላሴ ብ1970 አብ ህዝባዊ ሓይልታት፣ ገብረስላሴ ሃብተስላሴ አብ 1978 አብ ተጋድሎ ሓርነት ኤርትራ አብ ጸዓዘጋ ክሰውኡ እንከለዉ። አባል ሓምሻይ ዙርያ ሕድራይ ሃብተስላሴ ድማ አብ ምኽባር ልኡላውነት በጃ ሃገር ሓሊፉ።

ሓሙሸተ አወዳትን ሓሙሸተ አዋልድን ዘወለዱ አቦን አደን ቀልጢፎም'ዮም ዓዲ እዝጊሄሮም ከይዶም። ካብቶም አወዳት እቶም ሰለስተ ተሰዊኦም፣ እቲ ሓምሻይን ሕሳስ-ልደን ከአ መራሕ መኪና ኩይኑ አብ ግዜ ሳልሳይ ወራር ብሓደጋ መኪና ሰብ ገጭዩ አብ ትሕቲ ቀይዲ አተወ። ሓደጋ ወዘበ'ኺ እንተኾነ፣ ትንፋስ ሰብ ዝሓለፈ ሓደጋ ብምንባሩ፣ እንተስ ብዕርቂ እንተስ ብጋር ነገር ተዓጽዩ እቲ እሱር ካብ ቀይዲ ክወጽእ ካብ መቕርቡ ዋሕስ ከቕርብ ተሓተተ። እቲ ሓደ ብህይወት ዝነበረ ሓዉ፣ ተጋዳላይ ክፍለየሱስ ሃብተስላሴ፣ አብ ግንባር መረብ-ሰቲት ከቲቱ አንጻር ሰራዊት ወያነ አብ ምርብራብ ነበረ። ሓዉ ዝወሓሶ ስለ ዘይረኸበ፣ ሓላፍነት ዝስከም ክፍለየሱስ ክኸውን ግድን ነበረ። አብቲ ዕድል ዘይህብ ሃገራዊ ዕማም፣ ኩነታት ናይቲ አብ ማእሰርቲ ዝነበረ ሓዉ ከቕስኖ ዘይከአለ ክፍለየሱስ፣ ጸገማቱ ንሓለፍቱ ብዝርዝር ድሕሪ ምብራህ ናይ ቅሩብ መዓልቲ ዕረፍቲ ክፍቀደሉ ብተደጋጋሚ ሕቶ አቕረበ።

ሳልሳይ ወራር ዘንጸላለወሉን ሰራዊትና አብ ተጠንቀቕ ዝነበረሉን እዋን ብምንባሩ፣ ዕረፍቲ ምሃብ ቀሊል አይነበረን። እንተኾነ፣ ኮሎኔል ተስፋብርሃን ባህልቢ (ወዲ ቀሺ)፣ ነቲ ካብ ታሕቲ ክሳብ እዚ ብርጌድ መስርዑ ሓልዩ ዝበጽሐ ሕቶ ፍጻድ ዕሽሽ ኢሉ ክሓልፎ አይደለየን። ነቲ ጉዳይ ዕቱብ አቓልቦ ብምሃብ፣ ድሕረ-ባይታ ክፍለየሱስን ርዝነት ናይቲ ዘጋጠሞ ማሕበራዊ ጸገምን ከምኡ'ውን እታ ስድራ አብ ጉዕዞ ሓርነታዊ ቃልስን ምኽባር ልኡላውነትን ዘወረዳ ሃስያ ብምምዛዝን፣ ናይ ሓደ ወርሒ ዕረፍቲ ክወሃቦ ወሰነ። ግድን አድላዪ እንተ ኹይኑ፣ ባዕሎም ክጽውዕዎ ምኳኖም ሓቢሩ ኻአ ማዕዳን ሞራልን አስኒቒ፣ አብ ቀዳማይ ሰሙን ናይ ግንቦት 2000 ናብ አስመራ አፋነዎ።

*   *   *

ኮሎኔል ተስፋብርሃን ባህልቢ (ወዲ ቀሺ) ካብቲ ጥሒሉሉ ዝነበረ ባሕሪ ተዘኽሮ ተመልሰ። አብ አስመራ ዘሎ ሰብዶ አብ ዕርዲ-ጥልያን ይስዋእ'ዩ ዘበለ ምኽንያት፣ አብታ ዝርዝር አስማት ናይቶም ሓሙሸተ ስዉአት ዝሓዘት ጸብጻብ፣ እቲ ሓደ ተጋዳላይ ክፍለየሱስ ሃብተስላሴ ኩይኑ ምስ ረኸቦ'ዩ።

ክፍለየሱስ ካብ ግንባር መረብ-ሰቲት ንዕረፍቲ ምስ ከደ ኣብ ሰሙኑ፡ ወያነ ነቲ ሎም-ጽባሕ ዝበሃሉ ዝክበረ ሳልሳይ ወራር ብ12 ግንቦት 2000 ኣበገሱ። እንዳ 28 ምስ ካልኦት ኣሃዱታት ሓይልታት ምክልኻል ንወራር ወያነ ብሓያል ትብዓትን ቆራጽነትን ክትምክትን ከተፍሽልን ድሕሪ ምቅናያ፡ ኣብ 20 ግንቦት ከም ተደራቢ ሓይሊ ናብ ግንባር ዓሊተና-መረብ ተንቀሳቒሳት።

ማእከላይ ቁመት ዘውንን ቀይሕ፡ ውዑይን ተዋዛያይን ክፍለየሱስ ጉዳይ ሓዉ ከሳልጥ ኣብ ኣስመራ ካብን ናብን ኣብ ዝብለሉ ዝክበረ ህሞት፡ ክፍለ-ሰራዊት 28። ካልኣይ ብርጌድ፡ ቀዳማይ ቦጦሎኒ ብኣስመራ ኣቢላ ናብ ዓዲ-ኻላ ክትሓልፍ ኣስመራ በጽሐት። ኣጺንቱ ካብተን ዕምባባ እናንጸጋን እኸለ-ማይ እናኣቆበላን ብዕልልታ ንደቀን ዘፋንዋ ዝክበራ ኣደታት፡ ናብተን ሰራዊት ጽዒነን ጉደናታት ኣስመራ ስንጢቐን ዝሓልፋ ዝክበራ ወተሃደራውያን መካይን ኣበላ። ሃንደበት፡ ቦጦሎኒኣ ዘሳፈረት መኪና ረኣየ።

ክፍለየሱስ ካብቲ ዝተዋህቦ ዕረፍቲ ፍርቁ ጥራይ'ዩ ኣልዒሉ ነይሩ። ኣሃዱኡ ናብ ውግእ ትግስግስ ከም ዝክበረት ኣይሰሓቶን። ወላ'ኳ ጉዳይ ሓዉ ከሳልጥ ኣብ ሃለኽለኽ እንተ ነበረ፡ ብጾቱ ወራር ወያነ ንምሕምሻሽ ናብ መስዋእቲ እናመረሹ ብዓይኒ-ማዕዶ ጠሚቱ ክሕልፎም ነፍሰ-ፍትወት ኮይኑ ተሰምዖ። ኣብ ኣስመራ ኮፍ ክብል ሕልናኡ ኣየፍቀደሉን። ነቶም ደሓንዶ ቀኒኹም ኢሉ ቅድሚ ውሑዳት መዓልታት ዝተጸንበሮም መቐርቡ ደሓን ቀንዩ ከይበሎም በታ ንግሆ ካብ ቤቱ ዝወጸ፡ ናብታ ቦጦሎኒኡ ጽዒና ዝክበረት መኪና ነጢሩ ብምድያብ ናብ ግንባር ተዓዝረ።

እታ ቦጦሎኒ ብቛጥታ ናብ ዓዲ-ኻላ ብምኻድ ከባቢ ዓዲ-በጊያ ኣትያ ተጠባባቒት ሓይሊ ኮይና ድሕሪ ምጽናሕ ብህጹጽ ናብ ከባቢ ጸርና፡ ዕርዲ-ጥልያን ከተርክብ ተኣዘዘት። እታ ቦጦሎኒ ነቲ ተሃንዲዱ ዝመጸ ሰራዊት ጸላኢ ኣብ ምምካት ተጸሚዳ ሓያል ጅግንነት ፈጸመት።

ወዲ ቆሺ ዝርከቦም ሓለፍቲ፡ ዝርዝር ኣስማት ናይቶም ኣብቲ ውግእ ዝወዓሉ ኣባላቶም ይፈልጡ'ዮም። ንዕረፍቲ ዘፋነዎ ተጋዳላይ ክፍለየሱስ ሃብተስላስ ኣብ ከባቢ ጸርና - ዕርዲ-ጥልያን - ተሰዊኡ ዝብል ጸብጻብ ክመጸ ግን ዘሰንብድ እዩ ነይሩ። ስዉእ ተጋዳላይ ክፍለየሱስ ዝተዋህቦ ዕረፍቲ ከየፋረቐ ናብ ግንባር ብምኻዱታ ኣብቲ ደማዊ ውግእ ከም ዝተሳተፈ ዝፈልጡ። ኣብቲ ንቡር ምምሕዳራዊ ዕማም ከተካይድ ግዜ ዘይህብ፡ ንቑሕ-ሰም ዝረኣዮ ናይ ቀረባ ሓለፍቱ ጥራይ'ዮም። በዓል ወዲ ቆሺ ኣብ ዕረፍቲ ከም ዝክበረ'ዮም ዝፈልጡ። ስድራኡ ኸኣ ጉዳይ ሓዉ ከሳልጥ ንግሆ ወጺኡ ንገዛ ከይተመልሰ ምስ ተረፈ፡ እንታይ ኩን ረኺቡዎ

ኢሎም ሰንፈላል ካብ ምኽኒን ደሃዮ ካብ ምሕታትን ኣየዕረፉን፡፡ እንተኾነ፡ መስዋእቱ ብወግዒ ክሳብ ዝንገርም ሎም-ጽባሕ ክምለስ'ዩ ኣብ ዝብል ተስፋን ሻቕሎትን ነበሩ፡፡ እንተ ክፍለየሱስ ግን፡ ጉዳይ ኣብ ቀይዲ ዝነበረ ንእሽቶ ሓዉ ኣወንዚፉን ሓድጊ ክኸውን ኪይበህገን በጃ ሃገሩን ህዝቡን ኣሰር ዝሓለፉ ጀጋኑ ብምስዓብ ካብ ስድራቤቱ ራብዓይ ስዉእ ኮነ፡፡

አዘንታዊ፤

ኮሎኔል ተስፋብርሃን ባህልቢ (ወዲ ቀሺ.)

23

ሕነ ቀራናት ንጻዕማማት

ተስፋኣለም የማነ

ኣብ ግንቦት 1998፣ ስርዓት ወያነ ኣብ ልዕሊ ኤርትራ ወራር ምስ ኣወጀ፣ ወርሒ ኣብ ዘይመልእ ግዜ ተቓዳዲሙ ዘወሰዶ ስጉምቲ፣ ኣብ ኢትዮጵያ ንዝነብሩ ዝነብሩ ኤርትራውያንን ኤርትራዊ ዝመበቈሎም ኢትዮጵያውያንን፣ ኣብ መዳጕኒ መዓስከራት ኣኪብካ ድሕሪ ምስቓይ፣ ምብራር እዩ ነይሩ። እዚ ግፍዓዊን ኣረሜናዊን ስጕምቲ'ዚ ሰለስተ ዕላማታት ነበሮ። ቀዳማይ፣ ሕነ ናይቲ ሰራዊት ወያነ ኣብ ምጅማር ናይቲ ወራር ኣብ ግንባራት ዘወርዶ ዝነበረ ስዕረት ንምፍዳይ፣ ካልኣይ፣ ንዓመታት ርሂጾም ዘጥረዮም ንብረት ንምርሳይ፣ ሳልሳይ፣ ኣብ ልዕሊ መንግስቲ ኤርትራ ቀጠባዊ ተጽዕኖ ንምፍጣር። ካብዚ ብምብጋስ ድማ ቄልዓ-ስበይቲ፣ ሽማግለታት እንተላይ ኣብ ሆስፒታል ዝደቀሱ ድኑሳት ዝርከብዎም ኣስታት 70 ሽሕ ሰላማውያን ሰባት ግዳያት ኩይኖም ኣብ ከቢድ ጸገም ወዲቖም። ቀጺሉ ዝቐርብ ጽሑፋት እምበኣር፣ ኣብቲ እዋን'ቲ ብካድረታት ወያነ ካብ ዝፍጸም ዝነበረ ግፍዒታት ኣብ ጋዜጣ ሓዳስ ኤርትራ ካብ ዝሰፈረ ሒደት ኣብነታት ኩይኑ፣ ነቲ ዝነበረ ኩነታት ብመጠኑ ዘንጸባርቕ እዩ።

እልፊ በርጌስ ኣብ መንጎ ክልተ ዓረር

ሰሉስ 04 ነሓሰ 1998፣ እቶም ኣብ መቐለ ኣብ ዝርከብ ማእከላይ ቤት-ጽሕፈት ምምሕዳር ክልል ትግራይ ተኣኪቦም ዝወዓሉ ላዕለዎት ሓለፍቲ ምምሕዳርን ኣዘዝቲ ሰራዊትን ወያነ፣ ኣብ ግንባር ዛላንበሳ ንለይቱ

ክትግበር ዝሓንጸጹዎ ስርሒት ዝፍጸሙ ግዜን አገባብን አብ ወረቐት አጻፊፈሞ ፋሕ ቢሉ። ነፍሲ-ወከፍ ሓላፊ ተልእኾኡ ንምፍጻም ክወናጨፍ ጀመረ። ክልተ ንአሽቱ ወተሃደራዊ መካይን፡ መምርሒአም ናብ ሰራዊት ዘመሓላልፉን ዝከታተሉን ወተሃደራውያን ሓለፍቲ ጽዒነን ናብ ቅድመ-ግንባር ተመርቀፋ። ካብቶም አብታ ከተማ ላዕልን ታሕትን ዝብሉ ዝነበሩ አሕሉኾ፡ ሓደ ናይ ሓለኛ ሚእቲ መዓርግ ዘለዎ ሓላፊ ነቶም አብ ቅድሚኡ ዝተአከቡ ወተሃደራቱ ንአፈጻጽማ'ቲ ስርሒት ዝምልከት ትእዛዝ ሃቦም። ንእለት ከአ ናብቶም ካብ አዲስ-አበባን ከባቢኣን ተሃዲኖም ናብ መቐለ ምስ መጹ አብ ሓደ ቀጽሪ ቤት-ትምህርቲ ተደርብዮም ውዒሎም ዝሓደሩ ልዕሊ 300 ዝኹኑ ዓመት ዘይመልኡ ህጻናት፡ ነፍስ-ጸራት፡ ካብ ሆስፒታል ተጎቲቶም ዝወጹ ሕሙማትን ሽማግለታትን ዝርከቡዎም 1040 ኤርትራውያን ገስገሱ። ብረቶም እናወጣወጡን አዒንቶም እናፍጠጡን አብ ቅድሚአም ደው ምስ በሉ ከአ እቲ ኮነታት ብቐጽበት ናብ መልአከ ሞት ተለወጠ።

መግቢ፡ ማይ፡ ምንቅስቓስ፡ ሽንቲ፡ ንሓድሕድካ ብጉጅለ ምዕላል ፍጹም ተአገደ። እንትርፊ ናይቶም አጥባት አደታቶም መጥሚጦም ንጣብ ዕንጋሎ ዝሰአኑሉ ህጻናት ዘስምዑዎ፡ ከብድኻ ዝበልዕ መሪር ብኽያት፡ ኩሉ ሰብ ጥርቅም በለ። ናይ ነገር ጣቂ ከም ዘይኮነ ቆብ ሰለ ዘበሎ፡ ንሓድሕዱ ተጠማሚቱ ስቕ ካብ ምባል ሓሊፉ ካልእ ምርጫ አይነበርን። ድሕሪ ገለ ሰዓታት ከአ፡ "ሻዕብያ ዝለአኾም ኮማንዶ'የም" ተባሂሎም ግዱ ተጠርጢሮም ኩይኖም፡ ገለ ሽማግለታት ዝርከቡዎም ሰለማውያን ሰባት ቡቶም ናይ ወያነ ካድረታት አስማቶም እናተረቐሑ ተተመዝሒጮም ተሸርቡ። ጸሓይ መሓድሮኣ ክትሕዝ ንቑልቁል ገጻ ፍጥነታ ወሰኸት - ጮንቀት ናይቶም ርሒጾም ብዓመታት ዘጥረዮዎ ንብረቶም ዛሕዚሐም ክስጉጉ ዝተፈርዱ ሰለማውያን ሰባት ከአ ምስኡ እናዓረገ ከደ።

ልክዕ ሰዓት 6:00 ድሕሪ ቐትሪ ጥብቒ ወተሃደራዊ ትእዛዝ ተመሓላለፈ። "ኩሉኹ፡ ልሓዝካ ሒዝካ ዓይኒ እንተይሓዘ አብዙይ ሜዳ ስፖርት ተሰለፍ። ህጸጽ! ህጸጽ!" ተባህለ።

ናይ ቆልዓ ሰበይቲ ምግፋዕን ምብስባስን ልምምድ ክወስዱ ዘወርሑ ዝመስሉ ወተሃደራት ወያነ፡ ነቲ አብ ሓያለ መስርዕ ዝተሰለፈ ህዝቢ ዘንጠልጠሉ ሰናጡ እናጉርጉሩ ናይ መወዳእታ ተፍትሽ ተተሓሕዙዎ። ግዳ ብዘይካ'ተን ጽሩይ ማይ ስኢኖምለን አብ ፈቓዶ አብያተ-ማእሰርቲ ዝኸደኑወንን ዝንጻፉወንን ዝነበሩ አንሶላታትን ረሳሕ ጨርቅ-መርቂ ቄልዑን፡ ካልእ አይጸንሓምን። ብቐጽበት ከአ አብተን አብ አርባዕቲኡ ኩርናዓተንን መዓጹአንን ብረት ዝዓጠቑ ወተሃደራት ዝተሰቐሉወን መሳርዕ አውቶቡሳት

ከም አጣምራ ሰራዉ ተጸፍጺፎም፡ ጸሓይ ዕራብ ንከተማ መቐለ ሕቖአም ሂቦማ አንፈቶም ናብ ሰሜን አቕነዑ።

ጉዕዞአም ንንዶም - ኤርትራ ምኻኑ ኩሎም ዘፈልጡዎ'ዩ። በየናይ መገዲን ብኸመይ አገባብን ከም ዘኸዱ ግን እቶም ዘፈልጡዎ ካብ አጸብዒ ዝሓልፉ አይነበሩን። ንሳቶም፡ ብመገዲ'ቶም እንተስ ብዕርክነት ወይ'ውን ብርሀራህ ዝለገቡዎም ገለ ወተሃደራትን ሲቪል ትግራዎትን አቢሎም ነቲ አብ ግንባር ዛላንበሳ ዝተጸወደሎም ናይ ጥፍአት መጸወድያ ምስ ፈለጡዎ፡ ዘይሕረስ ጥንሲ'ዩ ኩይኑዎም ዉዒሉ። ነዚ ዘርዕድ ናይ ጥፍአት ዉጥን'ዚ ንቚልዓ-ሰበይቲ ምንጋር ፋይዳ ስለ ዘይነበሮ፡ እሞ ድማ ክመጽእ ዝኽእል ለዉጢ ስለ ዘይነበረ፡ አብ ዉሽጦም ገይሮም ብሻቕሎት ክሕመሱ ወዓሉ።

ሓደ ካብቶም ተጋዓዝቲ፡ ንሓደ ብዕርክነት ዝቐርቦ ዝነበረ ትግራዋይ ናይ ቀይሕ መስቀል ሓላፊ "ንምንታይ ኢኹም በዚ ርሱን ኩናት ዝቖነዖ ግንባር ዛላንበሳ ክትሰዱና ወሲንኩም? ንስኻትኩም ከም ወከልቲ ቀይሕ መስቀል ዋላ ምስቶም አብ ኤርትራ ዘለዉ አባላት ቀይሕ መስቀል ተረዳዲእኩም ቄልን ሰበይቲ ዘለዊዎም ሰለግዉያን ሰባት ይመጹ ከም ዘለዉ ዘይትሕብሩልና?" ኢሉ ተወከሶ።

እቲ ዓቢ ሓላፍነት ዝተሸከመ በዓል-ስልጣን ግን፡ ከምቶም ፖለቲከኛታት አሕዋቱ ንሓሶት ድሕር አይበለን። "ንሕና ዝከአለና ጽዒርና ኢና፡ እዚ ግን ብወገን ሻዕብያ ቅቡል አይኮነን። ብዘዕባኹም ንዘቕረብናሎም ሕቶ ጸማም እዝኒ'ዮም ሂቦምሉ።" ክብል ተስፋ ዘቑርጽ መልሲ ሃቦ።

ሓደ ካልእ ነቲ ኩነታት አቐዲሙ ዝሰምያዜጋ'ውን ዝወረደ ይውረደኒ ኢሉ፡ ነቲ አብ ጥቓኡ ዝነበረ ሓደ ካብ ሓለፍቲ ክልል ትግራይ ክዛረቦ ወሰነ። "ንምንታይ ኢኹም በዚ ሓደገኛ ቦታ ትወስዱና ዘለኹም?"ሓጺር ሕቶ ሓተቶ።

እቲ ወያናይ ሓላፊ፡ ሓሶት ክአልም ግዜ አይወሰደሉን። ብምቕሉል ግን ከአ ተንኮለኛ አዘራርባ፡ "ናይ ዓለም ቀይሕ መስቀል መንጉኛ ኩይኑ ንክልቴና አዘራሪቡና'ዩ። ንሻዕብያ'ውን ተነጊሩዎም አሎ። አብ ዶብ ዝቐበለኩም ጉጅለ ቀይሕ መስቀል ስለ ዘሎ፡ ዝኹን ይኹን ሓደጋ ክገጥመና'ዩ ኢልኩም አይትስግኡ።" ብምባል መለሰሉ። እቲ ሓዊ ግን ነቲ ሰለግዊ ህዝቢ ብልዙብ ቓላት አዳህሊልካ ናብ ሓዊ ንምጥባስ ዝተደርሰ ዘረባ'ዩ ነይሩ። ብዘዕባኣም ዝምልከት ንመንግስቲ ኤርትራ ይኹን አብ ኤርትራ ንዘመደበሩ ቀይሕ መስቀል ዝተዋህበ ዝኹን ይኹን ሓበሬታ አይነበረን።

ኩሉ ተጋዓዛይ ብምጽቕቛጥ ትንፋስ ክሓጽሮ፡ ብጥሜት ከብዱ ክለሓግ፡ ክሽይን ዕድልብምስአኑ ብመንፋሕቲ ከብዱ ክቕረጽ ጀመረ። እቶም ነቲ

አንጸላልዩ*ም ዝነበረ ናይ ጥፍኣት ሓደጋ ዝፈለጡ ከኣ፣ እቲ ብከውታ ለይቲ አብ መንን ክልተ ድፋዕ ምስ አተወ ብዓረር ጥይት ዝቐዘፍ ሰለማዊ ህዝብን ዝፈሰስ ደም ህጻናትን አደታቶም፣ ኮታ ኩሉ'ቲ አብ ቅድመአም ዝነበረ ግናይ ትርኢት እናተራእዮም ብተደራቢ ቅርጸት ተፋሕሱ። አዉቶቡሳት ፍጥነት እናወሰኻ ይሕንበባ - ሻቕሎቶም ከኣ ልዕሊ ፍጥነተን ይዓርግ።

ኩለን'ተን ጽዒነንአም ዝነበራ አዉቶቡሳት አብ መንን ዉቅሮን ዓዲ-ግራትን አብ ዝርከብ ጉላጉል ብሃንደበት ጠጠው ክብላ ትእዛዝ ተመሓላለፈ። ሸንጉጥ ዝዓጠቒ አዘዝቲ ሰራዊት ወያን ርሱን ኩናት ዝመርሑ ዘለዉ ክመስሉ፣ ካብ መካይኖም ዘዘሊሎም ብምውራድ አንቴናታት ሬድዮታቶም ዘርጊሖም ን'ቅድሚትን ድሕሪትን ተወናጨፉ።

"ሃለዉ! ሃለዉ! ፍንቃቕ እንተይገደፍካ ኩልኻ መጋረጃ ዕጾ፣ አብ አዉቶቡስ ዘረባ አይፍቀድይ . . . ሓለዋ ክጠብቕ እኔዎ፣ ብሒም ልበስ ብዓርስኻ አርምጃ ዉሰድ፣" እናበሉ ን'ወተሃደራቶም ትእዛዛት ሃቡ*ም። በስጉማአም'ን ሃዳዪ ድምጸም'ን አሽሓት ሰራዊት ን'መጥቃዕቲ ዘበገሱ፣ አብ ደቓይቕ ግንባራት ከፍርሱ ዝተቓረቡ'ዮም ዝመስሉ።

ድኻም'ን ጥሜትን ዝሓለፎም ቄልዑ ከም ሕሱም ወጨጨ። ብሽንትን ደገን ተዋጢሮም ዝተነፍሑን ዝተቓጽኑን ሽማግለታትን ነብሰ-ጾራትን ዓቕሎም ምስ ጸበሮ፣ ነቶም ወየንቲ መራሕቲ ብትሕትና ክልምኑ*ዎም ጀመሩ። ብዘይካ ን'ሽግሮም ዘ*ድድ ማህረምትን አእምሮአም ዘጨንቕ ጸርፍን ም'ጉ-ብዕባዕን ግን ካልእ ዝረኸቡ*ዎ አይነበረን።

ሕጂ'ዉን አዉቶቡሳት ን'ከተማ ዓዲ-ግራት ሓሊፈን ደው በላ። ሓለዋ ከጥብቕ ተቓሪዮም ዝጸንሑ ወተሃደራት ወያን ነናብ ዝተመደባሎም አዉቶቡሳት ተደረቡ። ነቶም ሰለማዉያን ሰባት ብምድሃልን ብምህራምን ከኣ መሬት ቀውጢ ገበሩዋ። ይዋእ'ዮ ሰለማዊ ህዝቢ ለይቲ ምድሪ ብራዕዲ ተዋሕጠ። በብዉሽጡ ከኣ መወዳእታኡ ከይከፍአ ናብ ፈጣሪኡ ጸሎት አዕረገ። አዘዝቲ ሰራዊት ወያን ነቲ ጽቡቕ ገይሮም ዝመለኹ*ዎ ቀዳማይ ተዋሶአ*ም ን'ምድጋም፣ብተን ናይ ርከብ ሬድዮታትም አቢሎም መራሕቲ አዉተቡስ መብራህቲ ከይዉልዑ፣ ናይ ዉሽጢ መብራህቲ'ዉን ከጥፍኡ ጥብቂ ትእዛዝ አመሓላለፉሎም። መራሕቲ መካይን ግን አይተቓበሉ*ዎን። ብዘይ መብራህቲ ምጉዓዝ ን'ሓደጋ ከቃልያም ም'ኻነ ጥርዓናም አቕረቡ። "ዝበልናኩም ትግበሩ ዲኹም አይትገብሩን?" ክብል ሓደ ካብቶም አዘዝቲ ምስ አንጠጠሎም ከኣ፣ ከም'ቲ ዝተባህሉ*ዎ ገበሩ። ህይወት ልዕሊ ሓደ ሽሕ ሰለማዊ ህዝቢ ጽዒኖም ብጓ̈ጌታ በቲ ግብ ዝበለ ጸላም ከብዶም ሓቑፎም ጉዕዞአም ብሃሰስ ቀጸሉ።

ብመራሕቲ ወያን አብ ልዕሊ ን'ጹሃት ኤርትራዉያን ክፍጸም ዝተወጠነ ስርሒት ቅዝፈት ዝትግበረልን ሰዓታት እናተቓረባ መጽአ። ብድሌቶም

ንዓዶም ዝተበገሱ ኤርትራዊያን ይመጹ ስለ ዘለዉ። ከተፋንዊያም ኢኹም፡ተባሂሎም ዝተዳለዉ። አባላት ሰራዊት ወያነ። አብ ፋጺ ዝተባህለ ከባቢ ድፋዓቶም ነተን መብራህቲ አጥፊአን ብሃሰስ ከመጽ ዝሓደራ አውቶቡሳት ዓገቱወን። ጎንድ ጸባ ከም ዝረኸበ ሃመማ ብቐጽበት ናብአን ዓሲሎም ድማ። ብዓይኒ'ብለይ ስኒ'ብለይ አኞሐቶም ናብ መሬት እናደርበዩ ከዝሕዝሑዎ ጀመሩ። ሰዓት 3:30 ናይ ለይቲ ምስ ኮነ ድማ። እቶም ንጹሃት ኤርትራዊያን ካብተን መካይን ብህጹጽ ከወርዱ ተአዘዙ። ኩሎም ምስ ወረዱ። ቡቲ አንፈቶም ፍጹም ዘይፈልጥሉ ጽዑቅ ግም ዝተሓወሶ ግብ ዝበለ ጸላም ንቅድሚት ገጾም ከብገሱ። እዚ እንተ ዘይገይሮም ግን ኩናት ከሸፍቱ ከም ዝኽእሉን አብ መንን ክልቲኡ ሰራዊት ብዓረርጥይት ተወቒያም ከወድቁ ምኽኖሞን ደጋጊሞም አጠንቀቛዎም። ነቲ ከም አባጌዕ ኮብኮቡ አብ መስመር ኩናት ክጠብሶም ዝተአዘዘ ሰራዊት ከአ ናይ ተበገስ ትእዛዝ አመሓላለፉሉ። እቶም ወተሃደራት ብግደአም። ነቲ ዝርኸቡ አኞሐቱ አብ ባይታ ተሓዋዊሱዎ ብሃሰስ ዝፈላሊ። ዝነበረ ህዝቢ ዝሓዝ ሒዙ ከብገስ ድሕሪ ምእዛዝ። ድሕርሕር ንዝበለ ብኢዶም እናደፍኡ ንቅድሚት ከኸብኩዎ ጀመሩ።

አርባዕተ ካብቶም ብዕድመ ዝደፍኡ ሽማግለታት ተጓዓዝቲ። ንሓደ ብሬድዮ ርክብ ሃለዉ እናበለ ዱላ በትሪ ሒዙ ዝኾብኩዖም ዝነበረ ሽጉጥ ዝዓጠቐ ሓላፊ፡ "በዚ ጸላም ምስዚ ግመን ዒፍዒፍታን ጭቃን ናብይ ገጽና ከም እንኸይድ አይንፈልጥን ኢና። ሕሙማት። ቄልዓ-ስበይትን ነብሰ-ጾራትን አለዉና። በጃኹ። አብዚኣ ተጸጊዕና ክንሓድር። መሬት ምስ በርሀ ባዕልና ክንወጽእ ኢና፡ ግዲ የብልካን፡ ምሕረትናአባኻን አብ እዝግን'የ!" እናበሉ አምሪሮም ለመኑዎ።

ከውሒ ክልሓጽ ግን ዝሕሰብ አይኮነን። "ትእዛዝ ትእዛዝ'የ! ሕጇ እንተ ዘይተበጊሰኩም ህይወትኩም ባዕልኻትኩም ንጥፍአት ከም ዘፈረድኩማ ኢና ንሓስቦ፡" ዝበል ነቓጽ መልሲ ምስ ሃቦም። ብዘይካ እናረአኻን አናሰማዕካን ናብ መንን ክልተ ሓዊ ምእታው ካልእ ምርጫ አይነበሮምን። ንድፋዓት ወያነ ሕቆአም ሂቦም ከአ ጉዕዞአም ቀጸሉ።

እቲ ኩነታት ዘተሓሳሰቦም ገለ ወተሃደራት ግን አይተሳእኑን። ገለ ካብአቶም፡ ነቶም ብለይቲ ናብ ሓዊ ዝአትዉ። ዝነበሩ ሰለግዊያን ስባት አጸናንዑዎም። ድፋዕ ሰራዊት ሻዕብያ ቀረባ ምኻኑ። ግዳ እቲ ቦታ ዘባ ኩናት ብምኻኑ ፈንጂ ክረኽብም ስለ ዝኽእል ካብ ጽርግያ የማነ-ጸጋም ከይወጹ። ክሳብ መሬት ዝበርሁ አብ ሓደ ቦታ ተጸጊያም ብምጽናሕ ጸዕዳ ነጸላ ዘርጊሖም ናብ ወገኖም ክአትዉ። ከም ዘለዎም ማዕዳ ሃቡዎም። አኞሐቶም እናተሸከሙ'ውን ክሳብ'ቲ ቀዳማይ ድፋያም አሳለዩዎም።

371

ዓይንኻ ዘንቁረካ ዘይትርእየሉ ጸላም ስለ ዝነበረ፡ ሓለፍቶም ወይ ብጾቶም ከይርእዮዎም ብዙሕ ስክፍታ ኣይነብሮምን። መራሕቶም ግን ቡብዝነቡሩዎ ሸንጉጦም እናወጣወጡ፡ ቀልጢፎም ድፋዕ ክሰግሩ እንተዘየሉ ኩናት ክዉልዑ ምኜኖም ደጋጊሞም ኣጠንቀቚዎም። ናብ ፈጣሪኦም እናተማህለሉ ድማ ኣብቲ ከዉታ ለይቲ ተመራሪሐም ንድፍዓት ወያነ ሓሊፎም፡ ኣብ መንጎ'ቲ ጥይት ኣብ ዓንቀር ኣእትዩ ንሓድሕዱ ተፋጢጡ ዝተሓላሎ ዝነበረ ሰራዊት ክልተኡ ወገን ክኣትዉ ጀመሩ።

ዳሕረዎት ንድፋዓት ወያነ ምስ ሰገሩን፡ ዝበዝሑ ኣብ ኣብ ጥቓ ድፋዕ ሓይልታት ምክልኻል ኤርትራ ከም ዝበጽሑ ምስ ኣረጋገጹን ከኣ፡ "ወተሃደራት ሻዕብያ ባዕላቶም ንዚጋታቶም ቀቲሎሞም፡" ብምባል ነቲ ኣብ መቓለ ክፐጀኡዎ ዝወዓሉ ዉዲት ንምፍጻም፡ ናይ መደናገሪ ተኩሲ ናብ ድፋዕ ሓይልታት ምክልኻል ኤርትራ ከፈቱ። ብተግባራቶም ከብዱ ሓቚፉ ዉዒሉ ዝሓደረ ህዝቢ፡ ካብ መዛግብ ሰራዊት ወያነ ተኩሲ ምስ ተፈነወሉ ዝገብሮ ጨነቆ። ምድረ-ሰማይ ከም ኣፍ-ዕንቁ ስለ ዝጸበቶ፡ ገለኡ ሳንጣታቱ ዛሕዚሑ ዝረኸበ ይርከበሬ ኢሉ ናብ የማነ-ጸጋም ጸርጊያ ነፈጸ። እቲ ዝተረፈ ድማ ዝገብሮ ሓርቢቱዎ ኣብ ማእከል ጸርጊያ ኣዕገርገረ። ኣቦታት ሰለማዉያን ሰባት ምኜኖም ንኽሕብሩ ጾዓ ነጸላታት ዘርጊሐም ጨደሩ። ኣደታት ምስ ቄልዑተን ከም ዝኹና ከፍልጣ ብዓቒሊ ጸበት ኣዉያትን ዕልልታን ደርጓሓኣ። ህጻናት'ዉን ኩሉ ነገራቱ ደንጽዮዎም ወጨጨ።

እቶም ቀዳሞት ዝተበገሱ እናንፍሓኹ ድሮ ኣብ ድፋዕ ወገናቶም በጺሓም ብምንባሮም ግን፡ እቶም ብትኩር ሓለዋ ድምጺ ክከታተሉ ዝሓደሩ ኣባላት ሓይልታት ምክልኻል ኤርትራ ናይ ግብረ-መልሲ ተኩሲ ቅድሚ ምኽፋፎቶም መንነት ዚጋታቶም ከለለዩ ከኣሉ። እቶም ኣብ ጸበባ ዝቚነዩ ንጹሃት ኤርትራዉያን ካብቲ ዝተሓስበሎም ጥፍኣት ኣምሊጦም ብዘይ ዝኹን ጉድኣት ሓመድ ዓዶም ረገጹ። ወያነ ዘወጠና "ገረብ ብሓኽላ" ዝብል እከይ ሽርሒ ድማ ፈሸለ።

*   *   *

ሕንጢትክ እንታይ በደለት?

ኣቦይ ሃብተጋብር ሃይለ፡ ገና ብቑልዓኣም ከለዉ'ዮም ብሳዕሪ-ብላዕ ምስ ወላዲኣም ናብ ትግራይ ሰጊሮም። ሕረት ኣብ እትበሃል ዓዲ ከኣ ዓብዮምን ብርኪ ፈልዮምን። ወላዲኣም ኣብቲ ሕክምና ፈጺሙ ዘይነበረሉ ከባቢ፡ ከም ወሓለ ወገሻ ዝተፈልጡን ብዙሕ ሰብ ዘሕወዮን ነበሩ። ድሕሪ ሞቶም ከኣቦይ ሃብተጋብር ነቲ ሞያ ብምዉራስ ካብ 1978 ኣትሒዞም ዝተሰብረ

372

ዓጽሚ እናጸጉኑ ንህዝቢ ኣገልገሉ። ብ1993 ኣብ ዝተኻየደ ረፈረንደም ኤርትራ ድሕሪ ምድማጽም ግን፥ ኣብቲ ከባቢ ዝተመደቡ ካድረታት ወያነ ክጠማመቱዎም ጀመሩ። ድላዮም ክገብሩዎም ምኽንያት ሃሰስ ክብልሎም ድሕሪ ምጽናሕ ከኣ፥ ኣብቲ ኣብ ባይቶ ኩናት ዝተወለዓሉ ቅንያት፥ "ምስ ሸፋቱ ትተሓባበር ኢኻ፡" ኢሎም 15 ኣሓ፥ 30 ኣጣልን ኣርባዕተ ኣእዱግን ዘረፉዎም።

ኣቦይ ሃብተጋብር ንጽባሒቱ ጥሪቶም እቶም ካድረታት ተማጪሎመን ነናብ ገዛእም ከም ዘወሰዱወን ምስ ፈለጡ፥ "እነ ዝፈጸምኩዎ ገበን የብለይን፥ ከሰስተይ ሓቀኛታት እንተ ኾይኖም መርትዖ የቅርቡ፡" ኢሎም ጠርዑ። ዝሰምዖም ኣካል ስኢኖም ምስ ረብረቡ ግን ትም ክብሉ መረጹ። ብኡ ተስፋ ከይቆረጹ፥ እናሓረሱ ሸሞንተ ደቆም ክናብዩ ጀመሩ።

ኣብ ከባቢ ናኹራን ባጎኒን ዝበየላ ዓዲታት ዓስኪሩ ዝነበረ ሰራዊት ወያነ፥ ካብ ላዕለዎት ሓለፍቱ ብዝተመሓላለፈሉ ትእዛዝ መሰረት፥ ኣብቲ ከባቢ ንዝነብሩ ኤርትራዊያን ንምጥርናፍ ኣብ ወርሒ ሓምለ 1998 ሓደ ንግሆናብቲ ከባቢ ወፈረ። ሽዑ ኣቦይ ሃብተጋብር ኣብ ባጎኒ ነበሩ። ኣብታ ዓዲ ክልተ፥ ኣብ ሕረት ከኣ ክልተ እንታይ ዝመስል ኣደራሽ ገዛ ነበርም። ኣብ ባጎኒ ዝነበሩ ኤርትራዊያን፥ ኣብ ኢዶም ከንጠልጥሉዎ ዝኽእሉ ቀንጠ-መንጢ ጥራይ ኣልጊሎም ብንግሆኡ ቡቶም ወተሃደራት እናተኹብኩቡ ናብ ቅርዓት ክወጹ ጀመሩ።

ነብሰጾር ዝነበረት ሰበይቶም ነቦይ ሃብተጋብር ኣደይ ቅድስቲ ተስፋማርያም ተጸሊኡዋ ኣብ ርእሲ ምቅናዩ፥ ሽዑ ንግሆ'ውን ከቕለውሉዋ'ዩ ኣርፊዱ። ሕርሳ ካብ ሽዓ መዓልቲ ከም ዘይሓልፍ ስለ ዝተረድኣት፥ ኣብ ርእሲ ሕማማ ጭንቅ በለት። ኣቦይ ሃብተጋብር'ውን ዝገብሩዎ ሓርቢቱዎም ብጭንቀት ዝኣክልኣብቲ ገዛ ኣዐለበጡ። ድሮ ኣብታ ዓዲ ዝነበረ ኩሉ ኤርትራዊ "ዉጻእ!" እናተባህለ ጾሩ ስለ ዝነበረ፥ ወተሃደራት ወያነ ዝተረፈ ከይህሉ ኢሎም ገዛ-ገዛ እናኣተዉ ክፍትሹ ጀመሩ። ኣቦይ ሃብተጋብር ከኣ ምስታ ኣብ ንእዳ ተጋዲማ ትቅንዙ ዝነበረት ሰበይቶም ኮፍ ኢሎም ርእሶም ደፊኦም ክትክዙ ጸንሑዎም።

"ልቾቼ፥ ስዓት ኣኺሉ'ዩ፡" በሉዎም።

ኣቦይ ሃብተጋብር፥ በዓልቲ-ቤቶም ሕማም ሕርሲ ተታሒዛ ከምዘላ ብምሕባር፥ ንሽዓ መዓልቲ ጥራይ ክምሕሩዎም ለመኑዎም። ምስኣም ዝነበራ 78 ዓመት ዝዕድመኣን ሓማቶም ኣደይ ኣብርሀት ማህደረ'ውን፥ "ስለ ማርያም ክትብሉ ንሎሚ መዓልቲ ግደፉና። ኣነ'ውን ከምዛ ትርእዩኒ ዓይኒ የብለይን፥ ብርኪይ ከኣ ጠሊሙኒ እዩ። በጃኹም ተለመኑ!"እናበላ ኣብ እግሮም ተደፍኣ።

"ስልኪ ተወቂዑ·ልና'ዩ፣ አይከዉን እዩ፣ ተአዚዝና ኢና፣" ኢሎም አቝበጹዎም:: ብድሕሪ'ዚ አደይ ቅድስቲ: "እሞ አነስ አብዛ ትሕቴና ዘላ ጉርኚ ክድቅስ እንተ ዘይኮይነ ከይደ'ውን አይክእልን" በለቶም:: ብምርኩስ ዝኸዳአደአ አደይ ምሕረት'ውን መገዲ ፈጺመን ከምዘይክእላ ደጊመን ነገራአም::

ወተሃደራት እናጉባዕብዑ: "ንነግረኩም አለና: ሕጂ እንተ ዘይወጺእኩም አብአ ትረኽቡዋ!"ኢሎምም ካብቲ ገዛ ወጽኡ::

አቦይ ሃብተጋብር: በዓልቲ-ቤቶም አብ መገዲ ሕርሲ እንተ ተመጺእዋ ህይወታን ህይወት ናጽላአን አብ ሓደጋ ከወድቕ ምኻኑ ስለ ዝተሰቈርም: ጮንቀቶምን ሻቕሎቶምን መሊሱ ገደደ:: ብዓቕሊ ጽበት ከአ ናብቶም አጠንቂቖሞም ዝኸዱ ወተሃደራት አምርሑ:: ገና ከይቀረቡዎም ከለዉ ግን ገጹ ከልአ·ዎም:: "ስለ ማርያም: አይትጨክኑ. . ." እናበሉ ክልምኑዎም ምስ ጀመሩ::

"አንታ ሰብአይ ትኸድ ዲኻ አይትኸድን? አብዚአ ድፍአ ከነብለካ ኢና!" እናበሉ አጉባዕብዑሎም::

"እሞ አበይ ደአ ከሕርሳ?" እናተመሻኸኑ ሓተቱዎም::

"ባዕልኻ ትፈልጥ! ዋላ አብቲ ጠጠው ኢልካሉ ዘለኻ አሕርሳ፣ ኪድ ረሓቐልና!" በሉዎ:: አቦይ ሃብተጋብር ተስፋ ቆሪጾም ብትካዝ ደፋእ እናበሉ ናብ በዓልቲ-ቤቶም ተመልሱ::

ነብስ-ጾር ቅድስቲ: ዓዲ ምሉእ ጸሪሩ ከሎ በዓል-ቤታን ደቃን ንቢይኖም አብ ዓዲ ምትራፎም ሓደጋ ከይወርዶም ብምስጋእ: ንቕልውላው ሕርሳ ተጻዊራ "ሰበይ ከጥፍእ አይኮኑኩን? ንኺድ እዝጊ ይፈልጥ. . ." ኢላ ካብ ንእዳ ብድድ በለት:: ተደጋጊፎም ሰላይ እናበሉ ንአስታት 50 ሜትሮ ምስ ሰጎሙ: ቅድስቲ ምኽአል ስኢና ዘልሓጥ በለት:: ብኸንደይ ጭንቂ አብ ጥቓ ሓደ ሩባ ምስ በጽሑ: አደይ አብርሀት በታ ቅሩብ እተርእየን የማነይቲ ዓይነን ደርጊፈገፍ እናበላ ንቅድስቲ መንጸፍ ዘርግሓላ::

አቦይ ሃብተጋብር"አንታ ፈጣሪ እንታይ'የ በዲለካ? ኩሉ ሰብ ሓዲጉኒ ከይዱ: ካብ ገዛይ አውጺእካ አብዚ ትገድፈኒ እንታይ'የ አቢሰ?"እናበሉ ምስ አምላኾም ተራገሙ:: አደይ አብርሀት ግን ማርያም ንንኣለን ብሰላም ከተገላግለን: ንመሬት ብኽልተ ኢደን እናጠብጠባ ንስግይ አንቃዕሪረን ተማህለላ::

ቅድስቲ ድሕሪ ብዙሕ ጻዕሪ ብሓገዝ አደአን በዓል-ቤታን አብቲ በረኻ ጓል ተገላገለት:: አቦይ ሃብተጋብር ቄልዓ ልኢኹ ወተሃደራት ወያነ ክግልሱላ ዝወሰዱዋ መገለሎም አምጽኡ'ሞ: ካብቲ ሩባ ማይ ቀዲሓም ክዳዊንታ አብ እምኒ ጨቒ·ጨቒላ:: ገዛአም ካብቲ ዝነበሩም ርሑቕ ስለ

ዘይነብሪ፡ ነታ ለይቲ እቲኣ ጥራይ ኣብ ገዛ ንኽሕድሩዋ ክልምኑዎም
ናብቶም ኣብ ማዕዶኦም ዝነበሩ ወተሃደራት ከዱ። ገና ኣብ ጥቓኦም
ከይቀረቡዎም ከለዉ፡ "ተመለስ! ብጥይት ክንደፍኣካ ኢና፡" ኢሎም ምስ
ኣፈራርሁዎም ግን ሰጊኦም ግልብጥ በሉ። ኣብቲ ዓዲ ሓደ ካብ ዓራት
ዘይትንስእ ድኑስ ተሪፉ ሰለ ዝነበረ፡ እቲ መገለል ከምጽእ ዝተላእከ ቄልዓ
ካብቲ ሰብኣይ ሰለስተ ፍረ ክርቢት ተማሊኡ ነበረ። ንምሽቱ ከኣ ሓዊ
ወሊያም ጉንዲ ኣናኸሱ።

ኣደይ ኣብርሀት ቡቲ ብጽላም ተደፊኑ ዝጸንሐ ዓይነን ነቲ ብርሃን ስለ
ዝረኣያኣ፡ "በሉ ወያነ ከይመጹ'ሞ ካብዚ'ውን ብጽላም ከየሳጉጉና ነቲ ሓዊ
ክዉል ኣብሉዎ፡"በላ ፈሪሀን።

ሓራስ ቅድስቲ ጡብ ጸባ ስለ ዘየውረደ፡ ሕንጢት ትቋምዑ ስኢና ብኽያት
ብብኽያት ኩነት። ኣብ መንን ሓደ ሰብኣይ መጺኡ፡ "ሰብ ዋይቱኒ'ሞ
ዘቃብረኒ ስኢነ በጃኹም'ን'ዶ ሓግዙኒ?"በሎም። ኣቦይ ሃብተጋብር ንባዕሎም
ሓራስ ገዲፎም ከመይ ኢሎም ከም ዝኸዱ ጨኒቖዎም ድሕሪ ምጽናሕ፡
ወተሃደራት ወያነ ብድሕሪኣም መጺኦም ከይጻብኡዎም ሰጊኦም ክሕግዙዎ
ከም ዘይክእሉ ሓበሩዎም።

ሕንጢት፡ ጥሜትን ንገጻ ዘወቅየ ዝነበረ ብርቱዕ ዛሕሊን ክትጸሮ ስለ
ዘይካኣለት፡ ጫቑ እናበለት እንከላ ድምጻ ዝሰምዑ ብዝሒ ዘለዎም ኣዛብእ
እናነቀዉ ክጽግዑዎም ጀመሩ። ኣቦይ ሃብተጋብር ምስ ደቄም ብኽልተ
ኣንጻር ኣንፈት ኩይኖም ሓለዋ ወጽኡ። ኣዛብእ ንሕንጢት ክምንጥሉ ኣብ
ዙርያኣም እናኹለሉ ብዙሕ ኣዕገርገሩዎም። ሕንጢት ጫቑ ክትብል ንሶም
"እንጉ. . .ይ!" እናበሉ ክግዕሩ፡ በዓል ኣቦይ ሃብተጋብር ድማ ቀም ከየበሉ
ክሕልዉዊ መሬት ወገሐት።

ንጽባሒቱ ኣደይ ቅድስቲ ትኽኣል ኣይትኸኣል ክብገሱ ነይሩዎም።
እንተኹን ሕንጢት ገና ዝቖመስ ብዘይ ምርካባ ኣብ መገዲ ከይትጠልሞም
ስለ ዝሰግኡ፡ ኣቦይ ሃብተጋብር ካብቶም ኣብቲ ከባቢ ዘማዕደዉዋም ሰብ-
ኣጣል ቀኑብ ጸባ ክልምኑ ደለዩ፡ ንወተሃደራት ወያነ ከየፍቀድካ ዘወር
ምባል ግን"ሰላዩ ኢኻ" ስለ ዘብለካ፡ ኣዝዩ ሓደገኛ እዩ፡ ሽግርም ናይ ሞትን
ህይወትን ስለ ዝነበረ ግን፡ ክሳብ ዝረግጹዎ ዝነበሩ ባይታ ከይጠልሞም
እናሰግኡ ከይደም ጮንቀም ነጊሮም ጸባ ለመኑዎም። ንሳቶም ግን ነዛ
ክርእዮዎም ስለ ዝጸልኡዎም፡ "ኣልግስ ኪድ! ከይትረኣየና!" በሉዎም።
ጥራይ ኢዶም ሓቛእም ሂሞም ተመልሱ። ክዳዊንቲ ናይ ቅድስቲ እንደገና
ጀፍጂፎም ድሕሪ ምሕጸብ ከኣ፡ ነቲ ምስ ምሉእ ንብረቱ ዝገደፉዋ ገዛኣምን
ሕርስ ዝኸረሙዋ ግራዉቶምን ንመወዳእታ ግዜ ሕቛእም ሂሞዎ ክብገሱ
ተቓረቡ። ብምሕር ብኽያት ደኺማ ዝነበረት ሕንጢት፡ ጉዝጓዝ ኣብ

ዝተገብረሉ ጂምቢል ኣተወት። ቅድስቲ ድማ ኣብ ሓንቲ ኣድጊ ተወጥሐት።
ንሕንጢት ዓባያን ኣቦኣን እናተበራረዮሳ ብጻዕሪ ሕርሲ ምሕር ተዳኺማ
ዝነበረት ቅድስቲ ከኣ ካብታ ኣድጊ እናደቐትን እናተንስኣትን ነቲ ነዊሕ
ጉዕዞ ተተሓሕዙዎ። ሕንጢት ብዳህርን ወቐኚ ጸሓይን ዝኣክል ዓቐላ
ጸቢቡዋ ትግዕር ስለ ዝነበረት፡ ምእንታኣ ክብሉ ኣብ ሓሓጺር ጉዕዞ ከዕርፉ
ይግደዱ ነበሩ። ጻላ ናብ ዘለዎ የላግሱ'ሞ ካብቲ ጂምቢል ኣውጺኣም
ንፋስ የውቅዑዋ። መለሳ እንተኹና ኢሎም ከኣ ንሓጺር ርሕቀት ሓቑፎማ
ይኸዱ። ካብታ ነዛ ዓለም ብመከራ ዝተጸንበረትላ ሰዓት ኣትሒዛ፡ ካልእሲ
ይትረፍ እቲ ጥዑም ድቃስ'ውን ኣይረኸበቶን። ኣ ደይ ቅድስቲ'ውን እቲ
ብወጽዓ ሕርሲ ዝቘሰለ ኣካላታ ብኹፍ ምባል ጥራይ መመሊሱ ይንድር
ስለ ዝነበረ፡ መብረ ክኾና እናሻዕ ካብታ ኣድጊ እናወረደት ብእግራ ሰለይ
ክትብል ትግደድ ነበረት።

ከምዚ ኢሎም ንሳልስቲ ድሕሪ ምንጓዝ፡ ብህይወት ገዛ-ገራብ በጽሑ።
ኣብኡ ብእኽለ-ማይ ዝተቐበሉዎም ኣባላት ሓይልታት ምክልኻል ኤርትራ
ከኣ፡ መኪና ኣስቂሎም ናብ ባድመ ኣእተዊዎም። ብሰላም ሓመድ ዓደም
ስለ ዝረገጹ፡ ብታሕንስ ፍንጭሕ ክብሉ ደለዩ። ካብ መኪና ምስ ወረዱ፡
"ወያን ሕማቐ'ዮም ተመንዮምልና ነይሮም፣ ኣምላኽ ስለ ዘይኣዘዞ ግን
ትምኒቶም ኣይተፈጸመን።" ብምባል ኩሎም ብግንባሮም ናብ ባይታ ፍግም
ኢሎም ንፈጣሪኦም ኣመስገኑ።

*   *   *

መሓውር ደጎል ዘስንከላ ኣእዳው

ደጎል ንጉሰ ንኤርትራ ብዘይካ ብዛንታ ብኣካል ይፈልጣ ኣይነበረን።
ኣብ ኣዲስ-ኣበባ'ዩተወሊዱ ዓብዩ። ዓቕሚ ኣዳም ምስ በጽሐ ግን፡
ሃገራዊ ግቡኡ ንምፍጻም ብወለንታኡ ምስ ካልኣት ኣብታ ከተማ ዝዓበዩ
ኤርትራዊያን መንእሰያት ናብ መደበር ተዓሊም ሳዋ ወረደ። ምስ ኣባላት
4ይ ዙርያ ወተሃደራዊ ታዕሊም ድሕሪ ምቅሳሙ ድማ፡ ምስ ፖሊስ
ተመዲቡ ኣብ መንደፈራ፡ ዓረዛ፡ ድባርዋን ኣስመራን ኣገልገለ። ሃገራዊ
ኣገልግሎቱ ምስ ወድአ፡ እናኣገልገለ ከሎ ዘጥረዮ ሞያ ጽርበት ዕንጸይቲ
ሒዙ ናብቲ ስድራቤቱ ዝነብሩዋ ኣዲስ-ኣበባ ተመልሰ።

ደጎል ኣብ ኣዲስ-ኣበባ ሳልሳይ ወርሑ ምስ ሓዘ ዘይተሓስበ ስርዓት
ወያነ ኣብ ልዕሊ ኤርትራ ወራር ኣወጀ። መራሕቲ ወያነ፡ ተቐዳዲሞም
ኣፈ-ሙዝ ጠበናጁኣም ናብ'ቶም ኣብ ኢትዮጵያ ዝቕመጡ 10ተታት
ኣሸሓት ኤርትራዊያን ክቘንዕ ኣዘዙ። በዚ ከኣ ኤርትራዊን ኤርትራዊ

መበቆል ዘለዎ ኢትዮጵያውን ኣብ ፈቓዶ ከተማታትን ዓድታትን ኢትዮጵያ ከም ኣራዊት እናተሃድነ ኣብ ሽላታትን መዓስከራትን ክዳጉን ጀመረ። መንእሰይ ደጕል'ውን ካብ ገዛኡ ብሰብ-ጠበናጁ እናተኹብኩብ ምስ ከምኡ ዝበሉ ኤርትራዉያን ናብ እንዳ ፖሊስ ከደ። በደሎም እንታይ ምኻኑ ከይተነግሮም ከኣ ብወተሃደራት ተዓጂቦም ናብ ሽጉሌ ዝተባህለ መዳጕኒ መዓስከር ተወስዱ።

ኣብቲ መዳጕኒ ዝተቐበሎም ካድራትን ወያነ፣ "ሳዋ ዝወዳእኩም በዚ ተፈለዩ።"በሉዎም።

ደጕል ዝርከቦም ብዙሓት መንእሲያት፣ "ንዓድና ክስዱና'ዮም ማለት'ዩ፣" ብምባል መንጕቶም ክሓብኡ ከይፈተኑ ተፈልዮም ወጹ።

"ናብ ኤርትራ ከይድኩም ኣብ ክረምታዊ ማእቶት ዝተሳተፍኩም'ውን በዚ ተፈለዩ፣" ምስ ተባህሉ'ውን ካልኦት ብርክት ዝበሉ ተመሃሮን መንእሲያትን ደድሕሪኣም ስዒቦም ተፈለዩ። ሎሚ-ጽባሕ ኣውቶቡሳት መጺኣን ንዓድና ክወስዳና እየን እናበሉ ከኣ ብተስፋ ክጽበዩ ጀመሩ።

እቶም ካድራት ግንኮቶም ቄልዓ-ስበይቲን ምርኩስ ዝሓዙ ሽማግለታትን ዝርከቡዎም ኤርትራዉያን ብኣልማማ ኣእዳዎም ብስንሰለት እናኣሰሩ ከጋፍዑዎም ጀመሩ። ሽዑ ደጕል ኣብታ ተዳጕኑላ ዝነበረ ክፍሊ ተኾርሚዩ ከሎ ሓደ ወያናይ ካድር ኣብ ቅርዓት ንሓንቲ ኤርትራዊት ጓል-ኣንስተይቲ እናቐጥቀጠ ከጋፍዕ ተዓዘበ'ሞ፣ ነብሱ ምግባር ኣብዩዋ፣ "እንታይ ጌራትካ ተጋፍዓ ኣለኻ?"ክብል ርእሱ በታ መስኮት ኣቐልቂሉ ተዛረቦ።

እቲ ካድር ነታ ጓል ገዲፉ ናብ ደጕል መጸ። "ኣንታ ሻዕዊያ! ኤርትራዊ ምኻንካ ከተፍልጥ ኢልካ ዲኻ!?"ኢሉ ብኢዱ ጁው ኣበሎ። ቀጺሉ ምሕኹልቲ ከምልጃኢሉ ብሰደፍ ጠበንጃኡ ወስ ምስ በለ፣ ደጕል እታ ሰደፍ ኣብ ነብሱ ከይዓረፈት ተቐዳዲሙ ብመዓኮራ ኣብ ኢዱ ኣዝሓላ።

ብድሕሪ'ዚ "ንሓላፊና ተባኢሱዋ፣" ብምባል ብዙሓት ኣብ ከባቢኡ ዝነበሩ ካድራት ዓጕግም ቀጥቀጡዎ። ኣእዳዉን ኣእጋሩን ብገመድ ክኣሰሩዎ ምስ ፈተኑ ግን፣ "ዋላ ሞት እንተኾኑ ብኣኹም መሬት ኣይጥዕጣን'የ!" ብምባል ፈንጠርጠር እናበለ በድሆም። ሽዑ እቶም ካድራት፣ "እቲ መርፍእ ዘይነምጽኦ?" ተበሃሃሉ። ደጕል ግዚያዊ መደንዘዚ ስለ ዝመሰሎ ኣይተዳህለን። ሰለስተ መርፍእ ብሓንሳብ ኣብ ሰለፉ ምስ ወግኡዎ ግን ክርድኣ ዘይካኣለ ስምዒታት ንኣካላቱ ክወር ተፈለጦ። ክልተኡ ኣብራኹ ንእለት ረዘረዝ በሎ። ብድሕሪኡ ሳንቦ-ሳንቦ ኢሎም ናብ ሽላኡ ወሲዶም ዓጸዉዎ።

ደጕል መራፍእ ምስ ወግኡዎ እንታይ ከም ዝኹነ ስለ ዘይተረድኦ፣ ንሓደ ምስኡ ዝነበረ ማጆር ዓንደማርያም ዝተባህለ ዓርኩ፣ "ክሽይን እየ፣" ኢሉዎ

ብሓይሊ ብድድ በለ። ሓንቲ ስጉምቲ ምስ ሰጐመ፥ ኣብ ዉሽጢ ኣካላቱ ተጨባቢጡ ዝነበረ ሃንደበት ከም ዝተዘርግሐ ሞላ፥ ተወርዊሩ ናብ መንደቕ ተጋጨወ። ብሓገዝ መተኣሰርቱ ተንሲኡ እንደገና ኣእጋሩ ከንቀሳቕሰን እንተ ደለየ፥ ድርቅ ኢለን ፍጹም ኣበያኦ። ብኡ-ንብኡ ከኣ ንብዓት ስዒሩዎ፥ "ኣደየይ! ኣደይ መዓረይ! ኣደይ. . .!"በለ ከይተረድኦ። መተኣሰርቱ ነተንብድራቑን ቀጥቀጥ ዝብላዝነበራ ኣእጋሩ ኣርኒዮም፥ ነቲ ዝነበረ ሓላፊ ናይቲ መዓስከር ጸገሙ ነገሩሎ። እቲ ሓላፊ ግን፥ ካድረታቱ ኩን ኢሎም ዝገበሩዎ ምኻኑ ስለ ዝፈለጠ፥ "ኣይምልከተኩምን እዩ፥ ስቕ በሉ፥" ብምባል ነታ ደጉል ዝነበራ ክፍሊ ንበይና ከም እትዕጸ ገበረ።

ደጉል ካብ ገፋዕቱ "ከመይ ኼንካ?" ዝብል ከይረኸበ ኣብታ ገዛ ተዓጽዩ ሳልስቲ ምስ ገበረ፥ ሳምቦ-ሳምቦ ኢሎም ኣብ መኪና ብምስቃል ምስ ካልኦት ከምኡ ንጹሃት ኤርትራዊያን ካብ ሸጉሌ ናብ መዓስከር ፌቸ ኣግዓዙዎ። ኣብኡ ብኾፈ-ኾፍ ክኸይድን ብጹቱ ተሰኪሞም ከሸኳን ጀመሩ። ከብዱ ፍርቂ ጸጉብ ፍርቂ ጥሙይ ዘሎ ኩይኑ ክስምያ ስለ ዝጀመረ፥ መተኣሰርቱ ፈሳሲ ጥራይ እናሃቡ ክከናኸኑዎ ፈተኑ። ኮነታቱ ከምዚ ኢሉ እንከሎ፥ ሓንቲ ክበጽሓ ኢለን ናብቲ መዳጉኒ ዝመጻ ኣደ"ደጉል"ኢለን እንተ ጸዊዐ፥ ደጉል ከም ቄልዓ ተሓዚሉ መጸን። ብሰንባደ ርእሰን ሓዘን ከእዉያ ቀኑሩብ ተረፈን። ንገጽኣን ምስ ተመለሳ፥ ኮነታቱ ንኣደኡ ነገራሎ። ሸዑ ጓል 50 ዓመት ዝነበረት ወላዲቱ ለተንስኣ ተሰፋሚካኤል ከኣ ዝገደፈት ገዲፋ ንጽባሒቱ ሃፍ እናበለት ናብቲ ዝነበሮ መጽአት። ደጉል፥ ኣደኡ ከም እግሪ ዘይተኸለ ህጻን ኣብ ባይታ ተኹርምዩ ክትርእዮ ኣብ ርእሲ ሕዱር ሕማም ብንሂ ጣዕ ከይትብል ስለ ዝሰግአ፥ ክትመጸ ኣይፈተወን ነይሩ። ካብ ዝፈርሆ ግን ኣይወጸን፥ "ኣራኸቡኒ ምስ ወደይ!" ኢላ ናብ ዉሽጢ ኣትያ ርእይ ምስ ኣበለቶ፥ ብሰንባደ ዉዓ ኣጥፊኣ ኣብ መሬት ወደቐት።

ካድረታት ወያነ ድልዱል በጽሒ ተረኪቦም ከብቅዑ ንወላዲቱ ብኾፈ-ኾፍ ከም ዝኸይድ ገይሮም ምስ ኣረከቡዋ፥ እንተ ተመሰላ ኢላ ሕክምናን ማይ-ጨሌ*ትን ክትፍትን ሒዛቶ ናብ ኣዲስ-ኣበባ ከደት። ወዳ ክሓውየላ ንፈጣሪኣ እናለመነት ንዓሰርተ መዓልታት ምስ ጸረት ግን፥ ንባዕላ*ውን ኢድ ካድረታት ወያነ ኣረኻኸበትላ። ነቲ ሰንኩል ወዳ ብዘይ ናባዩ ገዲፋ ካብ ኢትዮጵያ ክትስጎግ ተፈርደት። ወዳ ምስኣ ክትማልኣ ንካድረታት ወያነ ስእሊ ኣደይ ማርያም ሒዛ ለመነቶም። ንሳቶም ግን፥ "ንጓና ክወግእ ኢሉ እዩ*ኳ ሳዋ ሰልጢኑ፥" ብምባል ምኽንያት ናይቲ ንደጉል ዓዲ ከውዕሉዎ ኢሎም ኣብ ልዕሊኡ ዝወሰዱዎ ጨካን ስጉምቲ ንወላዲቱ ከይሓብኡ ብምግላጽ፥ ምስኣ ከም ዘይከይድ ኣቐበጹዋ። ደጉል ብገደኡ ብድሕሪኣ ዝናብዮ ከም ዘይብሉ እናሃበ ብምግላጽ፥ ምስኣ ክኸይድ ንካድረታት ወያነ ለሚኑ ምስላዎ ምስ ኣበዮ፥ ብዓቕሊጽበት እናንፍሓኹ

ናብታ ኣደኡ ተሳፊራትላ ዝነበረት ኣዉቶቡስ ደየበ። እቶም ካድረታት
ግን፡ "እዛ ኣዉቶቡስ ሕጂ ትብገስ ከይመስለካ፡ ክትሓድር እያ፡" ኢሎም
ከም ዝወርድ ድሕሪ ምግባር፡ እታ ኣዉቶቡስ ነደኡን ካልኦት ንጹሃት
ኤርትራዉያንን ሒዛ ብኡ-ንብኡ ተመርቀፈት።

ደጎል ድሕሪ ወላዲቱ ዘሐክሞን ኣብ ገዛኡ ዝናብዮን ስለ ዘይነበረ፡
ኣብ እንግድዓ ገበርቲ ሰናይ ጉረባብቱን መተዓብይቱን ወደቐ። ፈለጥቱ
በብተራ መግቢ እናምጽኡ ክኣልዮም ጀመሩ። ኣብታ ኣደኡ ዝገደፈትሉ
ሓንቲ ፍርናሽ ተኹርሚዩ ሸውዓት ወርሒ ምስ ኣቝጸረ፡ "ኦርማይ! ደጊም
ንቡር ሞት'ውን ዝረክብ ኣይመስለንን፡" እናበለ ተስፋ ክቖርጽ ጀመረ።
ምንቅስቓሱ ካብ ገዛ ናብ ቤተ-ክርስትያን ጥራይ ደረቶ። ወላዲቱ እዉን
"ሰርዓት ወያን ክንድዚ ኤርትራዉያን ካብ ኢትዮጵያ ሰጒጉ፡" ዝብል
ዜና ብድምጺ-ሓፋሽ ክትሰምዕ እንከላ፡ ወዳ ምስኣም እንተ መጸ ኢላ
ናብ ኣምሓጀር፡ ዓዲ-ኻላ፡ ሰንዓፈ፡ ዓሰብ፡ ወዘተ. ክትመላለስ ረብረበት።
ንሸውዓት ወርሒ ዝኣክል "ወደይዶ ርኢኹሞ?" እናበለት ኮላል ድሕሪ
ምባል ከኣ፡ ናይ ኢዳን እግራን ነጊፋ ብብኽያትን ጓሂን ዘይሓሰበቶ ሕማም
ኣጥረየት። ኮነታታ ከብድኻ ዝበልዕ ኮነ።

ደጎልምስ ምንዋሕ ግዜ ብዘይ ኣላዪ ምንባር ኣጸሊኡዎ ክሳብ ነብሱ
ከጥፍእ እናተደናደነ ከሎ፡ ንዓዱ ክስግጉ ምኽኣት ሃንደበት ተነገሮ። ምስቶም
ብምልዉዋጥ ማህደረ ትምህርቲ ናብ ኢትዮጵያ ምስ ከዱ ንሽሞንት
ኣዋርሕ ኣብ መዳጉኒ መዓስከራት ዝተሳቐዩ ተማሃሮ ዩኒቨርስቲ ክኣ
ናብ ኤርትራ መጸ። ብኮነታቱን ኮነታት ናይታ ጠዋሪ ዘይነበራ ወላዲቱ
ንምሕር ዝደንገጹ ኣባላት ሃማመተኤ ዞባ ማእከል፡ ብቐልጡፍ ሓንቲ
ኮሚተ መዚዞም ሓገዝ ንምዉጻእ ኣብ ኣስመራ ሙዚቃዊ ምርኢት ወደቡ።
ግዱሳት ብቐላይ ድማ እቶም ንወላዲቱ ዝፈልጡዋ ነበርቲ ኣኸርያ ኣብቲ
ናይ ምዝንጋዕ መደብ ኣስታት 60 ሺሕ ናቕፋ ኣወፈዮሉ። ወላዲቱ ሓጎሳ
ምቑጽጻር ስኢና ዕልልታ ደርጉሓቶ። ናብ መድረኽ ደዩባ ከኣ፡ "ደጊም
ሞት ከም ኣዳም! ካብ ሕጂ ንንየው ደጎል ወደይ ዘይኮነ ወዲ ህዝቡን
መንግስቱን እዩ፡" በለት።

*   *   *

መከራ ዋርድያ ኣምበሳደር

ተስፋልደት ወልዳኣብ፡ ኣብ ኣዲስ-ኣበባ ን24 ዓመት ዝተቐመጠ
ኤርትራዊ እዩ። ፖሊስ ኩይኑ ንተኸታተልቲ ሰርዓታት ኢትዮጵያ ብእምነት
ድሕሪ ምግልጋል፡ ብ1993 ኣብ 46 ዕድሜኡ ብጥሮታ ካብ ስራሕ ተፋነዬ።

379

ብድሕሪ'ዚ. ኣብ መንበሪ ገዛ ኣምባሳደር ኤርትራ ኣብ ኢትዮጵያ ናይ ዋርድያ ስራሕ ስለ ዝረኸበ፡ ከይተጸገም ስድራቤቱ ክኣሊ. ጀመረ።

ኣብ መጀመርታ ለካቲት 1999፡ ካብ ዲፕሎማስያዊ ዉዕላትን ኣገባባትን ወጻኢ. ብዘኹነ ኣገባብ ኣምባሳደር ግርማ ኣስመሮም ካብታ ሃገር ምስ ተባረረ። ድሕሪ ሳልስቲ ሽንጉጥ ዝዓጠቐ ኣባላት ጸጥታ ወያነ ናብ መንበሪ ገዛ ኣምባሳደር ግርማ ብምምጻእ ካንሸሎ ኬሕኮሑ። ተስፋልደት እቲ ዝሰምያ ድምጺ. ናይ ነገር ደሓን ከም ዘይኮነ ገሚቱ እናሰግኣ፡ "መን ኢኻ?" ክብል ሓተተ።

"ክፈቶ!" ዝብል ሓጺር መልሲ. ተዋህቦ። ምስ ከፈቶም፡ "እዚ ገዛ'ዚ ገዛ መንግስቲ ስለ ዝኾኑ፡ ክንርከቦ ኢና መጺእና ዘለና," በሉዎ።

ተስፋልደት ሃንደበት ኩይኑ ዋ ተዓነ ዓይኒ-ዓይኖም ጠመቶም። "ኣነ ገዛ ከረክብ ሓላፍነት ዘለኒ ሰብ ኣይኮንኩን፣ ተራ ዋርድያ ናይዚ ገዛ እየ፡" ክብል መለሰሎም።

"ስማዕ! ብቓደሙ'ውን ንዓኻ ምሕታት ኣይመድለየናን ነይሩ። ሕጂ በዓልና ኣቲና ክንርከቦ ኢና፡" ኢሎም ጥሒሶም ንዉሽጢ. ገዛ ክኣትዉ. ፈተኑ።

"ዝባን ሕጊ! ኣነ ሕጊን ስርዓትን ዝፈልጥ ሰብ'የ፣ ኣይኮነንዶ ናይ ኣምባሳደር ገዛ፡ ናይ ዝኾኑ ተራ ሰብ'ውን ብዘይ ሕጊን ኣገባብን ኣይእቶን እዩ። ስለዚ. ወኪል ናይ ኣምባሳደር ኣሎ ንዕኡ. ቅድም ትረኽቡዎ፣ ብድሕሪኡ ንሱ ኣእቲዎም እንተ ኢሉ ከእትወኩም። እንተ ዘይኮነ ኣነ ባዕለይ ክትኣትዉ. ከፍቅደልኩም ሓላፍነት የብለይን," ብምባል ተቢዑ ዓገቶም። ብድሕሪ'ዚ. ግልብጥ ኢሎም እናፈከሩ ናብ ቦታኦም ተመልሱ።

ድሕሪ ምኻዶም፡ ሳልሕ - ወኪል ኣምባሳደር ግርማ ናብቲ ገዛ መጽአ። ተስፋልደት ከኣ ኩሉ'ቲ ዘጋጠሞ ከነታት ብዝርዝር ነገሮ። እንደገና ድሕሪ ሳልስቲ እቶም ኣባላት ጸጥታ ጠበናጁ. ብዝዓጠቐ ወተሃደራት ተሰንዮም ናብቲ ገዛ ብምምጻእ፡ "እዚ ገዛ ተረክበና ዲኻ ኣይተረክበናን!?" ብምባል ኣጉባዕበዕሉ።

"ኣነ ኣቐዲም ነጊረኩም'የ፣ ንዓይ ኣይተፈራራርሑኒ፡ ምስቲ ዝምልከቶ ሰብ ተረዳዳእኩም ምጽኒ," ኢሉዎም ካንሸሎኣ ረገጠ። ንጽባሒቱ ሳልሕ ተመለሶ'ዎ፡ እቶም ወተሃደራት ድማ ብዙሕ ከይደንጎዩ ደድሕሪኡ መጺአም ካንሸሎ ደጊሞም ኬሕኮሑ። ተስፋልደት ከፈቲ ምስ ረኣዮም ትእዛዝም ከይተጸበየ ግልብጥ ኢሉ ንሳልሕ ጸዊዓሉ'ም። ሳልሕ ምስ መጸም፡ እቲ ገዛ ክርከቡዎ ብሓለፍቶም ትእዛዝ ከም ዝተዋህቦም ሓበሩዎ። ሳልሕ ግን፡እቲ ገዛ ናይ ዲፕሎማት ስለ ዝኾኑ፡ ብሕግን ስርዓትን እምበር ብሽምኡ ኣገባብ ካልእ ሰብ ክኣትዎ ፍቓድ ከም ዘይኮነ ሓበሮም'ዎ፡

ንብረቶም ክጥርንፉ ግዜ ክወሃቦም ከም ዝግባእ ኣገንዚቡ ማዕጾ ካንሸሎ ረጊጡ ንዉሽጢ ገዛ ተመልሰ።

ንምሽቱ እቶም ወተሃደራት ነቲ ካንሸሎ ደጊሞም ብሓይሊ እናደሰቒ "ክፈቶ! ወይ ድማ ነቲ ወኪል ጸዊዓልና!" በሉ። ንተስፋልደት ንሱ ግን "ስራሕ ሒዙ ኣሎ" ብምባል ኣቐበጾም።

ሸዉ ምሽት ሳልሕ ዘድሊ፥ ንብረት ናይ ኣምባሳደር ጠርኒፉ ኣብ መኪና ድሕሪ ምጽዓን፥ ነተን ኣብቲ ገዛ ተቐጺረን ዝነበራ ክልተ ስራሕተኛታት ናይታ ወርሒ መሃያየን ከፊለን። ንተስፋልደት ከኣ፥ ንግዜኡ ኣብኡ ክጸንሕ'ሞ ክራይ ኣባይቲ ነቲ ገዛ ምስ ተረከቦ ግን፥ ኣብ ኤምባሲ ኤርትራ ከም ዋርድያ ኩይኑ ስርሑ ክቐጽል ምኞቱ ሓቢሩዎ ከደ።

ንጽባሒቱ ኣጋ-ምሽት፥ ኣብ መኪና ተጸዒኖም ዝመጹ ብዙሓት ወተሃደራት ካንሸሎ ከይካሕኮሑ ብሓጹር ዘሊሎም ነቲ ገዛ ወረሩ። ሸዉ ተስፋልደት ክበጽሕ ምስ ዝመጸ ወዱ ኣብ ዉሽጢ የዕልል ነበረ። ናብቲ ዝነበር ክፍሊ ምስ ኣተዉዎ፥ "እቲ ንኮማንዶታትኩም ክዕደል ዝመጸ ኣጽዋር ኣበይ ተሓቢኡ ከም ዘሎ ሃየ ቀልጥፍ ኣርእየና!" እናበሉ ጠበናጁኣም ኣቐንዕሉ።

ተስፋልደት መንበሪ ቤት ናይ ሓደ ዲፕሎማት ብኸምኡ ኣገባብ ክዉረር ፍጹም ጌጋ ምኻኑ እናሓበራ፥ ኣብቲ ገዛ ዝፈልጦ ብረት ከም ዘይብሉ ከረድእም ፈተነ።

ወተሃደራት፥ "ዝኹን ምልክት ናይ ብረት እንተ ረኺብና ግን ኣብዚኣ ክንርሽነካ ኢና!" ብምባል፥ ንልኬቶ ናይቲ መዓጹ ብሓጺን እናሰበሩ ንኹሉ ክፍልታት ፈተሹዎ። ነቲ ዝበሉዎ ጠበናጁ ምስ ሰኣኑዎ፥ ናብ ተስፋልደት ተመሊሶም፥ "እቲ ብረታት ኣበየናይ ጉድጓድ ኢኹም ቀቢርኩሞ ዘለኹም ኣእርየና?" እናበሉ ከጋፍዑዎ ጀመሩ። ንኹሉ'ቲ ካንሸሎ ከኣ ብኤለክትሮኒካዊ መሳርሒ ፈተሹዎ። ዋላ ሓንቲ ግን ኣይረኸቡን።

ኣብ መወዳእታ ተስፋልደት ብተግባራቶም ስምዒቱ ምቁጽጻር ስለ ዝሰኣነ፥ "እዚ ገዛ'ዚ መንበሪ ገዛ ምኻኑ፥ ኣብዚ ዝካየድ ዝኹን ምስጢራዊ ስራሕ ከም ዘየለ ትፈልጡ እንዲኹም! ንኣምባሳደር ግርማ ክኣቱ ከወጽእ ለይቲ ምስ መዓልቲ ብወተሃደራትዶ ኣይኩንኩምን ትዕጀቡዎ ኔርኩም? ንስኻትኩም ዘይትፈልጡዎ ኣብዚ ገዛ እንታይ ክህሉ ትጽበዩ!?" በሎም ነዲሩ።

"ኣሃ. . .! ንስኻ ደኣ ኣይ ቀንዲ ሻዕብያ እንዲኻ፥ ከምኡ ም'ኔንካ'ውን እኮ ኣይጠፍኣናን፥ . . ."ኢሎም እናፈከሩ ምስ ወዱ ብስንስለት ቀፊዶም ጠበናጁኣም ኣቐኒያም ናብ ቤት-ማእሰርቲ ኩብኩቡዎም።

381

ተስፋልደት አብቲ 'ካልአይ ገበን መርመራ' ተባሂሉ ዝፍለጥ ቤት-
ማሕቡስ ምስ አተወ: "አብቲ ገዛ እንታይ ምስጢራዊ ስራሕ ይካየድ
ከም ዝነበረ ሓቂ ንገረና:" ትብል ቀዳመይቲ ሕቶ ቀረበትሉ:: ሰርሑ
ዋርድያ ምኽኑ: እቲ ገዛ ድማ መንበሪ'ምበር ናይ ስራሕ ከምዘይኮነ:
ለይትን መዓልትን ብወተሃደራት ተኸቢቡ ይሓድር ይዉዕል ከም ዝነበረ:
ብዘይካ አምበሳደር ግርማ ድማ ካልእ ናብቲ ገዛ ዝአቲ ወይ ዝወጽእ
ከም ዘይነበረ ብምግላጽ: ዝፈልጦ ምስጢራዊ ስራሕ ከም ዘየለ ከረድአ
ፈተነ:: እቶም መርመርቲ ግን በዚ አይዓገቡን:: አብቲ ኤምባሲን መንበሪ
አምበሳደርን ዝኸየድ ብዙሕ ሸርሒታት ከም ዝነበረ ዘየእምን መርትዖታት
እናቕረቡ ከእምኖ ጸዓሩ:: ተስፋልደት ተሪሩ "ዝፈልጦ የብለይን" ክብል
ንሳቶም "ትፈልጥ ኢኻ!" ኢሎም ከከራኸሩ ተረባረቡ:: አብ መወዳእታ
ምስ አቖበጾም ምሕር ተበሳጨዉ'ሞ: በብስለስተ - አርባዕተ ኩይኖም
እናተበራረዩ ብኹርማጅን በትርን ከኸንድፉአ ጀመሩ:: ከበዲ-እግሩ ብደም
ጨፈቕ-ፈቕ ክሳብ ዝብልን ሃለዋቱ አጥፊኡ አብቲ ዝሑል ስሚንቶ ክሳብ
ዝስጣሕን ከአ ገረፉዎ:: ድሕሪ ነፍሲ-ወከፍ ዘስካሕክሕ መግረፍቲ ብሓይሊ
ኮፍ አቢሎም ሕቶታት'ኺ የቐርቡሉ እንተ ነበሩ: ካብ አፉ ዝረኸቡዎ
መልሲ አይነበረን::

ካድረታት ወያነ: አብቲ ገዛ ይኹን አብቲ ኤምባሲ ዝኸየድ ዝኾነ
ምስጢራዊ ስራሕ ከም ዘይነበረ አረጋጊጾም ይፈልጡ ነይሮም እዮም::
ዕላማእም ግን ንተስፋልደት ብምሕር ምቕጥቃጥ ብዘይ ልቡ ከለፋልፍዎ'ሞ:
ሸዉ "ዋርድያ ናይቲ አምባሳደር ንምስጢራዊ ሸርሒታት አምባሳደር
ኤርትራ አቃሊዑ:" ዝብል ዜናዊ ፕሮፖጋንዳ ንምፍናው'ዩ ዝነበረ:: እቲ
እከይ ሓሳቦም ከም ዘይሰምረሎም ምስ ተረድኡ: "ጽናሕ አንታ ሻዕብያ!
አብዚኣ ሓሲኽካ ክሳብ ትመዉት አይክንገድፈካን ኢና:" እናበሉ ፈከሩሉ::
ተስፋልደት ግን ዝገበሩ ይግበሩኒ ኢሉ:ዝኾነ ቃል ከየምሎቘ ብቻንዛኡ
እህህ ምባል ቀጸለ::

ተስፋልደት ንመዓልቲ ክልተ ቬ እናተደርበየሉ: ኩነታት ናይቲ ምስኡ
ዝተአሰረ ወዱ ከይፈለጠ: ብዘስካሕክሕ መግረፍቲ እናተሳቐየ ሓሙሽተ
ወርሒ አብኡ አሕለፈ:: ብድሕሪ'ዚ እቶም መርመርቲ ብማህረምቲ
ረብሪቦም ተስፋ ምስ ቈረጹ:ናብ ሓደ ረዳእ ዝተባህለ ሓላፊ ገበን መርመራ
ናይ ክልል 14 አቐረቡዎ:: "እንታይ አለዎ'ዩ ሓቂ ምዝራብ? ካብዚ ኵሉ
ዘለኻዮ ስቓይ ዝኸፍእ የልቦን: ዋላ ባዕልና አብቲ ኤምባሲ እንታይ ይካየድ
ከም ዝነበረ ክንሕብረካ ዘይትዛረብ? ካብዚ ሽግር'ዚ ከአ ትገላገል. . ."
ብምባል እናአቃባጠረ ለመኖ::

ቃል ተስፋልደት ሕጂ'ውን መለሳ ዘይብላ ሓንቲን ደረቕን ኮነት::
"አነ ፖሊስ'የ ነይረ: ዝኾነ ነገር አልዐል አቢለ ክዘረብ ሞ'ያይ ኩን

ባህርየይ ኣየፍቅደለይን እዩ፡” ኢሉ ደረኾ። ብድሕሪ'ዚ ናብ ካልእ ጀማል
ዝተባህለ ሓላፊ መርመርቲ ተወሲዱ ተመሳሳሊ ልመና ቀረበሉ። ተሰፋልደት
ግን "ክሳደይ ንኻራ፡" ኢሉ ደኣ ኣኾበጸ። መርመርቲ ቀጥቂጦም ምስ
ረብረቡን ለሚኖም ምስ ተሓለሉን፡ "ሕጂ ብኾጥታ ክትባረር ኢኻ፡" በሉዎ
ብሕርቃን። ተስፋልደት ክኣምን ኣይከኣለን፣ ካልኣይ ሳዕ ዝተፈጥረ ኩይኑ
ተሰምዖ። ድሕሪ ቁሩብ መዓልታት ከኣ ካብቲ ዘስካሕክሕ መግረፍቲን
ማእሰርቲን ተገላገለ'ሞ፡ ወዱ ናብይ ከም ዘበሉዎ ከይፈለጠ ምስ ካልኦት
ከም ናቱ ስቓይ ዘሕለፉ ኣስታት 300 ንጹሃት ኤርትራዊያን ኣብ ወርሒ
ሓምለ 1999 ናብ ዓዱ ተባረረ።

*   *   *

ሰባር ብላቴ

ኣቡበከር ዑመር (ወዲ-ዕምረ) ኣብ ወሎ ዝቆመጡ ቤተ-ሰቡ ክበጽሓም
ኢሉ ምስ ከደ፡ ምስእም ሰሙን ከይገበረ'ዩ ንዓዱ ክምለስ ተበጊሱ።
ኣቾዲሙ ንመፈተሺ ነቑጣ ዛላምበሳ - ፋጺ ብዘይ ጸገም'ዩ ሓሊፉዎ
ነይሩ። ኣብ ምምላሱ ግንኮነታት ተቆያዩሩ፣ ሰራዊት ወያን ኣብ ዛላምበሳ
ንዝዓረደ ሓይልታት ምክልኻል ኤርትራ ሓደጋ ክወድቆ ይሸባሸብ ነበረ።
ኣብቲ ከባቢ ዝነበረ ንብረት መንግስቲን ሓለፍቱን ከኣ ድሮ ብተበተብ
ንዓዲ-ግራት ከግዕዝ ጀመረ። ኣብኡ ዝነበሩ ተጋሩ'ውን ንዊሽጢ ክኣትዉ
ተሓበሮም።

ወዲ-ዕምረ ኣብ ዓዲ-ግራት ብምዕራፍ 'ኢትዮጵያ' ኣብ ዝበሃል ሆቴል
ሓደረ። ንንግሆኡ ኮነታት መገዲ ምስ ኣጣየቾ፡ ደሓን ከም ዘሎ ተነግሮ።
ብሸነኽ ባድመ፡ ኣብ መንን ክልቲኡ ሰራዊት ረጽሚ ከም ዝተፈጥረ
ዘመልክት ወረ ድሮ ተወዓዊዑ ነበረ። ብወገን ዛላምበሳ ግን ክሳብ ሽዑ ግጭት
ኣይነበረን። ወዲ-ዕምረ ዝተሳፈራ ሚኒባስ ፋጺ ምስ በጽሓት ተዓግተት።
ፖሊስ ናይቲ መፈተሺ ነቑጣ መንነት ወረቾት ሓተቱ። ንኤርትራዊያን
ዘበሉ ከኣ ፈልዮም ኣብኡ ኣትረፉዎም። ወዲ-ዕምረ ታሴራ ከም ዘይብሉ
ስለ ዝሓበረ፡ ተሰፋይ ናብ ዝተባህለ ሓላፊ ናይቲ ነቑጣ ወሰዱዎ። ኣብኡ
ጅባኡ ምስ ፈተሹዎ ኣርባዕተ ሽሕ ናቕፋ ረኸቡሉ። ናብ ቤተ-ሰብ
ከብጽሓን ብሓደራ ዝተዋህባእ እየን ነይረን። ተሰፋይ ንብምልኡ'ቲ ገንዘብ
ኣብ ቅድሚኡ ከም ተራ ወረቾት ቀዳዲዱ ደርበዮ።

"ናቕፋ ዝሓዘን ሓሸሽ ዝሓዘን ሓደ'ዩ እናተባህለ እንታይ ክትገብር
ሒዝካዮ? ሻዕብያ ንኸትስልዩሎም ኢሎም ዲዮም ነዚ ሂቦም ሰዲዶምኻ?"
ብምባል፡ ብኢዱ ኣይገድፍ ብእግሩ ክሳብ ዝርብርብ ደኮሮ። ቄጠዐኡ
ብኡ ስለ ዘይዘሓለሉ፡ ኣብቲ ኬላ ንዝነበሩ ፖሊስ ጸዊያም። ንሳቶም'ውን

ብበትሪ ኣይገድፉ በእጋሮም ክሳብ ዝደኸሙ ቀጥቀጡዎ። ወዲ-ዕምረ ግን ብምቕዳድ ናይተን ብሓደራ ዝተረከበን ገንዘብ ዉሽጡ ብሕርቃን ነዲዱ ስለ ዝነበረ፡ ኩሉ'ቲ ማህረምቲ ኣይዓጀቦን። እቲ በብሚእቲ ዝተጠምረን ከም ዝነቐጸ ቀርበት ቄራዕ-ራዕ ዝብል ዝነበረን ሓድሽ ናቕፋ፡ ኣቃድኡ ከም ድሩቕ ስእሊ ኣብ ዓይኒ ሕልናኡ ተቐሪጹ መመሊሱ ኣሰካሕክሖ።

ወዲ-ዕምረ ሸዉ ንሸዉ ኣእዳዉ ብመቑሕ ተኣሰረ። ሰራዊት ወያነ'ውን ነቲ ክሸባሸሉ ዝቐነየ ዉግእ ዛላምበሳ ጀመሮ። ግዳ ኣይቀንያን - ዝተፈነወሉ ሓያል መልሰ-መጥቃዕቲ ምጽዋር ስኢኑ ንድሕሪት ሃደሙ። ካድራት ወያን ከኣ ኣብቲ ከባቢ ኣሲሮሞም ንዝነበሩ ኩሎም ኤርትራዉያን ሰለማዉያን ሰባት ንዓዲ-ግራት ኣግዓዙዎም። ክሳብ ፍቻ ዘብጽሑዎም ከኣ ኣብ ዘዘሓለፉዎም መገዲ: "ኣብ ዛላምበሳ ዝተማረኹ ሻዕብያ እዮም:" እናበሉ ነቲ ህዝቢ ኣደናገሩዎም።

ኣብ ፍቻ: እቲ መስፍን ዝበየል ሓላፊ ናይቲ መዳጉኒ መዓስከር ኩላቶም ርእሶም ክላጽዬ ኣዘዞም። ቢንያም ዝበየል እሱር "ኣይንላጸን ኢና:" ስለ ዝበሎ: ተቆዳዲሙ ጉንዲ-እዝኑ ኣላደዶ። እቶም ኣብኡ ዝጽንሑ ኤርትራዉያን ተመሃሮ ዩኒቨርስቲ'ውን ብሓባር: "ዘፈጸምናዮ በደል ስለ ዘየለ ኣይንላጸን ኢና!" በሉ። ሸዉ መስፍን ብዙሓት ፖሊስ ሒዙ ተመልሶም፣ ንኹላቶም ኣብ ባይታ በጥ ኣቢሉ ከኣ ከም ሕሱም ቀጥቀጦም። ሓደ ካብኣቶም ፍረ-ነብሱ ስለ ዝተሃርም: ሃለዋቱ ኣጥፊኡ ኣይምዉት ኣይስሩር ኮነ።

ኣብቲ ክካየድ ዝቐነየ ኩናት ዝተማረኹ ሓደት ኣባላት ሰራዊት ኤርትራ ናብቲ መዓስከር ኣምጽኡዎም። እሱራት: ነቶም ብጥሜት ዝማስኑ ምሩኻት ኣሕዋቶም ምስ ረኣዩ ደንገጹሎም። ገንዘብ ኣዋጺኦም ከኣ ካብ መንነኦም ሰባት ሰዲዶም ኣብጽሑሎም። ካድራት ወያን ግን ነቶም ገንዘብ ከብጽሑሎም ዝተላእኩ: "ከተህድሙዎም ኢኹም ሓሲብኩም:"ኢሎም ብዘስካሕክሕ ኣገባብ ቀጥቀጡዎም።

እሱራት ከምፕላሴኒ ተኸዲኖምን ኣሳእኖም ተሓዲጎምን ካብ ፍቻ ናብ ብላቴ ተወስዱ። ኣብኡ ድማ ጉድኒ-ጉድኒ'ቲ ዘስካሕክሕ ግፍዒ ፖለቲካዊ ትምህርቲ ክወሃቦም ጀመረ። "መን እዩ ወራሪ?" እትብል ሕቶ ቀዳመይቲ መካትዒት ነጥቢ ኮነት። ወዲ-ዕምረ ኣብ ደንካልያ ኣብ ዝርከብ ዳንዴር ዝበየል ቁሸት'የ ዓዱ። ዓዲ-ምሩግ ከኣ ኣብ ከባቢኣም እያ፣ ክንዲ ዝኹሉ: ወያን ንዓዲ-ምሩግ ወሪሩ ምስ ሓዘ፣ ምምሕዳር ኣፍሪሱ ወተሃደራቱ ኣሰፊሩላ ምንባሩ ብዓይኑ ከም ዝረኣየ ገለጸ። ሚኪኤል ግርማልኡል ዝበየል መተኣሰርቲ'ውን ኣዉቲስታ ኩይኑ በቲ ከባቢ ከም ዝተመላለሰ፡ ቅድሚ'ቲ ኣብ ባድም ዘጋጠም ግጭት: ሰራዊት ወያን ናብ ዓዲ-ምሩግ ጥሒሱ ምእታዉ ብጭቡጥ ከም ዝፈልጥ ኣብርሃሎም። ብድሕሪ'ዚ ኪዳነማርያም

ዘበሃል ካድር: "እዚ ሻዑ መለስን ኢሳይያስን ተረዳዲአምሉ እዮም። ተቻወምቲ ንምህዳን እንተ ዘይኩዪኑ ብደረኛ መንግስቲ ኢትዮጵያ ዘፍለጥ ወራር ኣይተኻየደን።" ብምባል ሃደዶም። እቶም ካድራት: ነቶም "ሻዕብያዊ ኣረኣእያ ኣለዎም" ዘብሉዎም እሱራት ንምልላይ ኢሎም እዮም ነቲ ክትዕ ኣልዒሎሞ።

ሰራዊት ወያነ ንባድመ ወሪሩ ከም ዝሓዘ ወረ ክጋዋሕ ጀመረ። ሻዑ ወዲ-ዕምረ: "ባድመ'ሞ ኣይነይቲ ኩይና'ያ፣ ሻዕብያ ጽባሕ ንግሆ ንዓዲ-ግራት ክሕዙዋ'ኳ ይኽእሉ እዮም።" እናበለ ምስ ብጾቱ ከዕልል እንከሎ ሓደ ትግራዋይ ስምዖ። ክልተኣም ኣቆዲሞም ብሪጋ ናይ ማይ ዝኣክል ተባኢሶም ስለ ዝነበሩ: ነታ ዘረባ ናብቶም ላዕለዎት ካድራት ኣብጽሓ። ሻዑ ኪዳነማርያም መጺኡ: "ፍኑሕ-ኑሕ እንዲኻ ትብል ዘለኻ፣ ኣሎ ዘበሃል መቆጻዕቲ ምስ ተቆብልካ ስጥ-ለበጥ ክትብል ኢኻ።" ብምባል ፈከረሉ። ጋንታኡን ሓይሉን መዝጊቡ ከኣ ኣፋነዎ። ድሕሪ ገለ መዓልታት ባዜ ከምጽኡ እናሽኩ ከለዉ: ወዲ-ዕምረ ንእግረ-መገዱ ሽጋራ ክገዝእ ጠጠው በለ። እቲ ዝሑልዎም ዝነበረ ኣምሓራይ ፖሊስ ኣብ ከባቢኡ ተጋሩ ሓለፍቲ ስለ ዝነበሩ: ንዓኣቶም መታን ከሕጉሱ: "ንምንታይ ጠጠው ትብል?" ኢሉ ክልተ-ሰለስተ ቡትሪ ኣብ ዝባኑ ኣዕለበሉ።

ወዲ-ዕምረ እቲ ኣብ ልዕሊኡን ኣብ ልዕሊ ብጾቱን ዝወርድ ዝነበረ ግፍዒታት ካብ ግዜ ናብ ግዜ እናገደደ ብዝኸደ: ድሕሪ ግዜ ካብቲ መዳጉኒ ብህይወት ናይ ምዉጻእ ዝነበሮ ተስፉ ቀሃመ። ነቲ ዘወርዶ ዝነበረ መግረፍቲን ካልእ ኣደራዕን ክጾሮ ስለ ዘይከኣለ: ምስ ካልኣዩ ካብቲ መደጉኒ ክሃድም ወሰነ። ንሱ 100 ብር: መተሃድምቱ ሃይለ ድማ 10 ብር ጥራይ እየን ዝነበራኣም። ሳልሳይ ዝኹኖም ገንዘብ ዝነበረ ሰብ ኣናድዮም ረኸቡ። ብድሕሪ'ዚ ንኹሉ መምሎቆ ቦታታት ከጽንዑዎ ቀነዩ። ብኣርባ-ምንጭዎ ኣቢሎም ሞያለ (ኬንያ) ክኣትዉ'ዩ ዊጥኖም። እንተኹኑ ኣጋ ምብጋሶም: እቲ ሳልሳዮም ስኒኡ ሓሳቡ ቀየረ።

ወዲ-ዕምረን ሃይለን ሰዓት 5:00 ናይ ምሽት ብሓንቲ ዘጽንዑዋ ሃንፍ ቦታ ንኽሞልቁ ተቐረቡ። ሻዑ ብኣጋጣሚ እቶም ናይ ዩኒቨርስቲ ተመሃሮ ንዓደም ንኽፋነዉ ካብቲ መዳጉኒ መዕስከር ይወጹ ስለ ዝነበሩ: እቲ ዝነበረ ዕግርግር ጠቐሞም። ዓብዱ ንዝተባህለ ፖሊስ ኣሸኪያም ከኣ ተበገሱ። ነቲ ሰጣሕ ጐልጐል ናይ ብላቴ ተቐላጢፎም ምስ ሓለፉዎ ናብቲ ዕሙር ጫካ ኣተዉ። ነዊሕ ከይከዱ ግን ምድረ-ሰማይ ጸብ ኢሉ ጸልመተ። እቲ ብዓበይቲ ኣግራብ ዝተሸፈነ ዱር ክዋኽብቲ ሰማይ ከርኢ ዝኽእል ኣይነበረን። ድምጺ ኣንበሳ: ነብሪ: ዝብኢ. . . በብኹርናዑ ክልቃሕ ጀመረ። ንመከላኸሊ ዝተማልኡዋ: በሊሕ ርእሲ ዘለዋ ቀጣን ሓጺን ጥራይ እያ

385

ሒዘም። በብተራ እናመርሐሙ ሓያለ ምስ ተጓዕዙ ኣንፈቶም ኣጥፍኡ። ኣብ ርእሲኡ'ውን ኣራዊት ኣብ ቅድመኣም እናተገተሩ ምሕላፍ ስለ ዝኸልኡዎም፡ ንኽዕቀቡ ናብ ሓደ ገቦ ደየቡ።

ንግሆ መሬት ዳዝዳዝ ምስ ኮነ፡ ካብቲ ገቦ ወረዱ። ኣብቲ ጫካ ከኣ ንኽልተ መዓልቲ ተጓዕዙ። ብጥሜትን ጽምኢን ተሰኒፎም ኣካላቶም ረሸሽ ምስ በሎም፡ ሱረ-ሙር ሓዪኾም እናመጸዩ ጉረሮኣም ከጥልሉ፡ ኣቘጻልቲ ሸምጢጦም ከብዶም ከጥብሩ ፈተኑ። ደሓር ግን ኣብ መገዶም ዙብ ኢሉ ዝበሰለ ምልያ ስለ ዝረኸቡ፡ ብመጠኑ ተዓንጊሉ። ድሕሪ ናይ ሳልስቲ ጉዕዞ ከኣ ክብ ኣርጋ-ምንጭ ዝበጽሕ 'ሓይቂ' ዝበሃል ዓቢ ቀላይ ዓገቶም። ንድሕሪኣም ተመሊሶም ጉድኒ-ጉድኒ'ቲ ቀላይ ብምኻድ እንደገና ናብቲ ጫካ ኣተዉ። እቲ ህልም ዝበለ ጫካ ሰብ ረጊጹዎ ዘፈልጥ ኣይመስልን እዩ። ለይቲ ምስ ኮነ፡ ካብቶም መገዲ ምሕላፍ ዝኸልኡዎም ዝነበሩ ኣራዊት ንምድሓን ናብ ሓደ ዓቢ ገረብ ሓኹሮም ኣብኡ ሓደሩ።

ንጽባሒቱ ክይድ ዊዒሎም ነቲ ዝገደፉዎ ቀላይ እንደገና ረኸቡዎ። እቲ ከባቢ፡ ብኸም ሓራምዝ፡ ጉማረ፡ ሓራግጽ፡ ገባብል. . . ዝኣመሰሉ እንስሳ ዘገዳም ዝተጉብአ ነበረ። ካብቶም ኣራዊት ንላዕሊ ዘፍርሆም ዝነበረ ግን፡ 'ጉጀ' ዝተባህሉ ቀቢላ ኸይረከቡዎም እዩ። ጉጀ ሰብ እንተ ረኺቦም ሓደው ይቐትሉዎ፡ ወይ ብልዕቱ ይቘርጹዎ እዮም ዝብል ዕላል ሰሚያም ነይሮም እዮም። ነቲ ኩሉ ጣሻ ጠሓሒሶም ክሓልፉዎ ከለዉ ክዳውንቶም ጸጉን ስለ ዝመልአ፡ ልክዕ ቅንፍዝ ይመስሉ ነበሩ። ማዮም ሰትዮምን ተሓጸቢዮምን ከኣ ተበገሱ።

ሸው ግን ካብቲ ቀላይ ክርሕቁ ኣይደለዮን። ገምገም-ገምገም ኣቢሎም ከኣ ቀጸሉ። እቲ ጥቆጥቆ ዝበለ ጫካ ከሕልፎም ስለ ዘይከኣለ፡ ዝበዝሕ በቲ ዘይፈልጡዎ ቀላይ እናሓንበሱ ይቘርጹ ነበሩ። ብፍላይ ወዲ-ዕምረ ዕባይ ቀዬሕ ባሕሪ ብምኻኑ፡ ካብ በቲ ጫካ በቲ ቀላይ እናሓንበሰ ኣቋራጭ ክኸይድ ይስልጦ ነበረ። ክሳብ ሰዓት 5:00 ናይ ምሽት ምስ ተጓዕዙ፡ ኣብ ርሑቅ ሰባት ኣግዐደዉ። ወተሃደራት እንተ ኹይኖም ንድሕሪኣም ከምለሱ፡ ጉጀ እንተ ኹይኖም ግን ዕድሎም ክሪኡ ትኽ ኢሎም ክኣትዉዎም ወሰኑ። ወዲ-ዕምረ ነታ በላሕ ተራር ሓጺን ጨቢጡ ብሰላሕታ ቀረቦም። ኣተኩሩ እንተ ጠመቶምዓ ዝጅልቡ ገባር ኹይኖም ይጸንሑ።

እቶም ገፈፍቲ ዓሳ ምስ ረኣዮምም፡ "በየን መጺእኩም?" እናበሉ ተገረሙ። ክሳብ ሸው ነቲ ብኣራዊት ዝተጉብአ ጥቆጥቆ ዝበለን ጫካ ሰንጢቖ ዝሓለፈ ሰብ ርእዮም ኣይፈልጡን ነበሩ። "ኣነ ዓሳ ክገፍፍ ካብ ኣርጋ-ምንጭ እናተመላለስኩ ኣብዚ ከባቢ ነዊሕ ገይረ እዩ። ነዚ ጫካ ጥሒሱ ዝመጽእ ሰብ ክርኢ ግን ሕጂ ንመጀመርታይ ግዜ እዩ።" ክብል እቲ

ብዕድመ ካብ ኩላቶም ዝዓበየ ሽማግለ ብኣምሓርኛ አዕለሎም። "እናንተ ብእዉነት የእግዚኣብሔር ሰዎች ናችሁ።" ድማ በሎም።

ወዲ-ዕምረ ቋንቋ አምሓርኛ አይመልኽን እዩ፣ ዓርኩ ሃይለ ቀሩብ ይሓይሽ። ንሱ ዓፋር፡ ዓርኩ ድማ ትግራዋይ ምዃኑ ድሕሪ ምግላጽ፡ ካብ ግዱድ ዕስክርና ወያን ንምምላጥ ይሃድሙ ከም ዘለዉ አምሲሎም አዕለሉዎም። ሽዑ እቶም ገባር መረቅ ዓስ ምስ ቅጫ ገይሮም አድረሩዎም።

"በዚ ክትቅጽሉ አይትኽእሉን ኢኹም፣ ይትረፍ ንስኻትኩም ቋንቋታት ኦሮሞን ጉጁን ዘይትፈልጡ፡ ንሕና'ውን ብገንዘብ ዝቘጸርናዮ ወዲ ጉጂ እዩ ዝሕልወና ዘሎ። አብዚ ምሳና ሕደሩ፣ ንግሆ ትመጽና ሞተስካፍ ስለ ዘላ ብኣ ከነስግረኩም ኢና።" ክብሉ ከአ አተሰፈዉዎም። ወዲ-ዕምረን ሃይለን ካብ አርባ-ምንጭ ጀሚረን ክሳብ ሞያለ ንዝርከባ ከተማታት ነቶም ሰባት እናሓተቱ ጸሓፈወን።

ንጽባሒቱ ንግሆ እታ ሞተስካፍ መጸት። አብቲ ቀላይ መገዲ ሓሙሽተ ሰዓት ምስ ወሰዱዎም ከአ፡ "አብቲ ዝርኣየኩም ዘሎ መዕስከር ስፋዕ ናይ ወያን ዝኹነ ሓደ ሕማቕ ሰብ አሎ። ካብይ መጺእኩም እናበለ ታሴራ ስለ ዝሓተት አብዚ ዉረዱ። ብኩምፕላሴንኹም ስራሕተኛታት 'አዉራ-ጉደና' ስለ እትመስሉ ከአ ካልእ ዝጥርጥረኩም የለን።" ክብሉ አማኸሩዎም። በብዓቕሞም ዘዋጽኡሎም ሽዱሽተ ብር ሂቦምኪአ አፋነዉዎም። ብእግሮም ንእሾቱ ከተማታትን ዓድታትን እናሓለፉ አርባ-ምንጭ ክሳብ ዝእትዉ ሓሙሽተ መዓልቲ ወሰደሎም። አብ መገዶም ንዝረኸቡዎም ፖላይስ፡ "ስራሕተኛታት አዉራ-ጉደና ኢና።" እናበሉ ይሓልፉዎም ነበሩ። ፈቐዶ መገዲ ክንዲ አጣል ዝምብዛሓም አዛብእ'ዮም ዘጋንፉዎም ነይሮም። ግዳ ብዕድል ይጸብኡዎም አይነበሩን።

አርባ-ምንጭ ምስ አተዉ፡ ባኒን ባናን ገዚኦም ጉዕዞኦም ንምቅጻል ተበገሱ። እቶም አብ መገዲ ዝረኸቡዎም ዝነበሩ ገባር፡ ብዓዕባ ስርሓምን መነባብሮኦምን እንተ ዘይኮይኑ፡ ብዛዕባ'ቲ አብ መንጎ ኤርትራን ኢትዮጵያን ዝካየድ ዝነበረ ኩናት ፍጹም ተገዳስነት አይነበሮምን። ክንዲ ዝኹነ፡ "እንታዋት ኢኹም?" ኢሉ ዝሓቶምን ዝጠራጠሮምን ሰብ ብዘይ ምርካቦም ቀሲኖም ይጓዓዙ ነበሩ። ድሕሪ ናይ ራብዕቲ ጉዕዞ ከአ፡ ክነጆ ሞያለ አብ እትርከብ ንእሾቶ ዓዲ በጽሑ። ማይ ክሰትዮን ነተን ዝነበራኣም 20 ብር ዝኹና ተረፍ ከአ ባናና ክገዝኡወንን ስለ ዝደለዩ፡ ብወሰን ናይታ ቒሾት አተዉ።

ሽዑ ንእሾቶ ባንኮ አብ ዝነበረታ ገዛ ናይ ሓንቲ ሰበይቲ አዕረፉ። ማይ ምስ አስተየቶም፡ "ካብይ መጺእኩም? ሕጂኽ ናበይ ኢኹም?" ክትብል ሓተተቶም። ንሳቶም ድማ በቲ አጸቢቖም ዘይመልኩዎ ቋንቋ አምሓርኛ

አሕጺሮም መለሱ-ላ። እንተኹኑ፡ "ሕጂስ ቀሪብና ኢ-ና ሞያለ ክንእቱ፤ ካብአ ንኬንያ ክንሰግር ሓጻር እያ፡" እናበሉ ብቋንቋ ትግርኛ ጉጅምጅም ክብሉ ከለዉ. እታ ሰበይቲ አተኩራ ትጥምቶም ነበረት። ወዲ-ዕምሪ፡ "እዛ ሰበይቲ ጥዕና አለዋ ድዩ?"እናበለ ቀሓ-ብ ተጠራጠረ። ክቱር ድኻም ስለ ዝነበሮም ግን ብዙሕ ግዜ ከይገበሩ-ላ አብቲ ዝነበሩዎ ነቦ ብምኻን ቀም አበሉ።

ብሃንደበት "ሓፍ በል!" ዝብል ትእዛዝ ብቋንቋ ትግርኛ ክሰምዑ ከለዉ. ብዙሕ አየዐረፉን ዝነበሩ። ብስንባደ ዝአክል ብድድ እንተ በሉ ብረት ዘቚ-ኑ-ሎም ሰባት አብ ዙ-ርያአም ረአዩ። ወዲ-ዕምሪ ሳእኑ ክመልስ ደንበርበር በለ። ሃይለ ግን ብቚጽበት ተንሲኡ ክሃድም ፈተነ። እንተ-ኹ-ኑ ተኸቢዖም ስለ ዝነበሩ፡ ክፍንጥስ አይክአለን። እቶም ወተሃደራት ወያነ፡ "ካበይ መጺእኩ-ም? ስለያ ዲ-ኹም?" እናበሉ ብሕቶታት አዋጠሩዎም። ኢ-ትዮጵያዉ-ያን ከም ዝኹ-ኑ-ን ካብ መሰል-ጠ-ኒ መግስከር ከም ዝሃደሙ-ን ነገሩ-ዎም። ሸዉ ዋና ናይታ ዘዐረፋ-ላ ገዛ መጺ-አ፡ "ኤርትራዉ-ያን እዮም፤ ክዘራረቡ ከለዉ. ሰሚዐዮም እየ፡" ብምባል ፈድሓ-ቶም። እታ ሰበይቲ ትግራወይቲ እያ ነይራ። ምስ ደቀሱ ድማ'ያ እናጉ-የየት ከ-ይዳ ነቶም ወተሃደራት ዝነገረት-ሎም።

በበይኖም አሲሮ-ሞም ምስ ሓደሩ ንጽባሒ-ቱ ንአርባ-ምንጭ መለሱ-ዎም። ካብ ብላቴ ዘወሰፉ-ዎም ፖሊስ ተጸዊ-ያ-ም ምስ መጹ፡ "አብዚአ ከየጸ-ጋ-ዕ-ና-ኩ-ም ከለና፡ ካብ ክልተ-ኹ-ም ፈለግ ንሃደ-ም ኢ-ሉ ዘበገስ መን እዩ?" እናበሉ ብዙሕ አፈራርሁ-ዎም። ንሳቶ-ም ግን "ብሓባር ኢ-ና ወሲ-ና፡" ብምባል አኹ-ቢጹ-ዎም። ብድ-ሕሪ'ዚ. እቶም ፖሊስ እንደገና ናብታ ዝነበሩ-ዎ መዳጉ-ኒ መግስከር ብላቴ መለሱ-ዎም።

ካድ-ር ናይ-ቲ መግስከር ዝነበረ ሃይለ፡ ርእይ ምስ አበሎ-ም ተቆዳዲ-ሙ-ንወዲ-ዕምሪ ጉ-ንዲ-እ-ዝ-ኑ አ-ላ-ሃ-ሞ፡ "ካብዚ አ-ምሊ-ጥ-ኩ-ም ብ-ሻ-ዕ-ብ-ያ ክት-ሻ-ለ-ሙ-ዲ-ኹ-ም ሓሲ-ብ-ኩ-ም ነይ-ር-ኩ-ም? ሕ-ጂ ክት-ር-ሽ-ኑ ኢ-ኹ-ም። ሻ-ዕ-ብ-ያ ይ-ቐ-በር አሎ፡ ንስ-ኻ-ት-ኩ-ም ድ-ማ አብ-ዚ-አ ክት-ድ-ፈ-ኑ ኢ-ኹ-ም፡" በ-ሎ-ም።

ብአርባዕተ ሰብ ብረት ተዓ-ጀ-ቦ-ም ናብ-ቲ እሱ-ራ-ት ፖ-ለ-ቲ-ካ ዝ-መ-ሃ-ር-ሉ ቦ-ታ ተ-ወ-ስ-ዱ። አብ ቀ-ድ-ሚ-'ቶ-ም እሱ-ራ-ት ደ-ው ከ-ም ዝ-በ-ሉ ድ-ማ ተ-ገ-ብ-ረ። ሸ-ዉ ካ-ድ-ር ኪ-ዳ-ን-ማ-ር-ያ-ም፡ "እ-ዚ-አ-ቶ-ም ብ-ገ-በ-ን ኩ-ና-ት ክ-ፍ-ረ-ዱ እ-ዮ-ም። ካ-ብ-ዚ ም-ስ-ጢ-ር ሓ-ዞ-ም ብ-ም-ኻ-ድ፡ ካ-ብ ሻ-ዕ-ብ-ያ ና-ይ ጅ-ግ-ን-ነ-ት መ-ዳ-ል-ያ ክ-ቐ-በ-ሉ እ-ዮ-ም ሓ-ሲ-ቦ-ም ነ-ይ-ሮ-ም። ካ-ባ-ና ሃ-ዲ-ሙ ዝ-ም-ል-ጥ ሰ-ብ ከ-ም ዘ-የ-ለ ግ-ን ሕ-ጂ ፍ-ል-ጡ!" እ-ና-በ-ለ ሃ-ደ-ደ። በ-ዓ-ል ወ-ዲ-ዕ-ም-ሪ እ-ን-ደ-ገ-ና ቡ-ቶ-ም ፖ-ሊ-ስ እ-ና-ተ-ኹ-ብ-ኩ-ቡ ና-ብ-ቲ ካ-ድ-ር ሃ-ይ-ለ እ-ተ-ይ ዝ-ም-ህ-ረ-ሉ ዝ-ነ-በ-ረ አ-ደ-ራ-ሽ ተ-ወ-ስ-ዱ። ን-ሱ ከ-አ "እ-ዚ-አ-ቶ-ም ካ-ብ-ቶ-ም አ-ብ ዊ-ግ-እ ዝ-ተ-ማ-ረ-ኹ ዝ-ያ-ዳ ብ-ዝ-በ-ል-ሓ ሴ-ፍ ን-ኢ-ት-ዮ-ጵ-ያ ክ-ወ-ግ-ኡ ዝ-ፍ-ት-ኑ ስ-ለ ዝ-ኹ-ኑ ክ-ቐ-ን-ጸ-ሉ እ-ዮ-ም፡" ክ-ብ-ል ና-ይ ጥ-ት ፍ-ር-ዲ በ-የ-ነ-ሎ-ም።

ንጽባሒቱ እቶም አለዉ. ዝበሃሉ ቀጸዐቲ ወተሃደራት ማለት፡ ወዲ-ራያን
ሓለቃ ሓምሳ ሃይለ እተይን ብኽልተ ሰብ ብረት እናኹብኩቡ ካብቲ
መዓስከር አዉጺኡዎም። ፈለግ ፍትሊ. እናበሉ ክሳብ'ቲ ናይ መንከራረዊ
ነቦ አብጺሑዎም። አብቲ እግሪ ነቦ ከአ ብዝተፈላለየ ዓይነተ መኞጸዐቲ
ክፉእ ትርኢት አርአዩዎም። ነታ ነቦ ፍትሊ. እናበሉ ምስ ወጹዋ፡ ካብኡ
ተሓጃቆፍም ከም ፈስቶ ንኽንክራዉ. አዘዙዎም። እናንክራረዉ. ከለዉ፡
ብእግሮም መንደረጋሕ ይሰዱሎም። ነቲ መንደረጋሕ ከስሕቱ ሓፍ እንተ
ኢሎም፡ እቲ ሓደ ነቲ ካልኣየ አፍኩስ አቢሉ እንተ ጸዊጡዋ፡ ወይ ከዐርፋ
እንተ ፈቲኖም ብበትሪ ይሰልኞዎም። ብአጋሮም ድፍአ እናበሉ ከአ
የበግሱዎም። ምሉአ አካላቶም እናተላሕጸጸ ታሕቲ ምስ ወረዱ፡ እንደገና
ፍትሊ እናበሉ ነታ ነቦ ክወጹዋ አዘዙዎም። ብኢዶም እናተደገፉ እናወደቐን
እናተንስኡን አብ ፍርቂ'ቲ ነቦ በጽሑ።

ሸዉ ወዲ-ዕምረ ካብዚ ስቅያት'ዚ ሞት ይሓይሽ አብ ዝብል መደምደምታ
በጽሐ። "እንተ ደሊኹም ብጥይት ቀተሉኒ'ምበር ካብዚአ አይትንስእን'የ፡
"ኢሉዎም አብ ባይታ ተዘርግሐ።

ሓለቃ ሓምሳ ሃይለ እተይ: "ብጥይት ድአ ቀልጢፍካ ክትገላገል፣
መዓስ ዓያሹ ኼንና፡ አሳቐና ኢ.ና ንቐትለኻ" ብምባል ቀጽል እናበለ ብበትሪ
ክድርያ ጀመረ። አብ አፍ-ልቡ ሰለስተ - አርባዕተ በትሪ ምስ አዐለበሉ ግን
ወዲ-ዕምረ ተዓበሰ። ብቓንዛ ሕጊግ እናበለ ከአ ብአፉ ዓፍራ አውጽአ።
ሃይለ እተይ ግን ስለ ዘይአመኖ፡ "እዚ ሻዕብያ ልመሃሮ ሸጣራ እዩ"
እናበለ ገዚፍ ደንጉላ አምጺኡ አብ ልዕሊኡ ጸቐጦ። አብ ዝባኑ ተሰቒሉ
ከአ ሸይሸይ ክብል ጀመረ። ወዲ-ዕምረ ሃለዋቱ ክስሕት ተቓረበ። ሃይለ
እተይ ግና: "አንታ ግደፍ ተንስእ!" እናበለ ሓንሓነሉ። በታ በትሪ ገይሩ
አፉ ደጋጊሙ ሸኽሸኾ። እታ ዓፍራን ልዛይን ዝተጸየቐት ጫፍ በትሩ ከአ
አብ ክዳን ወዲ-ዕምረ ደራረዛ። በቲ ቡት ጫማኡ ገይሩ ንኢዱ ምስ ባይታ
አልጊቡ ምስ ሓሰየ፡ አጽብዕቱ ደም ንደም ኮኑ። ወዲ-ዕምረ አኂንቱ ከዲኑ፡
አብ ሓዉሲ. ሃለፍታ ኩይኑ ነቲ ኩሉ አደራዕ ይቐበሎ ነበረ።

ብድሕሪ'ዚ ሃይለ እተይ: ነቲ ካልኣየ ጉሲኡ ንታሕቲ ከውርዶ አዘዞ።
ብኹነታት ብጸዩ ሕንቅንቕ ክብል ጀሚሩ ዝነበረ ሃይለ እናበኸየ ጉሰሶ።
ቀኑራብ ንታሕቲ ምስ አውረዶ ግን ከቢዱኒ ኢሉ ስለ ዝአበዮ፡ ሃይለ
እተይ ንዕኡ'ውን በትሪ ገይሩ ደርያ። ካብቶም ሓለዉቲ ሰብ ብረት ንሓደ
ጸዊዑ ከአ ንኽሕግዞ አዘዞ። ክልቲኦም ብኢዱን እግሩን ሒዞም፡ ርእሱን
ሕቘኡን ናብ ባይታ ሓፈፍ እናበሉ ናብ እግሪ ድሕሪ ምውራድ፡ ተሰኪሞም
ናብ መዳጉኒ ክፍሉ አአተዉዎም። እቲ ብእሱራት ዝተጨቐጨቐ ገዛ ግን
ሕጽረት ምስትንፋስ ገበሩ። ሸዉ ሃለዋቱ ስለ ዘጥፍአ፡ በዓል ሳሙኤልን
ገብረብርሃንን ዝርከቡዎም መተአስርቱ ህይወቱ ከድሕኑ ሸበድበድ በሉ።

አብ ጥቓ ማዕጾ አኞሪቦም ገለአም ሐገዝ ምስትንፋስ ክገብሩሉ ከለዉ፥ ገሊአቶም ከአ ብግዜ ዝሑል እናሐጸቡ ሃለዋቱ ከም ዝፈልጥ ገበሩም። ኑቲዝሰንበረ አካላቱ ከአ ሻዘሊን እናለኽዩ ደረዙሉ።

ወዲ-ዕምረ ብድሕሪ'ዚ ቀሩብ ስለ ዝሓሸ፥ አዕሪፉ ሐደረ። ሸዉ ወያን ድሮ ካልአይ ወራር አበጊሱ-ስለ ዝነበረ፥ዜና ናይቶም አብ እግሪ መኸል ዝሃለዉ አሽሓት ወተሃደራቱን ዝተቓጸላ ታንክታቱን ብድምጺ-ሓፋሽ ኤርትራ ተቓልሐ። ከምዚ ዓይነት ዜና ብድምጺ-ሓፋሽ ክፍኖ ከሎ፥ ካድራትን ፖሊስን ወያን እናጉየዩ ብምምጻእ ንኹላቶም እሱራት ናብ ግዳም አዉዲኢዎም ምፍጣሮም ክሳብ ዝጸልኡ እዮም ፈፈው እናበሉ ዝቕጥቀጡ-ዎም።

ሸዉ'ውን ሃይለ እተይን ካሕሳይ ዝበሃል ካልአዩን ብሓርቓን ተብተብ እናበሉ ናብቶም እሱራት መጹ። አባል 4ይ ዙርያ ሃገራዊ አገልግሎት ሳሙኤል ሃይለስላሰ፥ አቦይ ግርማይ፥ ሰለሙን ገብረመድህንን ወዲ-አርኣያን ዝርከቡ-ዎም እሱራት ምስ ወዲ-ዕምረ ናብታ ዝቐጽዑላ ጎቦ ወሰዱ-ዎም። ፈለግ አብ እግሪ'ቲ ጎቦ አሎ ብዝበሃል መቐጻዕቲ ለሸ ምስ አበሉ-ዎም። ብፍትለ ናብ ጥርዚ'ቲ ጎቦ አዉጺኡ-ዎም። በብኽልተ፥ ብትርአስን እግርን ተሓጻቒፎም ንኸንከራረዉ ከአ አዘዙ-ዎም። ቀጺሎም፥ ቀልቀል አፍም ተተኺሎም ብርእሶም ጠጠው ክብሉ፥ እንደገና አብቲ ጸድፈ ንዝርከብ ደናጉላ ሒዞም ጠልጠል ንኽብሉ አገደዱ-ዎም። "ደኺመ፥" ኢሉ ከዕርፍ ዝፈተነ፥ ብበትሪ እናተደርዐ'ዩ ከም ዝቐጽል ዝገበር።

ድሕሪ ናይ ነዊሕ አዋርሕ ስቓይን መከራን፥ እሱራት ካብ ብላቴ ናብ መዓስከር ደዴሳ ንምቕያር አብ ዝተቐባባሎም መካይን ክስቀሉ ጀመሩ። ወዲ-ዕምረን ሃይለን ከአ ንበይኖም ናብቲ ዝኽፍአ ስቓይ ዝነበሮ ብ'አንበሳ ግቢ' ዝፍለጥ ጽኑዕ መዳጎኒ መዓስከር ተወሰዱ። ክሳብ'ታ ካብኡ ወጺአም መሬት ዓዶም ዝረገጹላ ሰዓት ከአ፥ ብዘተፈላለየ ዓይነት መቐጻዕቲ ዳር ትርኢቶም ረአዩ።

*   *   *

ከትበልዓ ዝደለኻ አባ ጐምባሕ ዛግራ ትብላ

"እቲ ክጽውዑ ከለዉ ከም ዘይንራኸብ ስለንፈልጥ ንዘልአለም ኢና ንፋነዋም" ይብል ካብ ቤት ማእሰርቲ ወያን ዝወጸ አቶ መሓመድስዒድ መኪ። መሓመድስዒድ መበቑል ትውልዱ ዙላ ኩይኑ፥ አብ ባጽዕ ተወሊዱ ዝዓበየ ወዲ 29 ዓመት ኤርትራዊ እዩ። ንሱ አብ ሰዑድያ ምስ ትኻል ቢን ኻልድ ቢን ዓብደልዓዚዝ ቢን አሰዑድ ናይ መሸጣ አቐሓሑ (ሶኬ) ትኻል ወኪል ኩይኑ ናብ ኢትዮጵያ እናተመላለሰ ክሰርሕ ዝጸንሐ ዜ'ዩ።

390

እዚ መንእሰይ'ዚ፡ ወላ'ኳ ሰላማዊ ናብራኡ የካይድ እንተ ነበረ፡ ካብ አረሜናዊ ተግባራት ስርዓት ጭቆራ ወይን አየምለጠን። ብ2 ሕዳር '98 ካብቲ አዕሪፉሉ ዝነበረ 'ወቢሽበለ' ሆቴል፡ ብድህንነት ወይን ተለጨሙ-ናብቲ አብ አዲስ-አበባ ዝርከብ ቤት ማእሰርቲ ማእከላዊ፡ ኤርትራውያን ብዜግነቶም ዝተዳጕኑሉ አትዮ። አቶ መሓመድስዒድ፡ "አብ ቤት ማእሰርቲ ምስ አተኹ፡ ሓደ ናይ ድህንነት ሸመይን ዕድመይን ጥራይ ሓቲቱኒ። ብድሕሪኡ ባዕሉ ክልተ ገጽ ምሉእ ጽሑፉ፡ 'እዚ ናትካ ታሪኽ ሂወት'የ፡ ፈርመሉ' ኢሉ አገዲዱኒ" ድሕሪ ምባል መሓመድስዒድ ብዛዕባ እቲ ክልተ ገጽ ጽሑፍ ብምግራም፡ "ሸመይን ዕድመይን ጥራይ ኢኻ ሓቲትካኒ፡ ካልእ ዝሓተትካኒ የብልካን። እዚ ካበይ ዝመጸ ታሪኽ ሂወት'የ?" ኢሉ ተቓውሞ ከም ዘርአየ ይገልጽ። እቲ አባል ድህንነት፡ "ብገዲ ክትፍርም ኢኻ፡ ንሕና ታሪኽ ሂወትካ አመዛዚንና ኢና ጽሒፍናዮ" ኢሉ፡ ብማህረምቲ ዱላ አገዲዱ ብአሰር አጸብዕ ከም ዘፈረሞ፡ ድሕሪ ምፍራሙ ኸአ ትሕዝቶ ናይቲ ዝፈረሞ ወረቐት ከም ዝተነበሉ ይሕብር።

ገለ ካብቲ ታሪኽ መሓመድስዒድ ሓጅ መኪ ተባሂሉ ዝቐረበ፡ "አነ መሓመድስዒድ ሰላይ ናይ ሻዕብያ እየ። እዚ ምሳይ ዘሎ ገንዘብ ካብ አብ ሰዑድያ ዘለዉ ኤርትራውያን ተዋጺኡ ንአብ ኢትዮጵያ ዘለዉ ሰለይቲ ሻዕብያ ዘገልግል'የ፡" ዝብል ብሓሳብን አጸብዕትን ድህንነት ዝተወረቐ፡ ንፈውሲ ማሕላ ቃል መሓመድ ዘይብሉ ነበረ። "ክትበልዓ ዝደለኻ አባ ጕምባሕ ዛግራ ትብላ" ከም ዝበሃል፡ ነገሩ ካድረታት ወይን ካብ መሓመድስዒድ 130 ሽሕ ሪያል ሰዑዲ - ናይቲ ዝሰርሓሉ ትካል፡ ከም'ኡ'ውን 5,000 ዶላርን 585 ብርን ናቱ ገንዘብ ንኽዝርፉ ዝመደቡዎ እዩ።

መሓመድስዒድ አብ ቤት ማእሰርቲ ማእከላዊ ንሰለስተ ወርሒ ድሕሪ ምጽናሑ፡ ንዝያዳ መርመራን ሓበሬታን ናብ ድሬዳዋ፡ ሰባተኛ ናብ ዝተባህለ ዝተፈላለየ ክፍልታት ዘለዎ ናይ ትሕቲ መሬት ቤት ማእሰርቲ ተላኢኹ። አብቲ ቤት ማእሰርቲ፡ ወርቁ ዝተባህለ ሓላፊን ምክትሉ ወዲ ሰየምን ጕዕሽ ወዲ መቓለን ዝበሃሉ ካድረታትን ድህንነትን ወይን ጸንሕዎ። ጕዕሽ፡ ንመሓመድ አብ ጸልማት ክፍሊ፡ ካልእ ይትረፍ፡ ንፈጣሪኡ ክልምንን ጸሎቱ ከብጽሕን'ኳ ዕድል አይሃቦን። ጕዕሽ፡ "መሓመድ፡ ካብዛ ሰዓት እዚአ ንድሓር ብሕልሚ ይኹን ብጋህዲ ምሳይ ኢኻ ትዛረብ፡ ካልእ መዛርብቲ የብልካን፡ ንዓይ ኢኻ ትፈልጦ" ኢሉ ብታህዲድ ከም ዝአምነሉን ማእለያ ዘይብሉ ምፍርራሕት አዝነበሉ።

መሓመድ፡ ከም'ቲ ነቶም አብኡ ዝጸንሕዎ እሱራት ዜጋታት ዘጋጠሞም መርመራታት ብዱላን ኤለክትሪክን ጭፍራ ወይን አየምለጠን። ንኩነታት

ናይቲ ቤት ማእሰርቲ አመልኪቱ መሓመድ፥ "አብ ቤት ማእሰርቲ ማእከላዊ ልዕሊ 300፥ አብ ድሬዳዋ ሰባተኛ 148 እሱራት ኔርና። ንግሆ ሰለስተ ባኒ ንቖርሲ፡ ምሳሕን ድራርን ተባሂለን ይዋሃባና፣ ብማይ አካፈና ከአ ንምገብ። ምስ ጸሓይ'ውን ርክብ አይነበረናን።" ይብል። አብታ ንሸሞንተ ሰባት ዘይትበቅዕ ክፍሊ 28 ትንፋስ ብሓባር ተጸቓጪጦም ከም ዝነበሩን ብሓደ ጊዜ ምስ ደቀሱ ትንፋስ ንትንፋስ እናተዋሃሃቡ ከም ዘሕለፉዋን እቶም አብኡ ዘገደርም ድማ ጌና ብኸምኡ የሕልፉዎ ከም ዘለዉን ብምሕባር ንሕሱር ተግባራት ወያነ የቓልዕ።

ንአገባብ አመራምራ ጮፍራ ወያነ ብዝምልከት፥ ንሱ፥ "ንሓደ ፍጡር ብዱላ፥ ኤለክትሪክ፥ አብ ሸንቲለተር መሳሊ፥ አንጠልጢሎም ብዘለዓለ ቅልጣፈ ብምሽክርካርን ብኻልእን የሳቕይዎ። ኮታ ዘይገብርዎ የብሎምን!" ድሕሪ ምባል መሓመድ፥ "ብሰንኪ'ዚ አሰቃቒ መርመራታት'ዚ አብ ሰባተኛ ሓሙሽተ ኤርትራውያን (አስማቶም ተዓቒቡ አሎ) አብ ግዜ መርመራ አካላዊ ማህሰይቲ ስለ ዘጋጠሞም ናብ ክፍልና ምስ አተዉ ሂወቶም ትሓልፍ ስለ ዝነበረት ማዕጾ ኳሕኩሕና፥ ንሕክምና ለአኽዎም ክሞቱና ደልዮም ኢልና ተጋሪዕና አውጺእናዮም። ሽዓ ምስ ከዱ አይተመልሱናን፥ ሂወት'ውን አይነበርምን ሞይቶም። ካልኣት'ውን ተሓባበርቲ ሻዕብያ ኢኹም ዝተባህሉ ደቂ አርሞን ሰዓብቲ ፕሮፈሰር አስራትን አብ ሰሜን ጎንደር ምስ ዘሎ ምንቅስቓስ ትትሓባሩ ኢኹም ዝተባህሉ ካብ ብሄረ አምሓራን አብቲ ቤት ማእሰርቲ ምሳና ነይርም። ካብቶም ደቂ አርሞ ሓሙሽተ፥ ዓብደልረዛቕ ሙኽታር፥ መልካ ዝዓዱ፥ ዓብዱራሕማን አቡክ ወዲ ባሌ፥ ሱሌማን አሕመድን ሱሌማን ዓብደላን ደቂ ጅማ፥ ሙስጠፋ አሕመድ ወዲ ደብረዘይቲ ሓሙሽተአም አብ ውሽጢ'ቲ ቤት ማእሰርቲ ብመርመራ ወያነ ሞይቶም።" ኢሉ። አብ ቤት ማእሰርቲ ሰርዓት ወያነ ብብዝሒ፥ ሂወት ኤርትራውያንን ኢትዮጵያውያንን ይጠፍእን ይሃልቕና ከም ዘሎ'ውን አቓሊዑ።

ብዘይካ'ቶም አብ ግዜ መርመራ ዝሞቱ፥ ለይቲ-ለይቲ ተጸዊያም ብኡ ገይርም ዘይምለሱ፥ አብዚአ አትዮም ዘይበሃሉ፥ ካብ ቤት ማእሰርቲ ማእከላዊ ሓሙሽተ፥ ካብ ድሬዳዋ ሰባተኛ 32 ኤርትራውያን ከም ዘለዉ'ውን ጠቒሱ። መሓመድ፥ "ከም ዘይንራኸብ ስለ ንፈልጥ ንዘልአለም ኢና ንፋነዎም ነይርና።" ብምባል፥ አብ ዝተፈላለየ አብያተ ማእሰርቲ ጮፍራ ወያነ፥ ሓያለይ ዘጋታት ይሳቐዩን ይጠፍኡን ምህላዎም ብተወሳኺ የብርህ።

ጮፍራ ወያነ፥ እዚ ዚግብርም ክነሶም፥ "ምሳና ምስ ኢትዮጵያውያን ብሰላም ክትነብሩ እንተ ደሊኹም ናብ ጀብሃ ከንመሓላልፈኩም። አብዚ ቤት ጽሕፈት አለዎም፣ ንሶም ንጽህና እቶም ዝፈታውዉ፡ ከም ሻዕብያ ሕማቕ

ተግባራት የብሎምን። አለበለዝያ ካብዚ ኣይትወጹን ኢኹም፡" እናበሉ እሱራት ኤርትራውያን ይሰብኩን የፈራርሁን ኣለዉ።

ካድረታት ወያነ፡ ንመሓመድስዒድ ድሕሪ ናይ ሽዱሽተ ወርሒ ማእሰርትን ዝተፈላለየ መርመራታት ኣብ ልዕሊኡ ምክያድን ምስኡ ዝጸንሐ ናይ ዝስርሓሉ ትካልን ናቱን ገንዘብ መንዚያም፡ ካብ ድሬዳዋ ናብ ጅቡቲ ብሓደ ናይ ጽዕነት ባቡር ሰጉሃግምዎ። መሓመድስዒድ፡ "ወተሃደራት ጅቡቲ ኸአ ብቆጥታ ብሓደ ናብ ድሬዳዋ ዝኸይድ ዝነበረ ባቡር መሊሶምኒ" ይብል። ንሰለስተ ግዜ ኣብ ናይ ክልቲኡ ደባት - ጮፍራ ወያነ ክሰጉግ፡ ወተሃደራት ጅቡቲ ኣይትኣቱን ብማለት ክመልሱ - ንሓሙሽተ መዓልቲ ብጥሙይ ኩብዱ ካብ ባቡር ናብ ባቡር ክሰጋገር ከም ዝቆነየን ሰብኣዊ ርህራሄ ከም ዝተነፍገን ይገልጽ። መሓመድ ነታ፡ "ሕጂ እንተ ተመሊስካ ብጥይት ከዕርፈካ እየ" ትብል ቃል ድህንነት ጮፍራ ወያነ ኣብ ግምት ብምእታዉ፡ ድሕሪ ነዊሕ ከርተት ምስ ሓደ ናብ ጅቡቲ ምእታው ዝጸገሞ ወዲ ሰነጋል ኣብ ሓደ ዝተወሰነ ቦታ ካብቲ ባቡር ዘሊሎም ብምውራድ ብዘተፈላለየ ብልሓት ጅቡቲ ኣተዉ። መሓመድስዒድ ብምትሕብባር ናይቶም ኣብ ጅቡቲ ዝርከቡ ኤርትራውያን ናብ ሃገሩ ኣትዩ።

ካድራት ወያነ ኣብ ልዕሊ መንእሰይ መሓመስድዒድን ካልኦት ኤርትራውያን ዜጋታትን' "ሰላይ ሻዕብያ ኢኻ፡ ኮማንዶ ኢኻን . . . ካልእን" እናበሉ ሂወት ንጹሃት ዜጋታት ምጥፋእን ንብረቶም ምዝራፍን መዓልታዊ ንጥፈቶም ገይሮምዎ ኣለዉ። መርኣያን መግለጺን መንነቶም ድማ እዮ።

ኣብ ወራራት ወያነ ብግፍዒ ዝተሰጉ ሰላማውያን ዜጋታት

24

ሕልሚ ሃብተማርያም

ዘመንፈስ ሃይለ

ሃብተማርያም መብራህቱ፣ ኣባል ሳልሳይ ዙርያ ሃገራዊ ኣገልግሎት እዩ፡፡ ኣብቲ ቅድሚ ሳልሳይ ወራር ወያነ ዝነበረ ውግእት ብከቢድ ስንኪሉ ብምንባሩ፡ ሕክምናኡ እናተኸታተለ ኣብ ገዛ ክጸንሕ ተፈቒዱሉ ምስ ስድራቤቱ ኣብ ኳዜን ነበረ፡፡ ሓደ መዓልቲ፡ ኣብ መፋርቕ ግንቦት 2000፡ ቀቅድሚ ምጅማር ሳልሳይ ወራር ወያነ ግን፡ ሃንደበት ሳንጣኡ ኣልዒሉ ናብ ኣሃዱኡ ክኸይድ ተበገሰ፡፡

ወለዱ፡ ካብቲ ንኣዋርሕ ኣብ ሕክምና ክድቅስ ዘገደዶ መውጋእቲን ንሱ ዘስዓበሉ ስንክልናን ወጺኡ፡ ብህይወት ምምላሱ ከም ጸጋ ተቖቢሉ᎐ምን ንኣምላኾም ኣመስጊኖምን᎐ዮም፡፡ ብድሕሪ᎐ዚ ጸገሙ ተወዲኡ፡ ቀስ ኢሉ ብዓቕሙ ሰላማዊ ህይወቱ ዘመርሓሉ መንገዲ ኣብ ምስልሳል ነበሩ፡፡ ሓዳር ገይሩ ውላዱ ክሰዕሙ ባህጊ᎐ኻ እንተ ነበሮም፡ ንሱ ስለ ዘይተቐበሎ ንግዜኡ ንዕኡ ኣወንዚፎም፡ ኩነታት ጥዕናኡ ናብ ንቡር ክምለስ ተኸታተሉዎ፡፡ ኣብ ከምዚ ዝመስል ኩነታት እንከለዉ፡ እዩ እምበኣር ሃብተማርያም ነቲ ዘይተጸበዩዎ ውሳነ ዘስምያም፡፡

እንተ ኣንቂዱ ከም ዘይምለስ ዝፈለጠት ወላዲቱ፡ ካልእ እንተ ተረፈ፡ ነቲ ኣብቲ ቅንያት᎐ቲ ዝነበረ ንግደት ኪዳንምህረት ዓዶም ኣሕሊፉ ክኸይድ ለመነቶ፡፡ ሃብተማርያም፡ ምስቲ ኣብ ልዕሊ ወላዲቱ ዝነበሮ ኣኽብሮት፡ ክጸንሕ ከም ዘይክእል ብትሕትና ኣፍለጣ፡፡

ኩነታቱ ፍጹም ዘይተብርህ ወላዲቱ፡ ሃንደበት ክነቅል ዘገደዶ ምኽንያት ከይነገራ ክኸይድ ከም ዘይክእል እናነብዐት ለመነቶ፡፡ ንብዓት ወላዲቱ

ክርኢ. ዘይጸወር ሃብተማርያም፡ እቲ ዝሓለሞ ሕልሚ ነገራ። እታ ወላዲት ምእማን ስኢና፡ ዝላገጽ ዝነበረ እናመሰላ፡ "እንታይ ሕልሙ እዮኽ እዚ!" ተገሪማ ሓተተቶ። ሃብተማርያም፡ ኩሉ'ቲ ዝተራእዮ ዘርዚሩ ኣዕለላ።

ኣብ ሓደ ኣዚዩ ከቢድ ውግእ ክኣቱ ከም ዝኾነ፣ ኣብቲ ውግእ ድማ ሓደ ዓቢ ንዕኡ ዝፍትን ኩነታት ከም ዘጋጥሞን ብይድም ከም ዝጭቀን፣ እንተኾኑ፣ እንት ደኣ ነቲ ኩነታት ሰጊሩዎ እቲ ሕማቕ ዘበለ ክውዳእ ከም ዝኽእል ዘርኢ ሕልሚ ነበረ። ነቲ ወጥሪ ብዝግባእ መኪቱ እንተ ሰጊሩዎ፣ መጻኢ ህይወቱ ከም ዝጣጥሕ፣ እንተ ዘይኩይኑ ግን ብኣንጻሩ፣ ኣብ ልዕሊኡን ኣብ ልዕሊ ከባቢኡን ሕማቕ ኩነታት ከም ዝሰዕብ ተራእዮ። ሰለዚ፡ ንሱን ካልኦትን ብድሕሪ'ቲ ኩነታት ቀሲኖም ንኽነብሩ፣ ነቲ መጻዋዕታ ከሰምዖን ከተግብሮን ከም ዘለዎ ብምእማን ናብ ድፋዕ ክኣቱ ከም ዝወሰነ ገለጻላ። ብድሕሪ'ዚ፡ ዝምላእን ዝንክን ዘረባ ኣይነበረን፣ መሪጨም ኣፋነዊዎ።

*   *   *

ሃብተማርያም፡ ኣብቲ ኣዝዩ ተኣፋሪ ናይ ውግእ እዋን'ዩ ናብቲ ኣሃዱኡ ዝነበረቶ ፈውሲና ዝበጽሐ። ሓለፍቱን ብጾቱን ርእዮም ሰንበዱ። ምስቲ ዝነበረ ወጋሪ ኩነታት ክርእዮም'ምበር ክንዮኡ ዝኸይድ ድሌት ክህሉዎ ይኽእል'ዩ ዝብል ግምት ኣይሓዙን። ሳልሳይ ወራር ወያነ ኣብ ምጅማሩ'ዩ ነይሩ፣ ናይ ቀረባ ሓለፍቱ ናብቲ ውግእ ክኣቱ ከም ዘይኩን ብምሕባር፡ ንድሕሪት ክምለስ ወይ ገዛኡ ክኸይድ ነገሩዎ። ሃብተማርያም ግን ከም ዘይምለስን ምስኣቶም ናብቲ ውግእ ክኣቱ ከም ዝመጸን ገለጻሎም።

ሓደ ካብ ብጾቱ፡ ኩነታት ሃብተማርያም ርእዩ እናተገረመ፡ ነተን ኣብ እግሩ ዝነበራ ሓደስቲ ሽዳ ኣውጺኡ፣ ብምሃብ ነቲ ደርብዩዎ ዝነበረ ሽዳኡ ኣልጊሉ ወደዮ። ሃብተማርያም ሕቱም ሳእኑ ኣውጺኡ ነተን ሽዳ ወደየን። ካብኡ ሓሊፉ፡ ዓቕሚ ሃሊዩዎ ክዓጥቆ ዝኽእል ዕጥቂ ኣይነበሮን። ሽምጡ ብመውጋእቲ ንዕጥቂ ዝኸውን ቦታ፣ መንኩብ ከላሽን ይኹን ነቲ ዝለመዶ ሽርጥ ክስከም፡ ጸጋመይቲ ኢዱ ከላሽን ክትሕዝ ይኹን ነቲ ብየማኑ ክሕዞ ዝፍትን ከላሽን ዓሚራ ቃታ ክትስሕብ ኣይትኽእልን እያ። ሰለዚ፡ "ክኣቱ እያ!" ኢሉ ምስ ኣቐበጸ ሽጉጥ ተዋህቦ። ምስኣ ኸኣ ካራ ኣልጊሉ ብምዕጣቕ ምስ ብጾቱ ናብቲ ውግእ ኣተወ።

*   *   *

ሃብተማርያም መብራህቱ፡ ካብ ሓረስቶት ስድራቤት ኣቶ መብራህቱ ተስፋጋብርን ወ/ሮ ኣስካሉ መንግስነ፡ ድሕሪ'ቶም ብህይወት ነዊሕ ዘይቀጸሉ ክልተ ኣሕዋቱ ብ1972 ተወልደ። ድሕሪኡ ዝተወልዱ ክልተ ኣሕዋቱ'ውን ነዊሕ ከይጸንሑ ስለ ዝሞቱ፡ ንበይኑ ፍሉይ ሕንቃቐን ክንክንን ረኺቡ እዩ

396

ዓብዩ። ካብኡ ዝነቐለ፡ ምስ አቦኡን አደኡን አዚዩ ጥቡቕ ምቅርራብ ነበሮ። ዘይከምቲ ምሕንቃቔ ግን ክመሃር አይከአለን። እቲ ደሓር ምስ ገበዝን ካልኦት አሕዋት ምስ ተወልዱዎን ጾር ስድራ ተማቒሉ፡ ነቶም ድሓሮም ዝሰዓቡን አዝዮም ዝንእሱዎን አርባዕተ አሕዋቱ አብ ምእላይ ክሕግዝ ተዋፈረ።

ሃብተማርያም፡ ምስ ሕርሻን ህይወት ሓረስታይን ልዑል ፍቕሪ ነበሮ። "ድሌት ይመርሑ. ." ኩይኑሉ፡ ዕድመኡ ንስራሕ ምስ አኸለ፡ አብ ልዕሊ'ቲ ንስድራኡ ዘበርክቶ ዝነበረ ሓገዝ አብ ክፍሊ ሕርሻ ናይቲ ከባቢ ተቘጺሩ ሰርሐን ጽብቕ ተቓበልነት ረኸበን። ንአርባዕተ አሕዋቱ (ሰለስተ አወዳትን ሓንቲ ጓልን) ከም ዓቢ ሓውን አቦን ኩይኑ አብ ምእላዮምን አብ ትምህርቲ ዘድልዮም ዘበለ አብ ምምላእን ዓቲቡ ሰርሐ። ክንዮ'ዚ ብምኻድ'ውን አብ ምምሕያሽ ናብራ ናይታ ስድራ ዓቕሙ ንምብርካት፡ ካብ ዘዋህለሎ ገንዘብ ሓደ ብዕራይ ብምግዛእ እግሪ አትከሎም።

ዳርጋ ምሉእ ሓላፍነት ስድራ ተሰኪሙ ክንቀሳቐስ እንከሎ፡ ብፍላይ ነታ አብ መንጎ አርባዕተ አወዳት ዝነበረት ብርኽቲ ሓፍቱ፡ ሓለፋ የሓንቅቓን ይቐርባን ነበረ። ሃብተማርያም፡ ካብ ስድራኡ ሓሊፉ አብ ገዛወቱ፡ ክንዮኡ'ውን አብ ኳዚኑን ጎደዖታት ካርነሽምን ጽቡቕ ተቓባልነት ዝነበሮ ፍቱው በጽሒ ነበረ።

ፈለማ አብ ቀዳማይ፡ ደሓር ከአ አብ ካልአይ ዙርያ ሃገራዊ አገልግሎት ናብ ሳዋ ክኸይድ'ኳ ወዲኡዎ እንተ ነበረ፡ ብመሰረት እቲ አብ ስራሑ ዝነበሮ አገዳስነት፡ ሚኒስትሪ ሕርሻ ክሳብ ሳልሳይ ዙርያ ከም ዝጸንሕ ገበሩ። አብ ሳልሳይ ዙርያ እዮ ድማ ናብ ሳዋ ዝወረደ። አብ ሳዋን አብቲ ዝቐጸለ ናይ ሃገራዊ አገልግሎት ግዜኡን፡ እታ ዳርጋ ምሉእ-ብምሉእ አብኡ ትምርኮስ ዝነበረት ስድራቤቱ፡ ብአሉታ ተጸልወት። ከም መርአያኡ፡ ምንእሱ ሓዉ መልአከ፡ ስድራ ንኽሕግዝ አብ ሻውዓይ ክፍሊ ትምህርቲ አቋሪጹ፡ አብ ስራሕ ተዋፈረ። እታ ዝፈትዋን ዘሓንቀቓን ብርኽቲ ኸአ፡ ዝነበረ መንፈዓት አጥፊአ፡ አብ ራብዓይ ክፍሊ ደገመት።

ሃብተማርያም፡ ሃገራዊ አገልግሎቱ፡ ፈጺሙ ናብ ገዛኡን ስራሑን ተመልሰ። ብኡ-ንብኡ ድማ ነቲ ጸገማት አብ ምእላይ፡ ነቲ ትምህርቲ ዘቋረጸ ሓዉ ከም ዝቐጽል፡ ነታ ደገፉን ፍቕሩን ትደሊ ዝነበረት ሓፍቱ ፍቕሪን ሓልዮትን አብ ምልጋስን ምትብባዕን አተዩ፡ ነታ ስድራ እንደገና ጽላልን ዋሕስን ክኸውና ተቃለሰ።

ብዙሕ አይጸንሐን። ነታ ብመንፍዓቱን ዳግም ህይወት ክትዘርእ ዘብቅዓ ስድራ ዝትንኪ ወራር ወያ አርከበ። እቲ ንወርሒ ዝመስል ዝነበረ ወፍሪ ልምዓት 1998 ከአ ነቲ ምፍልላይ መሊሱ ዘናውሕ ኮነ። እቲ 'ጉዳይ ዶብ

ቀልጢፉ ሕጋዊ መዓልቦ ክግበር እዩ' ዝብል ትጽቢት በኒኑ፡ ሃብተማርያም
ካብቲ ዝሓሰቦ ንላዕሊ፡ ግዜ እናተመጥጠ ምስ ከደ፡ ኩነታት ስድራቤቱ
ክርአዮን ዝያዳ ስክፍታ ከሕድረሉን ጀመረ፡፡

*　　*　　*

አሃዱ ሃብተማርያም፡ ሳልሳይ ቦጦሎኒ፡ ቀዳማይ ብርጌድ፡ ኮር 381፡
ሓንቲ ካብተን ናብ ከባቢ ባድመ ዘምረሓን አብ ቀዳማይ ወራር ዝተሳተፋን
ብምንባራ፡ ፈላሚ ናይ ውግእ ተመኩሮኡ አብ ዕርዲ ማትዮስ እዩ ነይሩ፡፡
አብዚ 10 ሰን 1998 ዝተኻየደ ውግእ፡ ንወያነ አደዳ ናይቲ ዘንቀሎ ውግእ
ንምግባሩ ድልውነት ናይ ኩሉ አባል ተረጋገጸ፡፡ እቲ ውግእ'ቲ፡ ነቲ ካብ
ዝተፈላለየ ቦታን ኩነታትን ዝተአኻኸበ ሰራዊት ኤርትራ አብ ምውህሃዱ
ዝሓገዘ'የ ነይሩ፡፡

ሃብተማርያም፡ መድፍዓጂ ብሬን ኩይኑ፡ አብቲ ውግእ ዘይከም ናይ
ፈለግ ተመኩሮኡ፡ ብቕዓቱ ከመስክርን ነቲ ዝነበር ሓያል ናይ ቃልሲ
መንፈስ ከንጸባርቖን ቄላሕታ ብጾቱን ሓለፍቱን ክረክብን አኽአሎ፡፡ እቲ
ከሎ ገና ካብ ዓይነታት ብረት ብሬን ዝመረጸሉ ምኽንያት፡ ጽልዋ ናይቲ
ዝዓበየሉ ከባቢን ካብ ቤተ-ሰቡ አርባዕተ አኮታቱ አብ ቃልሲ ንናጽነት
ዝተሰውኡን ዝተሳተፉን ብምንባሮም፡ ውሽጡ ብገድላዊ ስምዒትን ጅግንነትን
ዝተመልአ እዩ ነይሩ፡፡ ስለዚ፡ ንሱ'ውን አብቲ ዕድመኡ ዘርከበሉ ደባት
ናይታ ብመስዋእቲ ዝተረኽበት ሃገር ንምውሓስ ዝኽእሎ ዘበለ ንምሃብን
ደባት ሃገሩ አውሓሱ ናብ ንቡር ህይወቱ ክምለስን ድሉውነቱ አረጋገጸ፡፡

እቲ ብሎሚ-ጽባሕ ከውዳእ'የ ዝተባህለ ወራር ጸላኢ፡ ንቐዳማይ ወራር
ከም መንጠሪ ናብቲ ዝቐጸለን ዝዓበየን ወራራት ተጠቒመሉ፡፡ እቲ ሽዓ
ኢሉ ናብቶም አልያን ናብዮትን ዝጽበዩ ዝነበሩ ስድራቤቱ ዝምለሰሉ ግዜ
ድማ ተናውሐ፡፡ ሃብተማርያም፡ ብኹነታት ስድራኡ ጅሀ ከይተታሕዘ፡ አብ
አሃዱኡ ብብቕዓቱ ዝጥመት ተዋጋኢ ነበረ፡፡ አብ ልዕሊ መድፍዓጂ ብሬን
ምኻኑ፡ ምኽትል መራሕ መስርዕ'ውን ኮነ፡፡

*　　*　　*

ካልአይ ወራር ወያነ፡ ለካቲት 1999 ዝተበገሰ ዓቢ ወተሃደራዊ ወፍሪ
ኩይኑ፡ ብዓይነቱ ፍሉይ ወተሃደራዊ ወራር ነበረ፡፡ ሃብተማርያም አብዚ
ውግእ'ዚ፡ በቲ ድሮ ዘጥረዮ ተመኩሮ ልዑል ናይ ምው ጋእ ወኒ አንጸባረቐ፡፡
ከም አብ ቀዳማይ ወራር ድማ ዝኹን መውጋእቲ አየጋጠሞን፡፡

ከም ሳዕቤን ናይቲ አብ ካልአይ ወራር ዝነበረ ኩነታት፡ ናይ ወገን
ሰራዊት ናይ መስመር ምምዕርራይ ክንገብር ተገደደ፡፡ ብድሕሪ'ዚ፡ ግዜ
ከየጥፍአ ነቲ 'ቦታ ረኺብ' ኢሉ፡ እግሪ-እግሩ ዝሰዓብ ሰራዊት ወያን ዝያዳ

አድመዓሉ። ድሕሪ ዝተወሰነ ግዜ ጸላኢ፡ ሜላ ውግእ ብምቅያርን ዓቅሙ አደላዲሉን ናብ መጠነ-ሰፈሕ መጥቃዕቲ አተወ። ሃብተማርያም፡ አብዚ ግዜ'ዚ መራሕ መስርዕ ኮይኑ ሓደ ምኮር ተዋጋአይ ተቖየረ። ብድሕሪ'ዚ ካብ ለካቲት ክሳብ መጀመርታ ሚያዝያ ዝቐጸለ ውግእ'ዚ፡ እቲ ኩነታት ብተዛማዲ ተረጋጊኡ፡ ክልተኡ ወገናት አብ ዘዝነበሮ ቦታ ሓዚሎም ተኾሲ ጠያይትን መዳፍዕን ክለዋወጥ ድሕሪ ምጽናሕ፡ አብ ሰነ ካልእ ተበግሶ ንምውሳድ አብ ምድላው ተአትወ።

እዚ ድሕሪ ዓመት ናይ ቀዳማይ ወራር ዝሰዓብ ውግእ'ዚ፡ ዕላግኡ ነቲ አብ እምባ ጎሰሞ ዓሪዱ ዝነበረ ሰራዊት ወያነ፡ ናብ ድሕሪት ንምምላሱን ገለ-ገለ አገደስቲ ቦታታት ንምምንዛዕን ነበረ። አብቲ 10 ሰነ 1999፡ ሰዓት ዓሰርተ ቅድሚ ቀትሪ ብወገን ሓይልታት ምልክልኻል ኤርትራ ተበግሶ ዝተወሰደሉ ውግእ ጎሰሞ፡ ሃብተማርያም መራሕ መስርዕ ነበረ። እዚ ውግእ'ዚ ፍሉይ ዝገብሮ ዝተፈላለየ ረቛሒታት'ኳ እንተለዎ፡ ብዘይምቅራጽ ንመዓልቲታት ብምኪያዱ ግን ዝያዳ ፍሉይ ነይሩ።

እቲ ውግእ አብ ፈለማ ብዝነበሮ ሃንደበትነት ጽቡቕ ገስገሰ። አብቲ ዝቐጸለ ግዜ ግን፡ ጸላኢ፡ ዝኸሰሮም ድፋዓት ንምምላስ ብዝከአሎ ተዋግአን ከቢድ ዋጋ ከፈልን። እቲ ውግእ መመሊሱ እናጸዐጸዐ ብምኻዱ ብዘሓ መውጋእትን መስዋእትን ተራእየ። ብፍላይ ፈንጂ ብዙሕ ጉድአት አውረደ። ጸላኢ፡ ንድሕሪት ንኸይምለስ ብዘለዎ ዓቕሚ ነኺሱ ክረባረብ ስለ ዝወሰነ፡ መመሊሱ ተደራቢ ሰራዊትን ብዝሓ፡ አጽዋርን እናጎረተ ብዝኸደ፡ እቲ ውግእ መመሊሱ ሓየለ። እቲ ልዑል ወታሃደራዊ አገዳስነት ዝነበሮ እምባ ጎሰሞ ሒዝካ ዘይግደፍ ምስ ምንባሩ፡ ንኽልተኡ ወገናት ብማዕረ ዘገድስ እዩ ነይሩ። ስለዚ፡ ዝያዳ ዋጋን ግዜን ሓተተ።

ኩነታት ከምኡ ኢሉ እንከሎ፡ ሕጽረት ተተኩስትን ዓቕሚ ሰብን አጋጠመ። ብዘለካ ቀጢብካ ምውጋእ'ኳ እንተ ነበረ፡ እቲ ዝቐጠብ'ውን ክሰአን ጀመረ። ሃብተማርያም፡ ተተኳሲ ወዲኡ ደው ክብል አይደለየን። ደው ዘብል ኩነታት'ውን አይነበረን። እቲ ቦታ ምሕድግ ኢሉን ናብ ውሽጢ ጸላኢ፡ ዘበለን ብምንባሩ፡ ህጹጽ ደገፍ ዕጥቅን ሰብን ክረክብ አይከአለን። አማራጺ ስለ ዘይነበር ኸአ ክሳብ'ቲ ዝርካቡ ሓገዝ ዝመጽ፡ ንዝመጸ ወተሃደር ብደንጎላ ተሰሃሎ። ነዚ ሃብተማርያም ዝጀመሮ ናይ ዳርባ እምኒ ምክልኻል ዝረአየ ሓደ ወተሃደር ጸላኢ፡ ተሃንዲዱ ናብቲ ድፋዕ አተዎ። እቲ ግጥም ናብ ናይ ኢድ-ብኢድ ክርፍስ ተለወጠ።

ሃብተማርያም፡ አብቲ ናይ ሞትን ህይወትን ግዜ፡ ነቲ ካብኡ ዝገዘፍ ወተሃደር ብኽሳዱ ዓትዒቱ ሓዞ፡ ሓኒቑ ካብ መሬት ሓፍ አቢሉ ናብቲ ካናል ሰንደዎ። እቲ ኩነታት ግን ብኡ ዝዕገስ አይነበረን፡ መምስ ዝመጸ

ብዳርባ አእማን ክተዋሻሕን ብቝልስ ክዋደቕን ዝተዓዘቡም ወተሃደራት፡ ምስ ሓደ ኢድ-ብኢድ ክቃለሶ ዝመጸ ወተሃደር ገጢሙ እንከሎ፡ ካብ ማዕዶ ብጥይት አው-ደቝዎ፡፡ ሃብተማርያም፡ አብ ከብዱን ጸጋማይ መንኮቡን ብኽቢድ ተወጊኡ፡ አብታ ዘየድፈራ መታኽሲቱ ወደቐ፡፡

ካብ ውግእ ምንዋሕ ዝተላዕለ፡ ክልተኡ ወገን ሰቡን አጽዋሩን አብ ምጽንቃቕ አበለ፡፡ እቶም አብ ልዕሊ ሃብተማርያም ጠያይት ዘዝነቡ ወተሃደራት፡ ሃለዋቱ ከረጋግጹ ከይፈተኑ ናይ ወገን ደገፍ ሓይሊ መጺኡ ናብቲ ቦታ ስለ ዝበጽሐ ሃብተማርያም፡ ናብ ግዶም ዘወጸ መዓናጡኡ ክሓቍፍ እናተቃለሰን ደሙ ብብዝሒ ክፈስስን ጸንሓም፡፡ ነታ ብብረት ሓዲጉ ብደንጎላ፡ ብደንጎላ ሓዲጉ ኢድ-ብኢድ ዝተጠማጠመላ ካናል አው-ሒሱ ንብጾቱ አረከቦም፡፡ ንሱ ኸአ፡ ብባሬላ ተጸይሩ ናብ ሕክምና ተላእከ፡፡ አብተን አብ ሕክምና ዝጸንሓለን አዋርሕ ቀኖስሉ'ኺ እንተ ሓወየሉ፡ ጸጋመይቲ ኢዱ ግን ደሪቃ ካብ ስራሕ ወጸኢ ኮነት፡፡ ከምዚ ዝበለ ተመኮሮ ሓሊፉ'የ እምበአር ሃብተማርያም ዳግማይ ቡቲ ዝተራእዮ ሕልሚ ተደሪኹ ናብ ድፋዕ ክአቱ ዘንቀደ፡፡

*   *   *

ሳልሳይ ወራር ወያነ፡ ከምቶም ካልኦት ወራራት፡ ብግንባር መረብ-ሰቲት እዩ ተጀሚሩ፡፡ ከምኡ'ውን ብተመሳሳሊ፡ ቡቲ ክፍለ-ሰራዊት 18 ዝበረቶ ቦታ፡፡ ጸላኢ፡ ካብ ማእከላይ ግንባር መረብ-ሰቲት፡ ክሳብ ላዕለዋይ ጸጋማይ ጫፍ አብ ዝዘርጋሕ ቦታ - ቡቲ አሃዱ ሃብተማርያም ዝነበረቶ - ፎውሊና መጸ፡፡

እዚ ወራር'ዚ ብዓይነቱ ካብቶም ዝቐደሙ ክልተ ወራራት አዚዩ ዝተፈልየ ነበረ፡፡ ብርትዐ ናይቲ ኩነታት ድማ ንሃብተማርያም ከምቲ አብ ሕልሙ ዝተረአዮ ኮነ፡፡

ሓይልታት ምክልኻል ኤርትራ፡ ነቲ ነዚ ቦታ'ዚ መሪጹ ብጸዕቂ ሰብን ብረትን በሲዑ ክሓልፍ ዝሃንደስ ሜላ ውግእ ወያነ፡ ነቲ እልቢ ብዘይብለን መጽዓኛታት ከይተረፈ ተሰንዩ አብ ሓጺር እዋን አስመራ ክርአ ምኻኑ ዝተነግሮ ሰራዊት ወያነ ደው አቢሉ ሓዞ፡፡ እቲ ውግእ ደማዊ እዩ ነይሩ፡፡ ወያነ፡ ሰራዊቱ ብሰብ ዘይኮነ ብፍልሓ ከም ዝቐደመ፡ ብዘየቋርጽ ዋሕዚ፡ እቲ ዝአተወ ከቝተል፡ ካልእ ከስዕብ ትልሙ ከዉን ንምግባር ተሃንደደ፡፡

ሃብተማርያም፡ አብ ከምዚ ዝበለ ውግእ አትዩ፡ ብጾቱ አለየን ዝዓቅሙ ተዋግአን፡፡ ናይ ወገን ሰራዊት ነቲ ኩነታት ንምቕያርን ናብ ረብሓኡ ንምውዓልን ኩሉ ዝከአሎ አብ ምግባር ተጸሚዱ ተረባረበ፡፡ ጸላኢ፡ ቡቲ ከዐውተኒ ይኽእል'የ ዝበሎ ወገን፡ ዘለዋ ሓይሊ አኻኺቡን ብምድራርን ውግእ ቀጸለ፡፡ ነቲ ኩነታት ጽቡቕ ገይሮም ዝተረድኡ ላዕለዎት አዘዝቲ

400

ሓይልታት ምክልኻል ኤርትራ፡ ንሟላ ውግእ ወያነ ብዝግባእ ብምንባብ፡ ፈለማ ነቲ ማዕበል ሰራዊት አብቲ ቦታ አዳኺምካ፡ ነቲ ዝሰዕብ ተደራቢ ሓይሊ ናብ ሰጣሕ ጉልጉልን አጻምእን ጋሽ-ባርካ ከም ዝአቱ ብምግባር፡ ከም ዝብተንን ሓይሉ ከም ዘዋፍእን ምግባሩ ብዝብል ረቂቕ አተሓሕዛ፡ ሓያል መኸተ ተኻየደ። ሃብተማርያም፡ አብዚ ቀዳማይ ተልእኾ እንከሎ ተወጊኡ ወደቐ። ቅልጡፍ ረድኤት ይኹን ካልእ ሓገዝ ክረክብ ዘይጥዕም ብምንባሩ ግን፡ ድሕሪ ማህረምቱ ክሰዋእ ድዩ ክሰርር ከይተፈልጠ እንከሎ፡ ጸላኢ ነቲ ቦታ ተቖጻጸር።

*   *   *

ገና አብ ውግእ ዝነበረት አሃዱ ሃብተማርያም፡ ከም ባህሊ ህዝባዊ ሰራዊት፡ አብ ነፍሲ-ወከፍ ውግእ ንዝጋጥም ዓወትን ክሳራን ብደቒቕ ክትምዝግብን ናብ ልዕለዋ ከተመሓላልፍን ነበረ። ጉዳይ ሃብተማርያም ድማ ተላዕለ። መዓልቦኡ ንምፍላጥ አብ ዝተገብረ ፈተነ፡ ምስ ውጉአት ከም ዘይነበረ ተረጋገጸ። ካብዚ ወጻኢ፡ ሃብተማርያም ብህይወት እንከሎ ከም ዘይማረኽ ብምእማን ዝበዝሐ ተኣእሎ ንመስዋእቲ ሃቦ። ነዚ ሓሳብ'ዚ ቅቡል ንምግባሩ፡ ብመሰረት እቲ ውግእ አበይን ብኸመይን ከም ዝተሰውአ ክፍለጥ ስለ ዝነበር፡ ላዕልን ታሕትን ኢልካ ጭቡጥ መልሲ አብ ምንዳይ ተኣትወ። አብቲ ሃብተማርያም አዝጊቡሉ ዝነበረ ድፋዕ ክልተ ሰባት ብኽቢድ ተሃሪሞም ምንባሮም፡ እቲ ሓደ ብኸፈል ክልለ ዝኽእል፡ እቲ ካልኦ ግን ፈጺሙ ተሓዋዊሱ ስለ ዝነበረ ዝልለ አይነበረን፡ ስለዚ ሃብተማርያም ክኸውን አለም፡ ናብ ዝብል ግምት ተበጽሐ። ስለዚ፡ ናይ ስዉእ ጸብጻብ ሃብተማርያም መብራህቱ፡ ተሰርሐን ናብ ዝምልከቶ ተመሓላለፈን።

ሃብተማርያም ገና ብህይወቱ ነበረ። ካብቲ ዝነበር አብ ብራኸ ዝተሃንጸ ካናል፡ ብኽቢድ ተወጊኡ ምስ ወደቐ፡ እቲ ዝሃረሞ ወተሃደር ምውዳቑ ርእዩ መጺኡ ክዳግሞ እናተጸበየ፡ ከይመጸ ተረፈ። ልክዕ ከምቲ ናይ ጎሰሞ ውግእ፡ ብጽቱ አብ ቀረባ ጸኒሐም ከውጽኡዎ ምኽኑዮም አሚኑ፡ አብ ልዕሊ ነብሱ ዝኸነ ስጉምቲ ከይወሰደ ክጸንሕ ድማ ወሰነ። እንተኾነ፡ ገለ ወተሃደራት ጸላኢ፡ አብ ልዕሊኡ ደው ኢሎም ከጥምቱዎ ደአ ረአየ።

ብደም ተቖማጢዑን ጸጋማይ ምሕኩልቱ ተሓምሺሹን'ዩ። እቶም ወተሃደራት ምሉእ ዕጥቂ አይረኸቡሉን፡ ገላቢጦም ምስ ረአዮ ግን ሽጉጡ ረኸቡ። እቲ ተራ ዝመስሎም ወተሃደር፡ ሓላፈ እዩ በሉ። ተወሳኺ ሰነዳት ክረኸቡ መሊሶም ገላበጡዎ። እንተኾነ፡ ነቲ አብ ሰን ዝተወግአ ከብዱን ነታ ሰንክልቲ ኢዱን ጥራይ ረኸቡ። ሃብተማርያም፡ አብቲ ይትረፍ አብ ነብሱ አብ ካልኦት ክርእዮ ዘይቅበሎ ምምራኽ ከም ዝወደቖ ተረድአ። እተን ብጽቱ ዘይምለሱዎ እንተ መሲሎም ብሓደስን ገይሩ ህይወቱ ከሓልፍ

401

ዝሓዘን ካራን ሽጉጥን ምስ ተመንጠለ ኸአ፣ ጓሂኡ ዛየደ። ካብዚ ንደሓር ዝኹኖ ነብሱ ዘጥፍአሉ ኣ*ጋ*ጣሚ ኣብ ምድላይ ኣድህበ። ነዚ ኸአ እቶም ጸላእቱ ከማልኡሉ ተመነየ። ንሳቶም፣ ነቲ ምስኡ ዘይጸንሓም፣ ካብ ሓደ ሓላፊ ክርከብ ይኽእል'ዩ ዝበሉዎ ሓበሬታ ካብ ቃሉ ንምርካብ ካብቲ ብደም ዝጨቀወ ባይታ ጕሲዖም ናብ ላዕሊ ኣውጺኡዎ። ዝኹኖ ረድኤት ክንብራሉ ከይፈተኑ፣ ብእግሩ ክኸይድ ከም ዘይክእል እናረኣዮም፣ ነተን ኣብ ኣእጋሩ ዝኸብራ ናይ ብጾ ሽዳ መንጠሉዎ።

"እንታይ እዩ ሓላፍነትካ?" ሓተቶ ሓደ ካብኣቶም።

"ኣነ ሓላፍነት የብለይን፣ ተራ እየ።"

"እዋእ፣ ነፍስኻ ኣይተሕስር! ተራ እንተ ትኸውንዶ ኣቓዲሙ ክንድ'ዚ ዝኸውን መውጋእቲ ኣብ ከብድኻ ኣሎ፣ ኢ.ድኻ'ውን ኣይትሰርሕን እያ፣ እዚኣኽ እንታይ ድያ!" ነታ ሽጉጥ እናኣመልከቱ ከዋጥሩም ፈተኑ።

"ኣነስ ተራ ኣባል ሃገራዊ ኣገልግሎት እየ። ኣብ ታዕሊም እንከለኹ ብረት ተባሪዓትኒ ከብደይ ተሃሪመ፣ እዚ ኢ.ደይ እንኮላይ ብኸምኡ. . ." ብምባል ከረድኦም ፈተነ። ነታ ሽጉጥ ግን ዘመኽንየላ ጠፍአ።

እቶም ወተሃደራት፣ "የማይረባ!" (ዘይረብሕ) ብምባል በእጋሮም ረጊሐም፣ ናብቲ ኣብ ትሕቲኣም ዝነበረ ጸድሬ ደፍኡዎ። ንሳቶም ብተግባራቶም እናሰሓቑ፣ ንሱ ምስ ቃንዛኡ እናኣንከራረወ ተፈላለዩ።

ድሕሪ ክንደይ ምዄን ዘይርድእ፣ ብርቱዕ ቓንዛ ገይሩሉ ተበራበረ። ነቲ ቀቅድሚ ምጽዳፉ ዝነበረ ኩነታት ድግ ዘከረ። ተንከራርዮ ናብ ሩባ'ዩ በጺሑ። ገና ምስ ህይወቱ ምንባሩ ድግ ገረሞ። ክገብር ዝኽእል ዘይምንባሩ ኣሚኑ ሓረቐ። በየን ምዄኑ ክርድኣ ዘይክእል ድምጺ ተኹሲ ይሰምዕ ብምንባሩ፣ ተስፋኡ ኣበኣ ገይሩ፣ ምስተ ብደም ዝጠልቀየ ኣካላቱ፣ ዝሰዕብ ከይፈለጠ ብጾቱ ክመጹዎ ኣብ ትጽቢት ኣተወ።

ድሕሪት ተመሊሱ፣ ናብቲ ናብዚ ኩነታት ዝመርሐ ሕልሚ ኣበለ። ነቲ ዝነበሮ ምስቲ ኣብ ሕልሙ ዝረኣዮ ድግ ኣወዳደሮ። ብመሰረት ሕልሙ፣ እቶም ወተሃደራት ካብ ዘይቀተሉዎ፣ እጦ ኸአ ካብ ክንዴ'ቲ ዝኣከል ጸድሬ ኣንከራርዮ ካብ ዘይሞተ፣ ዕድሉ፣ ድሕሪ'ቲ ከምኡ ዝበለ ብደም ናይ ምቑምጣዕ ግዜ ናይ ራህዋ ግዜ ክኸውን ከም ዝኽእል ገመተ። እዚ ክኸውን እንተ ኹይኑ ግን፣ ብጾቱ ተመሊሶም ነቲ ቦታ ክሕዙዎ ነይሩዎም።

ጸጋማይ ምሕኩልቱ ተሓምሺሹ፣ ጸጋመይቲ ኢዱ ኸአ ኣቓዲማ ካብ ስራሕ ወጺኣ. ኩይና ብምንባራ፣ ፍርቂ ኣካላቱ ከንቀሳቕሶ ተጸገሞ። እቲ ዝተረፎ ኣማራጺ፣ ከንፋሕኹ እምበር ደው ኢሉ ክኸይድ ዘኽእል ኣይነበረን። ተንፋሒኹ ናብ ጸላል ሓደ ገራብ ብምእታው ብዘይዝኹን ሓገዝ ሕክምናና፣ ዝብላዕን ዝሰተን ዘይብሉ ተገምሲሱ፣ እዝኑ ብምጽላው ድምጺ ሰብ ክሰምዕ ፈተነ። ዝሰማዕ ድምጺ ግን ኣይረኸበን።

ቀዳመይቲ መዓልቲ ከምኡ ኢላ ሓለፈት። መሬት ጸልሚቱ ብድምጺ
ኣዛብእን ቃንዛን ክድቅስ ኣይከኣለን። እታ ብዘይካ ድምጺ ኣራዊት ድምጺ
ሰብ ዘይሰምዓላ ለይቲ ንርእሳ ኢላ ወግሐት። ኣብ ከምዚ ህሞት እንከሎ፡
ኣብ ረፋድ ቃንዛ ናይ ሓደ ሰብ ሰምዐ። እቲ ድምጺ ካብኡ ርሑቅ ኢሉ
ኩይኑ በየን ምንባሩ ግን ቀልጢፉ ኣይተረድኦን። ካብኡ ሓሊፉ'ውን
ባዕሉ ዝሓሰቦ እምበር፡ ናይ ብሓቂ ዝሰምዖ ድምጺ ኣይመስሎን። እናጸንሐ
ብዝኸደ፡ እቲ ድምጺ ካብቲ ስግሩ ዝነቐለ ምንባሩ ተረድኦ። ብድሕሪ'ዚ
ዝመጸ ይምጻእ ኢሉ፡ "መን ኢኻታ ትቕንዞ ዘለኻ! ዘስተ ማይ ከ ኣለካ
ዶ!" ክብል ሓተተ።

"እወ፡ መጺእካ ስተ" መለሰሉ ትሑት ድምጺ።

"ኣነ ደኣ ከመይ ገይረ ክመጸካ፡ ንስኻ እብ ፈትን በጃኻ" በለ። እቲ
ኣብ ስግሩ ዝነበረ ሰብ፡ ክሕግዝ ዘይክእል ንባዕሉ ኣብ ጸገም ዝነበረ እዩ፡
ብውሑዱ ግን ዘስተ ማይ ከም ዝነበሮ ሃብተማርያም ፈለጠ። እንተኾነ፡
ንሱ ኣይከደ፡ እቲ ኣይመጸ ኣብ ዘዝነበሩዎ ተመዓዳድዮም ተረፉ።

ሃብተማርያም፡ ቀስ-ብቐስ ኣካላቱ ክሕብጦ ጀመረ። ናይ ተስፋ ትጽቢቱ
ድማ ሓደ-ብሓደ ሃሰሰ። ኣብ ክንዳኡ፡ ብናይ ቅባጸት ሓሳባት ተባሕቱ፡
ብዝብሊ ተበሊዑ ክስዋእ ተመነየ። እቶም ብለይቲ ናብቲ ከባቢ ዝኣትዉ
ዝነበሩ ኣዛብእ ግን፡ ገና ዘይወድኡዎ ብዝሒ ሬሳታት ጸላኢ ስለ ዝነበሮም፡
ብህይወቱ ንዝነበረ ሃብተማርያም ዘድሊ ኣይነበሮምን፡ ኣግሰያሉ ኣግራጺ
ምስ ሰኣኑ፡ ኣይምዉት ኣይህሉው ኩይኑ፡ ካብቲ ኣብ ጥቓኡ ዝነበረ ከርክቦ
ዝኸኣለ ኣቕጺልቲ እናሽምጠጠ ክበልዕን ሓዶኹ ጡፍ እናበለ ክዕንገልን
እናፈተነ መዓልቲ ይዓርብ፡ ለይቲ ይወግሕ ኩነ። . . .

ተወጊኡ ካብ ዘወድቐ ኣብ ሓምሻይ መዓልቱ ኣብ ዝመሰሎ ሓደ
ረፋድ፡ ንመጀመርታ ግዜ ድምጺ እኩባት ሰባት ኣብ ኣእዛኑ መጸ። እታ
መመሊሳ ትጽልምት ዝነበረት ተስፋኡ ህይወት ክትዘርእ ተፈለጦ። እቲ
ዝሰምዖ ድምጺ መቓልሕ ናይቲ ንመዓልቲታት ኣብ ሓሳቡ ክቐርጽ ዝቐነየ
ናይ ብጾቱ ገይሩ ተረድኦ።

"እንዴ ማነው! ማነው! ማነህ የት አለህ!" (መን'ኻ! መን'ኻ! ኣበይ
ኣለኻ) ዝብል ሕቶ ሰምዐ። ኣንጻር ትጽቢቱ፡ ተስፋኡ ቅሂሙ፡ ድምጹ
ሃጠመ። እቶም ድምጺ ሰሚያም ከብቅዑ፡ ህግሙ ምጥፋኡ ዝረበሾም
ወተሃደራት፡ ንባዕሎም ፈሪሐም ብረቶም ኣዐጊሮም ናብቲ ድምጺ ዝሰምዑሉ
ኣድራጋ ተኩሱ። ሃብተማርያም፡ ኣብታ ዝነበራ ተላሒጉ ኣስቀጠ። ንሳቶም
ዝኣኸሎም ምስ ተኩሱ፡ ብህይወት ዝተርፍ ፍጡር ክህሉ ኣይክእልን'የ
ኢሎም ነቲ ከባቢ እናፈተሹ ናብቲ ዝነበር በጽሑ። ኣብኡ፡ ሓደ ንምእማኑ
ዘጸግም፡ ትንፋሱ ምሕላፍ ዝኣበየቶ ኣዒንቱ ናብ ግዳም ወጺኤን፡ ከናፍሩ
ሓቢጡን ጸዕድዮን ሞት ዝሃደሞቶ ፍጡር ጸንሓም።

403

እቶም ወተሃደራት በቲ ዝረአዮም ክአምኑ ተጸገሙ፦ "አንታ፡ እንታይ ገደሰካ ከምዚ ገይርካ ነብስኻ ተሕስር! አብዚ አለኹ ኢልካ ኢድካ ዘይትህብ፡ ትማረኽ፡ ትለዓል፡ ትሕከም፤!" በሎ ሓደ ካብአቶም።

"አቃብጸኒ!" ደጋገመ ሃብተማርያም።

እቶም ወተሃደራት፡ ጠሊቡ ከማልአሉ አይደለዮን። ብአንጻሩ ሓደ ካብአቶም፡ ካምቻኡ ቀዲዱ ነቲ ክሳብ ሽዑ ዝኹነ ረድኤት ዘይረኸበ ቁስሊ ሰለፉ ሸፈነ አሰረሉ። ካብቲ ቦታ አልጊሎም ናብቲ ከምኡ ውጉእት ዝነበሩዎ አብጸሑዎ። ሃብተማርያም፡ አብቲ ቦታ ምስ በጽሐ ቅድሚ ዝአገረ መንነቱ ከይርኣ፡ ንሱ'ውን ዝፈልጡዎ ከይርኣ፡ ብምባል ገጹ ብጨርቂ ሸፈኑ። አብታ ዘንበሩዎ ቦታ ተገምሰሰ። ቃንዛኡ ውሒጡ ኽአ ትም በለ። ብድሕሪ'ዚ፡ ነቶም ውጉእት ዝወስዱ ወተሃደራት መጹ። ነቲ አብ ውሽጢ ህዳም ገዛ፡ ተጎልቢቡ አስቂጡ ዝነበረ ሃብተማርያም፡ ስለምንታይ ምኽኑ ብዘይተፈልጠ (ምናልባት ድምጺ ሰለ ዘጥፍአ ምዉት መሲሉዎም ወይ ብሸለልትነት) ክግንጽሉዎ ከይፈተኑ፡ ሓዲጎም ከዱ። ንሱ'ውን ካብ ምምራኽ ከድሒኖ ዝኽእል ተሰፋ እንተ ረኸበ፡ አስቂጡ ከኽዱሉ ተጸበየ። እቶም ውጉእት ዘልዕሉ ዝነበሩ ሰባት ግን፡ ተሓቢራዎም ግዲ ኾይኖ፡ ናብቲ ሓዉሲ በዓቲ ገዛ ተመሊሶም፡ ነቲ ነጸላ ገንጺሎም ረአዮ፥ ሓደ ውጉእ ምሩኽ ብህይወቱ ረኸቡ።

"ነብስኻ አይተሕስር ተዛረብ!" ክብል፡ ሓደ ካብአም አጠንቀቐ መንነቱ ሓቲቶም መልሲ ምስ አበዮም። መልሲ፡ ክህብ ፍቓደኛ ዘይድምንባሩ ምስ ረአዮ፡ እቲ ብቋንቋ አምሓርኛ ዝሓተቶ ዝነበረ ወተሃደር፡ "ቅተሎ!" በሎ። ነዚ ዝሰምዐ ሃብተማርያም፡ ድላዩ ዝረኸበሉ ሰዓት አኺሉሉ ብቅብጸትን ብትብዓትን ንሞቱ ተጸበየ። እቲ ክቐትሎ ዝተሓበረ ወተሃደር፡ ምጭካን ግዲ ስኢኑ፡ ሓዲጉዎ ክኸይድ ደለየ።

"አንታ፡ ንዓ'ባ ቅተለኒ!" በሎ።

"እዋእ! ንስኻ ትርእዮ ይህልወካ እዩ! ጽባሕ ንጊሆ ንዓይ'ውን ተዘንትወለይ ትኸውን!" ክብል ብትግርኛ መለሰሉ። ንሱ ክቐትሎ ከም ዘይኮነን ክጉብረሉ ዝኽእል ነገር ከም ዘይብሉን አፍሊጡዎ ድማ ከደ።

አይጸንሐን፡ ካልአት ወተሃደራት መጹ። ንሳቶም'ውን ምስ ረአዮ ሰንበዱ። ስለ ምንታይ ክንድኡ ዝአክል ሽግር ክጸወር ደልዮን ረድኤት አብ ክንዲ ምሕታት ብኽምኡ ክሳቐ መሪጹን ድማ ሓተቱዎ። ንሱ ግን ዝሓተቱዎ አብ ክንዲ ምምላሱ፡ ነታ ሓንቲ ካብአም ዝደልያ ዝነበረ ከማልአሉ፦ "ቅተሉኒ!" በሎም።

"ንስኻ ደአ አምላኽ ፈንፊኑካ ዘሎ ንሕና እንታይ ክንቀትለልካ፧" በሎ ሓደ ካብአቶም።

"ማይ በሉ አስትዩኒ!" ካልእ አማራጺ ፈተነ።

እዚ'ውን ናብ ሞት ከብጽሓ ዝኽእል መንገዲ ምንባሩ ግምት ነበር። ብዘይንሱ'ውን ዝብላዕን ዝስተን ካብ ዘይረክብ መዓልታት ሓሊፉም እዩ። ሓደ ካብአቶም ማይ ከቐብሎ ኢሉ ብራሾኡ ከፈተተ። ካልእ ወተሃደር ግን ነታ ብራሾ ካብ ኢድ ሃብተማርያም መንጢሉ ወሰዳ።

"ማይ ክትህቦ! ክትቀትሎ!" ብማባል አንጸርጸረ። ታኒካ ሳልሳ ቀዲዱ ብማይ በጽቢጹ ንሃብተማርያም ሃቦ። ነቲ ሳልሳ ምጽቱ ከይዓጀቦ ተቐቢሉ ጠምጠም በሎ። ሓንሳብ ከይጸንሐ ግን እቲ ዝሰተዮ ተመሊሱ ናብ ግዳም ወጸ። እቲ ሽሽምጢጡ ዝበልያ አቚጽልቲን ጉሕንሕን'ውን ተተሓሒዙ ዓፍራ መሳሊ ከደለ።

እቲ ወተሃደር፡ መሊሱ ሳልሳ እናስተዮ፡ "ጻባሕ ኩሉ ነገር ክቐየር እዩ፡ አጆኻ ዝሓወይ። እዚ ግዜ'ዚ ከምዚ ኢሉ አይቅጽልን እዩ፡" በሎ። እዚ ዘየተጸበዮ ቃላት'ዚ ፈጺሙ አየእመኖን፡ ዝኹን ምላሽ ከይሃበ እንከሎ፡ እቲ ወተሃደር ምሕታቱ ቀጸለ፡ "አደኻ ብህይወት አላ ዶ!"

"እወ።"

"አቦኻ ኸ!"

"እወ።"

"ንስኻ ናይ ብሓቂ ምሩቕ ኢኻ!" ድሕሪ ምባል፡ ዓዱን መበቈሉን ሓተቶ። ሃብተማርያም አይመለሰሉን። እቲ ወተሃደር፡ መመሊሱ ተገዳስነቱ እናዐበየ፡ ጸቒጡ ብዛዕባ መበቈል ዓዱ ምሕታቱ ቀጸለ።

"ዓደ. .ይ አይትፈልጦን ኢኻ. . እምበር ምንገርኩኻ. . " መለሰሉ።

"እፈልጦ እዩ፡" በሎ ብምትእምማን። ሃብተማርያም ብዙሕ ከይተገደሰ፡ ካርነሽም ጠቒሱ ዓዱ ነገሮ። እቲ ትግራዋይ አብ ካርነሽም፡ ብፍላይ ከአ ከባቢ ዓደም ይንብር ከም ዝነበረን ነቲ ከባቢ ጽቡቕ ገይሩ ከም ዝፈልጦን ገሊጹ፡ እንጀራ ናይቶም ከባቢ በሊዑ ከም ዝዓበየ ገለጸሉ።

"ካርነሽም ዓብየሉ እየ፣ ስለዚ አጆኻ፡" ብማባል ብልቡ ከተባብዖ ፈተነ። ምድንጋጽ ናይቲ ወተሃደር ርእዩ ሃብተማርያም፡ "ስሚዕካ አለኻ፡ አነ ከማረኽ አይደልን እየ፡ ስለዚ ቅተለኒ፣ እንተ ዘየሎ ከምቶም ካልኦት ገዲፍካኒ ኪድ፡" በሎ።

"አነ አብዚ አይገድፈካን እየ፡ አይቀትለካን'የ'ውን!" ንጹር ውሳነኡ አፍለጦ። አስዒቡ ኸአ፡ "እንታይ ገደስካ፡ እዚ ግዜ ጻባሕ ንግሆ ክቐየር እዩ፡" ብማባል ደጊሙ ከተሃዳድአ ፈተነ። አብ ከምዚ ዝአመሰለ ዝርርብ እንከለዉ፡ ሓደ ነቲ ኩነታት ክከታተል ዝጸንሐ ወተሃደር፡ "ነዚ አይንስከሞን ኢና! አሓስ ምስ ሓራዲአን ማይ ይስትያ፡ ቅተሎ!" ብማባል ጽልአን ተቓውሞኡን ገለጸ። እቲ ትግራዋይ ዝያዳ መዘነት ስለ ዝነበር ይመስል፡ ብንጹር ውሳነ። "ክንስከሞ ኢና! እዚ ግዜ'ዚ ክቐየር እዩ። እዚ ወዲ ድማ ካብዚ ወጺኡ ዝርእዮ ነገር አለዎ። እምበር ከምዚ ኢሉ ሓምሸተ

መዓልቲ አብዚ በረኻ'ዚ አይምጸንሐን። ከምኡ ኢሉ ዘይሞተ ድማ ሕጂ ንሕና አብ ኢድና ምስ በጽሐ ክመውት አይንሓድጎን ኢና። ስለዚ ፈቲና ጸሊእና ክንስከም ኢና።" ብምባል ወሰነን ነቶም አብቲ ከባቢ ዝነበሩ ንሶት ጸዊዑ ከም ዝሕግዙዎ ብምግባር፡ ካብቲ ቦታ አልጊሉዎም ናብ ሓደ ሕክምና ክረኸበሉ ዝኽእል ቦታ አብጸሑዎ።

ሃብተማርያም ንመጀመርያ ግዜ ግቡእ ሕክምና ክረኸበሉ ናብ ዝኽእል ቦታ በጽሐ። እቲ ትግራዋይ ወተሃደር ብተወሳኺ፡ ነቶም አብቲ ሕክምና ዝተቐበሉዎ፡ "እዚ ትርእዮም ዘለኹም ዉጉእ'ዚ፡ ንመትከል ዝስዋእ ናይ ብሓቂ ጅግና እዩ! ከተኸብሩዎ ይግባእ።" ብምባል፡ ኩሉ ዘሕለፎ ብቓላታን ብጽሑፍን ገሊጹን ሓቢሩሉን ከም ሓደ ናይ ነዊሕ እዋን ብጻዩ ብግቡእ ተፋንዩዎ ከደ። ብድሕሪ'ዚ ዝሓሰኸ ቀሰለ ርእያን ዝሃድማ ነርሳት'ምበር፡ ዝሕክሞ ብምስአኑ ባዕሉ ቀሰለ እናጸረገ ቀነየ።

ድሕሪ ግዜ፡ ሓንቲ ናይ ቀይሕ መስቀል መኪና ሓካይም ሒዛ ናብቲ ዝነበር ሕክምና ብምምጽእ፡ ከቢድ መውጋእቲ ንዝነበርም ከም በዓል ሃብተማርያም አለልያ፡ ናብ አዲስ አበባ ወሰደቶም። አብኡ ዝሓሸ ሕክምና ረኺቡ፡ ጆሶ ተገይሩሉ ድማ አብ ሓጺር ግዜ አብ ዝሓሸ ኩነታት በጽሐ።

*   *   *

ወለዱ ደሃዩ አይነበሮምን። ከም ምሩኽ ኮናት አብ ሬድዮ ወያነ ሓንሳብን አዚዩ ሓጺርን ሓበሬታ ምስ ሃበ፡ ደጊሙ አይቀረቡን። በዚ ኸአ ገለን "ብትሪ መልሓሱ ቀቲለም አለዉ" ክብሉ እንከለዉ፡ ገለ ኸአ፡ "ብቑደሙ'ውን እቲ ድምጺ፡ ናይ ሃብተማርያም አይነበረን፡ ሃብተማርያም ተሰዊኡ እዩ፡" አብ ዝብል መደምደምታ በጽሐ። ስድራቤቱ አይተሰዊኡ ክቑብጹም፡ አይከምቲ ናይ ዝሓለፈ ውግእ ደሃዩ ስኢኖም ነይሮም ደሓር ግን ካብ ሕክምና ዝመጸአም ስንፈላል ኮኑ።

*   *   *

ሃብተማርያም፡ አብ አዲስ አበባ ኩነታት ጥዕናኡ'ኳ በብቑሩብ እንተ ተመሓየሸ፡ አእምሮኡ ግን አይግድንን። ስለዚ፡ ዝተአዘዘሉ አፋውስ ብግቡእ ካብ ምውሳድ አበዮ። ኩነታቱ ዝተዓዘበ ሓካይም፡ ዝያዳ ከቐልቡሉን ጸገሙ ክፈልጡን ኢሎም ጸብጻብቱ ክርእዩ ብዝጀመሩ፡ እቲ ትግራዋይ ወተሃደር ብዘዕባኡ ዝጸሓፈ ጸብጻብ ምስ ረኸቡ፡ ፍሉይ ክንክን ክገብሩሉ ጀመሩ።

ምስ ግዜ - ብፍላይ ሓንቲ ካብቶም ሓካይም፡ ተገዲሳ ኩነታቱ ክትፈልጥን ከተተሃዳድአን ክትቀርቦ ፈተነት። ዝያዳ ክትቀርቦ ብዝጀመረት፡ ብቑጸሊ ይስዕል ምንባሩ ተዓዘበት። ካብኡ ተበጊሳ፡ ሕጋሙ ክትግምት'ኳ እንተ ፈተነት፡ ዝያዳ ንምርግጋጽ መርመራ ክትገብረሉ ወሰነት። ንሱ ግን፡ ዝኾነ ጸገም ከም ዘይብሉ ክገልጸላ'ኳ እንተ ፈተነ፡ ዝገበረት ገይራ አእሚና ዘድሊ

መርመራ ብምግባር ዓባይ ሰዓል ከም ዘሕደረ አረጋጊጸት። ካብኡ ንንዮ ዘተአዘዘሉ መድሃኒት ዓቲቡ ክወስዶ አረድአቶን ተኸታተለቶን።

*   *   *

ስድራቤት ሃብተማርያም፣ ብፍላይ አቦኡን ሓብቱን ከም ዘተማረኸ ምስ ፈለጠ፣ ደሓር ደሃይ ብምጥፋኡ ክሻቐሉ እንከለዉ። አደኡ ግን ብዛዕባ ምምራኹ አይተነግረትን፣ ሃብተማርያም ደጊሙ አብ ሬድዮ ስለ ዘይተሃረበ፣ ተማሪኹ አሎ እናበለት ተሰዊኡ እዩ፣ ምባል ስለ ዝኸበዶም ደጊሙ እንተ ተዛረብ ተጸበዮ'ምበር አይነገሩዋን። ስለዚ፣ ተወጊኡ አብ ሆስፒታል ከም ዝነበረን ሓዉዩ ክመጽእ ምኻኑን እዩ ተሓቢሩዋዉ። ምልውዋጥ ምሩኻት ክግበር'ዩ ምስ ተባህለ'ዩ ኸአ ነታ ወላዲት ብዛዕባ ምምራኹ ሃብተማርያም ዝተነግራ፣ ካብ ሞት ዝኸፍእ ወረ ኩይኑዋ ሰንበደት።

ምሩኻት ናብ ሃገሮም ዝምለሱላ ዕለት አኸለ። ስድራቤት ሃብተማርያም ተስፋአምን ፍርሓምን አብ ከብዶም ሒዞም፣ ተጸበዩ። አብ ፍጹም ሓሳብ ጥሒሎም እንከለዉ፣ አብ አፍ-ደገ ገዛአም ዝቐርብ ሽፍሕታ አአጋር ሰምዑ። ጸኒሑ ኸአ ጸላዖት ሰባት አብቲ አፍ-ደገ አንጸላለዉ። ናብ ውሽጢ ገዛ ክአቱ እናተጸበዮ አብኡ ኩይኑ "ብርኸቲ" ዝበል ሃሳስን ስኩፍን ድምጺ ናይ ሓንቲ ጓል ተቓልሐ። ቀልቦም ተዘሂሮም ዝነበሩ ስድራ ቤቲ ድምጺ ርግጸኛታት አይነበሩን። እታ ጓል መሊሳ ጸውዐት። "አይትወጽእን እያ፣ ንዒ እተዊ መን ኢኺ!" መለሰት አደ ቀዲማ። ብርኸቲ ግን ብድድ ኢላ፣ ናብቲ ልዳት ተቓልቀለት። መሓዙታን መተዓብይታን፣ "ሃብተማርያምሲ . ." ኢለን ዘረባ ጀምር ከብላን ብርኸቲ ቃል ከየውጽአት ነታ ትዛረብ ዝነበረት ብኢዳ ስሒባ ናብ ውሽጢ ገዛ ከተእትዎን ሓደ ኮነ። እተን አዋልድ ነቶም ወለዲ ምስ ረአያአም ዝበላአ ጠፍአን። "ሰናይት ሓብተይሲ፣ ሃብተማርያም ምስቶም ምሩኻት እናሓለፈ እንከሎ፣ 'ንገዛና ንገሩለይ ይብል ነይሩ'፣ ትብል አላ!" ብምባል ነቲ ወጣሪ ኩነታት መአዝኑ አትሓዘቶ። ነዚ ዝሰምዐት ወላዲት፣ አነ ዝብል በጽሒ ከዘልሎ ዘይክእል መንደቕ ነጢራን ከም ዑፍ በሪራን፣ አብ እንዳ ሰናይት ተራእየት። ትንፋስ ከይመለሰት፤

"ሓቂ ድዩ፣"

"እወ።"

"ብዓይንኺ ርኢኽዮ፣"

"እወ! አብታ አውተቡስ፣ አብ ቅድሚት ኮፍ ኢሉ ነይሩ።"

"ጥዑይ፣ ይርኢ፣ ይሰምዕ፣"

"እወ፣ ካብ መዓንጣኡ ንላዕሊስ ጥዑይ እየ ርእየዮ።"

አደ ሃብተማርያም፣ ጸለተይ ሰሚሩ እናበለት በቲ ዝመጸቶ፣ አንፈታ ናብ ቤተ-ክርስትያን ኪዳንምህረት ገይራ አብ መሬት ተደፊአን አካላታ ዘርጊሓን ፈፈው እናበለት ምስጋናአ ገለጸት።

ድሕሪ ገለ መዓልቲታት፥ ሃብተማርያም መብራህቱ ተስፋጋብር፥ ን'ኹሉ ዝገጠሞ ናይ ሞት ፈተነ ሲጊሩ፥ ዳግም ናብታ ዝደመየላ መሬቱን ዘፍቅሮም ስድራቤቱን ተጸንበረ። ናብ ኣሃዱኡ ምስ ተመልሰ ኸኣ ሰሙ ካብ ዝርዝር ስዉኣት ናብ ህሉዋት ሰገረ። ደጊሙ ኣብ ምእላይ ስድራቤቱ ተዋፊሩ፥ ተመርዕዩ ሰለስተ ቈልዑ ወለደ።

ብሰንኪ'ቲ ዝነበሮ ስንክልናን ድሓሩ ዝማዕበለ ውሽጣዊ ሕማማትን ግን ጥዕናኡ ኣንቈልቈለ። ኣብ ሕክምና ሓይሊ ምድሪ ደቂሱ ክእለ ድሕሪ ምጽናሕ፥ ብ22 መጋቢት 2016 ተሰዊኡ፣ 23 መጋቢት ከኣ ኣብ መቓብር ሓርበኛታት እምባ ደርሆ ሓመድ ኣዳም ለበሰ።

ኣዘንተዉ'ቲ፦
- ወ/ሮ ብር'ኽቲ መብራህቱ (ሓብቱ)
- ቢንያም ኣብርሃም (ቤ/ጽ ክ/ሰ/18)
- ሌ/ኮ በርሀ ዑቅባዝጊ
- መራሕ ሓይሊ ሓጎስ ግርማይ (ሸደን)
መወከሲ፦
- ስነዳ ቤ/ጽ ክ/ሰ 18

25

ሸውዓተ መዓልትን ለይትን

(ሰላማዊ ሰልፊ ኤርትራውያን ኣብ ለንደን)

ኤፍሬም ሃብተጽዮን

ሰኑይ 22 ግንቦት 2000፡ ሓንቲ መርበብ ሓበሬታ ዓዲ-እንግሊዝ፡ "ኤርትራውያን ኣብ ለንደን ተቃውሞኦም የስምዑ፡" ኣብ ትሕቲ ዝብል ኣርእስቲ ኣብ ዝዘርግሓቶ ዜና፤

"ምንቅስቓስ መካይን ማእከል ለንደን ብሰንኪ ወራር ኢትዮጵያ ኣብ ልዕሊ ሃገሮም ዝቃወሙ ኣሽሓት ኤርትራውያን ሰልፈኛታት ተዓጽዩ።

"ሰልፈኛታት ካብቲ ዝፍቀደሎም ሜዳ ፓርላማ (Parliament Square) ጥሒሶም ብምሕላፎም ምስ ፖሊስ ኣብ ጎንጺ ኣትዮም።

ሰልፈኛታት፡ "ፍትሒ ንደሊ!" ብምጭራሕ ሕቡራት ሃገራት ስጉምቲ ክወስድ ጸዊያም።

"ሰኑይ፡ ጐደና ፓርላማ ብኽልተ ሽነኹ ተዓጽዩ ውዒሉ፤ እንተ ኾነ፡ ፖሊስ ንሰልፈኛታት ከብትን ዝወሰዶ ቀጥታዊ ስጉምቲ የለን።

"ሰልፈኛታት፡ 'ንወራር ኢትዮጵያ ፋይናንስያዊ ሓገዝ ምሃብ ደው ይበል!'፡ "ሕቡራት ሃገራት ኣብ ኮሶቮ ከወይትን ስጉምቲ ወሲዱ፡ ስለምንታይ ኣብ ኤርትራ ኣስቂጡ?" ዝብል ጭርሓ ዝተጻሕፈ ታቤላታት ዘርጊሐምን ብዓውታ ጨዲሮምን።

*   *   *

"ወያነ ቃልሲን ቃንዛን ሰላሳ ዓመታት ረሲያም፡ ደብ ሰጊሮም መሬት ኤርትራ ምስ ወረሩ፡ ሕነ ክፈዲ ዘይነቐለ ዜጋ አይነበረን። ማዕከናት ዜና ወጻኢ፡ ጸግኢ ወያነ ብምሓዝ ነቲ ኩነታት ብዝንቡዕ ዓይኒ ዝርእያ ብምንባረን'ውን፡ እቶም አብ ወጻኢ ዘቑመጡ ኤርትራውያን በተን ማዕከናት ዜና ክናወጹን ብዘይተገብረ ሓበሬታ ክደናገሩን ተራእዩ። ድሕሪ ወራር ወያነ አብ ባረንቱ፡ 'ወያነ ብዓረዝ አቢሎም ዓዲ-ኻላ አትዮም. . .' ዝብል ካልእ ዘይተጨበጠ ሓበሬታ ስለዝተጋውሐ መመሊሱ ዝነሀር፡ መመሊሱ ዝሓንን ነድሪ ተፈጥረ።

"አብቲ እዋን'ቲ አብ መንግስቲ እንግሊዝ ሓላፊ ጠረጴዛ አፍሪቃ ዝነበረ፡ ሕጂ ሓላፊ ሰልፈ ዕዮ ዘሎ፡ ወገን ወያነ ወሲዱ አንጻር ኤርትራ ሕማቕ ተዛሪቡ ብምንባሩ፡ ኤርትራውያን አብ ልዕሊኡ ክቱር ጽልኢ ብምሕዳር እዚ ሰብ'ዚ ክልኩት አለም ዝብል ስምዒት ነበሮም። ስለ ዝኹነ፡ ብዝተፈላለየ መንገዲ እቕሬታ ክሓትትን መብርሂ ክህበሉን ተቓልሱ። ሰኑይ 22 ግንቦት 2000 ከአ ንኹሉ አንጻር ኤርትራን ኤርትራውያንን ዝተገብረን ዝተባህለን እትቕይር፡ እትቓንን ካልእ መረዳእታ እትፈጥርን ዕለት ኩነት - አብ ጉደና ዳውኒን ለንደን" ይብል አባል ኤምባሲ ኤርትራ አብ ዓዲ-እንግሊዝ ዝነበረ ትጻኒ ኻልድ ብዛዕባ'ቲ ፍጻመ ክዝክር እንከሎ።

*　　*　　*

ቅንያቱ፡ ሰራዊት ኢትዮጵያ ካብ ሚያዝያ 2000 ጀሚሩ አብ ልዕሊ ኤርትራ መጠነ-ሰፊሕ ሳልሳይ ወራር ዝኸፈተሉ እዮ ነይሩ። መኸተ ናይቲ አብ ዝተፈላለየ ኩርናዓት ዓለም ዝቑመጥ ኤርትራዊ፡ ማዕረ-ማዕረ መኸተ ሓይልታት ምክልኻሉ አብ ዝለዓለ ጥርዚ በጺሑ። ንምኽባር ልኡላውነት ብዘይ ቅድመ-ኩነት፡ እጅገኡ ሰብሲቡ ነቲ ወራር ብምምካት ንማሕበረሰብ ዓለም ዳግማይ ጽንዓት አብ ዕላማን ፍቕሪ ሃገርን ዘርአየሉ እዋን'ዩ ሳልሳይ ወራር ወያነ።

ሰርዓት ወያነን ደገፍቱ ምዕራባውያን ሃገራትን ዝፍንውዎ ዝነበሩ ሓያል ፕሮፓጋንዳዊ ዘመተ፡ አብ ህዝቢ ቀሊል ጽልዋ አይነበሮን። ስለ ዝኹነ፡ ብዛዕባ'ቲ ወራርን ብማዕከናት ዜና ዝፍኖ ዝነበረ ስነ-አእምሮአዊ ኩናትን ንምብዳህ፡ ቤት-ጽሕፈት ኤምባሲ ኤርትራ አብ ለንደን፡ ዳርጋ ንዒሰራን-አርባዕተን ሰዓታት ተኸፊቱ፡ አብ ሀሉው ኩነታት ሃገርን ምዕባለታቱን አተኩሩ ንህዝቢ አግእዚ ሓበሬታ አብ ምሃብ ተጸምደ። አባላት ዝተፈላለየ ውዳበታት ናይቲ ኤምባሲ፡ ሰሚናራትን ንስጓሳትን ብምድላው፡ ህዝቢ ካብቲ ዝላዓዕ ዝነበረ ቤላ-ቤለው ንኽድሕንን መኸትኡ ንኽሓይልን እዋናዊ ሓበሬታ ከም ዝረክብ ገበራ።

እዚ ከምዚ'ሉ እንከሎ፡ ሓሙስ 18 ግንቦት 2000፡ ነቲ ብማዕከናት ዜና ዓለም ዝተፈነወ፡ ሻቕሎትን ጽንዓትን ህዝቢ ኤርትራ ሰማይ ዘዐረገ

410

ምትሓዝ ባረንቱ ብሰራዊት ወያን አመልኪቱ መብርሂ ክህብ፣ አምበሳደር ግርማይ ገብረማርያም አብ አዳራሽ ግሪንፊልድ፣ ለንደን፣ ሰሚናር አካየደ። እቲ ብዝተፈላለየ ማዕከናት ዜና ዝፍኖን ዝትንተንን ዝነበረ ዘመተታት፣ 'ሰራዊት ምክልኻል ኤርትራ ይሰዓር አሎ፤ ሰራዊት ኢትዮጵያ ይግስግስ አሎ' ዝብል ንኹሉ ኤርትራዊ ዘሰንበደን ኩሉ ዓይነት ሃገራዊ ስምዒት ዘለዓዓለን እዩ ነይሩ። አምበሳደር ግርማይ ንወተሃደራዊ ሜላን አተሓሕዛን ሰራዊት ኤርትራ ብሰፊሑ ዝዳህሰስ መደረ ብምቕራብ፣ ህዝቢ ከም ወትሩ አብ መኸተኡ ክጸንዕ ተስፋ ዘስንቕ መብርሂ ሃበ።

አብቲ አኼባ፣ ነድሪ አኼበኛታት ናብ ዝለዓለ ጥርዙ ብምብጽሑ፣ ገለ ክሳዕ ናብ ኤርትራ አትዮም አብ መሳርዕ ሓይልታት ምክልኻል ኤርትራ ክስለፉ ድልዋነቶም አረጋገጹ። 'ንምክልኻል ሃገር ንበቕ የለን' ካብ ዝብል መትከል ዝተበገሰ ወፈያ፣ አብታ አጋጣሚ ጥራይ፣ ክሳብ ፍርቂ ሚልዮን ፓውንድ ተበርከተ። እቲ አኼባ ክዛዘም ገለ ደቓይቕ ምስ ተረፈ፣ መንእሰያት ስሚን ለንደን ርእይቶ አለና በሉ። መንእሰይ ብርሃነ ሰመረ ነቶም መንእሰያት ወኪሉ አብ ዝሃቦ ርእይቶ፣ "ንዕለት 19 ግንቦት 2000፣ ገለ ደገፍቲ ወያነ - ኢትዮጵያውያን ተቐማጦ ከተማ ለንደን - ንወራር ወያን አብ ልዕሊ ኤርትራ ዝድግፍ ሰላማዊ ሰልፈ አብ ጉደና ዳውኒን (Downing Street) ከካይዱ ወጢኖም አለዉ። ስለዚ፣ ንሕና ኤርትራውያን አብቲ ቦታ ተረኺብና ንዘይፍትሓዊ ወራር ወያን ዘላና ተቓውሞን ማሕበረሰብ ዓለም፣ ብፍላይ ድማ መንግስቲ ዓባይ ብሪጣንያ፣ ነቲ ኩናት ክኸንንዎ ዝጽውዕ ሰላማዊ ሰልፈ ክንውድብ አለና።" በለ።

እቲ ጻውዒት፣ ወኒ ብዙሓት ኤርትራውያን ዘበራብረን ሓላፍነት ዘስከመን እዩ ነይሩ። አይደንጐየን እቶም መንእሰያት፣ አብ ክልተ ጉጅለ ተወደቡ፤ መንእሰያት ስሚን ለንደን አብ ሜዳ ትራፋልጋር (Trafalgar Square)፣ መንእሰያት ደቡብ ለንደን ከአ አብ ወስት ሚኒስተር (West Minister) ተኣኻኺቦም፣ ዓርቢ 19 ግንቦት 2000፣ ሰዓት 7:30 ናይ ንግሆ ክራኸቡ ቄጸራ ሓዙ። እቲ አኼባ ብዝኸረ-ሰማእታት፣ ረዚን ሕድሪ አስኪሙ ተዛዘመ። እቲ ህዝቢ ብአካል ደአ ነናብ ዋኒኑ ከይዱ'ምበር ብመንፈስን ሕልናን ሲ አብ ሓደ ሃገራዊ ጉዳይ እዩ ነይሩ።

ዓርቢ 19 ግንቦት 2000

ቴስዓ ዝኹኑ መንእሰያት ስሚን ለንደን፣ ካብ ጉጅለ ባህሊ የሃና መጉልሒ ድምጺ ወሲዶም፣ ካብ ሰዓት 7:30 ክሳብ 8:00 አብ ቦታ ቄጸራ ተረኸቡ። እቶም ሓምሳ ዝቖጽሮም መንእሰያት ደቡብ ለንደን ብወገኖም፣ ባንዴራ ኤርትራ እናአንበልበሉ ንካሜራ ዓጢቖምን አብ ሰዓቶም አብ ቦታ

ቄጸራኣም ተኣኻኺቡ። እዞን ክልተ ጉጅለታት፡ ከባቢ ሰዓት 9:30 ቅ.ቀ.፡ ኣንፈተን ብሓባርናብ ጉድና ዳውኒን ኣቐነዓ።

"ጉደና ዳውኒን ኣፍቂድካ ሰላማዊ ሰልፈ ክትገብረሉ እትኽእል ክፋል ከተማ ለንደን እዩ። ኣብቲ ቦታ ቴንዳ ዘርጊሕካ ክትቃወም'ውን መን ኢኻ ዝብለካ የለን። ንሕና ግን ንጉደና ዳውኒን ብምሉኡ ክሳብ ህንጻ ሚኒስትሪ ጉዳያት ወጻኢ ዓዲ-እንግሊዝ ብኽልተ ጫፋቱ ብምዕጻው፡ ነቲ መንግስቲ ካብ ምስራሕ ኢና ዓጊትናዮ። ትሓልፍ መኪና ትኹን ናብ ስርሑ ዝኣቱ ሓላፊ ኣይነብረን። ለንደን ጫውጫው ኢላ። እቲ ጉደና ደቡባዊ ክፋል ምስ ማእከል ለንደን ዘራኽብ፡ ናብ ህንጻ ባይቶ ብሪጣንያ ዘወስድ ዓቢን ኣገዳሲን ጉደና እዩ።

"ማዕረ-ማዕረ'ቲ ወራር ወያን ዝፈጠሮ ነድሪ፡ ኣብ መንግስቲ እንግሊዝ ሓላፈ ጠረጴዛ ኣፍሪቃ ዝነበረ፡ ሕጂ ሓላፈ ሰልፈ ዕዮ ዘሎ፡ ብዛዕባ ጉዳይ ኤርትራ ዘየድልዮን ኣድልዎ ዝመልኦን ዘረባ ተዛሪቡ ብምንባሩ፡ ክእረም፡ ክጸፋዕ፡ ክናሳሕ. . . ነይሩዎ። ንሽውዓት መዓልትን ለይትን ዝቐጸለ ሓያል ሰላማዊ ሰልፈ ኤርትራውያን ነበርቲ ለንደን'ምበኣር፡ ኣብ ታሪኽ እታ ከተማ ሳልሳይ ዝዓበየ ብዘይፍቓድ ዝተኣንገደን ሓያል ነውጺ፡ ዝፈጠረን ብብዝሒ ሰብ ዝተሳተፈ እዩ ነይሩ" ብምባል ዝኽሩ ይገልጽ ኣቶ ማሕሙድ ሮመዳን ዓሊ፡ ነባሪ ለንደን።

*　　*　　*

ኣብ ጉደና ዳውኒን፡ ንወያን ዘለዎም ደገፍ ክገልጹ ዝመጹ ሰለስተ-ሚእቲ ዝኹሉ ኢትዮጵያውያን ሰልፈኛታት ብኽልተ ፖሊስ እናተሓለዉ ኣብ ጉደና ዳውኒን ይተኣኻኸቡ ነበሩ። መንእሰያት ሶሜን ለንደን ኣብቲ ቦታ በጺሖም፡ ባንዴራ ኢትዮጵያ እናኣንበልበሉ ዝጭድሩ ኢትዮጵያን ምስ ረኣዩ፡ ክቑጸጹሩም ዘይከኣሉ ነዳሪ ስምዒት ወረሮም። ከም ቅጽበት፡ ነተን ባንዴራታት ተሰዊሉለን ዝነበረ ዘንጊታት መመንዚያም ነቶም ሰልፈኛታት ወሰን ኢሎም ተሰሃልዎም። እቲ ክስተት ሃንደበታዊ ኣብ ኣዝዩ ሓዲር እዋን ዘጋጠመን ዝተጉሃሃረን ብምንባሩ፡ እቶም ኣብ ሓለዋ ዝነበሩ ኣባላት ፖሊስ ዓዲ-እንግሊዝ ክቑጸጽሩዎ ኣብ ዘይክእሉ ደረጃ ንኽበጽሕ ግዜ ኣይወሰደን። እቶም ፖሊስ፡ ኣብ'ተን ቀዳሞት ውሑዳት ደቓይቕ፡ ኣንፈትን ሃንደበታዊ ምዕባሌታትን ናይቲ ክስተት ጠፊኡዎም፡ "እንታይ'ዩ መጺኡና?" ብምባል ኣይላዕሊ-ኣይታሕቲ ኮኑ። ብድሕሪ'ዚ፡ እቲ ቄፈኡ ከም እተተንከፈ ንህቢ ዝነደረ ስምዒት ኤርትራውያን፡ ክዓግቶ ዝኽእል ዶብ ከም ዘይብሉ ዘርኣየ ፍጻመታት ንመዓልታት ሰዓበ።

412

አካል ዝተባህለ ሓደ መንእሰይ፡ ንሓደ ልኡኽ ወያነ በትሪ አሕዲጉ እናተሳህሎ፡ ደሓርም ዝመጹ አባላት ፖሊስ ኤለትሪካዊ መደንዘዚ ፈነዉሉ። አካል ብቕጽበት ናብ መሬት ወደቐ፣ እንተ ኹኑ፡ አዝዩ ሓያል ነድሪ ስለ ዝነበሮ፡ ብኡ-ንብኡ ካብ መሬት ተንሲኡ እንደገና በትሪ አልዒሉ ነቲ ደጋሬ ወያነ ተሳሃሎ። ብኹነታቱ ዝተገረሙ ፖሊስ፡ እንደገና ተኩሶም አደንዘዙዎ። አካል ሰብነቱ ተሰኒፉ ስለ ዝወደቐ ናብ ሆስፒታል ተወስደ። እንተ ኹኑ፡ ንጽባሒቱ ቀዳም ናብቲ ጉደና ተመሊሱ ተቓውሞኡ ቀጸለ።

እቶም ሰዓብቲ ወያነ፡ ብኡ ንብኡ፡ ሓያሞ ዝጸንሑ ቦታ ለቒቖም እግረይ አውጽእኒ ብማለት ህድማ ጀመሩ። ገለ ካብአቶም ግን አንጻር'ቲ ካብ ኤርትራውያን መንእሰያት ሰሜን ለንደን ዝተፈነወሎም መጥቃዕቲ መልሰ-ግብሪ ክህቡ አብ ዝፈተኑሉ፡ መንእሰያት ደቡብ ለንደን ብወገን ወስት ሚኒስተር ስለዘርከቡ እቲ እምባጋሮ ናብ ዲቕ ዝበለ ዕግርግር ዓረገ። አብዚ ግዜ'ዚ፡ ቀጺሩ ኤርትራውያን መንእሰያት ካብ ደቒቕ ናብ ደቒቕ እናዛየደ ብምኻዱ፡ እቲ ዕግርግር እናሰፍሐን እናሓየለን ከይዱ። ዝዓበየ ክፋል ጉደና ዳውኒን ስራዕ አግልግሎት ካብ ምህብ ተዓናቒፉ፡ ጉዳይ ኤርትራ ዝቃልሓሉ መድረኽ ተቐየረ።

እቲ ተርእዮ ዘሰባብዳን ዘገርማን፡ ዓቢ ሸፈነ ዘለዋ፡ ብጀሚስ አብራያን ትምራሕ ዝነበረት ሬድዮ ኤልቢሲ (LBC) ናይ ለንደን፡ ናብቲ ቦታ ጋዜጠኛ ብምስዳድ፡ ነቶም ነቲ ጉደና ዝዞቐሙ መራሕቲ መካይን ናይ መጠንቀቕታ መልእኽቲ አመሓላለፈት። እታ ሬድዮ፤ "ኮናት ኢትዮ-ኤርትራ አሸሓት ማይልስ ሰጊሩ አብ ጎደና ዳውኒን በጺሑ አሎ"፤ ከምኡ'ውን፡ "ወግዓዊ ሰላማዊ ሰልፈ ኢትዮጵያውያን ብኤርትራውያን ተጨውዩ፡" በለት። እዚ ዜና'ዚ፡ ነቲ ጉዳይ አብ ሓጺር እዋን ሰፊሕ አቓልቦ ማሕበረሰብ ዓለም ከም ዝረኸብ ገበሮ። አብ ከተማ ለንደን ዝነበሩ ኤርትራውያን ነዚ ዜና ምስ ሰምዑ ብበዝሒ ናብ ጉደና ዳውኒን ወሓዙ። ዓርቢ፡ ምንቅስቓስ መካይን ዝበዝሓሏን ሰራሕተኛታት መንግስቲ ካብ ስርሓም ናብ ቦታአም ዝምለሱላን ስለ ዝኹነት፡ ምዕጻው ናይቲ ጉደና አብ ማዕከናት ዜና ዓቢ አርእስቲ ኮነ።

ኩሉ አብ ወዟኑ ዝነበረ ኤርትራዊ - መራሕቲ አውተቡስ፡ ታክሲ፡ ናይ ብሕቲ መካይን፡ ሰብ ዱኳናትን ካልእ ወሃብቲ አገልግሎታትን - ብመሰረት በታ ሬድዮ ዝበጽሐ ዜና፡ ብዘይ ወዓል-ሕደር አብ ጉደና ዳውኒን ተራአየ። ብፍላይ ገለ ኤርትራውያን አማእት ኪሎሜተራት ተጓዒዞም አብቲ ቦታ ነጠቡ። ንግሆ ናብ ስስርሓም እናኸዱ፡ ነቲ ሓበሬታ ካብታ ሬድዮ ብዝሰምዑ፡ "ነብስና ክንቔጸጽር አይከአልናን!" ብምባል አንፈቶም ናብቲ ኤርትራዊ ሃገራውነት ዝተንጸባረቐሉ ጉደና ዘምረሑ መንእሰያት ብዙሓት ነበሩ።

ገለ መንእሰያት ከአ ናብ ሰሰርሓም ብምድዋል፡ "ሓሚም'ለኹ፡ ስራሕ
ኣይኣቱን'የ" ዝብልን ካልእን ምኽኒት እናህቡ፡ ካብ ስራሕ ቦኹሮም ናብቲ
ጉደና ኣበሉ። ኣሻቡ፡ ቀኑጽሪ ኤርትራውያን ስልፈኛታት ካብ ኣግኢት ናብ
ኣሸሓት ዓረገ።

ፍርቁ መዓልቲ ምስ ኩነን እቲ ነድሪ መመሊሱ ምስ ቀጸለን፡ ኣባላት
ፖሊስ፡ ኣብ ኣፍራስ ዝተወጥሑ ኣባላት ስለያን ምሉእ ዕጥቂ ዝዓጠቑ
ኣባላት ሓይልታት ጸጥታን እንግሊዝ ንጉደና ዳውኒን ወረራዉ። ወደብቲ
ናይቲ መደብ መን ምኳኖም ንምፍላጥ፡ ቀልጢፍም ነቶም ስልፈኛታት
ወኪሉ ሓበሬታ ክህቦም ዝኽእል ሰብ ኣብ ምንዳይ ኣተዉ። እቲ ዝተዋህቦም
መልሲ ግን ንጹርን ሓጺርን ነበረ፤ "ኩሉ ወዳቢ! ኩሉ ተወዳቢ!"

ምፍርራሕ ሓዊሶም ዝሰልጦም ስለዝመሰሎም፡ ሓይሊ ክጥቀሙፈተኑ።
ነቶም ነቲ ስልፈ ዝመርሕዎ ዝኽብሩንጡፋት መንእሰያት ፈፈልዮም
ብኤለትሪካዊ መደንዘዚ ከውድቑዎምን ብኣባትር ክሰሃልዎምን ጀመሩ።
እቲ መመሊሱ ሓድሽ ሓይሊ ዝውስኽ ዝነበረ ኤርትራዊ ግን በዚ ክምህ
ከይበለ፡ ተቓውሞኡ ብዝሓየለ መልክዑ ቀጸሎ። እቲ ኣንጻር ደገፍቲ ሰርኅት
ወያን ዝተበገሰ ምትህልላኽ፡ ንዓኣቶም ሰጉጉ፡ ምስ ኣባላት ሓይልታት
ጸጥታ ዓባይ ብሪጣንያ ተፋጠጥ ሰዓበ። እቶም ኣባላት ጸጥታ ዝገብሩዎ
ምስ ጠፍኦም ካልእ ፍታሕ ኣብ ምንዳይ ኣተዉ። ኣብቲ እዋን ሓደ ካብ
ተሳተፍቲ ናይቲ ስልፈ ዝነበረ ቲጃኒ ዝኽሩ ብሸምዚ ይገልጾ፤

"ኤርትራውያን ኣብ ታሪኾም፡ ኣብዚ ዝሓለፈ ዒስራ ዓመት ኣቢሉ፡
ሰላማዊ ስልፈ ክገብሩ ምስ ዝደልዩ ፍቓድ ን'ክሓቱ በገባብ ሓደ ሰብ'የም
ዝልእኩ ነይሮም። ኣብ ኩሉ'ቲ ዘካየዱዎ ስልፈ ይትረፍ ካብ ሕጊ ወጺኦም፡
መንገዲ ዓጽዮም፡ ከየፍቀዱ ሰላማዊ ስልፈ ገይሮም፡ ጽርግያ'ውን ኣርሲሓም
ኣይፈልጡን'ዮም። ሕጂ ደኣ እንታይ ተረኸበ።" ኢሎም ኣባላት ጸጥታ
እንግሊዝ ነቲ ሰላማዊ ስልፈ ክገብሩ ምስ መደቡ ብቐጸሉ። ፍቓድ ዝሓትት
ዝነበረ ኤርትራዊ፡ ኣብርሃም ኪዳነ ኣብ ምድላይ ኣተዉ። ኣብርሃም ኣብቲ
ግዜ'ቲ ኣብ ገዛኡ እዩ ነይሩ። ከይዶም ረኸቡዎ።

"እዚ ኣብ ጉደና ዳውኒን ዝካየድ ዘሎ እንታይ እዩ?"

"ኣነ ዝፈልጦ የብለይን።"

"ከመይ ኣይትፈልጥን! ናይዚ ኹሉ ዓመታት ንስኻ ትመርሓ ነይርካ?"

"እዚ ከምቲ ናይ ቀደም ኣይኮነን፡ ሎሚ ኣብ ለንደን ብብዝሒ
ኤርትራዊ ኣሎ። ስምዒቱን ክብረቱን ተተንኪፉ ስለ ዘሎ ብንድሪ ዝገብሮ
ዘሎ'ዩ።" ዝበል ሓጺር መልሲ ሃቦም።

ያሬድ ተስፋይ ብወገኑ ከምዚ ይብል፤ "እቲ መኸተ፡ በቲ ዝሰዓብ ታህዲድ
ሓይልታት ጸጥታ ቅጭቅጭ ከይበሎ፡ ውዳበኡ ብዝሓየለ መልክዑ ቀጸለ።

ገለ ካብ'ቶም አብ ውዕዉዑ ተቓውሞን ሰልፈን እንክለዉ ማህረምትን ማእሰርትን ዘወረዶም መንእሰያት፤ ተኽለ ባርያ፡ መሓሪ ሓማሴናይ፡ አካለ ሚኪኤል ተስፋይ፡ ሰለሙን (ዓይነ-ስዉር)፡ ዓብደላ ሓሰን፡ ማይክ (ዓዲ ጥልያን) ብፍሉይ ይዝከሩ። እቲ ብመንእሰያት ዝተበጋገሰ ሰልፈ አብ ሓጺር እዋን አጌታት ተጸንቢረናኣ ናሁሩ አዛየደ። ብፍላይ ከም በዓል አደየ ጅሮም፡ ዘውዲ ሰረቆ፡ ብስራት ስዮም፡ አልማዝ ተስፋይ፡ ዝአመሰላ አብ መሬት ብምንክርራው ተቓውሞአን አርኣያ። እታ ሕሱም ናብራ ስደት ዘየንበርከኻ ኤርትራዊት አደ፡ ምስ ጀጋኑ ደቃ አብ ሃገራ ዘርኣየቶ ኔሕ አብ ጉደና ዳውኒን ከተማ ለንደን'ውን ተንጸባረቖ - እምቢ ንወራር ብምባል።"

እተን ደቀንስትዮ ሰልፈኛታት ነቲ ሰልፈ ልዑል አቓልቦ ንምሃብን አብ አእምሮ ዓለም ንምስራጽን ሓደ ብልሓት ፈጠራ። ሓንቲ ዜጋ ሃለዋታ ብምጥፋእ ወደቐት። አምቡላንስ ተሰኪማ ድምጽን መብራህት መጠንቀቕታ እናወለዐት ተዓዘረት። ደድሕሪአ ካልእ ዜጋ ወደቐት። አምቡላንስ ብተመሳሳሊ እናአወየት ከደት፤ ብድሕሪአ'ውን ካልእ፡ . . . ለንደን ብድምጺ አምቡላንስ ተናወጸት።

አብ ከምዚ ዝበለ ኩነታት፡ ከንቲባ ለንደን ክኸውን ዝወዳደር ዝነበረ፡ ትረቨር ፕሊፕስ ዝብጸሊያ እንግሊዛዊ፡ ነቲ ኩነታት ብቐረባ ይከታተሎ ነይሩ። አፈኛ ናይቲ ፍጹም ኩይኑ ነቶም መንእሰያት ክሕግዞም ድማ ቃል አተወሎም። ክልተ-ሰለስተ ግዜ ምስ ጸጥታ ይኹን ጉዳያት ወጻኢ አብ ዝተኻየደ ዝርርብ ከአ ተሳተፈ። ነቲ አጋጣሚ ንምርጫ አብ ዝወዳደረሉ ድምጺ ኤርትራውያን ክኸስብ ተጠቒመሉ።

አባላት ጸጥታ ዓባይ ብሪጣንያ እቲ ማዕበል ተቓውሞ ብቐሊሉ ከም ዘይዝሕል ምስ አስተውዓሉሉ፡ ካልእ ሜላ ክቐይሩ ተቓሰቡ። ሰቪል ዝተኸድኑ አባላት ሰለያ፡ "ከነዛራርበኩም፡ እንታይ'ዩ ድሌትኩም?" ብምባል ብናይ ምርድዳእ መንፈስ ቀረቡ። እቶም ሰልፈኛታት ነቲ ሜላ ብኣጋኡ ተረዲኦም፡ ውዳበታት ብምሕያል ወከልቲ መዘዙ። ምስ ህዝቢ ተረዳዲኦም ከአ፡ ዝመጸ-ይምጻእ ድምጾም ክሳዕ ዝስምዖ እቲ ሰላማዊ ሰልፈ ክቕጽል ምንዃኑ ገለጹ።

እዚ ከምዚ'ሉ እንከሎ፡ ገለ ካብ አባላት ሰራዊት ሓለዋ ስኮትላንድ ያርድ (Scotland Yard) ናብ ኤምባሲ ሃገረ ኤርትራ አብ ለንደን ብምኻድ፡ ነቲ ኩነታት ደው ከብልዎ ዝኸእሉ እንተ ኹይኖም ተወከሱዎም። አባላት እቲ ኤምባሲ ኤርትራ፤ "እዚ ሰላማዊ ሰልፈ'ዚ ብኤምባሲ ዝተወደበ አይኮነን፡ ብኤርትራውያን ተቓሞ ለንደንን ከባቢኣን ከም'ኡ'ውን ብመሓዙት ኤርትራን ፈተውቲ ሰላምን ዝተወደበ እዩ። ስለዚ፡ ንሕና አብዚ ጉዳይ ኢድ የብልናን፡" ክብሉ መለሱሎም።

ወዳቢ መን ምኻኑ ዝሓርበቶም እቶም አባላት ጸዋታ፣ ካብ መንጐ ሰልፈኛታት ከናድዩ ሃሰው በሉ። ደልዮም ደልዮም ዝረኸቡዎ ንጹር መልሲ እንተ ነይሩ፣ ህዝቢ ቡቲ አብ ልዕሊ ሃገሩ ዝተፈጸመ ወራርን ማሕበረ-ሰብ ዓለም ጸማም እዝኒ ብምሃቡን ተቐጢዑ ብዘይነጋሪት ዝተአኻኸበ ምንባሩ እዩ። ከህድኦዎ ኢሎም ዝፈተኑ እንተ ፈተኑ፣ መመሊሱ ዝንሃርʾምበር ዝዘሓለ ነድሪ አይነበረን። ካብዚ ብምብጋስ ንኤምባሲ ሃገረ-ኤርትራ ክከታተሉዎ ተገደዱ። እቲ ናይ ተቓውሞ ሰልፈ ብመንግስቲ ዝተወደበ ከይከውን ንምርግጋጽን አብ ምትህድዳእ ናይቲ ጉዳይ እቲ ኤምባሲ ተራኡ ክጻወት ንምምሕጻንን፣ ዳግማይ ክልተ አባላት ጸዋታ ናብቲ ኤምባሲ ከዱ።

"ነዚ ጉዳይ ደው ከተብሉልና ንደሊ። ቅድሚ ሕጂ አብ ለንደን ክልተ ግዜ ጥራይ እዩ ብዘይፍቓድ ክንድዚ ዝአክል ሰብ ዝተሳተፈ ሰላማዊ ሰልፈ ተኻይዱ። ቀዳመይቲ፣ ንሃድን ወኻሩ ዝቃወም፣ ካልአይቲ፣ መራሕ ኩርዲ ዝነበረ ዓብደላ አጃላን አብ ኬንያ ምስ ተታሕዘ፣ እዛ ናይ ኤርትራውያን ከአ ሳልሰይቲ ኮይና አላ። ብዘይፍቓድ፣ ብዝሒ ሰብኩም ተሳቲፉ ዘራጊቶ ብምግባር መደብ ባይቶ ብሪጣንያ አሰናኺልኩም ስለ ዘለኹም ክትተሓባበሩና ንደሊ። ቀዳማይ፣ ካብ ከባቢ ባይቶ ክትርሕቁ፣ ካልአይ ከአ ዳግማይ ጽርግያ ከይዕጾ ቃል ክትአትዊልና። ነዚ ጉዳይ ንስኻትኩም ኢኹም ክትቄጸጽሩ'ን ከተስምዑ'ን እትኽእሉ" በሉዎም ንክልተ አባላት ኤምባሲ ኤርትራ።

"ቴስዓ ሚእታዊት ናይዚ ጉዳይ ዋናታቱ መንእሰያት እዮም። አብዚ ምሳና ድማ ወከልቲ መንእሰያት ስለ ዘየለዉ፣ ንሕና ንብሎ የብልናን። ኤምባሲ አብዚ ጉዳይ ዝፈልጦ የብሉን። ንሕና ከም ወከልቲ ዜጋታትና ምኽሪ ክንህብ ንኽእል ንኹውን። ወሰንቲ ግን አይኮንናን። ኤምባሲ ዝኾነ ኢድ የብሉን። ምናልባት ንገለ አባላት ናይዚ ኤምባሲ አብኡ ትርዮ ትኸ'ትኹ። እንተ ኹነ፣ ከም ወከልቲ ናይቲ ህዝቢ መጠን ኩነታቱ ክንዕዘብን ክንፈልጥን፣ ከም ዜጋታት ድማ ናብቲ ከባቢ ክንከይድ መሰልና ስለ ዝኾነን ጥራይ እዩ።"

"ግን እንተ ደሊኹም ከተስምዑ ትኽእሉ ኢኹም። ንሕና ሓገዝኩም ኢና ንደሊ ዘለና?"

"ንሕና ምናልባት ነቶም ክሰምዑና ዝኽእሉ መንእሰያት ክንዛረቦም ንኽእል ኢና። እዚ ግን ናይ ውልቆም ጉዳይ አይኮነን፣ ጉዳይ ሃገሮምን ጉዳይ ክብረቶምን እዩ።"

"እሞ፣ ካብ ቅድሚ ጉዳያት ወጺኢ ይርሓቒ። ናብቲ ወላ ንዓመት ኮፍ ክብሉሉ ዝኽእሉ ዳውኒን ይኺዱ።"

"እሞ ምስ ወከልቲ ናይቶም መንእሰያት ዘይትራኸቡ" ተባሂሎም ሓደ ርክብ ተኻየደ።

እቶም መንእሰያት፡ አቐዲሞም ናብቲ ብዛዕባ ኤርትራ ዘየድልዮ ዝተዛረብ
ሓላፊ ጠረጴዛ እንግሊዝ ዝቐንዐ ተቓውሞኦም አቕረቡ፡፡ ገለ ካብኣቶም
ንዕኡ ብምርካብ፤

"አብ ሓደ ጋዜጣዊ ዋዕላ ብዛዕባ ኩናት ኤርትራን ኢትዮጵያን ክትዛረብ
ከለኻ፡ እንታይ ኢልካ ነይርካ? ንኤርትራውያን ወቒስካ ነይርካ?"

"ኖኖእ! አነ ንኤርትራውያን አይወቐስኩን፡፡ አነ ዝበልኩ እቲ ጉዳይ
ብሰላም ክዓርፍ አለዎ፤ ኤርትራውያን ከአ ዓቕሊ ክገብሩ አለዎም እየ
ዝበልኩ፡፡ ኤርትራውያን ግን ብሕማቕ ተረዲእኩሞ፡፡"

"ኖኖእ፡ መልእኽትኻ ከምኡ አይነበረን፡ ቀዳማይ ነገር ኤርትራውያን
ይቐትሉ፡ ይግፍዑ፡ ይስጎጉን መሬቶም ይውረርን እየ ዘሎ፡፡ ንስኻ ግን ነዚ
ክሒድካ ጽግዒ ኢትዮጵያ ሒዝካ፡ ስለዚ፡ ቅድም-ቀዳድም ይቐሬታ ሕተት፡
" ብምባል ተወከስዎ፡፡ ይቐሬታ ክብል ዘዋጽኦ አይነበረን፡ ምኽንያቱ፡
ናይቲ ዘወረደ ዕንወት ሕቶ ካሕሳ ክስዕቦ'ዩ፡፡ ገለ ጸብጻባት መንግስቲ
እንግሊዝ ከም ዝገለጽዎ፡ ብሰንኪ'ቲ ንሸውዓተ መዓልቲን ለይቲን ዝቐጸለ
አድማ ክሳብ አስታት 11 ሚልዮን ፓውንድ ክሳራ አጋጢሙ፡፡ አባላት
ጸጥታ ነቲ ጉዳይ ከተሃዳድእዎ ፈተኑ፡፡

አብቲ ርክብ፡ እቲ ሓላፊ ጠረጴዛ አፍሪቃ፡ ብዛዕባ አብ ኢትዮጵያ
ዝሳቐ፡ ዝእሰር፡ ዝቕተልን ዝስጎግን ኤርትራዊ ገዲፉ፡ "ኤርትራውያን
ቀበጥበጥ ኢሎም" ብምባሉ ክእረም አለዎ ምስ ተባህለ፡ ንሱ፡ "አነ ከምኡ
ማለተይ አይኮነን" እትብል ሓንቲ ዓንቀጽ ከም ዝጽሕፍ ተገብረ፡፡

እዚ እቲ ንኣስ ጠለብ ኩይኑ፡ ጌና ዝምለስ ዓቢይቲ ጠለባት ዝነበሮም
እቶም ሰልፈኛታት፡ ካብቲ ቀንዲ ጉዳና ንድሕሪት አቢሎም ደአ'ምበር
አይተአልዮን፡ ምስጢር ናይቲ አወዳድባ ሕንቅል-ሕንቅሊተይ ዝኾኖም
አባላት ጸጥታ፡ ብድሕሪት ወዳቢ አካል ከህሉ አለም ዝብል ጥርጣረአም
መልሲ ምስ ተሳእኖ፡ ነቶም ዓይኒ ዘውደቐሎም ክአሰሩዎምን ክሃርሙዎምን
ተገደዱ፡፡ ንሓደ ብንድሪ ዝጭኮድር፡ ዝመርሕ፡ ዝቃወም፡ . . . ዝንበረ ጸላም
መነጽር ዝገበረ፡ ሰለሙን ዝበሃል መንእሰይ ድማ ብፍሉይ ዓይኒ አውደቐሉ፡፡
እዚ ካብ ቀንዲ ወደብቲን ተለአአኽትን ክኸውን አለዎ ብምባል አሰሩዎ፡፡
ናብ ቤት ማእሰርቲ ወሲዶም ምስ ዳጉኦ ከአ'ዮም ዓይኒ-ስዉር ምኳኑ
ዝፈለጡ፡፡ ዝጉብሩዎ ስለ ዘይነበሮም ነጻ ለቐቕዎ፡፡ ሰለሙን ብቐጽበት
ናብቲ ሰልፊ ተመልሰ፡፡ ዳኒኤል ዝበሃል ሓያል መንእሰይ'ውን ምስ ፖሊስ
እናተዳፍአ ብንድሪ ተቓውሞኡ እናስምዐ፡ ፖሊስ ደፊአም አውዲቖሞ
እግሩ ተሰይሩ ናብ ሕክምና ተወስደ፡፡

ማዕረ-ማዕረ'ቲ ተቓውሞ፡ ሰልፈን ጮርሒታትን፡ ከም ዕንዝራ ንህቢ
ማይን መግብን ዘመላልሱ መንእሰያት ላዕሊን ታሕትን ይብሉ ነይሮም፡፡

417

ጠምዩ ይኹን ጸሚኡ ካብቲ ቦታ ዝእለ ንኽይህሉ ኩሉ ድሉው ነበረ።

"ሻዕብያ ምስ በለ ዘይዕጸፍ ሰብ፡" ኢሎም ዝገልጹዎ ብጾቱ፡ መሓሪ ዝበሃል መንእሰይ፡ ንጸየቅቲ ዝእድብ፡ ካብ ከድዓት አንጻር'ቲ ሰላማዊ ሰልፊ ዝኹን-ይኹን መሰናኽል ከይርአ ዝአሊን ዝከታተልን ሓያል ሰብ ነበረ። መሓሪ፡ ወዳ ንህይወት ዓደን እዩ። ህይወት ዓደን፡ አብ ግዜ ብረታዊ ቃልሲ ህዝቢ ኤርትራ አብ ዓደን ዝነበረት ሓርበኛ አደ እያ። ነቶም ብሰውራዊ ዕማም ናብ ዓደን ዝኸዱ ዝነበሩ ተጋደልቲ ተአንጊድ ስለ ዝነበረት ከአ'ዩ "ህይወት ዓደን" ዝብል መጸውዒ ዝተዋህባ። ከም በዓል መሓሪ ዝአመሰሉ ተባዓት መንእሰያት እዮም ቀንዲ አንቀሳቓስቲ ናይቲ መደብ ነይሮም፡" ብምባል 18 ንድሕሪት ተመሊሱ ዝኽሪ አካፈለ ቲጆኒ ኻልድ።

እቲ ዝተፈላለየ ጭርሓታት እናጨርሐ ዝጭዕድር ዝነበረ ህዝቢ፡ ሰውራዊ ደርፌታት ገይሩ ንጉደና ዳውኒን ኤርትራ-ኤርትራ ከምእትሽትት ገበራ። "One Pound a Day, Keeps Weyane Away!" ዝብልን ካልእን አብቲ አጋጣሚ ብአጌታት ዝወጸ ሓድሽ ናይ መኽተ ደርፌ ነቲ ሰላማዊ ሰልፊ ካብ ዝደርዑ ፍጻሜታትነበረ።

ሸው መዓልቲ፡ አጋ ግዜ ምስ አኸለ፡ አባላት ሓይልታት ጸጥታ ከተማ ለንደን፡ ነቲ ሰላማዊ ሰልፊ ተቐጻጺርናዮ ኢና አብ ዝበሉሉ ደረጃ ምስ ተበጽሐ፡ መካይን በቲ ጉደና ክሓልፉ ጀመራ። እንተ ኹነ፡ እቶም ጌና ድምጾም ከም ዘይተሰምዐ ዝአምኑ ሰልፈኛታት ካልእ ስልቲ አብ ምንዳይ ተዋፈሩ። እቲ ሰላማዊ ሰልፊ ምሉእ ሸሪን ማዕከናት ዜና ዓለም ንኽረክብ፡ እቲ ዓቢን ወሳኒን ጉደና ዳውኒን ክዕጾ ብምውሳን ንምትግባሩ ተንቀዩ። ሓያል ምስጢራዊ ጉስጓሳት ብምኽያድ፡ አብ ውዱብ ናይቲ ውጥን ቅርጡው አገባብ ሃንደሱ። ናብ አባላት ሓይልታት ጸጥታ ከተማ ለንደን ዝቐርብ ካልእ ውጥናት'ውን ከም ቅድም-ኮነት ክቐርብ ሓንጸጹ። ገለ ንምጥቃስ፤

- ዝኹን ጭቡጥ መልሲ ከይረኽብና ካብዚ ቦታ አይንእለን ኢና፤
- ወከልቶም ምስ አባላት ጉዳያት ወጻኢ ዓባይ ብሪጣንያ ዝራኸቡሉ መንገዲ ክፍጠር፤
- ድምጺ ህዝቢ ኤርትራ ክስማዕ።

"አብታ ምሽት፡ ካብ ህጻናት ክሳዕ ዓበይቲ አጌታት፡ ንመንጸፍን መደቀስን ዝኸውን ኮቦርታ፡ መግቢ፡ ማይ፡ . . . አብ ምቅርራብ ተጸምዱ። ነቲ በሽሓት ዝቑጸር ህዝቢ ብጽሞና ክትከታተሎ ከለኻ፡ ሓደ ሕቶ አብ አእምሮኻ ክቕጅል ግድን እዩ። ነዚ ሰብ መን ወዲቡዎ? መአስ? ብኸመይ? መን'ዩ ዝመርሓ ዘሎ? መን'ዩ'ኸ ዘወሃዶ ዘሎ? ክትፈልጥ ደሊኻ ምስ እትሓትት፡ እቲ መልሲ፡ "ኩሉ ወዳቢ! ኩሉ ተወዳቢ! ንሓንቲ ዕላማ፡

ንመኽተ ሃገር!” ዝብል ኩነት ይጸንሓካ። አብቲ እዋን ጉደና ዳውኒን፡ ከም
ሰውራዊት ሳሕል ቀዋሚት ድፋዕን ደጀንን ሰልፈኛታት ኩይና ቀጸለት፡”
ብምባል ዝኽሩ ይገልጽ ያሬድ ተስፋይ።

ቀዳም 20፣ ሰንበት 21 ግንቦት 2000

እቶም ሰላማውያን ሰልፈኛታት አብ ንሓድሕዶም ጥራል ተሰናኒቾም፡
ምእንቲ ድሕነት ሃገር መብጽዓአም አሕይሎም፡ ቀዳምን ሰንበትን ምሉእ
መዓልቲ ብመጉልሒ ድምጺ ድምጾም አበሪኾም ንወራር ወያነን ዘይፍትሓዊ
ስቅታ ዓለም ዘኹንንን ጭርሓታት ከስምዑ ወዓሉ። ንወጻእተኛታት
ሓለፍቲ መንገዲ ወረቓቕቲ (ፖርሹC) ብምዕዳል፡ ሓቀኛ ምስሊ ኤርትራ
ከንጸባርቹ ላዕሊን-ታሕትን በሉ። አብ ልዕሊ ሻራዊ መርገጺ መንግስቲ
ዓባይ ብሪጣንያ ዘለዎም ቁሬታ'ውን ብዓውታ ገለጹ። እቲ ናይ ቀዳም-
ሰንበት ውዕሎ ብሓፈሻ፡ ነቲ ብማዕከናት ዜና ዓለም ዝፍኖ ዝነበረ ካብ ሓቂ
ዝረሓቐን ዝተጋነነን ወረ አብኒኑ፡ ብዘዕባ ህሉው ኩነታትን ምዕባላታቱን
ጽኑይ ሓበሬታ ዝሃበ'ዩ ነይሩ።

መስተንክራዊት ስኑይ! ምዕጻው ጐደና ዳውኒን

እዚ ከምዚ'ሉ እንከሎ፡ ስኑይ 22 ግንቦት 2000፡ ካብ ሰዓት 8:00
ቅ.ቀ. ጀሚሩ ጐደና ዳውኒን ብዝተኣኻኸቡ ሰባት ክመልእ ጀመረ። እቲ
ሰርሓት፡ ብሓያል ወኒን ድፍረትን ተወዲቡ፡ ክስዕብ ዝኽእል ጐነጻዊ መልሰ-
ግብሪ አባላት ጸጥታ ንምዕጋት፡ ንሀጻናት አብ ቅድሚት ኮፍ ከምዝብሉ
ብምግባር፡ መንእሰያት፡ አዴታትን አቦታትን አብ ሓደ መሰመር አብቲ
ጐደና ተጋደሙ። ጐደና ዳውኒን ምሉእ-ብምሉእ ተዓጽወ!

መደበር ዜና ኤልቢሲ፡ ጐደና ዳውኒን ብሰንኪ ሰላማዊ ሰልፈ ኤርትራውያን
ምሉእ-ብምሉእ ተዓጽዩ ከም ዝነበረ ብምሕባር፡ እተን ናብቲ ጐደና ገጸን
ዝውሕዛ ዝነበራ መካይን አንፈተን ክቕይራ ሓበሬታ አመሓላለፈት። እታ
ሬድዮ፡ ምኽንያት ምዕጻው ናይቲ ጐደና ደጋጊማ ትገልጸ ብምንባራ፡
ንኤርትራውያን ሓያል ናይ ጐስጓስ መስርሒት ኮነቶም። በቲ ሓደ ሸነኽ፡
ቀጻሪ ናብቲ ሰላማዊ ሰልፈ ዝውሕዝ ኤርትራዊ አመና ዛይዱ፡ በቲ ኻልእ
ከአ አቕልቦ ማሕበረሰብ ዓለም በሪኹ።

እቲ ማእከል ስሕበት ማዕከናት ዜና ዓለም ዝተቓየረ ሰላማዊ ሰልፈ
ኤርትራውያን፡ አብ ታሪኽ ከተማ ለንደን ሓደ ስነድ አስፈረ። ከም
ሲኤንኤን፡ ሮይተርስ፡ ቢቢሲ፡ ኤንቢሲ፡ ኤልቢሲ፡ ቻነል 4፡ ጋዜጣ ዘ-ጋርድያን
ዝአመሰላ ማዕከናት ዜና ዓለም፡ ነቲ ፍጻመ ክስንዳ ካሜራታተን አዋዲደን
ምስ ኤርትራውያን ሰልፈኛታት ፊት-ንፊት ተጋጠማ። ነዚ ዕድል'ዚ ክጽበዩ

ዝጸንሑ እቶም ኤርትራውያን፡ ነድሪ ቁጥዐእም ብዘነጽር ኣገባብ፡ ሰራውር ደሞም ተገቲሩ፡ ስምዒት ሃገራዊ ወኖም ገንፊሉ፡ ብዓውታ ኣንጻር ስቕታ ማሕበረ-ሰብ ዓለም፡ ብፍላይ ኣንጻር መንግስቲ ዓባይ ብሪጣንያ፡ ድምጾም ኣቃሊሑ።

በዚነዳሪን እናሓየለ ዝኸደን ክስተት ዝተሰናበዱ ኣባላት ሓይልታት ጸጥታ ዓባይ ብሪጣንያ፡ ቁጽሮም ብዕጽፈታት ዛይዱ፡ ብብዝሒ ኣብ ኣፍራስ ዝተወጥሑ ኣባላት ፖሊስ ከምኡ'ውን ፍሉይ ኣሃዱ ጸጥታ "ስኮትላንድ ያርድ" ናብ ጉደና ዳውሊን ኣበለ። ብስማይ'ውን ሄሊኮፕተር ጸጥታ ክትዝንቢ ጀመረት። እዚ ኹሉ ምትእኽኻብ ሓይልታት ጸጥታ ዓባይ ብሪጣንያ፡ ነቲ ኣፍ-ደገ ቤት-ጽሕፈት ቀዳማይ ሚኒስተርን ወጺኢ ጉዳያትን ዝወሰድ ዓቢ ጉደና ዳውኒን ንምኽፋት እዩ ነይሩ። እንተ ኹነ፡ እቶም ኤርትራውያን ቅጮጭ ከይበሉም፡ "ዝመጻ-ይምጻእ ጭርሓና ንቓጽል!" ብማባል ኣብቲ ጉደና ተፋጢጥ ሰፈኩ። ኣብ ከምዚ ዝበለ ህሞት፡ ኣብ መንጎ ፖሊስን ፍሉይ ኣሃዱ ስኮትላንድ ያርድን ኣብ ምጥቃም ሓይሊ ዘይምርድዳእ ተፈጥረ። ምኽንያቱ፡ ኣብ ልዕሊ'ቶም ኩነ ኢሎም ትሕቲ-ዕድመ ኣገዲሞም ዝጭውድሩ ዝነበሩ ሰልፈኛታት ናይ ጉነጽ ስጉምቲ ክወስዱ ኣይከኣሉን። ካሜራታተን ኣዋዲደን ዝስእላ ዝነበራ ዓቢይቲ ማዕከናት ዜና ዓለም'ውን ነቶም ሓይልታት ጸጥታ ጎነጽ ዝተሓወሶ መጥቃዕቲ ከይፍንዉ ዓቢ ተጽዕኖ ገበራሎም።

ብኸምዚ ጉደና ዳውኒን ንሰለስተ ሰዓት ኣብ ትሕቲ ምሉእ ምቁጽጻር ኤርትራውያን መንእሰያት ኣተወ። ኩሉ ታህዲድ ከም ዘይሰርሕ ብኣጋኡ ዝተኣመኑ ሓይልታት ጸጥታ ዓባይ ብሪጣንያ፡ ምስ ወከልቲ ንምርድዳእ ካልእ መንገዲ ክኽተሉ ተገደዱ። ኣብ መወዳእታ፡ ብሸዱሽተ ሰባት ዝቖመ ወኪል ህዝቢ ተመሪጹ ኸ ምስ ኣባላት ጉዳያት ወጻኢ ብምርኻብ ጠለባቱ ኣቕረበ፤

- መንግስቲ ዓባይ ብሪጣንያ ወራር ወያነ ደው ክብል ክጽውዕ
- ነቲ ጉዳይ ናብ ባይቶ ጸጥታ ከቕርቦ
- ዓባይ ብሪጣንያ ናብ ኤርትራ ሰብኣዊ ሓገዝ ክትልእኽ።

ሓደ ካብቲ ብፍሉይ ዝዝከር ፍጻመታት ናይታ መዓልቲ፡ ብሰለስተ መንእሰያት ደቀንስትዮ ዝተገብረ ነበረ። እዞን ደቂ 13 ዓመት - ሳሊና፡ ማህሌትን ልዋምን ዘበሃላ ዜጋታት - ነቲ ኣብቲ እዋን ወዲ ወሊዱ ዝነበረ ቀዳማይ ሚኒስተር ብሪጣንያ፡ ቶኒ ብለየር፡ ብስም'ቶም ሰላማውያን ሰልፈኛታት መግለጺ ሰናይ ምንዮተን ካርተሊና ክህባእ ወሰና። ንሳተን በቲ ዝኸየድ ዝነበረ ተቓውሞ ወዲ'ቲ ቀዳማይ ሚኒስተር "ተረቢሹ" ተባሂሉ ዝግበር ዝነበረ ጸጥታዊ ሸበድበድ ኣድላዩ ዘይምኳኑ ብምጥቃስ፡ "ንሕና

ኤርትራውያን ሰላማውያን እምበር ተጓዳእቲ ኣይኮኑንን!" ብምባል፡ ቶኒ ብለይር ከም ኣቦ መጠን ነቶም ብስርዓት ወያነ ዝግፍዑን ኣደዳ ሞት ዝኾኑ ዝነበሩን መሳቲ ወዱ ኤርትራውያን ህጻናት መስሎም ክሕሎ፡ ርግኣት ዝሰፈና ሃገር ንኽህልዎም ከም ኣቦን መራሒ ሃገርን መጠን ሓላፍነቱ ከልዕል ኣትሪረን ተማሕጺና።

(እዙን ዜጋታት እዚኣተንኣብዚ ግዜ'ዚ ደቂ 31 ዓመት ኩይነን ኣብ ሃገራዊ ዋኒን ተጸሚደን ኣለዋ)።

ብሓፈሻ፡ እቲ ሰላማዊ ሰልፊ ናብ ማሕበረሰብ ዓለም ሓደ ንጹር መልእኽቲ'የ ኣመሓላሊፉ፤ መንግስቲ ኤርትራ ሓይልታት ምክልኻሉ፡ ኣብ ደገን ውሽጥን ዝቐመጥ ኤርትራዊ ኣብ ጉዳይ ሃገሩ ጥሙር፡ ስሙርን ሓደ ኣካልን ምኳኑ።

ኣብ መወዳእታ ብዘተበጽሐ ምርድዳእ፡ እቶም ንኣፍ-ደገ ቤት-ጽሕፈት ቀዳማይ ሚኒስተርን ጉዳያት ወጻኢን ዓጊቶም ዝነበሩ ኤርትራውያን፡ ናብቲ ሰላማዊ ሰልፊ ክኸየዱ ፍቓድ ዝኾኑ ቦታ ምስ ገዓዙ፡ ብኣሽሓት ዝቑጸር ኤርትራዊ ገዛኡ ከይከደ ንሰለስተ መዓልቲ ኣብኡ ወዓለን ሓደረን። ኣብ'ተን ዝቐጸላ ናይ መወዳእታ መዓልቲታት ከኣ ተረኛታት ብምውጻእ፡ በብእብረ ገዛ በጺሓም እናተመልሱ፡ ኣብቲ ቦታ ቀነዩ። እቲ ውዱብ ክሳብ መወዳእታ ብዝሓየለ መልክዑ ምቕጻሉ ኸኣ ንኣባላት ጸጥታ ከተማ ለንደን ኣሻቒሉ ቀነዩ።

24 ግንቦት 2000

እታ ሻድሸይቲ መዓልቲ፡ 24 ግንቦት፡ መዓልቲ ናጽነት ኤርትራ ብምንባራ፡ ኣብ ኩሎም ሰልፈኛታት ፍሉይ ስምኢት ፈጢራት። ጉድኒ-ጉድኒ'ቲ ሰላማዊ ሰልፊ፡ መግዓዊ ጽንብል ናጽነት ኣብ ለንደን ንቐዳም 27 ግንቦት 2000 ኣብ ረክስ ዝተባህለ ቦታ፡ ኣብ ምብራቕ ለንደን፡ ክካየድ መደብ ወጺኡ ልዑል ምድላዋት ይካየድ ነይሩ። ልዕሊ ኣርብዓ ዝኾኑ ገዳይምን ሓደስትን ስነ-ጥበበኛታት - ድምጻውያን፡ ገጠምቲ፡ መዚቀኛታትን ተላሃይቲን - ንወርሒን ፈረቓን ዝቐጸለ መዓልታዊ ልምምድ ብምግባር፡ ንመኸተን ጽንዓትን ዘንጸባርቕ ትሕዝቶ ኣብ ምቕራብ ኣብ ምድላው ነበሩ። እቶም ስነ-ጥበበኛታት'ውን ኣብቲ ሰላማዊ ሰልፊ ዝካየዱ ዝነበረ ቦታ እናመጹ ንወኒን ቀልብን ኤርትራዊ ኣሐደሱዎ።

ኣብ መወዳእታ፡ 24 ግንቦት 2000 ንመንግስቲ ዓባይ ብሪጣንያ ዳግማይ ከባህርር ዝኽእል ናይ መወዳእታን ዝሓየለን ምዕጻው ጉደና ዳውኒን ብምስጢር ውዳበታት ክግበር ወዓለ። ከምቲ ዝተወጠነ፡ ሓሙስ 25 ግንቦት 2000 ናይ ንግሆ፡ ጉደና ዳውኒን ንኻልኣይ ግዜ ብሰልፈኛታት

ተረኽረኞ። አባላት ጸጥታ ዝኹን ጐነጽ ንኸይጥቀሙ ድማ ቄልዑ አብ ቅድሚት ከም ዝጋደሙ ተገብረ።

ሬድዮ ኤልቢሲ ጉደና ዳውኒን ዳግማይ ከም ዝተዓጽወ አቃልሐት። እታ መደበር፡ "ኤርትራውያን መንእሰያት ሰልፈኛታት ተቃውሞአም ይገልጹ ብምህላዎም መንገዲ ቆይሩ"፡ ዝብል ሓበሬታ ምስ ፈነወት፡ ብብዝሒ ኤርትራዊ ዋኒኑ ረራሕሪሑ ነቲ ማዕበል ተጸንበር። ቀጽሪ ሰልፈኛታት ድማ ናብ አስታት ሸውዓተ-ሽሕ ክብ በለ። ሓይልታት ጸጥታ፡ ዳግማይ ሓይሊ ከጥቀሙ አብ ዘይእኡሉ ደረጃ ከም ዝበጽሑ ምስ ፈለጡ፡ ናብ ምርድዳእ አተዉ። መንግስቲ ብሪጣንያ ካብቲ ዝተሓተቶ ንዘበዝሐ አተግበረ።

አብ መወዳእታ፡ እቲ አብ ጉደና ዳውኒን ንሸውዓተ መዓልቲን ለይቲን ዝተኻየደ ሰላማዊ ሰልፈ ብኹሉ ሸነኻቱ ዕዊት ኩይኑ፡ ሰልፈኛታት ብምሉእ ዕግበት፡ ብሓበን፡ አፍ-ልቦም ነፊሕምናብ ገገዛአም አበለ። መብዛሕትአም፡ ብሰንኪ ምጭኖዳር ጉረሮአም ላሕቲቱ ክዛረቡ አብ ዘይክእሉ ደረጃ'ዮም በጺሖም። ድሕሪ ናይ ሸውዓተ መዓልትን ለይትን ዕረፍቲ ዘይህብ ተቃውሞ፡ ሓንቲ መዓልቲ ጥራይ አዕሪፎም፡ ቀዳም 27 ግንቦት 2000 አብ አዳራሽ ረክስ ብምትእኽኻብ ሓጕሶምን መኽተአምን ጸንበሉ።

አብቲ አጋጣሚ፡ አምበሳደር ኤርትራ አብ ዓባይ ብሪጣንያ፡ አቶ ግርማይ ገብረማርያም፡ ንመላእ ነባሪ ዓባይ ብሪጣንያ ብስም መንግስቲ ኤርትራ ምስጋናኡ ድሕሪ ምግላጽ፡ "እዚ ዘርአኹሞ መኽተ፡ ግበሩ፡ ተወደቡ፡ ሰርሑ ከይተባህልኩም ብተበግሶኹም ዝገበርኩሞ ሓያል ናይ መኽተ ስራሕ ስለ ዝኹነ፡ መርአያን ነጸብራቕን ሓድነት ህዝቢ ኤርትራ አመስኪርኩም ኢኹም'ሞ እንኳዕ አሓጕሰኩም፡" በሎም።

አብቲ ውዕዉዕ አጋጣሚ፡ ሃገራዊ መዝሙር ኤርትራ ብዓውታን ብሓባርን ተዘሚራስ ትደገመልና ብዝብል ሓያል ጠለብ ተሳተፍቲ፡ ንኻልአይ ግዜ ብተመሳሳሊ ስምዒትን ሓይልን ተዘመረት። ሰርሒት ሸውዓተ መዓልቲን ለይቲን አብ ለንደን ሎሚድሕሪ 18 ዓመትን ንቋጽልን ክትዝከር ዝገብራ ዕቤታን አገዳስነታን እዮ።

አዘንተውቲ፤

1. ቲጆኒ ኻልድ
2. ማሕሙድ ሮመዳን
3. ሲራክ ባህልቢ
4. ያሬድ ተስፋይ

ሰላማዊ ሰልፊ ኤርትራውያን ኣብ ለንደን - 2000

ሰልፈኛታት ኣብ ግጭት ምስ ፖሊስ ለንደን

26

ከይቀበርካ ነይቀበጽ

ዓብደልቃድር አሕመድ

ዒድ-አልፈጥር መዓልቲ 1978 እዮ። ቄልዓ ሽዱሽተ ዓመት የሱፍ ዓብደልከሪም ምስ አሕዋቱ ክዕይድ ናብ አኽሪያ እንዳ አባሓጎኡ ተበገሰ። አብ ከባቢ አኽሪያ ምስ በጽሑ፡ አሕዋቱ ግልጽ እንተ በሉ ንየሱፍ አይረኸቡዎን። 'ደድሕሬና ይመጽእ አሎ' እናበሉ አብዚኣ አትዩ ከይተባህለ ተሸርበ። ስድራኡ፡ 'አብ እንዳ አባሓጎኡ ሓዲሩ ይኸውን' ኢሎም ነብሶም ከጸናንዑ'ኳ እንተ ፈተኑ፡ እቲ ምጭዉ ቀይሕ ቄልዓ ግን ሽታ ማይ ደአ ኮነ። ንጽባሒቱ፡ ወለዱ ከም ዝጠፍአ ስለ ዘረጋገጹ፡ አብ አስመራ ናብ ዝርከባ ኩለን መደበራት ፖሊስን ካልእ ዝጠርጠሩዎ ቦታታትን በጽሑ። ንየሱፍ ርእየዮ ዝብል ሰብ ግን አይተረኸበን። እቲ ብሬድዮን ጋዜጣን ዝተዘርግሐ ናይ 'ዝረአየ ዓይኑ ይብራህ' ምልክታ'ውን ውጽኢት አይተረኸቦን።

አነ ንየሱፍ፡ አብ ገዛ ብርሃኑ፡ አብ ቀርአን እንዳ ሸኽ ጥዑም እናቛራእና፡ ምስ ዓቢ ሓዉ ነስረዲን አሊፍ፡ ባእ... ክመሃር ከሎ እየ ዝፈልጦ። የሱፍ፡ ቀይሕ፡ ማዕንጎርን ለሚሽ ጸጉሩን ተፈታዊ ቄልዓ እዩ ዝነበረ። እቶም ካብኡ አዚና ዝዓበና ደቂ ቀርአኡ ንሓቍፎ'ና ነጸውቶን ምንባርን እዝክር። ሕጂ፡ ድሕሪ'ዚ ነዊሕ ዓመታት 'ተረኺቡ' ዝበል ወረ ምስ ሰማዕኩ ምስናይ ማእለያ ዘይብሉ ሕቶታተይ ብአካል ክርእዮ ተሃንጠኹ። ንወላዲኡ: "አበይ ደአ'ሎ የሱፍ?" ክብል ተወከስኩዎ።

"አብ ገዛና'የ ዘሎ።" በለኒ። አይጸናሕናን፡ ምስ ወላዲኡን አባሓጎኡን ተተሓሒዝና ናብ ገዛኦም አምራሕና። አብ መንገዲ ከለኹ፡ እዚ ኩሉ ዓመታት አበይ ነይሩ? ብኸመይ መጺኡ? እንታይከ አጋጢሙዎ? ብኸመይከ ነዚ

ኹሉ መስገደላት ህይወት ሰጊሩዎ? ወዘተ. ብዝብሉ ሕቶታት እናተዋጠርኩ
ገዛእም በጻሕና። ንውሽጢ ገዛ ምስ አተና፡ ነቲ ቀይሕ ማእከላይ ዝቓ᎐መቱ
መንእሰይ ብማዕዶ አለለኹዎ። ንሱ᎐ውን ክበጽሓ ከም ዝመጻእኩ ብምርዳእ
ብፍሽኽታ ቀረበኒ። ናይ እንቋዕ ደሓን መጻእካ ምስ ተሰዓዓምና ናብ ሳሎን
አምራሕና። በቦታና ምስ ሓዝና፡ ነቲ ክሀውጸኒ ዝጸንሐ ሕቶታት በብሓደ
እናልዓልኩ ነቲ ዘዞንተወለይ ታሪኹ ክምዝግቦ ጀመርኩ።

ቄልዓ ዮሱፍ ዓብደልከሪም ካብታ ምውᎰቒ ቤቱ ክዕይድ ምስ
ወጸ፡ ብሓደ ወተሃደር ኢትዮጵያ ተጨውዩ ከም ዝተወሰደ ድሕሪ ግዜ
እዩበሪሁሉ። አብቲ ግዜ᎐ቲ፡ ስድራኡ ደሃዩ ጠፊኡዎም ሸገርገር እናበሉ፡
እቲ ወተሃደር ድሮ ሓደ ንጹህ ቄልዓ ሓንጊሩ ሩባ መረብ ሰጊሩ ነበረ።
"እቲ ሰብኣይ፡ ወተሃደር ደርግ ዝነበረ፡ ጸሃዩ ደስታ ዝባሃል ዕሉል ሸፍታ እዩ
ነይሩ።" ይብል ዮሱፍ። ወተሃደር ጸሃዩ አብ ከባቢ ማይ-ጸብሪ አብ እትርከብ
"ማይቃንᎽ"እተባህለ ዓዱ ምስ በጽሓ ንዮሱፍ ናብ ሸኽ ኢብራሂም
ሳልሕ ዝበሃል ጉርቤቱ ወሲዱ አጽንሑለይ ድሕሪ ምባል፡ ንላዕሊ እናተኩስ
(ካብ ዘመቻ ብዓወት ተመሊሱማለት᎐ዩ) ናብ ገዛኡ አተወ። ምስ በዓልቲ
ቤቱን ደቁን ተራኺቡ ድማ ንምሽቱ ንዮሱፍ ክወስድ ናብ ሸኽ ኢብራሂም
ተመልሰ። ሸኽ ኢብራሂም፡ እቲ ወተሃደር አብ ኤርትራ ከም ዝነበረ ሰሊ
ዝፈልጡ፡ ነቲ ቄልዓ ካብኡ ሰሪቆ ከም ዘምጽአ አይተጠራጠሩን። ካብቲ
ግዜ᎐ቲ ጀሚሮም ከአ ምስ ዮሱፍ ክደናገጹ ጀመሩ።

ዮሱፍ᎐ውን አብ ዘረባኡ ንሸኽ ኢብራሂም እናሻዕ᎐ዩ ዝጠቅሶም። ንሶም
ብዛዕባ አመጻጽኣኡን ኩነታት አተዓባብያኡን ብቐረባ ዝፈልጡ ናይ ዓይኒ
ምስክር ብምᎽናዮምን ብዛዕባ ህይወቱ ንዝሓቶም ሕቶታት ስለ ዝምልሰሉን
ካብ ካልኦት ደቁ᎐ቲ ዓዲ ዝያዳ ይቐርቦምን የኽብሮምን ነበረ።

ወተሃደር ጸሃዩ፡ ዮሱፍ ካብ ካልእ ዝወለዶ ወዱ ምᎽኑ ንስድራኡ
ብምᎽማን᎐ዩ ናብቲ ቤተ-ሰብ ዝጸንበር። ዮሱፍ ከአ ክሳብ᎐ቲ ልቢ ዝስኹዓሉ
እዋን ንሰብኣይን ሰበይቱን ከም ወለዱ፡ ንደቆም ከአ ከም አሕዋቱ ብምቑጻር
ምስአቶም ክቕመጥ ጸንሐ።

"ቄልዓ ሸሞንተ ዓመት ምስ ኩንኩ፡ ጸሃዩ ናብ መርጌታ አበበ ዝተባህለ
አብ ጎጃም ዝቕመጥ ደብተራ (ብአደኣ ሓው ንጸሃዩ) ወሲዱ ከም ዝፈወሰኒ
ምስ ዓበኹ ሰባት ነጊሮምኒ።" ይብል ዮሱፍ። እቲ ሸው መዓንጣ ዘይቄጸረ
ቄልዓ፡ አብ ርእሲ᎐ቲ ዝወረደ ተነጽሎ 'ተፈዊስ እየ' ዝበል ስን-አእምሮኣዊ
ጫንቀት ስለ ዘሕደረሉ አብ ግዜ ቁልዕነቱ ብተደጋጋሚ ይሓምም ከም
ዝነበረ ይዝክር᎐ "እቲ ፈውሲ፡ አነ ካብኡ ከይጠፍእ ኢሉ ዝገበሮ ከኸውን
ይኽእል።" ብምባል ከአ ንናይ ሸው ጥርጣረኡ ይገልጽ።

ዮሱፍ ወዲ 12 ዓመት አቢሉ ምስ ኩነ፡ መሳትኡ ደቁ᎐ቲ ዓዲን
አሕዋቱን ንትምህርቲ ክምዝገቡ ስለ ዝረኣየ፡ ንኣቦኡ ከምᎽቶም ካልኦት

አሕዋቱ ንኽምህሮ ሓተተ። ወተሃደር ጸሃየ ግን ናይ ተስፋ ቃላት እናመገበ ከምህሮ ምኽኑ ብምግላጽ፡ ናብቲ ቀንዲ መምጽኢኡ (ከም ግልያ) ናብ ስራሕ ሕርሻን መንሰን ጥራይ ከም ዘተኮር ክደፋፍእ ጀመረ። በዚ ኸአ ዮሱፍ፡ ነቲ ገና ቄልዓ ትሽዓተ ዓመት ከሎ ዝተለማመዶ ደድሕሪ ጮራ ከብቲ ናይ ምኻድ ስራሕ፡ ግሕረስ ወሲኹ ንኽካይዶ ተገደደ። ይኹን'ምበር፡ በቲ ሓደ ስርሑ እናአካየደ በቲ ኻልእ ነታ 'አምህረኒ እባ' እትብል ምሕጽንታኡ ካብ ምልዓል አይተቘጠበን። እቲ አቦኻ'የ በሃላይ ሸፍታ ግን፡ ንደቁ ብግቡእ እናአምሃረ አብ ዝብጸሕ አብጸሐ። ዮሱፍ ጌና አብቲ ናይ ግልያነት ስራሕ ተጸሚዱ እንከሎ፡ አምባው ዝተባህለ ወዱ ንጸሃየ ብትምህርቲ ሕርሻ ተመሪቐ አብ ክፍሊ ሕርሻ ክስርሕ ጀመረ፡ እምባነሽ ዝተባህለት ጓሉ'ውን ብስነ-ምምህርና ተመረቐት።

ዮሱፍ ነዚ አተኩሩ ብዝረአየ፡ አቦነት ጸሃየ ከጠራጥሮ ጀመረ። ሓደ መዓልቲ ናብ'ቶም እንክልጨንቆ ዘማኽሩዎ ሸኽ ኢብራሂም ብምኻድ፡ ጸገሙ ገለጸሉም። ክመሃር ከም ዝደልን ነቲ ካብ ደቁ'ቲ ዓዲ በብእዋኑ ዝሰምያ "ሓማሴናይ በላዕ በለስ" ዝብል ጸርፌ ካብ ምንታይ ዝተበገሰ ምኻኑን ክሕብሩዎ ድማ ተማሕጸኖም።

ጸሃየ፡ ወተሃደራት ደርግ ዕጥቆም ከውርዱ ከለዉ ብረቱ ምርካብ ዝአበየን አብ መላእ እታ ቀሺት ከም ንጉስ ዝፍራሕን እዩ ነይሩ። ስለዚ፡ ሸኽ ኢብራሂም አብ ልዕሊኣም ገለ ሳዕቤን ከየውርደሎም ብምስጋእ ግርህ ኢሎም ንዮሱፍ ክነግሩዎ አይመረጹን። ዮሱፍ ግን እናነበዐለመኖም፤ "ውላዱ እንተ ኹይን ከም'ቶም ካልአት ደቁ ዘየምህረኒ። እዞም ደቁ'ዚ ዓዲኽ ስለምንታይ፡ 'ሓማሴናይ በላዕ በለስ' እናበሉ ይጸርፉኒ?" ክብል ደጋጊሙን አምሪሩን ምስ ተወከሶም ግን አይጨከኑሉን። ህድእ ኢሎም ነቲ ብዛዕባኡ ዝፈልጡዎ ብዝርዝር ነገሩዎ።

"ካብ ኤርትራ'ዩ ስሪቐ አምጺኡካ፡ ማዕተብ አይነበረካን። መልሓስካ ዘየጽረኻ ቄልዓ ኢኻ መጺእካ። ሽመልስ ኢሉ ስም ዘውጽአልካ'ውን ባዕሉ'ዩ፡" ምስ በሉዎ፡ ዮሱፍ ነዚ መሪር ሓቂ ክጸወር አይከአለን። ንዓመታት ከም ወለዱ እናቐጸሮም ስለ ዝፃበየ፡ እቲ ዝሰምያ ሓቂ አሰንበዶ፤ "ሸዑ፡ ልዕሊ'ቲ ትንፋስ ዘይህብ ስርሓይ ጓሂ ከበደኒ። እቲ ምስጉን ዝነበረ ነብሰይ ብሓሳብን ጭንቀትን ክሳሲ ጀመረ። ብርቱዕ ሓሜም ቀነኹ," ይዝክር ዮሱፍ።

እቶም ቀንዲ ንአእምሮኡ ዘናወዱ ሕቶታት፡ 'ወዶም እንተ ዘይኮይነ፡ ወለደይ መን'ዮም? ብርግጽክ ካበይ መጺአ? መጨረሻታኡኽ እንታይ'የ ክኸውን? በቃ አኺሉኒ ግልያ ናይዚ ሸፍታ ኩይነ ክነብር ማለት ድዩ?' ዝብሉ ነበሩ። እቶም ብሕልናኡ ዘሰላስሎም ሕቶታት ብዙሓት'ዮም። እቲ መልሲ ግን ዶብ አልቦ ጽምዋን ንብዓትን ጥራይ ነበረ።

ዮሱፍ ምንባዕ ፍታሕ ከም ዘይኮነ ድሒሩ ተገንዘበ። ነቲ ናይ ጓሂኡ ሰኽም ከራግፍ እንተ ኹይኑ፡ ነተን ዘጨንቓአ ሕቶታት ናብቲ 'ኣቦኻ'የ' በሃላይ ወተሃደር ብምቕራብ ሓደኡ ምፍላጥ'የ ዝነበረ። ነቲ ወዲ 12 ዓመት ቄልዓ ዮሱፍ ግን፡ ነቲ ዓዲ ምሉእ ከም ዲያብሎስ ዝፈርሖ ጨካን ሰብ "ስድራይ ኣፍልጠኒ" ኢልካ ምሕታት ልዕሊ ዓቕሙ ኮነ፣ "እንተ ቖተለኒኸ!" ብምባል ፈርሐ።

መዓልታት ምስ ወሰደ ግን፡ እቶም ደቂ ዓዲ'ውን ወለዱ ክፈልጦ ከም ዝገባእ ከተባብዑ'ዎ ጀመሩ፣ "ወዱ ምኻንካን ዘይምኻንካን ክትፈልጦ እንተ ደሊኻ ኣምህረኒ ጥራይ በሎ። ሾው ኢኻ ተረጋግጽ፣" ክብሉ ኣማኸሩ'ዎ። ዮሱፍ መሊሱ ተብራበረ። ወተሃደር ጸሃይ ካብቲ ዝወፈር ዓዲ ምስ ተመልሰ፡ "ትምህርቲ'ባ ኣመዝግበኒ?" ክብል ሓተቶ፣ ከይመለሰሉ ኣጽቀጠ።

"ናይ ብሓቂ ኣቦይ እንተ ኼንካ ከምቶም ደቅኻ ዘይትርእየኒ! ንሳቶም እናተማህሩ ስለምንታይ ኣነ ዘይመሃር?" ኣዋጠር። እቲ ወተሃደር ንዮሱፍ ካብይ ከም ዘምጽአ ድሮ ኣብ መላእ'ታ ቀሽት ተወርዩ ምንባሩ ኣረጋጊጹ ይፈልጥ'ዮ። ነዚ ምስጢር'ዚ ክሳብ መወዳእታ ክዓብጦ'ኳ እንተ ጸዓረ፡ ኣይከኣለን። ንሕቶ ዮሱፍ ምጉሳይ ነቲ ነገር ናብ ዝኸፍአ ደረጃ ምብጻሕ ከይከውን ግዲ ሰጊኡ፡ "በቃ ሕራይ፡ መስከረም ከመዝግበካ'የ" በሎ ኣብ መወዳእታ። ዮሱፍ ንግዜኡ ካልእ ሕቶ ኣየስዓበን።

መስከረም በሪቑ፡ እተን ተዓጽየን ዝነበራ ኣብያተ-ትምህርቲ ተኸፍታ። እታ ዮሱፍ ተሰፋ ዘንበረላ መዓልቲ ምስ ኣኸለት፡ ነታ ሕቶ እንደገና ኣልዓለ። ጸሃየ ባህ ከይበሎ ንዮሱፍ ሓዙዎ ናብ መባእታ ቤት-ትምህርቲ ናይቲ ዓዲ ከደ። ዮሱፍ ትምህርቲ ብምጅማሩ ኣዝዩ'ኳ እንተ ተሓጐሰ፡ እቲ ወተሃደር ግን ነቲ ሰፋሕቲ ናይ ሕርሻ ቦታታትን ብርኽት ዝበላ ከብትን ዘመሓድር መተካእታ ሰብ ኣይረኸበን። ስለዚ ንዮሱፍ ምስ ከቱር ሀርፋኑ ድሒሩ ሰለስተ ወርሒ ካብ ትምህርቱ ኩለፎ።

እዚ ስጉምቲ'ዚ ንዮሱፍ ጓና ምኻኑ መረጋገጺ ኮነ። ድሕሪ'ዛ ፍጻመ'ዚኣ ኸኣ ኣብ ልዕሊ'ቲ ወተሃደር ከቱር ጽልኢ ኣሕደረ። እቲ ወተሃደር ብወገኑ ሰጥ-ለበጥ ኢሉ ብትእዛዙ ጥራይ ክነብር ከም ዘለዎ ብምፍርራሕ ምስቲ ማሪያ ዝተባህለ በኹሪ ወዱ (ሓረስታይ) ተቛሪኑ ኣብ መንስን ማሕረስን ከም ዘገልግል ገበረ። ንመጀመርታ ግዜ ካብታ ዝዓበየላ ቀሽት ማይቃንጫ ብምውጻእ ከብቲ ሕዙ ምስ ማሪያ ኣርሓጁ ሳገም።

እቲ ካብታ ቀሽት ዝጀመረ ጉዕዞ፡ ብሩባ ዋልባ ኣቢሉ፡ ንማይለበባ ሰጊሩ፡ ኣብ ማይ ሕንዚ ኣዕረፈ። ብምቕጻል'ውን ክሳብ ሸራር በጽሐ፡ ነዊሕ መንገዲ ዘይተለማመደ ዮሱፍ ልዕሊ ዓቕሙ'ኳ እንተ ነበረ፡ ነቲ ኣስታት ሰለስተ ኣዋርሕ ዝወሰደ ጉዕዞ ደድሕሪ ከብቲ ዛዚሙ፡ ናብታ

ዝተበገሰላ ቀኈሸት ተመልሰ። አብኡ'ውን እፎይ ከይበለ ዓጺድን መኼዳን ተገቲሩ ጸንሐ። ህይወት አብዚ አድካሚ ዓንኬል ክትዘውር ዝተፈርደት ክትመስል። አብ ሰለስተ ወርሒ ሓንሳብ ጥራይ ናብ ገዛኡ እናተመልሰ፡ ነቲ ምስጋምን እንደገና ተመሊሰካ ካብ መስከረም ክሳብ ጥሪ ንጥፈታት ሕርሻ ምክያድን ከም ጽሕፍቶኡ ቄጺሩ ንዓመታት ሰርሓለ። ናይ ምምሃር ተስፋኡ እናረሓቐ፡ ትርጉም ምንባር እናጠፍአ ከደ። በዚ ኸአ አብ ዕድመኡ ሰለስተ ተወሰኸቲ ናይ በሰላ ዓመታት ተደሚረን ወዲ 15 ዓመት ኮነ።

ይኹን'ምበር፡ የሱፍ ዕድመ እናወሰኽ ብዝኸደ፡ ብሳላ ምቕኑል ጠባዮን ህርኩትናኡን፡ ካብ ገለ ዓበይትን መንእሰያትን ናይቲ ዓዲ ፍሉይ አቓልቦን ምድንጋጽን አይተፈልዮን። ግርማቸው ታከል፡ መብራህቶም መላው፡ አምባቸው ፍስሃ ዝበሃሉ መተዓብይቱ ደቂ'ቲ ቀኈሸት፡ ናይ ቀረባ አዕሩኽቱ ነበሩ። ዕርክነቶም ነቲ ካብ ወተሃደር ጽያየን ደቁን ዘንቢፎ ተነጺሎ ከም መድዓ ሰል ዝኾነ፡ ብፍላይ ንአምባቸው ፍስሃ ጸጋሙ ከይሓብአ ከካፍሎ ጀመረ። አምባቸው'ውን ተስፋ ክቘርጽ ከም ዘይብሉን ሓደ መዓልቲ ክሓልፈሉ ምኽኑን እናአተሰረዎ አጸናነዖ።

የሱፍ፡ ነቲ ብጓህ ዝተኾምተረ ልቡ ንግዜኡ ብተስፋ ክፍውሶ'ኳ እንተ ጸኖረ፡ እቲ ንሕልናኡ ቀሰሊ ኩይኑዎ ዝነበረ - መን'ዮም ወለዶምኒ? ብህይወትዶ ይህልዉ ይኾኑ...? ዝብልዘይተመለሰ ግድል ካብ ዕለት ናብ ዕለት ድቃስ እናኸልአ ይኸይድ ነበረ።

*   *   *

ወቕቲ ሓጋይ ሓሊፉ፡ የሱፍ ካብቲ ዝሳገመሉ ነዊሕ ጉዕዞ ናብ ቀኈሸቱ ተመልሰ። ወተሃደር ጽያየ፡ ምምላስ የሱፍ ዘሓጉሶ ክመስል ብዘይልሙድ አቀራርባ ንአገዳሲ ጉዳይ ከም ዝደለዮ ብምሕባር፡ ንኸዘራርቦ ናብ ገዛኡ ሒዙዎ አተወ። የሱፍ ኩነታት ጽያየ እናገረሞ ናብኡ ቀረበ። ሃንደበት ከአ፡ "ሺመልስ ወደይ ንዓለይ ከመርዕወካ ሓሲብ አለኹ'ሞ እንታይ ትብል?" ክብል ፈጺሙ አብ ሓሳብ የሱፍ ዘይነበረ ሕቶ አቅረበሉ። እዚ ሕቶ'ዚ ንየሱፍ ዘሰንበዶ ስጊንጢር ዘረባ ብምንባሩ ፈዘዘ።

"ኢሂ እንታይ ኢልካ? መልሲ'ባ ሃበኒ?" ደገመ ሓተቶ። የሱፍ ንሕቶኡ ብሕቶ ክምልስ መረጸ።

"እዋእ! ከመይ ገይረ ደአ'የ ንሓብተይ ክምርዓዋ? ንስኻ አቦይ ንሳ ኸአ ሓብተይዶ አይኮኑንኩምን?" ምስ በሎ፡ ወተሃደር ጽያየ መሸኸ።

"ደሓን በል፡ ንል ሓወይ አላ ጽብቕቲ ቄልዓ ንዓአ ከመርዕወካ'የ" ብልዙብ ቃና ክደፋፍአ ፈተነ።

"ከመይ ገይረየ'ሞ ወለደይ ከይፈለጥኩ ዝምርዓ። ቅድም ምስ ስድራይ አራኽበኒ ወይ ናብታ ዘምጻእካኒ ምለሰኒ" በለ የሱፍ ንብዓት እናሰዓረ።

429

ወተሃደር ጸሃየ፣ ዘይተጸበዮ ሕቶታት ስለ ዘቕረበሉን ናይ መርዓ ሕቶኡ ስለ
ዝተነጽገን ናብ ምንጽርጻርን ምፍርራሕን ኣተወ፡፡

"ወለደይ ኣበይ'ዮም ዘለዉ፣ ኣፍልጠኒ?" ክብል ኣዋጠር የሱፍ፣ ካብኡ
ኣይሕለፍ ብምባል፡፡

ወተሃደር ጸሃየ ጨካን ውሳነ ወሰነ፤ "በቃ ካብ'ዛ ሰዓት'ዚኣ ጀሚርካ
ካብ ገዛይ ውጹእ ኢኻ፡" ብምባል ካብ ኩሉ'ቲ 'እገብረልካ እየ' ዝብሎ
ሓለፋታት ከም ዝሓረሞ ገለጸሉ፡፡ ሓሳቡ ብምቕያር ከኣ ኣንጠልጢሉ ናብ
እንዳ ሓብቱ ወሰዶ፡፡ ንሓብቱ ምስኣ ከተጽንሐ ኣጠንቂቓ ኣረኪቡዋ ናብ
ገዛኡ ተመልሰ፡፡ የሱፍ ዓቕሉ ጸበቦ፡፡ "ክሃድምዶ? ግን ከኣ ናበይ፣ ኣርኪቡ
እንተ ቐተለኒኸ!" ብተገራጫውቲ ሓሳባት ተናወጸ፡፡

ድሕሪ ገለ መዓልታት፣ ነቶም ደሃዮ ክፈልጡ ዝመጹ ኣዕሩኽቱ ብዛዕባ
ኩነታቱ ሓበሮም፡፡ ንሳቶም ብወገኖም ንኣቦታቶም ገለ ፍታሕ ዝኸውን
ከናድዮ ክሓትዎም ምኻኖም ገለጹሉ፡፡ በዚ ኸኣ ንጽባሒቱ፣ ኣቦታት
ኣዕሩኽቱ ተኣኻኺቦም ብምምጻእ ሓዘዞም ናብ ገዛ ጸሃየ ከዱ፡፡

ንሳቶም፣ የሱፍ ካብ ግዜ ቀልዕነቱ ኣትሒዙ ብቕንዕና ከም ዝገልገሎ
ብምጥቃስ፣ ብዘይ ገለ ዓስቢ ከባርር ግቡእ ከም ዘይኮነ፣ ነቲ ወተሃደር
ገለጹሉ፡፡ እንተ ኸኢሉ ምስ ወለዱ ከራኸቦ፣ እንተ ዘይኮነኸ ከም
ሰራሕተኛ ግቡእ ክፍሊት እናሃበ ምስኡ ከስርሐ፣ ከም'ኡ'ውን ክሳብ ሕጂ
ናይ ዘገልገሎ ጸጋ ክኸፍሎ ዝብል ሓሳብ ኣቕረቡሉ፡፡

ወተሃደር ጸሃየ በታ ቀዳመይቲ ጠለብ ኣይተሰማምዖን፡፡ በተን ክልተ
ዳሕረዎት ግን ክረዳዳእ ከም ዝኽእል ብምሕባር፣ ካብ ወዲ ሸዱሽተ ዓመት
ክሳብ 11 ዓመት ናይ ዘገልገሎ ሸሞንተ ከብትን ኣርባዕተ ኩንታል ጣፍን
ክህቦ፣ ካብታ ከም ሰራሕተኛኡ ዝተቖጸላ ዕለት ዝሕሰብ ከኣ ኣብ ዓመት
ሓደ ጣዕዋ ክኸፍሎ ኣብ ዝብል ምርድዳእ ብምብጻሕ ነገሮም ፈጸሙ፡፡

የሱፍ፣ እታ ቆንዲ እተገድሶ ሕቶ መንነት ስለ ዝጐሰዩዋ ብፍርዶም
ኣይዓገበን፡፡ እቶም ሽማግለታት ምስ ተፋነዉ፣ "ስለምንታይ ኢኻ ምስ
ወለደይ ዘይተራኸብኒ?" ክብል ሓተቶ፡፡

"ንስኻ ወዲ ዓርከይ ኢኻ፣ ኣቦኻን ኣደኻን ስለ ዝሞቱ ንኸዕብየካ ካብ
መንደፈራ ኣምጺኣካ" በሎ፡፡

"ዝኹን ይኹን ጥራይ ምስ ስድራይ ኣላልየኒ፡፡ ብዘይ ሰብ ድየ ተፈጢረ፣
ዋላ ምስ ኣዝማደይ ኣራኽበኒ?" በለ የሱፍ ተስፋ ከይቆረጸ፡፡

እቲ ብሕቶ ዝተዋጠረ ሽፍታ ዝብሎ ምስ ጠፍኦ ብሕርቃን፣ "እንድዒ
በቃ! ካብ ኣስመራ'የ ብጨልዓኻ ኣምጺኣካ፣ ሰምካ ኣይፈልጥ፣ ስድራኻ
ኣይፈልጥ!" ክብል ብኡ-ንብኡ ዝተገራጨወ መልሲ ሂቡም ተመርቀፈ፡፡

ሕጂ'ውን ኣዒንቱ የሱፍ ንብዓት ኣጽረራ። "ኣንታ ፈጣሪ! እምበርዶ ምስ ወለደይ ክራኸብ'የ?" ብምባል ጭኖቀቱ ናብ ሰማይ ኣዕረገ።

ብመሰረት'ቲ ዝተረዳድኡዋ ከም ሰራሕተኛ እናኣገልገለ ገለ ዓመታት ተቖጽረ። ብፍላይ 18 ዓመት ምስ ሰገረ (ኣብ1990)፡ ብዘይ ሓጋዚ ንበይኑ ናውቲ ማሕረስ ኣዋዲዱ ክሓርስ፡ ለይትን መዓልትን ንኣዋርሕ መገሃጫ ናብ ዘለዋ በረኻ ክሳግም ከም ውሁብ ወሰዶ። ባዕሉ ዝሰንከቶ ቅጫ እናተመገበ፡ ኣብ ትሕቲ ገረብ ወይ ባዕሉ ኣብ ዝሰርሓ ጽላል እናዕረፈ ህይወቱ ክመርሕ ጀመረ።

ናተይ'የን ዝብለን 15 ኩብትን ገለ ኩናትል ኣእካልን ከጥሪ ዝበቅዐ የሱፍ፡ ንገለ ካብኣን እናሸጠ ክዳውንትን ካልእ ዘድልዮ ነገራትን ክገዝእ ከኣለ። ይኹን'ምበር፡ ብፍላይ ኣብ ጽምዋ በረኻ ንበይኑ ኣብ ትሕቲ ገረብ ኮፍ ክብል ከሎ ብዙሕ ይሓስብ ነበረ። ንድሕሪት ተመሊሱ ክዝክር ይፍትን፡ ጸዓዳ ገሬሕ ገዛ፡ ንእሸቶ ምስኡ ዝጻወት ዝነበረ ጸሊም ዓይኑ ፍሩይ ቄልዓ፡ ደርና ዝበዝሑ ገሬሕ ሜዳ . . . ኣብ ዓይነ-ሕልናኡ ከም ሃሳስ ስእሊ ይቕረጽ። ካልእ ግን ክዝክር ኣይከኣለን።

ጽምዋ ክብርትዓ እንከሎ ምስቶም ተሸናኺኑ ዘዕበዮምን ሓገዝቱን ኣኻልብ እየ ዝጻወት። "ሰለስተ ኣኻልብ ነይረሙኒ፡ ኣንበላይ 15 ዓመት ይገብር፡ ነበሮን ዘበኛን ዝበሃሉ ኸኣ ካብኡ ይንእሱ" ይብል'ሞ፡ ካብ'ተን ዝውንነን ኣሕ ዝያዳ ነቶም ጉማን ሰንደቕን ዝሰመዮም ኣብዑር፡ ሸዊት፡ ትርሓስን ኣደይን ኢሉ ዝጸውዐን ሰለስተ ላሕሚታት ይፈቱ ከም ዝነበረ ይገልጽ።

ህይወቱ ብሽምዚ ንዓመታት እናቐጸለ ብዝኸደ፡ ፈተና ዘይበትከሉ የሱፍ፡ ብ1998 ካብቲ ኣርሐዧ ከይዱዋ ዝነበረ በረኻ ምስ ተመልሰ፡ ኣብታ ቁሸት ሓደ ዘይተጸበዮ ነገር ኣጋጠሞ። ወተሃደር ጸዓ፡ "ሃገርና ስለ ዝተወረረት ክትቃለስ ኢኻ!" ዝበለ ዘሰንብድ ሕቶ ኣጽንሓሉ። ኣብ ቀበሌ ናይታ ቁሸት ገለ ሓላፍነት ዝነበሮ ወተሃደር ጸያ፡ ተመሃራይ ሻሙናይ ክፍሊ ዝነበረ፡ ደጉ ዝተባህለ ወዱ ንውትህድርና ተጸዊዑ ምንባሩ ኣጸቢቑ ይፈልጥ እዩ። የሱፍ'ውን ሳላ ሓበሬታ ኣዕሩኽቱ ነዚ ተገንዚቡዋ ነበረ። ነታ 'ክትቃለስ ኢኻ ቀልጥፍ ተመዝገብ' እትብል ሓበሬታ ድማ ግቡእ መልሲ ሃበሲ "ኣነ ደኣ ካብ ኤርትራ እንድየ መጺአ። ኣንጻር ኣሕዋተይ ኣይቃለስን'የ፡ እንተ ደሊኻ ናብ ዓደይ ስደደኒ!" ክብል ተባዕ መልሲ ሃቦ።

እቲ ወተሃደር ዘይተረድኣ ከምስል፡ "ከመይ ማለት?" ክብል ሓተቶ።

"እዞም ዓዲ 'ሓማሴናይ በላዕ በለስ' እናበሉ ዝጸርፉኒ ኤርትራዊ ምዃነይ ስለ ዝፈለጡ እዮም። ኣነ ወተሃደር ክኸውን ድላይ የብለይን" ክብል ኣቐበጸ።

ይኹን'ምበር፡ ነዚ ድፍረት'ዚ ዋጋ ክኸፍለሉ ተገዲዱ እዩ። አሻቡ፡ ማይጸብሪ አብ ዝተባህለ ከተማ አብ ዝርከብ ቤት-ማእሰርቲ ዳጕኑዎ። አብ ማእሰርቲ እንከሎ፡ ብዘይካ'ቶም አብ ጸገሙ ዘይፍለዩዎ ሸኽ ኢብራሂምን አምባቸው ዓርኩን ዝበጽሐን ዘጸናዕያን አይነበረን። እታ አዕብዮካ እትብሎ ሰበይቱ ንጸሃየ ከይተረፈት ምስ ደቃ ደሃዮ አይገበረትን። አብ ሳልሳይ ወርሑ ብሳላ ጸዕሪ ፈተዉቱ ብዋሕስ ተለቀ።

ድሕሪ ገለ አዋርሕ አመት መንሰኣን ሐርሻእን ክገብር'ኺ እንተ ፈተነ፡ ኩነታት ወራር ወያን አብ ልዕሊ ኤርትራ እናጸንከረ ዝኸደሉ እዋን ብምንባሩ፡ አብ ምዝዛም ሳልሳይ ወራር (2000 ዓ.ም)፡ "ንዓ ናብ ማይ ድማ ቀሱላት ከተልዕል ተበገሰ?" ክብሉ አዘዙዎ። መልሱ ከም'ቲ ናይ መጀመርታ ስለ ዝነበረ፡ ሐጂ'ውን እናጋፍዉ ንኽልተ ወርሕን ሸዱሽት መዓልትን አብ ሸረ መቐሑዎ። አብ ከምዚ ኩነታት እንከሎ'ውን ምትሕግጋዝ ናይ'ቶም ብልቡ ዘመስግኖምን ዘኽብሮምን ዓርኩ አምባቸውን ሸኽ ኢብራሂምን አይተፈልዮን። ብሳላ ጸዕሮም ከአ ንኽልአይ ግዜ ብዋሕስ ተለቒቒ ናብ'ታ ቀሽት ተመልሰ።

ብድሕሪ'ዚ ጠመትቲ በዘሐዎ። አብ'ታ ቀሽት ከም ዘይዓበየ፡ "ኤርትራዊ እዩ ይስጕጕ፡" ዝብሉ ገለ ተቓማጦ'ታ ዓዲ ተቓላቐሉ። እዚ ወረ'ዚ ዘተሓሳሰሰ ዩሱፍ፡ ገለ ክገብር ከም ዝነበር ተረድኦ። ዓቕሉ ምስ ጸበ ክልተ ከብቲ ሸይጡ ናብ ሸኽ ኢብራሂም ከደ። ብዛዕባ መጻኢኡ ኪታብ (መጽሐፍ) ከቖልዑሉ ሐተቶም። እቶም ሸኽ፡ መጻኢኡ ብሩህ፡ ናብ ዓዱ ምስ አተወ ድማ ድሕሪ ወርሒ ምስ ስድራ-ቤቱ ክራኸብ ምዃኑ ብምግላጽ አተስፈዉዎ።

ሐደ ንግሆ፡ 'ኤርትራዊ ዝኹንካ ኩልኻ ተአከብ!' ዝብል ናይ ቀበሌ ትእዛዝ ነታ ቀሽት እናወጸ ነዚ ዝሰምዐ ወተሃደር ጸሃየ፡ "ስለምንታይ ኤርትራዊ አዕቚብካ" ከይበሃል ስለ ዝፈርሐ ናብ ጕደቦ ዓዲ ሃደመ። ዩሱፍ ከአ ተኹብኩቡ ምስቶም ናብ ሃገሮም ንኽምለሱ አብ ሐደ ሜዳ ዝተአከቡ ኤርትራውያን ተጸንበረ።

ሐደ ካብ አባላት ፖሊስ ናብ'ቶም ኤርትራውያን መጺኡ፡ "ሕጂ ቀይሕ-መስቀል መጺኡም ክወስዱኹም እዩም። ብድልየትና ኢና ናብ ዓድና ንኸይድ ዘለና በሉዎም። አብዚኣ ዝተረፈ ከም ስለያ ስለ ዝቐጸር ክሳብ ሰላም ዝኸውን ክእሰር እዩ" በሎም'ሞ፡ በብሐደ እናመዝገበ ናብ ቀይሕ-መስቀል አረከቦም።

እቶም፡ ቅድሚ 22 ዓመት ካብ አስመራ ተሰዲቑ ምስ መጸ ፋልማይ ናብ ገዛሕም ዘርገጹዎ ሸኽ ኢብራሂም፡ አብ ግዜ ስንብት'ውን አይረሰዉዎን። ካብ'ቲ እኩብ ህዝቢ ፈልዮም፤ "ክብትኻኽ ሼጥካየንዱ?" በሉዎ።

"ከይሽጠን ጸሃየ ከልኪሉኒ። ሽሞንተ ኩብትን ዓሰርተ ኩንታል ጣፈይን ወሲዱ ካብዚ ዓዲ ጠፊኡ።" በሎም ንብዓት እናሰዓር። ኩነታቱ ልቦም ዝተንከፎም ሸኽ ኢብራሂም፡ 50 ቅርሺ ሂቦም ጸዕዳ ክጸንሓ ብምምራቕ አፋነውዎ። ንስለ'ቲ ዝገበሩሉ ሰናይ ተግባር ብልቢ አመስጊኑ፡ ብዘይ ንብረት ናብታ ትጽበዮ ዝኽበረት አውቶቡስ ተሰቐለ።

ዮሱፍ መረብ ክሰግር ከሎ፡ ብዘይካ ዝአረገ ነጸላን ካናቴራን ዝተቐዳደደት ሰረን ዝተብታተኸት ሽዳን ካልእ ናተይ'የ ዝብሎ ንብረት አይነበሮን። ስድራቤቱ ናይ ምርካብ ተስፋ ግን አብ ሓይሉ ነበረ።

እቶም ልዕሊ 700 ካብ ትግራይ ዝተሰጉጉት ኤርትራውያን አብ መንደፈራ ናብ ዝተዳለወሎም መዕረፊ በጽሑ። ድሕሪ ገለ መዓልታት በብቑሩብ ነናብ አዝማዶምን ዓዲታቶምን ክኸዱ ከለዉ፡ ዮሱፍ ግን ዝሓተሉ እንተ ረኺበ ብተስፋ ተጸበየ። ታሪኽ ህይወቱ፡ ዘዕለሎም ስራሕተኛታት ቀይሕ-መስቀል አተስፈውዎን አጸናነዑዎን።

ልዕሊ 20 መዓልታት ሓለፈ።

ሓደ መዓልቲ፡ ዓባየ አደይ አሚና አደም፡ "ሓደ ቄልን ሽዱሽተ ዓመት ከሎ ዝጠፍአ፡ ብትግራይ አቢሉ መጺኡ። ግን 'ስድራይ ብህይወት ይሃልዉ አይሃልዉ፡ አይፈለጥኩን' ይብል ነይሩ።" ዝብል ወረ አብ መንደፈራ ካብ እትቕመጥ ዘመደን በጽሐን።

"አንታ ዮሱፍ ወደይደ ይኸውን!" እናበላ ናብታ ዘዕለለት ሰበይቲ ከዳ። አብ ቤት-ጽሕፈት ቀይሕ-መስቀል መንደፈራ ድሕሪ ምርግጋጽ ከአ፡ ንአቦኡ ዓብደልከሪም መሓመድስዒድ፡ አደኡ ኑርያ በሽርን ንአባሓጎኡ አቦይ በሽር አሕመድን አኸቲለን ተመሊሰን ናብቲ ቤት-ጽሕፈት ተመልሳ።

ይኹን'ምበር፡ ዮሱፍ የማነ ምስ ዝተባህለ ሰብአይ ንግዜኡ ንኽሰርሕ ናብ ዓዲ-መንጉቲ ከም ዝኸደ ተነግሮም። አስታት ሓሙሽተ ኪሎሜትር ካብ መንደፈራ ምስ ተጓዓዙ ናብታ ዝተባህሉዋ ዓዲ አተዉ። አዒንቶም ካብ'ቶም አብ ስራሕ ተዋፊሮም ዝነበሩ መንእሰያት፡ 'አየናዮም ኩን ይኸውን!' እናበላ አማዕደዋ። አደኡ ኑርያ፡ ነቲ ዘማዕዱ ዝነበረ አዒንቲ መዕለቢ ረኸበትሉ። "መጀመርታ ባዕለይ'የ አላሊየዮ። ምስ ረአኹዎ፡ 'ንሬድዋን ወደይ (ምንአሱ) ይመስል' እለ ንአቦኡ:'እዚ አማን ብአማን ወድና'የ': ኢለዮ። ሽዑ ባሕሪ ከብደይ ሓፍ ሓፍ ኢሉ ሕልሚ ድዩ ጋህዲ እናበልኩ ደንጺየኔ - ተሓጉሰ" ትብል። ዮሱፍ'ውን መጀመርታ ገጽ አደኡ ምስ ረአየ ከብዱ ሓቦጭቦጭ ከም ዝበሎን እናኅበወ ሓቝፉ ከም ዝሰዓማ፡ ቀጺሉ ንዓባዩ፡ አቦኡን አባሓጎኡን ከም ዘላለዮን ይገልጽ።

ዓብደልከሪም ብወገኑ: "አነ'ሞ ሓቂ ድዩ ሓሶት ኢለ ደንዚዘ። ሰብሓነሳህ ረቢ ባዕሉ ወሲዱ ሰዓቱ ምስ አኸለ ኸአ መሊሱልና - አልሓምዱሊላህ።"

ክብል ነታ ምስ ውላዱ ዘተሓጻጼፈቶ ህሞት ይዝክራ፤ "ሸው ኣብ ውሽጠይ ተዘዝ ኢሉኒ፡ ትኽ ኢል ከይደ ሓቝሬ ክስዕም ከለኹ ኣይተፈለጠንን" ድማ ይብል።

"መልክዕን ደምን ኣይሰድድን'ዩ፣ እዚ ቄልዓ ብርግጽ ናትና'ዩ፡" ዝበሉ ኣባሓጎኡ ኣቦይ በሽር፡ "እቶም ቀይሕ-መስቀል ምስ ረኣዮም ነዚ ደኣ እንታይ ከተውጽኡ፡ ኣሸንኳይ ፈታዊ ጸላኢ ዘለልዮ መልክዕ እንድዩ፡" ከም ዝበሉ'ውም ይገልጹ።

ኣብ መወዳእታ ዓብደልከሪም ገለ ሕቶታት ንኽምልስ ናብቲ ቤት-ጽሕፈት ቀረበ። መዓስ ከም ዝጠፍአ፡ ክጠፍእ ከሎ ዕመኡ ክንደይ ከም ዝነበረ፡ ወዘተ.ዝብሉ ሕቶታት ከኣ ቀረበሉ። እቲ ብርግጽ ዝጠፍአሉ ዕለት 29 ነሓሰ 1978፡ ዕድመኡ ሽዱሽተ ዓመት ከም ዝነበረ ገለጸሎም። እዚ ሓበረታ'ዚ ምስቲ ብትግራይ ተመሊኡ ዝመጸ ናይ ዮሱፍ ኦርኒክ፡ ኣብ ዝጠፍአሉ ዓመተ-ምህረትን ዕድመን ሓደ ኮነ።

በዚ ኽኣ እቲ ናይ ምፍልላይ መሪር ምዕራፍ ብሓጉስ ተዛዘመ። ድሕሪ 22 ዓመት፡ ስድራ-ቤት ዮሱፍ ወደም ኣማእኪሎም ናብ ኣስመራ ተመልሱ።

ዮሱፍ፡ ኣስመራ ምስ ኣተወ ድሕሪ ገለ መዓልታት ተዘኩሮታቱ ተበራበረ። ነታ ከም ስእሊ ጽልግልግ ትብሎ ዝነበረት ጸዕዳ ገዛ (መደያይቦ ዘለዋ) እታ ኣብ ጥቓ ድኳኖም ዘላ ድኳን ምኻና ኣረጋገጸ። ብዘይካ'ዚ ናብቲ እንዳ ቀርኣን ምስ ወሰዱዎ ኣብ ውሽጢ'ቲ ቅርዓት ዝነበረት ገረብ ትዝ ኢላቶ፣ "እዚ ደኣ ብልዕሊኡ ዝተኸፍተዶ ኣይነበረን፡" በለ ነቲ ናይ ቀደም ፒያሳ ቀው ኢሉ ድሕሪ ምጥማት። ኣይተጋገየን፣ ናሕሲ ናይቲ ፒያሳ ብድሕሪኡ'የ ብዚንን ተሸፈነ።

ዮሱፍ ካብ ግዜ ናብ ግዜ ብርክት ዝበሉ ዝረሰዖም ነገራት፡ ሰባት፡ ገዛውትን ከባቢታትን እናዘከረ ከደ። ኣብ ሓጺር ግዜ ኽኣ ምስ ኣባላት ስድራ-ቤቱን ከባቢኡን ተወሃሃደ።

ዮሱፍ ኣብቲ ፈለግ ዝመጸሉ ኣብ ናይ ጉልበት ስራሕ ክነጥፍ ድሕሪ ምጽናሕ፡ ሃገራዊ ግቡኡ ንምፍጻም ናብ ሳዋ ወረደ። ኣብዚ እዋን'ዚ ከኣ በዓል ሓዳርን ኣቦ ቄልዑን እዩ።

ኣዘንታዊ፤

ዮሱፍ ዓብደልከሪም

27

"ሕብሪ ዓይነይ"

ዓንደም ግርማይ (ወዲ-ደረስ)

ወራር ወያነ ኣብ ልዕሊ ኤርትራ ኣብ ግንቦት 1998 ብወገዒ ድሕሪ ምጅማሩ፡ ወርሒ ኣብ ዘይመልእ ግዜ፡ ንብዙሕ ዓመታት ኣብ ኢትዮጵያ ዝተቐመጡ ኤርትራውያን ካብ ዝተፈላለያ ከተማታትን - ካብ ኣዲስ ኣበባ፡ ናዝሬት፡ ደሴ፡ ደብረ-ዘይቲ፡ ባቲ፡ ድሬዳዋ፡ ጎንደር - ገጠራትን እታ ሃገር ቐልዓ ሰበይቲ ዝበዝሑዎም ኣስታት 800 ኤርትራውያን ካብቲ ንዓመታት ጨቆፅቆ ኢሎም ዘጥረዩዎ ንብረት ማንካ ከየልዓሉ ሃንደበት ገለ ካብ ስራሕ፡ ገለ ካብ መንበሪ ቤቶም፡ ገለ ካብ ጎደና፡ ካብ ኣብያተ ጸሎት፡ ኣብያተ ጽሕፈት፡ የኒቨርስት፡ ወዘተ. ተተገፊፎም ኣብ ኣብያተ-ማእሰርቲ ተዳጉኖም ብምጽናሕ ብጎንደር ኣቢሎም ብ17 ሰነ 1998 ኣምሓጀር ኣተዉ።

ዝበዝሑ ካብቶም ግዳያት፡ ስድራቤቶም ከይተሰናበቱ፡ ብደገ-ደጊኣም ዝተገፉ እዮም ነይሮም። ኣብ ሸጎል ዝበሃል ቤት ማእሰርቲ ተጠርኒፎም ድሕሪ ምጽናሕ ከኣ፡ ሰብ ከይርእዮም፡ ብጸላምን ጽምዋን ድሕሪ ሰለስተ መዓልቲን ለይቲን ዝቐጸለ ኣድካሚን ኣህላኺን ጉዕዞ፡ ሕሞራ ኣተዉ። ኣብ ሕሞራ ኣራጊፎም ናብ ኣምሓጀር ክሰግሩ ደርበዮዎም። ነበርቲ ኣምሓጀር፡ ነቶም ኣበሳ ዘይብሎም ተኸላቢቶም ዝመጹዎም ወገናቶም፡ ቡቲ ኣብ ልዕሊኣም ዝተፈጸም ዘሕፍር ተግባራት ንሂ'ኺ እንተ ተሰምያም፡ ንሂኣም ንውሽጦም ገይሮም ብሕጉስን ፍሱህን መንፈስን ብልዑል ሃገራዊ ወኒን ተቐበሉዎም።

435

እቶም ግዳያት ልዕሊ 80 ዓመት ዝዕድመኦም ሽማግለታት፡ ህጻናትን አደታትን ዘበዝሑዎም፡ መብዛሕትኦም ክሳብ 60 ዓመት አብ ኢትዮጵያ ዝተቐመጡን ሳልሳይ ወለዶኦም አብታ ሃገር ዝሰረቱን እዮም። ድሕሪ ናጽነት ኤርትራን ምእታው ኢህወደግ አብ አዲስ አበባን ብምሉእ ልቢ ነቲ ስርዓት ዝደገፉን አብ ምርጫ ናብ ሰልጣን ንምምጽኡ፡ መቃልስትና እዮም ካብ ዝብል ርድኢት፡ ንኽዕወት ዝጸዓሩን ኩሉ ካብአቶም ዘደሊ ዘበለ ዘበርከቱን ምኻኖም ክሕዱ ወያ፡ ሰብአይ ካብ ሰበይቱ፡ ሰበይቲ ካብ ሰብአያ፡ ዝጠብዉ ዕሸላት ካብ ብምልአት ጻባ አጥባት ዝሓበጠ አደታት፡ ቄልዑ ካብ ወለዶም፡ ሕሙማትን አረጋውያን ሽማግለታትን ጓሶት ካብ ጥሪቶም፡ ሓረስቶት ካብ ዕርፌ ማሕረሶም፡ ወዘተ. እናፈለኻ ዝተፈጸመ ግፍዒ ብዙሕ፡ ንኽትጸውዮ ኸአ ዘሕፍር'ዩ።

ዝኹን ሰብ ብሃወሪ ክቕየድ ኩነ ክእሰር መሰረታዊ መትከል አህጉራዊ ሕጊ አየፍቅድን። ሓርነቱ ምስ ዘጥፍእ ድማ፡ ሰብአዊ አተሓሕዛ ክግበረሉን ናይ ሰብነቱ ክብሪ ክሕለወሉን አለዎ፣ ዝኹን ይኹን ስቅያት ከይወርዶን ብኽብሪ ክትሓዝን ከም ዘለዎ አህጉራዊ ሕጊ ይድንግግ።

መንግስቲ ኢትዮጵያ፡ አብ ልዕሊ'ቶም አብ ኢትዮጵያ ዝነብሩ ዝነበሩ ኤርትራውያን ባህ ዝበሎ ስጉምቲ ክወስድ ህጹጽ ናይ ግዜ አዋጅ'ውን አይአወጀን። ብስም "ኮማንዶን ሰለይቲን" በሽሓት ዝቑጸሩ ኤርትራውያን አሰሪ ቀተለን አከላበተን።

አህጉራዊ ማሕበረ-ሰብ፡ ነቲ አብ ዓለም ተራእዩን ተሰሚዑን ዘይፈልጥ ተግባር ስጓ ሰላጋውያን፡ መንግስቲ ኢትዮጵያ ብዘይ ወዓል-ሕደር ደው ከብሎ'ኳ እንተ ተማሕጸነ፡ እቲ ቆይዱ አልቦ ስርዓት ግን ጻማም እዚኒ ብምሃብ መመሊሱ ሕሱር ተግባራቱ አሃየደ። እቲ ስርዓት ብቱወሳኺ፡ ንሰራሕተኛታት ኤምባሲ ኤርትራን ቆንስላትን አከላቢቱ፡ አብያተ-ጽሕፈት ቆንስላት ኤርትራ አብ መቐለን አስሓታን ዓጺዩ፡ ንኤምባሲ ኤርትራ ብኽልተ ዲፕሎማሰኛታት ጥራይ ክካየድ ብምድራት ን20 ዝኾኑ ሰራሕተኛታቱ አብ ትሕቲ ቀይዲ አእተዎምን ጹውቘን አነዋርን ተግባራቱ ቀጸለን።

*   *   *

ሰድራ አቶ በርሀ ቀለተ ሓጸጅ፡ ብ1975 ዑቝባገርግሽ፡ ተኸሎምን ምብራቕን ዝበሃሉ ሰለስተ ውሉዳት ሒዛ ናብ አዲስ አበባ፡ ኢትዮጵያ፡ ተሰደት። አብኡ ኸአ ትብለጽ፡ ደምሳስን ተመስገንን ዝበሃሉ ሰለስተ ውሉዳት ወሰኸት። አቶ በርሀ ቅድሚ ናብ ኢትዮጵያ ምስዳዱ፡ አቦኡ ዘጽንሓሉ ናብራ ማሕረስ ገዲፉ አይታንቲ ኩይኑ ንነዊሕ እዋን ድሕሪ ምስራሕ፡ መምርሒ ፍቓድ መኪና አውጺኡ ካብን ናብን ኤርትራ፡ ዶብ

436

ሰጊሩ ድማ ሕሞራ፡ ወልቃይትን ሱዳንን እናበለ ንነዊሕ ዓመታት ሰርሐ። አብ ሱዳን፡ አብ እንዳ አልዓደን ዝበሃሉ ሃብታማት አዕራብ መራሒ መኪና ተቐጺሩ ን12 ዓመት ሰሪሑ። ካብአም ወጺኡ ኸአ ምስ አብ ሃብተማርያም ንጉሩን ሚኪኤል ሾገን ዝበሃሉ ኤርትራውያን መራሒ መኪና ኩይኑ ንኽልተ ዓመት ድሕሪ ምስራሕ፡ አብ ፈለግ 1970ታት ምስ ገብርአብ ዝበሃል ኤርትራዊ ስራሕ ጀመረ። አብቲ ግዜ'ቲ ዓሰብ - አስመራ 'ኻ እንተ ተመላለሰ፡ እቲ ስራሕ አዕጋቢ ስለዘይነበረ እቲ ጉዕዞ ካብ ዓሰብ ናብ አዲስ አበባ ተቐይሩ ጽቡቕ ነጠፈ። ስድራቤቱ ክአሊ ኤርትራን ኢትዮጵያን እናበለ ሓሙሽተ ዓመት ድሕሪ ምጽናሕ ከአ'ዩ ብ1975 ደቁን ሓዳሩን ጠርኒፉ አብ አዲስ አበባ ዝተቐመጠ።

አቶ በርህ አብ ትሕቲ ሰብን መኪና ሰብን ክሳብ መዓስ ብዝብል ሓሳብ ተደሪኹ፡ ብጻዕሪን ሓርኩትኩትን መነባብሮኡ ከመሓይሽ ገንዘብ አዋህሊሉ መኪና ክዕድግ ወጠነ። አብ መጀመርታ ብ150 ሺሕ ብር ናይ ጽዕነት መኪና ምስ ተሳሓቢታ ዓደገ። ምስ ከምኡ ወነንቲ መካይን ማሕበር መንጋዝያ አቚሞም ከአ ንጥፈታት መንጋዝያ ብዝሓየለ መንገዲ ተተሓሓዙዎ።

ስርዓት ደርግ ንኹሉ ምንቅስቓስ ናይ ንግዲ መካይን ብጽቢብ ዝከታተሎ እዋን'ኳ እንተ ሰዓበ፡ አቶ በርህን ብጾቱን ዘቖሙዋ ማሕበር መንጋዝያ፡ በቲ እቲ ስርዓት ዝደልዮ መንገዲን አገባብን ትንቀሳቐስ ብምንባራ ዝጥቀስ ተጻብእ አየጋጠማን። አብ ከምዚ ንጥፈታት እንከሎ ድማ'ዩ ኤርትራ ናጻ ዝወጸት።

አቶ በርህ፡ ሳላ ዘይሕለል ጻዕሩ፡ መነባብሮኦም አጸቢቑ ክመሓየሽ አብ ዝጀመረሉ፡ "ሕማቕ አሎ ጽቡቕ" ብምባል አብ ኤርትራ ገዛ ክሰርሕ መደብ ብምውጻእ፡ አብ ማይተመናይ መሬት ዓዲግ መንበሪ ሃነጸ። ዓመት ድሕሪ ናጽነት፡ አብ 1992 ከአ ንደቁን ሰበይቱን ናብ አስመራ መሊሱ፡ ንሱ ስራሑ አብ አዲስ አበባ ብምቕጻል ናብ ኤርትራ እናተመላለሰ ምስ ስድራቤቱ ይቕኒ ነበረ። አብ ከምዚ ኩነታት ከአ'ዩ ወያን አብ ግንቦት 1998 አብ ልዕሊ ኤርትራ ወራር ዝኸፈተ።

ሰኑ 12፡ 1998፡ ሰዓት 3:00 ወጋሕታ፡ ማዕጾ መንበሪ-ገዛ አቶ በርህ ቀለጥ ብብርቱዕ ተኳሕኩሐ። ገዛአም ልደታ አብ ዝበሃል ከባቢ ቀበሌ 39፡ ክፍ-ተኛ 4፡ አብ አዲስ አበባ'ዩ ነይሩ። አብታ ሰዓት'ቲአ አቶ በርህ ምስ በዓልቲ ቤቶም ወይዘሮ ንግስቲ ገብረስላሰ አብ ልዋም ድቃስ ነበሩ። ወይዘሮ ንግስቲ፡ በዓል ቤታ ተጸሊኡዋ ተባሂላ አዲስ አበባ ካብ ትአቱ ወርሒ አይገበረትን ነይራ።

ኣቶ በርህ ሓሚሙ ካብ ዓራት ብደገፍ'የ ዝትንስእን ዝድቅስን ነይሩ። ብጠገለ ዘይብሉ ኣገባብ ማዕጾ ገዛአም ምስ ተኻሕኩሐ እምበኣር፣ "በዚ እዋን ዝኹሕኩሕ እንታይ ዝኹነ'ዩ?" ሱብኣይን ሰበይቲን ብትሑት ድምጺ ተዘራረቡ።

"መን?" ሓተተት ወይዘሮ ንግስቲ ኣብ ዓራት ኩይና መንነት ናይቶም ነቲ ማዕጾ ብዘይ ዕረፍቲ ዝድስቔ ዝነበሩ ንምፍላጥ።

"ንሕና ኢና ክፈትዮ!"

"መን ንስኹም?"

ሓደ ካብኣቶም ስሙ ሓቢሩ ክትከፍቶ ኣዘዛ። ጌታቸው ዝበሃል ኣምሓራይ ጉረቤቶም እዮ። ንነዊሕ እዋን፣ ከም ጉረባብቲ ጥራይ ዘይኮኑ፣ ከም ስድራቤት ሕማቕን ጽቡቕን ብሓባር ዘሕለፉ እዮም።

"ንመን ደሊኹም?"

"ንጋሽ በርህ ኢና ደሊና።"

"በዚ ሰዓት ደኣ ንምንታይ ደሊኹሞም። መሬት ኣብሪሁኩም ምጽእዎም'ምበር. . ." እናበለት ገና ካብ ዓራታ ከይተንስኣት፤

"ኣቲ ሰበይቲ ማዕጾ ክፈትዮ ኢኺ ተባሂልኪ። ዝተባህለኪ ተሎ ኢልኪ ጥራይ ግበሪ፣ ክፈትና!" በሉ ታህዲድ ብዝተሓወሶ ኣዘራርባ።

ወይዘሮ ንግስቲ ከይተበርህ ማዕጾ ከፈተት፣ ምስ ሓሙሽተ ኣፈሙዞም ዘዐመሩ ዕጡቓት ወተሃደራት ዓይኒ-ንዓይኒ ተጋጠመት። ኣብ ልዳት ተጸጊዓ ሰብኣያ ብጽኑዕ ሓሚሙ ምንባሩ ሓበረቶም።

"ኣይንፈልጥን፣" ብምባል ደፈኣም ውሸጢ ገዛ ኣተዉ። ናብ መደቀሲ ኣምሪሐም፣ ንኣቶ በርህ ኣብ ዓራቲ እንከሎ፣ "ደሊናካ ኣለና!" ኢሎም ስሒቦም ኣተንስኡዎ። ብኸምታ ዝሓደራ ምስ ክዳን ለይቱን ብሓሙሙን ካብ ገዛ ወጹ። ወይዘሮ ንግስቲ እቲ ተግባር ኣርሚሙዋ፣ "ኣታ ክንደይ ትሓሰሙ፣ ሕማሞም ዘይኣኸሎም። ኣንታ ጌታቸውክ ካን ከም'ኣ'ያ ትግበር? በሉ ክዳን ክህቦም ሓንሳእ ተጸበዩኒ።" በለቶም ዝምሕሩ ከም ዘይኮኑ ምስ ረኣየቶም። ምሕጸንታ ወይዘሮ ንግስቲ ኣብ እዝኒ'ቶም ዕጡቓት ዋጋ ኣይነበሮን። "ያላ ሕለፍ!" ንኣቶ በርህ ኣብ መንገአም ኣእትዮም እናደፍኡ ኩብኩቦም ናብቲ ኣብቲ ከባቢ ዝነበረ ነቚጣ ፖሊስ ኣእትዮም ዳጒኑዎ።

ኣቶ በርህ ናይ ፈለማ እሱር'ታ ዕለት ኩኑ። ብድሕሪኣም ሓንቲ ጓልን ሓደ ፍስሃየ ዝበሃልን ኤርትራውያን ሲዒቦም ተዳጒኑ። ካብ ዝተፈላለየ ከባቢታት ኣዲስ ኣበባ ዝተገፈፉ ኤርትራውያን ኣኪቦም ንስለስተ መዓልቲ ብጽኑዕ ኣሲሮም፣ ጎላ ሚኪኤል ናብ ዝበሃል ቤት ማእሰርቲ ኣሰጋጒሮሞም።

ወይዘሮ ንግስቲ ሕሙም በዓል ቤታ ናብ ዘዝኣተዎ ቤት ማእሰርቲ ክትከይድ ተካላ በልዐት።

* * *

ደምሳስ በርህ፡ ናብ ኤርትራ መጺኡ አብ ሳልሳይ ዙርያ ሃገራዊ አገልግሎት ግብኡ ድሕሪ ምፍጻም፡ ወላዲኡ ክርኢ ናብ አዲስ አበባ ተመልሰ። ወራር ወያነ ምስ ጀመረ እምበአር አብ አዲስ አበባ'ዩ ነይሩ። ስለዚ፡ "ሻዕብያ" ብዝብል ፍሉይ ስም ብጥብቂ ካብ ዝድለዩን ዝህደኑን ኤርትራውያን መንእሰያት ኮነ። ሃድን ስለ ዝበዝሐ እንዳ አዕሩኽቱ፡ እንዳ አዝማዱ እናበለ ውዒሉ ክሓድርን አጸምዩ ይንቀሳቐስን ስለ ዝነበረ፡ ዕጡቓትን ካድረታትን ወያነ ደልዮም ሰአኑም። አብ ከምዚ እንከሎ፡ ወይዘሮ ንግስቲ ናብ እንዳ ሓፍታ ደዊላ፡ "አቦኻ ተአሲሩ ስለ ዘሎ ጥብ በል፡" በለቶ። ደምሳስ አብታ ለይቲ እቲአ አብ እንዳ ሓትኖኡ'ዩ ሓዲሩ። ብስንባደ በሪሩ አብ ቤት ማእሰርቲ ጎላ ሚኪኤል ደበኽ በለ።

"ደምሳስ ወዲ በርህ እየ፡ ደሊኹምኒ ምንባርኩም መልእኽቲ በጺሑኒ። ወላድየይ ሓሙም ምኛኑ እናፈለጥኩምን ብዓይንኹም እናረአኹምን አሲርኩሞ አለኹም። ሕጂ ግና አነ እነኹ፥ ንዕኡ ፍትሑም?" በሎም ን-ሓለፍቲ ቤት ማእሰርቲ ጎላ ሚኪኤል።

"አሃ! ንስኻ ደአ ካብ'ቶም ቀንዲን ዕሉላትን ሻዕብያ አብዛ ሃገር ዝነብሩ ምኻንካ ተለሊኻስ ክትድለ ዝጸናሕካ እንዲኻ፥ ንዓኻ ንምርካብ ክንደይ ድዩ ተጸዒሩ፥ በል ብእግርኻን ብእዲካን መጺእካ አለኻ፡" ኢሎም ዳጕኑዎ።

ደምሳስ አብ ቤት ማእሰርቲ ጎላ ሚኪኤል ካብ ዝኣተወላ ሰዓትን ዕለትን ጀሚሩ፡ "አንታ ሻዕብያ ኮማንዶ፡ ዓድኻ ዶ ኬድካ አይነበርካን፥ እንታይ ክትገብር ተመሊስካ?" እናበሉ ተላሉ አጸጉዎ። ንሱ ግን ናብ ሃገሩ ከይዱ ሃገራዊ ግብኡ ምፍጻሙ ዜግነታዊ ሓላፍነቱ ከም ዝኹነን ተሓቢኡ ከም ዘይፈጸሞን፡ ብፍቓድ መንግስቲ ኢትዮጵያ ከም ዝኹነን ክምጕት ስለ ዝጀመረ፡ አተሓሕዛኡ ካብ ግዜ ናብ ግዜ እናኸረረ ከደን መግረፍቲ ናይ ለይቲን መዓልቲን ቀለቡ ኮነን።

* * *

ናይ ለይቲ ክዳኑ ክቐይር፡ ዕድል'ኻ ዘይተዋህበ አቶ በርህ፡ አብ ቤት ማእሰርቲ ጎላ ሚኪኤል፡ ቄልዓ ሰበይቲ ምስ ዝርከቡዋም ብርክት ዝበሉ ዜጋታት ድሕሪ ምቝናይ "አምነት" ናብ ዝበሃል ቤት ማእሰርቲ አስጋገሩዎም። ካብ አምነት ድማ ናብ ሸንሌ ዝበሃል ቤት ማእሰርቲ ወሰዱዎም። መከራኣም ግን በዚ አየብቀዐን። አብ ሸንሌ ሰለስተ መዓልቲ አሲሮም፡ 14 ሰነ 1998 ንኹሉዎም አብኡ ተአሲሮም ዝቖነዮን ካብ ካልእ ቦታታት ብተመሳሳሊ

አገባብ ዝአከቡዎም ሰላማውያን ሰባትን ኣብ ሓደ ጠርነፉዎም። ንኹላቶም አብ መካይን ጽዒኖም ናብ ሃገሮም ከፋንዉዎም እንክለዉ። ንኣቶ በርሀ ግን፥ "ንስኻ ሻዕብያ ስለ ዝኹንካን ዝጸረ ጉዳይ ስለ ዘለካን አብዚ ምሳና ክትጸንሕ ተወሲኑልካ አሎ።" ኢሎም ካብ ብጾቱ አትረፉዎ። ጸኒሖም፥ ብፍላይ ምስ ምእሳር ደምሳስ ወጹ ጉዳዩ ፍረ ከም ዘይበቍ ተራእዩ፥ ካብቲ ቤት ማእሰርቲ ፈቲሖም ናብ ገዛኡ አፋነዉዎ። አቶ በርሀ ንገዛኡ ይመለስ'ምበር፥ "እንታ ርጉም ኤርትራዊ፥ ንስኻ'ኮ ከይተፈለጥካ ዝጸናሕካ ዋና ልኡኽ ሻዕብያ አብዚ ሃገር ኢኻ። ሓንቲ መዓልቲ ብግዲ ተሓኒቕካ ትስጉዓ መዓልቲ ክትህሉ'ያ፣ ርጉማት ኤርትራውያን!" መዓልታዊ የጨንቖ ካብ ዝነበረ ዘረባ ካድረታትን ዕጡቓትን ወያነ ነበረ።

አቶ በርሀ ሰናፍ ሰብአይ አይኮነን። "እንተ ኸድኩ ዘይ ናብ ዓደይን ናብ ሪመይ እንድአለይ። አሽንካይ ሕጂ በሪሁ እቲ ቀደም ሰብ ህይወቱ አብ ኢዱ ቀርቂሩ ዝኸደሉ ዝነበረ እዋን ዓደይ ክመላለስ ጸገም አይነብረንን።" ካብ ምባል አይሓመቐን።

አቶ በርሀ ካብ ቤት ማእሰርቲ ወጺኡ ሰላማዊ ህይወቱ ንኸይመርሕን አመት ጥዕናኡ ንኸይገብርን ብዙሕ ተጸገመ። ምክትታል ወተሃደራት ወያን ድማ አይሓደጉን። 6 ሓምለ 1998፥ ዕጡቓት ሰባት ናብ ገዛአም ብምምጻእ፥ "ትድለ አለኻ፥" ኢሎም ዳግማይ ወሰዱዎ።

"ሻዕብያ እዮ፥ ከይመልቆኩም ተጠንቂቑኩም ሒዝኩሞ ምጹ።" ስለ ዝተባህሉ ብኸቢድ ሓለዋ ናብ ጎላ ሚካኤል ወሲዶም ምስ ክስጉት ዝተቐረቡ ኤርትራውያን ዳጉኑዎ። ጸኒሖም ናብ ሽግሌ አሲጋገሩዎም። አብ ሽግሌ ንኣቶ በርሀ ብዝጠቕምን ዘይጠቕምን ብዙሕ አዋጠሩዎ። ብመሰረቱ፥ ናብ ኤርትራ ይመላለስ ስለ ዝነበረ ጥራይ እዮም ሰላዩ ሻዕብያ ብዝብል ምኽኒት ዘጋፈዑዎ። አብ ሽግሌ፥ ወያን ካብ ዝተፈላለየ ከባቢታት አዲስ አበባን ካልኦት ቦታታትን ዝአኻኸቡዎም ብርክት ዝበሉ ክስጉት ዝተወሰነሎም ኤርትራውያን ተአከቡ።

ሓደ ንጋሆ፥ ሳልስቲ ቅድሚ ምስጓኑ ናይቶም በብመዓልቲ ብአልማማ ዝተአሰሩ ኤርትራውያን፥ "አብዚ ሳልስቲ ንዓድኹም ክትብገሱ ኢኹም፥" በሎም አዛዚ ቤት ማእሰርቲ ጎላ ሚካኤል። ንዘረባ'ቲ አዛዚ ዝሰምዐ አቶ አብርሃ ዝበሃል ኤርትራዊ፥ "ቀይሕ መስቀል ከይመጸ አይትሰጉናን ኢኹም" በሎ።

"ንስኹም ቀይሕ መስቀል አያድልየኩምን እዮ - ሻዕብያ! አብዚ ከለኹም ምርሻን'የ ዝግብአኩም ነይሩ" በሎ እቲ አዛዚ ዓይኑ አፍጢጡ።

አብ ዘይምኽኑይ ሕሱም ማእሰርቲ ምቕናዮም ከይአኸሎም፥ 'ምርሻን'የ ዝግብአኩም' ብእትብል ቃል አቶ አብርሃን ብጾቱን ተቐጢያም ከም ክርቢት

ተወለዑ። ኩላቶም ዘዝመስሎም ተዛረቡን ዋዕ-ዋዕ በሉን። አቶ በርህ ናብ ቤት ጽሕፈት ናይቲ አዛዚ ብምኻድ: "ስሚዕ እዚ ወደይ: ንሕናስ በዓል ሰየ አብርሃ ዝተዛረቡዎ አብ አእምሮና ተሰኪዱ አሎ። ንስኻ ድማ ዘረባ አያታትካ ደጊምካልና። እንታይ ዘፈክር አለካ: እታ ትገብራ ዘይትገብራ: ቄልዓ-ሰበይቲ አኪብኩም አብ ማሕየር ምሓዘኩም ከይአክልሲ ከይሓፈርካ አፍካ መሊእካ 'ምርሻንኩም'የ ዝግባእ' ክትብል? እዚ ህዝቢ አብ ምንታይካ ዶ ውዒሉ'የ!" እናአንቀጥቀጠ ሕርቃኑ ገለጸ።

እቲ አዛዚ ንጽባሒቱ ነቶም ብሽም ሻዕብያን ሰለይትን ከካብ መንበሪ አባይቶም ኩነ ካብ ስራሖም ብአልጋማ ገፊፉ ዝዳጉኖም ጫቆ-ጫቆ ዝበሉ ዝነበሩ ቄልዓ-ሰበይቲ ዝበዝሑዎም ሰላማውያን ሰባት: "ጽባሕ ንግሆ ናብ ዓድኹም ትብገሱላ ዕለት እያ። ንባድመ እንተ ወሪድኩም አብአ የራኽበና። ንወጻኢ ሃገር እንተ ኼድኩም ግን ሰላም ይግበረልኩም:" ብምባል: ነታ 'ምርሻንኩም'የ ዝግባእ ነይሩ:' ዝበላ መሊጫቶ ከም ዝበላን "ተዛሪቦም አዛሪሙኒ:" ብምባልን ክናሳሕ ፈተነ።

9 ሓምለ 1998: ንኸስጉጉ ዝተአከቡ ኤርትራውያን ብአውተቡሳት ካብ ሸንጌ አበጊሶም አብ ደሴ አሕደሩዎም። ንጽባሒቱ ካብ ደሴ ናብ መቐለ ወሰዱዎም። እተን ነቶም ካብ ዝተፈላለየ ከባቢታት ኢትዮጵያ ዝተአኻኸቡ ንጹሃን ዜጋታት ዝጸዓና አውተቡሳት: መቐለ ቅድሚ ምእታወን ምስ ካብ ጎንደር: በሃርዳር: ጎጃም: ... ዝመጹ ዝስጉጉ ኤርትራውያን ዝጸዓና አውተቡሳት አብ ወልድያ ተራኸባ። እቲ ጉዕዞ ኹአ ብሓባር ናብ መቐለ ኮነ። ትጉዕዞ ውዒሎምን ሓዲሮምን አብ መቐለ ደው በሉ። አብአ ካብ ዝተፈላለየ ከባቢታት ኢትዮጵያ ዝተሰጉ ኤርትራውያን ተአኪቦም ጸንሑዎም። ብድሕሪ'ዚ ብሓባር ድሕሪ ነዊሕን አህላኽን ጉዕዞ አማስያአም ዓድዋ በጽሑ። አብ ዓድዋ ዝተቐበሉዎም ካድራት ወያነ: በብዕድመአም ፈላለዮዎም። "እዚአቶም ክርሸኑ ዘለዎም'የም:" ብምባል: ነቲ ካብ አዲስ አበባ ጠርኒፉዎም ዝመጸ አባል አጨነቑዎ።

"አነ አረክቦም እምበር አረሸን ዝብል ትእዛዝ ኩነ መምርሒ አይተዋህበን:" ብምባል ብትሪ ተማጉቶም። ሰለስተ መዓልቲን ለይቲን አብአ አጽኒሐም: 15 ሓምለ ጉዕዞ ናብ ራማ ብምቕጻል አብ መወዳእታ: 16 ሓምለ 1998: መረብ ሰጊሮም መሬት ሃገሮም ረገጹ። ካብአ ብመካይን ቀይሕ መስቀል ዓዲ ኻላ አተዉ።

ህዝቢ ዓዲ ኻላን ሰራዊት ኤርትራን አብ አእምሮአም ጦብላሕታ ዝገደፈ አቀባብላ ገበሩሎም። ከብቲ ሓሪዶምን ምሉእ ዘይጉዱል ሸሻይ ቀሪቦምን ብጓይላን ደበላን እናጨደሩ ተቐበሉዎም። መንግስቲ ኤርትራ ብወገኑ ንንፍሲ-ወከፍ ሰብ ክልተ ሽሕ ናቕፋን ዝድሊ ናውቲ ገዛን ሃቦም።

ኣቶ በርህ፡ ኩነታት በዓልቲ ቤቱ ወይዘሮ ንግስቲን ኣብ ቤት ማእሰርቲ ዝገደፎ ደምሳስ ወዱን ድቃስ ከልአ። "በዓልቲ ቤተይን ወደይን ደአ'ምበር ንብረት ሰራሕካ ዝመጽእ'የ፡" እናበለ በብግዜኡ ኣብ ነዊሕ ዓመታት ርሒጹ ዘጥረዮ ልዕሊ 1.5 ሚልዮን ናቕፋ ዝግመት ንብረት (መኪና ምስ ተሳሓቢታ፡ ምሉእ ንብረት ገዛን ኣብ ባንክ ዝነበረ ልዕሊ 20 ሽሕ ብርን) ብዙሕ ግምት ኣይሃቦን።

*　　*　　*

ወይዘሮ ንግስቲ ድሕሪ ምስንጋግ በዓል ቤታን ምእሳር ደምሳስ ወዳን ኣይጠዓማን። ልዕሊ ሹሉ ኩነታት ደምሳስን ምሕደራ'ታ መኪናን ቅሳነት ከልአ። ደሃይ ወዳ ክትፈልጥ ወግሓ-ጽብሓ ናብ ዝተፈላለያ ኣብያተ-ማእሰርቲ ምምልላስ ከይኣኸላ፡ ነታ መኪና ደልዮም ዘርብሹዋ ዕጡቓት ሰባትን መንነቶም ዘይትፈልጦምን ብዙሓት ነበሩ። ድሕሪ በዓል ቤታ ምትራፉ'ምበኣር ፍጹም ዓቕላ ኣጽበላ። ትስጉገላ ዕለት ሓጸር ክትከውን ድማ ተመነየት። ቅድሚ ዝኣገረ ግን ኩነታት ደምሳስ ዝያዳ ካልእ የገድሳ ሰለ ዝነበረ፡ ክትቀስን እንተ ሹይና ደምሳስ ተሰጉጉ ሃገሩ ክኣቱ ለይቲን መዓልቲን ጸለየት። ብኸምዚ ሰንፈላል ዝገብር ኮነት ወይዘሮ ንግስቲ ንሸሞንተ ወርሒ ተሳለየት።

ደምሳስ፡ "ልኡኽ ሻዕብያ" ተባሂሉ ኣብ ዝተፈላለየ ኣብያተ-ማእሰርቲ ኢትዮጵያ ብፍላይ ከኣ ኣብ ቤት ማእሰርቲ ብላቴ ከም ሕሱም ተቐጥቀጠን ተገርፈን። ኣብቲ ቤት ማእሰርቲ ከም ደምሳስ ሃገራዊ ኣገልግሎት ዘፈጸሙን ተጣይሶም ሰቪላዊ ናብራኣም ኣብ ምምራሕ ዝነበሩ ተጋደልቲን፡ ወያን ብዓይኒ ጸጥታ ርእዩ ብጭካነ ኣሲሩ ዘሳቐዮም ብዙሓት ነበሩ። ደምሳስ፡ ካብ ብላቴ ዝኸፍኣን ዝመረረን ስቅያት ዘሕለፈላ ግን ጌጌሳ እያ። "ኤርትራውያን ደምና ጽሩይ፡" ኢልካ ተባሂሉ ንሸሞንተ ወርሒ ንበይኑ ኣብ ኮንተይነር ብርሃን ከይረኣየ ብሕሱም መግረፍቲ ኣሕለፈ። ዓሶ ርእሲ ሒዛቶ'ውን ካብ ኣፍ ሞት ንስክላ ወጸ። ድሕሪ ናይ ሰለስተ ዓመት ከቢድ ማእሰርትን ስቃይን ከኣ ተሰጉጉ ናብ ሃገሩ ኣተወ።

*　　*　　*

ኣቶ በርህ ኣቛዲሙ፡ እንታይ ይፍለጥ ካብ ዝብል መረዳእታ ኣብ ኣስመራ ገዛ ሰራሕ ጥጡሕ ባይታ ኣንጺፉ ነይሩ'የ። ስለዚ ተሰጉኑ ምስ መጸ መእተዊ ኣይሰኣነን። ነታ ድሕሪ ሸሞንተ ወርሒ ብዓስብ ብተመሳሳሊ.

442

አገባብ ተሰጉኀ ዝሰዓበቶ በዓልቲ ቤቱ፡ አብ አዲስ አበባ አይታንቲ ኵይኑ ዝሕግዞ ዝነበረ ንእሸተይ ዘካርያስ ወዱ፡ ቀዲሞም አብታ ብጥዑም መዓልቲ አብ ማይ ተመናይ ዝሃነጽዋ ገዛ ጸንሑዋ፡፡

አቶ በርህ እግሩ አብ ኤርትራ ካብ ዘንበረላ ሰዓት ጀሚሩ፡ ህይወቱ ንምምራሕ ዳምዳም በለ፡፡ አብ መጀመርታ አብ ህዝባዊ መንጓዝያ ዞባ ማእከል መራሕ መኪና ተቘጽረ፡፡ ቀጺሉ፡ ካብቲ ቡበመዓልቱ ሰራሑ ዘዋህለሎን አቐዲሙ ናብ ኤርትራ እናሰደደ አብ ባንክ ዘጠራቐሞን ገንዘብ ገይሩ ንእሸተይ ናይ ሰራሕ መኪና ገዝአ፡፡ በታ መኪና ካብን ናብን አስመራን ከባቢአን ጽዕነት እናአመሳለሰ ገንዘብ ከዋህልል አይተጸገመን፡፡ ቅሩብ ገንዘብ ምስ ገበረ፡ ንዓአ ሸይጡ ቸንቶ ደሽ - ናይ ጽዕነት መኪና - ዓዲት ላዕሊን ታሕቲን ናይ ምባል ልምዱ ቀጸለ፡፡

አቶ በርህ፡ ደሃይ ናይታ አብ ኢትዮጵያ ዝሓደጉዋ መኪና ክፈልጥ ዘየገበር ጻዕሪ አይነበረን፡፡ በዓልቲ ቤቱ ብሓደራ ምስ ሓደ ቀራቢአም ዝነበረ ትግራዋይ ኢያ ገዲፋታ ተሰጒኀ፡፡ አብዚ ቀረባ እዋን እቶም ንመኪናአም ብሓደራ ዝተቐበሉ ትግራዎት ሰብአይን ሰበይቲን ከም ዝሞቱ ሰምዐ፡፡ እቶም ስድራ፡ ናይ ባንክ ዘይተሸፍለ ዕዳ አጸኒሐም ተባሂሉ ድማ እታ መኪና መኽፈሊ ዕዳአም ክትከውን ካብ አዲስ አበባ 170 ኪሎ ሜተር ተወሲዳ ተጕዛዝያ ከም እተሸጠት ፈለጠ፡፡ ምስጢር ዓወት ኤርትራዊ አብ ውሸጡ'ዩ፡፡ አቶ በርህ፡ "አምላኽ ንርኡይ ይኸልእ፡ ዘይተራእየ ድማ ይፈጥር፡" ዝደጋግሙዋ ጥቕሲ ኢያ፡፡ አብ ዓለም ዝዓበየ ጸጋ ሰላምን ርግአትን'ዩ፡ "ሰብ አብ ዓዱ፡ እኽሊ አብ ዓውዱ፡፡"

82 ዓመት ረጊጹ ዘሎ አቶ በርህ ቀለተ ነታ መራሒ ስርዓት ወያነ፡ ሕብሪ ዓይኑ ደስ ዘይበለና፡ ኤርትራዊ፡ ጃፓናዊ ይኹን አውስትራልያዊ ካብ ሃገርና ከነውጽአ መሰልና'የ ዝበለላ ዕለትን ህሞትን ፍጹም አይረሰዐን፡፡ "እንተ ዘይሞትክን ጥዕና አለክን" ከም ዝበሃል፡ ንመዘከርታ ናይታ አበሃህላ፡ "ሕብሪ ዓይነይ ቤት መግብን መስተን በርህ ቀለተ" ዝሰመየዋ ትካል አብ ድግድግ፡ ዓዲ ተከሌዛን ከፈቶም ንነዊሕ እዋን ምስ በዓልቲ ቤቱ አካየዱዋ፡፡ አብዚ ሕጂ ከአ አብ ደገ ዘቐመጥ ዝነበረ ወዶም የሰርሓ አሎ፡፡

ደምሳስ፡ አብ'ተን አብ ብላቴ ዘሕለፈን ሰለስተ ናይ ስቅያት ዓመታት፡ ክትዛረበሉ ዘሕፍር ሰብነታዊ ግፍዒ ወሪድዋ ክሳብ ደም ይሸይን ምንጥሩ ወረ ዝበጽሓም ወለዱ፡ ወዶም ናይ ወሊድ ሽግር ከየጋጥሞ ከቢድ ስግአት ነበሮም፡፡ እንተኹኑ፡ አለኺ ዝበላ ነፍሲ፡ ደምሳስ ካብቲ ኩሉ ግፍዒን መከራን ወጺኡ ናብ ሃገሩ ድሕሪ ምምላሱ ሓንቲ ቄልዓ ወለደ፡፡ አብዚ

443

እዋን ድማ በዓል ሓዳርን ኣቦ ኣርባዕተ ቄልዑን ኮይኑ ኣብ ስዊዘርላንድ ይቕመጥ ኣሎ። እታ ድሕሪ ብዙሕ ስቓይ ዝወለዳ ሓብን ዝሰመያ ቦኹሪ ጓሉ፡ ዓሰርተው ሓደ ክፍሊ በጺሓ ምስ ወለዱ ኣብ ኣስመራ ትቕመጥ ኣላ።

ኣዛንተውቲ፤
- ኣቶ በርሀ ቀለተ ሓጃጅ
- ወይዘሮ ንግስቲ ገብረትንሳኤ

ኣቶ በርሀ ቀለተ ሓጃጅ

ወይዘሮ ንግስቲ ገብረትንሳኤ

28

ስጋ ሰብ ኣብ ገረብ

ቃልኣብ ኣበድ

"ኣብ ውግእ ሪዘርሻ፡ ኣብ ውራይ ወራድ ጅርባ ኣይግበርካ" ኩይኑና፡ ቀዳማይ ብርጌድ ቀዳማይ ክፍለ-ሰራዊት ከምቲ ብምሉኡ ኮርና 271 ዘበዝሐ እዋን ተደራቢ ሓይሊ ስለ ዝነበረ፡ ናብ ዝተኣጉደ ዓውደ-ውግእ'ዩ ዘውርወር ነይሩ። ወያን ኣብ 1999 ካልኣይ ወራር ምስ ከፈተ፡ እቲ ብርጌድ፡ ጸልማት ተጉልቢቡ ካብ ጸርና ነቒሉ ድሕሪ ነዊሕ ጉዕዞ ለይቲ ንኣል-ገማህሎ በጽሐ።

ዕማሙ፡ ነቲ ድሮ ጸላኢ ተሻሪቱዎ ዝነበረ ድፋዓት ክመልስ ጸረ-መጥቃዕቲ ምውሳድ ነበረ። ኣቐዲሙ፡ ተደራቢ ሓይሊ ኩይኑ፡ ነቲ ጸላኢ ኣብ ኣኽራን ዘፍረሶ ድፋዕ ኣምሊሱዎ ነይሩ'የ። ኣብ ኣል-ገማህሎ ጸረ-መጥቃዕቲ ኣብ ዝጀመርናሉ እዋን'ውን፡ እምነትና ንጸላኢ ኣብ ሓጺር እዋን ክንጸራርን ነበረ። እንተኹኑ፡ ነቲ ናይ ፈለማ ትእዛዝ፡ ድሕሪ ዝመጸ ትእዛዝ ስለ ዘፍረሶ፡ እቲ ጸረ-መጥቃዕቲ ኣይቀጸለን።

ንወገን ዘኽሰብ ስልታዊ ምዝላቕ ክንገብር መደብ ምስ ተሓንጸጸ፡ መቐተሊ፡ ዝኸውን ቦታ መረጽና'ሞ፡ ብትዕኑን ኣካይዳ ንድሕሪት ኣንሰሓብና። ጸላኢ፡ ዘዝገደፍናሉ ቦታ ካብ ምቊጽጻር ሓሊፉ፡ ህርፋን ወሲኹ ኣይሃወኸናን። ንጸላኢ ብሩህ ዘይነበረ ኣካይዳ ክንክተል ውዒልና፡ መሬት ዓይኒ ምስ ሓዝ ኣብ መካይን ተጸዒንና ሻምብቖ - ሩባ መረብ - ኣተና።

ኣብቲ ሩባ ሓጺር ምውድዳብ ምስ ገበርና፡ ኣብቲ መቐተሊ ቦታ ተዘርጋሕና። ለይቲን ቀትሪን፡ ናይ ደቓይቕ ዕረፍቲ ዘይብሉ ኣብ ኣኽራናት

445

ጽብራን ጎሰሞን ውግእ ጀመሪ። ክንክላኸልን ጸረ-መጥቃዕቲ ክንገብርን ውዒልና ሓደርና። ቀትሪ ክልተ ሄሊኮፕተራት ጸላኢ ደጋጊመን አብ ልዕለና ዘንበያ። ካብ ቀረባ ርሕቀት ድማ ደሸክ ጸዒኛና፣ እተን ሄሊኮፕተራት ንመዛግብቦ ጠያይት አዝነባለ። ወዲ ሓጉስ ምስ ላዕለዎት ሓለፍቲ፡ አነ ምስ ትሕቲኡ ሓለፍቲ አብ ጽዑቅ ርክብ ተጸመድና።

ሄሊኮፕተራት እናተመላለሳ አጽዋረን ናባና ምስ አቕነዓ፥ ንወዲ ሓጉስ ብሻኬቱ ወጢጠ ናብ ከውሊ ከውርደን ዝጸናሕኩዎ ቦታ ብረሸራሽ ሄሊኮፕተራት ክልብለብን ሓደ ኩነ። "እምባእ! ክልክማና እየን አንታ'ዚአተን...፣ ካብ ሰማይ ድዮ'ታ! ትንፋስ'ምበር ከሊአናና!" እናበለ እንከሎ፡ ጸረ-ነፈርቲ ዝዓጠቐ መድፍዓጁና ዝተኩሶ ቦምባ ሃያልታኡ ናብ ሰማይ እናዓረገ ሃረጽ አበለና። አሰር ናይቲ ሃልሃልታ ተኸቲለ ናብ ላዕሊ አንቃዕሪርኩ። ሓንቲ ካብተን ሄሊኮፕተራት ቃል-ቃል ኢላ ክትፈናጨል ረአኹዋ።

"ዓሽ! . . . ዓሽ! . . . ያአኸ - አቃጺሎመን!" ነቲ ዝዘንብ ጠያይት ረሲዐ ነጠርኩ።

"ተዓወት አንታ ጅግና! ቅሳነት ሂብካና ቅሰን!" ወዲ ሓጉስ መአዘዚ ቦታና ከይክሸፍ እናተሰከፈ ነቲ መድፍዓጁ አተባብያ። እቲ መድፍዓጁ፡ ንኻልአይ ግዜ አንጻጺሩ ይጽብ ስለ ዝነበረ አየድሃሉን።

"ጽምዲ... ጽምዲ..." ንመራኽብተይ እናጸዋዕኩ፡ አፕረተር ወያነ አብ መንጉ ርክብ እናአተወ አሽገረኒ። ዘረባ ናይቲ ወያነ ክሰምዕ ኢለ፡ ነቲ ምስ'ተን ብጻብራ ዝነበራ ክልተ ቦጦሎኒ ሓዲሩ ዝተጸንበረና ሓለቓ ስታፍ ብርጌድና ኮሎኔል ይትባረኽ ሃይለ፡ ነታ ሃንድስት አቐበልኩዎ።

"መን'ዮ 'ታ፡" እናበለ ሃንድስት ናብ እዝኑ አጸጋግ'ሞ፡ ብስሓቕ እናተነኸነኸ መለሰለይ። እቲ አፕረተር ወያነ ክገድፈና አይደለየን። አብ ርክበይ ዕንቅፋት ስለ ዝኹነኒ፡ "ስራሕ የብልካን ድዩ አበይ ዲኻ ተሸጉጥካ ዘለኻ?" በልኩዎ።

"ጽምዲ ትሰምዓኒዶ አለኻ፣ ሒራይ አብ ቀጸሊ. . . አብ ቀጸሊ. . ." ርክበይ ምስ ብጸተይ ቀጸልኩ።

"ነዋግዕ'ባ፣ አንታ ልኡኽ ሻዕውያ። አብ አይቲ ንጋነ በርንቱዶ ይሓሽ አስመራ፣ ሕዪ ብያቲ ወያኔና ኢኻ ክትሓጽብ..." እቲ ንወዲ ሃይለ ዝበሎ ደገመለይ። አብ ዝአተናዮ መስመር ሃንድስት ብምጽቃጥ፡ ሽሽታ እናገበሩ ከኹላልፉና ካብ ምፍታን አየዕረፉን። አብ መወዳእታ ዝገበርኩ ገይረ ካብኡ ክርሕቕ ነይሩኒ።

እንተኹነ፡ ድኻማ ከየውጻእት፡ ድሕሪ ከቢድ ርብርብ አብቲ ግንባር ቀኑብ መስተርሆት ተረኺቡ ስለ ዝነበረ፡ 15 መጋቢት 1999 ተዳሎ

446

ተባህለ። ሰራዊት ወያነ ኣብ እግሪ መኸል ዝፈነዎ ከቢድ መጥቃዕቲ፡ ብሓያል መኸተ ሓይልታት ምክልኻልና ተዳኺሙ’ዩ። ስለዚ፡ ነቲ ኣብ እግሪ መኸል ዝተዳኸመ ሰራዊት ካብ ግንባር መረብ-ሰቲት ሓገዝ ንኽይግበረሉ፡ ኣብ ግንባር መረብ-ሰቲት ጸረ-መጥቃዕቲ ክግበር ኣድላዪ ኮነ። ጸላኢ፡ ሰራዊቱ ከም መደቡ ንኽየንቀሳቕስ ዕድል ክኽላእ ነይሩዎ።

እቲ ጸረ-መጥቃዕቲ ምስ ተገብረ፡ ኣብቲ ግንባር ዝነበራን ካብኡ ወሪደን ንጉዕዞ ዝተዳለዋን ክፍላተ-ጦር ጸላኢ፡ ኣብቲ ዝተኸተለን ጸረ-መጥቃዕቲ ተጻምዳ። ውግእ እግሪመኸል ድማ ብፍጹም ስዕረት ጸላኢ ተደምደመ።

ብእግሪመኸል ዘይስዕለጦ ሓይሊ ጸላኢ፡ ኣንፈቱ ናብ ግርሙ ብምግባር ፈንጢሱ ክሓልፍ ከቢድ መጥቃዕቲ ፈነወ። እንተኾነ፡ ካብ ጸረ-መጥቃዕቲ ኣብ ምክልኻል እናተጸምደን ንምዕራብ ገጹ እናመጠጠን ክሳብ ወዳስ ተዘርግሐ። ዝተኸተሎ ስልቲ፡ ንሓይልታትና ኣብ ሰፊሕ ግንባር መጢጡ ንምድኻሙ’ዩ ነይሩ። ሳልሳይ ብርጌድ ግን፡ ጉድኒ-ጉድኑ እናተመጠጠት ተኸእሎታት ኣጽበበትሉ። ቀዳማይ ብርጌድ፡ ኣብ ዱማ ጻላለን ጻሊም-ቀላይን ኣብ ናይ ተሓናነቕ ውግእ ኣተወት።

ጸላኢ፡ ካብ ኣገደስቲ ከባቢታት ንኽወርደና ክተሃላለኽን ተተጸፈው ክጸድፍን ምርብራብ ምስ ኮነ፡ ቀዳማይ ብርጌድ ምሉእ ለይቲ ድፋዕ ከተተኣሳስር ሓደረት። ንውልቅኻ ዘዕቀብ ኣእማን ኳኒኻ ድፋዕ ምጭራሕ’ምበር ስሩሕ ድፋዕ ኣይነበረን። ጸላኢ ካብ ተደጋጋሚ መጥቃዕቲ ብዘይምዕራፉ፡ ሓይልታትና ቃታ ካብ ምስሓብ ኣየቋረጸን። ብኸምዚ ሽሾ ሰራዊት ጸላኢ ይወሩ፡ ሽሾ ይህልቁ፡ መሬት ናብ መግሃር ተቐየረት።

ጸሓይ፡ ዕትብቲ ጸላም በቲኻ ምረታ ዘርጊሓ ናብ መሬት ተቐልቀለት። እቲ ከቝለጭልጭ ዘጽበሕ ተተኩስቲ፡ ብብርሃን ጸሓይ ተዋሕጠ። እቲ ኣብ መሬት ጥራይ ዝሓደረ ውግእ፡ ነፈርቲ ሰማይ ተደሚረናኦ እሳት ብምድሪ እሳት ብላዕሊ፡ ዓቕሊ ዝፈታተን ፍጻመታት ተደራረበ።

ታንክታት ፌት-ፌት ተጋደማ። ዝገንን ህጡር ብዕራይ ክመስላ መሬት ጻሕቲረን ኣዳርናስ፡ ሻምብቔአን ዝተፍኣ ትኪ ንመሬት ኣጸልመቶ። መዳፍዕ ኣፋጸዩ። ነፈርቲ ሕንባበአን ከየዝሓላ ቦምባታተን ነስነሳ። እቲ መሰመር ውግእ ከኣ ተናወጸ። መኸተ ሓይልታት ምክልኻልና ፈጺሙ ኣይነከየን። እቶም፡ "ጀንትራ እያቶም፣ ናይ ሳዋ እያቶም…" ዝተባህለሎም ሰብ ውዕሎ፡ ብጅግንነት እናተወፈዩ መከቱ።

ቀዳማይ ብርጌድ፡ 16 መጋቢት’ውን ኣብቲ መግሃር ውግእ ግርም ወዓለ። ከምቲ ወትሩ ድሕሪ ውግእ እንዝወውትሮ፡ ኣዛዚ ብርጌድና፡ ዓቕሚ ሰብ ቦጦሎኒታት ክፈልጦን ንላዕለዋት ሓለፍቱ ንኽፍልጦን ናብ ቦጦሎኒታትና

ብሬድዮ ሓብሬታ አመሓላለፍኩ። ቦጦሎኒታት ክልተን ሰለስተን ብሬድዮ ክሕብራኒ እንከለዋ፡ ናይ ቦጦሎኒ ሓደ ተስፋጋብር ግን ዓቕሚ ሰብ ቦጦሎኒ፡ ህልዋት፡ ውጉኣት፡ ስውኣት፡ ሃለዋቶም ዘይተፈልጠ ዘርዚሩ ብጽሑፍ ሐዚሙ መጸኒ። ኩነታት እንተ ፈቒዱ መልእኽቲ ብደብዳብ ክለኣኽ ዘበለጸ ብምሻኑ፡ ተስፋጋብር ዝገበሮ አሐጉሰኒ። ናይ ክሳራና ቀጽሪ ምስ ደማመርኩዎ ዓቕሚ-ሰብ ብርኔድና ካብ መበገሲ አንቁልቀሉ ስለ ዝጸንሐኒ፡ አካላተይ ግፍፍ በለ። ነቲ አሃዛት መስጢረ ናብ ዝልምልከቶ'ኺ እንተ አሕለፍኩዎ፡ ክንዳኡ ዓቕሚ ሰብ ምጉዳሉ ነቲ ሓመደ-ግዳም ዝኸነ ጸላኢ ምግጣም አሻቐለኒ።

"እዞም ሃለዋቶም ዘይተፈልጠ ክንደይ እዮም፡ በዓል መን'የም'ከ" ንተስፋጋብር ሓተትኩዎ።

"ሸውዓተ ሰብ'የም፣ ኢሉ አስማቶም ዘርዘረለይ'ሞ ጉርጃ ተስፋሚካኤል ሓደ ካብአቶም'የ በለኒ። ጋንታ ደሻክ ቦጦሎኒ በዓል ሓድሽን ጉርጃን ማዕረ አጋር'የም ክሃጅሙ ውዒሎም። ሓድሽ ግርማይ፡ ሱሳ ሚል አዋዲዑ እናተኮሰ ቦምባ ጦርታር ጸላኢ ዓሊባቶ ምስ ተወግአ ጉርጃ ነቲ ምትሓዙ ዘጸገሞ ሰብነት ሓድሽ ተሰኪሙ እናውጸአ፡ አንፈት ድዩ ጠፊኡዎ ደብዳብ ድዩ ለኪሙ'ዎም፡ ጸላኢ ድዮ ማሪኺዎም ዝተፈልጠ አይነበረን። ደሊና ግን ቀቢጽና ኢና።" መለሰለይ።

"ቅሩብ ከ አሰርም፣" አስዐበኩሉ።

"ንሱ እንድዩ ዘይተፈልጠ ዘሎ..." ገጹ አዕትብ አቢሉ መለሰለይ።

"መስዋእቲኸ" በልኩዎ ስውኣት ብዝሓምን ሓላፍነቶምን እምበር አስማቶም ምፍላጥ የገድሰኒ ስለዘይነበረ'ሞ ከይመለሰለይ በቲ ጸላም ናብ ከርከስ ግርጫ ገጹ ሃተፈ።

ናይቲ ከይደቀስኩዎ ዝቖነኹ ደኺመ ሕቖይ ክዝርግሕ ጥንቅልዒት በጥ በልኩ። ልዋም ድቃስ ወሲዱኒ ህላወይ ረሳዕኩ። ሕልሚን ጋህዲን ተወሳሲቦም፡ አብ ሕልሚ ተሸኺዐኩ።

ሓመዳዊ ቁምጣ ሰረን ካምቻን ዝለበሱ፡ ጽዕድው ዝበለ አምባር እግሪ (ገምበል) ዘወደዩ፡ ሸጥ ዝበለ ጸሊም ቄርባቦሻ ዝዓጠቑ፡ ካብ ዝባናዖም ዘይትፍለ ጥውዩ ነጸላ ዝጠምጠሙ፡ ብረት መዚኖም ዘብዘብ ዝበሉ ሰራዊት ተዓዘብኩ። ክትርእዮም ዘሃንኑ፡ ጉያአምን ጀብጀብ ጸጉርዖምን ማዕረ'ቲ ዘንጠብጦብዎ ርሃጽ ነዝ-ነዝ ክብል ረአኹዎ። ገጾም አሲርዖም ተጸገውኒ። ብምዝላቕና ዝተሰመዖም ጓሂ እናረአኹ ተሸቑሪረ። እዚ ግን ንንዊሕ እዋን ዝጸንሐ ልዋም ድቃስን ሕልሚን አይነበረን - ቀልጢፈ ተበራበርኩ።

ምስ ብጾቱ እናተሜረቐ ናብቲ ውግእ ዝአተወ ጉርጃ፡ ብጥይት ዝበሳዕ አይመስሎን'የ ነይሩ። ከምቲ አብ ሜዳ ኩዕሶ እግሪ ዘለዎ ክእለት ምክልኻል፡

ኣብ ውግእ'ውን ንጥይት ዝኮላኸል ኩብኑ ዝተሰመዖ'የ ዝመሰል ነይሩ። ኩይኑ ግን፡ ስጋ ንዓረር ጥይት ኣይጸወርን'የ። እንተኾነ፡ ጉርጃ ንባዕሉ ተወጊኡ እንከሎ ተወጊኡ ንዝነበረ ሓድሽ ግርማይ ኣብ ሰለፉ ሓቂፉ የጸንንዖ ነበረ። ኣብቲ መሪር ናይ መኸት እዋን፡ ኣብ ልዕሊ ጉርጃ ዝነበረ ጨናፍር ኣግራብ ስጋ ተንጠልጢሉዎ ረኣየ። ጉርጃ፡ ኣብ መጀመርታ ነቲ ዝነጥዖ ዝነበረ ደም፡ ካብ ነብሱ ድዩ ካብ ካልእ ኣየስተብሃለሉን። መዓልቦ ናይታ 'ሽ .ሽ.ሽ..ሽ...' እናበለት ዝሓለፈቶ ቦምባ ሞርታር ክርኢ ምስ ኣንቃዕረረ ግን፡ ምሉእ ኣካላት ሰብ ኣብ ገረብ ተዘላዚሉ ረኣየ። ክኣምን ኣይከኣለን። ኣካላት ወዲ-ሰብ ከምኡ ኢሉ ክበጀጀልን ከም ስጋ እንስሳ ኣብ ገረብ ክንጠልጠልን ኣገሪሙዎ ስግድግድ በሎ።

ኣብ መንደፈራ ተወሊዱ ዝዓበየ ጉርጃ፡ ካብ ህጻንነቱ'የ ምስ ኩዕሶ ተፋሊጡ። ካብ መባእታ ክሳብ ተመሃራይ ካልኣይ ደረጃ ንቤት ትምህርቲ ወኪሉ ተጻዊቱ። ኣብ ቤት ትምህርቲ ሳንጆርጆ ብኽእለቱ ጉሊሑ ተራእየ። ካልኣይ ደረጃ ትምህርቲ ዛዚሙ ሃገራዊ ግቡእ ንምፍጻም ምስ ኣባላት ሓምሻይ ዙርያ ንወተሃደራዊ ታዕሊም ናብ ሳዋ ወሪዱ። ግቡእ ፈጺሙ ናብ ኩዕሶ እንሪ ክምለስ ዝነበር ጥሙሕ ከይተጋህደሉ፡ ምኽባር ልኡላውነት ሃገር ቀዲሙዎ።

ጉርጃ፡ ካብቲ ዝመልኮ ስፖርት ናብ ሓያል ተዋጋኢ'የ ተቐይሩ። ኣብ ስልቲ ኩናት ድማ ኣመና በሊሕ ኩነ። "ክዋጋእ ከም ዘይቀነኩስ ሎሚ ስጋይ ተመናጪቱ ካብ ብጾተይ ተሪፈ...!" ኣስተንተነ። ጉርጃን ሓድሽን ኣብ ውግእ ግርም ከቢድ መውጋእቲ ጸይሮም'ዮም ንበይኖም ተሪፎም። ከመ-ቅጽበት ከኣ ወተሃደራት ጸላኢ ወረር-ወረር በሉዎም። ኩሉ ክፋል ኣካላቶም ብጥይት ተበሲዑ ደም እናጨንጎዐ ንሓድሕዶም ምጽንናዕ ኣየቋረጹን። ሓደ ወተሃደር ጸላኢ፡ ቅርብ ምስ በሎም፡ ጉርጃ ነታ ካብ ጥቓኡ ፍንትት ኢላ ዝነበረት ቦምባ ክስሕባ ተመጣጠረ። እቲ ወተሃደር ቀዲሙዎ ብእግሩ ሃሙ ነታ ቦምባ ኣርሓቓ፡ "መሞትህ ኣይቋርም..." (ሞትካ ኣይተርፍን'የ) እናበለ፡ በቲ ደርጎዐ ጫማኡ ኣብ ጸጋማይ ጉንዲ እዝኑ ረግሐ። ብዮማናይ እዝኑ ምስ መሬት ዝተጋጨወ ጉርጃ፡ ቅንዕ ክብል እናፈተነ፡ ካልእ ወተሃደር ተቐልቀለ።

"ምንድናቸው፧" (እንታይ ዝኹኑ እዮም)

"ሻዕብያ ናቸው፡ ኣያመልጡም፡ መሞታቸው ኣይቀርም. . ." (ሻዕብያ እዮም፡ ምማቶም ኣይተርፍምን እዩ)

"ንዓታ ትግራዋይ ማይ ኣስትዬኒ..." ጉርጃ ንሓደ ትግራዋይ ወተሃደር ጸወዖ፡ ትእዛዝ ብዝመስል ኣዘራርባ። ደሙ ከም ዛራ ዝኮያ ዝነበረ ጉርጃ፡ ማይ ሰትዩ ክስዋእ ተመነየ። እቲ ትግራዋይ ንጠለብ ጉርጃ ነጸን።

እቶም ብጥዩት ከተሃዳደኑ ዝጸንሑ ክልተ ወገናት፡ ሃንደበት ሰብኣዊነት ዓረጮም። እቲ ትግራዋይ ወተሃደር ትኽ ኢሉ ናብ'ቶም ብኽቢድ መውጋእቲ አብ አፈፌት ሞት ዝነበሩ ጉርጃን ሓድሽን መጸ። "ከብድኻ ተወጊእኻ ሰለ ዘለኻ ማይ አየስትየካን'የ፡" ኢሉ ብመኽደን ብራሾ ዓቒኑ ንጉርጃ ከንፈሩ አተርከሰሉ። ነቲ መሬት ዘጨቀወ ደሙ እናረአየ፡ "አጆኻ! ክትድሕን ትኽእል ኢኻ..." አተባቢዑዎ ከደ።

ምድረ-ሰማይ ብደብዳብ ወገን ተአየደት። ሓድሽ ሓንቲ ዓይኑ ተጉዲእ'ያ። ዓጽሚ የማናይ መንጋጋኡ ካብ ስጋ ተፈልዩ ናብ ክሳዱ ወጺኡ። ኢዱ ተሃሪሙ፡ ካልእ ክፋላት አካላቱ'ውን ተተናኹሑ'ዩ። ክብደት መውጋእቱ ቦርቲዩዎ ተሳቒዩ። ዝኹሉ ረድኤት ካብ ዘይረክብ ልዕሊ 16 ሰዓታት ምስ አቝጸረ፡ አብ መንጎ ህይወትን መስዋእቲን ተፋጠጠ። አብ ሓቘሬ ጉርጃ እንከሎ፡ ፈለግ ካብቲ ጸጸኒሑም ዝለዋወጡዎ ዝነበሩ ዘረባ አቘረጸ። አይደንጎየን። አእጋሩ ፈንጠርጠር ክብላ ጀመራ። አብ መወዳእታ፡ "ዓወት ንሓፋሽ! ኤርትራ ሕጂ'ውን ብደቃ ከቢራ ንዘልአለም ክትነብር'ያ!" እናድመጸ ተሰውአ።

እቲ ንብጸዮ ንሓዋሩ ዝሰአነ ጉርጃ፡ ደብዳብ ትንፋስ ከልአ። ርእሲ ሰዊእ ሓድሽ ካብ ሕቘፉ አልዩ፡ ዕፉፈቱ ከም ዘርግፍ ተመነ፡ እናተንፈሓኹ ብሓያል ግድል ናብታ ዝረአያ ጎንጎ ዱጋ አተወ። አብኣ ተዓቍቡ፡ ነቲ ድሕሪ መስዋእቱ'ውን ከይተረፈ ብስኮጀታት መመሊሱ ዝበሳሳዕ ዝነበረ ሓድሽ፡ ተዓዘቦን ክቘብር ብዘይምኽአሉ ጓሂ ኮነን።

ስንቁን ዕጥቁን ዘመላልሱ ወተሃደራት ጸላኢ ብጥቓኡ ካብ ምትሕልላፍ አየቋረጹን። መዓስ'የም ዝማርኹዎ ወይ ዝቘትሉዎ ከይፈለጠ፡ ጸረ-መጥቃዕቲ ወገን ክግበር ብሃረርታ ተጸበየ። ተስፋ አይቘረጸን። እንተ'ኹነ፡ ትጸቢት ስለ ዝነውሓ መስዋእቲ'ምበር ድሕነት አይተጸበየን።

አብታ ጎንጎ ዱጋ ተላሒጉ፡ ብሓሳብ ናብ ሓሬን-ገደለ ዝተመልሰ ጉርጃ፡ ንኹሉ ምትእኽኻብ ክተት ዘከር። ነቲ አብ ትርፊ ግዜኡ ዝተጸወቶ ኩዕሶን ማሕበራዊ ህይወትን አስተማቐር። ጸወታ ጥራይ ዘይኮኑ፡ ፍቅሪ ቦጦሎኒ ሓደ-ብሓደ ተቘጀሎ። በቲ ጥሉል ክራማት ዘብቄሎ ዓፋፉን ተማእኪሎም ጓሎም ወዶም ክዛነዩ ዘሕለፉዎ ፍቅሪ፡ ብሓሳብ ንድሕሪት መሊሱ አብ መንጎ ሕልሚን ጓህዲን አብ መንጎ ውሽጣዊ ድሌትን ክውንነትን ተዓኒዱ ቀዘዝ አበሎ። አስማት ኩሎም ብጾቱ ዘዘከረ። እቲ ውግእ ፈጺሙ አየዕረፈን፡ ቦምባታት ኢድ ንደቚቕ'ውን ጅም... ጅም... ጅም ምባል አይቘረጸን። መሬት ብጠራዕ...ራዕ ከላሽናት ተሃዊኻ ሓደረት።

ጉርጃ፡ ክድሕን'የ ዝብል ግምት ሰለ ዘይነበር፡ ነቶም ቅድመኡ ዝወደቐን ዝተሰወኡን ብጾቱ ዘዘኪሩ ዕጨአም ዕጨኡ ምኟኑ አሚኑ ንመስዋእቲ

ብትብዓት ተጸቢያ። ሓድሽ ግርማይ፣ ብ16 መጋቢት ምስ ተሰወአ፣ ጉርጃ ክሳብ ንጽባሒቱ ንበይኑ ውዒሉ ሓደረ። ዝፈሰሰ ደሙ ንኹሉ ኣካላቱ ሰለ ዝጨልባበጦ፣ ፍኒሕኒሕ ምባል ከልአ።

18 መጋቢት 1999 ሓይልታት ምክልኻልና ሓያል ጸረ-መጥቃዕቲ ወሰደ። ደብዳብ ጥርታራት መመሊሱ ሃመመ። ለይቲ ይኹን ቀትሪ ስለምታ ተሓሪሙወን ዝነበራ ኣዒንቲ ጉርጃ'ውን ኣይተላገባን - ብተስፋ ኣቋመታ።

ቁርጽራጽ ስጋን ኣካላትን ወተሃደራት ጸላኢ፣ ንጉርጃ ኣኽቢቡዎ እዩ። እቶም ዝኹኑ ኣበሳ ዘይብሎም ኣግራብ'ውን፣ በቲ ከም ኣይሂ ዝዘንቦም ዝነበረ ቦምባታትን ጠያይትን ተጀላሊያም፣ መልክዖም ተቐይሩ'ዩ። እቲ ሓሓሊፉ ኣብ ጨናፍሮም ዝርአ ዝተመታተረ ስጋ፣ ዝነጠረ ደምን ዝተቘራረጸ ወተሃደራዊ ኣጥርቅቲን ንኽብደት ናይቲ ውግእ ዘገልጽ ግናይ ትርኢት ነበረ።

ኣብ ሳልሳይ መዓልቱ፣ 18 መጋቢት ሓይልታት ምክልኻል ኤርትራ ደምሳሲ ጸረ-መጥቃዕቲ ከፈተ። ነቲ ለቖቝ ዝጸንሐ ወሰንቲ ቦታታት ንምቑጽጻር ከኣ ከቢድ ምርብራብ ኣካየዱ። እንተኹነ ጸላኢ፣ ተገቲሩ ፈልከት ምባል ኣበየ። ክብርኽ ዝጀመረ ተስፋ ጉርጃ ምስ ምንዋሕ ናይቲ ውግእ ናብ ምፍርራቕ ኣተወ። ጸኒሑ ግን በብቝሩብ ጸላኢ፣ ተደፍአ። ዘረባ ብጹቱ ከለሊ ስለ ዝጀመረ ፍናን ተሰምዖ። እቲ ናይ ኢድ-ብኢድ ህጁማት፣ ኣብቲ ንሱ ዝነበሮ ቦታ በጽሐ። ጸላኢ ህድማ ምስ ጀመረ፣ ገጽ ብጹቱ ክርኢ ኣመና ተሃንጠየ።

ኣባላት ኣሃዱታትና ኣብ ልዕለኡ በጺሐም፣ "ስዉእ'ዩ፣ ናይ እንዳ ክንደይ ኮን ይኸውን..." ክብሉ'ኣ እንተ ሰምዓም፣ ክደሃዮም ዘኽእል ዓቕሚ ኣይነበሮን፣ ነታ ተተርኢሱዋ ዝነበረ ጥውዮ ነጸላ ብጸጋማይ ኢዱ ሓፍ ከብላ ፈቲኑ'ውን ምኽኣል ሰኣነ።

"ዝንቀሳቐስ ዘሎ ይመስል! ብህይወት ኣሎ መስለኒ!..." ክበሃሃሉ'ውን ሰምዖም። በቲ ብጹቱ ርእዩ ዝረኸቦ ሓበ ተደሪኹ፣ ርእሱ ነቕ ኣቢሉ፣ ነጸላኡ ፈል ኣበላ። ምንቅስቓስ ዝተዓዘቡ ብጹቱ ብጉያ ቀረቡ-ዎ፣ "ማይ! ማይ!" ድማ በሎም ብትሑት ድምጺ። ኩነታቱ ርእዮም፣ ዘድሊ ረድኤት ብምግባር ናብ ሕክምና ቦጦሎኒ ኣፋነውዎ።

*　　*　　*

ውግእ፣ ሓድሽ ኣይብል ገዲም፣ ይከኣሎ ኣይብል ዋርሳይ ኩሉ ዓይነት መስዋእቲ'ዩ ሓቲቱ። ሽዑ ዝተመደቡ ኣባላት ሻምናይ ዘርያ፣ ድሮ ነቲ ከም እሳተ-ጉመራ ዝቃጸል ዝነበረ ዓውደ-ውግእ ተጸንቢሮሞ'ዮም። ኣብ ጋንታ

451

ደሽካ ዝተመደቡ ብስራትን ክብሮምን ዝተባህሉ አባላት ሻምናይ ዙርያ፡ አብቲ ውግእ ማዕረ'ቶም ገዳይም ተጋደልቲን አባላት ሃገራዊ አገልግሎትን ብተወፋይነት እናተዋግኡ ክሰውኡ ምስ ረአየ ጉርጃ፡ እቲ ቅልጡፍ ናይ ምውርራስ ባህሊ. አገረሞ።

ብስራትን ክብሮምን ከምቲ አብ ሓደ ቦታን አብ ሓደ ዙርያን ተዓሊሞም አብ ሓደ መስርዕ ዝተመደቡዎ፡ ብሓደ እናተዋግኡ ቦምባ ጥርታር ዓሊባቶም ብሓደ ተሰውኡ፣ ብሓደ ድማ ተቐብሩ። አብ መወዳእታ፡ ናህሪ ወራር ጸላኢ፡ ሳላ መስዋእቲ ጀጋኑ ክሳብ 24 ግንቦት እናተሸምረረ ብዝኸደ ውግእ ከርከሻ ዘፍ በለ።

ጉርጃ፡ ካብ ሞት ወጺኡ ሓውዩ ናብ አሃዱኡ ተመልሰ። ድሕሪ ሳልሳይ ወራር ትምህርቲ ካድየት ተማሂሩ መኮነን ኮነ። አብ 2007 ሓይሊ. መሪሑ ናብ ግርጮ ዝተንቀሳቐሰ ጉርጃ፡ አብ መቓብር ናይቶም ብጀግንነት እናተዋግኡ ዝተሰውኡ ሓድሽ ብስራትን ክብሮምን በጽሐ። ዳግማይ ብዝግባእ እናቖበሩዎም ከለዉ. "እዚ አግራብ'ውን፡ ስጋ ስዉአት አለዎ!" በለ።

29

ሰላማዊ ስኮፖ

ማሕሙድ ኢብራሂም

አብ 2015'ዩ። አብ አስመራ ከበቢ ናቕፋ ሃውስ፡ ምስ ሓደ ወዲ አሃዱአይ ነበር ጐፍ-ንጐፍ ተራኺብና። አብ ሓደ አሃዱ ንንውሕ ዘበለ እዋን'ኳ እንተ ሰራሕና፡ ሌላና ግን 16 ዓመታት ገይሩ ነይሩ። አጥቢቐና ተሰዓዓምና። አብ ርእሲ'ቲ ከይተራኸብና ዝገበርናዮ ንውሓት ግዜ፡ አብ እዋን መኸተ ወራር ወያነ ምፍልላይና ኸአ ሓለፋ ነይሩዎ። አብ ግዜ ውግእ ዝገደፍኩዎ ገጽ ምርአየይ፡ ነቲ ውግእን ንአባላት ናይታ አብቲ እዋን'ቲ ዝተቐየርኩዎ ክፍለ-ሰራዊት 17ን አዘከረኒ። ኩናት ክፉእ እዩ'ሞ፡ ልዕሊ ኩናት ዘፋቕር ዘሎ ግን አይመስለንን። ዝሓለፈ ውግእ እናክትዝከር፡ ክፉእ ገጹ ናይቲ ውግእ በቲ ዝነበረ ፍቕሪ እናሃሰሰ ብፍስሃ'ዩ ዝዘከርካ። አነ ድማ፡ እቲ ዝሓደረኒ ዝኽሪ ውዕውዕ ስምዒት ፈጠረለይ።

ድሕሪ ምዉቕ ሰላምታ፡ ብሓደ ሻሂ ክንስቲ ተሰማሚዕና ናብ ሓደ አንፈት ምስ ቀነዕና፤

"ንዓ'ሞ፡ እንታይ ይፍለጥ ሳልሳይ መተዓለልቲ'ውን ንውስኽ ንኸውን፤" በለኒ እቲ ብጻይ አንፈት ጐዕዞና እናጠምዘዘ።

"ጽቡቕ፡ መንደአ ኹይኑ፤" ሓተትኩዎ።

"ከይረአኻ ዘይንንገር ሓደ ስዉእ'ዩ። ሓቒ ይሓይሽ፡ አብዚ እንተ ዝህሉ'ኻ አነ'ውን ምረአኹዎ እንድየ፡ አስመራ ምህላዊ ምስ ፈለጥኩ ግን ክሓተሉ እናበልኩ እርስዕ ነይረ፡" በለኒ።

"መን ክኸውን ይኸእል!" ኢለ ዝኽሪታተይ ፈተሽኩ። ተሰዊአ ጥራይ ከይከውን ወይ ተሰዊአ'ዩ ዝኸውን እናበልናዮም ህላውነቶም ዝተበሰርና

ብጾት ብዙሓት'ዮም። ካብ ኩሎም ግን፡ ቀልጢፈ መልኣከ ናብ ዝበሃል ብጻይና ዓለብኩ።

ኣብቲ ከባቢ ናብ እትርኩብ እንዳ ሓይሊ መብራህቲ ኣላጊስና ንመልኣከ ሓቲትናሉ። እንተኾነ፡ ብዘይካ ስሙ፡ ስም ኣቦኡ ኰነ ካልእ ሓበሬታ ክንህብ ስለ ዘይከኣልና፡ ንሕና'ውን ዝኾነ ሓበሬታ ኣይረኸብናን። ሳልሳይ መተዓልልቲ ዘይሓወሰ ዝኽሪታትና ኣሓዲስና ኸአ ተፈላለና።

* * *

ብኣካል ኣይትራኸብ ደኣ'ምበር፡ ከም ደቂ ኣሃዱ መጠን፡ መን ኣበይ ኣሎ፣ ከመይ ኣሎ፣ ትተሓታተት ኢኻ። ኣቐዲሙ፡ መልኣከ ባጽዕ ከም ዝነበረ ተሓቢረ'ኳ እንተ ነበርኩ፡ ንምርካቡ ኣይተበገስኩን። ሕጂ ግን ኣስመራ ካብ ሃለው፡ ክረኽቦ'ውን እኽእል ስለ ዝነበርኩ፡ ድሕሪ ሳልስቲ ናብ ማእከላይ ቤት ጽሕፈት ኮርፖረሽን ሓይሊ መብራህቲ ከድኩ። ናብ ሓደ ዝተሓበርኩዎ ገዛ ኳሕኵሐ ቀልቀል ምስ በልኩ፡ ናይ ቀደም መምህረይ፡ ተጋዳላይ መጉስ ብርሃነ፡ ብሓጻውን ጸላኢ ካብ ዝነጠቖት ብጸይታ ንዋራ ዝደሓነት ሓንቲ ዓይኑ ተኸለለይ። ቀጺሉ፡ “ጽብቐቲ ጽንብል እባ ኣሕሊፍና፡” በለኒ ጌና ኣእዳውና ንሰላምታ ከይተራኸባ። ክረኽቦም ዝኸኣልኩ መምህራነይ፡ ንዝገበርኩዎ ውራይ ኣድሚቖምለይ'ዮም። መምህር መጉስ ድማ፡ ኣብቲ ጽንብል ምስ ተራኸብናስ ክንራኸብ ጀሚርና ማለቱ'ዩ።

ድሕሪ ሓጺር ዕላል፡ ኣድራሻ ናይ ሓደ ብ1991 ምስ ናጽነት ዝተሰለፈ ክኸውን ዝኽእል መልኣከ ዝበሃል ሰብ ክረኽበለይ ሓተትኩዎ።

“ተገዲስካ እናሓተትካሉስ ብዛዕባኡ ዘለካ ኣፍልጦ ኲይኑዎ ስሙ ጥራይ'ዩ!” በለኒ።

“መዝገብኩም ኩሉ ሓበሬታ ዝርከቦ እንተ ኾይኑስ እባ ጸሊም ጉልቡት'ዩ።”

“እንታይ ደኣ፡ ዕባራን ጉልቡትን እናበልካ ምምዝጋብ ከድሊ'ዩ ዝመስል ዘሎ።”

ሓበሬታ ዝተዋህባ ምሕረት መብራህቲ፡ ገጻት ኮምፕዩተር ገናጺላ፡ “መልኣከ ከስተ ተስፋይ” ዝብል ምሉእ-ስም ዝርከቦ ዝርዝር ሓበሬታ ዝሓዘለ ፊልዮ ኣረከበትና። ቦታ ስራሕ መልኣከ ምስቲ ቤት ጽሕፈት ኣብ ሓደ ከባቢ'ዩ። ኣብ ውሽጢ ደቓይቕ፡ ቅድሚ 16 ዓመታት ተሰዊኡ ከም ዝተረፈ ምስ ተነግረኒ፡ ‘ካልእ እንተ ተረፈ ንቐብሮ’ ኢለ ዝኸድኩዎ መልኣከ፡ ሰማያዊ ኮምፕላሴኒ ለቢሱ፡ ጀነሬተር እናጸገነ ኣብ ልዕሊኡ ደው በልኩ።

* * *

ድሕሪ ቀዳማይ ወራር ወያነ፡ እቲ ምስ ኢትዮጵያ ካብ ዘዳውብ ከባቢታት ርሒቑ ዝነበረ ኮር 271፡ ከም ስትራተጂያዊ ትሕጃ ተመዲቡ ነበረ። ተኣፋፍነት ግንባር ዓሊተና-መረብ ተራእዩ፡ ዝበዝሐ ዓቕሙ ኣብ ቀረባ ናይቲ ግንባር፡ ማለት፡ ኣብ ዝባውንቲ ከበሳ ተቐመጠ። ጸላኢ ብ6 ለካቲት 1999 ኣብ ግንባር ባድመ - ከባቢ ገዛ ገረሀላሰ - ዝገበሮ መጥቃዕቲ፡ በቲ ኣብ ድፋዕ ዝነበረ ኣሃዱታት መኺኑ'ዩ። ድሕሪ ክልተ መዓልቲ ብግንባር ዓሊተና-መረብ፡ ከባቢ ጸሮና፡ ዝቐጸለ መጥቃዕቲ ግን፡ ሓገዝ ናይቲ ትሕጃ ኣሃዱ ሓተተ። ሓገዝ ክህብ ተዳልዩ ዝነበረ ኣሃዱ ኣብ ቀረባ ብምጽንሑ፡ ጸላኢ ነቲ ኣብ ዓዲታት ኣኽራን ዝተቐጻጸር ቦታ ተሓዲጉ ድሕሪት ተመልሰ።

ከም ኣብ ካልእ፡ ኣብ ውግእ'ውን ኩሎም ዘውሰዱ ስጉምቲታት ነቲ ዝዓበየ ሽቶ ንምጭባጥ ኣበርክቶ ይገብሩ ዘበሃሉ'ዮም። ዘውሰዱ ስጉምቲታት ንተጻራሪ ሓይሊ ሓደ ወሳኒ ነገር ዘስእን ክኸውን ድማ ኣለዎ። ዝዓበየ ሽቶ ጸላኢ፡ ከም መንግስቲን ሃገርን ንምኽታምና ኣስመራ ምእታው'ዩ ነይሩ። ኣስመራ ምእታው ዘሓጸረ ዝኸውን ከኣ ብግንባር ዓሊተና-መረብ ነበረ። እቲ ግንባር ግን፡ ኣፍ-ደገ ማእከል ስሓበትና ብምግንባሩ፡ ኣደልዲልና ዝሓዝናዮ ግንባር'ዩ። ጸላኢ፡ በቲ ዝቐደመ ናይ ክልተ መዓልቲ መጥቃዕቲ፡ ነቲ ግንባር ከምዝምዘሉ ዝኽእል ኣጋጣሚ ኣይረኸበን። ስለዚ፡ ድሕሪ 13 መዓልቲታት - 21 ለካቲት 1999 - ዳግማይ ብግንባር ባድመ ኣጥቀዐ። ቀንዲ ዕላማ ናይቲ መጥቃዕቲ፡ መጀመርታ ናብ ግንባር ባድመ ክስሕበና'ሞ ቀጺሉ ብግንባር ዓሊተና-መረብ ኣጥቂዑ ናብ ኣስመራን ባጽዕን ምግስጋስ'ዩ ነይሩ። ብወተሃደራዊ ዓይኒ፡ እታ ከም ርእሲ-ኩሉ መሲላ ተዛርብ ዝነበረት ባድመ እትርከቦ ግንባር ምድፋእን ዘይምድፋእን ቀዳምነት ዝወሃቦ ኣይኮነን። ብግንባር ዓሊተና-መረብ ናብ ደቀምሓረን መንደፈራን ገጽካ ምድፋእ ግን፡ ነቲ መትኒ ዝርከቦ ከባቢ ሓደጋ ብምኻኑ፡ ናይ ሞትን ሕየትን'ዩ። ከም ናይቲ ግዜ'ቲ ናትና፡ እንተ ብፖለቲካዊ እንተ ንግዜኡ ብወተሃደራዊ ምኽንያት፡ ኣብ ምክልኻል ዝተጸምደ ሓይሊ፡ ነቲ ቐንዲ ማእከሉ ዝኹነ ከባቢ ቀዳምነት ስለ ዝህቦ፡ ኣብ ካልእ ቦታ ክድፋእ ንቡር'ዩ። ስለዚ፡ ኣብ ግንባር ባድመ ናይ መስመር ምቕይያር ተገብረ።

*　　*　　*

እዋኑ 6 መጋቢት 1999 ነበረ። ብርጌድና ካብ ጸሮና ተበጊሳ፡ ኣብቲ ካብ ግንባር ባድመ ስሒብና ኣብ ዝመስረትናዮ ሓድሽ መከላኸሊ፡ መስመር - ከባቢ እላላ - ትዋጋእ ነበረት። ጽዑቕ ምንቅስቓስ ሰራዊትን ደብዳብ ዝተፈላለየ ኣጽዋርን ዝነበሮ ውግእ እዩ። ካብ መከላኸሊ መስመር ኣንሳሒብካ

እትምስርቶ ካልእ መከላኸሊ መስመር፣ ከም ተመኮሮና ንመቝተሊ ዝምረጽ ቦታ ብምሥኑ ግን፣ ብዝያዳ ንጸላኢ ዋጋ ዘኸፍል እዩ።

ደምካ ብረሃጽካ ንምዕቃብ ትህኪት ዝበሃል የለን። ኣብ ጸግኒ ሓንቲ ኮጀት ግዜ ምስ ወሰድና፣ ምስ መሓመድን ሃይለን ኬንና ግዜያዊ መከላኸሊ ጉዳጉዲ ክንኮዕት ጀመርና። ስራሕ ወትሩ ንብዙሕ ኣሉታዊ ኣተሓሳስባ ምስ ኣባረረ'የ፣ ምኹዓት ምስ ጀመርና ድማ፣ ብሰንኪ'ቲ መኣስ ይሃርመና ጥራይ ዘይኮነስ፣ ከመይ ኢሉ ይስሕተና ኣሎ ንብሎ ዝነበርና ዓበይቲ ቦምባታት ሓዲራና ዝነበረ ስግኣት ጉደለ። ከም ሰብ መጠን፣ ባዕልኻ ኣብ ውሽጢኻ ትፈልጦ ጥራይ ደኣ'ምበር፣ ኣብ ገጽ ዝንጸባረቕ ፍርሓስ ኣይነበረን። ፍርሓ ንምስዓር ክትቃለስ ስለ ዘለካ እዩ መስሊኒ ኣብ ግዜ ውግእ ንጭኮርቃን'ውን ተራኸበሉ ኢኻ።

"መቓብር ዲና ንኹዕት ዘለና ወይስ መዕቆቢ?" ተጫረቐ ሓደ ካብ ማእከልና።

"ኩሉ ሓደ። እቲ ሓደ ብህይወት ከለኻ ይከላኸለልካ፣ እቲ ሓደ ድማ ምስ ተሰዋእካ" ብሓባር መለስናሉ። መበገሲ ዘረባ፣ ዓይነት ናይቲ ንስርሓ ዝነበርና መከላኸሊ'የ። ከም ናይ ስኮጀታት ግዜያዊ መከላኸሊ መጠን፣ ብኣእማን ምስራሕ ዝቓለለ'ኳ እንተ ነበረ፣ ኣእማን ስለ ዘይረኸብና ግን፣ ቅሩብ ሓውሲ ኩፍ ከብል ዝኽእል ጉዳጉዲ ኢና ኮኒትና።

ኣብ መንጎ ስራሕና ኣመጻጽኣኡ ዘይፈለጥኩም ሓደ ዓቢ ስኮጀ፣ ሕቆይ ጠፋዕ ኣበለኒ። ነቲ ዝሃረመኒ ዚግዛጋዊ ቅርጺ ዝነበር ስኮጀ ኣብ መሬት ምስ ረኣኹም፣ ከመይ ኢሉ ኣይወደቐኩን ተገረምኩ። ደም ንምዕጋት ኢሉ ኢደይ ንድሕሪት ሰዲደ ዝተሃርመ ኣካል እናጸቆጥኩ ድማ፣ "ተሃሪመ ኣለኹ!" በልኩ። ግዘሬ ናይቲ ስኮጀ ርኢኻ፣ ሃሪሙ ዝገድፍ ዘይኮነስ ኣካላትካ ኣብ ክልተ ክቐርጽ ዝኽእል'የ ነይሩ።

ሃይለ ጸጋይ ብድሕረይ ምስ ተጠወየ ነገራት ከም ትጽቢቱ ኩይኑ ኣይጸንሐን። "እስከ ግደፋ" በለኒ'ም፣ ኢደይ ምስ ኣልዓልኩ፣ "ደም ጥራይ'ያ ሰሪባ'ምበር ኣይተተኸፍተትን" በለኒ። ለካ ናህሩ ዝወደሰ ስኮጀ'የ ሃሪሙኒ። ከም ዝመስለኒ፣ ካብ መሬት ንስማይ ተወንጪፉ፣ እንደገና መሬት ዓሊቡ ነጢሩ ሃሪሙኒ ክኸውን ነይሩዎ።

ብሰንኪ'ቲ ፍጻመ ስራሕ ደው ምስ ኣበልና፣ "መልኣክ ተሰዊኡ'የ ዝመስል" ዝብል ዘረባ ሰማዕኩ። በቲ ስኮጀ እንተ ዘይሃረም፣ ነቲ ዘረባ ኣይምሰማዕኩዎን። ክዛረብ ዝሰማዕኩዎ ድማ፣ ተወጊኡ እግሩ ዝጀነን ዝነበረ ምኪኤል'የ። በይነይ ስራሕ ኣቋሪጸ ናብ ምኪኤል ብምኻድ፣ "ጋንታ ደሓን ድያ?" በልኩዎ፣ ምስ መልኣክ ኣባላት ጋንታ ደሽካ'ዮም ነይሮም።

"ደሓን'የ፣ ደብዳብ ዓሊቡና!"

"እሞኽ፤"

"መልአክ ተሰዊኡ፤ ካልእ ግን ደሓን'ዩ፨"

ኮነታት ናይታ ጋንታ እፈልጦ'የ፨ መራሒ ጋንታን ተሪፍም ዝነበሩ መራሕቲ መሳርዕን ተወጊአም አብታ ረፍዲ ሕክምና ከይደም ነይሮም፨ ዝተረፈ አባል ወኒ'ምበር ተመኩሮ ውግእ ዘይደለበ'ዩ ነይሩ፨ አብ ርእሲኡ፤ ናይታ ጋንታ ደሸካ ስለ ዝዓከሱ፤ ንግዜኡ ዕጥቁን ስንቁን አብ ምምልላስ'ያ ተጸሚዳ ነይራ፨ ምስቲ ዳግመ ምዉዳብ ከካየደላ ምኽንያት አተአሳሲረ ኸአ፤ እቲ "መልአክ ተሰዊኡ'የ ዝመስል" ዝብል አቐዲመ ዝሰማዕኩዎ ዘረባ አየኞሰነኒን፨

ናይ ዝተሃረመሉ ቦታ ሓበሬታ ወሲደ፤ ሰለስተ አርባዕተ ፋሻታት አብ ጅባይ አእትየ ተበገስኩ፨ ንመልአክ ከድሕኖ ተስፋ አይነበረንን፨ "መስዋእቲ አረጋጊጽ፤ ካብኡ ሓሊፉ ብህወይት እንተ ጸንሐ ኸአ ጽዒርናሉ ክስዋእ አለዎ'" በልኩ፨ እዚ፤ ዝተለምደ ባህሊ ህዝባዊ ሰራዊት'የ፨ ሓድሕድ ምትእምማን አንጊሱ፤ ንዕላማ ውፉይ ከም እትኸውን ዝገብር ባህሊ ድማ'የ፨ ሰብአዊ ክሳራ ንምውሓድ ተባሂሉ ዝግበር ጻዕሪ አብ ተዋጋእቲ ዘፈጥሮ ተወፋይነት ርእሱ ዝኸአለ ዕጥቒ'የ፨

* * *

ክሳብ ሕጂ፤ ማህረምቲ ናይቲ ሰላማዊ ስቡጅ ክሓስቦ ከለኹ፤ ህይወት መልአክ አብ ምድሓን ገለ ተራ ንኽጸወት ተባሂሉ ዝተፈጸመ ኩይኑ ይስምዓኒ፨ እዚ እናክሓስብ ከአ፤ ህይወት ካልእ ብጻይ አብ ምድሓን ዘይተዓወትኩሉ ዝብሉ አጋጣሚ እዝክር'ሞ፤ ቅሩብ ሸቅ የብለኒ፨ ቅድሚ ሸድሸት ዓመታት ናይዚ ፍጻመ'ዚ እዩ - ነሓሰ 1993፨ ካብ ቦጦሎኒ መራሕ ጋንታን መሳርዕን ምልክትን ሓኪምን እንርከቦም 10 ዝአባላታ መስርዕ ተዋጺእና፨ ካብ ክልተአን ቦጦሎኒታት ብኸምኡ ደረጃ ተዋጺእና'ሞ፤ መራሒ ሓይሊ ዝእዘዝ ጋንታ አቖምና ካብ ዓራርብ ተበገስና፨ ምስ'ቶም ካብ ምሉእ ኮር ከማና ዝተዋጽኡ አብ ናቅፋ ተአኻኺብና፨ እቲ ግዜ፤ ድሮ ናይቲ አብ ናቅፋ ዝካየድ ሳልሳይ ውድባዊ ጉባኤ ህዝባዊ ግንባር'የ ነይሩ፨ እቲ ካብ ሱዳን እናተበገሰ ነቲ ከባቢ ረቢሹ ዝነበረ ጉጅለ መጃሂዲን ክዕገስ ድማ ነበረ፨

አብ መንጉ ወፍሪና፤ ምልክት መስርዕና ሓይልአብ መሓሪ ዓሶ ሓመመ፨ አብቲ ግዜ፤ ሓኪም ናይታ መስርዕ ኩይኑ'የ ወሪረ፨ ሓይልአብ፤ ብመርፍእ እንተ ዘይኩኢኑ ብአፍ ዝውሰድ ኪኒና መድሃኒት ዓሶ (ክሎሮኪን) ከም ዘይወስድ ሓበረኒ፨ ብመልክዕ መርፍእ እንተ ዘይሃልዩ ድማ፤ መተካእታኡ ካልእ ዓይነት ኪኒና ይወሃብ ምንባሩ ነገረኒ፨ ክሎሮኪን አዝዩ መሪር

457

ብም'ኚኑ፡ ብቓሊል ዘውሓጥ መድሃኒት አይኮነን። ሰለዚ፡ ዘረባ ሓይልአብ አይሓደሰንን።

ሽዑ ዝነበረኒ መድሃኒት ዓሶ ግን ብአፍ ዘውሓጥ ጥራይ'የ ነይሩ። እቲ ከም መተኻእታኡ ዝጥመት ዝነበረ መድሃኒት 'ኮትሪማክሳዞል'፡ አብ ናይ ሰለስተና መሳርዕ ሓካይም አይነበረን። ንሓይልአብ፡ "ስቕ ኢልካ ዝተአዘዘልካ መድሃኒት ውሰድ" ኢለ፡ ነቲ መሪር መድሃኒት አውሓጥኩዎ። ከም'ቲ ዝበሎ፡ እቲ መድሃኒት ብቓጥታ ብተምላስ ወጸ። እቲ ግዜ፡ ድሕሪ ናይ ሳምንቲ ስራሕ አዕሪፍናሉ ዝነበርና ብም'ንባሩ፡ ቅጭ ክንስንክት ጀመርና። ነቲ ከኒና ኸአ ብውሽጣዊ ልስሉስ ክፋል ቅጭ አርቂቖ ሽፈነ፡ ብግዓይ ሽኮር አውሓጥኩዎ። ሓይልአብ፡ "ሕጅስ'ባ አየምልሰን ይኸውን" እናበለ፡ ካብተን አርባዕተ ከኒና ሓንቲ ወሓጠ። እንተኾኑ፡ ሕጂ'ውን አምለሰ። ብተምላስ እናተጸዕረ፡ "አሕ! ቅሩብ እስከ አይትጸንሕን..." በለ።

ብድሕሪ'ዚ፡ ሕክምና ንምስዳዱ ቀሊል እንተ ዝነብር፡ አብ ካልእ ምብልሓት አይምአተኹን። ጸገምና ዝፈጠር ግን፡ አእምሮኡ ንምእማን፡ "በል ንመሓለውታ ኢለ ሓዘዮ ዝነበርኩ አሎ'ሞ፡ ንዕኡ ክህበካ'የ። ድሕሪ መግቢ ክውሓጥ ስለ ዝግባእ ግን ብቓጭ ሽፈነ ክህበካ'የ።" በልኩዎ። ነቲ ክልተ ግዜ ከሰዐኡ ዘይተቐበሎ መሪር ከኒና ብሰላም ወዲኡ፡ ሓውዩ ስራሑ ቀጸለ።

ምስ ሙጃሂዲን ከነካይዶ ዝቐነና ንአሽቱ ግጥማት፡ ድሕሪ ክልተ ወርሒ ብዕወት ዛዚምና አብቲ ጉባኤ ዝሳተፉ ወከልትና አብ ምምራጽ ክንሳተፍ እናተመለስና፡ አራል ዝዓይነታ መኪና ጋንታና ተገምጠለት። ድሕሪ ሓደ መዓልቲ ሃለዋተይ ፈሊጠ ምስ ሓተትኩ፡ ሓይልአብን አውቲስታን ከም ዝተሰውኡ ተሓበረኒ። ካብታ ደቒቕ አትሓዘ ድማ፡ ሓይልአብ ናብ ሕክምና ከይሓለፈ ንኽሓዊ ዝገበርኩዎ ጥበብ፡ ብህይወት ንኽይቅጽል ተባሂሉ ዝወዓልኩዎ ኮይኑ እስማዓኒ'ሞ ወትሩ ሽቕ አብለኒ።

*   *   *

ዛንታ ሰላማዊ ስኮጆ አንጻር ናይዚ ዝተገለጸ'የ። ብዙሕ ግዜ ብማዕዶ ንዝዐዘብ ሰብ፡ ብስንኪ'ቲ ዝዓልብ ዝነበረ ደብዳብ ሰብ ፍጡር አይህልውን'ዩ አብ ዝበሎ ተሃራሚ ቦታ፡ ሰራዊት ንጥፈታቱ ከካይድ'የ ዝርኦ። አብቲ ግዜ'ቲ ቦታና'ውን አብ ከም'ኡ ዓይነት'የ ዝነበረ፡ ሰራዊትና ግን ስራሑ አየቋረጸን። ጸቡቕ ገይረ ከም ዝዝክሮ፡ ነተን ሓዘየን ዝተበገስኩ ፋሻታት ካብ ንመልአክ ንላዕሊ ንነብሰይ እሓስበን ነበርኩ።

ሚኪኤለ፡ ደብዳብ ምስ ዓለዎም ናብ መዋድቓ መልአክ ክኸዱ ዝረአዮም አባላት፡ ንመልአክ ክልዕሉዎ ስለ ዘይረአየ ተሰዊኡ'የ ኢሉ ደምደመ። ንሳቶም'ውን፡ ምስቲ ከቢድ ማህረምቱን እቲ ቦምባ ዘበገሶ

ደርናን፥ ዝተሰወአ መሲሉ-ዎም ገዲፍሞ ግልል በሉ። ነታ ጋንታ ምስ
ረኸብኩ-ዋ'ውን ከም ዝተሰወአ'ዮም ሓቢሮምኒ። አፈወርቂ ዝበሃል አባል
ናይታ ጋንታ መሪሑኒ ናብ ቦታ ማህረምቲ ብዝኸድና ግን፥ መልአክ ውነኡ
አጥፊኡ ደአ'ምበር ብህይወት ጸንሓና። ብዙሕ ማህረምቲ ነይሩዎ። ልዕሊ
ኹሉ ወጺዓቶ ዝነበረት ግን አብ የማናይ ወገን አፍ-ልቡ ዝተሃርማ'ያ።
ብአአ፥ አየር ይአቱን ይወጽን ነይሩ። ሸዑ፥ ዝአክል'ኳ እንተ ጸዓርናሉ፥
ክብደት ማህረምቱ ርእየ ይስዋእ ደአ'ምበር ይሓዊ አይበልኩ-ን። ትንፋስ
ጅግና፥ "ዓወት ንሓፋሽ!" ኢላ ክሳብ እትስዋእ፥ ክጸዓረላ ስለ ዘለዎ ግን፥
ንዉጉእት እተመላልስ ምድብ'ቲ መኪና ከይተጸበና፥ ፍልይ'ቲ ተዮታ ብርጌድ
ጠሊብና ናብ ዝለዓለ ሕክምና አፋነናዮ። "እንቋዕ ጸዓርናሉ-'ምበር ካልእስ ከም
ብጹ'ቱ፥" ኢልና ንመስዋእ'ቲ ዝሃብናዮ መልአክ አይተሰወአን - ተሓኪሙ
ሓወየ። ነታ ብየማናይ አፍልቡ ዝአተወት ስኮጅ ንምውጻእ፥ ሰለስተ ግዜ
መጥባሕቲ ተኻዪዱ-ሉ፥ እንተኾነ አይወጸትን። ብውሽጢ ተሳቒዮ እያ፥
እንተ ብደገ ግን፥ ቀደም ዝፈልጦ ሰብ ደአ እቲ ጉልቡት ነብሱ ምፍራሱ
ይርድአ'ምበር፥ ከም ሰብሲ ማህረምቲ ዘለዎ አይመስልን።

ሎሚ፥ መልአክ አቦ አርባዕተ ቄልዑ ኹይኑ፥ ትምህርቱ ቐጺሉ ካብ ኮለጅ
ማይ-ነፍሒ፥ ብጀነራል ኤለትሪክሲቲ ተመሪቑ አብ አስመራ፥ ተሓጋጋዚ
ኢንጅነር ኹይኑ ይሰርሕ አሎ።

መልአክ

459

30

ህያብ ሓድሽ ዓመት

ዘርእሰናይ ተስፋይ

መሓመድ ሕመድ ሽካን፡ ሓደ ካብቶም ኣብ ግንባር ቡሬ ዓሪዶም፡ ኣብቲ ኣጻምእ ወራር ጸላኢ. ክምክቱ ድሉዋት ዝነበሩ ኣባላት ክፍለ-ሰራዊት 29፡ ካልኣይ ብርጌድ፡ ቀዳማይ ቦጦሎኒ እዩ ነይሩ። ኣብ መወዳእታ ዓመተ 1999 ንመሓመድ ካብ ስድራ ቤቱ ዝተላእከትሉ ናይ ክልተ ደቁ ስእሊ በጽሓቶ። ነታ ስእሊ. ርእዩ ብመጠኑ ናፍቖቱ ድሕሪ ምውጻእ፡ ኣብ ገበራ ሓደ ጽሑፍ ኣንበረ።

"ስእሊ. ደቀይ ዓመተ 1999፡ ወርሒ. 11፡ መዘከርታ ናይ መወዳእታ ዓመተ 1999። ኣወልኬር ወደይ ወዲ 5 ዓመትን 5 ወርሒን ከሎ ምስ ሓፍቱ ድግ ዝተሳእሎ። ንሳ ድማ ጓል 11 ወርሒ. እያ። ኣነ ኣቦኹም መሓመድ ዕድመይ 30 ዓመትን 5 ወርሒን ሒዘ ከለኹ ዝጻሓፍኩዎ እዩ እዚ ጽሑፍ'ዚ። እዚ ሕጂ ንኣትዎ ሓድሽ ዓመት፡ ዓመተ ሰላምን ቅሳነትን ክኹነልና እምነ። ናብ ዓመተ 2000 ንኣቱ ስለ ዘለና፡ ትምኒት ኩሉ ወዲ ሰብ ስለ ዝኹነ፡ ሰላም ዘለዎ ሓድሽ ዓመት ይግበረልና። እዚ ጽሑፍ'ዚ እንተ'ለኹ መዘከርታ እንተ ተሰዊአ ድማ ንትዝታ እያ ዝጽሕፎ ዘለኹ። ጸሓፊአ ኣነ ኣቦኹም መሓመድ ሕመድ (ሽካን) 29 - 12 - 1999 መሰጋገሪ ናብ 2000."

*   *   *

461 "

ዝኸበርኩም አወልኬርን ድገን፡ አቦኹም ሓደ ካብቶም ሃገርምን ህዝቦምን ካብ ወራር ንምክልኻል አብ ግንባር ቡሬ፡ ደንከል፡ ዓሪዶም ዝነበሩ ጀጋኑ እዩ። ነቦኹም አብ የማናይ ግንባር ዓሰብ እየ ተላልየዮ። መሓመድ አብ መንጎ'ተን አብኡ ዝነበራ ቦጦሉኒታት ፍሉጥ አባል ስለያ ብምንባሩ፡ ዛንታታት ጅግንነት ብጻትና ክአኻኸብ ብዝመደብኩ ብዙሕ ግዜ ምስኡ ኣዕሊለ። መሓመድ፡ ንስራሕ ስለያን ብድሆታቱን፡ ዓቕልን ትብዓትን ዝሓትት ጽንኩርነቱን ከም ጸዕዳ ኢዱ'የ ዝመልኮ ነይሩ። አብ ከባቢ ታባ ሙሳ ዓሊ ዓሪዶም ዝነበሩ ስለያ ጸላኢ ከይተረፈ ዘርዓደ ጅግና ምንባሩ አብቲ እዋን'ቲ ዝተማረኹ ወተሃደራት ጸላኢ መስኪሮምሉ'ዮም። ታባ ሙሳ ዓሊ አብ ጫፍ ዞባ ደቡባዊ ቀይሕ ባሕሪ ዝርከብ ንኤርትራ፡ ኢትዮጵያን ጁቡቲን ዘራኸብ ጎቦ እዩ።

ወላዲኹም መሓመድ አመና ናፈቒኩም ከም ዝነበረ ብቓጸሊ የዐልስኒ ነይሩ። ክርእየኩም፡ ክሓቑፈኩም ከቱር ባህጊ ነይሩዎ። ካባኹም ርሒቐ፡ አብ በረኻታት ክሰፍር ዝመረጻሉ ምኽንያት ህላወ ሃገር ንምውሓስ እዩ። ጅግና ስለ ዝኹነ፡ ሃገሩ አፍቂሩ፡ ምእንቲ ናጽነት ሃገር በረኻ ወጺኡ ተጋዲሉ። ጅግና ግን አቦዲሙ ብዝፈጸሞ ቅያ ጥራይ አብቂዩ አይብልን'የ። መሓመድ፡ ናጽነት ሃገር ንምምጻእ አብ 1990 ናብ ህዝባዊ ግንባር ተሰሊፉ። አብ 1998 ወራር ወያነ ምስ መጸ ኸአ ልኡላውነት ሃገሩ ክዕቅብ ናብ ደባት ወፊሩ።

ብርዐይ ንዛንታ መሓመድ ክትዝርዝር ዓቕሚ ዝሓጽራ'ኳ እንተኹነ፡ ብዛዕባ አቦኹም ዘለዋ ድሩት አፍልጦ ክትጉስዮ ኸአ ሕልናኣ አይገብረላን እዩ። እዚ ዝጽሕፈልኩም ዘለኹ፡ ንውዕሎ ወላዲኹም አብ ሳልሳይ ወራር ዘዘንቱ እዩ። ዛንታ መሓመድ ንጽል ዛንታ ዘይኩነስ፡ ንናይ መብዛሕትኣም ምስኡ ዘወዓሉ ጀጋኑ ብጾቱ ዘውክል እዩ።

መሓመድ፡ አብታ አብ ድሮ ሓድሽ ዓመት ካብ ወላዲትኩም ዝተላእከትሉ ስእሊ፡ አብ ገበራ ርሑስ ሓድሽ ዓመት ክኹነልኩም'የ ሰናይ ምንዮቱ ገሊጹልኩም። እቲ ግዜ ብሓፈሻ ደበና ውግእ ዘንጸላለዎ ከቢድ'የ ነይሩ። ምስ ምኽባዲ ናይቲ ግዜ ሃሩር ምድሪ ደንከል ተሓዊሱዎ ሃልሃል በለ። ሸዐ፡ ብምዐራባዊ ሸነኽ ሃገርና፡ ሳልሳይ ወራር ወያነ ተወለዐ። እቲ ብጫፍ ምዐራብ ሃገርና ዝጀመረ ውግእ ንስራዊት ምድረ-ብዳ አንሶላኡ ክጠዊ ብራሾኡ ክቕርብ፡ ካላሹኑ መዚኑ አብ ተጠንቀቕ ክህሉ ዝደፋፍአ እዩ ነይሩ። ወላ'ኳ ጠንቂ ናይቲ ውግእ ተባሂላ እትጥቀስ ባድመ አብ ምዐራባዊ ጫፍ ኤርትራ እንተ'ላ ወያን ግን ቀሉዐ ወራር ብምፍጻም አብ ኩሉ ደባት ሃገርና - ምዐራብ፡ ማእከል፡ ምብራቕ - እዩ ስፈሕ ወራር ከፈቱ።

አብ ከምዚ ዝበለ ናይ መኸተ እዋን መሓመድን ብጾቱን አብ ግንባር ዓስብ ኩይኖም አሰንባዲ ዜና ምትሓዝ ባረንቱ ሰምዑ። እቲ ሰራዊት ምድራ-ደንከል አብ ርሑቕ ወገን ዝነበሩ ብጾቱ ክሕግዝ ዘኽእሎ ሓደ ወሳኒ ትእዛዝ አብ ምጽባይ አተወ። አብቲ ግዜ'ቲ እንትርፊ "ተጠንቀቅ!" ዝብል ቀጻሊ ትእዛዝ ካልእ አይተመሓላለፈን። ብጾት መሓመድ: "ሓደ ትውለድ: እንታይ ንጽብ አሎና!" ብምባል ንጽላኢ ገጢሞም ክዐወቱን ብጾቶም ክሕግዙን ክቱር ድሌት ነበሮም። አብ ሰራዊት ኤርትራ ግን ብዝደለኻዮ ዘይኮነስ ብትእዛዝ ኢኻ እትንዓዝ - ትእዛዝ ተጸበዩ።

እታ ወላዲኹም ዝነበራ ክፍለ-ሰራዊት: ሰለስተ በራጊድ አብ ድፋዕ: ሓንቲ ብርጌድ ከአ አብ ታዕሊም እያ ነይራ። ጋንታ ወላዲኹም ምስታ አብ ታዕሊም ዝነበረት አሃዱ እያ ነይራ። አዛዚ ክፍለ-ሰራዊት 29: ብሪጋደር ጀነራል ስምኦን ዕቑቡ (ርእሲ ምራኽ): ሓበሬታ ምስ መጾ: ነታ ወላዲኹም ዝነበረ ክፍለ-ሰራዊት: ካብ ድፋዕ ግንባር ዓስብ ናብቲ ብ18 ተባሂሉ ዝፍለጥ: አስታት 50 ኪሎ ሜተር ዝኽውን ብእግሪ ተጓዒዛ ክትወጽእ ሓበራ። በዓል መሓመድ: ናብይ ምኻኖም አይፈለጡን። ግምቶም አብቲ ግንባር ዝነበረ ጸላኢ ክምክቱ እዮ ነይሩ። ድሕሪ'ቲ ነዊሕ መሪርን ጉዕዞ እግሪ: አብ መራኽብ ተሰቕሉ። ጉዕዞ ካብ ዓስብ ናብ ባጽዕ ብመራኽብ ሓይሊ ባሕሪ ኮነ። ድሕሪ'ቲ ሰለስተ መዓልቲ ዝወሰደ ናይ ባሕሪ ጉዕዞ: ንፋስ እናሸበቦም: ባሕሪ እናተገማጠለ ዝመጹዋ ጉዕዞ ዛዚሞም: 21 ግንቦት 2000 ባጽዕ አተዉ።

መንገዲ ባጽዕ-አስመራ: ካብ ምትሓዝ ባረንቱን ዝቐጸለ ዝነበረ ደማዊ ውግእን ዝተበገሰ ንበዓል መሓመድ ከቢድ ጾር ዘስክሞም መሰለ። ብዘይዕረፍቲ ካብ ጉዕዞ-እግሪ ናብ ጉዕዞ-ባሕሪ: ካብ ጉዕዞ-ባሕሪ ናብ መካይን ተሰቒሎም ናብቲ ጌና አንፈቱ ዘይፈለጡዎ መንገዲ ቀጸሉ። አብ ዘዝአተዉዎ ዓዲ ይኹን ከተማ ዕልልታ አደታት: ሆይሆታን ጣቕዒትን ቄልዑ: ሞራል አበታት . . . ምስቲ ዝወሃቦም ዝነበረ ዝብላዕን ዝስተን ካብ ትካዝ ናብ ፍናን አሰጋገሮም። "አጆኹም እዞም ደቀይ!" ዝብል ሞራልን ሓላፍነትን ዘስክም ሓደራ: ካብቲ ዝቐሰሙዎ ወተሃደራዊ ስልጠና ብዘይንእስ ስንቒ ኩኖም። ንእምነትን ተስፋን ናይቶም ናብ ውግእ ዝአትዉ ዝነበሩ ሓርበኛታት መብጽዓአም ከሓድሱ ዝድርኽ ድማ እዮ ነይሩ። እታ አሃዱ ጉዕዞ ብምቕጻል ናብ ከቢ ዓዲ-ኻላ: ናብ ዓቢ ዓዲ: አበለት። ከሳብ ማይ ሰመሞ ዝበጽሑ አደታት እንጣጢዕ: ቅጫ: እንጀራ: ማይ. . . እናአቐበላ ንዝተሰከሙዎ ሓደራ ከም ዘሓድሱ ገበራአም። እታ ወላዲኹም ዝነበረ ክፍለ-ሰራዊት ናብታ ካብ ጽፍሒ ባሕሪ 1942 ዝበራኽአ ዓዲ-በጊያ ክትዓርድ ተሓበራ። ዓዲ-በጊያ ብብዝሒ አግራብ ጋባ: ዓላ ሞሞና. . . ዘለዋ ቦታ ኩይኑ መሬቱ ቀይሕ ሓመድ: ጸባርያን ዋላኻን እዮ።

እቲ ሾዉ መረብ ሰጊሩ ዝመጸ ወራሪ ሰራዊት ጸላኢ ብዘሑ ሾሾ እዩ ነይሩ። ከም ውጥኑ ድማ ድፋዓትና ጠሓሒሱ አብ ሓጺር እዋን ዓዲ-ጓላ አትዩ ክጨርስ ጭቡጥ ገይሩዎ'ዩ ተበጊሱ። ብፍላይ ቦታ በዓል መሓመድ ዝነበሩዋ ቦታ ጸላኢ 22፡ 24፡ 28 ዝተሰምያ ክፍላተ-ጦር አሰሊፉ ነበረ። እዝን አህዱታት እዚአተን፡ መሓመድን ብጾቱን ዝነበሩዋ ዕርዲ ክሰብራ ነበረ መደበን።

አቦኹም መሓመድ ዝነበር አሃዱ ዓቕሚ ጸላኢ አወዳዲርካ ውሑድ'ኳ እንተ ነበረ፡ ናይ ፓራ ኮማንዶ ስልጠና ዝወሰዱ ተባዓትን ንሃገሮምን ህዝቦምን ዝተበጀዉ ሓርበኛታትን ብምንባሮም፡ ንብዝሒ ጸላኢ ዘሰዕር ዋሕዲ'ዩ ነይሩዎም። እቲ በዓል መሓመድ አብ 'ኪሎማ' ዝተባህለ አብ ደንክል ዝርከብ ብርቱዕ ሃሩር ዘለዎ ቦታ ዝወሰዱዎ ታዕሊም ልዑል አካላዊ ብቕዓትን ተጻዋርነትን አጥሪዮም እዩ። ሓሸከት ሰራዊት ጸላኢ ወሪሩ ንኤርትራ ምሉእ-ብምሉእ አብ ትሕቲ ቁጽጽር ከእትዋ አብ ዝተሃንደደሉ ከአ'ያ እታ ፓንታ ምስ አደ አሃዱአ ክፍለ-ሰራዊት 29፡ ካብቲ ብቐጻሊ ክትወስዶ ዝጸንሐት ስልጠና ብቕጥታ ናብ ታሪኻዊ ግንባር ዓዲ-በጊዖ ዘምረሐት።

ኮር ባድማ ዝበሃል ሰራዊት ወያነ፡ አርባዕተ ክፍላተ-ሰራዊት፡ 22፡ 24፡ 26፡ 28፡ አሰሊፉ ብደብረ ቁንጺ ናብ ማይ-ምን፡ ቄሓይን፡ ብምውጻእ ደው ከይበለ ብ23 ግንቦት 2000፡ ብዘይ ስልታዊ ምንቅስቓስ ነጾርቲ አምሪሑ አብ ዓዲ-በጊዖ መጥቃዕቲ ጀመረ። አብ ዓዲ-በጊዖ፡ ክምክት ዝኽእል ሰራዊት ክጸንሓም ከም ዘይክእል፡ አብ መራኸቢ ሬድዮኡ ከይተረፈ ክዛረብ ተሰምዐ። "ካብ ዓሰብ ዝተበገሰ ሰራዊት ዓዲ-ጓላ ከይበጽሐ፡ ቀልጢፍኩም ነቲ በረኸቲ ቦታታት ዓዲ-በጊዖ ተቖጻጸሩዎ" ዝብል ተደጋጋሚ መልእኽቲ አዘዝቲ ሰራዊት ወያነ ናብ ዓሳኸሮም ተመሓላለፈ። እቶም ናብ ዓዲ-በጊዖ ዘበሉ ወተሃደራት ጸላኢ፡ መጀመርታ አብ ሰዓታት ቅድሚ ቀትሪ፡ ብፍቕያ ጨቖምጠ አቢሎም ናብ ጸዕዳ ቖላይ ብምምራሕ'ዮም መጥቃዕቲ ዝጀመሩ።

ሰራዊት ወያነ፡ ሓያል ሰራዊት ኤርትራ ክጸንሐ ትጽቢት አይነበሮን። እንተኹነ፡ ክፍለ-ሰራዊት 25 ካብ 19 ግንቦት 2000 አትሒዛ ካብ ዓረዛ ብምብጋስ አብ ከባቢ ዓዲ አጋል፡ ክሳብ ዓዲ መኸዳ ዓሪዳ ነበረት። እታ መሓመድ ዝነበር ክፍለ-ሰራዊት 29 ድማ፡ ካብ ግንባር ቡሬ ተበጊሳ ዓዲ-በጊዖ ብምእታው፡ አብ ተረተር ዓዲ-በጊዖ ዓረደት። ክፍለ-ሰራዊት 71 ተደራቢ ሓይሊ ኩይኑ አብ ከባቢ ዓዲ-ጓላ ጸንሐ።

እቲ አብ ሓጺር እዋን አስመራ ክአቱ ዝተሃንደደ ሰራዊት ወያነ፡ ጌጋ ስእሊ ስለ ዝነበሮን ብዓሻ ድፍረት ተደሪኹን ነቲ ክትሓኽር ጥራይ ከባቢ

ክልተ ሰዓት ክወሰድ ዝኽእል በሪኽ ቦታ፡ ቅድም ፍሉያት ኣሃዱ ኣሰሊኹ፡ ደሓር ማዕበል ሰራዊት ኣስዒቡ፡ ዓዲ-ኻላ ጥሒሱ ኣስመራ ክኣቱ ተሃንጥዩ እዩ ተበገሰ። ብወገንና፡ ኣሰላልፋ ሓይልታት ምክልኻል ንምድልዳል፡ ዓቢይቲ ኣጽዋር 23 ሚሊ ሜተር ኣብ ኣድማዒ ስትራተጂያዊ ቦታ ተሰለፈ። ስለ ዝኹኑ፡ በቲ መሓመድ ወላዲኹም ዝነበር ቦታ ውን ቅድሚ ምጅማሩ፡ 'እምባ ባርያ' ብዝተባህለ ቦታ፡ ሰራዊት ጸላኢ. ትኽ ኢሉ ይመጽእ ኣብ ዝነበረሉ፡ ከቢድ ብረትና ነቲ ሰራዊት ሓደጋ ወደቐ። እቲ ቦምባታት ኣብ መዓላኡ. ብምውዳቐ ኹኣ ንጸላኢ. ከይተበገሰ ራዕዲ ፈጠረሉ። እቲ ካብ ከቢድ ብረት ዘምለጠ ሰራዊት፡ ኣብታ ኣብ ጉልጉል ዝተደኩነት እምባ ባርያ ክተኣኻኸብ ተገደደ። ኣዘዝቲ ሰራዊትና፡ ነዚ ዝተኣኻኸበ ሓይሊ. ጸላኢ. ንምድሃኹ ብ23 ግንቦት፡ ሰዓት 5:30 ድ.ቐ. ናብታ ንጸላኢ. ከዊላ ዝነበረት እምባ ባርያ ጸረ-መጥቃዕቲ ንምግባር ሓንቲ ቦጦሎኒ ኣበገሱ። እታ ቦጦሎኒ ኣድማዒ ዕማም'ኣ እንተ ዓመመት ጸላም ስለ ዝዓበለለን ጸላኢ. ተሪሩ ስለ ዝተዋግአን፡ ኣዘዝቲ ሓይልታት ምክልኻል ኤርትራ ናብ ቦታኣ ከም እትምለስ ገበሩ።

ኣሃዱታት ኣብ ምክትታልን ኣሰላልፋኣን ኣብ ምድልዳልን ልዑል ተራ ኣዘዝቲ ጉሊሑ ተራእየ። ሰሜን ካብ ጾዕዳ ቀላይ ዝነበረ ቦታ ብወገንና ስሕው ኣተሓሕዛ ስለ ዝነበር፡ ጸላኢ. ብቐሊሉ ከይጥሕሶ፡ ካብ ክፍለ-ሰራዊት 71 ክልተ ቦጦሎኒታት ከም ዝሕዛእ ተገብረ። ክፍለ-ሰራዊት 25 ሓያል ምርብራብ ስለ ዝገጠሞ፡ ካልኣይ ብርጌድ ናይ ክፍለ-ሰራዊት 71'ውን ቦታኡ. ከም ዝተክእ ተገብረ።

ሪዘርቫ ዝጸንሐት ጋንታ ኣቦኹም ኣብ ተጠንቀቕ እንከላ፡ ሓንቲ ቦጦሎኒ ዕቑር ሰራዊት ተሰሊፋትሉ ዝነበረት ቦታ፡ ምኽንያቱ ብዘይተፈልጠ፡ ገዲፋቶ ስለ ዝወጸት ሰራዊት ወያነ ዓዲ. ብሓይላይ ንዝተባህለ ብምዕራብ ዘሎ ተረተር ቦታታት ክሕዙ ፈተነ። ክልተ ሓይሊ. ኣጋር ከቢድ ብረትን ሓንቲ ሓይሊ. ሃንደሳ ግንባርን መኪተን ጸረ-መጥቃዕቲ ስለ ዝገበራ ግን ነቲ ቦታ ክቑጻጸር ኣይከኣለን።

እቲ ኣብ ውግእ ከይኣተወ ዝጸንሐ ኣሃዱ ወላዲኹም፡ ናብ 24 ግንቦት ኣብ ዘውግሐ ለይቲ፡ ደበና ከቢድ ውግእ ኣንጸላለዎ። ገለ ክፋል ዓዲ ኣጣል ብጸላኢ. ተታሕዘ። ኣሃዱ ወላዲኹም ምስቲ ብዝሒ. ዝነበር ሰራዊት ኣብ ሓያል ምርብራብ ኣተወ። ዕላማ ናይቲ ሰራዊት ብቐጥታ ንበዓል መሓመድ ጥሒሱ ናብ ዓዲ-በጊያ ክኣቱ'ዩ ነይሩ። ደማዊ ውግእ ድማ ኣኸተለ። ብፍላይ እታ ወላዲኹም ዝነበራ ጋንታ፡ ኣብ መልሓስ ናይታ ገፖ ብምንባራ፡ ኣዝዩ ሓያል ምርብራብ ኣካየደት።

ጋንታ ወላዲኹም ዓሪዳትሉ ዝነበረት ቦታ ጸቢብ መዋግኢ ብምንባሩ፡ ጸዳፍን ንጸላኢ ብቐሊሉ ከርኢ ዘኽእልን'ውን'የ ነይሩ። እቲ ከቢድ ጸላም ግን ነዚ ብልጫ'ዚ ናብ ብድሆ'የ ቀይሩዎ። ወላዲኹም ዝነበር ብጸላኢ ስለ ዘይክሸፍ'ውን ከም ዓቢ ብልጫ ዝርኣ'የ ነይሩ። ዝኸፍአ ጸገሙ ግን ክትሃጅም ኮነ ውጉኣት ከተውጽእ ዘይሕግዝ ምንባሩ'የ። ግን ከኣ ብብረት ንጸላኢ ክትሃርም ትሕቴኻ ክትርኢ ዘኽእል ብምንባሩ ምቹእ ነበረ።

አዛዚ ናይታ ቦጦሎኒ፡ ወዲ ኣርኣያ፡ ጋንታ ወላዲኹም ሒዛቶ ዝነበረት ቦታ አዝዩ ወሳኒ ብምንባሩ፡ ብተደጋጋሚ፡ "ጸላኢ ሬሳና ረጊጹ ይሕለፍ!" አብ ዝብል መትከሉ ደው በለ። እታ ወላዲኹም ዝነበራ ቦታ አዝዩ ልዑል ጥንቃቐ የድልያ ከም ዝነበረ ዝሕብር ካብ ላዕሊ ክሳብ ታሕቲ ዝወርድ ትእዛዝን ምሕጸንታን ጸዓቐ። አዘዝቲ አሃዱ፡ እቲ አብ ሓድሕዱ ዝተተራአስ ደናጉላ ዝተቐራረብ ብምንባሩ፡ አብ አሰላልፋ ልዑል ጥንቃቐ ገበሩ። ካብ ዝተፈርሐ ከይተወጽአ ግን፡ አብታ ወላዲኹም ዝመርሓ ዝነበረ ጋንታ፡ ብዝሒ ዘለዎ ሰራዊት ነኸሰ። እታ ወላዲኹም ዝተመደበላ ቦታ፡ ሓያል ምርብራብ ክህሉዋ ከም ዝኽእል ተገሚቱ ስለ ዝነብረ፡ ሓንቲ ሓይሊ ሪዘርቫ ተዳለወት። አሻቡ ድማ ማዕበል ሰራዊት ጸላኢ ንሓይሊ ወላዲኹም አጥቂዑ ሓደጋ አውረደሉ።

ናብ 24 ግንቦት 2000 አብ ዘውግሐ ለይቲ፡ እቲ ውግእ ናይ ምትሕውዋስ ባህሪ ሒዙ መመሊሱ ጸንከረ። ብፍላይ ጋንታ መሓመድ ዓሪዳትሉ አብ ዝነበረት ቦታ ሓያል ጥምጥም ቀጸለ። አብቲ መን'የ ወገንካ፡ መን'የ ጸላኢኻ ክትፈልየሉ ዘጸግም ናይ ለይቲ ግጥም፡ በዓል መሓመድ ነቲ ብማዕበል ሓደ-ድሕሪ ሓደ ዝወሮም ዝነበረ ሸሾ ሰራዊት ጸላኢ፡ ዘፍ ንምባል አብ ከቢድ ምትሕንናቕ አተዉ። ቀዳማይ ማዕበል ወራር ዘፍ ምስ አበሉ፡ ብኡ-ንብኡ እቲ ካልኣይ ሰዓበ። ንዕኡ'ውን ወዲእናዮ እናበሉ ሳልሳይ አረከበ። . . ምቅታልን ማዕበል ወራርን ተረባሪበ። ፍጹም ዘውዳእ ዘይመስል ምርብራብ ድማ ቀጸለ።

እታ አቦኹም ዝመርሓ ጋንታ ዓሪዳትሉ ዝነበረት ቦታ፡ ጸላኢ ክነኸሳ እኽእል'የ ኢሉ ስለ ዝሓሰበ እያ ክንድኡ ተሪራ። አዘዝቲ ሰራዊትና'ውን ጸላኢ ነታ ቦታ ነኺሱ ከም ዘጥቅዓ አይሰሓቱዎን። እምነት ግን ነበርም። ልዑል እምነት አብቶም ጀጋኑ ተቓለስቲ - መሓመድን ብጸቱን። ከም እምነት ህዝብን ሃገርን፡ ከም እምነት ናይቶም አዘዝቲ ውግእ፡ እታ መሓመድ ዝመርሓ ጋንታ ብልዑል ጽንዓትን ቄራጽነትን ነቲ ቦታ ፈዲጋ ከየድፈረቶ ሓደረት። በዚ ዘንጸርጸሩ አዘዝቲ ወያን እልቢ ዘይብሉ ጥርታር አዝነቡላ።

መሬት ክሳብ ዝወግሐ ውግእ አየቋረጸን። ጸላኢ'ውን ተስፉ ብዘይምቑራጽ መጥቃዕቲ ቀጸለ። ሸሾ ሰራዊት መጸ፡ ንጋንታ መሓመድ

ከአ እታ ሪዘርሻ ዝነበረት ሓይሊ ስለ ዝተደረበታ፣ ጸላኢ ቡቲ ዝመጸ ናህሪ ክሕንበብ አይከአለን፡፡ አብ መወዳእታ ድማ ዘፍ በለ፡፡

እታ ብመሓመድ ወላዱኹም ትምራሕ ጋንታ፣ አብ ዓዲ-በጊያ ዓቢ ጅግንነት እያ ፈጺማ፡፡ ከም በዓል ብርሃን ተስፋማርያም፣ ዮሃንስ ባህታ፣ ቡቆባይ፣ ወዲ ድራር (መድፍዓጂ)፣ ወዲ ዓፋር፡. . . ገለ ካብቶም ነቲ ሓያል መጥቃዕቲ ጸላኢ ክምክቱ ዝሓደሩ አባላት ናይታ ጋንታ እዮም፡፡ ንደርማስ ሓይሊ ጸላኢ ድማ ማይ አዕመኹዎ፡፡ አስመራ ናይ ምእታው ህሩፍ ሕልሚ ጸላኢ ሳላ ጅግንነታዊ መኸተ ኩለን አያዱታት ሓይልታት ምክልኻል ኤርትራ በርዓነ፡፡

እታ አብ ተረተር ዓዲ በጊያ ዝተመደበት ጋንታ ወላዱኹም አብቲ ናይ ኢድ-ብኢድ ጥምጥም መስተንክር ታሪኽ'ያ ፈጺማ፡፡ አብቲ ውግእ መጀመርታ ዝወደቐ ስዉእ ናይታ ጋንታ ሳልሕ ኢብራሂም እዩ ነይሩ፡፡ ታደስ ተኽለ ተወጊኡ እንከሎ ካብ ቦታኡ ከይለቐቐ ተኹሲ ቀጺሉ፣ ንኻልአይ ግዜ ተሃሪሙ ተሰውአ፡፡ አብዚ ሓያል ጥምጥም ዝተኻየዱ ታባ፣ ሓያሎ አባላት ናይታ አቦኹም ዘመርሓ ጋንታ ተሰውኡ፡፡ መሓመድ ከአ አብቲ ናይ ደናጉላን ከራሩን ግጥም ከይተረፈ ዝሓደረላ ለይቲ ንሓያሎ ወተሃደራት ብሳንጃ ቀዘፈ፡፡ ናብ 24 ግንቦት 2000 አብ ዘውግሕ ለይቲ ኸአ ዕማሙ ብጅግንነት ፈጺሙ አብቲ ናይ ኢድ-ብኢድ ውግእ ተሰውአ፡፡ አቦኹምን ብጾቱን ቦታኡም ፍጹም ከየድፈሩ ስለ ሃገር ሓሊፎም፡፡ 24 ግንቦት 2000 መዓልቲ ናጽነት ኤርትራ ኸአ ባንዴራ ኤርትራ ኩሉ'ቲ ንምድናና ዝተገብረ ደማዊ ውግእ ስዒራ ሳላ ደቃ ብኽብሪ አንበልበለት፡፡

ሓይሊ ወላዱኹም፡ ብሓይሊ ወዲ ህንጻ (ካሕሳይ ህንጻአብ) እያ ትፍለጥ ነይራ፡፡ ካብታ ሓይሊ ብህይወት ዘወጹ ውሑዳት'ዮም ነይሮም፡፡ 24 ግንቦት ናብ ዘውግሕ አብታ ወላዱኹም ዝነበራ ሓይሊ 57 ብጾት ተሰዊአም፣ 104 ድማ ተወጊአም፡፡ እታ ሓይሊ፣ ነታ ወሳኒት ቦታ ከየድፈረት'ያ ከቢድ ዋጋ ከፊላ፣ አዛዚ ሓይሊ፣ ወዲ ህንጻ'ውን ምስ ወላዱኹም አብታ ቦታ'ዩ ተሰዊኡ፡፡ ንሳቶም ሳላ ዘወደቑ ናጽነት አይተደፍረን፡፡ እቶም ንቦታ ወላዱኹም ዝተከኡ ጀጋኑ፣ ንሓይሊ ጸላኢ፣ ብሓድሽ ሓይሊ ስለ ዘጥቀዑዎ ጸላኢ ተዓገተ፡፡ አብ መወዳእታ ሬሳታቱ ዛሕዚሑ ውሑዳት ሒዙ ብለይቲ ንድሕሪት ሃደመ፡፡

እቲ ምስ ወላዱኹም ዝተዋግአ ሰራዊት ጸላኢ፣ አብቲ ናይ ቀቢጸ-ተስፋ ውግእ፣ ብድሕሪት ብብረት እናተኹብኩብ'ዩ ንቅድሚት ዝዋጋእ ዝነበረ፡፡ ብቅድሚት ሓያል መኸተ ምስ አጋጠሞ ኸአ ንድሕሪት ክሃድም አብ መንጎ ተቐርቂሩ'ውን ሃለቐ፡፡

አወልኬር ሕጂ ወዲ 23 ዓመት፡ ድገ ድማ ንል 18 ዓመት ኬንኩም አለኹም፡፡ እታ ናብ ኢድኩም ዘይተመልሰት ናብ አቦኹም ዘሰደድኩማ ስእሊ ብጽሑፍ ተሰኒዳ ትብጸሕኩም፡፡ እዛ ሎሚ መሊእና ንረግጽ ዘለና መሬት፡ ብሳላ ጅግንነት አቦኹምን ብጾቱን እያ ህያው ኩይና፡፡

አወልኬርን (የማናይ) ድገን - ናብ መሓመድ እተሰደት መዘከርታ

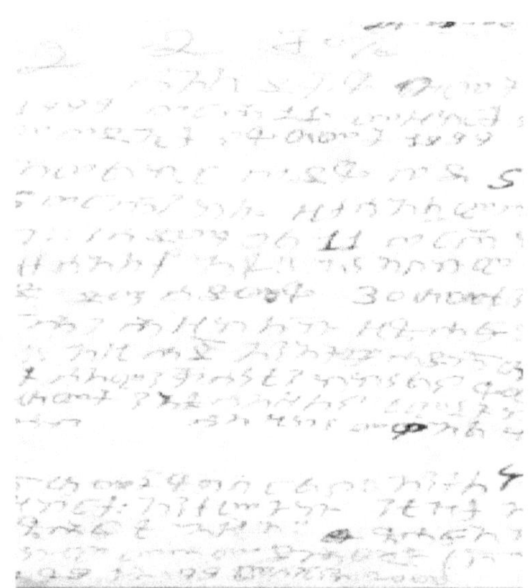

መሓመድ ብድሕሪት ናይታ ስእሊ \ናብ ደቁ ዝጽሓፎ ህያብ ሓድሽ ዓመት

31

ዘይተሰርሐት ጥይት

ዮውሃንስ ሃብተገርግሽ (ጅንሜራ)

እቲ ናይ 10 ሰነ 1999 ናይ ግርጮ፡ ግንባር መረብ ሰቲት ጸረ-መጥቃዕቲ፡ ብኣዝዩ ቅልጡፍ ናህሪ ንቕዳማይን ካልኣይን ድፋዕት ጸላኢ'ኳ እንተ ጠሓሰ፡ ናይ ብርጌድና ገስጋስ ጥራይ ግን ኣይኮነን ነቲ ወተሃደራዊ ኩነታት ክልውጦ ዝኽእል ዝነበረ። ካልኣይ ብርጌድ'ውን ነቲ ብየማንና ዝነበረ ብፈንጂ ዝተሓጽረ በሪኽ ታባ ጨ3ር ክትሓኹሮ ነይሩዋ፣ ብቐሊሉ ዝስገር ኩይኑ ግን ኣይረኸበቶን። ብጻጋምና ዝነበራ ኣሃዱታት ንቕድሚት ክግስግሳ ዘኽእለን ዓቕምን ኩነታትን ነይሩወን። ስለዚ፡ እቲ መጠነ-ስፊሕ ውግእ ናይ ሓባር ጸረ-መጥቃዕቲ ይጠልብ ብምንባሩ፡ ክልተ ድፋዕ ጸላኢ ምስ ሰገርና ደው በልና።

ካብ ሓይልና፡ ቀዳመይቲ ጋንታን ገለ ኣባላት ሓይልናን ንቕድሚት ተወጢጥና፡ ናብታ ሓንቲ ዓባይ ገረብ ዱማን ካልኣት ኣግራብ በረኻን ዝመልኡዋ፡ ንኣሽቱ ጸለምቲ ኣኻውሕ ዝተሓናገሩላ ማእከላይ ብራኽ ዝነበራ ታብ ደየብና። ኣባላት ክልተአን ጋንታታት ሓይልና ንየማነ-ጸጋም ፋሕ ኢሎም ካብቲ መስመር ድፋዕ ድሕሪት ተረፋ። ነዚ ዘስተውዓለ መራሕ ሓይልና፡ ፍስሃየ ገብረዮሃንስ (ፋሽሽቲ)፡ ንመራሒ ጋንታ ፍስሓጽዮን ደረስ (ወዲ-ደረስ) ተዳህዩ፡ ንኹሉም ኣባላት ክሳብ ዝጥርንፎም እታ ጋንታ ካብታ ኩጀት ከይትወርድ ኣጥቢቑ ድሕሪ ምእዛዙ፡ ምስ ምልክቱ ሳምሶም ኣብርሃን (ጨለ)፡ ጂ-3 ትመስል ፍልይቲ ብረት ሒዙ ኣብ እንዳ ሓይሊ ምስ ዝተመደብ የማነን (ማጉላ) ናብ'ቶም ድሕሪት ዝተረፉ ኣባላት ከደ።

ትእዛዝ ዝተቐበለ መራሕ ጋንታና ወዲ ደረስ፡ ናብታ ንእሽቶ ታባ
ደይቡ ንመራሕ መስርዕና ሓመዱ አድም ጌላ ብምርካብ ንመድፍዓጂታት
ጋንታ - ፍካክ ሳልሕን ተስፋልደት ብርሃነን - ቦታ ከትሕዞም ሓበር፡፡
ሓመዱ ዝተባህሎ ገበረ፡፡ እቶም ነዋሕቲ ብረት፡ ማለት፡ ብሬን ከላሽንን
ጁ-3ን ዝዓጠቕና'ውን መመዝገብና ሓዝና፡፡ ወዲ ደረስ ብድሕሪና ቅርጹ
ሰይሩ የማነ-ጸጋም እናበለ ሬድዮ ርኽብ ተኸታተለ፡፡ ካብቲ ቃልዕ ዝነበረ
አዘራርባኡ ወጣሪ ኩነት ከም ዝተፈጥረ ተረዳእና፡፡ ትእዛዝ መራሕ ሓይሊ
ክኸብር ነይሩዎ፣ ጸላኢ ናብታ ታባ ከይድይብ ናይ ጸሓይ ዕራርቦ ሓለዋና
ጥንቃቐ ወሰኽናሉ፡፡

እቲ ዓበይትን ንእሽቱን ታባታት፡ ራባታትን ስንጭሮታትን ዝበዝሖ
ከባቢ፡ አግራብ ዝመልአ ሓውሲ ሜካ እዩ፡፡ ወርሓቱ አኺሉ አቕጽልቱ
ስለ ዝጨብጨበ፡ ነቲ ብሰላማዊ ኩነታቱ ሃብቲ እንስሳታቱን ዝተፈልጠ
ከባቢ ግርማ ወሲኹ፡ ክልተ ክራማት ዘሓልፍ ናይ ቅናት ምድሪ ከባቢ
አምሲሉዎ ነበረ፡፡ እቲ ውግእ ግን ይትረፍ ሰብ፡ ዕጨ-እምኒ ከምነዮዋ
ዘኽእል አይነበረን፡፡ እቲ ልሙዕ ሜካ ድምጺ እንስሳታት በረኻ ዘይኩነ፡
ድምጺ ፈኩስትን ከበድቲን ብረት፡ ቃንዛን አውያትን ሰባት አቃልሐ፡፡

ሰራዊት ጸላኢ ካብ ድፋዑ ወጺኡ ምስ ሃደመ፡ ዳግም ተወዲቡ በቲ
ብጸጋምና ዝነበረ ስንጭሮ ተመልሰ፡፡ ንቐዳመይቲ ቦጦሎኒ ብርጌድና ጸቒጢ
ስለ ዝፈጠራ ኸአ፡ ንድሕሪት፡ ናብቲ ቓንዲ ድፋዕ ተመልሰት፡፡ ነዚ ሃንፍ
ዘስተብሃለ ጸላኢ፡ ብሓንቲ ክሳድ ደይቡ ነቶም ቅድሚት ዝሓለፍና ክቖርጽ
ፈተነ፡፡ ብኩሊት ክሃርመና'ውን ጀመረ፡፡

መድፍዓጂ ብሬን ጋንታና፡ ፍካክ ሳልሕ ነቶም ብቑጽሪ ብርክት ዝበሉ
ወተሃደራት ጸላኢ ረአዮም፡፡ ኩሉ ሓለዋና ንቕድሚት እምበር፡ ብጸጋምና፡
ናብቲ ዝሓደግናዮ ድፋዕ ጸላኢን ናብ ቀንዲ ድፋዕናን አይነበረን፡፡
ስለ ዝኾኑ፡ ነቲ ዝተፈጥረ አጋጣሚ ብጭብጥ ክንርድአ አይከአልናን፡፡
መድፍዓጂ ፍካክ ሳልሕ ሻምብቆ ብሬኑ ሓዊ ክሳብ ትተፍእ ብመጅመዕ
ተኩሰ፡፡

ወዲ ደረስ እቲ ኩነታት ካብ ቁጽጽርና ወጺኡ ይኸውን ከም ዝነበረ
ስለ ዝተረድአ፡ ንመራሕ ሓይሊ ክሕብር ሬድዮ ርኽቡ ከፈቱ፡ "ጌለው
ምዑት፡ ምዑት፡ ምዑት" በለ፡፡ መራሕ ሓይሊ ፍስሃየ (ፋሽሽቲ) ናብ
ማዕበል ሬድዮ ርኽብ አትዩ፡ "አጆኻ ጿናዕ፡ እመጸካ አለኹ!" በለ፡ ዝተረፉ
ክልተ ጋንታታት አኻኺቡ እናተበገሰ፡ አብ መንጎ ግን ሓይሊ ጸላኢ
ብጸጋሞም ተወተፈሮም፡፡ ወዲ ደረስ ቅራብ ተጸብዮ ተስፋ ረዳት ሰአነ፡፡
ደጋጊሙ ፈቲኑ'ውን ንመራሕ ሓይሊ አይረኸቦን፡፡ ንእለቱ፡ እታ ክትመጸም

ዝጽበዮዋ ዝነበሩ ኣሃዱ ጸገም ኣጋኒፉዋ ከይከውን ስለ ዝሰግአ፡ ስጉምቲ ክወስድ እናጉየየ ካብ እግሪ ናይታ ታባ ናባና መጸ።

መራሕ መስርዕ ሓመዱ፡ ወተሃደራት ጸላኢ ነቲ ዓቐብ ከፋርቘም ምስ ተዓዘበ፡ ካብ ፍካክ ሳልሕ ብሬን ብምምንጣል ኣብ ሸምጡ ገይሩ ብመጅመዕ ተኩሰ። ኣብ ታዕሊም፡ ተኹሰን ምንቅስቓሰን ዝገብር ዘሎ እምበር፡ ኣብ ሓቀኛ ውግእ ዝነበረ ኣይመስልን። ፍካክን ተስፋልደትን ኣብ ጉድኑ ኩይኖም ዘዘተወደኣ ሸሪጥ ጥይት መልኡሉ። ኣባላት ካልኣይን ሳልሳይን መሳርዕ ጋንታና'ውን ኣሰር ሓመዱ ብምስዓብ፡ ጠያይቶም ብመጅመዕ ፈነዉዎ። መዋጽኣ ዘይብላ ኣጋጣሚ ከም ዘንፈጦም ድማ ተረድኣ። ብየማንና ዝሃርማና ጥይት'ኳ እንተ ዘይነበረ፡ ናይ ጸጋምና ውግእ ግን ኣጸቢቑ ኣንፈትና ሰረጸ።

ወዲ ደረስ እናላሃለህ ናብ ሓመዱ ቀሪቡ፡ ነቶም ወተሃደራት ረኣዮም። ብሬን ሓመዱ ዝዓጀቦም ኣይመስሉን፡ ናይ ዳርባ ቦምባ ኢድ ዝኹውን ርሕቀት ከም ዝቐረቡን ክንምክቶም ከም ዘይንኽእልን ኣጸቢቑ ፈለጠ። ቅርጹ ሰይሩ፡ ደጋጊሙ ሃለዉ ኢሉ መልሰ፡ ኣይረኸበን። ካብ ጸላኢ ዝተደርበየ ቦምባ ኢድ ኣብ ማእከልና ዓለበ። ንወዲ ደረስ ስኩ'ጀ ኣብ ጸጋማይ መታልሑ ጨንደሓ። ቀጢን መስመር ዝሓዘ ደም፡ ናብ ምዕጉርቱ ወረደ በለ።

ወተሃደራት ጸላኢ፡ ኣብ ዝባን ናይታ ታባ ወዲኣም ምሳና ክተሓዋወሱ ሜትሮታት ተረፎም። ሓመዱ፡ ሽሪጣ ዝተዘርግሐት ብሬኑ መዚኑ፡ ንኹልና ጠመተና - ብፍላይ ከኣ ንወዲ ደረስ። ትእዛዝ ወዲ ደረስ ዝጠሓስ ኣይነበረን። ድሮ ኣብ ልዕሌናን ኣብቲ ሰብ ዘይነበሮ ከባቢናን ቦምባታት ክዓልቦ ጀሚሩ'ዩ። ክልተኣም መድፍዓጃታት ብሬን እውን ናይ ሓመዱ ኣጋውላ ተዓዚቦም ሸሪጥ ምምላእ ኣቑረጹ። ናይ ዓቐሊ ጸበት ኣብ ኣእዳውና ዝነበረ ቦምባታት ንቚልቁል ናብ ጸላኢ ደርበናዮ።

ፍስሓጌን ደረስ ብዛዕባ'ቲ ካብ መታልሑ ኮረር ዝበለ ውዑይ ደሙ ኣይተገደሰን። ሃሙን ቀልቡን እቶም ድሕሪት ዝተረፉ ኣባላት ሓይልና ክጽንበሩና፡ እቶም ብየማን-ጸጋምና ዝነበሩ ሓይልታት ቦጦሎኒና ኸኣ ክወሃሃዱ'ዩ ነይሩ። ጸጸነሕ "ኣጆኹም!" በለና። እቲ ዘይንቡር ናይ ውግእ ኣጋጣሚ፡ መንደቑ ዝጠሓስ ሓጽቢ መሰለ። ብኡ-ንብኡ፡ ብትኹል መስርዕ፡ በታ ናብ ቀንዲ ዝሰገርናዮ ድፋዕ ጸላኢ፡ እትወስድ ቀጣን መንገዲ ብጉያ ክንወጽእ ሓበረና።

ወዲ ደረስ ነብሱ ከድሕን ከይበለ፡ ክሳብ ኩልና ካብታ ታባ ናብቲ ጉልጉል እንወርድ ተጸብዩ ብጉድንና ዘበዘብ በለ። ንዓና ብየማንና ስለ ዝነበረ፡ ደም ትነዝዕ ዝነበረት ጸጋመይቲ መትልሑ ጸጸነሕ ርእያ። ምስቲ ዝነበረ ጽንኩር ኩነታት ነታ ማህረምቱ ዝተገደሰላ ኣይመስልን። የማን-ጸጋም

ናይታ ቀጣን መንገዲ ብፈንጂ ተሓጺሩ ስለ ዝነበረ ተጠንቂቑና ክንወጽእ
ጥራይ’የ እናሻዕ ሓበሬታ ዘመሓላለፈ።።

ፍስሓጼን ደረስ ተኽለሚካኤል ይበሃል።። ወላዲቱ ኸኣ ሓዳስ በራኺ።።
አብ ሓድሽ ዓዲ፡ ንኡስ ዞባ ዓዲ-ቋይሕ እዩ ተወሊዱ።። አብ ግንቦት 1987
ከኣ ናብ ህዝባዊ ግንባር ተሰሊፉ።። ውዑይን ተሜራቒ ባህሪን ዝነበሮ ወዲ
ደረስ፡ አብ ምድምሳስ እዚ ናደው፡ ፈንቅል፡ ግንባር ጊንዳዕን ደቀምሓረን
ዝተሳተፈ ምኩር ተዋጋኣይ እዩ።። ወተሃደራዊ ወኔን ጅግንነትን ቀንዲ
መለለዪኡ እዩ - ኮናት ፈጺሙ ዘየፍርሕ ጅግና።። አባል ሳልሳይ ዘርያ
ኩይን ናብታ ንሱ ዝመርሓ ጋንታ ስለያ፡ አብ ቅሮራ ምስ ተጸንበርኩም
ኩንታቱ ዘበለ መሲጡኒ’የ።። ንእሽተይ ስለ ዝነበርኩ ተገዲሱ ይኽታተለኒ
ነይሩ።። ወትሩ ምሽት ናብ ድፋዓት ሓይልታትና ይማልኣኒ፡ ሸዑ፡ ክልተ
ቦምባ ቻይና ዝሓዘት ኩለይ ዓጢቒ፡ ኮሹፍ አብ ርእሱ ጠምጢሙ፡ አብ
ዶብ ኤርትራን ሱዳንን ስለያዊ ንጥፈታት የካይድ ነይሩ።።

ወዲ ደረስ፡ እቲ ተዋዛያይ ባህሪያቱ አፍ ዘኽድን አይኮነን።። "ወዲ
ጸማቑት" እትብል ዘውትርቲ ዘረባኡ አብቲ አሃዱ ፍልጥቲ እያ ነይራ።።
ልዕሊ ኹሉ ግን ስለያዊ ንጥፈታት ምስ ደም-ነፍሱ አወሃሂዱዎ’የ።። ብዛዕባ
ስርሑ ሃንደራእ ኢሉ አሕሊፉ አይህብን።። ንኹሉ ብዓይኒ-ጥርጣረን ስራሕን
ርእዩ፡ ጥንቁቕ አካይዳ ይኽተል።።

አብ 1997 አብ ከባቢ ቅሮራ አብ ዝተኻየደ ውግእ አብ ከብዱ
(አብደመን) ብብርቱዕ ስለ ዝተሃርም ፈትሊ ቡቲኹ’የ ብህይወት ድሒኑ።።
አብ ሕክምና እንከሎ ንእሽቶ ትንፋስ እንት ረኺቡ፡ ዝሓወየ እናመሰሎ፡
ናብ ጋንታኡ ይምለስ ነይሩ።። እንተኹኑ፡ ካብ ስራሕ ቦሹሩ ከዕርፍ ኮፍ
ስለ ዘይብል፡ ክልተ ግዜ ስፋይ ማህረምቱ ተፈቲሑ አብ ድርኩኺት
ሞት በጺሑ’የ።። ከም እንደገና ምስ ሓወየ ናብ ዋዛኡ ብምምላስ፡ "ንዓይ
ዝተሰርሓት ጥይት የላን!" እናበለ ይጨርቕ።።

ምዱብ ሃገራዊ አገልግሎት ፈጺምና ድሕሪ ምፍናውና፡ ከም እንደገና
አብ ሃገራዊ ክተት ብ1998 ኢና ተራኺብና።። ካብ ስለያዊ ዕማም ወጺኡ
አብ ኮር 271፡ ቀዳማይ ክፍለ-ሰራዊት፡ ቀዳማይ ብርጌድ፡ ካልኣይ ቦጦሎኒ፡
ካልኣይ ሓይሊ፡ ቀዳማይ ጋንታ፡ መራሕ ጋንታና ኩነ።። ነቲ ውዑይን
ተዋዛያይን ባህሪያቱ መሊሱ ዝወሰኸሉ ኩይኑ ተሰምዐኒ።። አብ ዓዲ ንፋስ
ከባቢ ኮርባርያ፡ ናይ ክልተ ወርሒ ታዕሊም ክንወስድ እንከለና፡ ካብ ስለያ
ወጺኡ፡ ዝነበረ ወተሃደራዊ ኩነታቱ ረኣኹዎ።። ኩሉ ብቅልጡፍ ክኹነሉ
ዝደሊ ዓይነት ወተሃደር እዩ።። አብ ነፍሲ-ወከፍ ዝመርሓ አኼባ ጋንታ፡
ወትሩ አዚና ጥንቁቓትን ድሉዋትን ክንከውን ይምዕደና።።

ታዕሊም ወዲእና ናብ ገርገራ ዝተባህለ ቦታ፡ ከባቢ ቁኒን ቁኒቶን
(ገርገራን ጸሊም ቀላይን) ምስ ከድና፡ ቦጦሎኒና ቅድሚ ክልተአን
ቦጦሎኒታት ብርጌድና አብቲ ታሀሰስ ዝመልአ ስንጭሮ ተዓጨብና። ጸላኢ፡
በቲ ቦታ ወፈሩ ናብ ሰንዓፈ ከይቄርጽ ወይ'ውን ንጸርና ብጸጋማ ተመኽልዩ
ከይአትዋ ወተሃደራዊ ስግአት ስለ ዝነበረ ኢና ናብቲ ቦታ አምሪሕና።
ካልአይ ብርጌድ አብ ከባቢ ክሳድዒቃ ሳልሳይ ብርጌድ ከአ ካብ ዓሰብ
መጺአ 'ምስራር' አብ ዝተባህለ ቦታ፡ ከባቢ ጸርና፡ ዓስከራ።

ከምቲ ዝተገመተ፡ ጸላኢ፡ ብ 6 ለካቲት 1999 ብገዝ ገረሃላስ ወፈረ።
ድሕሪ ክልተ መዓልቲ ድማ በቲ ዝነበርናዮ ከባቢ ቁኒን ቁኒቶን ጸቢብ
መጥቃዕቲ ወሰደ። እንተኾነ፡ አብቲ ቦታ ሓዲሩ መዛግቡን ስፍሓቱን
ከየጥጥሐ እንከሎ ክህራም ስለ ዝነበር፡ እታ ተደራቢት ዝነበረት ቦጦሎኒና
ሰዓት 10:00 ንግሆ ውግእ ገጠመት። ቀዳማይ ሓይሊ ናይ ቀዳማይ ቦጦሎኒ
ከምኡ'ውን ሓንቲ ረሸራሽ ዝጸዓነት ተዮታ አሃዱ ሜካናይዝድ ተደረባና።
እዝን አርባዕተ ሓይልን አብቲ ቦታ ዓሪዳ ዝነበረት አሃዱን ከአ ተወሃሃድና።

ንዝበዛሕና አባላት ጋንታና እቲ ውግእ ፈለማይን'የ። ናይ'ቶም ተመኩሮ
ኮናት ዝነበሮም ተጋደልቲ አባላት ጋንታና - ወዲ ደረስ፡ ወዲ ማእዙ፡
ሓመዱ፡ ሽምብላ ሓጉስን (ወዲ ከረን) ዑስማንን - ምንቅስቓስ ከአ ሕልፊ
ኩልና ነበረ። ወዲ ደረስ ንኹልና ከወሃህድ ላዕልን ታሕትን በለ። ናይ
ውግእ ወኑ ብተግባር ረአኹዎ። ዋዛኡ ወላ አብ ውግእ አይተጋደፍን።
"አንታ ቅሩብ እባ ቅርብ ንበል፡ እዛ ቦምባ ቻይና ክንድርብያ! እዚ ደአ
ውግእ ብወንጭፍ እንድዩ!" በለ በቲ ልሙድ ዋዛአዊ ቃናኡ።

ውህደት ናይ ኩልን አሃዱታት ሓድሽ ሓይሊ ፈጢሩ እዩ። ጸላኢ፡
ተመጢጡ ቦታ ከስፍሕ ዕድል አይረኸበን። ናይ ቀጮሕርሙ ብልጭኢኡ
ግን ርኡይ ነበረ - ዝተወግኡን ዝተሰውኡን ብጸትና ተመሳሳል. ማህረምቲ
ነበሮም። ጸላኢ አማስያኡ ነቲ ብቅድሚኡ ዝመጸ ሓያል መጥቃዕቲ
ብዝግባእ ዝተረድአ መሰለ። "ሓጮራይ" ዝተባህለ መድፍዓጂ አርፒጂ
ካልአይ ጋንታ፡ ቀዳማይ ሓይሊ፡ ነታ ጸላኢ ዝተቔጻጸራ ሕክምና ጸሊም
ቀላይ፡ ገርገራ፡ ቦምባ አእተወላ። ወተሃደራት ጸላኢ ከም ተሹላ ዝረአያ
አባጊዕ በርጊጉም ናብቲ ዝመጹሉ ሩባ በለሳ ተመልሱ።

ኩልን አሃዱታት ተወሃሂደን ዝባኑን መቛመጫኢኡን እናዘበጣ ንጸላኢ
አህተፉኡ። አብዚ ናይ መወዳእታ ሀሞት ወዲ ደረስ ግዜያዊ መራሕ ሓይሊ
ኩይኑ፡ ናብታ መራሕ ሓይላ ሊንን አብ ኢዱ ዝተወግአ ሳልሳይ ሓይሊ
ከደ። እቲ ናይቲ ዕለት ውግእ ድማ ብዓወትና ተዛዚሙስ ከም በረኻ
ውዒለን አማስያአን ናብ ደምበአን ዝምለሳ ጥሪት፡ ናብቲ መበገሲና ዝነበረ
ናይ ታሀሰስ ስንጭሮ ተመለስና።

473

ምስሊ ናይቶም ብመስዋእትን መውጋእትን ዝተፈልዩና ብጾትና ገና ካብ አእምሮና ከይተአልየ፤ 25 ለካቲት 1999፡ ንዕስራን አርባዕተን ሰዓታት ብመካይን ተንዲዝና ከባቢ ሰምበል፡ ዓዲ-ተኽላይ፡ ተረአና። ቦጦሎኒና አብ ውግእ ቁጺን ቁኒቶን ዓቕሚ ሰብ ስለ ዝጉደለ፡ እተን ክልተ ቦጦሎኒ ብርጌድና፡ ገራብ ቀንጠብ ዝተዘርአ አብ ዝመስል ሰጣሕ ጉልጉል ምስ ጸላኢን ገራብ ቀንጠብን ገጠማ። እንተኹነ፡ ንመጠነ-ሰፈሕ ወራር ጸላኢ ከም ሓወልቲ ደሪቐካ ክትምክቶ ምፍታን ንባዕሉ ወተሃደራዊ ብልሓትካ ከም ምጉዳም ዘቑጽር ነበረ። ሓይልታት ምክልኻል ኤርትራ፡ ናህሪ ጸላኢ ንምህዳእ ናብ ዝጥዕም ቦታ ብምስሓብ ሓደጋ ክወድቆ ወጠነ። አብ ከባቢ ታባ ሰማይን ከባቢኡን አብ ዝነበረ ስንስለታዊ አኽራናት ዓሪዱ ድማ ንሓይሊ ጸላኢ ዓገቶ።

አብ ታባ ሰማይ፡ 28 ለካቲት 1999 ምሸት፡ ብዝተወደበ ሓይሊ ውግእ ገጠምና። መራሕ ቦጦሎኒና፡ ተሰፋሂወት ኢሳቕ (ወዲ ኢሳቕ)፡ ምስ መራሕቲ ሓይልታት ተላዚቡ፡ ንብሬንን አርፒጂን ናይ ትሸዓተአን ጋንታታት ናይታ ቦጦሎኒ ብቕድሚት ምስታ ፈለማ ናብ ውግእ ዝአተወት ቀዳማይ ሓይሊ አኽተቶ። ብድሕሪ'ዚ ካልአይን ሳልሳይን ሓይልታት ተመራሪሕና አርከብና። አብዚ ግዜ'ዚ፡ መራሕ ሓይሊና ወዲ ዓማር ነበረ። ጸላኢ፡ ነታ አብኡ ዓሪዳ ዝነበረት ሓንቲ ቦጦሎኒ ናይ ካልአይ ክፍለ-ሰራዊት ኮር 271፡ ሽዱሽተ ግዜ ካብቲ ታባ አውሪዱዋ፡ ንሳ'ውን ክንድኡ አውሪዳቶ ጸንሓትና። ናትና ምምጻእ፡ ሓድሽ ሓይልን ውህደትን ፈጢሩ፡ ጸሪግና ካብቲ ታባ ናብ ጉልጉል አጽደፍናዮ።

አብ ወተሃደራዊ ህይወት ንንውሕ ዝበለ እዋን ብምጽናሕ ወተሃደራዊ ብልሕኻ ይብርኽ እዩ። አብ ውግእ ብፍላይ፡ ምስ ከባቢኻ ብምውህሃድ ስትራተጂያዊ ቦታ ሒዝካ ንጸላኢ ክትምክትን መውጋእቲ ከተውሕድን የኽእለካ። ሓለፍቲ ቦጦሎኒና ንዝጸንሐም ተመኩሮ፡ ነቲ አብ ውግእ ቁኒን ቁኒቶን ድሕሪኡን ዝተራእየ ሓደ-ሓደ ጉድለት፡ አብዚ ናይ ሰለስተ መዓልቲ ውግእ አረሙዎ። ዘይከም ናይቲ ብዙሕ መስዋእቲ ዝኸፈልናሉ ቁኒን ቁኒቶን፡ አብዚ ዳሕረዋይ ውግእ ካብ ቦጦሎኒ ምሉእ ብአጻብዕ ዝቑጸር መስዋእቲ ጥራይ'ዩ አጋጢሙና። ብወገን ጸላኢ ግን 327 ወተሃደራት ከም ዝሞቱ መዛግብቲ ቦጦሎኒና ይሕብር። ድሕሪ'ዚ ውግእ'ዚ፡ ጋንታና ካብ ካልአይ ሓይሊ ንበይና፡ ነታ ናብ ቀዳማይ ቦጦሎኒ ብርጌድና ዝኸደት ቀዳማይ ጋንታ ክትትክእ ናብ ቀዳማይ ሓይሊ ከደት።

ፍስሓጽዮን ደረስ (ወዲ ደረስ) አብ ውግእ ንዝተወግአ ወይ ዝተሰውአ መራሕ ሓይሊ ክትክእ ብቑዳምነት እዩ ዝርቋሕ። አብ ውግእ ታባ ሰማይ ድማ ደጊሙ ናብ ሳልሳይ ሓይሊ ከይዱ ድሕሪ'ቲ ውግእ ናብታ ዘይጋደፉ

474

ጋንታና ተመልሰ። መራሕ ጋንታ ስለያ ብምንባሩ'ውን አብቲ ክንዛንጸ ዝጀመርና ድፋዓት ምሽት-ምሽት ንቅድሚት ሰሊኹ አትዩ ምምላስ ባህ ይብሎ ነበረ። ፍርቂ ሰዓት፡ ሰዓት ዝኸውን ንበይኑ ሓሊፉ ተጸናጺኑ ይምለስ።

ሓደ ምሽት፡ ብደብዛዝ ወርሒ ተሓጊዙ ንኽጸናጸን ናብ ቅድሚ ድፋዕ ሓሊፈ። ወተሃደራት ጸላኢ ተዛንዮም ወጃዕ ክብሉ ሰምዖም። ሕርቃት ጥርዚ ስለ ዝበጽሐ፡ ቦምባ ኢድ ረኩዓሎም ዝበል ነድሪ ተፈታተኖ። እንተኹኑ፡ ክላሽን ደአ'ምበር ቦምባ ኢድ አይነበሮን። ብዘይ ብኡ'ውን፡ ብዘይ ትእዛዝ ዝውሰድ ስጉምቲ ሳዕቤኑ ክገድድ ከም ዝኸእል ዘኪሩ ንውሽጡ ዓሚጹ ወንዘፎ። ናብ ቦታኡ ክምለስ እናበለ ግን እቲ ተላጋኢ ተግባሩ ተለዓዓሎ፡ ነቶም አብ ዴቕ ዝበለ ዕላል ዝነበሩ ወተሃደራት ጸጻር ደርበየሎም። እንተስ ፈሪሖም እንተስ ክጸናጸኑ ዕላል አቋሪጾም፡ ጸጥ በሉ። ወዲ ደረስ ደጊሙ ጸጻር ደርበየ። እቶም ወተሃደራት ብሰንባደ ብሓባርን ብመጅሙዕን ናብ ቅድሚ ድፋዖም ጠያይት አዝነቡ። መልስ-ግብሪ ስለ ዘይርኸቡ፡ ነቲ አይሂ ጠያይት ብትእዛዝ ዘቁጽዖ ክመስል፡ ምድሪ-ሰማይ ህላውነቱ ከም ዘብቀዐ ፍጡር ብዘይ ድምጺ ተረፈ።

ወዲ ደረስ ስለ ዘይተመልሰና ጋንታና ሰንፈላል ኮነት። ትእዛዝ ከይተዋሀበና ክንትኮስ አይከአልናን። አብ'ታ ምሽት እቲአ ናይ ቅድሚት ሓለዋ ስለ ዘይነበረ'ውን ነቲ ሰግአት አጋደዶ። መራሕቲ መሳርዕና ሓመድን ወዲ ከረንን ተራኺቦም ፍታሕ ከናድዩ አይከአሉን። እታ ካብ ቀንዲ መስመር ድፋዕና ውጥጥ ዝበለት ንእሸቶ ታባ፡ ደሴት እያ ትመስል። ብዘይካ'ታ ንናይ ቅድሚት ሓለዋ ተባሂላ ዝተረፈት ቀጣን መንገዲ፡ ዝተረፈ ቅድሚ ድፋዕ ብሊንጂ ተሓጺሩ እዩ።

ፍርቂ ሰዓት ሓሊፉ ዝመጸ ለውጢ አይነበረን። ተኹሲ ጠቕሊሉ ደው ኢሉ እቲ ናይ ገለ-ገለ ንአሽቱ ሓሽራታት ድምጺ'ውን አይነበረን። ወዲ ደረስ ህይወት ጋንታና እዩ። ብፍላይ አብ ውግእ ንሱ ዘትብዓና'የ ዝመስለና። ዝኸነ ጸገም ምስ ዘጋጥም ከይተዳህለ ቀልጢፉ'የ መፍትሒ ዘናድየሉ። ስለ ዝኾነ፡ ነታ ምሽት ዘይምሽትና ቄጸርናያ፡ ምልእቲ ጋንታ ክንጸናጸን አእዛንና ናብ ቅድሚ ድፋዕ ልኢኽና፡ ዝብኢ ዝረአየት አድጊ አምሰልናዮ።

መራሕቲ መሳርዕና ደሃይ ወዲ ደረስ ዝፈልጡ ክልተ አባላት ናብ ቅድሚት ከሕልፉ ተረዳዲኦም ሰባት ሓረዩ። እቶም ዝለአኹ በ'ታ ደብዛዝ ወርሒ ተሓጊዞም ሃለዋት ክፈልጡ፡ ጋንታ ድማ ኩሉ ብረታታ አዳልያ ንዘልጠር እንተታት መልስ-ግብሪ ክትህበሉ ተሓበራ። እቲ መደብ ከይተተግበረ እንከሎ ግን ናብ ጋንታና ጸጻር ተደርበየ። ወዲ ደረስ ምስ ተመልሰ መረዳድኢ ጸጻር ከም ዝደርቢ ነጊሩና እዩ።

ሰላሕ ኢሉ በ'ታ ቀጣን መንገዲ ህሩግ በለና። መውጋእቲ አጋጢምዎ ከይከውን ሓኪም ጋንታ፡ የማነ፡ ሳንጣ ሕክምናኡ ክዳሉ ተነጊሩዎ'የ ጸኒሑ።

እንተኾነ፡ መውጋእቲ ከም ዘየጋጠሞ ከረድኣና ዝደለየ ክመስል፡ ነቲ ሓጺር ድፋዕ ዘሊሉ ሰገሮ።

"አነ ወዲ ደረስ አነ፡ ብዘይ ቦምባ ቻይና ኪይዶ! ተአኪበን እኩ'የን አንቺ መንቺ ዝብላ ነይረን። ጸጸር ደርብየለን እየን መሬት ሓዊ ዘራአናላ ጸኒሐን።" በለና ቦምባ ኢድ ከይሓዘ ብምኽዳ እናተማዕሰ። ንሕና ኢና ተሻጪልና'ምበር ንሱ ነቲ ዝአተዎ ጸበባ ግዲ አይገበረሉን። ሕነሕነኡ ዘየውጽአ ደአ "እሕ!" በለ።

ምሸት፡ ሓንቲ ቦጦሎኒ ናይታ ንጸጋም ታባ ሰማይ ተዘርጊሓ ዝነበረት ኮር 381 ስለ ዝተክእትና ካብቲ ቦታ ወጺእና ምስ ቀዳማይ ብርጌድና ለጊብና ቀዋሚ ድፋዕ አብ ምስራሕ አተና። እንተኾነ፡ ጸላኢ መናውራ ናይቲ ብእግሪ መኸል ዝኸፈቶ ወራር፡ ብክባቢ ግርሞ 16ን 17ን መጋቢት 1999 ውግእ ስለ ዝኸፈተ፡ ካብ ድፋዕ ወሪድና ናብቲ ውግእ አተና። ክልተ ቦጦሎኒታትና'ውን አሰርና ሰዓባ። እቲ ንሓደ መዓልቲ ዝተኻየደ ውግእ መዕለቢ ተገይሩዎ ደጊምና ናብ ድሕሪ'ቲ አቐዲምና ዝዓረድናሉ ድፋዕ ተመሊስና ንኹሉ እንተታት ድሉዋት ኮንና።

ቦጦሎኒና ነተን አብ ቀንዲ ድፋዕ ዝነበራ አሃዱታት ቀዳማይ ክፍለ-ሰራዊት ኮር 271፡ አብ ምሽዓት ድፋዕ ክንሕግዝ በብሓይሊ ፋሕ በልና። ሓይልና፡ ናብታ ብእንዳ ቦምባ ዋርሳይ' አብ ዝፍለጥ ከባቢ ዝነበረት ቦጦሎኒ በጺሓና። ምሸት ዝአተና ብቓጥታ ናብቲ ዝተሓበረና ታባ ደይብና፡ ነቲ ብአዝሓ.ት ዝተመልአ ተሪር መሬት ክንፍሕሮ ጀመርና። እቲ መሬት ምትራሩ ከይአክል፡ እቲ አዝሒትን አፍራዛንን እናኸጋጭ መስታ ብርሃን ስለ ዝፈጥር ጸላኢ ረአየና'ሞ ብተኹሲ ምፍሓር ከልአና። ስራሕ አቋሪጽና ክንድቅስ ተሓበረና።

እቲ ታባ ምስ ድፋዕ ጸላኢ አዝዩ ስለ ዝተቓራረበ፡ ብቦምባ ኢድ ኢኻ ክትደራብ ተምሲ። አብቲ እታ ሓይሊ ክትፍሕር ዝጀመረት ካናል ድማ፡ ካብቲ አዝሒት ዝበዝሕ ቀለቤት ቦምባ ኢድ ዛሕ ኢሉ ነበረ። በዚ ከይኮነ አይተርፍን 'እንዳ ቦምባ ዋርሳይ' ዝብል ቅጽል ዝተዋህቦ። አብታ ምሸት ንሕና ናብ መደቀሲና እናምራሕና፡ ወዲ ደረስ ካብ መራሕ ጋንታ ናይታ አብኡ ዝነበረት አሃዱ ሓደ ዛንታ ሰምዐ። እቲ ቓንዲ ድፋዕ ገና ስለ ዘይተፋሕረ፡ እታ ጋንታ ዘተአማምን ዕርዲ አይነበራን። ስለዚ፡ ሰዓት 6:00 ንግሆ መጊቢ ሒዙ ዝአተወ ዋርድያ፡ ንምሸቱ አብ ተመሳሳሊ ሰዓት'ዩ ዝቕየር ነይሩ።

ካብ ተአፋፍነታ ዝተላዕለ፡ እቲ ዋርድያ ሓደ ጉድኑ ከብሪ ክግልበጥ አይክእልን ነይሩ። ንቅድሚት በጥ ምስ በለ፡ መግቡ ብድቁሱ'የ ዝምገብን ሸንቲ ማየ ዝኸውን። ንእሽቶ ምንቅስቓስ ዝገበረ ዋርድያ፡ ጥይት ቀጭ ሕርሙ እያ እታ ትሰዕቦ መልሰ-ግብሪ ጸላኢ። አስታት 15 ሜትሮ ዝኸውን

ናብ ጸላኢ ኣብ ዝጥምት ጸድፊ ናይታ እንዳ ዋርድያ'ውን ካላሽን ሒዙ ሳንጣ ዝተሓንገጠ ወተሃደር ጸላኢ ከም ዘሎ ወዲ ደረስ ፈለጠ። ብኡ-ንብኡ እቲ ህልኸኛ ባህሪያቱን ፍሉይ ነገር ናይ ምግባር ወኑን ቅጅል በሎ።

ወዲ ደረስ ወጋሕታ ናብታ እንዳ ዋርድያ ኣምረሐ። መስርዕ ተፈናቲታ ኣብ ሓለዋ ጸንሓቶ። ንግሆን ምሽትን ምስ ጸላኢ ቦምባ ኢድ ምድርባይ፡ ልክዕ ከም ሰላምታ ስለ ዝጥቀሙሉ፡ ኩሎም ኣብ ኢዶም ቦምባ ሒዞም ነበሩ። ወዲ ደረስ ብበጠ-በጥ ከይዱ ነቲ ኣብ ቅድሚ ድፋዕ ዝነበረ ወተሃደር ጸላኢ ረኣዮ፡ 'ምሽት የራኽበና' ዝበለ ከመስል ቀልጢፉ ተፋኒዩም ናብ ጋንታኡ ተመልሰ። ኣባላት መስርዕ ሓደ ዋርድያ ገዲፍም ስዒቦዎ። ነቲ ዋግዋን ብርሃን ድማ ጸሓይ ንግሆ ተቐበለቶ።

ወዲ ደረስ፡ ሓሳብ ልቡ ስለ ዘየርገጸ ንምሽቱ ድፋዕ ክንስርሕ ኩዕታ ምስ ጀመርና፡ ነቲ ኣብ ቅድመና ዝነበረ ዋርድያ ሓቢሩ ብሰላሕታ ቅድሚ ድፋዕ ሓለፈ። ኣብ ሬት ናይታ እንዳ ዋርድያ ካብ ላዕሊ ንስያፍ፡ ማለት፡ ንጸጋምና ዘወርድ ጋድማዊ ካናለ ነበሮ። ብልዕለና እንዳ ዶሽካ፡ ብሬትና ብሬን፡ ብታሕቲ ሓለዋ፣ መሊሱ ካብታ ታሕተወይቲ እንዳ ዋርድያ ንጸጋም ዝዝርጋሕ እናበረኸ ዝኸይድ ታብ ነይሩ።

ኣብ መንጉ ኣባላት ናይታ ኣሃዱን ኣብ መንጉ ጸላእን ክንዮ ተራጻምቲ ሓይልታት ምኻኖም፡ ብኸመይ ከም ዝተጀመረ ዘይፍለጥ፡ ጸወታ ዝመስል ልምዲ ነይሩ። ምሽት-ምሽት እቲ ህልኽ ብቦምባ ኢድ ኣይኩነን ዝጅመር። ፈለግ ናትና ወይ ናይ ጸላኢ ንኣሽቱ ኣእማን'የ ዝድርበ። ደሓር'የ ተኹሲ ዝሰዕብ። ዶሽካን ብሬንን ግደኣም ይገብሩ። ወዲ ደረስ ብሰላሕታ ናብቲ ዝሞተ ወተሃደር ክሳብ ዝበጽሕ ዝተኸስተ ኣጋጣሚ ኣይነበረን።

ብጥንቃቐ ነታ ሰደፍ ካላሽን ካብ ኢዱ ኣሕደጉ። ድምጺ ከይገብር'ሞ ብናይ ሓደኣ ወገን ቦምባ ከይጠፍእ ሰጊኡ'የ። ነታ ተሓንጊጡዋ ዝነበረ ሳንጣ ካብ ዝባኑ ከሕድጉ እንተ ደለየ ኣካላቱ ስለ ዝደረቐ፡ ኣእዳዉ ክዕጸፉ ኣይከኣለን። ብቐስታ ሕቖኡ ናብኡ ገጹ ገልበጦ። ወያ ሳንጣ ምውጻእ ኣበየት። ንሓንቲ ኢድ ናይቲ ወተሃደር ብሓይሊ ጎቲሩ፡ የማነይቲ እግሩ ኣብ ሕቖኡ ረጊጹ ሰበሮ። 'ቋዕ' ዝብል ድምጺ፡ ነቲ ጸጥታ ሰበሮ፣ ንሱ ኸኣ ነታ ሳንጣ ኣምሎጫ።

ብታሕቲ ዝነበሩ ወተሃደራት ኣቓዲሞም ከም መልሰ-ግብሪ ናይቲ ዝለመዱዎ ደቀቕቲ ጸጸር ደርበዩ። ንሓለዋ ዝወጹ ኣባላት መስርዕ ድማ ብግደኣም ቦምባ ኢድ ንቑልቁል ኣህተፉ። ዶሽካ ጸላኢ ስርሑ ጀመረ። ታሕተዋትን ማእከሎትን ጉጅለ ዋርድያ ቦምባ ኣዝነቡ።

ኩዕታ ድፋዕ ኣቋሪጽና ናብ ምድርባይ ቦምባን ተኹሲን ኣተና። መድፍዓጂ ብሬን ጋንታና፡ ፍካክ ሳልሕ፡ ብሬኑ ናብ ዶሽካ ጸላኢ መልሰ-ግብሪ ሃበ። ወዲ ደረስ ንቕድሚት ከም ዝሓለፈ ፈሊጡና፡ ካብቲ መዓት

ክወጽእ ከም ዘይክእል ገመትና። መራሕ ሓይልና ፍስሃየ (ፋሽሽቲ) ወዲ ደረስ ቅድሚ ድፋዕ ከም ዝሓለፈ ፈሊጡ፡ በራሪ ጥይት ከይዓጀቦ እናላህለህ መጸ። ፍስሃየን ወዲ ደረስን ካብ ነዊሕ እዋን ብሓንሳብ ስለ ዝሰርሑ አዝዮም ዝከባበሩ ብጾት እዮም ነይሮም። ተዳህዩ-ተዳህዩ ካብ ወዲ ደረስ መልሲ ኣይረኸበን። 'ስለምንታይ ትሰዱዎ፧' ብዘስምዕ ንኹላ ኣባል ጋንታ ኣተኩሩ ጠመታ።

ወዲ ደረስ ናይ ክልተኡ ወገን ቦምባ ኢድ ኣብ ከባቢኡ ክዓልብ ምስ ጀመረ፡ ነቲ ዝሞተ ወተሃደር ኣብ ከብዱ ንቑመት ኣደቂሱ ኣስቀጠ። ሰግኣቱ፡ ጸላኢ ካብ ድፋዕ ወጺኡ ከይሃጅም ጥራይ ነበረ። ኩነታት ኣብ ምጽንጻን እንከሎ ቦምባ ብምስንዳውን ቃታ ብምስሓብን ዝረብረባ ኣእዳው ክልተኡ ወገን ኣዕረፋ። ሰላማዊ ምሸት መሰለ። ወዲ ደረስ፡ ቀስ ኢሉ ነቲ ሬሳ ካብ ከብዱ ኣልዩ ብጸጋማይ ጐድኑ ኣጋደሞ።

ከም ጥንቁቕ ስለያ፡ ሰደፍ ካላሽንን ሳንጣን ሒዙ ቅርጹ ሰይሩ ናብ እንዳ ዋርድያ ኣንቃዕረረ። ከም ስምምዑ ጸጸር ደርበየ፣ ዋርድያ'ውን መለሰሉ። "ይመጽእ ስለ ዘሎ ከይንትኩስ፡" ብሕሹኽታ ተነግረና። ካብቲ ኹሉ ቦምባን ጥይትን ብዘይ ማህረምቲ ክመጸና ኣይተጸበናዮን። ሓኪም ጋንታና፡ የማነ ገብረእግዛብሄር፡ ተዳልዩ ጸንሖ። ወዲ ደረስ ኣብ ጫፍ ታባ ምስ በጽሐ ሓፈትፈት ዝብል በረኽ ድምጺ ኣስሚዑ ተጸንበረና። ድምጺ ዝሰምዑ ጸላእቲ ከም እንደገና ነታ ናይ ደቓይቕ ሰላማዊት ጸንሖት ብቦምባን ጥይትን ዘረጉዋ። መልሰ-ግብሪና ሰዓበ። ነዊሕ ከይጸንሐ ግን ኩሉ ነገር ጸጥ በለ።

ንግሆ፡ ወዲ ደረስ ሓድሽ ናይ ጸላኢ ወተሃደራዊ ክዳን ተኸዲኑ ናብ መደቀሲና መጸ። "ደህና ናቹ ቀዳማይ ጋንታ፧" (ከመይ ኣለኹም ቀዳማይ ጋንታ) በለና። ጋንታና ሰሓቐት። "ንጸላኢ ብብረቱ ብንብረቱ ዝብል ጭርሖ ንምትግባር ትማሊ ዘምጻእኩዎ እዩ፡" በለና እናሰሓቐ። መራሕ ሓይሊ ፋሽሽቲ ብተግባር ወዲ ደረስ ኣይተሓጐሰን። ነቲ ወተሃደራዊ ክዳን ጸላኢ ምስ ረአየ ብምግራም ተዓነደ። "ኪድ ኣውጽኣዮ!" ድማ በሎ፡ ብሃለዋቱ ክሻቐል ሓዲሩ ክነሱ ንጸላኢ መሲሉ ስለ ዝመጸ ኣይተሓጐሰን። ከምኡ ዝበለ ሓደገኛ ተግባር ከቋርጽ ወትሩ ይምዕዶ ነይሩ እዩ።

ወዲ ደረስ ዝፍጽሞ ተግባር ዘሰደምምን ዘስሕቕን'ዩ። ፍሉይ ነገር ምስራሕ ባህታ'ዩ ዝፈጥረሉ። ሰሪሑ ዝደክም ኰይኑ'ውን ኣይሰምዖን። ጋንታ ኣብ ስራሕ ውዒላ ናብ መውዓሊኣ ክትምለስ እንከላ ንበይኑ ሓኹት'ዩ ዝብል። ንዘየዕገበቶ ነገር ክሳዕ ዝዓግበላ ክቃለሳ ኣለዎ። ብፍላይ ናይ ድፋዕ ምስራሕ ነገር 'ይእኽላ' ተባሂሉ ኣየቋርጽን እዩ። ኣብ መወዳእታ ዝበለጸት ስራሕ ትኸውን።

ወዲ ደረስ ኣብ ወተሃደራዊ ህይወቱ በሊሕን ጅግናን ስለ ዝነበረ፡ ኣባላት ካልኣይ ጋንታ ጅግንነቱ ንኽንወርስ ብኣንኩሮ ንከታተሎ ነበርና።

ብፍላይ ኣብ ውግእ ጅግንነቱን ጥበቡን፡ መዋጽኦ ኣብ ምንዳይ፡ ዝተመርጸ ቦታ መሪጽካ ኣብ ምጥቃዕን ምክልኻልን ከም ተውህቦ እዩ ተዓዲሉዎ። ናይ ዝኾነ ኣባል ጋንታ ህይወት ብሽንቲ ክትጠፍእ ኣይፈቱን። ብዙሕ ግዜ ባዕሉ ቦምባ ኢድ ሒዙ ክሃጅም ክብል ኣባላት ጋንታ ከይሰዋእ ብምስጋእ ዓጊቶም እዮም።

ኣብ ምስራሕ ድፋዕ እንከለና፡ ጸላኢ 24 ግንቦት 1999 ብ'ሩባ ወዳስ' ውግእ ከፈተ። ቦጦሎኒና ብፍላይ፡ ብርጌድና ኹአ ብሓፈሻ፡ ተደራቢ ሓይሊ ኮይና ካብ ድፋዕ ወረደት። ብዘብዘብ ንከባቢ ግርማ ሓሊፉ፡ ኣንፈታ ናብቲ ናይ ውግእ ከባቢ ገበረት። እንተኾነ፡ ሓይልታትና ንጸላኢ ጸፊዖም መሊሶም ጸንሑና። ሓንቲ ሄሊኮፕተር'ውን ኣውደቑ። ዕለተ-ናጽነት ኤርትራ ንምዝራግ ዝተገብረ ፈተነ ኹአ ፈሸለ። ጸላኢ፡ ብኡ ከይተሓጽረ፡ ንዝሰፍሐ ውግእ ይዳሎ ከም ዝነበረ ስለ ዝተፈልጠ፡ በብዝነበርናዮ ናብ ድፋዕ ተጸጋዕና።

ሰሙን ኣብቲ ከባቢ ድፋዕ ቀኒና፡ ጸላኢ፡ ኣብ ድሕሪ ድፋዕ ብርክት ዝበለ ሰራዊት ይኣኻኽብ ከም ዝነበረ ብወተሃደራዊ ስለያ ተኸሸሐ። ወዲ ደረስ ዝያዳ ድሉዋት ኬንና ክንጸንሕ ብደቂቕ ተኸታተለና። ሕማላን ቄርበትን ካብ ኤምዳድ ቦጦሎኒ ለሚኑ ነቶም ዕጥቅና ዘለቐልቐ ዝበለና ከነዐርዮ ሃበና። ንገላ-ገለ ኣባላት ከአ ባዕሉ ሰፈየሎም። እቲ ዝተገመተ ውግእ 10 ሰነ 1999 ልክዕ ሰዓት ዓሰርተ ናይ ንግሆ ተወለዐ።

ወዲ ደረስ ኮንታት ኣባላት ጋንታ ክፈልጥ ሓጻር ርክብ ገበረልና። ጥዕናና ጸቡቕ ከም ዝነበረ ኣረጋገጸ፡ ዕጥቅና ኣቐዲሙ ተኸታቲሉዎ'ዩ። ቀንዲ ዝጸቐጠሉ ነገር፡ ከምቲ ናይ ዝሓለፈ ውግኣት ብጥንቃቐ፡ ብሞራልን ወተሃደራዊ ድስፕሊንን፡ ልዕሊ ኹሉ ድማ ሕድሪ ሰማእታትና ከይነዐብር፡ መዓደና። ብድሕሪ'ዚ፡ ብኡ-ንብኡ ካብ ኣዛዚ ሓይልና ፋሸሽቲ ናይ ተበጋስ ትእዛዝ መጸና። ሓይልና ደድሕሪ ዝቓደማ ጋንታታት ሰዓበና።

በቲ ዝወሰድናዮ ጸረ-መጥቃዕቲ ኣብ ቀዳማይ ድፋዕ ዓሪዱ ዝነበረ ጸላኢ ፈንጢስና ንኻልኣይ ድፋዕ'ውን ሰገርናዮ። እንተኾነ፡ ብየማንና ዝነበረት ካልኣይ ብርጌድ ነታ 'ታባ ጨጓር' እትብሃል ብፈንጂ ዝተሓጽረት በሪኽ ቦታ ክሓኹራዋ ኣይከኣሉን። ስለዚ፡ ቀዳማይ ብርጌድ ንቕድሚት ሓሊፍና ከነብቅዕ ካልኣይ ብርጌድ ማዕረና ስለ ዘይደፍአት፡ ጸረ-መጥቃዕትና ሓላፍ ዘላፍ ኮነ።

እቲ ተደፊኡ ከዝልቕ ዝጀመረ ጸላኢ፡ እምበኣር ዳግም ተወዲቡ በታ ብጸጋምና ዝነበረት ቀዳማይ ቦጦሎኒ ብርጌድና ፈንጢሱ ንቦጦሎኒና ብድሕሪት መጸ። ዝበዝሓ ኣሃዱታት ቦጦሎኒና፡ ካብታ ኣቐዲማ ኣብቲ በሪኽ ታባ ዝደየበት ጋንታና ድሕሪት ተረፋ። መራሕ ሓይልና ፍስሃየ (ፋሸሽቲ) ነተን ጋንታታት ክጥርንፍ ንጋንታና ኣብታ ታባ ገዲፉዋ ወረደ። ኣብ ከምዚ ዝበለ ህሞት፡ ጸላኢ ብጸጋምና እናነረመና ብቕድሚት ከአ ሸቶ

ሰራዊት ናብታ ታባ ሃጀመ። መራሕ ጋንታ ፍስሓጼን ደረስ (ወዲ ደረስ) ነቲ ኩነታት አንቢቡ፡ እናጕየና በታ ወተሃደራት ጸላኢ ዝጥቀሙላ ቀጣን መንገዲ ክንወጽእ ሓበረና።

ብጉያ ወሪድና ናብ ቀዳማይ ድፋዕ ጸላኢ ምስ ቀረብና፡ እቶም ወተሃደራት ናብታ ዝነበርናያ ታባ ደየቡ'ሞ ብቔጽበት ነዋሕቲ ብረት ስዓበና። ወዲ ደረስ ናህሪ ክንውስኽ ደጋጊሙ ሓበሬታ አመሓላለፈ። ብየማናይ ጕድንና እናጕየየ እታ ናይ መትልሑ ደም ጌና ጸረር ክትብል አስተብሃልኩሓ። ንናህሩ እተሰናኽል ማህረምቲ ግን አይነበረትን፡ ምስ ምሉእ ሓይሉን አድሀሎኡን ነበረ።

ድፋዕ ጸላኢ ሰጊርና ናብ ሓደ ሩባ ናብ እተህትፍ ንእሹቶ ጕልጉል ምስ በጻሕና፡ ካብቲ ብብዝሒ ዝተተኹሰልና አርፒጂ አብ መንጎ'ቶም ተሰሪዕና ዝነበርና አባላትን አብ መንጎ ወዲ ደረስን ዓለበት። ንኹልና ስኮጅ ጨብ አበለና። ወዲ ደረስ ተሃሪሙ ሰንከልከል በለ፡ ሰብነቱ ክቄጻጸር ተሸገረ። ንሕና አብቲ ሩባ አቲና ንላዕሊ፡ ናብ ድፋዕና፡ ከንንቃዕርር፡ ንሱ ሰንከልከል እናበለ ናብ የማን ናይቲ ሩባ ተጠወየ። ማህረምቱ ንመስዋእቲ ዝህቦ አይመስልን ነይረ። እታ "ንወዲ ደረስ ኢላ ዝተሰርሐት ጥይት አይመጽትን!" ዝብላ ዝነበረ፡ ስኮጅ አርፒጂ ኩይና ነቲ ጅግና ንሓዋሩ መንጢላትና።

ንጽባሒቱ ቦጦሎኒና ምስተን ዝመጻና ተደረብቲ ሓይልታት ኩይና ጸረ-መጥቃዕቲ አካየደት። ወዲ ደረስ፡ ንሬድዮ ርክቡ፡ ምናልባት ብጾቱ እንተ ረኸቡዋ ግዲ ኢሉ፡ አብ ገራብ አንጠልጢሉዎ፡ ንሱ ኸአ አብ ትሕቲኣ ወዲቑ ብአባላት ካልኣይ ክፍለ-ሰራዊት፡ ካልኣይ ብርጌድ፡ ኮር 271 ተረኸበ።

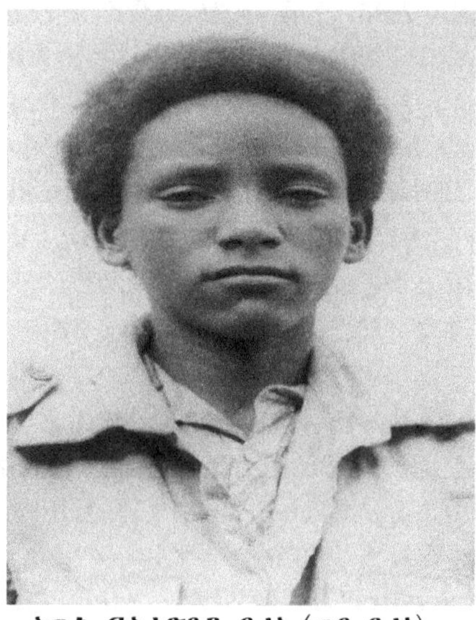

ስውእ ፍስሓጽዮን ደረስ (ወዲ-ደረስ)

480

32

ካብ ደዴሳ ናብ ደዴሳ

ዓብደልቃድር አሕመድ

አብ ደዴሳ ተአሲሮም ዝነበሩ ኤርትራውያን፡ ለይትን መዓልትን ዝጽልዩሉን ዝጭነቁሉን እዋን'ዩ ዝነበረ። ገለ ካብቶም እሱራት አባላት ሃገራዊ አገልግሎት፡ ተጋደልቲ፡ ተመሃሮ ዩኒቨርስት፡ አረጋውያን፡ ስንኩላን ተጋደልቲ፣ ገለ ኸአ ወተሃደራት ኢትዮጵያ ነይሮም ብህዝባዊ ግንባር ዝተማረኹ'ሞ ብፍቓዶም ምስ ፍትሓዊ ቃልሲ ህዝቢ ኤርትራ ዝተጸንበሩ። ከምኡ'ውን፡ ድሕሪ ናጽነት ምስ አዕሩኽቶም ንሳዋ ዝወረዱ ተጋሩን ካልኦትን ይርከብዎም። አባል ራብዓይ ዙርያ አማኑኤል ሓጎስ (ወዲ ሓጎስ) ሓደ ካብቶም እሱራት ነበረ።

አማኑኤል፡ ወተሃደራዊ ታዕሊም ድሕሪ ምቅሳሙ አብ ሓንሸ አገልግሎቱ ወዲኡ፡ ነታ አብ ሸረ ትቅመጥ ዝነበረት ሓብቱ ክርኢ፡ ናብ ኢትዮጵያ ምስ ከደ ሰራሕ አውቲስታ ረኺቡ አብኡ እናሰርሐ እንከሎ'የ ወራር ወያነ ዝተጀመረ። "ሻዕቢያ ኢኻ" ተባሂሉ ምስ ተታሕዘ፡ ምስ መተአስርቱ ኤርትራውያን፡ ፈለማ አብ ሸረ ደሓር አብ ጎንደር፡ . . . ጸኒሑ ኸአ ፍቸ ናብ ዝበሃል መዳጎኒ ተወሰደ። አብ ፍቸ ወርሒን ሰለስተ ቖነን ምስ ገበረ፡ እቲ ካብ አዲስ-አበባ አስታት 15 ኪሎ ሜተር ርሒቁ ዝርከብ ቤት ማእሰርቲ ፍቸ ብእሱራት ስለ ዘዕለቐለቐ ናብቲ ካብ አዲስ አበባ 420 ኪሎ ሜተር፡ አዋሳ ሓሊፍካ ዝርከብ መዓስከር ደርግ ዝነበረ፡ ብላቲ ዝበሃል ቦታ ስገረ፣ ካብኡ ድማ ናብ ደዴሳ።

*   *   *

አብ ደዬሳ፡ ድሕሪ ናይ ልዕሊ ዓመት ማእሰርቲ፡ አብ መጀመርታ ነሓሰ 1999፡ ምስ ምጅማር ካልአይ ወራር ወያነ ቅኒትን ሜላን ካድራት ወያነ ክቕየር ተራእየ፡ ሓደ ረፍዲ፡ ሃይለ ዝተባህለ ካድር ወያነ ነቶም እሱራት አኪቡ፤ "ንሕና ምሳኹም ጽልኢ የብልናን፡ ገበን ክፍጽም ዝረኸብናዮ ሰብ'ውን የለን፡ ጸገምና ናይ ጸዋታ'የ፡ ካብ'ዞም አብዚ ዘለኹም አሽሓት እሱራት፡ ሓሙሽተ ዘይጥዑያት እንተለዉ፡ ንዓኣቶም ክንሕዝ ክንብል ንዓኻትኩም ክንኣስር ግድን'የ፡ እዚ ድማ'የ እቲ ሓቂ!" በሎም፡ "እዚ ኮነታት ዝነውሕ አይመስልን'የ፡ 'አነ ዝተወደአ 'ፕሮሰስ' አለኒ ወይ ስድራይ ይውድኡለይ'ዮም' ዝብል ሰብ እንተልዩ፡ ናብ ሳልሳይ ሃገር ክኸይድ ናጻ ኢልናዮ አለና፡" ዝብል መግለጺን ሓበሬታን ሃበ፡

ነፍሲ-ወከፍ እሱር ናብ ስድራቤቱ ደብዳበታት አውሓዘ፡ ነቶም ድሮ 'ፕሮሰስ' ዝጀመሩ፡ ፓስፖርት ዝነበሮምን ቪዛ እናተጸበዩ ዝተአስሩን ቀልጢፉ ክሰልጦም እንከሎ፡ እቶም ዝተረፉ ናብ ሰሰድራኣም ደብዳበ ክጽሕፉን ካብቲ ቤት ማእሰርቲ ናጻ ዝወጹሉ መንገዲ ከናድዮን ተበገሱ - አማኑኤል ሓደ ካብአቶም ነበረ፡

ቤተ-ሰብ እሱራት ብዛዕባ'ዚ ወጺኣ ናይ ምስጋር ፍቓድ ምስ ሰምዑ፡ ላዕልን-ታሕትን በሉ፡ አዲስ-አበባ አብ ዝርከባ አብያተ-ጽሕፈት ዝተፈላለያ ሃገራት እናኸዱ "መንግስቲ ኢትዮጵያ ፍቓድ ሂቡ ስለ ዘሎ ተሓባበሩና፡" ክብሉ ተንያየ፡

አይጸንሐን ነቲ ጉዕዞ ብዝምልከት ሓለፍቲ ሰርዓት ወያነ ሓበሬታ ሃቡ፡ "ናይ ኢትዮጵያን ኤርትራን ፓስፖርት ክትጥቀሙ አይትኽእሉን ኢኹም፡ ምኽንያቱ፡ ናይ ኢትዮጵያ ከይትጥቀሙ ኢትዮጵያውያን አይኮንኩምን፡ ናይ ኤርትራ ከይትጥቀሙ ድማ ብሃገርና ከሓልፍ አይክእልን እዩ፡" ተባህሉ፡ አማኑኤልን ብጾቱን ቡቲ ዝተዋህበ ሓበሬታ ተበሳጭዮም፡ "ብናይ መን ሃገር ፓስፖርት ደአ'ዩ ዝኽየድ፤" ክብሉ ሓተቱ፡

"'ሊስ ፓስ' ዝበሃል ወረቐት አለኩም፡"

"እንታይ እዩ እቲ 'ሊስ ፓስ'፤"

"'ሊስ ፓስ' ዝኹን ሰብ ካብ ሓንቲ ሃገር ናብ ካልእ ሃገር ከም መሰጋገሪ ጥራይ ዝጥቀመሉ ወረቐት'ዩ፡" ዝብል መልሲ ተዋህቦ፡

አብ ቀዳማይ እግሪ ን50 እሱራት ጥራይ ተፈቐደሎም፡ አብ ከምዚ ኮነታት፡ ነቲ አጋጣሚ ዝምዝምዙ ሰባት ተንቀሳቒሱ፡ ሓደ ተካ ዝተባህለ ኢትዮጵያዊ፡ ብግላዊ አቢልካ ናብ ሞዛምቢክ፡ ካብኡ ናብ ደቡብ አፍሪቃ መስሎኺ ከም ዝነበረ ይፈልጥ ብምንባሩ፡ ነዛ ንእሱራት ደዬሳ ዝተዋህበት ሓበሬታ ሰምዐ፡ ምስ ሓደ ኢሲያስ ዝተባህለ ኤርትራዊ ብምኳን ድማ፡ ነቲ አጋጣሚ ክምዝምዙ ተበገሰ፡ ምስ ሰራሕተኛ ኤምባሲ ማላዊ፡ ካውንስለር

ናይቲ ኤምባሲ አብ ኢትዮጵያ ሌላ ስለ ዝነበር፡ ናብ ማላዊ ዘእቱ ወረቐት
ብስም ኤምባሲኤ ዘይኮነ ብናይ ቤት ጽሕፈታ ከተዳልወሉ ወደባ። ምስ
ማላውያን ደላሎ ሌላ ስለ ዝነበር'ውን፡ ነታ ዕድል ክጥቀመላ ፈተነ። ምስታ
ካውንስለር ምስ ተሰማምዐ፡ ንሱን ንሳን ከክልተ ሽሕ ብር ክወስዱ፡ እቲ
ኤርትራውያን ዘማጽእ፡ ማለት፡ ኢሰያስ ከአ ሽሕ ክወሰድ ተሰማምዑ። ናይ
አየር ትኬት ሓሙሽተ ሽሕ፡ ጠቅላላ 10 ሽሕ ብር ክኸፍሉ ማለት'ዩ። አብ
ልዕሊ'ዚ፡ ማላዊ ምስ አተዉ ናብ ሞዛምቢክ እተስግር ናይ 'ጉስፐል ቸርች'
ዝተተምየነት ታሴራ መውጽኢ ሓሙሽተ ሚእቲ ተሓተቱ።

በዚ መስርሕ'ዚ፡ መጀመርታ ሸሞንተ ሰባት ናብ ማላዊ ተበጊሶም
ድሕሪ ብዙሕ ሕልኽላኽት ብሰላም አተዉ። ብድሕሪኡም፡ ዮናስን መድሃኔን
ዝተባህሉ ክልተ አዝማድ ሰዓቡ። እንተኹነ፡ ማላዊ ምስ በጽሑ በታ ዝኽዱላ
ነፋሪት ናብ ኢትዮጵያ ከም ዝመለሱዎም ተሰምዐ።

በዓል አማኑኤል ዝርከቡዎም 25 ሰባት፡ እቶም ናብ ኢትዮጵያ
ዝተሰጉት ክልተ ጌና አብ ማላዊ እንከለዉ፡ ናብ ማላዊ ክብገሱ ተዳለዉ።
ነቶም ክልተ 'ማላዊ ሰጉንቶም' ምስ ተባህለ ግን፡ "እንታይ'የ እቲ ጸገም?"
ኢሎም ዋጭ-ዋጭ በሉ። ነቲ ምኽንያት ክፈልጡ'ውን ተሃንጠዩ።

ነቶም ካብ ማላዊ ዝተሰጉት ክልተ ሰባት ዝተዋህበ ሊሰ ፓስ 'ዝተበገሱሉ
አዲስ አበባ (ኢትዮጵያ) ዝኽድሉ ኸአ ኤርትራ' ይብል ነበረ። እዚ ሰነድ'ዚ
ምርዳእ ዝአበዮም ሰብ መዚ ማላዊ፡ ነቶም ኤርትራውያን፡ "ካበይ ኢኹም
ትመጹ ዘለኹም፧" በሉዎም።

ሓላፊ ጸጥታ ኢምግረሽን ኢትዮጵያ፡ ነታ 'ኤርትራ' ብኮሬክተር
ደምሲሱ አብ ልዕሊኣ - A- P ገይሩላ ነበረ። ትርጉም፡ ናብ ዘይተፈልጠ
ቦታ ምኻኑ ምስ ተፈልጠ ኸአ እቲ ነገር መሊሱ ገደደ። በዓል አማኑኤል
በቲ ዝረኸቡዎ ሓበሬታ (ምኽንያት መስጉጉ ናይቶም ክልተ) መሊሶም'ኳ
እንተ ተጨነቑ፡ ተስፋ ግን አይቆረጹን።

ቤተሰብ ናይቶም 50 እሱራት'ውን ወረቓቕቲ ካብ ምስላጥ ደው
አይበሉን። አብ መወዳእታ ዝተረፎም ትኬት ነፋሪት ነበረ። እቶም ቤተሰብ፡
ነቲ ቪዛ ሒዞም ናብ ደዴሳ ብምኻድ ወረቓቕቶም ንኻድራት ወያነ አረከቡ።

እቲ ደቀቅቲ ዘዒንቱ ሃይለ፡ ነቶም 50 እሱራት አኪቡ፡ "እንቋዕ
ሓጎስኩም" ኢሉ ዘረባኡ ጀመረ። "ቤተ-ሰብኩም ሕጋዊ ልኹን ቪዛ
አግንዮምልኩም እኔዉ፡ ትኬትኩም'ውን ሕጋዊ'ዩ። ስለዚ፡ ንወጻኢ ሃገር
ክትከዱ ስለ ልቦንኩም፡ ደጊመ እንቋዕ አብዞይ አብጽሓኩም" ምስ በለ
ጨብጨባ ናይቶም እሱራት ሰዓበ።

ብድሕሪ'ዚ፡ ካድራት ወያን አየደንጉዮዎምን። ካብ ደዴሳ መኻይን
ጸጺኖም ነቾምቴ አብጸሓዎም'ሞ፡ በብዝጥዕሞም መንገዲ ክኸዱ

አፍቀዱሎም፡፡ እቶም ድሕሪ ዓመት ማእሰርቲ ካብ ቀይዲ ወተሃደራት ወያነ ዝተገላገሉ 50 እሱራት፡ ምስ ቤተሰቦም እናዕለሉ አው-ቶቡስ ተጸጊኖም አዲስ አበባ አተዉ፡፡

እቶም እሱራት አዲስ አበባ እትው ምስ በሉ ብቓጥታ ነቲ ዘይተማለአ መስርሕ መገሻአም ከሳልጡ ተንያዩ፡ "ክታብት ውሰዱ" ስለ ዝተባህሉ፡ ናብ ጥቑር አንበሳ ሆስፒታል ከዱ፡፡ 'ከም ወጻእተኛታት ኢና ንርኢየኩም' ስለ ዝተባህሉ ሽአ፡ አብ መዓርፎ ነፈርቲ ቦሌ ናይ ርግጺ ብዶላር ከፈሉ፡፡

አብዚ'ውን ሰብ-ስልጣን ወያነ፡ ኩሉ ገንዘብ ምስ ተሸፍሉ፡ "ቅድም እቶም 25 ይኽዱ፡ ዝተረፍኩም ድማ ተጠባበቕቲ አለኹም" ብማለት፡ ንፍርቆም አትረፉዎም፡፡ አማኑኤል ሓደ ካብቶም ዝተበገሱ ነበረ፡፡

14 ነሓስ 1999፡ እቶም እሱራት፡ ወተሃደራት ደጄሳ ዝጥዓሱ እናመሰሎም ክሳብ'ታ ነፋሪት ስግይ እትዓርግ አይአመኑን፡፡ እታ 'በዘይካ'ቶም እሱራት ካልአት ሓሙሽተ ፓስፖርት ዘለዎም ኢትዮጵያውያንን ህንዳውያን መማህራንን ዝርከብዎም አስታት 45 ሰባት ጸኒና ዝክበረት ነፋሪት፡ ድሕሪ ናይ ሰለስተ ሰዓትን ዕሰራ ደቒቕን በረራ መዕርፎ ነፈርቲ ማላዊ ዓለበት፡፡

አማኑኤልን መንዕዝቱን ካብታ ነፋሪት ምስ ወረዱ፡ እቶም ነቶም ኤርትራውያን ክቐበሉ ዝተነግሮም ደላሎ፡ አብ ውሽጢ ተርሚናል ናይቲ ኤርፖርት ጸንሑዎም፡፡ ንሳቶም፡ 60 ደላር ተሸፊሎም ናብ ደቡብ አፍሪቃ ክወስዱዎም ዝመጹ ነበሩ፡፡

አብዛ ብምህርቲ ዕፉን እትልለ፡ ካብ ኤርትራ እትንእስ ማላዊ ዝበጽሑ እቶም 25 እሱራት፡ ካብ ነፋሪት ምስ ወረዱ ድሕሪ ዝተወሰነ ሰዓታት አብቲ ኤርፖርት ናይ 'ሊስ ፓስ' ሰነዳቶም አረከቡ፡፡ ዝምልከቱ በዓል መዚ ማላዊ ነቲ ሰነዳት ምስ ረአየ፤

"እዚ ደአ ስለምንታይ ብኮሬክተር ተአሪሙ፧" ሓተቶም፡፡

"ንሕና አይኮንናን፣ መንግስቲ ኢትዮጵያ'ዩ ገይሩልና፡" በሉዎ፡፡

"መንግስቲ ብኮሬክተር ከዐሪ አይክእልን'ዩ - ፍቓድ አይኮነን፡፡"

"ዋእ፡ እሞ ሓላፊ ኢምግሬሽን አቶ ጀማል ዝገበር እዩ፡፡"

"ንስኹም ሓሰውቲ ኢኹም፡፡ እዚ 'ኤን-ፒ' ኸ እንታይ ማለት'ዩ፤ ናበይ ዓዲ ዲኹም ትኸዱ ዘለኹም፧"

"አብ ዓድኹም ተዛዊርና ናብ አዲስ አበባ ክንምለስ፡" በሉ'ቶም እሱራት ምስ አቶ ጀማል ኢብራሂም ብዝተረዳድእዎ መሰረት፡፡

"እንታይ ክትምለሱ ደአ!" በዓል መዚ ኤርፖርት ማላዊ እናሓጨጨ ነቲ እቲ ኢምግሬሽን ንመወከሲ አሕጺሮተ-ቃል ዝጥቀመሉ መዝገበ ቃላት አውጸአ፡፡ እታ 'ኤን-ፒ' (NP) እትብል ቃል ድስ እንተ በልካ ግን ወይከ፡፡ ለካ አቶ ጀማል ባዕሉ ዝተጠቕመላ አሕጺሮተ-ቃል'ያ ነይራ፡፡

በዓል መዚ ኤርፖርት ማላዊ ተጨጢዑ፤

"ንስኻትኩም ማፋያ ኢኹም። 'ኤን-ፒ' ምናልባት ቦታ ዘይብሉ (None Place) ማለት ክኸውን ይኽእል'ዩ። ንስኻትኩም ዲፕሎማሰኛታት ዲኹም ናብ ዝኾነ ቦታ ትኸዱ፤ ንሱ'ውን ኣህጉራዊ ፓስፖርት እንተለኩም'ዩ። እንደገና፡ እዚ 'ሊስ ፓስ' ካብ ኣዲስ ኣበባ ንንድኹም ደኣ'ዩ ዘትወኩም'ምበር፡ ናብ ማላዊ ከምጽኣኩም ኣይክእልን'ዩ። ብመሰረት ሕጊ ኢምግሪሽን 'ሊስ ፓስ'፡ ዝጠፍአ ሰብ ናብ ዓዱ ዝኣትወላ ደኮመንት'ዩ። ንስኻትኩም ናብ ዓድኹም ትኸዱ'ምበር፡ ናብ ማላዊ ዘምጽእ እንታይ ኣለኩም፤ ማላዊ ዓድኹም ድዩ - ዓድና ኢልኩም ትመጹ፤ ንሕና ከም ዜጋታት ኣይንፈልጠኩምን ኢና፡" ተግሳጽ ብዝተሓወሶ ቃላት ተዛረቦም። እቶም እሱራት ዓቕሎም ጸበቦም።

"ኣቱም ሰባት፡ እዚ ኹሉ ናይ 'ፕሮሰስ' ጌጋታት ንሕና ዝገበርናዮ ይመስለኩም ኣሎ። ሽግርና ብሓቂ ክንነግረኩም፡ ንሕና ኣብ ኢትዮጵያ ናይ ፖለቲካ እሱራት ኢና ነይርና። ካብ ኣህጉራዊ ጉዳይ ስደተኛታት ዝተዋሃብናዮ መፋነዊ ሰርቲፍኬት'ውን ኣሎና፡" ብምባል፡ ወረቓቶም ኣውጺኦም ኣርአዩዎም። እንተኾነ፡ ጌና ካብቲ ኤርፖርት ከይወጹ - ወረቓቕቶም እናርአዩ ከለዉ - ካብቶም ካልኦት ተሳፈርቲ ፈልዮም ኣብ ሓደ ኩርናዕ ንበይኖም ኣጸጊዖም'ዎም።

እቶም ዘይተጸበዩዎ ዝተዓዘቡ ደላሎ፡ ትኽ ኢሎም ናብ'ቶም ኤርትራውያን ምስ ቀረቡ፡ ኩነታት ከም ዝተበላሸወ ተረድኡ። ሓደ ካብኣቶም፡ "ኩሉኹም ናይ ኣየር ቲኬትኩም ቅደዱዋ…፤ እንተ ቓዲድኩምዋ ዋላ ሓንቲ ኣይገብሩን'ዮም - ኣይመልስኹምን'ዮም። ቅደድዋ፡" በሎም። እቶም ዝበዝሑ ከም'ቲ ዝተባህሉዎ ክገብሩ እንከለዉ፡ ገለ ግን ትኬቶም ሓበኡ።

ሽዑ ንሽዑ፡ ነቶም ኤርትራውያን፡ ሓለዋ ፖሊስ ተመደበሎም።

"ካበይ መጺእኹም፧" ክብል ሓደ ፖሊስ ንበዓል ኣማኑኤል ሓተቶም።

"ንሕና ኤርትራውያን ኢና። ኢትዮጵያ ኣሲራትና ነይራ፡" ኢሎም ኩሉ'ቲ ዝሓለፍዎ ነገሩዎ።

"ዘገርም'ዩ። መቸም ኣብ ኣፍሪቃ ምንባር ኣየተኣማምንን'ዩ። ኣብ ህይወትኩም ምሉእ፡ ሓንቲ መዓልቲ ማላዊ ከይደ ክእሰር'የ ኢልኩም ሓሲብኩም ትፈልጡ፧" በሎም'ሞ፡ "ኣይትሓሰቡዎን ኢኹም። ኣነ'ውን ሓደ መዓልቲ ናብ ሃገርኩም ከይደ እእሰር እኸውን… መን ይፈልጥ፡' ኣብ ኣፍሪቃ ምንባር ውሕስነት የብሉን - ኣየተኣማምንን'ዩ፡" ኢሉ ሓለዋኡ ቀጸለ።

ወኪል መንገዲ ኣየር ኢትዮጵያ ኣብ ማላዊ፡ ኣቶ መኮነን፡ ድሮ እቲ ጉዳይ ኣብ እዝኑ ስለ ዝበጽሐ ላዕልን ታሕትን በለ። እንተኹነ ምስቶም

ኣብ ኣዲስ ኣበባ ዝነበሩ ሰብ-ስልጣን ወያነ እናተላዘቡ፤ ኣብ ልዕሊ'ቶም እንትርቷ ኤርትራውያን ም ኞኖም ዝኹነ ገበን ዘይፈጸሙ እሱራት፤ መሰሎም ንምግሃስ ስለ ዝተዓጥቁ፤ ከረድኡ ን ዝ ቓረቡ እሱራት ብ ቛርኑ ተቓበሎም። ንስነዳቶም ካብ ሰብ-መዚ ማላዊ ተቓቢሉ፤ "ን ኢትዮጵ ያ ክምለሱ ኣለዎም!" ኩን ዘረባኡ።

ተወከልቲ እሱራት፤ "ስለምንታይ ከምዚ ትገብሩ፤" ኢ ሎም ክዛረብዎ እንት ደለዩ፤ ንሰብ-ስልጣን ማላዊ ሐዙ ከም ዘይቀርቡዎ ገበሩ።

"ኣይፈልጠኩምን'የ፤ ኣነ ናይ ሃገረይ መልእኽቲ ጥራይ'የ ዘፈጽም። ሃገረይ ዘይሕጋውያን'ቶም ምለ ሶም ኢላትኒ'ያ፤ ክትምለሱ ኢ ኹም፤" ኣብ ዝበል ቃል ደረቐ።

ኣብቲ ዓዲ እትቕመጥ፤ ልደታ ሚኪኤል እትበሃል ኤርትራዊት ብዛ ዕባ'ቶም እሱራት ሓበሬታ ብምርካብ፤ ሸግሮም ን ኽፍ ታሕ ላዕልን ታሕትን በለት። ንሰብ-ስልጣን ማላዊ'ውን ኣጥቢቓ ለመነቶም፤ ብመንገዲ ስእ ሎምን ተጸዋዒ ጉዳይ ስደተኛታት ዝሃቦም ማሕተም ዘለዎ ናይ መፋነዊ ሰርቲፍኬትን፤ ኣብቲ ዓዲ ናብ ዝርከባ ኣህጉራውያን ውድባት ቀይሕ መስቀልን ስደተኛታትን፤ ከም ኡ'ውን ናብ ኩለን ኤምባሲታት ተዘርግሐ። እንተኹኑ፤ ዝ ድንግጸሎም ኣይረኸቡን። ኣ ማስያኡ፤ ንከተማ ከይኣተ ወ፤ ኣብቲ መዕርፎ ነፈርቲ ክእሰሩ ትእዛዝ ተመሓላለፈ።

ፖሊስ ማላዊ ን12 ካብ ኣቶም ኣብ ሽ ቓ ቐ ናይቲ ኤርፖርት ዳጉኖም ብምፍትሕ ዓጸውዎም። እቲ ሽ ቓ ቐ ላሻንዲ ኖን ሻወር ን ዘ ጋመረ ጸበብቲ ክፍልታት ነበረ። ነቶም ዝተረፉ ፍርቂ ሽ ኣ፤ ኣብ ካልእ ክፍሊ ወሲ ዶም ዳጉኑዎም። ከም ዘይሕደር የለን፤ ኣብቲ ዝሑል ስሚንቶ ተሓ ጮ ቐ ፈ ር ም ሓደሩ።

እታ ካብ ኢትዮጵያ ዘምጽእ ቶም ነፋሪት፤ ን ዓ ኣ ቶም ኣብ ኡ ኣ ው ሪ ዳ'ያ ናብ ሉሳካ ከይዳ ሓዲ ራ። ን ጽ ባ ሒ ቱ ኣን ጊ ሃ ድ ማ ናብ ማ ላ ዊ ተመልሰት። ወጋሕታ፤ ፖ ሊ ስ ማ ላ ዊ ነ ቲ እ ሱ ራ ት ዝ ሓ ደ ሩ ሉ ጸ በ ብ ቲ ገ ዛ ወ ቲ ብ መ ፍ ት ሕ ከ ፈ ቶ ም፤ "ን ዑ ው ጹ!" በ ሉ ዎ ም።

እ ቶ ም እ ሱ ራ ት ከ ካ ብ ዝ ሓ ደ ሩ ዎ ክ ፍ ሊ ን ደ ገ ም ስ ወ ጹ፤ እ ታ ነ ፋ ሪ ት ኣ ብ ቅ ድ ሚ ኣ ም ተ ገ ቲ ራ ረ ኣ ዮ ዋ። ሽ ዑ ኽ ኣ ' ዩ ወ ጥ ሮ ም ና ብ ሕ ር ቃ ን ዝ ዓ ረ ገ።

"እ ዚ ኹ ሉ ኣ ሸ ሓ ት ብ ር ተ ኸ ፈ ሉ፤ ዓ ለ ም ክ ተ ሓ ባ በ ረ ና ኣ መ ል ኪ ት ና ን ሽ ግ ር ና ኣ ረ ዲ እ ና ን ክ ነ ስ ና ስ ዳ ግ ማ ይ ኣ ብ ኢ ድ ወ ያ ነ ክ ን ወ ድ ቕ!" በ ሉ ብ ም ም ራ ር።

ፖ ሊ ስ ማ ላ ዊ፤ "ያ ላ ቀ ል ጥ ፉ ው ጹ... ነ ፋ ሪ ት ት ጸ በ የ ኩ ም'ያ ዘ ላ!" ኣ ጉ ባ ዕ ብ ዑ ሎ ም።

"ብፍጹም፡ ሎሚ አይንስቀል ጽባሕ!" አቐበጹ ብሓባር።

ፖሊስ ኩብኩቡ ክወስዶም ተደናደኑ። ፍትሒ ስኢኖም ዝጎብሩዋ
ዝጠፍአም እቶም እሱራት፡ ኩላቶም - ገለን ጠዋሉ፡ ገለን ሰድያ - ኮታ
አብ ጥቓአም ዝጸንሓም መውቅዒ መመዚዞም፡ ነቶም ፖሊስ አጓየዮም።
ጠበንጃ ዝሓዙ እቶም ፖሊስ፡ አብቲ ጸበብቲ ኮረድዮ ናይቲ መዕርፎ ነፈርቲ
ተጠርኒፎም ክከላኸሉ አይጠዓሞምን። ብዘይካ እግረይ አውጽኒ ካልእ
አማራጺ አይነበሮምን። ነቶም ፖሊስ ምስ አባረሩዎም፡ ነቲ ገዛ ዓጽዮም
አብ ውሽጢ ኮፍ በሉ።

ነፋሪት እትብገስሉ ሰዓት ካብ ዝሓልፍ ሓያሎ'ኳ እንተ ገበረ፡ ምእንታአም
ክትብል ነዊሕ ተጸበየት። ፖሊስን ሰበ-ስልጣንን ማላዊ አብቲ ዓቢ ሼትሮ
አእዳዎም እናወዛወዙ፡ ገለ ድፍር ዝበሉ ኸአ ብማዕጾ እናተቐልቀሉ
"በጃኹም! በጃኹም!" እናበሉ ለመኑዎም።

"ናብ ኢትዮጵያ እንተ ተመሊሰና ወያን ክቐትሉና'ዮም። ምማት ምማቱ
አብዚ ኢና ንጠፍእ!" ነፍሲ-ወከፍ እሱር ጸር-ጸር እናበለ ሐርቃኑ ገለጸ።
ወያ ነፋሪት፡ ምስ ቀበጸት ተበጊሰት።

ነፋሪት ድሕሪ ምኽዳ ወተሃደራት ዝጸዓኑት 'ዲፈንደር' ዝዓይነታ ሸፍንቲ
መኪና ደበኽ በለት። እቶም እሱራት፡ ሰበ-ስልጣን ማላዊ ክዘርቡዎም አብ
ዝቐረቡሉ እዋን፡ ምኽዳ ናይታ ነፋሪት አረጋጊጾም ነበሩ። እቶም ሰበ-
ስልጣን፡ "በሉ ስምዑና... ናይ ስደተኛ ሕቶታትኩም ተመሊሱልኩም ስለ
ዘሎ ሽግር የለን። መንግስቲ ማላዊ ተቐቢሉ ልኩም አሎ፡ አብዛ መኪና ተሰቐሉ"
በሉዎም። እቶም እሱራት አይተጠራጠሩን፣ ናብታ ዝተቐረበትሎም መኪና
አምረሑ። አቝሕቶም ጸዒኖም ከአ ጉዕዞ ጀመሩ። እታ 'ዲፈንደር'፡ ናብ
'ማልዋ' ዝተባህለ ቦታ አምረሐት። ማልዋ ካብታ ከተማ ፍንትት አብ ዝበለ
ቦታ እትርከብ ቤት ማሕቡስ'ያ።

ኤርትራዊት ልደታ ሚኪኤልን ምዕራፉ ዝተባህለ አብ ዩ.ኤን.ዲ.ፒ.
ዝሰርሕ ኢትዮጵያውን እናተመላለሱ መግብን ካልእ ዘድልዮም ነገራትን
አምጽኡሎም። ንጽባሒቱ፡ ሓንቲ ጋዜጣ ማላዊ "መንግስታት ማላዊን
ኢትዮጵያን ን25 ኤርትራውያን እሱራት ናብ ኢትዮጵያ ክጥርዙዎም
ተሰማሚያም" ዝትሕዝቶኡ ዜና ሒዛ ወጸት። እታ ጋዜጣ አብ ኢድ'ቶም
እሱራት ምስ በጽሐት፡ አዝዮም ሰንበዱ። ንእለቱ፡ ካብ መንጎ'ቶም እሱራት
ዶክተር ኢዮብን ዓብዱሰላምን ዝጸሓፉዋ፡ ኩነታቶም ዝገልጽ ናይ
ምሕጽንታ ደብዳበ ናብ ማሕበረ-ሰብ ዓለም፡ ናብ ኤምባሲ አመሪካ ዝርከቦ
ናብ ዝተፈላለያ ኤምባሲታት፡ ናብ ብዙሓት አብያተ-ጽሕፈት ዘርጊሑ።
ብመንጎዲ አብቲ ዓዲ ዝርከባ ናይ ጠበቓ ኩባንያታት ናብ መንግስቲ ማላዊ

487

ጥርዓን ብምቕራብ ድማ፡ "ጉዳይና ብሕጋዊ መንገዲ ይርአየልና" ብምባል አመልከቱ።

እተን ኩባንያታት ከምዚ ክብላ መለሳሎም፤

"ሕጊ ነጺ ጉ ኩም አሎ። ምኽንያቱ፡ መጀመርታ መንግስቲ ማላዊ ሕጋውያን ስደተኛታት'ዮም ክብለኩም አለም። ንስኻትኩም ብ'ፈክ' ቪዛ (ትምዮን ቪዛ) ኢኹም መጺእኩም ዘለኹም። ብትምዮን ቪዛ ዝመጸ ሰብ ከአ አብ ቅድሚ ሕጊ ቀሪቡ ክካታዕ አይክእልን'ዩ።"

እተን አህጉራውያን አብያተ-ጽሕፈት'ውን ብወገነን፡ 'አብ ውሽጣዊ ጉዳይ ማላዊ ኢድና ከነእቱ ሕጊ አይፈቕደልናን'ዩ' ብምባል አስቀጣ። አህጉራዊ ማሕበር ቀይሕ መስቀል (ICRC) ከይተረፈ ንጉዳዮም ክቕበሉ አይከአለን። እታ ሓንቲ ዝተረፈቶም ዕድል ድማ ናብ መንግስቲ ኤርትራ ፋክስ ምግባር ነበረት። ልደታ፡ አብቲ ዓዲ ካብ ዝቅመጥ ጉይትአም ዝተባህለ ጥዕስ ተጋዳላይ ቁጽሪ ፋክስ ወሲዱ፡ ናብ ሚኒስትሪ ወጻኢ ጉዳያት ኤርትራ መልእኽቲ ሰደደት።

መንግስቲ ኤርትራ፡ ቅልጡፍ ግብረ-መልሲ ብምውሳድ፡ አባል ቤት ጽሕፈት ኤምባሲ ኤርትራ አብ ደቡብ አፍሪቃ ናብ ማላዊ ለአኸ። እቲ ዝተላእከ ወኪል ምስ ዝምልከቶም ሰበ-ስልጣን ማላዊ ምርድዳእ ጀመረ። ሓለፍቲ ኢምግሬሽን ወከልቲ ወጻኢ ጉዳያትን ላዕለዋይ በዓል መዚ ፖሊስ ማላዊን አኽቲሉ ድማ፡ ናብቶም እሱራት መጸ። ሰበ-ስልጣን ማላዊ፡ "እንታይ'ዩ ድሌትኩም፤" ብማለት ቃሎም ክወስዱ ነቶም እሱራት ሓተትዎም። እቶም እሱራት፡ ኩሉ'ቲ ዘጋጠሞም ውዲት ብመንገዲ ወከልቶም ክዝርዝሩ ተዳለዉ።

ፖሊስ ማላዊ፡ አቐዲሞም አስማት ናይቶም እሱራት አብ ዝመዝገብሉ እዋን፡ ናይ ነፍሲ-ወከፍ እሱር ሞያ ሓቲቶም'ኳ እንተ ነበሩ፡ በቲ ዝረኸቡዎ መልሲ ግን ዕጉባት አይነበሩን። አብ ውሽጦም ደክተር፡ ነጋዳይ፡ አውቲስታ፡ ስነ-ጥበበኛ... ሰለ ዝነበሩ ኸአ፡ 'እዚአቶም ንፍሉይ ስርሒት ዝመጹ አየር-ወለድ ክኹኑ አለዎም' ኢሎም'ዮም ገሚቶም፡ ብወያን'ውን ከምኡ ጥርጣረ ከም ዘሕድሩ ተገብረ። መንነት ናይቶም እሱራት'ውን ድሮ በቲ አብ ኢትዮጵያ ከለዉ፡ "ኮማንዶ'ዮም" ኢሉ ወያን ዘውረየሎም ተበኪሉ'ዩ። ክንዲ ዝኹነ፡ ፖሊሰን ሰበ-ስልጣንን ማላዊ፡ ብዓቢ ፍርሕን ጥንቃቐን ተኸታተሉዎም። ድሮ'ውን ናይቶም እሱራት ናይ 'ሊሰ-ፓስ'ን ቪዛን ስነዳት አብ ኢዶም ነበረ።

እቶም እሱራት፡ መንግስቲ ወያን ንወጻኢ ከስግረኩም'የ ኢሉ አስታት 350 ኪሎ ሜትር ካብ ዝምርሓጁ በረኻ ናብ አዲስ አበባ ከም ዘምጸአም፤

ብወገኖም ድማ፥ ካብ ቤት ማእሰርቲ ንፈታሕ ጥራይ'ምበር ማላዊ ድዩ አብ ዝኹነት ሃገር ኬድና ዘጋጥመና ሽግር ምቕባል ይሓይሽ ኢሎም ከም ዝተቐበሉዎ፣ እንተኹኑ፥ ወያን ነቲ ናይ ሺዛ 'ፕሮሰስ' አበላሸዩ ናብ ማላዊ ከም ዝለአኹ-ም፣ ኩሉ'ቲ አብ ሰንዳቶም ዘሎ ሕማቐን ጽቡቕን ማላዊ ምስ በጽሑ ከም ዝፈለጡዎ፣ ... ብዘርዘር እናገለጹ፥ ሽግሮም ክርድኡ-ም አጥቢቖም ተማሕጸኑ።

ሰበ-ስልጣን ማላዊ፥ "እሞ ሕጂ ምርጫኹም እንታይ'ዩ!" ደጊሞም ሓተቱ። ፈጻሚ ጉዳያት ኤምባሲ ኤርትራ አብ ደቡብ አፍሪቃ አቶ ተሸስተ አብ መንጉ አትዩ፥ "ከየገርህኹም፣ አነ ናብ ሃገርኩም ዘእቱ ሰነዳት ሓዘልኩም መጺአ አለኹ-" በሎም ብጓንቂ ትግርኛ። ብቓላት አቶ ተሸስተ ዝተጠራጠሩ ሰበ-ስልጣን ማላዊ፥ ብጓንቂ እንግሊዝ ገይሮም፥ "ምርጫኹም ናብ ኢትዮጵያ እንድዩ!" በሉ-ዎም፥ ናብ ኤርትራ ክሰድዎም ከም ዘይኮኑ ብዝገልጽ አበሃህላ።

"ኖእ! ንሕና እሱራት ስለ ዝኹንና ናብ ኢትዮጵያ አይንኸይድን ኢና። ኢትዮጵያ፥ አስጋእቲ ኢኹም ኢላ ከይንምለሳ ብ10 አጻብዕትና አፈሪማ'ያ አውጺአትና፣ እንሆ ሰርቲፍኬትና ርአዩዎ። እንተ ተመሊስና እንታይ ይጸበየና ከም ዘሎ ፍሉጥ'ዩ። ንሕና፥ ብአፍና ንዝረበኩ-ም አሎና፣ እንተ ዘይአመንኩ-ምና አህጉራዊ ማሕበር ቀይሕ መስቀል ዝሃበትና ሰርቲፍኬት እዚ.'ዩ" መለሱ። ሰበ-ስልጣን ማላዊ ነቲ ሰርቲፍኬት እናተቐባበሉ ረአዩዎ።

"አብ መዕቆቢ ስደተኛታት ክንአቱ'ዩ ድሌትና። አብዚ ዓዲ'ውን ላዕለዋይ ኮምሽን ስደተኛታት ሕቡራት ሃገራት (UNHCR) ስለ ዘሎ አብኡ ክንዕቀብ ኢና ንደሊ." መለሱ እቶም እሱራት።

"ሕራይ፥ ጠለብኩ-ም ተቐቢልናዮ አሎና - አጆኹ-ም፥" እናበሉ አብ ምትብባዖም አተዉ። ብድሕሪ'ዚ፥ ፈጻሚ ጉዳያት ኤምባሲ ኤርትራ አቶ ተሸስተ፥ "ቋንቋ እንግሊዝ ዘይሰምዑ ስለ ዘለው-ዎም፥ ኮነታት ሃገረይ ብትግርኛ ክገልጸሎም ፍቓድኩ-ም ድዩ!" ክብል ተወከሶም።

"ንሕና ጉዳይና ዓጊና ስለ ዝኹ-ንና፥ ክትቅጽል ትኽእል ኢ.ኻ" በሉ-ዎ።

አቶ ተሸስተ፥ ህሉው ኮነታት ሃገሮም ብሰፊሑ ገለጸሎም።

"ንሕና ካብ ቤት ማእሰርቲ ጥራይ ንውጻእ'ምበር፥ ናይ ወጻኢ ድሌት ሃልዩና ወይ ንትምህርትን ስራሕን ኢልና አይኮ-ናን ወጺእና። ካብ ወያን'ው-ን፥ በታ ዝረኸብናያ ናይ ዓይኒ-መርፍእ ዕድል ሓሊፍና ኢና መጺእና ዘሎና። ስለዚ፥ ንዓዲና ክትወስደና ኢና ንደሊ." ክብሉ ድሌቶም ገለጹ።

"እወ ፈሊጠ አለኹ-፥ ደጊም ዓድኹ-ም ከም ዝአተኹ-ምን አብ መንግስትኹ-ም ከም ዘለኹ-ምን ሕሰቡዎ። ... አብዚ እንተ ተቐበሉ-ኹም

ጽቡቕ፡ ኣይኮነን ናብ ዓድኹም ትምለሱ። ነዝን ሰለስተ መዓልቲ ጉዳይኩም
ክከታተል'የ መጺአ ዘለኹ፡" በሎም።

እቶም እሱራት፡ ሽግርም ዘተፈትሐ መሰሎም'ዮ፡ ቀሰኑ። ኣቶ ተኸስተ
ንቦታኡ ክምለስ ከሎ፡ ንሳቶም ከአ ገና ኣጸቢቘ ከይቀተረ ናብ ቦታኦም
ተመልሱ።

ኣብታ መዓልቲ እቲኣ፡ ሰዓት 7፡00 ናይ ምሽት ምስ ኮነ፡ ሰብ-መዚ
መዕርፎ ነፈርቲ ማላዊ፡ ሃንደበት ኣብ ከባቢ'ቲ ቤት ማእሰርቲ ተበተብ በሉ።
ወኪል መንገዲ ኣየር ኢትዮጵያ ኣብ ማላዊ፡ ኣቶ መኮነን ደድሕሪአም
ዞኽ-ዞኽ በሉ። ምምጻእ ኣቶ መኮነን ኣብታ ሰዓት'ቲኣ፡ ክጥርዙዎም ከም
ዝመደቡ እቶም እሱራት ጠርጠሩ። ኣይደንጎዮን ከአ ሰብ-መዚ ማላዊ
ናብኣቶም ቀሪቦም፡ ኣስማቶም እናጸውዑ ሓይሊ ወሲኾም ክመቓቕሉዎም
ሃቀኑ።

"ንሕና ኣይንከፋፈልን ኢና። ብሓደ ዘመጻእና ኢና፡ ሰለምንታይከ
ምሽት መጺኩምና!" ቀጥዐ ሓዊሶም ተዛረቡዎም። ደጊሞም 'ኣይንወጽእን
ኢና' እናበሉ፡ ነቲ ገዛ ብውሽጢ ብሓጺን ሸጉሩዎ። ሰብ መዚ ማላዊ'ውን
ነቲ ማዕጾ ብደገ ለኮቶሞ ሓደሩ። ነገራት እናኸረረ ከደ፡ "እምበርዶ
መሬት ክትወግሕ'ያ!" እሱራት ከብዶም ሓቝፎም እናተጨነቑ ኣብታ
ካብ ርእሰ-ከተማ ማላዊ ውሰን ኢላ እትርከብ ቤት ማእሰርቲ ማልዊ፡
ወጋሕታ ሰዓት 5፡15 ካብቲ ልሙድ ድምጺ ወጻኢ ጫው-ጫውታ
በዝሐ። እቶም ኣብ ድቃስ ዘነበሩ እሱራት ተንሲኦም፡ ገለ ተጸናጽኑ ገለ
ኸአ ብፍኒስትራ ውጥም ቅልቅል በሉ። ኣብ ኣፍ-ደገኦም፡ ከክንዲ ጸድሬ
ዝኾኑ ወተሃደራት፡ ተወዛሕ-ዛሕ ክብሉ ድማ ተዓዘቡ። እቶም ወተሃደራት
ጠበናጁ፡ ፋሳትን ዱላታትን ሒዞም ነበሩ። ገሊኦም'ውን ኣብ ኣራእሶም
ዘጥልቑዎ ማስኬራታትን ዘመናዊ ዋልታን ነበርም። ቤት ማእሰርቲ ማልዊ
ብፍሉያት ናይ ኮማንዶ ሓይልታት ተኸበበት።

ፈለግ ነቲ ማዕጾ ብመፍትሕ ከፈቶም ደፍኡ። ኣይተኸፍተን።
ብድሕሪኡ በቲ ሬተ ናይቲ መስኮት ርእሶም ኣቑልቂሎም፤

"ማዕጾ ክፈቱዎ፡" ኣጕባዕበዑ።

"እንታይ ደኣ በዚ እዋን ማዕጾ ክፈቱ ትብሉና፡ ፈሪሕናኩም ኣሎና።"

"ማዕጾ ክፈቱዎ - ትእዛዝ'ዩ።"

"እሞ ንሕና፡ ኣተሓሕዛ ጠበናጅኹም፡ ፋስኩምን ዱላኹምን ኣፍሪሕና
ኣሎ። ንስላም ዘመጻእኩም ኣይትመስሉን። ንሕና ስቒልን ሰላጋውያንን
ሰባት ኢና።"

"ወኪል ሃገርኩም ይጽዋዓኩም ኣሎ፡"

እታ ዘረባ ናይ ቅንዕና ከም ዘይኮነት ብምግማት፣ 'እንታይ ይሓይሽ' ተበሃሃሉ ንሓድሕዶም። ዶክተር እዮብ፣ ነቲ ተላኢኹ ዝመጸ ወዲ ማላዊ፣ "ንወኪል ሃገርና፣ ብትግርኛ ጽሒፍካ መልእኽቲ ስደደልና በሎ፣" ዝብል መልሲ ምስ ሃቦ ዕግርግር ኮነ።

"አ! ንኸፍቶ ኢና አይንኸፍቶን ዝብል ቁርጺ መልሲ ጥራይ ኢና ንደሊ ዘሎና!" ነደረ'ቲ ወተሃደር።

"ሕራይ፣ ፍቓደኛታት ንኸንከውን፣ ምእንታና ኢሉ ዝመጸ ወኪል ሃገርና አብዚ ዓዲ አሎ'ሞ ንሱ ይምጻእ። ምስ መንግስትኹም'ውን ተዘራሪቡ አሎ፣ ስለዚ እዛ ማዕጾ ክንከፍታ እንተ ደአ ኬንና፣ ንቕድም ንሱ ይምጻእ፣" በሉ ተሪሮም።

እቲ ሓላፊ ፖሊስ ንድሕሪት ዝሕጥ በለ፣ ነቶም ልዕሊ 70 ዝኾኑ ኮማንዶ አብ ዙርያኡ አኪቡ፣ ሓጺር ትእዛዝ ሃቦም'ሞ፣ ብቕጽበት ፋሕ በለ። ገሊኦም፣ አብ መንደቕ ተጸጊያም ድፋዕ ሓዙ። ሕማላ ጠበናጁ አብ ክሳድ አትዩ ልጓም ተፈቲሑ፣ ጥይት ናብ ዓንቀር ሓለፈ።

"እዚኦም ናብ መንግስቲ ኢትዮጵያ ካብ ዘረክቡና፣ ዋላ አብዚ ንሙት," ኢሎም ዝወሰኑ ክመስሉ እቶም ግዳያት በብዝሓዙዋ ክከላኸሉ ተረዳድኡ። እታ ክትተሓጋገዝም ዝጸንሐት ኤርትራዊት ዘምጻአት ጠራሙዝ ኮካ አብ ቅድሚአም ነበረ። አብ ሳንጣታቶም በርበረ ዝሓዙ'ውን ነበሩ። ናብቶም ወተሃደራት በርበረን ጠራሙዝን ክደራብዮን ክብትኑን ከአ ወሰኑ።

ድሕሪ ገለ ደቓይቕ፣ አብ አራእሶም ማስኬራ ዘጥለቐ ክልተ ወተሃደራት፣ መተኮሲ ጋዝ ሒዛም ብቕድሚትን ድሕሪትን ኩይኖም ናብቶም እሱራት ብጥንቃቐ ቀረቡ። ሻምብቖ ናይቲ ጋዝ በቲ ሬተ አሲሊኹም ተኮሱ። ወያ ጸባብ ክፍሊ፣ ቡምባ ኢድ ብዘጥዕም ድምጺን ብርቱዕ ማሕታን ተናወጸት። እተን ክልተ ናይ ጋዝ ቦምባታት ሃልሃልታ እናተፍአን ጭጭኡ ዝብል አሸባሪ ድምጺ እናስምዓን አብ ባይታ ዕንክሊል በላ።

እቶም እሱራት በቲ ዘይተጸበዩዋ ናጤባ ሰንበዱ። ንሓድሕዶም'ውን ተጠማመቱ። ዛጊት፣ በቲ ተተኳሲ ይኹን ፍንጌል ተሃሪሙ ዝወደቐ አይነበሮምን። ካብቲ ቦምባታት ዝወጸ ትኪ ግን፣ ነታ ክፍሊ ቀልጢፉ ስለ ዝዓፈና፣ ዓይኖም ብንብዓት እናተሓጸብ ምርአይ ከልአዎም። ሕጸረት ትንፋስ'ውን አኸተለሎም። አብቲ ክፍሊ ሻንኬሎ ማይ ስለ ዝነበረ፣ ብቕጽበት ገለ ሸገማና፣ ገለ ጨርቂ አአልጊሎም አብኡ እናአለኹ ገጾምን አዒንቶምን ከጠልቕዩ ጀመሩ። ፈለግ ተስፋይ ዝስም እሱር፣ ገና ነብሱ ክረድእ ዕድል ከይረኸበ፣ ሃለዋቱ አጥፊኡ ጥብ በለ። ካልኦት'ውን ሚዛኖም ስሒቶም ሰንከልከል እናበሉ ምስ መንደቕ ተላገዉ።

ብድሕሪ'ዚ፡ እቶም ወተሃደራት ብቐጽበት ፋስ ሐይዞም ነቲ ማዕጾ ፈለጹዎ። እቲ ብረጉድ ዕንጨይቲ ዝተሰርሐ፡ ናይ ዘበን-እንግሊዝ ማዕጾ ፈጋዕ-ጋዕ ኢሉ ወደቐ። እቶም እሱራት፡ ህይወቶም ንምድሓን፡ ዓቕሊ ጽበት ብዘበገሶ ፈንጠርጠር በሉን ጽሩይ አየር ንምርካብ ካብታ ክፍሊ ነበሩ።

ማዕጾ ክፍለጽን ክወድቐን እንከሎ፡ እቶም አብ ደገ ዝነበሩ ኮማንዶ ማላዊ፡ ጥይት አብ ዓንቀር አሕሊፎም ነበሩ። አሻቡ ድማ፡ ነቶም ዘዘሊሎም ክወጹ ዝጀመሩ እሱራት ብጠያይት ተቐበሉዎም። መናድቕ ቤት ማእሰርቲ ብጠያይት ተተኩሐ። አማኑኤል ሓጐስ ሓደ ካብቶም ቀዳሞት ዝወጹ ግዳያት ጥይት ነበረ። ብዘይካኡ፡ ታደስ አብርሃለይ፡ ዓብዱሰላም መሓመድብርሃን፡ ናሹሕ ዓርያጋብር፡ ሰዮም ሰመረ ዝተባህሉ እሱራት፡ ብጥይት ተሃሪዮም አብቲ አፍደገ ተደፍኡ። ንታደስ ጥይት አብ ከባቢ ኩሊቱ ሃሪማ ሓሞቱ አፍሰሰቶ። ዝተረፉ እሱራት፡ ብድሕሪአም ጋዝ፡ ብቐድሚአም ድማ ረመጽ ጠያይት፡ አብ መንን ተቐርቀሩ። ገጾም ብቐጽበት መሊሶም ናብቲ ብሕጽረት ምስትንፋስ ክፋሓሱሉ ዝጀመሩ ዓፋኒ ጋዝ ድርግም በሉ። እቶም ፈጺሞም ዘይተቆልቀሉ ኸአ አብ ውሽጢ ተዓሸሙ።

እቶም ዝሰዓቡ ሰብ ዱላ ወተሃደራት አይደንጐዮን፡ ቀልጢፎም ሃጀሙዎም። ካብቶም ወተሃደራት፡ ገሊአም ነቶም ብጥይት ዘውደቐዎም ሓሙሽተ እሱራት ርእሶም አይሓድጉ አእጋሮም ብዱላ ተሰሃሉዎም። ገሊአም ከአ ናብ ውሽጢ ገዛ ብምእታው፡ ነቶም ብጋዝ ዝተዓፈኑ ገፐሲሶም ንግዳም አውጺኡዎም።

ሓንቲ ዕጽውቲ መኪና ብቐጽበት ደበኽ በለት። ነቶም ዝተኻእሉ ተተሰኪሞም አብታ መኪና ምስ ደርበዮዎም፡ ብቐድሚአምን ድሕሪአምን ብወተሃደራት ተዓጂቦም ናብ መዕርፎ ነፈርቲ አቕነዑ። አብኡ፡ ገና ብንግሆኡ እንከሎ፡ ናብ አዲስ-አበባ መስመር በረራ ዝነበራ ነፋሪት ክትጸበዮም ጸንሐት። ኤርፖርት ማላዊ ብወተሃደራት ተኸቢቡ ጸንሐም።

እቶም እሱራት፡ ገለ ተጸይሮም ገለ ሓንክስ እናበሉ ካብታ ዕፍንቲ መኪና ምስ ወረዱ፡ ብወተሃደራት ተዓጂቦም ናብ መደያይቦ'ታ ነፋሪት አምረሑ። አብታ ነፋሪት ዝነበሩ ተሳፈርቲ፡ ምስ ረአዮዎም ብስንባደ አራእሶም ሓዙ። ሹዑ ንሹዑ ኸአ አድማ ገበሩ። መብዛሕትኦም ጸዓዱ'ዮም ነይሮም፡ "እንታይ ዝኹኑ'ዮም እዚአቶም ብወተሃደራት ተዓጂቦም ዝድይቡ፤ ህይወትና አብ ሓደጋ ከነውድቕ ኢልና ምስዚአቶም አይንኸይድን ኢና" ብምባል ብምሉአም ሳንጣአም አንጠልጢሎም ካብታ ነፋሪት ወረዱ።

ስርሒት ኮማንዶ ማላዊ አብ ውሽጢ ፍርቂ ሰዓት ዘይመልእ ግዜ ተዛዚሙ። ሰዓት 5፡30 ናይ ንግሆ አቢሉ ነበረ። ሰብ መዚ ኤርፖርት

ማላዊ ነቶም ዘወረዱ ተሳፈርቲ ክልምኑዎም ጀመሩ። እቶም ተሳፈርቲ ግን ዕጭ ሓንፈፉ። እቲ ምልማን ክሳብ ፋዱስ ቀጺሉ፤ እቶም ተሳፈርቲ "ህይወትና ይዓብየና" ብማለት አኞበጹ። ብድሕሪ'ዚ እታ ነፋሪት ሰብ ዘበሃል ከይጸዓነት ተበቐጸት። ሻቡ፤ ነቶም እሱራት እንደገና አብታ ሻፍንቲ መኪና ጽዒኖም ናብ በረኻ አውጺኡዎም። አብቲ ቦታ ዝርከቡ ማሕበረ-ሰብ ዓለም ነቲ ጉድ ክርእዩዋ አይተደልየን። ክንዲ ዝኹኑ፤ እታ ሻፍንቲ መኪና ናብ አስታት 200 ኪሎ ሜትር ዝምርሓ ቦታ ተጓዓዘት።

እቶም ሓሙሽተ ውጉአት ብቓንዛ ተለለዉ። አማኑኤል የማናይ ሰለፉ'ዩ ብጥይት ተሃሪሙ፤ መተአስርቱ ዓብዱሰላም ከአ ብኸባቢ ምሕኩልቱ ዝአተወት ጥይት፤ ብጥያ ብርኩ ወጸት። ታደስ አብርሃለይ አዝዩ ተሃስዩ ብምንባሩ፤ እህህታኡ ክብድኻ ዝበልዕ ነበረ። ዳርጋ ኮላቶም ስንብራት ዘስዕብ ዱላ'ዩ አብ ነብሶም ዓሊቡ። ዛጊት ከአ ዝኹነ ሕክምና አይረኸቡን። እታ መኪና ብናህሪ እናተወንጨፈት ነቲ ህልም ዝበለ በረኻ ከም ማይ ስተየቶ። አብ መንጎዲ ታደስ አብርሃለይ ምስትንፋሱ ሓጺርን ቅልጡፍን እናኾነ ከደ......።

እቶም አብ ውሽጢ'ታ መኪና ዝነበሩ ውጉአት እሱራት፤ ኩላቶም ናብቲ ትንፋሱ እትው-ውጽእ ትብል ዝነበረት ታደስ አብርሃለይ ገበሩ። ታደስ፤ መመሊሱ ደም እናፈሰሶ ተፋሕሰ። ዶክተር እዮብ ክሕግዞ ጽዒሩ፤ መሳርሒ ስለ ዘይነበሮ ግን ልዕሊ ዓቕሙ ኮኖ።

"እታ በጃኹም፤ ሰብ ይሞተና አሎ!" እናበሉ'ውን ለመኑ።

"በጃኹም ንሓደ ሰብ ጥራይ ሕክምና አፍቁዱልና!" ወጨጨ። ፖሊስ ማላዊ፤ ሓንቲ አመልካቲቶ አጻብዕቶም ዊጥ አቢሎም "ONLY ONE" (ሓደ ጥራይ) እናበሉ ሰሓቒን ሓጨጨን።

አብ መንጎ'ዚ ምምልላስ፤ ንግሆ ሰዓት ሓሙሽተ ዝተሃርመ ታደስ አብርሃለይ አካላቱ ዝሕልሕል በለ። አብ መገዲ አብታ መኪና ከለዉ፤ ኸአ ሰዓት አርባዕተ ድሕሪ ቐትሪ ዓረፈ። ናይቶም ዝተረፉ አርባዕተ ውጉአት ቓንዛ መሊሱ ቀጸለ።

ንጽባሒቱ፤ ከካብ ዝሓደራሉ አንጊሀም አተሲአም፤ ናብታ ዘምጽአቶም ሻፍንቲ ዓባይ መኪና እናደፍኡ ምስ ሬሳኦም ሰቐሉዎም። ክንዲ'ቲ ከይድ ዝወዓሉዋ ተጓዒዞም ከአ፤ ድሕሪ ናይ ሰዓታት ጉዕዞ ናብ ርእሲ ከተማ ማላዊ፤ ሎሎንግወይ፤ ተመልሱ። አብ ሓደ ጫፍ ናይ በረኻ አብ ዝርከብ መደበር ፖሊስ ብዝበጽሑ፤ እታ መኪና ደው በለት'ሞ፤ እሱራት ተደጋጊፎምን ሬሳኦም ተሰኪሞምን ወረዱ። አብ ሓደ ሰለስተ ሰብ ዝሕዝ ካሜራታት (ሸላ) ዘለዋ ቤት-ማእሰርቲ፤ በበሰለስተ እናፈለዩ ድማ ዳጉኖሞም ሓደሩ።

493

ንጽባሒቱ፡ ኣብቲ መዕርፎ ነፈርቲ ምስ በጽሑ፡ እቲ ኤርፖርት ብወተሃደራት ተኸቢቡ ጸንሖም፡፡ ሒዛቶም ዝመጸት መኪና፡ ናብታ ክትጸበዮም ዝጸንሐት ፍልይቲ ነፋሪት ተጸጊና ደው በለት፡፡ ማዕጾ ናይታ ነፋሪት ተኸፍተ፡፡ እቶም ኣብ ውሽጣ ተዳልዮም ዝነበሩ ወተሃደራት፡ ነቲ ከዐገርገር ይኽእል'የ ዝበሉዎ ንምክልኻል ኣሲሮም ናብታ ነፋሪት ንምድያብን ተዳለዉ፡፡

ማዕጾ ናይታ መኪና ምስ ተኸፍተ፡ "ውረድ-ውረድ!" ዝብል ድምጺ ተሰምዐ፡፡ እንተኾነ፡ ዝወርድ ሰብ ምስ ሰኣነ፡ ሓደ ካብ'ቶም ኣብታ ነፋሪት ዝነበሩ ወተሃደራት ወያን ናብ ውሽጢ'ታ መኪና ተቖልቀለ፡፡ ኩላ እሱር ኣእጋራን ኣካላታን ተሰባቢራ ክትቅንዝዋን ክትሳቐን ምስ ረኣየ ሰንበደ፡፡ ብረቱ ሒዙ ንድሕሪት ብምምላስ፡ ካብታ ነፋሪት ገለ ብጾቱ ተማሊኡ ካብታ መኪና ሳንቦ-ሳንቦ እናበሉ ከም ሬሳ ናብታ ነፋሪት ሰቐሉዎም፡፡

እታ ፊከር 50 ዝዓይነት ነፋሪት፡ ነቶም 24 ግዳያት ደዴሳን ኣባላት ጸጥታ ወያንን ሒዛ ሰዓት 1:00 ድ.ቐ. ነቐለት፡፡ ሸዱሸተ ሰዓትን 40 ደቒቓን ተጓዒዛ ኸኣ ሰዓት 8:00 ናይ ምሸት ኣዲስ ኣበባ ኣተወት፡፡ ንጽባሒቱ ንግሆ፡ ነቶም ኣርባዕተ ውጉኣት ናብ ናይ ፖሊስ ሆስፒታል ከወስዱዎም እንከለዉ፡ ነቶም ዝተረፉ ግን ብቐጥታ ናብ ደዴሳ መለሱዎም፡፡

እቶም ብፖሊስ ማላዊ ዝተወግኡ ኣርባዕተ እሱራት፡ ተሓኪሞም ድሕሪ ምሕዋዮም፡ ንሳቶም'ውን ብጽኑዕ ሓለዋ ተሰንዮም ብቐጥታ ናብ ደዴሳ ተወስዱ፡፡ ጉዕዞ ካብ ደዴሳ ናብ ደዴሳ ኸአ ኣኸተመ፡፡ ሬሳ ታደሰ፡ ድሕሪ ሰሙን ስዒቡ ኣብ ኣዲስ-ኣበባ ተቐብረ፡፡

ብድሕሪ'ዚ ኣደራዕ'ዚ፡ ንልዕሊ ዓመት ኣብ ደዴሳ ምስ ተኣሰሩ፡ ኣብ መጀመርታ 2001፡ ብኽሳድ ዒቃ መረብ ሰጊሮም፡ በእንዳገርጊሰ ዓዲ-ኻላ ኣቢሎም መንደፈራ ኣተዉ፡፡

ኣዘንታዊ፡
    ኣማኑኤል ሓጉስ

እዛ 'ካብ ደዬሳ ናብ ደዬሳ' እትብል ጽሕፍቲ ምስ መጸትና፡ እቶም ግዳያት ዘይርኢዮም ብወገን ፈጻሚ ጉዳያት ኤምባሲ ኤርትራ ዝነበረ ምዕባለታት ንምብራህን ሓቅነቱ ንምርግጋጽን፡ ናብቲ ሽዑ ፈጻሚ ጉዳያት ኤምባሲ ኤርትራ ኣብ ደቡድ ኣፍሪቃ፡ ሕጂ ፈጻሚ ጉዳያት ኣብ ኤምባሲ ኤርትራ ኣብ ስዊዘርላንድ ዘሎ፡ ኣቶ ተኸስተ ገብረመድህን ሰዲድናዮ። ተዘኩሮን ትሕዝቶ ጽሑፍን ኣቶ ተኸስተ መመላእታ ዘይኮነ ርእሱ ዝኸአለ ዛንታ ኩይኑ ስለ ዝረኸብናዮ ከም ዘለዎ ከነስፍሮ መሪጽና።

ኣሰናዳእቲ

ውዕሎ ፈጻሚ ጉዳያት ኣብ ማላዊ

ነዛ ካብ ደዬሳ ናብ ደዬሳ ትብል ጽሕፍቲ ምስ ኣንበብኩ ክልተ ነገራት ዘኪረ። እቲ ቀዳማይ ንደዬሳ ቅድሚ 50 ዓመታት ጫካን ብዘይካቶም ዘይተሓናፈጸ ኔሎቲካዊ ዘርኢ. ዝነበሮም ደቀባትን ካልእ ሰብ ዘይሰፈርን ዝኾነ ናይ ሕርሻ ይኹን ካልእ ልምዓታዊ መደባት ዘይተኣታተዎን ቦታ ምንባሩ እዝክር። እቲ ቦታ ብስም ናይቲ ደዬሳ ዝበሃል ፈለግ'ዩ ዝጽዋዕ። ኣብ ቀዳሞት ዕስራታት ዕድመይ ምስ መዛኖይ ብጣዖያ ምምሃርና ሰልጢንና ናብ ወለጋ ዝተመደብና ኤርትራውቲ፡ ካብ ኣዲስ-ኣበባ ናብ ለቀምቲ በዚ ከባቢ'ዚ ኣብ ንመላለሰሉ ዝነበርና እዋን፡ ኣብ ወሰናስን ጽርግያ ኣብ ዝተደኩነት "ኤፍሬም ሆቴል" ክንምሳሕ ነላግስ ምንባርና እዝክር። ሕማቕ ኣጋጣም ኩይኑ እዛ ቦታ፡ ከም ካልኣት ብዙሓት ዘይተነግረለን ዘሎ ቦታታት ኢትዮጽያ ኣብ ግዜ ስርዓት ወያነ መሳቐይት ንጹሃት ኤርትራውያን ምንባራ በዛ ካብ ደዬሳ ናብ ደዬሳ ትብል ጽሕፍቲ ተረዲኤ። ብሓፈሻ ብዛዕባ'ቲ ኣብ ኢትዮጽያ ብስርዓት ወያነን ቅድሚኡ ብዝነበሩ ስርዓታትን ኣብ ልዕሊ ኤርትራውያን ዝተፈጸም ግፍዒ፡ ዘይተነግረሉ'ምበር ዘይተገብረ ጉድ ከም ዘየለ ዘነጽር ፍጻመ ድማ እዩ።

እቲ ካልኣይ ተዘኩሮይ፡ ፈጻሚ ጉዳያት ኤምባሲ ሃገረ ኤርትራ ኣብ ደቡብ ኣፍሪቃ ኣብ ዝነበርኩሉ፡ ሓደ ካብቲ ዘይርስዖ በዳሂ ስራሕ ዘጋጠመሉ እዋን'የ። ኣብቲ እዋን'ቲ ካብ ደቡብ ኣፍሪቃ ናብ ዚምባበወ ብስራሕ ተንቀሳቒስ ምስቶም ኣብ ዚምባበወ ዝነብሩ ኤርትራውያን ኣብ ጽዑቕ ናይ ሌላ መደባትን ብዝዕባ'ቲ ዝነበረ ዕረፍቲ ዘይህብ ናይ ኤርትራውያን ብድሀ ንወራር ወያነን ሓሳብ-ንሓሳብ ንለዋወጠሉ ዝነበርና እዋን'የ ነይሩ።

495

እዞም ብኹነታት ሃገሮም ዘይድቅሱ ዜጋታት እዚኣቶም፡ ኣብ ማላዊ 25 ኤርትራውያን ተኣሲሮም ምንባሮም ብማዕከናት ዜና ከም ዝተቓልሐ ሓበሩኒ። ብኡ-ንብኡ ናብ ደቡብ ኣፍሪቃ ምስ ደወልኩ፡ ካብ ኣስመራ ተደዊሉ ብዛዕባ'ቲ ኣብ ማላዊ ንኤርትራውያን ኣጋጢሙ'ምም ዝነበረ ኩነታት ሓበሬታ ከም ዝተሓተ ተረዲኣ። ናብ ዝምልከቶም ሓለፍቲ ብምድዋል፡ ብዛዕባ ክግበር ዘለዎ ተረዳኢ ብኡ-ንብኡ ናብ ሊለንግወ፡ ርእሲ ከተማ ማላዊ፡ ተበጊሰ። ቅድሚ ምብጋሰይ እቶም ኤርትራውያን፡ ዶር. ንርኣየን ልደታ ሚኪኤል ዘበሃሉ ኤርትራውያን ኣብ ማላዊ ምንባሮምን ክተሓጋገዙኒ ምኽኖምን ገሊጾም ንግዜኡ ልደታ ክትቅበለኒ ምኽና፡ ዶር. ንርኣዮ ግን ንሓጺር እዋን ገይሹ ከም ዝነበረ ተነጊረ ጉዕዞ ፈለምኩ።

ቅድሚ ምብጋሰይ ምስ ኣብ ደቡብ ኣፍሪቃ ዝነበረ ኣምበሳደር ማላዊ ብስልኪ ተዘራሪበን ነቲ ኩነታት ገሊጸ ናብ ማላዊ እገይሽ ምንባረይን ሓቢረ ደብዳብ ሰዲደሉ። ብወገኑ ኣብ ሊለንግወ ክተሓባበሩኒ ዝኽእሉ ኣባላት ሚኒስትሪ ጉዳያት ወጻኢ'ታ ሃገር ሓቢሩ ተፋንዩኒ። ጉዕዞ ናብ ማላዊ ብሃንደበትን ብዉሕ ላዕልን-ታሕትን ዝሓትት መደብን ብምንባሩ፡ ዝረኸብኩዎ ጋዜጣታት ብምንባብ ኩነታት ናይቶም ኤርትራውያን ክፈልጥ ሃሰው በልኩ። እንተኹሉ፡ ብዘይካ ቁጽሮም፡ ካብ ኢትዮጵያ ናብ ማላዊ ምእታዎምን ኣብኡ ኸላ ዘይሕጋውያን ተባሂሎም ምትሓዞምን ዝሓልፍ ሓበሬታ ኣይረኸብኩን።

ሊለንግወ ርእሲ ከተማ ማላዊ ከም ዝበጻሕና ተሓጋጋዚ ፓይሎት ምስ ሓበረ፡ ነታ ከተማ ንምርኣይ ኣቓልቦይ ናብቲ ነፋሪት ክትዓልብ ትዝንብየሉ ዝነበረት ከባቢ ገበርኩ። እንተኹሉ፡ ብዘይካ ጽዑቕ ጫካ፡ ጥቓ ከተማ ከም ዝበጻሕና ዝሕብር ህንጻ ኩን ጉደና ምርኣይ ተሸገርኩ። ኣብቲ መዓርፎ ነፈርቲ ምስ በጽሐት እታ ነፋሪት፡ ንታሕቲ ተነቚታ መሬት ብምርጋጽ ተሓምበትን ድሕሪ ውሱን ደቓይቕ ደው በለትን። ንብረት ስለ ዘይነበረኒ ቀልጢፈ ወሪደ ምስ ወጻእኩ ሓደ ኣባል ፕሮቶኮል ተቐቢሉ ናብ ናይ ኣገደስቲ ሰባት (V.I.P.) መጸበዪ ኣጋይሽ ወሰደኒ። ድሕሪ ቅሩብ ዕረፍቲ፡ ኣብ ሚኒስትሪ ጉዳያት ወጻኢ ምክትል ሚኒስተር ይጽበዩኒ ምንባሩ ገሊጹ ክንከይድ ሓበረኒ። ኣቐዲመ ናብ ልደታ ደዊለ ምእታወይ ሓቢረያ ስለ ዝነበርኩ፡ ኣብቲ መዓርፎ ነፈርቲ ከም ዘላ ፈሊጠ፡ "ቅድሚ ምብጋስና ዝረኸቦ ሰብ ኣለኒ፡" በልኩዎ። ወላ'ኳ ደስ ኣይበሎ ክኽልክለኒ ስለ ዘይክእል ግን ምስ ልደታ ተራኸብኩና። ንሳ ንኣመጻጽኣ ናይቶም ኤርትራውያንን ብዛዕባ'ቲ ኣብ ኢትዮጵያን ኣብ ማላዊን ዘጋጠሞም ዘበለን ዝርዝራዊ ሓበሬታ ኣቐረበትለይ። ከነዕልል ከለና እቲ ኣባል ፕሮቶኮል ማላዊ ምሳና'ዩ ነይሩ፤ ዝርርብና ብቋንቋ ትግርኛ ስለ ዝነበረ ግን ዝገብሮ ኣይነበሮን። ልደታ

496

ብቓረባ ክትከታተለኒ ምኽንያ ጌሊጻ ምስቲ ናይ ፕሮቶኮል ናብቲ ዝጸበየኒ ዝነበረ በዓል ስልጣን ገጽና አምራሕና።

ድሕሪ ልሙድ ዲፕሎማስያዊ ሰላምታ፦ "ኩሎም ሚኒስተራትን ካልኦት ላዕለዎት ሰበ-ስልጣንን ማላዊ አብ ብላንታይር ዝበሃል ቦታ አኼባ የካይዱ ስለ ዘለዉ፣ ሚኒስተር ወጻኢ ጉዳያት ክረኽበካ ንዓይ ወኪሉኒ አሎ። ስለዚ ዘምጻአካ ጉዳይ እንታይ እዩ?" ብምባል እቲ ምክትል ሚኒስተር ተወከሰኒ።

"ናብዚ ዓዲ ዝአተዉ ኤርትራውያን ተኣሲሮም አለዉ ስለ ዝተባህለ፣ ብቓዳምነት ኩነታቶም ክፈልጦን ሐገዝ ዘድልዮም እንተ ኾይኑ ድማ ብወገነይ ክጉብር ዝኽእል ክተሓጋገዝን እየ መጺአ።" በልኩም።

"እወ ብዘይሕጋዊ ሺዛ ዝአተዉ ኤርትራውያን አለዉ። ሕጋውያን ስለ ዘይኮኑ ኹኣ ናብታ ዝተበገሱላ ሃገር ክንመልሶም ኢና።" ሐጺር መልሲን መርገጽን ሃበኒ።

ቅድሚ ኹሉ እቲ ስርዓት ወያነ ብዶብ አሳቢቡ ዘወለያ ኩናት ጌና አይዓረፈን። ቀንዲ ግዳያት ናይዚ ድማ እቶም አብ ኢትዮጵያ ዝነበሩ ኤርትራውያንን ኤርትራዊ ዝመበቆሎም ኢትዮጵያውያንን ኩይኖም፤ 70,000 ካብአቶም ንብረቶም ተዘሪፎም ናብ ኤርትራ ተሰጉጎም አለዉ። ከምዞም አብዚ ተኣሲሮም ዝበሃሉ ዘለዉ ኤርትራውያን ድማ ብዙሓት መንእሰያት እንተላይ ብናይ ማህደረ ትምህርቲ ናብ ኢትዮጵያ ዝተላእኩ፣ ተኣሲሮም ይሳቐዩ ምንባሮም ገሊጸሉ። ስለዚ ነዞም ንጹሃት ኤርትራውያን ናብ ከምዚ ዝአመሰለ አረሜናዊ ስርዓት አሕሊፍካ ምሃቦም አዝዩ ከቢድ ፖለቲካዊ ውሳነ ስለ ዝኾነ ህድእ ኢልካ ክርኣ ተመራጺ ምኽኑ ብምግላጽ፣ ነቲ ኢትዮጵያ አብ ልዕሊ ኤርትራውያን ትፍጽሞ ዝነበረት ግፍዒ ገለጽኩሉ።

"ንሕና ንእሾቶን ትሑት ቀጠባ ዘለናን ሃገር ስለ ዝኾንና፣ ቀዳማይ ሰደተኛታት ከነዕቊብ ዓቕሚ የብልናን፤ ካልአይ ድማ እዞም ኤርትራውያን ናብ ማላዊ መምጽኢአም ስለምንታይ ይመስለካ?" ብምባል ሐተተኒ።

"ቅድሚ ነዚ አገዳሲ ሕቶ'ዚ ምምላሰይ ክፈልጦን ክርድአን ዘለኒ ብዙሕ ስለ ዘሉ ምስዞም ተኣሲሮም ዝበሃሉ ዘለዉ ኤርትራውያን ክራኸብ አለኒ" በልኩም። ንሱ'ውን ነቲ ሃዋህው ብምርዳእ፦ "ደሓን ሕጂ አዕርፍ፤ ጽባሕ ንግሆ መደብ ክንሰርዓልካ ኢና። ብድሕሪኡ ድማ ርኸብና ንቐጽሎ" ብምባል ነቲ ዘስንየኒ ሰብ ናብ ሆቴል ክወስደኒ ሐበር።

ልደታ ትከታተለኒ ስለ ዝነበረት፣ ዝሓዘኩዋ ሆቴል ምስ ሐበርኩዋ ብቓጽበት መጸትኒ። ነቲ አባል ፕሮቶኮል፣ ድራር ጋቢዝና ከም ዝኸይድ ገበርናዮ። ብድሕሪ'ዚ እቶም እሱራት አብ ኢትዮጵያ አብ ከመይ ኩነታት ከም ዝነበሩን ብኸመይ ናብ ማላዊ ከም ዝመጹን፣ ሐለፍቲ ቤት ማእሰርቲ ደዴሳ ብኸመይ ናብ አዲስ-አበባ ከም ዘፋነዉዋምን እቲ ዝተዋህቦም ሺዛ</p>

ብኸመይ ከም ዘውጽእዎን ክንደይ ከም ዝኸፈሉሉን ብሰፊሑ ኣዕሊላትኒ። አሰኒባ'ውን፦ "እቲ ቪዛ ሕጋዊ ኣይኮነን ብምባል'ዮም ኣደራዕ ዘውርዱሎም ዘለዉ'ምበር ካብቲ ኣብ ኣዲስ-ኣበባ ዝርከብ ኤምባሲ ማላዊ እዮም ኣሽሓት ብር ከፊሎም ተረኪቦሞ። ካልኦት ቅድሚ ወርሒ ብተመሳሳሊ መንገዲ ዝኣተዉ ሓሙሽተ ኤርትራውያን ኮምሽን ስደተኛታት (UNHCR) ስለ ዝተቐበሎም ናጻ ኩይኖም ይንቀሳቐሱ ኣለዉ። እዚኣም ግን ስለ ዝበዝሑ ይጽበእዎም ኣለዉ።" ብምባል ተወሳኺ መብርሂ ሂባትኒ። ንሳ ኩሉ ዘድልዮም ነገራት፦ ብፍላይ ዝብላዕን ዝሰተን ትቐርበሎም ከም ዝነበረት ብኡ ድማ ተስፋ ረኺቦም ከም ዝነብሩ ገሊጻትለይ።

ልደታ ምስ ጀርመናዊ በዓል ቤታ ጽቡቕ መነባበሮ ዝነበራ፦ ትምህርቲ ሕክምናና ዓይኒ ዘወድኣት ሰብ እያ። ማላዊ ነዞም ኤርትራውያን ምስ ሓዘቶም፦ ኢትዮጵያ እቲ ኣብ ሃገራ ዝተገብረ ናይ ብልሽውና መስርሕ ንኽይቅላዕ ቀልጢፋ ክትመልሶም ብሓላፊ መንገዲ ኣየር ኢትዮጵያ ኣብ ማላዊ ኣቢላ ላዕልን-ታሕትን ትብል ምንባራ'ውን ገሊጻትለይ፦ "ክትስሕቶ ዘይብልካ ድማ፦ ኣብዚ ሃገር ብገንዘብን ዝምድናታትን ዘይግበር ነገር የለን፦" ብምባል ንልሙድ ኣሰራርሓ ናይታ ሃገር ዝእምት ዘየቋስን ሓሳባት ወሲ ኣቢላትለይ ተፋንያትኒ ከደት።

ብድሕሪ'ዚ ናብ ኤምባሲና ኣብ ደቡብ ኣፍሪቃ ደዊለ ባዶ ቼክን ብዙሕ ላሽ ፓስን ማሕተምን ቀልጢፎም ብዲ.ኤች.ኤል. (DHL) ክሰዱለይ ስለ ዝሓበርኩዎም ነቲ ብሕጽረት ገንዘብን ሰነድን ከጋጥም ዝኽእል ዕንቅፋት ክሰግሮ ከም ዝኽእል ተኣማሚነኩ። ንጽባሒቱ ልደታን ኣቶ ምዕራፍን (ኢትዮጵያዊ መንእሰይ ሰራሕተኛ UNDP ኣብ ማላዊ) መጺኣም ነቲ ቅልጡፍ ምልውዋጥ ዝረኣየሉ ዝነበረ ኩነታት ናይቶም ኤርትራውያን ገለጹለይ። ብፍላይ ንኹነታቶም ኣመልኪቶም ናብ ላዕለዋይ ኮምሽን ስደተኛታት (UNHCR)፦ ቀይሕ መስቀልን ናብ ኩለን ኣብ ማላዊ ዝርከባ ኤምባሲታትን ምሕዋርም፦ ብፍላይ ኮምሽን ስደተኛታት ሕቡራት ሃገራት ክቐበልዎምን ሓላፍነት ክወስዱን ምስ ሰብ-ስልጣን ማላዊ ይዘራረቡ ምንባሮም ገሊጻምለይ።

ቀጺለ ነቶም ኤርትራውያን ንምርካብ፦ በቲ ናይ ፕሮቶኮል ሰብ ተመሪሕና፦ ናብቲ ቦታ ምስ በጻሕና ብብዙሓት ፖሊስን ካልኦት ሰብ-ስልጣንን ተኸቢቦም ጸንሑኒ። እቶም እሱራት ወኪል ሃገሮም ብምርካቦም፦ ኣነ ኸኣ ምስዞም ካብ ግፍዕታት ስርዓት ወያነ ብዓይኒ መርፍእ ሓሊፎም ካብ ሞትን ብሕሱም ማህረምቲ ካብ ዝስዕብ ስልክልናን ወጺኣም ኣብ ሊለንግወ ዝበጽሑ፦ ግን ከኣ ከም ዝሓሰቡዎ ዘይኮኑ፦ ማላዊ ብቐርን ዝተቐበለቶም ዜጋታተይ ብምርካበይ ቅሳነት ተሰምዓኒ።

ሓደ ካብ ኣባላት ውሽጣዊ ጉዳያት'ታ ሃገር፡ "ሎሚ ወኪል መንግስትኹም ኩነታትኩም ክፈልጥ መጺኡ ስለ ዘሎ ተራኺብኩም ዘጋጠመኩም ግለጽሉ፡" ብምባል መድረኽ ከፈተ። ኣነ፡ እቶም ደቂ ማላዊ ጥርጣረ ምእንቲ ከየሕድሩ፡ ብእንግሊዝኛ ስመይ፡ መዝነተይን ኩነታቶም ፈሊጠ ንምሕጋዞም ዝከኣለኒ ክገብር ምዃነይን ድሕሪ ምግላጽ፡ "እንግሊዝኛ ዘይትፈልጡ ክንደይ ኣለኹም፧" ኢለ ሓተትኩ። ዝበዝሑ ኢዶም ብምልዓል ከም ዘይሰምዑኒ ገለጹለይ። ነዚ መዝሚዞ፡ "ብዙሓት እንግሊዝኛ ዘይሰምዑ ስለ ዘለዉዎም ብዝርድኦም ቋንቋ ክዛረቦም፡" ስለ ዝበልኩዎም ክቐጽል ተረዳዳእና። በዚ ድማ ምልውዋጥ ሓሳባት ብቋንቋ ትግርኛ ቀጸልና።

ከምቲ ኣብዛ "ካብ ደዴሳ ናብ ደዴሰ" እትብል ጽሕፍቲ ቐሪቡ ዘሎ፡ ስርዓት ወያነ ናጻ ኢኹም ድሕሪ ምባሉ፡ ናብ ኤርትራ ክኸዱ ግን ከም ዘይፍቀደሎም ስለ ዝተነግሮም፡ ቤተ-ሰቦምን ፈተውቶምን ኣሸጊሮም ብዝረኸቡዎ ሓገዝ ብመንገዲ ደለልቲ ወያነ፡ ኩሉ ነገር ተወዲኡሎም ናብ ማላዊ ምምጽኦም ገለጹለይ። ካብ ቤት ማእሰርቲ ናጻ ከም ዝተባህሉን ወያነ ዓጇቦም ኣዲስ-ኣበባ ከም ዘብጽሕዎምን ካብ መዓርፎ ነፈርቲ ኣዲስ-ኣበባ ብወግዒ ከም ዘውጽእዎምን ብዝርዝር ኣብረሁለይ። እቲ ኣብ ኢትዮጵያ ኩነ ኣብ ማላዊ ዘጋጠሞም ኩነታት ብሰፊሑ ኣብታ ጽሕፍቲ ተተንቲኑ ስለ ዘሎ፡ 'ካብያ ዝቐበረስ ዘላቐሰ' ከይከውን ክሓልፎ።

ድሕሪ'ቲ ዝሃቡኒ ሰፊሕ መብርሂ፡ ብጻዕሪ ልደታ ሚካኤል ኣባላት ላዕለዋይ ኮምሽን ስደተኛታት ክቕበልዎም ተሰፋ ከም ዝሃቡዎም ገለጹለይ። ይኹን ደኣ'ምበር፡ "ሰበ-ስልጣን ማላዊ ናብ ኢትዮጵያ ክመልሱና ፈቲኖምን ብቐጻሊ ይፍትኑን ኣለዉ፡" ድሕሪ ምባል፡ ዝከኣለኒ ክገብር ተላበዉኒ። ኣብ ከምዚ ኩነታት ድሌቶም ካብ ማላዊ ናበይ ምዃኑ ምፍላጥ ኣገዳሲ ስለ ዝነበረ ተወከስኩዎም። "ናብ ኤርትራ እንተ ደኣ ኢልና ጉዳይ ክኸረና እዩ። ስለዚ፡ ምስዚ UNHCR ሂቦምና ዘለዉ ተስፋ፡ ዑቕባ ሓቲትና ናብ ሳልሳይ ሃገር ከሰጋግሩና ንደሊ ኢና። እዚ ዕድላት'ዚ ምስ ዘይህሉ ግን፡ ዝበሉ ይበሉ ናብ ሃገርና ክንምለስ ብቕዳምነት ንሰርዖ ምርጫ እዩ፡" ዝብል መልሲ ሃቡኒ ገሊኦም። ገሊኦም ከኣ ብቐጥታ ናብ ሃገርና ክንምለስ በሉ።

ነዚ ድሕሪ ምስማዕ፡ "ምስ ሰበ-ስልጣን ማላዊ ዝጀመርኩዎ ርክባት ብዝለዓለ ክደፍኣሉን ነዘን ዝሃብኩምኒ ኣማራጺታት ክቕርበሎምን እየ። ብዝከኣል መጠን UNHCR ሰብኣዊ መሰልኩም ከም ዝኽበር ንምግባር ስጉምቲ ክትወስድ ክዘራረብን ክሰርሕን'የ። ብተወሳኺ፡ ኩሉ ኣማራጺታት ምስ ዝዕጾ፡ ብፍላይ ኣንጻር'ዚ ማላዊ ሒዛቶ ዘላ ናብ ኢትዮጵያ ናይ ምምላስኩም መርገጺ ተሪር ተቓውሞ ብምቕራብ ናብ ሃገርኩም ንኽትከዱ

ብወገን መንግስቲ ኤርትራ ኩሉ ዝኸኣል ዘበለ ንምግባር ድሉዋት ምህላውና ክሕብረኩም እፈቱ፡" ምስ በልኩዎም ሓጎሶም ደረት አይነበሮን።

ካብአቶም ክፍለ ከለኹ፡ እቲ ነዞም እሱራት ዝተራእዮም ብሩህ ተስፋ ቡቲ ሓደ ወገን፡ እቲ ናይ ማላዊ ቀኖን አመለኻኽታን ናይ ኢትዮጵያ ብባህሪኡ ተጻባእ። መርገጺ ጥራይ ዘይኮነ እቲ አብ ኢትዮጵያ ዝተገብረ ብልሽውና ንብዙሓት ወያነን ተሓባበርቶምን ዝተናኸፈ። ንኤምባሲ ማላዊ አብ አዲስ-አበባ ድማ ዘቃልዕ ተግባራት ተደሚሩዎ ቡቲ ኻልእ፡ እቲ ጉዳይ ከም ዝተሓላለኸ ተራእየኒ። ትጽቢት ናይዞም መንእሰያት ከይጽልምት ግን ኩሉ ዝኸኣል ክገብር ምስ ነብሰይ ቃል ብምእታው ምስቲ አባል ፕሮቶኮል ናብ ሚኒስትሪ ጉዳያት ወጻኢ ተበገስና።

አብ ክንዲ ትኽ ኢለ ዝኸይድ'ሞ ሃንደበት አብ ከቢድ ክትዕ ዘእቱ፡ "ግዜ እንተሎ ሻሂ ሰቲና ቅሩብ ከነዕርፍ፡" ምስ በልኩም ዓይኑ ከይሓሰየ ሓራይ በለኒ። አዐርዩ ምእንቲ ክዘን ድላይካ አዝዝ ብምባል ናብ መደቀስየይ ብምእታው ንልደታ ክትመጽእኒ ደወልኩላ። አይጸንሐትን ምስ ምዕራፍ ተታሒዘም መጹ'ሞ ከምቲ ልሙድ ምስ ልደታ ብቋንቋ ትግርኛ ሓበሬታ ተለዋወጥና። ንሳ፡ "ናብ ኢትዮጵያ ክመልስዎም ውዱእ መደብ ዘሎ ይመስል፡ " ብምባል ዘየሕጉስ ዜና ደርጓሓትለይ። ነዚ ኩነታት ናብ ረብሓና ንምልዋጥ ብዙሕ ላዕልን-ታሕትን ምባል ከም ዘድሊ አይሰሓትናዮን። ስለ ዝኾነ፡ ድሕሪ ርክብ ምስ ምክትል ሚኒስተር፡ ቀልጢፍና ናብ ኮምሽን ስደተኛታት፡ ቀይሕ መስቀልን አገደስቲ ኤምባሲታትን ክንበጽሕ ተሰማሚዕና፡ አነን እቲ ፕሮተኮልን ናብ ሚኒስትሪ ጉዳያት ወጻኢ አምራሕና።

ምስ ምክትል ሚኒስተር ሰላምታ ድሕሪ ምልውዋጥ፡ ንማላዊ ከመይ ከም ዝረኸብኩዋ ሓተተኒ። ሊለንግወ ብሜካ ዝተኸበት ደስ እተብል ከተማ ምኻና ገሊጸ፡ ምሉእ አቓልቦይ ብኹነታት ናይቶም እሱራት ተታሒዙ'ኻ እንተ ነበረ፡ ቡቲ ዝተገብረለይ አቀባብላ ሕጉስ ምንባረይ ገለጽኩሉ። ናብ ቀንዲ ጉዳይና ብምእታው፡ "ምስዞም መንእሰያት ስለ ዝተራኸብካ ኩነታት አመጻጽአአምን ድሌቶምንዶ ምገለጽካለይ፡" በላኒ።

"እዞም መንእሰያት፡ አብቲ ስርዓት ወያን አንጻር ኤርትራ ኩናት ዝአወጀሉ እዋን አብ ኢትዮጵያ ብምንባሮም ብዘይርድአም ምኽንያት አብ ቤት ማእሰርቲ ተዳጉኖም ከሳቐዩ ዝጸንሑ እዮም። ኢትዮጵያ፡ 'ናጻ ኢኹም፡ ናብ ኤርትራ ክትምለሱ ስለ ዘይትኽእሉ ግን ናብ ዝኾነት ካልእ ሃገር ክትከዱ ትኽእሉ ኢኹም' ብምባል ክተሓባበራም ምኻኖም ገሊጸምሎም። ንሳቶም አብ ቤት ማእሰርቲ ከለዉ ድማ ካብ ቤተ-ሰቦም ገንዘብ እናወሰዱ ቪዛታት አዳልዮም ናብ አዲስ-አበባ ብመካይን ዓጂቦም ወሲደሞም። ብኡ-ንብኡ ድማ ናብ መዓርፎ ነፈርቲ ብምውሳድ፡ 'ናብ ማላዊ ክትከዱ ኩሉ ስነዳትኩም ተወዲኡ አሎ' ኢሎም ናብ ነፋሪት ጸዒኖሞም። ቪዛ ይኹን ስነዳት መገሻ</p>

ኣብ መዓርፎ ነፈርቲ ተዋሂብዎም ደኣ'ምበር ብመንን ብኸመይን ከም ዝወጹ
ኣፍልጦ የብሎምን። እታ እንኩ ዝፈልጡዋ እቲ ናጻ ምስ ተባህሉ ንቤተ-
ሰቦም ዘመሓላለፉም ሓበሬታ እዩ። ድሌቶም ድማ መብዛሕትኦም ብመንገዲ
UNHCR ናብ ሳልሳይ ሃገር ናይ ምስግጋር ዕድል ከረኽቡ እዩ።" ኢለ
ብንጹርን ኣሕጺረን ገለጽኩሎ።።

"ቀንጠባ ሃገርና ስደተኛታት ናይ ምእንንጋድ ዓቕሚ ስለ ዘይብላ፡ እታ
ዘላትና እንኩ ኣማራጺት ካብዛ ሃገር ኣብ ዝሓጸረ ግዜ ከም ዝወጹ ምግባር
እዩ። እቲ ዝቐለለ ኣማራጺ፡ ድማ ናብታ ዝተበገሱላ ሃገር ምምላሶም እዩ።
ካብዚ ኣማራጽ'ዚ ዝሓሸ ኣሎ ትብሎ እንተ'ለካ ግን ንገረኒ፡" ኢሉ ክሳድ-
ክሳድ ብምሓዝ ብሓጺሩ ክዓግተኒ ደለየ።

"እዚ ካብ ሓንቲ ፈታዊትና ዝኹነት ሃገር ንጽበዮ ስጉምቲ ኣይኮነን።
ሽግር ናይዞም ኤርትራውያን ርኡይ እዩ። ናብ ኢትዮጵያ እንተ ተመሊሶም
ድማ ማእሰርቲ ዘይኮነ ስቓይ እዩ ዝጽበዮም ዘሎ። ነዚ እናፈልጠ መንግስቲ
ማላዊ የተግብሮ'የ ዝበል ግምት የብልናን። ስለ ዝኹነ፡ ኣብ ሓጺር ግዜ'ውን
ይኹን ናብ ኤርትራ ክስደም ድሉው እዩ።" ብምባል እታ ናይ መጨረሽታ
ካርታይ ደርበኹሎ።

"ንሕና ካብ ሃገርና ከወጹ እዩ ድሌትና። ሰለዚ፡ ናብ ኤርትራ ክትሰዱም
ትኽእል እንተ ጌንካ ብኸመይን መዓስን ከተተግብር ከም እትኽእል ንገረኒ።"
ብምባል ሕቶ ቀጸለ።።

እቲ ባዶ ቼክን ላሽ ፓስን ኣብ ኢደይ በጺሑ ስለ ዝነበረ፡ ተኣማሚኑ፡
"ካብዚ ናብ ደቡብ ኣፍሪቃ፡ ካብኡ ድማ ናብ ኣስመራ ዘሎ ዝቐልጠፈ
በረራታት እንተ ረኺበ ዋላ ጽባሕ ይኹን ከበግሶም ጸገም የብለይን።"
በልኩዎ።።

"ከምዚ ክትገብር ትኽእል እንተ ኔንካ ዕድል ክንህበካ ኢና። ከምቲ
ዝበልኩኻ ንዓና ካብ ሃገርና ምውጽኦም ደኣ'ምበር ናበይ ይኸዱ ኣይኮነን
ዘገድሰና።" ብምባል ተስፋ ዝህብ ዘረባ ኣስመማዓኒ። ኣስዒቡ፡ "በል ነዘን
ዝቐጸላ ክልተ መዓልታት ናብቲ ኣኼባ ክኸይድን ነዚ ጉዳይ ምስ ሚኒስተር
ተዘራሪብ ክምለሰካን እዩ፡" ብምባል ተፈላለና።።

እዚ ምሉእ ተስፋ ዝህብ ርክብ ሰኒቖ ምስ ልደታ ኣብቲ ሆቴል
ተራኸብና። ኩሉ ዝተገብረን ዝተበጽሐን ድሕሪ ምሕባር ድማ ዝቐጸል
ስጉምትና ብቐጥታ ናብ ወኪል ጉዕዞ ምኻድ ኮነ። ናብ ደቡብ ኣፍሪቃ
ዝበራ መዓልታዊ ነፈርቲ ስለ ዘለዋ ጸገም ኣይነበረን፡ ካብኡ ናብ ኤርትራ
ትወስደም መንገዲ ኣየር ግብጺ ግን ድሕሪ ሰለስተ መዓልቲ ጥራይ ስለ
ዝነበረት፡ ሪዘርቭ ገይርና ዘይተረጋገጸ (unconfirmed) ትኬት ሓዝና።
ቀጺልና ምስ ሓላፊት ላዕለዋይ ኮምሽን ስደተኛታት ሕቡራት ሃገራት
ብምርኻብ ክቐበልዎም ዘለዎም ዕድል ሓተትና። ንሳቶም ምስ መንግስቲ

ማላዊ ብቐጻሊ ይዘራረቡ ከም ዝነበሩ፡ ብወገኖም ክርከብዎም ጸገም ከም ዘይብሎም ሓበሩ። ነቲ ናብ ኢትዮጵያ ንምምላሶም ዝግበር ፈተነ ብትሪ ከም ዝኹንንዎ'ውን ገለጹ። ናብ ቀይሕ መስቀል ብምኻድ'ውን ነቶም ኣብ ከቢድ ጸገም ዝነበሩ ኤርትራውያን እንታይ ሓገዝ ክገብርሎም ከም ዝኽእሉ ተዘራረብና።

ቀጺልና ካብ ኤምባሲ ኣመሪካ ጀሚርና ናብ ኤምባሲታት እንግሊዝ፡ ካናዳ፡ ጀርመን፡ ደቡብ ኣፍሪቃ፡ ወዘተ. - ኣብቲ መዓልትን ንጽባሒቱን - ብምኻድ ርክባት ኣካየድና። ኩሎም በቲ ኩነታት ዝሓዝዎ ምኺኖም ናብ ኢትዮጵያ ናይ ምምላሶም ፈተነ'ውን ግጉይ ምዃኑ ካብ ምግላጽ ዝሓልፍ መልሲ ኣይሃቡን። ብዝኾነ፡ ምስቲ ልደታ ሚኪኤል ትከታተሎ ዝነበረት ኩነታቶምን ምንቅስቓስ ሓላፊ መንገዲ ኣየር ኢትዮጵያን እቲ ወጥሪ እናበርትዐ ይኸይድ ምንባሩ ግን ኣይሰሓትናዮን። ብፍላይ ናብቲ ኣቐዲመ ዝረኸብኩዎ ምክትል ሚኒስተር ደጋጊመ ደዊለ ክረኽቦ ብዘይምኽኣለይ ኣብ ዝያዳ ሻቕሎት ተሸመምኩ።

ብርግጽ'ውን ኩሉ'ቲ ዝተኻየደ ርክብ ዲፕሎማስያዊ መናውራ ምንባሩ በቲ ኣብ ልዕሊ'ቶም ዝኹነ ዕጥቂ ዘይነበሮም ኤርትራውያን መንእሰያት ግብረ-ሽበራዊ መጥቃዕቲ ከም ዝተፈጸመ ኣብ ገለ ጋዜጣታት ማላዊ ምስ ተቓልሐ ኣርመመና። ብድሕሪ'ዚ ፍጻመ'ዚ፡ ብዘይካ'ቲ ብፕሮቶኮል ዝተመደበለይ ሰብ ብዛዕባ ሃለዋት ናይቶም ኤርትራውያን ዝወሃብ ሓበሬታ ኩሉ ተዓጽወ። ልደታ ግን በቲ ዝተገብረ ተኸታሲ ሓሙሽተ ከም ዝተሃርሙ፡ ክልተ ካብኣቶም ኣዝዮም ከም ዝተሃሰዩን ካብቲ ዝነበሩዎ ቤት ማእሰርቲ ድማ ናብ ዘይተፈልጠ ቦታ ከም ዝግዓዝዎምን ሓበሬታ ምርካባ ነገረትኒ።

ካብዚ ቀጺሉ፡ ልደታ ብዝሰርዓቶ ርክብ፡ ምስ ሓላፊ ውሽጣዊ ጉዳያት ናይታ ከተማ ኣብ ቤት ጽሕፈቱ ተራኸብና። ንሱ ነቶም ኤርትራውያን ክገልጾም ከሎ፡ "እዚኣቶም ኣብ ኢትዮጵያ ሓደገኛታት ኮማንዶ ምንባሮም ስለ ዘረጋገጽና ብቐሊሉ ክንርእዮም ኣይከኣልናን። ትእዛዛትና ብትሪ ዝቃወሙ ድማ ዝተኣማመኑሉ ነገራት ኣለዎም ናብ ዝብል መደምደምታ ስለ ዘብጽሓና፡ ወተሃደራዊ ስጉምቲ ክንጥቀም ተገዲድና፡" ብምባል ከይሓነኸ ነቲ ነውራም ተግባሮም ገለጸለይ። በቲ ተኸታሲ ዝወረደ ጉድኣት ክገልጸለይ ምስ ሓተትኩዎ ድማ፡ "ክልተ ውጉኣት ይህልዉ'ዎም ይኾኑ፡" ብምባል ከቃልሎ ፈተነ። ንዓይ ግን ምስቲ ዘለኒ ሓበሬታ ኣኺሉ ስለ ዝተረፈኒ፡ "እቲ ኣብ ልዕሊ ሰላማውያን ጥራይ ዘይኮነ፡ ኣብ ትሕቲ ቀይዲ ኣብ ልዕሊ ዘእተኹሞም ኤርትራውያን መንእሰያት ወተሃደራዊ ስጉምቲ ምውሳድኩም ጽባሕ ብታሪኽ ክትሕተትሉ ኢኹም፡" ድሕሪ ምባል፡ ኣበይ ከም ዝነበሩ ክፈልጥን ነቶም ውጉኣት ከሐክሞም ክፍቀደለይን ሓተትኩዎ። ንሱ ግን ካብ ዓቕመይ ንላዕሊ እዩ ብምባል ክምልስ ፍቓደኛ ዘይምዃኑ ገለጸ።

ላዕለዎት ሓለፍቲ ሚኒስትሪ ወጻኢ ጉዳያትን ካልኦት ሚኒስተራትን ኣብ ካልእ ከተማ ብምንባሮም፡ እቲ ኣቐዲሙ ዝረኸበኒ ሓላፊ ዝሃበኒ ተሌፎን ከኣ ስለ ዘይቕበላ ዝነበረ፡ እቲ ኩነታት በቲ ኢትዮጵያ ትደልዮ መንገዲ ክትግበር ከም ዝወድኡ ንጹር ኮነ። ብድሕሪ'ዚ ምስ ዶር. ንርኣዮ፡ ልደታን ጀርመናዊ በዓል ቤታን ምዕራፍን ብምኳን ነቲ ዝገሃድ ዝነበረ ሓቅታት ኣብ ምክትታል ከለና ኢትዮጵያ ፍልይቲ ነፋሪት ልኢኻ ከም ዝወሰደቶም ኣብ ጋዜጣታት ሊለንግወ ብምዝርግሑ ፈለጥና።

እታ ሓንቲን ናይ መወዳእታን ክንገብራ ዝተሰማማዕናላ ጋዜጣዊ መግለጺ ምሃብ ስለ ዝነበረት፡ ኣብታ ዝነበርኩሉ ሆቴል ጋዜጣዊ መግለጺ ክካይድ ምኳነይ ዝገልጽ ንጋዜጠኛታትን ግዱሳትን ጻውዒት ተዘርግሐ። ደቂ ማላዊን ኣህጉራውያንን ጋዜጠኛታት ከምኡ'ውን ገለ ምሁራት ኣብ ዝተረኽቡሉ፡ ነቲ ዘሕዝንን ዘሰንብድን ኣብ ልዕሊ'ቶም ሰላማውያንን ኣብ ትሕቲ ቀይዲ ዝነበሩን ኤርትራውያን መንግስቲ ማላዊ ዝፈጸሞ ግፍዒ ይቕረ ዘይበሃሎ ፖለቲካዊ ገበን ምኳኑን ኣብ መጸኢ ዘሕትታ ምኳኑን ኣቃላዕና። ኣስዒበ'ውን ሬሳ ናይቲ ዓሪፉ ዝተባህለ ኤርትራዊ ክወሃበናን ናብ ዓዱ ክንልእኮን ናብ መንግስቲ ማላዊ ሕቶ ኣቕረብ። ሓደ ካብቲ ቀንዲ ነውራም ተግባሮም ከኣ ነቲ ሬሳ ኣብ ሳጹን ከየእተዉ ናብ ኢትዮጵያ ምብጋሶም ነበረ።

በቲ ጋዜጣዊ መግለጺ፡ ንጠንቂ ውግእ ኤርትራን ኢትዮጵያን ክሳብ'ቲ እዋን'ቲ ዝተኻየዱ ወራራትን ዝሰዓበ ናይ ሰብን ንዋትን ክሳራታትን ብዝርዝር ብምግላጽ መብርሂ ሂበ። ብወገን ኤርትራ ነቶም ብኣህጉራውያን ውድባትን ሓያላን ሃገራትን ዝተዋህቡ ናይ ሰላም ስምምዓት ብምኽባር ክሳብ ቀዳመይቲ ጥይት ከም ዘይንቱኰስ ቃል ምእታውናን ከም እንትግብሮን ሓበርኩ። ድሌት ኢትዮጵያ ምስ ዓቕማ ዘይሳነ ኲይኑ'ምበር ኣብ ኤርትራ ንዘሎ ስርዓት ለዊጣ ብኣእ ዝምእዘዝ ስርዓት ክትትክእ ትሕልን ምንባራ፡ እዚ ግን ብሓሳብ ደኣ'ምበር ብግብርስ ዘይጭበጥ ምኳኑ ገሊጸ። ካብቶም ጋዜጠኛታት ዝቐረቡ ሕቶታት'ውን መሊሰ። ንጽባሒቱ ኣብ ጋዜጣታት ሊለንግወ ሰፊሕ ትንታኔታት ተዋሂብዎ ምቅልሑን ንተግባራት መንግስቲ ማላዊ ዘቋናጽቡ ጽሑፋት ምውጽኦምን ኣገዳስነት ናይቲ ዘካየድኩዎ ሃንደበታዊ ጉዕዞ ዘንጸባርቕ'ዩ ነይሩ።

ዓወት ንሓፋሽ!
ተኽስተ ገብረመድህን

ካብ ጽሑፋት...

ኣብቲ እዋን'ቲ ዝተፈላለያ ማዕከናት ሓበሬታ ብዛዕባ'ቲ ፍጻመ ዝፈነዋኦ ዜና፤

ማላዊ ኣብ መስርሕ ምህዳን ዘይሕጋውያን ስደተኛታት: ኤርትራውያን ኣሲራ፤ ኣብ ነሓሰ 31 [1999] ማላዊ ሸሞንተ ዘይሕጋውያን ኤርትራውያን ስደተኛታት ኣሲራ። ፖሊስን ሰብ መዚ ኢምግሬሽንን ማላዊ ከም ዝገልጽዎ እቶም ኤርትራውያን ኣብ ሓደ ሆቴል: ኣብ ርእሲ ከተማ ማላዊ ሊለንግወ: ድሕሪ ምትሓዘም ናብቲ ካብ ርእሲ'ታ ከተማ 100 ኪ.ሜ. ርሒቑ ዝርከብ መዓስከር ስደተኛታት ዶዋ ተወሲዶም። ተቐጻጻሪ ኢምግሬሽን ማርቲን ሞኖንጋ ንኣገልግሎት ዜና ፈረንሳ (AFP) ከም ዝሓበሮ: እዞም ሸሞንተ ናብታ ሃገር ብዘይሕጋዊ ኣገባብ ዝኣተዉ ኤርትራውያን: ናብታ ዝመጹላ ኢትዮጵያ ከስጉጉ እዮም። ማላዊ ኣቐዲማ: ብ20 ነሓሰ: ካልኦት 25 ኤርትራውያን ናብ ኢትዮጵያ ከተሰጉግ ኣብ ዝወሰደቶ ስጉምቲ ሓደ ኤርትራዊ ብጥይት ናይቶም ሰብ መዚ ተቐቲሉ። እቲ ቆትለት: ነቶም ስደተኛታት በስገዳድ ናብ ነፍሪት ሰቒሎሞ ናብ ኣዲስ ኣበባ ከመልስዎም ኣብ ዝፈተኑሉ ብዝተላዕለ ተቓውሞ እዩ ኣጋጢሙ።

እዞም 25 ስደተኛታት ናብ ማላዊ ብዘይሕጋዊ ኣገባብ ከኣተዉ ዝፈተኑ እዮም። ማላዊ ሓላፍነት ናይቲ ዝጸመተ ኤርትራዊ ወሲዳ ኣላ፣ ምስጓኑ ናይቶም ስደተኛታት ከኣ ኣብ መንጎ ኤርትራን ማላዊን ዲፕሎማስያዊ ነውጺ ፈጢሩ'ሎ። ዚዲ መዲ ዝተባህለ ኣባል ጉዳያት ወጻኢ ማላዊ: እቲ ኤርትራዊ ብጥይቲ ፖሊስ ማላዊ ተሃሪሙ ከም ዝሞተ ብምርግጋጽ ወገናዊ መብርሒ ንኩነታት ናይቲ ቅትለት ናብ ውድብ ሓድነት ኣፍሪቃ ከህብ ምኽኑ ገሊጹ። መዲ: "ከሳብ ሕጂ እንኣምኖ እቲ ዝፈጸምናዮ ቅኑዕ ምኽኑ'ዩ። ልኡላዊት ሃገር ኢና: ብዝኾነ ወገን ድማ ኣይንእዘዝን ኢና" ኢሉ። ፈጻሚ ጉዳያት ኤምባሲ ኤርትራ ኣብ ደቡብ ኣፍሪቃ ኣቶ ተኽስተ ገብረመድህን ብወገኑ: መንግስቲ ኤርትራ ንስድራ-ቤት መዋቲ ምሉእ ካሕሳ ከወሃብ ብምጥላብ ኣብቲ ገበን ኢድ ዘለዎም ከቅጽዑ ጸዊዑ። ተኽስተ: እቶም ግዳያት ካብ ሓደ ካብ መዳጉኒ መዓስከራት ኢትዮጵያ ዝኾኑ ደዴሳ ዝመጹ ምኽኖም ከም ዝሓበሩዋ ገሊጹ። "ኢትዮጵያ ኣብታ ሃገር ከነብሩ ዝጸንሑ ንጹሃት ኤርትራውያን ትኣስርን ትሰጉግን ኣላ" ድማ ኢሉ።

ላዕለዋይ ኮምሽን ስደተኛታት ሓቡራት ሃገራት ንማላዊ በቲ ዝወሰደቶ ምስጓጉ ኤርትራውያን ከም ዝኸሰሳ ገሊጹ። ሓላፊ ናይቲ ኣብ ሉሳካ ዝመደበሩ ዞባዊ ወኪል ኮምሽን ስደተኛታት: ኣሉስዮ ባጁላዮ: ኮምሽን ስደተኛታት ንምስጓጉ ናይቶም ኤርትራውያን "ተሪር ተቓውሞ" ብዝበሎ ከም ዝኹንኖ ሓቢሩ።

ምንጪ፤
ፕሮግራም ልምዓት ሓቡራት ሃገራት
ክፍሊ ሀጹጽ ድንጋገ ኣብ ኢትዮጵያ
ቀርኒ ኣፍሪቃ
ወርሓዊ ጸብጻብ
ኣብ መንጉ ኤርትራን ማላውን ዘይምርድዳእ ኣንጸላልዩ
ኣፍሪቃ/ ቀዳም 28 ነሓሰ 1999፣ 21:39 GMT

ሊለንግወ - ኤርትራ ብዛዕባ ኩነታት ናይቶም ናብ ኢትዮጵያ ዝተሰጉ 24 ኤርትራውያን ከምኡ'ውን ብዛዕባ ናይቲ ዝሞተ ኤርትራዊ መብርሂ ከወሃባ ናብ ሰበ-ስልጣን ማላዊ ጠለብ ከም ዘቐረበት ወሃቢ ቃል ኤርትራ ብቓዳም ገሊጹ::

(. . .)

ሰበ-ስልጣን ኢሚግሬሽን ማላዊ እቶም 25 ኤርትራውያን ብ14 ነሓሰ ብዘተተምየነ ቪሳ ናብ ማላዊ ከም ዝኣተዉ'የም ዝገልጹ:: እቶም ኤርትራውያን ግን ንመውጽኢ ቪዛ ዝኸውን ኣብ ኤምባሲ ማላዊ ኣብ ኣዲስ-ኣበባ ነፍሲ-ወከፎም $1000 (ሽሕ ዶላር) ከም ዝኸፈሉ ገሊጾም::

ምንጪ፤

https://www.iol.co.za/news/africa/row-looms-between-eri-trea-malawi-10636

*   *   *

ላዕለዋይ ኮምሽን ስደተኛታት ሕቡራት ሃገራት ንምስጓጉ ኤርትራውያን ተቓዊሙ

ኮምሽን ስደተኛታት ሕቡራት ሃገራት ድሕሪ'ቲ ሓደ ኤርትራዊ ምቕታሉን 24 ድማ ካብ ሊለንግወ ናብ ኢትዮጵያ ምስጓጎምን ኣንጻር ማላዊ ሓያል ተቓውሞኡ ገሊጹ:: እቶም ሰባት ካብ ኢትዮጵያ ብ14 ነሓሰ ናብ ማላዊ ምስ ኣተዉ ኣብ ሰሙኖም ብነፋሪት ናብ ኢትዮጵያ ተመሊሶም:: በንጻር'ቲ ኮምሽን ስደተኛታት ሕቡራት ሃገራት ኣብቲ ጉዳይ ዝገበሮ ምትእትታው፡ መንግስቲ ማላዊ ኣባላት ናይቲ ኮምሽን ንጉዳይ ናይቶም ዕቝባ ዝሓተቱ ኤርትራውያን ንኽሰምዑ ምስቶም ግዳያት ከራኽቦም ፍቓደኛ ኣይነበረን::

https://reliefweb.int/report/eritrea/unhcr-protests-depota-tion-eritreans

*   *   *

505

ኤርትራ ካሕሳ ትሓትት
(ጆሃንስበርግ፡ 31 ነሓስ 1999)

ኤርትራ ብተደጋጋሚ ናብ ውድብ ሓድነት አፍሪቃ አብ ዘቐረበቶ ክሲ፡ ካብ ማላዊ ናይቲ ካብቶም አብዚ ወርሒ'ዚ ካብታ ሃገር ናብ ኢትዮጵያ እናተሰጉ ዝሞተ ዜጋኣ ካሕሳ ከም ዝሓተተት ማዕከናት ዜና ብሰሉስ አቃሊሓን፡፡

(. . .)

"ጉዳይ ናይ ሓደ ዑቕባ ዝሓትት ሰብ ከግምገም እንከሎ፡ ብኸመይ ናብታ ሃገር አትዩ ብዘየገድስ፡ አብ ትሕቲ ጽላል አህጉራዊ ስምምዓት፡ ማላዊ'ውን ዝፈረመትሉ፡ መሰሉ ዝተሓለወ እስዩ፡" ክብል ወኪል ናይቲ አብ ሉሳካ ዝመደበሩ ዞባዊ ቤት ጽሕፈት ላዕለዋይ ኮምሽን ስደተኛታት ሕቡራት ሃገራት፡ አሊሰየ ባጁላየ፡ ብምግላጽ ንማሊ ብትሪ ኮኒኑዋ፡፡

http://www.irinnews.org/news/1999/08/31/eritrea-de-mands-compensation

33

ቅያ ሓርሲሊለ

ዓንደም ግርማይ (ወዲ-ደረስ)

ሰንበት 16 ሓምለ 2000፡ ሰዓት 10:00 ቅድሚ ቀትሪ። ንስሉሳዊ ዶብ ኤርትራ፡ ጅቡቲን ኢትዮጵያን 190 ዲግሪ ደቡብ ጎቦ ሙሳ ዓሊ፡ ኣስታት 80 ኪሎ ሜተር ርሒቛ፡ ምንቅስቓስ ነፈርቲ ከም ዝነበረ፡ ራዳር ናብ ኣሃዱ ሚሳይል ቅልጡፍ መልእኽቲ ሬድዮ ሰደደ።

ሓንቲ ፍቓዱ ስዮም ዝመርሓ መስርዕ እንዳ ሚሳይል፡ ካብ ቀንዲ መኣዘዚ ኣብ ነፍሲ-ወከፍ ካልኢት ዝቐያየር ናይ ዝነበረ መጠንቀቕታ መልእኽቲ እምብዛ ኣሻቐላ። መንነተን ዘይተነጸረ ነፈርቲ ርሕቀተን ናብ ዓሰብ እናጸበባ 70፡ 60፡ 50፡ …ኪ.ሚ ከም ዝተረፈን ዘመልክት ራዳር ቀይሕ መብራህቲ ካብ ምውላዕ ኣየዕረፈን።

ህሮሩግ ጸሓይን ንፋስን ደንካልያ መኪታ ኣብ ሓለዋ ክሊ ኣየርና ተረኛ ዝነበረት መስርዕ ፍቓዱ (ኮምባኽት ክሪው)፡ ኣብ ልዕሊ̕ተን መንነተን ዘይነጸረላ ነፈርቲ ቅልጡፍ ስጉምቲ ክትወስድ ኣይተሃወኸትን። እንታይነተን ንምፍላጥ ንተመራሒ ሚሳይል ራዳር ወሊዓ ኣብ ታርጌት ኣእትያ ኣብ ምክትታለን ኣተወት። ራዳር መዕዘቢ ተመራሒ ሚሳይል ብግደኡ፡ ቁጽሪ̕ተን ነፈርቲ ክንዮ ካብ ክልተ ንላዕሊ ምዃኑን፡ ኣንፈትን ድማ ናብ ዓሰብ ኩይኑ፡ ኣስታት 50 ኪሎ ሜተር ተሪፍወን ምንባሩን ካልእ ንዕኣን ዝገልጽ ሓበሬታ ኣይነበሮን። ሓደገኛነት ናይቲ ኩነታት ዝተራእዮም ኣባላት̕ታ መስርዕ፡ ነቲ ክስተት ክሕብሩን ናብ ናይ ቀረባ ኣዘዝቲ ቦጦሉኒ ምክልኻል ኣየር፡ ጨንፈር ግንባር ዓሰብ፡ ኮሎኔል ገብረማርያም ኣብርሃምን ምክትሉ ሌ/ኮ ላይነ ፍስሃየን ናይ ሬድዮ መልእኽቲ ገበሩ።

ክልቲኦም ሓለፍቲ ብኣገዳሲ ሰራሕ ናብ ዓስብ ተንቀሳቒሶም ብምንባሮም፡ ቤታ መስርዕ ንዘተገብረ ጸውዒት መልሲ ዝሀብ ኣይተረኽበን፡፡ ስለዚ ኸኣ፡ እቲ ህጹጽ ጸውዒት ናብ ኣዛዚ ግንባር ዓስብ ዝነበረ ሜጀር ጀነራል ሃይለ ሳሙኤል ቀንሶ፡፡ ሜጀር ጀነራል ሃይለ፡ ኣብ'ታ ሰዓት እቲኣ ንሓፈሻዊ ኩነታት ናይቲ ግንባር ክፈልጥ ንዝመጸ ሚኒስተር ምክልኻል ጀነራል ስብሓት ኤፍሬም ከፋኑ ናብ ኤርፖርት ዓስብ ተንቀሳቒሱ ብምንባሩ፡ ንዕኡ'ውን ክረኽቡዎ ኣይከኣሉን፡፡

ፍቓዱን ኣባላቱን ከምኡን ክንድኡን ክገብሩ ልኡላዊ መሬትና ጥሒሰን ዝኣተዋ ነፈርቲ ናብ ዓስብ ክበጽሓ 30 ኪሎ ሜተር ከም ዝተረፈን ራዳር ደጊሙ ሓበሬታ ሃበ፡፡ ብድሕሪ'ዚ ኣባላት እታ መስርዕ ዝሓዙዎን ዝጭኮብጡዎ ጠፊኦምም ኣዕለበጡ፡፡

ሚሳይል፡ ምሉእ ሓበሬታ ካብ ራዳር'የ ዝምገብ፡፡ ራዳር ብግደኡ ዋላ'ውን ልዕሊ 200 ኪሎ ሜተር ንዝርሕቀቲ ነገርን ታርጌቱን ኣብ ሰማይ፡ መሬት ኩን ባሕሪ የርእየካ፡፡ ነዚ ንምንጻር ዝወሰዶ ጨረር ግን ኣሎ፡፡ ነቲ ነገር ምስ ረኸቦ ከም መልሰ-ግብሪ ኣብ ስክሪን ፍሉይ ምልክት ይሀብ፡፡ ናቱ ኣፐሬተር ስለ ዘለም፡ ነቲ ዝረኸቦ ነገር ንሚሳይል ይሕብር፡፡ ሚሳይል ድማ ዘድልዮ ሓበሬታ ምስ ተቐበለ፡ ጨረርታኡ ሰዲዱ ታርጌቱ የናዲ፡፡ ራዳር ብግዜ ጸላም ከይተረፈ ክስራሕ ዘኽእል ዓቕሚ ኣለዎ፡፡ ሚሳይል ኣውቶማቲክ ምስ ዝኸውን ኣብ ግዜ ተኹሲ ክልተ ሰባት ጥራይ'የም ዘድልይዎ፡፡

ከም ግቡእ ሓደ ሚሳይል ጸረ-ነፈርቲ ክትኩስ ዘስገድድ ኩነት ምስ ዝፍጠር፡ ቀዳማይ፡ ትእዛዝ ዝሀብ ሓላፊ፣ ካልኣይ፡ ሓላፊ ወንጨፍቲ ሚሳይል፣ ሳልሳይ፡ ሓላፊ ተመራሒ ሚሳይል፡ ራብዓይ፡ ክልተ ማንዋል ኣፐሬተር፣ ሓምሻይ፡ ሓንጻጺ ካርታ፡ ሻዱሻይ፡ ሬድዮ ምልክት፡ ሻውዓይ ድማ ጀነረተር ኣፐሬተር ብሓፈሻ ሸሞንተ ኣባላት ከህልውዋ ሕጊ ውትህድርና ይእዝዝ፡፡ መስርዕ ፍቓዱ ኣብ'ታ ሰዓት ግን ሓሙሽተ ኣባላት ጥራይ ነበሩዋ፡፡

እቲ ኣዋጣሪት ኩነት፡ ነቲ ሳዋ መልሚላ ብቒዕ ወተሃደር ዝገበረቶም ቀይሕ ቋማት መንእሰይ ፍቓዱን ብጹቱን ቀሊል ጉዳይ ኣይነበረን፡፡ ንናይ ቀረባን ላዕለዋትን ሓለፍቲ'ታ ኣሃዱ ንምርካቦም ዝተገብረ ጸዕሪ ምስላጥ ድሕሪ ምእባዩ፡ ብዘዕባ'ተን ነፈርቲ ዝያዳ ሓበሬታ ንምርካብ ናብ ኤርፖርት ዓስብ ደሃይ ምግባር ከም ኣማራጺ ወሰዱዎ፡፡

*   *   *

ፍቓዱ፡ ብ1975 ኣብ ዛግር ካብ ሓረስቶት ስድራ ተወሊዱ፡፡ ወዲ 13 ዓመት ምስ ኮነ ብ1987፡ ምስ ወላዲኡ ተጋዳላይ ሰዪም በርህ ንሜዳ

ወጺኡ። ንእሽቶ ብምንባሩ፡ ኣብ ቤት ትምህርቲ ሰውራ ኣትዩ ትምህርቲ ጀመረ። ክሳብ 1995 ኣብ ቤት ትምህርቲ ሰውራ ጸብራ ጸኒሑ። ብ1995 ኣብ ሳልሳይ ዘርያ ሃገራዊ ኣገልግሎት ሳዋ ወረደ። ንእሹሹት ወርሒ ወተሃደራዊን ፖለቲካዊን ታዕሊም ድሕሪ ምቕሳም፡ ኣብ ሓይሊ ኣየር ኤርትራ፡ ኣስመራ፡ ኣብ ክፍሊ ምክልኻል ኣየር (እንዳ-ሚሳዬል) ተመደበ።

ኣብ ምጅማር ቀዳማይ ወራር ወያነ 1998፡ ፍቓዱ ተመሃራይ ቀዳማይ ዓመት የኒቨርስቲ እዩ ነይሩ። ልኡላውነት ሃገር ንምኽባር ትምህርቲ ኣቋሪጹ ድማ'ዩ ኣብቲ ውግእ ክሳተፍ ናብ ኣደ ኣሃዱኡ፡ ክፍሊ ምክልኻል ኣየር (እንዳ ሚሳዬል) ዝተጸምበረ።

ኣብዚ እተን ምስጢራውያን ነፈርቲ ዝመጻሉ እዋን እምበኣር፡ መራሒ መስርዕ ፍቓዱ ዝለዓለ ሓላፍነት ዝሰከም ሰብ እዩ ነይሩ። "ሄሎ ዓሰብ ኤርፖርት?" በለ ሬድዮ ርክብ ቃንዮ፡ ድሕሪ'ቲ ሓለፍቱ ንምርካብ ዝተገብረ ፈተነ ምስላጥ ምእባዩ።

"ኣይተጋገኻን፡ መን ክብል?"

"ኣብዚ ከባቢ ካብ ዘሎ እንዳ ሚሳዬል'የ።"

"ሓራይ፡ እንታይ ክሕግዘካ?" በሎ ብመሰመር ሬድዮ ምስ ፍቓዱ ዝተራኸበ ኣባላ ኤርፖርት ዓሰብ።

"ብኣንፈት ደቡብ 190 ዲግሪ ጎቦ ሙሳ ዓሊ፡ ርሕቀት 25 ኪሎ ሜተር ዝንቀሳቐሳ ነፈርቲ ኣለዋ። ሰቪላዊ ኣገልግልት ዝህባ ከይኮና ምስኣን ርክብ እንተለኻ ሓበሬታ ክትህበኒ ኢለ'የ።"

"ብወገን ሲቪል ኣቬሽን በዚ ትጠቕሶ ዘለኻ ኣንፈት ዝኹን ይኹን ኣፍልጦ ዝሃብናዮ ምንቅስቓስ ነፈርቲ የለን፡" መለሰ ሰራሕተኛ ኤርፖርት ዓሰብ።

መልሲ ናይቲ ሰራሕተኛ፡ ኣብ ልዕሊ ፍቓዱን ብጾቱን መሊሱ ክቴር ጭንቀት ፈጢሩ ኣዋጠሮም። እቶም ኣባላት ኣብ መስርሕ ውትህድርና፡ ብዘይ ፍቓድ ሓለፍቲ ዘውሰድ ስጉምቲ ካብ ረብሓኡ ጉድኣቱ ከም ዝዓቢ ይፈልጥዎ'ዮም። ከምኡ ስለ ዝኹን ድማ'ዩ ከቢድ ሻቕሎት ፈጢሩ ዘጨነቖም። ኣብ መን ከምዚ ዝበለ ወጥሪ ተቐርቂርም እንኸለዉ፡ ምናልባት እተን ነፈርቲ፡ ሰርዓት ወያነ ነቲ ብ18 ሰነ 2000 ምስ መንግስቲ ኤርትራ ዝኸተሞ ስምምዕ ምቋራጽ ተጻብኣታት ጥሒሱ ዝለኣኸን ነፈርቲ ኩናት ከይኮና? እትብል ሓሳብ ብልጭ በለቶም።

ኣብ'ታ ኣዋጣሪት ህሞት፡ ክውንነት ጥርጣረኣም ኣብ ቅድሚ ዓይኖም ቅድሚ ምፍጻሙ፡ ብኣጋኡ ንምቋጸዩ ውነኣም ክስኾር ተፈለጦም። ስጉምቲ ክውሰድ ብቓረባ ትእዛዝ ዝህቡ ሓለፍቲ ካብ ተሳእኑ፡ ባዕላዊ ተበግሶ ክወስዱን፡ ድሕሪ ፍጻሜ ክመጽእ ንዝኽእል ሕቶን ዝውሰድ ስጉምቲን

509

ሪዲኣም ክቕበሉን ኣብ ልዕሊ'ተን መንነተን ዘነጽር ሓበሬታ ዝስኣኑለን ነፈርቲ ስጉምቲ ክወስዱ ወድኡም።

ዕግም ስራሕ ስርዓተ-ምክልኻል ሓይሊ ኣየርና፣ ኣንጻር ካብ ግዳም ዝመጽእ መጥቃዕቲ ኣየር ምክልኻል፣ ኣድላዪ ምስ ዝኸውን ድማ ምጥቃዕ እዩ። ክንዲ ዝኹኑ እቲ ብ5ን 6ን ሰነ 1998፣ ኣስመራ ንምድብዳብ ኣብ ልዕሊ ዝተላእካ ነፈርቲ ኹናት ወያነ ዝተረጸም ስርሒትን ብ6 ሰነ ምውዳቕ ሓንቲ ሚግ 23 ነፋሪትን ምምራኽ ኣብራሪኣ ኮሎኔል በዛብህ ጴጥሮስን ካብ ዕማማት'ቲ ክፍሊ'ዩ። እቲ ክፍሊ ኣብ ቀዳማይ ወራር ብፍላይ፣ ቀንዲ ኣተኩሮኡ ኣብ ኣስመራን ከባቢኣን ኣድሂቡ ሓለዋ ኣካየደ።

ድሕሪኡ፣ ብዓቕሚ ሰብን ኣጽዋርን ደልዲሉ ንኹሉ ዝሰዕብ እንተታት ምትዕጽጻፍት ንምግባር ምድላዋቱ ኣጻፈፈ። ንዝተፈላለየ ከባቢታት ሃገርና ዕላማ ዝገበረ መጥቃዕቲ ኣየር ወያነ ንምምካት፣ ኣብ ግንቦት 1999 ሓንቲ ቦጦሎኔ ምክልኻል ኣየር (እንዳ-ሚሳይል)፣ ኣብ ግንባር መረብ-ሰቲት ከም እትዓርድ ተገብረ። እታ ቦጦሎኔ ኣብቲ ካብ 10 ሰነ ጀሚሩ ክሳብ 16 ሰነ 1999 ዝቐጸለ መሪር ኹናት ካልኣይ ወራር ወያነ ተሳቲፋ። ኣብ 14ን 16ን ሰነ ኣብ ዝወዓለ ውግእ ድማ ሰለስተ ሚግ 23 ነፈርቲ ኹናት ወያነ ሓምሸሸት። ድሕሪ ወርሒ ካብ ከባቢ ብሹኒ ናብ ሃይኮታ ወሪዳ ዓረደት። ንኽልተ ወርሒ ዝኸውን ኣብኡ ጸኒሓ ናብ ሳዋ ከይደት። ክሳብ ምጅማር ሳልሳይ ወራር ድማ ኣብ ጸኑዕ ሓለዋ ሳዋን ከባቢኣን ተጸሚዳ ዕማማ ኣሰላሰለት።

ወተሃደራዊ እዝን ቀጽጽርን ሓይልታት ምክልኻል ኤርትራ፣ ኣብ ዝኹነ ጽፍሒ ንዘሎ ሓላፊ ኹነ ተራ ኣባል ሰራዊት፣ ኩነታት እንተደኣ ደሪኹም፣ ካብ ሓለፍቱ ትእዛዝ ከይተጸበየ ኣድላዪ ዝበሎ ውሳነ ክወስድ ባይታ ኣለም። እቲ ናይ ዓሰብ ኩነታት ድማ ንፍቓዱን መስርዑን ኣብታ ሰዓት'ቲኣ ክገብራዋ ዝኽእሉ ዝነበሩ እንኮ ምርጫ ናይ ገዛእ ርእሶም ወሳነ ወሲዶም ጸረ-ነፈርቲ ሚሳይል ተኩሶም ነተን ነፈርቲ ክሓማሽሽወን'የ ነይሩ። ኣብ ወሳኒን ዕድል ዘይህብን መድረኽ ንግዜ ብግቡእ ምጥቃም የድሊ። ኣብ መስርሕ ምትኽስ ጸረ-ነፈርቲ ዕዉት ስራሕ ክፍጸም፣ መጀመርታ እታ ነፋሪት ኣብ ኣድማዒ ርሕቀት ናይቲ ብረት ክትበጽሕ ኣለዋ። ኣብ ርእሲኡ ተመኩሮን ብቕዓትን ተኻሲን ዓይነት ብረትን ወሳኒ ተራ ኣለዎም። ክንዲ ዝኹኑ ጥርጣረታት ኣብ ዝመልኣ ኩነት፣ "እዚን እቲን" ክትብል ግዜ ምብኻን ተጻሪ ወገን ኣብ ልዕሌኻ ሓደጋ ከውርድ ዝያዳ ዕድል ምሃብ እዩ። ከምኡ ምኳት ዝተገንዘበ ፍቓዱ፣ ኣብታ ህሞት'ቲኣ ድሕሪ'ቲ ዝወሰዶ ስጉምቲ ክመጽእ ንዝኽእል ተቓቢሉ ሓላፍነት ተኸሲ ክወስዱ ወሰነ። ኣባላት እታ መስርዕ ናይ ቅድም-ተኸሲ ምድላዋት ኣጠናቒቆም ንግብራውነት ተኸሲ ተዳለዉ።

ፍቓዱ ምስ ብጾቱ ተረዳዲኡ ወሲኑ'ዩ። መልጉም ወንጫፈ ሚሳይል ተጠዊቑ ሓደ፡ ክልተ፡ ሰለስተ፡...ክሳብ ሸውዓት ቅድሚ ምጥዋቑ፡ ድልውነት ኩሉ ኣባል ኣረጋጊጹ ናብ መተኩሲ ቦታ ኣተወ። ልክዕ ሰዓት 10፡30 ንቝሎ ሚሳይል ኩኑ። ዝተተኮሰ ሚሳይል ካብ ኣፍ ሻምብቆኡ ወጺኡ ሃሃልታኡ ንድሕሪኡ ገዲፉ ናብ ስማይ ኣንቃዕሪሩ። እቲ ናብ'ተን ናብ ዓሰብ ቀሪበን ዝነበራ ነፈርቲ ቀኒዑ ዝተወንፈ ሚሳይል፡ ድምጹ ንከተማ ዓሰብን ከባቢኣን ከም ነጎዳ ጽድያ መቓልሕ መሊሱ ኣንጉድጉደ።

ነገር ተፈጺሙ። ዝሰንበ መዓልቦኡ ንምፍላጥ ኣቓልቦ ናይ ገለ ኣባላት'ታ መስርዕ ናብ መዕዘቢ (Screen) ቀነነ። ዝተረፉ ድማ፡ ዝሰዓበን ዝተፈጸመን ኮንታት ናይ ቀረባን ላዕለዎትን ሓለፍቲ ናይታ ኣሃዱ ግድን ክፈልጡ ስለ ዝነበሮም፡ ደጊሞም ኣቓዲሞም ናብ ዝሰኣኑዎም ኣዘዝቲ ምክልኻል ኣየር ጨንፈር ግንባር ዓሰብ ቀነዑ፣ ሽዑ'ውን ኣይሰለጠን። ንኣዛዚ ግንባር ሜጀር ጀነራል ሃይለ ንምርካብ ፍቓዱ ሬድዮ ርክቡ ቃንዩ፣

"ሄሎ ቤት ጽሕፈት እዚ ግንባር ዓሰብ?"

"ልክዕ ኣለኻ።"

"ካብ እንዳ-ሚሳይል ኢና። ኣቓዲምና ዝቐበለና ኣይረኸብናን'ምበር ናይ ሬድዮ መልእኽቲ ገይርና ነይርና?"

"ናይ ደሓን? እንታይ ነይሩ ደኣ?"

"ደሃይ ክንገብር ዘጸውዓና ምኽንያት'ኪ ድሮ ተወዲኡ እዩ። ንኣዛዚ ክትሕብር ግን ብኣንፈት 190 ዲግሪ ደቡብ ርሕቀት 25 ኪሎ ሜተር፡ ምንቅስቓስ ነፈርቲ ስለ ዝጸንሐ ሚሳይል ተኮስና ኣለና።"

"እእ! እንታይ ትዛረብ ኣለኻ?"

"እዛ ዝብለኻ!" ኢሉ ፍቓዱ ምስ ኣፐሬተር ግንባር ርክቡ ኣቋረጸ።

"ደሃይ ገይርና ዝሰምዓና ምስ ሰኣንና እቲ ዝግበር ገይርና ኣለና፡" ዝብል ዘረባ ፍቓዱ ዘሰምዐ ምልክት ግንባር፡ እቲ መልእኽቲ እምብዛ ከም ዝኸበዶ ዘርኢ፡ "ኣይ ብስራሕ እንድዩ ወጺኣ ጸኒሐ፡ እንታይ ትብል ወደይ!" ምድግጋም እንተ ዘይኩይኑ ካልእ ኣይወሰኸን።

ኣፐሬተር ግንባር ኣብታ ህሞት እቲኣ ምስ ሜጀር ጀነራል ሃይለ ስለ ዝነበረ፡ እቲ ዝተፈጸመን ምስ ፍቓዱ ዝተበሃሃሉዎን ሓበሮ። ኣንፈት'ተን ነፈርቲ ኣብ ምሕባር ግን "190 ዲግሪ ደቡብ" ኣብ ክንዲ ምባል፡ "90 ዲግሪ" ጥራይ ኢሉ ጌጋ ሓበሬታ ሃበ።

ቴስዕ ዲግሪ ኣህጉራዊ በረራታት ዝካየደሉ መስመር እዩ። በዚ መስመር ዝተፈጸመ ዝኹን ይኹን ናይ ተኹሲ ስጉምቲ ድማ ንኣህጉራዊ ሕጊ በረራታት ነፈርቲ ዝዋሕስ ብምኻኑ ሳዕቤን ከቢድ እዩ።

አዘዝቲ ምክልኻል አየር ጨንፈር ዓሰብ (እንዳ-ሚሳይል)፦ ኮሎኔል ገብረማርያምን ሌ/ኮ ላይነን አብታ ግዜ እቲአ በብጉዳዮም አብ ኤርፖርት ዓሰብ ምስ ሚጀር ጀነራል ሃይለ ተራኺቦም ብሓባር ነበሩ። አዛዚ በቲ ካብ ምልክቱ ዝሰምዖ ሓበሬታ ስንበደ። "ተገይሩን ተባሂሉን" ዝበል ሓበሬታ ሓቅነቱ ተጻርዩ ብቐልጡፍ መብርሂ ክወሃቦ ድማ አዘዞም።

ክልተአም አዘዝቲ ነቲ ትእዛዝ ንምፍጻም ካብ ዓሰብ አብ ቦታ ፍጸመ መስርዕ ፍቓዱ ደቦኽ በሉ። ፍቓዱ ተቐቢሉ ኩሉ’ቲ ዘጋጠመ ብዝርዝር ገለጸሎም። "ብአንፈት 90 ዲግሪ" ዝበል ሓበሬታ ግን፣ 190 ዲግሪ ደቡብ ተባሂሉ ክእረም ከም ዘለዎ አብራህሎም።

"ክግበር ዘይግብአ ተግባር ፈጺምኩም። ሓላፍነት ተኹሲ ዝወሰደ መን እዩ?" ኮሎኔል ገብረማርያም ንፍቓዱ ዝደርበያ ረዝን ሕቶ’ያ።

ፍቓዱ፣ ክዛረብ ከም ዘይጽንሕ ዝግ ኢሉ ሓሰበ። ድሕሪ ናይ ካልኢታት ስቓታ፣ እታ ዘላ አብአ አላ ብምባል፤

"ሓላፍነት ተኹሲ ዝወሰደ ባዕለይ እየ።"

"ባዕለይ!"ደገመ ኮሎኔል ገብረማርያም።

"እወ ባዕለይ።" አረጋገጸሉ ፍቓዱ።

"ስለምንታይ?"

"እዛ ሕቶ ብግብሪ ተመሊሳ’ያ። ዳግማይ ምልዓላ ትርጉም የብላን። ዝኹን ኹይኑ ንምርካብኩም ዝከአለና ፈተን ገይርና አይሰለጠናን፣ እንተስ ንዓወት እንተስ ንፍሽለት እቲ 'ክውስድ አለዎ' ዝበልኩዎ ስጉምቲ ወሲደ አለኹ።" መለሰ።

ኮሎኔል ገብረማርያም፣ ብሕርቃን ገጹ በርበረ መሲሉ ናብ መአዘዚ ቦታኡ አተወ።

ኮሎኔል ገብረማርያም፦ ብ1977 ናብ መሳርዕ ህዝባዊ ግንባር ሓርነት ኤርትራ ተሰሊፉ። ዝነውሕ ናይ ቃልሲ ግዜኡ አብ አጋር ሓይልታት ከቢድ ብረት ብምኽን ዘሕለፈ ኮሎኔል ገብረማርያም፣ ድሕሪ ናጽነት አብ 1994 ናብ ወተሃደራዊ ቤት ፍርዲ ተሳሒቡ። ንኽልተ ዓመት አብኡ ድሕሪ ምስራሕ፣ ናብቲ ዝነበሮ አሃዱ ተመሊሱ። አብ ወራር ወያነ ጉጀለ ሚሳይል ጸረ-ነፈርቲ ሒዙ’ዩ ተሳቲፉ።

*　　*　　*

ሓምለ 17 ጽባሕ ናይታ ፍጸመ፣ መስርዕ ፍቓዱ አዕሪፉ ወዓለት። 18 ሓምለ ግን ተረኛ ስለ ዝነበረት፣ ፍቓዱ መስርዕ ክትክእ፣ ብንግሆኡ ካብ መደቀሲኡ ተንሲኡ ናብ ቦታ ሓለዋ ክኸይድ ተብተብ እናበለ። ብማዕዶ ዝተኸታተሎ ኮሎኔል ገብረማርያም፤

512

"ፍጃዱ።"

"አቤት።"

"ናበይ ኢኻ ተብተብ ትብል?"

"ናበይ ደአ ናብ ሓለዋ'ምበር።"

"ደሓን ዝተፈጸመ ጉዳይ ተጸርዩ መዓልቦ ክሳብ ዝግበረሉ ካብ ቦታኻ ከይትንቀሳቐስ።" ትእዛዝ ሂቡ ናብ ዝመጸ ግልብጥ በለ።

"እንታይ ማለት'ዩ ከይትንቀሳቐስ?" ሕቶ አስዓብ ፍጃዱ።

"ከይትንቀሳቐስ ደአ ከይትንቀሳቐስ።"

መጠንቀቕታ ዝመስል ትእዛዝ ካብ ሓላፊኡ ዝተቐበለ ፍጃዱ፡ ዝመጸ ውሳነ ክቕበል ንሓሙሽተ መዓልቲ እሱር ዓይኒ ኩይኑ አብ ዓዘቕቲ ሻቑሎት ጥሒሉ ከይተንቀሳቐስ ቀነየ።

ሰሉስ 23 ሓምለ ንግሆ ሰዓት 10:00፡ ፍጃዱ፡ አብ መአዘዚ ቦታ ቤት ጽሕፈት ኮሎኔል ገብረማርያም ክርከብ ተሓበረ። ፍጃዱ ጎሰ እናበለን አብ ሓሳብ ጥሒሉን ናብቲ ቤት ጽሕፈት በጽሐ። ሓላፊኡ ክጽበዮ ከም ዝጸንሐ ንምርኣይ፡ "መጺእካ" ብምባል፡ አብ ቅድሚኡ ናብ ዝነበረት ሰድያ ኮፍ ክብል ሓበሮ። አብ አቀራርባኡ ዝተለወጠ ነገር አይነበረን። ንፍጃዱ ተጠፍኒኑ'ዩ ተቐቢሉዎ። ቅድሚኡ ጽቡቕ ርክብ'ኳ እንተ ነበሮም ድሕሪ'ታ ተኹሲ ግን አይግድን።

ፍጃዱ፡ አብ ጉድኒ ቦጦሎኒ ምክልኻል አየር (እንዳ-ሚሳይል) ብምዃን፡ መትነታት ምዕባል ዝበሃሉ ከባቢታት ሃገርና ከዕኑዋ አብ ልዕሊ ዝመጸ ነፈርቲ ዘውረዱዎ ክሳራ በብሓደ ክጽብጽብ አብ ሓሳባት አተዩ አብ ቅድሚ ሓላፊኡ ምንባሩ ክሳብ ዝዘንግዐ ኮነ።

ካብ ቦጦሎኒኡ ከይተፈልየ አብ ክልተኡ ዓበይቲ ግንባራት (መረብ ሰቲትን ዓሊተና መረብን) ተሳቲፉ በብእዋኑ ብርክት ዝበላ ነፈርቲ ኩናት ወያነ አብ ዘርገፈት አህዱ ዝተሳተፈ ፍጃዱ፡ ናብ ግንባር መጺኡ'ውን ዘድሊ አድማዒ ስራሕ ክሰርሕን ተወሲኽቲ ነፈርቲ ውግእ ጸላኢ ከውድቕን ሕልሙ ነበረ።

ፍጃዱ፡ ብዛዕባ'ቲ ብዘይ ትእዛዝ ሓለፍቱ ዝወሰዶ ስጉምቲ ተኹሲ ሚሳይል ክሓስብ አብ ሕሱም ወጥሪ ዘሕለፈን ሓሙሽተ መዓልቲ ብምረት አብ ምዝካረን'ውን አተወ። ክልተኣም ዝነበራዊ ክፍሊ ፍጹም ጸምዋ ብሒቱዎ አብ ውሽጣ ሰብ ከም ዘይነብራ አሕለምለመት። ድሕሪ'ታ ፍጻመ አብ መንጕኡን አብ መንጕ ናይ ቀረባ ሓላፌኡን ዝነበረ ናይ ስራሕ ዝምድና ሓርፊፉ ብምንባሩ፡ እቲ ስቚታ ንስክፍታ ፍጃዱ ነዳዲ ወሲኹ ካብ ዝቐነየ ሻቑሎት አጋደዶ። "አንታ እንታይ ገበርናዮ፡ እታ ክብላ ዝደሊ ይበላ'ሞ ከነዕርፍ!" ብውሽጡ አጉረምረም ፍጃዱ።

"እሕሕ. . . እሞ ፍቓዱ፥" ንስቅታ ክልተአም ድምጺ ኮሎኔል ገብረማርያም ሰበሮ። አብ ኢዱ ወረቐት ሓዙ ነበሩ። ጉሮሮኡ ስሒሉ ነታ ደብዳበ ሃንደራእ ኢሉ ከየንበበ አብ መንቡሩ ኩይኑ አዕጠይጠዩ። እቲ ኮነታት ንፍቓዱ ከቢድ ተጽዕኖ ፈጢሩ መሊሱ አብ ዓዘቕቲ ሓሳብ ሸሚሙ አሻቒሎ። እታ ደብዳበ ካብ ቤት ጽሕፈት እዚ ሓይሊ አየር ዝተላእከት ምኽና ድሮ ተሰዊጡዎ'ዩ።

"በቃ እዛ ተኸሲ አበር አምጺአ ማለት'ዩ፥" ክሳብ ክንድኡ ዝአክል ክብደት አብ ዘለም ስራሕ፥ ብዘይ ፍቓድን ትእዛዝን ሓለፍቱ ስጉምቲ ምውሳዱ ሃገር ምልእቲ ዘጥፍአ ኩይኑ ተሰምዖ። ድሕሪ'ቲ ብ12 ግንቦት 2000 ዝጀመረ ሳልሳይ ወራር ወያነ፥ ቦጦሎኒአም ብ17 ግንቦት ካብ ሳዋ ተበጊሳ አብ ዓዲ ቐይሕ አጽዋራ ተኺላ ካብ ዝዓረደትሉ ክሳብ 26 ግንቦት አብ ዝነበራ መዓልቲታት፥ ልኡላዊ ዶብ መሬትና ሰጊረን ክድብድባ አብ ልዕሊ ዝተላእካ ነረርቲ ውግእ ሓሙሽተ ብምሕምሻሽ ምንቅስቓስ ሓይሊ አየር ወያነ ፍጹም ከም ዝድረት አብ ምግባር ዝተጸወተቶ ተራ፥ ብ29 ግንቦት ናብ አስመራ ተመሊሳ አጽዋራ ተኺላ ንአስመራን ከባቢአን አብ ምሕላው ዝገበረቶ፥ ... ኩሉ ብዓይኒ ሕልናኡ ከም ፊልም ተራእዮ።

ኮሎኔል ገብረማርያም፥ አብ ኢዱ ንዝነበረት ደብዳበ ክሳብ ዘንብበሉ ካልኢታት አብ ዘይመልእ ግዜ፥ መብርሂታታ ዝደልዩ ዝተጸፍጸፉ ሓሳባት ተተበራርዮም ንአእምሮ ፍቓዱ ብሒቶም አጨነቑዎ። ካብ ላዕለወይ ቤት ጽሕፈት እዚ ሓይሊ አየር ዝተላእከት ደብዳበ፤ "ብ16 ሓምለ ብአሃዱ ቦጦሎኒ ምክልኻል አየር (እንዳ-ሚሳይል) አብ ሓርሲለ ዝተተኮሶ ሚሳይል፥ ንኽብረን ምስሊን ሃገር ዘሕፍርን ዝድዉንን ኩይኑ ተረኺቡ፥" ዝብል ትሕዝቶ አሰፈራ ከይትህሉ'ሞ፥ ምናልባት ከም ግምቱ እንተደአ ኩይኑ፥ "ብጉድለት ድስፕሊን ተሓቲቱ፥" ከይበሃል ሓያል ስግአት ተሰምዖ። ንኹሉ እንተታት ጌጋ መረዳእታ ሂቡ'ውን፥ "ደብዳበ ምጽሓፍ ዘይመድለዮም፥" መዕለቢ. አብ ዝሰአነሉ ሓሳባት ክገላበጥ ብሕርቃን ቀይሕ ሕብሪ ገጹ ጸምልዩ አዒንቱ በርበረ አብ ርእሲ ምኽዳን ካብ ሰፈረን ነጢረን ክወጻ ቅሩብ ተረፈን።

ሰዓት ምንባብ ደብዳበ አኺሉ። ኮሎኔል ገብረማርያም ነታ ደብዳበ ብአጽብዕቲ ክልተ ኢዱ ገቲሩ ከንብብ አዒንቱ ለአኸን።

"አዝዩ ዕዉት ስጉምቲ ወሲድኩም። ብዝወሰድኩዎ ውሳነ ሕጉሳት ኢና። እንቋዕ አሕጉሰኩም አሕጉሰና፥" ድሕሪ ምንባብ ኮሎኔል ገብረማርያም አይቀጸለን። ስምዒታት ፍቓዱ ከንብብ አዒንቱ ተኺሉ ጠመቶ።

ፍቓዱ፥ አንጻር ትጽቢቱን ስምዒቱን ዘሰፈረት ደብዳበ ድሕሪ ምስማዕ፥ ነገራት ሓውሰውስ ኢሎሞ አዒንቱ ካብ ገጽ'ቲ አብ ቅድሚኡ ዝነበረ

ሓላፊኡ ከይአለየን ብሾፉ ተዓነደ። ንእእምሮኡ ብሒቶም ከቔንዝዉዎ ዝጀመሩ ሓሳባት ድማ በብሓደ ካብ መንፈሱ ተአለዩ። እቲ ከቢድ ወጥሪ ናብ ሓያል ወኒ ተቐይሩ ካብቲ ክፍሊ ብኸመይ ወጺኡ አይተረድኦን። አሻቡ ምስ መሰርዑ አብ ዓቢ ፈንጠዝያ አተዉ።

ቦጦሎኒ ምክልኻል አየር (እንዳ-ሚሳይል)፣ አብ ወራራት ወያነ አብ ዝተፈላለዩ ቦታታት ክድብድባ አብ ላዕሊ ዝተላእካ ነፈርቲ ኩናት ወያን ዕዉት ስርሒታት ፈጺሙ'የ። ካብታ ብ1998 አስመራ ክትድብድብ ዝተላእከት'ሞ ተሓምሺሻ ዝተረፈት ነፋሪት፣ ጀሚርካ ሳልሳይ ወራር ክሳብ ዘኽትም፣ አብ ቡሽኳን ከባቢአን አርባዕተ ሚጋትን ክልተ ሄሊኮፕተራትን (ምስታ ዝተማረኸት ደሚርካ ሽዱሽተ ነፈርቲ)፣ አብ ዓሰብ ክልተ ሄሊኮፕተራትን ሓንቲ ሚግን፣ አብ ከባቢ ባረንቱ ብናትና ነፈርቲ ውግእ ዝተሓምሸሸት ወሲኽካ አብ ሰለስቲኡ ወራራት 17 ነፈርቲ ውግእ ምሕምሻሽን በቲ አሃዱ ተረጋገጸ።

*　　*　　*

"ክብርታትና መርሓና" አብ ትሕቲ ዝብል ቴማ፣ ሻዱሻይ ሃገራዊ ፈስቲቫል መንእሰያት ሳዋ 2014 አብ ዝተቓንዕሉ፣ አብ ዝተፈላለዩ ዓውዲታት ጸብለል ንዝበለ መንእሰያት ዝወሃብ ሽልማታት ሶይራ ሰዓበ። ስም ናይ ሓደ ንሽልማት ዝበቕዐ መንእሰይ ክርቋሕ ምስ ሰማዕኩ እየ፣ ክረኸቦ ዳም ዳም ኢለ። ብቐሊሉ ግን አይረኸብኩዎን።

"ዓርከይ ነዚ ዓቲርካዮ ዘለኻ ስልማት ሶይራ ክትዓትር ከቢድ ጻዕሪ አካይድካ ትኸዉን'መበር? በሎ ሓደ ጻሊም መንእሰይ ኮፍ ክብል መቓምጦኡ እናመዓራረየ።

"ጻዕሪ እንተ በሉኻኻ!" መለሰ'ቲ ቀይሕ መንእሰይ።

"ዞኹን ኹ̈ይኑ እቲ ዝድለ ሓሳብ ልብኻ ሰሚሩልካ ክትዓግብ ከለኻ'የ፣" ወሰኸ'ቲ ጻሊም መንእሰይ።

"እወ እንታይ ደኣ፣ ተጋዲልካ ሽቶኻ ክትወቅዕ፣ አብ ህይወት'ቲ ዝበለጸ ነገር'የ፣" ኢሉ ምምብዛፁ አሰንዩ አካላቱ ከዚ ተማጣልዐ።

ሃሰዉ ኢለ ዝሰአንኩዎ ሰብ ክኹነለይ እምነት ገይረ፣ "ይቕሬታ ክልተኹም በበመዳይኩም ዝተዓወትኩም ትመስሉ?" ናብአም ቅርብ ኢለ አብ መንጎ ዕላሎም አተኹ።

"አይከፍአናን፣" በለኒ'ቲ ቀይሕ መንእሰይ።

"ዓርከይ ድሕሪ 100 ሽሕ ደአኸ እንታይ ደሊኻ?" አስዓበ'ቲ ጻሊም ብጻዩ።

515

ንምርካቡ ላዕሊን ታሕቲን ኢለ ምስላጥ ዝኣበየኒ መንእሰይ ምኛኑ አረጋጊጸኩ።

ንሽልማት ሶይራ ዘብቅዖ ኣበርክቶ ከዕልለኒ ተሃንጢየ እየ ተወኪሰዮ ንፍቓዱ ስዬም።

ምንጪ፧

- ጋዜጣ ሓዳስ ኤርትራ
- መጽሔት ተዓጠቕ ቁጽሪ 11 ጥቅምቲ 2007

34

ሞት ኣሕሊፉ ዝሃበቶ ጅግና

ነጻት ኣደም

ኣብ ግንባር መረብ-ሰቲት ኣብ ሕቘኡ ብኸቢድ ዝተሃርመ ዓብደልቃድር ዓብደልከሪም (ቢቢ): ክሕከም ናብ ቢንቢና ተላኢኹ ድሕሪ ምጽናሕ ኣብ ግንቦት 2000: ቅድሚ ሳልሳይ ወራር ምጅማሩ: ሓውዩ ናብ ቦታኡ ተመልሰ። ከዕርፍ ከይበለ ናብቶም ዕላሎምን ጭርቃኖምን ናፊቘዋ ዝነበረ ብጾቱ ተጸንበረ። ኣብ ድፋዕ ዝጸንሑዎ ብጾቱ: ሓሓቘፍዎ ድሕሪ ምስዓም: ናፍቘቶም ከውጽኡ ኣብ ማእከሎም ኣንበሩዎ። መግብን ማይን ሂቦም: ብዛዕባ ዝነበረን ዝሓለፈን ዕላል ጀመሩ። ምስ በያል ተስፋኣለም: ጸጋይ: ዓግ: ወዲ በሽር: ኣልማሕን ኑሪዲን ጀማልን ዝበሃሉ ብጾቱ: ክሳዕ ፍርቂ ለይቲ ከዕልሉ ኣምሰዩ።

ፍርቂ ለይቲ ምስ ኮነ: ሃንደበት ነቲ ምቁር ዕላል ዝዘርግ ህጹጽ ሓበሬታ በጽሓም። ወያነ ብጸጋም ድፋዕ ግንባር መረብ-ሰቲት: ጽብራ ኣብ ዝበሃል ቦታ ውግእ ከፊቱ ድፋዕ ክፍለ-ሰራዊት 18 ከም ዝፈረሰ ሰምዑ። ኣብ ህይወት ወተሃደር: ሃንደበትነትን ዘይርግኣትን መካይድቲ እየን። ኩሉ ግዜ ኣብ ተጠንቀቕ ምጽናሕ ድማ ካልኣይ ዘይብሉ ኣማራጺ እዩ። ንልኡላውነት ሃገር ህይወቶም ክኸፍሉ ሸበድበድ በሉ'ምበር በቲ ኩነታት ኣይተዳህሉን።

ቢቢ: ነቲ ቦታ ኣቘዲሙ ዝተዋግኣሉን ኣጸቢቘ ዝፈልጦን ስለ ዝነበረ ኣይሓደሰን: ሓይሊ ሓዙ ክምክት ተሓቢሩዎ ተጓየየ። ነታ ኣባላታ ብመውጋእቲን መስዋእቲን ጉዲሎምማ ዳርጋ ናብ ጋንታ ዝጸረየትን ካብ ሓምሳ ኣባላት ዘይበዝሑ ዝነበሩዋን ሓይሊ ሓዙ ነቐለ። ቀንዲ ተልእኾ

ናይዛ ሓይሊ፡ ንጸላኢ ካብቲ ዓሪዱም ዝነበረ ታባ ሰላም አጽዲፍካ ነታ ታባ ምቊጽጻር ስለ ዝነበረ፡ ሓያል ጉያ ተተሓሓዘቶ። ሰራዊት ወያነ አብቲ ታባ ኩይኑ ንኹሉ ምንቅስቓስ ናይታ ሓይሊ ይከታተሎ ብምንባሩ፡ ከቢድ ብረት አዝነበላ። ነቲ ቦምባታትን ጠያይትን ግዲ ከይገበሩ፡ ብታሕቲ ታሕቲ ገይሮም ናብታ መውዓሊት ክፍሊ-ሰራዊት 18 ዝነበረት ታባ ሰላም ሓኹሮም፡ ንጸላኢ ንቅድሚት አጽደፉም።

እታ ሓይሊ ክትብገስ እንከላ ንሓገዝ ተባሂላ'ያ ወሪዳ። አብቲ ቦታ ምስ ደየበት ግን ሰብ ዝበሃል አይጸንሓን። ቢቢን ብጾቱን ቡቲ ዘይተጸበዮም ኩነታት ጋን ኩነ። 'አበይ ደአ አለዉ ብጾት...!?' እናበሉ መላሲ ዘይነበር ሕቶ ሓተቱ። ቢቢ ብዛዕባ'ቲ ኩነታት ከረጋግጽ ስለ ዝነበር፡ ሰለስተ አባላት ሒዙ ናብቲ ዝበረኸ ቀንዲ ድፋዕ ደዩ ክጸናጸን ፈተነ። ምምጽአም ገሚቱ ተዳለየ ዝጸንሐ ጸላኢ ግን፡ ርእሶም አቃልቅል ከብሉን ትንፋስ ዘይሀብ ጽዕጹዕ ተኹሲ ክፍንወሎም ሓደ ኩነ።

ትሕት ኢሎም ደሃይ ክረኽቡ ዝተጸበዩ ብጾቶም፡ ቡቲ ጽዑቅ ተኹሲ ተደሪኾም ብምሉእ ሓይሎም እናጉየዩ አርከቡዎም። ምስ ብጾቶም አብ መሬት በጦ ኢሎም ክታኹሉ ጀመሩ። አይደንጉዮን፡ ነታ ታባ ምሉእ ብምሉእ ተቐጻጸሩዋ። ብዘይክማህ ኔሕን ጸዕቂ ጠያይትን ዓቕሉ ዘጸበበ ጸላኢ፡ ካልእ አማራጺ ከናዲ ተኹሲ አዛሕተለ። በዓል ቢቢ፡ ምሉእ አቓልቦ ገይሮም ቅድሚት ንኸማዕድዉ ዕድል ረኸቡ። አብ ቅድሚአም፡ ክትግምቶ ዘጸግም ሸጦ ሰራዊት ወያነ ናብአም ገጹ ክምርሽ ተዓዘቡ። ካልኣት ብዙሓት'ውን፡ አብ ዙርያ እግሪ'ታ ታባ ተውዛሕዛሕ ክብሉ ረአዩም።

ቢቢን ብጾቱን፡ ነቲ ሃዋህው በብቚራብ ከንብቡዎን ክርድእዎን ጀመሩም። ክፍሊ-ሰራዊት 18 አብ ዝጥዕማ ኩይና ከተጥቅዕ፡ ንድሕሪት አንሳሒባ ከም ዝነበረት ድማ በርሃሎም። ነቲ ቦታ ተቐጻጺሮም ዝነበረ ጸላኢ፡ ነታ ሓይሊ ናብታ ታባ ክትድይብ መንገዲ ከፈቱ'ዮ አሕሊፉዋ። ነታ ታባ ከም ገዓት አኽቢቡ ሸአ፡ ነታ ሓይሊ ከርዲኑ ክድምስሳ ወይ ክማርኻ ተበገሰ። ሓሳብ ልቡ ከስምር፡ ዘለዎ መሳርያን ተተኩስትን ናብታ ታባ አቐኒዑ ተታኹሰ። ጸላኢ፡ ነታ ታባ ሓኹሩ ነታ ሓይሊ ክድምስስ፡ እታ ሓይሊ እናመከተት ናብ እግሪ ከተንከራሩዎ ተረባረብ ኩነም።

እቲ ምርብራብ፡ ምሉእ ለይቲ ሓዲሩ፡ አውጊሑስ ውዒሉ ክሳዕ ዝመሲ'ውን ቀጸለ። መንግስተአብ መንግስ ዝበሃል መራሒ ሳልሳይ ጋንታ ቀዳማይ ስዉእ ናይታ ሓይሊ ኩነ። እታ ሓይሊ ነዚ ጅግና ንቡር ሓመድ አዳም ከተልብሶ ዕድል አይረኸበትን። እቲ ኩነታት፡ አሹንኳይደ ስዉአትካ ክትቀብርን አመት ውጉአትካ ክትገብርን ነዛ ከተስተንፍስ ዕድል ዝሀብ አይነበረን። መንግስ፡ በቲ ጸድፈ አንከራርዩ ክልተ ግዜ ንታሕቲ ምስ

ተገላበጠ ናብ ኢ.ድ ጸላኢ ከይኣቱ ኦርኪቦም ክሳዕ ኩነታት ሓዲኡ ዘፍልጥ
ኣብ ሓደ ጸግዒ ኣቐመጡዎ። እቲ ትንፋስ ዘይህብ ውግእ ግን መሬት
መስዩ’ውን ኣየዕረፈን።

ሬድዮ ርክብ ሓለፍቲ፡ ኣብታ ረመጽ ሓዊ እናተኻዕዋ ትቃጸል ዝነበረት
ታባ ሰላሞ፡ ጨጭታኦን ኣስመዓ። "ሃለው ጀርመን! ሃለው ጀርመን..."
ብተደጋጋሚ ዝስማዕ ዝነበረ ናይ ደሃይ ሃቡ መልእኽቲ ሬድዮ ሓለፍቲ
ነበረ። ህይወት ናይታ ኩነታት ከም ዝተቐየረ ከይፈለጠት ናብቲ ድፋዕ
ዝሓኹረት ሓይሊ፡ ኣዝዩ ኣሻቐሎም። ኣብቲ ጽዕጹዕ ዕድል ዘይህብን
ተኹሲ መልሲ ሬድዮ ርክብ ቀሊል ኣይነበረን። ድሕሪ ነዊሕ ጨጭታ
እዩ ቢቢ ሬድዮኡ ከፈቱ ተኸዊሉ ብዛዕባ’ቲ ኩነታት ሓበሬታ ዝሃበ። ነታ
ታባ ሰላም ከም ዝተቐጸጸሩዋ’ውን ሓበረ። በቲ ኩነታት ዝሰንበዱ ሓለፍቲ፡
መውጽኢ እንተሎ ከም ገለ ገይሮም ከወጹ ከም ዘለዎም ሓበሩዎ።

ከም ዘይወግሕ የለን፡ መሬት ንርእሳ ክትብል ወጊሓ። ተመኪሑ ቅያ
ክሰርሕ ዝሓለነ ወያነ፡ ብመኽተ’ዞም ውሑዳት ሰብ ሓሞት ብቐሊሉ ከም
ዘይዕወት ተራእዮ። ረሻሻትን ታንክታትን ኣጋዲሙ ኸኣ፡ ነታ ሓይሊ ክሳዕ
ትወርድ ክጽበያ ወሰነ። ነታ ሓይሊ ትሕዘቲ ገይሩ ኸኣ ናብ ቅድሚቱ ናብ
ድፋዕ ወገን ገጹ ቀጸለ።

ሬድዮታት ጭጭታኦን ኣየዕረፈን፣ ኩሎም ሓለፍቲ መውጽኢ ከም
ዘየለ ፈሊጦም ላዕልን ታሕትን በሉ። ኣባላት’ታ ሓይሊ ግን ተስፋኦም
ኣይተጸንቀቐን። ክሳዕ ናይ መጨረሽታ ትንፋሶም፡ ንጸላኢ ፈንጢሶም ናብ
ብጾቶም ክበጽሑ ምስ ምሉእ ቅሩብነት ነበሩ።

ቢቢ፡ ነታ ኣብ ዘይነበራ መሊሳ እናተንደለት ዝኸደት ሓይሊ ኣኪቡ፡
ንጸላኢ ንምምካት ኩሉ ዝከኣሎም ክገብሩ ኣትብያም። "ተሪፉና ዘሎ እንኩ
ኣማራጺ፡ ንታሕቲ ወሪድካ ንጸላኢ ምፍንጣስ ስለ ዝኾነ፡ ኩሉ ኣባል
ብዘለዎ ብረት እናተረጋረገ ክፍንጥስ ኣለዎ!" ዝብል ትእዛዝ ኣመሓላሊፉ
ሞራል ኣስነቐም።

ኣባላት’ታ ሓይሊ፡ ማንጁስ ኢሎም ዝጽውዑዋ እግሩ ዝተሃርመ ንእሽቶ
ኣባሎም ሓዚዞም፡ ብሬንን ኣርፒጂን ዓጢቖም ንታሕቲ ወረዱ። ከም’ታ
ዝተባህሉዋ ብተኹሲ ኣርፒጂን ብሬንን ንወያን ልቦም ክሳብ ዝጠፍኦም
ፋሕ ኣበሉዎም። እናተኮሱ ጉያ ንቅድሚት ተተሓሓዙዎ።

ጸላኢ፡ ዘይተጸበዮ ድፍረት’ታ ሓይሊ ኣርጊሙዎ ጋን ኮነ፡ ኣሻቡ
ናብታ ኣሃዱ ወረር-ወረር ኢሉ ተሓዋወሰ ሰዓበ። እቲ ቃልሲ፡ ካብ ብተኹሲ
ናብ ብሰደፍ ብረት ምትህርራም ሰገረ። ኣባላት’ታ ሓይሊ፡ ብዘይ ስግኣትን
ምውልዋልን ተረጋረት’ሞ። ነቲ ቀዳማይ ማዕበል ሰራዊት ጸላኢ፡ ፈንጢሶም፡
ናብቲ ካልኣይ ማዕበል ሰገሩ።

519

አብቲ ፍጹም ናይ ምትሕውዋስ ህሞት፡ ንዘመጸካ ብዘሓዝካዮ ምቅባጽ ኮነ፡፡ ቢቢ፡ እናተረጋረገ የማነ-ጸጋሙ ቀባሕባሕ አብ ዝብለሉ ዝነበረ እዋን፡ እቲ እግሩ ተሃሪሙ ዝነበረ ብጻዮም፡ ክልተ ወተሃደራት ወያነ ብኽልተ መንኩቡ ዓትዒቶም እናነተቱ ከወስዱዎ ተዓዘበ፡፡ ቢቢ፡ ነቶም ወተሃደራት ተኮሱ ብምቅባጽ ነቲ ማንጁስ አድሓኖ፡፡ አይጸንሐን ግን፡ ሓደ ወተሃደር ወያነ ብድሕሪኡ ብሬን አብ ሕቖኡ ተኲሉ፡ "እጅን ወደላይ.." (ኢደካ ንላዕሊ.) በሎ፡፡ ቢቢ፡ ተጠውዩ ክትኮሰሉ ክብል፡ ወዮ ወተሃደር ነታ ተኲሉ ሓዙዋ ዝነበረ ብሬን ስሒቡ አድራጋ ጠያይት ተኮሰ፡፡ የማነይቲ ኢድ ቢቢ ክትቀኑጽ ክሳብ እትደሊ ተለውያ ጠልጠል በለት፡፡ ብድሕሪ'ቲ ወተሃደር ዝነበረ አልጋሒ ዝተባህለ አባል፡ ነቲ ኢድ ቢቢ ዝሃረመ ወተሃደር ርእሱ ሃሪሙ አብ ልዕሊ ቢቢ ሰጥሐ፡፡

ኢዱ ክትቀኑጽ ደልያ ዝወደቐ ቢቢ፡ ንአልጋሒን ካልኦት ብጸቱን ብሩባ ገይሮም ቀልጢሮም ከምልጡ ሓበሮም፡፡ ንሳቶም፡ "ገዲፍናካ አይንኸይድን..." ክብሉዎ፡ ንሱ "ያላ ጥራይ ናትኩም ግበሩ፣ ቀልጥፉ ኪዱ..." ክብሎም፡ አብ መንን አልጋሒ ብጥይት አብ ግንባሩ ተሃሪሙ ተሰውአ፡፡ ምስኡ ዝነበረ ኑረዲን ጀማል'ውን አርፒጂ ተኲሉ ክትኮስ እናተቐራረበ፡ ግንባሩ ተወቒዑ አሰር አልጋሒ ሰዓበ፡፡ አብቲ ብሬባ ጸላኢ መርአዩ ዘይነበር ከባቢ፡ ተስፋዮውሃንስ ዝርከቦም ውሑዳት አባላት ጥራይ ተረፉ፡፡ ሽዑ'ውን ቢቢ፡ ሬድዮኡ ንተስፋዮውሃንስ ሂቡ፡ ዝተረፉ ብጸት ሒዙ በታ ሩባ ከምልጡ ብዝሓበርም፡ በታ ሩባ ሰንጢቖም ከዱ፡፡ ቢቢ ጠልጠል ዝበለት ኢዱ ደጊፉን ቃንዛኡ ጸይሩን፡ ካብቲ ወዲቑዎ ዝነበረ ቃልዕ በታ መኸወሊ ዝኹኖ በታ ብአዒንቱ አናደየ፡፡

ቢቢ ናብታ ሩባ ምስ አተወ'ውን ጸላኢ አይተጋደፎን፡ ክልተ ወተሃደራት ናብቲ ዝነበር ውትፍ በሉዎ፡፡ ቃንዛ በርቲዑዎ አብ መሬት ተሰጢሑ ዝነበረ ቢቢ ግን ክገብር ዝኽእል አይነበረን፡፡ እቲ ሓደ ወተሃደር ምቅታል ፍጹዕ ዝበሎ ከመስል ነቲ ካልኣዩ፡ "ቅተሎ..." ክብል ትእዛዝ አመሓላለፈ፡፡ እቲ ክቐትል ዝተአዘዘ ወተሃደር፡ ገጹ ንድሕሪት ጠውዩ ብረቱ ናብ ቢቢ አቕኒዑ አድራጋ ጠያይት ረሸሾ፡፡

*   *   *

መንግስቲ ብዘሓንጸጸ ሰራዊት ናይ ምጥያስ መደብ፡ ዓብደልቃድር (ቢቢ) ተጣዪሱ ሰላማዊ ናብራኡ'ዩ ዝመርሕ ነይሩ፡፡ "ዘራጊ እንከሎ ጽሩይ ማይ ነይስተ.." ከም ዝበሃል ግን፡ ዝበልዓሉ ጻሕሊ ዝሰብር ወያነ፡ ነታ ብደምን ክርተትን ዝመጸት ሰላም ህዝቢ ኤርትራ ክብልል ውግእ ጀመረ፡፡ ቢቢ ድማ ብዘይ ነጋሪት ናጽነቱ ከውሕስ ከተተ፡፡ አብ ኮር 381፡ ክፍለ

520

ሰራዊት 28፡ ቀዳማይ ብርጌድ፡ ካልኣይ ቦጦሎኒ፡ ካልኣይ ሓይሊ ተመዲቡ ኣብ ግንባር መረብ ሰቲት ተራእየ።

ካብ ኣቦኡ ኣቶ ዓብደልከሪም ዓብደልዓሊምን ወ/ሮ ስንበቱ ተስፋማርያምን ኣብ ባጽዕ ተወሊዱ ዝዓበየ ቢቢ፡ ወዲ ትሸዓተ ዓመት ምስ ኮነ፡ ትምህርቱ ኣብ ቤት ትምህርቲ ዕዳጋ ሰሜን ተኸታተለ። ካብ ቀዳማይ ክሳዕ ሻድሻይ ክፍሊ ኣብኡ ተማሂሩ፡ ናብ ቤት ትምህርቲ ማእከላይን ካልኣይን ደረጃ ሰምሃር ሰገረ። ክሳዕ ዓስራይ ክፍሊ ትምህርቱ ድሕሪ ምክትታል፡ ኣብ ምሕራር ባጽዕ ብ01 ለካቲት 1990 ትምህርቱ ኣቋሪጹ ናብ ህዝባዊ ግንባር ተሰለፈ። ብድሕሪ ሓፋሽ ዝቃልሑ ዝነብሩ ጅግንነታዊ ውዕሎታት፡ ናይ ዓወት መዛሙርን መግለጺታትን ንኽስለፍ ጽልዋን ድርኺትን ኣሕደሩሉ። ኣብ ዒላ ባቡ ናይ ሰለስተ ወርሒ ጽዑቕ ወተሃደራዊ ታዕሊም ምስ ወሰደ፡ ኣብ ክፍለ-ሰራዊት 52፡ ብርጌድ 19፡ ሳልሳይ ቦጦሎኒ፡ ካልኣይ ሓይሊ ተወዚዑ ኣብ ምምጻእ ናጽነት እጃሙ ኣበርከተ።

ቢቢ ዝተመደባ ብርጌድ፡ ድሕሪ ፈንቅል፡ ርእሲ ዓዲ ኣብ ዝበሃል ቦታ ኣብ ምርብራብ ስለ ዝጸንሓቶ፡ ብቐጥታ ናብ ውግእ'የ ኣትዩ። ኣብ ቦኹሪ ተሳትፎኡ ድማ ኣብ እግሩ ተሃርሙ። ተሓኪሙ ምስ ተመልሰ፡ ንኽልተ ወርሒ ናይ ምልክት ኮርስ ስለ ዝወሰደ ምልክት ሓይሊ ኣሃዱኡ ኮይኑ ካብ ግንባር ደቀምሓረ ክሳዕ ዛዛሚ ውግእ ምሕራር ኣስመራ ኣብ ዝነበረ መርር ውግኣት ተሳቲፉ ኣብ ሰለፉን ካልእ ኣካላቱን ከቢድን ፈኹስን መውጋእቲ ኣጋጠሞ።

*   *   *

እቶም ኣድራጋ ጤያይት ዝረሸረሹሉ ክልተ ወተሃደራት ወያነ፡ ብህይወት ክሰርር'የ ኢሉም ስለ ዘይተጸበዩ ሓዲግሞ ከዱ። ትልኽ ትብል ህይወት ቢቢ ግን፡ ክሳብ'ታ መጨረሽታ ምስ ሞት ክትገጥም ብውሑድ ሓይላ፡ ሓቦ ስኒቃ ተንቀሳቐሰት።

ቢቢ ዝነበሮ ቦታ፡ ቀኑሱላትን ምዊታትን ወያነ ተዛሕዚሐዎ ስለ ዝነበረ፡ መን እንታይ ምንቅስቓስ ይገብር ነይሩ ብንጹር ዝልለ ኣይነበረን። ድሕሪ ቅሩብ፡ ጸጋይ ዝበሃል ኣባል'ታ ሓይሊ መውጽኢ፡ ከናዲ በቲ ቢቢ ወዲቑሉ ዝነበረ እናጎየየ ሓለፈ። ንቢቢ ርእዮ እናጎየየ ተመልሰ። ኣብቲ ብምዊታትን ቀኑሱላትን መርገጺ፡ ዘይነበር ቦታ፡ ንቢቢ ተወጊኡ ክርእዮ ብዙሕ ኣየሰንበዶን። ዕድል እንተ ገይሩ ካብ ጸላእን ሞትን ከድሕኖ ሓለነ።

ቢቢ ካብ ጸጋይ ዝጽበያ ዝነበረ ሓገዝ ሓንቲ ጥራይ'ያ ነይራ፡ እታ ኣብ ኢዱ ዝነበረት ቦምባ ከሃቦ'ሞ፡ ነብሱ ከቃብጽ። ኣእዳዉ፡ ብፍላይ የማነይቲ ኢዱ፡ ብጥይት ብሬን ተመልጊሳ፡ ኣእጋሩ ኣድራጋ ጤያይት ዘኺበወን

521

ብኸቢድ ተጎዲኣን እየን። ስለዚ፡ ኣብቲ ጽንኩር እዋን፡ ሞት ባዕላ ምምጻእ ካብ ኣበየት ባዕሉ ክኸዳ'የ መሪጹ።

"ሃባ'ሞ እታ ቦምባኻ፡ ንስኻ በዚኣ ጌርካ ኣምልጥ፡" በሎ ንጸጋይ። ጸጋይ ግን ቦምባኡ ክህቦ ፍቓደኛ ኣይነበረን። ቢቢ ሃባ ክብል ጸጋይ ኣይህብን ክብል ንቑሩብ ግዜ ተመላለሱ። ኣብ መወዳእታ ግን ሂቡዎ መንገዱ ቀጸለ።

ሓሳብ ልቡ ዘሰመረሉ ቢቢ፡ ነታ ነኸጢራቶ ናብ ካልኣት ትሕቆፍ ዝነበረት ሞት ባዕሉ ሓቘፋ ናይ ዘልኣለግ ከኸውን መልጎሞ ናይታ ቦምቦ ክፈትሕ ተቓለሰ። እንተኹኑ፡ ሓሳብ ልቡ ዘሰብር ኣጋጣሚ ነቅ በሎ። ዓጣ ዝተባህለ ብጻዩ፡ ነብሱ ዘድሕነሉ ምንቅስቓስ እናገበረ እንከሎ ንቢቢ ቦምባ ክፈትሕ ረኣዮ'ሞ ብጒያ ኣርኪቡ ካብ ኢዱ ከምንጥሎ ተቓለሰ። ቢቢ ሓንሳብ ስለ ዘንቀለ፡ በታ ደሓን ትንቀሳቐስ ዝነበረት ጸጋመይቲ ኢዱ ኣትሪሩ ተቓወም። ዓጣ ግን ኢዱ ነኺሱ መንጠሎ። እታ ተዓብያትሉ ዘጸንሐት ሞት፡ ሸዑ'ውን ከም ዘይትደልዮ ኣርኣየቶ። ንቢቢ ካብ ሞት ብምድሓኑ ከፈላዊ ሓጕስ ዝተሰምዖ ዓጣ፡ ሒዙዎ ከይወጽእ 'በየናይ ኣእጋር ኣሰጋጋር' ኮይኑዎ፡ ብጾቱ ጸረ-መጥቃዕቲ ገይሮም ከምለሱዎ እናተመነየ፡ ኣሰር ጸጋይ ተኸቲሉ ሩባ-ሩባ ከደ።

ቢቢ፡ ናይ ሞት ጸዕሪ ኣቋሪጹ ናይ ምንባር ጸዕሪ ክገብር፡ ቀሰይ እናበለ ናብ ጥጡሕ ቦታ ክጸጋዕ ሩባ-ሩባ ተንፋሓኹ። ድሕሪ ቅሩብ፡ እቲ ኣቖዳሙ ዝተሃርሞ ማንጁስ ምስ ክልተ ብጾቱ ደኒኖም ኣለይ መለይ ክብሉዎ ተዘበ። ናይ ነብሱን ቃንዛኡን ገዲፉ፡ በታ ፋሕ-ፋሕ ኢላ ዝረኣያ ጋንታኡ ዝሓዘነ ቢቢ፡ ንብጾቱ ደጊፍም ኣብታ መምሎቘት ዝበላ ሩባ ኣብጺሓሞ ነብሶም ከውጽኡ ሓበሮም። ንሳቶም ግን መራሒ ጋንታኦም ብኸቢድ ተሃሪሙ ንበይኑ ገዲፎሞ ክኸዱ ኣይተዋሕጠሎምን። ኣምሪሩ ምስ ተዛረቦም እዮም ኣብ ከውሊ ገዲፎሞ ዕድሎም ክርኢዮ ዝተበገሱ።

ቢቢ፡ በቲ ሓደ ናብ ዝሓሸ ከውሊ ክጸጋዕ፡ በቲ ሓደ ድማ ካብቶም ልክዕ ከም ፍሊጣት ዝተኻዕዎም ሓሽከት ሃመማ፡ ኣብ መሬት ተዛሕዚሓም ዝነበሩ ዝሞቱን ብቓንዛ ዘእውዩን ወተሃደራት ወያን ምእንቲ ክርሕቆ፡ ምንፍሓኹ ኣየቋረጸን። ቃንዛኡን ከቢድ ማህረምቱን ተጻዊሩ ኸኣ፡ ድሕሪ ብዙሕ ገፈፍ ናብ ሓንቲ ከውሊ ተሸጒጠ። ብዙሕ ግን ኣይረሓቖን። ኣብ መሬት ተሰጢሑ፡ ንኹሉ'ቲ ዝግበር ዝነበረ ምንቅስቓስ ተኸታተሎ። ጸኒሑ ታንክታት ወያን ከዕርግራ ተዓዘበ። በቲ ጠገለ ዘይነበሮ ኣካይዳኣን መሬት እናጸሕተራን ደርን እናበላን፡ ነቲ ከቢቢ ከም ዘይረአ ገበራኣ።

ቢቢ ካብ ኢዱን ኣእጋሩን ዝፈሰሰ ደም መላእ ክዳውንቱ ኣጠልቅዩ ክነቅጽ ብምጅማሩ፡ ቆርበቱ ናብ ዕንጨይቲ ተቓየረ።

መሬት መሰዮ፡ ቀትሪ ዝወዓለ ገልጠምጠምን ዕግርግርን ብኸፊል ደው በለ። ቢቢ፡ ነቲ ጽልግት ከም ከውሊ. ተጠቂሙ ብዘተኻእሎ መጠን ዝሓሽ መኸወሊ. ክረክብ ካብ ምሕሳብ ፍጹም ኣየቋረጸን። በቲ ኔሕ ዝተዓጥቀ ምንፍሓኹ፡ ናብ ዝሓሽ ዝበሎ ቦታ እናገዓዘ። ሓንቲ ኢንፌዥን ወዲቓ ረኸበ። መግቢ. ምርካቡ እናተሓጉሰ፡ ኣብቲ በረኻ ንኽንደይ ከም ዝጸንሐ ርጉጽ ብዘይምንባሩ ብጥንቃቐ እናጠበዋ፡ ነታ ደም ወዲኣ ትዳሽም ዝነበረት ህይወቱ ህይወት ዘርኣላ። ቃንዛኡ ተጸዊሩ. በቲ ዝምዕጉ ዝነበረ ኢንፌዥን ገለ ሓይሊ. ኣዋህሊሉን ቅሩብ እናደቀሰን ንመሬት ኣውገሓ።

ንጽባሒቱ'ውን ብዘይ ዝኾነ ምዕባለታት. ቀጸለ። ኣብ ከባቢኡ ብዛይካ ዝተዛሕዘሑ ወተሃደራት ወያነ፡ ብጹቱ ብማዕዶ ድዮ ብንፍታ ኣይተገጠሙ'ምን፡ ምንቅስቓስን ዕግርግርን ወተሃደራት ወያነ ግን፡ ከም ቅድሙ ነበረ። ነታ ኢንፌዥን ብቑጠባ እናጠበኻ ምሕዳር ከኣ እቲ እንኮ ኣማራጺ. ኩይኑ ቀጸለ።

መዓልቲ ብለይቲ፡ ለይቲ ብመዓልቲ እናተተኻኸኡ፡ ቢቢ ኣብታ ዝተሸጕጠላ ቦታ ኣርባዕተ መዓልቲ ኣቝጸረ። እታ ብቑጠባ ዝተጠቕመላ ኢንፌዥን መዓልታ ኣኺሉ ተወድአት። ኣብ ሓምሻይ መዓልቱ፡ ጐሮሮኡ ክነቅጽን ሓይሉ ክጽንቀቕን እናተፈለጦ፡ ናብ ፍጹም ሃለፍታ ኣተወ። ዝገብሮ ዝነበረ ምጡን ምንቅስቓስ፡ በብቑሩብ እናሃጠመ ከደ፣ እተን ንብይነን ተስፋ እናሃባ ከሳልያኦ ዝጸንሓ ኣዒንቱ'ውን ደኺመን ቀስ-ብቐስ ክዕመታ ግድን ኩነን።

ኣብቲ ጸምጸም በረኻ፡ ምስቶም ክሸትቱ ዝጀመሩ ፈሳታት ሻድሻይ መዓልቱ ኣቝጸረ። ሃለዋቱ'ኳ ፍጹም እንተ ዘየጥፈአ፡ ሓይሉ ግን ጸንቀቐ። እንታይ የጋጥም ከም ዝነበረ'ውን ኣይተረድኦን። ሃንደበት ግን ነእዛኑ ሓድሽ ዝኾነ ድምጺ. ሰባት ሰምዐ። ኩነታት ከጣልል፡ ቅድም ነእዛኑ ድሒሩ ኣዒንቱ በብተራ ናብቲ መኣዝን ድምጺ. ለኣኸ። ኣእዛኑ፡ ከም ዘይተጋገየ ዝሕብር ሃሳስ ድምጺ. ሰባት ኣሰመዕኡ። ንዘሰምዓ ድምጺ. ብኣዒንቱ ከረጋግጽ ቋሕ ክብል እንተ ፈተነ ግን፡ ወይከ ሓይሊ. ኣዒንቱ፡ ንሸፋሸፍቱ ዝሸፍት ሓይሊ. ተሳእነን። ድሕሪ ብዙሕ ቃልሲ፡ ቅሩብ ፍንቅቅ በላ'ሞ፡ ሃሳስ ስእሊ. ምንቅስቓስ ሰባት ረኣየ።

ብጹቱ ድዮም ኣይኮኑን ዘሓስበሉ ግዜ ኣይነበረን። ምንቅስቓስ ሰባት ብምርኣዩ ግን ካብ ሃለፍታ ሕልሙ. ተበራበረ። እቶም ሕልሚ ኩይኖም ዝረኣዮም ዝነበሩ ክልተ ሰባት፡ ንሬሳታት ወያን ክቖብሩ ዝተላእኩ ኣግላይ ምንባሮም ምስ ቀረቡዎ ተረደኦ።

ምስ ምሉእ ሓይሉ ስለ ዘይነበረ፡ እቲ ናብኡ እናቐረበ፡ ሬሳታት ዝፍትሽን ዘልዕልን ዝነበረ ኣግላይ፡ ደብዛዝ ኣዒንቱ ርሑቕ ከም ዝነበረ ኣምሲለን'የን

አርእየና:: ሃንደበት ምስ ተንከፎ፡ ሓይሊ ካብይ አምጺኡዋ አይተረድአን
ሰንቢዱ ነቲ አግላይ ዓትዒቱ ሓዞ:: እቲ አግላይ፡ አብ ማእከል ሬሳታት
ናይቲ ደው ካብ ዝብል ሽዱሽተ መዓልቲ ዝገበረ ውግእ ሰብ ብህይወት
ክጸንሓ አብ ሓሳብ ስለ ዘይነብረ፡ ባህሪሩ አውያት ደርጕሓ:: እቲ ካልአዩ
በርጊጡ ብጕያ ናብኡ ገጹ መጸ:: ንቢቢ ብህይወቱ ምስ ረአዮ ድማ ሰንቢዱ::
"ወተሃደር ሻዕብያ'ዩ፡" ከአ በለ፡ ክዳውንቲ ቢቢ ርእዩ::

ወተሃደር ሻዕብያ ብህይወቱ ምርካቦም ዓቢ ፍናን ዝተሰመዖም እቶም
አግላይ፡ ናብ ሓለፍቶም ከረክቡዎ ተንዓዩ:: ፍጹም ዓቕሚ ዘይነበር ቢቢ፡
ንሰሙን ዝቐጸለ ጾዕሩን ተጻዋርነቱን ካብ ኢድ ጸላኢ ከገላግሎ ብዘይምኽአሉ
መሊሱ ጕህዩየ::

*　　*　　*

ቢቢ፡ ምስ ገለ ውጉአት ወተሃደራት ወያነ ብመኪና ናብ ቅነዋል
ዝበሃል ናይ መበል 35 ክፍለ-ጦር ሕክምና ተወሰደ:: "ምስጢር ክንረኽበሉ
ንኽእል ኢና" ካብ ዝብል ሓሳብ'ምበር ህይወቱ ንምድሓን ግን አይነበረን::
ንሱ'ውን፡ ካብ ምምራኽ ሞት ስለ ዝመርጾ፡ ምእንቲ ክቐትሉዎ ተጻሪፍዎ
ደአ'ምበር ሓበሬታስ አይሃበን::

ድሕሪ ቅሩብ ምስቶም አብኡ ዝጸንሑዎ ምሩኻት ተሓወሰ:: እቶም
ንማንጁስ ሒዞም ከምልጡ ዘፋነዎም ሰለስተ ደቂ ሓይሉን ካልኦትን'ውን
አብኡ ጸንሑዎ:: ካድራት ወያነ፡ አብቲ መዓስከር ንዝነበሩ ምሩኻት፡ 'ግቡእ
ሕክምናን ክንገብረልኩም ኢና፣ ንወጻኢ ሃገር ክንሰደኩም ኢና' እናበሉ፡
ንመንግስቲ ኤርትራ ክኽሕዱን መንግስቲ ኤርትራ ወራሪ ምዃኑ ከእምኑን
ጹዑቕ ጕስጓስ አካየዱሎም:: ንሳቶም ግን፡ "ዋላ ቅተሉናን ሕረዱናን'ምበር
ህዝብናን መንግስትናን አይንኽሕድን፡" ብምባል ብሓደ ድምጺ መለሱ::

እቶም ብዙሕ ማህሰይቲ ዘይነበሮም ምሩኻት፡ ድሕሪ ሽድሽተ ወርሒ
ደጌሳ ናብ ዝበሃል ቦታ ክግዕዙ ከለዉ፡ ቢቢ ግን ምስቶም ህሱያት ስለ
ዝነበረ፡ ንሳሪስ - ናብ አዲስ አበባ ከደ:: አብኡ፡ ሰለስተ ወርሒ፡ ምስ
ገበረ፡ ብመስረት ብመገዲ ቀይሕ መስቀል ዝተገብረ ስምምዕ ምልውዋጥ
ምሩኻት፡ ምስ ብጾቱ ተመዛጊቡ 'ታጠቕ' ናብ ዝበሃል ቦታ ገዓዙ:: አብታ
ዝብገሱላ ለይቲ ግን ወያነ ንከም ቢቢ ዝእመሰሉ ሰባት ፈልዮም አብ
ኮንተይነራት ብምዕጻው፡ አስግቶም ተጻዊያም ክሳብ ዝሰአኑ ንኸይከዱ
ዓንቀጽዎም:: ድሕሪ ብዙሕ ክርክር ግን፡ ከም ናይ መጀመርታ ምሩኻት
ብነፋሪት አስመራ አተዉ::

አሃዱ ቢቢ፡ ክሳብ አስመራ መጺኡ አብ ጋዜጣ ቃል-መሕትት ዝገበር፡
ከም ስዉእ'ዮም ፈሊጦማ ነይሮም:: እቶም ካብቲ ረመጽ አምሊጦም ናብ

524

ኣሃዱኣም ዝተጸንበሩ - ተስፋዮውሃንስ፡ ሰለሙንን መሓመድ ወዲ ዓፋርን ዝኣመሰሉ ኣባላቱ'ውን፡ ማህረምቲ ቢ.ቢ. ከቢድ ምንባሩ ስለ ዝረኣዮም፡ ንመስዋእቲ'ዮም ሀቦሞ።

ቢ.ቢ፡ ብቖጥታ ናብ ሕክምና ግላስ ተሰደ። ብዘተገብረሉ መጥባሕቲ ጠልጠል ዝበለት ኢዱ በብቖራብ ህይወት ክትዘርእን ካብቲ ዝነበረቶ ርኡይ ለውጢ. ኣምጺኣ ጽቡቕ ክትንቀሳቐስን ጀመረት። ክሳብ ሰቴር6 መኪና ሒዛ ክትዘውር'ውን በቕዐት።

ኣብ 2005 ዝተማየሰ ቢ.ቢ፡ ኣብ 2009 ምስ ሳዕዲያ ዑስማን ተመርዕዮ፡ ያስርን የሰራን ዝበሃሉ ክልተ ቄልዑ ወሊዱ። ኣብታ ተወሊዱ ዝዓበየላን ዝዓጠቐላን ባጽዕ ኣውቲስታ ሃማደኤ ዞባ ደቡባዊ ቀይሕ ባሕሪ ኩ-ይኑ ናብራኡ ይመርሕ ኣሎ።

____

ኣዘንታዊ፤
ዓብደልቃድር ዓብደልከሪም (ቢ.ቢ)

35

ራስያ

ሄኖክ ተስፋብሩኽ

ግንቦት 2000

ህዝቢ ማይድማ 12 ግንቦት 2000 ውግእ ከም ዘጀመረ ብመራኸቢ ብዙሓን ጥራይ ዘይኮነ አብ ገዛኡ እንከሎ ብዝበጽሓ ሃሳስ ድምጺ. መዳፍዕ'ዩ ዝፈለጠ፣ ውግእ ናብ ዝፈጥሮ ዘይጥዑይ ኮነተ-አእምሮ ክምለስ ከአ ግዜ አይወሰደን። እቲ ድምጺ ይቐርብ ምንባሩ'ኳ እንተ ዘይሰሓቶ፣ ናብ ቅርዓቱ ይበጽሕ ግን አይበለን።

እቶም አካል ህዝቢ ማይድማ ካብ ዝኹኑ አርባዕተ ዓመት አቑጺሮም ዝነበሩ 14 ስንኩላን ኮናት'ውን፣ አብታ ብማሕበር ዘጨሙዋ ትካሎም ኩይኖም ምዕባለታት ተኸታተሉ። እዞም አባላት'ዚአቶም፣ አብ ቃልሲ. ንናጽነት አብ ዝተፈላለየ መረርቲ ውግአት ተሳቲፎም ከቢድ ስንክልና ዝተሰከሙ ብምዃኖም፣ ኮነታት ናይቲ ውግእ ከመዝኑ ዝአክል ተመኩሮ ነበሮም። አብ ከባቢአም ንዝተፈጥረ ምንቅስቓስ ሰራዊት እናተዘበቡ ኸአ ብዛዕባ ዝወስዱዋ ስጉምቲ አሰላሰሉ።

ሰራዊት ወያነ ዓርቢ. 12 ግንቦት 2000 ብማይሰስሓ፣ ጸዕዳምቦራ አቢሉ አዘንጊዑ ንትኹል እንዳ'ባ ስምያን አተወ። ነቲ ስትራተጂያዊ ቦታ ስለ ዝሓዞ፣ ሓይልታት ምክልኻል ኤርትራ አብኡ ከጽመድ አይመረጸን፣ ሰቡን ንብረቱን ጠርኒፉ ንሰራዊት ጸላኢ. ከሓንቀሉ ናብ ዞኽእሎ ተረተር አኸራናት ምእራይ-በራውር፣ ጸዕዳ-እምባ፣ ዝባን-ደብሪ፣ ወዘተ. አንሰሓበ። አቑዲሙ፣ ምዕራብ ካብ ማይድማ አብ እትርከብ ዓዲንፋስ ብዝተዋጽአ

ውሑዳት አህዱታት ንግዚፍ ሓይሊ ወያን ክሳብ ኢ.ድ-ብኢ.ድ ገጢሙ ዓቢ ክሳራ አውሪዱሉ ነይሩ'ዩ፡፡

እቲ 13ን 14ን - ቀዳም-ሰንበት - አብ ዓዲኔፋስ ዝተኻየደ ከቢድ ውግእ፡ ንህዝቢ ማይድማ ዓቢ ሻቕሎት ፈጠረሉ፡፡ ከቢድ ብረት አብ ጥቓኡ ክወድቕ ብዝጀመረ፡ ህይወቱ ንምድሓን ቄልዑኡን ሸማግለታቱን... ሒዙ፡ ዓመታት ጽኒሩ ዘጥረዮ ንብረቱ ሓዲጉ፡ ነንአንፉ ሃደመ፡፡

እቶም ብማሕበር ዝጨሙ ስንኩላን ኩናት፡ ፈርኖአም፡ መሳርሒታቱን ዓቢ ጀነሪይተርን ከግዕዙ ላዕልን ታሕትን በሉ፡፡ ኩለን መካይን ጽዕነት ናብ ግንባራት አቕኒዐን ስለ ዝነበራ ግን አይሰለጦምን፡፡ ድሕሪ ብዙሕ ፈተነ ንአዝዝቲ ናይ'ቲ ግንባር ሓቲቶም ሓንቲ መኪና ስለ ዝረኸቡ፡ ጀነሪይተርን ካልእ ንአሽቱ ነገራትን ጸዓኑ፡፡ እቲ ዝዓበየ ፈርኖ፡ ለዋሲት፡ መቐረጺ-ቢሕቆ (ትራንሻ) ወዘተ. ግን ብዓቕሚ-ሰብ ክጸዓን ስለ ዘይከአል ክሓድጉዎ ተገደዱ፡፡ ፈርኖአም፡ ቤት-ሻሂአምን ድኳኖምን ዓጽዮም ከአ ካብቲ ደብዳብ እናረሓቑ ብዓረዛ አቢሎም ወጹ፡፡

እታ ሰንበት-ሰንበት ቅዳሴ እንዳ ስላሴ ሰሚዓ ትንቅሕ ዝነበረት ከተማ፡ ድምጺ ብረት እናሃመማን እናዓለባን አባይቲ ጥራይ ዝርአያ ሰብ አልቦ ኮነት፡፡

*   *   *

1994-96

እቶም አብ ቃልሲ ንናጽነት አብ ዝተፈላለየ ውግአት ዝሰንከሉ ተጋደልቲ፡ ድሕሪ ናጽነት አብ መዓስከር ስንኩላን ማይሓባር ተጠርኒፎም ይእለዩ ነበሩ፡፡ ዘበዝሑ ከቢድ ስንክልና'ኳ እንተ ነበሮም፡ እቲ ክንገብር ዝብል ንያቶም ግን ነቲ "ተአለይቲ" ዝብል ቅጽል ክሰዕሩ ደፍአም፡፡ መንግስቲ'ውን ነቶም ብጉጅለ ተጠርኒፎም ትካል ከቕሙ ዝደልዩ፡ ልቓሕ ብዘይ ወለድ ቀረበሎም፡፡ ገንዘብ ምርካብ ጥራይ ግና እኹል አይነበረን፡፡ እቶም ካብ ዝተፈላለየ ትሕት መነባብሮ አብ ቀዳዕነቶምን ኮትትናአም ናብ ሰውራ ዝተሰለፉ፡ ነቲ ዝቐረበሎም ገንዘብ ከምቲ ከም ኩብዲ ኢዶም ዝመለኸ ዎ ብረት ገይሮም ይፈልጡዎ ብዘይምንንባሮም፡ ስግአትን ፍርሒን ፈጠረሎም፡፡ እዞም 14 ስንኩላን፡ ድሕሪ ብዙሕ ምውራድ ምድያብ ሓሳባት፡ ብድሆታት ምምስራት ሓዳርን ምስዓብ ቄልዑን እናተራእዮም፡ ካብ ማይሓባር ክሳብ ላዓተን አብ ዝዝርጋሕ ከባቢ መፍረ ንህቢ ከቕሙ ወጠኑ፡፡ እንተኹነ፡ መሰረታዊ ለውጢ. ከምጽአሎም ከም ዘይክአል ስለ ዝገምገሙ ቀልጢፎም አቋረጹዎ፡፡ ካልእ ተኽእሎታት ክፍትሹ ድማ ጀመሩ፡፡ አብ መወዳእታ፡ አብ ዕዮ ሕብስቲ ምንጣፍ ዝብል ሓሳብ ልዑል ቦታ ረኸበ፡፡ እቲ "አበይ ቦታ

528

ይተኸል?" ዝብል ሕቶ ኸአ ድሕሪ ብዙሕ ውረድ-ደይብ መልሲ ረኺበ -
አብታ ሸዑ ሓውሲ-ኸተማ ዝነበረት ማይድማ።

ማይድማ ከም ማእከል ዕዳጋ አብ 1960ታት ዝተደኩነት ዓዲ እያ።
ደምበላስ፡ ቆላ-ሰረ፡ ዛይደ-ኮሎም፡ ዕግን-ዘሪ፡ ምድሪ ወዲ-ሰበራ፡ ወዘተ. ከአ
አብታ መዓልቲ ዕዳጋ ማይድማ ዝኹነት ሓሙስ ዕሙር ንግዲ ተኺሎም
ይውዕሉ። እዚ ጸዕቂ ህዝቢ'ዚ ህይወት እናሃባ ካብ ክልተ ሰለስተ አባይቲ
እናስፍሐት ክትዕምር አኽአላ። አብ ውሽጢ'ታ ዓዲ ሩባታትን መጋቢታቱን
ስለ ዝርኩብ፡ ሕግም ዓሶ እናበድሃን አብ እዋን መግዛእቲ ተወራራሲት
ብምንባራ ዝፈጠሮ ዘይርግኡነት እናሻልበባን ናጽነት አርከበ። እቲ ካብ
ዝተፈላለየ ቦታ ዝወሓዘ ህዝቢ (ተስዴሉ ዝነበረ፡ ዝተማየሰ፡ ደላዩ እንጌራ...)
መትኒ ዕብየታ ኮነ። መንግስቲ፡ ነቲ እግሪ ዘይተኸለ ዜጋ ንምሕጋዝ ልምዓት
ገጠር አቐሙ፡ ብውሑድ ወለድ ልቓሕ ብምሃብ ከም ዝንቀሳቐስ ገበረ።
እቶም ጀመርቲ ዝዓቕሞም ሒዞም ናብ ዝተፈላለየ ቦታታት እናተንቀሳቐሱ፡
እቶም ዓብይቲ ነጋዶ ከአ እናአከፋፈሉ፡ አብ መዓልቲ ዕዳጋ ልዕሊ 15
አውቶቡሳትን ሓያለ ንአሽቱን ዓበይትን ናይ ጽዕነት መካይንን ይአቱዋ-
ይወጻ ነበራ። እቲ ዝያዳ ብዕዳጋ ጥሪት ዝፍለጥ ዕዳጋ ማይድማ፡ ሚልዮናት
ዝንቀሳቐሶ፡ ዝኹን ጻዕራም ሰብ ወፊሩ ድራሩ እለቱ ሓዙ ዝአትወሉን
ህይወቱ ዘመሓይሸሉን ነበረ። በዚ ኸአ'ያ ማይድማ፡ ሓንቲ ካብ'ተን ድሕሪ
ናጽነት ቅልጡፍ ምዕባለ ዘርአያ ቦታታት ዝኹነት።

እዞም 14 ስንኩላን ኩናት፡ ነዚ ቦታ'ዚ ከም ማእከል ንግዳዊ ትንሳኤአም
ክኸውን ምምራጾም ቅኑዕ ውሳነ'የ ነይሩ። አብ 1996፡ አቐዲሞም ክልተ
ሰባት ብምስዳድ ዘድሊ ቅጥዒ አማሊአም ቦታአም ፈለጡ። እንተኾኑ፡ እቲ
ውጥን ናይ 700,000 ርእሰ-ማል ዝሓትት ብምንባሩ፡ ከቢድ ጾር አብ
እንግድዓአም ነበረ። ገለ ሰባት'ውን "ትኽእሉ'ዶ ዲኹም?" እናበሉ ብኻልእ
ዝኮነ ክጅምሩ መኸሩዎም። ዝበዝሑ አባላቶም አምር ንግድ ዘይነበሮም
ካብ ሓረስቶት ስድራቤታት ዝመጹ አብ ርእሲ ምንባሮም፡ ስንክልና
ተደሚሩዎም ከቢድ ከም ዝመስል ገበር። አብርሃም ሃይለ ብ1982 አብ
ሰሜናዊ ምብራቕ ሳሕል ርእሱ፡ አፍልቡን ኢዱን ስንኪሉ፡ ገርገሽ ተኸስተ
ብ1985 አብ ግንባር ናቕፋ መቝረጽቲ ሓንቲ እግሪን ዑረት ጸጋመይቲ
ዓይኒን፡ ብርሃን ገብረ ብ1991 አብ ግንባር ደቀምሓረ መቝረጽቲ ሓንቲ
ኢድን ዑረት ጸጋመይቲ ዓይኒን፡ በሪሁ መሓሪ ብ1990 አብ ርእሲ-ዓዲ
ማህረምቲ እግሪን ኩብዲን፡ እዮብ ገብርአብ ብ1983 አብ ሰሜናዊ ምብራቕ
ሳሕል መቝረጽቲ ኢድ፡ ኪዳነማርያም የማነብርሃን ብ1988 አብ ግንባር
ከረን መስበርቲ ጸጋማይ እግሪን ምድራቕን፡ ኪዳን አድሓኖም ብ1990 አብ
ዓዲሮ ማህረምቲ ርእሲ፡ ገብረሚካኤል ሰለሙን ብ1985 አብ ግንባር ናቕፋ
መቝረጽቲ ሓደ እግሪ፡ ሽሞንዲ በኹረጽዮን ብ1989 አብ ከባቢ ዓዲ-ኻላ

529

ማህረምቲ አፍ-ልቢ፣ መሓሪ ተስፋማርያም ብ1986 አብ ግንባር ናቕፋ መቐረጽቲ የማናይ እግሪን ማህረምቲ የማናይ እግሪን፣ ዓንደብርሃን በርህ ብ1985 አብ ቶኾምብያ ማህረምቲ በራቒቶ፣ ፍጹም ተስፋይ ብ1985 አብ ሩባ-ዓንሰባ መቐረጽቲ የማናይ እግሪ፣ ብርሃን ተስፋሚካኤል ብ1990 አብ ግንባር ደቀምሓረ መስበርቲ ክልተኡ እግሪ፣ ደበሳይ ተስፋይ ብ1990 አብ ግንባር ደቀምሓረ ማህረምቲ ርእሲ፣ ዓንዲ-ሕጻን መልመስቲ መሓውርን። ከቢድ ስንክልና ተሰኪሞም ከእዮም ንዓቢ ዕማም ብዘይ ናይ ጉልበት ደገፍ ዝነቕሉ።

ገዛ ተሰሪሑ ተወድአ፣ ፈርኖን መሳርሒኡን ተገጣጢሙ ተዳለወ፣ እቲ አእጋር ዘለዎ ምስቲ ኢድ ዘለዎ፣ እቲ ዓይነ-ስውር ምስቲ ኢድ ዘይብሉ እናአወሃሃዱ፣ ንኹሉ ዕማማት ባዕላቶም እናአሰላሰሉ ክገጥሙም ጀመሩ፣ ተስፋን ትምህርትን ከአ ረኺቡሉ። ንጹር ትኻላዊ መዋቕር'ውን ነበሮም፣ አካያዲ ስራሕ ፋይናንስ፣ መኽዘን፣ ዕድጊ፣ መሸጣ፣ ወዘተ በቲ ውሽጣዊ ሕጋጋት ትኻል ተቖዪዶም ከም ዝሰርሑ ኩኑ። በዚ ኻአ ክሳብ ግንቦት 2000 አብ ዝነበረ ግዜ፣ 400,000 ናቕፋ ከፈሎም፣ 300,000 ዕዳ ተሪፎም። አብዚ ስዓት'ዚ ሰራዊት ወያነ ናብ ማይድጋ ገጹ አብ ዝቐረበሉ፣ ንትኻሎም ምስ ንብረቱ ሓዲጎም ክኸዱ ተቐሰቡ።

*   *   *

ሰኑይ 15 ግንቦት ብዝሒ ዝነበር ከቢድ ብረት ጸላኢ አብ ማእከል ዓዲ ወዲጮ፣ ልዕሊ 12 አባይቲ ምስ ንብረቱ ምሉእ ብምሉእ አዕነወ፣ አቦይ ተኸለሃይማኖት ዝበሃል ሽዓ ህይወቱ ሰአነ። አቦይ ተኸለሃይማኖት ብደገ አብ ዝተዓጽወ ገዛ ስለ ዝነበረ ዝኸፍቶ ስኢኑ ተሸጊሩ እንከሎ፣ ሸፋሕታ እግሪ ስለ ዝሰምዐ ብውሽጢ ኩይኑ ኻሕኮሐ። አቦይ ቀሺ ያሬድ ተወልደ ከፈቶም፣ "ኩሉ ሰብ ሃዱሙ እዩ። በዛ እንዳ ሰላሴ ገይርካ ውጻእ፣" በሉም'ሞ፣ ዝተባህሎ ገበረ። ወዲኡ እናተባህለ ግን ድሕሪ ሽሞንተ መዓልቲ ሬሳኡ ተነፈሐ ተረኽበ። እቶም አብ ዓዲ ተሪፎም ዝነበሩ አቦታት ኩዒቶም ክቐብሩም ስለ ዘይከአሉ ሓጺ እናንረቱ አብ ዝነበር ደፈኑዎም። ድሕሪ ግዜ ከአ ናብ መቓብር ዓዲ ወሲዶም ቀበሩዎም። በቲ ደብዳብ 45 አባይቲ ክዓኑ እንከሎ፣ እቲ 12 ካብኡ ምሉእ-ብምሉእ ተደምሰሰ።

አብታ ዝጸረረት ከተማ፣ ውሑዳት ዓበይቲ ዓዲ ከም ቀሺ ያሬድ ተወልደ፣ ገብረ አውዓሎም፣ አደይ ድምቀታ ገብረማርያም፣ አደይ ሃንሱ ተስፋማርያም፣ ወዘተ. ዝአመሰሉ ተረፉ። ስሉስ እታ ከተማ ብነፈርቲ ውግእ ተደብደበት፣ ወዲ 28 ዓመት ግርማይ ገብረአብ አብ ዓዲ ተሪፉ ናብ ዝነበረ አቦኡ እናተመልስ እንከሎ፣ ገዛኡ ከይበጽሐ ተቐትለ። አቦይ ገብርአብ፣ "ወድኹም ሞይቱ፣" ተባሂሉ ምስ መጸ፣ እቲ ብክንክን አዕብዮ ዘምሰሎ ወዱ

530

ብጅላድ ክሳዱ ተጕልጊጹ ጸንሐ፣ ንምሽቲ ራብዓይ ርእሱ ኩይኑ ሓመድ-
አዳም አልበሶ።

ሓሙስ ውግእ ቀጺሉ ውዒሉ ናብ ዓርቢ፣ አብ ዘውግሐ ዝግ በለ'ሞ፣
ብዓል ሃለቃ ገብርአብ ሃይሉ፣ ጆዋኒ በርህ፣ የማነ ተስፋይ፣ ሃይለስላሴ ግርማይን
ምሕረትአብ ሃብተን ካብቲ አብ ጨገግና (ከባቢ ማይድማ) ኩይኖም
ዘማዕድውሉ ዝነበሩ አኻውሕ ወሪዶም ናብ ዓዲ አተዉ። ከቢድ ብረት
ተተኮሱ አብ ትሕቲ ሚም ኮፍ ምስ በሉ፣ ብድሕሪአም ዝመጹአ ወተሃደራት፣
"እንዬት ዋላቿ?" (ከመይ ውዒልኩም) በሉዎም። ከይረአዮም ስለ ዝጸንሑ
ሰንበዱ። ተኾብኩቦም ናብ ሓለፍቲ ድሕሪ ምቕራብ፣ "ደቂ ዓዲ እንተ
ኼንኩም ንዑናይ ገዛኹም ከፈትኩም አረጋግጹልና፣" በሉዎም፣ ሒዞሞም
ከይደም አረጋገጹሎም። እቶም ወተሃደራት፣ መዘጊቦም ከይንቀሳቐሱ
አጠንቀቑዎም። ቀዳም መዓልቲ ሻምበል ኢሳቕ ተስፋስላሴ፣ ቀሺ ሓድሽ
ገዛኢን አቶ ሓሰን ስዒድን ነቶም አብታ ከተማ ዝነበሩ ተጸምበሩዎም።
ገዛአም ከይዓጽዉ ስለ ዝተአዘዙ ኸአ ማዕጾአም አርሒዮም አብ ግዳም ኮፍ
ኢሎም ክውዕሉ ተገደዱ።

ቀይሕ ዝሕብሩ ሓድሽ መፍረሲ መዓጹ ፓንታታት፣ ፒንሳታት፣
መቑረጺ መፍትሕ ማርቴሎታት ዝሓዙ ብዝሒ ዘመትቲ ንማይድማ
ብምውራር መፋትሕ ቆረጹን ማዕጾታት ሰበሩን። ፈለግ እቶም ሓለፍቲ
ፒክአፕ ቶዮታታት ሒዞም ዓቢይቲ ንብረት ዝበሉዋ ጸዑ። አብቲ እዋን'ቲ
ማይድማ 82 ድኳናት፣ 10 አብያተ-ሻሂ፣ 14 እንዳ ክዳውንቲ፣ 21 እንዳ
ስፌት ክዳን፣ 4 አብያተ-ስርሓት ወርቂ፣ 4 ሆቴላትን ብዙሓት አብያተ-
መስተን ነበራ። ብምሉአን ከአ ጥርሐን ክሳብ ዝተርፉ ተበትብታ። ካብ
ትግራይ አእዱግ ሒዙ ዝመጸአ ህዝቢ፣ ንንፍሲ-ወከፍ ገዛ እንዳ ሓዳር
ዘመታ፣ ዓራት፣ አርማድዮ፣ መሳተያ፣ . . . ኮታ ዝደቆቐ ንብረት ከይሓደገ
ንሕጉሑ ወሰደ። እታ ሰባ ጸረር ኢሉ ዝወጸ ማይድማ፣ ጥራያ ተረፈት።
ዘመትቲ ምስ አተዉዋ ኸአ ማዕጾታታ ተወሲዱን ዝተረፈ ተሰቢሩን ጥርሑ
አባይትን ትካላትን ሒዛ ተረፈት።

እቶም ወተሃደራት ክዘምቱ ውዒሎም ምሽት ካብ ደንጀን አትሐዙ ናብ
ደብረሲና፣ ዓዲንፋስ... ናብ ዝነበረ ቦታአም ይኸዱ። ካብ ማይድማ ሃዲሞን
አብቲ ከባቢ ዝነበሩ'ሞ ንስድራቤተን ዝኸውን መግቢ እንተ ረኸባ ኢለን
ከውጹአ ክብላ አማስያአን ዝአተዋ አንስቲ፣ እቶም ወተሃደራት ክዋጠጡወን
ምስ ጀመሩ፣ "ኡይ!" ክብላ ተሰምዓ። እቶም አብቲ ዓዲ ተሪፎም ዝነበሩ
ሽማግለታት፣ ነዚ ብዝረአዩ ቅሳነት ሰአኑ። ብሕልፈ እቶም አቕሸሽቲ አውያት
ናብ ዝሰምዑሉ አንፈ እናኸዱ ዓገብ ብምባል ከገላግሉወን ፈተኑ።

ሓደ መዓልቲ እቶም ዕስራ ዝበዝሑ ሽማግለታት ንአኼባ ተጸውዑ።
ኩርማጅ ዝሓዘ ሓደ ሰብ መጺኡ ክዛረቦም ጀመረ፣ "ንሻዕብያ ስዒርናያ

531

ኢና። ጽባሕ ንግሆ ናብ ኣስመራ ክንድይብ ኢና፣ ስርዒት ክንገብር ስለ ዝኸኾንና ኣነባበርቲ ዓዲ ምረጹ።" በሎም።

ካብ 1960ታት ኣትሒዘም ኣብ ማይድጋ ዝተቐመጡ ሃለቃ ገብርኣብ ወልደማርያም (ወዶም ብደብዳብ ዝተቓትሎም)፣ "ኣብ ርእሲ መንግስቲዱ መንግስቲ ይምረጽ'የ፣ መንግስትና ከለና ንኻልእ ኣይንመርጽን ኢና" ኢሎም ብነድሪ ተዛረቡ።

"ብላዕሊ መዳፍዕ ብታሕቲ መዳፍዕ'የ ዝትኮስ ዘሎ። ህዝቢ'ውን ኣብዚ የለን። ንመን ኢልና ኢና ክንስራዕ? እንታይ ክንድሕን? ንስርዓሉ ምኽንያት የለን!" መልኡ ቀሺ ሓድሽ ገዛኢ። ቀጺሎም፡ "ወተሃደራትኩም ንብረት ይዘምቱን ደቀንስትዮ ይዕምጹን ኣለዉ። ትእርሙ እንተ ኼንኩም ንዕኦም ኣርሙ።" በሉዎም። ካልኣት'ውን ብተመሳሳሊ መገዲ ነጸጉት'ሞ ኣኼባ ተበተነ።

*   *   *

ሓይልታት ምክልኻል ኤርትራ ኣብ በረኸቲ ቦታታት ዓሪዱ ንዝመጸ ሓይሊ ኣብ ትሕቲኡ ገይሩ ንኽድምስሶ ተጸበየ። እቲ ብትኹል ዝኣተወ ዝዓሰየ ሓይሊ ወያን ግን ብዑብል ተጠውዩ ናብ ዓዲ-ቢጊያ፡ ማይኣጣል፡ ኩዶሕምባሻ እናተጸጊዑ ዓዲ-ኻላ ክኣቱ ወጠነ። ይኹን'ምበር፡ ዘይከም ዝሓሰቡ ኣብ ዓዲ-ቢጊያ ኣዝዩ ከቢድ ክሳራ ተሰኪሙ ተበታተነ። እተን ኣብ ዓረዛ ዝነበራ ኣሃዱታት ሓይልታት ምክልኻል ነቲ ኣብ ከባቢ ማይድጋ ኣብ ትሕቲኣን ዝነበረ ከጥቅዓ ተጸበያ። ሰራዊት ወያን ግን ድሕሪ ዓዲ-ቢጊያ ኣብ ማይድጋ እንታይ ከንነፍ ከም ዝኽእል ስለ ዝመዘነ፡ ምሽት ኣብ ማይድም ዝነበረ ንግሆ ባድመ ተራእየ። እቲ ንቅድሚት ዝሰደዱዎ ገል ክፋል ሰራዊቶም ግን ተመለሰ ከይበሉዎ ወጋሕታ ምስ ብጾቱ ዘሎ እናመሰሎ ብምሉኡ ተማረኸ።

23 ግንቦት፡ እቶም ኣብ ማይድጋ ዝነበሩ ዓቢይቲ ዓዲ ካብ ድቃሶም ምስ ተንስኡ፡ እቶም ወተሃደራት ዘይምምጽኦም ደንጸዎም። ሬድዮ ከፊቶም ምስ ተኸታተሉ ሻዕ ሰራዊት ወያን ካብ ማይ-ድጋ ከም ዝሃደም ተበሰሩ።

እቲ ፋሕ ኢሉ ካብ ገዛኡ ዝወጸ ህዝቢ ብምምሕዳር እናተጠርነፈ ኣብ ሓጺናን ዓዲ-በልሰይን ግዜያዊ ነቑጣታት ተገይሩሉ መሻርፍ ክዕደሎ ድሕሪ ምጽናሕ፡ መወዳእታኡ ኣብ ድባሩዋ'የ ተዓቍቡ ነይሩ። በብቅሩብ ከኣ ናብ ገዛኡ ተመልሰ። ገዛኡ ፈሪሱ፡ ገለኡ ተበሲዑ፡ ንብረቱ ተዘሚቱ... ጥርሑ ጸንሐ።

ካብ'ቶም ስንኩላን ኩናት መጀመርታ እዮብ ገብርኣብን ኪዳነ ኣድሓኖም'የም ተመሊሶም። ናብ ማይድጋ ቅልቅል ምስ በሉ፡ ህንጸ ትኻሎም ብማዕዶ ስለ ዝተራእዮም መጠናዊ ሩፍታ ተሰምዖም። ቀሪቦም

532

ምስ ተመልከቱ ግን፡ መዓጹኡ ተሰይሩ፡ እቲ ክለዓል ዝኸእል ንብረት ተራሲዩ፡ እቲ ፎርኖን መልወሲን ከአ ተፈንጃሪ አትዮም ተቓጺሉ ጸንሐም። ማይድማ ብፈስታላት መሊኡ፡ ዝፈሰሰ አእካል፡ ሽኮር፡ አጭርቍትን ዝተፈላለየ ጋዕጋልጠምን አብ ፈቐዶ ጉደናታታ ፋሕ ኢሉ ወዚላ ነበረት።

እቶም ስንኩላን፡ ነቲ ዝዓነወ ዝኸውን መዐረዩን መቀያየሪን ክሳብ ዝጽበዩ ዳርጋ ዓመት አኸለ። እታ ፎርኖ ከም እንደገና አብ ትካል ኤሪሶክ ተሰራሕ ተመልሰት። እታ ለዋሲት ከአ ካብ ደገ ተገዘአት። እቲ ትካል ዓመት ደው ዝበሉ ናብ ዋጋ ክይተቐየረ፡ በቲ ዕንወት ጥራይ ናይ 450,000 ናቕፋ ክሳራ ወረዶ። ካብ ባዶ ነቐሎም፡ "ዕዳና ክንከፍል ቀሪብና፡" እናበሉ፡ መሊሶም ናብ ባዶ ተመልሱ፣ እቲ ክገብር'የ ዝብል ንያቶም ግን አብ ቦታኡ ነበረ። ነቲ ድሮ መሊኾሞ ዝነበሩ ስራሕ ብምዕባይ፡ አብዚ ግዜ'ዚ ዕዳአም ከፈሎም ጥራይ ዘይኮነ፡ ኩላቶም መንበሪ ገዛ ብምስራሕ፡ ደቆም አምሂሮም አብ ዝሓሸ ደረጃ ደየቦም አለዉ።

ህዝቢ ማይድማ ንሓንቲ ለይቲ'ውን ተሕድሮ መግቢ፡ ክዳን፡ ወዘተ. አይጸንሐን። ናብታ ማሙቕ ቤቱ ምምላሱ ግን ልዕሊ ኹሉ ረአዮ፡ መንግስቲ መጽለሊ ቴንዳታትን ረድኤትን አብ ርእሲ ምዕዳል፡ ንምጥያሱ ዝሕግዝ ባንክ ገጠር ብምቕራብ ከም ዝጥቀሙሉ ገበረ። እቶም አባይቶም ምሉእ ብምሉእ ዝዓነዎም 12 ስድራቤታት ብቪኻን ኤርትራ ሓድሽ አባይቲ ተሃነጸሎም። እቲ ፋሕተርተር ዝመለለዩኡ ህዝቢ ማይድማ ኸአ በብቍሩብ ዓራቱ፡ ኮፍ መበሊኡ፡ አርማድዮኡ፡ ወዘተ. እናአጥረየ ህይወት ቀጸለ። ንድራር ዕለቱ ምኻን አይሰአነን፡ ናብቲ በጺሑዎ ዝነበረ ምዕባለ ንኽበጽሕ ግን፡ እቲ በሰላ ገና አሰሩ አይሃሰሰን።

አዘንተውቲ፤

- ተጋ. እዮብ ገብርአብ
- ሌ/ኮሎኔል አማረ ረደሀይ (ወዲ ረደሀይ)
- ተጋ. ከኹብ አባይ
- ቀሺ ያሬድ ተወልደ
- ቀሺ ሓድሽ ገዛኢ.
- ሃለቃ ገብርአብ ሃይለ
- ሃለቃ ገብርአብ ወልደማርያም

ምስጋና፤

ንተወልደ ው.ቂባሚካኤል

36

ሰብ ሕማ፞ቝ ኣሰር

ኣሰፋው መንግስትኣብ

ኣረጊት ሳንጣይ ኣሞዲታን ጠልን ኣብ ዘለዎ ኣብ ትሕቲ ዓራት ገዛና ካብ ትኞመጥ ነዊሕ ዓመታት ኣሕሊፋ፡ ዝጓሓፍ ንብረት እና ፈተሽኩ እየ ረኺበያ፡፡ ኣብ ውሽጣ፡ ኣብ በበይኑ እዋን ዝተጻሕፈ ድያሪ ነይሩ፡፡ "ዝኹኖ ኣይሰእንን እዩ፡" ኢለ ዘኞመጥኩዎ ዝተፈላለየ ጽሑፋት፡ ድሕሪ ነዊሕ ዓመታት እርእዮ ብምንባረይ ገለ ጦብላሕታ ፈጢረለይ፡፡

* * *

ኣብ ጽርግያ ተሰነይ ዓዲ-ዑመር ደው ኢለ ናብ ባረንቱ ወይ ኣስመራ ትማልኣኒ ኣውቶቡስ ተጸበኹ፡፡ ንዝዘሓለፈት መኪና ኢደይ ዊጥ እናኣበልኩ ካብ 7:00 ንግሆ ክሳብ 10:00 ረፋድ ብዘይ ዕረፍቲ ክልምን ኣርፈድ፡ ትማልኣኒ መኪና ግን ኣይረኸብኩን፡፡ ቄራሪጸ ክኸይድ ኢለ'ውን ኣይሰለጠንን፡ ባረንቱ ሓዲረ ንግሆ ናብ ኣስመራ ክብገስ መሰመር ኢደይ ዊጥ ዘበልኩሉ ሽነኽ ክኞይር ስግር ጽርግያ እናተበገስኩ ሓንቲ ንእሽተይ ሃይሎክስ ብተሰነይ ክትመጽእ ርኢየ፡ ናይ መወዳእታ ክፍትን ኢደይ ዊጥ ኣበልኩ፡፡ ደሓን ይኸቶ ብኸቱር ናህሪ ክውንጨፍ ዝጸንሐ ኣውቲስታ፡ ካባይ ቅሩብ ምሕድግ ኢሉ ደው በለለይ፡፡ ብጉያ ኣርኪበ ተሰቖልኩ፡፡ ለካ ፈላጢኻ ኣብ ኩሉ ይጽናሓካ፡ ወዲ ሻምበል እዩ ነይሩ፡፡ ኣብ ባረንቱ ዝፈልጦ ገዲም ተጋዳላይ ኩይኑ ሓደ ካብቶም ኣብ ሳልሳይ ወራር ንብረቶም ብወያን ዝተዘርፈ እዩ፡፡ ኣባላት ዜና ናይቲ ግንባር ኬንና ክንስእሎም ምስ ከድና እየ ተላልየዮ፡፡ ምስ ካልኣዩ እዩ ነይሩ፡ ኣትየ ኮፍ እናበልኩ ሰላምታ ተለዋወጥና፡

535

አብ ሕርሻ ዓዲ-ዑመር ሰኣላይ ደረቕን ቪድዮን ካሜራ እየ ተመዲበ። ናብ አስመራ ዝኸይድ ዝበርኩ ኸአ ፈስቲቫል 2005 ተቓሪቡ ብምንባሩ ውጽኢት ሕርሻ ዓዲ-ዑመር አብ ፈስቲቫል ንምቕራብ ቅድመ ምድላዋት ንምግባር እየ። ሓንቲ ደረቕ ካሜራ ሒዘ'የ ተበጊሰ።

ሃይኮታ ሓሊፍና ናብ ጎጄ ምስ አበልና፡ አርባዕተ ወተሃደራውያን መካይን ዓቃብ ሰላም፡ ሰራዊት መሊኤን ብኸቱር ናህሪ እናተሓንበባ ናብ ተሰነይ ገጸን ተሃንፈፋ። ወዲ ሻምበል ርእሱ እናነቕነቐ፡ "እዞም ሰረቕቲ ገለ ገይሮም ይኹኑ'ምበር ከምዚኣ ገይሮም አይጉዮን እዮም፡" ኢሉና፡ አዒንቱ ናብ ስፓክዮ ተኺሉ ጠመቶም።

"ገለ ዶ ቀልጥፉ ተባሂሎም ይኹኑ?" ሓተትኩዎ።

"አይመስለንን፡ ገለስ ፈጺሞም አለዉ፡ ርኢ.ኻዮምዶ ጠገለ'ኻ የብሉን ናህሮም።"

ብናህሪ ናይተን መካይን ዝተላዕለ ወጸዕ እናበልና መንገዲ ቀጸልና። ዕስራ ደቓይቕ አቢሉ ምስ ተጓዓዝና፡ ሊባንያይ አብ ዝተባህለት ቀኣሽት በጻሕና። ገለ ካብ አባላት ሓይልታት ምክልኻል ኤርትራ አብ ማእከል ጽርግያ፡ አብ ዘይርጉእ ወተሃደራዊ ኩነት ዝነበሩ ክመስሉ ብረቶም አብ ሚዛን አቐሚጦም ገለን ዕጉት ኢሎም ገለን ነንዘመጻ መካይን የማን ጸጋም ክአልዩ ጸንሑና። መኪናና ንየማን ከነጸግዕ ምስ ተሓበርና፡ አጸጊዕናያ ወሪድና ኩነታት ክንፈልጥ ከባቢና ጠመትና። ብዘሓ. ዝነበረን አንስቲ ብአውያትን ብኽያትን መሬት ክጨደሳ ረአና። እቲ ካብ መኪና ክንወርድ ዝሓበረና ሓላፊ: "እዙ መካይን ዓቃብ ሰላም አበይ ይበጽሓ?" ሓተተና።

"ሕጂ ደአ ዳርጋ ሃይኮታ ሓሊፈን አለቡ ቀሪበን ይኹኑ እየን፡" መለሰሉ ወዲ ሻምበል ናህሮም አብ ግምት አእትዩ።

"እንታይ ድዩ ተረኺቡ?" ሃዲአ ሓቲተዮ።

"መስደመም እዩ፡" ኢሉ ናብ ቦታ ፍጻመ መሪሑና ከደ።

ነተን የማን-ጸጋም እናበላ ዘእውያ ዝነበራ አንስቲ ገሊሁ ብምእታው፡ "ንዑ ረአዩ!" በለና። ብደም ዝጨቀወ ነጸላ አብ ልዕሊ ሓደ ሬሳ ረአና። ካሜራይ ካብ ሳንጣ አውጺአ ክስእል ተዳለኹ።

"ገለ ሬድዮ ርክብ የብልኩምን?" አመንጂዩ ሓተተና፡ ተሰነይ ቅድሚ ምእታዋም አብቲ ብሎኮ ክሕዙዎም ደለዩ።

"ሬድዮ ርክብ የብልናን፡ ብስእሊ ሰነድ ክንሕዞ'ሞ እንዳ ግንባር ከነተሓሕዘልኩም፡" በልኩዎ፡ እታ ክገብራ ዝኽእል ሓገዝ ንሳ ብምንባራ።

ነጸላ ናይቲ ሬሳ አልዩ ምስእል ጀመርኩ። ወዲ ዓስርተ ዓመት'የ፡ ርእሱ ተተኮሳ፡ ሓንጎሉ አብቲ ጽርግያ ፋሕ ኢሉ፡ አእጋሩ ተሰባቢሩ፡

ብደም ተዓሊሱ ነበረ። ምስ ከፈትኩዋ ኣውያት ናይተን ኣንስቲ መሊሱ ተደርጕሐ። ብኹሉ ሸንኻት ገማጢለ ስኢለዮ፣ ኣካላተይ ተሰቒቐ እዩ። ከም ኣባል ሰራዊት መጠን ብዙሓት ሰውኣትን ውጉኣትን ርኤን ስኢለን እየ'ሞ ከምዚ ቄልዓ ገይሩ ልበይ ዝተንከፈ ግን ኣይረኣኹን።

"ሓደጋ ወዝቢ'ዩ ተጠንቀቐ፡" እትብል ሕጊ ትራፊክ እፈትዋ'የ። ሓደ-ሓደ ግዜ ግን ንስኻ ተጠንቂቐካ ከተብቅዕ ዘይተጠንቀቐ ይረኽበካ እዩ። እቲ ቄልዓ ከይተጠንቀቐ ወዝቢ ኣትዮዎም ንበል፡ ረጊጽካ ህድማ ግን ክሳብ ኣበይ? ብውልቀ-ሰብ ዝተፈጸም እንተ ዝኸብር፡ እቲ ኩነታት ኣሰንቢዱዋ ፈሪሑ ሃዲሙ ምብልኩ ዓለምለኻዊ ትኻል፡ ሰላም ክዕቀብ ዝመጸ ሰራዊት፡ እሞ ኸስ ኣርባዕተ ወተሃደራት ዝጸንና መካይን፡ . . . ሓደ ሕልና ዘለዎ ተሳኢኑ ማለት ድዮ! ቄልዓ ረጊጽም ክሃድሙ! ምስ ነፍሰይ ተማጐትኩ።

ወዲ ሻምበል፡ "ንኺድ ንሰቝል፡" ኢሉኒ፡ እቲ ትርኢት ካብ ዓይንና ከይለገሰ ብዛዕባኡ እናዕለልና ናብ ባረንቱ ኣምራሕና።

"ኢለካዶ! እዞም ሰረቕቲ ገለ ከይገበሩ ከም'ኡ ገይሮም ኣይከዱን እዮም። ርኢኻዮ፡ ጽቡቕ ገይረ እየ ዝፈልጦም። ናይ ሽዱሽተ ወርሒ ኩንትራቶም ከም'ይ ትውዳእን ገንዘብ ከም'ይ ገይሮም ይግሕጡን እምበር. . . ተረገጽ፡ ሙት ኣየገድሶም'ን'ዩ፡" ኢሉ ወዲ ሻምበል ን'ዕኡ ዘጋጠሞ ክዕልል ጀመረ።

መኪና ወዲ ሻምበል ም'ችእቲ እያ፣ ሰለል እናበልና ባረንቱ ክንበጽሕ 20 ኪሎ ሜተር ተረፈና። ዕድል እንተ ገይረ ን'ምሸቱ ናብ ኣስመራ ኣውተቡስ ኣይስእንን እኸውን። ወዲ ሻምበል ብሀዱእ ቅልጥፈ'የ ዝዘውር ነይሩ። "ቀጽል ወዲ ሻምበል፡" ኢለዮ ዕላሉ ክሰምዕ። ዕላሉ ቐጸለ ወዲ-ሻምበል

እቲ ሓድሽ ጽርግያ ካብ ከረን ክሳብ ተሰነይ እዩ ዝበጽሕ ነይሩ። ብቕጥራን ዝተለበጠ ጽርግያ ብማእከል ባረንቱ ኣይሰንጥቖን ነይሩ። ብ'ሜፍ ናይታ ከተማ ገይሩ ብማእከል ሓዳስ ባረንቱ ኣቢሉ፡ ክልተ ወገን ዘለዎ ጽርግያ እዩ ብዘገርም ጽባቐ ን'ባረንቱ ግርማ ሂቡዋ። ብኣልድ ታውን (Old Town) ዝጽዋዕ ከባቢ ጅራ ፍዮሪ ናይ ቀደም ባረንቱ ከም ቀደሙ ብዶራኑ እዩ ነይሩ።

ወገሕ-ጽብሒ ንብረት ክሸማምቱን ኣዋልድ ክሃድኑን ግዜኦም ዘሕልፉ ዝነበሩ ሰራዊት ዓቃብ ሰላም፡ ነታ ከተማ ብኣጋርን መካይንን ተዘሪኦማ እዮም ዘውዕሉ ነይሮም። 'ክንድኣም ዝኣኽሉ ወተሃደራት ኣብ ሓንቲ ከተማ እንተ ውዒሎም ደኣ እቲ ናይ 25 ኪሎ ሜተር ብኣየር ዝልካዕ መሬትን ብሓደራ ዝተዋህቦም ህዝብን ሽግር እንተ ተፈጢሩ እንታይ ኢሎም እዮም ክምስክሩሉ?' ኣተሓሳሰበኒ። ብቐደሙ'ውን ሰላም ክሕልዉ ወይ ክዕቀቡ ዝመጹ ድዮም? ኩሉ ግዜ ዝሓታ ሕቶ እያ ነይራ።

ዕላል ወዲ ሻምበል ቀጸለ። ሓንቲ ብፈንጂ ጉድኣት ዘይወርዳን ብጥይት ዘይትህረምን ድርዕቲ መኪናኣም ኣብ ማእከል ከተማ ኣርባዕተ ወተሃደራት ኣውሪዳ ተጸበየቶም። ዝሽመት ሻማሚቶም ናብ መኪናኣም ብምድያብ፡ ዝኹን ምልክት ከይገበሩ፡ ከባቢኣም ከይተቆጻጸሩ ካብቲ ተዓሺጋትሉ ዝነበረት ሃንደበት ንድሕሪት ተመሊሳ ንቅድሚት ተመርቀፈት። ብድሕሪኣ ንዝጸንሐ ጨልዓ ኣላሂማ ሓጸል ኢሉ ከም ዝወድቅ ገበረቶ። ኣብቲ ከባቢ ዘውን ዝብል ዝነበረ ህዝቢ፡ ሰብ ሃሪሞም ከም ዘለዉ ብዓውታ ሓበሮም። ሰሚያም ከም ዘይሰምዑ ነቲ ህዝቢ ብሓይሊ ፈንጢሶም ክሓልፉ፡ ብኣንክሮ ክዕዘብ ዝጸንሐ ወዲ ሻምበል ናብ መስኮት መኪናኣም ቀሪቡ ሰብ ሃሪሞም ከም ዝነበሩን ወሪዶም ክርእዮ ከም ዘለዎምን እናሓበሮም፡ ናሀሪ መኪና ወሲኹም ክብገሱ፡ ካምቻኡ ብሰፓክዮ መኪናኣም ተታሓዙ እናተጉትት ናሀሮም ኣዛይዶም ደርብዮሞ ብማእከል ሰብ ፈንጸጉም ቡቲ ዶራን መንገዲ ባረንቲ ናብ መዓስከሮም ሃደሙ።

ወዲ ሻምበል፡ "ናብቲ ካብ ባረንቱ ውጽእ ኢልካ ኣብ መንገዲ ቢንቢና ዝርከብ መዓስከሮም ብምእታው፡ ኣብ ኣባይቶም ምስ ብጾቶም ተሓዊሶም ኮፍ ኢሎም ጸንሑ። እቲ 'ሆ' እናበለ ዝሰዓሮም ህዝቢ፡ ኣብቲ ሓጺር ትሪኮላታ ምስ በጽሐ ደው ብምባል፡ ነቶም ገበን ገይሮም ዝሃደሙ ወተሃደራት ኣብ ሕጊ ክቐርቡ ሓተተ። ሓላፊ ናይቲ መዓስከር ናብቲ ህዝቢ ብምምጻእ፡ 'እዚ ትብሉዎ ዘለኹም ኣባላተይ ኣይፈጸሙ ዎን፡' ኢሉ ክምጉት ፈተነ። እቲ ህዝቢ ግን ብቓሊሉ ኣይተጠበረን። ኣብ ቅድሚ ዓይኑ ብዝተፈጸመ ፍጸመ ከመይ ኢሉ ክጥበር። ኣብ ከምዚ ዝበለ ህሞት እንከለዉ፡ ኣባላት ፖሊስ ኤርትራ መጺኣም ብሕጊ ምስ ተሓትት ምርኳዜ ዝሰኣነ እቲ ሓላፊ መዓስከር፡ 'እሞ ኣባላተይ ፈጺሞሞ እንተ ኹይኖም ብምባል፡ 20 ካብ መዓንጣኣም ንታሕቲ ጥራሕ ዝተኸድኑ ኣምጺኡ፡ ኣለልዮዎም በለ። ፖሊስ ኤርትራ ናብቲ ህዝቢ ብምምላስ ዘለሊ፡ እንተሎ ንዑ ሓብሩና በሎም።"

ከም ሰቡ ካብቲ ዝወደቐ መሬት ደርናኡ ነጊፉ ዝመጸ ወዲ ሻምበል፡ ኣብቲ ብመስኮት ቀሪቡ ዘዛራረበሉ እዋን ብልክዕ ርእዮም ብምንባሩ፡ ብዘይ ስጋእ-መጋእ ፈልዮ ኣውጽኦም።

*　　*　　*

ብሎኮ ባረንቱ ሓሊፍና ናብ ሹቕ ባረንቱ ኣምራሕና። ጸሓይ ባርነቱ ምጨታ ቀኒሱ፡ መሬት ክዓርብ ጀሚሩ'ዩ። ሰለዚ ናብ ኣስመራ ትብገስ ኣውተቡስ ከም ዘይረክብ ርግጸኛ ኩንኩ። ምስ ወዲ ሻምበልን ካልኦየን ሻሂ ክንሰቲ መኪናኡ ኣብ ፌት ሓደ ቤት መግቢ ኣጸጊዕና እናወረድና፡ "በል ኣሰ፡ እዚኣም እዮም ሰራዊት ዓቃብ ሰላም" በለኒ።

ሓቁ እዩ ወዲ ሻምበል። ከም ኣባላት ዜና ግንባር መረብ ሰቲት፡ ንነፍሲ-ወከፍ ምርኽኻብ ቦታ ናብ ዓቃብ ሰላም ሰናዳይ ኩይን ተሳቲፈዮ እየ። ኣብ ኩሉ ኸአ ዝኽሪ ኣለኒ፡ ዝኽሪ ነፍሲ-ወከፍ ጉዕዞ'አም።

ወዲ ሻምበልን ካልኣየን ሻሂ ኣዘዞም። ኣነ ኸአ ነቲ ብኬሪ መሊኡ ዝፈሰሰ ጋእ ዝበለ ርግአ ባረንቱ ኣዘዝኩ።

ብUNMEE ዝፍለጡ ኣርባዕተ-ሽሕን-ክልተ-ሚእትን ወተሃደራት ሕቡራት ሃገራት ኣብ መንጎ ኤርትራን ኢትዮጵያን ኣትዮም ነቲ 25 ኪሎ ሜትር ናይ ኣየር ርሕቀት ካብ ዶባት ክልተኣን ሃገራት ክሕዙዎ እዮም ተባሂለ። ውዕል ኣልጀርስ ነዚ ስምምዕ'ዚ ስለ ዘስገድድ፡ ኣብቲ ካብ ሰራዊት ነጻ ክኸውን ዝተወሰነ ቦታ፡ ፖሊስ ኤርትራን ሚልሻን ክኣተውዎ እዮም። ኣባላት ዜና ግንባር መረብ ሰቲት፡ ሓይልታት ምክልኻል ኤርትራ ዘወጹሉን ሰራዊት ዓቃብ ሰላም ነቲ ቦታ ዝርከቡሉን ክንስንድ ኣብ ኩሉ ከድና።

እቶም ኣብ ታሪኽ ብዙሕ ግዜ ብዕድል ኤርትራ ዝተጣልዑ ሕቡራት ሃገራት፡ ሕጂ'ውን ኣብ ጉዳይ ዶብ ኤርትራን ኢትዮጵያን ሽምግልቲ ኩይኖም ምምጻኣም እዚኒና ክሳብ ዝድንቁር ብመራኽቢ ብዙሓኖም: "ኣብ ውሽጢ ዓመትን ሽዱሽተ ወርሒን ጉዳይ ፈጺምና፡ መዓልቦ ክንገብረሉ ኢና፡" ብምባል ጨሪሓምን መዲሮምን።

ኣንሚ ኣብ ኤርትራ ከምደብ እንከሎ ዝነበረ ትጽቢትን ተስፋን ዓቢ እዩ ነይሩ። ስምምዕ ኣልጀርስ፡ ወያነ መንገዲ ኩናት ፈቲኑ ኣብ ዝፈሸለሉ ዝተኸስተ ኣብ ርእሲ ምንባሩ፡ ዘወዋውል ውሕሰነት ባይቶ ጸጥታ ስለ ዝነበሮ ኣብ ኣስታት ክልተ ዓመት መስርሕ ዳንነት ተዛዚሙ፡ ዶብ ምስ ተሓንጸጸ ተልእኹኡ ፈጺሙ ክወጽእ ኩሉ ዝተጸበዮ እዩ። ነዚ ድማ'ዩ ህዝቢ ኤርትራ ብዕምበባን ዕልልታን ዝተቐበሎ። ዓቃብ ሰላም ሕቡራት ሃገራት ኣብ ዝተፈላለየ ቦታታት ስለ ዝፈሸለ፡ ኣንሚ ኣብ ኤርትራን ኢትዮጵያን ከዕወት'ሞ ነዚ ጽልሙት ሕብሪ'ዚ ከድምቕ ናይ ብዙሓት ተስፋን ትጽቢትን እውን'የ ነይሩ።

ክሳብ ኣብ ኤርትራን ኢትዮጵያን ኣትዮም ብዓይኒና ዝረኣናዮም፡ ሰብ ሰማያዊ ቆብዕ ኣብ ዝተፈላለያ ሃገራት ተዋፊሮም ሰሪሖም እዮም። እንተኾኑ 'ዕውት ስራሕ ኣካይዶም ጉዳያት ብሰላም ኣዐሪፎም' ዝብል ዛንታ ግን ቀንጢሮ እዩ። ሰሜንን ደቡብን ኮርያ፡ ሶርያ፡ እስራኤል፡ ኮንጎ፡ ዩጎዝላቪያ፡ ወዘተ. ወዘተ. ዘይተዛዘም ስርሒት ናይቲ ተልእኾ እዩ። ከምዚ ዝመሰለ ዛንታ ሕዘም እዮም ድማ ናባና ዝመጹ።

*   *   *

539

አብ መንጉ ከርካሻን ዓዲ ኣባዓረን ኣብ ዝርከብ ቦታ እዩ። ካብ ዓዲ ኣባዓረ ናብ ባረንቱ ትመጽእ ዝነበረት ኣውቶቡስ ሰሊኹም ብዘኣተዉ ወተሃደራት ወያነ ተሃርመት። ኣብ ልዕሊ ሰላማዊ ህዝቢ ሞትን መቝሰልትን ወረደ። እዚ ፍጻሜ'ዚ ኣብ ሻምናይ ወርሒ ዓቃቢ ሰላም ዝኣተወሉ እዩ ነይሩ። መርማሪት ጉጅለ ዓቃብ ሰላም ሰራዊት ናብቲ ቦታ ትብገስ ስለ ዝነበረት፣ ክንስንዶ ምስኣ ክንከይድ ተሓበርና። ክልተ ሰኣልትን ሓደ ጋዜጠኛን እንርከቦም፣ ብሓንቲ ሃይሉክስ መኪና ምስ ሰለስተ ድሩዓት መካይን ዓቃብ ሰላም ተመራሪሕና ናብ ቦታ ፍጻሜ ገጽና ኣበልና።

ነዊሕ ከይከድና፣ ነተን ድሩዓት መካይኖም መሪሕና ክንከይድ ሓበሩና። "ሰለምንታይ?" ምስ በልና፣ "እቲ መንገዲ ንስኹም ስለ ትፈልጡዎ፣" በሉና። ፈንጂ እንት ረኺቡዎም ኣብ ሰብ ጉድኣት ከም ዘይወርድ ኩ..ይነን ዝተሰርሓ መካይን ሒዞም፣ ነታ ናትና ተራ መኪና ትምራሕ ክብሉ ዘየገርም ኣይነበረን። ናይ መንገዲ ምፍላጥን ዘይምፍላጥን'ውን ኣይኮነን። ምኽንያቱ፣ መንገዲ ዝሕብር ሓደ ኤርትራዊ ኣራኻቢ መኮነን ምስኣም ነይሩ እዩ። እቲ መኮነን ካብ መኪና ብ..ምውራድ፣ "ደሓን ፈሊጠዮም ኣለኹ ፍርሒ ዘበገሶ እዩ። ፈንጂ እንተ ኣጋጢሙ ከይሀረሙ ብምስጋእ እዮም። ግን ደሓን ቀንዲ መልእኽትና ወያነ ሰሊኹም ብምእታው ንዝፍጸምዎ ዘለዉ ጸይቂታት ክርእዮዎን ወያነ ትዕገሰሉ መንገዲ ክፈጥሩ ወይ ከኣ ሓለዋዖም ንኸጽንዑን እዩ።" በለና እቲ መኮነን።

ዝነበርዖም ፍርሒ ኣቘዲምና ኣንቢ..ብናዮ ስለ ዝነበርና፣ ጸገም ኣይነበረናን ቀደምናዮም። እቲ መንገዲ ቅድሚ ምብጋስና ብክፍሊ ሃንደሳ ኤርትራ ተፈቲሹ እዩ። ብጃካ ክልተ ካሜራን ሓንቲ መቕድሒት ድምጺ ቴፕን ብረት ፍቐድ ስለ ዘይኮነ ኣይሓዝናን። እቲ ንኸዶ ዝነበርና ቦታ ካብ ሰራዊት ነጻ ዞባ ዝበሃል እዩ ነይሩ። እንተኾነ፣ ጸይቂ ወያነ ስለ ዘይተዓገሰ፣ ውሕስነት ህይወትና ኣብቶም ራዕዲ ኣቲዮዎም ዝነብሩ ሰብ ሰማያዊ ቆብዕ እዩ ነይሩ።

ንመንገዲ ቢንቢና ንየማን ገዲፍና፣ ናብ ተሎግምጀ ብምዕጻፍ፣ ዓዲ ኣባዓረ ከይበጸሕና ኣብ ሓደ መዓሙ..ቕ ናይ ሓደ ሩባ፣ ሓምሳ ሰብ እትሕዝ ኣውተቡስ ተጐምቢያ ወዲቓ። ውሒዙ ብዝነቐጸ ደም ተሓጺባ፣ ፈቓዶኡ ፋሕ-ብትን ዝኣተዎ ንብረት ተሳፈሮማ ዝነበሩ ነበርቲ ዓዲ ዓባዓረን ከባቢኣን ጸንሓና። ንሕና፣ ኣቘዲምና በጺሕናስ ክንስእል'ውን ጀሜርና፣ንሳቶም ድሕሪ ዓሰርተ ደቒቕ ኣርኪዖማና ካብ መካይኖም በተግ-በተግ እናበሉ ብምውራድ ነቲ ከባቢ ከርዲኖም ሓዙዎ። ወተሃደር ወያነ ተሓቢኡ ከም ዝጸንሐም ከኣ የማን-ጸጋም ቀልባዕባዕ በሉ። መሳርሒታት ሃንደሳ ኣውጺኣም ዓሚቝ

540

ዳህሳስ ድሕሪ ምክያድ፡ ነታ ኣውቶቡስ ተገማጢሎም ብምርኣይ፡ ካብቶም ኣብኡ ዝጸንሑ ኣባላት ፖሊስ ኤርትራ ሓበሬታ ወሰዱ፡፡ VHS ካሜራይ ነቲ ትርኢት ትስእዶ፡ ኣነ ኸኣ ፊልም ሆሊውድ ዝርኢ ዝነበርኩ መሰልኩ፡፡ ካብቲ ቁም-ነገሮም እቲ ዝገብሩዎ ሽንዳሕዳሕ መራኽቢ ብዙሓን ይዓቢ፡፡ ንጋሻ ተዓዛቢ ምንልባት መድሕን ይመስሉዎ ነይሮም ይኾኑ፡ ፍርሓም ግን ሓላፍ መንገዲ መስኪሩዎ እዩ፡፡ ወረቓቕቲ ኣውጺኣም ሓናጠጡ፡ ብድሕሪኡ፡ ምዕቡል መሳርሒ ጌይሮም ምስ ማእከላይ እዞም ተራኸቡ፡፡

ስነዳና ወዲእና ቀዲምናዮም መንገዲ ባረንቱ ሓዝና፡፡ ሕልፍ-ሕልፍ ኢልና ተመዛቢሉ ዝነበረ ህዝቢ ናብ ዓዲታቱ ተመሊሱ ረኣና፡፡ እንተኾነ፡ ዓቃብ ሰላም ሰራዊት ኣብ ዘውሓሱዎ ቦታ እዩ ክምለስ፡፡ ጉዕዞና ቀጺልና፡ ብደርኖ ካርካሻ ኢባር እና ተኸደንና ኤርፖርት ባረንቱ ሓሊፍና፡ ጽርግያ ባረንቱ ክንረግጽ ኣብታ ቃራና መንገዲ በጻሕና፡፡ ኣብ ጸግዒ ናይታ ቃራና መንገዲ፡ ሓንቲ መስርዕ ወተሃደራት ዓቃቢ ሰላም ምስ ሓንቲ ጸዕዳ ኣንፍቭያን ታንክ ዎርድያ ጸንሓትና፡፡ ኣብ ማእከል ባረንቱ እንታይ ከም ትገብር ኣይርድኣነን፡፡ እናክርእያ ስሓቕ ይመጸኒ፡፡

ስርሓት ከድጃ መጅኑና

ብኣስመራ መጺእካ፡ ቢንቶ ሓሊፍካ ባረንቱ ክትኣቱ ከለኻ፡ ኣብ ውሽጢ ዕሙር ኣግራብ ሞጥና ብሓደ ሰንኩል ተጋዳላይ እትካየድ ቤት መግቢን መናፈሻን ትረክብ፡፡ ዝበዝሐ መንእሰይ ባረንቱ ክምገብ፡ ቡን ክሰቲ፡ ቢንን ክጸወት፡ ናብእ'ዩ ዘብል ነይሩ፡፡ ደስ ዘብል ግዜ ዘሕለፍናላ ቦታ እያ፡፡

ቡን ብጅንጅብል፡ ከርከደ፡ ጸባ፡ ኣባዕኬ ወግዒን ጸወታን፡. . . ዘይርስዓ ጦብላሕታ ኣለኒ ምስ ቤት መግቢ ደጃን፡፡ ሸዉ'ዮ ድማ ሓንቲ ናይ ስነ-ኣእምሮ ጸገም ዝነበራ ጓል ናብታ መናፈሻ ክትመላለስ ዝጀመረት፡፡ ሓደ ሻሂ የስትያ፡ ሓደ ገንዘብ ይምጽወታላ፡ ቡቲ ጥዑም ጹያፍ ትግርኛ እትፈጥሮም ቀልዲታት ፍትዉትን ተናፋቒትን ክትከውን ኣኽኢሉዋ'ዮ፡፡ ንገሆን ምሸትን ዘይትፍለ ኣካል ሕብረተሰብ ቤት መግቢ ደጃን እያ ነይራ፡፡

እቲ ብእርጋን መሃኑ ዝጠፍአ ክዳውንታ ምርኣይ ዘጸግም እዩ፡፡ ስክፍታ ዝፈጠረሎም ኣባላት ሰራዊት ኤርትራ፡ ካብቲ ለቢሳቶ ዝነበረት ዝሓሸ ክዳን ኢሎም ክዳንን ነጸላን ከዲኖማ፡፡ ኣብ ውሽጢ'ቲ ዝተዋህባ ክዳን ኣትያ፡ ምስቲ ብደርኖ ዝተፈታተለ ኣፍሮ ጸጒራ፡ ኣብ ውግእ ዘላ ተዋጋኢት መሰለት፡፡ ነቲ ወተሃደራዊ ክዳን ለቢሳ ካብ ሜፍ ናብ ሜፍ ባረንቱ ክትፍኽነሉ ትውዕል፡፡ ሓበና ኸኣ ሰማይ ዝዓረገ መሲሉ ተራእየ፡፡ "ከድጃ

መጅኑና" ዝብሉ ቄልዑ ባረንቱ፤ ገዳፍካ፤ ዘይትንዳእ ብምንባራ፡ ምስግንቲ እያ። ይትረፍ ናይ ስነ-እእምሮ ሐሙም ኬንካ፤ ጥዑይ'ውን ኩሉ ግዜ ሓደ ዓይነት ልክዕነት የብሉን፤ ስለ ዝኹነ ኽአ ከድጃ ጉድ ገይራ።

እታ አብ ቃራና መንገዲ አስመራ-ባረንቱ - ባረንቱ-ቢንቢና ዝነበረት ነቚጣ መስርዕ ዓቃብ ሰላም ሰራዊት፡ አብ ዘይቦታኣ ዝሰፈረት ነቚጣ እያ ነይራ። ብመሰረት ስምምዕ አልጀርስ ብኽልተኡ ወገናት ተጸብኣ ከይልዓል ዝሕሎ ቦታ 25 ኪሎ ሜተር ርሒቚካ እዩ ነይሩ። እዛ ነቚጣ'ዚኣ ግን ከም ናይ ከተማ ፖሊስ አብ ውሽጢ ባረንቱ'ያ ሰፈራ።

ጽርግያ ባረንቱ-ከረን መግዛእቲ ጥልያን ቀጠባኡ ክድርዕ፤ ብቚጥራን ለቢጡዎ ዝተረፈ መስመር ከኣ ብእጹብ ድንቂ ስራሕ ምሩጽ ሓመድ አንጺፋሉ'ዮ፤ ኩሎም ግዛእቲ ሓደ ስለ ዘይኮኑ ግን፤ ድሐራት ግዛእቲ ኢትዮጵያ ይትረፍ ሓድሽ ክስርሓሉ፡ ነቲ ዝነበረ እዮም ናብ ዝኸፍአ ደረጃ አውሪዶሞ።

ድሕሪ ናጽነት፡ ቅድሚ ወራራት ወያነ፡ እቲ ዝተረፈ ናይ ሓመድ ጽርግያ ብቚጥራን ክልበጥ ተጀሚሩ። ዕድለኛታት ዓቃቢ ሰላም ከኣ እቲ ጽርግያ ባረንቱ ምስ በጽሐ'ዮም ናብ ኤርትራ ተዋፊሮም። መንግስቲ ኤርትራ ሰናይ ተሓባባርነቱ ንኸርኢ፡ ቀንዲ መስመሮም ብመንገዲ መንደፈራ-ዓረዛ - ማይ-ላም - ማይ-ድማ ክነሱ፡ በዚ ሓድሽ ጽርግያ ተፈቚዱሎም። እንተኾነ፡ መስመር አስመራ-ባረንቱ-ተሰነይ አብ ነፍሲ-ወከፍ ኪሎ ሜተር ሓድሽ ታቤላ ክጥቀያ ተራእያ። እቲ ጽሑፍ "ሲልቨር፡ ጎልድ፡ ኮፓር" ዝብል ኩይኑ፡ ካብ አስመራ ናብ ባረንቱ ክትወርድ ከለኻ ካብ ክቡር ማዕድናት ናብ ዝሓሰራ ይወርድ። ካብ ባረንቱ ናብ አስመራ ኸኣ ብአንጻሩ ይንበብ። መን ከም ዘገበሮ አይፈለጥናን፤ ብኤርትራውያን ሰራሕተኛታት ይትከል ስለ ዝነበረ፡ ብመንግስቲ ኤርትራ ዝተገብረ መሲሉ ሰብ ነናቱ ርእይቶ ሃበሉ።"ኤርትራ ፍሉይ ማዕድናት ረኺባ፤ በቲ ዝረኸበቶ ማዕድናት ከኣ ታቤላ ዘርጊሓ" ተባህለ።

እቲ ሓቂ ግን ከምኡ አይነበረን። እቲ ንሕና ብዘይ ስክፍታ ንመላለሰ ዝነበርና መንገዲ፡ ህዝቢ'ውን ተሰነይ-አስመራ-አስመራ-ተሰነይ እናበለ ዘሸኹንድረሉ ዝነበረ ጽርግያ፡ ምስጢራዊ ትርጉም እዮም ሂቦሞ። "ዝሓሸ፡ ደሓን፡ ሓደገኛ" ብምባል እዮም ናብ ሰለስተ ከፋፊሎሞ። ካብ አስመራ ክሳብ ከረን ብሲልቨር ዝተሰምያ መንገዲ፡ ኩይኑ ተዛንዮም ዝኸዱሉ። ጎልድ ዝተሰምየ ኸኣ ደሓን ተሃሊሉ ብሓውሲ ምዝናይ ዝኽየዱ፡ ኮፓር ምስ በጽሓካ ግን ብረት እናአወጣወጥካ እትኸዶ ሓደገኛ ዞባ ተባሂሉ ተጠመቐ። ነቶም ብመኪና ዝንቀሳቐሱ ሰራዊት ዓቃብ ሰላም ካብ አሸገርቲ ንምጥንቃቕ ተባሂሉ ዝተማህዘ ሓሳብ እዮ። ንሳቶም ዝተዋህቦም ዕማም አብ

ጽርግያ ማይላም-ብሹካ እዩ ነይሩ። ንሳቶም ብሰም ማዕድን ዝሸለሙ•ዎ
ግን ጽርግያ ከረን-ባረንቱ። ምስዚ ኹሉ ዓቃቢ ሰላም ካብ ኤርትራ ክሳብ
ዝወጽእ ይትረፍ ጎነጽ ከጓንፎ፣ በንጻሩ ከም መርዓት ዓይኒ ተሓልዩን
ከቢሩን ዝወጸላ እንኩ ሃገር ኤርትራ እያ። ንሳቶም ግን ኣብ ኤርትራ ኣብ
ዝጸንሑሉ፣ ኣብ ዝተፈላለየ ሸርሒን ጸይቅን እዮም ተዋፊሮም። ውጽኢት
ናይቲ ዝሻደነ ኣካይዳኣም እዩ እምበኣር ቃራና መንገዲ ኣሰመራ-ባረንቱ-
ባረንቱ-ቢንቢና ነቑጣ ተኺሎም ስርሓም ዘሰርሑ ዝነበሩ። ዕላማእ ድማ
ክንደይ ሰራዊት ኤርትራ ሓሊፉ፣ ክንደይ መካይ ኣንቀሳቒሱ፣ ካቢይ-ናብይ
ተንቀሳቒሱ፣ እትክታተል ናይ ሓበሬታ መስርዕ እያ ዝነበረት።

ኣብ ዘይቦታኣ ዝተደኩነት እታ መስርዕ ታንክ፣ ግቡእ ቦታኣ ቢንቢና
ክነሱ ሓለዋእ ባረንቱ እዩ ኩይኑ። ጸኒሐ•ኻ ናብ ቦታኣም ከም ዝኸዱ እንተ
ተጊብረን ታቤላኣም'ውን ተማሕዩ እንተ ተላዕለን ክሳብ'ቲ እዋን'ቲ ግን
ከም ሕዙእ ስፍራኣምን ከም ናይ ከተማ ፖሊስ ኣብ ውሽጢ ባረንቱ እዮም
ዓሪዶም። ዝተዛነየ ከተማ ረኺቦም ከም ልቦ•ኑ ክኹሉ ድማ ጀመሩ። ነቲ
ብድሕሪት ዝኹን ብረት ኣልጊሉ ሆ እናበለ ዝትኮስ ዝመሰሎም ኤርትራዊ
ኣፍሪቃዊ፣ ኣንጻር እምነቶም ሰላማውን ርጉእን ህዝቢ ኩይኑ፣ ኣብ ዋኒኑ
ጥራይ ዘተኮር፣ ተቆባል፣ ጋሻ ህዝቢ ምስ ኩኖም፣ ሰብ ሰግያዊ ቀቢዕ፣
ብረቶም ገገዴሮም ኣብ ከተማ ሸናዕ ምባል ለሚዶም፣ ካብ ወተሃደራዊ
ተልእኾ ወጺኦም ናብ ፍጹም በጸሕቲ ሃገር ተቆየሩ።

መስርዕ ናይታ ኣብ ቃራና መንገዲ ዝነበረት ኣንፍቭያን'ውን ከም
ብጾቶም ኣብ ታንክ ኣትዮም ቀባሕባሕ ክብሉ ዝውዕሉ ዝነበሩ፣ ምቹእ
መናብር ላስቲክ ኣምጺኦም ኣብ ጎኒ ታንኮም፣ መጋርያ ሓዊ ኣጉዶም ሻሂ
እናስተዩ ክዘናግዑ ጀመሩ። ሓደ መዓልቲ ግን ሓደ ወተሃደራዊ ክዳን
ዝለበሰ ሰብ ብጉ•ያ ናብ ታንኮም ብምሕኳር፣ ረሸራሽ ናይታ ታንክ ዓትዒቱ
ኣፈ-ሙ•ዝ ናብቶም ኮፍ ኢሎም ዝዛነዩ ዝነበሩ ወተሃደራት ዓቃቢ ሰላም
ብምቅናዕ፣ ብውጹእ ቋንቋ ዓረብ፣ "ያላ ጉም ዓቃብ ሰላም ሓራሚ፣ ያላ
ጉም!"(ቀልጥፉ ተስእ ዓቃቢ ሰላም ሰራቒ፣ ተስእ) ብዓውታ ዝጭድር ድምጺ
ተሰምዐ። ኣብ ተጠንቀቅ ዘይነበሩ እቶም ወተሃደራት፣ በብዝንበሩ•ዎ እግሬይ
ኣውጽእኒ ፋሕ ብትን በሉ። እቲ ድምጺ መመሊሱ ብዓውታ ቀጸለ። "ያላ
ጉም!. . .ያላ ጉም!". . . ፋሕ ኢሎም ዝተበተኑ ወተሃደራት፣ ኣብቲ ከባቢ
ዝነበሩ ሰራዊት ኤርትራ ረኺቦም ሽግሮም ድሕሪ ምስማዕ ናብታ ታንክ
ብምኻድ፣ ብቋንቋ ትግርኛ፣ "መን ኢኻ? ውረድ!" ምስ በሉ ብእትፈልጦ
ድምጺ፣ ዝተኣዘዘት በዓልቲ ረሸራሽ፣ ብስሓቅ ካዕ. . .ካዕ እናበለት፣ ብጸያፍ
ትግርኛስ፣ "ዓቃቢ ሰላም የህዲመየን፣ ዓቃቢ ሰላም የህዲመየን፣" በለት
ዘየቋርጽ ስሓቅ ኣስንያ። ሰራዊት ኤርትራ'ውን ተግባራታ ኣሰሒቑዎም ነቲ
ለይቲ ምስኣ ሓቢሮም ብስሓቅ ቀደዱዎ።

543

"እቲ ከድጃ! ከምኡ ዘይግበር! ንዒ ውረዪ፡" አትሪሮም ገሲጸማ፡፡ ንሳ ግን ዘፈጸመቶ ቅያ ጥራይ እዩ አሐቢኑዋ፣ እና ወረደት እንክላ'ውን ስሓቓ አይተቆጸረቶን፡፡

ብድሕሪ'ዚ፡ ሰራዊት ኤርትራ ነቶም ዘነፈጹ ወተሃደራት 'ዓቃቢ ሰላም' አተሃዳዲአም ናይ አእምሮ ጸገም ከም ዘለዋ ሓቢሮም ናብ ቦታአም መለሱዎም፡፡ ብድሕሪ'ዚ ነቶም ሓለዋ ዓቃቢ ሰላም፡ ሓለዋ ወተሃደራት ኤርትራ ተገብሮም፡፡

ከድጃ ልዕሊ ካልእ እዋን ህቡብነታ ወሲኹ፡ ጋበዝቲ ሻሂ በርኪቶምላ፡፡

*   *   *

ሓይልታት ምክልኻል ኤርትራ ንኹሉ ምዕራባዊ ግንባር ክለቆ እንክሎ፡ ብአጋርን መካይንን አብ ዘወጸሉ ዝነበረ ጉላጉል ዳስ ብብዙሓት ዓርጣማት አጉባዝ መሊኡ ጸንሓና፡፡ ንነፍሲ-ወከፍ ምንቅስቓስ ሰራዊትና ስኢልና፡ ዝፈጠረለይ ስምዒት ግን አይነበረን፣ ወላ ገማጢልካ ስእሎ፡ ካብ ደረቕ ስእሊ ፈሊኻ ዳርጋ ክትርእዮ አይትኽእልን፡፡ ተደጋጋሚ ምንቅስቓስ፡ ተደጋጋሚ ፍጸመ፡፡ እዞም ሸደናት እዚአም ገዲፍዎ ዘወጹ መሬት፡ ቦቶም ሰራዊት ዓቃቢ ሰላም ክሕሎ ምርኣይ ልብኻ ሰገጠ እናበለ ኢኻ ትቕበሎ፡፡ ሰላም ስለ ዝተደለየ ግን ምእንቲ ሰላም መስዋእቲ ትኽፍል፡፡ ከም'ቲ ስምምዕ አልጀርስ ዝእዝዞ፡ አብ ትሕቲ ጸላል ሓቡራት ሃገራትን ማሕበረሰብ ዓለምን ዝተአተወ ማሕላ ቃል-ብቓል ከም ዝፍጸም፡ አብ ለዋህ ልበይ ሕድገት'ኳ አይገደፍኩን አሚነዮ ነይረ፡፡

እቲ ቡቲ ዝነበርናዮ ሽንኽ ዝአቱ ሰራዊት፡ ብተዓዘብቲ (OBSERV-ERS) ተዳልዩሎም ዝጸንሐ ቦታ ክርከቡ፡ ጉዕዞአም ብአምሓጀር'የ ፈሊመ፡፡ ነቲ ምርኽኻብ ክንስንድ ናብቲ ቦታ ክንከይድ ተሓበረና፡፡ እዚ ጉዕዞ'ዚ ካብተን ፍሉይ ጦብላሕታ ከሕድራለይ ይኽእላ እየን ዝበልኩዎን እያ ነይራ፡፡ ንመጀመርታ ግዜ አምሓጀር ክበጽሕ እየ፡፡ ተሰነይ ሓሊፍና ናብቲ ለጥ ዝበለ ጉልጉል ገልጅ ክንከይድ ብዘጀመርና፡ ጽርግያ ተሰነይ ገልጅ ተበላሸዩን ዓንዮን ጸንሓና፡፡ ካብ ቀንዲ ጽርግያ እናተአለኻ ብነኺ-ነኺ እትኸዶ ይበዝሕ፡፡ ገልጅ፡ እታ ዕምርቲ ሓውሲ ከተማ፡ ከም ቀደማ ወዛሕዛሕ ክትብል ጸንሓትና፡፡ ካብ ሓውሲ ከተማታት ኤርትራ ዘየቋርጽ ዕሙር ዕዳጋ ዘለዋ ገልጅ እያ፡፡ አብ መዓልቲ ዕዳጋ ጥራይ አይኮነትን ግን እትዕመር፣ ኩሉ ግዜ ዕዳጋ፡ ኩሉ ግዜ ተጉላዕልዕ፡፡ ህዝቢ ካብ ኩሉ መአዝናት ኤርትራ ምስ ወሓዘ እዩ፡፡ ከተማ ዘብላ ጽባቐ'ኳ እንተ ዘይብላ፡ እቶም መስርያም ዘይሓዘ ጉደናታታ ሓላፍ-ዘላፍ ምዕባለአ ዘርእዩ እዮም፡፡ ዕዳጋአ ግን ወትሩ ጽባቐ ይህባ፡፡ ዳርጋ ኩለን ብሄራት ሃገርና ዝቅመጣአ ሓውሲ ከተማ እያ ገልጅ፡፡

ማዕሎባ ገርገፍ ደጊመ ርእየዮ፤ ኣብ ሰላም ዘይኮነ ኣብ ውግእ ዝኽሩ ኣለኒ፡፡ ከምቲ ቪድዮ ካሜራይ ዝሰኣለቶ ዘይሃሰስ ሰነድ ዘልዎ ዝኽሪ፡ ለጥ ዝበለ ጉልጉል፡ ፈለስለስ ዝበለ ዋላኻ ኩይኑ ተቐቢሉና ኣምሓጀር፡፡ ናብታ ክርእያ ዝተሃንጠኹ ኣምሓጀር ተቓሪብና፡፡ ቀውዒ'ኳ እንተ ነበረ፡ ዘራእቲ ዘይኮነስ ጸህያይን ሳዕሪን ዝመልአ ግራውቲ እዮ ተቐቢሉና፡፡ እቲ መሬት፡ ብስንኪ ወራር ወያነ ኣይተዘርአን ነይሩ፡፡

ኣምሓጀር ካብ ዘመነ ጥልያን ክሳብ ሃይለስላሰ መንግዓዚያ፡ ተሌፎን፡ ኣገልግሎት ፖስታ ዝነበራ ቀንዲ ማእከል ሕርሻ ምንባራ እስምዕ ነይረ፡፡ ዓባይ ቄላዋት ከተማ ክርኢ ተሃንጥዬ እየ ኣትየ፡፡ እትው ምስ በልኩ ኣብ ማእከል'ቲ ሰጣሕ ጉልጉል ዓቢ ገጠ ረኣኹ፡፡ ዓይኒ ዝማርኽ ነጋ'የ፡፡ ዝኹን ገጠ ነፋቱ ጽባቐ'ኳ እንተ'ለም ገለኡ ይትረፍ ክትሓኹሮ ክትርእዮ እዮ ዘጽልኣካ፡፡ ክርንኪሕ ነቦታት'ውን ኣሎ እዮ፡፡ ኣብ ኣምሓጀር ግን፡ ኣብቲ መወዳእታ ዘይብሉ ጕላጉል ግርማ ዝህብ ዝተፋዕነነ ነጋ ንበይኑ ደው ኢሉ ክትርእዮ ፍሉይ ባህታ ይፈጥረልካ፡፡ እዝን እቲ ክንዮኡ ዘሎን ከይከውን መሰረት ስም ኣምሓጀር፡፡ እምኒሓጀር ወይ ኣምሓጀር ብቋንቋ ዓረብ ኡ-ምሓጀር ኩይኑ ትርጕሙ እምኒ ወይ ሰፈር ኣእማን ወይ ከኣ ኣደ ኣእማን እዩ፡፡

እቲ ነጋ ግን ከምቲ ግርማኡ ሽነን እናበልካ ትዛወረሉ ኣይኮነን፡፡ ኩሎም ገዛእቲ ስርዓታት ኢትዮጵያ ኣብ ክንዲ ኣግራብ ፈንጂ እዮም ዘራእሞ፡፡ መን ተንከስ ክብሎ! ብተወሳኺ፡ ኣብ ሰብዓታት፡ ሓደ ሻምበል ኢትዮጵያ ንህዝቢ ኣምሓጀር ብሓንሳብ ኣኪቡ ኣልማማ ረሺኑን ዘሚቱን፡ ዛራ ተከዘ ደም ንጹሃት ኣውሒዙ እዩ፡፡ ኣብቲ ህዝቢ ኸኣ እቲ ክሳብ ሕጂ ዘይተረሰዐን በሰላኡ ዘይጠፍአን ታሪኽ ገዛእቲ ኢትዮጵያ እዩ፡፡ ሸዉ ነባሪኣ ዝነበረ፡ እቲ ናይ መጀመርታ ናብ ሱዳን ክስደድ ዝተገደደ እዩ ነይሩ፡፡

መኪናና ሕንባበአ ኣየቋረጸን፡ ጫፍ ናይታ ከተማ በጺሕና፡፡ ርእሲ ዘይብሉ ኣንዱ፡ መካበቢያኡ/መንደቕ ጥራሕ ዝተረፈ ገዛውቲ ረኣና፡፡ ካብ ስሕው ዝበለ ጫፍ ናብ ዕሙር ገዛውቲ፡ ገዛውቲ ዝበየል'ኳ እንተ ዘይኮነ፡ መካብብያ ጥራይ ዝነበሮ እዮ፡፡ ቪድዮ ካሜራይ ብመስኮት መኪና ኣውጺአ ክስእል ጀሚረ፡፡ ምስቲ ሓጕጽጕጽ ኣቐሪበ ክስእል ኣይከኣልኩን፡፡ ለንስ ካሜራ ኣግፊሐ - ZOOM OUT - ብምግባር ክስእል ኣብ ዝጀመርኩሉ፡ እቲ ዝስንደ ዝነበርኩ መስደምም ምርኢት እዩ ነይሩ፡፡ ብደወይ ኣለኹ ትብል ገዛ ዘይብላ ከተማ፡ ዝርአ ነገር ሰኢኑ፡ ኣብ ውሽጢ'ቲ ዝባኑ ዝተቐንጠጠ ገዛውቲ፡ ዝቦዓለ ጸህያይን ተረፍ-መረፍ መሸላ ማዕረ ቑመት መንደቕ በጺሑ፡ ናብ ፍጹም ዱር ዝተቐየረት ጥንታዊት፡ ብኹዕታ ዝተረኽበት ከተማ'ያ መሲላ፡፡

545

አብ ውሽጢ'ታ ቀንዲ ከተማ ምስ አተና፡ አንጻር ዕንወት አጋነፈና። ምስክር ክኸውን ዝተረፈ፡ እርጋን'ኳ እንተሃለዎ፡ ብውሕሉል አገባብ ዝተሰርሐ ናይ ሃሩር ገዛውቲ፡ ብሬት ድንቁብ ዓርኮብኮባይን ልሑን ዝተሰርሐ ውሑድ ገዛውቲን ቤት ትምህርቲ ናይታ ከተማን አይፈረሳን ነይረን። እታ ክርእያ አመና ዝተሃንጠኹ ከተማ አይነበረትን። እተን ገዛውቲ ብኸመይ ተሪፈን ተገረምኩ። ብዙሕ ዘሕስብን ዓሚቝ መልሲ ዘድልዮን ግን አይነበረን። ሓቲተ ዝተመለሰለይ ከአ፡ "ናይቶም አብአን ዓስኪሮም ዝነበሩ ወተሃደራት ወያነ መደቀሲን ቤት ጽሕፈትን፡" ተባሂለን ዝተረፋ እየን ነይረን። ቀሪብ ናብቲ ገዛውቲ ከስእል ጀሚረ። ምስ ግዕዙይ ርስሓቱን ወተሃደራዊ ጫማታት ወያኑን ተኾሚሩ ዝተጓሕፈ ስቃጥላታት፡ ኮንደም፡ ናይ ሕክምና ፋሻታት ምስ ደሙ። . . ዘጸይን ትርኢት ነበሮ። እተን ዘይፈረሳ ገዛውቲ ነዚ መሲለን ነበራ።

እታ ከተማ አበይ አላ? ብመድፍዕ ተሃሪሙ ዝተበናቘረ ተረፍ አይነበረን። ብነፋሪት ተሃሪሙ ሓሪሩ ዝተሰባበረ ንብረት'ውን አይነበረን። ኩሉ'ቲ ዕንወት ብኽኢላ ፈንቃላይ ዝተገብረ እዩ ዝመስል። አምሓጀር ሮዓአ ጠቒላላ ዝገሽት ከተማ እያ መሲላ። ድሓሮም ከም ዝሓብሩና ኸአ፡ ስግር ራባ ተከዘ አማዕዲኻ አምሓጀር ተቦንቁራ ናብ ሑመራ ስጊራ ትረአየካ። ድሮ'ውን አብ ሑመራ ሓድሽ ዓዲ ዝበሃል ተመስሪቱስ ብዚንጎታት አምሓጀር ተረቓቒው ዝተሰርሐ ገዛውቲ አብ ጎኒ ሑመራ መስመስ ክብል አማዕዲኻ ይርአ ነይሩ። ክስእሎ'ኳ እንተ ፈተንኩ፡ ካሜራይ ክትሽፍኖ እትኽእል ርሕቀት ውሱን ስለ ዝነበረ ከምቲ ዝግባእ አይሰአልኩን፡ ሃሳስ ስእሊ ሓዳስ አምሓጀር አብ ሑመራ ግን ስኢለ።

ምስኪናይ ህዝቢ ትግራይ ግዳይ ሓጥያቶም ክገብሩም፡ "ኩሉ ዝረኸብካዮ ንዓኻ! ዝመት!" ኢሎም አውፊሮሞ። እቲ ዘገርም፡ መሳፍንቲ ኢትዮጵያ ናይ ወራር ነጋሪት አብ ዝሃርሙሉ፡ ቀዳመይቲ ቋንቋአም ብህዝቢ ዘረፋ ከም ዝካየድ እዩም ዝገብሩ። ደርጊ አብ መጀመርታ ስልጣኑ፡ ቀዳማይ ወራሩ ብራዛ ፕሮጀክት አብ ሚያዝያ 1976 ክጅምር እንከሎ፡ ንህዝቢ ራያዕዘቦ ገለ ክፋል ወሎን ገለ ክፋል ትግራይን፡ "ናብ ኤርትራ ክትዘምቱ ኢኹም፡ እቲ ህዝቢ ሃብታም እዩ። ወርቁ ጨርቁ ንብረቱ ከብቱ፡ አንስቱ ኩሉ ዘዘረፍኩም ንዓኹም'የ፡ ዘለኩም ጠበንጃ፡ ጉራዔ፡ በርበረ፡ መስፈ፡ . . . መሳርሒ ሒዝኩም ውፈሩ። ውሑዳት ሽፋቱ ክጓንፉኹም እዮም፡ ረጋጊጽኩምዎም ትኸዱ።" ብምባል እዩ ናይ መጀመርታ ወራር አካይዱ አብ ልዕሊ ህዝቢን መሬትን ኤርትራ ዝአተወ። ገበር እናሓረዱ፡ ወርቂ ካብ እዚኒ አንስቲ እናመንጠሉ፡ ቄልዑ ብሳንጃ እናዘልዘሉ። . . ዘካየዱዎ ወራር አብ መሬት ስመጃና ብሰውራ ኤርትራ'ዩ ተደምሲሱ።

ጸሓይ አምሓጀር መሪራ'ያ ነይራ። ንዓና መሪራ ዝሒላ መሬትና እዩ፣ ኣብ ንኽዶ የብልናን። ወተሃደራት ዓቃቢ ሰላም ግን ዓቕሊ ስለ ዘጽበቡ፣ እቲ ኣረኻቢ መኮነን ኤርትራ (liaison officer) ናብታ ቤት ትምህርቲ ሒዙና ከዱ። እታ ቤት ትምህርቲ'ውን ብርስሓት ተጉቢኣ ጸንሓትና፣ ዓቃብ ሰላም ምስ ድኻሞም ኣብ ምጽርራይ ኣተዉ። ኣነ እየ ደንጊጸ እምበር ነገር ወተሃደር ከምኡ እዩ። ግዜያዊ መጽለሊ ዝኸውን ቴንዳታት ብምትካል ቀዳመይቲ ነቑጣ ተረኸበ። ናይዚ ሓፈሻዊ ስእሊ ወሲድና፣ ዓቢ ፍጻመ ኣይነበረን ክስነድ ስለ ዝነበር ግን ስኢልናዮ። ድሕሪ ገለ መዓልቲታት ምስቶም ኣብ ኢትዮጵያ ዝነበሩ ዓቃብ ሰላም ክራኸቡ ነይሩ'ቲ መደብ። ክሳብ ሸዉ ግን ስራሕና ወዲእና፣ ምሉእ ምሸት ንኣምሓጀር ክንዘራ ኣምሰና። ጽቡቕ ምርኢት ከም ዝነበራ ኣቃውማኣ ይምስክረላ። ብዓቢኡ ሩባ ተከዘ እያ ተጉዝጒዛ ዘላ - ባህርያዊ ጽባቐ ዘለዎ ትዕድልቲ።

ሻምብቆ'ውን ካልኣይቲ ናይ ምርኽኻብ ነቑጣ እያ ነይራ። ብምሉእና ኣባላት ዜና ግንባር መረብ ሰቲት ዮናስ ኪዳነ፣ ሳሙኤል መንግስተኣብ፣ ኣቡበከር ዓብደልኣወልን ኣነን እንርከቦም ስእሊ ክንስንድ ከድና፣ ብመንገዲ ኣሾሺ ኣቢልና፣ ነታ ሓዳስ ቢንቢና ከይኣተኻ ናብ ሻምቢቆ እትወስድ መንገዲ ጉሲና፣ ቢንቢና ኣተና። ኣብ ቢንቢና ንነዊሕ ተቓሚጥና ስለ ዝነበርና ነፍሲ-ወከፍና ነናቱ ዝኽሪ ኣለዎ። ኣብቲ ድሕሪ ሳልሳይ ወራር ቢንቢና ዝኣተናሉ ግዜ፣ ንቢንቢና ኣኣዳው ወያነ ሓሊፉዋ ነይሩ፣ ዕንወት ጥራይ ዘይኮነ ኣረሜንነት ዝተፈጸሞ ቦታ እዩ ጸኒሑና።

ቢንቢና ንእሽተይ ሹቕ ዘለዋ ንእሽተይ ዓዲ እያ። ብግራም ኢደ ጥበብ ዝተሰርሓት፣ ካብ ኩሉ ንሊሓ እትርአ፣ ኣብ በሪኽ ኩርባ ዝተሰርሓት ቤተ-ክርስትያን ኣላታ። እታ ቤተ-ክርስትያን ብኹሉ ሸነኻት እትርኣን ግርማን ጽባቐን ቢንቢና እያ። ናብ ውሽጢ ዓዲ ምስ ኣተና፣ እታ ቤተ-ክርስትያን ጥዕይቲ ዝነበረት መሲሉና ነይሩ። ምኽንያቱ፣ ኣጋዱ ናይቲ ቦታ ኣይተሃሰየን። እናሰኣልና ንውሽጢ ኣብ ዝኣተናሉ ግን ለካ ንሳ'ውን ብመድፍዕ ኣረኻኺቦምላ እዮም። ናብቲ ቀጽሪ ቤተ-ክርስትያን ምስ ኣተና፣ ብቋንቋታት ኩናማን ትግርኛን ዝተጻሕፈ መጽሓፍ ቅዱስ ተቐዳዲዱ፣ ኣብቲ ጉልጉል ተደርቢዩ፣ እቲ ቤት መቕደስ ከኣ 24ኛው ክ/ጦር ሕክምና ተጻሒፉዎ፣ ብዝነቐጸ ደም ተጨማሊቑን ዝተደርበየ ጡዋ፣ ፋሻ፣ ጌማ፣ . . መሊኡ ጸንሓና። እቲ ዝብኣስ ነፍሲ-ወከፍ ክፍሊ ናይቲ ቤት መቕደስ ኮንዶም ተደርብዩዎ ነበረ። ንጽህናኻ ሓሊኻ ኣበሳ ክሕደግልካ እትኣትም ስፍራ፣ ናይዞም ዘይንጹሃት ኣበስቲ ርስሓቶም ብዓይኒ ካሜራና ስነድናዮ።

ቢንቢና ካብ ዝተፈላለየ ቦታታት ዝተመዛበሉ ዜጋታት ወሲኻ'ያ ጸኒሓትና። ኣብ ሻምብቆ ዝነበረ ጽምብል ከነርክብ ቀልጢፍና ሓለፍና።

ብማእከል ሻምብቆ ሓሊፍና፡ አብቲ አብ ጥቓ ደንደስ ሩባ ጋሽ ተዳልዩ ዝነበረ ናይ ጽምብል ቴንዳ፡ መናብርን ጠረጴዛታትን ተዳልዩ ጸንሓና። በናፍ፡ አራንሺ፡ ኮካ-ኮላ፡ ፋንታ፡ ማይጋዝ . . . ተነቢሩ። ተራን ሓለፍትን ወተሃደራት ዓቃብ ሰላም፡ ብወገን ኤርትራ ወኪል አዛዚ ግንባር፡ ኮሎነል በርሁ ረዘነ (ቦካሳ)፡ ሓላፊ ምውህሃድ ምስ ዓቃብ ሰላም ዞባ ጋሽ ባርካ ኮሎነል እዮም (ፈንጂ) ካልኦትን ክዘራረቡ ተአከቡ። ክሳብ'ቶም ብወገን ኢትዮጵያ ዝመጹ ድማ አብ ትጽቢት አተና። ነቲ ትጽቢት'ውን ስነድናዮ። ምድንጓይ ልዕሊ ትጽቢት አብ ዝኹነሉ፡ ሰብ ቄጸራ ንሩባ ጋሽ ብእግሮም ቆረጾም ክመጹ ጀመሩ። ካሜራይ አልዓልኩ። ደርና እዮም መሲሎም። አብቲ ቦታ ምስ በጽሑ ሰላምታ ተለዋወጡ። ውዕውዕ ግን ከአ ከቢድ ህሞት ስዒቡ ናብ ረዚን ክትዕ ተቓየረ። ካባና ርሕቕ ኢሎም ይዛረቡ ስለ ዝነበሩ፡ ፍረ-ነገሩ አይተረድእናን። እቲ ክትዕ አብ መንጎ ሓለፍቲ ኤርትራን እቶም ብኢትዮጵያ ዝመጹ ሰራዊት ዓቃብ ሰላምን እዩ ነይሩ። እቲ ርሱን ህዋህው ድሕሪ ነዊሕ ስንፈላል ሃድአ።

ስምዖ ነቑጣ ሻምብቆ፡ እቶም አብ ኤርትራ ዝሰፈሩ ሰራዊት ዓቃብ ሰላምን ወተሃደራውያን ሓለፍቲ ኤርትራን አብ መራኸቢ ጽምብል ሻምብቆ ክርከቡ፡ እቶም ብወገን ኢትዮጵያ ዝመጹ ሰራዊት ዓቃብ ሰላም ድማ አብ ዝተባህሎም ቦታን ግዜን መኻይኖም ሒዞም ክሳብ'ታ ድርኩኺት ክበጽሑ እዮ ነይሩ እቲ ስምምዕ። ሰራዊት ዓቃብ ሰላም ግን ዝተመሽጠረ ልቢ ግዲ ሒዞም፡ መኻይኖም ስግር ሩባ ገዲፎም ብእግሮም እዮም መጺኦም። ናይ ሓለፍቲ ኤርትራ ሕቶ ድማ እዚ'ዩ ነይሩ። ግዜን ቦታን ተፈለዮ፡ ንኹሉ ነገር ቅድመ-ምድላዋት ተገይሩ ቃል-ብቓል ዝፍጸም ስምምዕ ክነሱ ስለምንታይ አብ ምጅማሩ ከም'ኡ ተገይሩ ገረመኒ። ዓቃብ ሰላም ዝሃቡዎ መኸላኸሊ ነጥቢ ትርጉም አይነበሮን። እቲ ሩባ ብስሚንቶ ማሻሻታ ተገይሩሉን ብሃንደሳ ተፈቲሹን ክነሱ፡ እዚ ኹሉ ቅድመ-ምድላዋት ድማ ተሓቢሩዎም እዩ። እቲ ምኽንያት እምባር ወተሃደራት ወያነ አብተን ስግር ዝገደፉወን መኻይን ስለ ዝነበሩ እዩ።

ቅድሚ ጸሓይ ምዕራብ ንባረንቱ ክንምለስ ነይሩና። ብማእከል ከተማ ሻምብቆ ሓሊፍና ብጃላ ውሑዳት ናይ መንደቕ ገዛውቲ፡ እቲ ከተማ ብነፈርቲ ወያነ ዓንዩ እዩ ነይሩ። ጥር ዝብል ሰብ ዘይብሉ፡ መካን-መቓብር ዝመስል፡ ሓጸልጸል ዝብል ናይ ዝተበሳዕ ዚንን ድምጺ። ጥራሕ ዝሰማዕለ ጭፍው ዝበለ በረኻ። አብታ ከተማ አብ ዝርከብ መቓብር በጽሐና። ወያነ ምስ ሰማእታትና ዝተዋግአሉ መስተንክር ድማ ረአና። እቲ ሓወልቲ ሰማእታት ብመዳፍዕ ዓንዩ፡ መቓብር ተፈሓሒሩ፡ ኣዕጽምቲ ተፈናዊሉ። ውግእ ምስቶም ረፍ ኢሎም ዝደቀሱ ሰማእታት ኩይኑ፡ እንተ ዘይረገጽናዮም ተባሂሉ ዝተገብረ ወያናዊ ዕብዳን ዝተፈጸም ዘሕፍር ዛንታ ስንድና። እታ

መቓብር ንእሽቶይ እያ፣ እቶም ኣብ ውሽጣ ረቂ ኢሎም ዝነበሩ ግን ዓበይቲ፣ ኣጸቢቖም ዓበይቲ'ኳ ደኣ፣ ንኤርትራ ሓራ ንምውጻእ ላሕ ዝበሉን ወያን ኣብ ሽረ ምስ ተዳኸመት በጃ ዝኹኑዋን ሰውኣት ዝሓቆፈ ታሪኻዊ መቓብር። ንሳቶም ጥራይ ዘይኰኑ፣ ወያን ኣብ 1998 መበገሲ ወራሮም ግዳይ ናይ ዝገበሩዋም ሽምንት መኰንናት ኤርትራ መቓብር'ውን'የ ነይሩ።

ኣብ ካልእ ኣጋጣሚ፣ ዳግሙ-ምህናጽ መቓብር ሓርበኛታት ሻምብቆ ክስእል ኣብ ዝኽድኩሉ ብኣደታት ዓዲ ጥልያን ዳግማይ ተሃኒጹን ገፊሑን ኣብ ዕለተ-መመረቕታኡ ካብ ዝተፈላለየ ቦታታት ኤርትራን ካብ ወጻኢ ሃገርን ዝመጹ መፍቀርቲ ሃገር ተሳቲፎም። ነዚ'ውን ርእየዮን ሰኔደዮን - ስለስተ መልክዓት መቓብር ሓርበኛታት ሻምብቆ።

መኪናና ቀቅድሚ መካይን ዓቃብ ሰላም እናኸደት ኣብቲ ደግዳግ መንገዲ ንየው-ነጀው እናነወት፣ ርጉእ ሓሳብ ዘይብሉ ከቢድ ጉዕዞ ተጓዒዝና ተመለስና።

* * *

"ምሳይ ትብገስ ዶ?"ሓተተኒ መሓመድ ደግለል (ወዲ ደግለል)፣ ኣባል ክፍሊ. ስነዳ ምምሕዳር ዞባ ጋሽ ባርካ ሓደ እዋን ብስራሕ ምስ ተበገሰ።

"ናይ ካሜራ ጸገም የለን፣ ካብ ናትኩም ዝሓሻ M.D.9 ዝበሃላ ኢና ሒዝና ክንኪይድ፣" ድማ በለኒ። ሓቁ'ዩ ናትና 3500 ሺኤችኤስ (VHS) ካሜራ ኣብ ኩሉ ወራራት ተሳቲፈን ደርናን ባሩድን ቁሒመን እየን። እርጋን'ውን ኣርኪቡወን ነይሩ። ንሓላፊየይ፣ ኣቡበከር ዓብደልኣወል፣ ብዛዕባ'ቲ ምስ ወዲ ደግለል ዝተዛራረብናሉ ጉዳይ ሓቢረዮ፣ ፍቓድ ረኺበ። ናብ ሽላሎ፣ ቢያራን ሸሸቢትን ተበገስና። መገሺና ዝዓነወ ቤተ-ክርስትያን ዓዲ ሃኪን መቓብር ሓርበኛታት ሻላሎን ምስናድ እዩ ነይሩ።

እዚ ቦታ'ዚ ካብቶም ንመጀመርታ ግዜ ዝርእዮም ዝነበርኩ እዩ። ወላ'ኳ ኣባላት ዜና ግንባር መረብ ሰቲት ንኹን፣ እቲ ግንባር ብኽልተ ጉጅለታታ ዜና እዩ ዝሸፈን ነይሩ። ካብቲ ጸጋማይን የማናይን ግንባር መረብ ሰቲት እታ ናትና ጉጅለ ጸጋማይ ግንባር እያ ትውክል። እሰላ፣ ጎሶሞ፣ በርቂላጽያ፣ ትኹል፣ እንዳባ ስምኦን፣ ሰፉኣ፣ ደምበ ሕምብርቲ. . . ንዝነበረ ንጥፈታት ሰራዊት ትስንድ። ድሕሪ'ቲ ወራራት፣ እታ ኣብ የማናይ ግንባር ዝነበረት ጉጅለ ናብ ካልእ ዕማማ ስለ ዝኸደት፣ ብናትና ጉጅለ እዩ ዝሸፈን ነይሩ። ሽው'ምበኣር፣ ምስ ወዲ ደግለል፣ ንመጀመርታ ግዜ ናብቲ ቦታ እኸይድ ነይረ።

ረጊጸዮ ስለ ዘይፈልጠ፣ ብዛዕባ'ቲ ቦታ ክሓድረኒ ዝኽእል ፍሉይ ጥብላሕታ ኣይነበረንን። ከም ኩሉ ገጠራት ኤርትራ ክህልዎ ዝግባእ ግርማ

549

ግን አይነበሮን። ወያን ሃሰስ ኢሎም እዮም ሸላሎ፡ ሓበላ፡ ሸሸቢት፡ ዓዲ
ሃኪን፡ ቢያራ፡ . . . ህድሞኡ፡ መረባዉ፡ አንደኡ፡ . . .አዕንዮም ዘራፍሞ፣
በዱ መሬት እዩ ነይሩ። አብ ማእከል ሸላሎ ግን ክንዲ'ታ ዓዲ ዝኸውን
ከተማ ተሃኒጹ ነይሩ፡ ብትሪኮላታ ዝተኸለለ መዓስከር ዓቃብ ሰላም።

ዓዲ ሃኪን አብ በሪኽ ቦታ ዝተደኩነት ንእሽተይ ዓዲ እያ። መኪናና
ብናህሪ ክትመጽእ ጸኒሓ አብ ጫፍ ናይቲ ዓዲ ምስ በጻሕና፡ መራሕ
መኪና፡ ፍጹም ብርሃነ፡ ደው ምስ አበላ ካሜራ ሒዘ ወሪደ ዕንወት ናይቲ
ዓዲን አብ ፍርቃ ዝተነዕመመት ቤተ-ክርስትያንን ብዓይነይ ኮሊለዮ። እታ
ቤተ-ክርስትያንን እታ ዓዲን ብዮማንን ጸጋምን ናይቲ ገበ እየን ተሰሪሐን፡
ብቤተ-ክርስትያን ጀሚረ ናብታ ዓዲ ሰጊረ ክስእል ወሰንኩ። ሓፈሻዊ
መእተዊ ክኸውኒ፡ አብ ታሕቲ ከለኹ ክስእል ብግስ ምስ በልኩ፡ መሬት
ዝንቅንቅ ፋጻ ንስጉምተይ ገትአ። "ደው በሉ ከይትንቀሳቐሱ!" ብዓውታ
አድሃየ ሓደ ሰብ። ትእዛዙ አኽቢርና ተጸበናዮ። እናላህልሀ እዩ መጺኡና፣
ፍሉይ ዝሕብሩ ናይ ሓደጋ ምልክት ዝነበር ክዳን ለቢሱ ነይሩ።

"ናበይ ደሊኹም?" ሓተተና ናብ ካሜራይ አተኵሩ እናጠመተ።

"ሰእልቲ ናይ ዞባ ኢና፣ ነዚ ዕንወት ክንስንድ መጺእና፡" ሓበርናዮ።

"እዞን ኩለን አብዚ ገቦ ተሰጢሐን ዘለዋ ትርኦዎን ዶ አለኹም?"
መሊሱ ሓተተና። ሓቁ'ዩ፡ መሬት ዓደን ደሓን ዘሎ መሲሉዎን ዝአተዋአ
ኩብቲ ከም ሲአል በሊዑወን ረአና።

"ክትድይብዎ አይትኽእሉን ኢኹም፣ ወያን ዓሪዱሉ ዝነበረ ቦታ እዩ።
ንነፍሲ-ወከፍ ስጉሚ ኸአ ብፈንጂ እዩ ዘሪኡዋ።ተንከስ ኢልካ ዝእቶ
አይኩነን፡ ንሕና አባላት ፈንጂ ዘውጽአ ናይ ውልቂ ትካል ኢና። ሕጂ
ብሰላምኩም ተመለሱ፡" በለና።

አደኻ ከም ዝለአኸትካ አይኩኑን። ብማዕዶ ካብ ጽርግያ፣ ንዓዲ ሃኪንን
ቤተ-ክርስትያናን ዓሚቐ ትንታን ዘይብሉ ስእሊ ሰአልና። ግን አየናይ
ፍሉይ ነገር ከይገብር ወያን! ሓደ ዕዮ እየ - ዝርፋን ዕንወትን። ንሱ ኸአ
ሕልናና ስኢሉዎ ናብ ሸሸቢት ተመለስና።

ሸሸቢት ብዘይካ'ቲ ወያን ዘዕነፀ ገዛውቲ፡ ስፍሓት ዘይብላ ንእሽተይ
ዓዲ እያ። ሸሸቢት ካብ ስፍሓታ ስማ ዓቢዩ፡ ትጸቢተይን ስማን ዘይራኸብ
ኮነኒ። በቲ ውግእ ዝፈጠር ሽግር፡ ገለ ዓዲታት ዝተጋነነ ዝና እየን ረኺበን።
ከምኡ ግዲ ኩይኑ ኸአ ብዙሕ አይዓገብኩን። ሓደ ነቑጣ ፖሊስ ኤርትራ
ጸንሓና፣ መምጽኢናን መንነትናን ምስ ፈለጠ ሓላፊ ናይታ አሃዱ፡ "ንዑ
በሉ ነዞም ገባር'ሞ ርኸቡዎም ሽግሮም ተቓልሑሎም፡" በለና። አብ ሓደ
ጸጊ ናይ ሓደ ገዛ ተኾርምዮም፡ ርእሶም ናብ መሬት ዝደፍኡ ንሰት
ጸንሐና። መግለጺ አይትጸበየሎምን ኢኻ፡ ጉህያት ም ኚኖም ነፍሶም

ይነግረሎም። ገለ ከም ዝኾኑ ከይተዛረቡ ተረዲኡና። ንድሕሪት ተመሊሰ
ገለ ነገር ዘክርኩ።

እብ ባረንቴ፣ እብ ባር ዓርኰብኳይ፣ ምስ ካልኣየይ ቢራ ሒዝና
እናኣወጋዕና፣ ጉልቡት ሽማግለ ሰብኣይ ነጸላ ተወንዚፉ ብደገ እትዩ እብ
ልዕለና ደው ኢሉ፣ "ቢራ ጓል ብጓይት እበይ ከይርከብ? ካብዚ ጸጋ ኣስመራ
እንዶ እስትዮና!" በለ። ዋና ባር ትፈልጦ ጸኒሓ፣ "ቢራ ሀቡኒ ኢልካ
ኣይልመንን እዩ፣ ርድኡኒ፣ ስለ ማርያም እዩ ዝበሃል፣" ኢላ ኣንጠጠትሉ።

"ዘይኩሉ ሓደ እዩ፣ ኩሉ ምልማን፣" ብርእይቶኣ ኣይተገደሰን።
ተዋዛያይ ለማኒ እዩ።

"ሓንቲ ቢራ ሃብዮም፣" በለ ካልኣየይ። እቲ ሰብኣይ እብ ስግርና ናብ
ዝነበረት ጠረጴዛ ኮፍ በለ። ዋና ባር ቢራ ኣብጺሓትሉ ናባና ኣላጊሳ፣
"ሃብታም በዓል ኣሓ እዮም ነይሮም። ምስ ከብቶም ሕሉፍ ፍቅሪ እዩ
ነይሩዎም። ደሓን ኣይእተዊ ወያነ 40 ኩብቲ ዘሚቶም፣ ሽግ ስምባደ
ምስ ኣተዎም ናይ ርእሲ ጸገም ገይሮም፣" ንእግረ-መንገዳ ታሪኹ ወስ
ኣበለትልና። ብዓንዘር ቀልደኛ ለማኒ ክርእዮ ዝጸናሕኩ፣ ንእለቱ መንፈሰይ
ድንጋጸ ወሪሩዎ፣ ብኽብሪ ናብ ጣውላና ዓዲምና ዛንታኡ ክሰምዕ ተሃንጠኹ።

"ብጓይት ከም ሰብ እየን፣ ፍቅሪ ይወስዳ ፍቅሪ ይልግሳ። ፍቅረን
ብድምጸን ይልግሳልካ፣ ብበረኻ ውዒለን ናብ ደንበእን ክኣትዋ እምባሕ-
እምባሕ ሰብ ገዛ መጸእናኩም እናበላ የበስራኻ። መርኣያ ፍቅረን ከኣ
ጸባ፣ ጠስሚ፣ ኣጅቦ ይህባኻ። ውላድካ ብሳላኣን ይዓቢ፣ ብሳላኣን ይምርያ
ይድርያ፣ ብሳላኣን ድማ ይትስከር። ጓል ብጓይት እንታይ ዘይትኾነና።

"ጓል ብጓይት ሓንሳብ ድምጸኻ ምስ ፈለጠቶ ወዲ ጓና መጺኡ
ኣየዕሽዋን እዩ። ምስጢራዊ ቃናኻ ስኑድ እዩ እብ ጓል ብጓይት።

"እብ ደንበኻ ይሓግያ'ሞ እብ ከባቢ ሚያዝያ-ግንቦት ክራማት እብ
ምእታዊ ሳዕሪ ስለ ዝወጽእ፣ ናብ ሳዕሪ ብሳዕ ባዕላተን እናመራሓኻ፣ ተከዘኡን
ጉላጉል ባድመን ይበጽሓ። ግዜኣን ግዜ ወፍሪን ስለ ዝፈልጣ፣ ብቅድሚት
ኩብኑ ዝመርሕ ሰብ ኣየድልየን እዩ። እንዳ ቃረፉ ክኸዳ ውዒለን ቦታ
ዕረፍተን ባዕለን እየን ዝውስና፣ ሓሊፈን ከኣ የዒግ፣ ጓሳኣን እብ ማእከለን
ይድቅስ፣ ዕረፍተን ምስ ዛዘማ ባዕለን ተንሲኣን መንገዲ ይመርሓ። ከምዚ
እናበላ ተከዘኡን ጉላጉል ባድመን ንኸርመሉ። ዓባር ምስ ሓለፈ ኸኣ ዓደን
ተመሊሰን ንደምበን ሰሲነን ይመልእኣ።

"ወያነ ኰናት ምስ ከፈተ ግን፣ እቲ መብልዒኣን ብሰራዊት ተታሒዙ።
ኰናት ንሰብናን ጥሪትናን ኣርኪብሉ፣ ኣብቲ ግዜ ውግእ ሰራዊት ኤርትራ
ባዕሎም ስለ ዝመለሱወን ክሳብ 2000 ከይሰገራ እየን ሓሊፈናኣ። ክፍንጥሳና

ግን ይፍትና ነይረን፤ ልምዷ ስለ ዘለወን። ዓባር ድማ ነይሩወን። ኮናት ተወዲኡ መሬት ዓቀብቲ ሰላም ምስ አተውዋ ዝለመዳእ መሬት ተሓሪሙወን ዝነበረ ናጽነት ረኺበን ጥሒሰናና ከይደን። ወዮ ዓቀብቲ ሰላም ኩሉ መሬት ዘረጋግኡ እዩ መሲሉና ነይሩ። ተረአኻስ ብላሽ መጸወት ወተሃደራት ወያነ ጌሮምና። ሰሰሊኹም እናአተዉ አርብዓ ከብተይ አብ ቅድሚ ዓይነይ ዘሚቶም፤ ንዓይ ቀጥቂጦም ገዲፎምኒ፤ ዝተቓትሉዄን ኔሮም። ዘድሕኑና መሲሉና አብ ሸላሎ ዘሎ ቤት ጽሕፈቶም ኬድና፤ ሰራዊት ዓቃብ ሰላም ግን ከም አመሓደርቲ ከተማ አብ አባይቶም ተኾይጦም ጸብጸብ ምቕባልን ምምሕልላፍን ጥራሕ እዩ ስርሓም። አንታ ብላሽ እባ እዮም! ካን ቀቢጸ:" በለ እቲ ርእየ ዝሰአነ ሸማግለ ሰብአይ።

እዞም ሸድሸተ ንሶት ሸሸቢት'ውን ካብዚ ዘይፍለ ዛንታ እዩ ነይሩዎም። እቲ ፍሉይነት ክንረኽቦም ከለና ሸዱሸተአም ምስ ደሮናአም ካብ ሞት አምሊጦም ዝመጹ እዮም ነይሮም። ንወተሃደራት ዓቀብቲ ሰላም አብ ሸላሎ ሓቢሮም፤ "እዞ እንታይ ክንገብረኩም ደሊኹም፤ ናብቲ ቦታ አይትኺዱ። በቃ ንሱ ጥራሕ ኢና ንብለኩም" ተባሂሎም። ናብ ገዛኢ መሬቶም ከይአተዉ ተማሕጺኖሞም። ስለዚ ድማ ናብ ፖሊስ ኤርትራ ክሕብሩ ምስ መጹ ኢና አብቲ አጋጣሚ ዝተራኸብና።

ወዲ ደግለል በብሓደ ክሓቶም ጀመረ፤ አነ ኸአ ካሜራይ አዳለኹ፤

ሓቶ፤ ቅድሚ ሕጂ ከም ዝተዘምታ እናፈለጥኩም ስለምንታይ መጺእኩም?

መልሲ፤ ልምዲ ናይዚ ቦታ ስለ ዘለወን ፈንጂገናና እናመጻ።

ሓቶ፤ ክንደይ ከብቲ እየን ተዘሚተናኻ?

መልሲ፤ ናተይ ደአ 20።

ሓቶ፤ ንስኻኸ?

መልሲ፤ ዓሰርተ ሓሙሽተ።

ሓቶ፤ ስለምንታይ ነቲ ሽግር እናፈለጥኩሞ መጺእኩም?

መልሲ፤ እዞም ወተሃደራት ሰላም ምስ አተዉስ ወያን አይተናኾልን ግዲ ይኸውን ኢልና። . . .

ነፍሲ-ወከፍ ንሳ ተመሳሳሊ ዛንታ ነበር።

ዘድልየና ሓበሬታ አኪብና ናብ ባረንቱ ክንምለስ ብሸላሎ ክንሓልፍ ነይሩና። ነታ ጸባብ መቓብር ሓረበኛታት ሸላሎ ድማ ሕሱር ተግባራት

ወያን ኣቋሲሉዋ ረኣና፣ ኣብኡ'ውን ምስ ሰማእታት ተዋጊኣም መቓብር ፈናዊሎም እዮም።

ኣብ ኤርትራ ወተሃደራት ገዛእቲ ኢትዮጵያ ዘይሞቱሉ መሬት ዳርጋ የለን። ሽሞም ተጠቒዑ ፍዮሪ ዘይተነብረሉ እዩ እምበር፣ ብግቡእ ሓመድ ኣዳም ለቢሶም እዮም - እንተስ ብንጽል እንተስ ኣብ ጋህሲ። ወያን ድሑር ስለ ዝኾነ ግን፣ መቓብር ሰማእታት ሸላሎ፣ ቶኾምብያን ሻምብቆን ብመዳዕዕ ኣፍሪሱ እዩ ኮኒቱም።

*   *   *

ካልኣይ ኮናት ዓለም ድሕሪ ምዝዛሙ፣ ዓለም ናብቲ ዝረኣየቶ ኣስቃዪ ዕንወት ንኸይትምለሰ፣ ሕቡራት ሃገራት ተመስሪቱስ ዝተሳላለየ ኣዋጅ'ውን ወጸ። እቲ ውድብ ምሕላው መሰላትን ግርጭታት ብሰላም ምፍታሕን ዝኣመሰሉ ብዙሓት ዓበይቲ ዛዕባታት ኣብ ኣጀንዳኡ ኣስፊሩ እዩ። ሓደ ካብኡ ድማ ምልኣኽ ዓቀብቲ ሰላም ኣብ ናይ ውግእ ወይ ወጥሪ ቦታ እዩ።

ምዕቃብ ሰላም በዚ ኣህዱ ኢሉ ምስ ጀመረ፣ ሓይሊ ሰራዊትን ሓይሊ ፖሊስን ዝስለፉሉ ዕላማ ብምውዳብ ኣብ መላእ እዛ ፕላኔት፣ ኣብ ልዕሊ 20 ቦታታት፣ ብዝተፈላለየ ኣስማት ናብ ብዙሓት ሃገራት ተዋፈሮም።

ኣብ መንጎ ኤርትራን ኢትዮጵያን ዝነበረ ግጭት ብመሰረት ስምምዕ ኣልጀርስ ዘቋመጮ፣ እቲ ዝቐለለን ንኽትፈትሖ ብዙሕ ሕልኽላኽ ዘይብሉን ብውጽኢት ፍርዲ ዝዳነ እዩ። እቲ ብይን ቀያዲ ብምኳኑ ከተተግብር ዝቐለለ እዩ። ክልተኣን ሃገራት ኣብ ቅድሚ ማሕበረ-ሰብ ዓለም ክታመን ኣንቢረናሉ እቲ ዝበለጸ ስምምዕ ተባሂሉ ኻ ተወዲሱ።

ክሳብ ብይንን ምሕንጻጽ ዶብን ኣብ መሬት ዝረጋገጽ፣ ካብ ግርጭት ነጻ ዞባ ክፍጠር፣ ሰራዊት ዓቃብ ሰላም ከኣ ክሰፍር ተወሲኑ። ብናይ ኣየር ርሕቀት 25 ኪሎ ሜተር ኣብ መሬት ኤርትራ ክፍንተት፣ ነዚ ዕማም'ዚ ዘኸይዱ ካብ 57 ሃገራት ዝተዋጽኡ 3940 ሰራዊት፣ 214 ፖሊስ፣ 299 ሰቪል፣ ከምኡ'ውን 244 ደቂ ሃገር ሰቪል ተሳተፉዎ። እቲ ዕማም ኣብ ዓመተ 2000 ተጀሚሩ። ዕማም ዓቃብ ሰላም ብዘይካ ጸጥታዊ ኩነታት ምርግጋጽ፣ ኣብ ፖለቲካዊ ጉዳያት፣ ሰብኣዊ መሰላት፣ ምኽልኻል ኤች.ኣይ.ቪ. ኤይድስ፣ ምስ ህዝቢ ምትሕግጋዝ፣ ወተሃደራዊ ንጥፈታት ምክያድ፣ ምውጻእ ነቶግቲ፣ ናይ ሕቡራት ሃገራት ወለንተኛ ምኳን፣ . . . ዝኣመሰሉ ዕማማት ክትግብር ይግደድ።

ኣብ መንጎ ኤርትራን ኢትዮጵያን ዓቃብ ሰላም ኣትዩ፣ ስራሕ ተጀሚሩስ እቲ ኣካይዳ ኩሉ እናተዓዘቦ መጺኡ። ልክዕነት ስራሕ ሕቡራት ሃገራት

553

ከም'ቲ ኣብ መትከላቱ ዘቐመጦ ዘይኮነ፣ ኣብ ጽላቱ ዘይተጻሕፈ ከንብብ
ተዓዚቡ። ንቐያዲ ብይን መዕረፊ ተገይሩሉ፣ ኮሚሽን ዶብ ፍርዱ ሂቡ፣ ናብ
ትግባረ ንስጋገረሉ መድረኽ ምስ ተበጽሐ፣ ሕቡራት ሃገራት ኣብ ክንዲ
ንብይን ንሕንጋዳ ወያነ ኣሳሰዬ።

ሸሞንተ ዓመታት ፍረ ዘየፍረዩ ወተሃደራት ባዕዲ ምርኣይ ድማ
ብማዕሚ ኣሰልካይ ነይሩ፣ ገንዘብን ጉልበትን ሕብረተሰብ ዓለምና ዘባኽን
ምስሉይ ሰርሒት ንምኽያድ ከኣ እዚ ዝሰዐብ ባጀት ኣጥሪኣም።

ሰነዳት ኣንሚ (UNMEE) ከም ዝሕብሮ ካብ 31 ሓምለ 2000 ክሳብ
30 ሰነ 2008 ዝወጸ ባጀት፤

2000	$164.11	ሚልዮን
2001	$185.01	,,
2002	$209.62	,,
2003	$183.60	,,
2004	$180.33	,,
2005	$156.00	,,
2006	$126.62	,,
2007	$106.09	,,
2008	$7.74	,,
ድምር	1.32	ቢልዮን ዶላር

ሓደ መዓልቲ ብሪጋደር ጀነራል ኣብርሃለይ ክፍለ፣ ኮምሽነር ኮምሽን
ምውህሃድ ምስ ዓቃቢ ሰላም ኩይኑ ኣብ ዘካየዶ ኣኼባ ተሳቲፈ ነይረ።
ኣብ'ቲ ኣኼባ ካብ ዝተላዕለ፣ መካይን ወተሃደራት ዓቃብ ሰላም፣ ተክኒካዊ
ብቕዓት ዘውንናን ምዕቡል መሳርሒ ዝዓጠቓን እየን። ብልክዕ ከኣ ነፍሲ-
ወከፍ ምንቅስቓስ ሰራዊቶም - ኣበይ ኣሎ፣ ኣበይ በጺሑ፣ ናበይ'የ ኣንፈቱ፣
. . . ኣዳቒቖ ዝፈልጥ ትካል'ዩ። ከም'ኡ እናኹን እንከሎ፣ ወተሃደራዊ
መካይን ዓቃብ ሰላም ካብ ኣስመራ ተበጊሰን ከረን ምስ በጽሐ፣ መሰመረን
መሰመር ባረንቱ፣ እንከሎ መካይኖም ንየማን ንሰሜን ዓጺፎም፣ ሓመልማሎ፣
ገንፈሎም፣ ግዝግዘ ኣፍዓበት ሓሊፎም ናቕፋ ተራእዩ።

ብሪጋደር ጀነራል ኣብርሃለይ ክፍለ ብስራሕ ናብ ናቕፋ ኣብ
ዝተንቀሳቐሰሉ ሓደ እዋን፣ ንመካይን ዓቃብ ሰላም ኣብ ናቕፋ ረኺበን።

ዝረአዮ ምእማን ስኢኑ፡ ኣጸዊዑ ምስ ሓተቶም፡ "መንገዲ ተጋጊና ኢና
ናብዚ መጺእና፡" ከም ዘበሉዎ ኣብ ሓደ ኣጋጣሚ ኣዕሊሉና። ጀነራል
ኣብርሃለይ፡ ህዝብን ሰራዊትን ትኹርንትና ንኸነሕይል ከም ኣብነት ዘምጸአ
ዕላል እያ ነይራ።

ኣብ መወዳእታ፡ "መንግስቲ ኤርትራ መንቀሳቐሲ ነዳዪ ክሊኡና፣
ምንቅስቓሳትና ስለ ዘተዓግተ ክንወጽእ ተገዲድና፡" ይብል ናይ ኣንሚ
ሰነዳት። ንኣወጻጽኣእም ዝምልከት ብዙሕ ክበሃል'ኳ እንተ ተኻእለ፡ ናብኡ
ከየበልኩ ካብ ተልእኾአም ካብ ቦኹሩ ግን ወተሃደራት ዓዲ ካብ ምርኣይ
እንቋዕ ደሓንና ኢለ።

37

"ህዝባዊ ግንባር ዝሓሰቦ ኣለዎ!"

ኤፍሬም ሃብተጽዮን

ኣብ ግንቦት 2000 ሳዓሳይ ወራር ክጅመር እንከሎ፡ ኣባላት 12 ዙርያ ሃገራዊ ኣገልግሎት ኣብ ታዕሊም ነበርና። ታዕሊም ኣብ ማእከል 'ቲ ሰፊሕን ዛዛሚን ተባሂሉ ዝተነግረሉ ወራር ብምንባሩን እቲ ውግእ እናጸዕጸዐ ስለ ዝኸደን ሰንፈላል ዝገብር ነበረ። ክብደት ናይቲ ውግእ ካብቲ መዓልታዊ ብድምጺ ሓፋሽ ንሰምያ ዝነበርና ጸብጸብ ፈለጥናዮ ኢና። ኣብ ዓለምትና ዝግበር ዝነበረ ምቅይያራትን ምኽታትን ንባዕሉ ኣንፋቲ ናይቲ እቲ ወራር ዝሓተ ዝነበረ ዋጋ እዩ ነይሩ።

ኣብ ማእከል ከምዚ ዝበለ ወጣሪ እዋን፡ ቀልጢፍካ ታዕሊም ወዲእካ ናብ ውግእ ከተርክብ ምድላይ፡ ብዝሒ ወተሃደራት ጸላኢ ንወገንካ ከየግድያም ካብ ምስጋእ ዝተላዕለ ምኞኑ ብቸጸሊ። ኣብ መንጉ ተዓለምቲ ዝለዓለ እዩ ነይሩ። በቲ 'ኻልእ ከአ ወጣሪ ኩነት ካብ ብማዕዶ ክትሰምያ ብኣካል ክትሳተፍ ይሓይሽ ዝብሉ'ውን ነበሩ - ኣብ ኩናት ዘይወዓለ በሊሕ ከይከውን ደአ'ምበር። ኣብ ሳዋ ልዕሊ'ቲ ታዕሊም፡ ዝዓበየ ዛዕባ ተዓለምቲ ምዕባላታት ሳልሳይ ወራር እዩ ነይሩ። ውግእ እናጸዕጸዐ ብዝኸደ፡ ክብደቱን ዝተፈጥረ ሓድሽ ምዕባለን ዳርጋ እትግምቶ ኩነ።

ሓንቲ መዓልቲ ኣብ መፋርቕ ግንቦት 2000: "ያላ ጠርንፍ! ተበገስ!" ዝብል ህወኽ ትእዛዝ ምስ መጻ፡ ምስቲ ኩነታት ብምዝማድ ንዝበዝሐ ሰብ ክተት ዘርከበ መሲሉ ተራእዮ። ታዕሊም ኣብ ፍርቂ እዩ ነይሩ። ኣብዚ ዳሕረዋይ እዋን ብፍላይ፡ ታዕሊም ብጸዕቂ ኣብ ምንጽጻርን ተኹስን ምንቅስቓስን ዘተኩረ ነበረ። ዓለምትና ድሮ ከቲቶምሲ ካብ ካልአት ኣሃዱታት

ዝመጹ መኮንናት'ዮም ተረኪቦምና። ዝጥርነፍ ጠርኔፍና፡ አንጊህና ናብ
ስሜናዊ ምብራቕ ሳዋ - ናብ አንፈት አፍሂምቦል ገጽና አምራሕና። ናይ
ሰዓት ዝኸውን ጉዕዞ ምስ ከድና፡ ብድሕሪ ሓደ ጉቦ ናብ ዝርከብ ስንጭሮ
አብረኹና። ንዝቐጸለ መዓልታት ድማ እቲ ስንጭሮ ኩነ መዐለሚና ን
መንበሪናን።

ኮሎኔል ደበሳይ ዝርከቦም ገለ ካብ አዘዝቲ መዓስከር ሳዋ ብተደጋጋሚ
ናብታ ተጸጊዕናያ ዝነበርና ጉቦ እናደየቡ ናብታ አብ ትሕቲአም ረም ኢላ
እትርአዮም መዓስከር ሳዋ ይከታተሉ ነበሩ። ሓደ መዓልቲ ቆትሪ "አታ
ወዲ ሕብራዊ ነገር እስ፤ ቀልጥፍ!" ዝብል ነቶም ሬድዮ ሒዝና ኩነታት
ናይቲ ውግእ አብ ምክትታል ዝነበርና ብዙሓት መንእሰያት ዝበታትን
ትእዛዝ ነበረ። ዛሕ ኢሉ ዝነበረ ጆሪካናት፡ አንሶላታት፡ . . . ክንአራሪ ናብቲ
አግራብ ፋሕ በልና።

ሂም! ዝብል ድምጺ. ካብታ መዐዉቢትን መመልመሊትን መንእሰያት
ሳዋ ምስ ሰማዕና፡ ካብ ሳዋ ዘወጻእናሉ ምኽንያት ፈለጥና። ሳዋ እንትርኔ'ቲ
መዐዉቢና አባይቲን አብ መኽዘን ዝተገድፈ ንብረት አባላትን ዳርጋ ሰብ
አይገደፍናላን። ኩሉ ተዓላሚ ብኹሉ መአዝናታ ከቢቡዋ እዩ ነቲ ደብዳብ
ብማዕዶ ዝተዓዘቦ ወይ ዝሰምዖ። "ሕጅስ ከአ ንሳዋ ደብዲበን!" ሕኑን
ድምጺ. ናይ ዝተፈላለዩ ሰባት ከም ቅጽበት ሰዓበ።

ጸላኢ. ንሳዋ ዕላማ ካብ ዝገብራ ውሑድ አይገበረን። እቲ ደብዳብ
ነፈርቲ፡ ነቲ ኢትዮጵያ አብ ልዕሊ ኤርትራ ወራር ምስ ጀመረት፡ አብ
ግንቦት 1998፡ አስመራ ዝደብደበትሉ እዋን አዘኻኸረኒ። ሽዑ ዝተላዕለ
ንዱር ስምዒት ህዝቢ ድማ አብ ሳዋ እውን ብርኡይ ተደግመ። ነዚ ናይ
ሳዋ ደብዳብ ከም መቐጸልታ ናይቲ ነፈርቲ ውግእ እቲ ስርዓት አብ
ዝተፈላለዩ መትኔ ሃገርና ዝኹኑ ትካላት ዘካይዳእ ዝነበራ ደብዳብ ምኻኑ
ድሮ ተገንዚብናዮ ኢና። እተን ነፈርቲ ብዓይንኻ ካብ ዘይርአ ርሕቀት
ክልተ/ሰለስተ ግዜ ደብዲበን ሃጠማ። ዝተሰምዐ ድምጺ፡ ትክን ደርናን
አስዒቡ እቲ ፍጹም ፍሹል ምንባሩ ብአጋኡ ክዕለለሉ ጀመረ። ወያነ
ንሳዋ አብ ካልአይ ወራር'ውን ክድብድባ ፈቲኑ እዩ። እቲ ደብዳብ ድማ
ናይ ዓቐሊ ጸበትን ምልክት ስዕረቱ አብ ግንባራትን ነበረ። ወያነ፡ ባረንቱ
አትዩ ዝኸፈሎ ዋጋ፡ ዓዲ-በጊያ በቲኹ አስመራ ክአቲ ዝኸፈሎ ዋጋ፡ . .
. ኩሉ'ቲ አስመራ ንምብጻሕ ዝተአልመ መምስ ፈሸለ ናይ ዓቐሊ ጸበት
ንሳዋ ክድብድብ እዩ ፈቲኑ። እተን አብ ሳልሳይ ወራር ንሳዋ ዝመጻ
ነፈርቲ ውግእ ሱኸይ-29 ኩይነን ብራኸአን አዝዩ ላዕሊ ብምንባሩ መሊሱ
ናይ ዓቐሊ ጸበትን ስግአትን ስጉምቲ ተባህለሉ። ሓንቲ አብ ከባቢ ሳልሳይ
ክፍለ-ሰራዊት ሓንቲ ድማ አብ ከባቢ ኩርሙድ ዝወደቓ ቦምባታት ደርብየን

እተን ነፈርቲ ሓንቲ ኣጉዶ ኣቃጸላ። "እዋይ ጸላኢ ዓሻ! ዋጋ ሚልዮናት ቦምባስ ንሓንቲ ኣጉዶ!" በለ ሓደ ተዋዛዪ ሸው ንሸዑ። እቲ ደብዳብ ንስነ-ኣእምሮኣዊ ኩናት ተባሂሉ ከም ዝተኻየደ'ኳ እንተ ተገልጸ፡ እቲ ኣብኡ ዝነበረ ሰብ'ሲ መሊሱ ሓኒኑ ደኣ ናብ ድፋዕ ክኸይድ ኣዕገርገረ።

ሳዋ፡ ወራራት ጸላኢ ኣብ ምምካት ኣሰር ኣቦታቱ ዝወረሰ መንእሰይ እተፍሪ ቀንዲ ማዕከን እያ። ክሳዕ ወራር ዝጅምር ከኣ ኣብ ሸውዓት ዙርያታት በሸሓት ዝቑጸር መንእሰይ መልሚላ ንልምዓት ሃገር ኣዳልያ ነይራ። ክሳብ'ዚ መበል 12 ዙርያ ድማ ንስለስተኡ ወራራት ኣብ ምፍሻል ዓቢ ተራ ዝተጻወተ መንእሰይ ኣሰልጢና። ስለዚ፡ ቀንዲ ዕላማ ጸላኢ ከም ትኸውን ርጉጽ እዩ ነይሩ።

ናብ ሳዋ ከይተመለስና ታዕሊም ቀጸልና። እቲ ውግእ ኣየቋረጸን፡ ጽዕጹዕ ውግእ ይካየድ ምንባሩ ድማ በቲ ኣብ ግዜኡ ብድምጺ ሓፋሽ ዝፍኖ ዝነበረ ዜናን ጸብጻብን ፈለጥና። ሓደ መዓልቲ፡ 17 ግንቦት 2000፡ ዳርጋ ነፍስኻ ይነግረካ ከም ዝበሃል ከቢድ ረፍዲ ኣርፈድና። ብንፍሉ ስቕታ ዝበዝሖ መዓልቲ ውዒሉስ መንጸርር ዘትሓዘና ዜና ኸኣ ሰዓበ። ባረንቱ ብጸላኢ ተታሒዛ ዝብል ግናይ ወረ!

ኩሉ ተዓላሚ ብሓደ ድምጺ፡ "እንታይ ኢና ንጸብ ዘለና!" በለ። ክትንድረሉ'ምበር ብዙሕ ክትዛረበሉ ዘየተባብዕ ህሞት ድማ ሰዓበ። ንጽባሒቱ ንግሆ መራሒ ብርጌድና ኣኼባ ምስ ገበረልና፡ "ባረንቱ ተታሒዛ እናስማዕናስ ኣብዚ ኩፍ ክንብል! ምስ ኣሕዋትና ክንስዋእ ኣሎና፡ ዘይትወስዱና! እንታይ ትጽበዩ ኣለኹም! እንተ ወሓደ ዓቕሚ ዘለና ኣሎና ዘይንኸትት?" ምስ በለ ሓደ ግልቡት ጸሊም መንእሰይ ዝሰዓበ ጭዶራን ጣቖዒትን ናይ ዘይተሰዓርነት መንፈስ ዘበርኽ ነበረ።

"ደሓን ህድእ ንበል ከነርክበሉ ኢና፡ እዚ መንፈስ'ዚ ሓዚና ተሳዒርና ኣይንፈልጥን" ምስ በለ ኣዛዚ ብርጌድና: "ንኽተት! ንኽተት!" ዝብል ጭዶራ ብተጠንቀቕ'ዩ ጸጥ ዝበለ።

እዛ ህሞት እዚኣ፡ ነቲ ቅድሚኡ ዓመት፡ ኣብ ካልኣይ ወራር -1999 - ተመሃሮ ዩኒቨርስቲ ኣስመራ፡ ኣብ ቀጺሪ ዩኒቨርስት ብላዕለዋይ ልኡኽ መንግስቲ ኣኼባ ምስ ተገብረልና ዝተራእየ ናይ ክተት ልዑል ወኒን ነድርን ኣዘኻኸረትኒ። ድሕሪ ነፍሲ-ወከፍ ምልእቲ ሓሳብ፡ ድሕሪ ነፍሲ-ወከፍ መግለጺ፡ ከም ብብርቱዕ ንፋስ ዝገማጠል ማዕበል፡ ከም ኣይሂ ንፋስ ዝሽቦ ዝፈጺ ድምጺ መዕገቲ ኣይነበሮን ስምዒትን ወኒን ምኽታሉ ናይቲ መንእሰይ። ተመሃር ዩኒቨርስት ኣስመራ ካብ ምጅማር ወራር ወያን ኣብ ልዕሊ ኤርትራ ዘርኣዮም ናይ "ንኽተት'ምበር ኣይንመሃርን!" መንፈስ፡ ኣብቲ ኣኼባ ጠለባትና ከም ዝተሰምዐ ምስ ተገልጸልና፡ ከም ብርቱዕ

ውርጪ ዝዘነበ፡ መምሃሪ ወረቓቕትና ካብ ታሕቲ ናብ ላዕሊ፡ ካብ ላዕሊ ናብ ታሕቲ ህንጻ ዩኒቨርስት ዘረናዩ።

እቲ ኣቐዲሙ ክወሃበና ዝጸንሐ፡ "ንስኻትኩም ትኸተሉ ግዜ ኣይኣኸለን፣ ኣመት ትምህርትኹም ጥራይ ግበሩ፡" ዝብል መልሲ፡ "መዛኑና እናተሰውኡን ቅያ እናፈጸሙን ትምህርቲ ኣይርኣየናን እዩ! ኣብ ጉኒ ኣሕዋትና ክንሰለፍ ኢና!" ኢልና ሰማዒ ከይረኸብናሉ ዝጸናሕና፡ ሸው ጸውዒትና ተቐባሊ ብምርካቡ፡ ናይ ምምሃር ድሌት ውዱቕ ገይርና ናይ ምውጋእ ወኒ ኣበራቢርና። እዚ ፍጻመ'ዚ ምስዛ ናይ ሳዋ ናይ 'ንኽተት! ንኽተት!' ፍጻመ ኣተኣሳሲረ ነቲ ውሁድ ቅኒት ኣብ ኣእምሮይ ኣሰላሰልኩዎ፣ ነዚ ውሁድ ቅኒት'ዚ ዘራጉድ ድማ ብዝኸድናዮን ብዝሰማዕናዮን መሊኡ ጸንሓና - ህዝባዊ ክተትን መኸተን!

"ህዝባዊ ግንባር ዝሓሰቦ ኣለዎ'ምበር፡ ስቕ ኢሉ ካብ ባረንቱ ኣየዝልቕን እዩ!" ዝበላ ሓደ ተስፋኣለም ዝስሙ ፐርሰናል ቦጦሎኒና፡ ንኽደጋግማን ክሰማምዓላን ኣይተማታእኩን። ድሕሪ'ቲ ውግእን ሕጅን፣ ቅድሚ'ቲ ውግእን ኣብ ግዜ ቃልስን. . . ዝተሓልፉ ወሰንቲ መድረኻት ኣብ ኣእምሮይ ቀሪጸ፤ 'ብርግጽ ህዝባዊ ግንባር ዝሓሰቦ ኣለዎ!' ክብል ተሰማማዕኩ። ነዚ እምነት ሒዘን ብዛዕባ'ቲ ግናይ ወረ ምስ ነፍሰይ እናተባኣስኩን ከም ሰበይ ኣብ ከቢድ ሓሳብ ኣተኹ።

'ወተሃደራዊ ኩነታት ተቐያይሩ'ሎ ማለት እዩ፡' ኢለ ናብቲ ብታሪኽ እንፈልጦ ምትእትታው ሕብረት ሶቬትን ዘሰዓበ ስትራተጅያዊ ምዝላቕን - ናብ 1978 ኣቢለ፡ ናብ ዜማ ተስፋይ መሓሪ ሰገርኩ፡ "ዝመጸ ይምጻእ ወራሪ፡ ኣብ ባርዕ ሰውራ ሓራሪ!"

"ሕጂኸ እንታይ እዩ ክስዕብ!" ዓው ኢለ ንነፍሰይ ሓተትኩዋ።

ኣብ ሓደ ኣጋጣሚ ዝሰማዕኩዎ፡ "ዝመጸ ይምጻእ ኢልና ንጸላኢ ተገቲርና ክንጸንሖ ዘዋጽኣና ኣይነበረን፣ ንድሕነት ሰውራን ሃገራዊ ቃልስናን ንጸላኢ እናኣዳኸምና ከነንሳሕብ ኢና መሪጽና። ንጸላኢ ኣብ ዝጥዕመና እናሃረምና ኸኣ ኣብ ሳሕል ዓሪድና፡" እትብል መረዳእታ ምስቲ ናይ ሳልሳይ ወራር ኣተኣሳሲረን ማዕበል ሰራዊት ጸላኢ ክፈጥሮ ዝኽእል ጸቕጢ ገሚተን ብዙሕ ነገር ኣመላለስኩ። "ዓርከይ፡ ወላ ሳሕል ተመሊስና ቃልስና ንቕጽል ደኣ'ምበር ሃገርናስ ኣይነድፍርን!" ተስፋኣለም ዝበለኒ'ውን ቅጅል በለኒ። "ህዝባዊ ግንባር ዝሓሰቦ ኣለዎ!" ካብ ኣእምሮይ ምኻድ ኣበየት።

"ብዘይካ ኣብ ዝባንኩም ዘሎ ክዳንን ሓንቲ ቅያርን ካልእ ዝኾነ ነገር ከይሓዝኩም ተበገሱ!" ዝብል ጥብቂ ትእዛዝ፡ ነቲ ኣብ ሳንጣታትና መሊእናዮ ዝነበርና ጥሕኒ፡ ጸባ፡ ዝተፈላለየ ቅያር ክዳውንቲ፡ መጻሕፍቲ፡ . . . ደርቢና ኣብቲ ጉልጉል ክንገድፎ ዘገድድ ትእዛዝ ነበረ። ዝተዋህበና

ትእዛዝ እምበር ኣንፈት ጉዕዞና ስለ ዘይንፈልጥ፣ ኣብ መንጉና ዝተፈላለየ
ትንተና ክንህብ ቀቡል'ዩ ነይሩ። "ሕጂ ደኣ ክተት ኣኺላ እያ፣ ካብዚ
ሰንፈላል ም'ኻን ደኣ ይሕሽና፡" ኢልና ምስ ሓደ መትዓልምተይ እናዕለልና፣
ሓደ ሰብ ኢሉኒ ኢሉ ዘስምዓኒ ወረ ድቃስ ከልኣትኒ። "ናብ ሳሕል
ገጽና ኢና፡" ምስ በለኒ ምስታ ኣቐዲመ ዝሰማዕኩዋ ተመሳሳሊት ስም'ት
ደማሚረ ፍጹም ሰላም ሰኣንኩ።

ድሕሪ'ዛ ዘረባ'ዚኣ ብዙሕ ዝዘረብ ኣይነበረንን፣ ተዓኩሊለ ዝመጽእ
ትእዛዝ፣ እንተስ ናብ ሳሕል እንተስ ናብ ግንባራት፣ ክጽብ ድቃስ ዘይብለይ
ገቦ ኩንኩ። ዘመላለስኩዋ ሓሳባትን ግምታትን ደማሚረ ናብ ዝኾነ ይኹን
እቲ ጉዕዞ ኢድካ ዘይምሃብ ም'ኻኑ ተረዳእኩ። ንጽባሒቱ ንግሆ ክንብገስ
ም'ኻንና ስለ ዝተነገርና፣ "ተበግስ" እትብል ትእዛዝ ክይመጸት ክንጽበያ
መሬት ወግሐ። መሬት ሬፋዱ እቶም ምሳና ዝቐነዩ፣ ካብ እንዳ መኩንናት
ዝመጹና ዓለምቲ ግን ኣይነበሩን – ከቲቶም! ጉብዝናኣምን ምልምል
ኣካላቶምን ቅጅል በለኒ። እቲ ኩናት ከይበልዓና ንኽበልዑዋ ዝኸዱ እዮም
ኢለ ሓሰብኩ። ብልዑል ወተሃደራውን ኣካላውን ስልጠና ዝተመልመሉን
ናይ መጻኢት ኤርትራ መኩንናት ክኾኑ ዝሰልጠኑን እዮም ነይሮም። እቲ
ኩናት ግን እንታይ ዘይሓተተ!

ክንጽብ ኣርፈድናን ውዒልናን ከነብቅዕ ዝመጸ ተበገስ ኣይነበረን። ስለዚ፣
ፋሕ ዘበልናዮ ጥሕኒ ኩን ካልእ ዝብላዕ ክንኣራሪ ናብቲ ኣግራብ ፋሕ
በልና። ጥሪት ናይቲ ከባቢ ልሕሰን ኣሰር'ኳ ኣይገደፋሉን።

"ንስኻትክን ከኣ ኣርኪብክን! እዚ ኩናት እንተ ቐጺሉስ ዘይንዓኻን'ውን
ከረኻኽበልክን እዩ!" ዝበላ ኣብ ጉድነይ ዝነበረ ሰብ ተዓኒደ ክጥምቶ
ኣገደደኒ። እቲ ተበገስ ምስ ተቐየረ ካብ ኩሉ ንብረተይ እታ ብዙሕ እዋን
እተዛንየኒ መጽሓፍ፣ "ወዲ ሓደራ፣ ካብ ባድመ ናብ ሳሕል" ምድርባየይን
ምስኣነይን ኣጠዓሰኒ። ወዲ ሓደራስ ካብ ባድመ ናብ ሳሕል፣ ንሕናኸ፣

ካብ ተበገስ ናብ ትም ስለ ዝሰገርና እቲ ሰንፈላል ም'ኻን ኣይገደፈናን።
ተበገስ ተባሂልና ካብ እንቐኒ ኸኣ መዓልታት ኩይኑ'የ። ኣብ ከምዚ ዝበለ
ህሞት ሓደ ተመስገን ዝበሃል ሰብ ብፍሉይ ከጨንቐኒ ጀመረ። ናሽናል
ሬድዮ ካብ እዝኑ ፈጺሙ ዘይፈሊ። እቲ ሰብ፣ ብመስምዒ እንተ ዘይኩይኑ
ነታ ሬድዮ ዓው ኣቢሉ ክሰምዓ ርእዩ ኣይንፈልጥን። እንታይ እዩ ዝሰምዕ
ኣይርድኣንን፣ መመጺኡ ተሰፋ ዘቐርጽ ሓበሬታ እና ሃበ ሞኸ ኣበለኒ።
"በቃ ዓዲ-ቐይሕ ከኣ ሓዚሞም፣ ዓዲ-ኻላ በጺሖም፣ . . . ሬድዮ ጀርመን
ከም'ኡ ኢላ፣ ቢቢሲ . . ." እናበለ ዘየቐስን ወረ እና ሃብ ንብዙሕ ሰብ ሰላም
ከልኣ። ዘሻቅል እናነገረና ሻቕሎት ስለ ዘየርኢ ከኣ - ዘየደቅስ ነገርም'ካ

ድቅስ ይሓድሩ - ብኽነታቱ ክግረምን ክሓስብን ጀሚረ። በዚ ሰብ ዓቕለይ ምስ ጸበበኒ፡ ነቲ ጕዳይ ንሓደ ኪዳን ዝበያል ቀራብየይ ኣዕለልኩዎ፣ ንሱ'ውን ተመሳሳሊ ትዕዝብትን ስክፍታን ከም ዝጸንሐ ገለጸለይ።

እቲ ሰብ ሓደ ንግሆ ከም ኣመሉ ተሰፋ-ቤረጽ ሓበሬታ ክህበኒ ምስ መጸ፡ ምስ ኪዳን ጸናሕናዮ። "በቃ ተስፋ የብሉን እዚ ኩነታት፣ ሬድዮ ጀርመን ሰራዊት ኢትዮጵያ ይግስግስ ኣሎ ኢላ. . ." ምስ በለ ኪዳን ብኽሳዱ ሓጁ ዓፍራ ክሳዕ ዘውጽእ ሓነቐ። ዓይኑ ክነጥራ ደለያ። "ድሕሪ'ዛ ሰዓት፡ ኣብ እዝንኻ መስምዒ ወቲፍካ እርእየካ ወይልኻ! ኣታ ጆሱስ ሓሳዊ!" ኢሉ ነታ ሬድዮ መንጢሉ ነቲ መስምዒ በታተኹዎ። እንታይ ከም ዝብል ጠፍኣኒ፣ ክዓርቕ ኣይፈተንኩን፣ እቲ ዝብሎ ክሰምዕ ተዓነድኩ። ኣብ ማይ ከም ዝኣተወት ኣንጭዋ ኣሰቐጡ ብምርኣየይ፡ ነቲ ኣብ መንጕ ክልተኣም ዝነበረ ኣካላዊ ፍልልይ ናብዝን ናብትን እናበልኩ ተዓዘብኩዎ። እቲ ፍርሑን ሃዝራጥን ተመስገን በቲ ደቒቕን ደፋርን ኪዳን ርጒዱ ጥራይ ዘይኰነ ርሃጽ ኩረር ከብልን መሬት ጸሕቲሩ ክኣቱ ክደልን ምስ ረኣኹ ጥሓር'ምበር ደንግጸሉ ኣይመጸንን።

"ደሓን እቶ ኪዳን!" በልኩዎ ተመስገን ርእሱ ኣድኒኑ ምስ ረሓቐ።

"ኣታ ወዲ! ቅራብ ጥራል ኣይኰብርን፣ እዞም ንኣሸቱ ከማን ምስ ምሉእ ጥራሎም ዝመጹ ይምጽእ እናበሉስ. . ." እናበሉ፡ "ተበገስ! ተበገስ!" ተባህለ። ሕጂ'ውን ናብይ እዮ እቲ ምብጋስ ኣይፈለጥናን፣ ብኽምቲ ኣቐዲምና ዝተበገስናዮ እቲ ጕዕዞ ብእግሪ እዮ ነይሩ። ሕጂ ግን ድምጺ መካይን ይስምዕ ነይሩ። "ክንከትት ኢና ማለት'ዩ፣" በለኒ ኪዳን ኔሕ ብዝመልእ ኣዘራርባ። ምስቲ ዝናፈስ ዝነበረ ዝተፈላለየ ግናይ ወረታት "ክተት" እቲ ዝሓሸ ኣማራጺ እዮ ነይሩ። "ጸላኢ ረጊጹና ይሓልፍ እምበር፡ ካብዚኣ ምንቅ ኣይንብል!" ኣብ ድምጺ ሓፋሽ ዝስማዕኩዋ ናይ ሓደ ኤርትራዊ ተቓላሳይ ኣበሃህላ ክትመላለሰኒ ቀንያ እያ። "ክንከትት!" ኢለ ኣዐሚቐ ሓሰብኩ።

ታዕሊም ካብ ንጅምር ክልተ ወርሒ ገይርና ነይርና። ኣብቲ ዳሕራይ እዋን ንዝበዝሐ መሰረታዊ ታዕሊም ሸፈንስ ተኹሲ'ውን ዛዚምና ነይርና። ብዘይካኡ፡ ቅድሚኡ - ኣብ ካልኣይ ወራር - 1999 - ተመሃር ዩኒቨርስት ኣስመራ ብመሰረት ዘቐረብናዮ ጠለብ፡ ኣብ ኣስመራ መሰረታዊ ታዕሊም ወሲድና ኢና። ንሱ'ውን ምስቲ ነድሪ ተደሚሩ ንዝበዝሐና እኹል እዮ ነይሩ። ኣብ ሳልሳይ ወራር ኩሎም ተመሃር ዩኒቨርስት ኣስመራ፡ ካልኣይ ደረጃ ኣብያተ-ትምህርቲን ሰራሕተኛታትን ንታዕሊም ናብ ጋሕቴላይ ከም ዝወረዱ ድሮ ስሚዐ ነይረ። ስለዚ ክተት እቲ እንኮ ኣማራጺ እዮ ነይሩ።

"ግደፋ ጥራይ! ዓሰርተው-ክልተ ሃዋርያት ምስ ኣተናያ ነዛ ጉዳይ ከነረጋግጸ ኢና!" በለኒ ኪዳን 12 ዙርያ ምስ 12 ሃዋርያት ኣተሓሒዙን ብዋዛ። ፍሽኽ ኢለዮ ትም በልኩ። ኩሉ ሓሳበይ ብዛዕባ መማህርተይን ኣዕሩኽተይ እዩ ነይሩ። "ኣበይ ኩን ይህልዉ? ከመይ ኩን ይህልዉ?" እናበልኩ ካብ ምሽቃል ኣየዕረፍኩን። ዝበዝሑ ካብ ናይ ካልኣይ ደረጃ መማህርተይ ኣብ ሰራዊት ስለ ዝነበሩ፣ ኣብቲ ወራራት መን ተሰዊኡ፣ መን ተወጊኡ. . . ይኸውን ኢለ ስእሊ ነፍሲ-ወከፍም ከቐርጽ ቀንየዮ እዩ።

ናብተን መካይን ብኸመይ ተሰቒልና ኣይተርድኣንን። ምስ ተበገሳ ዝያዳ ዘገደሰና ናበይ ገጽን ይኸዳ እዩ ነይሩ። ናብ ብሎኮ ኣቝርደት ገጽን ምስ ኣምርሓን ነዊሕ ምስ ቀጸላን ግን ዝሓሰብኩዎ ስለ ዘይወሓደ ብዙሕ ክሓስብ ኣይደለኹን። በጥ ኢለ ደቀስኩ። ነቝኒቛ ዘተስኣኒ ኪዳን ከነዕርፍ ከባቢ ከረን ምስ በጻሕና እዩ።

"ክሳዕ ክንዲ'ዚ ትድቅስ! ቅሱን ኢኻ ማለት እዩ፣" በለኒ። ዘላ ኣብኣ ኣላ ኢለ ድዩ ወይስ ሓሳባት'ዩ ኣኺሉ ተሪፉኒ ንዓይ'ውን ገረመኒ። ካብ እልቢ ሓሳባት ምምልላስ ብምዕራፈይ ከኣ ፍጹም ፈኺሰኒ።

"ናበይ'ዩ ኣንፈትና?" ዝበዝሑ እዋን ምስ ኪዳን ጥራይ እዩ ዕላለይ። ሸዉ ግን ንግርማይ እየ ዝሓቶ ነይረ። ግርማይ ኣብ ሳዋ ዝተላለኹዎ መትዓልምተይ ኩይኑ ቀጸሊ ብዛዕባ 'ታ ሓሚማ ዝገደፋ ኣደኡ ክሓስብን ክጭነቝን ዝውዕል ጥዑም ሰብ እዩ ነይሩ።

"ኩላ ሰብ ብዛዕባኻ እንድያ ከተዕልል ጸኒሓ፣ ክንዲ'ዚ ትድቅስ!?" ዝሓተትኩዎ ገዲፉ ሕቶ ኣስዓበለይ።

"ጉይታ ድቃስ'ዩ ባዕሉ። ናበይ ም'ኻንና ዝተዘርበ ነገር ኣሎ ድዩ?" ሕቶይ ደገምኩሉ።

"ኣይፋሉን፣ ናብ ድፋዓት ኢና ግን ንኸዉን።"

'ናብ ድፋዓት!' ኢለ ብውሽጠይ እናተመጣለዕኩ የማን-ጸጋም ጠመትኩ። ዝተወለድኩላ ዓዲ ኣብቲ ቅድመይ፣ ኣብ ማእከል ጉቦታት ረም ኢላ ረኣኹዋ። ኣደይ ቅድሚ መርዓኣ፣ ካብታ ዓዲ እናወፈረት - ዕንጨይቲ ክትኣሪ፣ ጥሪት ክትጓሲ - ናብቲ ዝነበርናዮ ቦታ ትመጽእ ከም ዝነበረት ኣዕሊላትኒ ነይራ'ያ። ሸዉ፣ ኣደይ ከም ትብሎ፣ ጆንሆይ ብኡ ክሓልፍ እንከሎ ገንዘብ እናዘረወ ሰብ ክኣሪ እንከሎ ንሳ ግን ትሕባእ ነይራ፣ ደሓር ቃፍላይ ደርግ በቲ ዝነበርናዮ ክሓልፍ ኣማዕድያ ካብ ዓዲ ርኢያቶ፣ ኣውቶቡሳት ጥራምባእን እናፍሑ ክሓልፉ እንከለዋ ምስ መዛኑ፣ "ባጉም ባጉም፣ ሰልዲ ዶ ኣለኩም ክንማልኣኩም" ዝደረፈኣ፣ ደሃይ ናይቲ ናብ ገድሊ ዝተሰለፈ ሰብኣያ ክትደሊ በቲ መንገዲ ናብ ከረን ዝተመላለሰቶ፣ ንዓይ ክትወልድ

ዝጸዓረቶ፤ ኩሉ ዘዕለለተኒ ከመላልስ ምስ ዝኹን ሰብ አይተዛረብኩን። ሕጂ፤ ድሕሪ'ዚ ኩሉ ዝተሓልፈ ከርተት፤ ልኡላውነት ሃገር ንምኽባር ን-ሓልፍ ከም ዝነበርና ክትርእየኒ ተመነኹ። ዝፈጸምኩ-ዎ ጅግንነት ንዘይብለይ ናይ ጅግና መንፈስ መሊአ ክትርእየኒ ጥራይ ደለኹ። አብቲ ከውታ ወጋሕታ፤ ነፍሳ ነጊራዋ እንተ ዘይኮይኑ ግን፤ አብ ለጥ ዝበለ ድቃስ ክትሀሉ ነይራዋ።

ትኽ አ.ልና ብምኻድ፤ አስመራ ሓሊፍና መንደፈራ በጻሕና። ህዝቢ መንደፈራ አብ ነፍሲ-ወከፍ ኩርናዕ ናይ ነፍሲ-ወከፍ ጉደና ናይታ ከተማ ጸኒሑ ብሸኩ-ቲ ተምሪ በናና፤ አራንሺ፤ ዕፉን. . . ኩሉ ነገር አቕቢሉና። አደታት፤ አጆኹም 'ዞም ደቀይ! እለን ከምዛ ብጻዕሪ ዘይወለዳ-ን ብከርተት ዘየዕበያ-ን፤ ልዕሊ ሃገር ዝስራዕ የለን እለን - ንርስቲ ይዋጋአላ አንስቲ - ዘዘሓዛእ ናብተን መካይን ክድርብያን ቅናተን ተቐኒተን ደድሕሪ መካይን እናዘለላ ጥራል ክሀባን ምርአይ ውሽጦኻ ዘነዛንዝ ናይ ትብዓት ሓይሊ ዝፈጥር'ዩ ነይሩ። ነቲ ስምዒት፤ ሓይሊ፤ ነድሪ ንድሕሪት ገዲፍና፤ ምስሉ ግን አብ ውሽጦና አእቲና ጉዕዞ ብምቕጻል ከባቢ ዓዲ-ኻላ በጻሕና። መካይንና ነዳዲ መሊአንን ዘድሊ ጽገናታን ገይረንን ደው በላ - ትእዛዝ ክጸበያ። ዓዲ-ኻላ ብብዝሒ ታንክታትን ሰራዊትን ዝረአየላ ዘይተረበሸት ከተማ ነበረት፤ ናብ ተመስገን ጠመትኩ፤ ርእሱ አድኒኑ ረአኹ-ዎ። እቲ ዝውረ ዝነበረ አብታ ከተማ አይነበረን። አብቲ ስግራ ግን ጸጸኒሑ ዝስማዕ ሃሳስ ድምጺ፤ ከቢድ ብረት ነበረ።

ካብ ዓዲ-ኻላ ናብ መንደፈራ ተመሊስና መንገዲ ዓረዛ - መንደፈራ ሓዝና። ገለ ርሕቀት ምስ ተጓዓዝና ድማ አብ ሓደ ስንጭሮታት ወሪድና ትእዛዝ ተጸበና። ሓንቲ ለይቲ አብቲ ቦታ ምስ ሓደርና ንጽባሒቱ ንግሆ አአብ ዝመጸእናለን መካይን ተሰቒልና እንደገና ናብ መንደፈራ ገጽና አምራሕና። እቲ ጉዕዞ ጭርጭር ዓሰለ መሰለ። ደሓር ከም ዝተረዳእናዮ ግን ኩሉ'ቲ ዝግበር ዝነበረ ምቅይያር ምስ ወተሃደራዊ ኩነታት ዝኽይድ እዩ ነይሩ። እቲ ህሞት አዝዩ ወሳኒ ከም ዝነበረን አብ ባይታ ቅልጡፍ ወተሃደራዊ ምዕባለታት ከም ዝነበረን ድማ ክትግምት ትኽእል። ምንቅስቓሳትና ብዓዲ በጊያን ማይ-ድማን ዝነበረ ግጥማት ዝቓንዮ እዩ ነይሩ።

መሬት ረፈዱ፤ ናብ ክፍላተ-ሰራዊት ተወዚዕና። ክልተ በጣሓት ካብ መንደፈራ ብመንገዲ ተራ እምኒ - ኩርባርያ ናብ ደቀምሓረ አብ ዘምራሕናሉ፤ አብ ነፍሲ-ወከፍ ዓዲ አደታት ዝስተን ዝብላዕን ሓዘን ጸኒሐና። አብ ገለኡ፤ ዓዲ አብ ደረት ጽርግያ አብ ዘይትርእየሉ፤ ካብ ርሑቕ ዝመጸ አደታት ትሕዞአን ሒዘን ንዝሓልፉ ደቀን ክጽበያ ይውዕላ ነይረን።

ደቀምሓረ በጺሕና ኣንፈትና ናብ ዓዲ-ቃይሕ ኩይኑ እንከሎ፡ ብጉድንና ሰራዊት ዝሓዘት ሓንቲ ሚስትብሺ መኪና ረኣኹ፣ ኣብ ልዕለኣ ንመትዓብይተይን ሓፍተይን ፈሺን ብርሃን ረኣኹዋ። ኣብ ከምኡ ዝበለ ወጣሪ ህሞት ካብ ትሬልጦ ሰብ ኢኻ እትሕባእ፣ ሰባት ብዘለውዎ ኣብ ትሓልፈሉ ክትርኢ'ምበር ንኸይትርኣ ብዙሕ ጻዕሪ ኢኻ ትገብር። ኣነ ግን እንታይ ከም ዝጠወቓኒ፡ ምናልባት ሓለፈ ከበሃለለይ ግዲ ደልየ፡ ኣይፈፈልጥን፡ ክንደይ ዝፈልጡኒ ተሓቢአ ከም ዘየሓለፍኩ ክጽውዓ ዘይነብረኒ፡ ዓው ኢለ ጸዊዐያ። ፈሺን ርእሳ ሒዛ ዝሰንበደቶን ስመይ ብምጽዋዕ ዘእወየቶን ዝረኣዩ ብጸተይ ከም ሕሱም ገንሑኑ። ተጣዒስካ ዘይምለስ ተግባር።

"ናበይ ትኸይድ ከም ዘለኻ እናፈለጥካ! እንታይ ገይራትካ እዛ ጓል!" በለኒ ኪዳን ገጹ ኣሲሩ።

እታ መኪና ንጸጋም ኣላጊሳ ስለ ዝሓለፍናያ፡ ንድሕሪት ናብ ፈሺን ጠመትኩ፡ ጌና ኣእዳዋ ኣብ ርእሳ ሒዛ ምስቲ ምዕራግ ወተሃደራዊ ክዳና ቀመናእን ቀው ኢላ ትጥምተና ነበረት።

ትኽ ኢልና ዓዲ-ቃይሕ ኣቶና። ዓዲ-ቃይሕ ብዙሕ ምንቅስቓስ ሰብ ክትርእየሉ ኣብ ዘይትኸእል ዳርጋ ጸላም ኢና ኣቲናያ። ኣብ ከባቢ መቓብር ሓርበኛታት ምስ በጻሕና፡ ክልተ/ሰለስተ ዝኾና ታንኪታት ንድሕሪት ክምለሳ ረኸብና። "እታ ናበይ ይወስዱና ኣለዉ! ታንክታት እናኣንሰሕባ! ዓዲ-ቃይሕ'ኳ ወያ . . . :" ጻሕጻሕ ከም ኣመሉ ርእሱ ኣድኒኑን ተገሊሑን ዝቛነየ ተመስገን ነብሱ እናኣነቀጥቀጠ።

"ትም በል እታ፡ በቲ ስፖንዳ ክድርብየካ እየ:" በሎ ኪዳን ነጪሩ። እተን ታንክታት ዝተማረኻን ንጸገና ዝመጻ ተጸጊነን ይፍተና ምንባረንን ናብቲ ኣብ ከባቢ ሰንዓፈ ዝካየድ ዝነበረ ውግኣት ክሳተፋ ድሉዋት ዝነበራን ምኻነን ኪዳን ሓቲቱ ኣጣለለ።

ሓለፍትና ወሪዶም፡ ድሕሪ ሓጺር ግዜ ምስ ተመለሱ፡ መካይንና ንድሕሪት ተጠውየን ንገለ ርሕቀት ምስ ከድና ኣብ ኣሁነይ እትበሃል ዓዲ ወረድና። ኣብኡ ዝጸንሑ ኣባላት ክፍለ-ሰራዊት 16 ተቐበሉና። ቅድሚ ናብ በራጊድ ምምዳብና፡ ኣብ ኣሁነይ፡ ኣብ ትሕቲ ኣግራብን ልሙዕ ሩባእን ንሓጺር እዋን ጸናሕና - ከም ኣመሉ ናይ ህዝቢ ናብዮት ተቐበልና።

ነቲ ብቃጸሊ ዝስግዐ ዝነበረ ሃሳስ ድምጺ፡ ከቢድ ብረት ቀስ-ብቐስ ተላመድናዮ። ተወዚዐ ምስ ኩኑ፡ ከማዛ ብሓደ ዘይቀነና፡ ናብ ዝተፈላለያ ኣሃዱታት ፋሕ በልና። ኣብ ቀዳማይ ብርጌድ፡ ቀዳማይ ቦጦሎኒ ስለ ዝበጻሕኒ ምስ ብጸተይ ናብ ቤት ጽሕፈት ቦጦሎኒ ናብ ዓዲ-ቃይሕ ከድና።

ንጽባሒቱ፡ እቲ ዝተቐበለና ኣጫፉ ዘበሃል ስታፍ ቦጦሎኒ ዘድሊ ኦርነክ መሊኡ፡ ሓዚዙ እዚ ቦጦሎኒና ናብ ዝነበሮ ከባቢ ክሸዓት ገጹ ኣምረሐ።

565

ሰንዓፈ ቅድሚ ምብጻሕና፡ ቅድሚ እምባ ታሪኽ፡ ንየማን ተዓጺፍና፡ ማርታ፡ ዓናን . . . ዝበሃላ ዓዲታት ሰጊርና ኢና ናብ እዚ ቦጦሎኒና ዝበጻሕና። ሓይልታት ናይቲ ኣሃዱ ኣብ ከባቢ ከሸዓት ነበራ፡ ኣብታ ቦጦሎኒ ዝተወሃዕና ዓሰርተ እንኽውን ሰባት፡ ንግዜያዊ መራሒ ቦጦሎኒ ሓደ ዝነበረ 'ሓምቢር' ረኺብና ናብ ድፋዕ ክንከይድ ምስ ተበገስና፤ "እዚ ሓደ ተመሃራይ ዩኒቨርስት እዩ።" ስለ ዝበሎ ኣጮሩ። ካብ ብጽተይ ኣትሪፎም ኣብ ሕክምና በጦሎኒ ክጸንሕ ነገሩኒ።

ሕክምና በጦሎኒ ኣብ ዓናን እዩ ነይሩ። ኣብኡ'ውን ብዘይካ ነቲ ብልዕሴና እናፋጸየ ዝሓልፍን ኣብ ሬትና ናብ ዝነበረት ክሳድ ብቓጺሊ ዝዓልብን ዝነበረ ከቢድ ብረት እንተ ዘይኮይኑ፡ ጌና ሬት-ንሬት ውግእ ኣይረኣኹን። ኣብ መጀመርታ ድምጺ ከቢድ ብረት የጨንቘኒ'ኳ እንተ ነበረ፡ ቀስ ብቐስ ግን ተለማሚደዮ እየ - ለሚድካ ዘይልመድ እዩ ግን ኩይኑኒ። ብደብዳብ ከቢድ ብረት ካብ ምማት ኣብ ቅድሙ-ግንባር ምርግራግ ይሓይሽ ከበሃል ዝሰማዕኩዎ'ውን ደገፍኩዎ። ገለ ድምጺ ከቢድ ብረት ኣብ ልዕሌኻ ዝወደቐ እናመሰለካ ምዮቕ ክትብል፡ ነባራት ኣባላት ክስሕቒኻ ዘየሕፍር ኣይነበረን። "ቅሰን ብኸምኡ'ያ ሓሊፋ እዛ ኹላ፡" በለኒ ባርያ ዝሰሙ ኣባል ሕክምና በጦሎኒና፡ ብርቱዕ ድምጺ ሰሚዐ ምዮቕ ክብል ምስ ረኣየኒ።

ኣብ ሕክምና በጦሎኒ ንገለ መዓልታት ምስ ጸናሕኩ ናብ ዓዲ ቓይሕ ተሳሒቡ ኣብ ቤት ጽሕፈት ቦጦሎኒና ተመደብኩ። ኣብ ዓናን እንከለና ጽቡቕ ገይረ ዝተላለኹዎ ድምጺ፡ ከቢድ ብረት፡ ዓዲ-ቓይሕ ምስ ኣተና ብልዕሴና ሓለፈን ኣብ ጉድንና ወደቐ። ዓዲ-ቓይሕ ገባር ኣይነበራን፤ ድሕሪ'ቲ ዝተገብረ ምንስሓብ ድማ ኣሃዱታትና ኣብ ከባቢ እምባሶይራ፡ ማርታ፡ ዓናን፡ ከሸዓት . . . እየን ነይረን። ኣሃዱታት ከቢድ ብረት ከኣ ኣብ ከባቢ ተኹንዳዕን ዝባን ዓዲ-ቓይሕን። እቲ ንዓዲ-ቓይሕ ዕላግ ዝገበረ ደብዳብ ከቢድ ብረት እምበኣር ንኣሃዱ ከቢድ ብረትና ዕላግ ዝገበረ እዩ ነይሩ። ኣባላት ቤት ጽሕፈት ቦጦሎኒና ዝሓለፈቶ ምስሓት ከቢድ ብረት ክንርኢ ኣይተጸገምናን። ሓደ ንግሆ ክንቄርስ መኣዲ ምስ ተቐረብና፡ ደብዳብ ከቢድ ብረት ብጸዕቒ ጀመረ። 'ደሓን ክገድፋ እየን' ዝበል መረዳእታ ኣባላት ቦጦሎኒና ልዕሊ ዝተለምደ ስለ ዝኸደ፡ 'ተኣለዩ' ዝበል መምርሒ ተዋሂብና ኣብ ምዕራባዊ ኣጻድፍ ዓዲ-ቓይሕ ናብ ዝርከብ በዓቲታት ክንውዕል ተገደድና።

"ሎምስ ገለ እየን ሓሲበን! ገለ ርእየን ኣለዋ ማለት እዩ።" በለና ፕርሰናል ናይቲ ቦጦሎኒ ብንያም ወዲ ፖሊስ።

"ቀጸሊ ድየን ከምኡ ዝገብራ?" ተሃንጥየ ሓተትኩዎ።

"እወ፡ መዓልታዊ ሃው የብላእ እየን።"

"እሞ ሰብ ኣይሃርማን?"

"ስቒል ኩሉ ወጺኡ እዩ፣ ንሕና ኸኣ ናትና ኢልና ሒዝናዮ ኢና። ሓደ መዓልቲ ከቢድ ብረት ኣብታ ብድሕሬና ዘላ ገዛ ወዲቛ?"

"እንታይ?"

"ምስ ተመለስና ከርኢየኩም እየ፣ ዘተረፈ የብላን።"

"ሰብከ?"

"ሰብሲ ኣይነበራን፣ ቅድሚኣ መዓልቲ ወጺኦን።"

ኣጋ ምሽት ደብዳብ ዘሒሉ ናብ ቦታና ምስ ተመለስና ናብታ ገዛ ተጠወና። እታ ገዛ መርኣዪ ኣይነበራን። እቲ ኣርማድዮታትን ዓራትን ምስ መሬት ክሳብ ዝላገብ ተሓማሺሹ፣ ገለ ዕድሉ ዝሃሎ ንብረት ከኣ ብጸግዒ ናይቲ ዝተጨዳደ መንደቕ ደርና መሊኡ። ዕድሉ ዝጽብ መሰለ። ኣባላት ቤት ጽሕፈት ቦሞሎኒና፣ ደሓኡ ኢሉ ዎም'ምበር ብምሉኡ-ኣም ኣብታ ነጸላ መንደቕ ናይታ ገዛ እዮም ነይርም። ተገሪመ ብዘዕባ'ቲ ፍጻመ እናሓሰብኩ ኣብ ኣፍ-ደገ ቤት ጽሕፈትና ኣብ ዝነበረ ኣእማን ኩፍ ኢልና ዕላል ቀጸልና።

"በቓዳማይ ኣብቲ ስግር ናይ ዝወደቐት ቦምባ ስኩጆ ነዛ ሬስቶ ሃሪማታ ትኒን ኢላ። ሸው ሓደ መስሓቕ ኣባል ነይሩና፣ 'ሓኪም ጸውዑ! ሓኪም ጸውዑ! ሬስቶና ተወጊኣ' ኢሉ ንስንባደና ናብ ሰሓቕ ቀየሮ።" ምስ በለና ካብ ምግራም ናብ ሰሓቕ ኣበልና። ዝሓለፈዎ ህይወት ክሳብ ክንደይ ንሞት ከም ዝቐበሉዎ ከም ዝገበሮም ገረመኒ።

"እንታይ ትብል አለኻ ወደይ?" ተገሪመ ሓተትኩዎ።

"ገሊኡ የስሕቕ ገሊኡ ኸኣ የንብዕ እዩ። ብድሕሪኡ ሓንቲ ኣደ ወዳ ሒዛ እናሃደመት ጀላጥ ስኩጆ ፈልዮ ነቲ ቘልዓ ረኺቡዎ፣ ሸው ንሸው ሞይቱ።" ምስ በለና ክዋዘን ነቲ ምረት ከቕልሎ ከም ዘይጸንሐን ምዝራብ ሰአነ። ካብ ርሑቕ ድምጺ ከቢድ ብረት ሂም ምባል ኣይገደፎን።

ናብራ ዓዲ ቐይሕን ተካል ዘቘነየና ድምጺ ከቢድ ብረትን ገዲፍና፣ ኣባላት ቤት ጽሕፈት ቦሞሎኒና፣ ናብቲ ክፍልታት ብርጌድና ዝነበሮ ኣሁነይ ክንምለስ ተሓበርና። ኣቖ ሕትና ጠቐሊልና ናብ ኣሁነይ ብምምጻእ ከኣ ተሓጋጋዚ ፐርስነል ኩይን ንገለ ሰሙናት ጸናሕኩ። እቲ ናብ ኣሁነይ ክንምለስ ዝተደልየሉ ቀንዲ ምኽንያት፣ 10 ሰነ 2000፣ ብኣና ወገን ኣብ እምባ ሶይራ መጥቃዕቲ ክፍና ስለ ዝተመደብ ምንባሩ ደሓር እየ ፈሊጠ። እቲ መጥቃዕቲ ድማ ናይ መጠረሽታ መጥቃዕቲ ሳልሳይ ወራር ኣብቲ ግንባር ነበረ።

ሕክምኛ ግንባር ኣብ ኣሁነይ ብምንባሩ፣ ድሕሪ'ቲ መጥቃዕትን ቅድሚኡ ዝተወግኡን ብብዝሒ ኣባላት ሓይልታት ምኽልኻል ነበሩዎ። ሓደ ረፍዲ

567

አባላት ቤት ጽሕፈትና ጕዕዞ እግሪ ክንገብር ብጥቓ'ቲ ሕክምና ድፍእ-ድፍእ እንበልና አብ ንኸደሉ ዝነበርና፡ ሰመይ ክጽዋዕ ሰማዕኩ። ግልጽ ኢለ ንገብርአብ፡ ወዲ ሓወቦይ እግሩ ስሕብ-ስሕብ እናአበለ ናባይ ገጹ ክመጽእ ረአኹዎ። ምምጽኡ አዝዮ ገሪሙዎ ብስንባድ ሓኒቐ ንዊሕ ተሰዓዓምና። ካብ መስርዕ ጕዕዞ እግሪ በቲኸ ስለ ዝነበርኩ ግን ዕድል አይነበረንን ምስ ተመለስኩ ከነዕልል ተፈለኹዎ። ድሕሪኡ ዝቐጸለ ጕዕዞ ብዛዕባኡ ምሕሳብ ኮነ። መውጋእቲ ደሓን'የ ዝመስል ነይሩ፡ አላይ ስድራ ብምንባሩ ግን ኩነታት ገዛአም እናተራእየኒ ነቲ ዘየርኩብኩሉን ዘየበርከትኩሉን ውግእ ርግም ወዓልኩዎ።

ንሱ'ውን ካብ ጕዕዞ እግሪ ተመሊሰ ምስ ተራኸብና፡ ከም ዝበለኒ፡ አብ ዩኒቨርስት ዝመሃር ዝነበርኩ'ምበር አብ ሰራዊት ከም ዝነበርኩ አይፈለጠን። ከም'ቲ አሃዱታትና ተማሂሮም ኢሎም ዝበቆቝና ንሱ'ውን፡ "እምበአር ንዓኹም'ውን አረኻኺቡልኩም እዚ ኩናት!" በለኒ። አበዛህላኡ ዝተፈላለየ ፍጻሜታት መሊሰ ክትንትን ዝድርኸ እዩ ነይሩ። ተመሃሮ ዩኒቨርስት እንከለና፡ "አሕዋትና እናተሰውኡ ትምህርቲ አየድልየናን'የ" ዝበልናዮ፣ "እንታይ ኢ.ኹም ትጽበዩ ዘለኹም! ባረንቱ ተታሒዛ እናሰማዕናስ ዓቕሊ ክንገብር!"፣ "አጆኹም'ዞም ደቀይ አብ ጕንኹም አለና!"፣ "ትኸትሉ ግዜ አይአኸለን፣ አመት ትምህርትኹም ጥራይ ግበሩ!" ዝብል ተመላሊኢን አብ ኩሉ ቀጸላታት ሕብረተ-ሰብና ዝሰረጸን ባህሊ ምምልላእን ብጻይነትን ትዝ በለኒ።

ብድሕሪ'ዚ ዝሰዓብ ተዛማዲ ሰላም እዩ። ጸላኢ ኩሉ ፈተነታቱ ምስ ፈሸለን አላሽ ምስ በለን ዓሰብ ንምሓዝ ዝፈተና ናይ መወዳእታ ወራር ምስ ቆለዐን፡ አብ ሓይልታት አብ ክፍልታት እናበልካ ዘወን ኮነ።

ሓደ መዓልቲ ካብቲ ሓይልታትና ዝነበራ እምባ ሶይራ ብስራሕ ናብ ዓዲ ቓይሕ መጺአ ንጽባሒቱ እናተመለስኩ ሓንቲ ደሃይ በዓል-ቤታ እተናዲ መርዓት ገጠመትኒ።

"ዚ ሓወይ ናብ ተኹንዳዕ ገጽካ ዲኻ?" ሓተተትኒ።

"እወ።"

"እሞ ምሳኻ እባ ተማልአኒ፡ ጋሻ ኹይነ።"

"ጽገም የለን፣ ጋሻ ደአ ብዘይ ሳንጣ. . ."

"አድራሻኡ ንዘይፍለጦ ሰብ'ሞ ከመይ ኢልካ ኢ.ኻ ሰኸም ወዲ ሰኸም ክትማላእ?"

"ከመይ?"

"ደሃይ . . . ንኽፈልጥ እየ . . ." አይመልአታን ትም ኢላ ሰጐመት።

ኣብቲ ኣሃዱ ኩን ኣብቲ ከባቢ ኣዝዮ ስሑው ተመኩሮ ስለ ዘለኒ እንተ ሓተትኩኒ ክፈልጦ'ውን ኣይክእልን። እታ ሓንቲ ክሕግዛ ዝኽእል ናብታ ኣብ ተኹንዳዕ ዝነበረት ኣሃዱ ምብጻሕ እያ።

"ኣብዚ ድዩ ኣሃዱኻ?"

"ኣይኮነን፣ ዳርጋ ሕጂ እያ መጺኣ። ብዙሕ ኣይገበርኩን፣" ዝብሎ'ውን ኣይነበረንን።

"እሎ ዶ ትብሎ?" ድሕሪ ከቢድ ሻቕሎት ዝመስል ዘረባ ሰቐታ'የ ዝሰዕብ።

"ይህሉ ይኸውን እዩ. . ." ከጸናንዓ ኢለ'ምበር ዘይምህላው'ውን ነይሩ እዩ።

"እዛ መወዳእታ እንድዒ'ምበር ክሳብ'ዚ ቀረባስ ተኸታቲለዮ ነይረ እዩ፣" ሕጂ'ውን ሰቐታ።

"መን ድዩ?"

"በዓል ቤተይ እዩ፣ ድሕሪ ካልኣይ ወራር ኢና ተመርኒና፣ . . ." ኢላ ትም በለት።

ኣብ ውሽጣ ብዙሕ ነገር ከም ዝነበረ ምግማቱ ኣየጸግምን፣ ነቲ ውልዶ ፍቕሪ ኩናት ከይበልያ ኣዝያ ዝሰግአት ትመስል። ድንግል ፈቃር ልባ ከይጉዳእ። እቲ ትተኸሎ ስድራ እናተራእያ እያ መሰለኒ፣ "ወላ ይሰንክል ጥራይ ብህይወት ይሃልወለይ፣" በለትኒ። ብቐደሙ ምቕዛን ምስትንታንን ዘይሓድገኒ፣ ናብቲ ሓንቲ መዓልቲ ምኪኤል ተኸላይ ዝበሃል ወዲ ኣሃዱና፣ ኣብ ነሓሰ 2000፣ ኣብ እምባ ሶይራ እንኪለና፣ ብዛዕባ ኣብ ገዛ ተደኒሳ ንበይና ገዲፉዋ ዝመጸ ወላዲቱ ዘበለንን ግጥሚ ክጽሕፈሉ ዝሓተተንን ኣበልኩ።

ተኹንዳዕ በጺሐና ናብቲ እታ ኣሃዱ ዝነበረቶ ገዛ ኣብጺሕኩዋ። ኣብ ቅድመይ ተሰዊኡ ዝብሉዋ ኩይኑ ስለ ዝተሰምዓኒ ኸኣ ናብቲ ቤት ጽሕፈት ኣእትየያ፣ ምስ ክልተ ወድን ጓልን መንእሰያት ኣራኺበ ቀልጢፈ ካብቲ ቦታ ተኣለኹ።

*　　*　　*

ህይወትና ኣብ ተዛነ ስለ ዝነበረ፣ ዝበዝሕ ንጥፈታት ኣብ ስፖርትን ኣኼባታትን እዩ ነይሩ። ሓደ መዓልቲ ቮሊቮል እናተጸወትና ከለና ንኣኼባ ቦጦሎኒ ተጸዊዕና። ናብቲ ኣኼባ ክሳተፍ እናተበገስኩ፣ መስከረም 2000 ኩይኑ ዳግማይ ናብ ትምህርቲ ዝምለሰሉ ግዜ ስለ ዝኣኸለ፣ መራሕ ሓይልና እድሪስ ጸዊዑ፣ "ዩኒቨርስት ኣስመራ ጸዊያምኻ ስለ ዘለዋ ናብ እንዳ ቦጦሎኒ ክትከይድ ተበገስ፣ ኣጆኻ ኣይትሕመቕ፣" በለኒ። ሸው ንሸው ድማ

569

ካብታ ኣብ ቄሓይቶ ዝነበረት ምስኣ ዝቘነኹ፡ መወዳእታ ዘይብሉ ዛንታ ቖያ ዝሰማዕኩላ'ምበር ቅያ ዘይፈጸምኩላ ኣሃዱና ተፋንየ ኣሁነይ መጸእኩ። ኣብ ኣሁነይ ብዙሓት ዝኸተቱ ተመሃሮ ዩኒቨርስትን ሸዉ ማትሪክ ዝሓለፉን ተኣኻኺብና ብስታፍ ብርጌድና፡ ሳልሕ ጋግ፡ ናይ ምፍናውን ምትብባዕን ሓጺር መግለጺ ተዋሂቡና ንጽባሒቱ ናብ ቤት ጽሕፈት ግንባር፡ ኣብ ማዕረባ ውዒልና ኣማስያና በለዛ ብምኻድ ካብቲ ዛንታ ጅግንነት ዝተመሃርኩሉ ኣሃዱ ተመሊስ ትምህርተይ ቀጸልኩ።

ኣብ ማዕረባ ዝረኸብትኒ፡ ዘየለኸኹዋ መንእሰይ ቅርብ ኢላ፡ "መን ሸምካ?" በለትኒ። ስመይ ኣይነገርኩዋን ደው ኢላ ክሰምዓ ተጸበኹ፡ "ሓንቲ መዓልቲ ኣብ ተኹንዳዕ ናብ ቤት ጽሕፈትና ዶ መጺእካ ነይርካ?" በለትኒ ሓቀይ ድዩ ተጋግየ ዝንበብ ምልክት ኣብ ገጽ ኣናገበረት።

"እውይ፡ እወ ሓቅኺ! ምስታ. . ."

"ተጋጊኻ እንዲኻ?" በለትኒ ጌና ክይመላእኩላ።

"ተጋግየ!" ድምጸይ ኣዝዩ ተሓተ፡ ገጸይ ተጸወገ።

"ኣብ ከምዚ ኩነታት ንስድራ ኣሃዱ ዘይሕበር. . ." በለትኒ። ኣሻቡ ጉድለተይ ተረድኣኒ። "እነ ደኣ'ሞ እንታይ ፈሊጠ?" በልኩዋ ሓውሲ ስክፍታ ብዝመልአ።

"ብዘኽኩ፡ ሸዉ እንድዩ ተሰዊኡ - ኣብታ ናይ መወዳእታ። ሓድጊ ክገድፈላ እያ ትደሊ ነይራ'ምበር፡ ነፍሳ ነጊራዋ ነይሩ'ዩ።" ምስ በለትኒ ካልእ ክምልእ ኣይደለኹን፡ ናብቲ ናይ ኣመለይ ምስትንታን ኣተኹ። ኩሉ'ቲ ውሁድ ቅኒት ናይቲ ዝተኸፍለ ዋጋን ዝተራእየ ጽንዓትን ድማ ትርጉም ዘለዎ ምንባር ንምፍጣር ማለት'ዩ በልኩ። እቲ ሓድጊ ድማ ብመሰዋእቲ ጅጋኑ ወራራት ፈሺሉስ መሬት ኤርትራ ናይ ኤርትራ ምኻት ምርግጋጹ'ዩ። ነታ መበገሲ ናይዚ ጽሑፍ ዝኾነትኒ "ህዝባዊ ግንባር ዝሓሰቦ ኣለዎ" እትብል ድማ ንሀላወ ሃገር ኣርሒቐካ ምሕሳብን ሃዲእካ ስጉምቲ ምውሳድን እዩ በልኩ። ነዚ ዘሕደርኩዋ እምነት ዘራጉድ ድማ ኣብ መጽሓፍ ክልተ ቖነ ኣብ ድፋዓት ዘንበብኩዋ ትዝ በለኒ። ኣለምሰገድ ተሰፋይ ኣብ ልቢ ተጋዳላይ ከምዚ ዝስዕብ ኢሎ፤

"ብወገነይ፡ ነዚ ኣብ ጸበባ ዚሃጥር ሰራዊት፡ ኣብ መቝቘሮ ዚንፍሕ ውድብ ካብ ተዛማዲ ንእስነቱ ጀሚረ ብቐረባ ተዓዚበዮን ተሳቲፈሉን ስለዝኾንኩ፡ ምድፋእ ይኹን ምምላስ፡ ኩሉ ንህጥራንና፡ ኩሉ ንዓወትና ስለዝኾነ፡ ብዙሕ ኣይሓስበሉን፡ ኣይስከፈሉን'ውን። ካልእ ዘይኮነስ፡ ኣንፈትና ስለዘተኣማምን፡ ስለ ዝረኣኹ፡ ስለዝኣመንኩ።"

ጥብቆታት

ጥብቆ 1

ህ.ግ.ሓ.ኤ.ን ዝምድናኡ ምስ ደሞክራሲያውያን ምንቅስቓሳት ኢትዮጵያን

ኢትዮጵያውያን ገዛእቲ ንኤርትራ ዝኾነ ዋጋ ከፊልካ ኣብ ትሕቲ ቁጽጽርካ ከተንብራ ዘለካ ክፍሊ-ሃገር ይቖጽርዋ። በዚ ኣረኣእያ'ዚ ተገዚኡ ፍሉይ መንነት ኤርትራን ናይ ህዝብ ናይ ናጽነት መስልን ኪቕበል ዘይኽእል መንግስቲ ኣብ ኣዲስ ኣበባ ክሳብ ዘሎ፡ ሰውራ ኤርትራ ንስራዊት ኢትዮጵያ ኣብ ዓውደ ኩናት ምስ ኣሰነፎ'ውን ናይ ኤርትራ ናጽነት፡ ሰላምን ምርግጋእን ውሕስነት ኣይህልዎን። እቲ መንግስቲ፡ ሓይሉ ዳግም እናኣደልደለ ናይ ወራር ኩናት ብምቕጻል ህዝቢ ኤርትራ ሃገሩ ኣብ ምህናጽ ንከይዋፈር ቅሳነትን ጸጥታን ኪኽልኦ ኢዩ። ስለ'ዚ ነባሪ ፍታሕ ጉዳይ ኤርትራን ናይ ህዝብታት ቀርኒ ኣፍሪቃ ሰላምን ጽቡቕ ጉርብትናን ንኪረጋገጽ፡ መስፋሕፋሕ ጉባጦን ስርዓት ኣዲስ ኣበባ ወዲቑ ብህዝባውን ደሞክራሲያውን መንግስቲ ኪትካእ የድሊ።

ህ.ግ.ሓ.ኤ. ነዚ ብምስትውዓልን ንጉዳዩ ኣካል ቃልሲ ህዝብታት ዓለም ካብ ዚቐጽር ኣረኣእያኡ ብምብጋስን ሃገራዊ ሓርነታዊ ተጋድሎኡ እናካየደ፡ ደሞክራሲያዊ መተካእታ ንስርዓት ደርግ ከቐውም ምስ ዚኽእሉ ኢትዮጵያውያን ውድባት ኪዛመድን ብሙሉእ ዓቕሙ ኪተሓጋገዝን ጸኒሑ። እዚ ምድግጋፉ ካብ "ናይ ጸላእየይ ጸላኢ፡ ፈታውየይ ኢዩ" ኣተሓሳስባ ዝነቐለ ኣይኮነን። እቲ ዘይነጻጸል ዕላማ፡ ሙሉእ ናጽነት ኤርትራን ምጅማም ብህዝቢ ዝተደገፈ ገስጋሲ መንግስቲ ኣብ ኢትዮጵያን ስለ ዝኾነ፡ ህ.ግ. ናብ'ዚ ሸቶ'ዚ ንዚድርኽ ውድብን ምንቅስቓስን የተባብዖን ይሕግዝን፡ ካብኡ ንዝርሕቐን ንዕኡ ዝሃስን ሓይልን ዝንባለን ድማ ይቃወምን ይነቕፍን።

እቲ ንቓልሲ ህዝብታት ኤርትራን ኢትዮጵያን ዘሕይልን መዓልቲ ሰላምን ሓርነትን ዘቃላጥፍን መደብን ሕንጸጻትን ኣየናይ ኢዩ፧ እቲ ሃሳዮ'ኸ፡ ናይዚ ዝሓለፈ ልዕሊ 10 ዓመታት ተመክሮ ደሞክራሲያዊ ምንቅስቓስ ኢትዮጵያን ዝምድናኡ ምስ ህ.ግ.ን ብኸመይ ኪግምገም ይኽእል፧ ነዚ ሕቶታት'ዚ ኣዐጋቢ መልሲ ንምሃብ ሽግራት ኢትዮጵያን ኣፈታትሓኣምን ብግቡእ ምትንታን የድሊ።

ኢትዮጵያ ሕብረ-ብሄራዊት፡ ማለት ብብዙሓት ብሄራት ዝቖመት ሃገር ኢያ። ንመዝመዘቲ ደርብታት ገዲፍካ፡ ህዝቢ ናይ ኩለን ብሄራት መባእታ

መሰላቱ ዝተጋህሰን ፍረ-ረሃጹ ዘይረክብን እኳ እንተ ኾኑ፡ ነዚ ስእሊ ዝሓላልኾ ብዘይካ ኣብ ኣምሓራ ኣብ ካልኦት ህዝብታት ዝወርድ ብሄራዊ ጭቆና ኣሎ። እዘን ብሄራት እዚኣን፡ ኦሮሞ፡ ትግራይ፡ ሶማል፡ ዓፈር፡ ሲዳማ፡ ወዘተ ዕድለን ከይውሰና ዝተኸልከለ፡ ካብ ፖለቲካዊ ስልጣን ዝተገለላ፡ መሬተን ዝተመንዝዓን ባህልታተንን ቋንቋታተንን ናይ ምምዕባል ዕድል ዝተነፍጋን ኢየን።

ብሄራዊ ጭቆና ግን ንውጹዓት ደርብታት ናይቲ ዝተዓብለለ ብሄራት ጥራይ ዘይኮነ ንሓፋሽ ናይቲ ጨቋኒ ብሄር'ውን ዝጎድእ፡ ክልተ ብልሒ ዘለዎ፡ ናይ ገዛእቲ ደርብታት ሓያል መሳርያ ኢዩ። ኣብ ርሂጸ-በላዕ ኣምሓራ፡ ክሳብ ክንደይ ድኻታት ምኳኖም ብዘየገድስ፡ ንዕቀት ኣብ ልዕሊ ጭቁናት ብሄራት ከሕድር ከሎ፡ ኣብ ሓፋሽ ኦሮሞ፡ ትግራይ፡ ሶማል፡ ዓፈርን ካልኦትን ብርቱዕ ጽልኢ ንኣምሓራ ገዛእቲ ጥራይ ዘይኮኑ፡ እንተላይ ንኣምሓራ ሰራሕተኛታትን ገባሮን ይቕስቅስ። እቶም ጭቁናት ብሄራት ንሓድሕዶም'ውን ብዓይኒ ንዕቀትን ጽልእን ይጠማመቱ። እዚ ሓድሕዳዊ ምጥርጣርን ምንዕዓቕን ሓደ ረብሓ ንዘለዎ ሓፋሽ ናይ ኩለን ብሄራት ኣጋጭዩ፡ ነቶም ገዛእቲ ስልጣኖም ከደልድሉን ከም ልቦም ኪምዝምዙን ስለ ዝሕግዞም፡ ደይመደይ ኢሎም የተባብዕዎ፣ የጓሃህርዎ።

ነዚ ሕንዛም ፖሊሲ፡ ሓደገኛነቱ ተረዲኦም ኪገጥምዎን ኣብ መንጎ ውጹዓት ናይ ዝተፈላለያ ብሄራት ምሕዝነትን ሓድነትን ኪፈጥሩን ዚግብኦም ኢትዮጵያውያን ገስገስቲ ኢዮም ኔሮም። እንተ ኾነ፡ ብዙሓት ካብኦም ነቲ ብሄራዊ ጭቆና ዝፈጠሮ ቅርሕንትን ጽልእን ንምድኻም ኣብ ክንዲ ዚጽዕሩ ብእኡ ተጠቒሞም ናይ ህዝቢ ረብሓ ጎስዮም ናይ ጉጅለታቶም ጥቕሚ ንምርካብ ካብ ምቕድዳም ዓዲ ኣይወዓሉን።

ናይ ሃይለስላሴ ንጉሳዊ ምልኪ ኣብ 1974 ብፍኑው ምልዕዓል ህዝብታት ኢትዮጵያን ጸቕጥታት ሰውራ ኤርትራን ምስ ተረኹመሸ፡ ኣብ ኢትዮጵያ ሰፊሕ ጽልዋን ተሰማዕነትን ከጥርያ ዝኽኣላ ሕብረ-ብሄራውያን ውድባት ተቐልቂለን ኔረን። እዚኣተን ግን፡ ብዘይካ እቲ ካልእ ጌጋታተን ናይ ገዛእቲ ደርብታት ኣምሓራ ናይ ዓባይ ኢትዮጵያ ትምክሕታዊ ጭራአን ኪቖርጻ ኣይከኣላን። ንጉዳይ ብሄራት ግቡእ ሚዛን ብምኽላእ፡ ንመሰል ጭቁናት ብሄራት ንዝተላዕለ ምንቅስቓሳት ብዘይ ኣፈላላይ “ንኡስ ብርጆዋዊ ኣድሓርሓርን ጸረ-ሽቃላይን” ኣጠሚቓንን ከም ቀንዲ ጸላኢ ቆጺረንን ምስኡ ተሓባቢርካ ምዕያይ ነጺጋ፣ ኣንጻሩ ምስባኽን ምጉስጓስን ተተሓሓዘኦ፣ ነቲ ደርግ ኣንጻር ጭቁናት ብሄራት ዘካይዶ ዝነበረ ናይ ጭፍለቓ ኩናት ቀጥታዊ ወይ ተዘዋዋሪ ደገፍ ኣብ ርእሲ ምሃብ ድማ ባዕለን ኣንጻር'ቲ ምንቅስቓሳት ገጠማ።

በቲ ካልኣይ ሸነኽ፡ እተን ኣብ ዘመነ-ደርግ ዝያዳ ተፈላጥነት ዝረኸባ ብሄራውያን ምንቅስቓሳት፡ መኸተአን ብዘይጥርጥር ፍትሓውን ቅኑዕን'ኳ እንተ ነበረን እንተሎን ካብ ጸቢብ ኣረኣእያ ሓራ ስለ ዘይወጻ፡ ናይ ህዝብታተን ጥርጣረን ጽልኢን ንጭቁናት ኣምሓራን ገስገስቲ ባእታታቶምን ብትምህርትን ጉስጓስን

ንምስዓር ኣብ ክንዲ ዚጽዕራ ከዕሙቓእ ዓየያ። "ኩሎም ነፍጠኛታት ኢዮም። ምስኣም ክንስርሕ ኣይንኽእልን ኢና፣ ብሓባር ክንነብር'ውን ኣይኮነልናን ኢዮ" ዚብል ኣተሓሳስባ ኣብኣተን ዓበለለ። ንናይ ብሄር ሕቶን ቃልስን ቀዳማይ ቦታ ሃባእ። ዕላማኡ ምንጻል ምኻን ድማ ኣወጃ። እዚ ኣተሓሳስባ'ዚ ኣብተን ብሄራውያን ውድባት፣ ንሕብረ ብሄራውያን ውድባት ኩነ ንካልኦት ብሄራውያን ምንቅስቓሳት "ኣብ መሬትና ኪሰርሑ ኣይነፍቅደሎምን ኢና" ናይ ዚብል ፖሊሲ መበገሲ ኩነ።

ብሰሪ ናይ ክልቲኦም ወገናት፣ ብሄራውያንን ሕብረ ብሄራውያንን ውድባት፣ ግጉይ ኣተሓሕዛ ናይቲ ጉዳይ፣ ኣብ ክንዲ ናይ ኩለን ብሄራት ናይ መላእ ህዝበን ረብሓ፣ ናይ ፍሉያት ውድባት ወይ ብሄራት ጠቕሚ ዓብላሊ ተቛጺሩ፣ ኣብ መንን ውድባት ጉዳኢ ውድድር፣ ህልኽ፣ ኣብ መወዳእታ ድማ ሓድሕዳዊ ውግእ ተላዕለ፣ ብሰንኩ እቶም ግዜእቲ ደርብታት ዘቀሓሓርዎም ጭቁናት ህዝብታት ኪሓብሩ ኩነ። ናይተን ዓቕመን ኣወሃሂደን ዓቢ ሓይሊ ኪኾናን ሰንደልደል ንዚብል ዝበረ ሰርዓት ደርግ ከውድቓን ዝኽእላ ዝበራ ውድባት ሰሙር ግንባር ኪምስረት ኣይከኣለን። ሰውራታት ኤርትራን ኢትዮጵያን ድማ ተጉድኡ።

ሎሚ ኣብ ኢትዮጵያ ሰፈሕ ሰረት ዘለዎ ሕብረ-ብሄራዊ ውድብ የልቦን። ናይ ብሄራት ምንቅስቓስ እውን ብኣጠቓላሊ፣ ክርአ ከሎ ድኹም ኢዮ። በቲ ሓደ ሸነኽ፣ ድሕሪ 10 ዓመታት ናይ ምልካዊ ምምሕዳርን፣ ናይ ሓደ ሚልዮን ህዝቢ ህልቂት ብጥሜትን፣ ናይ ደርግ ጸረ-ህዝባዊ ባህርይ ንኹሉ ዘየጠራጥር ኩይኑ ስለ ዘሎ፣ እቲ ወድዓዊ ኩነታት ንምድንፋዕ ብረታዊ ቃልሲ ኣብ ኢትዮጵያ ሓጋዚ ኢዮ። ህዝቢ ኢትዮጵያ ደሞክራሲያዊ መንግስቲ ንምትካል ዘሎ ምቹእ ዕድል ንክልኣይ ግዜ ከየምልጦ ግን፣ እቲ ኣብቲ ቀዳማይ መድረኽ ዝተራእየ ጌጋታት ኪውገድ፣ ኩሎም ኢትዮጵያውያን ተቓለስቲ ከኣ ብዘዕባ ሕቶ ብሄራትን ኣፈታትሓኡን፣ ኣድላይነት ሰሙር ግንባርን ኣቃውማኡን ንጹርን ሰሙርን ኣረኣእያ ኪህልዎም የድሊ።

ማዕርነታዊ ሓድነትደ ምንጻል

ኣብ ኣርብዓታት ናይ'ዚ ዘመን'ዚ ብመንግስቲ እንግሊዝ ንኢትዮጵያ ዝተዋህበ ምዕራብ ሶማል ጌዲፍካ፣ ዘመናዊት ኢትዮጵያ ኣብ ውሸጣ ናይ ዝነበሩ መስፍናውያን ገዛእቲ ውድድር ኣብ መወዳእታ ናይ 19 ዘመን ብዓብላልነት መነሊክ ምስ ተዛዘመን እቲ ሃጸይ ኣብ ሓጺር እዋን ናብ ደቡብን ምዕራብን ብምስፍሕፋሕ ደባቲ ምስ ሓንጸጸን ኢያ ቀይማ። ሽሕ'ኳ ቅድሚ'ቲ ግዜ እቲ ኣብ መሬት ናይቲ ጭቁናት ብሄራት፣ ንሓድሕደንን ምስተን ናይ ኣምሓራን ዝወዳደራን ውሱን ሓይልን ጽልዋን ዝነበረንን ናይ መሳፍንቲ ግዝኣታት እንተ

ነበራ፡ ጽኑዕ ቁጠባዊ ምትእስሳርን ሕንጹጽ ዶባትን ዝነበረን ነጻ ናይ ኦሮሞ፡ ትግራይ፡ ዓፈር፡ ወይ ካልኦት ሃገራት አይነበራን። ስለዚ አብዘን ብሄራት'ዚኣን ናብ ናይ ቀደም ነጻ ህላዌ፡ ናብ ነጻ ሃገራዊ መንግስቲ ክንምለስ ዚብል አተሓሳስባ ኪለዓል አይክእልን እዩ። ናይ ምንጻል ጠለብ ከአ ታሪኻዊ መበገሲን ምርኩስን የብሉን።

ጭቁናት ብሄራት ኢትዮጵያ ብድልዱል ቁጠባዊ ሓድነት ዝተጠምራ'ውን አይኮናን። ገዛእቲ ደርብታት ኢትዮጵያ ብዝኽተልዎ ፖሼናዊ ሜላ ቁጠባዊ ድሕረት ከም ዝሃስየን ዘይክሓድ'ውን እንተ ኾነ ከአ፡ ምንጻል ካብ ሕብረ ብሄራዊት ኢትዮጵያ፡ ብፍላይ ናይ ብሄራት ፖለቲካዊ፡ ቁጠባዊ፡ ማሕበራዉን ባህላውን መሰላት ዘኽብር መንግስቲ አብ ዝተኽለሉ እዋን ንቑጠባዊ ምዕባለ ጭቁናት ብሄራት ዝደቁስ'ምበር ዘደንፍዕ ስለ ዘይኮነ፡ ነቲ ናይ ምፍላይ ጠለብ ቁጠባዊ መበገሲ'ውን የብሉን።

ካልእ ንምፍንጫል ናይ ጭቁን ብሄር ካብ ሓደ ማእከላይ መንግስቲ ጠንቂ ኪኸውን ዚኽእል ረቛሒ ብስንኪ እምብዛ ምብላሕ ናይቲ ብሄራዊ ግርጭት፡ ክልተ ብሄራት ፈዲሞም ብሓባር ኪነብሩ ዘይክእሉ ምስ ዝኾኑ እዩ። አብዚ ፍሉይ ኩነታት ኢትዮጵያ ግን ብሄራዊ ጽቕጢ አብ መን ናይታ ሃገር ብሄራት ቅርሕንቲ'ኪ እንተሓደረ ጭቆና ምስ ተሳዕረ ብማዕርነትን ስኒትን ኪነብሩሉ ዘይክእሉ ኩነታት አይፈጠረን። ብተወሳኺ፡ አብ ኢትዮጵያ መሰል ርእሰ-ውሳኔ ብሄራት ኪኽበር፡ አቓዱም ደሞክራሲያዊ መንግስቲ ኪትክል ስለ ዘለዎ፡ ነዚ ንምዕዋት አብ ዝኻየድ ንኩለን ብሄራት ዘሳትፍ ፖለቲካውን ብረታውን ቃልሲ እቲ ናይ ቅርሕንትን ሓድሕዳዊ ምጥርጣርን መንፈስ ኪሃስስን ኪምህምንን እዩ።

ብአጠቓላሊ፡ አብ ኢትዮጵያ ገስጋሲ ስርዓት ተተኸሉ እቲ ናይ ብሄራዊ ዕብለላን ጭቆናን ስርዓት ብማዕርነታውን ናይ ኩሉ መሰል ዘኽብርን ምምሕዳር አብ ዝትክለሉ ወቕቲ፡ ንናይ ብሄራት ምንጻል ብዓይኒ ረብሓ ናይቲ ጭቁን ህዝቢ ምኽኑይን ቅቡልን ዝገብር ታሪኻዊ፡ ቁጠባዊ ኩነ ካልእ ረቛሒ የልቦን። ጨፍላቒ መንግስቲ ደርግ ወይ ከምኡ ዝአመሰለ ስርዓት ነቲ ናይ ብሄራት ምንቅስቓስ፡ ክሳብ መዓልቲ ውድቀቱ ብሓይሊ፡ ብረት ስለ ዝገጥሞ ድማ፡ አብ ኢትዮጵያ ጨቋኒ መንግስቲ አብ ስልጣን ክሳብ ዘሎ፡ እቲ ናይ ምንጻል ምርጫ ዘይክአል እዩ።

ምንጻል አብ ፍሉይ ኩነታት ኢትዮጵያ ዘይቅኑዕን ዘይግብራዉን ፍታሕ እዩ ምባል ግን መሰል ርእሰ-ውሳኔ፡ ከም ሓፈሻዊ መትከል፡ መሰል ምንጻል፡ መሰል ፖለቲካዊ ነጻነት ከም ዘፍቅድ ምኽሓድ አይኮነን። ገሊኡ ናይ ብሄራት ሕቶታት ብምንጻል ይፍታሕ፡ ካልእ ድማ ብማዕርነታዊ ሓድነት። ክልቲኡ ምርግጋጽ መሰል ርእሰ-ውሳኔ እዩ፡ ንፍሉይ ሕቶ ግን ፍሉይ መልሲ ኪወሃቦ የድሊ። ብተመሳሳሊ፡ መንገዲ ክልተ ሰብ ሓዳር ተገራጮዮም ናብ ሕጊ ምስ ዝቐርቡ፡ ዳኛ ኩነታቶም መምዩ ምቅሕሓርም ዘይፍወስ ወይ ከአ ንሳቶም

574

ፈጺሞም ዘየሳንዩ ጽርዲ ኩ፟ይኖም ምስ ዚስምዕዎ ፍትሕ ከፍቅድ፣ ናይ ሓባር ናብራ ዚከኣልን ዝሓይሽን ምስ ዚመስሎ ድማ ዕርቅን ምቅጻል ሓዳርን ኪምዕድ አለዎ እምበር፣ ነገሮም ሰሚዑ፣ ካብ ዕርቁ ክሳዕ ፍትሕ መሰል አለኩ፟ም ኢሉ ከፋንዎም አይግባእን። ንፍሉያት ሰብ ሓዳር ኪዳኖም ሓልዮም ኪቐጽሉ እንተ በየነሎም'ውን ናይ ፍትሕ መሰል ይነጽግ ኢዩ አየብሎን። አብ ሕቶ ብሄራት ኢትዮጵያ'ውን እቲ አብ ክትዕ ዘሎ ጉዳይ መትከል ርእስ-ውሳኔ ብደፈናኡ ዘይኩነስ ፍሉይ ዕድል ናይ ፍሉያት ህዝብታት ኢዩ። ታሪኻዊ፣ ቁጠባዊን ካልእን ረጂሕታት ናይ'ዚ ፍሉይ ኩነታት ከም ዚሕብር ድማ እቲ ሓደን ቅኑዕን ፍታሕ ማዕነታዊ ሓድነት ኪኸውን አለዎ።

ሕቶ ብሄራት አብ ኢትዮጵያ

ስሙር አረአእያ አብዚ ፍታሕ'ዚ ንሰውራ ኢትዮጵያ አብቲ ዝሓለፈ መድረኽ ንዘንበሮ መሰናኽል አብ ምውጋድ ዝዓበየ እጃም አለዎ። ካልእ ኪንጸርን ብግቡእን ኪምለስን ዚግብአ ጉዳይ ግን አሎ። እዚ ድማ እቲ ናይ ብሄር ሕቶ አምር ንገዛእ ርእሱ ኢዩ።

ናይ ብሄር ሕቶ፣ አብ ውሱን ጆግራፊያዊ አከባቢ ናይ ዚቕመጡ፣ ናይ ሓባር ባህልን ቋንቋን ምጡን ቁጠባዊ ምትእስሳርን ዘለዎ ህዝቢ ዕድል ብቆዳምነት ፖለቲካዊ ዕድል - ጉዳይ ኢዩ። ነዚ ሕቶ'ዚ ካብቲ ናይ "ሃገር" (ብስፍሕ ዝበለ አጠቓቅማ ናይቲ ቃል) ወይ መግዘእቲ ሕቶ ዝፈልዮ፣ አብዚ ዳሕረዋይ፣ እቲ መብዛሕትኡ ግዜ ብዝተፈላለየ ብሄራት ዝቖመ ህዝቢ ንናይ ቡብሄሩ ዘይኩነስ ከም ሓደ ህዝቢ ንመሰል ርእስ-ውሳኔኡ ዚቃለስ ኪኸውን ከሎ፣ አብቲ ናይ ብሄር ሕቶ ነፍስ ወከፍ ብሄር ምስ ካልኦት ከም ናቱ ሕቶ ዘለዎም ህዝብታት ዝተሓጋገዝ'ኳ እንተ ኾነ ንናይ ገዛእ ርእሱ መሰል ዚጋደል ስለ ዝኾነ ኢዩ። ናይ ሃገር ሕቶ፣ ብዶባት ናይታ ሃገር ዝተወሰነ ኢዩ፣ ናይ ብሄር ሕቶ ግን አብ ውሽጢ'ታ ሕብረ-ብሄራዊት ሃገር ብገዛእቲ ደርብታት ብዝተሓንጸጸ ናይ ምምሕዳር ዶባት አይቅየድን።

ብአብነታት ንምዝራብ፣ አብ ኢትዮጵያ ህዝቢ አሮሞ አብ ሓያሎ ክፍላተ-ሃገራት ብናይ ምምሕዳር ዶባትን ተፈልዩ ይንበር'ምበር፣ እዚ ዶባት'ዚ አብ ቃልሱ ጽልዋ የብሉን። ናይ ወለጋ አሮሞ ከም ደቂ ወለጋ፣ እቶም ናይ ሲዳሞ ድማ ከም ደቂ ሲዳሞ ዘይኩነስ፣ ንሳቶምን እቶም ናይ ካልኦት ክፍላተ-ሃገርን አሮሞ ከም ሓደ ህዝቢ ምእንቲ ናይ ብሄሮም መሰል ኢዮም ዝጋደሉ። በቲ ሓደ ወገን፣ አሮሞ አብ ሲዳሞ ስለ ዝነብሩ፣ ህዝቢ አሮሞ "ሲዳሞ መሬትና ኢዩ" ብምባል ነቶም አብቲ ክፍለ-ሃገር ዚቕመጡ ካልአት ብሄራት - ብሄረ ሲዳሞ አብዚ ፍሉይ አብነት'ዚ - ነቶም ብሄራዊ ምንቅስቃስ ከቖሙን ምእንቲ ሓርነቶም ኪቃለሱን ንዘለዎም መሰል ኪነፍጎም የብሉን። ብተመሳሳሊ መንገዲ፣ አብ ክፍላተ-ሃገር ወሎን ትግራይን ዘለዉ ዓፈር፣ ከም ደቂ ወሎን ደቂ ትግራይን

ዘይኮነ፡ ከም ህዝቢ ዓፈር ምእንቲ ብሄራዊ መሰሎም ኪለዓሉ መሰል አለዎም። ህዝቢ ትግራይ'ውን መሰላቶም ካብቶም ዝነፈግም ከምልስ ተላዒሉ ከብቅዕ ንተመሳሳሊ ዕላማ ንዝብገሱ ከምኡ ጭቁናት፡ እዚ መሰል ኪነፍግም አይግባእን።

እቲ ጉዳይ "መሬትካ" ቆርሚምካ ንክልኣት ምሃብ አይኮነን። የግዳስ፡ መሰልካ ኪኸበር ከም እትጠልብ ናይ ካልኣት መሰል ምፍላጥ፡ ብእኡ አቢልካ ድማ እቲ ንናይ ሓባር ጸላእቲ ዘባህርር ሓድነት ጭቁናት አረጋጊጽካ መዓልቲ ሓርነትካ ምቅልጣፍ ኢዩ። ብተወሳኺ፡ ናይ ብሄራት መሬት፡ እቲ ገዛእቲ ደርብታት አዲስ አበባ ንምምሕዳር ኪጥዕሞም ወይ ካልእ ምስ ረብሓ ህዝቢ ዘይቃዶ ዕላማታት ንኪወቅዕሉ ዝሓንጸጽዎ ናይ ክፍለ ሃገር ወይ አውራጃታት ዶባት አይኮነን። እዚ ናይ ብሄራት ጉዳይን መሰልን አብ ግምት ብምእታው አይተሓንጸጸን። አብ ዝተፈላለየ ወገናት ኢትዮጵያ ከም ዝተራእየ፡ አብኡ ተመሰሪትካ ወይ አብ ልዕሊኡ ካልእ ደሚርካ በብወገንካ ናይ ብሄርካ ዶብ ብምሕንጻጽ፡ አብ ናይ "መሬተይ መሬትካ" ምስሕሓብ ምእታው፡ አብቲ መሬተይ እትብሎ ቦታ ንዚርከቡ ካልኣት ጭቁናት ብሄራት ናጺ ውድብ ከቆሙን አብ ጉንኻ አንጻር ናይ ሓባር ጸላኢ ኪቃለሱን ዘይምፍቃድ፡ ንዶባትካ ናትካ ፍሉይ ሕዛእቲ ቀጺርካ ብባህሪአም አብ መላእ ኢትዮጵያ ኪነጥፉ ንዚግብአም ሕብረ-ብሄራውያን ውድባት አብቲ መሬተይ እትብሎ ከይዕዩ ምኽልካል፡ ነቲ መሰረት ናይ ዓወት ዝኾነ ሓድነት ህዝብታት ዘምክን ጸቢብ አረአእያን ጉዳኢ ስጉምቲን ኢዩ። ብዘይካ'ዚ እቲ ዕላማ፡ ከምቲ አቓዲምና ዝጠቐስናዮ፡ ማዕርነታዊ ሓድነት እንተኾይኑ እቲ ዘከራኸር መሬት፡ ናይ ሓንቲ ሃገር፡ ናይ ሓደ ሰሙር ህዝቢ መሬት ምዃኑ አይተርርቷን። ጽባሕ ከም ዜጋታት ናይ ሓንቲ ሃገር ብሓባር ክትነብር እንተ ጌንካ፡ ሎሚ ናይ ብሄርካ መሬት ምስፋሕ ትርጉም የብሉን። ናይ ብሄራት ዶባት ከአ ሎምን በብኢድካን ዘይኮነስ፡ ርእሰ-ምምሕዳር ናይ ህዝብታት አብ እተፍቀድ ደሞክራሲያዊት ኢትዮጵያ፡ ብተሳትፎን ስኒትን ናይ ኩለን ብሄራት ኢዩ ዝሕንጸጽ።

አብዚ፡ አህጉራዊ ዶባት ኢትዮጵያን ጉረባብታ ሃገራትን ናይ ዝኸፋፈሎም ብሄራት ጉዳይ ኪለዓል ይኽእል ኢዩ። ናይ ትግራይን ወሎን ዓፋር፡ ብናይ ክፍለ-ሃገር ዶብ ከይተገዘዎ፡ ከም ሓደ ብሄር ኪቃለሱ መሰል እንተ ድአ ሃልይዎም፡ ነቶም ስግር ዶብ ኢትዮጵያ፡ አብ ኤርትራን ጁቡቲን ዘለዉ ዓፈር ምስእም ከይጽንብርዎም እንታይ ዚኽልክል ነገር አሎ፧ አብ ዝተፈላለያ ክፍላተ-ሃገር ኢትዮጵያ ዘለዉ አሮሞ ተጠርኒፎም ሓደ ምንቅስቓስ ንምክያድ መሰል ካብ ሃለዎም እቶም አብ ኬንያ ዚርከቡ አሮሞ ስለምንታይ ዘይጽንበርዎም፧

ርግጽ፡ ዶባት ኢትዮጵያን ጉረባብታን— ኤርትራ፡ ጅቡቲ፡ ኬንያ፡ ሶማልን ሱዳንን፡ ከም ወሰናስን ኩለን ሃገራት አፍሪቃ፡ ብመጠን ርእሰ-ማልን ሓይልን ናይ ኤውሮጳውያን ገዛእቲ ስለ ዝተሓንጸጹ፡ ናይ ብሄራት አቃውማን ዕድልን አብ ግምት ዘእቱ አይነበረን። ብሰንኩ፡ ብዙሓት ብሄራት ናብ ክልተ ወይ ካብኡ ዝበዝሓ ሃገራት ተኸፋፈሎም ኢዮም። እንተ ኾነ ግን፡ መግዛእቲ አብ ውሽጢ'ቲ

ብመጠን ሓይሉ ዝሓንጸጸ ዶባት፡ ናይ ብሄርን ቀቢላን ሓጹራት እናፍረሰ፡ ናይ ህዝቢ ፖለቲካውን ቁጠባውን ሓድነትን፡ ሃገራዊ ንቕሓትን ፈጢሩ ኢዩ። እቶም ብብዙሓት ብሄራት ዝቖሙ ህብዝታት ድማ ከም ንጽል ብሄራት ዘይኮነስ፡ ከም ጥሙራት ህዝብታት ምእንቲ ሃገራዊ ናጽነት ኩነ ማሕበራዊ ግስጋሰ ይጋድሉ - ኤርትራውያን ከም ትግርኛን ትግረን፡ ዓፈርን፡ ሳሆን . . . ወዘተ ዘይኮነስ፡ ኣባላት ትሸዓቲኤን ብሄራት ከም ሓደ ህዝቢ። ህዝቢ ኬንያ ድማ ከም ኪኪዮን ሎዎን፡ ኦሮሞን፡ ካልኦትን ዘይኮነስ ከም ኬንያውያን ይቓለሱ። ስለዚ ኣብ ጁቡቲን ኤርትራን ዚርከቡ ዓፈር ምስ ህዝብታት ጁቡቲን ኤርትራን፡ ኣብ ኬንያ ዚርከቡ ኦሮሞ ምስ ዝተረፉ ኬንያውያን፡ ኣብ ሱዳን ዚርከቡ ኑወር ምስ ህዝቢ ሱዳን፡ ኣብ ኢትዮጵያ ዚርከቡ ኑወር ምስ ዝተረፉ ኢትዮጵያውያን፡ ኣብ ኤርትራ ዚነብሩ ትግረ ምስ ህዝቢ ኤርትራ፡ እቶም ኣብ ሱዳን ዚርከቡ ከኣ ምስ ሱዳናውያን ይጥርነፉ። ብናይ ሓደ ህዝቢ ፍሉይ ሃገራዊ መንነት እንተ ድኣ ተኣሚንካ ነቲ ህዝቢ ከም ጥማር ናይ ብዙሓት ብሄራት ተቖቢልካ ስለ ዘለኻ፡ ብሄራቱ ኪትንጽለን ግቡይ ኢዩ። ናይ ውሽጢ ሃገር ምምሕዳራዊ ወሰናስን ድማ ካብቲ ኣብ ነዊሕ ታሪኻውዊ ፖለቲካዊን ቁጠባዊን መስርሕ፡ መበገሲ ንስሙር ሃገራዊ ቃልሲ ዝኸውን መግዛእቲ ዝሓንጸጸ ኣህጉራዊ ዶባት ብዓይነቱ ዝተፈልየ ኢዩ።

ሕቶ ስሙር ግንባር

ከምዚ ዝኣመሰለ ብሩህ መረዳእታ ብዘዕባ ሕቶ ብሄራትን ኣፈታትሓኡን ቅድመ-ኩነት ንምምስራት ስሙር ግንባር ናይ ኩሎም ብሄራውያንን ሕብረ-ብሄራውያንን ውድባት ኢትዮጵያ ኢዩ። ባህርይ ናይ'ቲ ሕቶ ንጹር፡ እቲ ናይ ማዕርነታዊ ሓድነት ዕላማ ድማ ግሉጽ እንተኾይኑ፡ ነፍሲ-ወከፍ ብሄራዊ ውድብ ምእንቲ'ቲ ናይ ሓባር ሽቶ ንህዝቡ ከኽትት ኪተባባዕን ኪሓገዝን፡ ሕብረ-ብሄራውያን ውድባት ኣብቲ ዝለዓለ ፍረ ከምጽኡ ዚኽእላ ቦታታት፡ ኣየናይ ብሄር ከም ትቐመጦ ብዘየገድስ፡ ብናጽነት ኪዓዶ፡ ብሄራውያንን ሕብረ-ብሄራውያንን ውድባት ጕኒ ንጕኒ ኪቓለሱን ኪደጋገፉን፡ እቲ ስሙር ግንባር፡ ሃገር-ለኸ ስትራተጂ ብምሕንጻጽ ኣብ ነፍሲ ወከፍ መድረኽ ሓይልታቱ ኣብቲ ንኣድሓርሓሪ መንግስቲ ኣዲስ ኣበባ ዝበርትዐ ጽፍዒት ከውርደሉ ዚኽእል ቦታታት ከዋፍር፡ ምቹእ ኩነታት ይፍጠር። በዚ ብስለትን ብቕዓትን ዘንጸባርቕ ኣገባብ ዝዓዪ ስሙር ሓይሊ፡ ኣብ መላእ ኢትዮጵያ ሓድሽን ትስፉውን ናይ ቃልሲ ስምዒት ኣብ ርእሰ-ምምሕዳር፡ ኣብ ዓለም ብሓደን ክብደት ዘለዎን ድምጺ፡ ብስም ኩሉ ህዝቢ ኢትዮጵያ ብምዝራብ ንስርዓት ደርግ ብኣህጉራዊ ደረጃ ነጺሉ ሰፈሕ ደገፍን ተፈላጥነትን ኪረክብ ይኽእል። ናይ ወጻኢ ደገፍን ጽልዋን ኣብ ውጽኢት ቃልሲ ህዝብታት እቲ ቀዳማይ ቦታ ዚሕዝ ረቛሒ ኣይኹንን እምበር፡ ናይ ኣዲስ ኣበባ ናይ ዓሳክር ጉጅለ ብዘይ'ቲ ዓንዲ ማእከል

ኩይንም ዘሎ ግዜፍ ናይ ግዳም ሓገዝ ነዊሕ ደው ኪብል ስለ ዘይክእል፡ ምምስራት ናይ ሱሙር ደሞክራሲያዊ መተካእታ ንስርዓት ደርግ፡ ኣብ ምቕልጣፍ ዓወት ህዝቢ ኢትዮጵያ ዘህልም ግደ ዕዙዝ ምኻኑ ንምርዳእ'ውን ኣይጽግምን።

ብኣንጻሩ፡ ኣቀራርባ ሕቶ ብሄራት ከይተነጸረ፡ ኣብ ኣፈታትሓ ናይቲ ጉዳይ ናይ ኣረኣእያ ሓድነት ከይተመዝገበ፡ ዚቐውም ሱሙር ግንባር፡ ናይቲ ዝሓለፈ መድረኽ ዘዕዉት ፈተነታት ከም ዚሕብር፡ ነፍስ ወከፍ ውድብ ሸሸጣራኡ ዘናድየሉ፡ ዕድመን ፍረን ዘይብሉ፡ ልሙስ መሳርሒ ከም ዝኸውን ኣየጠራጥርን። ኣብ መሰረታውን እዋናውን ሕቶታት ተፈላሊኻ ከለኻ፡ ናይ ሓባር ጸላእቲ ንምውቃዕ ዝግበር ስምምዕ ንንጡፍን ሓቀኛን ምትሕብባር ብቐዕ ሰረት ኣይኮነን። ናይ መረተይ መሬትካ ምስሓሓብ ከይዓረፈ፡ "ሓደ ኪንጸል፡ እቲ ካልእ ኣይትንጸልን" እናበለ ናይ ሓባር ዕዮ ኪህሉ ዘይግመት ኢዩ። ምእንቲ ናይ ሓባር ረብሓ ከፈላዊ ጠቕሚ ምስዋእ ምኽኑይ ዝገብር፡ ንኩሉ ዝጠምር ሃንቀውታ ስለ ዘየለ፡ ነፍስ ወከፍ ውድብ ብዋጋ ካልኦት ኪዓቢ፡ ከስፋሕፍሕ፡ ኪኸብድ ይቀዳድም። ነፍስ ወከፍ ውድብ ነቲ ህዝቢ ንተጸራሪ ዕላማታት፡ ምንጻል ወይ ሓድነት፡ ኪኸሰቦ ስለ ዝፍትን፡ ሓደ ውድብ ምስቲ ካልእ ኣብ ክንዲ ዝተሓጋገዝ፡ ናይ መሬትን ደባትን ካልእ መመሳመስን እናቐረብ ኪግልሎ ይዓዪ፡ ኣንጻሩ ይሰብኽ፡ ከዳኽሞ ይሕልንን ይጽዕርን። እቲ ናይ ብሄር ሕቶ ኣዝዩ ተኣፋፊ ኣብ ዝኹነላ ኢትዮጵያ ድማ ከምዚ ዝኣመሰለ ግርጭታት በብቐሩብ ናብ ጉንጽን ኩናትን የምርሕ።

ብኣጠቓላሊ፡ ኣብ ኢትዮጵያ ዚቐውም ሱሙር ግንባር ውጺኢታውን ነቲ ዝተሓላለኸ ናይ ደርብን ብሄርን ዝምድናታት ብግቡእ ኣልዩ ናብ ዓወት ዘበጽሕን ንኪኸውን፡ ዋና ዕላማኡ ምምስራት ናይ ሓደ ማዕኮነታዊ ሓድነት ብሄራት ከዉን ዚገብር ደሞክራሲያዊ ስርዓት ኪኸውን ኣለዎ። ኣብዚ ሓድሽ ስርዓት፡ መሰል ብሄራት ብኸመይ ከም ዚረጋገጽን ናይቲ ማእከላይ መንግስትን ናይተን ብሄራዊ ምምሕዳራትን ዝምድና ከመይ ከም ዝኸውንን ኣቐዲሙ ተሓንጺጹ፡ ኩሎም ኣብቲ ግንባር ዝሳተፉ ሓይልታት ኪሰማምዕሉን ንምትግባሩ ኪነጥፉን የድሊ። ካብ'ዚ ንታሕቲ፡ ኣብቲ ወሳኒ ሕቶታት ከይተቓደኻ ዚምስረት ሱሙር ግንባር፡ ምስ ህሉው ኩነታት ኢትዮጵያን ኣብ ከባብን ዓለምን ዚገጥሞ ናይ ተቓባልነት ሽግርን ኣገናዚብካ ኪርኣ ከሎ ዘይሰርሕን ኣማስያኡ ንቃልሲ ህዝብታት ኢትዮጵያ ዝጉድእን ኢዩ።

ካብቲ ናይ ዕላማታቱ ጉዳይ ፈሊኻ ዘይርኣ፡ ነቲ ሱሙር ግንባር መን ኪጽንበር ይኽእል ዚብል ሕቶ ኢዩ። ኣብኡ ዚሳተፉ ሓይልታት ንመንግስቲ ደርግን ንናይ ሶቭየት ደገፍ ነቲ ስርዓትን ምትእትታዋ ኣብ ጉዳያት ህዝብታት ኢትዮጵያን ኤርትራን ዚቃወሙ ኪኾኑ ከም ዘለዎም ኣየማጉትን። እንተ ኹነ ነዚ ዘማልኡ ግን ኣብዚ ዝሓለፈ 10 ዓመታት ብህዝባዊ ቃልሲ ንዝተዳኸመ መስፍናዊ ዝምድናታት እንደገና ህይወት ኪዘርኡ ዚትምነዩን ንናይ ምዕራብ

ሃጸይነት ዝተዓስቡን ጉጅለታት ኪሕወስዎ ኪፍቀደሎም ድዩ፤ እቲ ሰሙር ግንባር፡ ሃጸይነት ባዕሉ ወዲቡ፡ ኣብ ትሕቲ ጽላሉ ኣጉቢዙ፡ ኣዕጢቑ፡ ናብ ኢትዮጽያ ከኣትዎም ንዝዳሎ ዘሎ ኣገልግልቱ ማዕጾኡ ከርሑ ድዩ፤ ኣብዚ ህልዊ ኩነታት ናይ ኢትዮጽያ ብዘይካ'ቶም ጸረ-ሃጸያዊ መርገጺኦም ዘነጸሩ ውድባት፡ ንደርግን ሶቭየትን ዝጸርፉ ግን ናይ ሃጸይነት ኣመሪካ መሳርሒ ዘይኮኑ ሓይልታት ኣለዉ'ዶ፤ ክህልዉ'ኸ ይኽእሉ'ዶ፤ ናይዚ ኣርባዕተ ሕቶታት መልሲ ኣይፋልን ኢዩ። እቶም ኣንጻር ደርግን ጦብሎ'ቅታ ሶቭየትን ሴፍም ዝመዘ ንናይ ምዕራብ ሃጸይነት ግን ዚምእዘዙ ወገናት፡ እቶም ሃጸይነት ዚሕብሕቦ፡ ናይቲ ዝከበረ መስፍናዊ ንጉሳዊ ስርዓት ሕላገት ዘለዎም ሓይልታት ኢዮም። ናይ ህዝብታት ኢትዮጽያ ሓርነት ዝረጋገጽ እታ ሃገር ሓቀኛን ኩሉ ጉድናውን ናጽነት ምስትጉናጸፍ ጥራይ ስለ ዝኾነ፡ እዞም ሓይልታት እዚኣቶም ኣብቲ ሰሙር ግንባር ቦታ የብሎምን። ከምኡ እንተ ድኣ ኩይኑ ድማ፡ ኣብቲ ናይ ኣባልነት መምዘኒ፡ ኣብቲ ሰሙር ግንባር ዝዋስኡ ውድባት ንወተሃደራዊ ስርዓት ኣዲስ ኣበባ ናይ ሶቭየት ሻራ ደርግ ተራን ጥራይ ዘይኮነ ንመስፍናዊ ምዝመዛን ንሃጸይነትን ኩሉ መልክዓት ናይ ወጻኢ ዕብለላን ንምምካት ዚዓጠቐ ኪኹኑ ከም ዘለዎም ተነጺሩ ኪሰፍር ኣለዎ።

ብዘይካ'ዚ፡ ኣብ ጉዕዞ ሰውራ ኢትዮጽያ፡ ብተዘዋዋሪ መንገዲ ድማ ኣብ ሰውራ ኤርትራ፡ ቀጥታውን ቅጽበታውን ሳዕቤን ዚህልዎ መሰረታዊ ሕቶታት - ህዝባዊ ግንባር ሓርነት ኤርትራ ንኩሉ ካልእ ጉዳያት - ሕቶ "ማሕበረ-ሃጸያዊ" ባህርይ ሕብረተ ሶቭየት ንኣብነት፡- ካልኣዪ ይቐጽር። ንናይ ሶቭየት ጨፍላቒ መርገጽን ተራን ኣብዚ ከባቢ ዘይሕበል ተቓውሞ፡ ወተሃደራዊ ምትእትታዎም ንምምካት ድማ ምስኩር ቅሩብነት ኪህሉ ከም ዘለዎ ዘካትዕ ኣይኮነን። ኣረኣእያኻ ንምቅርራብን ንምስማርን እውን ናይ ሕብረት ሶቭየት ውሽጣውን ግዳማውን ፖሊሲታት ኣብ መንጎ ውድባትን ካድራቶምን ንክትዕ ኪወርድ ቅቡል ኢዩ። "ርእሰ ማልነት ኣብ ሕብረት ሶቭየት እንደገና ተተኺሉ ድዩ ኣይፋሉን፤ ክሳብ ክንደይ፤ ካብ መዓስ ጀሚሩኸ፤ ብዝብሉ ኣብ ኣህጉራዊ ጽፍሒ፡ ካብ ተሞክሮ ናይቲ ማሕበርነታዊ ደምብ ተማሂሮም ገስጋሲ ሕብረተሰብ ንምህናጽ ንዝቃለሱ ሓይልታት ገና ዘከራኽሩ ዘለዉ ሕቶታት፡ ውድባት ኢትዮጽያ ንሓድሕዶምን ንሳቶምን ህዝባዊ ግንባር ሓርነት ኤርትራን ኣብ ተጻርቲ ጉጅለታት ኪኽፈሉ ግን ቅኑዕ ኣይኮነን። "ብደረጃ ዓለም ፈተውትኻን ጸላእትኻን ምልላይ ስትራተጂያዊ ኢዩ" ብዚብል ኣተሓሳስባ "ሕብረት ሶቭየት ሃጸያዊት ኢያ" ዝብል ምሳና፡ ሕብረት ሶቭየት ሃጸያዊት ኢያ ዘይብል ኣባይና እናበልካ፡ ንናይ ሶቭየት ወረራ ብትብዓት ንዝመክቱን ንጸረ ሓርነታዊ መርገጺኣ ኣብዚ ከባቢን ካልኣት ክፍላተ ዓለምን ንዚኹኑን ውድባት ተኽላኽልቲ፡ ኩሓሓልትን ኩራኩርን ሶቭየት ቆጺርካ ኣብ መስርዕ ጸላእቲ ምጽብጻብ ግጉይ ኢዩ። ንሓደ ውድብ ሓንሳብ ምስ ጸላእትኻ ምስ

ሰራዕካዮ፣ አንጻሩ ጉስጓስ ምክያድ፣ ህዝቢ አንጻሩ ምልዕዓል፣ ጽልዋኡን ሓይሉን ንምድራት ምጽዓር፣ ብዋግኡ ምትንኻል አይተርፍን፡፡ ናይ'ዚ ሳዕቤን ድማ ናይ ውድባትን ህዝብታትን ምርሕሓቕ፣ ምቅሕሓር፣ አብ መወዳእታ ድማ ምግርጭጨው ኢዩ፡፡

ተመክሮ ነዚ ኢዩ ዘረጋግጽ፡፡ አብ ዝተፈላለያ ሃገራት ናይ ምዕራብን ሳልሳይ ዓለምን እዚ አገማግማን አተሓሳስባን፣ ሓድነተን ዓቒበን ብዙሕ ከፍርያ አብ ዚኽእላ ዝነበራ ውድባት ምጉጅጃልን ዳግም ምጉጅጃልን ፈጢሩ፡፡ ንብዙሕ ሰውራዊ ምንቅስቓሳት ረሚሱ ኢዩ፡፡ ብኹሉ እዚ ምኽንያታት'ዚ፣ "ሕቶ ማሕበረ ሃጸያዊ ባህርይ ሕብረት ሶቬየት" ንውድባት ኢትዮጵያን ህ.ግን ናብ ክልተ ተጻረርቲ ጋንታታት ዚኽፍል ማይክያ ኪኸውን የብሉን፡፡

ህ.ግ.ሓ.ኤ. አብ መሰረታዊ ሕቶታትን ዕማማትን ሰውራ ኢትዮጵያ ርእይቶኡ አንጉሑ ዚገልጽ ዘሎ ዕድል ህዝቡን ህዝብታት ኢትዮጵያን ብቐረባ ዝተጠምረ ምኽኑ ስለ ዝግንዘብ ኢዩ፡፡ አብ ምዕባለ ሰውራ ኤርትራ፣ ድሕሪ ውሽጣዊ ዓቕሚ ናይ ህዝቡ፣ ምድግጋፍ ምስ ቃልሲ ህዝብታት ኢትዮጵያ ብቐጥታ ከም ዝስራዕ፣ ንሰውራ ኢትዮጵያ ከአ እቲ ቀዳማይ ጸላዊ ረቛሒ ናይ ህዝቢ ኤርትራ ብረታዊ ተጋድሎ ምኽኑ ህ.ግ. ይአምን፡፡ ዝምድናታቱ ምስ ደሞክራሲያዊያን ውድባት ኢትዮጵያን ገድላዊ ምሕዝነት ክልቲኡ ህዝብታትን ከሰፍሕን ከዕምቚን ብዋንቃቘን ዓቕልን ዕቱብነትን ይሰርሕ፡፡ ንምትካል ድልዱል ኪዳን አብ መንጎ ክልቲኡ ሰውራታት ቅድምን ልዕልን ኩሉ ዲፕሎማስያዊ ንጥረታት ይሰርያ፡፡ ካብ ደሞክራሲያውያን ምንቅስቓሳት ኢትዮጵያ ድማ ተመሳሳሊ መርገጽን ናይ ሓላፍነት መንፈስን ይጽበ፡፡

580

መልእኽቲ ህ.ግ.ሓ.ኤ ንህዝቢ ትግራይን መሪሕነትን መሰረታትን ህ.ወ.ሓ.ት

እዋኑ፡ ዝምድናታት ፍትሓዊ ቃልሲ ህዝቢ ኤርትራን ቃልሲታት ህዝቢ ኢትዮጵያን፡ ብዕቱብ ኪጥመተሉ ዝግባእ ደቂቕ ታሪኻዊ እዋን'ዩ። በዚ ኣጋጣሚ'ዚ ከኣ፡ ህ.ግ.ሓ.ኤ. እዞም ዝሰዕቡ ነጥቢታት ከዛኻኸር ይፈቱ።

ህ.ወ.ሓ.ት፡ ብቐጻሊ፡ ፍልልያት ኣሎና ካብ ምባልን ንፍልልያት ሃሰው ምባልን፤ ፍልልያትና ነቓልሕ ካብ ምባልን ምቅላሕን ኣይዓረፈን። ናይ ግድን ፍልልያት ኣለዉና እንተ ተባህለ'ውን፡ ሕሳብ ናይ ምዕጻው ግድነት ኣይህሉን፤ ምኽንያቱ፡ ኣረኣእያታት ህ.ግ.ሓ.ኤ. ናይ ሓደ ርእሱ ዝኸኣለ ህዝቢ ቃልሲ ዝውክልን ዝመርሕን ግንባር ኣረኣእያታት እምበር፡ ዋላ ኣብ ሓደ ካልእ ርእሱ ናይ ዝኸኣለ ሃገር ዘሎ ምንቅስቓስ ወይ ግንባር ወይ'ውን ሰልፊ ኣረኣእያታት ብኣካልን ብተምሳልን ተጣበቕቲ ኪኾኑ ግድን ስለ ዘይኮነ። ህ.ግ.ሓ.ኤ. ኣብ ህ.ወ.ሓ.ት. ዘለዋ ኣረኣእያታት፡ ናይ ግድን ምስ ኣረኣእያታቱ ምእንቲ ኪጣበቒ፡ ሕሳብ ንምዕጻው ኪጭነቕን ሓይሉ ኣዝቢሉ ንምምዕርራዮም ዘየድሊ ድኻም ኪገብርን ከም ዘይግባእ። ህ.ወ.ሓ.ት. እውን፡ ኣብ ህ.ግ.ሓ.ኤ. ብዘለዋ ኣረኣእያታት ኪጭነቕን፡ ሓይሉ ኣዝቢሉ ንምድቃሶም ወይ ሕሳብ ንምዕጻው ዘየድሊ ድኻም ኪገብርን ኣይግባእን።

ህ.ወ.ሓ.ት. ምስ ህ.ግ.ሓ.ኤ. ኣሎ ንዝብሎ ናይ ኣረኣእያታት ፍልልይ ንምድቃስ ወይ ሕሳብ ንምዕጻው፡ ጽዑቕ ጉስጓሳት ኣብ ምኽያድን "መተካእታ" ህ.ግ.ሓ.ኤ ዝኾኑ "ዴሞክራሲያዊያን" ወይ "እስትራተጂያውያን" ዝበሃሉ መሓዙ ንምፍጣርን ዝገበሮ ፈተነታት፡ ብዘይካ ምቅሕሓርን ምርሕሓቕን፡ መሓጉሲ ደርግን ኩሎም ተሓባበርቱን ትምክሕተኛታት ተጣበቒ እምበራጦርያ ኢትዮጵያን ምኻን፡ ካልእ ውጽኢት ከም ዘይነበሮ ኩሉ ዝፈልጦ'ዩ።

ሎሚ፡ ኣብዚ ታሪኻዊ መድረኽ'ዚ'ውን፡ ህ.ወ.ሓ.ት. በቲ ሓዱ፡ ህ.ግ.ሓ.ኤ. ኪተሓጋገዝን ብሓባር ኪሰርሕን እናጸወዐ፡ በቲ ካልእ ብዘዕባ ንህዝቢ ኤርትራ ዝገበሮ ሓገዝ ኪጀሃር፡ ብናይ ሽምጠጣ ቋንቋ ድማ፡ ህ.ግ.ሓ.ኤ. ንፍትሓዊ ጉዳይ ህዝቢ ኤርትራ ብሽምግልናን ብምምሽካንን ኪፈትሓ ከም ዝደሊ እናምሰለ ምቅራቡ፡ የስደምሞ ጥራይ ዘይኮነ፡ ነቲ ናይ ምትሕግጋዝን ናይ ሓባር ስራሕን ጻዕሪ ትርጉም-ልቦ ከም ዝገበሮ ኣየጠራጥርን። ህ.ግ.ሓ.ኤ. ከም ወትሩ፡ ሕጂ'ውን ኣብ ቄይቀ ኪኣቱ ኣይደልን። ንቓልሲ ህዝቢ ትግራይን ንህ.ወ.ሓ.ት.ን እዚ ጌረ እዚ ኣበርኪተ ኢሉ ኪጀሃር፡ ብጉዳይ ህዝቢ ኤርትራ ኣይመሻኸንን'የ ኢሉ ኪማጎት ኣይደልን። ግብሩን ስርሑን፡ ሓቀኛ ሕሉፍን መጻኢን ታሪኽ ባዕላቶም ኪምስክሩ ስለ ዝኸእሉ።

ኩልና፣ ህ.ግ.ሓ.ኤ.ን ህ.ወ.ሓ.ት.ን፣ ካብዚ ዝሓለፈ "ናይ ፍልልያትና ሕሳብ ምዕጻው" ዝበሃል ንኽንቱ፣ ግዜን ጸዕሪን ዝባኽነሉ ዝሓለፈ እዋን ተማሂርና ስለ ዘሎና፣ ንዝኣኸለ ይኣክል ኢልና ሓድሽ ክውንታዊ ኣመለኻኽታ ከነተኣታቱ ይሕተት። ህዝቢ ትግራይን መሪሕነትን መሰረታትን ህ.ወ.ሓ.ት ነዚ ተገንዚቦም፣ ብኣጋጣሚ ናይዚ ዘሎናዮ ኣገዳሲን ታሪኻዊን መድረኽ፣ ቃልሲታትና ንኽሕይልን ምትሕግጋዝና ሓቀኛ መልክዕ ንኪሕዝን ኪጽዕሩ ናይ ህ.ግ.ሓ.ኤ. ጸውዒት'ዩ። ነዚ ክዉን ንምግባር ከኣ ብንቕሓትን ትኩርነትን ኪሰርሕ'ዩ።

ህ.ግ.ሓ.ኤ

29 መጋቢት 1988

ናይ ህ.ግ.ሓ.ኤ.ን ህ.ወ.ሓ.ት.ን
ሓባራዊ መግለጺ

አብ ዝሓለፈ ቑሩብ አዋርሕ ህግሓኤን ህወሓትን ብዘመዝገብዎ አድናቒ ዓወታት ሰርዓት ኢሰፓ ከቢድ ስዕረት አጋጢምዎ፣ ቅልውላዋቱ ተጋዲዶም ናይ ስዕረት ጉዕዞ እንዳ ተቐላጠፈ ክኸይድ ይርከብ።

እዚ. አብ ናይ ኢሰፓ ፋሽሽታዊ ሰርዓት ተፈጢሩ ዘሎ ከቢድ ስዕረትን ናይ ውድቀት ጉዕዞ ምቅልጣፍ ተርእዮን ንቃልሲ ህዝብታት ኢትዮጵያ ንዲሞክራሲ. ንፍትሒ. ንምርግጋጽ መሰል ርእስ-ውሳን ጭኩናት ብሄራትን. ቃልሲ ህዝቢ. ኤርትራ ከአ ንመሰል ርእስ-ውሳኔኡ ንናጽነት ምቹእ ባይታ ፈጢሩ ይርከብ። ህዝብታት ኢትዮጵያ ነዚ ንዘበናት ከሳቕዮም ዝጸንሐ ጸረ-ህዝቢ ሰርዓት ብዝተሓባበረ ቃልሲ ደምሲሶም፣ አብ ድሌትን ማዕርነትን ዝተሞርኮስ ዲሞክራሲያዊ ሰርዓት ዝምስርትሉ መዓልቲ እናተቓረበ፣ ቃልሲታቶም ዘደልድሉ ምቹእ ባይታ እናፈጥረ ይኸይድ አሎ። ጸረ-መግዛእታዊ ቃልሲ ህዝቢ. ኤርትራ ናብ ናይ መጨረሻታ ዓወቱ ዝገማግመሉ ህዝቢ. ኤርትራ፣ መጻኢ ዕድሉ ባዕሉ ዝሕንጽጸሉ፣ እቲ ዚጸንሐ ነዊሕ ኩናት ዘላቒ ፍታሕ ረኺቡ ንናይ ህዝቢ. ኤርትራ ሰላማዊ ምዕባለ ዘረጋግጽ፣ ንህዝቢታት ኢትዮጵያን ህዝቢ ኤርትራን ናይ ሰላምን ምርግጋእን ኩነታት ዝፈጠረሉ ምቹእ ባይታ እናተጸርገ ይኸይድ አሎ።

ፋሽሽታዊ ሰርዓት ኢሰፓ ነቲ ናይ ሰርዓት ጥት ደወል ዚድወል ዘሎ ናይ ህዝቢታት ኢትዮጵያን ህዝቢ. ኤርትራን ቃልሲ ንምድምሳስ መዘና ዘይብሉ አረሜናዊ ምጭፍላቕ አሰቃቒ ደም ምፍሳስን ከስዕብ ላዕልን ታሕትን ይብል አሎ። ንህዝቢታት ኢትዮጵያን ህዝቢ. ኤርትራን ናብ ዝኸፍአ ኩናት ጠጢቑ ብደምን መከራን ክልቲኡ. ህዝብታት ስልጣኑ ክሕሉ ዝለዓለ ምቅርራብ ይገብር አሎ። ብደገፍ ናይ ዓንገልቱ አብ ኢትዮጵያን ኤርትራን ከቢድ ሀልቁት ንምፍጣር ናይ ኩናት ምብርታዕ /ምግዳድ/ አዋጅ ክትግብር ጀሚሩ አሎ።

ህዝቢ. ኤርትራን ህዝቢታት ኢትዮጵያን ነዚ ዘንጸላልዎም ዘሎ ናይ ሰርዓት ኢሰፓ ቅብጸት ተስፋዊ ናይ ጭፍጨፋን ሀልቂትን ሓደጋ፣ ቃልሶም ብምብርታዕን ብምትሕብባርን ክገጥምዎ ይግባእ። ናይ ሰላምን ዲሞክራሲን መሰልን ድልየቶም ዝረውየሉ ካብ ዝኾነ ካልእ እዋን ዝበለጸ ዕድል ተፈጢሩ ከም ዘሎ ተገንዚቦም ነዚ ነጻዕጻዕ ኢሉ ዘሎ ጸረ-ህዝቢ ሰርዓት ንምድምሳስ ካብ ዝኾነ ካልእ እዋን ንላዕሊ ቅልጽሞም አዋሃሂዶም መሊአም ክሕምሽሹዎ ይግባእ። ናይ ክልቲኡ. ህዝቢታት ዝመርሑ ዘለዉ. ዝተፈላለያ ውድባት አብ መንጉኦም ዘሎ ፍልልያት ብዲሞክራሲያዊ አገባብ እናአለዩ ንናይ ሓባር ዕላማ፣

583

ኣብ ናይ ሓባር ኣረኣእያታት ዝተመስረተ ካብ ዝኾነ ካልእ እዋን ዝበለጸን ዚጠበቓን ናይ ቃልሲ ምድግጋፍ ኪገብሩ ይግባእ። ደርጊን ዓንገልቱን ነቲ ፈርከሽከሽ ዚብል ዘሎ ሰርዓት ንምጽ‌ጋን ዘዳልውዎ ዘለዉ ናይ ጭኖፍለቓን ኩናትን ወፍሪ ክፍጽሙ ዕድል ክወሃቦም ኣይግባእን። እስትንፋሱን ዕረፍትን ብዘይህብ መጥቃዕቲታትን ዚተወሃሃደ ቃልሲን ክሕምሽሽዎ ይግባእ።

ህግሓኤን ህወሓትን ነዚ ተፈጢሩ ዘሎ ኩነታት ብዘግባእ ብምግምጋምን፡ እቲ ኩነታት ካብ ነብሲ ወከፍ ውድብ ዝጠልቦ ዓቢ ሓላፍነት ብምግንዛብን፡ ነቲ ተጀሪጹ ዝጸንሐ ርክቦም ንምሕዳስን ምትሕግጋዛት ንምግባርን፡ ብፖቤጽ [ፖለቲካዊ ቤት ጽሕፈት] ወከልቲ ክልቲኡ ውድባት ካብ 20 ክሳብ 24/12-16/ ሚያዝያ ርክብ ኣካይዶም። እዚ ዓቢ ናይ ቃልሲ ምድግጋፍን ሓላፍነትን ስምዒት ዝዓሰሎ ኣኼባ'ዚ ብዓወት ተዛዚሙ።

ክልቲኡም ውድባት ኣብ መንጉኡም ዚነብሩን ንድሕሪ ሕጂ'ውን ክፍጠሩ ዚኽእሉን ፍልልያት ብዲሞክራሲያዊ ኣገባብ ኪኣልዩ ከም ዝግብኦም፡ ኣብቶም መሰረታዊ ናይ ሓባር ኣረኣእያታት ዚተደረኸ ብሑዕ ናይ ቃልሲ ምድግጋፍ ንምግባር ዕንቅፋት ክኾኑ ከም ዘይግባእን ይኣምኑ። መጻኢ ናይ ቃልሲ ምድግጋፎም'ውን ነዚ መሰረት ዚገብር ኪኸውን ተረዳዲኦም።

ክልቲኡም ውድባት ብሓባር ንምስራሕን ንምድግጋፍን ዘኽእሎም እዚ ዝስዕብ መሰረታዊ ናይ ሓባር ኣረኣእያታት ከም ዘለዎም ኣረጋጊጾም።

1. መስፋሕፋሒን ደረ-ዲሞክራሲያዊን ናይ ኢስፓ ሰርዓት ናይ ህዝቢታት ኢትዮጵያን ህዝቢ ኤርትራን ፍትሓዊ ቃልሲታት ንምጭፍላቕ ድሕር ዘይብል፣ ናይ ዲሞክራሲያዊ መሰል ርእሰ-ውሳነ ጭኩናት ብሄራትን ሑቶታት ኣብ ኢትዮጵያ፣ መግዛእቲ ናይ ምውጋድ ሑቶ ድማ ኣብ ኤርትራ ክምለስ ዘይክእል ክድምሰስ ዘለዎ ሰርዓት ም'ኻኑ ይኣምኑ።

2. ናይ ሕብረት ሶቭየትን ኣመሪካን ልዕለ-ሓያላን ኣብ ከባቢና ኢድ ምትእትታው ናይ'ዚ ከባቢ'ዚ ሽግር ዘገድድን ዝፈጥርን'ምበር ዝፈትሕ ስለ ዘይኮነ፡ ናይ ክልቲኡም ኢድ ኣእታዊነት ብሓፈሻ፣ ኣብ'ዚ እዋን'ዚ ድማ ናይ ሕብረት ሶቭየት ኢድ ኣእታዊነት ብፍላይ ም'ኹናንን ምቅዋምን ከም ዚግባእ ይኣምኑ።

3. ህዝቢ ኤርትራ ንናጽነቱ ዘካይዶ ቃልሲ ፍትሓዊን ሕጋዊን ከም ዝኾነ ይኣምኑ።

4. ህዝቢታት ኢትዮጵያ ንዲሞክራሲን ንመሰል ርእሰ-ውሳነን ዘካይድዎ ዘለዉ ቃልሲ ፍትሓዊን ግቡእን ም'ኻኑ ይኣምኑ። ጭኩናት ብሄራት ኢትዮጵያ መሰለንን ረብሓእንን ብዝለዓለ ደረጃ ኪረጋገጽ ዘኽእል ኣብ ድልየት ዝተመስረተ ናይ ህዝቢ ኢትዮጵያ ማዕርነታዊ ሓድነት ክረጋገጽ እንኮሎ ስለ ዝኾነ፡ ኩለን ብሄራዊያንን ሕብረ ብሄራዊያንን ውድባት ነዚ ዕላማ'ዚ ንምትግባር ቅልጽመን ኣተሓባቢረን ክቃለሳ ከም

ዝግባእ ይኣምኑ። ናይ ህዝቢታት ዲሞክራሲያዊ ሓድነት ዚረጋገጽ፡ ህዝብታት መሰል ርእሰ ውሳነኦም ተረጋጊጽሎም ብናይ ባዕሎም ናይ ባዕሎም ጥራይን ናጻን ዲሞክራዊያዊ ምርጫ ኪሓብሩ ኪውስኑ ከለዉ ከም ዝኾነ ይኣምኑ።

5. ናይ ህዝቢ ኤርትራን ህዝብታት ኢትዮጵያን ቃልስታት ኣንጻር ናይ ሓባር ጸላኢ ዚቐንዕ ናይ ክልተ ህዝቢታት ቃልስታት ብምዃኖም ባህርያዊ ምትእስሳር ከም ዘለዎምን ዝጠበቐ ምድግጋፍ ኪገብሩ ከም ዝግባእን ይኣምኑ።

ህግሓኤን ህወሓትን ነዚ ኣብ ላዕሊ ዚተዘርዘረ ናይ ሓባር ዕላማታት ንምትግባር ጸላኢ ወጢንዎ ዘሎ ናይ ኮናትን ሀልቂትን ውጥናት ብዘተሓባበረ ቅልጽም ንምፍሻል፡ ህዝብታት ኢትዮጵያን ህዝቢ ኤርትራን ፍትሓዊ ዕላማታቶም ንምትግባር ዘካይድዎ ዘለው ቃልስታት ንምድንፋዕ ተደጋጊፎም ክሰርሑ ተሰማሚያም ኣለዉ። ካልእት ተቓለስቲ ውድባት'ውን ብተመሳሳሊ መንገዲ ዘፈላልዮም ጉዳያት ብዲሞክራሲያዊ ኣገባብ እናኣለዩ ንናይ ሓባር ዕላማታት ቃልሶም ክተሓባበሩ ከም ዝግባእ ክልቲኣም ውድባት ይኣምኑ።

ጮኩናት ህዝቢታት ኢትዮጵያን ህዝቢ ኤርትራን

ሰርዓት ኢሰፓ ተዳኺሙ'ኳ እንተሎ ካብ ዓንገልቲ ኪረኽቦም ዚኽእል ደገፍ ተጠቂሙ ኣብ ልዕሌኹም ክፍጽሞ ዚሽባሽብ ዘሎ ግፍዒን ህልቂትን ንምፍሻ፡ ንጨኳንን ጨፍላቕን ሰርዓት ደምሲስኩም ዲሞክራሲን ሰላምን ዚነግሰሉ ከባቢ ንምፍጣር ፍትሓዊ ዕላማታትኩም ከወሃህዱ/ እዚ ጸልማት ናይ ጮኩናን ግፍዒን ሰርዓት ዝድምሰሰሉ እዋን፡ ፍትሓዊ ዕላማታትኩምን ህዝባዊ ድልየታትኩምን ዚማላኣሉ ግዜ ነዊሕ ኣይከውንን /

ተቓለስቲ ውድባት ኢትዮጵያን ኤርትራን

ንነዊሕ እዋን ክትቃለስሉ ዝጸናሕኩም ፍትሓዊ ዕላማ ኣብ ሽቶኡ ንምብጻሕ ካብ ዝኾነ ካልእ እዋን ዝበለጸ ምቹእ ኩነታት ተፈጢሩ ከም ዘሎ ብዝግባእ ተገንዚብኩም፡ እቲ መድረኽ ዝጠልቦ ናይ ቃልሲ ምድግጋፍን ምትሕብባርን ንምግባር ቆሪጽኩም ተላዓሉ።

ውድቀት ንፋሽሽታዊ ሰርዓት ኢሰፓ /
ምሕዝነት ቃልሲ ህዝቢታት ኢትዮጵያን ኤርትራን ይደልድል /

ህ.ግ.ሓ.ኤ.   24 – 04 – 88   ህ.ወ.ሓ.ት.
              16 – 08 - 80

585

ዘዋሪ መልእኽቲ ፕረዚደንት

ቁጽሪ መዝገብ MR/828/97
20 ነሓሰ 1997

ናብ አካላት ዞባዊ ምምሕዳራት፣ አካላት ህ.ግ.ደ.ፍ.፣ ሓይልታት ምክልኻል፣

አብዚ ቀረባ እዋን አብ ዶባትና ምስ ኢትዮጵያ ዝተራአዩ ምዕባሌታትን ዘሎና አረአእያን አተሓሕዛ'ቲ ጉዳይን፦

- አብ ነንበይኖም እዋናትን ቦታታትን፣ ብዝተፈላለዩ ምኽንያታት፣ ምስሕሓባት ኪረአዩ ከምዝጸንሑ ኩሉ ዝፈልጦ'ዩ፨ ነዞም ተርእዮታት እዚአቶም፣ ካብ ዓቕሞም ንላዕሊ ስለዘይተሻቐልናሎም፣ በብዘመጹም፣ አብ ከከባቢኡ ብዝርከቡ አካላትናን ካልአት ዝጠዓሙ መገዲታትን፣ ክንፈትሓም ወይ ከነረጋግአም ክንፍትን ጸኒሕና ኢና።
- አብ መንን ኤርትራን ኢትዮጵያን ዘሎ አህጉራዊ ዶባት፣ ብልማድ ዝፍለጥ'ምበር፣ ብአህጉራዊ መለክዒታትን አገባባትን ተጸኒዑ ብንጹር ዝተሓንጸጸን ብፍሉጣት ስነዓት ዝተደገፈን ኩሉ ህዝቢ አረጋጊጹ ዝፈልጦን'ዩ ንምባል አየድፍርን። አብዘን ዝሓለፉ 6 ዓመታት ኪምዕብል ዝጸንሕ ዝምድናታትናን፣ ንመጻኢ ኪምዕብል እንደልዮ እስትራተጂያዊ ዝምድናታትን አብ ግምት ብምእታው ከአ፣ ንናይ ዶባት ሕቶ ብሱሩን፣ ነቶም ኪቀላቐሉ ዝጸንሑ ምስሕሓባትን ከም ዓበይቲ ሽግራት ተሻቒልናሎምን አድሂብናሎምን አይጸናሕናን።
- እቲ ዶባትን ልክዕ ሕንጻጹን አበይ ምኻኑ ተረዳዲእና ብሕውሰነታዊ መገዲ ወይ ከአ ብአህጉራዊ አገባባትን ሕጊታትን ኪንጸር ስለዝኽእል፣ መን ስድሪ ሓሊፉ መን ደረት ተደፌኡ ምንም ዘጨንቕ ጉዳይ አይኮነን። ከም'ቲ ናይ ካልአት መሰል ኪሕሎ ዝግባእ፣ መሰልና ኪሕደገና ወይ መሰል ካልአት ክንምንጥል አይንደሊን። ዝኾነ ምስሕሓብን አከራኻሪ ዝበሃልን ጉዳይ፣ ብምርድዳእን ብሰላማዊን ሕውነታዊን ሕጋዊን መገዲ

ጥራይ ከምዘፍታሕ ስለንፈልጥ፣ ናይ ዶብ ጉዳያት ብግጭት ወይ ብወተሃደራዊ ሓይሊ ኪፍታሕ ከምዘይክእል ኣረጋጊጹና ንግንዘቦ'ዩ። ሓቂ ዘለዎ ሓይሊ ከተጠቅም ናቱ ብፍትሒ ኪረክብ ስለዝኽእል።

• ኣብዚ ቀረባ እዋናት፣ ኣብ ከባቢታት ባዳን ባድመን ናይ መንግስቲ ኢትዮጵያ ሰራዊትን ካልኦት ዕጡቓት ሓይልታትን፣ ኣብ ትሕቲ ምምሕዳርና ዝጸንሐ ቦታታት ብሓይሊ፣ መንዚያም ናይ ሰላማዊ ህዝቢ ኣባይቲን መናበሪን እናፍረሱ ሰላማውያን ዜጋታት ኪሰጉን ከጋፍዑን፣ ወተሃደራዊ ሓይሎም ኪድርቡን ጸኒሖም ኣለዉ። ናይ ብሓቂ ዘጉሂ ተርእዮ'ዩ።

• ስለምንታይ? ብዙሕ ትንታኔታትን ግምታትን ኪጽብጸብ ይከኣል ይኸውን። ዝኾነ ይኹን ጭቡጥን ዘመሳልን መርትዖታትን ትንታኔታትን ይቐረብ ግን፣ ብሓይሊ ከምዚ ዝኣመሰለ ስጉምቲ ንምውሳድ ምኽንያ ዝገብር ኣይኮነን። መንግስቲ ኢትዮጵያን ሰብ-ስልጣኑን እቲ መሬት 'መሬትና'ዩ' ኢሎም ዝኣምኑ እንተድኣ ኩይኖም፣ ንመንግትኣም ከረጋግጹሉን ናቶም ዝብሉዎ ኪረኽቡሉን ዝኽእሉ ደረት ዘይብሉ ሰላማውን ሕጋዊን ምርጫታት ነይሩዎምን ኣለዎምን። እቲ ዝወሰዱዎ ወተሃደራዊ ስጉምቲ ከኣ ኣብ ትሕቲ ዝኾነ ኩነታት ኣይቅቡልን'ዩ።

• ኣብ ትሕቲ ከምዚ ዝኣመሰለ ፈታኒ ኩነታት፣ እንታይ ንገብር? ዘረብጽ ወይ ዘርዕድ ምኽንያት ስለዘይብልና፣ ነቲ ጉዳይ ብህድኣትን ብወድዓውነትን ክንርዮ፣ ክሳብ መወዳእታ ኩሉ'ቲ ዝከኣል ሓውነታዊን ሰላማዊን መገዲታት ተኸቲልና ክንሰርሕ ግቡእ'ዩ። ነዚ ምኽንያት ብምግባር፣ ኣብ ውሽጢ ህዝቢ ዘይምኽኑይ ሃዋዙን መቀሓሓሪን ንስጓሳት ከነካይድ፣ ነቲ ጉዳይ ብትዕግስቲ ክንቀጻጸር እናኸኣልና፣ ኪጽይቅ ንዝደለየ ምስምስ ፈትፈትና ከነቕርብ ረብሓን ድሌትን የብልናን።

• ዛጊት፣ ብዛይካ'ቲ ኣብቲ ዝተጠቅሰ ከባቢታት ዘለዉ ሓለፍቲ ዘካየዱም ዘይዕዉት ጸዓሪ፣ ጸሓፌን ሓላፌ ፖለቲካዊ ጉዳያትን ህ.ግ.ደ.ፍ. ካልእ ዘይዕዉት ፈተነታት ገይሮም ኣለዉ። ፕራይም ሚኒስተር'ውን ነቲ ኩነታት ዝምልከት መተሓሳሰቢ ተላኢኹሉ ኣሎ። ብዘይምስልካይ ካልኦት ተመሳሰልቲ ጸዓሪታት ምኽያድ እውን ግቡእ'ዩ። እቲ ጉዳይ ካብ ዓቕሙ ንላዕሊ ከይጋነን ምእንቲ፣ ብዘተኻእለ መጠን ብሕውነታዊ መገዲ ክንፈትሓ ክንፍትን ኢና፣ እዚ ፍረ እንተዘይሃብ ግን፣ ብሕጋዊ መገዲ፣ ኣህጉራዊ ዶባትና ዝሰኣለሉን ዝስነደሉን መገዲ ከም ናይ መወዳእታ ኣማራጺ ክርንእዮ ኢና።

- ኣብ ውሽጢ ከምዚ ዝበለ መረዳእታ፡ ኩላተን ኣካላት ምምሕዳርን ኣካላት ሀ.ግ.ደ.ፍ.ን፡ ኣብ ከባቢ'ቲ ምስሕሓብ ዘለዎ ቦታታት ንዝነብሩ ዜጋታትና ብዛዕባ'ቲ ጉዳይ ሰፊሕ ኣጠማምታ ምእንቲ ኪህልዎም ከረድኦ፣ ነቶም ዝተገፍዑ ዜጋታት ግቡእ ሓገዝ ኪገብራ፣ ኣባላት ሰራዊትን ጸጥታን'ውን፡ እቲ ጉዳይ ቀሊልን ዘየስግእን ምዃኑ ተገንዚቦም ነቲ ኩነታት ኪከታተልዎ፣ ዝምልከቶም ሓለፍቲ በቲ ዝጥዕሞም ኣገባብ ሓበሬታን መልእኽቲን ከመሓላልፉ እዋናዊ'ዩ።

መግለጺ አኼባ ካቢነ ሚኒስተራት

ካቢነ ሚኒስተራት መንግስቲ ኤርትራ፡ ነቲ ትማሊ 13 ግንቦት 1998 ብቤት ምኽሪ ሚኒስተራት ፌደራላዊ ዲሞክራሲያዊ መንግስቲ ኢትዮጵያ ዘወጸ ንኤርትራ ብናይ ምጽሕታርን ህውከትን ጽልእን ምስፍሕፋሕን ሜላ ዝኸሰሰ፣ ሰራዊት ኤርትራ ዶብ ሃገሩ ጥሒሱ መሬት ኢትዮጵያ ከም ዘወረረ አምሲሉ ዝኾነን፣ መሬት ልኡላውነት ሃገሩ ንምኽባር ኩሉ ዘድሊ ዘበለ ስጕምቲ ክወስድ ምኳኑ ዘፈራርሕ፣ ብትሕዝቶኡ ኮነ ቋንቋኡ ንመንግስትን ህዝብን ኤርትራ ዘሕዝን ሃንደበታዊ አዋጅ ንምምልካት ብ14 ግንቦት 1998 አብ አስመራ አኼባ ገይሩ።

ንኤርትራን ኢትዮጵያን አብ ዘዳወቡ ሓደ ሓደ ከባቢታት፣ ንነዊሕ ዝጸንሐ ናይ ዶብ ምስሕሓባት ከም ዘሎ፣ እዚ ድማ ሰራዊት ኢትዮጵያ ዶብ ሰጊሩ ናብ መሬት ኤርትራ ብምእታውን ምምሕዳራዊ ትካላት ኤርትራ ብምፍራስን ህዝቢ ብምግፋዕን ክፍጠር ዝጸንሐ ሽግር ምኳኑ፣ መንግስቲ ኤርትራ ግን ዶባት ኤርትራን ኢትዮጵያን አዝዩ ንጹር ስለ ዝኾነ ከሰሓሕብ ከም ዘይክእል፣ እቲ ብወገን ኢትዮጵያ ክፍጠር ዝጸንሐ ምግሃስ ዶባት ኤርትራ ድማ፡ ካብ ጸቢብ ክልላዊ ምምሕዳራዊ አመለኻኽታ ዝነቐለ ሽግር'የ ኢሉ ስለ ዝአመነ፡ እቲ ሽግር ከይተዓባበን አብ ህዝብታት ክልቲኡ ሃገራት መሰረት ዘይብሉ ስምዒታዊ ምውዕዋዕ ከይፈጠርን ብርግእትን ትዕግስትን ሓዙ፣ ብኽልተኣዊ ልዝብን ዘተን ንምፍትሑ ክጽዕር ከም ዝጸንሐ ካቢነ ሚኒስተራት አረጋጊጹ።

ነቲ አብ ዶብ ክረአ ዝጸንሐ ምስሕሓብ ንምውጋድን ናይ ዶብ ሕንጻጽ አብ ባይታ ንምንጻርን ካብ ክልቲኡ ወገን ሓደ ናይ ሓባር ኮሚቴ ቆይሙ ምንባሩ፣ እቲ ብክልቲኣን ሃገራት ዝተመዘዘ ናይ ሓባር ኮሚተ ስርሓቱ ምእንቲ ከሳልጥ፣ ብወገን መንግስቲ ኤርትራ ነቲ መስርሕ ዘቀላጥፍ ጻዕሪ ኪካየድ ምጽንሑ ካቢነ ሚኒስተራት ገምጊሙ።

ሰራሕት ናይ ሓባር ኮሚቴ ንምቅልጣፍ፣ ናይ ኤርትራ ልኡኽ ንርክብን ዘተን ናብ አዲስ አበባ አብ ዝተበገሰሉ ዝሓለፈ ረቡዕ 6 ግንቦት 1998 ድማ፡ አብ መሬት ኤርትራ አትዮ ዝጸንሐ ዕጡቕ ሓይልታት ሰራዊት ኢትዮጵያ፡ አብ ከባቢ ባድመ፡ ክላዘብዎ ንዝቐረቡ አባላት ሰራዊት ኤርትራ ቶኺሱ ብምኽፋት ዘሕዝን ጉድአት አውሪዱ፣ ንቐጻሊ ጎንጽታት ጠንቂ ፈጢሩ። ብጠንቂ ናይዚ ናይ ፈለማ ፍጻሜ ንዝሰዓበ ቅልውላው ንምህዳእ፣ ቀጺሉ ዝርርባት እንዳ ተኻየደ'ንከሎ ከአ፣ እዚ ክብ ኢሉ ዝተጠቐሰ ንህዝብታት ክልቲኤን ሃገራት ዓለምን ዘየድሊ መልእኽቲ ንምምሕልላፍ ዝዓለመ መስደመም አዋጅ ወጺኡ።

አብ ሞንጎ ህዝብታት ኤርትራን ኢትዮጵያን ንነዊሕ ዘጥምትን ዝኸይድን ናይ ሓባር ረብሓ እናሃለወ፣ ብጉዳይ ዶባት ምስሕሓብን ሀውከትን ክፍጠር ከም ዘይብሉ ናይ ህዝብን መንግስትን ኤርትራ እምነት ምኳኑ እናረጋገጸ ከአ፡ ካቢነ ሚኒስተራት፡ ናይቲ ዘይግብአ መልክዕን ግዝፍን ኩነ መኣዝን ንምትሓዙ ዝተፈተነ ሽግር መፍትሒ እዚ ዝስዕብ ምኳኑ ይኣምን፦

1. መንግስቲ ኤርትራ፡ ዝኾነ ይኹን ናይ ዶባት ዘይምርድዳእ፡ ብሰላማውን ሕጋውን መገዲ እምበር ብሓይሊ ከም ዘይፍታሕ ኣረጋጊጹ ስለ ዝፈልጥን ዝኣምንን፡ ስነ ሞንት ሓይሊ ይኹንን፣

2. ነዚ ክብ ኢሉ ዝተጠቕሰ ነዋቢ መሰረት ብምግባር፡ ነፍሲ ወከፍ ወገን አብ ከባቢ ዶብ ናይ ክልቲኤን ሃገራት እጃታይ (ይብጸሓኒ) ኢዩ ዝብሉ መሬት እንተ ሃልዩ፡ ንህዝብታት ኤርትራን ኢትዮጵያን ዓለምን ብዕሊ ብኻርታን ኣሧዛን ከፍልጡ፡ ነቲ ጉዳይ ከአ ወተሃደራዊ ሓይሊ ከይኮነ፡ ብሰላማዊ መገድን ብዘተን ንምፍታሕ ክኣምንን ከፍልጥን፣

3. ንድሕሪ ሕጂ ዝካየድ ዝርርባትን ምርድዳእትን፡ ብተዓዛብነትን ሸምግልናን ሳልሳይ ኣካል ምስኩራትን ውሑሳትን ኪኾኑ ምስምማዕ፣

4. "አከራኸርቲ" ዝበሃሉ ቦታታት ንግዚኡ ካብ ሀላወ ናይ ክልቲኤን ሃገራት ዕጡቓት ሓይልታት ናጻ (Demilitarized) ኮይኖም ክጸንሑ፣ ተግባራውነት ናይዚ ምርድዳእ እዚ ከአ ብውሕስነት ሸምጋሊ ኪረጋገጽ፣

5. እቲ ጉዳይ ከየተዓባበኻ ብተዓዛብነትን ሸምግልናን ሳልሳይ ሞንነኛ ኣካል ብዘተ ክፍታሕ ቅቡል እንተ ዘይኮይኑ ከአ፡ ናብ ዳንነት ክቐርብ፡፡

ነዚ አብ ዶብ ናይ ክልቲኤን ሃገራት ዝተጋህደ ንእሽቶን እዋናውን ጸገም ዘይግብአ መኣዝንን ግዝፍን ምትሓዙ፣ ንረብሓ ህዝብታት ኤርትራን ኢትዮጵያን ከም ዘይኮነ ብምምልካት፡ መንግስቲ ኤርትራ ከም ወትሩ ነቲ ጉዳይ ብትዕግስትን ብሓላፍነታዊ ልቦናን ከም ዝሕዞ፡ ናይ ምግፍፋሕ ዕላማን ድሌትን ከም ዘይብሉን ከም ዘይቅበልን እናረጋገጸ፡ መንግስቲ ኢትዮጵያ ረብሓን ጸቡቕ ጉርብትናን ናይ ህዝብታት ክልቲኤን ሃገራት ዘዐዝዝ ተመሳሳሊ መገድን መስርሕን ክኽተል ይጽውዕ፡፡ ህዝብታት ኤርትራን ኢትዮጵያን'ውን፡ ሰላምን ጸቡቕ ጉርብትናን ምትሕግጋዝን ዘመሰረቱ ናይ ሓባር ረብሓኣም ከም ዝፈልጡን ከም ዘለልዮን እምነቱ ምኳኑ ካቢነ ሚኒስተራት መንግስቲ ኤርትራ የረጋግጽ፡፡

አስመራ 14 ግንቦት 1998

መልእኽቲ ፕረዚደንት ናብ ህዝቢ ኤርትራ

ክቡር ህዝቢ ኤርትራ
ኣብ ውሽጢን ኣብ ወጻኢን

ግንቦት 24 መዓልቲ ናጽነትና 1999፡ ነተን ዝሓለፋ ሾሞንተ ዓመታት ሓርነትና፡ ብዝተፈልየ ድምቀት ዓቢላ እትብዕል ዘላ ዕለት'ያ። ድሕሪ ነዊሕን መሪርን ናይ 30 ዓመታት ዕጥቃዊ ቃልሲ፡ ህዝቢ ኤርትራ፡ ናጽነቱ ጨቢጡ፡ ኣብ ጎደና ልምዓት ብሰላም ኣብ ዝተንዐዘለን ሸውዓት ዓመታት፡ ኣብ ከም ኩነታትና ይኹን ምስ ከም ኩነታትና ኣዛሚድካ፡ ህዝቢ ኤርትራ ኣሰር ዕንወት ገሓሒጡ ከም ዘይነበረ ብምግባር፡ መዘና ዘይርከቦ ደረጃ ዕቤት ኣመዝጊቡ፡ ናይ ማለቲ ናጽነት ዘይኮነ፡ ትርጉም ሓቀኛ ናጽነት እንታይ ምኳኑ ብኣብነት ኣመስኪሩ'ዩ።

"ዘራግ ማይ እንከሎ . . ." ከም ዝበሃል ግን፡ ጀንዳ ወያነ፡ ብጸቢብን ሓሳድን ሕልንኡ፡ ንህዝቢ ኤርትራ ጥራይ ዘይኮነ፡ እንተላይ ንህዝቢ ኢትዮጵያ ቅሳነት ብምኽላእ፡ "ተለኻኺምና ንጥፋእ" ብዝዓይነቱ ዕንደራ፡ ኩናት ኣዊጁ፡ ንጉዕዞ ሰላምን ዕቤትን ሓንኮሉ፡ ነዛ ዝሓለፈት ዓመት፡ ዓመተ ህውከት ገይሩዋ'ዩ።

ህዝቢ ኤርትራ፡ ነዚ ዘይተጸበዮ ሓደጋን ዱብላን፡ ብነድሪ ካብ ምምካት ሓሊፉ ካልእ ኣማራጺ ስለ ዘይነበሮ ከኣ፡ ቆፍኡ ከም ዝተተንከፎ ንህቢ፡ ብዘይነጋሪት፡ ብሓደ ሰልፈን ብሓደ ድምጺን ስምረቱ ኣደልዲሉ፡ ኣብ ታሪኽ ወለዶታት ዘርይሳዕ ታሪኽ ሓርበኝነት ጸሒፉ፡ ነዛ ሎሚ ነብዐላ ዘለና ሻምነይቲ መዓልቲ ሓርነትና ብሓበን ከም ትምዕርግ ገይሩዋ'ሎ። ሓቂ'ዩ፡ እዚ ቅያ'ዚ ኣብ ታሪኽና ሓድሽ ኣይኹን'ምበር፡ እዚ ኣብ ናይ ሓደ ዓመት ሓጺር ግዜ ዝረአናዮ ወፈያን ውፍይነትን ህዝቢ ኤርትራ፡ ብግዳም ንተዓዘብቲ ዘደንቕ፡ ካብኡ ዝያዳ ከኣ ብዉሽጢ ንዝነበር ሓበንን ርውየት ሕልናን ዝህብ ተርእዮ'ዩ።

ብኣጋጣሚ'ዛ ዕለት'ዚኣ ንጀግናን መኸተን ህዝቢ ኤርትራ መግስ ናይ መግስ ይብጽሓዮ።

ክቡር ህዝቢ ኤርትራን ፈተውቱን፦

መኸተን ጅግንነትን እንሕበነሉ ጉዳይ ይኹን'ምበር፡ ብኩናትን ዕንወትን ዝመጽእ ፍስሃ ከም ዘየለ፡ ንህዝቢ ኤርትራ መኻሪ ወይ መዓዲ ኣየድልዮን። ህዝቢ ኤርትራ ንልዕሊ 30 ዓመታት ከርተት ዝበለን ክቡር ዋጋ ዝኸፈለን፡ ምእንቲ ሰላምን ራህዋን'ዩ። ህውከት ዝምነዮን ህውከት ዘበግሱን፡ ሰሱዓትን

ቀናእትን መጣቆስቲን ጥራይ'ዮም። እምነትናን ረብሓንን አብ ሰላም ክንዴ ዝኾነን ባህጊ ህውከትን ኮናትን ስለ ዘይብልናን ከአ፡ ህውከት ኪሳወር ካብ ዝጀመረሉ፡ ብትዕግስቲ አብ መገዲ ሰላም ነቲ ሽግር ብሰላም ክንአልዮ እቲ ዝከአለና ክንጽዕር ጸኒሕና አሎና።

ጣቆዒት ብሓደ ኢድካ ስለ ዘይከአል ግን፡ ኩሉ ጻዕሪታት ሰላም ዛጊት ፍረ አይሃበን። ጮፍራ ወያነ፡ ብዘይካ ምልኽኻም ካልእ ዝኾነ ዕላማ ስለ ዘይብሉ፡ እኩይን ቀናእን ሸውሃቱ ንምርዋይ፡ ልዕሊ ዝኾነ ካልእ ዝጠመቶ ግዳይ ህዝቢ ኤርትራ'ዩ። አብ ታሪኽና ተራእዮ ብዘይፈልጥ ጭካነ፡ ንአስታት 60 ሺሕ ኤርትራውያን ቀቲሉ መቑሓን ስጉጉን ንብረቶም ሰሪቹን ኪረውየሉ ዝፈተነ ህቁና ከአ ቅሉዕ መርአዩኡ'ዩ። ቁጠባ ኤርትራ ከዕኑ ይኽእል'ዩ ዝበሎ ኩሉ ዓይነት ናይ ዕንወት ስጉምቲታቲ ፈቲኑ። ንኤርትራ ንምንጻልን ዘራያት ንምብዛሕን ዝከአል ዝመሰሎ ናይ ሓሶትን ጸለመን ሕሱር ዘመተታት አካይዱ። ህዝቢ ኢትዮጵያ ንምግጋይን ድኹዒ ጸቢብ ረብሓታቲ ንምግባርን፡ ኩሉ ጥበባት ሸሕጣንን ምጉብዕባዕን ተጠቒሙ። እዚ ኩሉ ግን አየዕገቦን። በንጻር ሕልሚኡ ትምኒትን ጮፍራ ወያነ፡ መኽተን ወፈያን ህዝቢ ኤርትራ ሰሲኑ፡ ሓቁ ተጋሂዱ፡ ምምጽዳቅ ተኸሺሑ፡ ህዝቢ ኢትዮጵያ አይተገርሀን፡ ዓለም'ውን ተረዲኡን ነቒሑን። ብሓደ ኩላሶ ወተሃደራዊ ዕንደራ ዝተደልየ ጽጋብ ሰርኒቹን ሓኒቹን፡ ህልቂትን ዕንወትን ከአ አኽቲሉ። ዝተደማመረ ፍሽለትን ክሳራን ከአ እንህ፡ ንናይቲ ጮፍራ ቅብጸትን ስሱዕ ሸውሃትን አዕሪጉ፡ ናብ ግሁድ ምሕሳም ሰላምን ጎደና ቀጸሊ ተጸባእነትን ከም ዝህውትት ገይሩም ይርከብ።

ክቡር ህዝቢ ኤርትራን ፈተውቲ ሰላም፥-

ናይ ሰላም ድሌትና አብ ቦትኡ እናሃለወ፡ ናይ ሰላም ጻዕሪታትና'ውን ከይሰለከየ፡ ንድሌትን ሕልናን ጮፍራ ወያነ ግምት ከይሃብና ክንሓልፍ ዝከአል አይኮነን። ሰብን ቤትናን ከዕኑ ንዝንቀደ ደመኛ፡ ብማዕዳ ሰላምን ሰናይ ድሌትን ከነዕግስ አይንኽእልን። ብናይ ጮፍራ ወያነ ሓካሊ ሕልናን ዘይጸግብ ሸውሃት ዕንደራን፡ እቲ ብቓሊል ኪፍታሕ ዝኽእል ዝነበረ ጉዳይ ደረት ዶብ፡ ናብ ምሉእን ቀጻሊን ኮናት የምርሕ ስለዘሎ - ከምኡ ኪኸውን ፈጺሙ ዘይድለ'ኳ እንተኾነ - ምርጫ ኮናት ብደለይቲ ሰላም ስለ ዘይወሰን፡ ንምሉእ መኽተ መኽተና ብዝተዓጻጸፈ ከነሓይል ፍታውና ዘይኮነ ግድነት'ዩ። ኮናትን ሓይሊን ከም ፍታሕ ዝመርጹ ጮንቀቶምን ሀርፋኖምን ስለ ዝገዝእም፡ ንዘይተዓወቲሉ ፈተነ ብዝመስሎም ምስምስ ነብሶም እናተዓሻሸዉን ሓድሽ ብዝመስሎም ብልሓት ጌጋታት እናደጋገሙን ሒጹ ካብ ምባል አይቁጠቡን'ዮም። ዘይውዳእ ኮናት ስለዘለ ኮናት ጮፍራ ወያነ'ውን መወዳእታ አለም። መግትኢኡን መዕረፊኡን ከአ፡ መኽተ ህዝቢ ኤርትራን መኽተ ህዝቢ ኢትዮጵያን መኽተ ፍትሒ ዝደልዮን ኩሎም'ዩ። መኽተ ህዝቢ ኤርትራ ክምህ ከም ዘይብል አይጠራጠርን፡ መኽተ'ዚ ዝሓለፍናዮ ዓመት ዘይሃስስ መርትዖ'ዩ።

ክቡር ህዝቢ ኤርትራ፦

ናይ'ዚ ዝሓለፈ ዓመት መኸተና፡ ወራር ኣብ ምምካት ጥራይ ዝተሓጽረ ኣይነበረን፡፡ መኸተና ኣብ ልምዓት'ውን፡ ኣብ'ቲ ዝጸንከረ ፈተኔ እዋን፡ ብዘስተንክር ሓይሊ ብጭቡጥ ኣረጋጊጽና ኢና፡፡ ሎሚ ዓመት'ውን ከም'ቲ ኣብ ወረቓት ዝሓንጸጽናዮ ሚኢቲ-ብሚኢቲ ኣይነማልኣዮ'ምበር፡ ዛጊት ልዕሊ 60 ሚኢታዊት ኣተግቢርና'ሎና፣ ኣውራ ኣብ ሕርሻን ትሕተ-ቅርጽን፡፡ ወፈያታት ህዝቢ፡ ብዓቢኡ ኣብ ወጻኢ ዝርከቡ ኤርትራውያን፡ ሕጽረት ሸርፊ ወጻኢ ኣብ ምቅላል ኣድማዒ ኣበርክቶ ምግባሮም፡ ኣብ ሓይሊ ቁጠባናን ልምዓታዊ መደባትናን ዝነበር እጃም ዓቢ'ዩ፡፡ ዝተገደድናሉ ኩነታት ኮነት ይኹን'ምበር፡ ኩነት ንመደባት ልምዓትና ከረስዕና ስለ ዘይብሉ፡ መኸተና ነቲ ዘይፍትሓዊ ወራር'ውን ብዘይ ቁጠባዊን ልምዓታዊን ሓያል መኸተ ምሉእ ስለ ዘይከውን፣ ነቲ ብሰሪ'ዚ ኩነት'ዚ ዝትንከፍን ዝጎድልን ኣፍራይነት ዓቕምና ንምትካእ፡ ልምዓታውን ቁጠባውን መኸተና ብተዓጻጻፊ ጽዕሪ ክንቅጽሎ ኣዘኻኽር፡፡

ዓመት መኸተ ንሰላምን ራህዋን ይግበረልና
ዓወት ንሓፋሽ!!

መግለጺ መንግስቲ ኤርትራ

ዕንወት'ምበር ፋይዳን ትርጉምን ዘይብሉ ኩናት

ናይ'ዚ ዝሓለፈ ክልተ-ቕን ምዕባላታት፡ አብ ታሪኽ ህዝቢ ኤርትራ ጥራይ ዘይኮነ፡ አብ ታሪኽ ህዝቢ ኢትዮጵያን አብ ስነ-ምግባር ማሕበረ-ሰብ ዓለምን፡ ዓቢ ትርጉም ዝሓዘለ ተርእዮ'የ። ሃዲእካ ብትዕግስቲ ገምጋም ምውሳድ ዝሓትት ከአ'የ።

እዚ ኩሉ ቅልውላውን ዕንወትን ስለምንታይ?

ህዝቢ ኤርትራ፡ ብዛዕባ አተሓሳሰባን ድሌትን ወያነ ግር ዝበሎ ነገር አይጸንሐን። አብቶም ዝሓለፉ ክልተ ወራራት ጭፍራ ወያነ ከአ፡ እቲ ድሌት እንታይ ከም ዝኾነ ፈሊጡ፡ መኸተኡ ብግብሪ አረጋጊጹ'የ። አብዚ ናይ ሕጂ ሳልሳይ ወራር'ውን፡ ዝተደግመ እንተዘይኮነኡ፡ ሓዲሽ ምስጢር አይተቐልቀለን።

ተዘክሮ ህዝቢ ኤርትራ፡ ህዝቢ ኢትዮጵያን ማሕበረ-ሰብ ዓለምን ንምሕዳስ ግን፡ ውጥን ጭፍራ ወያነ እንታይ ነይሩ ኢልካ ምሕታት ግቡእ'የ።

አብዚ ሳልሳይ ዙርያ ወራር ዝነበረ ውጥን ወያነ እምበአር፡ ከምዚ ዝስዕብ'የ፡ ሃውራዊ ትንታነ ዘይኮነ፡ ብመርትዖታት ዝተረጋገጸ ጭብጥታት።

ቀዳማይን ናይ ርሑቕን ዕላማታት

ሓይልታት ምክልኻል ኤርትራ ደምሲስካ፡ አስመራ ብምእታው፡ ንህዝቢ ኤርትራ አምበርኪኺኻ፡ ናይ ወያነ ወኪል መንግስቲ አቑምካ፡ ህዝቢ ኤርትራ አብ ንሓድሕዱ ዝናቘተሉ ፖለቲካዊ ሃዋሁ አዋዲድካ፡ ቋጠባን ትሕተ-ቕርጽን አዕኒኻ፡ ሓንቲ ትርጉም ሀላው ዘይብላ ኤርትራ ክዉን ምግባር። ነቲ ዝትክል ሃሱሳዊ መንግስቲን ዝትግብሮ ትእዛዝን ከአ፡ ብሰብን ብፐሮግራምን፡ ውሳ ዝተባህለ መስናድአ ከም ዝቐረብ ተገይሩ።

ከም ሳዕቤን ዕንወት ኤርትራ፡ ብጭፍራ ወያነ አብ ኢትዮጵያ ኪውቃዕ ይኽእል'የ ዝተባህለ ዕላማታት ከአ፤

ንህዝቢ ትግራይ፡ ከም ቀዳማይ መጋበርያ፡ ረብሓ ከም ዘለዎ አምሲልካ

መዝሚዝካ፡ "ኦ ህዝቢ ትግራይ! ንህዝቢ ኤርትራ ኣምበርኪኽካ፡ ኣብ ኢትዮጵያ ክሳድካ ገቲርካን ኣፍልብኻ ነፊሕካን እትኾርዓሉ (ንህዝቢ ኢትዮጵያ እትረግጸሉ ማለት'ዩ) ዘመን ክመጽእ ስለዝኾነ ተለዓል! ዕድልካ ሕጂ'ዩ" ዝብል እዉጅ መብጽዓታት'ዩ ተዋሂቡ።

ንህዝቢ ኢትዮጵያ ብሓፈሻ ከኣ (ብዘይካ ህዝቢ ትግራይ ማለት'ዩ)፡ "እንሆ ስልጣንና ኣደልዲልና ኢና! ርዒምካ ተገዛእ! ብዝተረፈ፡ ክትደሃኽ ኢኻ!" ዝብል ኣመታዊ መልእኽቲ ዝሓዘ'ዩ።

ንእግረ-መገድኻ፡ ነቲ ኣብ ልዕሊ ህዝቢ ኢትዮጵያ ኪድልድል ዝድለ ፖለቲካዊ ዙፋን ከኣ፡ ኣብ ውሽጢ ዕልቕልቕ፡ ኣብ ትሕቲ ጉልባብ "ዲሞክራሲያዊ ምርጫ" ኣብ ሓሙሽተ ዓመታት ትምኑይ ትኬት ምምንጣል።

ብዞባናን ብዓለምን ደረጃ ዝተወጠነ ዕላማ ከምዚ ዝስዕብ'ዩ።

"ዓለም ብሓይሊ ስለእትኣምን፡ ኣብ ባይታ ክዉን ኩነት እንተፈጢርና፡ ሰላም'ዶ! ምምልካት ዶብ'ዶ! ዝብሃል ተሪፉ፡ ዝበልናዮ ኪኾነልና ጥራይ ዘይኮነ፡ ቅልጽምና እናኣርኣና፡ ተፈሪሕናን ተሓፊርናን ንነብር፤ ንሃገራት ዓረብ ብፍላይ ከኣ፡ ቅልጽምና ምርኣይ ናይ ሓዋሩ እስትራተጂያዊ ጸብለልትነትን ውሕስነትን ከውህበና'ዩ" ኣብ ዝብል ዝንቡዕ ስነ-መጎት ዝተመስረተ እምነት'ዩ ተጎስጒሱ።

ናይ'ዚ ጥምር ውጥን ናይ ግዜ ሰሌዳ'ኸ?

ኣብ'ቲ ቀዳማይ መዓልቲ ንባረንቱ ኣቲኻ፡ ከምኡ ኢልካ ብዝተፈላለየ መኣዝን እናቐጻልካ፡ ዕለት 24 ግንቦት -መዓልቲ ናጽነት ኤርትራ- ኣስመራ ኣቲኻ፡ ነታ መዓልቲ ምዝራግ ጥራይ ዘይኮነ፡ ንህዝቢ ዓለምን ንህዝቢ ኢትዮጵያን፡ "ዓቢ ብስራት" ኣዊጅካ፡ ነታ ስርዓት መንግስቱ ዝወደቐላ ዕለት - 28 ግንቦት - ድርብን ድምቕቲን መዓልቲ ጌርካ ምስላማ። ምርጫ ናይቲ ግዜ፡ ንዳንኬራ ግንቦት ጥራይ ኣይነበረን። ወቕቲ ኣዝመራ ስለዝኾነ፡ መደባት ልምዓት ህዝቢ ኤርትራ ዝዘርግን ዘዕንውን እዋን'ውን ስለዝኾነ፡ ንህዝቢ ኤርትራ ኣብ ጸበባ ጥሜት ኣወዲቕካ ንምሓዙ ምቹእ ሃዋሁ ንምፍጣር ስለዝሕግዝ ተባሂሉ'ውን'ዩ።

እዚ ጥምሮ ውጥን ካብ ወጻእተኛታት ብምስጢር ኣይተታሕዘን። "እቲ ጉዳይ ኪኖ ምስሕሓብ ዶብ ኪኸይድ ንርእዮ ኣለና፡ እንታይ'ዩ ዕላማኹም?" ኣብ ዝተባህለሉ፤ "እዚ ናይ ዶብ ጉዳይ ኣይኮነን፡ ዕላማና መንግስቲ ኤርትራ ንምውዳቕን ንምእላይን'ዩ፡ ቅሩብ ጥራይ ተዓገሱና፡ ክነርእየኩም ኢና" ተባሂሉ ዘየጠራጥር መልሲ ተዋሂቡ'ዩ።

እዚ ጥሙር ውጥን ወራር'ዚ፡ ዕላምኡ ወጼዑ'ዶ? እንታይ ሳዕቤናት'ከ ኣኸቲሉ? ናይ ሓዋሩ ኣመታቱ'ኸ?

መራሕቲ ጮፍራ ወያነ፡ ነዚ ውጥን'ዚ ከበግሱ እንከለዉ፡ "ኩሉ ነገር ናብ ግንባር ኩናት!" ኣብ ትሕቲ ዝብል ጮረሐ፡ ኣሎ ዝበሃል ሰብኣዊን ንዋታዊን ዓቕምታት ኣጎሳጉሶም፡ ልዕሊ 250 ዝኹኑ ዕሱባትን ወጻእተኛታት ክኢላታትን- ኣውራ ኣብ ሓይሊ ኣየርን ስርዓተ- ምክልኻል ኣየርን - ኣሰሊፎም፡ በቲ ዝሓነጸጽዎ ሰሌዳ ግዜ ብዘይዕንቅፋት፡ ምሉእ ብምሉእ ዕውት ኪኸውን ከም ዝኹኑ ተኣማሚኖም'ዮም ነቒሎም።

"ውሕሉል ውጥናትና፡ ብእስትራተጂያዊ ይኹን ስልታዊ ሸነኻቱ፡ ተዓዋቲ'ሎ" ተባሂሉ ተነጊሩ። ንእግረ-መገድኻ ዘስደምም ከኣ፡ "60 ሚእታዊት ሓይልታት ምክልኻል ኤርትራ ደምሲስና" ተባሂሉ።

ኩናት ኣብ ሓደ ሰዓትን ህሞትን ኣይምዘንን'የ። ናይ ሓደ-ክልተ ውግእት፡ ስልታዊ ውሕልነት'ውን ናይ መወዳእታ መለክዒ ኣይኮነን። ቦታ ምሓዝን ምግዳፍን'ውን፡ ብዘይካ'ቲ እዋናዊ ሃሳሲ ፖለቲካዊ ስምብራቱ፡ ሜዛ በቲ ናይ መወዳእታ ውጽኢት ጥራይ'የ ዝልካዕ። ኣብ ዝኹነ ውግእ ወይ ኩናት፡ ልዕሊ ኩሉ ብቓዳምነት ኪግምገም ዘለዎ ከኣ፡ ናይ ሰብ ክሳራ'የ። በዞም ረጃሒታት እዚኣቶም ጥራይ ከኣ'የ ውጥን ወራር ወያነ ብውድዓዊ ኪምዘን ዝኽእልን ዝግባእን።

ኩሉ'ቲ ዝተወጠነ ፖለቲካዊ ዕላማታት ጮፍራ ወያነ፡ ዝተባህለ ሓሶትን መደናገሪን እንተተባህለ፡ ፈጺሙ ዕላምኡ ከም ዘይወቕዐ፡ ገዚፍን ተመራማሪን ሓንጎል ዝሓትት ኣይኮነን። ጮፍራ ወያነ'ውን ዓው ኢሉ ከእውየሉ ዝኽእል'ኳ እንተዘይኮነ፡ ኣንዳዕዲዑ ዝፈልጦ'የ።

ብወተሃደራዊ ሸነኻት'ውን ካብቲ ፖለቲካዊ ፍሽለቱ ንላዕሊ፡ እቲ ውጥን በርቒኑ'የ። ብኸመይ? "መሬት ሒዝና" ክበሃል ይከኣል ይኸውን። መሬት፡ ውዒሉ ሓዲሩ ናይ ዋንኡ ናብ ዋንኡ ስለዝኹነ፡ ምስቲ ናይ መወዳእታ ፖለቲካዊ ውጽኢት ጥራይ ዝምዘን'የ። ብወተሃደራዊ መገዲ ኪምዘን እንከሎ ከኣ፡ መሬት ቅድሚ ሰብ ሰሪዕካ ዝውሰድ ረጃሒ ኣይኮነን። እቲ ዝዓበየ ወተሃደራዊ ፍሽለት ወያነ ከኣ፡ ሸሕ'ኳ ኣብ ፈለማ መሬት ምሓዝ ከም ብልጫ ተራእዩ እንተነበረ፡ ኣብ'ቲ ተሃንዲዱ ብማዕበላት ኣብ ዓዘቕቲ ዝኽተት ዝነበረ ሰራዊት ወያነ ዝወረደ ክሳራ እዚ'ዮ ኢልካ ምግላጹ ንስምዒ ዘስደምም'የ ጥራይ'የ ኪበሃል ዝከኣል (ደቂቕ ገምጋም ምስ ተጻፈፈ ኪቐርብ'የ)። ብፕሮፖጋንዳዊ ትኪ ንምዕባላኹ ዝግበር ህቀናታት ገዲፍካ፡ መራሕቲ ጮፍራ ወያነን እቲ ብዓይኑ ዝረኣየ ሰራዊት ወያነን ኣረጋጊጾም ዝፈልጡዎ፡ መሬት ትምስክሮ፡ ካብ ህዝቢ ኢትዮጵያ'ውን ዘይተሰወረ፡ ምስ ግዜ ኣጸቢቑ እናተጋህደ ዝኸይድ ሓቂ'የ።

አብ ወገን ህዝብን መንግስቲን ኤርትራ፡ ኮናትን ውጽኢቱን ልዕሊ ዝኹነ ካልእ ረቋሒ ብሰብ ስለዝምዘን፡ እቲ ዝኸሰርናዮ ውሑድ ዘይንደልዮ'ኳ እንተነበረ፡ ምእንቲ ባይታ ንምሓዝ ኤልና ዘካየድናዮ ጠላዕ ስለዘይነበረ፡ ዓቕሚ ሰብና ክንዕቀብ ምኽእልና፡ ብቕዓት መኸተና ከም ወትሩ ሓይሉ'የ ወጺኡ። ንብረትና'ውን አይተዘርወን፡ ሸውዓተ ነፋርቲ ውግእ ብናይ መሬት ሚሳይላትን ብኣየራዊ ምትሕንናቕን አውዲቕና፡ ሓንቲ ነፋሪትን ሰብን ከይከሰርና ምውጽእና'ውን ንዓወትና ዝያዳ ዘድምቕ'የ። ልዕሊ ዝኹነ ካልእ ግምታት ግን አብ ውሽጢን ወጺኢን ዝነበር ህዝቢ ኤርትራ፡ ድምብርጽ ከይበሎ፡ መኸተኡ ክምህ ከምዘይብል ምርግጋጹ ናይ ዓወታት ዓወት'የ።

ሓቂ'የ ህዝቢ ተመዛቢሉን ተኸላቢቱን ተሰዲዱን መሬቱ ሓሪሱ ኪዘርእን ኪሓፍስን ሃንቀው እናበለ፡ መደባቱ ተቛጺዩ አደዳ ጥሜት ኮይኑ ምህላዉ፡ ዘተሓሳሰብ ወጺዓ'የ። እዚ ግን እቲ ንቡር ዋጋ ልኡላውነትን ህላዌን ስለዝኾነ፡ ሓላፋይ'የ።

ብሓጺሩ፡ ውጥን ጮፍራ ወያን ምሉእ ብምሉእ ፈሺሉ'የ። ብዓወቂ ዘረባን ቅጽበታዊ ደብዳብ ነፋርትን ዝሸፈን ከአ አይኮነን።

አብ'ዚ ከይተጠቅስ ኪሓልፍ ዘይግብኦ፡ እቲ ዘሕዝን፡ "ቡራኬ" ኪበሃል ዝኸአል፡ ስቕታን ግፍዒን ማሕበረ-ሰብ ዓለም'የ። ቅሉዕ ወራር ወያን ርኡይ እናኾነ ባይቶ ጸጥታ ነቲ ግዳይ ወራር ዝኹነ ህዝብን መንግስቲን ኤርትራ እገዳ ምግባሩ፡ ዘስደምም ጥራይ ዘይኮነ፡ ዘሰገድግድ ተርእዮ'የ።

ጊራቅ ንኹውዋት አብ ዝወረረትሉ፡ እቲ "ማሕበረ-ሰብ ዓለም" ዝበሃል እንታይ ከምዝገበረ፡ ናይ ትማሊ ተዘክሮ'የ። ጊራቅ፡ ምስናይ ተቛውሞ ገለ አባል ሃገራት ባይቶ ጸጥታ፡ ወግሓ-ጸብሓ ብደብዳባት ትኹርመጽ ዘላ ሃገር'ያ። ባይቶ ጸጥታ፡ ዘይርትዓዊን ዘይምዕሩይን እገዳ ምግባሩ፡ "ናይ ደብ ምስሕሓብ ዘለወን ሃገራት፡ ንሓድሕደን ኪዋረራ ይኽእላ'የን" ከም ማለት ስለዝኹነ፡ አዝዩ ሓደገኛ፡ አህጉራዊ ሕጊ ዝግህስ መቕድም'የ። እዚ ስነ-ሞጎት ከም መለክዒ እንተተወሲዱ፡ ግብጺን ሱዳንን ብሰበብ ሓላይብ፡ ሰዑድያን የመንን፡ ባሕሬንን ቆጠርን፡ ኢማራትን ኢራንን፡ ... ካልኦት ተመሳሳሊ ምስሕሓብ ዘለወን ሃገራት ልኡላዊነት ኪደፍራን ኪግህሳን መሰል አለወን ማለት'የ። ባይቶ ጸጥታ፡ ምእንቲ ኪዘርየልና ዘይኮነ ንፍትሓዊ መለክዒታት፡ ነዚ በደልን ጌጋን'ዚ ኪእርም ሓላፍነቱ ከልዕል ጥራይ ምዝኽኻር ከአ አኻሊ'የ።

ዛንታ ወራር ወያነ ብሓጺሩ እዚ'ዩ።

ውጥን ወራር ወያነ በርጊኑ'ዩ፡ መኽተ ህዝቢ ኤርትራ ከኣ ክምህ ኣይበለን፡ ተዓዊቱ'ዩ።

ህዝብን መንግስቲን ኤርትራ፡ ህዝቢ ኢትዮጵያ ካብዚ ዘሕዝን ተመክሮ ትምህርቲ ኪወስድ፡ ሓሶትን ምጉብዕባዕን ጭፍራ ወያነ ከኣ ካብ ዝኹኑ ዝሓለፈ ግዜ ሎሚ ኣጸቢቑ ፈሊጡዎ ስለዘሎ፡ ካብ ቀጻሊ ኣዕናዊ ውጥናት ወያነ ኪገላገል ቃልሱ ብምሉእ ተስፋን ምትእምማንን ኪቕጽል ይጽውዕ።

ህዝብን መንግስቲን ኤርትራ፡ ንኹሎም ፈተወቲ ሰላምን ፍትሒን ዝኾኑ ፖለቲካዊ ሓይልታትን መንግስታትን፡ ንዘርእዮዎ ምድንጋጽ እናመስገነ፡ ነቲ ልዕሊ ኩሉ ግዳይ ናይ'ዚ ወራር ኮይኑ ተመዛቢሉን ተሰዲዱን ዘሎ ህዝቢ ኤርትራ ሰብኣዊ ግዴታኦም ብምስካም ሓገዞም ኪልግሱሉ ይጽውዕ።

መስ ንመኽተ ህዝቢ ኤርትራ!
ኩርዓት ንሓይልታት ምክልኻል!
ዓወት ንሓፋሽ!
30 ግንቦት 2000

ቀንዲ ፍጻመታት ወራር ወያነ ብግዜ

(ሚያዝያ 1997 - ታሕሳስ 2000)

20-21 ሚያዝያ 1997

ካብ 1996 ጀሚሩ ኣብ ደባት ብዛዕባ ዘጋጥም ዝነበረ ጸገማት ንምምይያጥ፡ ኣብ መንጎ ምክትል ፕረዚደንት ክልል ትግራይን ምክትል ኣማሓዳሪ ዞባ ጋሽ ባርካን ኣብ ሽረ እንዳስላሰ - ክልል ትግራይ (ኢትዮጵያ) ርክብ ተኻይዱ።

22-27 ሰነ 1997

ኣብ ሽረ ብዝተበጽሐ ስምምዕ ዝተመዘት ናይ ሓባር ንኡስ ኮሚቴ፡ ኣብ ኣስታት 40 ኪሎ ሜትር ዝንውሓቱ፡ ብክልል ትግራይ "ዝተጠረረ ደባት" ድሕሪ ዘካየደቶ ኡደት፡ ኣዝዮም ናብ ውሽጢ ኤርትራ ዝኣተዉ ኣዕኑድ ኣብ ባይታ ተመልኪቶም ረኺባ። በዚ ድማ፡ ኣብቲ ኡደት ዝነበሩ ወከልቲ ኤርትራ ተሪር ተቓውሞኦም ኣስምዑ።

ሰነ 1997

ዝኹን ኤርትራዊ ሓረስታይ፡ ግርሁ ከይሓርስ፡ ገዛውቲ ከይሃንጽ ወይ'ውን ኪንዮ'ቲ ብበይናዊ ስጉምቲ "ዝተጠረረ" ደባዊ መስመር ከይሰግር፡ ከም'ኡ'ውን ኮሎም ተቐማጦ ናይተን ናብ ክልል ትግራይ ዝኣተዋ ዓድታት ኤርትራ፡ ዓድታቶም ለቒቖም ክኸዱ ብሰበ-ስልጣን ትግራይ ትእዛዝ ተመሓላሊፉ።

18 ሓምለ 1997

ኣብ ሰለስተ ዓበይቲ መካይን ዝተጻዕኑ ወተሃደራት ኢትዮጵያ ናብ ባድመ መጺኦም፡ ኣብቲ ቦታ ናይ ሬድዮ መራኸቢ መሳርሒታት ድሕሪ ምትካል፡ ኣብ ውሽጢ'ቲ ብበይናዊ ስጉምቲ "ዝተጠረረ" መስመር ዶብ ዝርከብ መሬት ኤርትራ፡ ኣብ ትሕቲ ወተሃደራዊ ከለላኦም ኣእተውዎ። ብኡ ንብኡ ድማ ጆምላዊ ምስጓግ ኤርትራውያን ተጀሚሩ። ኣብ ተመሳሳሊ ዕለት፡ ኣብ ዓዲ ምሩግ (ባዳ) - ሰሜናዊ ጫፍ ደንካልያ (ናይ ሎሚ ዞባ ሰሜናዊ ቀይሕ ባሕሪ) ናይ ኤርትራ፡ ኣዝዩ ሓደገኛ ኩነታት ማዕቢሉ። ዓዲ-ምሩግ ኣሃዱ ምምሕዳር ኤርትራ ዝነበራ ራብዐይቲ ዓዲ ምምሕዳር ከባቢ ባዳ እያ። እተን ዝተረፋ ሰለስተ ዓድታት ምምሕዳር ከባቢ ባዳ፡ ቦለሊ፡ ለጊን ኣይርማለን እየን።

19 ሓምለ 1997

ክልተ ቦጦሎኒ ዝግመት ሰራዊት ኢትዮጵያ፣ "ኣብ ከባቢ ባዳ ኣለዉ" ዝበልዎም ዕጡቓት ተቓወምቲ ኢትዮጵያ ንምህዳን ብዝብል ምኽንያት፣ ብ19 ሓምለ ናብ ዓዲ ምራግ ተንቀሳቒሳ፣ ኣዛዚኣን ኣብቲ ከባቢ ምስ ዝነበሩ ሓለፍቲ ሰራዊት ኤርትራ ድሕሪ ምዝርራብ ከኣ፣ ሰራዊቱ ሒዙ ክኣቱ ብዝሓተቶ መሰረት፣ እተን ቦጦሎኒታት ክኣትዋ ተፈቒደለን።

24 ሓምለ 1997

ኣመሓደርቲ ኢትዮጵያ፣ ኣብ ዓዲ ምራግን ከባቢኡን ዝነበሩ ኣመሓደርቲ ኤርትራ ሰጉጎም ነቲ ከባቢ ምሉእ ብምሉእ ተቖጻጺርዎ። ዓዲ ምራግ ግዝኣት ኢትዮጵያ ምዃና ንነበርቲ ናይቲ ከባቢ ብምሕባር ድማ፣ ናይ ባዕሎም ናይ ምምሕዳር ኮሚቴ መሰረቱ።

8 ነሓሰ 1997

ድሕሪ'ዚ ናይ ዓዲ-ምራግ ፍጻመ፣ ክልተ ሰበ-ስልጣን ኤርትራ ምስ መዛኑኦም ሰበ-ስልጣን ኢትዮጵያ ንምምይያጥ፣ ናብ ኣዲስ ኣበባ - ኢትዮጵያ ብምኻድ፣ ነቲ ኣብ ዓዲ ምራግን ባድመን ዝጋጠመ ወተሃደራዊ ምትኹታኹ ብትሪ ብምቅዋም፣ ሓይሊ ተጠቒምካ ኣብ ባይታ ሓድሽ ኩነት ክትፈጥር ምፍታን ዘይቅቡልን ምስ ምሕዝነታዊ ዝምድና ክልተን ሃገራት ዘይቃዶን ምዃኑ ገሊጾምሎም። መንግስቲ ኢትዮጵያ፣ ነቲ ዝወሰደ ዘይሕጋዊ ስጉምቲ ዳግም-ግምት ክገብረሉ ብምጽዋዕ ከኣ፣ እቲ ጉዳይ ብናይ ምርድዳእ መንፈስ ንድሕነት ኣብቲ ከባቢ ዝርከብ ህዝቢ ኣብ ግምት ብምእተው ኣገባብ ክትሓዝ ኣስሚሮምሉ።

16 ነሓሰ 1997

ድሕሪ'ቲ ብ18 ሓምለ ኣብ ዓዲ ምራግን ባዳን ዘጋጠመ ፍጻመ፣ ኣብ ውሽጢ ሓደ ወርሒ ዘይመልእ ግዜ፣ ፕረዚደንት ኢሳይያስ ኣፈወርቂ ናብ ቀዳማይ ሚኒስተር ኢትዮጵያ መለስ ዜናዊ ደብዳበ ጽሓፉ። ፕረዚደንት ኢሳይያስ ኣብ ደብዳበኡ፣ ኢትዮጵያ ዘወሰደቶ ዘይምኹኑይ ስጉምቲ ብምቅዋም፣ ቀዳማይ ሚኒስተር መለስ ዜናዊ፣ ነቲ ኣብ ዶባት ዝፍጸም ዝነበረ ግህሰት ወይ ወራር ደው ንምባል ዘድሊ ስጉምቲታት ክወስድ ጸዊዑ።

25 ነሓሰ 1997

ፕረዚደንት ኢሳይያስ ኣፈወርቂ ናብ ቀዳማይ ሚኒስተር ኢትዮጵያ መለስ ዜናዊ ኣብ ዝሰደዶ ተወሳኺ ደብዳቡ፣ ሓባራዊ ኮሚሽን ዶብ ክምስረት ሓሳብ

ብምቕራብ ብወገን መንግስቲ ኤርትራ ብሚኒስተር ምክልኻል ኤርትራ ጀነራል ስብሓት ኤፍሬም ዝምራሕ ኮሚቴ ተመዚዙ ከምዞሎ አፍሊጡ። ቀዳማይ ርክብ ናይ'ቲ ኮሚሽን ድማ፡ እንተደንጎየ አብ ሕዳር 1997 ክካየድ አሚሙ።

17 ጥቅምቲ 1997

"ወይን" ዝተባህለ ወግዓዊ ጋዜጣ ውድብ ህ.ው.ሓ.ት፡ ሓዲሽ ካርታ ክልል ትግራይ ከምዝተዳለወ አፍሊጡ። እዚ ዘይሕጋዊ ካርታ'ዚ፡ ብበዓል መዚ ካርታ ኢትዮጵያ (Ethiopian Mapping Authority) ዝተሓትመ እዩ። እቲ ካርታ፡ አብ አስታት 100 ዓመት፡ ንፈለማ ግዜ ነቲ ፍሉጥ መግዛአታዊ ዶብ ኤርትራን ኢትዮጵያን ዝቐየረ እዩ። አብዚ ካርታ'ዚ፡ እቲ ንሩባ ሰቲት (ተከዘ) ምስ ሩባ መረብ ዘራኽብ ዝነበረ ቀጥታዊ መስመር፡ አብ'ቲ ምስ ማይ አንበሳ ዝራኽበሉ ነጥቢ ተደምሲሱ፡ በቲ ናብ ውሽጢ ግዝአት ኤርትራ አዝዩ ዝአተወ ቄናን መስመር ተተኪኡ ይርአ። እዚ ካርታ'ዚ ነቲ ዘዛርብ ዝነበረ ብበይናዊ ስጉምቲ ዝተጠረረ ቦታታት ጥራይ ዘይኮነ፡ ካልእ ሰፊሕ ግምገድ አብ ምዕራብ ኤርትራ ዝርከብ መሬት፡ ከምኡ'ውን አብ ከባቢ ኢሮብ፡ ባዳን ጽሮናን ንዝርከብ ገለ ክፋል ልኡላዊ መሬት ኤርትራ አብ ግዝአት ኢትዮጵያ ዝጽንበረ እዩ ነይሩ።

ሕዳር 1997

እቲ ብጠለብ መንግስቲ ኤርትራ ዝቖመ ሓባራዊ ላዕለዋይ ኮሚሽን፡ አብ አስመራ ድሕሪ ምርኻቡ፡ አብ ዝተጨበጡ ጉዳያት ከይተመያየጠ ድሕሪ ሰለስተ አዋርሕ ዳግማይ ክራኸብ ቀጺሩ ሒዙ ተፈላለየ። አብ መንጎኡ ማለት አብ ጥሪ 1998 ከአ፡ ወተሃደራት ኢትዮጵያ፡ አብ መስመር ዓሰብ-አዲስአበባ ከባቢ ቡሬ ንዝርከብ ዶብ ጥሒሶም ናብ መሬት ኤርትራ አተው። እዚ ስጉምቲ'ዚ፡ አብ ዶብ ዝርከብ መሬትሺ ነቑጣ፡ ንሽነኽ ዓሰብ ሓያለ ኪሎ ሜትራት ክስሕብ ኢትዮጵያ አቐዲማ ዘቅረበቶ ጥርዓን ብሓይሊ ንምርግጋጽ ዝተወስደ ነበረ። ሳላ'ቲ ብወገን ኤርትራ ዝተራእየ ዓቃል አተሓሕዛ ከአ፡ በዚ ምትኹታኹ'ዚ ክኸስት ዝኽእል ዝነበረ ሓደገኛ ወተሃደራዊ ረጽሚ ክውገድ ክኢሉ።

6 ግንቦት 1998

ወተሃደራት ኢትዮጵያ፡ አብ ምዕራብ ኤርትራ ከባቢ ዶብ ባድመ ልሙድ ናይ ኮለላ ዕማም አብ ልዕሊ ዘካይዱ ዝነበሩ አባላት ሓይልታት ምክልኻል ኤርትራ ብዘኸፈትዎ ተኹሲ መኩንናት ዝርከብዎም ገለ ካብ አባላት ሓይልታት ምክልኻል ኤርትራ ተቐትሉ። በዚ ድማ እቲ ኩነታት ናብ ዝዓበየ ወተሃደራዊ ረጽሚ አምርሐ። ክሳብ 8 ግንቦት አብ ዝነበረ ሳልስቲ ድማ፡ ወተሃደራት ወያነ

ንሰራዊት ኤርትራ ካብቲ ከባቢ ንምርሓቕ መጥቃዕቲታት ፈቲኖም ሰራዊት ኤርትራ እውን ተመሳሳሊ ግብረ መልሲ ሃቡ። አብዚ መስርሕ'ዚ ባድመ አብ ትሕቲ ምቁጽጻር ሓይልታት ምክልኻል ኤርትራ አተወት።

13 ግንቦት 1998

ፓርላማ ኢትዮጵያ፣ "ባድመ ተወሪራትና" ብዝብል ምስምስ አብ ልዕሊ ኤርትራ ብወግዒ ኲናት አወጀ።

14 ግንቦት 1998

ካቢኔ ሚኒስተራት ኤርትራ፣ አብ መንን ህዝብታት ኤርትራን ኢትዮጵያን ንንዊሕ ዝጠመተ ርክባትን ናይ ሓባር ረብሓን እናሃለወ፣ ብጉዳይ ዶብ ምስሕሓብን ህውከትን ከፍጠር ድሌት ህዝብን መንግስትን ኤርትራ ከምዘይኮነ ብምርግጋጽ፣ መፍትሒ ናይ'ቲ ሽግር ዝበሎም እዎም ዝሰዕቡ ሓሙሽተ ነጥቢታት ሰላም ከም እማመ አቕረበ፦

1   መንግስቲ ኤርትራ፣ ዝኹነ ይኹን ናይ ዶባት ዘይምርድዳእ ብሰላማዊን ሕጋዊን መገዲ እምበር ብሓይሊ ከም ዘይፍታሕ አረጋጊጹ ስለዝፈልጦን ዝአምንን፣ ስነ-ሞጐት ሓይሊ ይኹንን፤

2   ነዚ ክብ ኢሉ ዝተጠቕሰ ነጥቢ መሰረት ብምግባር፣ ነፍሲ-ወከፍ ወገን አብ ከባቢ ናይ ክልተአን ሃገራት እጅታይ (ይብጽሓኒ) እዩ ዝብሎ መሬት እንተሃልዩዎ፣ ንህዝብታት ኤርትራን ኢትዮጵያን ዓለምን ብዕሊ ብኻርታን አሧዛትን ከፍልጥ፤ ነቲ ጉዳይ ከአ ብወተሃደራዊ ሓይሊ ዘይኮነ፣ ብሰላማዊ መገድን ብዘተን ንምፍታሕ ክአምንን ከፍልጥን፤

3   ብድሕሪ ሕጂ ዝካየዱ ዝርርባትን ምርድዳእትን ብተዓዛብነትን ሽምግልናን ሳልሳይ አካል ምስኩራትን ውሑሳትን ክኾኑ ምስምማዕ፤

4   "አከራኻርቲ" ዝበሃሉ ቦታታት ንግዜኡ ካብ ህላወ ናይ ክልተአን ሃገራት ዕጡቓት ሓይልታት ናጻ (Demilitarized) ኩይኖም ክጸንሑ፣ ተግባራዊነት ናይ'ዚ ምርድዳእ እዚ ከአ ብውሑስነት ሽምጋሊ ክረጋገጽ፤

5   እቲ ጉዳይ ከየተዓባበኻ፣ ብተዓዛብነትን ሽምግልናን ሳልሳይ መንነኛ አካል ብዘተ ክፍታሕ፣ ቅቡል እንተዘይኮኑ ከአ፣ ናብ ዳንነት ክቐርብ።

15 ግንቦት 1998

መንግስቲ ኤርትራ፣ አብ ባይታ ዘሎ ሓቂታት ንምርግጋጽ፣ ብሳልሳይ አካል ዝቖመ ናጻ መርማሪ አካል ክቐበል ቅሩብ ምዃኑ አረጋጊጹ።

30-31 ግንቦት 1998

መንግስታት አሜሪካን ሩዋንዳን፥ ሰላማዊ ፍትሕ ደባዊ ግጭት ኤርትራን ንምቅልጣፍ ዝዕላማኡ፥ አርባዕተ ነጥቢታት ዝሓዘ እማመ ሰላም አቕሪቦም።

1 ሰነ 1998

ብመንግስታት አሜሪካን ሩዋንዳን ዝቐረበ እማመ ሰላም አብ ጣውላ እንከሎ፥ ኢትዮጵያ፥ ብሸነኽ አምበስተ-ገለባ አብ ልዕሊ ኤርትራ ተወሳኺ መጥቃዕቲ ብምፍናው፥ ወራራ ናብ ውሽጢ ግዝአት ኤርትራ ከተስፍሕ ፈቲና።

3 ሰነ 1998

አሜሪካ፥ ነቲ አርባዕተ ነጥቢ ዝሓዘ እማመ ሰላም መንግስታት አሜሪካን ሩዋንዳን፥ ወግዓዊ አፍልጦ ሂብዎ። ክፍሊ ጉዳያት ወጻኢ አሜሪካ አብ መግለጺኡ፥ "ነቲ ዝተፈጥረ ግጭት ብሰላም ንምፍታሕ ዝቐረበ እማመ ብኽልተኣም ወገናት ተቐባልነት ዘይምርካቡ፥ ሕቡራት መንግስታት አሜሪካን ሩዋንዳን ቅሬታኣም ይገልጹ" ክብል እቲ እማመ ሰላም ተቐባልነት ክረክብ ተማሕጺኑ።

4 ሰነ 1998

ቀዳማይ ሚኒስተር ኢትዮጵያ መለስ ዜናዊ፥ ሃገሩ ነቲ ብመንግስታት አሜሪካን ሩዋንዳን (US-Rwanda) ዝቐረበ ናይ ሰላም እማመ ከም ዝተቐበለቶ ድሕሪ ምሕባር፥ ምስኡ አተአሳሲሩ፥ ሚኒስትሪ ምክልኻል ኢትዮጵያ አንጻር ኤርትራ ስጉምቲ ክወስድ ትእዛዝ ተመሓላሊፉሉ ከም ዘሎ ዝሕብር ተገራጫዊ መግለጺ ሃበ።

4-5 ሰነ 1998

መንግስቲ ኤርትራ ንእማመ ሰላም አሜሪካን ርዋንዳን ብዝምልከት ብ5 ሰነ ከምዚ ዝብል መግለጺ አውጺኡ። "አብ መሰርሕ አሳላጥነት ዝፈለቐ አርባዕተ ነጥብታት ዝሓዘ እማመ ሰላም፥ ነቶም መንግስቲ ኤርትራ ከቐርቦም ዝጸንሑ መሰረታውያን ጉዳያት ዝምልስ ስለዝኾኑ፥ ብወገን መንግስቲ ኤርትራ ዘክራኻር አይኮነን። እንተኾን እቲ ናይ አሳላጥነት መሰርሕ ገና ስለዘይተጠሕጉሑ፥ ንመጻኢ ብዘዕዘግ ከጥመቱ ዘለዎም ዕቱባት ዝርዝር ጉዳያትን አተገባብርአምን ብዝምልከት ተወሳኺ ስራሕ ከምዝሓትት መንግስቲ ኤርትራ ይአምን።"

5 ሰነ 1998

ነፈርቲ ውግእ ኢትዮጵያ፣ አብ ሰዓታት ድሕሪ ቀትሪ ማለት ካብ ሰዓት 2፡ 00 ክሳብ 2፡30 ድ.ቐ. አብ አብ ልዕሊ አህጉራዊ መዓልቦ ነፈርቲ አስመራ ደብዳብ ፈጺማ፣ አብኡ ዝነበረት ናይ ዛምብያ ነፋሪት ጽዕነት መጠነአዊ ዕንወት ወሪዱዋ፤ 30 ሰላማዊያን ሰባት ድማ ተቘቲሎምን ቈሲሎምን፡፡ ብኡ ንብኡ ነፈርቲ ኩናት ሓይሊ አየር ኤርትራ ቅልጡፍ ግብረ-መልሲ ብምውሳድ፣ አብ ወተሃደራዊ መዓልቦ ነፈርቲ መቐለ (ትግራይ) ደብዳብ አካየዳ፡፡ አብኡ ዝጸንሓ ብውሑዱ ልዕሊ 5 ናይ ውግእ ነፈርቲ ኢትዮጵያ ክዓነዋ እንከለዋ፣ ሕማቕ አጋጣሚ ኩይኑ፣ አብ ግዜ'ቲ ደብዳብ ቀጽሪ ናይ ሓደ ቤት ትምህርቲ ስለዝተተወቕሮ፡ 47 ሰባት ተቘቲሎምን ቈሲሎምን፡፡ መንግስቲ ኤርትራ፣ በቲ ዘጋጠመ ዘይተደልየ ሓደጋ ሹዑ ንሹዑ ወግዓዊ ይቕረታ ሓተተ፡፡

6 ሰነ 1998

ሰዓት 9፡40 ቅ.ቐ. ክልተ ነፈርቲ ኩናት ኢትዮጵያ አብ ደቡባዊ ወሰናስን አስመራ ደብዳብ ፈጺማ፡፡ በዚ ሲቪላዊ ዒላማታት ዘይፈሊ ደብዳብ ነፈርቲ ኩናት ኢትዮጵያ ዝተሰናበዱ፣ ሓያሎ አብ ኤርትራ ዝቕመጡ ዝነበሩ ወጻእተኛታት ካብ አስመራ ክወጹ ተገደዱ፡፡ አብ ግዜ'ቲ ደብዳብ ሓንቲ ካብ ነፈርቲ ኩናት ኢትዮጵያ - MiG 23 ብሓይሊ አየር ኤርትራ ተወቒዓ ክትወድቕ እንከላ፣ አብራሪ ናይታ ነፋሪት ኮሌነል በዛብህ ጴጥሮስ ብጃንጥላ ወሪዱ ተማረኸ፡፡ በዛብህ ጴጥሮስ ገዲም ፓይሎት ሓይሊ አየር ኢትዮጵያ ኩይኑ፣ አብ ግዜ ሓርነታዊ ቃልሲ፣ አብ ግንቦት 1984 አብ ናቕፋ እናደብደበ ከሎ ነፋሪቱ ተሓምሺሻ ብሀ.ግ. ተማሪኹ ዝነበረ እዩ፡፡ አብ 1989 ናጻ ድሕሪ ምልቃቐ ድማ፣ ክሳብ ናጽነት ኤርትራ - ግንቦት 1991 - ብድሌቱ ምስ ህዝባዊ ግንባር ሓርነት ኤርትራ ጸኒሑ፣ ናብ ሃገሩ ኢትዮጵያ ተመሊሱ፡፡ ኤርትራ አብ እዋን ብረታዊ ቃልሲ፣ አስታት 120 ሽሕ ኢትዮጵያዊያን ምሩኻት ኩናት ብሰብአዊ መገዲ ተሻኒኺና በብግዜኡ ናጻ ለቒቓቶም እያ፡፡

ኢትዮጵያ ጐኒ ጐኒ'ቲ ትፍጽሞ ዝነበረት ናይ ነፈርቲ ደብዳብ፣ ካብን ናብን ኤርትራ ኢትዮጵያ ዝነበረ መስመር መገዲ አየር ብምቁራጽ፣ ነፈርቲ ናብ ኤርትራ ከይአትዋ፣ ናብ ወደባት ኤርትራ ዝቒንዖ ናይ ባሕሪ ጉዕዞ ድማ ክቋረጽ ፈኸራን ታህዲድን ትገብር ነበረት፡፡

10 ሰነ 1998

መንግስቲ ኢትዮጵያ፣ ዜጋታት ኤርትራን ኢትዮጵያን ካብን ናብን ክልተአን ሃገራት ብዘይ ቪዛ ክንቀሳቐሱ ዘፍቅድ ስምምዕ ብምጥሓሱ፣ ወግዓዊ

ቪዛ ዘይብሎም ኤርትራውያን ናብ ኢትዮጵያ ከይኣትዉ ዝኽልክል መምርሒ አመሓላለፈ፡፡

10 ሰነ 1998

ውድብ ሓድነት አፍሪቃ፡ አብ ኡጋድጉ - ቡርኪናፋሶ አብ ዘካየዶ መበል 14 አኼባኡ፡ ግጭት ኤርትራን ኢትዮጵያን ብሰላማዊ መገዲ ክፍታሕ ጸዊዑ፡፡

11 ሰነ 1998

መንግስቲ ኤርትራ፡ አህጉራዊ ውድብ ሲቪል አቪሽን (ICAO)ን አህጉራዊ ውድብ ጉዕዞ ባሕሪ (IMO)ን፡ አብ ክሊ አየርን ባሕርን ኤርትራ ድሕነት አህጉራዊ በረራን ጉዕዞ ባሕሪን ንምርግጋጽ ህጹጽ ስጉምቲ ክወስዱ ጸውዑ፡፡

12 ሰነ 1998

መንግስቲ ኢትዮጵያ፡ "ጸጥታዊ ስግአት" ብዝብል ምስምስ፡ ኤርትራውያንን ኤርትራዊ መበቆል ዘለዎም ኢትዮጵያውያንን ካብ'ታ ሃገር ክስጉጉ ምኻኖም አፈለጠ፡፡

12 ሰነ 1998

ሓይሊ አየር ኤርትራ፡ አብ ዓዲ-ግራት ተደኩኑ ንዝነበረ ማእከል ወተሃደራዊ ሎጂስቲክስ ወራሪ ሰራዊት ኢትዮጵያ ብምድብዳብ፡ ከቢድ ጉድአት አውረዳ፡፡

13 ሰነ 1998

መንግስቲ ኢትዮጵያ ብአሽሓት ዝቑጸሩ ኤርትራውያንን ኤርትራዊ መበቆል ዘለዎም ኢትዮጵያውያንን ካብታ ሃገር ክስጉጉ ዘመሓላለፌ ትእዛዝ ክትግበር ጀመረ፡፡ ምስዚ ተአሳሲሩ ብአሽሓት ዝቑጸሩ ኤርትራውያንን ኤርትራዊ መበቆል ዘለዎም ኢትዮጵያውያንን ካብ ስራሕ መንግስቲን ዝተፈላለያ ካልአት ትካላትን ከም ዝባረሩ ተገብረ፡፡

14 ሰነ 1998

መንግስቲ ኤርትራን መንግስቲ ኢትዮጵያን፡ ብመንግስቲ አመሪካ ዝቐረበ ብኸፈርቲ ምጥቅቃዕ ደው ክብል ዝጸውዕ እማመ ተቐቢሎሞ፡፡

14 ሰነ 1998

መንግስቲ ኤርትራ፡ ነቲ ብፕረዚደንት ቢል ክሊንተን ዝቐረበ፡ ግዝያዊ

605

ስምምዕ ምቁራጽ ናይ ኣየር መጥቃዕቲ ክቕበሉ ከሎ፡ ኢትዮጵያ ድማ ነቲ ስምምዕ ክሳብ 5 ለካቲት 1999 ጥራይ ከምእተኸብሮ ኣፍሊጣ።

17 ሰነ 1998

መንግስቲ ኢትዮጵያ ብዘወሰዶ ናይ ምስጓግ ስጉሚት ዝተባረሩ ቀዳሞት 800 ኤርትራውያን፡ በቲ ናብ ደቡባዊ ምዕራብ ኤርትራ ዘበጽሕ ኣዝዩ ነዊሕን ኣድካምን መገዲ ተጓዒዞም ዶብ ብምስጋር ከተማ ኦምሓጀር ኣተዉ።

20 ሰነ 1998

እዞም ብመንግስቲ ኢትዮጵያ ዝተሰጉ ናይ ፈለግ ኤርትራውያንን ኤርትራዊ መበቆል ዘለዎም ኢትዮጵያውያንን፡ ኣስመራ ኣብ ዝበጽሕሉ፡ ህዝቢ ኣስመራ ብውዕዉዕ መንፈስን ሃገራዊ ወኒን ተቐቢሉዎም።

25 ሰነ 1998

መንግስቲ ኢትዮጵያ፡ ነቶም ኣህጉራዊ ሕግን ሰብኣዊ መሰላትን ጥሒሱ ብግፍዒ ካብታ ሃገር ከባርሮም ዝወሰነ ኤርትራውያን፡ ኣብ ውሽጢ ወርሒ ንብረቶም ሸይጦም ክወጹ ትእዛዝ ሃበ። እዚ ትእዛዝ'ዚ ቅድሚ ምምጽኡ፡ እቶም ዝበዝሑ ፍሉጣት ነጋዶ፡ ጥያውያንን ሰብ ንብረትን ድሮ ተሰጉጎም ነበሩ።

26 ሰነ 1998

ሃገራዊ ባይቶ ኤርትራ መበል 11 ኣኼባኡ ኣብ ዘካየደሉ፡ ንጉዳይ ግጭት ኤርትራን ኢትዮጵያን ብዝምልከት እዞም ዝስዕቡ ኣገደስቲ ውሳነታትን ለበዋታትን ኣሕሊፉ፦

ሀ) ጠንቁን መንቀሊኡን ናይቲ ኣብ መንጎ ኤርትራን ኢትዮጵያን ተፈጢሩ ዘሎ ግጭት፡ ወያን ዝቀጻጸር መንግስቲ ኢትዮጵያ ኣብ ልዕሊ ኤርትራ ዝፈጸሞ ምግሃስ ደባትን ልኡላዊነትን ኤርትራን ቅሉዕ ወራርን ምኻኑ፣

ለ) መንግስቲ ኢትዮጵያ ሰፊሕ መሬት ኤርትራ ዝጽንብር ወግዓዊ ካርታታት ምሕታሙን ኣብ ባጤራኡ ምስኣሉን፣

ሐ) መንግስቲ ኢትዮጵያ ነቲ ኣብ ካርታታት ዘእተዎ መሬት ብኣካል ንምጉባጥ ብዘውጽእ መደብ መሰረት፡ ሰራዊቱ ኣውፊሩ ኣባይትን ዘራእትን እናዐነወ ህዝቢ ብምብራርን ምምሕዳራት ኣፍሪሱ ብናቱ ብምትካእን ዝጽንሕ ኤርትራዊ ኣስማት ዓድታት ብምቕያርን ሰፊሕ መሬት ኤርትራ ገቢጡ ምሓዙ

606

ብምኽናን፥ ሃገራዊ ባይቶ መንግስቲ ኤርትራ ንሰላማዊን ሕጋዊን ፍታሕ ንዘካይዶ ጻዕሪን ዘቐርቦ እማመታትን ደገፉ ገሊጹ።

መ) ሃገራዊ ባይቶ፥ ብኣንጻር'ቲ ጸረ-ሰብኣዊ ፖሊሲ መንግስቲ ኢትዮጵያ፥ ኣብ ኤርትራ ኣብ ልዕሊ ዝነብሩ ኢትዮጵያውያን ዝኹን ናይ ተጻብአ ስጉምቲ ከይውሰድ፥ ብሰላም ናይ ምንባርን ምስራሕን መሰሎም ክሕሎ፥ እዚ መሰል'ዚ ብዝኹን ኣገባብ ወይ ኣካል ምስ ዝጠሓስ ከኣ፥ ጥርዓን ከቕርቡን መሰሎም ከረጋግጹን ከምዝኽእሉ፥ እዚ ኪንዮ ናይ ሎሚ ግጭት ጽባሕ ሰላም ከምዘሎ ዝግንዘብ ፖሊሲ ድግ፥ ዋላ'ውን እቲ ህሉው ግጭት እንተኸፍአ ከምዘይቅየር ደጊሙ ኣረጋጊጹ።

26 ሰነ 1998

ባይቶ ጸዋታ ውድብ ሕቡራት ሃገራት፥ ደባዊ ምስሕሓብ ኤርትራን ኢትዮጵያን ብሰላም ንምዕራፍ ብምሉእ ድምጺ ኣብ ዘሕለፈ ውሳነ፥ "ምጥቃም ሓይሊ." ብምኹናን፥ "ክልተኣም ወገናት ብህጹጽ ውግእ ደው ከብሉን ሓይሊ ከይጥቀሙን" ጸዊዑ። ብዘይካ'ዚ፥ እቲ ውሳነ፥ ክልተኣም ወገናት ምስ ውድብ ሓድነት ኣፍሪቃ ምሉእ ምትሕብባር ክገብሩ፥ ወጥሪ ዘግድድ ስጉምቲታት ካብ ምውሳድን መግለጺታት ካብ ምሃብን ተቖጢቦም፥ ንመሰልን ድሕነትን ዜጋታት ክልተኣን ሃገራት ውሕስነት ክህቡ ተማሕጺኑ።

1 ሓምለ 1998

ኣብ ውድብ ሕቡራት ሃገራት ላዕለወይቲ ኮምሽነር ሰብኣዊ መሰል፥ ሜስ መሪ ሮቢንሶን ብኢትዮጵያ ዝፍጸም ዘሎ ቀጻሊ ምስንጉ ኤርትራውያንን ኤርትራዊ መበቆል ዘለዎም ኢትዮጵያውያንን ኣዝዩ ከምዘተሓሳሰባ ገሊጻ። እታ ላዕለወይቲ ኮምሽነር፥ "በቲ ኣብ ልዕሊ ኤርትራዊያን ዝፍጸም ዘሎ ምግሃስ ሰብኣዊ መሰላት ብዘይ መጠን ተሻቒለ ኣለኹ። ብሕልፊ ከኣ፥ ኣብ ፓስፖርትታቶም ዝልጠፍ ዘሎ 'ተሰጉጉ እንደገና ክምለስ ኣይፍቀደሉን'ዩ' ዝብል ማሕተም ኣዝዩ ዘተሓሳሰብ እዩ። እዞም ተግባራት እዚኣቶም፥ ቅሉዓት ምግሃስ ናይቶም ኢትዮጵያ'ውን ዘፈረመትሎም ኣብ ውዕል ኣድማሳዊ መሰል ደቂ-ሰብ ከምኡ'ውን ኣብ ኣህጉራዊ ኪዳን ብዛዕባ ሲቪላዊን ፖለቲካዊን መሰላት ዘሰፈሩ መሰላትን ናጽነታትን እዮም" ኢላ።

1 ሓምለ 1998

ጉጅለ ልኡኽ ውድብ ሓድነት ኣፍሪቃ፥ ኣምባደራት ቡርኪናፋሶ፥ ጅቡቲ፥ ሩዋንዳን ዚምባብወን ኣብ ኣስመራ ብምብጻሕ ምስ ሰበ-ስልጣን ኤርትራ ተዘራሪቦም።

9 ሓምለ 1998

ቀዳማይ ሚኒስተር ኢትዮጵያ መለስ ዜናዊ፡ ኢትዮጵያ ንእትፍጽሞ ዝኸበረት ምግሃስ ሰብአዊ መሰላት አመልኪታ መሪ ሮቢንሶን ዝሃበቶ መግለጺ ንምቅዋም ምስ ተለቪዥን ሃገሩ አብ ዝገበር ቃለ-መጠይቕ፡ ሃገሩ ዝኹነ ይኹን ወጻእተኛ ብዝኹነ ይኹን ምኽንያት ክትሰጉግ ዘይቀየድ መሰል ከምዘለዋ ጠቒሱ፡ አብ ኢትዮጵያ ዝነብር ዝኹነ ወጻእተኛ - ኤርትራዊ፡ ጃፓናዊን ወዘተ፡ ብሰናይ ድሌት መንግስቲ ኢትዮጵያ ከምዝነብር፡ መንግስቲ ኢትዮጵያ፡ "ሕብር አዪንትኻ ስለዘይፈተናዮ ካብ ሃገር ውጻእ" እንተድአ ኢሉ ክወጽኡ ጥራይ'ዩ ዘለዎም።

11 ሓምለ 1998

ቀዳማይ ሚኒስተር መለስ ዜናዊ፡ ኢትዮጵያ ንሓደ ወጻእተኛ፡ ሕብሪ ዓይንኻ ቃሕ አይበለናን ኢላ ክትሰጉግ ዘይተደረተ መሰል ከምዘለዋ ድሕሪ ምግላጹ፡ አብቲ ዝቐጸለ መዓልቲ ልዕሊ. 2400 ኤርትራውያን - 1 ሸሕ ካብ አዲስ - ብሃንደበት ካብ ገዛውቶም ተተወሲዶም ከምዝባረሩ ተገብረ።

15-17 ሓምለ 1998

ብመንግስቲ ኢትዮጵያ ተሰጉጎም አብ መንጎ ክልተ ድፋዓት ብወገን ግንባር ቡሬ ዝተራሕርሑ ዝበዝሑ ህጻናትን አንስትን ዝርከብዎም ኤርትራውያን፡ አብ'ቲ ልዕሊ. 40 ዲግሪ ሰንቲግሬድ ዝበጽሕ ብርቱዕ ሙቐት ዘለዎ ናይ ሃሩር ወቕቲ ንእርባዕተ ኪሎ ሜትር ብእግሪ ተጓዒዞም ዓሰብ አትዮም። አብቲ ብአስገዳድ ዝተፈጸመ ጉዕዞ፡ ሓደ ሽማግለ አቦ ብወቕዒ ጸሓይ (ኮልፕ ዲሶላ) ህይወቶም ስኢኖም፡ አብ ዓሰብ ክቐበሩ ከለዉ፡ ሰለስተ ካልአት አብ ሆስፒታል ዓሰብ ረድኤት ተገይሩሎም ክድሕኑ ክኢሎም። አብዚ ዕለት'ዚ ቍጽሪ ካብ ኢትዮጵያ ዝተሰጉ ኤርትራዊያን 11 ሸሕ በጺሑ ነይሩ።

1-2 ነሓሰ 1998

ኮሚቴ ሚኒስትራት አባል ሃገራት ውድብ ሓድነት አፍሪቃ፡ ደባዊ ግጭት ኤርትራን ኢትዮጵያን ብሰላማዊ መገዲ ንምፍታሕ ዝዓለመ ናይ ክልተ መዓልቲ ዘተ አብ ኡጋድን - ቡርኪናፋሶ አካይዶም።

5 ነሓሰ 1998

ኤርትራ ብወጽኢት ናይ'ቲ ደባዊ ግጭት ኤርትራን ኢትዮጵያን ንምሽምጋል ካብ 1-2 ነሓሰ አብ ኡጋድን ዝተቓነዐ አኼባ ኮሚቴ ሚኒስትራት

ውድብ ሓድነት አፍሪቃ ዕግብቲ ምኳና ገሊጻ። ኮሚቴ ሚኒስተራት ውድብ
ሓድነት አፍሪቃ፡ ብጭብጥታት ዝተሰነየ ብቁዕ ሓበሬታ ካብ ኤምባሲታት፡
ትካላት ሕቡራት ሃገራትን ካብ ካልኦት ልኡኻትን ስለዝረኸበ፡ እቲ ዘቅረቦ
ሓሳብ፡ ንድሌትን ዕላማን ኤርትራ ዘንጸባርቅ ከምዝኾነ፡ ሓደ በዓል ስልጣን
ሚኒስትሪ ጉዳያት ወጻኢ ኤርትራ ንሮይተርስ ሓቢሩ።

6 ነሓሰ 1998

ክፍሊ ጉዳያት ወጻኢ አመሪካ፡ መንግስቲ ኢትዮጵያ አብ ልዕሊ ንጹሃን
ኤርትራውያን ዝፍጽሞ ናይ ምእሳርን ምስጓጉን ስጉምቲ አቋሪጹ ሕጋዊ
መሰል ናይ'ቶም ዜጋታት ከኽብር ጸዊዑ።

6-12 ነሓሰ 1998

ካብ ኢትዮጵያ ዝተሰጉ አስታት ሰለስተ ሽሕ ዝኾኑ ኤርትራውያን፡
ብሽንኽ ዛላምበሳን ዶብ ሰጊሮም አስመራ አትዮም። ንሳቶም፡ ብየማንን ጸጋምን
ነተጒቲ ብዝተቐብርን አጻዋራት ብዝተጸወደን መገዲ፡ ካብ ፍርቂ ለይቲ
ክሳብ ሰዓት ሰለስተ ወጋሕታ አብ ዝነበረ ሰዓታት፡ ን15 ኪሎ ሜትር ተጓዒዞም
እዮም ዛላምበሳ በጺሓም። አብ'ዚ ዕለት'ዚ፡ ቁጽሪ ካብ ኢትዮጵያ ዝተሰጉ
ኤርትራውያን ልዕሊ 16 ሽሕ በጺሑ።

13 ነሓሰ 1998

አብ አዲስ አበባ አብ ዝርከባ ኤምባሲታት፡ አህጉራውያን ትካላትን
ዘይመንግታውያን ውድባትን ዝሰርሑ አስታት 87 ኤርትራውያንን ኤርትራዊ
መበቆል ዘለዎም ኢትዮጵያውያንን አብ ውሽጢ ሓደ ወርሒ ካብታ ሃገር
ክወጹ ብመንግስቲ ኢትዮጵያ ትእዛዝ ተዋሂቡዎም።

24 ነሓሰ 1998

መንግስቲ ኢትዮጵያ፡ 120 ኤርትራውያን ብጸምጸም በረኻታት ደባት
ኬንያን ጅቡቲን ሰጒጉ። ካብዚኣቶም እቶም 88 ብዶብ ኬንያ፡ እቶም ሓደ
ሽማግለ ዝርከቦም 32 ቄልዓ-ሰበይቲ ድማ ብዶብ ጅቡቲ'ዮም ናብ ኤርትራ
አትዮም።

28 ነሓሰ 1998

መንግስቲ ኤርትራ ከም መርኣያ ሰናይ ድሌቱን ንሰላም ዘለዎ ቅሩብነትን፡
አብ ዶባዊ ግጭት ኤርትራን ኢትዮጵያን ተማሪኾም፡ አብ ትሕቲኡ ዝጸንሑ
71 ወተሃደራት ኢትዮጵያ ብናጻ ለቒቑ። እዚ ስጉምቲ'ዚ፡ ሓዲሽ ዘይኮነ

መቘጸልታ ዝጸንሐ መትከላትን ፖሊሲን ኤርትራ እዩ። ህዝባዊ ግንባር፡ ኣብ እዋን ብረታዊ ቃልሲ ዝማርኾም ዝኽበረ ወተሃደራት ኢትዮጵያ ብሰብኣዊ ኣተሓሕዛ ይሕዞምን በብግዜኡ ናጻ እናለቐ ናብ ሃገሮምን ቤተሰቦምን የፋንዎም ምንባሩ ዝፍለጥ እዩ።

8 መስከረም 1998

ክፍሊ. ክራይ ኣባይቲ ኢትዮጵያ፡ ውልቃዊ ኣባይቲ ናይ ዝተሰጉ ኤርትራውያን ኣብ ትሕቲ ምቁጽጻር እቲ ክፍሊ. ከም ዝኣተወ ኣፍሊጡ። ምስ'ዚ ኣዋጅ'ዚ ተኣሳሲሩ፡ መንግስቲ ኢትዮጵያ ኣባይቲ ናይቶም ዝተሰጉ ኤርትራውያን ስድራቤታት ክወርሶ ከምዝጀመረ ተሓቢሩ።

9 መስከረም 1998

ምስጓግ ኤርትራዊያንን ኤርትራዊ መበቆል ዘለዎም ኢትዮጵያውያንን "ዓቢ ምግሃስ ሰብኣዊ መሰላት'ዩ" ክብል ናትናኤል ክለይን ዝተባህለ ኣውስትራልያዊ ናይ ሕጊ ምሁርን ጠበቓ ላዕለዋይ ቤት ፍርዲ ደቡብ ኣውስትራልያን ሓቢሩ። ንሱ ነዚ ዝሓበረ፡ ካብ ኢትዮጵያ ምስ ዝተሰጉ ልዕሊ 60 ኤርትራውያን ስፈሕ ቃል-መጠይቕ ብምክያድ ኣብ ዘቐረቦ 50 ገጽ ዘለዎ ጸብጻብ ኩይኑ። ጃምላዊ ምስጓግ ኤርትራውያን ምስ'ቲ ቅድሚ ካልኣይ ውግእ ዓለም ዝተፈጸመ ምስጓጉ ኣይሁድ ካብ ናዚ ጀርመን ከም ዝመሳሰል ኣረዲኡ።

9 መስከረም 1998

መንግስቲ ኢትዮጵያ፡ ኣብ ግዜ ሰርዓት ደርግ ብዝፈጸምዎ ገበን ተኣሲሮም ዝጸንሑ 31 ላዕለዎት ወተሃደራዊ ሓለፍቲ ፈቲሑ። ምፍታሕ ናይዞም ላዕለዎት ሓለፍቲ፡ ወተሃደራዊ ስልጠና ኣብ ምሃብ ምእንቲ ክተሓጋገዙ እዩ። ኣቐዲሞም'ውን ልዕሊ ሰላሳ ሓለፍቲ ሰርዓት ደርግ ነበር ካብ ማእሰርቲ ተፈቲሖም ወተሃደራዊ ስልጠና ኣብ ምሃብ ከም ዝነጥፉ ተገይሩ እዩ።

16 መስከረም 1998

መንግስቲ ኣመሪካ፡ ደባዊ ግጭት ኤርትራን ኢትዮጵያን ንምፍታሕ፡ ብኣማኻሪ ሃገራዊ ጸጥታ ኣመሪካ ነበር ሚስተር ኣንቶኒ ሌክ ዝምራሕ ሓድሽ ተበግሶ ንምጅማር ምስ መንግስቲ ኤርትራ ተዘራሪቡ።

6 ጥቅምቲ 1998

ፍሉይ ልኡኽ ኣመሪካ ኣንቶኒ ሌክ፡ ነቲ ሓሙሽተ ኣዋርሕ ዝመልስ ደባዊ ምስሕሓብ ኤርትራን ኢትዮጵያን ብሰላማዊ መገዲ ንምፍታሕ ካልኣይ ፈተነ

ከካይድ አስመራ አትዩ። እቲ ቀዳማይ ፈተነ፡ ብተሓጋጋዚት ጸሓፊት አብ ጉዳያት አፍሪቃ ሱዛን ራይስ ዝተነደፈ እግመ ሰላም አመሪካን ርዋንድን ኩ.ይኑ፡ ነዊሕ ከይከደ አብ ስነ 4 1998 ዝፈሸለ እዩ።

9 ጥቅምቲ 1998

አብ መንጎ ኤርትራን የመንን ብዛዕባ ደሴታት ዝተሳዕለ ክርክር ክዳኒ ዝቐመ አህጉራዊ መጋባአያ ብይኑ ሀቡ። መንግስቲ ኤርትራ በቲ ብይን ክቕየድ ም'ኳኑ አፍሊጡ።

13 ጥቅምቲ 1998

መንግስቲ ኢትዮጵያ፡ ም'ድንጋራት ንምፍጣር፡ ባድመ አብ ውሽጢ ግዝአት ኢትዮጵያ ከም እትርከብ ዘርኢ ካርታ አሕቲሙ፡ አብ አዲስ አበባ ንዝርከቡ ማሕበረሰብ ዲፕሎማሲ ከም ዝዓደሎም መግለጺ ሚኒስትሪ ገዳያት ወጻኢ ኤርትራ አፍሊጡ። እቲ ካርታ ምስቲ ሰፊሕ ግማድ መሬት ኤርትራ ጸንቢሩ አብ ጥቅምቲ 1997 ዝተሓትመ ዘይሕጋዊ ካርታ ክልል ትግራይ እውን ዘይቃዶ ም'ኳኑ እቲ መግለጺ አነጺሩ።

29 ጥቅምቲ 1998

መንግስቲ ኢትዮጵያ አብ ከባቢታት ባድመን ሰንዓፈን ብዘፈጸሞ ደብዳብ ከቢድ ብረት፡ ብርክት ዝበሉ ሰላማውያን ሰባት ክሞቱ ከለዉ፡ ብዙሓት ዓድታት ዓንየን ብዙሕ ጓክታራት ዘራእቲ'ውን ተቓጺሉ።

1 ሕዳር 1998

ብሰንኪ ደሴታት አብ መንጎ ኤርትራን የመንን አጋጢሙ ዝነበረ ምስሕሓብ ብ9 ጥቅምቲ ብዝተዋህቦ ብይን መሰረት፡ ኤርትራ ንደሴት ሓኒሽ ከቢር ብወግዒ ንየመን አረኪባታ።

ብ2 ሕዳር 1998

መንግስቲ ኢትዮጵያ፡ "አብ ሃገር ክቕመጡ ዘይፍቀደሎም ዜጋታት" (persona non grata) ኢሉ ን33 ኤርትራውያን ሰራሕተኛታት ውድብ ሕቡራት ሃገራት ካብ ኢትዮጵያ ብምስጓጉ፡ ውድብ ሕቡራት ሃገራት ተቓውሞኡ አስሚዑ።

7-8 ሕዳር 1998

ግጭት ዶብ ኤርትራን ኢትዮጵያን ንምፍታሕ፡ ኣብ ኣጋዱጉ - ቡርኪናፋሶ ድሕሪ ዝተኻየደ ዘተ፡ ብውድብ ሓድነት ኣፍሪቃ ዝቐረበ 11 ነጥቢ ዝሓዘ እማመ ሰላም፡ ኢትዮጵያ ሸዉ ንሸዉ ከምእተቐበለቶ ክትገልጽ እንከላ፡ ኤርትራ ፈለጣ ከተጽንዖን መብርሂ ክትደልየሉን ምግላጻ ኣፍሊጣ። ውድብ ሓድነት ኣፍሪቃ ድማ፡ ኤርትራ ነቲ ዝቐረበ እማም ክሳብ 31 ታሕሳስ 1998 ኣጽኒዓ መልሲ ክትህበሉ ዕድል ሂቡዋ።

11 ሕዳር 1998

ኢትዮጵያ ነቲ ብውድብ ሓድነት ኣፍሪቃ ዝቐረበ እማም ሰላም "ከምዝተቐበለቶ" ብወግዓዊ መግለጺ ኣፍሊጣ።

18 ሕዳር 1998

ጁቡቲ ካብ ኣካል ናይቲ ግጭት ኤርትራን ኢትዮጵያን ንምፍታሕ ዝቖመ ኮሚቴ ውድብ ሓድነት ኣፍሪቃ ክትወጽእ መንግስቲ ኤርትራ ነቲ ውድብ ብምሕታቱ፡ መንግስቲ ጁቡቲ ምስ ኤርትራ ዝነበር ዲፕሎማሲያዊ ዝምድና ቡቲኹ። መንግስቲ ጁቡቲ፡ ኣንጻር ኤርትራ ጸግዒ ሒዙ ምስ ኢትዮጵያ ብጋህዲ ክደጋገፍ ስለዝጸንሐ፡ መንግስቲ ኤርትራ፡ ኣብ ሓደ እዋን ዳኛን በዓል ነገርን ምዃን ከም ዘይከኣል ብምሕባር፡ ተቓዉሞ ከስዕዕ ጸኒሑ'ዩ። ኣቐዲሙ ሓደ በዓል ስልጣን መንግስቲ ኤርትራ "መንግስቲ ጁቡቲ ንውግእ ዘድሊ ንብረት ናብ ኢትዮጵያ ተሰጋጊር ከምዘላ ብጭብጢ ዛታት ዝተሰነየ መርትዖታት ኣለና" ክብል ገሊጹ ነይሩ'ዩ።

19 ሕዳር 1998

ባይቶ ጸጥታ ውድብ ሕቡራት ሃገራት፡ ኩለን ሃገራት ምስተን ኣብ ግርጭት ዝርከባ ሃገራት ኣፍሪቃ ዝገብርኦ መሸጣ ናይ ኣጽዋር ክድርትኦ ብምሉእ ድምጺ ኣብ ዘሕለፎ ውሳነ ጸዊዑ።

26 ሕዳር 1998

ዋና ጸሓፊ በይነ-መንግስታዊ በዓል ስልጣን ንልምዓት (ኢጋድ) ዶክተር ተኸስተ ገብራይ፡ ናብ ጁቡቲ ከይአቱ ብፐረዚደንት ናይታ ሃገር ተኸልኪሉ። ዶክተር ተኸስተ ገብራይ ናብቲ ኣብ ጁቡቲ ዝመደበሩ ቤት ጽሕፈቱ ኣብ ዝኸፈሉ'ዩ ኤርትራዊ ብምዃኑ ከይአቱ ተኸልኪሉ። ቅድሚ ሰሙን'ውን

አብ ኢትዮጵያ አብ ዝተኻየደ ዋዕላ መሻርኽቲ ኢጋድ ከይሳተፍ ሰበስልጣን ኢትዮጵያ ናብ አዲስ አበባ ከይኣቱ ከልኪሎሞ እዮም።

6 ታሕሳስ 1998

ልኡኽ መንግስቲ አመሪካ፡ ሚስተር አንቶኒ ሌክ ንመብል ሳልሳይ ግዜኡ አስመራ አትዩ።

6 ታሕሳስ 1998

ቀዳማይ ሚኒስተር ኢትዮጵያ መለስ ዜናዊን ፕረዚደንት ጅቡቲ ሓሰን ጉለት አፕቲዶንን ሓባራዊ ናይ ምክልኻል ውዕል ፈሪሞም።

12 ታሕሳስ 1998

ኤርትራ፡ አብቲ ብውድብ ሓድነት አፍሪቃ ዝቐረበ ባይታ ንስምምዕ ዝያዳ መብርሂ ክወሃባ፡ ዝርዝር ሕቶታታ ብጽሑፍ አቐሪባ።

17 ታሕሳስ 1998

መንግስቲ ኢትዮጵያ፡ አብ ከተማ ጽሮና ብዝፈጸሞ ደብዳብ ከቢድ ብረት፡ ሰለስተ ሰባት ሞይቶም፡ ብውሑዱ 24 ሰባት ብኸቢድ ቈሲሎም።

17 ታሕሳስ 1998

አስታት 20 መራሕቲ ሃገራት ዝተሳተፉዎ ዋዕላ ማእከላይ አካል ውድብ ሓድነት አፍሪቃ ብዘዕባ ደባዊ ግጭት ኤርትራን ኢትዮጵያን አብ ኡጋድጉ - ቡርኪናፋሶ ተጋቢኡ። ተሳተፍቲ ነቲ ግጭት ብሰላም ንምፍታሕ ላዕለዋይ ልኡኽ ውድብ ሓድነት አፍሪቃ ዘቘረ 11 ነዋቢታት ዝሓዘ እማመ ሰላም አጽዲቖሞ።

18 ታሕሳስ 1998

መንግስቲ ኢትዮጵያ፡ አብ ኡጋድጉ - ቡርኪናፋሶ ብማእከላይ አካል ውድብ ሓድነት አፍሪቃ ዝጸደቐ እማመ ባይታ ንስምምዕ ከም ዝተቐበሎ ብወግዒ ሓቢሩ።

21 ታሕሳስ 1998

ሚኒስተር ጉዳያት ወጻኢ ኤርትራ፡ አብ ኤርትራ ንዝርከቡ ዲፕሎማሰኛታትን ጋዜጠኛታትን አብ ዝሃቦ መብርሂ፡ መርገጺ ኤርትራ "ነቲ ግጭት ብሰላማዊ

613

መገዲ ምፍታሕ፡ ሓይሊ ምጥቃም ምውጋድ፡ ምኽባር መግዛእታዊ ደባት"
አብ ዝብሉ ሰለስተ ቀንዲ መትከላት ዝሰረተ ምኳኑ አነጺሩ። ንሱ አሰዒቡ፡
ሱዳንን ጅቡቲን ንኢትዮጵያን ወተሃደራዊ ደገፋት ይገብራላ ከም ዘለዋ ሓቢሩ።

3 ጥሪ 1999

ካብ ዝተፈላለየ ቦታታት ኢትዮጵያ ብኢሰብአዊ አገባብ ዝተሰጉ፡ ህጻናት፡
ሽማግለታትን ናይ ጥዕና ጸገም ዘለዎምን ዝርከብዎም 1367 ኤርትራውያንን
ኤርትራዊ መበቆል ዘለዎም ኢትዮጵያውያንን ብግንባር ቡሬ ዓሰብ አትዮም።
አብዚ ዕለት'ዚ ቁጽሪ ናይቶም በብእዋኑ ካብ ኢትዮጵያ ዝተሰጉ ኤርትራውያን
ልዕሊ 47 በጺሑ።

5 ጥሪ 1999

ሚኒስተር ጉዳያት ወጻኢ ኢትዮጵያ፡ አብ አዲስ-አበባ ንዝርከቡ ማሕበረሰብ
ዲፕሎማሲ አኪቡ፡ "አብ ልዕሊ ኤርትራ ቀጠባዊ ጸቕጢ እንተደአ ፈጢርኩም፡
ጅባአም ስለዝጽሎ ተገዲዶም ክሰምዑኹም'ዮም። እንተዘይኮኑ፡ እቲ ዝካየድ
ናይ ሰላም ጸዕሪ ከሎ ገና ምዉት ምኳኑ ፍለጡ" ክብል ተዛሪቡ።

9 ጥሪ 1999

ንብረት፡ ተሸከርከትን ፋብሪካታትን ናይቶም ካብ ኢትዮጵያ ዝተሰጉ 200
ኤርትራውያንን ኤርትራዊ መበቆል ዘለዎም ኢትዮጵያንን፡ ከም ትሕጃ ናይ
ልቓሕ ንሓራጅ ከተውርዶ ምኳና፡ ሓንቲ ካብ ቀንዲ ባንካታት ኢትዮጵያ
አፍሊጣ።

12 ጥሪ 1999

ኢትዮጵያ ካብ መፋርቕ ወርሒ ጥሪ ክሳብ መፋርቕ ወርሒ ለካቲት፡ አብ
ልዕሊ ኤርትራ ብሰለስተ መአዝናት ሓድሽ ወተሃደራዊ መጥቃዕቲ ክትፍኑ
ወጢና ከምዘላ ዝሕብር ስለያዊ ሓበሬታታት ከም ዝረኸበ መንግስቲ ኤርትራ
አፍሊጡ።

18 ጥሪ 1999

አማኻሪ ሃገራዊ ጸጥታ ፕረዚደንት ቢል ክሊንተን ዝነበረ ሚስተር አንቶኒ
ሌክ፡ አብ መንን አሰመራን አዲስ አበባን እናተመላለሰ ንራብዓይ ግዜኡ ምስ
መራሕቲ መንግስቲ ኤርትራ ርክብ አካዪዱ። ቀዳማይ ርክቡ፡ አብ ጥቅምቲ
1998 እዩ ነይሩ።

20 ጥሪ 1999

ክፍሊ ጉዳያት ወጻኢ ኣመሪካ፡ ዜጋታቱ ናብ ኤርትራ ከይገሹ ኣጠንቂቐ። እቲ ክፍሊ ነዚ ሓበሬታ'ዚ ዘውጽአ "ዘሎ ወጥሪን ተኻእሎ ሓድሽ ግጭትን" ብምምኽናይ'ዩ።

26 ጥሪ 1999

ውድብ ሓድነት ኣፍሪቃ፡ ንባይታ ስምምዕ ብዝምልከት መብርሂ ክወሃቦ መንግስቲ ኤርትራ ብ12 ታሕሳስ 1998 ንዝቐረበሉ 29 ሕቶታት፡ ድሕሪ 45 መዓልታት መልሲ ሂቡሉ። ኣብ'ቲ ዝቐረብ መብርሂ፡ "ባድመን ከባቢኣን እንታይ ማለት'ዩ? ነየናይ ከባቢ'ኻ ይውክል?" ዝብሉ ሕቶታት ክምለሱ ከለዉ። "ከባቢ ማለት ኣብ ዙርያ ከተማ ባድመ ዝርከብ ቦታታት" ምኻኑ ነጺሩ።

27 ጥሪ 1999

ቀዳማይ ሚኒስተር ኢትዮጵያ መለስ ዜናዊ፡ ኣብ ኣዲስ ኣበባ ንዝርከቡ ዲፕሎማሰኛታት ውድብ ሓድነት ኣፍሪቃ ኣብ ዘስምያ መደረ፡ ኣባል ሃገራት ውድብ ሓድነት ኣፍሪቃ፡ ትግባረ እማመ ሰላም ንምዕዋት ኣብ ጎድኒ ኢትዮጵያ ክቋማን ሃገሩ ንኤርትራ ኣብ እተዋቅዓሉ እዋን ክድግፋን ተማሕጺኑ።

29 ጥሪ 1999

ባይቶ ጸጥታ ውድብ ሕቡራት ሃገራት፡ "ንሽምግልና ውድብ ሓድነት ኣፍሪቃ ሓያል ደገፍና ንህብ" ክብል፡ ውድብ ሓድነት ኣፍሪቃ ግጭት ኤርትራን ኢትዮጵያን ንምፍታሕ ዘካይዶ ጻዕሪ ብምሉእ ድምጺ ደጊፉዎ።

29 ጥሪ 1999

ተጣባቒ ሰብኣዊ መሰላት ኣህጉራዊ ውድብ ኣምነስቲ ኢንተርናሽናል፡ መንግስቲ ኢትዮጵያ ኣብ ልዕሊ ኤርትራውያንን ኤርትራዊ መበቆል ዘለዎም ኢትዮጵያውያንን ኢሰብኣዊ ግፍዒታት ከም ዝፈጸመ ብምምልካት፡ ብኣንጻሩ እቲ "መንግስቲ ኤርትራ ንልዕሊ 40 ሽሕ ኢትዮጵያውያን ሰብኣዊ መሰላቶም ብምሃስ ካብ ኤርትራ ሰጒጉ" ክብል መንግስቲ ኢትዮጵያ ዘቕረቦ ክሲ፡ ጭብጢ ከም ዘይብሉ ኣብ ጸብጻቡ ገሊጹ።

2 ለካቲት 1999

ፍሉይ ወኪል ውድብ ሕቡራት ሃገራት ሚስተር መሓመድ ሻኖየን፡ ምስ ፕረዚደንት ኢሳይያስ ንምዝርራብ ኣስመራ ኣትዩ።

5 ለካቲት 1999

"ነፈርቲ ውግእ ኤርትራ አብ ከተማ ዓዲ ግራት ደብዲበን" ክብል መንግስቲ ኢትዮጵያ ዘቑረቦ ክሲ፡ ውጹእ ሓሶት ም'ኳኑ ብናጻ ጋዜጠኛታት፡ መንግስታትን ብተሓጋጋዚት ጸሓፌት ጉዳያት ወጻኢ አመሪካ አብ አፍሪቃ ሱዛን ራይስን ተረጋጊጹ። ብተወሳኺ ማዕከናት ዜና AFPን ሮይተርስን፡ "ነፈርቲ ውግእ ኤርትራ አብ ዓዲ ግራት ደብዲበን ዝብል ክሲ ብናጻ አካል ክረጋገጽ አይከአለን። አብ ከተማ ዓዲ ግራት ዘቕመጡ ብርኸት ዝበሉ ሰባት ብቴለፎን ተወኪስና፡ አብ'ታ ከተማ ሰላም ከምዝሎን ዝኸኑ ይኹን ናይ ነፈርቲ ደብዳብ ከምዘይረአዮን ገሊጾም" ክብላ ን-ሓሶት መንግስቲ ኢትዮጵያ አቓሊዐን።

6 ለካቲት 1999

መንግስቲ ኢትዮጵያ ብ6 ለካቲት አብ ግንባር ባድመ፣ ብ8 ለካቲት ድማ አብ ግንባር ጾርና መጠነ ሰፊሕ መጥቃዕቲ ፈንዩ። ብግንባር መረብ-ሰቲት አብ ዝተፈተነ መጥቃዕቲ ክልተ ብርጌዳት ኢትዮጵያ ምሉእ ብምሉእ ክድምሰሳ እንከለዋ፡ ካልአት ክልተ ብርጌዳት'ውን ከቢድ ጉድአት ወሪዱወን። አብ'ቲ ውግእ ልዕሊ 100 ወተሃደራት ወያነ ተማሪኹም።

7 ለካቲት 1999

መንግስቲ ኢትዮጵያ አብ ልዕሊ ከተማ ዓዲ-ኻላ ብዝፈጸሞ ደብዳብ ከቢድ ብረት ሸሞንተ ሰላማውያን ሰባት ቀቲሉን 23 አቑሲሉን።

8 ለካቲት 1999

ፕሬዚደንት ቡርኪናፋሶን አቦ መንበር ውድብ ሓድነት አፍሪቃን ብለይስ ካምፓወረ፡ ኤርትራን ኢትዮጵያን "ብህጹጽን ብዘይ ዝኸነ ቅድመ-ኹነት" ተኸሲ። ደው ከብላ ክጽውዕ እንከሎ፡ ዋና ጸሓፌ ውድብ ሓድነት አፍሪቃ ሳልም አሕመድ ሳልም ድማ፡ ክልተአን ሃገራት ብዝቐልጠፈ ውግእ አቋሪጸን፡ ነቲ ግጭት ብሰላማዊ መገዲ ንምፍታሕ ብእግመ ሰላም ው.ሓ.አ. ክምእዘዛ ተማሕጺኑ።

8 ለካቲት 1999

መንግስቲ ኢትዮጵያ አብ ልዕሊ ከተማ ጾርናን ላዕላይን ዴዳን ብዝፈጸሞ ደብዳብ ነፈርቲ፡ አባላት ሓንቲ ስድራ ዝኾኑ ሓደ ናጽላ ዝርከቦም ሓሙሸተ ሰላማዊያን ሰባት ተቐቲሎም።

9 ለካቲት 1999

ፕረዚደንት ሕ.መ.አመሪካ ቢል ክሊንተን፡ ኢትዮጵያ፡ ስምምዕ ምቋራጽ መጥቃዕቲ ኣየር ጥሒሳ፡ ኣብ ልዕሊ ኤርትራ ደብዳብ ነፈርቲ ከም ዘካየደት ብምውቃስ፡ ብህጹጽ ደው ከተብሎ ጸዊዑ። ኣብ መንጎ ኤርትራን ኢትዮጵያን ዝትወልዐ ሓድሽ ውግእ፡ ነቲ ዞባ ኣብ ሓደጋ ዘውድቕ ብምዃኑ፡ ብዝቐልጠፈ ደው ክብልን ሰላማዊ ፍታሕ ንምርካብ ብዘይ ወዓል ሕደር ዲፕሎማሲያዊ ጻዕሪ ክኸጽልን ድማ ተማሕጺኑ።

9 ለካቲት 1999

መንግስቲ ኢትዮጵያ፡ ንኣምባሳደር ኤርትራ ኣብ ኢትዮጵያን ቀዋሚ ወኪል ኤርትራ ኣብ ው.ሓ.ኢ.ን ኣቶ ግርማ ኣስመሮም፡ "ኣብ ሃገር ክቐመጡ ዘይፍቀደሎም ዜጋታት" ወይ "ዘየድሊ ሰብ" (Persona non grata) ብዝብል ኣብ ውሽጢ 24 ሰዓታት ካብታ ሃገር ክወጽእ ኣዚዙ።

10 ለካቲት 1999

ባይቶ ጸጥታ ውድብ ሕቡራት ሃገራት፡ ኩናት ብህጹጽ ደው ክብል ዝጸውዕን ኩለን ሃገራት ናብ ኢትዮጵያን ኤርትራን ዝገብራአ ናይ ኣጽዋር መሸጣ ብዝቐልጠፈ ከቋርጻ ኣትሪሩ ንዝጠልብ ብኣመሪካ ዝቐረበ ንድሬ እማመ ብምሉእ ድምጺ ኣጽዲቕዎ።

11 ለካቲት 1999

መንግስቲ ኢትዮጵያ ኣብ ከባቢ ዛላምበሳ ኣብ ዝርከባ ዓድታት ብዝፈጸሞ ደብዳብ ከቢድ ብረት፡ 12 ሰላማውያን ሰባት ቀቲሉን 30 ኣባይቲ ኣዕንዩን።

12 ለካቲት 1999

ሓይልታት ጸጥታ መንግስቲ ኢትዮጵያ፡ ናብ መንበሪ ህንጻ ኣምባሳደር ኤርትራ ኣብ ኣዲስ ኣበባ ሰይሮም ብምእታው ተፍትሽ ብምክያዶም መንግስቲ ኤርትራ ከሲሱ። እቲ ተግባር፡ ንዲፕሎማሲያዊ ሓለፋታትን ውሕስነትን ዝምልከት ኣህጉራዊ ውዕል ቪየና ዓንቀጽ 22 ዝጥሕስ'ዩ።

14-15 ለካቲት 1999

መንግስቲ ኢትዮጵያ፡ ካብ ወደብ ዓሰብ 71 ኪሎ ሜትር ርሒቑ ኣብ ዝርከብ ግንባር ቡሬ፡ ብደብዳብ ኣንቶኖቭ-130ን ካልኦት ነፈርቲ ውግእን

ዝተሰነየ ሰፊሕ መጥቃዕቲ ፈንዩ። አብቲ ኩነት MI-24 ሃሊኮፕተር ኢትዮጵያ ብጸረ-ነፈርቲ ሓይልታት ምኽልኻል ኤርትራ ተሃሪማ ተሓምሺሻ። ነፈርቲ ውግእ ኢትዮጵያ ብዘይካ'ዚ፡ ምንጪ ማይ ከተማ ዓሰብ ንምዕናው ዘይዕወት ደብዳብ አካይደን።

15 ለካቲት 1999

መንግስቲ ኤርትራ፡ ሓይልታት ጸዋታ ኢትዮጵያ መሰረታዊ መትከላት አህጉራዊ ሕጊ ብምጥሓስ አብ ልዕሊ ኤርትራውያን ዲስፕሎማሰኛታትን መንበሪ ህንጻ ኤምባሲ ኤርትራ አብ አዲስ አበባን ዘጋጠሞ ግህሰት ብትሪ ብምቅዋም፡ ናብ አህጉራዊ ቤት ፍርዲ ሃግ (ኔዘርላንድስ) ጥርዓኑ አቐሪቡ። እቲ ተግባር፡ ንዲፕሎማሲያዊ ሓላፋታትን ውሕስነትን ዝምልከት አህጉራዊን ዞባዊን መትከላትን ሕግታትን ዝጥሕስ ምዃኑ ድማ አስሚሩሉ።

16 ለካቲት 1999

ሰለስተ MiG-23 ዝዓይነተን ነፈርቲ ውግእ ኢትዮጵያ፡ ንኻልኣይ ግዜ ካብ ዓሰብ 20 ኪሎ ሜትር ርሒቓ ንዝርከብ መኽዘን ማይ ንምዕናው ዕላግኡ ዘይወቐ0 ደብዳብ ፈጺመን።

17 ለካቲት 1999

ኢትዮጵያ፡ ንሳልሳይ ግዜ መኽዘን ማይ ዓሰብ ንምዕናው ደብዳብ አካዪዳ። አንቶኖቭ ዝዓይነተን ነፈርቲ ውግእ ኢትዮጵያ አብ ከባቢ'ቲ መኽዘን-ማይ ሽዱሽተ ቦምባታት'ኳ እንተደርበያ፡ ጓላግአን ስለዝሰሓታ ዘውረዳአ ጉድአት አይነበረን።

17 ለካቲት 1999

ኤርትራን ኢትዮጵያን ውግእ ብህጹጽ ደው አቢለን፡ በቲ ውድብ ሓድነት አፍሪቃ ዘቐረቦ እማመ ሰላም ባይታ ንስምምዕ (framework agreement) ክምእዘዛ ላዕለዋይ ልኡኽ ውድብ ሓድነት አፍሪቃ ተማሕጺኑ።

21 ለካቲት 1999

አንቶኖቭ ዝዓይነታ ነፋሪት ውግእ ኢትዮጵያ፡ አብ መዓልቦ ነፈርቲ ዓሰብ ዕላግኡ ዘይወቐ0 12 ቦምባታት ደብዲባ። አብ ተመሳሳሊ መዓልቲ፡ አብ ዞባ ደቡብ ማይ-ዓይኒ ብዝፈጸመቶ ደብዳብ፡ 4 ሰላግዉያን ሰባት ክቐተሉ ከለዉ፡ ብዙሓት ካብ ቤት ንብረቶም ተፈናቒሎም፣ ብርክት ዝበለ ገዛውቲን ንብረትን ድማ ዓንዩ።

22 ለካቲት 1999

ሚኒስትሪ ጉዳያት ወጻኢ ሕቡራት መንግስታት አመሪካ፡ ኢትዮጵያ አብ ቅጠባዊ ጓላማታትን ሲቪል ህዝቢ አብ ዝነብረሉ ቦታታትን ሓይሊ አየር ትጥቀም ምህላዋ ዝተሰምያ ዓሚቝ ሓዘን ብምግላጽ፡ ንምራተርዮም (ስምምዕ ምቝራጽ መጥቃዕቲ አየር) ደጊማ ከተኽብር ጸዊዑ።። ብተወሳኺ፡ መንግስቲ አመሪካ፡ ኤርትራ ንውዕል ሞራተርዮም ከምቲ አኽቢራቶ ዘላ ክትቅጽሎ ተማሕጺኑ።።

23 ለካቲት 1999

ኢትዮጵያ ብወገን ግንባር መረብ ሰቲት (ባድመ) ሓድሽን መጠነ ሰፊሕን መጥቃዕቲ ፈንያ።። አብ ቀዳማይ መዓልቲ ናይዚ ውግእ ሓይልታት ምክልኻል ኤርትራ ትሽዓተ ታንክታት ብምዕናው ክልተ ከም ዝማረኸ ኤርትራ አፍሊጣ።።

23 ለካቲት 1999

ውድብ ሓድነት አፍሪቃ ላዕለዋይ ጉጅለ ልኡኽ ናብ ኤርትራ ክሰድድ መዲቡ።። እዚ ጉጅለ'ዚ፡ መተካእታ ናይቲ አቓድም አቢሉ ብአምባሳደራት ቡርኪናፋሶ፡ ጅቡቲን ዚምባብወን ቄይሙ ዝነበረ ኤርትራ ዘይተቐበለቶ ኮሚቴ እዩ።። ጅቡቲ፡ አብ ሕዳር ምስ ኤርትራ ዝነበራ ዲፕሎማሲያዊ ርክብ አቋሪጻ ምስ ኢትዮጵያ ናይ ምክልኻል ውዕል ተፈራሪማ እንከላ፡ አምባሳደር ዲለይታ መሓመድ ዲለይታ አባል ኮሚተ አምባሳደራት ው.ሓ.አ. ኮይኑ ብምቕራቡ፡ ኤርትራ ነቲ ጉጅለ ከም ዝነጸገቶ ይፍለጥ።።

24 ለካቲት 1999

ሰራዊት ኢትዮጵያ ብከቢድ አጽዋር፡ መካናይዝድ አሃዱታትን ነፈርቲ ውግእን ተሰንዩ፡ አብ ግንባር መረብ ሰቲት ንኽልተ መዓልቲ አብ ዘካየዶ ብርቱዕ ውግእ፡ ሓንቲ MI-24 ዝዓይነታ ሄሊኮፕተር ኢትዮጵያ ብሓይልታት ኤርትራ ተሃሪማ ክትወድቕ እንከላ፡ 31 ታንክታት ኢትዮጵያ ዓንየን ሰለስተ ተማሪኸን።።

26 ለካቲት 1999

ኢትዮጵያ ብጸዕቂ ሰራዊትን ተደጋጋሚ ማዕበላዊ መጥቃዕቲታን አብ ውሱን ክፋል ናይቲ ግንባር ነዕርዲ ሓይልታት ምክልኻል ክትሰብር ብምኽአሉ፡ ሰራዊት ኤርትራ መከላኸሊ መስመሩ ንምስትኽኻል ካብ'ቲ ዝነበሮ ናብ ወገን "ምዕራብ ባድመን ከባቢኡን" ከም ዝሰሓበ መንግስቲ ኤርትራ አፍሊጡ።። በዚ

ሓይልታት ምክልኻል ኤርትራ ዝወሰዶ ውሳነ'ዚ። እቲ "ሰራዊት ኤርትራ ካብ ባድመን ከባቢአን" ክስሕብ ዝብል አብ እጋም ሰላም ው.ሓ.ኢ. ዝሰፈረ አካታዒ ጉዳይ ተፈጻምነት ረኺቡ። ኢትዮጵያ፡ ነቕጣ ባድመ ንምሓዝ አብ ሰለስተ መዓልቲ ጥራይ 9 ሽሕ ምውታት፡ 12 ሽሕ ቆሱላት፡ 170 ምሩኻት ወተሃደራት ከሲራ። ክሳብ'ዚ ዕለት'ዚ አብቲ ውግእ 41 ታንክታት ኢትዮጵያ ተቓጺለን፡ 3 ተማሪኸን፡ MI-24 ሄሊኮፕተር'ውን ተሓምሺሻ። ሓደ ጋዜጠኛ፡ "ኢትዮጵያ፡ ሓንቲ ሜትሮ ንምስዓም ክልተ ሰብ ትኸስር ነይራ" ክብል ነቲ ድሓር ወተሃደራዊ ሰልቲ ኢትዮጵያ ገሊጹዎ። ብኻልእ ወገን፡ ሚኒስትሪ ምክልኻል ኤርትራ፡ ብውሑድ ሰብአዊ ክሳራ፡ ክልተ ዝነደዳን ክልተ ብልሹት ዘጋጠመንን ታንክታት ገዲፉ ከም ዘወጸ አፍሊጡ።

27 ለካቲት 1999

ኤርትራ፡ ንትግባረ እጋም ሰላም ውድብ ሓድነት አፍሪቃ ድልውቲ ምዃና፡ ንባይቶ ጸጥታ ውድብ ሕቡራት ሃገራት አፍሊጣ። እቲ ብ8 ሕዳር ቀሪቡ ኢትዮጵያ ተቐቢላቶ ዝነበረት እጋም ሰላም፡ ኤርትራ ክትቅበሎ ብምውሳና ባይቶ ጸጥታ ሕቡራት ሃገራት ሓጎሱ ገሊጹ።

28 ለካቲት 1999

ኢትዮጵያ፡ "ምሉእ ዓወት ተጋናጺፈ" አብ ዝበለትሉ፡ ኤርትራ ብወገና ብውድብ ሓድነት አፍሪቃ ዝረቐቐ እጋም ሰላም አብ ዝተቐበለትሉ፡ ኢትዮጵያ ድሕሪ 24 ሰዓት ካልእ ሓድሽ ውግእ ብወገን ባድመ ጀሚራ። ቅልጡፍ ምቑራጽ ተኹሲ ክግበር ዘሎ ተኽእሎ አዝዩ ጸቢብ ምዃኑ ድማ አፍሊጣ።

14 ሓምለ 1999

ኤርትራ፡ አብ መበል 35 ስሩዕ አኼባ ው.ሓ.ኢ. ዝቐረበን ብመራሕቲ መንግስታት አፍሪቃ ዝተደገፈን አገባብ ትግባረ (modalities) ባይታ ንስምምዕ (framework agreement) ተቐቢላቶ። አብዚ ናይ አልጀርስ አኼባ ዝተረኸቡ መራሕቲ አፍሪቃ፡ በቲ ውድብ ዝረቐቐ ባይታ ንስምምዕ አብ ተግባር ዝውዕለሉ ሽውዓት አገባብ አተገባብራ (modalities) አርቂቖም። ኤርትራ ብኡ ንብኡ ክትቅበሎ እንከላ፡ ኢትዮጵያ፡ ንሰሙን ዝአክል ከተድሓሕር ቀንያ አብ መወዳእታ ከም እተቐበለቶ አፍሊጣ። አብዚ ዋዕላ'ዚ መራሒ አልጀርያ ዓብደልዓዚዝ ቡተፍሊቃ አቦ መንበርነት ውድብ ሓድነት አፍሪቃ ተረኪቡ። ንቀዳማይ ሚኒስተር አልጀርያ ነበር አሕመድ አየሕያ ድማ እጋም ሰላም ው.ሓ.ኢ. ከተግብር ፍሉይ ልኡኽ ገይሩ መዚዝዎ።

5-6 ነሓሰ 1999

ው·ድብ ሓድነት አፍሪቃ፣ ብ5ን 6ን ነሓሰ፣ አተገባብራ ናይ'ቲ ስምምዕ ብበዝምልከት ቴክኒካዊ ቅጥዕታት (arrangements) አቐሪቡ። እቲ ሰነድ፣ ዝርዝራት አገባብ ትግባረ ባይታ ንስምምዕ ናይ ግዜ ቀዳምነታቱን ዘሰርዐ ኮይኑ፣ ካብ ው·ድብ ሓድነት አፍሪቃ፣ ው·ድብ ሕቡራት ሃገራት፣ ከም'ኡ'ውን ካብ ሕቡራት መንግስታት አመሪካን አልጀርያን ዝተዋጽኡ ክኢላታት ምስ ኤርትራን ኢትዮጵያን ብምምኽኻር ዘርቀቅዎ እዩ። አብቲ ናይ ምምኽኻር እዋን፣ "ቴክኒካዊ ቅጥዒታት ከመሓየሽን ክቅየርን ዘይክእል ኮይኑ ክዳሎ" ኢትዮጵያ ዘቕረበቶ ሓሳብ ተቐባልነት ረኺቡ።

7 ነሓሰ 1999

ኤርትራ፣ ነቲ ብው·.ሓ.አ. ዝቐረበ እማመታት ኩሉ ከም እተቐበለቶን ደጊማ ብምሕባር፣ እቲ ሰለስተ ስምምዓት - ባይታ ንስምምዕ፣ አገባብ ትግባረን ቴክኒካዊ ቅጥዒታትን - ፍታሕ ከምጽእ ከም ዝኽእል ብምእማን፣ አብ ተግባር ክውዕል ከም እትደፍአሉን ምስ ው·ድብ ሓድነት አፍሪቃን ው·ድብ ሕቡራት ሃገራትን ከም እትተሓባበርን ብዕሊ አፍሊጣ።

11 ነሓሰ 1999

ኢትዮጵያ 'ቴክኒካዊ ቅጥዒታት ከመሓየሽን ክቅየርን ዘይክእል ኮይኑ ክዳሎ' ጠለብ አቕሪባ፣ እቲ ሰነድ ብመሰረት ጠለባ ተዳልዩ ከብቅዕ፣ መብርሂ ክወሃባ ናብ ው·ድብ ሓድነት አፍሪቃ ሕቶ ከምዘቕረበት አፍሊጣ። ኤርትራ፣ ንኹሉ'ቲ ብው·.ሓ. አ. ዝቐረበ ዝርዝር እማመ ሰላም ብ7 ነሓሰ ከም እተቐበለቶ አፍሊጣ እያ። እቲ ሰነድ፣ ምቁራጽ ተኹሲ ክግበር፣ ክልተኡ ሰራዊት ናብ ቅድሚ 6 ግንቦት ዝነበር ቦታታት ክምለስ፣ ስዒቡ ድማ ዶብ ክሕንጸጽ ዝጽውዕ እዩ።

23 ነሓሰ 1999

ፍሉይ ልኡኽ ው·.ሓ.አ. አሕመድ አየሕያ፣ ነቲ ኢትዮጵያ አብ ቴክኒካዊ ቅጥዒታት መብርሂ ክወሃባ ዘቕረበቶ፣ ልዕሊ 40 ሕቶታት፣ 13 ገጽት ዝሓዘ መብርሂ ሂቡሉ። እቲ ልኡኽ ነቲ መብርሂ አብ ዝሃበሉ፣ ብመሰረት አቓድም አቢሉ ምስ ኢትዮጵያን ኤርትራን ዝተገበረ ምርድዳእ፣ እቲ ሰነድ ንምምሕያሻት ክፉት ከም ዘይኮነን ደጊሙ አዘኻኺሩ።

6 ታሕሳስ 1999

ቀዳማይ ሚኒስተር መለስ ዜናዊ ኣብ ሃገራዊ ተለቪዥን ቀሪቡ ኣብ ዘስምዖ ቃል፣ ንቴክኒካዊ ቕጥዒታት ብወግዒ ነጺግዎ። ቴክኒካዊ ቕጥዕታት፣ ቅድሚ ዶብ ምሕንጻጹ፣ ኣብ ኩሉ'ቲ ዘሰሓሕብ ከባቢታት ልኡላውነት ኢትዮጵያ ዘየውሕስ እንድሕር ኩይኑ፣ ኢትዮጵያ ካብ ዝኹነ ወገን ዝመጸ ጸቕጢ ከም ዘይትቕበል ድማ ኣፍሊጡ።

22 ለካቲት - 8 መጋቢት 2000

ፍሉይ ልኡኽ ሕቡራት መንግስታት ኣመሪካ ኣንቶኒ ሌክን ወኪል ኣቦ መንበር ውድብ ሓድነት ኣፍሪቃ ኣሕመድ ኣየሕያን፣ "ብዘይ-ወረቐት" ዝብል ሰም ዝተዋህቦ ሓድሽ ሰነድ ንምድላው ካብን ናብን ኣስመራ - ኣዲስ ኣበባ መገሻታት ኣካይዶም፣ ኢትዮጵያ፣ ነቲ ኣብ ሕዳር 1999 ባዕላ ኣብ ዘቕረበቶ 14 ገጽ ዝሓዘ ርእይቶ ዝተሰረተ፣ ብኣመሪካ ዝተዳለወ ቴክኒካዊ ቕጥዕታት ስለዝነጸገቶ፣ እግም ሰላም ው.ሓ.ኣ. ንሓደጋ ምፍራስ ተገማጊሙ።

1 ሚያዝያ 2000

ኢትዮጵያ ሓደጋ ጥሚት ዘንጸላልዎም ሚልዮናት ኢትዮጵያውያን ብህጹጽ ንምርዳእ ወደብ ዓሰብ ክትጥቀመሉ ኤርትራ ዘርኣየቶ ሰናይ ድሌት መንግስቲ ኢትዮጵያ ተሓሲምዎ።

29 ሚያዝያ - 3 ግንቦት 2000

ኤርትራን ኢትዮጵያን ንምቅርራብ ኣብ ኣልጀርስ ዘተ ጀሚሩ። ኢትዮጵያ ኣብቶም "ባይታ ንስምምዕን ኣገባብ ኣተገባብራኡን (MODALITY OF IMPLEMENTATION) ዝብሉ ክልተ ኣገደስቲ ስነዳት እግም ሰላም ምፍራም ስለዝኣበየት፣ መስርሕ ምቅርራብ ተዓንቂጹ። ብዘይካ'ዚ፣ ኢትዮጵያ ነቲ ብው.ሓ.ኣ. ዝቐረበ "ምቁራጽ ተኹሲ" ዝብል ቀዳማይን ቀንዲን ነጥቢ ናይቲ እግም ነጺጋቶ።

8-9 ግንቦት 2000

ባይቶ ጸጥታ ውድብ ሕቡራት ሃገራት፣ ኩናት ንምውጋድ፣ ናይ መወዳእታ ፈተነ ንምግባር፣ ሽውዓት ኣምባሳደራቱ ናብ ኤርትራን ኢትዮጵያን ልኢኹ። እንተኹኑ፣ ኢትዮጵያ ኩናት ዘይተርፍ ምኻኑ ነቲ ልኡኽ ስለዝገለጸትሉ፣ እቲ ጻዕሪ ብዘይ ፍረ ተሪፉ።

622

12 ግንቦት 2000

ኢትዮጵያ፦ መገዲ ሰላም ብምሕሳም፥ አብ ልዕሊ ኤርትራ ተወሳኺ መጥቃዕቲ ከፈታ።

23 ግንቦት 2000

ኢትዮጵያ፦ ኤርትራ ነቲ ብሓድሽ አቦ መንበር ውድብ ሓድነት አፍሪቃ ዘቖረበ "ቅልጡፍ ምቁራጽ ተኹስን ናብ ዘተ ምምላስን" ዝበል ክልተ ነጥቢ ዝሓዘ ጻውዒት ብምቕባል፥ ናብ ዘተ ክትምለስ ዘለዋ ቅሩብነትን ድሌትን ገሊጻ።

24 ግንቦት 2000

ኤርትራ፦ ብውድብ ሓድነት አፍሪቃ ዝቐሪቃ እማመ ሰላም፥ ከምኡ'ውን ናብ ቅድሚ 6 ግንቦት 1998 ዝነበረ ቦታታት ምስሓብ ዝበል ሰምሚዕ ከተተግብሮ ቅርብቲ ም'ኻና ገሊጻ። ኢትዮጵያ ብወገና "እናተዋጋእና ክንዛተ፥ እናተዛተና ድማ ክንዋጋእ ንኽእል ኢና" ብምባል መልሲ ሂባትሉ።

26 ግንቦት 2000

ኤርትራ፦ ጻውዒት አቦ መንበር ው.ሓ.አ. ብም'ኽባር፥ አብ መከላኸሊ መስመራ ዝገበረቶ ለውጢታት ብምምዝማዝ ሰራዊት ኢትዮጵያ ስንዓፈን ጾርናን ንምቑጽጻር መጥቃዕቲ ቀጺሉ።

28 ግንቦት 2000

ሓይሊ አየር ኢትዮጵያ፦ አብ መስርሕ ምትካል ንዝርከብ ሓድሽ መደበር ሓይሊ ኤሌክትሪክ ኤርትራ ብምድብዳብ ጉድአት አውሪደን። እዚ አብ አጋ ምዝዛም ዝበጽሐ መደበር ኤሌክትሪክ አብ ሰዑዲ ዓረብ፥ ኩወይት፥ ኢጣልያ፥ አቡዳቢ፥ አፍክን ባዲያን (BADEA) ካብ ዝርከቡ ዓለም-ለኻ ትካላት ገንዘብ ብዝተረኽበ ልቓሕ ዝተሃንጸ እዩ።

29 ግንቦት 2000

ነፈርቲ ውግእ ኢትዮጵያ አብ መዓርፎ ነፈርቲ አስመራ ደብዳብ አካይደን። ቡቲ ደብዳብ፥ አብቲ ከባቢ ዝነበረ ሳዕሪ ባርዕ ክልዕል እንኮሎ፥ መሓንበቢ ነፈርቲ ጽርግያ ብሓመድ ተኸዲኑ። እዚ ደብዳብ'ዚ፥ ልኡኻት ኤርትራን ኢትዮጵያን አብቲ ሓድሽ ዝተወለዐ ጎንጺ ንምዝርራብ ናብ አልጀርስ ምስ ነቐሉ፥ አብ ውሽጢ ስዓታት ዝተፈጸመ'ዩ።

30 ግንቦት 2000

አብ መንጎ ኤርትራን ኢትዮጵያን ሓድሽ ውግእ ምስ ተወልዐ ድሕሪ ሰለስተ ሰሙን፣ ልኡኻት ኤርትራን ኢትዮጵያን ሰላስ መዓልቲ አብ አልጀርስ ዘይቀጥታዊ ዝርርብ ጀሚሮም። ሚኒስተር ጉዳያት ወጻኢ ኢትዮጵያ አብ ዘስምዖ ቃል፣ "እቲ ብዉ.ሓ.አ. ዝቐረበ እማመ ሰላም አብ ባይታ ተፈጺሙ ምስ ዘሎ ሓድሽ ኩነታት ዘሳኒ እንድሕር ኩይኑ ክንዕዘብ ኢና። አብ'ዚ ግዜ'ዚ ዘይሰርሑ ካብ አርእስቲ ወጻኢ ዝኾኑ ነጥብታት ስለዘለው" ክብል ገሊጹ። "ሰራዊት ናብ ናይ ቅድም ቦታኡ ምምላሱ ክረጋገጽ አለዎ" ዝብል ነጥቢ ከም አብነት ጠቒሱ ድማ፣ "አብ ባይታ ሓድሽ ኩነታት ስለዝተፈጥረ እዚ ነጥቢ'ዚ ዘዘርብ ጉዳይ ክኸውን አይክእልን" ኢሉ። አማኻሪ ፕረዚደንት ኤርትራ አቶ የማነ ገብረመስቀል ብወገኑ፣ "እቲ ዝፈጸምዎ ወራር መተባብዒ ክወሃዮ ዝሓስቡ እንድሕር ኩኖም፣ ዘይቅቡል እዩ...። ነቲ ብዓለምለኽ ማሕበረሰብ ዝተደገፈ ናይ ሰላም እማም ዝነጽጉ እንድሕር ኩይኖም ከኣ፣ ገና ተወሳኺ ኩናት ክስዕብ'ዩ ማለቶም እዩ" ክብል ገሊጹ።

31 ግንቦት 2000

ኢትዮጵያ፣ ኩናት ከተቋርጽ ብውድብ ሕቡራት ሃገራት ዝቐረበላ ምሕጽንታታት ብምንጻግ፣ "ወተሃደራዊ ሽቶታትና ክሳዕ እንወቅዕ፣ ዝተበገስናሉ ዕላማ አይከነቋርጽን ኢና" ክትብል አፍሊጣ።

1 ሰነ 2000

ቀዳማይ ሚኒስተር ኢትዮጵያ መለስ ዜናዊ፣ ንኽልተ ዓመት ዝቐጸለ ደባዊ ግጭት ኤርትራን ኢትዮጵያን፣ ብዓወት ሃገሩ ከም እተዛዘመን ኢትዮጵያ ኩሉ ግዝኣታ ከም ዘምለሰትን አዊጁ።

2 ሰነ 2000

ሓደ መዓልቲ ድሕሪ'ቲ "ኩናት ተወዲኡ" ዝብል መግለጺ፣ ቀዳማይ ሚኒስተር መለስ፣ ኢትዮጵያ አብ ከባቢ ዓሰብ ደብዓብ ነሬርቲ አካዬዳ።

3 ሰነ 2000

መንግስቲ ኢትዮጵያ ወደብ ዓሰብ ንምቑጽጻር ክልተ ክፍለ-ሰራዊታት ብምስላፍ ሓዲሽ ናይ መሬት መጥቃዕቲ ከፊቱ። እቲ ውግእ አብ'ቲ ሓይልታት ምኽልኻል ኤርትራ ብመሰረት ጸውዒት ውድብ ሓድነት አፍሪቃ አንሳሒቡ ዝዓረደሉ፣ አብ ውሽጢ መሬት ኤርትራ ካብ ወደብ ዓሰብ 40 ኪሎ ሜትር

ዝርከብ ሓዲሽ ግንባር እዩ ተኻዪዱ። አብ'ቲ ውግእ፡ 3755 ወተሃደራት
ኢትዮጵያ ምዉታት፡ ቁስላትን ምሩኻትን ከኸኑ ከለዉ፡ ክፍለ-ሰራዊት 38
ድማ ምሉእ ብምሉእ ከምእተጨፍለቐ ኤርትራ አፍሊጣ።

4 ሰነ 2000

"አብ ዘተ አልጀርስ ዘቐረብናዮ እማመ፡ ምእንቲ ዳግም ኩናት ከይውላዕ፡
መንግስቲ ኤርትራ ምስ መንግስቲ ኢትዮጵያ ስምምዕ ክፍርም ከምዘለዎን፡
ሰራዊትና ተቓጺሲራም ዝርከብ አብ ውሽጢ ኤርትራ ዘሎ ቦታታት ሓዲግናዮ
ምስ ወጻእና ድማ፡ አብ ትሕቲ ጽላል አህጉራዊ ዓቃብ ሰላም ክአቱ ከምዘለዎን
እዩ" ክብል ቀዳማይ ሚኒስተር ኢትዮጵያ ተዛሪቡ።

9 ሰነ 2000

ውድብ ሓድነት አፍሪቃ፡ ብዛዕባ ምቁራጽ ተጻብኦታት አብ ዘቐረቦ እማመ፡
ክልተኣን ሃገራት አብ ውሽጢ 24 ሰዓታት መልሲ ክህባሉ ሓቲቱ። ኤርትራ፡
ነቲ እማመ አብ ተመሳሳሊ መዓልቲ ከም ዝተቐበለቶ አፍሊጣ።

10 ሰነ 2000

መንግስቲ ኢትዮጵያ፡ ብኹሎም ግንባራት - ብጉዱጅ፡ ግንባር ዓሰብን
ከባቢታት ስንዓፈን ሓድሽ መጥቃዕቲ ከም ዝኸፈተ ሓቢሩ። መንግስቲ
ኢትዮጵያ፡ ብውድብ ሓድነት አፍሪቃ ዝቐረበ እማመ ምቁራጽ ተጻብኦታት
መልሲ ክህባሉ ዝተዋህቦ ናይ ግዜ ደረት ግዜ ስለዝሓለፈ፡ እቲ ውድብ ነቲ
ደረት ብሓደ ሰሙን አናዊሑዎ። ፍሉይ ልኡኽ ው.ሓ.አ. አሕመድ አያሕያ
"ስምምዕ ምቁራጽ ተጻብኦታት ክፍርምሉ፡ ን'ክልተኣም ወገናት ናይ ሓደ
ሰሙን ግዜ ሂብናዮም አለና" ኢሉ።

12 ሰነ 2000

ኤርትራ፡ ብግንባር ዓሰብ ዝተፈነወላ መጠነ-ሰፊሕ መጥቃዕቲ ኢትዮጵያ
ከም ዘፍሽለቶ ሓቢራ። አብቲ መጥቃዕቲ፡ 4,125 ወተሃደራት ኢትዮጵያ
ከም ዝቐተለት፡ 7,110 ከም ዘቘሰለትን 7 ታንክታት ከም ዘዕነወትን ገሊጻ።
አብቲ ኩናት ዝተማረኹ ወተሃደራት ኢትዮጵያ፡ ተልእኾአም "ዓሰብ ን'ምሓዝ"
ምንባሩ ሓቢሮም። ብግንባር ስንዓፈ፡ ሓይልታት ምክልኻል ኤርትራ፡ ምሉእ
መዓልቲ አብ ዘወሰደ ውግእ ን'ሰራዊት ኢትዮጵያ ብሸነኽ ጸጋም'ታ ዓሪድሉ
ካብ ዝነበረ ስትራተጂያዊ ቦታታት ሓግሒጉ ከም ዘጸረን አፍሊጡ። ብወገን

ምዕራብ ኤርትራ፡ ኣብ *መንጎ* ኣምሓጀርን ጎሉጅን ምሉእ መዓልቲ ኣብ ዝተኻየደ ውግእ ከኣ፡ ብዘይ ዝኹነ ለውጢ ናይ ቦታ ከቢድ ምርብራብት ከም ዝተኻየደ ሓይልታት ምክልኻል ኤርትራ ኣፍሊጡ።

14 ሰነ 2000

ኢትዮጵያ ነቲ ብውድብ ሓድነት ኣፍሪቃ ዝቐረበ እማመ ምቁራጽ ተጻብኦታት ከም ዝተቐበለቶ ኣፍሊጣ።

18 ሰነ 2000

ኤርትራን ኢትዮጵያን፡ ዓቃብ ሰላም ሰራዊት ሕቡራት ሃገራት፡ ኣብ ትሕቲ ጽላል ውድብ ሓድነት ኣፍሪቃ ኣብ ውሽጢ ኤርትራ 25 ኪሎ ሜትር ዝሰፍሐ ግዝያዊ ናይ ጸጥታ ዞባ ከምስርት፡ ሰራዊት ኢትዮጵያ ናብቲ ቅድሚ ግንቦት 1998 ዝነበሮ ቦታታት ክስሕብ ዝጽውዕ ብውድብ ሓድነት ኣፍሪቃ ዝቐረበ እማመ ምቁራጽ ተጻብኦታት ፈሪመናሉ።

30 ሰነ 2000

ባይቶ ጸጥታ፡ ብመሰረት ውሳነ 1312 (2000)፡ ኣስታት 100 ወተደራዊ ተዓዘብቲ፡ ከም ኡ'ውን ኣብ መስርሕ ምዕቃብ ሰላም ዝተሓጋገዙ በርጌስ ኣባላትን ዝርከብዎ ልኡኽ ዓቃብ ሰላም ሰራዊት ኤርትራን ኢትዮጵያን (UNMEE) መስሪቱ።

15 *መስከረም* 2000

ባይቶ ጸጥታ ውድብ ሕቡራት ሃገራት፡ ብመሰረት ውሳነ 1312 (2000)፡ ግብራውነት ናይቲ ብ18 ሰነ ኣብ ኣልጀርስ ኣብ *መንጎ* ኤርትራን ኢትዮጵያን ዝተበጽሐ ስምምዕ ምቁራጽ ተጻብኦታት ዝከታተል ኣስታት 4,300 ኣህጉራዊ ዓቃብ ሰላም ሰራዊት ኣብ ኤርትራን ኢትዮጵያን ክዋፈር ትእዛዝ ኣመሓላሊፉ።

12 *ታሕሳስ* 2000

ኤርትራን ኢትዮጵያን፡ ኣጠቓላሊ ስምምዕ ሰላም ፈሪመን። እቲ ስምምዕ፡ ብመሰረት መግዛእታዊ ውዕላት፡ ዶባት ዝሕንጽጽን ዘመልክትን ዘይሻራዊ ኮምሽን ዶብን፡ ካብ ክልተኡ ወገን ዝቐረብ ጥርዓን ተመልኪቱ ውሳነ ዝህብን መበገሲ'ቲ ግጭት ዝምርምርን ዘይሻራዊ ኮምሽን ጥርዓንን ክምስረት ዝእዝዝ እዩ።

ትርጉም፡ ዮሴፍ ሃይለማርያም

CPSIA information can be obtained
at www.ICGtesting.com
Printed in the USA
BVHW011136150620
581505BV00007B/24